AF402264

SUPPLÉMENT

A LA

BIBLIOTHEQUE

ORIENTALE

DE MONSIEUR D'HERBELOT.

TABLE DES PIECES

CONTENUES DANS CE VOLUME.

I.

Observations faites par Claude Visde-lou sur divers Articles de la Bibliotheque Orientale de d'Herbelot, ayant tous rapport à la Chine, depuis la page 1 jusqu'à la pag. 17, dans l'ordre suivant:

Fagfour.	page 1
Tencu.	2
Sin.	3, 5
Loukin.	4
Khankou.	ibid.
Namkink.	5
Khathaï & Khatha.	5, 6, 7
Khanbalig ou Khanbalek.	8
Cara Cathaian.	10
Van ou Ven.	15
Ca.	16
Dacouk.	ibid.
Dapikhen.	ibid.
Fenek.	17
Giagh ou Tchagh.	ibid.

II.

Histoire de la grande Tartarie depuis la pag. 18 jusqu'à 132.

III.

Dissertation sur le Titre de Khan, depuis la pag. 132 jusqu'à 133.

IV.

Observations de Claude Visdelou sur d'autres articles de la même Bibliotheque, ayant aussi rapport à la Chine, depuis la pag. 132 jusqu'à 163.

Ordoubalig.	134
Caracoram.	ibid.
Cara-Khotan.	ibid.
Khotan ou Khotem.	ibid.
Caracum.	ibid.
Igur ou Aigur.	135
Botom.	139
Giourtasch.	140
Turk.	140, 145
Ung ou Avenk.	141
Cathai.	143

Tartar.	147
Feridoun.	148
Mogol & Mogul.	149
Genghizkhan.	150
Alankava.	152, 153
Buzangir.	153
Abou-Moslem.	ibid.
Abbassides.	173
Cabgiak.	ibid.
Selgiuk.	ibid.
Massoud.	ibid.
Menoulon.	154
Toumenah-Khan.	ibid.
Bortan.	155
Kilkhan.	ibid.
Cobla & Cubla-Khan.	155, 156
Octai-Khan.	155
Gaiuk-Khan.	ibid.
Mangu-Caan.	156
Touli-Khan.	ibid.
Giamschid.	156, 161
Cebissah.	157
Firouz & Pirouz.	ibid.
Tarikh-Farsi.	ibid.
Tarikh Gelali.	ibid.
Moctadi-Bemrillah.	ibid.
Jezdegird.	ibid.
Cajan ou Caianien.	158
Cajumarath.	160
Fithagores.	161

V.

Monument du Christianisme en Chine, depuis la pag. 165 jusqu'à 190.

VI.

Description de l'Empire de la Chine, en forme d'une lettre, depuis la pag. 191 jusqu'à 202.

VII.

Paroles Remarquables des Orientaux, recueillies par feu M. Galand, depuis la pag. 202 jusqu'à 231.

VIII.

Maximes des Orientaux, données par le même, depuis la pag. 231 jusqu'à 247.

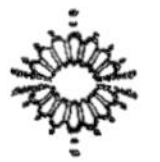

AVIS DE L'AUTEUR.

Quoique la maniere dont je me suis servi pour écrire les noms étrangers, fasse voir assez clairement qu'on les doit lire à la Françoise, voici pourtant quelques avis qui pourront servir à les mieux prononcer.

1°. *H* se doit toujours prononcer fortement, sur-tout au commencement des mots.

2°. *N* finale se doit toujours prononcer comme si elle étoit double ; ou suivie d'un *e* muet. Par exemple, *thien* & *Kin* se doivent prononcer comme s'ils étoient écrits *tienne* & *Kine*, ou comme nous prononçons ces syllabes dans *antienne* & *mesquine*.

3°. *M* finale se doit prononcer à la fin de toutes les syllabes, comme nous prononçons l'*n*, qui n'est pas suivie d'un *e* muet ; par exemple, *Kim* se doit prononcer comme nous le prononçons dans *coquin*.

4°. Le *K* devant *i* se doit mouiller & prononcer comme le *qu* dans *qui*. Devant les autres voyelles, il doit être prononcé durement, & comme nous le prononçons, par exemple, dans *que*, particule.

5°. Les Chinois ont deux lettres qui nous manquent. Les Missionnaires ont coutume de les écrire de cette maniere *lh*, *ng*. Mais comme on ne comprendroit rien à cela en Europe, & que d'ailleurs on ne pourroit les prononcer, quand bien même on en comprendroit la force, j'exprime la premiere par *cul*, & la seconde par *gh*, qui sont les deux sons de notre alphabet qui en approchent le plus.

6°. *Ou* se doit prononcer par-tout comme nous le prononçons en cette phrase, *où allez-vous ?* & quand il est suivi d'une ou de plusieurs voyelles, il en faut faire une diphtongue, ou une triphtongue ; & c'est une regle générale, que par-tout où il se rencontre trois voyelles de suite, on en doit faire une triphtongue. Ainsi, par exemple, *Kouen* & *hiuen* sont monosyllabes ; & pour marquer cela, j'ai mis quelquefois deux points sur l'*ü* (*) ; quand *ou* se trouve à la tête des mots, il doit être prononcé comme nous le prononçons dans ces mots *oui*, *ouatte*.

7°. Pareillement *y*, à la tête des mots, doit être prononcé comme nous le prononçons dans *yeux* & *yeuse*. Or quoique ni l'*y*, ni l'*ou*, ni les autres diphtongues ne puissent être regardées comme consonnes, j'omets pourtant presque par-tout l'élision qui les devroit précéder en qualité de voyelles ; par exemple, j'écris le *yu-tien*, au-lieu de l'*yu-tien*, &c. On corrigera cela, si on le juge à propos.

8°. *S* se doit toujours prononcer fortement, & comme si elle étoit double ; aussi l'ai-je doublée quelquefois. Jamais on ne doit la prononcer comme le *z*, pas même lorsqu'elle est entre deux voyelles.

9°. *Ch* se doit prononcer comme nous le prononçons dans *charité*, *chaste*, *chimere*, *choquer*, *choux*.

10°. Le *T* devant le *ç*, & le *ch*, ne sert qu'à marquer qu'il faut prononcer ces lettres dans toute leur force, & les faire sonner rudement.

Venons présentement aux termes Tartares en particulier. Les Chinois manquent d'un très-grand nombre de syllabes qui se trouvent dans les autres langues ; delà vient qu'ils n'en peuvent écrire les mots qu'en les défigurant d'une maniere qui les rend souvent méconnoissables. Par exemple, ils n'ont ni *ey*, ni *ghou*, ni *r* ; ce qui les oblige à écrire *ouei-ou-eul*. Peut-on aifément reconnoître l'*Eyghour* à ces traits ? — Il faut donc supposer que les termes des Tartares sont estropiés dans ces observations, au moins pour la plupart. Je les ai laissés dans l'état où les Chinois les ont réduits, ne pouvant sans témérité entreprendre de les réformer. Je n'ai pourtant pas laissé de donner quelque chose à la conjecture en ce genre, & d'en réformer quelques-uns suivant des regles d'analogie, qu'il seroit inutile de rapporter ici ; ce que j'ai fait plutôt pour faire remarquer au Lecteur que ces mots étrangers sont corrompus, que pour assurer ma correction. J'ai écrit indifféremment *tçou* ou *tçau*, qui signifie *aïeul* en Chinois, parce qu'il est prononcé de ces deux manieres, selon les différents pays.

L'on pourra être surpris de voir que l'Histoire Chinoise dans la description du Pays des *Kie-kia-sse*, après avoir établi leur siege plus de trois cents lieues au Nord-Ouest, de la Cour des *Hoei-hou*, c'est-à-dire, bien au Nord de la mer Caspienne, fait ensuite venir les Ambassadeurs de leur *Oge* ou Roi, par l'Orient, à la Cour des *Hoei-hou*. Il faut

____

(*) On a retranché ces points, pour éviter tout embarras.

ſuppoſer pour cela , que les *Kie-Kia-ſſe* pouſſant leurs conquêtes vers l'Orient, étoient entrés dans la Tartarie Orientale , comme ils y étoient effectivement entrés avec une groſſe armée , pour enlever les *Hoei-hou* qui s'étoient refugiés chez les *Che-ouei.* Je ne me rends pourtant pas garant qu'il n'y ait pas quelque erreur de Géographie dans les deſcriptions de tant de Nations, dont pluſieurs étoient peu connues des Chinois.

Au reſte, l'on voit aſſez, quand même je ne le ferois pas remarquer, que je ne réfute en aucune maniere l'illuſtre Auteur de la Bibliotheque Orientale. Bien-loin de vouloir diminuer la gloire qui lui eſt due , je l'augmenterois volontiers ſi je le pouvois faire; & cela d'autant plus , que l'on apperçoit fréquemment au travers de ſon ſtyle des marques certaines de ſa Religion & de ſa probité : caracteres incomparablement plus eſtimable que le titre de Savant.

On ne doit donc regarder mon Ouvrage que comme un Supplément du ſien , & mon deſſein ſe borne à redreſſer les Hiſtoires Mahométanes, dans ce qu'elles diſent de faux touchant la Chine & la Tartarie. Or, ſoit qu'elles ayent bien ou mal raconté ces choſes, cela n'intéreſſe en rien l'Auteur de la *Bibliotheque* , qui ne ſe rend pas garant des faits, & qui dit toujours vrai, lors même qu'il rapporte les menſonges d'autrui, ſur-tout les critiquant lui-même, bien-loin de les approuver.

Je ne me rends pas non plus caution pour l'Hiſtoire Chinoiſe ; permis à chacun de la cenſurer comme bon lui ſemblera. Ce que je puis aſſurer, c'eſt que tout ce que je dis en eſt fidélement extrait. Je prie pourtant le Lecteur de comparer Hiſtoire à Hiſtoire, & de peſer mûrement qui doit l'emporter en fait de témoignage, ou de la ſimplicité Chinoiſe , ou de l'enflure Mahométane ; qu'il examine ſoigneuſement à laquelle des deux Nations il s'en doit plutôt rapporter, ou à celle qui ſe fait un devoir eſſentiel de l'Hiſtoire, qui l'écrit dans le temps où les faits ſe paſſent, & qui voit la plupart de ces faits de ſes propres yeux ; ou bien à celle à qui ces trois qualités manquent.

BIBLIOTHEQUE
ORIENTALE
DE MESSIEURS
A. VISDELOU ET C. GALAND,

CONTENANT *les Observations sur ce que les Historiens Arabes & Persiens rapportent de la Chine & de la Tartarie,* dans la BIBLIOTHEQUE ORIENTALE *de* M. D'HERBELOT.

DE LA CHINE.

LA BIBLIOTHEQUE ORIENTALE de M. D'HER-BELOT, dit sous l'Article *FACFOUR:*

FAGFOUR, *titre & surnom des Rois de la Chine.... Et sous l'Article de Sin.... Les anciennes Histoires de Perse disent que* Feridoun, *Roi de la premiere Dynastie, nommée des* Pischdadiens, *donna à son fils* Tour *la Chine & le* Turquestan *pour son partage, & le qualifia du titre de Fag-four, qui est demeuré héréditaire aux Rois de ce Pays-là, comme celui de Pharaon aux Rois d'Egypte. Il suffit de dire ici que les Orientaux, en parlant de la Chine en général, l'appellent* Tchin *&* Matchin.... Tchin *eut* Japhet *pour pere, &* Matchin *pour fils.*

OBSERVATION.

Les Chinois ne se sont jamais donné le nom de *Tchin.* Il est vrai que les Rois de *Tçin,* après avoir soumis tous les autres Rois, se rendirent maîtres de la Chine entiere, & posséderent ce grand Empire depuis l'an 248 jusques à l'an 210 avant l'Ere Chrétienne, c'est-à-dire durant 39 ans, sous trois Empereurs consécutifs. Ainsi ce seroit tout au plus durant ce temps que la Chine auroit pu porter ce nom. Mais comme ces Princes, & sur-tout *Tçin che hoam*, qui fut, à proprement parler, le premier Empereur de cette Dynastie, malgré l'éclat de leurs conquêtes, ont toujours été, & sont encore aujourd'hui l'objet de l'horreur publique, à cause de leur tyrannie, la Chine n'a eu garde de se charger d'un nom si odieux. Parmi tant de Dynasties qui ont régné successivement dans cet Empire, depuis 2000 ans, à peine s'en trouve-t-il deux dont ils adoptent les noms.

La premiere est celle des *Han*, qui commença 206 ans avant l'Ere Chrétienne. La seconde est celle des *Tham*, dont l'Empire commença avec l'année 620 de la même Ere. Ainsi les Chinois se nomment quelquefois *Tham-gin*, c'est-à-dire, gens des *Tham*, mais bien plus fréquemment *Han-gin*, gens des *Han*. Au reste, la famille des Rois de *Tçin* étoit également illustre par sa noblesse & par sa puissance. Elle tiroit son origine de l'Empereur *Tchouen-hiu*, qui commença à régner 2506 ans avant l'Ere Chrétienne. Elle avoit pour tige *Ta-ye*, fils de cet Empereur. *Ta-ye* épousa la fille de l'Empereur *Chao-hao*, prédécesseur de *Tchouen-hiu.* Il eut d'elle un fils nommé *Ta-fei*, ou bien *Pe-yi*, (car il porta deux noms.) *Ta-fei* fut le premier qui prit pour nom de famille *Yn*, avec l'agrément de l'Empereur *Chun*, & ce nom est demeuré à sa postérité. Cette famille subsista dans une grande splendeur durant plus de 1000 ans. Il ne lui manquoit que la dignité Royale. *Fei tçe*, Prince de cette famille, eut l'intendance des haras de l'Empereur *Tcheou-hiao-vam.* Il s'acquitta du devoir de cette charge si fort au gré de son Prince, qu'il obtint de lui, en titre d'arriere-fief, le domaine de la ville de *Tçin-tcheou*, avec le titre de Roi sous-tributaire.

Cent vingt-deux ans après, c'est-à-dire 770 ans avant l'Ere Chrétienne, *Siam-koum*, petit Roi de

Tçin-tcheou, qui, par sa bravoure, avoit vengé l'Empereur *Tcheou-pim-vam* des insultes des Tartares, qui avoient tué dans un combat l'Empereur *Yeou-vam*, son pere, fut créé Roi de plein-fief, & sans exception. Le même Empereur abandonnant *Si-ghan-fou*, capitale de son Empire, pour transporter son siege à *Lo-yam*, qu'on nomme aujourd'hui *Honan-fou*, le rendit maître du grand pays de la Province de *Chensi*, qui composoit le Royaume propre de l'Empereur. Il devint par là très-puissant ; mais quoiqu'il eût changé de fortune, il ne changea pas de titre : il retint toujours celui de la ville de *Tçin-tcheou*, qui avoit été le fondement de son élévation. Cette ville est par les 35 degrés de latitude septentrionale, & plus occidentale que *Sighan-fou* d'environ 5 degrés. Le Royaume de *Tçin* devint bientôt célebre ; & comme il étoit l'abord des peuples Occidentaux, il y a de l'apparence que ceux-ci qui ne voyoient de la Chine que le Royaume de *Tçin*, étendirent ce nom à tout le reste, & nommerent *Tchin* tout l'Empire des Chinois, prononçant ce mot un peu plus durement que les Chinois.

Pour ce qui regarde *Ma-tchin*, je crois que c'est un terme emprunté des Indiens, qui ont ajouté le titre de *Maha*, c'est-à-dire *Grand*, à celui de *Tchin*, pour marquer la grandeur de cet Etat, & l'ont nommé *Maha-tchin*, ou la *grande Chine*, ou bien encore, en redoublant le mot de *Tchin*, *Tchin-maha-tchin*, *Chine*, la *grande Chine*, à-peu-près comme nous disons le Grand-Turc & le Grand-Mogol. Les Mahométans, comme étant plus occidentaux, & conséquemment plus éloignés de la Chine, semblent avoir reçu ce nom des Indiens. Après cela jugez si *Tchin* & *Ma-tchin* sont enfants légitimes de Japhet. Leurs titres ne me paroissent pas mieux fondés que celui d'*Andalous*, qui, selon les mêmes Mahométans, étoit pareillement fils de Japhet, & frere de *Tchin*, & qui a laissé, selon eux, son nom à l'*Andaloufie*, comme *Tchin* à la Chine. Et cependant il est constant que l'Andaloufie doit son nom aux Vandales qui s'en rendirent maîtres, de la même maniere que la Gaule doit celui de France aux Francs.

Jamais les Chinois n'ont donné le titre de *Fagfour* à leurs Empereurs ; bien-loin de cela, ils ne sauroient ni prononcer ce mot barbare dans leur langue, ni l'écrire avec leurs caracteres. De plus, *Feridoun* ou *Afridoun*, suivant la Chronologie Mahométane, a commencé à régner, selon les uns, 1968 ans, selon les autres, 1754 avant l'Ere Chrétienne. Or dans ces deux temps, le Trône de la Chine étoit occupé par des Princes originaires du Pays. L'an 1968 avant Jesus-Christ, la Dynastie des *Hia* étoit en possession de la Chine depuis 239 ans. Ainsi cette année étoit la treizieme de l'Empereur *Hia-pou-kiam*. L'an 1754 fut le dernier du regne de *Tchim-tam*, fondateur de la Dynastie des *Cham*. Cette suite de Dynasties, de regnes & de générations est sûre & constante parmi les Chinois. Il n'y a point d'homme équitable qui la puisse révoquer en doute. Les premiers qui ayent assujetti la Chine entiere, sont les *Moumgols* ; ce qui n'arriva que l'an 1279 de l'Ere Chrétienne, que l'Empereur *Yuen-chi-tçou*, comme le nomment les Chinois, ou *Khoublai*, comme nous l'appellons après les Mogols, éteignit la Dynastie des *Soum*. Il est vrai que dans le quatrieme fiecle, les Etrangers, ou les Tartares, se rendirent maîtres de la partie la plus septentrionale de la Chine ; mais ils ne possëderent jamais la moitié de la Chine en propre. Avant ce temps-là, les Chinois, depuis la fondation de leur Monarchie jusqu'environ 126 ans avant l'Ere Chrétienne, s'étoient tenus renfermés dans eux-mêmes. *Tcham-kien* avoit été envoyé vers la Perse, par l'Empereur *Han-vou-ti*, pour faire une ligue avec les *Yue-tchi* contre les *Hioum-nou*. Etant de retour, il rendit compte de ses voyages à l'Empereur, & lui fit le rapport des peuples divers dont il avoit pris connoissance. Ce fut alors que les Chinois apprirent, pour la premiere fois, qu'il y avoit d'autres peuples sur la terre que les troupes vagabondes des Tartares, qui rodoient autour d'eux dans leurs déferts. Auparavant ils ne savoient pas même qu'il y eût au monde des Indes ou une Perse.

La Bibliotheque, sous le titre de *Tençu*.

Tençu. Les Arabes écrivent que c'est le nom que les Chinois donnent à leur Monarque. Il est vrai que les mêmes Chinois l'appellent encore aujourd'hui Tiençu, *c'est-à-dire* le fils du Ciel, *&* Hoam-ti, *mot qui signifie* jaune *ou* terrestre, *pour le distinguer de* Chamti, *qui signifie l'Empereur du Ciel ou le Ciel même. Car les Chinois n'ont point d'autre nom pour exprimer le nom de Dieu, que celui du Ciel.*

O B S E R V A T I O N.

Les Chinois n'ont point d'autre nom pour exprimer le nom de Dieu, que celui du *Ciel*, marque assurée qu'ils ne le connoissent pas.

Les Chinois donnent à leur Empereur le titre de *Tien-tçe*, qui signifie *fils du Ciel*, & non pas de *Tençu*, ni de *Tiençu*. Pour mieux faire comprendre de quel Ciel ils veulent parler, ils poussent la généalogie plus loin. Ils lui donnent le Ciel pour pere, la Terre pour mere, le Soleil pour frere aîné, & la Lune pour sœur aînée. L'Empereur prend lui-même le titre de *Hoam-ti*, mais ce titre ne signifie pas l'*Empereur jaune*. Quand il a ce sens, c'est le titre propre d'un ancien Empereur de la Chine, qui commença à régner l'an 2704 avant l'Ere Chrétienne. Dans ce sens, il s'écrit *Hoam-ti*, (1). Ce titre est tiré des plus profonds mysteres de la philosophie Chinoise. Ils prétendent que les cinq éléments, (car ils en admettent autant,) reglent par leurs révolutions fatales celles de l'établissement & du renversement des Empires, & que les Génies qui gouvernent les éléments, forment tour-à-tour des Empereurs. Ils donnent à ces Génies le titre de *Cham-ti*, *subalternes* ; ainsi l'ancien Empereur dont il est question, ayant été produit par la terre, il a dû prendre le titre de *jaune*, qui est, selon eux, la couleur propre de cet élément.

Le titre général que prennent les Empereurs Chinois, est celui de *Hoam-ti*, qui s'écrit *Hoam-ti* (2) ; ce qui signifie *auguste Juge*. Ces deux lettres *Hoam* (3), & *Hoam* (4) sont, comme on le voit, fort différentes, quant à la figure, quoiqu'elles s'accordent dans la prononciation ; la premiere se prononçant *Hoam*, & la seconde pareillement. Je viens présentement à la lettre *Ti*. Les Chinois lui donnent la même signification qu'à la lettre *Ti* (5), qu'ils rendent par *Chin*, c'est-à-dire, *juger*, & *Ti*, *discerner*. De-là

---

(1) 黄 *Hoam* 帝 *Ti.*   (2) 皇 *Hoam* 帝 *Ti.*

(3) 黄 *Hoam.*   (4) 皇 *Hoam.*

(5) 啻 帝 *Ti.*

vient que je le traduis par *Juge*, quoique ce terme ne remplisse pas entiérement la signification du mot Chinois, qui prétend marquer au Souverain, par le titre qu'il porte, le plus essentiel de ses devoirs, ou celui qui renferme tous les autres devoirs. Car étant chargé du soin de conduire les peuples au terme de la félicité publique, il doit discerner le vrai du faux, pour les instruire de la vérité & les détourner de l'erreur. Il doit discerner le bien du mal, pour porter ses peuples à la vertu, & les détourner du vice. Il doit discerner l'utile du dommageable, pour procurer l'un, & bannir l'autre. Il doit enfin discerner le juste de l'injuste, pour faire rendre à chacun ce qui lui appartient. La lettre *Ti* (6), en caractere ancien, est composée d'un caractere qui se lit *Cham* (7), & qui signifie *suprême*, & de *Tçe* (8), qui signifie *examiner*, & *discerner soigneusement*, comme qui diroit Souverain Juge. La Lettre *Hoam* (9) est composée du caractere *Pe* (10), qui, dans ce mot, est le même que *Tçe* (11) abrégé, & de *Ouam* ou *Vam* (12), qui signifie *Roi*; de sorte que parmi les différentes significations de la premiere lettre, choisissant celle de *soi-même*, qui lui est propre, elle signifie celui qui regne sur soi-même; personne n'étant propre à commander aux autres, s'il ne sait se commander lui-même. Les premiers Empereurs de la Chine ont porté le simple titre de *Hoam*, ou d'*Auguste*, sans addition. On n'en compte que trois. Les cinq qui ont suivi ont eu celui de *Ti*, ou de *Juges*. Les deux premieres Dynasties ont conservé ce dernier.

La Dynastie des *Tcheou* s'est contentée de celui de *Vam* (13), qui veut dire *Roi*. Cette lettre *Vam* a la même signification que celle de *Vam* (14), qui signifie *aller vers quelque endroit*, marquant par-là la bonté du Prince qui doit attirer les peuples à lui, & les engager à une soumission volontaire. L'analyse de cette lettre n'est pas moins instructive. Elle est composée de *San* (15), qui signifie *trois*, & de *Kouen* (16), qui signifie *pénétrer à travers*. Ces trois sont le Ciel, la Terre & l'Homme; ce qui, dans le style Chinois, comprend toutes les choses dont la connoissance est nécessaire aux Rois pour gouverner sagement. Enfin, *Tçin-che-hoam*, enflé du succès de ses victoires, qui l'avoient rendu maître absolu de tout l'Empire Chinois, se crut plus qu'homme. Il affecta ouvertement l'immortalité. L'an 219 avant l'Ere Chrétienne, il poussa l'orgueil, jusqu'à dire qu'il l'emportoit en mérite sur les trois *Hoam*, & en belles actions sur les cinq *Ti*. Il ordonna en même-temps qu'on lui donnât dans la suite le titre de *Hoam-ti*, ou d'*auguste Juge*. Quoique la postérité ait toujours regardé ce discours de *Tçin-che-hoam* comme une espece de blasphême contre les anciens Empereurs, elle n'a pas laissé de retenir ce titre dont elle condamne l'établissement. Les peuples de la Chine donnent à leur Empereur le titre de *Tchao-tim*, qui signifie la *salle du Palais*, marquant par le lieu celui qui l'habite. Les personnes polies se servent de celui de *Hoam-cham*, c'est-à-dire, d'*auguste Souverain*; & l'écrivent. Ils l'employent aussi celui de *Chim-cham*, ou de *Saint Souverain*; mais ils l'écrivent rarement. Dans le style de compliment, ils se servent de *Pii-hia*; ce qui veut dire le dessous de l'escalier, par où ils désignent les gardes qui sont rangés en haie le long des degrés dans les audiences solemnelles de l'Empereur. Cette maniere de parler est fondée sur le respect, qui ne permet pas aux Chinois d'adresser la parole directement à la personne à qui ils écrivent, lorsqu'elle leur est supérieure ou même égale. Ainsi, par rapport à l'Empereur, ils l'adressent aux Gardes du Trône. Quand ils parlent à un Prince ou Roi, ils employent le terme de *Tien-hia*, qui signifie *au-dessous de la Salle*, & par-là ils l'adressent la parole aux Gardes qui sont rangés dans la Cour au pied de la salle, durant les audiences du Prince. Ils ont même des termes différents pour les différentes conditions, dont le plus ordinaire est celuy de *Tço-hia*, qui signifie *sous les pieds*, & ils s'en servent à l'égard des particuliers, quoiqu'ils leur soient égaux en dignité, faisant entendre par-là qu'ils adressent la parole à leurs valets, pour lui en faire le rapport.

Le titre dont ils se servent en parlant directement à l'Empereur, & quelquefois même en tierce personne, est celui de *Van-soui*, qui signifie 10000 *ans*, & qui n'a d'autre sens que de lui souhaiter une longue vie. Ce titre revient à celui de *Votre Majesté*. Au reste, ce titre n'est pas fort ancien; en voici l'origine. L'Empereur *Han-vou-ti*, 110 ans avant l'Ere Chrétienne, alla sacrifier sur le sommet de la montagne *Soum-cham*, qui est la premiere (*), & celle du milieu des cinq principales montagnes de la Chine. Les flatteurs du Prince publierent qu'ils avoient entendu le Dieu de la montagne crier *Van-soui*, & par-là lui promettre l'immortalité que ce Prince recherchoit avec ardeur, employant pour cela tous les moyens que la Magie & la fausse Religion lui pouvoient suggérer. *Se-ma-tçien*, Historien très-grave, qui étoit pour lors à la suite de l'Empereur en titre d'office, a découvert à la postérité l'imposture de la flatterie. On demanda, dit-il, à ceux qui étoient déja arrivés à la cime de la montagne, s'ils avoient entendu quelque chose; ils répondirent que non. Ceux qui étoient demeurés au pied de la montagne, firent à la même demande une semblable réponse. Cela n'empêcha pas l'Empereur de se persuader de la vérité du fait. Il dédia un Temple au Dieu de la Montagne, en actions de graces. Depuis ce temps-là, le titre de *Van-soui* a été donné aux Empereurs Chinois. J'omets les autres titres Chinois, aussi-bien que ceux qui lui sont donnés par les nations voisines, & qui sont encore plus superbes que les titres Chinois, rien ne leur étant plus ordinaire que de nommer l'Empereur de la Chine, le *céleste Empereur*, & sa Dynastie, la *céleste Dynastie*. Or quel rapport peut avoir avec ces titres le *Fagfour* des Persiens? Quel rang *Tour* & *Feridoun* peuvent-ils trouver dans la suite des Empereurs Chinois?

La Bibliotheque, sous l'Article de *Sin*.

*Selon le rapport d'*Abou Ishak Ibrahim, *surnommé* Al-Hageb, *la largueur du Pays de la Chine, à le prendre depuis l'entrée du Golfe de Bengale jus-*

(*) Elle est dans la Province de *Honan*.

---

(6) 帝 *Ti*.   (7) 二 *Cham*.   (8) 朱 *Tçe*.

(9) 皇 *Hoam*.   (10) 白 *Pe*.   (11) 白 *Tçe abrégé*.   (12) 王 *Vam*.

(13) 王 *Vam*.   (14) 往 *Vam*.

(15) 二 *San*.   (16) 丨 *Kouen*.

qu'aux Pays des Mufulmans dans le Mavaralnahar, *a trois mois de chemin d'étendue, & fa longueur fe doit prendre depuis l'Océan oriental jufqu'en-deçà du* Thobut, *ou* Thebet; *ce qui fait* 4 *mois entiers de chemin.*

OBSERVATION.

Cet *Abou-Ishak* eft un admirable Géographe! Une ligne, tirée depuis l'entrée du Golfe de Bengale, jufqu'aux bords orientaux de la mer Cafpienne, paffe obliquement au travers des Indes. De quel droit la Chine pourroit-elle s'attribuer un femblable pays? Cependant les Indes devroient au moins appartenir à la Chine fuivant ce fentiment que le même *Ishak* détruit par la longueur qu'il donne à la Chine; car puifqu'il la termine au *Thybet* inclufivement, il en exclut les Indes. S'il a prétendu décrire l'Empire de la Chine avec toutes fes dépendances, tel qu'il étoit fous la domination des *Moumgols* (ou *Mogols* felon nous,) il eft bien-loin de compte. Il a même pris le contrepied de la vérité, renfermant dans la Chine ce qui devoit en être retranché, & retranchant de fon domaine des pays immenfes qui lui appartenoient. Il devoit dire en ce fens, que la Chine comprenoit toute l'Afie, à la réferve des Indes, & il eût pu même ajouter une bonne partie de l'Europe feptentrionale.

LA BIBLIOTHEQUE, fous l'Article de *LOUKIN.*

Les Géographes Arabes, comme Edriffi, &c. *écrivent que c'eft le nom d'une ville de la Chine, fituée fur la côte maritime & orientale de ce grand Pays. Elle en eft comme le premier port, lorfque l'on vient de l'Ifle de* Senf, *ou* Sinfou, *qui appartient aux Indes, & qui n'eft éloignée du port de* Loukin, *que de trois courfes de navire, c'eft-à dire de* 300 *milles d'Italie, ou de* 100 *lieues Françoifes.*

OBSERVATION.

Suppofons que *Loukin* foit la derniere & la plus orientale de toutes les villes de la Chine qui font fituées fur l'Océan oriental, partant de-là pour venir aux Indes, il faut parcourir plus de 300 lieues de côtes le long des Provinces de *Foukien* & *Canton*, avant d'arriver au *Toum-kin.* Ajoutez le *Toum-kin*, le *Camboge*, le Golfe de *Siam*, & le détroit de *Malaca*, ne faut-il pas être bon Géographe pour ne trouver que 100 lieues Françoifes dans une fi grande étendue de Pays?

LA BIBLIOTHEQUE, fous l'Article de *KHANKOU.*

Edriffi parle auffi de Khankou *en ces termes: C'eft, dit-il, un très-grand port de la Chine, éloigné de* 4 *journées de navigation, & de* 20 *journées de chemin par terre de* Loukin, *ville des Indes la plus prochaine; elle eft éloignée de* Giankou *au* Giankoua, *autre ville des Indes, de* 8 *journées.*

OBSERVATION.

Loukin, dans l'Article précédent, étoit une ville de la Chine; dans celui-ci c'eft une ville des Indes. *Giankou*, dans cet article, eft une ville des Indes, dans le fien propre, c'eft une ville de la Chine, qui n'eft éloignée de *Khancou* que de huit journées. Peut-être y a-t-il en cela quelque méprife, ou faute d'impreffion; autrement l'erreur feroit énorme de ne compter de la mer orientale de la Chine, fur laquelle *Khancou* eft bâtie, que huit jours jufqu'à *Giankoua*, ou plaçant *Giankoua* droit à l'Eft de *Khancou*, de n'en compter que feize.

LA BIBLIOTHEQUE, fous l'Article de *KHANKOU.*

Khankou, *nom d'une ville de la Chine très confi-*

dérable par le concours des marchands que le négoce y attire de tous côtés; & c'eft la derniere & la plus éloignée du côté du Levant où ils abordent. Elle eft fituée au Sud-Eft de la ville de Schangiou, *& n'eft éloignée de la mer que d'une demi-journée. Il n'y a point d'autre eau que celle que l'on tire des puits; & quoiqu'il n'y ait point de jardinages, elle ne laiffe pas d'être très-peuplée, à caufe du commerce qui s'y fait.*

OBSERVATION.

Cette ville pourroit bien être *Ham-tcheou*, aujourd'hui capitale du *Tchekiam*, Province fi fertile en foie. Sa grandeur, fon voifinage de la mer, & fa pofition à l'égard de *Schangiou*, que je crois être *Tcham-tcheou*, ville du premier ordre de la Province de *Nan-kim*, me le perfuade. *Soum-kao-tçoum* y établit le fiege de fon Empire l'an 1129 de l'Ere Chrétienne, & l'honora du titre de *Lin-ghan-fou.* La Dynaftie des *Soum* tenoit auparavant fa Cour à *Kai-foum-fou*, capitale de la Province de *Honan.* Cette ville fut forcée par les *Kin* Tartares. L'Empereur *Soum-hoei-tçoum*, & fon fils *Soum-kin-tçoum*, à qui il venoit de céder l'Empire, y furent pris, & emmenés captifs dans la Tartarie oriéntale avec 3000 Princes ou Princeffes de leur fang, & de celui des Impératrices. Ces barbares ajoutant l'infulte à la cruauté, donnerent à l'Empereur *Soum-hoei-tçoum* le titre honteux de *Duc de l'extravagance. Soum-kao-tçoum*, Prince du fang de cette Dynaftie, que l'abfence délivra du péril, fe rendit auffi-tôt maître de la Chine méridionale, où il poffédoit déja un Royaume. Il fut forcé d'abandonner le tiers de fon Empire à l'ennemi, qui lui fit payer un gros tribut pour la partie qu'il poffédoit. Sa poftérité jouit de l'Empire jufqu'à l'an 1279 qu'elle fut éteinte par les *Moumgols.* Ceux-ci dégraderent la ville Impériale des *Soum* méridionaux, lui ôterent fon nom de *Lin-ghan-fou*, & lui rendirent celui de *Ham-tcheou.* C'eft apparemment de ce nom de *Ham-tcheou* dont les Mahométans ont formé par corruption leur *Khancou*; car ce n'eft que depuis que cette ville eut changé de nom, que les Mahométans ont commencé à entrer en Chine à découvert & avec autorité. Cette ville eft à 30 degrés, 15 minutes de latitude feptentrionale, & plus orientale que *Pe-kim* d'environ 4 degrés. Il n'eft pas vrai qu'elle ne fe ferve que d'eau de puits; elle eft percée de tous côtés de canaux, où j'ai navigué plufieurs fois; elle eft arrofée par le *Tçien-tham-kiam*, fleuve qui a plus d'un quart de lieue de large vis-à-vis de la ville. Les jardinages y font auffi fréquents que les eaux y font abondantes. Ce que je dis fe prouve invinciblement par ce que rapporte la *Bibliotheque* fous l'Article de *Sin.* Le même Auteur (*Ebn Aloüardi*) auffi-bien que le Géographe Perfien, dit que la ville de *Khancou* eft la capitale du Pays, & que c'eft-là que le *Fagfour*, (c'eft, comme on a vu, l'*Empereur Chinois*) fait fa réfidence.

LA BIBLIOTHEQUE, fous l'Article de *SIN.*

Il paroit par la même narration (des Indiens), que les Chinois avoient reçu des Indiens la plus grande partie des Sciences; ce qui fe confirme par la vie de Confucius, *dans laquelle on voit que ce grand Docteur des Chinois avoit été inftruit dans la philofophie par les* Brahmenes *ou Docteurs Indiens.*

OBSERVATION.

Cette vanité des Indiens eft digne du Roman dont elle eft tirée. Les Chinois ne doivent l'invention des fciences & des arts, après Dieu, qu'à leur feule induftrie. Ils ne commencerent à apprendre qu'il y eût
des

des Indes au monde qu'un peu plus d'un fiecle avant l'Ere Chrétienne, comme nous l'avons déja dit ci-deffus. Dans ce temps-là, ils avoient la connoiffance des fciences & des arts. Il eft vrai que, fuivant les loix de la Métempfycofe, dont ils font entêtés, ils prétendent que des ames des Brahmenes ont paffé dans le corps de *Confucius*, & dans ceux de fes difciples; mais on ne les en eroira pas fur leur parole. Au refte, les Chinois leur rendent le change, & quelques-uns d'entre eux prétendent que *Lao-kiun* paffa de la Chine aux Indes, & y établit la Religion qu'on y profeffe.

Quoi de plus ridicule que de dire que *Confucius* a eu des Brahmenes pour maîtres? Où eft cette vie de *Confucius* qui le rapporte? Elle fe trouvera peut-être dans le *Kalilak-v-damnak* (*); mais celui qui la cher-cheroit en Chine, perdroit fon temps. Tout ce que les Chinois ont reçu des Indiens, c'eft leur maudite Religion; encore n'y eft-elle entrée que l'an 65 de l'Ere Chrétienne. Il eft vrai que quelques Auteurs Chinois, accoutumés à feindre des Hiftoires en forme de para-boles, affurent que *Confucius* eut pour maître un en-fant de 7 ans, nommé *Hiam-tchaa*; mais cette fable même fait voir qu'il n'a point eu de maître, ou, s'il m'eft permis de parler de la forte, qu'il a eu les fcien-ces infufes dès fon enfance; en tout cas cet enfant étoit Chinois.

La Bibliotheque, fous l'Article de *Sin*.

L'on trouve cependant dans les Tables géographi-ques de Naffireddin & d'Ulugbeg, la Ville de Pan-giou pour fiege royal des Rois de la Chine, fous la longitude de 130 degrés, & de 24 degrés 15 mi-nutes de latitude feptentrionale.

Observation.

Jamais Empereur Chinois n'a tenu le fiege de fon Empire dans une ville fi avancée vers le midi. Il eft vrai que deux Princes du fang des *Soum*, encore en-fants, furent enlevés par une troupe de braves hom-mes, & conduits par mer à *Fou-tcheou-fou*, capitale de la Province de *Foukien*, où le moins jeune fut proclamé Empereur; mais il n'y fit aucun féjour. Il équipa une puiffante flotte avec laquelle il tint la mer, n'ofant plus demeurer à terre. Les *Moumgols* qui avoient forcé *Ham-tcheou*, capitale alors de l'Empire, & pris l'Empereur, le pourfuivoient trop vivement. Ce nou-vel Empereur étant mort, on lui fubftitua l'autre Prince qui fut encore plus malheureux dans fes entre-prifes que fon prédéceffeur. Il vint aborder à *Yai-chan*; (c'eft l'embouchure la plus occidentale des ri-vieres qui viennent fe rendre à *Canton*.) Après plu-fieurs combats par mer & par terre, il fut enfin forcé par les *Moumgols*. Il perdit plus de 100000 hommes, & fut abandonné par une partie de ce qui reftoit de la flotte. Son principal Miniftre, tranfporté de défef-poir, prit le jeune Empereur entre fes bras, & fe précipita avec lui dans la mer. Ainfi finit l'Empire de cette Dynaftie. Je ne trouve rien en tout cela qui ait rapport à la ville de *Pangiou*. Ne voudroit-on point marquer *Kan-tcheou*, ville de la partie du Nord-Oueft de la Province de *Chenfi*, qui avoit été long-temps la capitale du Royaume que les *Hoei-hou* avoient fondée dans la Chine, & qui s'étendoit dans le *Tham-gout*? Il faudroit pour cela lui ajouter au moins 14 degrés de latitude. Ce Royaume fut fubjugué par celui de *Hia*, & celui de *Hia* par *Tchim-khis-khan*.

La Bibliotheque, fous le titre de *Namkink*.

C'eft le nom d'une ville du Cathaï, dans laquelle Altun khan, Roi des Cathaïens, ayant appris que

fon armée avoit été défaite par l'armée d'Oktai, fils & fucceffeur de Ginghizkhan, fe brûla lui avec toute fa famille & fes richeffes, pour ne pas tomber entre les mains des Mogols.

. Le nom de cette ville approche fi fort celui de Nan-quin, ville de la Chine, que l'on pourroit aifément croire que c'eft la même. Car il eft certain que les Mogols Ginghizkhaniens conquirent la Chine depuis l'an 1232, jufqu'à l'an 1252 de Jefus-Chrift.

Observation.

On trouvera fous le titre de *Cathaï* ce qui regarde *Altunkhan*. Cette ville de *Nam-kim* eft aujourd'hui la capitale de la Province de *Honan*, & fe nomme *Kai-foum-fou*. Elle a 35 degrés à fort peu près de latitude feptentrionale. Elle eft plus occidentale que *Pe kim*, d'environ deux degrés trois quarts. Elle eft donc bien éloignée de celle qui porte le même nom en Europe, puifque celle-ci eft à 32 degrés 4 minu-tes de latitude boréale, & plus orientale que *Pe-kim* de deux degrés un quart. Nous dirons le refte fous le titre de *Khanbalik*.

La Bibliotheque, fous le titre de *Khathai & Khatha*.

Nom de la Chine feptentrionale qui a toujours été gouvernée par des Rois dans les plus anciens temps dont les Hiftoires des Orientaux font mention. Car elles portent que le Khacan, ou Roy du Khathaï, joignit fes troupes à celles d'Afiafiab, Roi du Tur-keftan contre Caikhofrou, Roi de Perfe, & que Roftam le fit prifonnier. Les Rois de cette partie de la Chine portoient le nom d'Altounkhan du temps de Ginghizkhan, de même qu'ils portoient le nom de Daimenkhan du temps de Tamerlan & de fes fuccef-feurs. Car celui que Ginghizkhan vainquit en s'en rendant maître, portoit ce nom. Celui qu'Oktai vainquit le portoit auffi; & ce dernier ayant été vaincu par Oktai en bataille rangée, s'enferma dans la ville de Namkink, où il fe brûla avec les fiens; de forte qu'Oktai s'en rendit maître, & de tout le pays.

Observation.

Khathai, ou bien *Khatha*, a été formé par cor-ruption de *Khithat*, comme l'écrivent les *Moumgols*, ou de *Kithai* ou *Kithait*, comme ils le prononcent. Ils nomment ainfi la Chine entiere, comme nous le dirons dans la fuite. Ces Orientaux font plutôt des faifeurs de romans que de veritables Hiftoriens. Les anciens Empereurs de la Chine, durant près de 3000 ans, ne font jamais fortis de la Chine, pas même pour aller en Tartarie. Ils fe contentoient de repouffer ces Barbares fans les aller attaquer. Tandis qu'il ont ob-fervé cette méthode, les Tartares n'ont pu envahir la Chine. *Han-vou-ti*, qui commença à régner 140 ans avant Jefus-Chrift, fut le premier Empereur de la Chine qui fit des conquêtes dans la Tartarie. Avant lui, les Empereurs Chinois n'avoient eu aucune con-noiffance des Pays occidentaux, bien moins de la Per-fe. Suppofons préfentement que la chronologie Per-fienne eft exacte, *Kaikhofrou* a commencé à régner 471 ans avant Alexandre, & conféquemment 802 ans avant l'Ere Chrétienne. *Tcheou-fuen-vam* étoit alors Empereur de Chine. On a fon hiftoire, où l'on ne trouve ni cette expédition, ni un fuccès fi funefte & fi remarquable. On ne le trouvera pas non plus dans les annales de la Chine. Cependant les Chinois y ont marqué avec la derniere précifion ces fortes de défaf-tres; ils ont dreffé le Catalogue de leurs Empereurs qui ont été tués ou pris par les Puiffances étrange-res. Mais à quoi bon réfuter férieufement ces fables? Il n'y a qu'à lire avec un peu de réflexion les Hiftoi-

____

(*) Titre Arabe & Perfien d'un livre Indien, rempli d'a-pologues & de fables.

res de ces Rois de Perfe, pour y découvrir à chaque pas le caractere de roman. De plus, le titre de *Khacan* convient aux Empereurs de Chine, comme celui de *Pharaon* aux Empereurs Romains. Il n'a commencé à paroître au monde qu'avec le cinquieme fiecle.

Il eft vrai que du temps de *Tchim-khis-khan*, la Chine étoit partagée en feptentrionale qui comprenoit environ le tiers de cet Empire, & en méridionale qui étoit compofée des deux autres tiers. La feptentrionale étoit poffédée par un Empereur Tartare, & la méridionale par un Empereur Chinois, qui payoit un gros tribut au Tartare, qui, par ce moyen, pouvoit fe dire Souverain du *Khathaï*, ou de la Chine entiere. Pour bien comprendre ce partage de la Chine, il faut reprendre les chofes de plus haut. *Tçao-tçao*, le plus fin politique de fon fiecle, pour m'exprimer à notre maniere, & le plus grand fourbe qui fut jamais, pour parler comme les Chinois, s'étoit rendu maître de la perfonne de l'Empereur *Han-hien-ti* & de l'Empire. Les *Hioum-nou*, (ce font, à ce que je crois, les Huns,) étant déchus de leur ancienne puiffance, & divifés entre eux, vinrent fe jetter entre fes bras, & lui demanderent des terres. Tout le raffinement de fa politique ne put l'empêcher d'être la dupe des Tartares. Il fit pour lors à l'égard des *Hioum-nou*, en leur affignant des terres dans la partie feptentrionale de la Chine, la même faute que fit l'Empereur Valens 160 ans après, c'eft-à-dire l'an 376, à l'égard des Goths, qu'il reçut dans la Thrace. *Tçao-tçao* leur fit diftribuer des terres dans d'excellents pays, l'an 216 de l'Ere Chrétienne, penfant en faire un rempart à l'Empire, & à lui un degré pour monter au trône, où fon ambition le portoit depuis long-temps. Ils fe tinrent, près d'un fiecle, en repos; ils rendirent même de bons fervices à l'Etat. Mais dès qu'ils virent leur nombre multiplié, & qu'ils eurent pris une connoiffance parfaite des affaires de la Chine, ils déférerent de pleine autorité à leur Chef le titre de Roi, l'an 304. Le fuccès enfla le courage au Chef, & il fe fit proclamer Empereur 4 ans après.

Les autres nations Tartares, à l'exemple des *Hioum-nou*, fe fouleverent de toutes parts, & firent de la Chine feptentrionale un théâtre de révolutions, de fang & de carnage, fe maffacrant impitoyablement les uns les autres, & leurs Princes fe détrônant tour-à-tour. Les *Hioum-nou*, qui étoient pour lors les dominants, s'emparerent de *Honan-fou*, capitale de l'Empire Chinois, & obligerent les Empereurs Chinois d'aller établir leur fiege dans la ville que nous appellons *Nankim*. Enfin, les *Ouei* Tartares, après avoir peu-à-peu défait les Tyrans, établirent un gouvernement régulier dans la Chine feptentrionale, qu'ils pofféderent glorieufement avec toute la Tartarie jufqu'à la mer Cafpienne, & au-delà, jufqu'à ce que s'étant enfin divifés, ils furent détruits par les Chinois l'an 581. La Dynaftie des *Soui* qui les avoit détruits, éteignit bientôt après les Rois de la Chine méridionale, & réunit par-là tout l'Empire Chinois fous fa feule domination. Les Tartares furent pouffés vigoureufement à leur tour par les Chinois. Les Chinois tomberent eux-mêmes dans la divifion fur la fin de la Dynaftie des *Tham*. Alors les *Khi-tan*, Tartares Orientaux, ayant à leur tête un Héros de leur nation, prirent les armes, & firent un Empereur Chinois, qui leur donna une partie de la Chine feptentrionale en récompenfe de leurs fervices. Ils ne fe contenterent pas de cela; ils poufferent leur pointe, & devinrent en peu de temps les maîtres de tout le Nord de la Chine, impofant un gros tribut à la partie méridionale. Ce fut alors que les Chinois commencerent à être tributaires des Tartares dans toutes les formes. Les *Khi-tan*, qui avoient donné le titre de *Leao* à leur Dynaftie, jouirent de l'Empire fous neuf Empereurs durant 210 ans, fuivant le compte Chinois, & durant 220 ans felon le leur; (ce qui revient au même par la raifon que j'en

apporte ailleurs). Ils perdirent l'Empire l'an 1125, le dernier de leurs Empereurs étant tombé entre les mains des *Niou-tche*, Tartares Orientaux, qui donnerent le titre de *Kin* à leur Dynaftie. Ils s'appelloient auparavant *Niou-tchin*; mais un Empereur des *Leao*, dont le nom propre étoit *Tchin*, changea la lettre de *Tchin* en une autre qui fe lit *Tche*. Depuis ce temps-là, ils ont porté le nom de *Niou-tche*; car c'eft une faute puniffable en Chine que de prononcer ou écrire le nom propre de l'Empereur.

Il eft aifé de conclure de ce que je viens de dire, que *Kin* n'eft ni le nom de la nation, ni celui de la famille régnante. C'eft celui de la Dynaftie ou de l'Empire des *Niou-tche*. *Kin* eft un mot Chinois qui fignifie proprement *métal*, & par antonomafe, *or*. Voici la raifon qui obligea *Agou-tha* de donner ce titre à l'Empire ou à la Dynaftie dont il étoit le fondateur. Les *Khi-tan*, dit-il lui-même, avoient pris le titre de *Leao*, (qui fignifie une efpece d'excellent acier qui fe trouve dans certaines pierres qu'il faut caffer pour l'en tirer). Cet acier, tout excellent qu'il eft, eft enfin confumé par la rouille. L'or feul eft à l'épreuve de tous les changements, & entiérement incorruptible; ainfi que notre Empire foit nommé *Kin* ou *or*. Les Occidentaux ont changé ce mot en celui d'*Altoun* qui a la même fignification que le terme Chinois; comme fi nous appellions les *Leao*, les *Tartares d'acier*, & les *Kin*, les *Tartares d'or*. Le Conquérant Chinois qui chaffa les *Moumgols* de la Chine, & qui fut proclamé Empereur de ce vafte Empire l'an 1368, donna à fa Dynaftie le titre de *Mim*, qui fignifie *clarté*; & comme les Chinois ajoutent par refpect au titre de la Dynaftie régnante celui de *Thai*, qui fignifie *très-grand*; ils appelloient cette Dynaftie *Tai-mim*, ou de la *très-grande clarté*. C'eft-de-là que les Occidentaux ont formé leur *daimen*. Quant au mot de *Khan* qu'ils y ajoutent, il eft purement Tartare, & de nul ufage en Chine.

La Bibliotheque, fous le même Titre.

*Les Rois de cette partie de la Chine portoient le nom d'*Altounkhan *du temps de* Ginghizkhan, *de même qu'ils portoient le nom de* Daimenkhan *du temps de* Tamerlan & *de fes fucceffeurs. Car celui que* Ginghizkhan *vainquit, en s'en rendant maître, portoit ce nom. Celui qu'*Oktai *vainquit le portoit auffi; & ce dernier ayant été vaincu par Oktai en bataille rangée, s'enferma dans la ville de* Namkink, *où il fe brûla avec les fiens; de forte qu'*Oktai *s'en rendit maître & de tout le Pays.*

La Ville de Namkink *eft la même que celle de* Nanquin, *dont les Hiftoriens & les relations de la Chine parlent aujourd'hui; & cela fait voir que le* Khathaï *eft la Chine, & que* Khanbalik *ou* Cambalu, *qui en étoit la capitale, étoit dans la Chine, & non pas dans la grande Tartarie, comme la plupart de nos Géographes l'ont cru.*

Observation.

Après ce que je viens de dire, on ne doit pas être furpris fi le Roi qui fut vaincu par *Tchim-khis-khan*, fe nommoit *Altoun khan*, auffi-bien que celui qui fut défait par *Oktai*. *Altounkhan* étoit un titre commun à tous les Empereurs des *Kin*, de la même façon que celui de Roi de France l'eft à tous les Monarques des Gaules. Celui à qui *Tchim-khis-khan* refufa le tribut & l'hommage, l'an 1210, eut trois noms propres. Le premier qu'il porta durant l'enfance, fut *Him-chim*; le fecond qu'il prit fuivant la coutume de la Chine, après avoir atteint l'âge viril, fut *Yun-tçii*; mais comme l'Empereur *Hien-tçoum* avoit pris long-temps auparavant celui de *Yun*, il reçut ordre par un édit folemnel de changer la lettre de *Yun* en celle de *Youm*, & depuis il fut nommé *Youm-tçii*. Celui qui fut défait par *Oktai* eut trois noms propres; le premier fut *Cheou-fe*; le fecond *Cheou-li*; le troifieme qui étoit Tartare, *Nim-kia-cho*. Son titre Chinois d'apothéofe fut *Ghai-tçoum*. Pour faire voir ce qu'il y a de défectueux dans ce que racontent les Hiftoires Mahométanes touchant ce Prince, il eft à propos de rapporter ici ce qui fe trouve dans les Hiftoires Chinoifes à ce fujet. Je commence par le fiege de la ville de *Nan-kim*, que j'ai fait voir ci-deffus être bien différente du *Nan-kim* de nos relations. Je traduirai mot à mot l'Hiftoire Chinoife.

La ville étoit ceinte d'une double muraille. L'extérieure avoit 120 *Li* (*), ou 43200 pas géométriques de tour; elle étoit quarrée. Elle fut affiégée deux fois par les *Moumgols*. Le premier fiege fut fait l'an 1232 de l'Ere Chrétienne, la cinquieme année de *Soum-li-tçoum*, Empereur des Chinois méridionaux, régnant fous le titre de *Chao-tim*, la quatrieme du regne de *Yuen-thai-tçoum*, appellé par les Tartares *Oukouo-thai* & *Oktai* par les Mahométans, Empereur des *Moumgols*; enfin la premiere du regne de *Kin-ghai-tçoum*, Empereur des *Kin*, régnant fous le titre de *Thien-hini*. *Soboudai*, Généraliffime des armées d'*Oktai*, forma le fiege le troifieme mois de cette année, le 22e. jour du mois. Il la tenoit bloquée depuis le commencement de l'année, forçant toutes les villes d'alentour, après avoir paffé le *Hoam-ho* le cinquieme de la premiere Lune. Les aventuriers de l'armée étant arrivés devant la ville le 14 du troifieme mois, il fit battre les murailles avec toutes fortes de machines de guerre, & même des canons; mais comme les affiégés réfiftoient avec les mêmes armes, le fiege n'avançoit point. C'eft pourquoi il fit enfermer la ville par des lignes de circonvallation; elles avoient 54000 pas géométriques de circuit. Ces lignes étoient garnies de forts & de redoutes de toutes parts. Le foffé avoit plus de dix pieds de profondeur, & autant de largeur. Les corps-de-gardes y étoient placés à 35 pas géométriques de diftance les uns des autres, & étoient garnis chacun de plus de 100 hommes. Ainfi jour & nuit il y avoit 180000 hommes de garde. Joignez à cela les troupes du fiege, les camps volants qu'on envoyoit pour couper les vivres, & les corps d'armées qu'on détachoit pour affiéger les villes circonvoifines, & jugez de la grandeur de cette armée. L'Empereur *Oktai* avoit fon camp féparé, affez près de la ville. On fe battit d'abord avec tant de vigueur, qu'en douze jours de combats perpétuels on comptoit les morts par millions.

Oktai, ennuyé de la longueur du fiege, & foupirant après la Tartarie, offrit la paix à l'ennemi. Quoique les conditions en fuffent très-défavantageufes, l'Empereur des *Kin* Tartares fut forcé par l'état déplorable de fes affaires de les accepter; mais comme il commençoit à les accomplir, *Soboudai*, répondit qu'il n'avoit point d'autre ordre que celui de combattre. Le défefpoir du fuccès, & les préfents adoucirent la fierté de *Soboudai*; & ayant reçu pour ôtages le fils aîné & la fille de *Kin-ghai-tçoum*, il leva le fiege dans le quatrieme mois, à condition pourtant qu'il demeureroit dans la Province de la Cour avec toute fon armée; ce qui étoit, à proprement parler, changer le fiege en blocus.

Le fiege fut fuivi de la pefte, qui fit de fi étranges ravages, qu'en l'efpace de 50 jours, on compta aux portes de ce *Nan-kim*, aujourd'hui *Kai-foum-fou*, plus de 900000 morts, qui furent tranfportés hors de la ville, fans parler d'un nombre incroyable de corps, que la pauvreté contraignit d'enterrer dans les maifons & dans les jardins. Les Médecins, les Bon-

zes & tous ceux qui fervent aux enterrements, s'étoient fi fort enrichis, qu'on leur impofa un tribut.

Le feptieme mois, des Ambaffadeurs *Moumgols* furent maffacrés par une garnifon de *Kin* Tartares. L'Empereur des *Kin* Tartares diffimula la chofe, & ne punit point les coupables. Durant le blocus, il prit la réfolution de fortir de fa ville, & il en fortit le 26 de la douzieme Lune de l'an 1232. Il força d'abord deux forts, gardés par les *Moumgols*; il reprit même quelques villes; mais quand ce vint au paffage de la riviere de *Hoamho*, l'arriere-garde de fon armée fut défaite, & tout ce qu'avoit pas paffé fut exterminé ou pris par les *Moumgols*, qui les atteignirent fur la rive méridionale. L'Empereur des *Kin* Tartares fe crut obligé d'abandonner fon armée, & de prendre la fuite avec fix ou fept cavaliers. Il arriva à *Kouei-te-fou*, ville du premier ordre, (qui n'eft éloignée que de 27 lieues de *Kai-foum-fou*, vers le Sud-d'Eft.) Il manquoit de tout, & une partie de fes gens l'abandonna, ce qui le contraignit de fe refugier à *Tçai-tcheou*, ville forte & peu éloignée. *Soboudai* ayant appris tout cela, recommence le fiege de *Nan-kim*. L'anné fuivante, (1233) la famine fut extrême dans la ville. Une livre de riz y coûtoit une once Chinoife d'argent, c'eft-à-dire, près d'un écu & demi.) Tout étoit rempli de corps de ceux qui mouroient de faim. La néceffité en porta plufieurs à égorger leurs femmes & leurs enfants, pour fe nourrir de leur chair. Tous les palais & toutes les maifons furent démolies pour en brûler le bois.

Les chofes étoient réduites en cet état, quand *Tçouili*, homme fourbe & perfide, qui commandoit la garde du mur occidental, réfolut de tourner à fon profit la calamité publique. Il commença par effrayer le peuple en lui propofant une mort certaine en cas d'une plus longue réfiftance. Auffi-tôt qu'il l'eut gagné, il maffacra impitoyablement les deux premiers Miniftres de l'Etat. S'étant ainfi rendu l'arbitre de tout, il fit demander un pourparler à *Soboudai*: il l'obtint. Dans le feftin que lui fit *Soboudai*, il s'engagea à lui rendre la ville. A peine fut-il de retour, qu'il fit mettre le feu à toutes les tours, & à tous les forts qui défendoient la ville; par où *Soboudai* comprit qu'il agiffoit de bonne foi. Cependant *Tçouili*, s'abandonnoit à toutes fortes de débauches. Il fit affembler les filles les plus nobles fous différents prétextes, & en abufa. Il pilloit le tréfor Royal à découvert; nonobftant il vouloit être regardé comme le fauveur du peuple. Le quatrieme mois de l'année, *Tçou-li* envoya en préfent *à Soboudai*, les habits propres de l'Empereur & de l'Impératrice; enfuite il employa toutes fortes de cruautés pour extorquer de l'argent. Ce fut pour lors que tous connurent quel homme c'étoit. Il obligea l'Impératrice-mere d'écrire à l'Empereur fon fils, pour l'exhorter à fe rendre volontairement aux *Moumgols*. Il chargea la nourrice de l'Empereur de ces lettres; mais fans en attendre la réponfe, il fit prendre l'Impératrice-mere *Van-che*, l'Impératrice *Tu-tan-che*, deux Rois & leurs freres, 37 Reines, 500 Princes ou Princeffes du fang, le Chef de la maifon de *Confucius*, *Leam-che*, fameux Philofophe, avec les Bonzes, les Médecins & toutes fortes d'ouvriers, & les livra à *Soboudai*. Celui-ci fit mourir les deux Rois & tous les Princes du fang. Il fit tranfporter le refte à *Kharckharin*, capitale des *Moumgols*, dans la Tartarie occidentale. Voilà la maniere dont *Soboudai* fut introduit dans la ville Impériale. Les *Moumgols* pillerent tout, fans excepter la maifon de *Tçoui-li*, dont ils enleverent la femme & les concubines. Voilà ce que dit l'Hiftoire, à quoi il faut ajouter que c'étoit une loi parmi les *Moumgols*. que les habitants des villes qui leur auroient réfifté, fuffent paffés au fil de l'épée, après avoir été forcés. *Soboudai* avoit envoyé des Députés à *Oktai*, pour lui demander fes ordres & preffer, l'exécution

---

de la loi. Par bonheur, *Ye-liu-tçou-tçai*, Prince du fang des Empereurs des *Khitan*, fut averti à temps de la députation de *Soboudai*. Il poussa son cheval à toute bride, & se rendit auprès d'*Oktai*, qui étoit prêt de donner l'ordre. Il lui repréfenta qu'il alloit allarmer la Chine par une femblable cruauté, & forcer l'ennemi dans la suite à se battre en défefpéré, qu'il alloit exterminer, par cet ordre, tout ce qu'il y avoit de plus noble, de plus favant & de plus expert en tous les arts dans l'univers. *Oktai* balança quelque temps; mais enfin il céda à *Ye-liu-tçou-tçai*, dont, felon l'ordre de feu *Tchim-kis-khan*, son pere, il devoit suivre les conseils. Ainsi il se contenta d'ordonner qu'on extermineroit les Princes du fang des *Kin*, & qu'on pardonnât à tout le refte. *Ye-liu-tçou-tçai* sauva par-là la vie à plufieurs millions d'hommes; car nonobftant la guerre, la famine & la pefte, qui avoient conjuré enfemble contre cette malheureufe ville, on y compta encore 1400000 familles dans le dénombrement qui en fut fait incontinent après fa prife. Au refte, cette loi barbare avoit été auparavant exécutée en Chine. Les *Moumgols* ayant forcé *Tchim-tou-fou*, capitale de la Province de *Se-tchouen*, on compta 1400000 corps morts dans l'enceinte de la ville, le nombre de ceux qui avoient été égorgés autour de fes murailles, dans la plaine qui les environne, étoit innombrable. Revenons maintenant à *Ghai-tçoum*, & fervons-nous encore des termes de l'Hiftoire Chinoife, quoique fans traduire mot à mot; ce qui seroit trop long.

Kin-ghai-tçoum, après avoir ramaffé les débris de fes troupes à *Kouei-te-fou*, prit la réfolution d'aller fe cantonner à *Tçai-Tcheou*, où il arriva à la fin de la fixieme Lune de cette année (1233.) Il s'y fortifia du mieux qu'il put, & attendit-là de pied ferme le dernier coup de la fortune. Les *Moumgols* follicitoient l'Empereur des Chinois méridionaux de se joindre à eux contre l'ennemi commun. *Ghai-tçoum* lui envoya des Ambaffadeurs, pour lui faire entendre que de son falut dépendoit le fien; que les *Moumgols* avoient détruit 40 Royaumes, & que, fans fortir de Chine & de la Tartarie voifine, ils avoient renverfé la Monarchie de *Hia*; qu'après cela, ils étoient venus à lui, qu'après lui, ils iroient à eux. La paffion l'emporta sur la politique, qui ne vouloit pas qu'on introduifît des lions pour détruire des loups. Les Chinois méridionaux se liguerent avec les *Moumgols*. Les deux armées parurent devant *Tçai-tcheou* le 8 de la neuvieme Lune.

Les *Moumgols* & les Chinois commencerent, le jour d'après leur arrivée, à enfermer la ville de lignes de circonvallation. Le 9 de la douzieme Lune, les dehors furent forcés. Le 19 de la même Lune, l'ennemi fit breche au mur oriental de la ville. Ce même jour, *Ghai-tçoum* tint ce difcours aux fiens : ,, Il y a ,, dix ans que je regne, (*leur dit-il*), je ne me fens ,, coupable d'aucun crime : ainfi la mort ne me fait ,, point de peine. Ce qui m'en fait, c'eft de voir ,, qu'un Empire fi floriffant, qui a été fondé par mes ,, ancêtres, finiffe en moi. Je crains auffi qu'on ne me ,, confonde avec ce grand nombre de Princes, qui, ,, de tous temps, ont enfeveli leurs Etats dans l'i- ,, vreffe & dans la débauche ''. Enfuite il ajouta : De ,, toute antiquité, il n'y a point eu de Monarchie qui ,, n'ait trouvé fa perte. La plupart des Princes dé- ,, pouillés ont fini leur vie dans les prifons & dans ,, l'efclavage, en fe rendant à l'ennemi. J'ofe répon- ,, dre que cela ne m'arrivera pas; vous verrez dans ,, la suite fi je tiendrai ma parole ''.

Le 10e. jour de la premiere Lune de l'an 1234, *Ghai-tçoum* céda l'Empire à *Ye-liu-tchim-lin*, à qui on a donné le titre de *Mo-ti*, ou de dernier Empereur. Ce même jour, on apperçut tout-à-coup les étendards Chinois plantés sur la muraille du midi. En même-temps, il s'éleva d'horribles hurlements parmi

les affiégeants, qui donnerent un affaut général. La porte du midi fur abandonnée par ceux qui la défendoient, & forcée par les *Moumgols*, qui se rendirent maîtres de la ville; on se battit dans les rues en défefpérés. Durant ce temps-là, *Ghai-tçoum* se pendit dans son palais. Ses Officiers le pleurerent, & lui impoferent le titre de *Ghai-tçoum*, qui fignifie *le Vénérable*, digne de compaffion. Ne pouvant l'enterrer, ils brûlerent son corps. Un d'entre eux ayant ramaffé les cendres, les alla enterrer fur le bord de la riviere de *Ju-choui*, qui paffe près de la ville, fans qu'aucun péril l'en pût détourner. *Mo-ti* (cela fignifie le dernier Empereur) se retira dans la fortereffe. Il se battit jufqu'à la mort, qu'il reçut dans la mêlée, fans pouvoir être reconnu. Ainfi finit la Dynaftie des *Kin* Tartares l'an 1234, après avoir fi puiffamment régné dans la Chine & dans la Tartarie durant 118 ans, fous 9 Empereurs. La Ville de *Nan-kim* ne fut donc pas brûlée, ni même celle de *Tçai-tcheou*. Ceci eft tiré des faftes de *Li-tçoum*, Empereur des Chinois méridionaux, qui fervoient de troupes axiliaires aux *Moumgols* dans ce fiege.

LA BIBLIOTHEQUE, fous le même Titre.

Sous le regne de Mongaka *ou* Mangoukhan, *Empereur des Mogols, un Roi qui poffédoit 400 villes, s'étant revolté, ce Prince y entra avec son frere* Koublai; *mais il fut tué d'abord, l'an 658e. de l'Hégire. Auparavant le même* Monga-kakhan *avoit fait venir, &c.*

OBSERVATION.

Ce Roi étoit *Soum-li-tçoum*, Empereur des Chinois méridionaux. Il avoit plus de 1000 villes fous fa puiffance. Il ne s'étoit point révolté contre les *Moumgols*, puifqu'il n'étoit point leur fujet; mais plutôt leur conféderé, comme nous le venons de voir. *Moumkha-khan* ne fut point tué. Il mourut de maladie dans la Province de *Se-tçhouen*, après y avoir fait d'horribles ravages. Sa mort arriva l'an 1259. *Koublai* n'étoit point avec son frere; il attaquoit par un autre côté. Il affiégeoit la ville de *Vou-tcham-fou*, nommé alors *Ghotcheou*, dans la Province de *Houkouam*, lorfqu'il apprit la nouvelle de la mort de *Moumkha-khan*; ce qui l'obligea de lever le fiege, pour s'affurer de l'Empire des *Moumgols*.

LA BIBLIOTHEQUE, fous le titre de *KHANBALIC* ou *KHANBALEK*.

Nom de la ville que nos Hiftoriens & nos Géographes ont appellée Cambalu, *& qu'ils ont placée dans la grande Tartarie, au Septentrion de la Chine; mais fuivant les Géographes & les Hiftoriens Orientaux, il eft conftant que c'eft une ville de la Chine.*

Ebn Saïd *lui donne 130 degrés de longitude, & 35 degrés 25 minutes de latitude feptentrionale, & la place dans le quatrieme Climat; & les Tables intitulées* Alharaïr *ne lui donnent que 124 degrés de longitude, & 49 degrés de latitude feptentrionale, & la reculent jufqu'au fixieme Climat. La fupputation d'*Ebn Saïd *eft plus conforme à la vérité, fi l'on fait attention au chemin que firent les Ambaffadeurs de* Schah Rokh *& d'*Ulugbeg, *son fils, pour arriver à cette capitale de la Chine feptentrionale.*

Néanmoins, Ebn Saïd *&* l'Auteur des Tables Alharaïr, *conviennent en ce qu'ils écrivent, que* Kanbalig *eft fituée dans le* Kathaï, *c'eft-à-dire dans la Chine bien avant dans l'Orient.* Ebn Saïd *ajoute qu'elle étoit fort célebre de son temps, par les relations des marchands qui alloient & qui en apportoient des marchandifes; qu'il y avoit des mines*
d'argent

d'argent dans son voisinage, & qu'à son midi son terroir étoit borné par les monts de Belhar, ainsi appellés du nom d'un puissant Roi des Indes, voisin de la Chine.

Albergendi, dans sa Géographie, croit que la ville de Khanbalig est située à l'extrêmité du Turquestan, & que ce que l'on disoit de sa grandeur & de sa puissance, paroissoit incroyable.

La première conquête que Ginghizkhan fit, après s'être rendu maître absolu dans la Grande Tartarie, fut celle de Khanbalig, *qu'il prit par ses Lieutenants sur* Altoun Khan, *qui étoit alors Empereur de la Chine.*

Observation.

Comment se peut il faire que le *Khanbalig* d'*Ebn Saïd*, qui a 35 degrés, 25 minutes de latitude, soit le même que celui des Tables d'*Alharaïr*, qui en a 49?

Comment se peut-il faire que le *Khanbalig* des Tables d'*Alharaïr*, qui a 49 degrés de hauteur, se trouve dans la Chine, dont la partie la plus septentrionale ne passe pas 42 degrés?

Où trouver dans la Chine les monts de *Belhar*, nom que les Chinois ne peuvent ni prononcer, ni écrire? Un puissant Roi des Indes peut-il être dit voisin de la Chine, & sur-tout de *Pe-kim*, qu'on prétend être le vrai *Khanbalig*? Depuis quand les Chinois donnent-ils des noms étrangers à leurs montagnes?

Voici le fait. *Khanbalig* est un nom appellatif qui convient à toutes les villes où les Empereurs résident. Il signifie *Ville Impériale, Résidence de l'Empereur*, ou, pour parler à notre maniere, la *Cour*. Le titre, comme on le voit assez, peut convenir à quelque ville qu'il plaira au Souverain de choisir pour sa demeure. Ainsi les Historiens & les Géographes Orientaux, qui placent *Khanbalig* dans la Chine, ne combattent en aucune façon les nôtres, qui le mettent dans la Tartarie. Ce qu'on peut dire, c'est que ni les uns ni les autres n'ont entiérement compris le sens de ce mot étranger. Outre ce nom appellatif, les villes qui le portent ont le leur propre; par exemple, *Chuntien-fou*, qui est aujourd'hui le *Khanbalig* des Tartares & le *Pe-kim* des Chinois, (ce qui signifie *Cour du Nord*,) est la même ville qui portoit le nom de *Tchoum-kim*, ou de Cour du milieu sous les *Kin* Tartares ; & c'est le *Khanbalig* qui fut forcé par *Tchim-khis-khan*, & enlevé à l'*Altoun-khan*, ou l'Empereur des *Kin*, l'an 1215 de l'Eae Chrétienne. Voilà un *Khanbalig* dans la Chine. La ville de *Ta-tim-fou*, qui étoit le *Pe-kim* ou la Cour septentrionale des mêmes Tartares, fut forcée par les *Moumgols* peu de mois avant *Chun-tien-fou*. Voilà une ville Impériale, ou un *Khanbalig* dans la Tartarie, ou hors la grande muraille de la Chine. L'Empereur des *Kin* Tartares, ne pouvant plus tenir le Nord, se retira à son *Nan-kim*, ou à sa Cour du Midi, qui se nommoit alors *Pien-leam*, & aujourd'hui *Kai-foum-fou*. Voilà encore un *Khanbalig* dans la Chine. Mais comme les Mahométans ne parlent guere de la Chine que dans l'état où elle étoit sous la domination *Moumgole*, à laquelle ils étoient eux-mêmes soumis, bornons-nous aux *Moumgols*.

Leur premier *Khanbalig* fut *Khara-kharin*, ou, comme prononcent les Mohométans, *Caracaroum*, ville fort avant dans la Tartarie, à la hauteur de 45 degrés, trois-quarts, & plus occidentale que *Pe-kim* de 18 à 20 degrés. Pour la Chine, ils se contenterent de deux Cours. La première fut le *Pe-kim* d'aujourd'hui, ou le *Tchoum-kim* des *Kin* Tartares, ville à laquelle ils donnerent le titre de *Ta-tou* ou de grande *Ville Royale*. Elle a 39 degrés, 55 minutes de latitude septentrionale, & son méridien est distant de

celui de Paris de 117 degrés en longitude. La deuxieme fut bâtie par *Kouklai-khan*, l'an 1256, à 700 *Li* ou 70 lieües au Nord de *Pe-kim*, dans la Tartarie. Il lui donna le nom de *Kai-pim-fou*, & le titre de *Cham-tou*, ou de *suprême Ville Royale*. C'est celle-ci que désigne la Bibliotheque, sous l'article de *Mangucaan*, où elle parle en ces termes : On dit, que la Ville de *Khanbaleg*, que nous appellons aujourd'hui *Cambalu*, a été fondée par ce Prince (*Koublai.*)

On pouvoit s'appercevoir que les Géographes attribuoient le titre de *Khanbalig* à plusieurs villes, si l'on avoit fait attention aux différentes positions qu'ils leur donnent. Car la même ville peut-elle avoir 130 degrés d'une part de longitude, & 35 degrés, 25 minutes de latitude, & de l'autre 49 degrés de latitude, & 124 degrés de longitude? La première position peut convenir en quelque façon à *Kai-foum-fou*, qui étoit le *Nan-kim* des *Kin* Tartares ; la deuxieme à *Khara-kharin* pour la latitude, quoique d'une maniere un peu éloignée, la première de ces villes étant un peu moins de 35 degrés, & la seconde à moins de 46, pour ce qui est de la longitude. Celle de 124 degrés ne s'éloigne pas de *Khara-kharin;* celle de 130 s'écarte un peu plus de celle de *Kai-foum-fou.*

On a pu remarquer ci-dessus, que le *Khanbaligh* Tartare revient au *Kim* Chinois. Chez ces derniers peuples, *Kim* signifie proprement une hauteur escarpée de tous côtés, & une grandeur démesurée. Ils en ont fait le titre des villes Impériales, pour marquer leur grandeur & leur élévation sur les autres villes. Ils y joignent ordinairement le nom de *Se*, & disent *Kim-se*, marquant par ce mot de *Se*, qui signifie *multitude*, le grand nombre de leurs habitants. Ils leur donnent encore le nom de *Tou*, qui, dans sa première origine, signifioit toute ville Royale, où il y avoit un temple dédié aux mânes de quelque Empereur. Anciennement, lorsque la Chine étoit partagée en Royaumes, les enfants des Empereurs qui étoient créés Rois, avoient seuls le privilege d'ériger un temple dans leur capitale, aux mânes de l'Empereur dont ils tiroient leur origine ; ce qui faisoit donner le titre de *Tou* à ces villes. Depuis que ces Rois sont éteints, cela ne se pratique plus ; de sorte que n'y ayant plus d'autres villes que les Impériales, où les mânes des Empereurs ayent des temples en qualité d'Empereurs, il n'y a plus que ces Cours qui puissent porter le titre de *Tou*. De-là vient que les *Moumgols* s'en sont servis pour le titre de leurs villes Impériales. Les Chinois les nomment encore *Tou-men*, ajoutant ce dernier terme, qui signifie *porte;* & c'est peut-être pour cela que les *Turks*, qui ont eu tant à démêler avec les Chinois, avant qu'ils eussent été défaits & chassés par eux, ont donné le nom de Porte à la Cour de leur Empereur.

Cette multitude de *Kim* cause un grand embarras à ceux qui commencent à lire l'Histoire Chinoise. Les Anciens se contentoient d'une ville Impériale, & la seule nécessité pouvoit les forcer à en changer. *Tcheoukoum*, qui gouvernoit absolument l'Empire sous la minorité de l'Empereur *Tcheou-pim-uam*, fils de son frere, paroît avoir été le premier qui ait établi une seconde Cour. Il bâtit à cet effet la ville de *Lo*, appellée ensuite *Lo-yam*, aujourd'hui *Honan-fou*, 770 ans avant l'Ere Chrétienne. *Si-ghan-fou* étoit alors la première Cour. Dans la suite du temps, *Tcheou-pim-uam* transporta son siege à *Lo*. Cette ville de *Lo* servit de *Toum-kim*, ou de Cour orientale à la Dynastie des seconds *Tcheou*. La Dynastie des *Tham*, qui avoit son siege occidental à *Si-ghan-fou*, en fit son *Toum-tou*, ou sa ville Impéririale de l'Orient. La même ville de *Lo* devint le *Si-kim*, ou la Cour occidentale de la Dynastie des *Soum*, qui tenoient alors leur siege à *Kai-foum-fou*. La Dynastie des *Kin* Tartares lui accorda d'abord le titre de *Tchoum-kim*, ou de *Cour du milieu*. Peu de temps après, elle la dégrada, & la réduisit au simple nom de *Honan-fou*, qu'elle porte encore aujourd'hui. Cette ville est située dans la Province de *Honan*. Elle est par les 34 degrés, 45 minutes de latitude, à fort peu près & plus occidentale que le *Pe-kim* d'aujourd'hui d'environ 4 degrés, éloignée de *Si-ghan-fou* de 72 lieues horaires. Remarquez que *Si-ghan-fou* est à 34 degrés, 16′, 45″ de latitude, & à 129 degrés, 6′, 45″ de longitude, commençant au premier méridien. Le *Pe-kim* d'aujourd'hui est à 39 degrés, 54′ de latitude, & à 136 degrés, 46′, 30″ de longitude, d'où il s'ensuit que *Si-ghan-fou* est plus occidentale que *Pe-kim* de 7 degrés, 40′.

C'étoit encore pis sous la Dynastie des *Leao* Tartares, qui eurent cinq *Kim*; car la Dynastie des *Soum* s'étoit contentée de quatre. La premiere des *Leao* fut *Cham-kim*, ou la *Cour suprême*. Le nom propre de la ville étoit *Linhoam-fou*, parce qu'elle étoit située sur les bords de la riviere *Hoam*. Elle étoit à 44 degrés environ de latitude, & plus orientale que *Pe-kim* de près de quatre degrés. La seconde se nommoit *Toum-kim*, ou la *Cour orientale*. Le nom propre de la ville étoit *Leao-yam-fou*, parce qu'elle étoit située sur la rive septentrionale de la riviere appellée *Leao*: c'est une ville du *Leao-toum*, Province hors de la Chine, mais appartenante à la Chine, qu'on appelle aujourd'hui *Kouan-toum*. Cette ville passe les 42 degrés en latitude. Elle est plus occidentale que *Pe-kim* de près de 7 degrés. La troisieme s'appelloit *Si-kim*, ou *Cour Occidentale*. Le nom propre de la ville étoit *Tai-toum-fou*, & l'est encore aujourd'hui. Elle est à près de 39 degrés & demi de hauteur de pole dans la Province de *Chansi*. Elle est plus occidentale que *Pe-kim* de 6 degrés. La quatrieme se nommoit *Nan-kim*, ou la *Cour du Midi*. Le nom propre de la ville étoit alors *Sii-tçin-fou*. (C'est la ville de *Chun-tien-fou*, qui est le *Pe-kim* d'aujourd'hui.) Elle a moins de 40 degrés de latitude; en longitude elle est plus orientale que Paris de 117 degrés au moins. La cinquieme étoit appellée *Tchoum-kim*, ou la *Cour du milieu*. Le nom propre de la ville étoit *Ta-tim-fou*, ville qui est à moins de 42 degrés de hauteur de pole dans la Tartarie, & qui est plus orientale que le *Pe-kim* d'aujourd'hui de moins de 4 degrés.

Les *Kin* Tartares, qui s'éleverent sur les ruines des *Leao*, acheverent de tout brouiller. Leur Cour suprême fut la ville de *Hoei-nim-fou*. Elle est dans le *Leao-toum*, & ne doit pas beaucoup passer les 42 degrés de latitude, ni être guere plus de 5 degrés plus orientale que le *Pe-kim* d'aujourd'hui. Leur *Toum-kim*, ou leur *Cour Orientale*, aussi-bien que leur *Si-kim*, ou *Cour Occidentale*, furent les mêmes que celles des *Leao* Tartares. Leur *Pe-kim*, ou *Cour du Nord*, fut la même ville que celle qui avoit servi de *Tchoum-kim*, ou de Cour du milieu aux *Leao* Tartares, c'est-à-dire, *Ta-tim-fou*. Leur *Nan-kim*, ou *Cour du Midi*, fut la ville capitale de la Province de *Honan*, dont nous avons déja parlé. Leur *Tchoum-tou*, ou bien leur *Ville Royale du milieu*, qui leur servit aussi de *Nan-kim*, ou de *Cour du Midi*, durant quelque temps, & qui porte encore le titre de *Yen-kim*, est le *Pe-kim* d'aujourd'hui. La ville de *Toum-pim-fou* porta aussi, durant quelque temps, le même titre de *Tchoum-kim*, sous cette Dynastie.

Les *Yuen* Tartares, (car *Yuen* est le titre relevé que les *Moumgols* donnerent à leur Dynastie.) Je dis le titre relevé; car il n'y a point de terme plus noble dans la langue Chinoise, puisqu'il signifie la *vertu essentielle*, qui rend le Ciel le plus grand de tous les êtres, & le premier principe de toutes choses. Les *Yuen* Tartares, dis-je, se contenterent de trois Cours. La premiere fut *Kara-kharin*; la seconde, *Ta-tou* ou le *Pe-kim* d'aujourd'hui; & la troisieme, *Cham-tou*; nous avons expliqué tout cela ci-dessus.

La Dynastie de *Mim* n'en eut que deux, qui sont celles que nous nommons encore en Europe, *Nan-kim* & *Pe-kim*.

Enfin, les *Man-tchou* Tartares, qui ont donné le nom de *Tçim*, ou de *pureté* à leur Dynastie, n'en ont pas davantage; leur *Pe-kim* est le même que celui des *Mim*. Ils ont dégradé le *Nan-kim* des *Mim*, & l'ont réduit au rang des simples villes, en la nommant *Kiam-nim-fou*. En même-temps, ils ont élevé à la dignité de Cour la ville de *Chin-yan-fou*, capitale aujourd'hui de *Leaotoum*, & lui ont donné le titre de *Chim-kim*, ou de *Cour florissante*, & cela parce que le bisaïeul de l'Empereur régnant & le fondateur de cette Dynastie, prit pour la premiere fois le titre d'Empereur dans cette ville, l'an 1616. On ne doit pas après cela être surpris si, parmi la confusion de tant de *Kim* & de *Khanbaligh*, ou de *Cours*, les Mahométans se sont confondus.

La Bibliotheque, sous le titre de *Cara Cathaian*.

Dynastie de neuf Princes qui ont régné dans le Kerman, qui est la Caramanie Persienne, depuis l'année de l'Hégire 621 jusqu'en la 766ᵉ, pendant l'espace de 82 ans, c'est-à-dire, depuis l'an 1224 jusqu'en l'an 1306 de Jesus Christ.

1. Barak Hageb, *natif du* Cara Cathai, *Ambassadeur des Mogols à* Mohammed Kouarezm Schah, *qui le retint à son service. Il régna* 11 *ans.*

2. Mobarek Khuage, *fils de* Barak, *qui régna* 16 *ans.*

3. *Sultan* Cothbeddin, *neveu de* Barak, *régna* 8 ans.

4. Hegiage, *fils de* Cothbeddin, *lequel étant encore enfant, sa belle-mere gouverna pour lui pendant* 12 *ans.*

5. Soiourgatmisch, *fils de* Cothbeddin, *régna* 9 ans.

6. Padischah, *ou* Pascha Khatun, *fille de* Cothbeddin.

7. Schah Gehan, *fils de* Soiourgatmisch.

8 Mohammed Schah, *fils de* Hegiage, *fils de* Cothbeddin.

Khondemir *ne garde pas cet ordre; car il place* Mohammed Schah *avant* Schah Gehan. *Il faut remarquer aussi que, pour trouver ici le nombre de neuf Princes, il faut compter le regne de la belle-mere de* Cothbeddin *séparément de celui de son beau-fils.*

Observation.

Je crains fort qu'il n'y ait ici un grand mécompte; je n'assurerai rien. Je me contenterai seulement de mettre en parallele ce qui est rapporté dans l'Histoire de la Chine, au sujet d'une Dynastie qui fut établie dans le *Kerman*, par un Prince sorti de Chine. On ne sera pas fâché de voir ici ce morceau d'Histoire, quand ce ne seroit que pour pouvoir comparer la noble simplicité de l'Histoire Chinoise avec la vaine enflure des Historiens Mahométans; en voici la traduction. *Ye-lu-ta-ché*, fondateur de la Dynastie, qui a pour titre la Dynastie des *Leao* Tartares Occidentaux, avoit pour surnom d'honneur, *Tchoum-te*, qui signifie en Chinois *faisant grand cas de la vertu*. Il descendoit d'*Apao-ki*, fondateur de la Dynastie Chinoise des *Leao*, à la huitieme génération. Il savoit parfaitement les Lettres des *Leao* & des Chinois. Il étoit excellent cavalier, aussi-bien que bon archer. Il fut mis au nombre des Docteurs Chinois, dans l'examen qui s'en fit l'an 1115. Il fut encore du nombre de ceux d'entre ces Docteurs, qui furent choisis pour entrer dans les charges de l'Académie Impériale. Il monta bientôt à de plus hautes dignités; mais on continua toujours à lui donner le titre de *Lin-ya*, ou de l'*Académicien*. Il n'étoit connu que sous le nom de *Ta-ché-lin-ya*, ou de *Ta-ché*, l'*Académicien*. Il parvint à être Vice-Roi & Généralissime la seconde année de *Pao ta*, ou l'an 1122. *Thien-tço*, Empereur des *Leao*, se sentant tous les jours pressé de plus en plus par les *Kin* Tartares, avoit abandonné ses capitales, & fuyoit errant de toutes parts. *Ye-lu-ta-ché* se joignant aux Grands de l'Empire, proclama Empereur *Ye-lu-chun*, Prince du sang. *Ye-lu-chun* étant aussi-tôt mort, *Ye-lu-ta-ché* fit déclarer Impératrice Régente, la Reine *Siao-te*, femme de *Ye-lu-chun*, pour défendre la Province de *Pe-kim*. Les *Kin* Tartares étant survenus, l'Impératrice abandonna *Pe-kim*, & se retira auprès de l'Empereur *Thien-tço*. Celui-ci la fit mourir, & reprit rudement *Ye-lu-ta-ché*. ,, Comment ,, avez-vous osé, moi vivant, lui dit-il, proclamer Em- ,, pereur *Ye-lu-chun?* " — ,, Votre Majesté, répondit ,, *Ye-lu-ta-ché*, lors même que les forces de l'Em- ,, pire étoient dans leur entier, n'avoit pas pu résis- ,, ter une seule fois à l'ennemi ; elle avoit quitté l'E- ,, tat, & s'étoit enfui fort loin. Par-là elle avoit ,, abandonné ses peuples au carnage & aux massacres. ,, Quand donc même j'aurois proclamé Empereurs ,, dix *Ye-lu-chun*, ils seroient tous descendus du fon- ,, dateur de notre Dynastie. Ce parti ne nous conve- ,, noit-il pas mieux que de se rendre à l'ennemi, & ,, lui demander la vie " ? L'Empereur n'eut rien à répondre ; il mangea avec *Ye-lu-ta-ché*, & lui pardonna sa faute. Cependant *Ye-lu-ta-ché* ne se crut pas en sûreté. Il fit mourir aussi-tôt *Siao-yi-sie* & *Po-li-kouo*, & prit de lui-même le titre de Roi. Il s'enfuit durant la nuit à la tête de deux cents cavaliers, armés de toutes pieces. Il marcha trois journées, après quoi il passa la riviere de *He-choui*, en Tartarie, *Karasou*. Elle prend sa source dans la Tartarie, & entre dans la Chine à l'extrémité du Nord-Ouest de la Province de *Chensi*. *He-choui*, ou *He-soui*, aussi-bien que *Kharasou* ou *Kharasoui*, signifie *eau noire*. Il rencontra *Tchouam-ghour*, Vice-Roi des Empereurs des *Leao*, qui commandoit aux Tartares blancs. *Tchouam-ghour* fit présent à *Ye-lu-ta-ché* de 400 chevaux, de 20 chameaux & de troupeaux de moutons. *Ye-lu-ta-ché* prit de-là sa route vers l'Occident, & arriva à la ville de *Kha-toun*, c'est-à-dire, de l'*Impératrice*. Il y en a eu plusieurs de ce nom en Tartarie. Il y en avoit deux dans l'Empire propre des *Leao*. La première, nommée l'ancienne, étoit au Nord-Ouest de leur Cour suprême, dont elle étoit éloignée de plus de 300 lieues. La seconde s'appelloit le *Khatoun-tchin* des *Hoei-hou*, qui étoit à 170 lieues au Nord-Ouest de la même Cour, ou de la ville de *Lin-hoam-fou*. Celle-ci, par corruption, s'appelloit *Hatoum*. Celle où alla *Ye-lu-ta-ché* doit être une troisieme du même nom ; car autrement il auroit pris le chemin du Nord pour aller à l'Occident. Celle-ci est sur le chemin de la Chine au Royaume d'*Eyghour* ; elles avoient été bâties pour des Infantes de la Chine, que les *Toukiue* & les *Hoei-hou* avoient épousées durant l'éclat de leur puissance.

Il s'arrêta dans l'ancienne Cour des Tartares, qui étoit alors le siege du Généralissime Chinois qui commandoit dans toute la Tartarie. Il y fit une assemblée de Tartares composée des Députés de sept Provinces & de 18 hordes. Je ne les nomme point, ces noms étant inconnus à l'Europe. Le Roi, (c'est ainsi que l'on appellera dans la suite *Ye-lu-ta-ché*,) fit cette harangue à l'assemblée : ,, Mes ancêtres ont fondé un ,, vaste Empire avec des peines immenses. Il a été pos- ,, sédé par neuf Empereurs consécutifs pendant 200 ,, ans. Les *Kin* Tartares, qui sont sujets de cet Em- ,, pire, l'oppriment ; ils massacrent nos peuples, ils ,, saccagent nos villes. Enfin, ils ont contraint no- ,, tre Empereur *Thien-tço* à fuir honteusement, & à ,, abandonner ses Etats ; il est dans une affliction con- ,, tinuelle. Aujourd'hui me fondant sur la justice, je ,, suis venu à l'Occident emprunter vos forces, pour

,, détruire nos ennemis communs, & pour recouvrer ,, mon Empire. Ne serez-vous point touchés de com- ,, passion à la vue de l'état où est l'Empire ? Verrez- ,, vous sans douleur les temples de ses Génies tuté- ,, laires renversés ? Ne songerez-vous point à secou- ,, rir votre pere & votre Empereur ? Verrez-vous ,, avec indifférence la misere des peuples." ?

L'assemblée lui composa une armée de cavaliers d'élite, qui passoit le nombre de 10000. Incontinent le Roi les distribua en compagnies & en régiments, leur donna des Officiers, & songea à se fournir de toutes sortes d'armes. L'année suivante, le jour de la seconde Lune, nommé *Kia-ou*, le Roi sacrifia un veau noir & un cheval blanc au Ciel, à la terre & à ses ancêtres. Après cela, il rangea son armée en bataille, & partit. Mais auparavant, il écrivit une lettre à *Pi-le-ko*, ou peut-être *Pil-kha*, ou *Pir-ka*, Roi des *Hoei-hou*, (c'est-à-dire de *Kaschhar*, *Yarkhan* & autres Pays,) dont voici les termes : Anciennement le fondateur de ma Dynastie ayant porté ses armes victorieuses vers le Nord jusqu'à la ville de *Pou-kou-han*, envoya des députés vers votre aïeul *Ou-mou-tchu* jusqu'à *Kan-tcheou*. (ville de la Province de *Chensi*, dans la Chine où il y avoit alors un Royaume des *Hoei-hou* Tartares.) Ils lui porterent une lettre conçue, à-peu-près, en ces termes : ,, Pensez-vous en- ,, core à votre ancien Pays (des *Uzbecks* Orientaux ?) ,, Si vous y pensez, moi Empereur, je veux vous ,, le rendre ; que si vous ne pouvez venir le repren- ,, dre de mes mains, je le retiendrai. C'est la même ,, chose qu'il soit entre les vôtres ou entre les mien- ,, nes. Votre aïeul répondit par un placet, qu'il y ,, avoit plus de dix générations qu'il avoit abandonné ,, ce Pays, & s'étoit établi en celui de la Chine ; que ,, ses soldats & ses peuples étoient contents du pays ,, où ils étoient, & qu'ils ne le quitteroient pas vo- ,, lontiers, qu'ainsi il ne pouvoit plus retourner dans ,, son ancien pays. Ce n'est donc pas aujourd'hui que ,, mon Empire avec votre Royaume. Pré- ,, sentement, je suis sur le point de passer en Arabie. ,, Je demande le passage libre au travers de vos Etats, ,, & n'allez pas vous mettre des soupçons dans la ,, tête ".

Pi-le-ko, à peine eut-il reçu cette lettre, qu'il accourut au-devant du Roi. Il le logea & le traita durant trois jours. Quand le Roi fut prêt à partir, il lui fit présent de 600 chevaux, de 100 chameaux & de 3000 moutons. Il lui donna volontairement quelques-uns de ses fils & de ses petits-fils en ôtages, & se fit tributaire de *Ye-lu-ta-ché*. De plus, il l'accompagna jusqu'à la sortie de ses Etats.

Le Roi, dans les lieux où il passoit, forçoit tout ce qui s'opposoit à lui ; il donnoit la paix à ceux qui se soumettoient. Après avoir fait 1000 lieues de chemin, il se trouva maître de plusieurs Royaumes. Il marchoit chargé de dépouilles, & suivi d'un nombre prodigieux de chevaux, de chameaux, de bœufs & de moutons. La force de son armée augmentoit de jour en jour, comme aussi le courage à ses soldats. Quand il fut arrivé à *Tçin-se-yu*, il trouva une armée de 100000 hommes, commandée par Hoursan, qui avoit été envoyée par les Royaumes de l'Occident pour s'opposer à son passage. Les deux armées étoient à moins de 1000 pas de distance l'une de l'autre.

Le Roi harangua ses troupes en cette sorte : ,, Quoi- ,, que cette armée soit nombreuse, elle manque de ,, tête. Quand nous l'aurons attaquée, l'éloignement ne ,, permettra pas aux différentes parties qui la com- ,, posent de se prêter mutuellement secours ; la vic- ,, toire est à nous ". Il partagea son armée en trois corps. Il donna 2500 cavaliers à commander au Roi *Siao-oua-li-la* & au Prince *Ye-lu-soum-chan*, pour attaquer la droite de l'ennemi. Il en donna autant à *Siao-la-gho*, & au Prince *Ye-lu-mounie*, avec ordre de tomber sur la gauche, tandis que lui, avec le corps de fon armée, donneroit fur celui de l'armée ennemie. Ces trois corps donnerent en même-temps, & mirent en déroute l'armée d'*Hourfan*. La terre fut couverte de morts dans l'étendue de plufieurs lieues de pays. Le Roi demeura fur le champ de bataille durant quatre-vingt-dix jours. Pendant ce temps, les Rois Mohométans vinrent fe rendre à lui, & lui payer tribut. Après cela, le Roi continua fa route vers l'Occident jufqu'au *Kerman*. Ce fut-là qu'il fut proclamé Empereur par tous fes Officiers, tant de plume que d'épée. Il prit donc poffeffion de cette dignité l'année nommée *Kia-thin*, (il falloit dire *Yi-ffe*, comme je le remarquerai dans la fuite, c'eft-à-dire, l'an 1125 de J. C.) le cinquieme jour de la feconde Lune. Il étoit alors âgé de 38 ans. Il prit le titre Tartare de *Kor-khan*. Il prit encore le titre Chinois de *Thien-yeou-hoam-ti*, qui fignifie *Empereur aidé du Ciel*. Il donna aux années de fon regne le titre de *Yen-kim*, c'eft-à-dire, *félicité étendue*. Il créa, fuivant la coutume de la Chine, Empereur fon aïeul mort. Enfuite, il harangua fes Officiers en ces termes : „ Moi Em„pereur, j'ai fait avec vous, ô Grands & autres! „ une marche de 3000 lieues. J'ai traverfé les ri„vieres & les fleuves, les fables & les déferts. J'ai „ fouffert jour & nuit beaucoup de travaux & de fa„tigues. Enfin, foutenu par le bonheur de mes an„cêtres & par la force de vos bras, je fuis parve„nu, quoiqu'indigne, à la dignité célefte de *Hoam*„*ti*, ou d'Empereur de Chine. Il eft jufte que je „ confere des dignités à vos peres & à vos aïeux qui „ font morts, afin que vous participiez à mes hon„neurs & à ma gloire ". En même-temps, il donna des titres d'honneur aux peres & aux aïeux de *Sia-oua-li-la* & de 48 autres Seigneurs, les proportionnant au rang & aux fervices d'un chacun. La troifieme année de *Yen-kim*, il ramena fon armée vers l'Orient. Après une marche de 20 jours, il trouva un pays excellent, ou il bâtit une ville, à laquelle il donna le nom de *Hou-ffe-ouordo*, ce qui fignifie la *forte tente* ou le *fort Palais*. Il en fit le fiege de fon Empire. La même année, il changea le titre de fes années, & au-lieu de *Yen-kim*, il leur donna celui de *Kham-koue*, c'eft-à-dire en Chinois, *Royaume pacifique*.

La premiere année de *Kham-koue*, dans la troifieme Lune, il nomma les Officiers-Généraux de fon armée qui fe trouva compofée de 70000 chevaux. Il immola un veau noir & un cheval blanc au Ciel & à la terre, &c. Il fit élever un étendard pour affembler qu'il harangua en ces termes : „ Notre „ grande Dynaftie des *Leao* avoit été fondée par fes „ deux premiers Empereurs avec beaucoup de pei„nes & de fatigues. Leurs fucceffeurs fe font aban„donnés fans aucune modération aux plaifirs & à la „ débauche, fans fe mettre en peine du gouverne„ment de leur Empire. Les bandits & les voleurs „ fe font élevés par effaims. Le monde entier, (c'eft-à-„ dire l'Empire de la Chine,) s'eft éboulé comme „ une terre qui fe renverfe. Je me fuis mis à vô„tre tête, & j'ai traverfé toute la Tartarie dans l'ef„pérance de rétablir ce grand Empire, & d'acquérir „ la gloire de Reftaurateur. Ce pays-ci n'eft point un „ lieu où nous puiffions, ni moi, Empereur, ni vous, „ nous établir ". Enfuite il donna fes ordres à *Sia-oua-li-la*, Généraliffime de l'armée, en ces termes : „ Marchez à la bonne heure ; récompenfez fidéle„ment le mérite ; puniffez fans exception le crime ; „ partagez le doux & l'amer avec vos troupes ; choi„fiffez pour vos campements des lieux abondans en „ eaux & en herbes ; mefurez les forces de l'ennemi „ avant de l'attaquer ; & prenez garde à ne vous pas „ attirer vous-même le malheur d'une défaite entiere ". L'armée avança plus de 1000 lieues fans trouver aucun butin. La plupart de fes bœufs & de fes chevaux moururent ; ce qui l'obligea de rebrouffer chemin. Alors *Ye-lu-ta-ché* s'écria : „ L'augufte Ciel ne nous

„ eft pas propice ; c'eft le deftin ". Il mourut la 10ᵉ. année de *Kham-koue*. Il régna 20 ans ; (il faut corriger 12). On lui donna après fa mort pour titre d'apothéofe, *Te-tçoum*, (ce qui fignifie en Chinois le *vertueux vénérable*). Il laiffa un fils nommé *Yi - lie*; mais comme fon âge peu avancé ne lui permettoit pas de gouverner, l'Empereur mourant nomma Impératrice fa femme, Régente de fes Etats.

Le nom de cette Impératrice étoit *Ta-bou-yen*, & fon titre *Kan-thien-hoam-heou*, (c'eft-à-dire en Chinois, *l'Impératrice qui fléchit le Ciel*). Elle donna pour titre à fes années celui de *Hien-tçim*; (ce qui fignifie en Chinois, *totale pureté*). Elle régna 7 ans, après quoi *Yi-lie* fon fils prit poffeffion de l'Empire, donnant à fes années le titre de *Chao-bim*, ou *d'exaltation continuée*.

Il fit le dénombrement de fon peuple au-deffus de l'âge de 18 ans. Il compta 84500 hommes, & il régna 13 ans. Son titre d'apothéofe fut *Gin-tçoum*, ou le *charitable vénérable*. Son fils étoit pupille ; c'eft pourquoi en mourant il laiffa le gouvernement entre les mains de fa fœur cadette, nommée *Pou-fo-ouan*. Celle-ci donna aux années de fon regne le titre de *Tçoum-fou*, (c'eft-à-dire, de la *haute félicité*,) & elle prit pour elle-même celui de *Tchim-thien hoam-heou* (c'eft-à-dire, *l'obéiffante au Ciel Impératrice*). Elle avoit un mauvais commerce avec *Pou-kou-tche-cha li*, frere cadet de *Siao-to-lou*, gendre de l'Empereur. Elle créa *Siao-to-lou*, Roi de l'Orient, & l'écarta de la Cour; après quoi elle le fit tuer. *Siao-oua li-la*, pere de *Siao-to-lou*, inveftit le palais avec fes troupes, & tua l'Impératrice *Pou-fo-ouan* à coups de fleche, auffi-bien que *Pou-kou-tche-cha-li*. *Pou-fo-ouan* avoit régné 14 ans. *Tche-kou-lou*, fecond fils de l'Empereur *Gin-tçoum*, fut proclamé Empereur en la place de l'Impératrice morte. Il prit pour les années de fon regne le titre de *Tien-hii*, ou de *célefte bonheur*. Durant la 34 année de fon regne, étant allé à la chaffe dans le temps de l'automne, il donna dans une embufcade de 8000 hommes, qui lui avoit été dreffée par *Kiu-tchu-lu*, Roi des *Naiman*, ou des *Hoei-hou* ou des *Uzbeks* Orientaux, & il fut pris. Auffi-tôt *Kiu-tchu-lu* s'empara de fes titres, & fe fit proclamer Empereur. Il prit en même-temps l'habit & les coutumes des *Leao*. Il donna à *Tche-kou-lou* le titre de *Tai-cham-hoam*, c'eft-à-dire, en Chinois, le *très-grand fuprême Augufte*, & à l'Impératrice, femme de *Tche-kou-lou* celui de *Hoam-thai-heou*, titre des Impératrices-meres en Chine, qui fignifie *augufte très-grande Reine*. Tandis qu'ils vécurent, *Kiu-tchu-lu* ne manqua pas d'aller leur rendre fes hommages deux fois le jour. La mort de *Tche-lou-kou* étant furvenuë bientôt après, la puiffance des *Leao* finit avec lui.

Ye-lu-chun avoit poffédé plufieurs grands Royaumes fous le regne de *Tien-tço* (*), les uns après les les autres. Il avoit été honoré de patentes, écrites fur des lames d'or, & difpenfé de fe nommer par fon propre nom dans les hommages qu'il rendoit à l'Empereur. Perfonne dans ce fiecle ne jouit de fi grands privileges. *Thien-tço*, avant fa fuite, l'avoit créé Vice-Empereur de la Cour du milieu, joignant à ce titre celui de Généraliffime. Il devoit donc s'évertuer ; & fuivant les devoirs de la grande équité, animer les peuples de la Cour, & tous les Grands de l'Empire à prendre les armes pour la défenfe de l'Empereur, & après avoir repouffé les *Kin* Tartares vers l'Orient, venir au-devant de *Thien-tço*, & le rétablir fur fon Trône. Mais au contraire, il fe faifit lui-même de l'Empire ; c'eft une ufurpation, & cela d'autant plus qu'il eut affez d'ingratitude pour dégrader *Thien-tço*, & le réduire à la qualité de fimple Roi. *Ye-lu-ta-ché*,
de

(*) Sentiments des Hiftoriens.

de fon côté, après avoir proclamé Empereur *Ye-lu-chun*, & dégradé *Thien-tço*, vint fe rendre à *Thien-tço*. Celui-ci l'ayant repris de fa faute, felon les regles de la grande équité, il prend le titre de Roi, de fon autorité privée, & abandonne fon Prince. Aidé par la terreur du nom de fes ancêtres qui n'étoit pas entiérement abolie, & éclairé par les reftes de fageffe qu'il avoit hérité d'eux, il eut le bonheur de fe faire proclamer Empereur dans un pays éloigné de plus de 1000 lieues de la Chine. Malgré les minorités & les régences de femmes, l'Empire qu'il avoit établi n'a pas laiffé de durer près de 90 ans. Il faut avouer que l'entreprife étoit difficile ; mais *Ye-lu-chun*, *Ye-lu-ya-li* (fecond fils de *Thien-tço*,) & *Ye-lu-ta-ché* ont pris le titre d'Empereur durant la vie de *Thien-tço*. Y ayant déja un Empereur, eft-il permis d'en avoir d'autres ? *Tchu-ko-kum-mim*, qui attendit que le deuil de l'Empereur *Han-hien-ti* fût fini avant que de proclamer Empereur *Leou-pei*, Prince du fang des *Han*, l'emporte infiniment au-deffus d'eux. Nous marquons cela dans l'Hiftoire pour détourner la poftérité de femblables attentats. Voilà mot pour mot ce que dit l'Hiftoire Chinoife.

Il ne s'eft peut-être jamais vu une entreprife plus hardie, mieux conduite, & couronnée d'un plus heureux fuccès. Ajoutez à cela l'incroyable rapidité avec laquelle elle fut exécutée par une fort petite armée. Car *Ye-lu-ta-che* avoit été pris par les *Kin* Tartares. Ayant trouvé le moyen de s'échapper, il vint trouver *Thien-tço*, la neuvieme Lune de la troifieme année de *Pao-ta*, c'eft-à-dire de l'an 1123. Il le quitta en même-temps, & le cinquieme de la feconde Lune il fut proclamé Empereur de Chine dans le *Kerman* l'an 1125. Ainfi il n'employa pas un an & demi dans cette expédition. Une caravane de marchands ne feroit peut-être pas un fi long voyage en fi peu de temps ; mais les Tartares qui font nés à cheval, comptent pour rien les fatigues des voyages. Ils volent plutôt qu'ils ne marchent, fur-tout quand ils ont un Héros à leur tête. Celui-ci traverfa 20 Royaumes puiffants, & paffa fur le ventre aux nations les plus féroces de la Tartarie. Jugez après cela fi une expédition femblable pût manquer de hauts faits d'armes, quoique l'Hiftoire Chinoife fe foit contentée d'en marquer un feul, qui fut la bataille de *Tçin-fe-yu*, ou, comme d'autres l'écrivent, *Tçin-fé-kan*, (les Lettres *Yu* & *Kan* ne fe diftinguant en Chinois que par un point qui échappe facilement à la diligence du Graveur,) foit qu'elle ne les ait point fus, ces chofes s'étant paffées bien loin de la Chine, foit qu'elle ait négligé, fuivant fon ftyle, ces actions de valeur, qu'elle juge inutiles pour l'inftruction de la poftérité, à quoi elle fe rapporte uniquement. Si une femblable matiere étoit tombée entre les mains des Hiftoriens Mahométans, que n'auroient-ils pas dit ? Les expreffions les plus outrées des Poëtes & des Romans auroient été de

trop foibles peintures pour faire le portrait de *Ye-lu-ta-ché*. Jugez-en par les éloges pompeux dont ils comblent l'action de *Gelaleddin mankberni*, qui paffe l'Inde à la nage, à la vue de *Tchim-khiskhan*, quoique le défefpoir forçât *Mankberni* à le faire, & qu'il ne s'expofât à une mort incertaine que pour en éviter une certaine qui lui étoit préparée par les *Moumgols*, gens fans quartier. Nos Hiftoriens feroient, fans doute, plus modeftes, fi un pareil événement étoit arrivé à un de leurs Princes. Cependant les titres de Héros, d'Invincible, de Maître de la terre, ne lui feroient pas épargnés, & l'on dégraderoit Alexandre & Céfar pour mettre ce Prince en leur place. L'Hiftoire Chinoife ne dit autre chofe, fi ce n'eft que l'entreprife de *Ye-lu-ta-ché* étoit difficile. Enfuite elle le cenfure fans miféricorde fur le manque de fidélité à fon Prince. Elle lui préfere même infiniment un Miniftre d'Etat, ne prétendant louer dans les hommes que la vertu, fans laquelle la bravoure eft férocité, les grandes entreprifes font ambition, le grand efprit eft malice & fourberie. Venons préfentement aux obfervations. Je commence par celles qu'on doit faire fur l'Hiftoire Chinoife.

La premiere eft qu'au-lieu de dire *Ye-lu-ta-ché* a régné 20 ans, il faut dire qu'il en a régné 12. C'eft une faute de copifte, qui, au-lieu de *Che-eul*, qui fignifie 12, a écrit *eul-che*, qui fignifie 20. Il eft aifé, comme l'on voit, de faire cette tranfpofition. Cela fe prouve invinciblement par la même Hiftoire, qui donne à ce Prince trois ans de regne fous le titre de *Yen-kim*, & dix fous celui de *Kham-koue*. Car quoique ces deux nombres faffent 13, comme la troifieme de *Yen-kim* fe confond avec la premiere de *Kham-koue*, il en faut retrancher une. De plus, les Annales marquées par les caracteres du Cycle fexagénaire, ne lui en donnent que 12.

La feconde eft que l'Hiftoire s'eft trompée, quand elle a marqué l'année du couronnement de *Ye-lu-ta-ché* par le caractere *Kia-tchin*, c'eft-à-dire, quand elle a avancé que cet événement eft arrivé l'année 1124 de l'Ere Chrétienne. Car comme elle l'a fait partir de Chine dans la neuvieme Lune de la troifieme année de *Pao-ta*, marquée *Kouei-mao*, & l'an 1123 de Jefus-Chrift, il s'enfuivroit que *Ye-lu-ta-ché* n'auroit pas employé cinq mois dans fon expédition. Cependant elle dit qu'il partit de la ville de *Kha-toun* dans la deuxieme Lune de l'an 1124. Il faut donc néceffairement, à raifon de l'éloignement qui eft entre la ville de *Kha-toun* & le *Kerman*, que *Ye-lu-ta-ché* ait été proclamé Empereur dans le *Kerman* l'an 1125, nommé dans le Cycle Chinois, *Yi-ffé* ; auffi les Annales mettent-elles ce couronnement dans cette année.

Il eft temps préfentement de commencer le parallele de l'Hiftoire Mahométane avec la Chinoife. Je commence par la chonologie des regnes.

Suivant l'Histoire Chinoise.			Suivant les Annales.		Suivant l'Histoire Mahométane.	
L'Empereur	sous le titre de	régna	mourut l'an du Cycle.	l'an de J. C.	L'Empereur	a régné
Ye-lu-ta-ché,	Yen-kim	3			Barak Hageb. . .	11 ans.
	Kam-koue	10	Pim-tchin	1336	Mobarek Kuage . .	16
					Sultan Cothbeddin .	8
Ta-bouyen, Impératrice.	Hien-tçim	7	Gin-fu	1142	Hegiage	12
Yi-lie, . .	Chao-him	13			Soïourgatmifch . .	9
Poufo-ouan, sœur de Yi-lie.	Tçoum-fou	14			Pafcha Katùn, sœur du précédent. Schah Geban. Mohammed Schah.	} 30
Tche-lou-kou,	Tien-hii	34	Sin-yeou	1201		
Somme totale . . 81			durée . . 77		Somme totale . . 86 Années folaires . . 83	

L'Histoire de la Chine corrigée, & les Annales du Pays, dreffées sur le Cycle fexagénaire, conviennent que *Ye-lu-ta-ché* fut proclamé Empereur dans le *Kerman* l'an, nommé *Yi-ffé*, qui eft le 1125 de Jefus-Chrift. Les mêmes Annales mettent fa mort fous l'an *Pim-tchin*, qui eft le 1136 de l'Ere Chrétienne. Il n'a donc régné que 12 ans. Elles mettent la mort de l'Impératrice *Ta-bou-yen* fous l'an *Ginfu*, c'eft à-dire, fous l'an 1142. Elle n'a donc régné que 6 ans. Pourquoi donc l'Hiftoire lui en affigne-t-elle 7 ? En voici la raifon ; c'eft que l'année dans laquelle l'Empereur fon mari mourut, n'étoit pas encore écoulée, ainfi elle fut commune au regne de *Ye-lu-ta-ché* & au fien, de la même maniere que la troifieme année de *Yen-kim* fut auffi la premiere de *Kham-koue*, & conféquemment fut comptée deux fois ; ce qui fait qu'à ne confidérer fimplement que les nombres, *Ye-lu-ta-ché* paroît avoir régné 13 ans, quoique dans la réalité, il n'en ait régné que 12. Voilà donc déja deux ans à décompter. Il en faut encore retrancher deux autres : car puifque cet Empire a commencé avec l'an 1125 de l'Ere Chrétienne, & qu'il a fini avec l'an 1201 de la même Ere, il n'a pu avoir de durée réelle que 77 ans. Il femble qu'il en faudroit retrancher trois ; mais *Yi-lie*, qui fuccédoit à fa mere, eut manqué de refpect pour elle, s'il eût attribué à fon regne l'année de la mort de fa mere, égard que *Pou-fo-ouan* ne dut pas avoir pour l'année de la mort de *Yie-lie*, fon frere, & bien moins *Tche-lou-kou* pour *Pou-fo-ouan* fa parente, furtout ayant été maffacrée, comme elle l'avoit été. Il ne faut donc ôter que quatre ans, après quoi l'Hiftoire & les Annales de la Chine s'accordent parfaitement. Voilà à quoi fert le Cycle fexagénaire. Il réfout toutes les difficultés chronologiques, fans y laiffer le moindre embarras. Cela étant une fois établi, il n'eft pas difficile de faire le parallele de l'Hiftoire Chinoife & de la Mahométane. Elles ne s'éloignent pas beaucoup l'une de l'autre dans le nombre des années, la diftance de 81 ans folaires à 86 lunaires, ou ce qui revient au même, 83 folaires, n'étant pas fort confidérable. D'ailleurs, il eft vraifemblable que *Tche-tou-kou* n'a

pas régné 34 ans fous le même titre, puifqu'en ce temps-là les Empereurs Chinois en changeoient fouvent, ou pour des caufes politiques, ou par des motifs de fuperftition. *Ye-lie* & *Pou-fo-ouan* ont régné affez long-temps pour faire le même changement. Les Mahométans qui ignoroient ce myftere, auront pris ces années telles qu'on les comptoit, & en auront pu de cette forte ajouter cinq de trop, & en faire autant d'années lunaires. Il n'a fallu pour cela que cinq de ces changemens en 60 ans & plus ; ce qui étoit alors aifé à faire. Or l'Hiftoire Chinoife s'étant contentée de marquer les premiers titres de chaque regne, peut bien avoir omis les autres.

Elles s'accordent dans le lieu de la fcene qui eft le *Kerman*. Mais ce qui eft de plus important, elles concourent à dire que, dans une fi courte Dynaftie, il y a eu deux minorités, dans l'une defquelles la mere eft régente, & dans l'autre la fœur. Le titre de belle-mere ne combat point le titre de mere que lui donne l'Hiftoire Chinoife, puifque les Chinois donnent le titre de mere à la femme légitime, à l'égard des enfans qui font nés de concubines. Bien plus, la Bibliotheque, fous le titre de *Pafchah-khatoun*, dit qu'elle fit mourir fon frere *Soïourgatmifch*, pour prendre fa place fur le Trône, & qu'elle eut le même fort que fon frere ; car la veuve & la fille du défunt Prince conjurerent contre elle, & la firent périr ; ce font fes termes. Or nous venons de voir dans l'Hiftoire Chinoife qu'elle fut maffacrée, pour avoir fait mourir le gendre de l'Empereur, qui pouvoit avoir le nom Mahométan de *Soïourgatmifch*.

Nous avons vu en quoi conviennent ces Hiftoires. Voyons préfentement en quoi elles different. 1°. La Mahométane affure que les *Caracathaïens* ont régné dans le *Kerman* depuis l'an 621 jufqu'à l'an 766. C'eft une faute de chiffre ; il falloit dire jufqu'en l'an 706, autrement cette Dynaftie auroit régné, non pas 86 ans, comme la Bibliotheque le dit, mais 146. Elle dit de plus qu'elle a occupé le Trône depuis l'an 1224, jufqu'à l'an 1306 de Jefus-Chrift. A ce compte, elle n'auroit duré que 83 ans ; ce qui la rapproche de l'Histoire Chinoise à deux ans près. Arrêtons-nous à l'an 1306 de Jesus-Christ, & prenons cette année-là pour la derniere des *Caracathaïens*. La derniere, suivant le calcul de l'Histoire Chinoise, fut l'an 1201 de l'Ere Chrétienne; ce qui donne 105 ans de différence entre ces deux termes. Les chiffres des Mahométans n'auroient-ils pas été confondus? Et n'auroit-on point ajouté 100 ans de trop, mettant 621 au-lieu de 521 de l'Hégire, & 706 au-lieu de 606; car si vous retranchez 100 ans, la fin de cette Dynastie se trouvera sous l'an 1206. Alors il n'y aura plus que cinq ans de différence entre les deux Histoires, qui est précisément celle qui se trouve entre elles dans la durée de cette Dynastie, la Chinoise non-corrigée la faisant régner 81 ans solaires, & la Mahométane 86 lunaires; ce qui donne cinq ans de différence, la Mahométane comptant plus que la Chinoise, sans compter que 85 ans lunaires ne font guere que 82 ans solaires; ce qui rapproche bien plus les temps des deux Histoires.

2°. Les noms des Empereurs sont entiérement différents; la Chinoise leur donne des noms Chinois, la Mahométane des noms Mahométans. Je réponds à cela que les Tartares qui regnent dans la Chine, prennent des noms & des titres Chinois, sans pourtant quitter ceux de leur Pays. Etant donc établis parmi les Mahométans, ils ont dû prendre des noms Mahométans, gardant toujours les titres Chinois avec les Tartares. On a vu comme *Ye-lu-ta-ché*, outre le titre Tartare de *Kor-khan*, prit le titre Chinois de *Hoam-ti*; sans doute il se donna en même-temps celui de *Soultan*, ou de *Padischah*.

3°. Les Mahométans comptent neuf regnes dans cette Dynastie, & les Chinois n'en comptent que cinq; n'est-ce pas une différence essentielle, & qui ne se peut concilier? Il est vrai que cela souffre difficulté; mais outre que quelques Mahométans ne comptent que huit regnes, ce qui fait voir qu'ils n'étoient pas tout-à-fait bien instruits de ce qui regarde cette Dynastie, ne peut-on pas dire qu'ils ont pris les changements de titres pour autant de changements de regnes, & qu'ils ont tout confondu? On peut encore ajouter qu'ils peuvent avoir pris les Rois qui gouvernoient différentes Provinces sous l'autorité Impériale, pour des Empereurs.

4°. L'Histoire Mahométane fait venir le fondateur de cet Empire du *Khara-khatai*, au-lieu que l'Histoire Chinoise le fait passer de la Chine au *Kerman*. L'une & l'autre dit vrai. *Ye-lu-ta-ché* étoit né Chinois; il vint de la Chine dans la *Khara-khatai*. Ce fut du *Khara-khatai* qu'il tira son armée. Les Mahométans, qui ne voyoient autour de lui que les *Khara-khataïens*, crurent qu'il venoit du *Khara-khatai*; ce qui étoit certain. Ils se persuaderent par la même raison qu'il en étoit natif, en quoi ils se tromperent. A la vérité, l'Histoire Mahométane ne dit point de quelle maniere cette Dynastie a été éteinte. La Chinoise le marque, & en attribue la cause à *Kiu-tchu-lu*, (ce pourroit bien être le *Kuschlek* des Mahométans,) Roi des *Naiman*, ou des *Usbeks* Orientaux, d'où je tire une preuve certaine que la prise de *Tchelou-kou* ne peut être arrivée l'an 1306 de Jesus-Christ; car l'Empire des *Naiman* fut détruit par *Tchim-khiskhan* l'an 1203 de l'Ere Chrétienne. Ensuite ce conquérant posséda cet Empire, & l'an 1306 il étoit possédé par ses successeurs. Enfin, si l'on veut supposer qu'il y ait eu deux Dynasties étrangeres dans deux siecles consécutifs, l'une fondée par *Barak hageb* le *Khara-khataïen*, l'autre par *Ye-lu-ta-ché* le Chinois, (ce qui paroît assez difficile) les Histoires Mahométanes ne seroient-elles pas aussi-bien mention de la Chinoise que de la *Khara-khataïenne*, sur-tout la durée des deux étant égale à fort peu près? C'est au Lecteur à peser ces raisons, & à prononcer sur cela.

La Bibliotheque, sous le titre de *Van* ou *Ven*.

Ce mot signifie, dans la langue des Mogols & des Kataïens, *le nombre de* 10000 *années; mais cependant ce nombre si exorbitant est composé de plusieurs autres périodes de* 60 *années, qui portent aussi le même nom de* Van.

Ces cycles ou périodes de 60 *années ont trois noms différents; car le premier s'appelle* Schahnek-van; *le second,* Jounek-van, *& le troisieme,* Cu-van. *Ces trois Van ensemble font* 180 *ans, lesquels étant finis, on reprend le premier, & ensuite le second & le troisieme, & l'on continue toujours ainsi à compter, jusqu'à ce qu'on soit arrivé au nombre de* 10000 *qui compose le grand* Van.

Selon la supputation des Mogols, l'an 847e. *de l'Hégire tomboit sur les* 8863 *Van de* 10000 *ans des Khataïens ou Mogols; de sorte que jusqu'à cette année-là de Hégire, il y auroit* 88639860 *années d'écoulées depuis la création du monde.*

OBSERVATION.

1d. *Van* est un nom Chinois originairement, & qui ne peut être *Moumgol* que par emprunt. Il signifie 10000 absolument, & non pas 10000 ans. Pour lui donner cette derniere signification, il y faut joindre *Nien* ou *Soui*, qui signifie année, & dire *Van-nien* ou *Van-soui*. La période de 60 *année*, ne se nomme pas *Van*, mais *Yuen*; & cette lettre *Yuen* est commune à toutes les périodes, de quelque nature qu'elles puissent être. Les trois noms différents de ces périodes sont en Chinois; la premiere, *Cham-yuen*, c'est-à-dire la *période supérieure*; la seconde, *Tchoum-yuen*, c'est-à-dire, la *période moyenne*; & la troisieme, *Hia-yuen*, ou la *période inférieure*; Cela veut donc dire que la période de 180 ans est composée de trois périodes moindres, chacune de 60 ans, ou bien si vous voulez, de trois cycles séxagénaires.

2°. Suivant la nature des périodes, il faut que les grandes soient exactement mesurées par les petites, c'est-à-dire que les grandes soient divisées par les petites sans laisser aucune fraction. Or cela ne peut convenir au nombre de *Van* ou de 10000, à l'égard de celui de 180, ni même celui de 60, au-lieu que cela convient parfaitement au nombre de 180, à l'égard de celui de 60. Il est à remarquer que ces périodes ne peuvent en aucune façon s'appeller *Moumgoles*, ni même, à proprement parler, *Chinoises*. Car dans la Chine, il y a trois sortes de périodes de la renaissance du monde. La premiere est étrangere en Chine; elle y a été apportée des Indes avec l'ancienne Religion des Brachmanes. La grande période de ce genre est composée de 1344000000, ou 1344 millions d'années. Celle-ci se sous-divise en quatre périodes moyennes par rapport aux quatre états des mondes; dont chacune est de 336 millions d'années (336000000.) Durant la premiere de ces quatre périodes moyennes, les mondes sortent du cahos, & se forment peu-à-peu. Durant la seconde, ils subsistent dans leur entier. Pendant la troisieme, les mondes retombent par degrés dans le cahos. Ils demeurent dans le cahos durant la quatrieme; après quoi, ils en sortent, & sont reproduits comme auparavant. La seconde de ces périodes de la renaissance du monde est celle des Philosophes de la Chine qui la bornent à 129600 ans. L'invention n'est pas ancienne, & elle est regardée parmi eux comme un jeu d'esprit. La troisieme période est celle des Bonzes originaires de la Chine, qui se nomment *Tao-sse*, ou *Maîtres de la Loi*. Leur petite période est de 180 ans, & la moyenne de 9900. Je n'ai pas assez de connoissance de la grande période pour oser la déterminer. Venons présentement au calcul de cet article.

La période de 180 ans est particuliere aux *Tao-sse*. Les Philosophes Chinois se contentent pour petite période de leur cycle séxagénaire. Enfin, les Bonzes de la Chine, qui suivent la Religion des Indes, ne se servent ni de l'un, ni de l'autre de ces sortes de calculs. La période moyenne de 9900 ans est encore particuliere aux *Tao-sse*; d'où il s'ensuit que sous ce titre de la Bibliotheque, il faut mettre 9900 ans au-lieu de 10000. Ce qui a causé l'erreur, c'est qu'on a confondu *Van*, qui veut dire 10000, avec *Yuen* qui signifie *période*. La preuve en paroît certaine, puisque la période de 10000 ne peut être mesurée précisément & sans fraction, ni par 180, ni par 60 ; au-lieu que la période de 9900 est exactement divisée par la période de 180, aussi-bien que par celle de 60, la petite de 60 y étant contenue 165 fois, & celle de 180 s'y trouvant 55 fois, sans qu'il reste la moindre fraction. Sur ce principe, les 8863 de l'article ne peuvent donner que 87743700 ans. Ajoutez à ce nombre celui de 9860 de la période moyenne courante, comme le calcul de la Bibliotheque les ajoute, vous trouverez que depuis la réproduction du monde jusqu'à l'an 847ᵉ. de l'Hégire, ou ce qui revient au même, jusqu'à l'an 1443 de l'Ere Chrétienne, il s'est écoulé 87753560 ans.

3°. Les *Tao-ſſe* Chinois prennent une autre route. Ils diſent que l'an 1184 (*) de l'Ere Chrétienne fut le 13ᵉ. de la septieme période ; car ceux-ci suivent pied à pied les *Ho-cham*, qui partagent chacune de leurs quatre périodes moyennes en 20 petites, chacune de 16800000 ans, & chacune de ces petites en deux très-petites, chacune de 8400000 ans. Mais je ne puis dire certainement si cette septieme période des *Tao-ſſe* étoit moyenne, petite ou très-petite. Il s'ensuit de là que l'année 847ᵉ. de l'Hégire, ou la 1443 de Jesus-Christ, fut la premiere de cette septieme période. Suppoſons préſentement que le calcul corrigé de la Bibliotheque ſoit juſte, ſi vous diviſez 87743700, qui eſt le nombre de ce calcul, par 6, nombre des périodes paſſées, vous trouverez que chacune de ces périodes a dû être de 14623950 ; ce qui ne peut pas être, ce nombre ne pouvant pas être préciſément diviſé, ni par période de 9900, ni par celle de 180. Il faut donc que l'Auteur Arabe ſe ſoit trompé, & qu'il ait prit la période moyenne courante pour achevée ; car ſi vous ôtez une période moyenne entiere, ou bien 9900 ans de la ſomme de 87743700, il reſtera 87733800, dont la ſixieme partie 14622300 ſera une des ſix périodes, alors tout quadrera, ces deux derniers nombres pouvant ſe diviſer ſans fraction par 9900, période moyenne, & par 180, période fondamentale. Que s'il eſt permis de conclure quelque choſe de la comparaiſon qu'on en peut faire avec les périodes des *Ho-cham*, cette période des *Tao-ſſe* doit répondre à la petite des *Ho cham*, qui eſt de 16800000. Il faut pourtant avouer que les *Tao-ſſe* Chinois ont des périodes de renaiſſance du monde plus étendues que celle-ci, & qu'ils ont renchéri ſur les *Ho-cham* en matiere de fables ; car ils en établiſſent une d'un quadrimillion & de cent trimillions d'années. Encore multiplient-ils ce nombre par quatre, & pouſſent le calcul juſqu'à quatre quadrimillions & quatre cents trimillions d'années, ſans avoir égard au Cycle ſexagénaire, ni à leur période fondamentale de cent quatre-vingts ans, comme on le peut voir en diviſant ce nombre immenſe par 60 & par 180.

4°. Eſt-il permis aux Mahométans de dire que ces peuples comptent ce prodigieux nombre d'années depuis la création du monde ? Ils ne le comptent que parce qu'ils ignorent ce que c'eſt que création. Comme par un aveuglement volontaire & coupable, ils ne connoiſſent pas celui qui a créé au commencement le ciel & la terre, ils mettent la création au nombre des choſes impoſſibles, ou pour mieux dire, ils en ont effacé entierement l'idée de leur eſprit. Ils croyent, au contraire, que les mondes roulent dans ce cercle de réproductions par une révolution fatale, néceſſaire & éternelle, tant par rapport aux temps paſſés, que par rapport à ceux qui viendront. Il faut donc, pour donner une connoiſſance juſte de la penſée de ces peu-

ples inſenſés, s'exprimer ainſi. Ils aſſurent que depuis que la réproduction du monde a été achevée, juſqu'à un tel terme, ils comptent un tel nombre d'années ; que ſi l'on veut compter depuis le commencement de la naiſſance ou de la renaiſſance du monde, ſi j'oſe m'exprimer de la ſorte, il faut ajouter à ce nombre une période moyenne toute entiere. Il eſt bon de remarquer que les *Tao-ſſe* de la Chine n'ont fait que copier les Bonzes, nommés *Ho-cham*, qui ont embraſſé la Religion Indienne. Le nom de *Kie* qu'ils donnent à leur grande période, & qui eſt emprunté des *Ho-cham*, le fait aſſez voir ; c'eſt un mot Indien tronqué. Le mot entier eſt *Kep*, ou peut-être *Kap*, comme le prononcent les Siamois. Les Chinois l'écrivent *Kie-po* ; ce qui ſignifie une révolution de temps. J'avoue que les *Tao-ſſe* ne s'accordent pas avec les *Ho-cham* dans le nombre d'années qu'ils donnent à leur *Kie* ; mais il a bien fallu qu'ils y changeaſſent quelque choſe pour ſe la rendre propre. Les Philoſophes ont formé la leur ſur le même modele.

Je marque ces égarements de l'eſprit humain, afin que tout le monde puiſſe connoître à quel excès l'homme ſe porte quand il eſt abandonné à lui-même, & que les Chrétiens ſur-tout comprennent quelles graces ils ont à rendre à Dieu, qui a fixé leur créance par ſes Ecritures ſur le point indiviſible de la vérité, en leur apprenant que la création du monde eſt l'ouvrage de ſa toute-puiſſance, & leur marquant par Moïſe le temps auquel le ciel & la terre ont commencé d'être. Au reſte, pour détruire ces fables, il ne faut que ces fables mêmes qui ſe combattent ouvertement les unes les autres par les différents nombres d'années qu'ils donnent à la durée du monde.

L A B I B L I O T H E Q U E, ſous le Titre de *Ca*.

La premiere partie d'un Tchag, *ou Cycle de* 10 *années, que les* Khataïens *font rouler avec un autre Cycle de* 12, *pour compoſer une période de* 60 *ans, qui ſert à marquer les caracteres de leurs années & de leurs époques.*

O B S E R V A T I O N.

Tout eſt vrai dans cet article ; il faut ſeulement prononcer *Kia*, & non pas *Ca*. *Kia* eſt donc la premiere lettre du Cycle dénaire, comme *Tçe* eſt la premiere du Cycle duodénaire. Ces deux jointes enſemble font *Kia-tçe*. C'eſt ainſi que les Chinois appellent la premiere partie du Cycle ſexagénaire. Ce Cycle même entier porte le même nom, & ils diſent trois *Kiatçe*, par exemple, pour marquer trois Cycles ſexagénaires.

L A B I B L I O T H E Q U E, ſous le Titre de *Dacouk*.

C'eſt dans la langue des Turcs Orientaux, le nom du dixieme Giagh *ou Cycle de leurs années, que les Cathaïens ou Chinois appellent* Jou. *Les Turcs d'Occident prononcent* Thaouk *&* Taouk, *& c'eſt le nom qu'ils donnent à la poule.*

O B S E R V A T I O N.

Les Chinois prononcent *Yeou*, & cette lettre eſt en effet la dixieme d'un Cycle ; mais il falloit ſpécifier quel étoit ce Cycle, puiſqu'il y en a pluſieurs ; c'eſt le duodénaire. Elle eſt en effet ſous la dénomination de la poule.

L A B I B L I O T H E Q U E, ſous le Titre de *Dapikhen*.

Dapikhen, *vingt-quatrieme & derniere partie de l'année des Cathaïens. Chaque partie de cette année eſt de quinze jours, & leur tient lieu de mois & de ſemaine.*

O B S E R V A T I O N.

Il eſt vrai que les Chinois diviſent l'année ſolaire en 24 parties. Comme donc ils donnent à l'année ſolaire trois cents ſoixante-cinq jours, cinq heures & environ cinquante minutes, il faut néceſſairement que la vingt-quatrieme partie ſoit de plus de quinze jours ; & ils ne manquent pas d'y joindre une fraction. D'ailleurs,

<hr>

(*) Il paroît par ce qui ſuit que ce doit être l'an 1455 ; c'eſt peut-être une faute de copiſte.

leurs, ces parties ne leur tiennent pas lieu de mois. Ils ont indépendamment de cela le mois folaire & le mois lunaire, & ils ne reconnoiffent d'autres femaines que les quartiers de la lune. Ils divifent donc le Zodiaque en 24 parties égales, & chaque figne en deux moitiés, dont chacune, fuivant notre maniere de compter, eft de 15 degrés précis ; mais les Chinois, qui divifent le cercle en 365 degrés & un peu moins d'un quart, font contraints d'ajouter une fraction à leurs 15 degrés.

LA BIBLIOTHEQUE, fous le Titre de *FENEK*.

Fenek ou Fenk. Les Aftronomes du Cathay & de l'Igur, au rapport d'Ulughbegh, divifent le jour civil de vingt-quatre heures en 12 parties égales, qu'ils appellent Tchagh, *& chaque* Tchagh *en 8 parties, qu'ils nomment* Keh ; *mais par une autre divifion plus particuliere, ils partagent nos 24 heures en* 10000 *parties, dont chacune eft nommée* Fenk.

OBSERVATION.

Le jour civil eft divifé par les Chinois en 12 parties égales, auxquelles ils donnent les noms des douze lettres du Cycle duodénaire. Ils ne les appellent pas *Tchagh*, mais *Che*, ou bien *Chi*, & vulgairement *Che-chin*. Chaque *Che* ou *Che-chin* étoit alors compofé de 8 *Khe* & un tiers ; ce qui fe prouve par cette divifion plus particuliere en 10000 *Fenk ;* car cela fuppofe, comme il étoit en effet pour lors, qu'ils divifoient le jour en 100 *Khé* ou quarts, & chaque *Khe* en 100 *Fen*, (non pas *Fenk*,) ou minutes ; ce qui faifoit 10000 *Fen* ou minutes. Ce n'eft pas ici le lieu d'expliquer la chofe plus à fond. Il eft encore vrai que les Aftronomes Chinois fuivent la coutume de leur nation, & commencent leur jour à minuit.

LA BIBLIOTHEQUE, fous le Titre de *GIAGH* & *TCHAGH*.

Les Cathaïens & les Turcs Orientaux ont un Cycle de douze ans, qu'ils appellent de ce nom, & chaque année de ce Cycle porte le nom d'un animal. Le premier porte le nom de la Souris ; *le fecond, du* Boeuf ; *le troifieme, du* Lynx *ou* Léopard ; *le quatrieme ; du* Lievre ; *le cinquieme, du* Crocodile ; *le fixieme, du* Serpent ; *du* Cheval ; *le huitieme, du* Mouton ; *la neuvieme, du* Singe ; *le dixieme, de la* Poule ; *le onzieme, du* Chien ; *le douzieme, du* Pourceau. *Ils divifent auffi les vingt-quatre heures du jour en douze parties, qu'ils appellent encore* Giagh, *dont chacune eft de deux heures, & ils leur donnent les noms des mêmes animaux. Ils divifent de plus chacun de ces* 12 *Giagh, dont la journée eft compofée en 8 parties, qu'ils appellent* Keh ; *de forte que leur journée contient* 96 Keh.

OBSERVATION.

1°. Je n'ai jamais lu ni ouï qu'on donnât dans la Chine le nom de *Kia* au Cycle duodénaire. La lettre *Kia* n'y eft pas même comprife. Ils nomment ces douze lettres, *Tchi* ou branches, par la même raifon qu'ils donnent le nom de *Kan*, c'eft-à-dire, de troncs aux dix qui forment le Cycle dénaire, dont la premiere lettre eft *Kia*. Cela eft fondé fur ce qu'ils prétendent que le nombre dénaire eft un nombre célefte, & le duodénaire eft un nombre terreftre ; & par conféquent, les dix lettres du premier, en qualité de principales, font nommées les dix troncs, & les douze du fecond, comme adjointes & moins principales, font appellées les douze branches : auffi dans la combinaifon qui fe fait des lettres de ces deux Cycles, pour en compofer le fexagénaire, les dix troncs font toujours au premier rang, & précedent les douze branches.

2°. Il n'eft rien de plus fûr que ce qui eft dit ici des douze animaux qui répondent aux douze lettres du Cycle duodénaire. Les noms des animaux y font

marqués au jufte, à la réferve pourtant du troifieme, qui eft le Tigre, de l'efpece que les Portugais nomment *Royale* dans les Indes, & non pas le Léopard. Il en faut encore excepter le cinquieme, que les Chinois nomment *Loum*, ou *Dragon*, quoique cela convienne affez avec le crocodile des Turcs, le *Loum* Chinois étant un animal fabuleux, qui ne paroît être autre chofe que le crocodile défiguré.

3°. Les Chinois divifent le jour en douze *Che*, ou temps, (car c'eft la propre fignification de ce terme ;) d'où il s'enfuit qu'une heure Chinoife en vaut deux des nôtres. Ils fous-divifent chaque *Che* en deux parties égales, dont la premiere fe nomme le *Che* commençant, & la feconde, le *Che* finiffant ; ce qui revient à notre divifion en vingt-quatre heures. Il n'eft pas vrai qu'ils divifaffent alors le jour en quatre-vingt-feize *Khe*. Ils le divifoient en cent ; mais comme cette divifion étoit embarraffante par rapport aux calculs aftronomiques, les R. R. P. P. de la Compagnie de Jefus, qui ont réformé l'Aftronomie Chinoife dans le fiecle paffé, ont enfin obtenu de l'Empereur régnant, qu'on la réduiroit à quatre-vingt-feize *Khe*, ou quarts ; comme en Europe. Mais combien n'a-t-il pas fallu de peines pour en venir à bout ?

4°. Les Mahométans fe trompent s'ils prétendent, par exemple, que la premiere lettre du Cycle duodénaire, qui eft *Tçe*, fignifie une *Souris ;* la feconde, qui eft *Tcheou*, fignifie un *Boeuf*. Il faut dire que *Tçe*, felon les Chinois, eft fous la domination de la Souris, que *Tcheou*, eft fous la domination du Boeuf, & ainfi du refte ; de la même maniere que quand nous difons, un tel eft né fous le Capricorne ou fous le Bélier, nous entendons qu'il eft venu au monde fous la domination de ces fignes du Zodiaque. Au refte, cette prétendue dénomination de douze animaux n'eft établie que récemment dans la Chine. Ils ne s'en fervent que dans leur Calendrier, encore ne mettent-ils les noms de ces animaux que fous les années d'un Cycle fexagénaire entier, qui eft à la fin. Pour les jours, ils fe contentent de les diftinguer par quatre marques caractériftiques. La premiere eft une des foixante dénominations du Cycle fexagénaire ; la feconde eft le nom d'un des cinq éléments ; la troifieme eft le nom d'une vingt-huit conftellations du Zodiaque ; la quatrieme enfin, eft une des douze lettres qui marquent l'influence propre du jour. Dans l'Hiftoire, dans les annales, & dans les Livres férieux, on ne trouvera pas aucune année marquée par les caracteres de ces animaux. Cette obfervation ne regarde que les Devins, qui en traitent dans leurs livres. Je ferois affez porté à croire que les Chinois ont emprunté cela des Tartares, & que quelque Empereur Tartare aura introduit cet ufage dans la Chine. Ce qui me fait dire cela, c'eft que je trouve dans l'Hiftoire Chinoife, que ce Cycle d'années, rangé fous douze animaux, avoit été inventé par les *Kie-kia-ffe* Tartares, dont nous avons à parler dans la fuite.

Pour éviter l'embarras, je rangerai ici dans quatre Tables les noms Chinois des trois Cycles & des vingt-quatre demi-fignes. Il fera aifé au Lecteur de réformer fur cela la prononciation Mahométane, qui les a fouvent fi fort défigurés qu'ils font méconnoiffables. (*Voyez la Table ci-jointe.*)

Je n'explique pas les termes des Cycles. Leur fignification renferme tant de myfteres, que cela demanderoit une trop longue difcuffion. Il fuffira de dire en général, qu'ils concourent tous à marquer les différentes démarches que la nature tient dans la production annuelle de tous les biens de la terre ; ainfi *Tçe* ne fignifie pas un *Rat*, ni *Tcheou* un *Boeuf*. Au refte, il n'eft pas aifé de rapporter aux demi-fignes ce que les Mahométans font dire aux Chinois, par exemple, ils difent, que *Dapikhen* eft la vingt-quatrieme & la derniere partie de l'année Chinoife ; à quoi cela peut-il avoir rapport dans la Table ?

E

PREMIERE TABLE. CYCLE DÉNAIRE.

1.	2.	3.	4.	5.	6.	7.	8.	9.	10.	
Kia.	*Yi.*	*Pin.*	*Tin.*	*Vou.*	*Ki.*	*Kem.*	*Sin.*	*Gin.*	*Kouei.*	

SECONDE TABLE. CYCLE DUODÉNAIRE.

1.	2.	3.	4.	5.	6.	7.	8.	9.	10.	11.	12.
Tçe.	*Tcheou.*	*Yn.*	*Mao.*	*Tchin.*	*Se.*	*Ou.*	*Vei.*	*Chin.*	*Yeou.*	*Su.*	*Hai.*

TROISIEME TABLE. CYCLE SEXAGÉNAIRE, (formé des deux précédents.)

1.	2.	3.	4.	5.	6.	7.	8.	9.	10.	11.	12.
Kia-tçe.	*Yi-tcheou.*	*Pin-yn.*	*Tin-mao.*	*Vou-tchin.*	*Ki-sse.*	*Kem-ou.*	*Sin-vei.*	*Gin-chin.*	*Kouei-yeou.*	*Kia-su.*	*Yi-hai.*
13.	14.	15.	16.	17.	18.	19.	20.	21.	22.	23.	24.
Pim-tçe.	*Tim-tcheou.*	*Vou-yn.*	*Ki-mao.*	*Kem-tchin.*	*Sin-se.*	*Gin-ou.*	*Kouei-vei.*	*Kia-chin.*	*Yi-yeou.*	*Pim-su.*	*Tim-hai.*
25.	26.	27.	28.	29.	30.	31.	32.	33.	34.	35.	36.
Vou-tçe.	*Ki-tcheou.*	*Kem-yn.*	*Sin-mao.*	*Gin-tchin.*	*Kouei-sse.*	*Kia-ou.*	*Yi-vei.*	*Pim-chin.*	*Tim-yeou.*	*Vou-su.*	*Ki-hai.*
37.	38.	39.	40.	41.	42.	43.	44.	45.	46.	47.	48.
Kem-tçe.	*Sin-tcheou.*	*Gin-yn.*	*Kouei-mao.*	*Kia-tchin.*	*Yi-sse.*	*Pim-ou.*	*Tim-vei.*	*Vou-chin.*	*Ki-yeou.*	*Kem-su.*	*Sin-hai.*
49.	50.	51.	52.	53.	54.	55.	56.	57.	58.	59.	60.
Gin-tçe.	*Kouei-tcheou.*	*Kia-yn.*	*Yi-mao.*	*Pim-tchin.*	*Tim-se.*	*Vou-ou.*	*Ki-vei.*	*Kem-chin.*	*Sin-yeou.*	*Gin-su.*	*Kouei-hai.*

QUATRIEME TABLE, pour les DEMI-SIGNES.

Les Noms Chinois.	Leur Signification.	Leur Valeur dans le Zodiaque Chinois, ou demi-Signes.
1. *Toun-tchi.*	Solstice d'Hyver.	1 } du Capricorne.
2. *Siao-han.*	Petit Froid.	2 }
3. *Ta-han.*	Grand Froid.	1 } du Verseau.
4. *Lii-tchun.*	Printemps commençant.	2 }
5. *Yu-choui.*	Eau de Pluie.	1 } des Poissons.
6. *Kin-tche.*	Insectes effrayés.	2 }
7. *Tchun-fen.*	Equinoxe du Printemps.	1 } du Bélier.
8. *Tsin-min.*	Pure Sérénité.	2 }
9. *Kou-Yu.*	Pluie des Bleds.	1 } du Taureau.
10. *Lii-hia.*	Eté commençant.	2 }
11. *Siao-man.*	Petite Plénitude (des bleds.)	1 } des Jumeaux.
12. *Man-tchoun.*	Barbes formées aux épis.	2 }
13. *Hia-tchi.*	Solstice d'Eté.	1 } du Cancer.
14. *Siao-chu.*	Petite Chaleur.	2 }
15. *Ta-chu.*	Grande Chaleur.	1 } du Lion.
16. *Lii-tçieou.*	Automne commençant.	2 }
17. *Tchu-chu.*	Chaleur cessante.	1 } de la Vierge.
18. *Pe-lou.*	Rosée blanche.	2 }
19. *Tçieou-fen.*	Equinoxe d'Automne.	1 } de la Balance.
20. *Han-lou.*	Rosée froide.	2 }
21. *Chouam-kiam.*	Gelée tombante.	1 } du Scorpion.
22. *Lii-toun.*	Hyver commençant.	2 }
23. *Siao-sue.*	Petite Neige.	1 } du Sagittaire.
24. *Ta-sue.*	Grande Neige.	2 }

CINQUIEME TABLE.

La Lettre du Cycle Duodénaire.	Est sous la Dénomination du	Selon les Mahométans, c'est le
1. *Tçe.*	Rat.	Rat.
2. *Tcheou.*	Bœuf.	Bœuf.
3. *Yn.*	Tigre.	Léopard.
4. *Mao.*	Lievre.	Lievre.
5. *Tchin.*	Dragon.	Crocodile.
6. *Se.*	Serpent.	Serpent.
7. *Ou.*	Cheval.	Cheval.
8. *Vei.*	Mouton.	Mouton.
9. *Chin.*	Singe.	Singe.
10. *Yeou.*	De la Poule.	La Poule.
11. *Su.*	Chien.	Chien.
12. *Hai.*	Pourceau.	Pourceau.

HISTOIRE DE LA TARTARIE,

Contenant l'Origine des Peuples qui ont paru avec éclat dans ce vaste Pays, depuis plus de deux mille ans; leur Religion, leurs Mœurs, Coutumes, Guerres & Révolutions de leurs Empires, avec la suite chronologique & généalogique de leurs Empereurs; le tout précédé & suivi d'Observations critiques sur plusieurs Titres de la Bibliotheque Orientale.

Avant que de nous engager à parler de la Tartarie, il faut en assigner les bornes; & ayant tant d'événements tragiques à représenter, il faut en marquer la scene.

Tirez une ligne le long des rives septentrionales du Pont-Euxin & de la mer Caspienne, ensuite rabattant le long de la partie orientale de cette derniere mer vers le Midi, il faut la conduire jusqu'aux Indes, ou plutôt au *Khorassan*. De-là il faut la prolonger vers l'Orient le long des Indes, des Pays qui sont entre les Indes & la Chine, de la Chine entiere & du Royaume de *Corée*, elle se terminera à la mer Orientale. Voilà ses bornes du côté du Midi. A l'Orient, elle est baignée par la mer Orientale; au Septentrion, par la mer Glaciale; enfin, du côté de l'Occident, elle est bornée par une ligne qu'on doit imaginer être tirée de l'extrêmité occidentale du Pont-Euxin jusqu'à l'embouchure de l'*Oby*, qui se jette dans la mer Glaciale. Voilà la Tartarie dans sa plus grande étendue. Si on la veut resserrer davantage, il faut tirer cette ligne de l'embouchure du *Volga* vers le Nord jusqu'à la mer Glaciale. Enfin, si l'on veut avoir la Tartarie plus resserrée, il faut pousser cette même ligne depuis le Nord du *Khorassan* tout droit au Septentrion, en côtoyant la rive orientale de la mer Caspienne, jusqu'à la mer Glaciale.

Cette Tartarie resserrée, dont nous avons principalement à parler, se doit partager en deux par le méridien de *Pe-kim*, après l'avoir prolongé jusqu'à la mer Glaciale. Je nommerai *Tartarie Orientale* celle qui se trouve à l'Orient de ce méridien. Les Chinois donnent à celle-ci le nom de *Niu-lan*, qu'ils ont tiré par corruption du *Nour-hhan* des Tartares. Celle qui s'étend si loin à l'Occident du même méridien sera nommée *Tartarie Occidentale*; c'est à celle-ci seule que les Chinois donnent le nom de *Tatal* ou *Ta-ta*, nom qui est tiré d'une riviere, sur les bords de laquelle les Tartares, proprement dits, habitoient. Nous les avons nommés *Tartares*, en ajoutant un R à leur nom; & c'est celle-ci seule qu'on pourroit peut-être nommer le *Khat'hai* simple; car quand il s'agit de la Chine, ils doublent souvent ce terme, & la nomment *Khathai-Khathai*, de la même maniere que les Moscovites l'appellent *Kitai-Kitai*, si je m'en souviens bien.

Cet espace immense de pays a toujours été inconnu, au moins pour la plus grande partie, aux peuples de l'Europe, & même à plusieurs de ceux de l'Asie. De-là vient qu'ils l'ont compris sous des noms vagues. Les Latins le nommoient *Scythie*, à l'exemple des Grecs. Nous l'appellons aujourd'hui *Tartarie*, du nom d'une nation qui fut subjuguée par les *Moumgols*. De-là vient que les *Moumgols* se trouvoient offensés, quand les Princes Chrétiens & leurs Ambassadeurs leur donnoient le nom de *Tartares*. Enfin, les Mahométans lui ont donné le nom de *Turkestan*, à prendre ce terme dans le sens le plus étendu, parce

que les *Turks* étoient les peuples de tout ce Pays qu'ils connoissoient le mieux. Ils le nomment encore, & peut-être mieux, *Touran*.

Il faut encore, pour avoir une idée juste de la Tartarie, tirer une ligne depuis l'angle de la mer Caspienne, le plus avancé vers le Nord & vers l'Orient, jusqu'au méridien de *Pe-kim*, après l'avoir prolongé comme ci-devant, & donner à ce qui est au Midi de cette ligne le titre de Tartarie méridionale. La raison de cela, c'est que cette partie comprend plusieurs Royaumes réguliers, dont les peuples habitent des villes, & ont des demeures fixes, au-lieu que les peuples qui sont au Septentrion de cette ligne, sont vagabonds, & suivent leurs troupeaux. Enfin, la Tartarie méridionale se doit encore partager en celle qui est au Nord du mont *Imaüs*, & celle qui est au Sud de la montagne, entre elle & le mont *Caucase*, qui sépare les Indes de la Tartarie. Je nommerai celle-ci la *Tartarie Chinoise*. Le nom de Haute-Asie conviendroit bien mieux à ce pays, que celui de *Scythie*, de *Tartarie*, de *Turkestan* ou de *Touran*. Comme il comprend un nombre prodigieux de nations qui ont des langues & des coutumes différentes, c'est en quelque façon leur faire tort que de les réduire, &, pour ainsi dire, les assujettir à une seule nation. Je ne marque ces bornes, que pour être mieux entendu dans ce que j'aurai à dire.

Il est permis à chacun de les transporter & de les placer où il le jugera plus à propos. Je ne prétends pas donner des bornes à chaque Empire en particulier, quoique véritablement ils en ayent; mais celles que j'aurois aujourd'hui données, ne subsisteroient peut-être plus demain: car ces peuples n'en reconnoissent point d'autres dans la réalité que le tranchant de leurs sabres & l'ambition de leurs Princes. Voilà le vaste théâtre sur lequel se sont représentées les plus sanglantes tragédies de l'univers. Voilà la source intarissable d'où sont sorties tant d'inondations de Barbares, qui ont porté si souvent la désolation dans l'Europe, & sur-tout dans la Basse-Asie. Voilà enfin le grand champ de bataille où se sont livrés les plus rudes combats du monde.

Je me contenterai de marquer les nations qui y ont établi la monarchie universelle, & qui ont fondé de puissants Empires depuis 2000 ans. Je ne puis remonter plus haut, parce que les mémoires que me fournit l'Histoire Chinoise, ne passent pas le troisieme siecle avant l'Ere Chrétienne. Au de-là de ce temps, elle ne savoit que ce que les Tartares faisoient en Chine, & ne tenoit nul compte de ce que ces mêmes peuples faisoient en *Tartarie*.

DE L'EMPIRE DES HIOUM-NOU.

Les *Toum-hou*, ou *Tartares Orientaux*, reconnoissoient pour premier pere de leur nation, *Yen-Yue*, fils de l'Empereur de Chine, nommé *Kao-fin*, qui còmmença à régner 2432 ans avant l'Ere Chrétienne. *Kaofin* allant voir la mer, paffa par la ville de *Kii-tchim*, qui étoit située dans la Province de *Pe-tche-li*, dans le territoire de *Tcham-lii*, ville aujourd'hui du troifieme ordre, à 40 dégrés, 15 minutes ou environ de latitude, & à l'Orient de *Pe kim* près de 60 lieues. *Tcham-lii* dépend de *Toum-pim*, ville du premier ordre. Il y trouva des monuments de l'Empereur *Tchouenhiu*, fon prédéceffeur, & il admira la beauté du lieu. Auffi-tôt il créa *Yen-yue*, fon fils, Roi du Pays. Les *Hioum-nou*, ou les *Tartares Occidentaux*, (peutêtre font-ce les *Huns*, que les Grecs appelloient ΟΩΝΝΟΙ, & les Latins *Hunni*,) tiroient leur origine de *Chun-vei*, fils d'un Empereur de Chine, de la Dynaftie des *Hia*, laquelle fut éteinte 1767 ans avant l'Ere Chrétienne. *Chun-vei* s'étant enfui dans la *Tartarie*, y fonda un Royaume. Les *Toum-hou*, 300 ans avant l'Ere Chrétienne, étoient les plus puiffants, & même une partie de cette nation ayant paffé dans la Tartarie occidentale, avoit fondé un Royaume de 400 lieues de long de l'Orient à l'Occident, & qui avoit plus de 100 lieues d'étendue du Septentrion au Midi. Cette partie des Tartares Orientaux avoit pris le nom de *Yue-tchi*. La partie occidentale de la Province de *Chenfi* appartenoit alors à ce Royaume. Voici de quelle forte l'Empire des *Toum-hou* fut détruit par les *Hioum-nou*. Je le rappelle mot à mot d'un Hiftorien très-grave, & qu'on peut dire contemporain, puifqu'il écrivoit beaucoup plus de 100 ans avant la venue du Meffie. De plus, il le faifoit fur les mémoires & par les ordres de fon pere, qui avoit été contemporain. Voici comme *Se-ma-tçien* (c'eft le nom de cet Auteur) s'explique.

Dans ce temps-là, les *Toum-hou* étoient parvenus à un haut point de puiffance & parmi eux les *Yuetchi* étoient les plus redoutables. *Teou man*, Empereur des *Hioum-nou* (*), ne pouvoit les réduire fous fon obéiffance; ce qui l'obligea de fe retirer vers le Nord durant dix ans, après quoi les troubles de la Chine le rappellerent en Chine. *Teou-man* avoit un fils de fa première femme. C'étoit l'aîné de tous & fe nommoit *Mothé*. Il en eut un fecond de la feconde Impératrice. *Teou-man* aimoit éperduement celle-ci. C'eft pourquoi il réfolut de faire ce jeune Prince, qu'il avoit eu d'elle, héritier de fon Empire. Il falloit pour cela fe défaire de *Mothé*. Il le donna donc en ôtage aux *Yeue-tchi*. Auffi-tôt après, il vint à l'impourvu tomber fur eux.

Le Roi des *Yue-tchi* vouloit donner la mort à *Mothé*; mais *Mothé* ayant enlevé un cheval excellent de l'écurie de ce Prince, fe fauva à toutes brides. *Teouman* admira le courage & l'adreffe de *Mothé* dans un âge fi tendre, & lui donna dix mille cavaliers à commander. *Mothé* fe voyant à leur tête, fe voulut affurer de leur dévouement. Il fit faire des fleches fifflantes, & publia cette loi : „ Quiconque manquera de „ tirer une fleche à pointe dans l'endroit où portera une „ fleche fifflante décochée de mon arc, aura le cou „ coupé ". A l'inftant, étant à la chaffe, il tira une de ces fleches fur du gibier. Quelques-uns manquerent à l'ordre ; il leur fit trancher la tête fur le champ. Quelque temps après, il tira un de fes meilleurs chevaux. Plufieurs perfonnes de fa fuite n'oferent encore tirer ; *Mothé* leur fit fubir la même peine qu'aux premiers. Peu de temps après, il tira fur une de fes femmes, pour laquelle d'ailleurs il étoit paffionné. Plufieurs manquerent encore à tirer cette fois ; il les traita comme les autres. Enfuite étant à la chaffe, il apperçut un des plus beaux chevaux de l'Empereur, fon pere. Il tira deffus une fleche fifflante ; auffi-tôt le cheval fut couvert de fleches à pointe par ceux de fa fuite, tous ayant

tiré fans exception. Alors *Mothé* comprit que fes gens étoient prêts à tout. Un jour accompagnant fon pere à la chaffe, il tira fur lui. Tous ceux de fa fuite firent de même, & le percerent à l'inftant de mille fleches. En même-temps, *Mothé* fut déclaré *Tchen-yu*, c'eft-àdire, *Empereur*, en la place de fon pere mort.

Les *Toum-hou*, ou Tartares Orientaux, qui comptoient fur leur puiffance, lui envoyerent une ambaffade, pour lui demander un cheval d'un prix ineftimable, qui avoit appartenu à *Teou-man*, fon pere, (les Chinois nomment ces chevaux, chevaux qui font 100 lieues dans un jour.) *Mothé* affembla fon Confeil ; le Confeil vouloit qu'on le refufât. *Mothé* prenant la parole : „ Faut-il pour un cheval, dit-il, fe „ brouiller avec fes voifins? Qu'on le remette entre „ les mains des Ambaffadeurs ". Cela convainquit les Tartares Orientaux que *Mothé* les craignoit. C'eft pourquoi ils envoyerent une feconde ambaffade, pour lui demander une des femmes de *Teou-man*. Le Confeil de *Mothé* fut indigné de cette feconde propofition. Il conclut pour le refus, & demanda qu'on déclarât la guerre aux Tartares Orientaux. *Mothé*, perfiftant dans fon premier fentiment, donna une des femmes de fon pere aux Ambaffadeurs. Les Tartares Orientaux, ne doutant plus que la crainte n'eût faifi *Mothé*, poufferent l'infolence à bout. Ils envoyerent une troifieme ambaffade, avec ordre de faire cette propofition : „ Il y a 100 lieues de pays vuide entre les con„ fins de vos Etats & les nôtres, dans lequel, fuivant „ les conventions paffées entre nous, ni vous, ni nous „ ne pouvons entrer ; nous demandons que ce pays „ nous foit adjugé en propre ".

Mothé tint confeil là-deffus. Quelques-uns de fes Confeillers regardant ce pays comme une terre abandonnée, furent d'avis qu'on pouvoit auffi-bien le leur accorder que le refufer. *Mothé* entra dans une furieufe colere ; il fit couper le col à tous ceux qui avoient opiné de la forte. „ La terre, dit-il, eft le fondement „ de l'Etat ". En même-temps, il monte à cheval, & donne ordre à toute fon armée de le fuivre, fous peine de la vie à quiconque refteroit. Ainfi, il tomba à l'improvifte fur les Tartares Orientaux, les défit entiérement, & fe rendit maître de leur Empire. Il chaffa pareillement les *Yue-tchi* de leurs Etats. Enfuite il fubjugua toute la Tartarie Occidentale (jufqu'au *Volga*,) & fit d'étranges ravages dans les Provinces feptentrionales de la Chine. *Han-kao-tçou* venoit de conquérir tout l'Empire Chinois. Il avoit fondé la fameufe Dynaftie des *Han*. Il marcha contre *Mothé*, avec une armée de 320000 fantaffins, (fans compter la cavalerie.) *Mothé*, fuyant par ftratagême, engagea l'armée Chinoife dans la plaine de *Pe-tem*, qui fe trouve dans la partie la plus feptentrionale de la Province de *Chanfi*. Elle s'y trouva tout-à-coup inveftie par 400000 chevaux, diftribués en 4 armées, qui fe tenoient cachées dans les vallons qui aboutiffent à la plaine de toutes parts. Cela arriva l'an 200 avant l'Ere Chrétienne. Les chevaux de l'armée, qui étoit à l'Occident de la plaine, étoient tous blancs ; ceux qui étoient à l'Orient, étoient tous gris-pommelés ; ceux du Nord étoient tous noirs ; & ceux du Midi, étoient tous bais.

L'Empereur de la Chine fut fept jours en cet état, fans efpérance de fecours. Un Philofophe de fon Confeil le tira d'embarras, par le moyen d'une ambaffade qu'il envoya chargée de préfents pour le *Tchen-yu*, ou l'Empereur des *Hioum-nou*, & pour l'*Yen-tchi*, c'eft-àdire, l'*Impératrice* des mêmes *Hioum-nou*. L'Impératrice gagnée tint ce difcours à *Mothé*, fon mari, qui l'aimoit éperduement : „ Deux Princes fouverains ne „ doivent pas fe pouffer à bout l'un l'autre. Quand „ même vous vous rendriez maître de la Chine, vous „ ne fauriez la garder. Ajoutez à cela, que l'Empe„ reur de la Chine a quelque chofe de divin. Ayez „ la bonté de faire attention à ce que je vous repré-

<hr>

(*) Voyez la Table fuivante.

„ fente ". Ce difcours fit impreffion fur l'efprit de *Mothé*. D'ailleurs, il étoit convenu avec *Vam-hoam* & *Tchao-li*, Généraux Chinois, ennemis de *Han-kao-tçou*, qu'ils viendroient fe joindre à lui; cependant ils ne paroiffoient point. Il foupçonna qu'ils étoient d'intelligence avec *Han-Kao-tçou*; cela le détermina à fuivre le confeil de fa femme. Il fit donc ouvrir un paf-fage aux Chinois. Auffi-tôt *Han-kao-tçou* mit fon armée en bataille, & fe retira par-là. *Mothé* partit dans le même temps pour la Tartarie. Voilà ce que rapporte *Se-ma-tçien*. Il n'a pas fpécifié le ftratagême dont le Philofophe fe fervit pour engager l'Impératri-ce des *Hioum-nou* à faire cette démarche; on le tenoit fecret de fon temps.

Un Auteur grave affure, qu'il fit faire les portraits de plufieurs beautés Chinoifes, que les Ambaffadeurs firent voir fecretement à l'Impératrice, difant qu'on étoit réfolu de les offrir en préfent à *Mothé*, pour fe tirer de ce mauvais pas. L'Impératrice fut pi-quée de jaloufie, comme on le fouhaitoit; & crai-gnant que ces beautés ne lui enlevaffent le cœur de fon mari, qu'elle poffédoit entiérement, elle dé-fendit qu'on les montrât, & fe chargea à cette con-dition de délivrer les Chinois d'un danger fi pref-fant. La Table fuivante fera voir d'un coup - d'œil la fuite des *Tchen-yu*, ou Empereurs des *Hioum-nou*.

TABLE DES *TCHEN-YU*, ou EMPEREURS DES *HIOUM-NOU*.

L'EMPEREUR.	Commença à régner sous l'Empire Chinois de	L'an de l'Empire Chinois.	L'an nommé dans le Cycle Sexagénaire.	L'an avant l'Ere Chrétienne.
Chun-vei, ou bien *Hiun-yu*.	*Chim-tam.*	4	*Vou-fu.*	1763.
Teou-man.				(263) ou environ.
Mo-thé, ou bien *Mo-thou*.				206.
Ki-yu.	*Han-ven-ti.*	6	*Tim-mao.*	174.

L'EMPEREUR.	Commença à régner sous l'Empire Chinois de	Titre de cet Empire Chinois, nommé dans le Cycle.	L'an nommé dans le Cycle sexagénaire.	L'an avant l'Ere Chrétienne.
Kiun-tchin.	*Han-vou-ti.*	*Yuen-fo.* 3	*Yi-mao.*	126.
Y-tchi-fie, frere du précédent.	*Han-vou-ti.*	*Yuen-tim.* 4	*Vou-tchin.*	113.
Ou-vei.	*Han-vou-ti.*	*Tai-tço.* 1	*Tim-tcheou.*	104.
Ou-ffe-lu.	*Han-vou-ti.*	*Tai-tço.* 3	*Ki-mao.*	102.
Keou-li-hou, oncle paternel du précédent.	Idem.	Idem. 3	Idem.	102.
Tçu-li-heou, frere du précédent.	Idem.	Idem. 4	*Kem-tchin.*	101.
Hou-lou-kou.	Idem.	*Tai-chi.* 1	*Yi-yeou.*	96.
Hou-yen-ti.	*Han-tchao-ti.*	*Chi-yuen.* 2	*Pim-chin.* ?	85.
Hiu-lu-kien-ku, frere du précédent.	*Han-fuen-ti.*	*Ti-tçie.* 2	*Kouei-tcheou.*	68.
Ouo-yen-keou-ti, descendant d'*Ou-vei*.	Idem.	*Chin-tçio.* 2	*Sin-yeou.*	60.

T C H E N-Y U, Méridionaux.

L'EMPEREUR.	Commença à régner sous l'Empire Chinois de	Titre de cet Empire Chinois, nommé dans le Cycle.	L'an nommé dans le Cycle sexagénaire.	L'an avant l'Ere Chrétienne.
Hou-han-fie, fils de *Hiu-lu-kien-kiu*.	Idem.	Idem. 4	*Kouei-hai.*	58.
Fou-tchi-lei-jo-ti.	*Han-tchim-ti.*	*Kien-chi.* 3	*Sin-mao.*	30.
Seau-kiai-jo-ti, frere du précédent.	*Han-tchim-ti.*	*Houm-kia.* 1	*Sin-tcheou.*	20.
Tche-ya-jo-ti, frere du précédent.	Idem.	*Yuen-yen.* 1	*Ki-yeou.*	12.
Ou-tchu-leou-jo-ti.	Idem.	*Soui-ho.* 1	*Kouei-theou.*	8.

L'EMPEREUR.	Commença à régner sous l'Empire Chinois de	Titre de cet Empire Chinois, nommé dans le Cycle.	L'an nommé dans le Cycle sexagénaire.	L'an de l'Ere Chrétienne.
Ou-lei-jo-ti.	*Vam-mam*, Tyran.	*Kien-koue.* 5	*Kouei-yeou.*	13.
Hou-toul-che-tac-kao-jo-ti.	Idem.	*Tien-foum.* 5	*Vou-yn.*	18.
Hi-lo-tche-tcho-ti, fils d'*Ou-tchu-lui-jo-ti*.	*Hoai-yam-vam.*	*Kem-chi.* 2	*Kia-chin.*	24.
Kien-fou-yeou-ti.	*Han kouam-vou-ti.*	*Tchoum-yuen.* 1	*Pim-tchin.*	56.
Yi-fa-yu-lu-ti, frere du précédent.	Idem.	Idem. 2	*Tim-fé.*	57.
Hi-toum-tche-tcho-heou-ti, fils de *Hi-lo-tche-tcho-ti*.	*Ham-min-ti.*	*Youm-pim.* 2	*Ki-vei.*	59.
Kieou-tchu-tche-lin-ti.	Idem.	Idem. 6	*Kouei-hai.*	63.
Hou-fie-tche-tcho-heou-ti, frere de *Hi-toum-tche-tcho-heou-ti*.	Idem.	Idem. 6	Idem.	63.
Yi-tchu-yu-lu-ti, frere d'*Yi-fa-yu-lu-ti*.	*Han-tcham-ti.*	*Yuen-ho.* 2	*Yi-yeou.*	85.
Hieou-lan-che-tcho-heou ti, frere de *Hou-fie-tche-tcho heou-ti*.	Idem.	*Tcham-ho.* 2	*Vou-tçé.*	88.
Ghan-koue, frere d'*Yi-tchu-yu-lu-ti*.	*Han-ho-ti.*	*Youm-yuen.* 5	*Kouei-ffé.*	93.
Tim-tou-che-tcho-heou-ti, frere de *Hi-toum-tche-tcho-heou-ti*.	Idem.	Idem. 6	*Kia-ou.*	94.
Van-chi-hou-tcho-ti, fils de *Hou-fie-tche-tcho-heou-ti*.	Idem.	Idem. 10	*Vou-fu.*	98.
Ou-ki-heou-chi-tho-ti, frere du précédent.	*Han-ghan-ti.*	*Yen-kouam.* 3	*Kia-tçé.*	124.
Fa-te-jo-tchi-tcho-tçieou, frere du précédent.	*Han-chun-ti.*	*Youm-kien.* 3	*Vou-tchin.*	128.
Keou-loum-vam-tche-nieou.	Idem.	*Youm-ho.* 1	*Pim-tçé.*	136.
Hou-lan-jo-chi-tcho-tçieou.	Idem.	*Han-ghan.* 1	*Gin-ou.*	142.
Y-lim-chi-tcho-tçieou.	*Han-houan-ti.*	*Kien-ho.* 1	*Tim-hai.*	147.
Tchu-te-jo-chi-tcho-tçieou.	*Han-lim-ti.*	*Hi-pim.* 1	*Gin-tçe.*	172.
Hou-tchi-koüam.	Idem.	*Kouam-ho.* 1	*Vou-ou.*	178.
Kiam-kiu.	Idem.	Idem. 2	*Ki-vei.*	179.
Yu-fou-lo.	Idem.	*Tchoum-pim.* 5	*Vou-tchin.*	188.
Hou-tchu-tçuen, frere cadet d'*Yu-fou-lo*.	*Han-hien-ti.*	*Him-pim.* 1	*Yi-hai.*	195.
Celui-ci fut dépouillé de l'Empire.	Idem.	*Kien-ghan.* 21	*Pim-chim.*	216.
Leou-yuen-hai, fils du Roi *Leou-pao*, petit-fils de l'Empereur *Yu-fou-lo*.	*Tçin-hoe-ti.*	*Youm-kim.* 1	*Kia-tçé.*	304.
Leou-ho.	*Tçin-hoai-ti.*	*Youm-kia.* 4	*Kem-ou.*	310.
Leou-tçoum, frere & fratricide de *Leou-ho*.	Idem.	Idem. 4	Idem.	310.
Leou-tçan.	*Tçin-yuen-ti.*	*Tai-him.* 1	*Vou-yn.*	318.
Celui-ci & la famille de *Leo-yuen-hai* furent éteints par *Kin ichun*, la même année.				
Leou-yao, Prince du sang de *Leo-yuen-hai*.	Idem.	Idem. 1	Idem.	318.
Il fut pris & tué, avec toute sa famille, par *Che-le*.	*Tçin-tchim-ti.*	*Kien-tcho.* 4	*Ki-tcheou.*	329.

Revenons à l'Histoire qui servira d'éclaircissement à cette Table. On a pu remarquer que *Se-ma-tçien* parlant de *Chun-vei*, tige de la famille des *Tchen-yu*, & fondateur de la nation des *Hioum-nou*, a dit simplement, qu'il descendoit de la Dynastie des *Hia*, sans spécifier de quel Empereur il étoit issu. Quelques Auteurs, qui sont entrés dans un plus grand détail, assurent qu'il étoit fils du dernier Empereur de cette Dynastie, nommé *Kié*. Celui-ci, qui avoit poussé la tyrannie aux derniers excès, fut détrôné par *Tchim-tam*, qui lui succéda, & fonda la Dynastie des *Cham*, 1766 ans avant l'Ere Chrétienne. *Tchim-tam* exila le Tyran, qui ne survécut que 3 ans à sa disgrace. A peine eut-il les yeux fermés, que *Hiun-yu*, digne fils d'un semblable pere, s'empara de ses concubines, & en fit ses femmes. C'est de-là qu'est venue la coutume qui dure encore aujourd'hui dans la Tartarie, au moins parmi les Souverains, d'épouser les femmes de leurs peres morts; ce qui se doit entendre des belles-meres, & non pas des propres meres.

En même-temps, *Hiun-yu* passa dans la Tartarie avec 500 personnes de sa suite, & s'y établit. Il devint par là le premier *Tchen-yu*, ou Empereur des *Hioum-nou*. Suivant ce calcul, cet Empire auroit commencé 1763 ans avant l'Ere Chrétienne. Quelques-uns même prétendent que *Kie* lui-même passa dans la Tartarie; mais il est difficile d'accorder ce sentiment avec ce que l'Histoire canonique de la Chine rapporte de ce Prince. Il s'ensuit de ce que nous venons de dire, qu'entre le commencement du regne de *Chun-vei* ou de *Hiun-yu*, (car ce sont deux noms de la même personne, selon toutes les apparences,) & celui de *Teou-man*, il s'est écoulé environ 1500 ans. La nation prit d'abord le nom de son fondateur, & fut appellée *Hiun-yu* sous la Dynastie des *Cham*, sous laquelle elle s'empara de la partie occidentale de la Province de *Chensi*. Sous la Dynastie des *Tcheou*, elle porta celui de *Hien-yun*. Enfin, sous celle des *Tçin*, elle commença à porter celui de *Hioum-nou*. Les Chinois auront apparemment tant soit peu détourné la prononciation de ce nom pour l'écrire avec leurs caracteres d'une maniere qui fit connoître l'estime qu'ils faisoient de la nation; car des deux lettres dont ils se servent pour cela, la premiere signifie *funeste*, & la seconde *esclave*: la premiere marque *l'horreur*, & la seconde le *mépris*. Peut-être sont-ce ceux qui parurent dans l'Europe au quatrieme siecle sous le nom de *Huns*, comme je l'ai déja dit. Durant tout cet espace de temps, l'Histoire Chinoise se contente de rapporter ce que cette nation a fait dans la Chine, ignorant dans ces siecles reculés ce qui se passoit dans la Tartarie. *Se-ma-tçien* & les Historiens qui l'ont suivi, ne disent autre chose de cette longue suite de siecles, sinon que ce fut pour la nation des *Hioum-nou* un perpétuel flux & reflux d'agrandissements & de décadence.

Mothé fut celui de tous les *Tchen-yu* qui porta la gloire de sa nation à un plus haut point de splendeur, & qui lui assujettit la Tartarie entiere. Depuis ce temps-là, les Chinois avouent que les *Hioum-nou* leur ont causé des maux inconcevables. Cette puissance énorme fondée sur la tyrannie, ne tarda pas à s'ébranler. En voici la cause. *Han-vou-ti*, Empereur de Chine, n'eut pas été plutôt élevé à l'Empire, qu'il forma le dessein d'éteindre, ou du moins d'affoiblir les *Hioum-nou*, & de venger les affronts que ses prédécesseurs en avoient reçus. Ce grand Prince, à qui ses conquêtes ont fait donner le nom de *Vou*, c'est à-dire, de *Belliqueux*, leur fit une si rude guerre durant plusieurs années, qu'après un grand nombre de victoires, il en nettoya le pays à plus de deux cents lieues à la ronde de la Chine. Après quoi il entra lui-même dans la Tartarie à la tête de 180000 chevaux; (jugez de l'infanterie qui est incomparablement plus nombreuse dans les armées Chinoises que la cavalerie.) Il alla se poster dans une maison de plaisance du *Tchen-yu*, qui se

nommoit pour lors *Y-tchi-sie*. Comme rien ne paroissoit, il lui envoya un défi par ses Ambassadeurs (*), que le *Tchen-yu* n'osa accepter. Il s'empara des pays qu'il leur avoit enlevés. Sur-tout il divisa en quatre grandes Cités celui qui comprend la partie occidentale de la Province de *Chensi*, & qui s'étend 200 lieues au-delà vers l'occident. Qu'il me soit permis d'appeller ce pays *Tam-ghout*, sans que je sois bien assuré que ce soit le *Tam-ghout*.

Il y fit bâtir des villes, aussi-bien que dans ses conquêtes du Nord. Il envoya dans tous ces pays pour une seule fois 180000 Cuirassiers en garnison. Il y établit quantité de colonies Chinoises, condamnant à cela sept sortes de familles dont les emplois sont suspects. Il s'apperçut aisément que tout cela ne pouvoit abattre l'orgueil des *Hioum-nou*, qui trouvoient dans l'Occident des ressources aux pertes qu'ils faisoient dans l'Orient. Cela fit naître à *Han-vou-ti* la pensée de traiter avec les grands *Yue-tchi*, qu'il croyoit devoir être ennemis irréconciliables des *Hioum-nou*. Les *Yue-tchi* avoient leur établissement dans le *Tam-ghout*. Les *Hioum-nou* ayant pris le dessus sur eux, les pousserent sans quartier. Le *Tchen-yu* de ceux-ci ayant pris le Roi des *Yue-tchi*, lui fit couper le col. Il fit faire de son crâne une coupe dont il se servoit dans les grandes cérémonies. Il y but, & y fit boire le sang des victimes aux Plénipotentiaires Chinois dans le serment qu'ils firent pour ratifier la paix qu'ils se promettoient mutuellement. Cela obligea les *Yue-tchi* à abandonner leur pays, & à se séparer. La plus grande partie poussa vers l'Occident jusqu'au *Khorassan* ou à la *Bactriane*, à 1200 lieues de *Si-ghan-fou*; & ayant subjugué le *Ta-hia*, ils s'y établirent. *Han-vou-ti* leur envoya une ambassade, 139 ans avant l'Ere Chrétienne. Les Ambassadeurs donnerent dans une embuscade des *Hioum-nou*, & furent arrêtés durant plus de dix ans. Après quoi ayant trouvé le moyen de s'enfuir, ils pénétrerent jusqu'aux *Yue-tchi*. Ceux-ci, contents de leur nouvelle conquête, refuserent de s'embarquer dans une guerre si dangereuse. Les Ambassadeurs Chinois furent encore pris par les *Hioum-nou* à leur retour en Chine; mais un peu plus d'un an après, la mort du *Tchen-yu* leur donna moyen de s'évader. Ils rentrerent en Chine 126 ans avant l'Ere Chrétienne, après 13 ans d'absence. Si leur ambassade ne réussit pas dans son principal projet, elle fut du moins utile pour la connoissance qu'elle donna à la Chine des Indes & des Royaumes Occidentaux, dont elle avoit toujours ignoré jusqu'avis noms.

L'Empereur, instruit de l'état de la Tartarie Chinoise, d'où les *Hioum-nou* tiroient leurs principales forces, & sur-tout leurs richesses & leurs armes, résolut de leur enlever ces Royaumes, & de se les assujettir. La crainte qu'il avoit de la puissance & de la cruauté des *Hioum-nou* fut un puissant obstacle à l'exécution de ce dessein; mais l'Empereur vint enfin à bout de le forcer. Le succès de l'expédition du *Tayuen*, (pays de Perse dans le *Khorassan*,) y contribua plus que toutes choses. La premiere armée qu'il avoit envoyée périt entiérement. La seconde y arriva après une marche de 1000 lieues. Elle assiégea la capitale. Le Général Chinois se fit livrer le Roi, & ordonna qu'on lui tranchât la tête. Ensuite, après avoir établi un nouveau Roi, il revint victorieux en Chine. Cela affermit les Royaumes soumis, & obligea ceux qui ne l'étoient pas, de se soumetre à la Chine. L'Empereur donna même au *Kouen-mo*, ou Roi des *Ou-sun*, une Infante de Chine en mariage, pour serrer plus étroitement le nœud de la confédération. Il établit dans le centre de la Tartarie Chinoise un Généralissime qui commandoit à 36 Royaumes Tartares, dont les Rois avoient reçu

---

(*) Voyez la Table précédente.

l'inveſtiture de l'Empereur Chinois avec le ſceau qui en eſt la marque.

Les ſucceſſeurs de *Hau-vou-ti* acheverent ce qu'il avoit commencé. On compta bientôt 56 Rois dans la Tartarie Chinoiſe, créés par l'Empereur de Chine, qui recevoient de lui les patentes, le ſceau, & les autres marques de la dignité Royale, pour gouverner ces Royaumes. Les Empereurs établirent un Généraliſſime dans la Tartarie, ou un Vice-Empereur, dont la réſidence étoit dans le Royaume d'*Ey-ghour*. On lui aſſigna un Lieutenant-Général qui plaça ſon ſiege aſſez près de-là, outre deux Brigadiers qui n'a-voient point de demeure fixe. On ne tarda pas à re-cueillir le fruit de cette confédération.

Le *Kouen-mii*, ou bien *Kouen-mo*, c'eſt-à-dire le Roi des *Ou-ſun*, & l'Infante de Chine ſa femme, ayant imploré le ſecours de la Chine contre les *Hioum-nou* l'an 72ᵉ. avant l'Ere Chrétienne, l'Empereur *Han-tchao-ti* fit inceſſamment partir une armée de 150000 chevaux, avec ordre à *Tcham-hoei*, Généraliſſime de la Tartarie, de commander cette armée, & celle des *Ou-ſun*. L'année ſuivante, *Tcham-hoei* attaqua à revers les *Hioum-nou*, je veux dire par le côté de l'Occident. Il défit à plate coûture le Roi qui com-mandoit dans ce Pays. Il emmena plus de 30000 captifs, parmi leſquels il y avoit des oncles du *Tchen-yu*, des Princeſſes de leur ſang, des Rois & des Officiers de tous les rangs. Il leur enleva pareillement plus de 700000 tant chevaux que chameaux, mulets & bœufs. Ce terrible échec fut ſuivi d'une horrible mortalité; ce qui obligea les *Hioum-nou* à ſe diſſiper. La famine ſuivit de près la mortalité. Enfin, la diviſion, qui ſuccéda à la famine, porta le coup fatal à cette puiſ-ſance démeſurée; ce qui cauſa la plus ſanglante guerre civile qu'on eût peut-être jamais vue. Voici comme la choſe arriva.

Hiu-lu-kien-kiu (*), malgré l'oppoſition de ſes compétiteurs, continuoit ſes incurſions ſur la Chine, demandant pourtant en même-temps une Infante de la Chine en mariage; il mourut ſur ces entrefaites. Le premier de ces Rois, qui étoit *Tou-ki-tam*, (c'eſt un titre de dignité parmi les *Hioum-nou*,) ſe fit auſſi-tôt proclamer *Tchen-yu*, tandis que les Princes du ſang & les grands Officiers de l'Empire proclamerent de leur côté le fils de *Hiu-lu-kien-kiu* ſous le titre de *Hou-han-ſie*. Celui-ci commença ſon nouveau regne par la défaite du *Tou-ki-tam*, auquel il ôta la vie. A cette occaſion, les Rois ſe ſouleve-rent, & prirent à l'envi le titre de *Tchen-yu*. Bientôt après, (je me ſers des termes de l'Hiſtoire Chinoiſe,) on compta les morts par dixaines de mille. De dix têtes de bétail, à peine en reſte-t-il une ou deux. Enfin, la faim força les *Hioum-nou* à ſe manger les uns les autres.

Ces calamités publiques obligerent le Roi *Ye-tcho-uam* de venir avec 30 à 40 mille chevaux ſe ſou-mettre aux Chinois, 60 ans avant l'Ere Chrétienne. Il fut ſuivi 4 ans après par le *Tchen-yu*, qui portoit le titre *Hou-ſo-lei*, avec un grand nombre de Sei-gneurs, & plus de 6000 hommes. L'Empereur de Chine les reçut favorablement, & donna des titres Chinois à l'un & à l'autre. D'un autre côté, *Ouo-yen-keou-ti* qui étoit *Tchen-yu* légitime, s'abandonnoit à ſon naturel farouche. *Kou-ſi-vam* (Roi *Hioum-nou*,) avoit malheureuſement été défait par les *Ou-houan*, Tartares Orientaux, tributaires des *Hioum-nou*. Il redoutoit la colere de *Ouo-yen-keou-ti*; c'eſt pourquoi ayant fait une ligue des plus puiſſants de l'Etat, il mit en ſa place le Prince *Ki-heou-ſien* ſous le titre de *Hou-han-ſie*. Celui-ci défit *Ouo-yen-keou-ti* en bataille rangée. *Ouo-yen-keou-ti* ayant été aban-donné de tous les ſiens, ſe défit lui-même. *Hou-*

han-ſie avoit défait deux de ſes compétiteurs; mais ayant été défait à ſon tour par le *Tchen-yu*, ſur-nommé *Tou-ki*, il vint chercher un aſyle en Chine, & ſe ſoumettre à l'Empereur. Il fut reçu à foi & hommage l'an 53e. avant l'Ere Chrétienne.

Depuis ce temps-là, les *Hioum-nou* furent diviſés en ſeptentrionaux & en méridionaux. Les Empereurs des méridionaux conſerverent le titre de *Hou-han-ſie*, de même que les Empereurs Romains prirent celui de *Céſar*. Le *Tchen-yu*, nommé *Tche-tchi*, s'en-fonça avec les ſiens dans la Tartarie Occidentale, à plus de 600 lieues loin de ſon ſiege ordinaire. Il reconquit les Royaumes révoltés, & établit ſon ſiege parmi la nation des *Kien-hou*, qui dans la ſuite pri-rent le nom de *Kie-kia-ſſe*. (Ce ſont les *Kircaſſes* plus que probablement, ou comme nous prononçons, *Circaſſes*.) Il régnoit ſouverainement, lorſque *Kan-yen-cheou*, Généraliſſime Chinois de la Tartarie, & ſon Lieutenant-général, feignant des ordres de l'Em-pereur de Chine, ordonnerent aux garniſons Chi-noiſes, & aux Royaumes tributaires, de marcher contre lui. Il fut attaqué ſi bruſquement, qu'il fut bientôt défait. On lui coupa la tête, qui fut envoyée en Chine; ce qui plut à *Hou-han-ſie* ſon ennemi, & ne laiſſa pourtant pas de lui donner à penſer pour lui-même. Ceci arriva 35 ans avant l'Ere Chrétienne.

Les *Tchen-yu* méridionaux vécurent tranquillement dans la Chine, qui leur laiſſa le titre impérial de leur nation, ſans aucune réalité. *Yu-fou-lo* fut le pénul-tieme de ces *Tchen-yu*, le dernier fut *Hou-tchu-tçuen*, frere cadet de *Yu-fou-lo* (*). *Hou-tchu-tçuen*, l'an 216 de l'Ere Chrétienne, alla de *Pim-yam-fou* qui étoit le lieu de ſa réſidence, à *Tcham-te-fou* qui étoit alors le ſiege de l'Empereur de Chine, pour lui rendre hommage. Il fut arrêté par les ordres de *Tçao-tçao* qui gouvernoit alors abſolument. Ainſi finit en Chine l'Empire des *Hioum-nou*. *Tçao-tçao* leur aſſigna des terres en-dedans de la grande mu-raille, & les partagea en cinq cantons, commandés chacun par un Chef de leur nation, démarche qui fut fatale à la Chine, & que les Chinois regardent comme une échelle qu'on préſenta aux Tartares pour les aider à monter ſur le trône de cet Empire.

En effet, après s'être multipliés dans la Chine, & y avoir pris une connoiſſance exacte des affaires de l'Empire durant environ 90 ans, ils ſe ſervirent de la diviſion qui régnoit entre les Chinois ſous la Dy-naſtie des *Tçin*. *Leou-yuen-hai*, (†) petit fils de *Yu-fou-lo-tchen-yu*, & fils de *Leou-pao*, chef d'un des cinq cantons, reprit le titre de *Tchen-yu* l'an 384e. de l'Ere Chrétienne. Les *Tchen-yu* des *Hioum-nou* méridionaux avoient pris pour nom de famille, *Leou*, qui étoit celui de la Dynaſtie des *Han*, & cela parce qu'ils deſcendoient de *Mothé*, & d'une Infante de Chine, fille du fondateur de cette Dy-naſtie, que *Mothé* avoit épouſée. Delà vient le titre Chinois de *Leou-yuen-hai* que portoit ce Prince, également ſavant & brave. Il donna pour la même raiſon le titre de *Han* à ſa Dynaſtie, quoique dans la ſuite elle ait été nommée *Tchao*. Cette entrepriſe fut un ſignal à tous les autres barbares de prendre les armes, & de ſe faire des Empereurs de leur nation. On ne vit jamais de ſemblables troubles, ni tant de carnages. Pluſieurs millions d'hommes en armes rem-pliſſoient tout d'horreur & de ſang. Les cinq Pro-vinces ſeptentrionales de la Chine furent abandonnées à ces tyrans par les Empereurs Chinois, qui, après avoir été forcés dans leur Cour du Nord, furent enfin obligés de ſe retirer à *Nan-kim*. Quoique cette hor-rible confuſion n'ait duré que 118 ans, il faudroit pluſieurs volumes pour la décrire au juſte. La Table ſuivante en pourra donner une idée groſſiere.

(*) Voyez la Table précédente.

(*) Voyez la Table précédente.
(†) Voyez la Table ſuivante.

TABLE *de plusieurs* ROIS *DE LA CHINE*.

Royaume de	Fondé par	Commence l'an de J. C.	Finit l'an de J. C.	Dure ans.	Sous Rois.	Détruit par
Tçient-tchao.	*Leou-yuen-hai.*	304.	329.	26.	5.	*Heou-tchao.*
Heou-tchao.	*Che-le.*	328.	351.	23.	7.	*Ouei.*
Ouei.	*Che-min.*	350.	352.	3.	1.	*Tçien-yen.*
Leam.	*Cham-kuei.*	314.	376.	78.	8.	*Tçin.*
Heou-leam.	*Lu-kouam.*	385.	404.	19.	3.	*Heou-tçin.*
Nan-leam.	*Tou-fa-ou-kou.*	397.	414.	18.	3.	*Si-tçin.*
Pe-leam.	*Touan-ye.*	397.	439.	43.	3.	*Yuen-Ouei.*
Sii-leam.	*Li-fum.*	400.	421.	22.	2.	*Pe-leam-tçu-kiu-moum-fun.*
Yen.	*Mou-youm.*	307.	370.	63.	4.	*Tçin.*
Heou-yen.	*Mou-youm-tchoui.*	384.	407.	24.	4.	*Pe-yen.*
Sii-yen.	*Mou-youm-tchoum.*	385.	394.	10.	5.	*Heou-yen.*
Nan-yen.	*Mou-youm-té.*	398.	410.	13.	2.	les Chinois.
Pe-yen.	*Kao-yun.*	407.	438.	31.	2.	*Yuen-ouei.*
Tçin.	*Pou-houm* ou *Fou-houm.*	349.	394.	45.	6.	*Heou-tçin.*
Heou-tçin.	*Yao-tcham.*	384.	417.	34.	3.	les Chinois.
Sii-tçin.	*Kii-fou-koue-gin.*	385.	401.	17.	4.	*Hia.*
Hia.	*He-lien-po-po.*	407.	431.	25.	5.	*Tou-kou-hoen.*
Pe-leam.	*Tçu-kiu-moum-fun.*					

Pour bien comprendre cette Table, il faut obferver ce qui fuit.

1°. La fignification des termes Chinois. *Tçien* fignifie *antérieur* ; *Heou*, *poftérieur* ; *Nan*, *méridional* ; *Pe*, *feptentrional* ; *Sii*, *occidental*. Par exemple, *Tçien-tchao* fignifie *antérieur Tchao*, c'eft à-dire, le premier Royaume de *Tchao* : *Heou-tchao*, *poftérieur Tchao*, ce qui veut dire, le fecond Royaume de *Tchao*.

2°. *Tchao*, *Ouei*, *Leam*, *Yen*, *Tçin* & *Hia*, font des noms d'anciens Royaumes de la Chine.

3°. Quand on nomme un de ces Royaumes fans addition, il faut fous-entendre *Tçien* ou *antérieur*. Ainfi quand on dit, le Royaume de *Tchao* ou de *Leam*, c'eft comme fi on difoit le Royaume de *Tçien-thao* ou de *Tçien-leam*.

4°. Il y a eu beaucoup plus de Rois dans ces Royaumes qu'il n'en eft marqué dans la Table : cela vient de ce qu'on omet ceux qui ont été tués la premiere année de leur regne, qui font en grand nombre.

5°. Les Chinois ne comptent que 16 Royaumes en tout, parce qu'ils comprennent le Royaume d'*Ouei* fous celui de *Heou-tchao*, à raifon de fon peu de durée & de la qualité de *Che-min* fon fondateur, qui avoit été uni, par adoption, à la famille Royale de *Heou-tchao*. J'ai cru l'en devoir détacher, parce qu'il s'en détacha lui-même, en reprenant fon ancien nom de famille qui étoit *Yen*, & donnant à fa Dynaftie le nouveau titre d'*Ouei*.

6°. Quoique *Touan-ye*, Chinois de nation, ait été le fondateur du Royaume de *Pe-leam*, comme il ne régna pas cinq ans, & qu'il fut affaffiné l'an 401, par *Tçu-kiu-moum-fun*, qui ufurpa le Royaume, & le poffeda long-temps, on a coutume de l'attribuer à ce dernier ; c'eft pourquoi j'ai mis fon nom à la fin de la Table.

7°. La Table donne au Royaume de *Tçien-leam* 78 années de durée : les termes de fon commencement & de fa fin font voir qu'il n'en a eu que 63.

Voilà le fiecle de fer, que les Chinois dans leurs Hiftoires nomment les regnes tumultueux des cinq Barbares, parce que toutes les familles régnantes, à la réferve de deux Chinoifes ou trois, fi vous comptez *Che-min*, étoient iffues de cinq nations Barbares. Celles de *Tchao*, de *Heou-tchao*, du fecond *Pe-leam* & de *Hia*, auffi-bien que *Pe-leam* & *Hou-leam*, étoient for-

ties des *Hioum-nou* ; celles de *Yen*, de *Heou-yen*, de *Nan-yen*, de *Pe-yen* & de *Sii-yen*, étoient originairement *Sien-pi*, auffi-bien que celle de *Sii-tçin*. Celles de *Tçin* & de *Heou-leam* venoient des *Ti*, ou Barbares de la partie occidentale de la Province de *Chenfi*. Celle de *Heou-tçin* fortoit des *Kiam*, Barbares occidentaux, qui touchent la Chine. Celle de *Nan-leam* étoit de la nation des *Kie* ou de *Sien-pi* feptentrionaux, & de la même famille que les *Ouei* Tartares, defquels nous parlerons dans la fuite. Ces *Ouei* Tartares vinrent à bout de tous ces Royaumes tumultuaires, & réduifirent toute la Chine feptentrionale fous leur obéiffance. Ils acheverent ce grand ouvrage l'an 439. Ce fut pour lors que la Chine commença à être divifée en deux parties, dont la méridionale étoit gouvernée par un Empereur Chinois, & la feptentrionale par un Empereur Tartare. Elle demeura en cet état jufqu'à l'an 589, qu'elle fut réunie fous une feule domination par un Empereur Chinois.

Jamais Hiftoire ne fut plus féconde en grands événements, ou pour mieux dire, en grands brigandages, que les 136 ans que durerent ces guerres plus que civiles. Plufieurs millions d'hommes en armes portoient par-tout la défolation & le carnage. Des trônes flottants dans le fang ne pouvoient être que chancelants : auffi dans ces temps malheureux, les cabanes des laboureurs étoient de plus fûrs afyles pour la vie, que les palais des Rois. En effet, de plus de quatre-vingts Rois ou Empereurs qui ont régné durant ce petit efpace de temps, près de la moitié a été affaffinée. Je tirerai le peu que je vais rapporter de ces étranges révolutions, du plus célebre Hiftorien qui fut jamais ; je veux dire de l'Empereur *Tham-thai-tçoum*, qui commença à régner l'an 627, & qui régna 23 ans. Je ne fais fi le trône a jamais été occupé par un plus grand Prince. Il fut le premier Capitaine de fon fiecle, & le plus débonnaire des Empereurs. Il joignit à mille autres belles qualités, la fcience & l'éloquence, en quoi il excella. Il employa dix volumes entiers de fon Hiftoire des *Tçin*, à décrire ces Royaumes tumultueux. Je commence par *Leo-yuen-hai*, dont j'ai rapporté ci-devant l'origine.

Leou-yuen-hai ne fe contenta pas de reprendre le titre de *Tchen-yu*, il ufurpa celui de *Hoam-ti*, qui eft le propre des Empereurs Chinois, l'an 308, & mourut deux ans après.

II

Il laiſſa pour ſucceſſeur ſon fils nommé *Leou-ho*. Ce-lui-ci commença ſon regne par ſe vouloir défaire de *Leou-tçoum*, ſon frere cadet, dont le courage lui étoit ſuſpeét. *Leou-tçoum*, qui preſſentit ſon deſſein, le prévint ; il le força dans ſon palais, & le fit mourir. En même-temps, il ſe fit proclamer *Hoam-ti*, dans la même année que ſon pere étoit mort.

Leou-tçoum commença ſon regne par déclarer la guerre à l'Empereur de Chine, qui réſidoit pour lors dans la ville de *Lo-yam*, qui ſe nomme aujourd'hui *Honan-fou*, dans la Province de *Honan*. Après avoir remporté une victoire ſignalée ſur les Chinois, il aſſiege *Lo-yam*, l'an 311 ; il la force, & y exerce des cruautés plus que barbares. Il envoye l'Empereur de Chine captif à *Pim-yam-fou*, ville de la Province de *Chanſi*, où étoit la Cour des *Hioum-nou*. Il fait mourir le Prince héritier de l'Empire Chinois, enleve l'Impératrice, veuve du feu Empereur, & l'épouſe. Il fait mettre le feu aux palais & aux temples des an-cêtres des Empereurs, & fait paſſer par le tranchant du ſabre plus de trente mille perſonnes de marque, du nombre deſquelles furent les Rois & tous les Offi-ciers de la Cour. Enfin, pour laiſſer à la poſtérité un monument de ſa barbarie plutôt que de ſa gloire, il fit entaſſer tous ces corps morts en forme de trophée, ſur les bords de la riviere qui arroſoit cette capitale. Il alla même plus loin dans la ſuite ; car ayant un jour voulu obliger l'Empereur de Chine, ſon captif, à ſervir à boire dans un feſtin, comme il refuſa d'obéir, il le fit mettre à mort avec les Officiers Chinois qui lui étoient reſtés.

Leou-yao, Prince du ſang de la famille de *Leou-yuen-hai*, commandant l'armée de *Leou-tçoum*, força pareillement *Si-ghan-fou*, qui étoit pour lors la ſe-conde capitale de l'Empire des Chinois, l'an 316. Il prit l'Empereur *Tçin-min-ti*, & l'envoya à *Leou-tçoum*, qui le traita comme il avoit traité ſon pere & ſon pré-déceſſeur, & lui ôta la vie pour le même refus de verſer à boire. Ces déſaſtres obligerent *Se-ma-ſun*, Prince du ſang des *Tçin*, & premier Miniſtre de leur Empire, à tranſférer le ſiege de l'Empire à *Kien-kam*, ville méridionale, que nous appellons *Nan-kim*, où il prit auſſi-tôt le titre de *Hoam-ti*, l'an 317. *Sun-kiuen* avoit choiſi, dès l'an 229, cette même ville, en lui donnant le nom de *Kien-ye*, pour capitale de ſon Empire, lorſque la Chine étoit diviſée en trois. *Leou-tçoum* mourut (*), après 9 ans de regne, l'an 318, laiſſant pour ſucceſſeur ſon fils *Leou-tçan*.

Leou-tçan ſe plongea dans le ſang & dans la vo-lupté. L'Impératrice ſa mere & l'Impératrice ſa femme étoient toutes deux d'une même famille, nommée *Kin* ; ce qui la rendoit très-puiſſante. Les deux chefs de cette famille réſolurent de détrôner *Leou-tçan*, & de prendre ſa place. Pour achever de le rendre odieux & ſe défaire par le même moyen de ceux qui fai-ſoient ombrage à leur ambition, ils lui mirent en tête que les Princes & les Grands tramoient entr'eux ſa dépoſition, & qu'il étoit perdu, ſans reſſource, s'il ne les prévenoit. Ce Prince efféminé prit l'al-larme, &, ſans autre examen, fit main-baſſe ſur les Princes de ſon ſang & ſur les principaux Officiers de ſon Empire.

Kin-tchun, voyant que ſes deſſeins avoient eu le ſuccès qu'il pouvoit attendre, pouſſa ſa pointe. Il força le palais, prit *Leou-tçan* ; & après lui avoir re-proché ſa mauvaiſe conduite, il lui fit trancher la tête. Il fit le même traitement aux Princes qui reſ-toient & à toutes les Princeſſes du ſang ; & ces exécutions furent faites en plein marché. Il exerça même ſa rage ſur les morts : il fit déterrer les corps de *Leou-yuen-hai* & de *Leou-tçoun*, & les fit hacher en pieces. Il finit par faire mettre le feu

aux temples qui leur étoient dédiés & à leurs ancê-tres. Après ces beaux exploits, il prit le titre de Roi l'an 318. Il ne tarda pas à porter la peine de ſes forfaits. *Che-le*, Généraliſſime des armées de *Leou-tçan*, vint l'aſſiéger dans *Pim-yam-fou*, le prit, & le fit mourir.

Leou-yao, Prince du ſang de *Leou-yuen-hai*, prit en même temps le titre de *Hoam-ti* dans la ville de *Si-ghan-fou*. Il créa auſſi-tôt *Che-le*, Duc de *Tchao*, pour avoir vengé la mort de *Leou-tçan*. Cela ne fut pas capable de contenter *Che-le*, qui aſpiroit au trône. Il déclara la guerre à *Leou-yao* ; & malgré une grande défaite qui eût dû l'arrêter, il alla aſſiéger *Leou-yao* dans la ville de *Lo-yam*. *Leou-yao* fut pris dans un combat qu'il livra ſous les murailles de la ville. *Leou-hi*, ſon fils & ſon héritier, prit auſſi-tôt le titre de *Hoam-ti*, & s'enfuit. *Che-le* ordonna à *Leou-yao* ſon captif d'écrire à ſon fils pour l'obliger à ſe rendre. *Leou-yao*, au contraire, l'exhorta à ſe bien défendre, ſans ſe mettre en peine de lui. Cette lettre lui coûta la vie, qu'il perdit l'an 328. *Che-le* fit pourſuivre vivement *Leou-hi*, qui ſe battit en re-traite ; mais il perdit tant de monde dans les combats continuels qu'il eut à ſoutenir, que les chemins, dans l'étendue de 100 lieues, furent jonchés de corps morts. A la fin, s'étant jetté dans *Cham-kouei*, ville de la Province de *Chenſi*, il y fut aſſiégé, pris & tué. Le reſte de ſa famille fut exterminé avec lui, laquelle, jointe aux Rois, aux Grands, & autres perſonnes principales, faiſoit le nombre de plus de 3000 ; ce qui arriva l'an 329.

Si *Che-le* (*), fondateur du Royaume de *Heou-tchao*, vengea le ſang des Chinois, inhumainement répandu, en exterminant avec une pareille inhuma-nité les reſtes de la famille des *Tchen-yu*, ſes Rois, (car il étoit *Hioum-nou* de nation,) ſa famille ne tarda guere à ſubir la même loi. Je dis ſa famille, car pour lui il régna heureuſement & glorieuſement. *Che-le*, qui d'eſclave premiérement & enſuite de chef de brigands, devint un grand Capitaine & un plus grand Roi, entaſſa victoires ſur victoires, durant cinq ans de regne. Il tint d'abord ſa Cour à *Siam-koue*, qui ſe nomme aujourd'hui *Chun-te-fou*, ville de la Province de *Pe-tche-li*. Enſuite il la tranſféra à *Ye*, ville de la Province de *Honan*, qui porte aujourd'hui le nom de *Tcham-te-fou*.

Il laiſſa en mourant *Che-houm*, ſon fils, ſucceſſeur de ſa Couronne, l'an 334, lequel fut tué la même année par *Che-ki-loum*, ſon couſin.

Che-ki-loum régna 15 ans avec gloire ; il eut *Che-chi*, ſon fils, pour ſucceſſeur. *Che-chi* ne régna que 33 jours, au bout deſquels il fut tué par *Che-tçun*, ſon frere aîné.

Che-tchoum, frere aîné de *Che-tçun*, vint à la tête de plus de 100000 hommes, lui diſputer la cou-ronne. *Che-tchoum* fut défait en bataille rangée par *Che-min*, Généraliſſime des armées de *Che-tçun*, & fut pris avec 30000 des ſiens. *Che-tçun* fit tout égorger. *Che-tçun*, malheureuſement pour lui, quand il commença à ſe ſoulever, avoit engagé ſa parole à *Che-min*, Chinois, dont il avoit adopté le pere, qu'il le nommeroit ſon ſucceſſeur au cas qu'il parvînt à l'Empire. Lorſqu'il fut Empereur, il oublia ſa pro-meſſe, & déclara *Che-yen*, Prince de ſon ſang, l'hé-ritier de ſon Empire. *Che-min* fut outré de ce vio-lemment de foi. *Che-tçun*, qui redoutoit ſa ven-geance, prit la réſolution de s'en défaire ; mais *Che-min*, qui fut averti de ce qui ſe tramoit contre lui, vint attaquer le Palais, le força & maſſacra *Che-tçun*, avec *Che-yen*, ſon ſucceſſeur déſigné ; de ſorte que *Che-tçun* ne régna que 183 jours. Auſſi-tôt après, *Che-min* fit proclamer Empereur *Che-kien*, & ſe contenta de la réalité d'Empereur, sans se mettre en peine du nom.

Che-kien, à peine fut-il installé, qu'il songea à perdre *Che-min*. Il commit l'exécution d'un dessein si dangereux à plusieurs Grands. Ceux-ci manquerent leur coup; sur quoi *Che-kien*, feignant qu'ils avoient attenté à la vie de *Che-min* de leur propre mouvement, les fit mourir. *Che-min* s'apperçut de la fraude. Une seconde entreprise de Tartares, qui conspiroient contre lui, le convainquit pleinement du dessein de l'Empereur. Pour lors *Che-min* prit les armes, força le palais, & tua tout sans exception; de sorte que les ruisseaux de sang y couloient de tous côtés. Il s'assura de la personne de l'Empereur. La ville Impériale étoit alors remplie de Barbares de six nations différentes. Ils demanderent permission de se retirer, ils l'obtinrent. Mais *Che-min*, qui ne doutoit pas qu'ils ne tournassent leurs armes contre lui, mit à prix les têtes de ceux qui étoient sortis; on les apportoit à milliers. *Che-min* les sentant affoiblis par ce carnage, donna ordre qu'on fît main-basse sur tous ceux qui étoient restés dans la capitale, sans distinction d'âge, ni de sexe. On en égorgea aussi-tôt plus de 200000. Il envoya en même-temps des ordres semblables pour tout le Royaume; & malheur aux Chinois, *dit l'Histoire*, qui avoient le nez long & la barbe épaisse; car ils furent enveloppés dans cet horrible massacre, & on fit mourir plus de la moitié. Pour comble de cruauté, *Che-min* fit mourir en public l'Empereur avec 38 petits-fils de *Che-ki-loum*. Il extermina entièrement la famille Royale. *Che-kien* ne régna en tout que 103 jours.

Comme je n'écris pas une Histoire dans les formes, j'omets le reste de ces Royaumes, à la réserve de celui de *Tçin*, qui a été le plus puissant de tous, & qui avoit assujetti les autres. Je vais en toucher quelques particularités dignes de mémoire.

La Table Chronologique (*) fait voir que *Pou-houm* ou *Fou-houm* en fut le fondateur. *Pou-houm* ou *Fou-houm* descendoit d'un ancien Roi Chinois, nommé *Yen-hou*, qui fut chassé de ses Etats, situés dans la Province de *Chensi*, par *Ki*, Empereur de la Dynastie des *Hia*, & fils du Grand *Yu*, qui en étoit le fondateur, l'an 2197 avant J. C. *Pou-houm* étoit *Ti* de nation, c'est-à-dire, *Barbare*, de la partie occidentale-méridionale de la Province de *Chensi*. Sa famille avoit toujours eu du commandement parmi ces peuples. Un étang, qui étoit dans sa maison, poussa un roseau qui crut, en peu de temps, jusqu'à la hauteur de 50 pieds. Il étoit distingué par cinq nœuds, semblables à ceux du bambou; ce qui lui donna occasion de prendre pour nom de famille celui de *Pou*, qui signifie *roseau* en Chinois. Il mourut à l'âge de 66 ans. *Fou-kien*, son troisieme fils, lui succéda. Il vécut 39 ans, dont il en régna quatre. *Fou-sem*, troisieme fils de *Fou-kien*, succéda à son pere. Ce Prince, brutal & cruel, fut assassiné par *Fou-kien*, son cousin, à l'âge de 23 ans; il n'en regna que deux.

Fou-kien, après avoir fait mourir *Fou-sem*, fut proclamé Empereur. Il étoit fils de *Fou-hioum*, le dernier des enfants de *Pou-houm*. *Fou-kien* fut la gloire de sa famille. Lorsque *Pou-houm* servoit sous *Che-ki-loum*, Roi de *Heou-tchao*, il établit sa demeure à *Tcham-te-fou*, capitale de ce Royaume. *Keou-chi*, femme de *Fou-hioum*, fils de *Pou-houm*, se promenant un jour sur les bords du *Tcham*, riviere qui passe par cette capitale, entra dans le temple qui étoit dédié à un ancien Héros Chinois, nommé *Si-men-pao*. (Ce Héros servit autrefois sous *Ven-heou*, Roi de *Ouei*, qui le créa Général d'armée l'an 400 avant J. C. Il avoit été Gouverneur de *Tcham-te-fou*,

où sa mémoire est encore aussi fraîche aujourd'hui que jamais.) Elle y fit des vœux pour obtenir de lui un enfant. La nuit suivante, elle songea que le Dieu avoit commerce avec elle. Elle conçut aussi-tôt, & elle mit *Fou-kien* au monde, après l'avoir porté douze mois dans son sein. *Fou-kien* apporta en naissant des caracteres écrits sur son dos en lettres rouges, qui prédisoient qu'il régneroit dans la ville de *Si-ghan-fou*, & qui lui donnerent occasion de changer son premier nom de famille en celui de *Fou*.

Fou-kien, également brave & politique, porta la grandeur de sa maison au plus haut point de l'élévation. Non-seulement il assujettit tous les Rois de la Chine septentrionale; mais encore toute la Tartarie jusqu'au Royaume d'*Eyghour*. Il poussa bien plus avant ses conquêtes. Il se rendit tributaire toute la Tartarie, & sur-tout la méridionale, & l'on compta, dans une seule année plus de 62 de ces Royaumes qui lui envoyoient leur tribut. Il envoya un Généralissime, accompagné d'une armée nombreuse pour résider au centre du Pays, & de-là commander à tous ces Royaumes. Il se voyoit par-là maître d'une infinité de troupes barbares, toujours prêtes à combattre.

Il restoit encore un pas à faire à son ambition pour monter au faîte de la gloire. Il falloit subjuguer la Chine méridionale, & envahir ses trésors immenses. Il crut la chose aisée, ayant à ses ordres la plus formidable armée qu'on vit jamais. On eut beau le détourner de ce dessein. La flatterie des barbares l'emporta sur la fidélité des siens, & même des Princes de son sang. Sur-tout *Fou-youm*, le dernier de ses freres, lui représenta que l'Empereur régnant dans la Chine méridionale, étoit un Prince éclairé, qu'il avoit confié le gouvernement de son Empire à deux grands hommes; que lui ne pouvoit prudemment se fier aux Barbares qui étoient ses ennemis cachés; qu'il y avoit parmi ses Généraux des ennemis nés de sa maison; qu'enfin, s'il lui arrivoit quelque disgrace, c'étoit fait de son Empire. Ce discours n'ébranla point *Fou-kien*; sa résolution étoit prise, & tout étoit déja prêt pour l'expédition. Ainsi il fit marcher ses troupes dans la huitieme Lune de l'an 383 de l'Ere Chrétienne. Je vais présentement traduire, mot pour mot, l'Histoire Chinoise. Je ferois injure à un si grand Auteur, si, pour décrire un événement si singulier, je me servois d'autres termes que des siens. L'éloquence majestueuse de ce grand Prince *Tham-thai-tçoum* paroîtroit dans tout son jour, si je pouvois rendre beauté pour beauté; mais cela n'est pas possible. Tout sera donc de ce grand Prince, à la réserve des parentheses que j'ajouterai en forme d'éclaircissement.

Son avant-garde, composée de 250000 hommes, tant cavalerie qu'infanterie, partit la premiere sous le commandement de *Fou-youm*, (frere de *Fou-kien*,) de *Tcham-tçe*, de *Fou-fam*, de *Leam-tchim*, de *Mou-youm-ouei*, (Roi des *Yen*, pris en guerre,) & de *Mou-youm-tchoui*, (Prince du sang de *Mou-youm-ouei*.) *Fou-kien* lui-même suivit bientôt après à la tête de plus de 600000 Fantassins Barbares, & de 270000 chevaux. Dans l'étendue de 100 lieues, tout étoit couvert d'étendards, tout retentissoit du son des tambours. Les troupes de trois Provinces reçurent en même-temps ordre de marcher pour venir à *Poum-tchim*, où étoit le rendez-vous, & se joindre à l'armée. (*Poum-tchim* est la ville qui se nomme aujourd'hui *Su-tcheou*, dans la Province de *Kiam-nan*.) Il fit partir 10000 vaisseaux (grandes barques) pour transporter les vivres par eau, de sorte que, dans l'espace de 1000 lieues de l'Occident à l'Orient, tout s'ébranla, tout marcha par terre & par eau.

Fou-youm, avec l'avant-garde qu'il commandoit en chef, emporta de vive force la ville de *Cheou-tchun* (aujourd'hui *Cheou-tcheou*.) *Mou-youm-tchoui* força pareillement la ville de *Hiam-tchin*, *Leam-tchin*, *Van-hien*, *Van-hioum* & autres Commandants allerent se camper à *Lo-kien* avec 50000 hommes, & barrerent avec des estacadès la riviere de *Hoai-ho*, pour en ôter la communication aux Chinois. *Leam-tchim* battit les Chinois en plusieurs occasions.

L'Empereur Chinois avoit donné le commandement de son armée à *Sie-ché*, à *Sie-hiuen*, à *Houan-y*, à *Sie-yn* & autres. Ils commandoient 70000 hommes, tant par terre que par eau. Ils vinrent à la file s'opposer à *Fou-youm*, à la distance de 25 *Li*, ou deux lieues & demie du camp, qui étoit à *Lokien*. La crainte qu'ils avoient de *Leam-tchim* (qui commandoit ce camp,) les empêcha de passer plus avant. *Hou-pin*, Général Chinois, qui commandoit la garnison de *Kia-che*, n'avoit plus de vivres. Il faisoit mesurer du sable à la vue de l'armée de *Fou-youm*, (pour faire croire qu'il avoit des bleds abondamment.) Cependant il écrivit secretement à *Sie-che*, Commandant en chef de l'armée Chinoise, en ces termes : ,, La puissance des bandits est grande ; je manque ,, absolument de vivres, ainsi je crains que je ne puisse ,, plus vous revoir".

Fou-youm, de son côté, dépêcha à toutes brides un courier à *Fou-kien*, pour lui porter cet avis. ,, Le ,, nombre des bandits est petit ; il est aisé de les pren- ,, dre ; il est seulement à craindre qu'ils ne prennent la ,, fuite, & ne nous échappent. Votre Majesté doit faire ,, avancer incessamment toutes ses armées pour les in- ,, vestir". Cet avis remplit *Fou-kien* de joie. C'est pourquoi, dans la crainte où il étoit que l'armée Chinoise ne lui échappât, il laissa le gros de la sienne à *Hiamtchun* ; & se mettant à la tête de 8000 chevaux légers, il fit une marche précipitée pour arriver à temps. Avant de partir, il fit publier cet ordre à ses troupes : ,, Quiconque dira que je suis arrivé à *Cheo-tchun*, ,, aura la langue arrachée ". Cet ordre fut cause que *Sie-ché*, & les autres Commandants Chinois ne surent rien de cela. Cependant un Général Chinois s'étant mis à la tête de 5000 déterminés, alla durant la nuit surprendre le camp de *Lo-kien*. Il le força, & fit couper la tête à dix Généraux des ennemis, & surtout à *Leam-tchim*, & tua pareillement 15000 hommes du camp.

Sie-ché & les autres Commandants Chinois n'eurent pas plutôt appris la défaite de *Leam-tchim*, qu'ils firent avancer leur armée par terre & par eau. Dès qu'elle fut en vue de l'ennemi, *Fou-kien*, accompagné de *Fou youm*, monta sur les murailles de la ville où il étoit campé. Ayant observé l'armée Chinoise, il la trouva en bel ordre, & remarqua que les soldats qui la composoient, brûloient d'envie de combattre : ensuite détournant les yeux sur la montagne voisine, nommée *Pa-koum-chan*, les herbes & les arbres lui parurent autant d'hommes. Alors se retournant vers *Fou-youm*, & lui adressant la parole : ,, Voilà, *dit-il*, un rude ,, ennemi, & son nombre peut-il être appellé petit ? " Aussi-tôt il changea de visage, & parut craindre. On n'eut pas plutôt donné avis à *Nan-kim* de la marche de *Fou-kien*, que le fils du Roi de *Kouei-ki* alla avec une pompe militaire & au son des instrumens, faire des vœux à un Dieu de la Montagne, nommée *Tchoumchan*, (elle est dans l'enceinte des murs de *Nan-kim*, & il y avoit dès-lors un temple dédié à un héros,) & lui demanda du secours. L'Empereur de Chine, à cet effet, créa ce Dieu administrateur de l'Empire. Il semble qu'on doive attribuer au secours du Dieu ce changement imaginaire d'herbes & d'arbres en hommes, qui parut à *Fou-kien* sur la montagne.

Fou-kien députa *Tchu-su*, Président d'une de ses Cours, vers *Sie-ché* & les autres Commandants Chinois, pour les obliger à se rendre volontairement, vu l'inégalité de leurs forces. *Tchu-su* voulant tromper *Sie-ché*, lui tint ce discours : ,, Si vous attendez que ,, le million de soldats que nous avons, soit réuni,

,, vous ne pourrez plus résister. Avant donc que ,, toutes ces troupes soient arrivées, il est de votre in- ,, térêt de livrer bataille. Si vous défaites l'avant-garde, ,, vous réussirez sans peine dans le reste". *Sie-ché* ayant appris pour lors que *Fou-kien* étoit en personne à *Cheo-tchun*, fut saisi de peur. Il vouloit refuser le combat, & se réduire à fatiguer l'ennemi par des longueurs affectées ; mais *Sie-yen* l'exhorta à suivre le conseil de *Tchu-su*. *Sie-ché* envoya donc des députés à *Fou-kien*, lui présenter la bataille ; la proposition fut reçue. Il arriva dans le même-temps, que *Sie-ché* fut battu par *Tcham-içe* au midi de la riviere qui se nomme *Fei-choui*. *Sie-hiuen* & *Sie-yen* mirent leurs troupes en bataille, & attendirent de pied ferme *Sie-ché* avec les débris de son armée. *Tcham-içe*, après sa victoire, se retira & alla se camper sur le bord (septentrional) du *Fei-choui* ; en sorte que l'armée Chinoise ne pouvoit passer cette riviere. Les Commandants Chinois envoyerent dire à *Fou-youm* ces paroles : ,, Seigneur, vous avez risqué votre armée, ,, & vous avez pénétré bien avant dans le pays enne- ,, mi. Présentement vous campez le long des bords ,, de cette riviere ; c'est la démarche d'un homme qui ,, prétend demeurer long-temps dans son poste. Est- ,, ce vouloir livrer la bataille que vous avez accep- ,, tée ? Si vous voulez avoir la bonté de faire reculer ,, vos troupes & de les tenir prêtes au combat, nous ,, allons doucement joindre les brides de nos che- ,, vaux, & nous en verrons l'effet ; ne sera-ce pas un ,, beau spectacle " ?

A l'instant, *Fou-youm* fait signal à son armée de reculer, & cela dans l'espérance d'attaquer les Chinois au passage. Son armée recula à la vérité, mais en s'ébranlant & en fuyant, sans qu'on pût l'arrêter. *Fou-youm* pousse à toutes brides pour la rassembler ; mais son cheval s'étant abattu sous lui, il fut tué par les Chinois, qui poursuivoient leur ennemi. Ce fut pour lors que l'armée de *Fou-youm* s'enfuit en désordre. Les Chinois victorieux pénétrerent jusqu'à *Tçim-kam*, renversant & passant tout au fil de l'épée. *Fou-kien* lui-même reçut un coup de fleche, dont il fut blessé. Il prit la fuite, sans être accompagné de personne, & repassa le fleuve *Hoai-ho*. La faim le pressoit, un Chinois inconnu lui apporta un quartier de cochon. *Fou-kien* en mangea avec joie : ,, Jamais, *dit-il*, *Koum-* ,, *sun*, (grand Capitaine & puissant Roi,) ne man- ,, gea de meilleur appetit la bouillie de pois qui lui ,, fut présentée durant sa fuite ". Il ordonna qu'on donnât à cet inconnu dix pieces de soie, & autant de livres de coton. ,, J'ay ouï dire, *répondit* l'inconnu, ,, en refusant le présent, que le dragon blanc, pour ,, s'être ennuyé des plaisirs qu'il goûtoit dans les étangs ,, célestes, étoit tombé dans la disgrace & dans la mi- ,, sere ". (Le dragon est le symbole de l'Empereur. La couleur blanche est attribuée à l'élément du métal, lequel élément domine dans l'Occident : ainsi ce discours énigmatique désignoit *Fou-kien*, qui étoit Empereur de l'Occident de la Chine, & lui donnoit à entendre, qu'il s'étoit précipité dans un abyme de miseres, pour n'avoir pas su se contenter de sa haute fortune.) ,, C'est ce que Votre Majesté vient de voir ,, de ses yeux & entendre de ses oreilles. Peut-elle ,, attribuer au Ciel le malheur qu'elle s'est attiré elle- ,, même ? De plus, tout don fait, sans raison, par ,, un Souverain, n'est point un bienfait. Tout don ,, reçu par un sujet sans cause, est une infidélité. Ou- ,, tre cela, Votre Majesté est mon pere & ma mere. ,, La raison peut-elle permettre à un fils d'exiger ,, quelque récompense, pour avoir fourni l'aliment ,, nécessaire à son pere & à sa mere ? " Après ce discours, l'inconnu se retira, sans regarder davantage l'Empereur.

Fou-kien, que ce discours avoit couvert de confusion, se tourna du côté de l'Impératrice sa femme. ,, Si j'avois voulu, *dit-il*, suivre les conseils de mes

,, fideles fujets, aurois-je jamais éprouvé la rigueur
,, du fort que j'éprouve aujourd'hui ? " Il partit auffi-
tôt baigné dans fes larmes. Au moindre bruit du vent,
au plus foible cri des cicognes, il croyoit entendre
les Chinois. Cependant plufieurs des principaux Officiers de *Fou-kien* fe rendirent aux Chinois. Il y avoit
long-temps que cette voix couroit parmi le peuple,
que *Fou-kien* ne forte point de *Hiam*. C'eft pourquoi tous fes Officiers lui confeilloient de s'arrêter
dans cette ville, & d'en faire fa place d'armes. *Fou-
kien* méprifa cet avis; ce qui fut caufe de fa perte.
Toutes fes armées avoient été mifes en déroute, à la
réferve de celle que commandoit *Mou-youm-tchoui*.
Il alla fe joindre à cette armée, accompagné d'un peu
plus de mille cavaliers, (qui s'étoient rendus à la file
auprès de lui.) *Mou-youm-pao*, fils de *Mou-youm-
tchoui*, confeilla à fon pere de fe défaire de *Fou-kien*.
Mou-youm-tchoui rejetta ce confeil. *Fou-kien* continua le commandement de fon armée à *Mou-youm-
tchoui*. Auparavant *Mou-youm-ouei* étoit campé à
Yun-tchim, & *Kiam-tchim* commandoit le camp de
Tcham-keou.

Hia-heou-tchim, Gouverneur de la ville de *Soui-
kiun*, fe mit en campagne avec les Chinois qui étoient
fous fon commandement. Il alla attaquer *Kiam-tchim*,
le força, & lui fit couper le col. *Mou-youm-ouei*, craignant un traitement pareil, abandonna fon armée, &
s'en revint en fuyant à toutes brides. *Fou-kien* ra-
maffa les débris de fa défaite; & étant arrivé à *Honan-
fou*, fon armée fe trouva encore compofée de plus de
cent mille hommes : fa Cour commença à reprendre
quelque forme. Avant qu'il entrât dans la Province
de *Chanfi*, *Mou-youm-tchoui*, qui tramoit la révolte
dans fon cœur, lui demanda la permiffion d'aller faire
la revue des Provinces de *Chanfi* & de *Pe-tche-li*,
& en même-temps vifiter le fépulcre de fes ancêtres;
Fou-kien le lui accorda. *Kiuen-y* s'y oppofa fortement, mais inutilement. *Fou-kien* pourtant s'apperçut bientôt de fa faute, & commença à craindre les
fuites de ce voyage. Pour les prévenir, il envoya *Che-
yue* avec 3000 hommes en garnifon à *Tcham-te-fou*.
Il ordonna à *Tcham-tçé* de conduire 5000 gardes-du-
corps à *Pim-tcheou*, pour en fortifier la garnifon. Il
laiffa 4000 hommes à la défenfe de *Honan-fou*.

Après ces difpofitions, étant arrivé dans la maifon
de plaifance qu'il avoit à l'Orient de *Si-ghan-fou*, il
commença, avant toutes chofes, par pleurer la mort
de fon frere, nommé *Fou-youm*; enfuite il entra dans
la ville. Il fe tranfporta à l'inftant au temple de fes
ancêtres, devant les mânes defquels il confeffa publiquement les fautes qu'il venoit de faire. Il publia une
amniftie générale. Il avança d'un degré tous fes Officiers de robe & d'épée; exerça fes troupes à la guerre; exhorta fon peuple au labourage; fit des dons &
des honneurs aux orphelins & aux vieillards. Enfin,
il exempta de tout tribut, durant leur vie, les familles de ceux de fes foldats qui n'étoient point revenus
de l'expédition. Jufqu'ici ce font les termes de l'Empereur *Tham-thai-tçoum*.

Tout cela n'empêcha pas les Barbares de lui manquer de foi, & de fe foulever. Les deux plus puiffants
de fes ennemis furent *Yao-tcham* & *Mou-youm-tchoui*.
Tandis que le fecond démembroit fon Empire, le premier vint l'affiéger dans fa capitale, qu'il emporta,
l'épée à la main. *Fou-kien* trouva le moyen de fe fauver; mais il fut fi vivement pourfuivi par fon ennemi,
qu'il fut bientôt pris. *Yao-tcham* lui ôta la vie l'an 385
(*). Il mourut en homme de cœur, & aima mieux perdre la vie que créer Empereur *Yaot-cham*. *Fou-kien*
fut, fans doute, un grand homme. Il auroit été le plus
grand Empereur de fon temps, s'il n'avoit pas voulu
l'être feul; mais fon ambition démefurée ne pouvoit

(*) Voyez la Table page 21.

pas même fouffrir l'ombre d'égalité; ce qui joint à
la trop grande confiance qu'il prenoit en fes ennemis,
& au peu de cas qu'il faifoit, fur la fin, de bons confeils, l'entraîna dans le précipice.

Il devoit principalement fon élévation à un Chinois
nommé *Van-moum*, auffi vaillant Capitaine que grand
homme d'Etat. Heureux s'il avoit fuivi en tout fes confeils. Il n'y eut point d'honneurs que *Fou-kien* ne fît
à cet illuftre perfonnage, tandis que le Ciel le lui
conferva. En voici une marque éclatante. *Van-moum*
étant malade de la maladie dont il mourut, *Fou-kien*
fit lui-même des facrifices au ciel, à la terre, aux mânes des Empereurs fes ancêtres, & aux Dieux tutélaires des champs & des bleds, de tout fon Empire, pour
demander fa guérifon. De plus, il députa des Officiers de fa maifon, pour aller de toutes parts faire des
vœux en fon nom aux Dieux des cinq principales montagnes & des cinq principaux fleuves de la Chine,
pour obtenir la même grace.

Fou-pei, fils aîné de *Fou-kien*, né d'une concubine, eut le bonheur de fe fauver à *Tçin-yam*, (aujourd'hui *Ta-yuen-fou*, ville capitale de la Province
de *Chanfi*,) où il prit le titre de *Hoam-ti*, l'an 385.
Il y régna deux ans. Un Commandant Chinois l'ayant
pris, lorfqu'il fuyoit, après avoir abandonné fa capitale à *Mou-youm-youm* qui l'avoit forcée, lui fit trancher la tête.

Fou-tem, neveu de *Fou-kien*, régna durant neuf
ans après *Fou-pei*, & en vécut 52. Il fut tué par *Yao-
him*, Roi de *Heou-tçin*, en défendant fa capitale,
l'an 394; & le Royaume de *Tçin* fut éteint avec lui.

DE L'EMPIRE DES OUEI TARTARES.

Cette Dynaftie de Tartares doit avoir place entre les
Royaumes turbulents comme les Chinois les nomment,
& être comptée pour la dix-feptieme. Cependant fa
durée, le mérite d'avoir détruit les feize ou dix-fept
autres Royaumes tumultueux, fon Gouvernement plus
régulier, & fur-tout les fervices qu'elle rendit à la Dynaftie Chinoife des *Tçin*, ont obligé les Chinois à la
tirer de cette confufion, & à lui compofer une Hiftoire particuliere. Ayant donc à rechercher leur origine, je ne puis mieux faire que de me fervir des termes de cette Hiftoire qui a été écrite par *Ouei-cheou*;
les voici.

Anciennement *Hoam-ti*, (Empereur de Chine,
qui commença à régner 2704 ans avant l'Ere Chré-
tiene) eut 25 enfants, dont les uns s'établirent dans
la Chine, les autres dans la Tartarie. *Tcham-yi*, le
plus jeune de tous, fut créé Roi dans le Nord, plus
à l'Eft de ce dernier pays. Dans fes Etats, il y avoit
une chaîne de montagnes, appellées les grands Monts
Sien-pi, d'où la nation tira fon premier nom. Les defcendants de *Tcham-yi* régnerent dans les pays qui font
droit au feptentrion de la Chine, c'eft-à-dire dans des
plaines défertes, où ils erroient à la fuite de leurs
troupeaux, fans autre profeffion que celle des armes
& de la chaffe. Ils faifoient confifter la vertu dans la
fimplicité & la rudeffe, & la fageffe ou l'art de convertir les peuples, dans une bonté naïve & fans façon. Ils n'avoient point l'ufage des lettres; & ils fe
contentoient, pour leurs contrats, de graver quelques
marques fur du bois. Pour toute Hiftoire, ils avoient
la tradition de leurs ancêtres, qu'ils confervoient de
pere en fils avec foin.

L'Empereur *Hoam-ti* régnoit par la vertu de l'é-
lément de la terre. Dans la langue de ce peuple, la
terre eft nommée *To*; & *Po* fignifie *Roi*. De-là vient
que la famille Royale prit le nom de *To-po*, (pour
marquer qu'ils régnoient par la vertu du même élément.) Un des defcendants de *Tcham-yi*, dont le nom
étoit *Chi kiun*, fut Officier dans la Cour de *Yao*, (Empereur de Chine, qui commença à régner 2357 ans
avant

avant l'Ere Chrétienne, & régna 100 ans.) Il chaſſa le démon de la ſéchereſſe au-delà de l'eau foible ; ce qui rendit les peuples heureux. Depuis ce temps-là, ſa famille & ſa nation ſubſiſta ſous les trois premieres Dynaſties de la Chine, & encore ſous celle des *Tçin* & celle des *Han*. Durant tant de ſiecles, les *Tartares*, ſous le nom de *Hien-yu*, de *Hien-yun*, de *Chan-youm*, de *Hioum-nou*, & autres ſemblables, exerce-rent des cruautés extrêmes ſur la Chine, tandis que les deſcendants de *Chi-kiun* n'avoient aucune com-munication avec elle ; & c'eſt la raiſon pour laquelle il n'eſt fait aucune mention d'eux dans les Hiſtoires anciennes. Le ſoixante - ſeptieme Roi, en comptant *Chi-kiun* pour le premier, fut l'Empereur *Mao*, qui domina ſur trente-ſix Royaumes, & ſur quatre-vingt-dix-neuf grandes familles. Ce ſont les paroles de l'Hiſto-rien La Table ſuivante repréſentera mieux la ſuite de ces Empereurs, que le diſcours ne pourroit faire.

TABLE DES EMPEREURS DES OUEI TARTARES.

L'EMPEREUR	Sous le titre de	Commença l'an du Cycle nommé	l'an de J. C.	régna	vécut	mourut.
Tcham-yi . . Entre *Tcham-yi* & *Chi-kiun*, le nom-bre des regnes n'eſt point marqué.						
Chi-kiun . . Entre *Chi-kiun* & *Mao* incluſivement, on compte 67 regnes.						
Mao.						
Tai.						
Kouan.						
Leou.						
Yue.						
Tchoui-yn.						
Li.						
Sée.						
Sé.						
Ki.						
Kai.						
Kouai.						
Lin.						céda l'Empire à ſon fils.
Kie-fen.						
Chi-tçou : *Chin-yuen-hoam-ti.*		*Kem - tçe.*	220	58	104	
Sii-lou : *Tcham-hoamti.*				9		
Tcho : *Pim-hoam-ti*, cadet de *Sii-lou.*				7		
Fou-ſſé-hoamti, petit-fils de *Chi-tçou.*				1		
Lo-kouan : *Tchao- hoamti*, fils de *Chi-tçou.*				13		*Yi-to* : *Houan-hoam-ti*, ré-gna onze ans avec lui ſur un tiers du Royaume Il étoit fils aîné du fils aîné de *Chi-tçou.*
Yi-lou : *Mou-hoam-ti*, frere cadet de *Yi-to.*				9		tué, par *Yu-leou*, ſon fils aî-né.
Tu-lu : *Pim-ven-hoam-ti*, fils de *Yi-to.*		*Tim-tcheou.*	317	5		empoiſonné par la femme de *Yi-to*, pour mettre *Ho-jo*, ſon fils, en ſa place.
Ho-jo : *Hoei-hoam-ti*, ſe-cond fils de *Yi-to.*		*Sin-ſé.*	321	5		
He-no : *Yam-hoam-ti*, cadet de *Ho-jo.*		*Yi - yeou.*	325	5		fut dépoſé.
Yi-hoai : *Lie-hoam-ti*, fils aîné de *Ho-jo.*		*Ki-tcheou.*	329	7		fut dépoſé.
He-no : *Yam-hoam-ti.*		*Yi-vei.*	335	3		fut rétabli.
Yi-hoai : *Lie-hoam-ti.*		*Tim-yeou.*	337	1		fut rétabli.
Che-y-kien : *Tchao-tchim-hoam-ti*, ſecond fils de *Ho-jo.*	*Kien-koue.*	*Vou-ſu.*	338	39	57	
Tai-tçou : *Kouei*, petit-fils de *Tchao-tchim-ti.* Son						

L'EMPEREUR	Sous le titre de	Commença l'an du Cycle nommé	l'an de J. C.	régna	vécut	mourut.
nom entier est *Che-y-kouei.*	. . . .	*Tim-tcheou.*	377	9	. .	
	Tem-koue. .	*Pim-su.* . .	386	10		les Chinois fixent à cette année le commencement de cet Empire.
	Hoam-chi. .	*Pim-chin.* .	396	2		
	Tien-him. .	*Vou-su.* . .	398	6		
	Tien-sé. . .	*Kia-tchin.* .	404	6	39	empoisonné par son fils.
Tai-tçoum : Sé.	*Youm-him.* .	*K-iyeou.* . .	409	5		
	Chin-choui.	*Kia-yn.* . .	414	2		
	Tai-tcham.	*Pim-tchin.*	416	8	32	. . . .
Che-tçou : Tao.	*Chi-kouam.*	*Kia-tçe.* . .	424	4		
	Chin-kia. .	*Vou-tchin.*	428	4		
	Yen-ho. . .	*Gin-tchin.*	432	3		
	Tai-yen. . .	*Yi-hai.* . .	435	5		
	Tai-pim-tchin-kiun. . . .	*Kem-tchin.*	440	11		
	Tchim-pim.	*Sin-mao.* .	451	2	45	tué par un Eunuque.
Kao-tçoum, petit-fils de *Che-tçou.*	*Him-ghan.*	*Gin-tchin.* .	452	2		
	Him-kouam.	*Kia-ou.* . .	454	1		
	Tai-ghan. .	*Yi-vei.* . .	455	5		
	Ho-pim. . .	*Kem-tçe.* .	460	6	26	. . . .
Hien-tçou.	*Tien-ghan.* .	*Pim-ou.* . .	466	1		
	Hoam-him.	*Tim-vei.* . .	467	5	23	cede l'Empire à son fils, âgé de cinq ans.
Kao-tçou.	*Yen-him.* .	*Sin-hai.* . .	471	5		
	Tchim-mim.	*Pim-tchin.*	476	1		
	Tai-ho. . .	*Tim-sé.* . .	477	23	33	. . . .
Che-tçoum.	*Kim-mim.* .	*Kem-tchin.*	500	4		
	Tchim-chi. .	*Kia-tchin.* .	504	4		
	Youm-pim. .	*Vou-tçe.* . .	508	4		
	Yen-tcham.	*Gin-tchin.* .	512	4	. .	. . . .
Sou-tçoum.	*Hi-pim.* . .	*Pim-chin.* .	516	2		
	Chin-kouei.	*Vou-su.* .	518	2		
	Tchim-kouam.	*Kem-tçe.* .	520	5		
	Hiao-tcham.	*Yi-sse.* . .	525	4	19	empoisonné par l'Impératrice, sa belle-mere.
Hiao-tchouam, troisieme fils du Roi de *Poum-tchim*, autrement *Kim-tçoum.*	*Kien-y*, puis *Youm-ghan.*	*Vou-chin.* .	528	2		
	Kem-him. .	*Kiem-su.* .	530	1	. .	tué par un de ses Officiers.
Tçien-fei-ti	*Pou-tai.* .	*Sin-hai.* . .	531	2	35	tué par un de ses gens.
Heou-fei-ti, second fils du Roi de *Tcham-vou.*	*Tchoum-him.*	*Sin-hai.* . .	531	2	20	tué par *Koan-heuan.*

L'EMPEREUR	Sous le titre de	Commença l'an du Cycle nommé.	l'an de J. C.	régna	vécut	mourut.
Tchu-ti, troisieme fils du Roi de Kouam-pim . .	Tai-tcham, puis Youm-hii.	Gin-tçe. .	532	2	. .	s'enfuit à Si-ghan-fou.

Les *OUEI TARTARES* *se divisent, l'an 534, en* Occidentaux *&* en Orientaux.

Les Ouei Occidentaux *sont :*

L'EMPEREUR	Sous le titre de	Commença l'an du Cycle nommé	l'an de J. C.	régna	vécut	mourut.
Le même *Tchu-ti*, sous le nom de *Hiao-vou-ti*, la troisieme année de. .	*Youm-hii.*	*Kia-yn.* . .	534	1	25	empoisonné par *Yu-ven-tai.*
Venti, sur-nommé *Pao-kiu*, Roi de *Nan-yam.* .	*Ta-toum.* . .	*Yi-mao.* . .	535	17	. .	. . . .
Kin-fei-ti.	. . . . .	*Sin-vei.* . .	551	4	. . .	tué par *Yu-ven-tai.*
Koum-ti.	. . . . .	*Kia-su.* . .	554	4	. . .	tué par *Yu-ven-kio.*

Ainsi l'an 557, nommé *Tim-tcheou*, finit la Dynastie des *Ouei Occidentaux*, après avoir duré vingt-trois ans sous quatre Regnes. Elle fut éteinte par *Yu-ven-kio*, fondateur de la Dynastie des *Pe-tcheou.*

Les Ouei Orientaux *sont :*

L'EMPEREUR.	Sous le titre de	Commença l'an du Cycle nommé.	l'an de J. C.	régna	vécut	mourut.
Hiao-tçim-ti, fils du Roi de *Tçim-ho.*	*Tien-pim.* .	*Kia-yn.* . .	534	4		
	Yuen-siam. .	*Vou-ou.* . .	538	1		
	Him-ho. . .	*Ki-vei.* . .	539	4		
	Vou-tim. . .	*Kouei-bai.* .	543	8	. .	empoisonné par *Kao-yam.*

Ainsi la Dynastie des *Ouei* Orientaux finit l'an 550, nommé *Kem-ou*, après avoir duré 17 ans sous un seul regne. Elle fut éteinte par *Kao-yam*, fondateur de la Dynastie des *Pe-tçi.*

C'est pourquoi les Chinois, qui fixent le commencement de cet Empire à l'an *Pim-su*, 386 de l'Ere Chrétienne, ne lui donnent que cent soixante & douze ans de durée jusqu'à l'an *Tim-tcheou*, qui est le cinq cent cinquante-septieme de la même Ere. La raison de ce calcul est, que cette année trois cent quatre-vingt-sixieme est celle où *Tai-tçou*, fondateur de cet Empire, commença à prendre les marques d'Empereur. Sur quoi il est à remarquer que les *Ouei* Tartares donnent le même titre de *Hoam-ti*, ou d'*Empereur*, à tous les prédécesseurs de *Tai-tçou*, quoiqu'ils ne l'eussent jamais porté durant leur vie. Je l'ai omis dans la Table; mais il sera facile de l'ajouter sur ce que je dis, si on le juge à propos.

Cette Dynastie prit le titre de *Ouei*, parce que l'Empereur *Tai-tçou* descendoit par les femmes de de la Dynastie Chinoise des *Ouei*, sous laquelle ils entrerent en Chine. Ils y parurent, pour la premiere fois, l'an deux cent soixante-un de J. C. pour y payer tribut en compagnie des *Sien-pi* Méridionaux, habitants des petits monts *Sien-pi*, qui composoient avec eux une même nation (*). L'Empereur *Chitçou* envoya avec cette ambassade son fils aîné *Chamohan*, pour demeurer en ôtage à la Cour de l'Empereur Chinois de la Dynastie des *Ouei*, nommé *Ouei-juen-ti.* De-là vient que, pour distinguer cette Dynastie de la précédente, les Chinois le nomment *Heou-ouei*, ou des seconds *Ouei*; mais eux se donnoient le titre de *Yuen-ouei*, ou de très grands *Ouei*, de la même maniere qu'ils se faisoient appeller *Ta-sien-pi*, ou les grands *Sien-pi*, pour se distinguer des *Sienpi* du *Leao-toum.* Les Chinois donnoient à cette nation le nom de *So-teou*, qui étoit apparemment son nom propre, & par mépris celui de *So-pou* ou de *So-teou, Esclaves.* Ils regardoient les petits *Sien-pi* comme une partie de leur nation, & mettoient la famille des *Mou-youm* au nombre de 99 grandes familles qui dépendoient

(*) Voyez la Table précédente, page 29-31.

d'eux. Cependant l'origine que se donnent ces deux nations, ne s'accorde pas à cela entiérement.

Au reste, on dispute à cette nation la splendeur de son origine & son antiquité. Quelques Auteurs assurent que c'étoit une nation de *Hioum-nou*, (car les *Hioum-nou* étoient divisés en un très-grands nombre de peuples), dont les Rois descendoient de *Li-lim*, fameux Général Chinois, dont nous avons déja parlé, & dont nous parlerons dans la suite; mais cela n'est pas probable. Quelques-uns assurent que le pays que la nation des *So-teou* habitoit, étoit éloigné de plus de 2000 lieues de la Chine. Voyons, par leur Histoire, comment ils s'en sont approchés.

Tchoui-yn (*), à qui ces peuples ont donné le titre de *Suen-hoam-ti*, fut le premier qui commença le voyage; (le premier pays qu'ils habitoient étant extrêmement froid & marécageux;) il prit sa route vers le Midi, & vint sur les rivages d'un lac qui a plus de cent lieues de tour. Ce pays avoit toutes les incommodités du premier, & il l'auroit abandonné, si la mort ne l'avoit prévenu. Le huitieme de ses successeurs *Lin*, qui porte le titre de *Hien-hoam-ti*, prit la résolution d'exécuter le dessein de ses aïeux, lorsque l'âge ne le lui permettoit plus. C'est ce qui l'obligea de céder l'Empire à son fils *Kie-fen*, dont le titre est *Chim-vou-hoamti*, c'est-à-dire, *Empereur saintement brave* : (car les titres Chinois ont chacun un sens particulier) *Kie-fen* ordonna à sa nation de se mettre-en marche pour continuer à avancer vers le Midi. Les montagnes & les précipices rendoient le chemin impraticable, & il alloit renoncer à son entreprise, lorsqu'un animal divin, ressemblant au cheval pour la forme, & au bœuf par son mugissement, se mit à la tête de la marche, & leur servant de guide, les tira d'embarras. Après plusieurs années, ils arriverent enfin dans le pays des *Hioum-nou*.

Un jour *Kie-fen*, allant à la chasse dans les montagnes avec dix mille cavaliers, apperçut tout-à-coup un cortege de carrosses qui descendoient du ciel. Quand tout fut arrivé, il sortit du principal carrosse une belle femme, suivie d'un nombreux équipage. *Kie-fen* lui demanda, avec surprise, qui elle étoit. ,, Je suis, *dit-elle*, une fille céleste, (une Nymphe,) qui ai ordre de vous épouser ". Le mariage fut aussi-tôt consommé. Le lendemain au matin, la Nymphe lui demanda permission de se retirer, lui promettant, que, dans un an précisément, elle viendroit le retrouver au même endroit. A peine eût-elle fini ces paroles, qu'elle prit congé de lui, & se retira aussi vîte que le vent. L'année étant écoulée, *Kie-fen* ne tarda pas à se rendre au lieu nommé. En effet, la Déesse revint, & lui présentant l'enfant qu'elle avoit mis au monde: ,, Tenez, *dit-elle*, voilà votre fils, prenez grand soin ,, de l'élever; il sortira de lui une nombreuse suite ,, de Rois & d'Empereurs". Après avoir dit cela, elle se retira. Cet enfant fut *Chi-tçou*, c'est-à-dire, le *premier Aïeul*, à qui on a donné le titre de *Chin-yuen-hoam-ti*, ou d'*Empereur d'une origine divine*; & celui-là commença à régner dans toutes les formes, l'an 220 de l'Ere Chrétienne.

La vingt-neuvieme année de son regne, se trouvant à la tête de 200000 chevaux, il vint établir sa Cour à *Chim-lo*, ville dépendante de *Tim-siam* : (aujourd'hui *Tim-siam* dépend de *Ta-yuen-fou*, capitale de la Province de *Chansi*.) Il songea d'abord à se bien entretenir avec les Chinois. Dans les commencements de son nouvel établissement, il s'allia par mariage avec la Dynastie Chinoise des *Ouei*; & pour serrer plus étroitement l'alliance, il envoya son fils aîné *Cha-mo-han* en ôtage à l'Empereur Chinois. *Cha-mo-han* demeura donc à *Lo-yam*, alors capitale de l'Empire de Chine. *Tçin-vou-ti*, Empereur de la Dynastie des

Tçin, qui venoit de succéder à celle des *Ouei*, permit à *Cha-mo-han* d'aller voir son pere. Il y alla six ans après, c'est-à-dire, le quarante-huitieme du regne de *Chitçou*. Il revint en ôtage l'an cinquante-sixieme du même regne. Il s'en retourna sur la fin de la même année, comblé de présents & d'honneurs par l'Empereur Chinois, quoiqu'on lui eût suggéré de le faire mourir, à cause de mille belles qualités qui brilloient dans ce Prince, & qui promettoient en lui un terrible ennemi pour la Chine.

Chi-tçou, la cinquante-huitieme année de son regne, ravi de revoir l'héritier de son Royaume, lui fit un festin, où tous les Grands furent conviés. Quand ils furent échauffés de vin, *Cha-mo-han* voyant passer un oiseau, leur dit : Je vais tuer cet oiseau. Aussi-tôt prenant un arc, il y mit une balle de terre cuite, & abattit l'oiseau sur le champ. Les *So-teou* n'avoient point alors l'usage de l'arc à jallet. Ils furent surpris de l'adresse du Prince, & se dirent les uns aux autres : ,, Le Prince héritier est plein de belles qualités. Il a pris ,, l'habit Chinois, outre cela, il a appris les arts secrets ,, des Chinois, qui l'emportent en cela sur tous les autres peuples. S'il vient à régner, il changera nos usages, & nous ne viendrons point à bout des conquêtes que nous méditons. Ne vaut-il pas mieux nous entretenir dans la simplicité & la rudesse de nos ,, mœurs "? Tous approuverent ce sentiment. Joignez à cela la division que les Chinois, par leurs présents & leurs suggestions, avoient semée entre les Grands. Ils se leverent aussi-tôt, & se retirerent. Ils vinrent trouver *Chi-tçou*, qui leur demanda ce qu'ils pensoient du progrès en vertu que son fils avoit fait dans le Royaume étranger dont il venoit. ,, Le Prince héritier, *répondirent-ils*, a une habileté extraordinaire; à peine son ,, arc a-t-il été bandé, qu'on a vu un oiseau tomber à ,, ses pieds. Il semble qu'il est maître dans les arts occultes, & dans les inventions merveilleuses des Chinois. C'est un pronostique de troubles dans l'Etat, ,, & de malheurs pour le peuple. Nous prions Votre ,, Majesté de faire attention à ce que nous lui disons ".

Durant l'absence du Prince, ses freres avoient gagné l'amitié du pere. De plus, l'Empereur, qui passoit cent ans, étoit facile à prévenir. Ayant entendu ce discours de ses Grands, le soupçon le saisit : ,, Si l'on ne veut pas le souffrir, *dit-il*, il faut s'en défaire." ,, Aussi-tôt les Grands prennent la poste, & vont se défaire du Prince. Après sa mort, *Chi-tçou* fut saisi d'un repentir très-vif, qui le porta au tombeau la même année. *Cha-mo-han* étoit un Prince accompli en toutes manieres. Les Empereurs suivants lui donnerent le titre de *Venti*, c'est-à-dire d'*Empereur qui possede toutes les vertus*. Pour ce qui est de *Chi-tçou*, ce fut le plus fortuné des Rois de son temps, grand Capitaine, grand politique, bon allié, d'une bonne foi à l'épreuve, également aimé & redouté. Il n'eût eu rien à desirer, s'il n'eût pas souillé la derniere année de son regne & de sa vie, du sang d'un fils que son seul mérite lui avoit rendu suspect. Le bonheur de son regne, sa durée de cinquante-huit ans, & celle de sa vie de cent quatre ans, ont apparemment donné occasion à ce peuple grossier de forger la fable de la Nymphe.

La mort de *Cha-mo-han* fut funeste à l'Etat. Le regne de *Sii-lou*, frere de *Cha-mo-han*, qui fut de neuf ans, fut agité continuellement par des révoltes. *Tcho*, le dernier des freres de *Cha-mo-han*, rétablit un peu les affaires par son courage & sa prudence. *Sé*, le dernier des enfans de *Cha-mo-han*, fut capable de grandes choses; mais la durée de son regne, qui ne fut que d'un an, ne lui permit pas de rien entreprendre.

Tchao-hoam-ti (*), dont le nom propre étoit *Lo-kouam*

(*) Voyez la Table précédente, page 29-31.

(*) Voyez la même Table.

Lo-kouan, fils de *Chi-tçou*, & conféquemment frere de *Cha-mo-han* & fucceſſeur de *Sé*, partagea ſes Etats en trois. Il en garda une partie pour lui, qui fut l'Orientale; il donna le commandement de la ſeconde à *Yi-to*, fils aîné de *Cha-mo-han*; & celui de la troiſieme à *Y-lou*, frere cadet de *Yi-to*. Ces trois régnerent en même-temps, à ſavoir *Lo-kouan* qui fait la ligne directe des Empereurs, ſous le titre de *Tchao-hoam-ti*; *Yi-to* ſous celui de *Houan-hoam-ti*; & *Y-lou* ſous celui de *Mou-hoam-ti*. Depuis *Chi-tçou* juſqu'à ceux-ci, les *So-teou* avoient toujours entretenu une bonne correſpondance avec les Empereurs Chinois de la Dynaſtie des *Tçin*. Cette longue paix avoit multiplié leurs troupeaux, & augmenté leurs richeſſes. Leur puiſſance avoit crû à proportion, & leurs armées étoient compoſées de 400000 chevaux & plus. Sur-tout *Houan-hoam-ti* pouſſa ſes conquêtes vers l'Occident, & ſubjugua plus de 20 Royaumes. *Mou-hoam-ti* ſortit de la Chine, & chaſſa de la Tartarie qui la touche du côté du Septentrion, les *Hioum-nou* & les *Ou-houan*. L'onzieme année du regne de *Tchao-hoam-ti*, *Houan-hoam-ti* mourut, après avoir reçu la même année de l'Empereur de Chine, le titre de grand *Tchen-yu*. Ainſi il ne régna que onze ans. *Tchao-hoam-ti* mourut la treizieme année de ſon regne, après quoi *Mou-hoam-ti* régna ſeul.

Mou-hoam-ti, la troiſieme année de ſon regne, fût créé par l'Empereur de Chine, Duc de *Tai*, (ville de Chine qui dépend de *Tai-yuen-fou*, capitale de la Province de *Chanſi*.) La ſixieme année il fit entourer *Chim-lo* de nouvelles murailles, & lui donna le titre de *Pe-tou*, ou de *Ville Royale* du Septentrion. Il fit la même choſe à l'égard de *Pim-tchin*, à qui il donna le titre de *Nan-tou*, ou de *Ville Royale* du Midi. Il fut le premier Prince de ſa Dynaſtie qui donna des loix à ſa nation. Il mourut aſſaſſiné par ſon fils aîné, nommé *Leou-ſieou*, ſon armée ayant été défaite par ce rebelle. Auſſi-tôt *Pou-ken*, fils de *Houan-hoam-ti*, prit les armes contre *Leou-ſieou* qu'il vainquit, & fit mourir. Après quoi il fut proclamé Roi. Il ne régna qu'un peu plus d'un mois. Etant mort, ſon fils *Chi-ſem* lui ſuccéda, lequel mourut auſſi incontinent après. Toutes ces morts arriverent dans la même année, la derniere de *Mou-hoam-ti*.

Yu-lu, dont le titre Impérial eſt *Pim-ven-hoam-ti*, prit les rênes du Royaume l'an 317. La deuxieme année de ſon regne ayant appris que *Se-ma-ſun* avoit pris le titre d'Empereur de la Dynaſtie des *Tçin*, après que l'Empereur *Tçin-min-ti* eût été pris par *Leou-yao*, il refuſa de le reconnoître, & découvrit ſon ambition ſecrete par ces paroles: ,, La Chine ,, n'a plus de maître. Le Ciel ne me favoriſe-t-il pas ,, en cela? ,, Ainſi *Se-ma-ſun* lui ayant envoyé une ambaſſade 4 ans après, pour lui conférer des titres & des marques d'honneur, il les refuſa, & rompit avec lui. Il ſe prépara en même-temps à lui faire la guerre, mais la mort arrêta ſes deſſeins. L'Impératrice, femme de *Houan-ti*, voyant que *Pim-ven-ti* avoit gagné le cœur des peuples, craignoit pour ſon fils. C'eſt pourquoi elle ſe défit de *Pim-ven-ti* qu'elle fit mourir avec un grand nombre de ſes principaux Officiers, & elle mit en ſa place *Ho-jo*, ſecond fils de *Houan-ti*. (*ti* & *Hoam-ti* ſont la même choſe.) Comme il étoit mineur, elle prit les rênes du gouvernement. Elle ne les lui remit que trois ans après, & il ne les retint pas deux ans entiers. *Yam-ti*, ſurnommé *He-no*, lui ſuccéda. Il gouverna ſi mal, qu'il fut chaſſé par les ſiens dans la cinquieme année de ſon regne. *Yi-hoai*, dont le titre eſt *Lie-hoam-ti*, bien-loin de profiter de la diſgrace de ſon prédéceſſeur, ſe comporta encore plus mal que lui; de ſorte qu'au bout du même terme de cinq ans non accomplis, on le chaſſa, & on rappella *Yam-ti*. Celui-ci ne fut pas plus ſage que la premiere fois; & ayant été banni une ſeconde fois, il fut obligé, après un peu plus de deux ans,

de ſe retirer auprès du Roi de *Yen*. *Lie-ti* fut donc rappellé, & mourut après avoir régné cette ſeconde fois durant un an.

Che-y-kien, dont le titre fut *Tchao-tchim-hoam-ti*, lui ſuccéda. Il étoit le ſecond fils de *Pim-venti* (*). *Che-y-kien* fut un homme extraordinaire. Il étoit d'une taille giganteſque; quand il étoit debout, ſes cheveux traînoient à terre. Lorſqu'il étoit couché, ſon ſein tomboit ſur le matelas. Il avoit le nez long & élevé avec un front de dragon, c'eſt-à-dire, quarré, large & ſaillant. Il étoit indulgent, charitable, magnanime, & aucun de ſes ſentiments intérieurs ne paroiſſoient au dehors. Enfin, il avoit des qualités excellentes & admirables; c'eſt le portrait qu'en fait l'Hiſtoire. Il fut le premier de ſa famille qui oſa prendre le titre de *Hoam-ti*. Il le prit à l'âge de dix-neuf ans, & donna le titre de *Kien-koue* à ſon regne, dont la premiere année fut la 338°. de l'Ere Chrétienne. Il ſe fit une Cour d'Officiers à la maniere de Chine. Il avoit toujours eu les armes à la main, & il avoit dompté preſque toute la Tartarie ſeptentrionale & orientale; mais la derniere année de ſon regne & de ſa vie, *Fou-kien*, Empereur de *Tçin*, ayant envoyé une armée de 200000 hommes contre lui, le défit dans deux grandes batailles, & le dépouilla de toutes ſes conquêtes.

Thai-tçou, ſurnommé *Kouei*, petit-fils de *Tchao-tchim-hoam-ti*, ſuccéda à ſon aïeul, n'ayant qu'un peu plus de cinq ans. Il n'échappa à la pourſuite de *Fou-kien* que par un bonheur extraordinaire. La dixieme année de ſon regne, il ſe fit couronner Roi de *Tai*, & quelques mois après changeant de titre, il ſe fit appeller Roi de *Ouei*. Il donna le titre de *Tem-koue* aux années de ſon regne, dont la premiere fut la 386°. de l'Ere Chrétienne.

Quoiqu'il n'eût pris le titre de *Hoam-ti* que l'an 398, comme pourtant il avoit commencé à prendre les marques de cette dignité dès la premiere année de ſon regne, les Chinois comptent le commencement de ſon Empire & de la Dynaſtie dont il fut le fondateur (†), depuis cette année qui fut 386. D'abord il eſſaya le peu de force qu'il avoit hérité de la diſgrace de ſon pere, ſur les Tartares ſeptentrionaux, ſur leſquels il remporta pluſieurs victoires, ſur-tout ſur les *Kao-tche* qui étoient un puiſſant peuple. Après avoir groſſi ſon armée de tant de peuples vaincus, il revint en faiſant toujours des conquêtes juſqu'en Chine. Il aida le Roi de *Si-yen* à ſe défaire d'un puiſſant ennemi. Le Roi de *Si-yen* lui offrit pour récompenſe le titre de *Tchen-yu* occidental; il le mépriſa: bientôt après il ſubjugua le Royaume *Si-yen*. Enſuite ſe croyant en état de tout entreprendre, & de réduire la Chine entiere ſous ſes loix, il prit l'habit, les coutumes, & la forme du gouvernement Chinois. Il fut le premier de ſa famille qui s'entêta de la Religion des Bonzes *Tao-ſſe*, & qui chercha avec ſoin dans les opérations chimiques le ſecret de l'immortalité. Son propre fils, né de l'Impératrice, nommé *To-po-chao*, lui fit trouver la mort dans le poiſon qu'il lui préſenta. Il mourut dans la fleur de ſon âge l'an 409, la dixieme année de ſon regne. Il étoit rentré dans *Chim*, la Cour de ſes ancêtres, trois ans après qu'il avoit tranſféré ſon ſiege à *Pim-tchim*.

Tai-tçoum, ſurnommé *Sé*, fils de *Tai-tçou* & d'une concubine, vengea la mort de ſon pere, en faiſant mourir le parricide *To-po-chao*, & hérita de ſon Empire l'an 409. L'an 417, ſon armée fut défaite par *Leou-yu*, Généraliſſime Chinois, qui lui enleva la ville de *Lo-yam*. Le même *Leou-yu* prit la même année *Si-ghan-fou* ſur les *Heou-tçin*. *Leou-yu*,

---

(*) Dans la Table, il eſt ſecond fils de *Hoei-hoam* ou de *Ho-jo*. C'eſt peut-être une faute de Copiſte.
(†) Voyez la Table page 24.

I

l'année suivante, éteignit la Dynastie Chinoise des *Tçin*, & fonda celle des *Soum*. Il porte le titre de *Soum-vou-ti*. L'an 422, *Tai-tçoum* lui déclara la guerre, & mourut l'année suivante.

Che-tçou, surnommé *Tao*, fils aîné de *Tai-tçoum*, succéda à son pere la même année, mais il ne changea le titre de ses années que l'année suivante. Un imposteur Chinois lui vint dire que *Lao-kiun* (fondateur de la Religion des Bonzes *Tao-ssè*) lui étoit apparu, & l'avoit assuré qu'il le créoit *Tien-sé*, ou *maître du Ciel*, (c'est le titre insolent que prend le Pontife souverain de cette secte,) & conséquemment successeur de *Tcham-tao-lim* (le premier qui l'a porté, si on les en croit, neveu de *Tcham-leam* à la septieme génération. *Tcham-leam* fut le plus grand homme de son temps, c'est-à-dire, du deuxieme siecle avant l'Ere Chrétienne.) *Che-tçou* donna dans cette vision, à l'instigation sur-tout de *Tçoui-hao*, un des plus grands hommes de son temps, qui s'en étoit laissé infatuer. Ce Prince fut d'abord vaincu par les Chinois, mais il se releva aussi-tôt, & leur enleva plusieurs villes. Il acheva la conquête de cinq Provinces du Nord de la Chine, & vit la Tartarie soumise à ses loix; ce qui arriva l'an 439, année remarquable par la division de la Chine en deux Empires, l'un septentrional, l'autre méridional. L'imposteur Chinois dont j'ai parlé, & qui se nommoit *Keou-kien-tchi*, lui ayant présenté un livre qu'il appelloit divin où se trouvoit le titre de *Tai-pim-tchi-kiun*, ce qui signifie en Chinois le *vray Seigneur de la profonde paix*, il donna ce titre aux années suivantes de son regne, & bâtit un temple fameux l'année suivante par le conseil du même *Tao-ssè*. L'an 446, il fit détruire tous les temples, & renverser toutes les idoles des Bonzes *Ho-cham*, (compétiteurs des Bonzes *Tao-ssè*,) & fit mourir tout autant de Bonzes de cette Secte qu'on en put attraper. L'an 450, il fit mettre à mort *Tçoui-hao*, parce que l'ayant chargé de composer l'Histoire des *Ouei* Tartares, il avoit dit trop librement la vérité; (il méritoit la mort pour avoir infatué le Prince) *Che-tçu* s'en repentit aussi-tôt, & ne lui survécut que deux ans, ayant été assassiné par un Eunuque.

Kao-tçoum, petit-fils de *Che-tçou*, lui succéda. Il commença son regne par rétablir les Bonzes *Ho-cham*, & permit à tout le monde d'entrer dans cet ordre. La même année, les *Kou-mo-hi* Tartares Orientaux lui présenterent un cheval qui avoit une corne à la tête, & ressembloit à un *Lin*, ou *Rhinocéros* : (ce pourroit être la Licorne, car les Chinois assurent que dans ce pays, on trouve des chevaux sauvages qui ont une corne au front.) L'an 455, il créa un de ses enfants Prince héritier de l'Empire; mais suivant la coutume de ces peuples, il fit mourir la mere pour empêcher les troubles ordinaires aux minorités. L'an 466, son fils aîné *Hien-tçou* lui succéda. Celui-ci fit fondre l'an 467 une statue du *Fo* : (c'est la principale Idole des Bonzes *Ho-cham*.) Il y entra 100 milliers de cuivre & 600 livres Chinoises d'or; elle étoit de 43 pieds de haut. L'an 471, par un exemple inouï, il céda l'Empire à son fils, âgé de cinq ans, après avoir remporté plusieurs victoires sur les Chinois. Onze ans après, il fut empoisonné par l'Impératrice-mere.

Kao-tçou, fils aîné du précédent, changea le siege de son Empire; & pour avoir l'œil de plus près sur la Chine méridionale, il le transféra à *Lo-yam*, l'an 495. En effet, deux ans après, il alla y porter la guerre en personne. Il mourut l'an 499. *Che-tçoum*, son fils, lui succéda.

Che-tçoum, l'an 509, donna la préférence à la Religion des Bonzes *Ho-cham* sur toutes les autres. On bâtit par-tout des temples à leurs Dieux. L'année 511, le dénombrement de la Chine méridionale fut fait. On trouva sous la domination de l'Empereur Chinois, nommé *Leam-vou-ti*, 23 Provinces, 350 villes du premier ordre, & 1022 du second : (le *Toum-kiu*,

& le *Camboje* en dépendoient.) L'an 512, la loi qui portoit qu'on fît mourir la mere de celui des enfants de l'Empereur qui étoit déclaré héritier, fut abolie. *Che-tçoum* mourut l'an 515.

Sou-tçoum, son fils, lui succéda. A son avénement à la Couronne, il avoit créé *Hou-chi* Impératrice-mere, & sa mere propre, Impératrice. L'an 528, *Hou-chi*, qui craignoit pour son propre fils, empoisonna l'Empereur. Cette marâtre avoit déja empoisonné l'ancienne Impératrice-mere, & s'étoit défaite de ceux qui lui étoient suspects; c'étoit une dévote de la Religion des Bonzes *Ho-cham*. Voici le point fatal de la destruction de ce vaste Empire. *Eul-tchu-youm*, Seigneur ambitieux & brave, se servit de cette occasion pour se rendre maître des affaires. Il prend les armes, & ayant donné le commandement de son avant-garde à *Kao-houan*, il marche droit à *Lo-yam* qui étoit alors la Capitale. Il s'en saisit, & fait proclamer Empereur *Tçe-yeou*, Roi de *Tcham-lo*; on le nomma *Tchouam-ti*. Celui-ci prit pour titre des années de son regne *Kien-y*, ou de l'*Equité rétablie*. Il commença son regne par faire noyer l'Impératrice *Hou-chi* avec le Prince *Tchao*, qu'elle avoit élevé sur le trône. Il fit mourir plus de 2000 personnes de la premiere marque. Après quoi, la même année, il change le titre de *Kien-y* en celui de *Youm-ghan*, c'est-à-dire, de *perpétuelle paix*. En même-temps *Eul-tchu-youm* se retira à *Ta-yuen*, dont il se proclame Roi. L'Empereur le combla d'honneurs.

Cependant on se révolta de tous côtés; en trois différentes Provinces on prit le titre d'Empereur. Le Roi de *Pe-hai*, nommé *Kioum*, après avoir pris ce titre l'année suivante, s'avança incontinent vers *Lo-yam* dont il se rendit maître. *Tçe-yeou* prit la fuite; mais *Eul-tchu-youm* ayant repris les armes, chassa *Kioum*, qui mourut en fuyant, il rétablit *Tçe-yeou*. Après quoi il prit de pleine autorité le titre de Généralissime de toutes les armées. L'an 530 le même *Eul-tchu youm* défit l'armée d'un faux Empereur, & le prit; ce qui donna occasion à *Tçe-yeou* de changer le titre de ses années, & de leur donner celui de *Kem-him*, ou de *nouvelle exaltation*. La même année, *Tçe-yeou*, qui sentoit que *Eul-tchu-youm* ne lui avoit laissé que l'ombre de la Royauté, résolut de s'en défaire. *Eul-tchu-youm* étant venu rendre ses hommages, il l'invita à un festin, & le fit tuer. La famille de *Eul-tchu-youm* prit les armes, & se révolta ouvertement. *Eul-tchu-tchao* se rendit maître de *Tçe-yeou*, & le fit mourir. Il fit en même-temps proclamer le Roi de *Tcham-kouam*, nommé *Ye*, qui donna à ses années le titre de *Kien-mim*, ou de *clarté* établie, tandis que *Leam-fou*, de son côté, couronnoit *Yuen-yue*, Roi des *Ouei* Tartares. L'an 531, *Eul-tchu-tchao* dégrada son nouvel Empereur *Ye*, & mit en sa place le Roi de *Kouam-lim*, nommé *Koum*, à qui, après sa mort, on a donné le titre de *Tçie-min-ti*. Celui-ci donna à ses années le titre *Pou-tai*. Alors *Kao-houan* prit les armes contre la famille des *Eul-tchu*, & proclama Empereur *Yueu-lan*, Prince du sang. Il se fit lui-même son premier Ministre. *Yuen-lam* donna à son regne le titre de *Tchoum-him*.

L'an 532 *Kao-houan* se rendit maître de *Lo-yam*. Il prit l'Empereur *Koum*, & le fit enfermer dans un monastere de Bonzes. Il força pareillement son nouvel Empereur *Yuen-lam* à résigner l'Empire au Roi de *Pim-yam*, nommé *Sieou*, qui donna à ses années le titre de *Tai-tcham*, qu'il changea incontinent en celui de *Youm-hi*.

L'an 533, *Kao-houam* fit tuer *Eul-tchu-tchao*. L'an 534, il leva le masque, & se révolta ouvertement; ce qui obligea l'Empereur *Sieou* à prendre la fuite vers *Si-ghan-fou*, où il fut proclamé Empereur des *Ouei* Occidentaux. Ce fut donc cette année que l'Empire des *Ouei* Tartares fut divisé en Occidental & en Oriental. Car *Kao-houan*, après la fuite de *Sieou*, éleva encore un fantôme d'Empereur. Il choifit pour cela *Chen-kien*, fils de *Tan*, Roi de *Tçim-ho*, qui donna aux années de fon regne le titre de *Tien-pim*. L'Empereur *Sieou* paffa des mains d'un traître dans celles d'un perfide, nommé *Tu-ven-tai*, qui l'empoifonna la même année dans un feftin qu'il lui fit.

J'ai déja marqué la durée de ces deux Empires, dont l'Oriental eut pour fa Cour la ville de *Tcham-te-fou*. *Kao-yam*, fils de *Kao-houam*, après avoir éteint la Dynaftie des *Ouei* Orientaux, & ufurpé l'Empire, donna à faDynaftie le titre de *Pe-tçi*, ou de *Tçi Septentrional*. Cette Dynaftie fut éteinte par celle des *Pe-tcheou* l'an 577, après avoir duré 28 ans fous fix regnes. *Tu-ven-kio*, fils de *Tu-ven-tai*, ufurpa l'Empire des *Ouei* Occidentaux la même année 577, & donna à fa Dynaftie le titre de *Pe-tcheou* ou de *Tcheou* Septentrional. Celle-ci fut éteinte par *Tam-kien* Chinois, l'an 581, après avoir duré 25 ans fous cinq regnes. *Tam-kien* donna le nom de *Soui* à fa Dynaftie, & l'an 587 s'étant rendu maître de la Chine méridionale, il poffeda feul tout l'Empire de Chine. Il eft à remarquer que les *Ouei* Tartares avec toute leur puiffance, & nonobftant les victoires fréquentes qu'ils remporterent fur la Chine méridionale, ne purent pouffer leurs conquêtes au-delà du fleuve *Tam-tce-kiam*. Repaffons préfentement dans la Tartarie, & donnons un coup d'œil fur ce qui s'y eft paffé depuis l'affoibliffement des *Hioum-nou*.

DES *SIEN-PI*, ET DES *OU-HOUAN*, *TARTARES ORIENTAUX*.

Nous avons marqué ci-deffus l'origine des Tartares Orientaux, & la maniere dont leur Empire fut renverfé par *Mo-thé*, Empereur ou *Tchen-yu* des *Hioum-nou*. Les reftes de cette nation fe retirerent dans le *Leao-toum* après leur défaite, & fe partageant en deux bandes, l'une fe faifit des monts *Ou-houan*, & l'autre des monts *Sien-pi* méridionaux. Chacune prit le nom de la montagne dont elle s'étoit emparée. Les *Hioum-nou* les voyant hors d'état de rien entreprendre, ne jugerent pas à propos de les exterminer. Ils aimerent mieux en tirer un gros tribut. Ceux-là porterent ce joug autant de temps que leur impuiffance les y força; mais la longue paix les ayant multipliés, ils fongerent auffi-tôt à le fecouer.

Ils commencerent à fe répandre par pelottons & fous différents chefs dans les pays circonvoifins, profitant des guerres civiles dont les *Hioum-nou* étoient agités. Les *Ou-houan* donnerent l'exemple aux *Sien-pi*; ils fe révolterent contre les *Hioum-nou*, 70 ans avant l'Ere Chrétienne. Ils commencerent, en bons Barbares, par fe venger fur les morts des affronts reçus des vivants. Ils violerent les fépulchres des *Tchen-yu*, des *Hioum-nou*; fur-tout celui de *Mo-thé* ne fut pas épargné. *T-yen-ti* qui étoit alors *Tchen-yu*, (c'eft apparemment celui que la Table (*) nomme *Hou-ien-ti*,) fut indigné d'une femblable inhumanité. Il attaqua les *Ou-houan*, ou bien *Ouen*, (car on l'écrit de ces deux manieres,) mais malheureufement il fut défait. Les *Ou-houan*, après cette victoire, tournerent leurs armes contre les Chinois dont ils défirent l'armée. Enfuite ils pousferent vivement les *Hioum-nou*; & les ayant fait reculer plus de 100 lieues vers l'Occident, ils s'emparerent du pays que les *Hioum-nou* avoient abandonné.

La 50e. année de l'Ere Chrétienne, un des chefs des *Ou-houan* vint au nom de la nation, à la tête de 9000 *Ou-houan*, rendre hommage à l'Empereur de Chine. L'Empereur créa plus de 80 de leurs chefs Rois ou Marquis, & leur affigna des terres le long des confins feptentrionaux de la Chine, en-dehors de la grande

---

muraille, pour fervir à fon Empire comme d'une feconde muraille contre les courfes des *Hioum-nou* & des autres Tartares. Environ l'an 65e. de l'Ere Chrétienne, *Kin-tchi-fen* fit révolter les *Ou-houan* contre la Chine. Ils fe jetterent fur le *Leao-toum*. La crainte obligea les *Sien-pi* à fe joindre à eux; mais craignant d'en être chaffés par les *Ou-houan*, qui étoient pour lors plus puiffants qu'eux, ils s'entendirent avec le Vice-Roi Chinois, & tuerent *Kin-tchi-fen*. Après fa mort, l'armée des *Ou-houan* fut défaite fans peine. Tantôt ils fe foumettoient aux Chinois, tantôt ils leur faifoient la guerre. Après avoir été défaits par les Chinois fur la fin de la Dynaftie des *Han*, leur Roi & leur Généraliffime *Kieou-li-kiu* mourut. Il laiffa un fils à qui fon bas âge ne permit pas de commander. *Ta-tçin*, brave Capitaine, prit fa place. Il fe ligua avec *Tuen-chao* qui difputoit l'Empire de Chine à *Tçao-tçao*. Il remporta une glorieufe victoire, qui lui fit donner par l'Empereur de Chine (dont y *Tuen-chao* empruntoit le nom à faux,) le titre de *Tchen-yu*; mais *Tçao-tçao* le lui fit bientôt perdre avec la vie. Il marcha en perfonne contre lui; il le défit dans une des plus fanglantes batailles qu'on eût vue depuis long-temps; & l'ayant pris vif, il lui fit couper la tête. Le Vice-Roi de *Leao-toum* en fit autant aux Rois & aux Généraux des *Ou-houan*, qui y étoient allés chercher un afyle après leur défaite. Cette bataille fut donnée l'an 206 de Jefus-Chrift. Le refte des *Ou-houan* fe vint rendre à la merci de *Tçao-tçao*, qui les reçut, & en fit une excellente cavalerie dont il tira de grands fervices.

Les *Sien-pi* tarderent long-temps à fuivre l'exemple des *Ou-houan*; mais ils porterent un bien plus rude coup aux *Hioum-nou*. Ils fe tinrent cantonnés dans le *Leao-toum*, durant plus d'un fiecle. Le *Lea-toum* eft un grande Province, ou pour mieux dire, un Royaume des dépendances de la Chine. Il termine en arc le fond du golphe qui fépare la Corée de la Chine, & unit enfemble ces deux continents, n'étant féparé de la Corée que par le grand fleuve *Ta-lo-kiam* (ainfi nommé de la couleur de fes eaux qui font d'un vert tel qu'il paroît fur certaines plumes de canard,) & de la Province de Chine, où eft aujourd'hui la Cour de *Pe-kim*, par le fameux Col, qu'on appelle *Chan-hai-kouan*, parce qu'il eft formée par la rencontre des montagnes & de la mer. Cet arc a environ cent vingt lieues de courbure, & plus de cent de fleche. Les guerres civiles avoient également épuifé les forces des *Tchen-yu*, des *Hioum-nou* méridionaux & des feptentrionaux.

Tu-kieou-fen vint rendre hommage à l'Empereur de Chine au nom des *Sienpi* dont il étoit le chef; il vint, dis-je, l'an 54e. de Jefus-Chrift. L'Empereur lui conféra dans les formes le titre de *Vam*, c'eft-à-dire de *Roi*. Ce fut après cela qu'ils aiderent les Chinois à fe défaire des *Ou-houan*, comme nous l'avons déja dit. Ils avoient pris la place des *Ou-houan*, & fervoient de rempart à la Chine le long du *Leao-toum*, du *Pe-tche-li*, du *Chanfi*, & du *Chenfi*; moyennant quoi ils recevoient de groffes penfions des Chinois. Ils ne laiffoient pas, felon leur coutume, qui ne reconnoît que la loi du plus fort, de faire auffi fouvent des courfes fur les Chinois que fur les *Hioum-nou*; mais cela ne paffoit pas le brigandage, & ils ne retenoient aucun pays, fe contentant d'en emporter le butin. Un de leurs chefs, nommé *Teou-lou-heou*, fervoit dans une armée des *Hioum-nou*. Après trois années confécutives d'abfence, il obtint la permiffion de retourner chez lui. Il trouva fa femme nouvellement accouchée d'un fils. De crainte de cet affront, il voulut lui ôter la vie. Sa femme plaida fa caufe, & protefta que durant un orage, comme elle levoit les yeux au ciel, & tenoit la bouche ouverte, un grain de grêle (d'autres difent un éclair) y étoit entré, qu'elle l'avoit avalé, qu'elle avoit conçu, & qu'au bout de dix mois elle avoit mis au monde cet enfant; qu'infailli-

---

blement ce feroit un jour un homme extraordinaire, & qu'il falloit l'élever. *Teou-loa-heou* pardonna à la femme ; mais il ordonna qu'on exposât l'enfant. La mere le fit enlever fecretement, & eut foin de le faire nourrir. Elle lui donna le nom de *Tan-che-hoai*.

A peine eut-il atteint l'âge de 14 à 15 ans, qu'il commença à donner des marques d'un courage héroïque & d'une prudence confommée, en attaquant feul une troupe de voleurs qui enlevoient les troupeaux d'un de fes parents. Il défit les voleurs, & ramèna les troupeaux. Depuis ce temps-là, il paffa pour un prodige de valeur & de fageffe parmi les Tartares, qui vinrent à l'envi fe ranger fous fes étendards. Ainfi il fe vit bientôt maître de l'ancien pays des *Hioum-nou*, & fonda un Empire qui avoit 1400 lieues d'étendue de l'orient à l'occident, & plus de 700 du midi au feptentrion. Se voyant maître de la Tartarie, il ne manqua pas de rabattre fur la Chine. Il y fit bien du ravage fous l'Empire de *Han-lim-ti*, qui commença à régner l'an 168, & régna 23 ans. La mort arrêta les progrès de ce conquérant, & l'enleva du monde à l'âge de 45 ans.

Son fils *Ho-lien* lui fuccéda. Il n'eut ni les belles qualités, ni les vertus de fon pere. Il fut avare, débauché & injufte. Ainfi ce vafte Empire fut démembré, pour ainfi dire, avant que d'être bien formé ; on fe révolta de tous côtés. Il fut tué d'un coup de fleche par un excellent archer. Il laiffa un fils à qui l'âge encore trop tendre ne permettoit pas de gouverner un Empire fi vafte & fi délabré. C'eft pourquoi on mit en fa place *Kouei-teou*, fon coufin germain. Cependant *Kien-man*, (c'eft le nom du fils de *Ho-lien*,) quand il fut en âge, difputa l'Empire à *Koui-teou*. Cette guerre civile acheva de ruiner l'Empire. Tous les Grands prirent occafion de-là de fe rendre abfolument indépendants dans les pays où ils commandoient ; ce qu'ils avoient commencé de faire incontinent après la mort de *Tan-che-hoai*. Cependant *Pou-tou-ken* fuccéda à fon frere *Kouei-teou* ; *Pou-tou-ken* fe rendit tributaire des *Ouei* Tartares l'an 224. Il fit la même chofe à l'égard des Chinois. *Kho-pe-nem* le fit mourir l'an 233, & s'empara de fon Empire.

Kho-pe-nem étoit chef d'une petite horde de *Sien-pi*. Il étoit homme de tête, brave & défintéreffé, qualités qui lui acquirent un grand crédit. Il fut proclamé Chef de la nation. Un grand nombre de Chinois, pour éviter les troubles dont la Chine étoit agitée, allerent fe rendre à lui. Il attaqua les *Ouei* Tartares qui le défirent. Il eut recours au tribut qu'il leur paya, reffource ordinaire à ces peuples quand leurs affaires font en défordre. L'an 235, il fut tué par un foldat Chinois. Son cadet fut mis en fa place ; fon Etat fut démembré. La famille de *Kii-fou* établit un Royaume dans la partie méridionale & occidentale de la Province de *Chenfi*, & dans le pays des *Kiam*, fous le titre de *Sii-içien*. Celle de *Tou-fa* en fonda un dans la même Province au nord du premier, qui occupoit le *Tam-ghout*, fous le titre de *Nan-leam*. Celui-ci fut éteint par l'autre, & l'autre par les *Hia* Tartares, comme nous l'avons vu dans l'article des regnes turbulents. La famille des *Mou-youm* fut la plus illuftre de toute la nation des *Sien-pi*. Quoique la plûpart des Monarchies qu'elle établit appartiennent aux Royaumes tumultueux, j'ai cru en devoir rejetter ici la defcription, pour ne pas féparer cette famille de fa nation.

Mo-hhou-po régnoit dans le *Leao-toum*. Il prit le bonnet Chinois, qui étoit en ce temps-là chargé d'un ornement qui branloit à chaque pas, & qui portoit pour cette raifon le nom de *Pou-yao*. On croit que les *Sien-pi*, qui n'avoient aucun ufage des lettres non plus que les *Ou-houan*, corrompant ces termes qu'ils n'entendoient pas, les changerent en ceux de *Mou-youm*, & donnerent à *Mo-hhou-po* le fobriquet de *Mou-youm*, qui fut adopté par lui pour nom de famille. D'autres difent qu'il donna ce nom à fa famille

pour avertir fes defcendants de *Mou*, c'eft-à-dire, d'afpirer à la parfaite imitation du ciel & de la terre, & de *Youm*, c'eft-à-dire, de fe faire une grandeur d'ame égale au ciel en capacité.

Mou-youm-mou-yei fut fils de *Mo-hhou-po*, & pere de *Mou-youm-che-kouei* ; celui-ci reçut de l'Empereur de Chine le titre de *Tchen-yu*, en récompenfe des fervices rendus à l'Empire. Il transféra fa Cour du *Leao-toum* au Nord, & fut le premier qui commença à prendre les mœurs Chinoifes. *Mou-youm-che-kouei* fut heureux en enfants. Son aîné *Mou-youm-tou-kou-hhoen* étoit fils d'une concubine, & le fecond, *Mou-youm-hoei*, étoit né de fa femme légitime. Ils eurent une pique enfemble à l'occafion de leurs harras. Leurs chevaux s'étant battus, *Mou-youm-hoei* envoya faire des plaintes à *Tou-kou-hoen*. „ Nous fommes dans la faifon du printemps, répondit *Tou-kou-hoen* ; l'abondance des pâturages fait „ bouillir le fang aux chevaux ; s'ils viennent à fe „ battre, s'en faut-il prendre aux hommes ? Je fais „ que je ne fuis pas fils de la Reine, & que la fuccef „ fion du Royaume ne me regarde pas. Je me retire „ donc pour fuivre le deftin qui me promet quelque „ bonne fortune ". Auffi-tôt il partit avec 700 familles qui étoient fous fon commandement. Il marchoit à grandes journées. Cependant fon frere fe repentant de lui avoir fait prendre ce parti, envoya le rappeller. Il refufa de revenir ; mais comme les fupplications des envoyés étoient preffantes, il convint avec eux de retourner, au cas qu'ils puffent obliger fes chevaux à marcher vers l'Orient. Les députés accepterent la condition. Ils firent tourner bride aux chevaux ; mais auffi-tôt ces animaux pouffant des henniffements horribles, fe débandoient, & reprenoient la route de l'Occident. Cela arriva un fi grand nombre de fois, que les Députés jugerent qu'il y avoit quelque chofe de divin dans la retraite du Prince ; de forte qu'après lui avoir fouhaité toute la profpérité qu'ils pouvoient augurer de ce prodige, ils prirent congé de lui, & retournerent fur leurs pas.

Cependant *Tou-kou-hoen* continua fa marche ; & après avoir côtoyé la Chine feptentrionale, il rabattit vers le Midi, & vint s'établir entre *Ho-tcheou*, ville de la Province de *Chenfi* & le grand lac, qui eft dans le pays des *Kiam*, près de *Si-nim*, fameufe peuplade de la même Province. On le nomme en Tartare *Kou-kou-noor*, & en Chinois, *Tçim-hai* ; ce qui a le même fens, & fignifie *lac* ou *mer noire* ; il a environ 100 lieues de tour. Ce Prince laiffa en mourant 60 enfants mâles, & une grande & puiffante Monarchie qu'il avoit fondée, & qui dura 350 ans fous dix-huit Rois ou Empereurs, c'eft-à-dire, depuis l'an 312 jufqu'à l'an 663°. de J. C., qu'elle fut éteinte par les *Tybethains*, qui poufferent dans ce fiecle leurs conquêtes bien avant dans la Tartarie méridionale, & qui s'étant rendus maîtres de la Tartarie Chinoife, & même de la partie occidentale de la Chine, étoient déja aux prifes avec la Perfe dans le *Khoraffan* ou la *Bactriane*, lorfqu'ils furent défaits par les Chinois, aidés par le *Kachemir* & les Royaumes circonvoifins du *Kachemir*.

Tandis que *Tou-kou-hoen* affujettiffoit les *Kiam*, *Mou-youm-hoei*, fon frere, entra dans le Royaume de *Yeu*, qui eft aujourd'hui la Province de *Pe-kim*, & vint établir fa Cour dans la ville de *Kii-tchim*, qui avoit été le berceau de la nation des *Sien-pi*, comme nous l'avons dit ci-deffus. Cela arriva l'an deux cent quatre-vingt-quatorze de J. C. Il porta le titre d'Empereur ou de *Tcheu-yu* des *Sien-pi* l'an 307. Il régna quarante-neuf ans, & mourut comblé de gloire & d'honneurs, par les Empereurs Chinois, à l'âge de foixante-cinq ans.

Mou-youm-hoam, le troifieme de fes enfants, Prince également brave & favant, lui fuccéda ; il régna quinze ans. Il eut pour fucceffeur *Mou-youm-içun*, fon fecond

cond fils. Celui-ci pouffa fes conquêtes dans la Chine feptentrionale, & vit fes armées compofées de 1500000 hommes de pied. *Yam-ti*, Empereur, ou bien *Tchen-yu* des *Ouei* Tartares, ayant été chaffé par les fiens, vint avec fon armée fe jetter entre fes bras. *Mou-youm-tçun* régna onze ans, & en vécut quarante-deux.

Mou-youm-ouei, le troifieme de fes enfants, lui fuccéda. Celui-ci prit le titre de *Hoam-ti* l'an 360 ; il régna 21 ans. Il fut forcé dans la capitale de fon Empire par l'armée de *Fou-kien*, Empereur de *Tçin*, qui lè prit & le traita avec honneur. Il lui donna même le commandement d'une de fes armées dans la grande expédition qu'il fit contre la Chine : mais *Fou-kien* ayant été défait, & les Princes du fang des *Mou-youm* ayant pris les armes contre lui, *Mou-youm-houei* fut foupçonné d'intelligence avec eux, & mis à mort incontinent ; il mourut à l'âge de trente-cinq ans. Le Royaume de *Tcien-yen* fut éteint avec lui. A le prendre depuis l'an 285, auquel *Mou-youm-hoei* prit le titre de Duc, jufqu'à l'an 370 qu'il fut détruit, il auroit duré quatre-vingt-cinq ans. Cependant la Table chronologique des Royaumes tumultueux ne lui en donne que foixante-trois, parce que les Chinois ne commencent cet Empire qu'à l'an 307, auquel *Mou-youm-hoei* commença à porter le titre de *Tchen-yu*.

Mou-youm-te, le plus jeune des enfants de *Mou-youm-hoam*, après avoir mis à mort *Mou-youm-lin*, fortit de *Tcham-te-fou*, & alla fonder le Royaume de *Nan-yen* (*) dans la Province de *Chan-tou* dont il s'empara. Avant de mourir, il fit la revue générale de fes troupes ; il les trouva compofées de 370000 fantaffins, de 17000 chariots de guerre, (à quatre chevaux & trois hommes armés de toutes pieces chacun, fans compter les fantaffins d'efcorte,) & de 50000 cavaliers, armés de même. Cette prodigieufe armée, *dit l'Hiftoire*, occupoit les plaines & les montagnes ; on voyoit de toutes parts flotter fes étendards ; le bruit des timbales & des tambours faifoit trembler le ciel & la terre. Il avoit formé le deffein d'attaquer l'Empereur de la Chine méridionale avec cette formidable puiffance ; mais la mort arrêta tous fes deffeins. Durant fa maladie, il vit en fonge fon pere, qui lui dit : ,, Puifque vous n'avez point d'enfants, pourquoi ne ,, nommez-vous pas *Mou-youm-tchao* pour votre fuc- ,, ceffeur? Combien de troubles n'arrêteriez-vous pas ,, par cette fage difpofition ''? Etant réveillé, il raconta fon fonge à l'Impératrice fa femme. ,, Ces or- ,, dres des mânes de mon pere, lui dit-il, me pronofti- ,, quent une mort certaine ''. Auffi-tôt il déclara *Mou-youm-tchao* fon fucceffeur, & mourut l'an 405, à l'âge de 70 ans. Il eut la précaution d'ordonner qu'on lui fît dix cercueils pour être enterrés fecretement en différents endroits, afin qu'on ne pût favoir où feroit fon corps. Il régna cinq ans.

Mou-youm-tchao, Prince du fang des *Mou-youm*, prit le titre d'Empereur, & hérita des Etats des *Mou-youm-te*. Il fut forcé & pris dans fa capitale par *Leou-yu*, Généraliffime des Chinois, qui l'envoya à *Nan-kim*, où l'Empereur de la Chine lui fit trancher la tête en plein marché. Il régna fix ans, & en vécut vingt-deux.

Mou-youm-tchoum, Prince du fang des *Mou-youm*, prit le titre de *Hoam-ti* l'an 385, & fonda le Royaume de *Sii-yen*. Il établit fa Cour dans la ville de *Pim-yan-fou*, (†) une des principales de la Province de *Chanfi*. Il y fut affaffiné, l'année fuivante, par un de fes Généraux, nommé *Han-yen*, qui mit *Touan-foui* en fa place. *Mou-youm-hem* & *Mou-youm-youm*, Princes du fang des *Mou-youm*, ne pouvant fouffrir que l'Empire paffât dans une famille étrangere, fe défirent de *Touan-foui*, & lui fubftituerent *Mou-youm-*

kai. Celui-ci fut encore affaffiné par *Mou-youm-tao*, frere cadet de *Mou-youm-hem*; & *Mou-youm-yao*, fils de l'Empereur *Mou-youm-tchoum*, fut mis fur le trône. Il fut auffi-tôt mis à mort par le même *Mou-youm-tao*, qui fit proclamer Empereur *Mou-youm-tchoum*, fils de *Mou-youm-houm*. Ce dernier ne fut pas plus heureux que les autres ; il fut auffi-tôt maffacré que couronné. Enfin, après tant de parricides exécutés en peu de mois, *Mou-youm-youm* prit poffeffion de l'Empire. Il fut lui-même exterminé par *Mou-youm-tchoui*, qui réunit par fa mort l'Empire de *Si-yen* avec celui de *Pe-yen*, & fonda celui de *Heou-yen*.

Mou-youm-tchoui (*), fondateur du Royaume de *Heou-yen*, fut le cinquieme fils de *Mou-youm-hoam*. Ses grandes victoires allumerent contre lui la jaloufie de *Mou-youm-pim*, Prince du fang, qui gouvernoit l'Etat. Pour éviter fa perte, il alla fe jetter entre les bras de *Fou-kien*, Empereur de *Tçin*, qui le reçut avec joie, & lui donna même une de fes armées à commander ; mais après la fatale journee de *Hoai-nam*, (c'eft ainfi qu'eft nommée la déroute de *Fou-kien*,) il prit les armes & fe fouleva contre fon bienfaiteur. Il fortit victorieux de la premiere bataille qu'il lui livra, ainfi, fans perdre de temps, il prit le titre de Roi de *Heou-yen*, dans la ville de *Tchoum-chan*, l'an 384, & deux ans après, il prit celui de *Hoam-ti*. Il força *Mou-youm-youm* dans la ville de *Tcham-te-fou*, & éteignit dans fon fang le Royaume de *Si-yen*. Il régna treize ans, & mourut âgé de 70 ans.

Mou-youm-pao, fon quatrieme fils, lui fuccéda, Prince étourdi, fans réfolution, & aimant la flatterie. L'aîné de fes enfants, né d'une concubine, fe révolta contre lui. Ce Prince fe nommoit *Mou-youm-hoei*. *Mou-youm-tçiam* prit auffi-tôt le titre d'Empereur, que *Mou-youm-lin* lui ravit avec la vie, & le retint pour lui. *Mou-youm-lin* ayant été chaffé de fa Cour, fut obligé de fe réfugier à la Cour de *Mou-youm-pao*, c'eft-à-dire, à *Tcham-te-fou*. *Mou-youm-pao* fut affaffiné avec fon fils, défigné héritier, & plus de cent, tant Rois que grands Officiers, par *Lin-han*, qui s'étoit révolté contre lui. Il mourut l'an 399, à l'âge de quarante-quatre ans, dont il en avoit régné trois. *Lin-han*, la même année, ufurpa la dignité de *Tchen-yu*.

Mou-youm-tchim, fils aîné de *Mou-youm-pao*, né d'une concubine, alla de fon plein gré fe remettre entre les mains de *Lin-han*. Celui-ci le traita avec honneur ; mais pour récompenfe, il reçut la mort de *Mou-youm-tchim*, qui le fit maffacrer & fe faifit de la couronne. L'arrogance de *Mou-youm-tchim*, lui attira bientôt le même traitement de la part de fes fujets, qui le maffacrerent dans fon palais, à l'âge de vingt-neuf ans, dont il en régna trois. *Mou-youm-hii*, le plus jeune des enfants de *Mou-youm-tchoui*, fuccéda à *Mou-youm-tchim*. Ce fut un Prince prodigue, voluptueux & cruel. On conjura contre lui. *Mou-youm-yun* s'étant mis à la tête des conjurés, le fit mourir avec tous fes enfants. Il étoit âgé de trente-trois ans, dont il en avoit régné fix. L'Empire de *Heou-yen* finit en lui.

Mou-youm-yun avoit été adopté par *Mou-youm-pao*. *Kao-ho*, fon aieul, étoit bâtard d'un Roi dans la Corée. Il prétendoit defcendre de *Kao-yam-chi*, ancien Empereur de Chine, qui commença à régner 2432 ans avant l'Ere Chrétienne (†). Delà vient qu'il avoit pris *Kao* pour nom de famille. *Kao-yun* (c'eft *Mou-youm-yun*,) parloit peu ; ce qui le faifoit paffer pour un homme fans efprit ; mais dans le fond c'étoit un grand homme ; & *Foum-po*, qui connoiffoit fon mérite, s'étoit lié d'une étroite amitié avec lui. *Mou-youm-yun* prit le titre Chinois de *Tien-vam*, ou de *Roi célefte*. Il

---

(*) Voyez la Table, page 24.
(†) Voyez la même Table.

(*) Voyez la Table, page 24.
(†) Dans les Tables imprimées, c'eft l'an 2513, & celui de fa mort l'an 2535.

K

fut affaffiné par un de fes favoris, nommé *Lin-pan-tao-gin*. Sa trop grande confiance lui attira ce malheur. *Foum-po* vengea fa mort, & fe rendit maître de fes Etats. Il fut chaffé par les *Ouei* Tartares. Ainfi la Monarchie de *Pe-yen* (*) compta deux Rois & deux familles, & fut éteinte l'an 438, après avoir duré trente-un ans.

DE L'EMPIRE DES GEOU-GEN TARTARES.

Les *Geou-gen* hériterent, pour ainfi dire, des terres des *Hioum-nou* & de la puiffance des *Sien-pi*. Ils fubjuguerent la Tartarie vagabonde, tandis que les *Ouei* Tartares poffédoient la Tartarie fixe ; car c'eft ainfi que les Chinois divifent la Tartarie : ils donnent le nom de *vagabonde* ou d'*ambulante* à celle qui eft habitée par des peuples errants, que les Grecs nommoient *Scénites* & *Hamaxobiens*, parce qu'ils ne vivoient que fous des tentes ou fur des chariots ; & celui de *fixe* ou de *tenante* à la terre, à celle où l'on habite les villes. Cet Empire leur fut pourtant toujours difputé, & fouvent ôté par les *Ouei* Tartares, comme on l'a vu ci-deffus. Plufieurs Dynafties Chinoifes ont donné à cette nation des *Geou-gen* le nom de *Ju-ju* ; & *Che-tçou*, Empereur des *Ouei* Tartares, ayant égard au défordre qui régnoit dans leur Gouvernement, tant civil que militaire, leur impofa celui de *Juen-juen*, (termes qui fignifient les mouvements déréglés d'un tas de vers qui fourmillent,) pour faire voir leur peu de jugement. On fait ce conte d'eux. Ils atteloient, (*dit-on*) les vaches à leurs chariots, qu'ils faifoient fuivre par les taureaux fans charge. Les vaches s'abattoient de laffitude fous le joug. Les autres Tartares leur remontroient qu'il falloit atteler les taureaux comme plus forts & plus propres à réfifter à la fatigue „ Comment les enfants pourroient-ils réfifter à „ la fatigue, répondoient-ils, fi les meres ne le peu- „ vent pas ” ? L'Hiftoire des *Ouei* Tartares affure que ces Tartares defcendoient des Tartares Orientaux. D'autres difent que c'étoit un peuple d'*Hioum-nou*, & conféquemment des Tartares Occidentaux. C'étoit apparemment une colonie de Tartares Orientaux, qui s'étoit établie dans la Tartarie occidentale, & s'étoit confondue avec les *Hioum-nou*, habitants du pays.

L'origine de la famille Royale a quelque chofe de fingulier. Vers l'an 270 de l'Ére Chrétienne, un Cavalier *Ouei* Tartare, qui alloit en parti, prit un jeune enfant qui ne favoit pas même fon nom. Le Cavalier en fit fon efclave, & lui donna le nom de *Mou-kou-lu*, qui fignifie *le chauve* en langue *Ouei* Tartare. On croit que de ce nom eft forti par corruption celui de *You-kiou-lu*, qui fut pris par la famille régnante. Quelque temps après, le Cavalier donna la liberté à fon efclave, & lui obtint une place de foldat. Sous le regne de *Mou-ti*, Empereur des *Ouei* Tartares, environ l'an 310, le foldat manqua de venir à temps au rendez-vous. Suivant la loi, il devoit avoir le col coupé. La crainte du fupplice l'obligea à aller fe cacher dans les vallons du défert. Là il raffembla peu-à-peu plus de cent fugitifs, qui le reconnurent pour leur chef. Il fe tint avec fa troupe fous la protection des *Chun-tou-lin* Tartares. Il mourut, fans pouffer plus loin fa fortune. Son fils & fon fucceffeur *Tche-lou-hoei* fut brave & entreprenant. Il fe vit bientôt à la tête d'une horde réguliere, à laquelle il donna le nom de *Geou-gen*, demeurant cependant dans la dépendance des *Ouei* Tartares. *Tche-lou-hoei* eut pour fucceffeur *Tou-nou-ouei* fon fils. *Po-ti* fuccéda à *Tou-nou-ouei* fon pere. *Ti-fo-yuen* prit la place de *Po-ti* fon pere. Après la mort de *Ti-fo-yuen*, la nation fe partagea en orientale & en occidentale: *Pi-heou-po*, fils aîné de *Ti-fo-yuen*, fut Roi de l'Orientale, & *Yun-he-ti*, fecond fils de

Ti-fo-yuen de l'Occidentale. Au commencement du regne de *Tai-tçou*, Empereur des *Ouei* Tartares, c'eft-à-dire environ l'an 377, *Yun-he-ti* fe jetta dans un parti contraire aux *Ouei* Tartares. *Tai-tçou* l'alla chercher jufque dans le fond de la Tartarie, & l'ayant défait en bataille rangée, il lui enleva la moitié de fes fujets. *Pi-heou-po* effrayé prit la fuite pour éviter le fort de *Yun-he-ti*, fon frere ; mais il fut joint par l'ennemi, qui le défit auffi. Il fe rendit au victorieux. Deux des enfants de *Yun-hie-ti* furent pris dans cette derniere bataille, avec quantité de Princes & de Seigneurs, entr'autres *Che-loun* & *Hou-lu*. Ils furent diftribués par les vainqueurs à plufieurs hordes de Tartares. *Yun-he-ti*, qui avoit pris la fuite, alloit fe rendre à *Ouei-tchin*, ennemi des *Ouei* Tartares ; mais ayant été atteint par *Tai-tçou*, il fe remit fous fon obéiffance, & fut bien reçu.

L'an 385, *Hho-to-hhan* & *Che-loun* abandonnerent *Yun-he-ti* leur pere, & fe retirerent vers l'Occident avec les troupes qu'ils commandoient. *Tcham-fun fei*, Général d'une des armées de *Tai-tçou*, l'ayant fu, les pourfuivit fi vivement, qu'il attrapa *Hho-to-hhan*. Il lui fit trancher la tête, & extermina tous fes gens. *Che-loun* échappa avec quelques centaines de cavaliers, & vint fe refugier auprès de *Pi-heou-po*. Celui-ci le plaça fur les confins méridionaux de fon Etat, à 50 lieues de fon camp royal, envoyant en même-temps quatre de fes propres enfants pour obferver fes démarches. *Che-loun* enleva les quatre Princes, & les emmena avec leurs gens & les fiens. Il alla fe jetter dans l'horde de *Hou-lu*, qui demeuroit dans le pays des *Kao-tche* Tartares. Un peu plus d'un mois après fon arrivée, *Che-loun*, qui étoit fourbe & rufé, relâcha les quatre Princes, afin de les détruire plus facilement eux & leur famille. Il prit les armes auffi-tôt, & vint furprendre *Pi-heou-po*, qui ne s'attendant à rien moins, fut aifément mis en déroute. *Che-loun* l'ayant en fon pouvoir, le fit mourir avec fes quinze enfants.

Après une fi belle expédition, il fe foumit à l'Empereur *Tai-tçou*. Il craignit que *Tai-tçou* ne vengeât un crime fi énorme ; c'eft pourquoi, après avoir ravagé les terres de *Tai-tçou*, il repaffa le défert, & fe retira vers le Nord. Il attaqua les *Kao-tche*, & les foumit, auffi-bien que le refte de la Tartarie feptentrionale. Dès qu'il fut parvenu à ce haut point de puiffance, il commença à mettre l'ordre dans fes Etats & dans fes armées. Les *Geou-gen* ignoroient l'ufage de l'écriture ; ils fe fervoient de crottes de chevres au-lieu de jettons pour compter. Dans la fuite s'étant un peu polis, ils employerent à cela des hoches faites fur le bois. Il lui reftoit encore un puiffant Royaume des *Hioum-nou* à fubjuguer vers le Nord-Oueft. Il défit *Pa-ye-khi*, leur Roi, dans une bataille générale, & réduifit cette nation fous fon obéiffance. Cette derniere victoire l'éleva à la Monarchie univerfelle de la Tartarie, à laquelle il afpiroit. Ainfi l'an 402, il prit le titre d'Empereur ; & rejettant le titre de *Tchen-yu*, il prit celui de *Kha-khan*, & fe fit proclamer *Kieou-teou-fa-kha-hhan* ; ce qui fignifie *Empereur qui eft bon cocher & excellent archer* ; car cette nation avoit coutume d'impofer des noms à chacun, tirés de leurs bonnes ou mauvaifes qualités, foit de l'ame, foit du corps. Il introduifit en même-temps quelque chofe de la forme du Gouvernement Chinois. L'an 410, il fut battu par *Kao-tçoum*, Empereur des *Ouei* Tartares, & mourut dans la fuite.

Tou-pa, fils de *Che-loun*, étoit enfant & incapable de gouverner ; c'eft pourquoi *Hou-lu*, cadet de *Che-loun*, fut mis fur le trône. Il fut dépoffédé par fes Grands, qui l'envoyerent à fon beau-pere, & mirent en fa place, l'an 414, *Pou-lou-tchin*, fils du frere aîné de *Hou-lu*. *Ta-tan*, fils de l'oncle paternel de *Che-loun*, fit mourir *Pou-lou-tchin* avec *Che-po*, fils de *Che-loun*, & ufurpa l'Empire l'an 425. *Che-tçou*, Empereur des *Ouei* Tartares, fit marcher cinq armées

---

(*) Voyez la Table, page 24.

contre *Ta-tan*, qui prit la fuite. Il revint faire des courfes fur la Chine dans l'année 428. Il fe retira chargé de butin dans le pays des *Kao-tche*, fes fujets. L'année fuivante, *Che-tçou* alla le chercher. *Ta-tan* brûla fes équipages, & s'enfuit vers l'Occident. *Che-tçou* avoit avancé près de 400 lieues dans la Tartarie. Il partagea fes armées en pelottons, & le fit chercher avec toute la diligence poffible dans un efpace de 500 lieues de l'Orient à l'Occident, & de 300 du Midi au Septentrion, fans pouvoir en apprendre aucune nouvelle. Les *Kao-tche* Tartares, profitant de l'éloignement de *Ta-tan*, firent main-baffe fur toutes fes garnifons. Plus de 300000 hommes vinrent fe rendre à *Che-tçou*, qui avoit déja pris plus d'un million de têtes, tant de ces Barbares, que de chevaux de guerre. Il enleva encore un quartier éloigné de 100 lieues de fon camp, où il fit plufieurs centaines de milliers de captifs. Cet échec affoiblit entiérement la puiffance de *Ta-tan*, & le fit mourir de chagrin.

Ou-ti, fon fils, lui fuccéda, & prit le titre de *Solien-khan*; ce qui fignifie *l'Empereur divinement faint*. Il fe foumit aux *Ouei* Tartares, & commença à leur payer tribut, l'an 431. L'Empereur *Che-tçou*, en confidération de cela, lui donna en mariage une Princeffe de fon fang, qu'il avoit auparavant adoptée, & époufa une de fes fœurs. Cette alliance ne fut pas capable de fixer l'inconftance de cette nation, qui ne régloit fes devoirs que fur la force. *Che-tçou* fut obligé de lui déclarer la guerre l'an 443. *Ou-ti* fut vaincu & mis en fuite. Il mourut, & eut pour fucceffeur *Tou-hho-tchin*, qui porta le titre de *Tchu-khan*, c'eft-à-dire, d'*Empereur foumis*. *Che-tçou* alla, l'an 449, porter la guerre dans le pays des *Kao-tche*, appartenant à *Tou-hho-tchin*, lequel prit la fuite. *Che-tçou* lui enleva plus d'un million de têtes, tant d'hommes que de bétail; ce qui l'affoiblit étrangement. L'an 458, l'Empereur (il faut toujours fous-entendre des *Ouei* Tartares,) marcha contre lui à la tête de 100000 cavaliers & de 150000 chariots. On ne voyoit qu'étendards & que drapeaux dans l'étendue de 100 lieues. *Tou-hho-tchin* prit encore la fuite. Il mourut l'an 464. *Yu-tchin*, fon fils, lui fuccéda, & prit le titre de *Cheou-lo-pou-tchin-khan*, c'eft-à-dire *Empereur bienfaifant*. L'Empereur *Hien-tçou* marcha contre lui l'an 470 à la tête de plufieurs armées. Dans le premier combat, il périt plus de 50000 *Geou-gen*. Les dépouilles furent innombrables. L'an 475, *Yu-tchin* demanda à l'Empereur *Kao-tçou*, une Princeffe de fon fang, en mariage; ce qu'il obtint après s'être fait tributaire. *Yu-tchin* mourut l'an 485, & laiffa l'Empire à fon fils *Teou-loun*, qui prit le titre de *Foukou-chun-khan*, c'eft-à-dire *Empereur conftant*.

Celui-ci fut le premier de fa famille qui donna aux années de fon regne un titre Chinois, qui fut celui de *Tai-pim* ou de *profonde paix*. Ce fut un Prince cruel. *Kao-tçou* lui déclara la guerre l'an 494. *A-foutchi-lo*, un des Généraux de *Teou-loun*, l'abandonna, & emmenant avec lui vers l'Occident une armée de plus de 100000 combattants, fe fit proclamer *Khan* des *Geou-gen*. *Teou-loun* lui livra une bataille, qu'il perdit. Les fujets de *Teou-loun* prirent occafion de cette difgrace, de le dépouiller de l'Empire. Ils le déférerent à *No-kai*, que la victoire accompagnoit par-tout. *No-kai* le refufa en fujet fidele. Les conjurés allerent fur le champ fe faifir de *Teou-loun*, de fa mere & de fes freres. Ils les mirent tous à mort, & contraignirent par ce moyen *No-kai* d'accepter l'Empire. Il prit le titre de *Heou-khi-fou-tai-kou-tche-kan*; ce qui veut dire *Empereur doux & aimable*. Il donna à fes années le titre Chinois de *Tai-ghan*, ou de *très-grande tranquillité*. *No-kai* eut pour fucceffeur *Fou-tou*, fon fils, qui prit le titre de *Ta-hhankhan*, c'eft-à-dire *Empereur qui continue la fuite*, & donna à fes années celui de *Chi-pim*, ou de *paix commençante*. Il fut tué l'an 508 dans une bataille

qu'il livra au Roi des *Kao-tche*, qui s'étoient révoltés. *Tcheou-nou*, fon fils, lui fuccéda fous le titre de *Teou-lo-fou-po-teou-fa-khan*, c'eft-à-dire *Empereur commandant fagement*, & fous celui de *Kien-tcham* pour les années de fon regne. Il continua à payer tribut aux Empereurs des *Ouei* Tartares. Comme il étoit grand Capitaine, il défit entiérement les *Kaotche*, rebelles, l'an 516, & fit mourir leur Roi. Il réduifit fous fa puiffance tous les autres Rois Tartares qui avoient fecoué le joug. Enfin, il rétablit la puiffance de l'Empire des *Geou-gen*. Voici une intrigue qui fera connoître le génie groffier de cette nation.

Incontinent après la mort de *No-kai*, (Empereur des *Geou-gen*,) fon fils époufa la femme de *Teouloun*, Empereur, nommée *Heou-lu-lim*. Il en eut fix enfants. Les deux premiers furent *Tcheou-nou* & *Onokouei*. A peine *Tcheou-nou* fut-il monté fur le trône, qu'un des quatre autres freres difparut tout-à-coup. Il avoit nom *Tçou-hoei*. Il le fit chercher avec tout le foin poffible, & il propofa de grandes récompenfes à quiconque le découvriroit. On ne le trouva point. Il avoit dans fa Cour une jeune Prêtreffe de 20 ans, qui paffoit pour une grande prophéteffe. *Tcheou-nou* ajoutoit foi à tout ce qu'elle difoit. Elle l'affura que fon frere avoit été enlevé au ciel, & qu'elle l'en feroit defcendre, s'il le jugeoit à propos, par la force de fes enchantements. L'Empereur & l'Impératrice accepterent avec joie la propofition. L'année fuivante, vers le temps de l'équinoxe d'automne, la prétendue magicienne fit dreffer une tente fur le bord d'un grand lac, où elle fe prépara par un jeûne de fept jours, dont elle fit vœu au Dieu du Ciel. Dès la premiere nuit de ce jeûne, le Prince fe trouva dans la tente. L'Impératrice fa mere courut l'embraffer avec toute la tendreffe d'une mere empreffée. Le Prince la confola, en lui difant, qu'il avoit paffé dans le ciel tout le temps de fon abfence. L'Empereur, auffi crédule que fa femme, fit une affemblée générale de la nation, durant laquelle il conféra à la Prêtreffe le titre de *femme divine*, auffi-bien que celui de *Kha-toun*, ou d'*Impératrice*, en l'époufant; car elle avoit d'autres charmes que ceux de la magie. Comme elle joignoit tout l'artifice de l'impofture à la beauté du corps, il en devint paffionné, & fuivoit en tout fes confeils; ce qui mit le défordre dans le gouvernement de l'Etat. Pour dédommager le mari auquel il la raviffoit, il le combla de préfents, & l'accabla d'honneurs.

Quand le Prince fut plus avancé en âge, l'Impératrice fa mere voulut favoir de lui l'hiftoire de fon raviffement au ciel. ,, Moi, *dit-il*, je ne fais de quoi ,, vous me parlez. J'ai toujours demeuré caché durant ce temps-là dans la maifon de *Ti-yan*, (c'eft ,, le nom de la Prêtreffe,) je n'ai dit ce menfonge ,, qu'à fon inftigation ". La mere fit à l'Empereur le rapport de ce qu'elle venoit d'apprendre de la bouche de *Tçou-hoei*. L'Empereur infatué prit cela pour une fauffe délation, & n'en voulut rien croire. *Tivan* ne laiffa pas de prendre l'allarme; & pour fermer la bouche à *Tçou-hoei*, elle le noircit fi bien dans l'efprit de l'Empereur, qu'elle lui perfuada de le faire mourir fecretement. *Heou-lu-lim*, mere du Prince, envoya un de fes Officiers venger la mort de *Tçouhoei*, & fit étrangler *Ti-van* l'an 520. Peu s'en fallut que l'Empereur ne fît mourir l'Officier. Le feul refpect qu'il devoit à fa mere, dont il avoit exécuté les ordres, l'en empêcha.

Cependant *A-tchi-lo* marchoit contre *Tcheou-nou*, qui lui livra un fanglant combat où il fut vaincu. A fon retour, fa mere, par le confeil des grands de l'Empire, le fit mourir, & mit en fa place fon frere cadet *O-no-ouei*. Peu de jours après fon avénement à la couronne, *Chi-fa*, Prince du même fang, vint lui difputer l'Empire. *Chi-fa* fut vainqueur. Il prit *Heo-lu-lim*, mere d'*O-no-ouei*, avec deux autres de fes enfants, & les fit mourir. *O-no-ouei* vint à la Cour de *Sou-*

tçoum, Empereur des *Ouei* Tartares, se faire son sujet, & implorer son secours. Il fut reçu avec honneur l'an 520. L'année suivante, il fut reconduit chez lui par une armée. Un de ses cousins germains nommé *Po-lo-men*, avoit pris les armes contre *Chi-fa*, & l'avoit obligé de prendre la fuite, & de se retirer vers l'Orient chez les *Ti-teou-yu* Tartares, qui le firent mourir. Alors les *Geou-gen* proclamerent Empereur *Po-lo-men*, sous le titre de *Mi-gheou-che-kiu-khan*, c'est-à-dire, *paisible & tranquille Empereur*. Il ne le voulut pas céder à *O-no-ouei*; mais ayant été chassé à son tour par les *Kao-tche* Tartares qui se révolterent, il vint à la tête de dix hordes de ses Tartares, chercher un asyle en Chine auprès des *Ouei* Tartares. Par-là les *Geou-gen* furent obligés de rappeller *O-no-ouei*, qui pourtant partagea l'Empire avec *Po-lo-men*. Celui-ci étant mort en Chine, l'an 584, laissa *O-no-ouei* possesseur en entier de l'Empire des *Geou-gen*; c'est pourquoi *O-no-ouei* prit, l'année suivante, le titre de *So-lien-téou-pim-teou-fa-khan*, c'est-à-dire, *Empereur qui saisit & retient fortement*. A peine sa puissance fut-elle rétablie, qu'il refusa l'hommage aux *Ouei* Tartares. Il régnoit glorieusement lorsque *Tou-men*, Roi des *Tou-kiue* Tartares, se révolta contre lui. Il en reçut un si terrible échec l'an 546, que le désespoir l'ayant saisi, il se tua lui-même.

L'Empereur des *Pe-tçi*, qui venoit d'usurper l'Empire des *Ouei* Orientaux, alla porter la guerre chez les *Tou-kiue*, & fit déclarer Empereur des *Geou-gen*, le fils héritier d'*O-no-ouei*, qui étoit en Chine à la Cour. Il se nommoit *Gan-lo-tchin*. Celui-ci commença par se révolter contre son bienfaicteur qui le défit. Les *Geou-gen* mirent en sa place *Lo-houan*, lequel, après avoir perdu plusieurs batailles contre les *Tou-kiue*, & ne pouvant plus tenir, vint se réfugier en Chine auprès de l'Empereur des *Ouei* Tartares Occidentaux, alliés des *Tou-kiue* & ennemis des *Ouei* Orientaux, & plus encore des *Pe-tçi* Tartares. Cette fuite arriva l'an 555. Là même année, les *Tou-kiue* envoyerent une célebre ambassade le redemander. L'Empereur des *Ouei* Tartares Occidentaux fit lier l'Empereur des *Geou-gen* avec plus de 3000 de ses principaux Officiers, & les remit entre les mains de *Tou-kiue*, qui les ayant fait conduire hors des portes de la ville de *Si-ghan-fou*, leur firent trancher la tête à tous. Le reste des *Geou-gen* fut réduit en servitude. Ainsi l'Empire de la Tartarie passa des *Geou-gen* aux *Tou-kiue*, qui le posséderent avec une puissance sans bornes. Ce que je viens de dire des *Geou-gen* est tiré de leur Histoire particuliere, qui se trouve à la fin de celle des *Ouei* Tartares.

DE L'EMPIRE DES TOU-KIUE TARTARÉS.

Ce que je vais rapporter sera tiré des Histoires particulieres de cette nation, qui sont à la fin de celles des *Soui* & des *Tham*, Dynasties Chinoises qui ont eu de grands démêlés avec les *Tou-kiue*: je commence par celle des *Soui*, qui a été écrite par *Ouei-tchim*, le plus grand homme du commencement du septieme siecle; je le traduirai mot à mot.

Les ancêtres des *Tou-kiue* étoient un ramas confus de barbares, qui s'étoient établis dans le territoire de *Pim-leam*, (ville de la Chine dans la partie occidentale de la Province de *Chensi*.) Leurs Chefs avoient pris pour nom de famille *A-ssé-nàa*, sur la fin du regne de *Che-tçou*, (Empereur des *Ouei* Tartares,) qui avoit éteint la famille de *Tçu-kiu* (l'an 439.) Cette famille possédoit le Royaume de *Pe-leam*, des dépendances duquel étoit *Pim-leam*. (Voyez ci-dessus la Table des Royaumes tumultueux & celle des Empereurs des *Ouei* Tartares, pag. 21 & 24.) *A-ssé-naa*, chef de ce ramas de barbares, prit la fuite avec

500 familles de ses sujets. Il alla se soumettre avec les siens aux *Geou-gen* Tartares, qui les placerent au pied des monts d'Or Occidentaux; (car les Chinois donnent le même nom à des monts qui sont à l'Orient de la Chine.) La montagne, au pied de laquelle étoit leur camp, & qui avoit la figure d'un casque, leur donna son nom; & comme ces peuples appelloient dans leur langue un casque, *Tou-kiue*, ils prirent le nom de *Tou-kiue*. Ils excelloient dans l'art de forger des armes.

Quelques-uns rapportent la chose autrement. Les ancêtres des *Tou-kiue*, *disent-ils*, habitoient les bords occidentaux de la mer Occidentale, (ou mer Caspienne.) Ils furent détruits par une nation voisine, qui extermina tout sans distinction d'âge, ni de sexe. Il restoit encore un enfant de dix ans. L'ennemi eut quelque compassion de lui, & se contenta de lui couper les pieds & les mains. La frayeur lui fournit assez de force pour se traîner jusqu'à un grand maréca- ge, où il se tint caché. Une louve eut le soin de le nourrir, en partageant sa proie avec lui; ce qui lui sauva la vie. Dans la suite, la louve conçut de lui. Lorsque l'ennemi se ravisant envoya du monde tuer ce jeune homme, la louve se tenoit à ses côtés; & comme il alloit être massacré, la louve, enlevée elle-même par un génie, transporta tout-à-coup le jeune homme à l'Orient de la mer Occidentale. Elle s'arrêta avec lui sur une montagne qui étoit située au Nord-Ouest du Royaume d'*Eyghour*. Ils découvrirent une caverne, ils y entrerent; & après l'avoir traversée, ils trouverent une issue, qui donnoit entrée dans une plaine délicieuse, qui avoit plus de 20 lieues de tour. Ce fut-là que la louve fit pere de dix enfans mâles le jeune homme qu'elle y avoit conduit. Ces dix garçons étant devenus grands enleverent des femmes. Chacun d'eux prit un nom de famille différent, dont un fut *A-ssé-naa*. *A-ssé-naa* ayant plus de mérite que ses freres, devint pour lors leur Roi. Il ordonna que les bâtons de ses étendards se terminassent en tête de loup, pour montrer qu'il n'oublioit pas son origine. *A-hien-che* lui succéda après plusieurs générations. Celui-ci sortit de la plaine, & se soumit aux *Geou-gen*. Voilà ce que rapporte *Ouei-tchim*; voici une autre version.

Les *Tou-kiue* sont sortis d'un Royaume nommé *So*, qui est situé au Nord du pays propre des *Hioum-nou*, & de la même nation qu'eux, dit l'Histoire des *Tham*. Le chef de leur horde, nommé *Kha-pam-pou*, eut seize freres, dont un se nommoit *Y-tche-nii-chouai-tou*. Celui-ci avoit eu pour mere une louve. *Kha-pam-pou* & ses quinze autres freres étoient hébétés & sans esprit. Ils furent bientôt détruits par leurs ennemis. Au contraire, *Y-tche-nii-chouai-tou*, comme étant né d'une maniere prodigieuse, avoit le pouvoir de commander aux vents & aux pluies. Il épousa deux femmes, dont l'une étoit, *dit-on*, fille du Dieu de l'Eté, & l'autre du Dieu de l'Hyver. Elles conçurent & accoucherent chacune de deux fils. L'aîné des quatre fut nommé *No-tou-lou-che*. La nation le fit son Roi, & prit en même-temps le nom de *Tou-kiue*. *No-tou-lou-che* épousa dix femmes. Les enfans qu'il eut prirent pour nom de famille celui de leurs meres. *A-ssé-naa* étoit un de ces noms. Celui qui le porta le premier eut pour nom propre *A-hien-che*. Quoique ces narrations soient différentes entr'elles, dit *Ma-touan-lim*, Auteur très-grave parmi les Chinois, elles conviennent toutes en ce point, que cette nation Tartare tire son origine d'une louve. Revenons présentement à l'Histoire écrite par *Ouei-tchim*.

La nation des *Tou-kiue* s'augmenta peu-à-peu en nombre & en puissance. Sur la fin de la Dynastie des *Ouei* Tartares, leur chef, nommé *Tou-men*, fit la guerre aux *Kao-tche* Tartares. Il les défit entiérement, & leur enleva 500000 familles. Enflé de ce succès, il envoya une ambassade l'an 532 en Chine. L'an 546, il eut la hardiesse de demander à *O-no-ouei*, ou peut-être *A-na-ouei*, Empereur des *Geou-gen*, dont il étoit sujet, une de ses filles en mariage. *A-na-ouei*, outré de cette audace, envoya de ses gens à *Tou-men*, qui le chargerent d'injures, le traitant d'esclâve & de forgeron; (en effet, les *Tou-kiue* ne servoient aux *Geougen* qu'à forger des armes.) *Tou-men* fit mettre en pieces les Députés, & marcha à l'instant contre les *Geou-gen*. Il les poussa si vivement, & remporta sur eux tant de victoires, qu'il obligea *A-na-ouei* à se défaire lui-même par désespoir. L'an 552, *Tou-men* mourut, après avoir porté le titre d'*Ili-khan*. Il laissa *Kolo*, son frere, cadet héritier de ses Etats. Celui-ci prit le titre d'*Ys-khi-khan*. Il envoya 50000 chevaux en présent à l'Empereur des *Ouei* Tartares Occidentaux, l'année suivante qui fut 553. Il acheva par ses victoires d'atterrer les *Geou-gen*. Il nomma son frere cadet, appellé *Se-teou*, (d'autres le nomment *Se-kiu*,) Empereur, au préjudice de *Che-thou*, son propre fils.

Se-teou prit le titre de *Mou-khan-khan*. Il fut le héros des *Tou-kiue*. Il avoit le visage large de plus d'un pied, d'un rouge éclatant, & des yeux vifs & brillans à éblouir. Il étoit brave, cruel, & aimoit la guerre. Ainsi il n'eut pas de peine à achever d'éteindre les restes des *Geou-gen*. Il soumit la Tartarie entiere depuis la mer Orientale jusqu'à la mer Caspienne, & depuis la Chine & les Indes jusqu'à la mer Glaciale. Il distribua les dignités de son Empire en 28 ordres. Le premier & le plus noble titre après celui de *Khan*, étoit *Che-hou*; le second *The-le*; le troisieme *Se-ki-fa*; le quatrieme *Tou-tun*: & ainsi du reste. Ces dignités étoient héréditaires. *Mou-hhan-khan* mourut, après avoir regné 20 ans. Il mit son cadet en sa place sous le titre de *To-po-khan*, le préférant à son propre fils, nommé *Ta-lo-pien*.

To-po-khan commença son regne par créer Empereur *Che-thou*, fils d'*Ys-khi-khan*, & lui donna le titre d'*Eul-fou-khan*, avec le commandement de la partie orientale. Il donna pareillement au fils de *No-tan-khan* son cadet, le titre de *Pou-li-khan*, & lui donna le commandement de la partie occidentale. *To-po-khan* avoit plusieurs centaines de milliers de cavaliers sous ses étendards; ce qui faisoit trembler la Chine. Les Dynasties Tartares des *Pe-tcheou*, & des *Pe-tçi*, qui partageoient entr'elles la Chine septentrionale, épuisoient leurs trésors à lui faire des présents, ce qui l'enorgueillit à un point qui ne se peut dire. On lui mit en tête que la source du bonheur de ces deux Dynasties étoit la Religion, venue des Indes en Chine, qu'ils professoient. Il demanda des Bonzes, & des livres de cette secte; ce qui lui fut accordé. Il l'embrassa, & lui bâtit des temples. Il mourut après avoir régné dix ans. Il conseilla en mourant à son fils *Gkan-lo* de céder l'Empire à *Ta-lo-pien*. La mere de *Ghan-lo* étoit d'une famille illustre, & celle de *Ta-lo-pien* d'une condition basse. Tous cependant concluoient à déférer l'Empire à *Ta-lo-pien*. Mais l'opposition que fit *Che-thou*, obligea les Etats à proclamer *Ghan-lo*. Celui-ci ne pouvant plus souffrir les reproches de *Ta-lo-pien*, céda l'Empire à *Che-thou*, qui prit le titre d'*Y-li-kiu-lou-che-mo-hho-chi-po-lo-khan*, autrement *Cha-po-lio*; & laissant à *Ghan-lo* le titre de second *Khan*, il donna à *Ta-lo-pien* celui d'*A-po-khan*.

Cha-po-lio fut brave & sage. Tous les barbares se soumettoient volontairement à lui. Il avoit épousé une fille de l'Empereur des *Pe-tcheou*. L'Empire leur ayant été enlevé par la Dynastie Chinoise des *Soui*, *Cha-po-lio*, qui d'ailleurs étoit sollicité continuellement par sa femme, vint à la tête de 400000 chevaux attaquer l'Empire de Chine, où il fit d'étranges ravages. Ensuite s'étant joint avec *Apo-khan*, il livra bataille aux Chinois; il fut mis en déroute. La famine & la peste suivirent aussi-tôt. *Cha-po-lio*, qui redoutoit la bravoure d'*Apo-khan*, lui déclara la guerre. Il le défit entiérement; ce qui obligea *Apo-khan* d'aller se jetter entre les bras d'un autre *Khan* des *Tou-kiue*, nommé *Ta-theou*, & dont le titre étoit *Pou-khia-khan* (ou *Bou-kha-khan*). Celui-ci étoit oncle de *Cha-po-lio*. Il commandoit depuis long-temps dans l'Occident. Il déclara la guerre à *Cha-po-lio*, & depuis ce temps-là, l'Empire des *Tou-kiue* fut divisé en oriental & en occidental, ennemis perpétuels. *Cha-po-lio* avoit dépouillé de ses Etats *Tan-han-khan*, qui se refugia aussi auprès de *Ta-theou-khan*. Un des neveux de *Cha-po-lio* se révolta encore contre lui, & se donna à *Apo-khan*. Les deux partis envoyerent des Ambassadeurs à l'Empereur de Chine, pour demander la paix & du secours; ils n'obtinrent ni l'un ni l'autre. *Cha-po-lio* vint pourtant à bout d'*Apo-khan*, qu'il défit avec l'aide des Chinois.

Après cela, *Cha-po-lio* se soumit à prendre le titre de sujet dans les lettres qu'il écrivoit à l'Empereur de Chine, & il lui paya tribut. Il est à propos de mettre ici la lettre qu'il écrivit à *Soui-ven-ti*, Empereur de toute la Chine; la voici. ,, L'an (584) nommé *Tchin*, le dixie- ,, me jour de la neuvieme lune, *Y-li-kiu-lou-che-* ,, *mo-hho chi-po-lo-khan*, Empereur des grands *Tou-* ,, *kiue*, votre sujet, nommé *Che-tou*, dit : Il y a plus ,, de cinquante ans que le Ciel a établi mon Empi- ,, re; son étendue est de plus de mille lieues. Mes ,, cavaliers & mes chevaux se comptent par millions. ,, La force de nos bras a soumis tous les barbares de ,, l'Orient & de l'Occident. Mon Empire le dispute ,, à celui de la Chine, & parmi les nations septen- ,, trionales, aucune ne peut s'égaler à la mienne. Pré- ,, sentement que j'ai ressenti les effets immenses de vo- ,, tre vertu & de votre équité, & que la conversion ,, opérée par votre charité est parvenue jusqu'à moi, ,, l'amour du devoir & de la soumission s'est répandu ,, dans tous les cœurs de mes sujets; joint à cela que ,, le ciel ne peut pas souffrir deux soleils, ni la terre ,, deux maîtres. Comment donc oserois-je opposer la ,, force à Votre Majesté, & usurper des titres qui ,, ne me sont pas dus? Ainsi je me rends volontaire- ,, ment à votre sagesse, & veux être à jamais votre ,, tributaire. C'est pourquoi j'envoye avec respect mon ,, fils *Kou-che-tchim*, votre sujet, présenter ce placet ,, à Votre Majesté ''.

Cha-po-lio continua à payer tribut jusqu'à sa mort, qui arriva l'an 587. Comme son fils *Youm-yu-lu* étoit d'un naturel mou, il déclara héritier *Tchu-lo-heou* son cadet qui avoit la dignité de *Che-hou*. *Tchu-lo-heou* voulut céder l'Empire à *Youm-yu-lu*; mais celui-ci l'obligea de l'accepter. *Tchu-lo-heou* prit le titre de *Che-hou-khan*, & donna sa dignité de *Che-hou* à *Youm-yu-lu*. Son premier soin fut de faire la guerre à *Apo-khan*, qui tomba entre ses mains. Il écrivit à l'Empereur de Chine pour lui demander ses ordres touchant la personne de son captif. Il poursuivit sa pointe vers l'Occident, où il fut tué d'un coup de fleche. Après sa mort, *Youm-yu-lu* fut mis sur le trône, & prit le titre de *Kie-kia-chi-to-tcheou-tou-lan-khan*. Celui-ci fit la guerre à *Kin-yu-che* son cadet; & l'ayant pris, il le fit mourir. Il envoya son propre frere payer tribut, & tous les Grands de son Empire envoyerent rendre hommage; de sorte que le tout monta à dix mille chevaux, vingt mille moutons, cinq cents chameaux, & autant de bœufs. *Gen-kan*, fils de *Cha-po-lio* & Empereur des *Tou-kiue* septentrionaux, sous le titre de *Thou-li-khan*, envoya demander en mariage une Infante de la Chine. *Ta-theou-khan*, & *Tou-lan-khan* étoient ennemis jurés. L'Empereur de Chine les réconcilia, & leur fit mettre bas les armes. L'an 597, l'Empereur de Chine envoya une Princesse de son sang, après l'avoir adoptée sous le titre de *Ghan-y-koum-tchu*, à *Thou-li-khan* qui l'épousa. *Tou-lan-khan* en fut jaloux. ,, A moi, qui suis le Grand *Khan*,

,, *dit-il*, on préférera *Thou-li-khan* ” ! Depuis environ 25 ans, les *Tou-kiue* avoient envoyé à l'Empereur *Soui-ven-ti* 370 ambaſſades, pour lui payer tribut. *Tou-lan-khan* refuſa de le payer, & vint ravager la Chine. Deux ans après, il attaqua *Tou-li-khan*, le mit en fuite, & fit mourir tous ſes freres, ſes enfants & ſes neveux. *Gen-khan* (ou *Tou-li-khan*) fut heureux de pouvoir échapper avec cinq cavaliers. Il ſe refugia en Chine.

L'an 599, les Chinois battirent] *Tien-kiue*, (confédéré de *Tou-lan-khan*,) après quoi l'Empereur de Chine donna à *Gen-kan* le titre de *Y-li-tchin-teou-khi-min-khan*, qui ſignifie *Empereur dont les deſſeins ſont ſages & conſtants*, (au-lieu du titre de *Thou-li-khan* qu'il portoit auparavant.) Il lui donna [auſſi] en mariage une [autre] *Koum-tchu*, c'eſt à-dire, une Infante du ſang Impérial, qui portoit le titre d'*Y-tchim*, la premiere étant morte. *Tou-lan-khan* lui fit une cruelle guerre, auſſi-bien qu'aux Chinois. La mort arrêta ſes progrès ; il fut tué par les ſiens. *Ta-theou* ſe fit proclamer Grand *Khan*, ſous le titre de *Kie-kia-khan* ; ce qui augmenta la guerre civile qui étoit parmi les *Tou-kiue*. L'an 601, les Chinois allerent chercher *Ta-theou* dans ſon fort. Cette même année, lui & l'Empereur *Ni-li-khan* avoient été entiérement défaits par les *Kao-tche*, ou *Thie-le*. *Ta-theou* abandonna ſes Etats, & vint chercher un aſyle près de la Chine, parmi les *Tou-kou-hoen*. Toute ſa nation ſe ſoumit à *Khi-min-khan*, qui payoit réguliérement ſon tribut.

L'an 607, *Soui-yam-ti*, Empereur Chinois, s'approcha des confins de la Chine. Il reçut là les hommages de *Khi-min-khan*, & de la *Koum-tchu* ſa femme. L'Empereur fut ſi content, qu'il leur fit donner treize mille pieces de ſoie. *Khi-min-khan* préſenta un placet à l'Empereur en remerciment. L'Empereur fit dreſſer des tentes, ſous leſquelles il le traita avec trois mille cinq cents de ſes principaux Officiers. Il leur fit diſtribuer deux cents mille pieces de ſoie. L'an 609, *Khi-min-khan* mourut. L'Empereur de Chine créa *Tou-kii-chi*, fils de *Khi-min-khan*, Empereur, à la place de ſon pere. *Tou-kii-chi* prit le titre de *Che-pi-khan*. L'an 615, il vint en perſonne rendre hommage. Auſſi-tôt après, il entra dans la Chine à main armée, & ſurprit l'Empereur qu'il aſſiégea vers les confins de la Chine. On délivra l'Empereur ; mais depuis ce temps-là, *Che-pi-khan* refuſa le tribut. L'année ſuivante, il fit une nouvelle irruption. Cependant l'Empire des *Soui* commença à s'ébranler. Bientôt tout fut en armes dans la Chine ; ce qui obligea une infinité de Chinois à ſe donner à lui.

Venons préſentement à ce qu'en rapporte l'Hiſtoire des *Tham* qui les connoiſſoient parfaitement par une funeſte expérience. Leur pays étoit terminé par trois mers, ſavoir l'Orientale, l'Occidentale, (ou Caſpienne,) & la Glaciale. Du côté du midi, il ne paſſoit pas le vaſte déſert de *Chamo*, ou Mer de ſable, c'eſt-à-dire, qu'ils occupoient l'ancien domaine des *Hioum-nou*, de la nation deſquels ils ne faiſoient anciennement qu'un peuple. Ils donnoient le nom de *Che*, (c'eſt peut-être le *Dgi* des Turcs,) à leurs Officiers ; aux Princes du ſang celui de *The-le*, & aux Grands du premier ordre celui de *Che-hou*. Ils donnoient le titre de *Kiu-lu-tchue* à ceux du ſecond ordre ; celui d'*Opo*, ou bien d'*Apo*, à ceux du troiſieme ordre ; celui de *Ki-li-fa* à ceux du quatrieme ; celui de *Tou-tun* à ceux du cinquieme ; celui de *Kikin* à ceux du ſixieme ; celui de *Yen-houm-ta* à ceux du ſeptieme ; celui de *Kie-li-fa* à ceux du huitieme ; celui de *Ta-kan* à ceux du neuvieme. Ils continuoient ainſi en deſcendant juſqu'au vingt-huitieme ordre qui étoit le plus bas de tous. Ces dignités étoient héréditaires, & le nombre de ceux à qui on les conféroit, n'étoit pas réglé. Les gardes des Empereurs portoient le nom d'*Ali-khan-tha*. Le camp Impérial étoit ſitué au pied des monts *Tou-kin*. Devant la tente Impériale, on dreſſoit un pavillon quarré, dont le bâton portoit ſur ſa pointe une tête de loup, faite d'or.

Revenons à *Che-pi-khan*. Il avoit conquis la Tartarie méridionale ; de ſorte que ſur la fin de la Dynaſtie des *Soui*, il ſe trouva à la tête d'une armée d'un million de cavaliers. Pour ſurcroît de puiſſance, il arriva que *Li-yuen*, Vice-Roi de la Province de *Chanſi*, prit les armes pour diſputer l'Empire de Chine à pluſieurs prétendants qui avoient priſ le titre d'Empereur avant la mort de *Soui-yam-ti* ; & comme il ſe ſentoit trop foible, il ſe rendit tributaire de *Che-pi-khan*, pour en obtenir du ſecours ; ce qu'il obtint. A peine *Li-yuen* eut-il conquis l'Empire, que *Che-pi-khan* ſe ligua avec les ennemis de *Li-yuen* ; mais la mort qui l'enleva l'an 619, borna ſon ambition. Son fils, nommé *Che-po-pii*, étoit trop jeune pour régner. *Ki-li-fou-che*, frere cadet de *Che-pi-khan*, monta ſur le trône ; il prit le titre de *Tchu-lo-khan*, & donna à *Che-po-pii* celui de *Ni-pou-che*.

Tchu-lo-khan prit auſſi-tôt pour femme la Princeſſe du ſang des *Soui*, qui portoit le titre de *Y-tchim-koum-tchu*. Il reçut dans ſa Cour l'Impératrice *Siao*, femme de *Soui-yam-ti* qui avoit été aſſaſſiné, & le fils du Roi de *Tçi*, Prince du ſang des *Soui*, nommé *Tchim-tao*. *Tchu-lo-khan* le créa Roi des *Soui*, & le plaça dans la ville de *Tim-ſiam*, où il ſe forma une Cour d'Empereur complete. *Tchu-lo-khan*, ſous prétexte de venger la Dynaſtie des *Soui*, déclara la guerre à *Li-yuen*, qui venoit de fonder la Dynaſtie des *Tham*, & cela contre l'indication des ſorts, & le conſeil des ſiens. Il mourut auſſi-tôt, c'eſt-à-dire, l'an 620, empoiſonné par la *Koum-tchu* qui mit *Tou-piiſſe*, cadet de *Tchu-lo-khan*, en ſa place, ſous le titre de *Kie-li-khan*.

Kie-li-khan, avant d'être Empereur, poſſédoit la dignité de *Mo-hho-tou-che*. Sa Province touchoit à celle que *Sie-kiu*, gouvernoit en Chine. *Sie-kiu*, qui ne vouloit pas ſe ſoumettre aux *Tham*, s'unit à lui pour leur faire la guerre. On gagna *Kie-li-khan*, & on l'obligea d'abandonner ſes alliés. Il épouſa l'Infante *Y-tchim-koum-tchu* qui avoit déja été femme de ſon pere & de ſon frere, tous deux Empereurs. Il créa *Fou-po-pii*, fils de *Che-pi-khan*, Empereur ſous le titre de *Tou-li-khan*, & lui donna le commandement de l'Orient. L'*Y-tchim-koum-tchu* étoit fille de *Yam-kiai*. Elle avoit avec elle ſon frere cadet *Yam-chen-kim*. Ils ſe joignirent avec l'Ambaſſadeur de *Vam-chi-toum* qui tenoit encore tête aux *Tham*, & remontrerent ce qui ſuit à *Kie-li-khan* : ,, L'Empereur de ,, Chine n'eſt pas du ſang des *Soui*. Il eſt à propos de ,, proclamer *Tchim-tao*, Empereur de Chine ”. *Kie-li-khan* approuva ce conſeil. Il commença auſſi-tôt ſes irruptions ſur la Chine, & les continuoit tous les ans. La grandeur de ſa puiſſance l'avoit ſi fort ébloui, qu'il ne tenoit aucun compte de la Chine. Son orgueil paroiſſoit dans ſes diſcours qui étoient pleins d'inſolence. L'Empereur des *Tham* étoit forcé par la néceſſité de ſes affaires, de diſſimuler tout, & de remplir à force de préſents l'avarice inſatiable de *Kie-li-khan*.

L'an 621, celui-ci empriſonna les Ambaſſadeurs de Chine. L'Empereur de Chine, par droit de repréſailles, fit empriſonner les ſiens. L'année ſuivante, le *Kham* relâcha les Ambaſſadeurs Chinois, & demanda la paix, en envoyant par ſes Ambaſſadeurs quantité de colle de poiſſon, pour unir, diſoit-il, les cœurs des deux Etats. L'Empereur de Chine relâcha pareillement les Ambaſſadeurs de *Kie-li-khan*. Un des Ambaſſadeurs Chinois, ayant aſſuré l'Empereur que les *Tou-kiue* étoient affligés par la famine, l'Empereur lui donna une armée pour les aller attaquer ; mais s'étant laiſſé inveſtir, il périt avec un grand nombre des ſiens. *Kie-li-khan* entra dans la Chine à la tête de cent cinquante mille hommes de cavalerie. Il ravagea la partie feptentrionale des Provinces de *Chanfi* & de *Chenfi*. On fit marcher plufieurs armées contre lui, dont les deux principales étoient commandées par deux des fils de l'Empereur de Chine, le premier déclaré héritier de l'Empire, & le fecond qui étoit Roi de *Tçin*. (C'étoit le fameux *Tham-thai-tçoum*, le plus grand Capitaine & le plus fage Empereur de fon temps.) Auffi-tôt que *Kie-li-khan* eût appris que le Roi de *Tçin* marchoit contre lui, il fortit de la Chine.

L'an 623, *Kie-li-khan* demanda la paix une feconde fois, & rendit aux Chinois la ville de *Ma-yi*. L'année fuivante, il recommença fes irruptions ordinaires, & joignit les troupes de *Tou-li-khan* aux fiennes; ce qui fit trembler tout le monde. Le Roi de *Tçin* leur fut oppofé. Les pluies avoient gâté les chemins, & les vivres ne pouvoient fuivre, lorfque tout-à-coup *Kie-li-khan* parut avec dix mille cavaliers, & fe campa fur une colline. A l'inftant il fe détacha avec quatre à cinq cents cavaliers, & vint défier les Chinois au combat. L'armée Chinoife pâlit à ce fpectacle. Le Roi de *Tçin*, fans prendre avec lui que cent cavaliers, pouffa à toutes brides, & vint fe ranger en bataille devant lui. En même-temps il cria à haute voix : ,, Mon Empire n'a manqué en rien à l'égard du vô-,, tre; d'où vient que vous entrez fi avant dans mes ,, Etats? Je fuis le Roi de *Tçin*; je fuis ici prêt à me ,, battre corps à corps avec *Kie-li-khan*; je n'ay ,, amené que cent cavaliers; car à quoi bon verfer ,, tant de fang humain "? *Kie-li-khan* fourit, & ne répondit rien. Le Roi de *Tçin* alla trouver incontinent après *Thou-li-khan*, & lui fit la même propo-fition, ajoutant : ,, Nous nous fommes jurés une al-,, liance mutuelle, avez-vous fi-tôt oublié votre fer-,, ment? Etes-vous homme à vuider la querelle par ,, un combat particulier "? *Thou-li-khan* ne répondit rien non plus. Le Roi de *Tçin* étoit prêt de traverfer l'eau, & d'avancer, lorfque *Kie-li-khan*, qui avoit peu de troupes, & qui apprit qu'il venoit d'avoir un pour-parler avec *Thou-li-khan*, entra en jaloufie, & foupçonna quelque complot. Il envoya un Député au Roi de *Tçin*, pour lui dire qu'il ne vouloit pas combattre, mais qu'il l'invitoit à une entrevue. Il fit en même-temps retirer fes troupes, & ils s'aboucherent enfemble.

Durant ce temps, le Roi de *Tçin* trouva le moyen de femer la difcorde entre les deux *Khan*. Il gagna le cœur de *Thou-li-khan* qui refufa de combattre, à quoi *Kie-li-khan* ne pouvoit pas le contraindre. *Kie-li-khan* prit le parti de députer *Thou-li-khan*, & *Kia-pi-the-le-ffe-mo*, vers l'Empereur de Chine, pour lui demander la paix. On la fit, après quoi *Thou-li-khan* fit alliance de fraternité avec le Roi de *Tçin*. La foi des traités eft une foible barriere contre les Barbares. L'année fuivante, qui fut la 625ᵉ. de l'Ere Chrétienne, *Kie-li-khan* recommença la guerre, & remporta de grands avantages. L'an 626, *Kie-li-khan* envoya un de fes Confeillers en ambaffade vers l'Empereur (*Tham-thai-tçoum*, qui étoit auparavant Roi de *Tçin*,) pour découvrir l'état de la Cour. L'Ambaffadeur dit avec une arrogance barbare, que les deux *Khan* étoient en marche à la tête d'un million de chevaux, pour venir à la Cour. L'Empereur répondit : ,, J'ai fait & juré la paix avec vos *Khan*. Vous la ,, violez, & vous mettez par-là la juftice de mon cô-,, té. Eux & leur pere ont été comblés par la Chine ,, de dons ineftimables. Quelle raifon peuvent-ils donc ,, avoir pour s'avancer dans mon pays jufqu'à ma ,, Cour? Et quelle eft ton audace de me venir van-,, ter infolemment la puiffance de tes maîtres? Il faut ,, que je commence par toi à me venger d'eux ". Il le fit charger de chaînes, malgré les remontrances de fon Confeil.

Cependant les deux *Khan* étoient aux portes de *Si-ghan-fou*, alors capitale de l'Empire de Chine. *Tham-thai-tçoum* fortit auffi-tôt après l'emprifonne-

ment de l'Ambaffadeur *Tou-kiue*, accompagné feulement de fix de fes Officiers, & vint fur les bords du *Ouei-ho* qui arrofe la ville, laiffant cette riviere entre lui & *Kie-li-khan*. Il lui reprocha fon manquement de foi. Tous les Officiers *Tou-kiue* ayant apperçu *Tham-thai-tçoum* furent épouvantés. Ils defcendirent de cheval, & le faluerent en fe proflernant à terre. L'armée Chinoife étoit rangée en bon ordre fous les murailles de la ville. Les armes brilloient de toutes parts, & le filence y étoit étroitement gardé; ce qui épouvanta les Barbares. L'Empereur & *Kie-li-khan* faifant alte, firent fignal chacun à fon armée de reculer. *Siao-yu* voyant le péril où l'Empereur s'expofoit, arrêta fon cheval, & le pria de tourner bride. ,, J'ai pefé mûrement ce ,, que je vais faire, répondit l'Empereur. Vous ne ,, pouvez pas le favoir. Ce qui a obligé les *Tou-kiue* ,, à venir avec toutes leurs forces réunies enfemble, ,, c'eft qu'ils fe perfuadent qu'étant épuifé par les ,, guerres civiles; je n'ai point d'armée propre à leur ,, réfifter. Si je me tiens renfermé dans la ville, ils ,, vont ravager tout l'Empire. Je fuis donc forti pour ,, leur faire voir que je ne les crains point. J'ai fait ,, fortir & ranger en bataille une puiffante armée, ,, pour leur faire comprendre qu'il faut livrer batail-,, le, avant qu'ils puiffent exécuter leur deffein. Ils ,, ne s'attendoient pas à une fi forte réfiftance. Com-,, me ils font entrés fi avant dans le pays ennemi, ils ,, craindront de n'en pouvoir fortir. S'ils prennent le ,, parti du combat, ils feront fans doute défaits; s'ils ,, aiment mieux la paix, elle deviendra ftable par cette ,, démarche, qui va me rendre maître de la vie & du ,, fort de ces voleurs ". En effet, le même jour, *Kie-li-khan* envoya demander la paix.

Le lendemain, après avoir immolé un cheval blanc, la paix fut conclue fur le pont. Après cela les *Tou-kiue* fe retirerent. *Siao-yu* demanda à l'Empereur pourquoi il n'avoit pas fuivi l'avis de la plupart de fes Officiers qui vouloient livrer bataille. ,, Par quelle ,, adreffe Votre Majefté a-t-elle obligé cette canaille à ,, fe retirer "? — ,, Les armées des *Tou-kiue*, répondit ,, l'Empereur, font nombreufes & fans ordres; leur ,, *Khan* & leurs Officiers n'ont des yeux que pour le ,, pillage. Si, lorfque les Officiers de *Kie-li-khan* font ,, venus me trouver fur le bord oriental de la riviere, ,, (lui étant fur le bord occidental,) j'avois voulu ,, les traiter, & les faire lier après les avoir enivrés, ,, rien n'étoit plus facile. De plus, j'avois ordonné à ,, *Tcham-fun-vou-ki*, & à *Li-tçim*, de fe tenir cachés, ,, avec une armée dans la Province de *Pe-tche-li*, & ,, d'y dreffer une embufcade. Si donc dans la retraite je ,, les euffe fait pourfuivre par une armée, ils étoient in-,, faillibement perdus; mais dans les circonftances ,, d'un Empire nouvellement établi, & encore chance-,, lant, la paix & le repos font le point effentiel. Après ,, tout, en donnant bataille, il falloit perdre beau-,, coup de monde. Quoiqu'ils l'euffent perdue, ils ,, n'auroient pas été détruits; que fi la crainte les eût ,, obligés à cultiver la vertu, ils fe feroient rétablis; ,, & n'aurois-je pas eu en eux de dangereux ennemis? ,, Aujourd'hui, fans mettre la main à l'épée, je me ,, fuis fervi de lances d'argent pour les repouffer. Les ,, riches préfents que je leur ai faits, ne ferviront qu'à ,, les enorgueillir. Or, un tel orgueil eft le commen-,, cement de la ruine entiere. J'ai fait ce que veut ,, dire cet axiôme : ce que vous voulez prendre, il ,, faut le donner auparavant ". *Siao-yu* fe profter-nant : ,, Notre efprit, *dit-il*, étoit trop groffier pour ,, pénétrer fi profondément ". L'Empereur députa deux des Grands de fa Cour, pour aller accompagner *Kie-li-khan* par honneur. *Kie-li-khan*, de fon côté, envoya en préfent à l'Empereur trois mille chevaux & dix mille moutons. L'Empereur les refufa, & lui demanda les Chinois qu'il avoit emmenés captifs dans fes incurfions.

L'an 627, les *Sie-yen-tho*, les *Hoei-hou*, ou les

Tie-le, & les *Pa-je-khou*, trois nations puissantes dans la Tartarie, se révolterent contre *Kie-li-khan*. Celui-ci ordonna à *Thou-li-khan* d'aller les ranger à leur devoir. *Thou-li-khan* fut défait, & obligé de s'enfuir. *Kie-li-khan* s'emportant contre lui, le fit battre & emprisonner. Par-là *Thou-li-khan* devint son ennemi secret. Cette même année, la rigueur de l'hyver fit mourir une grande quantité de chevaux & de moutons ; ce qui fut suivi de la famine. Les *Tou-kiue* craignirent que les Chinois ne profitassent de leurs malheurs pour les venir attaquer. Ils entrerent dans les terres de la Chine, sous prétexte de chasse. On suggéra à l'Empereur de Chine de se servir de l'occasion du violement du traité, pour leur faire la guerre. „ Les particuliers, répondit l'Empereur, ne doi-„ vent jamais manquer à la foi promise ; combien moins „ les Etats ? Puisque je me suis engagé par serment „ avec les *Tou-kiue*, dois-je profiter de leurs calami-„ tés, & abuser du péril où ils sont, pour m'en ren-„ dre maître ? Quand ils auront manqué au devoir de „ leur promesse, alors je les châtierai ".

L'an 628, *Thou-li-khan* fit savoir à *Tham-thai-tçoum* que *Kie-li-khan* lui avoit déclaré la guerre. „ J'ai juré la paix à *Kie-li-khan*, dit *Tham-thai-„ tçoum* : j'ai pareillement contracté avec *Thou-li-„ khan* une alliance de fraternité. Je ne puis pas re-„ fuser le secours que l'on me demande : que faut-il „ faire ? — Les Barbares sont gens sans foi, repartit „ *Tou-ju-mei* ; nous observons les traités pendant „ qu'ils les violent. Il faut se servir de l'occasion de „ leurs troubles pour les attaquer ". L'Empereur ordonna à *Tcheou-fan* de les observer. *Kie-li-khan*, de son côté, se tenoit sur ses gardes. On fut d'avis de rétablir l'ancienne grande muraille, & de la faire garder. *Tham-thai-tçoum* pensa autrement. „ Au cœur de „ l'été, dit-il, parlant à ses Grands, il est tombé pen-„ dant cinq jours de la gelée dans le pays de *Kie-li-„ khan*. Il y a paru trois lunes en même-temps, & „ la secheresse y est extrême. Il voit toutes ces cala-„ mités sans songer à se corriger, & à cultiver la ver-„ tu. Il ne craint donc point le Ciel. Il change con-„ tinuellement de place ; & la plupart de ses animaux „ domestiques sont morts ; il n'a donc point la terre „ favorable. L'ancienne coutume du pays étoic de „ brûler les corps ; aujourd'hui il les enterre. Il viole „ donc les ordres de ses ancêtres, & méprise les „ Dieux-Mânes. Ne pouvant s'accorder avec *Thou-„ li-khan*, il excite une guerre civile, & désole son „ propre pays ; il n'entretient donc pas l'union avec „ ses proches. Puisqu'il a ces quatre défauts, il est „ sur le point de sa perte. Je me fais fort de vous le „ livrer ; qu'avons-nous besoin de grande muraille ? Les „ mœurs des *Tou-kiue* étoient simples & grossieres ".

Un Philosophe Chinois, nommé *Tchao-te-yen*, qui avoit gagné par ses grandes qualités l'estime & la confiance de *Kie-li-khan*, gouvernoit absolument sous lui. De plus, *Kie-li-khan* donnoit les charges aux Tartares étrangers, au préjudice des Princes de son sang, qu'il éloignoit du Gouvernement. Il fatiguoit extrêmement ses troupes par les incursions continuelles qu'il faisoit sur la Chine. Les *Tou-kiue* ne pouvoient souffrir l'arrogance, l'inconstance, la légéreté, & l'infidélité des Tartares étrangers. Il régnoit une famine horrible qui obligeoit *Kie-li-khan* à surcharger ses sujets de tributs, motifs qui portoient les peuples à la rébellion, de sorte que l'année suivante 629, les *Sie-yen-tho* Tartares se créerent un *Khan* de leur nation, & envoyerent des Ambassadeurs en Chine. L'Empereur fit marcher *Li-tçim* contre les *Tou-kiue*, vers *Ma-yi*, où étoit *Kie-li-khan* qui prit la fuite. Neuf de ses *Ki-kin* se rendirent avec leurs troupes à *Li-tçim*. Les *Pa-ye-kou*, les *Pou-khou*, les *Toum-lo*, nations de Tartares Occidentaux, aussi-bien que les *Sii*, & les *Hii*, Tartares Orientaux, envoyerent des Ambassadeurs à la Chine.

L'Empereur fit marcher six armées par six différentes voies, pour aller investir *Kie-li-khan*. Il donna le commandement général de toutes à *Li-tçim*. Celle qui étoit commandée par *Vam-tao-tçoum* remporta une victoire signalée près de la ville de *Nim-hia*. *Thou-li-khan*, & le Prince *Yn-nai-the-le* vinrent incontinent après, avec leurs armées, se jetter entre les bras de l'Empereur. *Tham-thai-tçoum* ayant reçu la nouvelle de ce succès, dit à ses Grands : „ L'amour „ dû aux peuples, & le peu de fermeté d'un Empire „ à peine achevé d'être conquis, avoient obligé mon „ auguste pere à s'assujettir par politique aux *Tou-„ kiue*, & à leur payer tribut. C'étoit un étrange „ creve-cœur pour moi. Je songeois à me laver de „ cette tache devant l'univers. Présentement le Ciel „ inspire mes Généraux. La victoire les suit par-tout „ où ils vont ; n'ai-je pas lieu d'espérer un entier „ succès pour mon dessein ? " Au commencement de l'année suivante 630, *Li-tçim*, qui poursuivoit vivement sa pointe, surprit durant la nuit *Kie-li-khan*. Celui-ci effrayé recula, & alla se camper à l'entrée d'un désert de sable. Après cette déroute, un des principaux Officiers de *Kie-li-khan*, nommé *Kham-sou-mii*, & plusieurs autres avec lui, vinrent se rendre à *Li-tçim*, & amenerent avec eux *Siao*, Impératrice des *Soui*, & *Yam-tchim-tao* Prince du sang des mêmes *Soui*, qui portoit le titre d'Empereur.

On avertit *Tham-thai-tçoum* que les Chinois entretenoient des secrets commerces de lettres avec l'Impératrice *Siao*. Un Censeur présenta requête à ce qu'il en fût informé pour châtier les coupables. „ L'Empire n'étoit pas réuni sous une seule domina-„ tion, dit *Tham-thai-tçoum* ; il étoit naturel qu'il „ se trouvât des gens qui fussent attachés à la Dynastie „ des *Soui*. Aujourd'hui que leur inconstance est „ fixée par cet événement, est-il besoin de prendre „ connoissance de cette affaire " ? Ainsi on ne fit aucune perquisition.

Kie-li-khan, se trouvant réduit à la derniere extrémité, députa *Tchi-che-sse-lii* vers l'Empereur de Chine, pour implorer sa miséricorde, & demander en grace que son Empire fût réduit en Province. L'Empereur envoya des Députés pour le consoler dans son malheur. *Kie-li-khan* avoit encore plusieurs dixaines de milliers de cavaliers à sa suite. *Li-tçim* se servit de cette occasion pour le surprendre, il prit toute son armée comme dans un filet. *Kie-li-khan* se sauva à l'aide d'un cheval d'une vîtesse incroyable, pour se retirer auprès de *Cha-po-lo* ; mais le Lieutenant-Général de *Li-tçim* le prit. Aussi-tôt *Cha-po-lo* vint se rendre avec tous ses gens, & l'Empire des *Tou-kiue* Orientaux fut éteint. *Kie-li-khan* fut conduit à la Cour de l'Empereur, qui le présenta avec tout l'appareil possible à ses ancêtres dans leur temple, à la vue de tout le peuple. Lorsqu'il parut, l'Empereur lui parla en ces termes : „ Vous êtes coupable de „ cinq chefs. Premiérement, votre pere, après avoir „ perdu ses Etats, avoit été rétabli par la Dynastie des „ *Soui*. Cependant vous n'avez pas tiré un seul coup „ de fleche pour la défense de cette Dynastie, & vous „ êtes cause par-là que les temples de ses ancêtres „ & de ses Dieux tutélaires, sont sans sacrifices. Se-„ condement, vous étiez mon voisin ; & sans tenir „ compte de la foi des traités, vous avez ravagé „ mes terres. Troisiémement, vous vous êtes fié „ sur vos forces, sans vous mettre en peine d'en-„ tretenir le bon ordre parmi vos troupes, & vous „ vous êtes attiré la haine de vos sujets. Quatrié-„ mement, vous avez exercé des brigandages sur „ les peuples de la Chine, & vous avez ruiné les „ moissons. Cinquiémement, vous avez fait sem-„ blant de vouloir vous allier par mariage avec moi, „ & par des délais affectés, vous avez refusé de le „ faire. Ainsi je ne manque pas de sujets pour vous „ ôter la vie ; mais ayant égard au jurement que j'ai „ fait

„ fait avec vous fur la riviere de *Ouei-ho*, dont je
„ me fouviens bien, je ne veux pas pouffer la chofe
„ à bout ”. En même-temps il lui fit rendre toute
fa famille; il lui affigna un palais, où il lui fit fournir tout ce qu'il pouvoit defirer.

Se kie-ki-kin vint fe rendre avec quarante mille
hommes ; mais *Yu-kou-che*, frere cadet de *Kie-li-
khan*, s'enfuit dans le Royaume d'*Eyghour*. Cependant peu de temps après, il fe vint rendre auffi. L'Empereur ordonna qu'on enterrât les offemens des *Tou-
kiue* que la pefte avoit enlevés, & qui étoient entaffés
en montagnes. Il fit racheter quatre-vingts mille Chinois, qui, durant les troubles, s'étoient retirés auprès
des *Tou-kiue. Kie-li-khan* n'habitoit point fon palais;
il campoit fous fes tentes qu'il faifoit dreffer dans la
Cour. La trifteffe l'accabloit, & il ne ceffoit de pleurer fon défaftre; de forte qu'il étoit devenu fort mai-
gre. L'Empereur eut compaffion de lui ; il le créa
Vice-Roi d'un pays de la Chine, plein de montagnes,
& où il y a beaucoup de chaffe; il refufa cet honneur. L'Empereur le fit Généraliffime de fes gardes
de la droite, & lui donna plufieurs belles terres.

Un jour l'Empereur lui parla en ces termes : *Khi-
min-khan* avoit été dépouillé de fes Etats. *Soui-yen-
ti*, Empereur de Chine, n'épargna aucune dépenfe
pour lui, & l'y rétablit. *Che-pi-khan*, fon fucceffeur,
ne fut pas plutôt tant foit peu accru en puiffance,
qu'il furprit l'Empereur *Soui-yam-ti*, fils de fon bienfaiteur, & l'inveftit dans la fortereffe de *Yen-men*. Son
injuftice & fon ingratitude ne font-elles point la caufe
de la perte de fon Empire ? *Tie-lo-tchi* étoit fils de
Kie-li-khan; il étoit d'un naturel admirable. Quand
il fut arrivé à la Cour, l'Empereur lui faifoit fournir
tout ce qui étoit néceffaire pour fa dépenfe, auffi-bien
qu'aux Reines, femmes de *Kie-li-khan*. La mere de
Tie-lo-tchi, qui étoit arrivée après l'ordre donné, n'a-
voit point de part à la diftribution. *Tie-lo-tchi* ne toucha jamais aux viandes que l'Empereur lui faifoit fervir, & gardoit ainfi un jeûne rigoureux. L'Empereur
l'ayant fu, l'admira : „ Le Ciel a-t-il mis quelque
„ différence, dit-il, entre le Chinois & le Barbare,
„ quand il a imprimé dans le cœur de l'homme la cha-
„ rité & la piété filiale ” ? Il combla de biens *Tie-lo-
tchi*, & fit fournir à fa mere les mêmes viandes qu'aux
autres Reines.

L'an 634, *Kie-li-khan* mourut. L'Empereur le
créa Roi après fa mort, & permit à fes gens de lui
faire des funérailles à la mode de leur pays. Ils brûlerent fon corps, & enterrerent fes cendres hors de la
ville de *Si-ghan-fou*. Le refte des *Tou-kiue* fe diffipa.
Une partie fe rangea fous les étendards des *Sie-yen-
to ;* une partie fe retira dans la Tartarie Chinoife ; plus
de cent mille vinrent s'affujettir à l'Empereur de Chine.
Après bien des délibérations fur ce que l'on feroit de
tant de Barbares, on conclut à les ranger fous des
chefs, le long de la grande muraille en-dehors. *Thou-
li* fut fait leur Commandant - Général. *Tham-thai-
tçoum* lui ôta le titre de *Khan*, par les raifons qui
fuivent : „ Votre aïeul, *Khi-min-khan*, lui dit-il,
„ avoit été chaffé de fon Etat, la Dynaftie des *Soui*
„ les lui fit rendre; il fut méconnoiffant de ce bien-
„ fait. Votre pere *Che-pi-khan*, au-lieu d'avoir de
„ la reconnoiffance, fe déclara ennemi de la Chine.
„ Si aujourd'hui, après que le dérangement de vos af-
„ faires vous a contraint de vous jetter entre mes bras,
„ je vous ôte le titre de *Khan*, prenez-vous-en à l'in-
„ gratitude de vos ancêtres. En tout cas, je veux par-
„ là affurer la paix & la tranquillité de la Chine, &
„ conferver votre famille ; ainfi je vous crée Comman-
„ dant-Général ; n'exerçons point d'hoftilités l'un en-
„ vers l'autre ; fervez de rempart à mon Empire du
„ côté du Nord ”.

Après que *Thou-li-khan* eut demandé afyle, *Tham-
thai-tçoum* avoit tenu ce difcours :„ De tout temps,
„ ceux qui gouvernent des Etats, ont affermi la durée

„ de leur bonheur, quand par leur travail, ils ont pro-
„ curé le repos à leurs fujets. Ils ont perdu leur Cou-
„ ronne quand ils ont tyrannifé leurs fujets, pour
„ fatisfaire à leurs intérêts particuliers. Aujourd'hui
„ l'Empire des *Tou-kiue* eft tombé dans le trouble
„ & dans la confufion, parce que leur Empereur ne
„ s'acquitte pas des devoirs d'un Empereur ; de forte
„ que *Thou-li-khan*, qui tient à lui par les liens les
„ plus étroits de la parenté, fe trouvant en danger de
„ la vie, vient fe rendre à moi. L'affoibliffement des
„ Barbares eft la fûreté des confins de mon Empi-
„ pire ; mais je dois craindre à la vue de leur perte
„ prochaine ; car fi je viens à m'écarter du devoir en
„ quelque chofe, pourrai-je détourner les malheurs
„ que je m'attirerai ”?

Thou-li mourut en Chine dans la 29ᵉ. année de fon
âge. L'Empereur le pleura amérement, & lui fit faire
de fuperbes funérailles. Il créa *Ho-lo-hhu*, fils de
Thou-li, fon fucceffeur. L'Empereur étoit allé dans une
de fes maifons de plaifance. *Kie-che-lu*, frere cadet
de *Thou-li* & Capitaine des gardes, complotta avec
les gens de fa nation d'enlever *Ho-lo-hhu*, & de l'emmener en Tartarie. Il falloit forcer la tente de l'Empereur, & le prendre auparavant, ou le tuer, lorfqu'il
fortiroit durant la quatrieme veille de la nuit fuivant
fa coutume. Le mauvais temps empêcha l'Empereur de fortir. *Kie-che-lu*, craignant que s'il diffé-
roit, la confpiration ne vînt à fe découvrir, donna
tête baiffée avec les conjurés, tuant tout ce qui s'op-
pofoit à lui, & pouffant des cris effroyables. Les gardes
de l'Empereur fe réveillerent ; ils repoufferent les conjurés, qui fe jetterent fur les écuries, dont ayant tué
les Officiers, ils enleverent les chevaux ; & prirent la
fuite. Les batteurs d'eftrade les prirent, & leur couperent la tête. L'Empereur donna la vie à *Ho-lo-hhu*,
& fe contenta de l'exiler au Sud de la Chine. En même-temps, il donna à *Affe-na-ffe-mo*, le titre de *Yi-
mii-to-no-ki-li-pii-khan*. Il l'adopta en quelque façon,
en accordant à fa famille le nom de la famille Impériale des *Tham*, qui étoit *Li*. Il lui ordonna d'emmener tous les *Toukiue* dans leur ancien pays.

Se mo étoit Prince du fang de *Kie-li-khan*. Lorfque *Khi-min-khan* abandonna fes Etats, il fut créé
Khan ; mais il mit bas ce titre auffi-tôt que *Khi-min-
khan* fut rétabli. C'étoit un bon Prince, dont *Tham-
tai-tçoum* eftima la vertu. Il fut le feul qui garda la
fidélité à *Kie-li-khan*, avec lequel il fut pris. L'Empereur le créa Généraliffime des *Tou-kiue*. La crainte des
Sie-yen-to l'empêchoit de rentrer en Tartarie. *Tham-
thai-tçoum*, envoya fes ordres aux *Sie-yen-to*, & fit
l'honneur à leur *Khan* de lui écrire une lettre conçue en ces termes :„ La Chine obferve le devoir &
„ l'équité. Elle ne fait ce que c'eft que de détruire
„ les Royaumes. Si la cruauté & la barbarie de *Kie-
„ li-khan* m'ont forcé à le châtier & à me rendre
„ maître de fes Etats, je ne l'ai pas fait par un mo-
„ tif d'avarice, & pour pofféder fon pays & fon peu-
„ ple. Auffi ai-je affigné aux *Tou-kiue* qui fe font
„ rendus, des terres abondantes en pâturages, dans
„ la partie feptentrionale de la Province de *Chenfi*.
„ Préfentement qu'ils fe font multipliés auffi-bien
„ que leurs troupeaux, je leur ai créé un Empereur,
„ & je les renvoye dans leur ancien pays. Soumettez-
„ vous à ces ordres-ci : vous repafferez au Nord du
„ *Cha-mo*, (ou défert de fable) & vous laifferez aux
„ *Tou-kiue*, le pays qui s'étend depuis le *Cha-mo*
„ jufqu'à la Chine. Conférvez chacun vos Etats, & ne
„ vous faites point la guerre. Je châtierai rigoureufe-
„ ment ceux qui feront les premiers à violer ce régle-
„ glement ”.

Après cela, *Se-mo* prit congé de *Tham-tai-tçoum*.
L'Empereur, dans le feftin d'adieu qu'il lui fit, le fit
avancer, & lui parla en ces termes :„ On fe fait un
„ fujet de joie de voir un arbre ou une herbe qu'on
„ a plantés de fa main, croître & fe fortifier ; à com-

„ bien plus forte raifon dois-je reffentir de la joie,
„ en voyant que vos peuples & vos troupeaux, que
„ j'ai nourris, fe font multipliés & fortifiés. Les fépul-
„ cres de votre pere & de votre mere font dans la
„ Chine. Préfentement que vous retournez dans vos
„ anciens Etats, je vous fais ce feftin de congé." Enfuite, l'Empereur le créa *Khan* avec tout l'appareil
accoutumé. Il créa en même-temps les principaux
Rois des *Tou-kiue*. Les *Sie-yen-to*, ayant fu que *Se-
mo* étoit en marche, fe retirerent à l'entrée du défert, où ils fe tinrent en bon ordre. Lorfque les Ambaffadeurs Chinois qui conduifoient les *Tou-kiue*,
furent arrivés au camp des *Sie-yen-to*, ceux-ci dirent : „ Le fils du Ciel eft femblable à une bonne
„ mere, qui ne veut pas que fes enfants s'entrebat-
„ tent. Nous recevons fes ordres avec un profond
„ refpect ; mais les *Tou-kiue* font nés dans le trou-
„ ble, & accoutumés à l'inconftance. Dans le temps
„ de leur puiffance, ils tuoient les Chinois avec la
„ même indifférence, & en même quantité qu'on
„ coupe le chanvre. Sa Majefté, après avoir éteint
„ leur Monarchie, en devoit faire autant d'efclaves
„ pour remplacer les Chinois morts ; au contraire,
„ elle les nourrit comme s'ils étoient fes enfants. Mal-
„ gré tant d'obligations, *Kie-che-lu* n'a pas laiffé de
„ confpirer contre la perfonne de l'Empereur, & de
„ l'attaquer. Cela fait voir évidemment qu'on ne peut
„ pas fe fier aux *Tou-kiue*. Si dans la fuite ils fe ré-
„ voltent, nous demandons qu'il nous foit permis de
„ les exterminer".

L'an 641, *Se-mo* rentra dans la Chine (*). Il gouverna trois ans. Enfuite fentant qu'il étoit menacé de
révolte, il revjnt à la Cour, & prit rang parmi les
Officiers des Gardes, dont il fut un des Généraliffi-
mes. En cette qualité, il accompagna *Tham-thai-
tçoum*, dans fon expédition de la Corée, & il y reçut
un coup de fleche. L'Empereur avoit une amitié fi
grande pour lui, qu'il voulut lui-même fuaccer fa plaie.
Au retour, *Se-mo* mourut à *Si-ghan-fou*.

Affe-na-ni-cho, fils de *Sou-ni-che*, lui fuccéda ; mais
il fe tenoit cantonné en Chine ; *Hou-po-chi*, qui étoit
de la famine des *Affe-na*, fut fur le point d'être proclamé *Khan*. Après la prife de *Kie-li-khan*, les *Tou-
kiue* voulurent le proclamer *Khan* ; mais ayant fu que
les *Sie-yen-to* en avoient déja proclamé un de leur
nation, il fe retira vers lui. Ayant appris que les *Sie-
yen-to*, qui le redoutoient, fongeoient à fe défaire
de lui ; il s'enfuit avec fes gens, & fe jetta dans le
Nord des Monts d'Or. Il trouva une montagne efcar-
pée de trois côtés, où les chevaux & les chariots pouvoient monter par un feul côté. Elle fe terminoit à
une belle & vafte plaine. Il s'y campa avec 30000
cavaliers d'élite, & y prit le titre d'*Yi-tchu-tche-pi-
khan*. On compte de cette montagne à *Si-ghan-fou*,
mille lieues. A l'Occident, elle a les *Kho-lo-lo* ; & au
Nord, les *Kie-khou*, peuples qu'il affujettit. Il faifoit de-là des courfes continuelles fur les *Sie-yen-to*.
Il éleva fa puiffance fur les débris de la leur. L'an
647, il envoya fon fils *Cha-po-lo-the-le* avec des préfents en *Chine*, demander pour fon pere la permiffion d'y venir en perfonne. On la lui accorda ; mais
il ne voulut pas s'en fervir ; & fe moqua des Ambaffadeurs Chinois. Il en fit mourir un. L'Empereur fut
piqué de cet affront. Il envoya des Députés au Royaume
des *Kie-khou* & à celui de *Kafch-ghar*, avec ordre
d'attaquer *Tche-pi*. Il leur envoya en même-temps
un Général Chinois pour commander l'armée. Plufieurs des peuples foumis à *Tche-pi khan*, vinrent fe
rendre à *Kao-khan*, Général Chinois ; de forte que
Tche-pi khan, fut obligé de prendre la fuite ; mais
les Chinois l'attraperent, & l'envoyerent à l'Empereur de Chine, qui étoit pour lors *Tham-kao-tçoum*,

---

lequel lui donna la vie, & le fit un des Généraux
de fa garde. Tous les *Tou-kiue* étant foumis, l'Empereur partagea ces pays immenfes en foixante-qua-
tre Provinces, dont il nomma les Officiers & les
Commandants. Le Généraliffime, qui avoit fa Cour
en Chine, reçut le titre de *Tchen-yu* ; ce titre fut
donné à *Affe-te*.

L'an 679, des hordes de Tartares s'étant révoltées, proclamerent *Khan Affe-na-ni-cho-fou*. Les
Commandants de vingt-quatre Provinces le reconnurent. L'Empereur fit marcher une armée de Chinois,
qui fut défaite. Il en envoya une feconde de trois
cents mille combattants, fous la conduite de *Fei-him-
kien*. L'an 680, *Fei-him-kien* livra bataille à l'ennemi
au pied des monts noirs. Il défit entiérement les rebelles. Ceux-ci couperent eux-mêmes la tête à *Affe-
na-ni-che-fou*, & la préfenterent, en fe rendant aux
Chinois. La même année, l'horde d'*Ouen-thouen* proclama *Fou-nien* Empereur. Il étoit des defcendants de
Kie-li-khan ; les autres hordes le reconnurent. *Fei-
him-kien* fut renvoyé dans la même qualité de Généraliffime. Une de fes armées vainquit *Fou-nien*, qui, à
fon tour, en défit une des Chinois ; mais *Fei-him-kien*
le ferra de fi près, en le pourfuivant toujours, qu'il fut
forcé de venir fe rendre à lui avec *Ouen-tchouen*. Ils
furent envoyés à la Cour, où on leur fit trancher la
tête en plein marché. L'an 682, *Khou-to-lo*, Prince
du fang de *Kie-li-khan*, fe révolta. *Che-li* fit la même
chofe. *Affe-na-te-yuen-tchim* fe joignit à *Khou-to-lo*,
& devint fon Vifir. *Khou to-lo* battit les Chinois en
toutes rencontres, & vint faire le ravage jufqu'en
Chine. *Te-yuen-tchin* fut tué dans un combat contre les *Tou-khi-ffe*, peuples de la nation des *Tou-kiue.
Khou-to-lo* mourut l'an 690.

Me-tchue, frere cadet de *Che-li*, fe proclama lui-
même *Khan*. L'Impératrice de Chine *Tham-veou-heou*
fit marcher contre lui 18 Généraux. Il fe foumit, &
s'offrit à fervir la Chine contre les *Khi-tan*. Le Généraliffime Chinois, qui les gouvernoit, étant mort,
Me-tchue fubjugua les Tartares Orientaux. L'Impératrice le créa Grand *Tchen-yu* & *Khan*, pour récom-
penfer fes fervices. Celui-ci envoya des Ambaffadeurs
à l'Impératrice, pour la prier de l'adopter pour fils,
& pour demander des grains & du fer. On refufa de
lui accorder fes demandes ; ce qui choqua *Me-tchue*,
& l'obligea de s'emporter en des difcours infolents.
Les Chinois craignirent, & lui accorderent ce qu'il demandoit. Cela augmenta fa puiffance. On lui envoya
une Princeffe du fang de l'Impératrice, pour femme. Il
la refufa, & entra en Chine à la tête de cent mille cavaliers. L'Impératrice fit marcher près de cinq cents
mille combattants contre lui, & mit fa tête à prix.
Me-tchue fit égorger près de quatre-vingt-dix mille
Chinois, tant hommes que femmes, qu'il avoit fait
captifs, & fortant de la Chine, il enleva généralement
tout ce qui tomba fous fa main. Sa puiffance égaloit
celle de *Kie-li-khan*. Son Empire avoit plus de mille
lieues d'étendue ; & fa fuperbe étoit encore plus
grande que fon pouvoir. Il méprifoit la Chine.

Il donna à *Me-kis*, fils de *Khou-to-lo*, vingt mille
chevaux à commander. Il créa *Fou-kiu*, fon fils, petit *Khan* & lui affigna quarante mille chevaux, tirés
des dix familles ou Provinces. Il lui donna en même-
temps le titre de *Tho-fi-khan*. Enfin, il ne donnoit aucun repos à la Chine. Il enleva dix mille chevaux des
harras de l'Empire. L'armée Chinoife, commandée
par *Ouei-yuen-tchoum*, le chaffa. L'année fuivante,
il enleva cent mille chefs de chevaux & de moutons.
Il affiéga *Pim-tcheou* ; il fit d'horribles ravages, & fe
retira. L'an 703, il demanda une Infante de Chine
en mariage ; on la lui promit. L'an 705, il défit les
Chinois, & en tua plufieurs dixaines de milliers dans
une grande bataille. L'Empereur ne voulut pas lui
donner en mariage l'Infante qu'il demandoit ; il demanda la paix. L'an 711, l'Empereur lui envoya une

Princesse de son sang, qui portoit le titre de *Kin-chan-koum-tchu*. Un Général Chinois ayant été défait & pris par les *Hii* Tartares Orientaux, fut envoyé à *Me-tchue*, qui le fit mourir; cela rompit l'alliance. L'an 713, l'Empereur rejetta son alliance. *Me-tchue* envoya un de ses fils, la demander instamment. On lui destina la *Koum-tchu* de *Nan-ho-hien*. L'année suivante, *Ye-nie-khan*, fils de *Me-tchue*, fit une irruption sur les terres du Généralissime Chinois, nommé *Kouo-kien-kiuen*. Il fut défait, & *Kouo-kien-kiuen* ayant pris le Prince *Toum-gho-the-le*, il lui fit trancher la tête. *Ho-fa* n'osant paroître, après cette défaite, devant *Me-tchue*, il prit la fuite, & vint avec sa famille se refugier en Chine, où il fut fait Généralissime de la gauche, & créé Roi. *Me-tchue* écrivit deux lettres, pour demander une *Koum-tchu* en mariage. L'an 715, il mourut avant qu'on lui eût répondu. *Me-tchue*, après avoir subjugué les *So-kho* à l'Occident, dompta les *Khi-tan* & les *Hii* Tartares Orientaux. Il traitoit tyranniquement ceux qui lui étoient assujettis; sa cruauté & l'affoiblissement de son esprit augmentoient avec la vieillesse. Tous les Tartares tendoient à la révolte. La plupart des *Tou-kiue* venoient se soumettre à la Chine. L'Empereur leur assigna des terres dans les Monts d'Or. *Me-tchue* attaqua plusieurs fois les *Kho-lo-lo*. L'Empereur ordonna au Généralissime Chinois de leur prêter secours.

La puissance de *Me-tchue* commença par-là à tomber en décadence. Plusieurs de ses Officiers se retirerent en Chine, où l'Empereur leur conféra à tous des dignités. Il fit les mêmes graces à ceux des neuf familles, qui, après avoir été défaits par *Me-tchue*, vinrent se rendre à lui. Tous ces déserteurs tramoient avec les Chinois, la perte de *Me-tchue*. Il alla porter la guerre chez les *Pa-ye-khou*, une des neuf familles; il les défit entiérement sur les bords de la riviere de *Tho-lo*. *Me-tchue*, enflé de sa victoire, retournoit sans rien craindre. Les débris des *Pa-ye-khou* s'étoient sauvés dans une forêt, par où il passa sans se défier de rien. Ils l'attaquerent à l'impourvu, & l'ayant vaincu, ils lui couperent la tête, qu'ils envoyerent à un Ambassadeur Chinois, qui étoit dans le pays; celui-ci l'envoya à l'Empereur par la poste. *Kiue-tche-le*, fils de *Khou-to-lo*, ramasse ses anciens sujets, attaque & tue le petit *Khan*, extermine toute la famille de *Me-tchue*, & fait proclamer *Me-khien-lien*, son frere aîné, *Khan*, sous le titre de *Pi-kia-khan*.

Pi-kia-khan, avant son exaltation, avoit la dignité de petit *Cha*. Il étoit d'un naturel doux & aimable. Il voulut céder l'Empire à *Kiue-tche-le*; mais il fut forcé de l'accepter l'an 716. Il créa *Kiue-the-le* Roi de la gauche, & lui abandonna le commandement absolu de ses armées. *Kiue-the-le*, après la mort de *Me-tchue*, avoit fait mourir tous ceux qui avoient gouverné sous son regne, à la réserve de *Thun-yu-kou*, dont la fille, nommée *Po-fou*, étoit *Kha-thoun*, c'est-à-dire, femme de *Pi-kia-khan*, & Impératrice, lequel fut renvoyé dans son horde. Dans la suite, *Sou-lo* usurpa le titre de *Khan* des *Tou-kisse*. La plupart des *Tou-kiue* alloient se donner à lui. *Pi-kia-khan* fit revenir *Thun-yu-kou* pour le consulter sur cela. C'étoit un homme âgé de plus de 70 ans, craint & honoré de tout le monde. Pendant ce temps-là, les *Tou-kiue*, sujets de la Chine, se révolterent, & vinrent se rendre à *Pi-kie-khan*, qui songea aussi-tôt à venir attaquer la Chine. *Thun-yu-kou* l'en détourna. „ Donnez-vous-en bien de garde, „ lui dit-il, le fils du Ciel régnant est grand homme „ & brave; tous ses Etats sont en paix; les moissons „ ont été abondantes; il n'y a point de jour à faire „ réussir votre entreprise. Ajoutez à cela, vos troupes „ sont un ramas de gens nouvellement réunis, & dont „ on ne peut encore se servir ".

Pi-kia-khan avoit dessein de bâtir une ville pour y résider, & y ériger des temples aux idoles & à ses ancêtres. *Thun-yu-kou* l'en détourna. „ Les *Tou-kiue*,

„ dit-il, ne sont pas la centieme partie des Chinois. „ La raison pourquoi ceux-là balancent la puissance „ de ceux-ci, c'est parce que n'ayant pas de demeu„ res fixes, ils ne s'occupent que de la chasse & du „ maniement des armes. Quand ils se sentent forts, ils „ avancent & prennent; quand ils sont foibles, ils „ fuyent & se cachent. De cette sorte, le nombre de „ troupes devient inutile aux Chinois. Si les *Tou-„ kiue* habitoient les villes, ils se seroient prendre „ après la premiere bataille qu'ils perdroient. Quant „ à la Religion des Bonzes, elle ne prêche que la „ charité & l'humilité. Elle n'est pas propre à ren„ dre les peuples braves & puissants ". *Pi-kia-khan*, goûta ses raisons; il envoya des Ambassadeurs demander la paix à l'Empereur. Ce Prince les rebuta, à cause de leur infidélité, & déclara la guerre aux *Tou-kiue*. Il fit marcher contre eux plusieurs nations Tartares avec les Chinois, & nomma *Van-tçun* Généralissime de tant d'armées qui devoient se réunir dans l'automne de l'année suivante. Les conseils de *Thun-yu-kou* tirerent *Pi-kia-khan* de ce danger, & le rendirent victorieux; & par-là il devint formidable. Nonobstant cela, *Pi-kia-khan* envoya l'année suivante des Ambassadeurs, demander en mariage une *Koum-tchu*; ce qui lui fut refusé. L'Empereur vouloit lui déclarer la guerre: *Fei-khouam-tim* l'en détourna. en lui représentant que cela s'accordoit mal avec les sacrifices extraordinaires qu'il alloit faire, & qui supposoient une paix universelle.

Tcham-yue, au contraire, vouloit la guerre. „ On „ ne doit point compter, dit-il, sur la foi des *Tou-„ kiue*. Leur *Khan* est plein de charité & de bonté; „ ses sujets sont prêts à tout entreprendre pour lui. „ *Khiue-the-le*, qui commande ses armées, est grand „ Capitaine. *Thun-yu-kou* est un brave, d'une prudence „ consommée, & dont la sagesse est égale à l'âge. Il „ se peut comparer à *Li-tçim* & à *Li-chi-tçit*, deux „ de nos plus fameux Capitaines. Si donc ces trois „ hommes agissent de concert, l'Empereur emme„ nant avec lui toutes les forces de l'Empire vers „ l'Orient, pour augmenter la pompe de ces sacrifi„ ces extraordinaires, qui leur résistera, en cas qu'ils „ se servent de l'occasion pour entreprendre sur la „ Chine "? Sur quoi *Fei-khouam-tim* fut d'avis d'envoyer à *Pi-kia khan* des Ambassadeurs, pour lui dire d'envoyer les Grands de sa Cour à la cérémonie des sacrifices. *Pi-kia-khan* fit un festin aux Ambassadeurs Chinois, où assisterent la *Kha-thoun Khiue-the-le* & *Thun-yu-kou*. Durant le repas, *Pi-kia-khan* parla ainsi à *Yuen-tchim*, chef de l'ambassade Chinoise: „ Les *Tybethains* sont de race de „ chiens; cependant l'Empereur s'est allié avec eux „ par mariage. Les *Hii-khi-tan* sont mes esclaves; „ leurs Rois ont pourtant épousé des *Koum-tchu* de la „ Chine. D'où vient donc qu'on en a refusé si opiniâ„ trement à mes prédécesseurs? Et pourquoi persiste„ t-on, dans la même opiniâtreté à mon égard "? — „ Vous, *Khan*, repartit *Yuen-tchin*, vous êtes le fils „ de l'Empereur, est-il permis à un fils d'épouser „ sa sœur "? — „ La chose n'est pas ainsi, répliqua *Pi-„ kia-khan*; les Rois de ces deux Royaumes étran„ gers ont obtenu de la Chine le nom de famille de „ la Dynastie des *Tham*; & quoiqu'ils soient cen„ sés par-là être de la même famille, ils n'ont pas „ laissé d'obtenir des *Koum-tchu* en mariage. De plus, „ la *Koum-tchu* que je demande, n'est pas fille de „ l'Empereur; je me contenterai d'une Princesse de „ son sang. Si après l'avoir demandée. tant de fois, „ on persiste à me la refuser, je deviendrai l'objet „ de la risée publique ". *Yuen-tchin* promit de lui obtenir cette grace. Aussi-tôt *Pi-kia-khan* dépêcha un de ses *Kic-li-fa*, nommé *Asse-te*, avec des présents, pour assister à la cérémonie des sacrifices. La cérémonie étant finie, l'Empereur le renvoya comblé de présents; mais il persista à refuser l'alliance.

Depuis ce temps-là, *Pi-kia-khan* envoya tous les ans des Ambassadeurs en Chine. Les *Tybethains* lui écrivirent pour le faire entrer dans une ligue contre la Chine. *Pi-kia-khan* n'en voulut rien faire, & envoya leur lettre à l'Empereur, lequel, en considération de ce service, lui ouvrit la liberté du commerce avec la Chine. L'an 731, *Kiue-the-le* mourut. L'Empereur envoya des Députés pour lui faire des sacrifices, & des ouvriers pour lui ériger un monument, & y graver une inscription. Il lui fit bâtir un temple, & dresser une statue. Il envoya pareillement six fameux Peintres, pour peindre ses Etats & ses batailles sur les murailles du temple; ce qu'ils exécuterent avec tant d'art, que tout le monde avoua qu'on n'avoit rien vu de semblable. La vue de ces peintures frappa si vivement *Pi-kia-khan*, qu'il ne put retenir ses larmes. *Pi-kia-khan* recommença ses empressements pour le mariage avec une *Koum-tchu*. L'Empereur lui accorda enfin sa demande; mais aussi-tôt après, le *Khan* fut empoisonné par *Mei-lo-tchue*, lequel fut exterminé avec toute sa famille, & *Pi-kia-khan* mourut. L'Empereur envoya des Ambassadeurs, qui lui firent des sacrifices, & lui érigerent un temple & un monument avec inscription.

Les *Tou-kiue* mirent son fils en sa place, sous le titre de *Y-gen-khan*. Celui-ci régna huit ans. Il envoya durant son regne trois ambassades en Chine, & mourut. Son frere cadet lui succéda sous le titre de *Pi-kia-khou-to-lo-khan*. L'Empereur envoya un Grand de de sa Cour, qui le créa *Khan* dans les formes, & lui conféra le titre de *Tem-li-khan*. L'année suivante, *Tem-li-khan* envoya *Y-nan*, porter des présents à l'Empereur pour le premier jour de l'an Chinois, ajoutant ces paroles : ,, Quand j'honore le céleste *Khan*, ,, c'est comme si j'honorois le Ciel. Je fais ces présents du premier jour de l'an au fils du Ciel. Je souhaiterois pouvoir y joindre une vie sans bornes ''. *Tem-li-khan* étoit jeune. *Po-fou*, sa mere, entretetenoit un mauvais commere avec un petit Officier, & elle avoit part au Gouvernement. Ce fut une semence de division entre les hordes des Tartares. Deux des oncles de *Ten-li-khan* possédoient les dignités, l'un de *Chaa* de la droite, & l'autre de *Chaa* de la gauche, & partageoient entr'eux tout le pouvoir des armes. *Tem-li-khan* & sa mere dresserent des embûches au *Chaa* de la droite, lui firent couper la tête, & se rendirent maîtres de ses troupes. Le *Chaa* de la gauche prit l'épouvante, & prévint *Tem-li-khan* en l'attaquant vivement. Il le força, & le fit mourir. Ce *Chaa* de la gauche se nommoit *Pan-kiu-the-le*. Il fit proclamer Empereur le fils de *Pi-kia-khan*, qui fut incontinent après mis à mort par le *Che-hou*, nommé *Khou-to*, lequel mit en sa place le frere cadet du mort. Il lui ôta aussi-tôt la vie, & se fit Empereur lui-même, sous le titre de *Che-hou-khan*.

L'an 742, ou un peu après, les *Hoei-hhe*, les *Kho-lo-lo* & les *Pa-ssi-mii*, trois puissants peuples Tartares, prennent les armes contre lui, l'attaquent, le forcent & le tuent. Ensuite, d'un commun consentement, ils proclament le Roi des *Pa-ssi-mii* Empereur, sous le titre de *Kie-thie-y-chi-khan*. Les Rois des *Hoei-hhe* & des *Kho-lo-lo* prennent le titre de ses deux *Che-hou*, l'un de la droite, l'autre de la gauche. Tous les trois envoyerent des Ambassadeurs en Chine, rendre compte de ce qui s'étoit passé. Cependant les *Tou-kiue* placerent sur le trône le fils de *Pan-kiu-the-le*, & lui conférerent le titre d'*Ou-sou-mii-chi-khan*, & donnerent celui de *Chaa* de la droite, ou de l'Orient, à *Kho-la-to* son fils. L'Empereur envoya des Députés à ce *Khan*, pour lui conseiller de réduire son Empire en Province. Il ne voulut point entendre à cette proposition. Les *Tou-kiue*, mécontents de lui, se joignirent aux trois hordes des *Pa-ssi-mii*, des *Hoei-hhe* & des *Kho-lo-lo*, & l'attaquerent tous ensemble. *Ou-sou-mii-chi-khan* prit la fuite, & disparut. Son *Che-hou* de la gauche, ou de l'Occident, qui se nommoit *A-pou-sse*, vint avec *Kho-la-to* à la tête de cinq mille familles, se jetter entre les bras de l'Empereur de Chine, qui donna à *Kho-la-to* le titre de *Roi reconnoissant*.

L'an 744, les *Pa-ssi-mii* & leurs alliés tuerent *Ou-sou-mii-chi-khan*, & envoyerent sa tête à l'Empereur de Chine, lequel la présenta à ses ancêtres dans leur *Miao*, ou *Temple*. Le frere cadet de ce *Khan* prit sa place, & se fit appeller *Pe-mei-khan*, (c'est-à-dire, en Chinois, le *Khan aux sourcils blancs*.) Alors les *Tou-kiue* tomberent dans le dernier désordre; de sorte qu'ils furent obligés de proclamer pour leur Empereur, le chef des *Pa-ssi-mii*. L'Empereur fit marcher contre lui une armée, sous la conduite de *Vam-tchoum-sé*, qui, étant arrivé sur les bords de la riviere de *Si-ho*, attaqua brusquement les onze hordes de l'*A-po-ta-khan* de la gauche du nouveau *Khan*. Il les mit en déroute. L'*A-po-ta-khan* de la droite restoit encore, lorsque les *Hoei-hhe* & les *Kho-lo-lo* massacrerent le chef des *Pa-ssi-mii*, nouvellement créé *Khan*. Ils créerent à l'instant le chef des *Hoei-hhe*, qui se nommoit *Khou-li-fei-lo*, & qui prit le titre de *Khou-to-lo-pi-kia-kiue-khan* l'an 745. On fit mourir *Pe-mei-khan*, & on envoya sa tête à *Pi-kia-kiue-khan*. En même-temps, la femme de *Pe-mei-khan*, nommée *Khou-to-lo-po-fou-kha-toun*, vint avec tout son monde, se remettre à la discrétion de l'Empereur de Chine. Il la reçut avec beaucoup d'honneur, & la créa Reine. Il fournit à sa dépense; & pour son fard il lui assigna par an une somme considérable. Ainsi finit la Monarchie des *Tou-kiue* Orientaux, (laquelle, à compter depuis l'année 535, qui fut la premiere du regne de l'Empereur *Ven-ti*, de la Dynastie des *Ouei* Occidentaux, sous le titre de *Ta-thoum*, jusqu'à la quatrieme de l'Empereur *Tham-hiuen-tçoum*, de la Dynastie des *Tham*, sous le titre de *Tien-pao*, c'est-à-dire, jusqu'à l'an 745, a duré 211 ans,) & les *Hoei-hhe* demeurerent maîtres de tous les pays qui étoient sujets aux *Tou-kiue* Orientaux.

LES TOU-KIUE *OCCIDENTAUX.*

La nation des *Tou-kiue* ne demeura pas long-temps unie. L'énorme étendue de ses conquêtes obligea ses Grands *Khan* à créer plusieurs petits *Khan*, entre lesquels ils partagerent le gouvernement de tant de nations, qu'ils divisoient par-là en plusieurs Empires subordonnés à un seul *Khan*. Ils se diviserent d'abord en Orientaux, & dans la suite les Septentrionaux se séparerent des Occidentaux. Après cela, ces trois Empires se firent des guerres implacables.

Tha-theou-kan, qui prit aussi le titre de *Pou-kia-khan*, doit être regardé comme le fondateur des *Tou-kiue* Occidentaux. *Tou-men*, qui, comme nous l'avons vu, établit la Monarchie universelle des *Tou-kiue*, & porta le titre d'*Il-khan*, étoit fils aîné de *Thou-vou*, qui possédoit la dignité de grand *Che-hou*, & qui étoit petit-fils de *Na-tou-lou*. *Tou-men* (c'est proprement *Il-khan*,) eut pour second fils *Che-hie-mii*, qui se nomme aussi *Se-ti-mii*. *Ta-theou-khan* étoit fils de *Se-ti-mii*. Il fut le premier qui s'empara de l'ancien pays des *Ou-sun*, & qui se sépara des *Tou-kiue* Orientaux. Son pays donc étoit terminé à l'Orient par les *Tou-kiue* Orientaux; à l'Occident par la mer ou grand lac, nommé *Li-tchu*; au Midi par le Royaume de *So-lé*; & au Septentrion par la mer de Sable. Son camp royal étoit éloigné de *Si-ghan-fou* de 700 lieues vers le Nord (Ouest.) Sa Cour méridionale étoit éloignée du Royaume de *Yen-khi* de 7 journées de chemin, en tirant vers le Nord-Ouest. Sa Cour septentrionale étoit au Nord de la méridionale à 8 journées de distance. Sa nation étoit mêlée avec les *Tou-lou*, avec les *Nou-che-pi*, les

Kho-lo-lo,

Kho-lo-lo, les *Tchu-yue*, les *Tchu-mi*, les *Y-ou*, & femblables races de Barbares. Les mœurs & coutumes des *Tou-kiue* Orientaux étoient femblables à celles des Occidentaux. Il y avoit quelque petite différence entr'eux pour la langue.

Nous avons vu ci-deffus que *Mou-han-khan*, en mourant, préféra *Tho-po-khan*, fon frere cadet, à *Ta-lo-pien*, fon fils. *Tho-po-khan*, en mourant, ordonna à *Ghan-lo*, fon fils, de céder l'Empire à *Ta-lo-pien*. La baffeffe d'extraction de la mere de *Ta-lo-pien* le fit exclure, & *Ghan-lo* régna. Peu de temps après, *Ghan-lo* céda l'Empire volontairement à *Che-thou*, fils du frere aîné de *Mou-han-khan*. *Che-tou* prit le titre de *Cha-po-lio-khan*. Il donna auffi-tôt le titre d'*Apo-khan* à *Ta-lo-pien*. Il s'en repentit bientôt; & ayant furpris *Ta-lo-pien* au dépourvu, il le dépouilla de fes Etats, & fit mourir fa mere. *Ta-lo-pien* prit la fuite vers l'Occident, & alla fe réfugier auprès de *Ta-theou-khan*, qui lui donna une armée de cent mille combattants, pour aller attaquer les *Tou-kiue* Orientaux. *Apo-khan* (ou *Ta-lo-pien*,) fut défait, & tomba enfuite entre les mains de *Cha-po-lio-khan*. *Ta-theou-khan* prit occafion de-là de faire la guerre à *Khi-min-khan*, Empereur des *Tou-kiue* Orientaux. Les Chinois foutinrent *Khi-min-khan*, & par ce moyen, *Ta-theou-khan* fut défait & mis en fuite; il fe refugia dans le Royaume de *Thou-kou-hoen*. Après la prife d'*Apo-khan*, ou *Ta-lo-pien*, fes fujets mirent en fa place le fils de *Yam-fo-the-le*, qu'ils proclamerent fous le titre de *Ni-li-khan*. La déroute de *Ni-li-khan* fuivit de près celle de *Ta-theou-khan*. *Ni-li-khan* mourut, & laiffa l'Empire à *Tha-man*, fon fils, qui prit le titre de *Ni-kiue-tchu-lo-khan*. Celui-ci s'attira la haine publique par fon mauvais gouvernement. Il fe refugia en Chine, où il accompagna l'Empereur *Soui-yam-ti* dans fa fameufe expédition de la Corée, contre laquelle il marcha à la tête de plus d'un million de combattants. *Soui-yam-ti* lui conféra le titre de *Kho-fii-no-khan*, & lui donna en mariage une Princeffe de fon fang.

Après que *Soui-yam-ti* eût été affaffiné, le *Khan* fe vint rendre à *Kao-tçou*, fondateur de la Dynaftie des *Tham*, qui le reçut avec bonté, & le créa Roi dans la Chine. Il préfenta une pierre fort précieufe à *Kao-tçou*, qui lui dit, en la refufant : „ Ce que j'eftime „ le plus, c'eft votre fidélité; pour votre joyau, je le „ mets au rang des chofes inutiles ". L'an 618, *Tha-man* ou bien *Kiue-khan*, réduifit fon Empire en Province de Chine. Enfuite *Tham-kao-tçou* lui conféra le titre de *Thou-ou-kouo-pa-kiue-khan*; il fut éteint par les *Tou-kou-hoen*. Quand les fujets de *Kho-fii-no-khan* virent qu'il ne revenoit point de la Chine, ils s'affemblerent, & choifirent pour leur Empereur le petit-fils de *Ta-theou-khan*, qui fe nommoit *Che-kouei*, lequel établit fa Cour au feptentrion du Royaume de *Kieou-tçe*, (c'eft *Kafchgar* dans les *Usbeks* Orientaux,) au pied des monts *San-mii-chan*. Pour lors la plupart des Royaumes de la Tartarie Chinoife dépendoient des *Tou-kiue* Orientaux. *Che-kouei* étant mort, fon frere cadet prit fa place, avec le titre de *Toum-che-hou-khan*.

Toum-che-hou-khan étoit homme de tête & de courage; la victoire l'accompagnoit par-tout. Il fubjugua les *Thie-le*, ou les *Kao-tche*, ou les *Hoei-he*, (car cette nation porte tous ces noms,) les *Kii-pin* (ou le *Khoraffan*,) & le *Po-ffe* (ou la Perfe.) Il avoit plufieurs centaines de milliers de cavaliers fous fes étendards. Il tranfporta fa Cour au feptentrion du Royaume de *Che*, (peut-être *Chach*,) dans un lieu appellé en Chinois *Tçien-tçuen*, c'eft-à-dire, *mille fontaines*, (peut-être *Fariab*.) De-là il dominoit tout l'Occident. Il tenoit dans chaque Province un *Kie-li-fa*, en qualité de Gouverneur, & dans chaque Royaume un *Tou-tun*, qui, comme Vice-Roi, gouvernoit les *Kie-li-fa*, & ramaffoit les tributs. L'an 625,

Che-kouei, (ce doit être le nom propre de *Toum-che-hou-khan*, du moins ce n'eft pas *Che-kouei-khan* qui étoit mort, comme on l'a marqué,) envoya des Ambaffadeurs à *Tham-kao-tçou*, pour lui demander la tête de *Kho-fii-no-khan*, fon ennemi; *Tham-kao-tçou* refufa de le faire. Son Confeil fut d'avis que l'on fatisfît à la demande, pour éviter une cruelle guerre; mais le grand Roi de *Tçin*, (c'eft le titre que portoit *Tham-thai-tçoum* avant d'être Empereur,) s'y oppofa généreufement : „ *Kho-fii-no-khan*, dit-il, „ s'eft venu rendre volontairement à nous; ce feroit „ un crime énorme de le tuer ". Nonobftant cela, on permit aux Ambaffadeurs de *Che-kouei* de tuer *Kho-fii-no-khan*, dans le feftin que l'on leur fit; du moins on diffimula la chofe. Après cela, *Che-kouei* paya tribut plufieurs années de fuite. Il entra en aliance avec la Chine, pour faire la guerre aux *Tou-kiue* Orientaux; il demanda à l'Empereur le jour & le lieu de l'affemblée. Cette nouvelle allarma furieufement *Kie-li-khan*, Empereur des *Tou-kiue* Orientaux; il demanda la paix, & l'obtint. *Toum-che-hou-khan* vint demander une *Koum-tchu* de la Chine en mariage; on la lui promit. L'Empereur de Chine envoya *Vam-tao-lii* dans fes Etats. Le *Khan* fut ravi de cet honneur. Il renvoya *Vam-tao-lii* honorablement, & le fit accompagner par fes Ambaffadeurs, qu'il chargea de riches préfents pour l'Empereur de Chine. Les *Tou-kiue* Orientaux ne leur permirent pas de paffer, & ils attaquerent la Chine. Cela empêcha le mariage de *Toum-che hou-khan*. Sa grande profpérité le rendit infolent & infupportable aux fiens, qui fe révolterent & l'abandonnerent en grand nombre. *Mo-ho-tho*, un de fes oncles, le tua. L'Empereur de Chine voulût lui envoyer des préfents funebres, mais les troubles l'en empêcherent.

Mo-ho-tho fe faifit de l'Empire, & prit le titre de *Kiu-li-ki-pi-khan*. Il envoya auffi-tôt des préfents en Chine. *Mo-ho-tho* étoit auparavant un petit *Khan* des *Tou-kiue*. Après qu'il eut pris le titre de grand *Khan*, les *Tou-kiue* s'aliénerent de lui. L'horde ou la nation des *Nou-che-pi* fe créa un Empereur. Ils choifirent pour cela *Ni-cho*, & le proclamerent fous le titre de *Mo-ho-che-khan*. *Ni-cho* ne voulut point accepter l'Empire. *Thie-li-the-le*, fils de *Toum-che-hou-khan*, fuyant la cruauté de *Mo-ho-the*, s'étoit retiré à *Kham-kiu* (*Samarkand*:) *Ni-cho* s'avança pour l'aller recevoir, & le reconnut Empereur, fous le titre d'*Y-pi-po-lo-ffe-che-hou-khan*. Celui-ci fit une guerre opiniâtre à *Mo-ho-tho*, ou bien *Ki-pi-khan*, qui fe portoit pour Empereur dans fes Etats. Ils envoyerent tous deux des Ambaffadeurs en Chine avec des préfents. L'Empereur *Tham-thai-tçoum* pleura long-temps la mort de *Kho-fii-no-khan*; il lui fit des obfeques royales. *Ki-pi-khan* envoya, l'an 630, des Ambaffadeurs à *Tham-thai-tçoum*, demander une *Koum-tchu* en mariage. L'Empereur rejetta la propofition : „ On ne „ fait encore, répondit-il, qui eft le Roi parmi vous, „ ni qui eft le fujet; eft-ce le temps de fonger au ma- „ riage? Songez à vous accorder enfemble, & ceffez „ de vous déchirer mutuellement ". Ce refus fut caufe que les Royaumes de l'Occident fe révolterent contre *Ki-pi-khan*. Tous l'abandonnerent & fe donnerent à *Se-che-hou-khan*; tous s'unirent enfemble, & prirent les armes contre lui. Il prit la fuite, & alla s'emparer des Monts d'Or, où il fut mis à mort par *Ni-cho*, qui proclama auffi-tôt après *Se-che-hou*, grand *Khan*. Celui-ci ne fut pas plutôt inftallé, qu'il porta la guerre chez les *Thie-le* & les *Sie-yen-tho*. Il fut défait par ces derniers. *Se-che-hou-khan* étoit foupçonneux, intraitable & fans aucune grandeur d'ame. Il avoit fous lui un petit *Khan*, nommé *Yi-la*, qui avoit rendu des fervices incomparables à l'Etat. Il prêta l'oreille aux accufations fecretes, & le fit exterminer avec toute fa famille; ce qui effraya tout le monde. Il devint pareillement jaloux de *Ni-cho*, & cherchoit à s'en défaire. *Ni-chu* qui preſſentoit ſa perte, prit la fuite, & ſe retira dans le Royaume de *Yen-ki*.

Quelque temps après, *Mo-pi-tha-khan*, de concert avec les Commandants des *Nou-che-pi*, conjura contre *Se-che-mo-khan*, (ce doit être *Se-che-hou-khan*,) lequel découvrit la conſpiration, & s'enfuit dans le *Khan-kiu*; (c'eſt, diſent les Chinois, le Royaume de *Samarkand*:) il y mourut de chagrin. Les ſujets de *Ni-cho* le vinrent trouver dans le Royaume de *Yen-khi*, & le proclamerent leur Empereur, ſous le titre de *Tou-lou-khan*, (peut-être *Tour-khan*.) *Mo-ho-che*, pere de *Tou-lou-khan*, étoit ſujet de *Thoum-che-hou-khan*. Il vint en ambaſſade en Chine. L'Empereur *Tham-thai-tçoum* fit alliance fraternelle avec lui, laquelle fut confirmée par ſerment. Il mourut, & *Ni-cho* lui ſuccéda. Quelques-uns diſent que *Ni-cho* ayant été proclamé *Khan*, envoya des Ambaſſadeurs en Chine, pour déclarer qu'il ne pouvoit recevoir cette dignité. Nonobſtant cela, l'Empereur envoya un Grand de ſa Cour, pour le créer *Khan* dans les formes, ſous le titre de *Tien-a-leou-pa-li-pii-thou-lou-khan*. *Ni-cho* renvoya une ambaſſade pour remercier l'Empereur. *Tham-kao-tçou*, qui venoit de céder l'Empire à ſon fils *Tham-thai-tçoum*, fit un feſtin aux Ambaſſadeurs. Durant le repas, il dit à *Tcham-ſun-vou-kii*: ,, A-t-on vu juſqu'à préſent les ,, Barbares auſſi ſoumis à la Chine qu'ils le ſont au- ,, jourd'hui " ? *Tcham-ſun-vou-kii*, pour toute réponſe, prit une taſſe de vin, & la préſentant à *Tham-kao-tçou*, lui ſouhaita une vie de dix millions d'années. *Tham-kao-tçou* fut ravi de cela; & ayant fait remplir une autre taſſe de vin, il la fit donner à l'Empereur *Tham thai-tçoum*, ſon fils. Celui-ci proſternant en terre & la frappant avec le front, pour rendre grace de cet honneur à ſon pere, lui préſenta à ſon tour la taſſe pleine pour lui ſouhaiter une longue vie.

Thou-lou-khan étant mort, *Toum-gho-che*, ſon frere cadet, prit ſa place, ſous le titre de *Cha-po-lo-thie-li-che-khan*. (Il ne faut pas le confondre avec un *Khan* des *Tou-kiue* ſeptentrionaux, qui portoit le même titre.) Il envoya trois ambaſſades en Chine dans l'eſpace d'un an, avec des préſents, pour demander une Princeſſe du ſang en mariage. L'Empereur la lui refuſa, en lui donnant pourtant des marques de bonté. Ce Grand *Khan* diviſa ſon Empire en 10 hordes ou Provinces Tartares, à chacune deſquelles il aſſigna un Vice-*Khan* ſous le titre de *Che*. Il donna à chaque *Che* une fleche : ce qui fut cauſe qu'on nomma ces Provinces les *dix fleches*. Il diviſa encore ces Provinces en deux parties, en celle de la droite, & en celle de la gauche. Aux cinq hordes de *Tcheou-thou-lou*, qui compoſoient la partie de la gauche, il prépoſa cinq Grands *Tchue*, qui réſidoient à l'Orient, au Royaume de *Tçoui-che*. Aux cinq hordes de *Nou-che-pi* qui compoſoient la partie de la droite, il prépoſa cinq Grands *Ki-kin*, qui réſidoient à l'Occident du même *Tçoui-che*. A ces dix fleches ou Provinces, il donna encore le titre des dix familles. Après tout, il ne put gagner l'affection de ſes ſujets. Le *Tou-tun*, Généraliſſime de ſa propre horde, l'attaqua au dépourvu. Le *Khan*, de ſon côté, préſenta la bataille au *Tou-tun*; mais ayant été vaincu & obligé de ſe retirer, il s'enfuit avec *Che-li-che*, ſon frere cadet, dans le Royaume de *Yen-khi*. Le *Ki-kin*, nommé *Aſii-kii-lan* (*Aſkhi-lan*,) & le *Tou-tun*, Généraliſſime, aſſemblerent la nation, & firent proclamer *Yu-kou-che*, ſous le titre de Grand *Khan*. Celui-ci créa *Thie-li-che* petit *Khan*; mais *Yu-kou-che-khan* ayant été défait dans un combat par un de ſes *Ki-kin*, *Thie-li-che-khan* rentra dans ſes Etats. Nonobſtant cela, les hordes de l'Occident, ou de la droite, proclamerent une ſeconde fois *Yu-kou-che*, ſous le titre de *Y-pii-thou-lou-khan*. Celui-ci & *Thie-li-che-khan* ſe firent une cruelle guerre, qui fit périr un nombre innombrable d'hommes.

Pour la terminer, il fallut diviſer l'Empire en Oriental & en Occidental par la riviere d'*Ylie*. Ce qui étoit à l'Occident de l'*Y-lie* demeura à *Thou-lou-khan*, & ce qui étoit à l'Orient devint le partage de *Thie-li-che-khan*. Depuis ce temps-là, les *Tou-kiue* Occidentaux furent ſous-diviſés en Orientaux & en Occidentaux. *Thou-lou-khan* établit ſa Cour à l'Occident des monts *Tçou-khai*, & cette Cour fut nommée Septentrionale. Les *Kiao-ma* les *Kie-khou* & autres Royaumes en dépendoient. *Tho-lou-khan*, d'intelligence avec les *Tou-tun*, & les *Ki-li-fa* de l'horde *Thie-li-che-khan*, lui fit la guerre. *Thie-li-che*, au déſeſpoir de ſe voir trahi, s'enfuit dans le *Pa-han-na*, où il mourut. Ses ſujets mirent ſon fils en ſa place, ſous le titre d'*Yi-kiu-li-che-yi-pi-khau*, lequel mourut un an après. Les principaux Commandants des *Nou-che-pi* appellerent à l'Empire *Pi-kia-thou-che-hou*, fils de *Kia-ho-che*, & le proclamerent ſous le titre d'*Yi-pi-cha-po-lo-che-hou-khan*. L'Empereur *Tham-thai-tçoum* députa des Ambaſſadeurs, pour le créer dans toutes les formes. Le *Khan* plaça ſa Cour au ſeptentrion de la riviere de *Soui-ho*, & cette Cour ſe nomma la Cour du Midi. Cet Empire étoit borné à l'Occident par la riviere d'*Y-lie*, par les Royaumes de *Khieou-tçe*, (ou *Kaſchgar*,) de *Chen-chen*, de *Tçu-mo*, de *Thou-ho-lo* (dans le *Khoraſſan*,) de *Yen-ki*, de *Che*, de *Se*, de *Ho*, de *Mou*, de *Kham*, & autres qui en dépendoient.

Dans ce temps-là, les forces de *Thou-lou-khan* s'étoient augmentées peu-à-peu. Il livra pluſieurs batailles à *Cha-po-lo-che-hou-khan*. Il arriva que les Ambaſſadeurs de ces deux *Khan* ſe trouverent en même-temps à la Cour de l'Empereur de la Chine. L'Empereur les exhorta à la paix, & leur ordonna de mettre bas les armes. *Thou-lou-khan* refuſa d'obéir, & envoya auſſi-tôt un de ſes *Tou-tun*, attaquer *Cha-po-lo-che-hou-khan*, qui fut tué. *Thou-lou-khan* s'empara de ſes Etats; mais les *Nou-che-pi* refuſerent de ſe ſoumettre à lui, & ſe retirerent. Cependant *Thou-lou-khan* attaqua *Thou-lo-ho*, & le ſubjugua. Enſuite il rabattit vers l'Orient, & vint tomber ſur *Y-tcheou*, & ſur *Ghan-ſi* où le Généraliſſime Chinois de la Tartarie, nommé *Kouo-hiao-kho*, faiſoit ſa réſidence. *Kouo-hiao-kho* s'avança à la tête de 2000 chevaux légers; & l'ayant combattu, il le défit. *Thou-lou-khan*, après ſa défaite, menant avec lui les *Tchu-yue* & les *Tchu-mii*, vint aſſiéger les monts *Thien-chan* ou *Céleſtes*. *Kouo-hiao-kho* pourſuivant ſa victoire, força la ville où réſidoit le *Ki-kin* des *Tchu-yue*. Il pouſſa de-là juſqu'aux monts *Gho-ſſo*, où les *Tchu-mii* ſe rendirent à lui; enſuite il s'en retourna. *Thou-lou-khan*, Prince violent & ſuperbe, arrêta les Ambaſſadeurs Chinois qui étoient à ſa Cour, apportant pour prétexte qu'il avoit appris que le fils du Ciel régnant en Chine étoit un Prince vaillant; qu'ainſi il vouloit qu'ils fuſſent témoins de la maniere dont il alloit dompter le *Khan-kiu*, (ou Royaume de *Samarkand*;) qu'enſuite ils jugeroient ſi lui pouvoit ſe comparer en bravoure avec leur Empereur; ainſi il les mena avec lui dans ſon expédition. Paſſant par le Royaume de *Mii*, il le ſurprit, le força, & fit captifs tous ſes habitans. Il ne partagea point le butin avec ſes troupes. Cela choqua *Ni-cho-tchue*, Général de l'armée, qui enleva les dépouilles par force. *Thou-lou-khan* lui fit trancher la tête ſur le champ, à la vue de toute l'armée. Un des Lieutenants de *Ni-cho-tchue*, qui s'appelloit *Hou-lo-ouo*, (ou peut-être *Hou-la-ghou*,) prit les armes à l'inſtant, & attaqua *Thou-lou-khan*. Il périt beaucoup de troupes dans cette occaſion, & tout l'Empire fut en combuſtion.

Thou-lou-khan ſe retira dans le *Thou-ho-lo*. Ses Grands lui conſeilloient de retourner dans ſes Etats. Il mépriſa ce conſeil, & paſſa avec toute ſon armée la riviere de *Che* & le Royaume de même nom. Il fut preſque abandonné de tous les ſiens durant cette marche; ce qui l'obligea d'aller ſe renfermer dans la ville de *Kha-hha-tun*, (ou *Kha-toun*, c'eſt-à-dire, de l'*Impératrice*.) Il en ſortit mal-à-propos pour aller rappeller les révoltés & les fuyards. Le *Ki-kin*, nommé *Askilan*, vint l'attaquer, & le mit en déroute. Le *Khan* se saisit de la ville de *Pe-choui-ho*, & y demeura. Les *Nou-che-pi* ne pouvoient souffrir que *Thou-lo-khan* régnât. Ils envoyerent des Ambassadeurs en Chine, pour demander à l'Empereur qu'il voulut bien leur créer un *Khan*. L'Empereur envoya un Officier Chinois avec des Lettres & un Edit, par lequel il étoit ordonné aux principaux de la nation de choisir parmi les Princes du sang des *Khan*, celui qui auroit le plus de mérite & de sagesse. Ils choisirent le fils d'*Yi-kiu-li-che-yi-pi-khan*, & lui donnerent le titre d'*Y-pi-che-houei-hhan*. Aussi-tôt qu'*Y-pi-che-houei-hhan* eut pris possession de l'Empire, il donna la liberté aux Ambassadeurs Chinois, & donna ordre aux *Nou-che-pi* de faire le siege de *Pe-choui-ho-tchim*. *Thou-lou-khan* sortit de la ville, & vint en bataille recevoir les *Nou-che-pi*, qui ne purent tenir contre lui. Il se servit de cette victoire pour rappeller au devoir les révoltés ; mais ils persisterent dans leur rébellion, ce qui l'obligea de s'enfuir dans le *Thou-ho-lo*. Cependant *Yi-pi-che-kouei-khan* envoya son tribut en Chine par des Ambassadeurs, & demanda une Princesse Chinoise en mariage. L'Empereur lui ordonna de céder en propre à la Chine cinq Royaumes, savoir *Kieou-içe*, (ou *Kaschgar*,) *Yu-tien*, *So-le*, *Tchu-kiu-po*, & *Tçoum-lim*, moyennant quoi on lui accorderoit sa demande ; il rompit le mariage. Dans ces entrefaites, *Asse-na-ho-lou* se révolta contre lui, & lui ravit l'Empire.

Asse-na-ho-lou étoit petit-fils du petit-fils de *Che-hie-hii-khan*. Le nom de son pere étoit *Y-pou-li-che-che-kouei-the-le-kie-yue*. Avant cela, *Asse-na-pou-tchin* s'étoit retiré dans ses Etats. *Tgou-lou-khan* donna la charge de *Che-hou*, qu'il géroit, à son frere *Asse-na-ho-lou*. Celui-ci habitoit les bords de la riviere de *Tho-lo-sse*, (ou *Tho-ros* ou *Tha-ras*) à cent cinquante lieues droit au Nord de *Si-tcheou*. Il commandoit les *Tchue-yue*, les *Tchu-mii*, les *Kou-sou*, les *Kho-lo-lo*, & les *Nou-che-pi*, qui étoient cinq des dix familles. Dès que *Thou-lou-khan* se fut retiré chez les *Thou-ho-lo*, aussi-tôt *Y-pi-che-kouei-khan* donna la chasse à *Ho-lou* ; de sorte qu'il ne pouvoit se fixer en aucun lieu. La plupart de ses gens se dissiperent. Les *Tchi-che-ti*, les *Tchu-mou-kouen*, & les *Po-pi*, trois peuples Tartares, reconnoissant l'innocence de *Ho-lou*, demanderent grace pour lui à *Yi-pi-che-kouei-khan*. Celui-ci s'en offensa, & voulut punir trois hordes suppliantes. Elles, offensées à leur tour, se joignirent à *Ho-lou*, & vinrent se soumettre de concert à l'Empereur de Chine, & se réduire en Province. L'Empereur les reçut avec bonté. La Chine alloit châtier le Royaume de *Kaschghar*. Ils s'offrirent à servir de guides, & à composer l'avant-garde de son armée. L'Empereur reçut leur offre, & nomma les Généraux. Ils alloient partir, lorsque la mort enleva l'Empereur *Tham-thai-tçoum*. Cela fit changer d'avis à *Ho-lou*, & il résolut de se rendre maître des deux Provinces de la Cour occidentale des *Tou-kiue*, appartenantes à la Chine.

Tham-kao-tçoum, qui venoit de succéder à *Tham-thai-tçoum*, envoya un Député à *Ho-lou* pour le consoler, & pour l'obliger à envoyer *Thie-yun*, son fils, en Chine, pour prendre place parmi les Gardes-du-Corps ; il fut fait Lieutenant-Général des Gardes de la Gauche. Quelque temps après, il fut renvoyé à son pere, lequel il exhorta à tourner ses armes du côté de l'Occident, & à se rendre maître des Etats de *Tou-lou-khan*. *Ho-lou* plaça le siege de son Empire dans le pays de mille-fontaines. Il prit de lui-même le titre de *Cha-po-lo-khan*, & s'empara des pays des dix familles. *Tou-lou-khan* avoit cinq *Tchue* (ou *Thiue-tchue*) qui commandoient l'un aux *Tchu-mou-khouen*, & aux *Lu*, l'autre aux *Hou-lo-ouo*, le troisieme aux *Che-che-ti-tun*, le quatrieme aux *Tou-ki-chi* & aux *Ho-lo-chi*, le cinquieme aux *Chu-ni-chi*, & aux *Tchu-pan*. Il avoit pareillement cinq *Ki-kin*, dont le premier commandoit aux *Asii-kie-kiue*,

le second aux *Kho-chu-kius*, le troisieme aux *Kiao-han-kan-tun-cha-po*, le quatrieme aux *Asii-kiue-ni-cho*, le cinquieme aux *Kho-chu-tchu-pan*. Le *Tchue* des *Hou-lo-ouo* étoit gendre de *Ho-lou*. Le plus puissant de tous étoit *Asii-kie-kiue-ki-kin*. Il avoit sous ses étendards quelques centaines de milliers de cavaliers. *Ho-lou* créa *Thie-yun*, son fils *Mo-ho-tchou-che-hou*, & alla aussi-tôt attaquer les Provinces de la Cour. Il s'empara de plusieurs villes du troisieme ordre, & fit le dégât dans les pays ; ensuite il se retira.

L'Empereur de Chine fit marcher quatre Généraux Chinois avec 30000 hommes Chinois, & 50000 cavaliers *Hoei-he*, pour aller porter la guerre chez *Ho-lou*. Le Vice-Roi Chinois des deux Provinces de la Cour occidentale, nommé *Lo-houm-y*, suggéra ce conseil à l'Empereur. ,, Ce qui fait que la Chine ,, gouverne les Barbares avec les rênes de la bonne ,, foi, c'est qu'elle sait employer l'Epikie à propos, ,, & se servir des conjonctures favorables. *Ho-lou* se ,, borne à défendre une ville. La rigueur de l'hyver ,, & la multitude des neiges, lui font croire que les ,, Chinois ne sauroient venir l'attaquer. Il faut se ser-,, vir de cette persuasion pour l'accabler tout d'un coup ,, & sans ressource. Si l'on differe jusqu'au printemps, ,, il arrivera infailliblement quelque changement désa-,, vantageux. S'il s'apperçoit que les Royaumes Tarta-,, res ne se réunissent pas sous les drapeaux de la Chine ,, pour le venir attaquer, il ne manquera pas de se reti-,, rer bien loin. L'intérêt de la Chine, c'est de punir ,, *Ho-lou* de sa témérité. Celui de la Tartarie soule-,, vée, c'est de se délivrer de la tyrannie de *Ho-lou*. Si ,, les Chinois different de lui faire la guerre, les Tar-,, tares seront obligés de se réunir à lui. Ainsi quel-,, que rigoureux que soit l'hyver, quelque violents que ,, soient les vents, quoiqu'il en doive coûter les doigts ,, aux soldats, il ne faut pourtant pas laisser de mar-,, cher incessamment, pour ne pas dépenser les vivres ,, des magasins, & ne pas donner aux voleurs le ,, temps d'unir leurs forces, de s'affermir dans la ré-,, volte, & de s'exempter de la mort qui leur est pré-,, parée. Je supplie donc Votre Majesté de donner ,, amnistie du passé aux *Tchu-yue*, aux *Tchu-mii*, & ,, aux autres Tartares, pour ne s'attacher qu'à la puni-,, tion de *Ho-lou*. Quand on veut remédier prompte-,, ment à un mal, il faut l'attaquer par la racine, & ,, non pas commencer par les branches & par les ,, feuilles. Il faut ordonner aux (*Nou*)-*che-pi*, aux ,, *Tchu-yue*, aux *Tchu-mii*, aux *Ki-pii*, & aux au-,, tres Tartares de prendre les armes, & les obliger ,, de marcher à la hâte, après leur avoir fourni des ,, vivres pour un mois. La grande armée demeurera ,, cependant campée sur les bords de la riviere de ,, *Pim-lo*, & servira de secours aux Tartares. C'est-,, là ce qui s'appelle se servir de la force des Barba-,, res pour détruire les loups ''.

L'Empereur approuva ce conseil, & ordonna à *Lo-houm-y* d'accompagner *Leam-kien-fam*, Généralissime de l'armée Chinoise, & de l'aider de ses conseils. Durant ces entrefaites, *Tchu-ye-khu-tchu*, Commandant des *Tchu-yué*, qui alloit se joindre avec ses troupes à *Ho-lou*, s'empara du mont *Lao*. *Leam-kien-fam* alla l'y attaquer, le mit en fuite, le poursuivit durant 50 lieues ; & l'ayant pris, il lui fit couper la tête, & à 9000 *Yue-tchu*. Il fit captifs 60 de ses principaux Officiers. Cet incident rompit les mesures de *Lo-houm-y*. L'an 653, l'Empereur *Tham-kao-tçoum* envoya une seconde armée, dont *Tchim-tchi-sie* fut le Généralissime. Cette année même, *Thou-lou-khan* mourut. Son fils *Tchin-tchu* qui étoit *Che-hou*, supplia l'Empereur de continuer de faire la guerre à *Ho-lou*, s'offrant de le servir de toutes ses forces. *Ho-lou* l'arrêta, & l'empêcha de se venir joindre aux Chinois. L'année suivante 654, le Généralissime *Tchim-tchi-tçie* attaqua les *Kho-lo-lo*, & les *Tchu-yue*. Il leur emporta mille têtes, & les chevaux qu'il leur enleva, se comptoient par dixaines de mille.

Un de ſes Lieutenants - Généraux, nommé *Tcheou-tchi-tou*, attaqua, de ſon côté, la ville des *Tchu-mou-kouen*. Il la força, & y prit ou tua trente mille hommes. *Sou-tim-fam*, qui commandoit l'avant-garde de l'armée Chinoiſe, attaqua les *Chu-ni-chi*, ſujets de *Ho-lou*, ſur les bords de la riviere nommée *Ym-ſo*, en fit un grand carnage, & enleva un riche butin. La terre étoit couverte des armes que l'ennemi avoit jettées pour fuir. *Van-ven-tou*, autre Lieutenant du Généraliſſime, refuſa de combattre. Il s'attacha à la ville de *Ta-tou*, la pilla, & fit paſſer les habitants au fil de l'épée. Le Généraliſſime *Tchim-tche-tçie* ne put l'en empêcher.

L'an 656, le Généraliſſime de l'armée, menant avec lui l'Intendant-Général Chinois de *Yen-gen*, pays de Tartarie, lequel ſe nommoit *Gin-ya-fiam*, le Lieutenant de cet Intendant, nommé *Siao-ſſe-ye*, le Général de *Han-hai* (pays de Tartarie,) lequel étoit *Hoei-he* de nation, & autres Officiers Généraux, pourſuivit l'ennemi à outrance. L'Empereur nomma Généraux *Aſſé-na-mii-che*, & *Aſſé-na-pou-tchin*, & leur ordonna de faire prendre à leurs armées la route des Monts d'Or. Le *Ki-kin*, nommé *Nun-thu-lo*, vint ſe rendre à eux avec plus de dix mille tentes de Tartares. *Sou-tim-fam* avec une troupe de cavaliers choiſis, pouſſa juſqu'à l'occident de la riviere *Yi-thie*, où il combattit les *Tchu-mou-kouen*, & les défit. Alors *Ho-lou*, ſe mettant à la tête de cent mille combattants tirés des dix familles ou fleches, vint s'oppoſer à *Sou-tim-fam*. Celui-ci l'attendit de pied ferme avec les dix mille Chinois qu'il commandoit. *Ho-lou* voyant le petit nombre de Chinois, les fit inveſtir de tous côtés par ſon armée. *Sou-tim-fam* fit une phalange épaiſſe, ou un bataillon quarré de ſon infanterie dans la plaine, & fit faire face de tous côtés avec les piques croiſées & baiſſées. Il rangea ſa cavalerie au ſeptentrion de ce bataillon. *Ho-lou* fit d'abord attaquer le bataillon quarré. Les Tartares donnerent trois fois ſans le pouvoir enfoncer. Alors *Sou-tim-fam* ordonna à ſa cavalerie de donner; ce qu'elle fit avec tant de ſuccès, que les Tartares furent mis en déſordre, & prirent la fuite. Les Chinois les pourſuivirent, & en tuerent ou prirent trente mille. Entr'autres, ils mirent à mort un des Généraux de l'ennemi, nommé *Tou-tou-ta-yu*, & deux cents autres des principaux Officiers. Le lendemain *Sou-tim-fam* pourſuivit ſa victoire. Les cinq familles ou fleches de *Nou-che-pi* ſe rendirent toutes à lui. Les cinq autres familles de *Thou-lou*, ayant appris la défaite de *Hou-lou*, prirent la route du midi, & vinrent ſe rendre à *Aſſé-na-pou-tchin*. *Sou-tim-fam* ordonna à *Se-ye-po-kouei* de marcher inceſſamment vers la riviere de *Ye-lo-ſſe*, & de pourſuivre vivement l'ennemi, & à *Gin-ya-fiam* de le ſuivre (lui *Sou-tim-fam*) avec les Tartares qui s'étoient rendus aux Chinois.

Il ſurvint une furieuſe neige durant la marche. L'armée demandoit qu'on attendît que la neige fût paſſée; mais *Sou-tim-fam* ne le voulut pas permettre. „ L'ennemi croira, ſans doute, *dit-il*, que notre armée ne „ pourra avancer au travers de l'obſcurité & de la „ neige; il faut donc le ſurprendre. Si nous retardons notre marche, il aura le temps de s'écarter. Le „ meilleur de tous les expédients, c'eſt de profiter du „ temps, & de joindre ſuccès à ſuccès ". Après cela l'armée marcha jour & nuit ſans interruption. Par-tout où elle paſſoit, elle enlevoit tout, hommes & animaux. Elle arriva ſur les bords de la riviere nommée *Chouam-ho*, c'eſt-à-dire, en Chinois, la *riviere double*,) où elle ſe joignit à celle que commandoient *Aſſé-na-mii-che* & *Aſſé-na-pou-tchin*. On fit repaître les hommes & les chevaux, qui reprirent leurs forces. L'armée ainſi réunie étoit encore éloignée de 20 lieues du camp de *Ho-lou*. Elle marcha en ordre de bataille, & arriva au pied des monts *Kin-ya*. Les troupes de *Ho-lou* étoient pour lors occupées à la chaſſe. *Sou-*

tin-fam voyant cela, tire à toutes brides droit au camp; le force, y fait pluſieurs dixaines de milliers de captifs, & enleve toutes les armes. *Ho-lou* paſſa la riviere d'*Y-li*, (ou peut-être d'*Y-liè*.) *Se-ye-po-kouei* alla camper dans le territoire de mille fontaines. *Aſſé-na-mii-che* pouſſa juſqu'à l'*Y-li*. Les hordes des *Tchu-yue* & des *Tchu-mii* ſubirent ſon joug. L'armée vint camper ſur la double riviere. *Ho-lou* avoit eu la prévoyance de laiſſer-là *Pou-che-ta-yu*, qui y étoit retranché; celui-ci ſe défendit, mais il fut forcé par *Aſſé-na-mii-che*, & prit la fuite.

Cependant *Sou-tim-fam* pourſuivit *Ho-lou*; & l'ayant atteint ſur les bords de la riviere de *Soui-che*, (ou *Soui-ye*,) il lui enleva tout ſon monde, & tout ſon bagage. *Ho-lou* & *Thie-yun*, ſon fils, prirent la fuite vers *Chu-nao-che*. Quand ils furent arrivés à *Sou-thou*, ville du Royaume de *Che*, leurs chevaux ne purent plus avancer; & la faim les preſſa. Ils obtinrent, par des préſents de joyaux, la permiſſion d'entrer dans la ville pour y acheter des chevaux & des vivres. Le Gouverneur de la ville, nommé *Y-kim-ta-yu*, vint au-devant d'eux. A peine furent-ils entrés dans la ville, qu'il les fit garotter, & les envoya au Roi de *Che*. *Aſſé-na-mii-che*, ſon fils, *Aſſé-na yuen-chouam*, & *Se-ye-po-kouei* arriverent en même-temps avec leur armée à *Ché*; (le pays de *Ché* eſt près de *Samarkand*,) & ſe ſaiſirent de *Ho-lou* & de ſon fils. Enſuite ils licencierent leurs troupes. Ils ouvrirent des chemins, & y établirent des poſtes (juſqu'en Chine.) Ils firent enterrer les oſſemens des morts, & s'informerent des miſeres des peuples pour les ſoulager: ils firent rendre à chacun ce que *Ho-lou* leur avoit enlevé. Le ſuccès de cette expédition procura la paix à l'Occident. *Ho-lou* parlant à *Se-ye-po-kouei*, lui dit: „ Je ſuis un malheureux „ captif. L'Empereur *Tham-thai-tçoum*, durant ſa „ vie, m'avoit comblé de bienfaits, que j'ai payés „ d'ingratitude. L'Empereur régnant, juſtement cour„ roucé, m'a fait reſſentir les terribles effets de ſa ven„ geance; me puis-je plaindre de lui? Je ſais que les „ coupables, ſuivant la Loi de la Chine, doivent „ être executés en plein marché. La grace que je de„ mande, c'eſt que l'on me faſſe mourir devant le ſe„ pulcre du feu Empereur *Tham-thai-tçoum*, pour „ lui faire en quelque façon amende honorable par „ mon ſupplice. Le feu Empereur mon pere, ré„ pondit *Tham-kao-tçoum*, après avoir été informé „ de ſa demande, avoit créé *Ho-lou* Chef de deux „ mille tentes: *Ho-lou* eſt coupable, & a été pris les „ armes à la main. Eſt-il permis d'en faire une offran„ de à l'Empereur mon pere? L'ancienne coutume, „ répondit *Kim-tçoum*, ordonne qu'après qu'une „ armée eſt retournée victorieuſe, les Officiers géné„ raux ſoient conduits au temple des ancêtres de l'Em„ pereur, & qu'on leur y donne à boire après les ſa„ crifices finis; mais lorſque les Rois tributaires pré„ ſentent des captifs à l'Empereur, je n'ay jamais „ oui dire qu'on en faſſe une offrande aux ſépulcres „ des Empereurs défunts. Cependant comme Votre „ Majeſté regarde avec la même vénération les ſépul„ cres de ſes ancêtres & leurs temples, on peut ac„ corder à *Ho-lou* ſa demande, ſans aucune difficul„ té ". On prit donc *Ho-lou*, & on le préſenta devant le ſépulcre de *Tham-thai-tçoum*. Après que la cérémonie fut achevée, l'Empereur lui fit grace.

Ho-lou, ayant été dépouillé de ſes Etats, l'Empereur les diſtribua en Provinces & en villes, ſelon la maniere Chinoiſe. Au-deſſus des Vice-Rois & des Gouverneurs, il établit deux Commandants Généraux, dont l'un l'étoit de *Kouen-lim*, & l'autre de *Moum-sche*, (car il nomma ainſi les deux moitiés de cet Empire,) leſquels pourtant dépendoient du Généraliſſime Chinois de toute la Tartarie, qui réſidoit à *Ghan-ſi*. De cette ſorte tout dépendoit de celui-ci dans la Tartarie, juſqu'à la Perſe incluſivement (en

partie.)

partie.) Il conféra à *Affe-na-mii-che* le titre de *Him-fii-yam-khan*, (c'est-à-dire, en Chinois, le *Khan reſtaurateur de l'Empire ancien*,) & joignit à ce titre la dignité de Généraliſſime de *Kouen-lim*. Il fit Généraliſſime de *Moum-tche*, *Affe-na-pou-tchin*, & lui donna le titre de *Ki-yam-tçue-khan*, (c'est-à-dire en Chinois le *Khan qui ſuccede à celui qui eſt paſſé & détruit.*) Le Généraliſſime de *Kouen-lim* commandoit aux cinq familles, ou fleches des *Thou-lou*, & celui de *Moum-tche* aux cinq familles des *Nou-che-pi*. L'Empereur fit à chacun de ces nouveaux *Khan* une gratification de 100000 pieces de ſoie, & envoya un Grand de ſa Cour les créer *Khan* ſur les lieux. La mort de *Ho-lou* étant ſurvenue, l'Empereur ordonna qu'il fût enterré auprès de *Kie-li-khan*, & lui fit ériger un monument, où l'on grava un abrégé de ſes aventures.

Affe-na-mii-che étoit pareillement petit-fils du petit-fils de *Che-bie-mii-khan*. La charge de *Mo-hothou-che-hou* étoit héréditaire dans ſa famille. L'Empereur *Tham-thai-tçoum* avoit envoyé un Ambaſſadeur exprès pour créer *Affe-na-mii-che* Empereur, & lui avoit donné le titre de *Hi-li-pii-thou-lou-khan*. *Affe-na-pou-tchin* qui avoit le germain ſur lui, forma le deſſein d'attenter à ſa vie, pour devenir Empereur en ſa place. *Affe-na-mii-che* ne pouvant tenir contre lui, vint à la tête des *Tchu-yue*, des *Tchu-mii*, & autres de ſes ſujets, trouver l'Empereur de Chine, qui le mit au rang des Généraux de ſa garde. Cependant *Affe-na-pou-tchin* prit les rênes du Gouvernement, avec le titre de *Thou-lou-che-hou*. Il ne contenta pas mieux que ſon couſin ; ce qui l'obligea de venir avec toute ſa famille ſe refugier en Chine, où l'Empereur lui donna la dignité de Généraliſſime des garniſons de la Gauche. *Affe-na-mii-che* accompagna *Tham-thai-tçoum* dans ſon expédition contre la Corée. L'Empereur étant retourné victorieux, créa *Affe-na-mii-che* Comte d'une ville de Chine, pour le récompenſer de ſes ſervices. Après la défaite de *Ho-lou*, il fut créé *Khan* ainſi qu'*Affe-na-pou-tchin*, avec pouvoir l'un & l'autre de nommer des Vice-Rois au nom de l'Empereur de Chine. Cette même année, *Affe-na-mii-che* fit la guerre au *Che-hou* de *Tchin-tchu* ; (c'eſt apparemment le *Si-hon*, fleuve des *Usbeks*.) Il le combattit ſur les bords de la double riviere ; & l'ayant vaincu & pris, il lui fit trancher la tête ; il fit auſſi mourir deux de ſes *Kiue-tchue*. Mais ni *Affe-na-mii-che*, ni *Affe-na-pou-tchin* n'avoient les qualités néceſſaires pour le gouvernement. Ils furent bientôt l'objet de la haine publique. Leurs ſujets ſongerent à s'allier avec *Tou-man*, qui ſe mettant à la tête de trois Royaumes Tartares, celui de *So-le*, celui de *Tchu-kiu-po*, & celui de *Kha-pantho*, ſe révolta. Ils déclarerent la guerre au Royaume de *Yu-thien*, (dépendant de la Chine près des Indes.) *Sou-tim-fam*, qui avoit été fait Généraliſſime des Gardes à cheval de la Gauche, marcha pour les réduire. *Tou-man* s'étoit retranché ſur les bords de la riviere de *Ma-theou-tchouen*.

L'an 660, *Sou-tim-fam* ſe préſenta devant la ville dont *Tou-man* s'étoit ſaiſi, l'attaqua, & l'obligea à ſe rendre. L'an 662, *Affe-na-mii-che*, & *Affe-na-poutchin* joignirent leurs forces à celles de *Sou-hai-tchim*, Généraliſſime Chinois de *Yu-hai*, (pays de Tartarie,) & allerent avec lui porter la guerre dans le *Kieou-tçe*, (ou Royaume de *Kaſchghar*.) *Affe-na-pou-tchin* conſervoit toujours une haine ſecrete pour *Affe-na-mii-che*, & il vouloit ſe rendre maître de ſon gouvernement. Il l'accuſa de trahiſon devant le tribunal de *Sou-hai-tchim*. Celui-ci, au-lieu d'examiner la choſe, aſſembla tous ſes Officiers, & réſolut avec eux de le prévenir. C'eſt pourquoi feignant un ordre de l'Empereur de diſtribuer des dons à ſes troupes, il le fit appeller ; & l'autre étant venu avec tous ſes ſoldats, il le fit prendre avec les ſiens, & leur fit cou-

per la tête à tous. Un des Officiers du mort, nommé *Chu-ni-chi-po-ſai-kan*, ſe révolta, & prit la fuite. *Sou-hai-tchim* le fit ſuivre, l'attrapa, & le punit. Cependant *Affe-na-pou-tchin* vint à mourir. L'Empereur de Chine, l'an 671, mit en ſa place un Chef des *Tou-kiue* Occidentaux, nommé *Affe-na-tou-chi*. Vers l'an 677, celui-ci prit de lui-même le titre de *Khan* des dix familles ou fleches. Il traita avec les *Tybethains*, & fit une irruption ſur *Ghan-ſi*, lieu de la réſidence du Généraliſſime Chinois (vers le *Khoraſſan.*) L'Empereur ordonna par un édit ſolemnel à *Fei-kim-kien*, aſſeſſeur honoraire de la Cour de la Chancellerie, de le punir. *Fei-kim-kien* ſupplia l'Empereur de lui permettre d'employer à cette fin le ſtratagême au-lieu des armes ; ce qui lui fut accordé. En même-temps il reçut ordre de créer Roi le fils du Roi de *Po-ſſe*, (c'eſt la Perſe,) lequel s'étoit refugié auprès de l'Empereur ; de le ramener dans ſes Etats, & d'appaiſer les *Ta-ché*, (ce ſont les Arabes,) afin que ce voyage donnât une fauſſe aſſurance à *Affe-na-tou-tchi* ; ce qui réuſſit ; car *Affe-na-tou-tchi* étant venu viſiter cet Officier ſur la route, celui-ci le fit arrêter ; & ayant appellé les Chefs de l'armée de ce Prince, il les fit prendre auſſi. *Li-tchu-pou* fut chargé de les conduire en Chine, où ils arriverent. Ce coup acheva d'abattre la puiſſance des cinq familles de l'Occident, ou de la gauche. Enſuite les dix familles des *Tou-kiue* ſe diſſiperent.

Auſſi-tôt pour les réunir, l'Empereur créa *Affena-yuen-khim*, fils d'*Affe-na-mii-che*, & *Hou-ſſe-lo*, fils d'*Affe-na-pou-tchin*, Généraux de ſa garde, & les fit héritiers du titre de *Khan*, & des Etats de leurs peres. *Affe-na-yuen-khim* fut promu par degrés juſqu'à la dignité de Généraliſſime. L'Impératrice *Vouheou*, ſans participation de l'Empereur, leur attribua le commandement de toute la Tartarie. Elle changea le titre d'*Affe-na-hou-ſſe-lo* en celui de *Kie-tchoum-ſſe-tchu-khan*, (ce qui ſignifie en Chinois, le *Khan qui épuiſe ſa fidélité au ſervice de ſon maître.*) *Affe-na-yuen-khim*, l'an 692 ou 693, fut accuſé fauſſement par *Lai-tçun-tchin*, d'avoir intelligence avec l'héritier de l'Empire Chinois. L'Impératrice *Vouheou* (qui avoit ôté l'Empire à la famille Impériale, & à qui conſéquemment ce commerce étoit ſuſpect,) le fit couper en deux par le milieu du corps, & exila ſon propre fils dans une ville de Chine. L'année ſuivante, les *Tou-kiue* Occidentaux créerent *Khan* le fils d'*Affe-na-teui*, qui ſe ligua avec les *Tybethains*, & ſe jetta ſur le *Thamgouth*. *Vam-hiao-kie*, Généraliſſime Chinois du *Thamgouth*, lui donna bataille, & le défit. Pareillement *Han-ſé-tchoum*, Commandant Chinois des garniſons du Royaume de *Tçoui-che*, défit le *Ki-kin* de *Ni-cho* avec *Chi-tche-han*, *Hou-lo*, & autres Chefs des *Tou-kiue*. Enſuite il força *Nichomo-ſſe*, ville appartenante aux *Tybethains*. L'an 699, *Affe-na-hou-ſſe-lo* reçut de l'Empereur le commandement ſur tous les *Tou-kiue*, avec le titre de Généraliſſime des Gardes de la gauche. *Ou-tche-le* (Chef des *Tou-ki-chi*, *Tou-kiſch*, ou bien *Tour-kiſch*,) étoit alors au plus haut point de ſa puiſſance ; ce qui empêcha *Hou-ſſe-lo* de retourner en ſon pays. Il vint s'établir en Chine avec 50 ou 60 mille *Tou-kiue*. Il y mourut, & ſon fils *Affe-na-hoai-tao* prit ſa place. *Affe-na-hien* fut pareillement fait Généraliſſime des Gardes de la droite vers l'an 703, & hérita du titre de *Him-ſii-vam-khan*. Il eut ſous ſa puiſſance les dix familles des *Tou-kiue*.

L'an 704, ces dix mêmes familles furent attribuées à *Affe-na-hoai-tao*, avec le titre de Généraliſſime de *Moum-tche*. Les dix familles ſe révolterent ſous la conduite de *Tou-tan* ; mais *Affena-hien* le vainquit, & l'ayant pris, il lui fit trancher la tête qu'il envoya à l'Empereur de Chine. Il augmenta par cette victoire le nombre de ſes ſujets, & de ceux de la Chine, de trente mille tentes de Tartares, leſquels habitoient le pays qui eſt à l'occident de *Tçoui-che*, (dans les *Usbeks* occidentaux.) L'Empereur lui écrivit pour le féliciter de ce ſuccès. Les trois hordes, c'eſt-à-dire, les *Kho-lo-lo*, les *Hou-ouo*, & les *Chu-ni-chi*, devinrent auſſi par-là Provinces de Chine. *Me-tchue* leur déclara la guerre. L'Empereur créa *Aſſena-hien* Généraliſſime, & lui ordonna de ſe joindre à *Tam-kia-hoei*, Commandant Généraliſſime Chinois de la Cour ſeptentrionale des *Tou-kiue*, & autres Officiers Chinois, pour le repouſſer. Dans ce temps-là, les *Tou-kiſſe* trouverent l'occaſion qu'ils attendoient pour attaquer *Aſſe-na-hien*; c'eſt pourquoi il vint en perſonne en Chine demander un nouveau ſecours à l'Empereur *Tham-yuen-tçoum*, qui le lui refuſa. L'Empereur envoya en même-temps *Vam-hoei*, Commandant de ſes Gardes, avec ordre de pacifier tout, & de créer Duc *Che-pi-che-tchue-ſoui-lo* Commandant-Général des *Tou-kii-ſſe*; mais lorſqu'il arriva, les *Tou-ki-chi*, ou *Tou-kii-ſſe* faiſoient déja le ſiege de *Pa-houan*, ville du Royaume du Grand *Ché*, & étoient ſur le point de ſe rendre maîtres des quatre garniſons, ou des quatre Provinces appartenantes à la Chine. Il arriva que dans le même-temps *Tam-kia-hoei* fut créé Lieutenant du Généraliſſime Chinois de toute la Tartarie. *Tam-kia-hoei* fit prendre les armes à trois familles de *Kho-lo-lo*, & ayant uni ſes forces avec celles d'*Aſſena-hien*, il attaqua les *Tou-ki-chi*. L'Empereur avoit deſſein de leur envoyer *Vam-hoei*, pour les aider de ſes conſeils; mais les deux principaux Miniſtres de ſon Empire lui repréſenterent ce qui ſuit : Les *Tou-ki-chi* ſe ſont révoltés; les *Kho-lo-lo* les veulent ſoumettre. Ce ſont des Barbares qui veulent ſe détruire les uns les autres. La Chine n'a nulle part à cela. Le plus fort parti recevra une grande playe, & le plus foible ſera opprimé. Quelque choſe qui arrive, l'événement ſera toujours avantageux à la Chine. D'ailleurs, *Vam-hoei* a été envoyé pour pacifier tout. Ainſi il n'eſt pas à propos d'employer les armes à cela. Cette remontrance arrêta l'Empereur. A la fin *Aſſe-na-hien* ne pouvant dompter la force & la férocité de *So-kha*, (fils d'*Ou-tché-le* & Roi des *Tou-ki-chi*,) ſe retira en Chine, où il mourut.

Sur ces entrefaites, *Thou-ho-ſien*, Commandant des *Tou-ki-chi*, fut défait. Alors l'Empereur créa *Aſena-hin* fils d'*Aſena-hoai-tao*, Empereur, ou *Khan* des dix familles ou fleches, & Commandant Généraliſſime de *Moum-tche*, & créa ſa femme, (Princeſſe du ſang des *Tham*,) *Koum-tchu* d'*Eyghour*. Il le fit conduire avec ſon épouſe, en ſon pays par une armée. Etant arrivé à *Kiu-lan*, ville à l'Occident de *Tçoui-che*, il fut ſurpris & tué par *Mo-ho-ta-tçe*, (ou le fils de *Mo-ho-ta*,) Commandant des *Tou-ki-chi*. La *Koum-tchu* d'*Eyghour* prit la fuite avec ſon fils *Aſena-tchoum-hiao*, & revint en Chine. L'Empereur créa *Aſena-tchoum-hiao* Général de ſes Gardes de la gauche. Ainſi l'Empire des *Tou-kiue* Occidentaux fut éteint.

Les *Tou-ki-chi* étoient une horde des *Tou-kiue* Occidentaux. Après qu'*Ho-lo* eut éteint les *Khan* des deux hordes, (chacune de cinq familles ou fleches,) leurs Chefs vinrent en Chine, où ils entrerent au ſervice de l'Empereur. Ces Barbares n'avoient pas de Rois certains. *Ou-tche-le* étoit ſujet de *Hou-ſſe-lo*, qui lui avoit donné la dignité de *Mo-ho-ta-kan*. *Aſena-hou-ſſe-lo* gouvernoit tyranniquement. Au contraire, *Ou-tche-le*, par ſa douceur & par ſa bonne foi, s'étoit attiré l'eſtime & l'amour de tout le monde. On venoit ſe ſoumettre à lui de toutes parts. Le nombre de ſes ſujets s'étant ſi fort augmenté, il créa vingt Commandants, dont chacun avoit ſous ſoi ſept mille combattants. Il campoit à l'Occident de la riviere de *Soui-che*. Il pouſſa peu-à-peu ſes conquêtes du côté du Nord; & s'étant rendu maître de la riviere de *Soui-che*, il y établit ſa grande Cour dans la ville de *Koum-*

yue, & ſa petite ſur les bords de la riviere d'*Y-li*. Son Empire étoit borné à l'Orient par les *Tou-kiue* Septentrionaux ; à l'Occident par divers Royaumes Barbares. Droit à l'Orient, il avoit la Province de Tartarie appartenante à la Chine, nommée *Si-tim*, ou la *Cour Occidentale*. Enfin il poſſédoit entiérement tous les Etats d'*Aſſe-na-houſſe-lo*.

L'an 699, il envoya *Tche-nou*, ſon fils, ſaluer l'Empereur de Chine. L'Impératrice *Vou-heou*; qui régnoit alors, lui fit mille careſſes. L'an 705, ou 6, elle créa *Ou-tche-le*, Roi du ſecond ordre. *Ou-tche-le* mourut la même année. *Sou-kha* (ou *So-kha*), ſon fils, lui ſuccéda, & fut créé Généraliſſime des Gardes de la gauche de l'Empereur de Chine. Il étoit à la tête d'une armée de trois cents mille combattants. *Aſſe-na-hoei-tao*, reçut ordre de la Chine de le créer dans les formes, & l'Empereur lui envoya quatre filles ou ſuivantes des Reines de ſon ſerrail. Environ l'an 709, *Sou-kha* envoya remercier l'Impératrice par une célebre ambaſſade, qui fut reçue avec tout l'appareil poſſible. Incontinent après, il devint ennemi d'un de ſes Commandants, nommé *Kiue-tchue-tchoum-tçie*; ils ſe firent une guerre cruelle. *Sou-kha* forma ſes plaintes contre lui devant l'Empereur de Chine, & le ſupplia d'appeller *Tchoum-tçie* à ſa Cour. Celui-ci corrompit par préſents *Tçoum-tçou-khe*, premier Miniſtre de l'Empereur, & obtint de ne point venir en Cour, s'offrant de ſervir de guide aux *Tybethains* pour attaquer *Sou-kha*, & le tuer. *Tçoum-tçou-khe* s'étoit rendu maître abſolu du gouvernement en Chine. Il députa un Cenſeur en qualité d'Ambaſſadeur, pour aller ſur les lieux vuider le différend. Le Cenſeur entretenoit un commerce ſecret de lettres avec *Tchoum-tçie*. Il y en eut qui furent interceptées par *Sou-kha*. Auſſi-tôt il fit mettre à mort le Cenſeur Chinois, & envoya *Tche-nou*, ſon frere cadet, avec une armée, attaquer le Commandant Généraliſſime Chinois dans le *Ghan-ſi*, où il faiſoit ſa réſidence. *Nieou-ſſe-tçiam* qui en étoit alors Général, lui livra bataille auprès de la ville de *Chao-he*. Ce Général fut défait & tué. En même-temps, *Sou-kha* ſupplia l'Empereur par un placet, de lui envoyer la tête de *Tçoum-tçou-khe*, & d'en faire un exemple. D'un autre côté, *Kouo-yuen-tchin* qui étoit Généraliſſime Chinois de toute la Tartarie, fit connoître à l'Empereur l'innocence de *Sou-kha*. Ainſi il obtint ſa grace, après quoi l'Occident fut pacifié.

Sou-kha partagea le gouvernement de ſon Empire avec *Tche-nou*, ſon frere cadet. *Tche-nou* étoit d'un naturel violent; peu-à-peu il fut abandonné des ſiens; ce qui l'obligea d'aller ſe rendre à *Me-tchue*, s'offrant de lui ſervir de guide pour aller faire la guerre à *Sou-kha*. *Me-tchue* fit arrêter *Tche-nou*, & alla ſeul à la tête de vingt mille chevaux attaquer *Sou-kha*, & le prit. Au retour de cette expédition, parlant à *Tche-nou* : „ Vous deux, quoique freres, „ *dit il*, vous ne pouvez vous accorder enſemble; „ puis-je attendre aucune fidélité de votre part ”? Il les fit mourir le champ tous deux.

So-lo, qui étoit Général de la nation des *Tche-pi-chi*, peuple de la nation des *Tou-ki-chi*, ramaſſa les débris de la défaite des deux freres, & ſe fit proclamer *Khan*. Il gouvernoit avec bénignité, & par-là il réunit ſes ſujets épars, & ſe vit bientôt à la tête de trois cents mille combattants. Enſuite il commença à gourmander les peuples Occidentaux. L'an 717, il vint ſaluer l'Empereur, qui le créa Généraliſſime de ſes Gardes de la droite, & Commandant général des *Tou-ki-chi*. L'Empereur refuſa ſes préſents, & envoya *Vam-hoei* le créer Duc ſur les lieux. Mais *So-lo* étoit fourbe & ruſé; il ne s'aſſujettit jamais bien à la Chine. Cependant pour le rappeller au devoir, l'Empereur ne laiſſa pas de le créer *Tchoum-chun-khan*, (c'eſt-à-dire, en Chinois, le *Khan fidele & ſoumis*.) Un ou deux ans après, il envoya ſon tribut en Chine. L'Empereur adopta la fille d'*Aſſe-na-*

hoai-tao, & lui ayant donné le titre de *Khoum-tchu* d'*Eygbour*, il la lui donna en mariage. Cette même année-là, les *Tou-ki-chi* étant venus vendre des chevaux à *Ghan-si*, il vint avec eux un Envoyé de la *Koum-tchu*, qui portoit des ordres de sa part pour *Tou-sien*, Généralissime Chinois de la Tartarie, qui résidoit à *Ghan-si*. *Tou-sien* s'en offensa: ,, Quoi, *dit-il*, la fille d'*Asse-na-hoai-tao* a la hardiesse de m'envoyer des ordres''! Il fit prendre les Députés de la *Koum-tchu*, les fit fouetter, & les renvoya sans réponse. *So-lo* en fut piqué au vif. Il se confédéra avec les *Tybetbains*, & vint avec eux faire le dégât dans le pays des quatre garnisons; ensuite ils assiégerent ensemble la ville de *Ghan-si*. Pendant ce temps-là, *Tou-sien* avoit été appellé au Ministériat, & *Tchao-y-tchim* avoit pris sa place de Généralissime Chinois de la Tartarie. Le siege ayant duré long-temps, celui-ci sortit de sa place pour combattre l'ennemi; mais il fut aussi-tôt défait. *So-lo* pilla la ville, & en enleva tous les habitants. Ayant appris que *Tou-sien*, étoit Ministre de l'Empire de Chine, il s'en retourna, & envoya *Che-tchi-a-pou-sse* en ambassade à l'Empereur *Tham-hiuen-tçoum*, qui le reçut avec honneur.

Une ambassade des *Tou-kiue* Orientaux se trouva en même-temps à la Cour. Il y eut dispute pour le pas entre les Ambassadeurs dans le festin que l'Empereur leur donna. ,, Les *Tou-ki-chi*, disoient les Ambassadeurs *Tou-kiue*, sont une petite nation & nos ,, sujets; ils ne doivent pas avoir le pas sur nous''. Les Ambassadeurs de *So-lo* repliquoient: ,, Le festin a été ,, préparé pour nous; nous ne devons donc pas y oc- ,, cuper la derniere place''. Les Chinois trouverent l'expédient suivant. Ils firent dresser deux tentes, l'une à l'Orient, l'autre à l'Occident, & placerent les Ambassadeurs de *So-lo*, dans celle de l'Occident; de sorte que le festin se fit au contentement des deux partis. Au commencement, *So-lo* gouvernoit avec bonté. Il étoit soigneux & désintéressé, partageant les dépouilles des ennemis entre ses troupes, sans en rien retenir pour lui. Cela lui avoit attaché tout le monde qui le servoit avec une affection & une fidélité incomparables. Outre la *Koum-tchu* Chinoise, il avoit épousé deux autres femmes, l'une fille du Roi du *Tybeth*, l'autre de l'Empereur des *Tou-kiue* Orientaux. Elles étoient toutes trois *Kha-toun*. Il avoit créé *Che-hou* plusieurs de ses enfants; cela l'obligeoit à des dépenses énormes. N'y pouvant subvenir, il tomba dans la disette, qui fut suivie du chagrin sur la fin de ses jours. C'est pourquoi il commença peu-à-peu à ne plus partager le butin avec ses troupes, & aliéna par-là leurs esprits. De plus, il devint paralytique; ce qui l'empêchoit d'agir. Les plus puissants de ses Généraux étoient alors *Mo-ho-tha-kan*, & *Tou-mo-tchi*, Chefs chacun de son horde, Les Princes se partagerent en deux factions. Ceux qui descendoient de *So-kha* prirent pour nom de famille, ou plutôt de faction, *Hoam*, (qui signifie *jaune* en Chinois,) & ceux qui étoient nés de *So-lo* prirent celui de *He*, (qui signifie *noir* en Chinois.) Ils étoient ennemis déclarés. Cependant *Mo-ho-tha-khan* & *Tou-mo-tchi* attaquerent *So-lo* durant la nuit, & le tuerent.

Aussi-tôt après, *Tou-mo-tchi* faussant la foi à *Mo-ho-tha-kan*, proclama Empereur *Thou-ho-sien-khou-tchue*, fils de *So-lo*. Celui-ci plaça son siege dans la ville de *Soui-che*. Il confia sa garde à *Eul-vei-the-le*, Empereur de la faction noire de la ville de *Hem-lo-sse*, & se joignit à lui pour faire la guerre à *Mo-ho-tha-kan*. L'Empereur de la Chine ordonna à *Kai-kia-yun*, Vice-Roi Chinois du désert, (Province de Tartarie,) de pacifier les *Tou-ki-chi*, les *Pa-han-na*, & autres Royaumes du pays d'Occident. *Mo-ho-tha-kan* se joignit à *Kai-kia-yun*, qui, conduisant le Roi de *Ché*, nommé *Mo-ho-thou-thou-tun*, & le Roi de *Sé*, nommé *Se-kin-ti*, donna avec eux bataille à *Thou-ho-sien*, fils de *So-lo*, sous les

murs de *Soui-che*, & le défit. *Thou-ho-sien* fut pris dans la fuite avec son frere cadet nommé *Che-hou-thun-a-po*. Le Commandant Chinois du Royaume de *Sole*, nommé *Fou-moum-li-tcha*, prenant avec soi des troupes choisies & le Roi de *Pa-han-na*, alla surprendre la ville de *Hem-lo-sse*, où il fit trancher la tête au *Khan* de la faction noire, & à son frere cadet *Po-sse*. Il se rendit pareillement maître de la ville d'*Yi-khien*, (peut-être *Yar-kien*, ou bien *Yar-khan*.) La *Koum-tchu* d'*Eyghour*, la *Khatoun* de *So-lo*, & la *Khatoun* d'*Eul-vei* tomberent entre ses mains. Il les emmena, & s'en retourna avec elles. Plusieurs dixaines de milliers de fugitifs des Royaumes Occidentaux, aussi-bien que le Royaume de *Pa-han-na* & autres, se rendirent à lui. *Kiue-lu-tchue*, Chef des *Tchu-mou-kouen*, & autres, écrivirent en commun à l'Empereur de Chine en ces termes: ,, Nous som- ,, mes nés dans les déserts & au milieu de la barba- ,, rie. La mort de nos Rois avoit mis le trouble dans ,, nos Etats, & nous nous faisions des guerres cruel- ,, les. Le fils du Ciel a daigné envoyer *Kai-kia-yun* ,, à la tête d'une armée, qui a châtié la tyrannie, & ,, secouru l'innocence. Nous desirons aller frapper la ,, terre avec le front devant votre sainte présence, & ,, soumettre nos nations au commandement du Géné- ,, ralissime de toute la Tartarie, que Votre Majesté a ,, établi à *Ghan-si*, & devenir par-là ses sujets''. Leur requête fut entérinée.

L'année suivante, *Kiue-lu-tchue* fut créé Généralissime des Gardes de la droite. Le Roi de *Ché* fut recompensé du titre de *Chun-y-vam*, (c'est-à-dire en Chinois, *Rois soumis à l'équité*.) Celui de *Sé* fut fait Grand du premier ordre de Chine: *Kai-kia-yun* présenta *Thou-ho-sien-khou-tchue*, son captif, à l'Empereur, qui en fit une offrande à ses ancêtres dans leur temple. Ensuite lui ayant pardonné, il le créa Généralissime des garnisons de la gauche de la ville Impériale, & *Sieou-y-vam*, (c'est-à-dire en Chinois, *Roi, qui a réparé l'équité*.) Il conféra à son frere *Tun-apo*, le titre de Généralissime des garnisons de la droite de la Ville Impériale. *Asse-na-hin*, fils d'*Asse-na-hoai-tao*, eut pour sa part la dignité de *Khan* des dix familles, & de Commandant des *Tou-ki-chi*. *Mo-ho-tha-kan* fut piqué de ce choix. ,, La défaite de *Solo* est mon ou- ,, vrage, *disoit-il*; pourquoi donc créer *Khan Asse- ,, na-hin* ''? Aussi-tôt il fit révolter les hordes. L'Empereur ordonna à *Kai-kia-yun* de le rappeller au devoir, & de l'instruire. Il se soumit, & vint se rendre avec ses enfants, ses femmes, & ses principaux Officiers. L'Empereur lui remit le commandement de ses anciens sujets. Quelques années après, l'Empereur créa *Asse-na-hin*, *Khan* dans les formes, & le renvoya en son pays avec une armée d'escorte. Etant arrivé à *Ta-lan*, (ou *Tharan*, ville,) il fut tué par *Mo-ho-thou*, qui prit en même-temps le titre de *Khan*. Le Vice-Roi Chinois de la Province de *Ghansi*, nommé *Fou-moum-li-tcha*, le prit, & lui fit trancher la tête. *Tou-mo-tchi-kiue-kie-kin*, grand Gonfalonnier, fut créé *Che-hou* de trois des dix familles.

L'an 742, les *Tou-ki-chi* choisirent pour leur *Khan*, *Y-li-ti-mi-chi-khou-tou-lo-pi-kia* qui étoit de la faction noire. Celui-ci envoya en Chine plusieurs ambassades. L'an 753, la faction noire créa *Tem-li-y-lo-mii-chi* pour son *Khan*. L'Empereur de Chine lui envoya aussi la patente. Depuis l'an 757, la puissance des *Tou-ki-chi* tomba tout-à-fait en décadence. Les factions jaune & noire se créerent des *Khan*. Alors la Chine étoit en trouble, & n'avoit pas le temps de songer au-dehors. Nonobstant cela, l'an 758, ou le suivant, *A-te fei-lo*, qui étoit *Khan* de la faction noire, envoya des ambassades en Chine. Après l'an 766, *Kho-lo-lo* devint puissant; il transféra son siege sur les bords du *Soui-che*. Les *Khan* des deux factions devinrent ses sujets. Le reste de l'Empire de *Hou-sse-lo* fut assujetti par les *Hoei-hou*. De la destruction de cet Empire, il resta *The-mam-le*, qui s'établit dans la ville de *Yen-ki*, où il prit le titre *Che-hou*. Le reste de ses gens se posta dans le mont *Kinso*; ils pouvoient faire deux cents mille hommes. Tout ce que je viens de rapporter a été traduit mot à mot de l'histoire de la Dynastie des *Tham*, sur-tout ce qui regarde les *Tou-kiue* Occidentaux. Il est à propos de toucher à présent les mœurs & la Religion des *Tou-kiue*; mais comme ils étoient semblables en plusieurs choses aux *Hioum-nou*, je commence par ceux-ci.

Dans la langue des *Hioum-nou*, *Tçem-li* signifioit le *Ciel*, & *Khou-tou* signifioit *fils*. De-là vient que ces peuples donnoient à leurs *Tchen-yu* le titre de *Tçem-li-khou-thou*, ou de *fils du Ciel*, à l'imitation des Chinois. Le *Tchen-yu* avoit immédiatement au-dessous de lui douze ordres de Grands, qui se distinguoient en deux, l'un de la droite, & l'autre de la gauche. Le premier ordre étoit composé de deux *Tou-khi*, ou, comme traduisent les Chinois, *Hien-vam* (c'est-à-dire, *sages Rois;*) le second comprenoit deux *Houli-vam*, *Rois*; le troisieme, deux Grands Généraux; le quatrieme, deux Grands Commandants; le cinquieme, deux Grands *Tgam-hou*; le sixieme, deux *Khou-thou-heou*; le septieme, deux *Tçu-kiu*, & ainsi du reste; ce qui faisoit en tout vingt-quatre chefs, douze de la gauche, qui étoit la plus honorable parmi cette nation, & douze de la droite. Les premiers ordres commandoient à plus de dix mille chevaux. Les derniers à plusieurs milliers plus ou moins, suivant leur rang. Ces vingt-quatre Chefs, nonobstant l'inégalité du nombre, ne laissoient pas de se nommer Commandants de dix mille chevaux. Toutes ces grandes dignités étoient héréditaires. Chacun de ces vingt-quatre Chefs avoit le pouvoir de se créér des Lieutenants, des Ministres, des grands Commandants, des *Tham-hou*, des *Tçu-kiu*, & autres Officiers. Après la famille Royale, dont le nom étoit *Luen-ti*, ou, comme assurent quelques-uns, *Hiu-lien-ti*, les familles des *Siu-po*, des *Lin* & des *Hou-yen*, étoient les plus nobles & les plus puissantes. Chacun des vingt-quatre Chefs possédoit un Etat, dont la grandeur étoit proportionnée à sa dignité. Ceux de la droite étoient à la droite, ou à l'Orient des Etats du *Tchen-yu*; ceux de la gauche à l'Occident.

Le Prince, désigné Empereur, étoit ordinairement *Thou-khi*, ou *sage Roi de la gauche*. Tous les ans dans la premiere lune, tous les Commandants faisoient une petite assemblée dans la Cour de *Tchen-yu*. Dans la cinquieme lune, ils tenoient une assemblée générale dans la ville de *Loum-tchim*, où ils sacrifioient aux mânes de leurs ancêtres, au ciel & à la terre. Durant l'automne, lorsque l'embonpoint des chevaux est parfait, ils faisoient un sacrifice aux Dieux tutélaires des champs & des grains, en tournant autour du bois; après quoi on faisoit la revue des hommes & des animaux, & on en marquoit le nombre sur des rôles.

Les loix condamnoient à mort quiconque auroit tiré son sabre de la longueur d'un pied, quoiqu'il n'eût pas frappé. Le vol étoit puni par la confiscation de la famille du voleur. Les crimes légers étoient punis par des tortures, & les griefs par la mort. Le criminel ne pouvoit pas être détenu dix jours entiers dans la prison; de sorte que, dans tout l'Empire, il ne se trouvoit que peu de prisonniers. Le *Tchen-yu*, le matin, sortoit de son camp, & adoroit le soleil levant. Le soir, il adoroit la lune. Quand il étoit assis, il regardoit le Nord, & la gauche étoit toujours la place la plus honorable. Ils renfermoient leurs morts dans un double cercueil, & enterroient avec le cercueil, de l'or, de l'argent, des habits & des fourrures. Ils ne plantoient point d'arbres, & n'élevoient point de terre sur leurs sépultures. Ils ne portoient point d'habits de deuil. Les Officiers, les favoris, & les concubines étoient obligés de se défaire pour suivre le mort; &

le nombre quelquefois montoit à plusieurs dixaines, ou à plusieurs centaines. Ils se conformoient à la lune dans leurs entreprises, attaquant l'ennemi durant l'accroissement de la lune, & se retirant durant le décours. On faisoit boire une tasse de vin pour récompense, à celui qui apportoit la tête d'un ennemi, & on lui en laissoit la dépouille entiere. Les ennemis qui étoient faits captifs, devenoient esclaves de celui qui les avoit pris. C'est pourquoi quand ils combattoient, ils le faisoient avec l'ardeur de gens qui travaillent pour leur profit. Ils étoient habiles à dresser des embuscades, & à envelopper l'ennemi. Quand ils avoient l'avantage, ils se tenoient unis & serrés comme une bande de corneilles; quand ils étoient vaincus, ils se dissipoient comme des tuiles que le vent emporte, ou comme des nuages qui se fondent. Celui qui, dans le combat, pouvoit emporter un de ses camarades tués, dévenoit héritier de ses biens. Venons présentement aux *Tou-kiue*, & commençons par les Orientaux, qui étoient au commencement maîtres des Occidentaux.

Les *Tou-kiue* Orientaux donnoient le titre de *The-le*, ou d'Infants, aux fils & aux freres de leurs *Khahhan* ou *Khan*. Ils donnoient celui de *Ché*, (apparemment c'est le *Dgi* des Turks,) aux Commandants des troupes d'une horde particuliere. Le premier ordre de leurs Grands étoit celui des *Kiu-lu-tchue*; le second étoit celui des *Apo*; le troisieme, celui des *Kie-li-fa-tou-tun*; le quatrieme, celui des *Ki-kin*. Ils distinguoient au commencement dix ordres de Mandarins, dont les titres se prenoient ou de la disposition du corps, ou de l'âge, ou de la couleur du visage & des cheveux, ou du vin & de la chair, ou des animaux. Ils nommoient les Braves, *Che-po-lo*, ou bien encore *Ym-ho-fou-fei*. Ils appelloient *San-ta-lo*, les hommes gros & pesants. *Ta-lo-pien* étoit un vase à vin, gros & raccourci; terme qu'ils appliquoient aux hommes de cette taille. C'étoit encore le plus honorable des titres parmi ces peuples, & qui n'appartenoit qu'aux fils & aux freres des *Khan*. Ils appelloient un vieillard *Kho-li*, nom qui passoit en titre de charge. Ceux qui la possédoient, se nommoient *Kho-li-tan*. Ils nommoient un oiseau *Ho-lin*, d'où les *Ho-lin-fou-ni* prenoient leurs titres; c'étoient des Commandants de troupes, aussi-bien que les *Kiue-fou-ni*. *Kho-lo*, (ou *Khara-*) *pien*, signifioit *noir*, d'où la dignité de *Kha-ra-tchue*, qui étoit fort relevée, tiroit son titre. Il n'appartenoit qu'aux vieillards les plus vénérables de la posséder. *So-kha* signifioit les *cheveux*; d'où les *So-kha-thou-tun*, qui étoient des Gouverneurs de Province ou de grandes Cités, tiroient leur titre. Ils nommoient le vin *Pou-ni-che-ou*, d'où ils tiroient le titre de *Che-ou* (ou *Che-ghou*,) pour les Inquisiteurs. Ils donnoient à la chair le nom d'*An-tchen*, ou *Ghan-tchen*, d'où les Intendants de maison tiroient le titre d'*An-tchen-kiu-ni*. Ils nommoient le loup, *Lin*, ou bien *Fou-lin*, titre des Gardes-du-Corps, dont les Commandants portoient le titre de *Fou-lin-khan*. Ils donnoient quelquefois le titre de *Khan* aux Lieutenants des *Che-hou*. Ils appelloient aussi par honneur les chefs des grandes familles *Ouei-khan*, ou *Khan de maison*; car *Ouei* ou *Yi*, dans cette langue, signifioit *maison*, ou *famille*.

Quant à leurs mœurs & coutumes, elles étoient semblables à celles des *Hioum-nou*. Voici pourtant en quoi elles différoient. Quand ils proclamoient un *Khan*, les Grands le portoient sur un feutre, & luy faisoient faire neuf tours, suivant le soleil; à chaque tour, il étoit salué par tout le monde. Après ces tours faits, on le mettoit à cheval, & on lui jettoit autour du col une piece de taffetas, avec laquelle on le serroit si fort, qu'il étoit prêt d'expirer. On le relâchoit, & à l'instant on lui demandoit combien de temps il pourroit régner. Le trouble de son esprit ne lui permettoit pas de répondre au juste à cette demande. Ils ne laissoient pas d'augurer par ce
qu'il

qu'il difoit, dans cette furprife, de la durée de fon regne. Après la dignité de *Khan*, fuivoit celle des *Che-hou*, puis celle des *Che-the-le*, celle des *Ki-li-fa*, celle des *Thou-tun*; & en defcendant par degrés, on parvenoit au vingt-huitieme, qui étoit la derniere charge ou dignité; toutes ces charges étoient héréditaire.

Leurs armes offenfives étoient l'arc, la fleche, la pique, le fabre & l'épée. Le bâton de leur grand étendard étoit furmonté d'une tête de loup faite d'or; & les gardes du *Khan* fe nommoient auffi *Fou-li* ou *Fou-lin*, c'eft-à-dire *loups*, pour rappeller dans leur mémoire que la nation étoit fortie d'une louve. Comme ils ignoroient l'ufage des lettres, quand ils vouloient ordonner des tributs ou des levées de troupes, ils faifoient des hoches fur le bois pour en marquer le nombre. Ils joignoient à cela une fleche armée d'or, fur laquelle ils appliquoient de la cire qu'ils fcelloient; & c'étoit-là la fûreté publique. Ils attendoient que la lune fût proche de fon plein, pour commencer leurs incurfions. Leurs loix puniffoient de mort les rebelles & les homicides. Ils condamnoient d'abord les adulteres à l'eunucifme; après cela, ils étoient coupés en deux par les reins. Celui qui, dans une querelle, avoit crevé un œil à fon adverfaire, étoit obligé de lui donner une de fes filles, ou s'il n'avoit point de filles, fa propre femme. Celui qui avoit rompu quelque membre à l'autre, réparoit le dommage en lui donnant fes chevaux. Celui qui avoit volé en étoit quitte pour rendre le double. Dans leurs funérailles, on plaçoit le corps du mort fous une tente. Toute la parenté, tant hommes que femmes, tuoient chacun des moutons ou des chevaux, & les rangeoient devant la tente. Alors ils fe déchiquetoient le vifage avec des coûteaux, & de cette façon leur fang fe mêloit avec leurs larmes; ce qu'ils faifoient fept fois de fuite, après quoi ils ceffoient. Pour ceux qui étoient morts durant le printemps & l'été, il falloit attendre que les feuilles fuffent tombées des arbres pour les enterrer. S'ils mouroient durant l'automne ou l'hyver, on ne pouvoit les mettre en terre qu'après que les arbres étoient revêtus de fleurs & de feuilles. Ils amaffoient des pierres fur le lieu de la fépulture, & y plaçoient des marques. On y mettoit autant de pierres que le mort avoit tué d'hommes durant fa vie. Le jour de l'enterrement, les garçons & les filles venoient au lieu de la fépulture, revêtus de leurs plus beaux habits. Si quelque garçon devenoit amoureux d'une fille, à fon retour à la maifon, il envoyoit la demander en mariage, & rarement la lui refufoit-on.

Quoiqu'ils n'euffent point de demeure fixe, ils avoient pourtant chacun leur diftrict féparé. Leur *Khan* avoit le fien au pied des monts *Tou-kin*. Tous les ans, le *Khan*, accompagné de toute fa Nobleffe, alloit facrifier à la caverne de fes ancêtres: (c'eft cette caverne, qui avoit donné entrée à la louve & au jeune homme dans cette plaine délicieufe, où ils avoient fondé la nation des *Tou-kiue*, & c'eft ce que la *Bibliotheque Orientale* appelle *Erkeneh-koun*.) Pareillement dans la feconde décade du cinquieme mois, il affembloit fes Grands, & il alloit avec eux facrifier au Génie du Ciel, à plus de 50 lieues à l'Occident des monts *Tou-kin*, où il y a une montagne extrêmement élevée par-deffus les autres, qui eft fans herbes & fans arbres, laquelle ils nomment *Po-tem-y-li*, (ou *Bo-dem-ghi-ri*;) ce qui fignifie *Génie* ou *Dieu de la terre*. Les lettres dont ils fe fervoient, étoient femblables à celles des Barbares. Ils ne favoient ce que c'étoit que calcul aftronomique ou Kalendrier; ils comptoient les années par le reverdiffement des plantes. Les hommes aimoient à jouer une efpece de trictrac, & les femmes à la boule ou au mail. Ils s'enivroient de vin fait de lait de cavale; après quoi ils chantoient & danfoient enfemble. Ils avoient du refpect pour les Dieux & la Religion.

Les *Tou-kiue* Occidentaux avoient à-peu-près les mêmes mœurs & coutumes que les Orientaux. Il y avoit feulement quelque différence de dialecte dans les deux langues. Ils avoient des *Che-hou*, des *Che*, des *The-le*; & ces trois dignités ne fe conféroient qu'aux fils ou aux freres des *Khan*, & aux Princes de leur fang. Après ces dignités fuivoient celles d'*Y-kin*, de *Kiu-li*, de *Tchue-yen*, de *Houni-tha*, de *Kie-li-fa*, de *Thou-tun*, de *Ki-kin* & autres. Tous ces Mandarinats étoient héréditaires. Tous les ans, le cinquieme du huitieme mois, ils s'affembloient pour faire des facrifices, & le *Khan* députoit un de fes principaux Seigneurs pour facrifier au trou, c'eft-à-dire, à la grotte ou caverne qui avoit fervi de premiere retraite au fondateur de leur nation. (Nous venons de dire que c'eft l'*Erkeneh-koun* de la *Bibliotheque Orientale*.)

DE L'EMPIRE DES HOEI-HE, ou HOEI-HOU.

Les *Hoei-he* defcendent des *Hioum-nou*; il eft à propos de marquer par quelle voie. C'étoit une tradition vulgaire parmi ces peuples, qu'un *Tchen-yu* des *Hioum-nou* eut deux filles d'une rare beauté. „ Eft-il „ permis, *dit-il*, de donner en mariage à des hom-„ mes des filles de cette forte ”? Il réfolut de les offrir au Ciel; c'eft pourquoi il choifit un endroit défert fur les confins de fon Empire, où il fit bâtir une tour fort haute. Il y plaça fes deux filles, priant le Ciel de les venir prendre pour femmes. Il parut un vieux loup, qui s'attacha au pied de la tour qu'il ne quittoit point, & ne ceffoit point de hurler jour & nuit. Il fe fit-là lui-même fa taniere, où il demeura trois mois fans branler. Une des Princeffes dit à fa fœur; „ L'Em-„ pereur, notre pere, nous a deftinées pour femmes „ au Ciel. Ce loup, qui eft venu, n'eft-il pas envoyé „ par le Ciel ”? Ayant dit cela, elle defcendit de la tour, & devint la femme du loup. Elle en eut des enfants, qui s'étant peu-à-peu multipliés, formerent la nation des *Hoei-he*. De-là vient que ces peuples aiment à traîner leur voix, & que leur chant tient du hurlement des loups.

Les *Ouei* Tartares leur donnerent le nom de *Kao-tche*; ce qui fignifie en Chinois, *hauts chariots*, parce que ces peuples font les feuls de la Tartarie qui fe fervent de grandes roues à leurs chariots. Les Tartares du Nord les nommoient *Tche-le*, d'où les Chinois, fous la Dynaftie des *Tham*, ont tiré par corruption celui de *Thie-le*, qu'ils leur ont donné. Ils femblent s'être nommés eux-mêmes *Hoei-he*, enfuite ils ont pris le nom des *Hoei-hou*. Cette nation étoit divifée en 15 peuples; 1. *Yuen-he*; 2. *Sie-yen-to*; 3. *Khi-pii-yu*; 4. *Tou-po*; 5. *Khou-li-khan*; 6. *To-lan-kho* ou *To-ran-gha*; 7. *Pou-khou*; 8. *Pa-ye-khou*; 9. *Thoum-lo*; 10. *Hoen*; 11. *Se-kie*; 12. *Hou-fie*; 13. *Hi-kie*; 14. *A-tie*; 15. *Pe-fii*. Toutes ces hordes étoient répandues dans les pays qui font au Septentrion du défert.

Quant aux *Yuen-he*, (qui ont donné le nom à toute la nation) ils fe nommoient encore *Ou-hou* & *Ou-ho*, ou bien *Ou-he*. Sous la Dynaftie Chinoife des *Soui*, ils furent appellés *Ouei-he*; c'étoit une nation brave & vaillante. Au commencement, ils vivoient dans l'anarchie. Ils changeoient fouvent de demeure, pour aller chercher les herbes & les eaux. Ces peuples étoient d'excellents cavaliers & de bons archers. Le vol & le brigandage faifoient toutes leurs délices. Les *Tou-kiue* qui les avoient fubjugués, en tirerent leurs principales forces & leurs plus grandes richeffes; & par leur moyen, ils avoient fubjugué la Tartarie feptentrionale. Au commencement du feptieme fiecle, *Tchu-lo-khan*, Empereur des *Tou-kiue*, les dompta, & les dépouilla de toutes leurs richeffes. Auffi-tôt après, redoutant les effets de leur vengeance, il voulut les prévenir. Il fit une assemblée générale de leurs principaux Chefs, dont il fit mourir cruellement quelques centaines. Les *Ouei-he* se liguerent avec les *Pou-kou*, les *Thoum* & les *Pa-ye-kou*, & se révolterent de concert; & s'étant créé un Prince, sous le titre de *Ki-kin*, ils prirent le nom de *Hoei-he* ou *Hoei-ho*. Le nom de famille du *Ki-kin* étoit *Yo-lo-kho*, (ou peut-être *Yorkha*.) Ce Prince, qui avoit cent mille hommes à sa suite, dont cinquante mille étoient des troupes choisies, plaça son camp royal au Septentrion des *Sie-yen-tho*, sur les bords de la riviere, nommée *Solim*. Ce camp étoit éloigné de *Si-ghan-fou* de 700 lieues. Le terrein de ce lieu étoit sablonneux & salsugineux; ils y nourrissoient pourtant quantité de moutons à hautes jambes. Ce premier *Ki-kin*, qu'ils se créerent, se nommoit *Che-kien*. Il avoit un fils, appellé *Poussaa*, qui joignit à la bravoure une habileté singuliere & une rare prudence. Il aimoit la chasse. Dans les combats, il marchoit toujours le premier, & par-tout où il donnoit, il faisoit tout plier; ce qui lui attiroit le respect & l'amour de tout le monde; ce qui même obligea *Che-kien* à le chasser. La mort de *Che-kien* survint incontinent après. Les *Ouei-he*, qui regardoient *Poussaa* comme un Prince sage, le rappellerent & le mirent à leur tête.

Poussaa avoit pour mere *Ou-lo-hoen*, (ou bien *Our-hoen*,) matrône sévere & éclairée, qui gouvernoit avec beaucoup de sagesse. De cette façon la puissance des *Ouei-he* s'augmentoit peu-à-peu. Ils se confédérerent avec les *Sie-yen-tho*, pour aller attaquer conjointement les *Tou-kiue* par le Nord de leur Empire. *Kie-li-khan*, Empereur des *Tou-kiue*, l'ayant su, fit marcher *Yu-kou-che* contre eux, à la tête de cent mille hommes de cavalerie. *Poussaa* leur présenta la bataille avec cinq mille cavaliers qu'il commandoit; il défit cette armée formidable au pied des monts *Malie*, (c'est-à-dire en Chinois, *crin du col du cheval*.) Il poursuivit les vaincus jusqu'aux monts nommés *Tien* en Chinois, ou *Kilien* en *Hioum-nou*, (c'est-à-dire *célestes*.) Il fit un très-grand nombre de *Tou-kiue* captifs. Cette victoire répandit la terreur de son nom dans toute la Tartarie. Après cela, les *Ouei-he* se tinrent étroitement unis avec les *Sie-yen-tho*, & *Poussaa* prit le titre de *Ho-kie-li-fa*, & changeant de place, il alla s'établir sur les bords du *Tho-lo*. Il envoya des présents à l'Empereur de Chine, l'an 629. Cependant l'Empire des *Tou-kiue* Orientaux avoit été détruit par les Chinois. Les *Ouei-he* & les *Sie-yen-tho* étoient devenus par-là les peuples les plus puissants de la Tartarie. *Poussaa* étant mort, son successeur, qui fut *Thou-mii-tou*, lequel étoit auparavant *Ki-li-fa* de *Houlo*, rassembla tous les peuples de sa nation, & fit la guerre aux *Sie-yen-tho*. Il les défit, & se rendit maître de leur pays. Après cela, il s'avança vers le Midi, & vint jusqu'à la riviere de *Hoam-ho*. Il envoya des Députés à l'Empereur de Chine, pour se soumettre à lui. L'Empereur s'avança jusqu'à *Nim-hia*, pour recevoir ses hommages. C'est-là que les treize hordes des *Thie-le* vinrent par Députés, qui parlerent de cette sorte: ,, Les *Sie-yen-tho* se sont attirés leur perte, ,, pour n'avoir pas voulu se soumettre à votre grand ,, Royaume. Leurs peuples se sont dissipés comme ,, des dains effrayés, & comme des oiseaux qui se ,, séparent; on ne sait pas même où ils se sont reti- ,, rés. Présentement que nous avons partagé leurs ,, terres entre nous, & que nous nous sommes ren- ,, dus au fils du Ciel, nous le supplions de nous don- ,, ner des Mandarins & des Officiers pour nous gou- ,, verner ''. L'Empereur (*Tham-tai-tçoum*) ordonna qu'on préparât un banquet solemnel, où il verroit tous les Chefs des *Hoei-he*. Il leur assigna plusieurs milliers d'Officiers pour les gouverner. L'année suivante, il vint une seconde ambassade. Alors l'Empereur donna

à l'horde des *Hoei-he* le titre de *Han-hai*; à celle des *Tho-lan-kho*, (ou *Thou-ran-gha*,) celui de *Yen-gen*; à celle des *Pou-khou*, le titre de *Kin-vei*; au pays des *Pa-ye-kou*, celui d'*Yeou-lim*; à celui des *Toum-lo*, celui de *Kien-lin*; à celui des *Se-kie*, celui de *Lou-chan*. Les Commandants de ces six Provinces eurent le titre de *Tou-tou*, ou Généraux de Province. Le pays des *Hoen* fut nommé *Kao-lin-tcheou*; celui des *Hou-sie* fut nommé *Kao-kiue-tcheou*; celui des *A-tie*, fut *Ki-tien-tcheou*; celui des *Khi-pii-yu*, fut *Yu-khi-tcheou*; celui des *Hi-kie*, fut *Khi-lou-tcheou*; celui des *Se-kie*, fut *Tie-lin-tcheou*; celui des *Pe-ssi* fut *Yen-tcheou*; celui des *Kie-khou*, qui sont au Nord-Ouest des précédents, fut *Kien-kouen-fou*. Les *Khou-li-khan*, qui sont au Nord des précédents, eurent celui de *Hiuen-kiue-tcheou*; celui des *Kiu-lo-po*, qui est au Nord-Est, fut nommé *Tcho-loum-theou*. Les Chefs de ces peuples furent donc créés, par l'Empereur, *Tou-tou*, ou Commandants-Généraux, *Tçe-sse*, Vice-Empereurs, *Tcham-sè*, ou Vice-Rois, & *Sé-ma*, ou Maîtres de la cavalerie. L'Empereur choisit l'ancienne maison de plaisance des *Tchen-yu*, pour y placer le siege du *Tou-tou*, ou le *Tou-tou-fou* de *Yen-gen*, qui devoit commander à ces pays immenses en qualité de Généralissime, c'est-à-dire, aux six *Tou-tou* & aux six Provinces nouvellement créées. Il en nomma *Li-sou-lii* Chinois, Généralissime, & lui donna le titre de *Tou-hou* de *Yen-gen*. L'Empereur accorda aux *Tou-tou* & aux *Tçe-sse*, pour marque de leur dignité, de porter pendant à la ceinture un poisson de fer, couvert d'ornements d'or. *Tham-thai-tçoum* vouloit gagner l'affection de tous les Barbares, qu'il avoit assujettis à l'Empire. Il leur faisoit faire des habits précieux & des armes de grande valeur. Il fit préparer un banquet général avec tout l'appareil possible. Surtout il y avoit une fontaine de vin, qui se remplissoit par des canaux souterreins; elle contenoit mille boisseaux. Plusieurs milliers de *Hoei-he* y venoient puiser & boire à discrétion, sans pouvoir en vuider la moitié. L'Empereur invita à ce festin tous les Officiers de sa Cour du cinquieme ordre, & au-dessus, pour augmenter la fête.

Tous les Chefs des *Hoei-hè* représenterent unanimement à l'Empereur ce qui suit : ,, Nous sommes ,, nés dans des pays déserts & malheureux. Nous nous ,, sommes soumis à votre sainte clémence. Votre Ma- ,, jesté souverainement honorable & pareille au Ciel, ,, nous a honorés de charges & de dignités. Elle ,, nous a fait la grace de nous mettre au rang de ses ,, peuples. Nous devons donc la regarder comme no- ,, tre pere & notre mere. Ainsi nous prenons la liberté ,, de la supplier de faire ouvrir un grand chemin qui ,, conduise dans les pays des *Hoei-he* & des *Tou-kiue*, ,, lequel portera le nom de chemin, qui conduit à ren- ,, dre hommage au souverainement honorable & pareil ,, au Ciel, afin que nous soyons à perpétuité les sujets ,, de sa Dynastie ''. L'Empereur ordonna aussi-tôt, que depuis le pays de la Tartarie, nommé *Fii-ti-tçuen*, ou la *Fontaine de Fii-ti*, (*Fii-ti* est une espece d'oiseau,) on établît soixante-huit postes jusqu'au premier pays. Là on conduisit aussi-tôt des haras de chevaux pour les former. On y tint prêtes des chairs & des laitages, & on établit des douanes, où l'on payoit les droits sur les Zibelines, pour fournir à l'entretien. En même-temps, il créa *Thou-mi-tou* Généralissime, & *Tou-tou* de *Han-hai*. *Thou-mi-tou* ne laissa pourtant pas d'usurper le titre de *Khan*, de son autorité privée. Il établit des Officiers à la maniere des *Tou-kiue*. Il avoit six Ministres du dehors & trois du dedans. Il avoit à la Chinoise des *Tou-tou*, ou Généraux de Provinces; des *Tçiam-kiun*, ou Généraux d'armées; des *Se-ma*, ou Maîtres de la cavalerie.

L'Empereur ordonna de plus, par un édit, qu'une autre horde du *Khien-ki-kin* portât le nom de *Ki-lim-tcheou*, dont la jurisdiction ressortiroit au Tribunal du *Tou-tou* de *Lim-tcheou*, (ou de la Province de *Nim-hia*,) & qu'une autre horde de *Pe-ffii* fût nommée *Kiu-yen-tcheou*. Cependant *Ou-he*, fils du frere aîné de *Thou-mi-tou*, abufoit de la femme de *Thou-chu-tou*. Ce crime l'engagea à tramer une confpiration avec *Kiu-lou-mo-ho-ta-kan* & *Kiu-lo-po*. Ils allerent fe jetter entre les bras de *Tche-pi-khan*, dont ils étoient tous deux gendres; ils furent bien reçus. Auffi-tôt *Ou-he* vint à main armée furprendre *Thou-mi-tou* durant la nuit, & le tua. *Yuen-li-chin*, Lieutenant-Général Chinois du *Tou-hou* de *Yen-gen*, envoya des Députés à *Ou-he*, qui le tromperent en lui promettant qu'il obtiendroit de l'Empereur, qu'il fût nommé *Tou-tou* des *Hoei-he*. Ainfi ne fe défiant de rien, il vint remercier *Yuen-li-tchin*, qui lui fir couper la tête pour en faire un exemple. L'Empereur, craignant que cette févérité n'effrayât les *Hoei-he*, & ne les obligeât à fe diffiper, envoya le Préfident de la Cour de la Milice, nommé *Tçoui-kouo-li*, avec la marque de la foi publique, pour les pacifier, & lui ordonna de créer *Thou-mi-tou*, depuis fa mort, Généraliffime de fes Gardes, & de lui faire des préfents funebres & des facrifices, enfin de créer *Po-yun*, fon fils, Généraliffime des Gardes de la gauche, & Seigneur des Etats de fon pere. *Kiu-lo-po* vint en perfonne trouver l'Empereur, qui le retint auprès de lui. *Affe-na-ho-lou* s'étoit rendu maître par furprife de la Cour du Nord du Grand *Khan*. *Po-jun* joignit 50000 chevaux des fiens, avec *Khi-pii-ho-li* & autres; il mit *Ho-lou* en déroute, & reprit la Cour du Nord. Enfuite s'étant joint à *Gin-ya-fiam*, Général des troupes d'*Y-li*, & autres Commandants Chinois, il défit une feconde fois *Ho-lou* près des monts *Kin-ya*, (ou *dents d'or*, en Chinois.) Cela le fit promouvoir au rang de Généraliffime des Gardes de la droite. Il accompagna l'Empereur *Tham-thai-tçoum* dans fon expédition de la Corée, où il fervit glorieufement. *Po-jun* mourut, & *Pe-li* fon fils lui fuccéda.

Environ l'an 660, l'Empereur changea le titre du Généraliffime Chinois des *Hoei-he*, qui étoit de *Toutou* de *Yen-gen*, en celui de *Tou-tou* de *Han-hai*. Il borna fa jurifdiction (au Midi) par le défert de fable; prefque tous les Barbares du Nord en dépendoient. *Pe-li* étant mort eut pour fucceffeur fon fils, nommé *Tou-kiai-tchi*. Sous l'Impératrice de Chine, *Vou-heou*, *Me-tchue*, Empereur des *Tou-kiue*, étoit au plus haut point de fa puiffance. Il s'étoit rendu maître de l'ancien pays des *Thie-le*, ou bien *Hoei-he*. Cela obligea les *Hoei-he* à former une ligue avec les *Khi-pii*, les *Sé-kie* & les *Hoen*, trois hordes de la nation des *Thie-le*, & de paffer tous enfemble le défert, pour venir s'établir dans la Chine entre les villes de la Province de *Chenfi*, qui fe nomment *Kan-tcheou* & *Leam-tcheou*. La Dynaftie des *Tham* en tira une excellente cavalerie pour la joindre à fes armées. *Thou-kiai-tchi* mourut, & eut pour fucceffeur *Fou-ti-pou*, fon fils. L'année fuivante, celui-ci prêta fecours aux Chinois, pour fe défaire de *Me-tchue*, Empereur des *Tou-kiue*. Après cela, les hordes d'*Y-khien-kie-li-fa*, des *Thoum-lo*, des *Sii* & autres, vinrent en Chine. L'Empereur leur affigna des terres au Nord de *Ta-vou-kiun*, ville militaire. *Fou-ti-pou* laiffa en mourant l'Empire à *Tchin-tçoum* fon fils, qui fut créé *Tou-tou*. *Vam-kiun-tcho*, Chinois, qui étoit *Tou-tou*, ou Commandant-général de *Leam-tcheou*, accufa calomnieufement *Tchin-tçoum* devant l'Empereur, qui envoya celui-ci en exil, où il mourut; ce qui donna commencement à la révolte des *Hoei-he*. *Hou-chu*, Prince du fang de *Tchin-tçoum*, & Maître de la cavalerie de la cité de *Han-hai*, fe fervant à propos de la mauvaife difpofition des gens de *Vam-kiun-tcho*, le fit mettre à mort, & ferma par-là le paffage à la Chine dans les Royaumes occidentaux, qui étoient fous le commandement du Généraliffime Chinois, réfidant à *Ghan-fi*. Long-temps

après, *Hou-chu* prit la fuite, & fe retira chez les *Tou-kiue*, où il mourut; fon fils *Khou-li-fi-lo* lui fuccéda.

Cependant les guerres civiles des *Tou-kiue* mirent tout en combuftion. *Khou-li-fi-lo* prit occafion de ces troubles de prendre de lui-même le titre de *Chehou* de la gauche, tandis que *Kho-lo-lo* prenoit celui de *Che-hou* de la droite. Il fe joignit aux *Pa-ffi-mii*, & mit avec eux en fuite *Ou-fou-khan*, Empereur des *Tou-kiue*. Il furprit après cela les *Pa-ffi-mii* fes alliés, l'an 744, & fit trancher la tête à *Kie-thie-y-chi-khan*, leur Empereur. Auffi-tôt après, il dépêcha des Ambaffadeurs en Chine, pour rendre compte de fa conduite. Il prit en même-temps le titre de *Khou-tou-lo-pi-kia-kiue-khan*, & le fils du Ciel le créa *Foum-yvam*, (c'eft-à-dire en Chinois, *Roi qui refpecte la juftice.*) Il s'avança vers le Midi, & fe mit en poffeffion du pays des *Tou-kiue*. Il plaça fon camp royal entre les monts *Ou-te-kien* & la riviere de *Kouen*. Ce camp avoit au Sud la ville de *Si-tchim*, appartenante aux Chinois, dont il étoit éloigné de 170 lieues: (la ville de *Si-tchim* & fa Province font ce que la Dynaftie Chinoife des *Han* nommoit *Kao-kiue-fai*, ou les confins de *Kao-kiue*.) Au Nord, il s'étendoit trente lieues jufqu'à l'entrée des fables. Au refte, *Khou-li-fi-lo* poffédoit tout le pays des neuf familles ou hordes. Ces neuf hordes ou familles étoient, la premiere, *Yo-lo-kho*; la feconde, *Hou-tou-kho*; la troifieme, *Kiu-love*; la quatrieme, *Me-kha-fii-khii*; la cinquieme, *Ave-ti*; la fixieme, *Kho-ffa* ou *Kha-ffa*; la feptieme, *Hou-yo-fou*; la huitieme, *Yo-ve-kho*, (ou *Yaf-kha*;) & la neuvieme, *Hi-fie-ve*. *Yo-lo-kho*, (ou peut-être *Yor-kha*,) étoit le nom de la famille Royale des *Hoei-he*. Celles des *Pou-khou*, des *Hoen*, des *Paye-khou*, des *Thoum-lo*, des *Sé-kie* & des *Kii-pii*, n'entroient point en rang, à caufe de leur égalité entr'elles. *Khou-li-fi-lo* ayant enfuite affujetti les *Pa-ffi-mii* & les *Kho-lo-lo*, ces deux hordes étrangeres jointes aux neuf autres, firent en tout onze familles ou hordes. Il affigna à chacune un *Tou-tou* pour les commander, qu'il nomma les *Tou-tou* des onze hordes. Dans les combats, il donnoit l'avant-garde aux deux hordes étrangeres.

L'Empereur, par un édit folemnel, créa *Khou-li-fi-lo* Empereur des Tartares, & lui conféra le titre de *Khou-tou-lo-pi-kia-kiue-hoai-gin-khan*. Voici la cérémonie qui s'obferva, & elle étoit commune à toutes les créations folemnelles de *Khan* qui fe faifoient en Chine. La pompe Impériale étoit rangée devant la falle du trône. Le Préfident du Tribunal des Miniftres d'Etat prenoit les patentes de création de deffus une table qui étoit au-dedans de la falle; il les remettoit au Député qui devoit les porter en Tartarie. Le Député étant forti de la Cour, qui étoit devant la falle, montoit en carroffe. Quand il étoit forti de la porte du mur augufte, c'eft-à-dire, de l'enceinte extérieure du palais, il quittoit le carroffe pour monter à cheval. La pompe des étendards & des marques de la foi marchoit devant lui en bon ordre. L'année fuivante, *Khou-li-fi-lo* attaqua *Pe-mei-khan*, Empereur des *Tou-kiue*, le força & le fit mourir. Il envoya *Thun-tchue-lo-ta-kan*, Ambaffadeur en Chine, annoncer cette victoire. L'Empereur, pour récompenfe, créa *Khou-li-fi-lo* Généraliffime de fes Gardes de la gauche. Ce *Khan* étendit, par cette mort, les bornes de fon Empire; de forte que vers l'Orient, il étoit terminé par les *Che-ouei* Tartares; à l'Occident, il alloit jufqu'aux monts d'Or; au Midi, il étoit maître du défert. Ainfi il poffédoit tout l'ancien pays des *Hioum-nou*. *Khou-li-fi-lo* étant mort, *Mo-yen-tchue*, fon fils, lui fuccéda fous le titre de *Kho-le-khan*, (ou peut-être *Khorkhan*.) Il étoit brave, violent & excellent Capitaine; il envoyoit tous les ans des Ambaffadeurs en Chine.

Après que *Tham-fou-tçoum* eut pris poffeffion de l'Empire de Chine, celui-là demanda en grace de le pouvoir fervir contre *Ghan-lo-chan*, qui s'étoit révolté. L'Empereur ordonna au Roi de *Tun-hoam*, qui étoit Roi du second ordre, & se nommoit *Tchim-chin*, de traiter avec. Il nomma *Pou-kou-hoai-ghen* pour conduire le Roi, & pour demander des troupes auxiliaires à *Pi-kia-khan* ; (c'est *Mo-yen-tchue*, *Khan* des *Hoei-he*.) Ce *Khan* fut ravi de cette proposition. Il adopta sur le champ la sœur cadette de la *Khâtoun* sa femme, & la donna en mariage à *Tchim-chin*. Il dépêcha une ambassade à L'Empereur, pour lui demander son alliance par mariage. L'Empereur, qui vouloit se l'attacher, adopta aussi-tôt une Princesse Tartare qu'il tenoit captive, & lui donna le titre de *Pi-kia-koum-tchu*, & la lui envoya pour femme. Le *Khan* en personne joignit ses troupes à celles de *Kouo-tçe-y*, Commandant-Général du Septentrion de la Province de *Chensi*. Ils défirent l'armée des *Toum-lo* sur les bords du *Hoam-ho* ; après quoi, le *Khan* voulut s'aboucher avec *Kouo-tçe-y*, (le plus grand homme de ce siecle-là en tout genre,) dans la vallée de *Houyen*. A cet effet, comptant sur ses forces, il rangea son armée en bataille, & fit conduire *Kouo-tçe-y* devant son grand étendard, qui portoit la tête de loup, & l'obligea à le saluer à genoux ; après quoi, il le vit & entra en pourparler avec lui. L'Empereur, qui s'étoit avancé, s'arrêta à *Poum-yuen*. Il reçut-là *Kho-lo-tchi*, Ambassadeur du *Khan*. Il lui donna place dans les derniers rangs de ses Grands ; ce qui lui fit honte. L'Empereur, qui ne vouloit pas le renvoyer mécontent, l'appella, le fit entrer dans la salle, lui parla obligeamment, & le renvoya.

Aussi-tôt après, le *Khan* envoya saluer l'Empereur par *Tho-lan*, un de ses Généralissimes, & autres Officiers, & il donna au Prince héritier de ses Etats, qui avoit la dignité de *Che-hou*, quatre mille chevaux avec lesquels il vint demander ses ordres à l'Empereur. Cela fut cause que l'Empereur créa Reine dans les formes la *Pi-kia-koum-tchu*, & donna le titre de *Tçoum-tchin-khim-khan* à *Tchim-chin*. Il ajouta encore à ces honneurs la dignité de *Che-hou* pour celui-ci même. Il lui donna quatre marques de la foi publique, & lui commanda de signifier les ordres impériaux par lui & par ses *Che-hou*. Il donna ordre au Roi de *Koum-pim*, de faire alliance de fraternité avec le Prince héritier, fils du *Khan*. Ce Prince héritier fut ravi de cet honneur. Il ordonna à *Ta-kan* & autres Commandants de prendre les devants, & d'aller se rendre à *Fou-foum*, ville de la Province de *Chensi*, voisine de *Si-ghan-fou*, & de s'y aboucher avec *Houo-tçe-y*. Celui-ci les traita splendidement pendant trois jours. Le Prince héritier du *Khan* vouloit prendre congé & se retirer ; mais se ravisant : ,, L'Empire de ,, Chine, *dit-il*, est dans un terrible embarras. Je suis ,, venu pour l'aider à dompter les rebelles, oserois-je ,, manquer à l'exécution des ordres de l'Empereur "? Il demeura donc-là. Quand les armées furent en marche, l'Empereur, (outre les vivres ordinaires,) lui faisoit fournir tous les jours vingt bœufs, deux cents moutons, & quatre cents boisseaux de riz. Dans la bataille de *Hiam-tçii*, l'armée du Prince héritier étoit rangée sur le bord de la riviere de *Foum*. Les rebelles avoient dressé une embuscade de cavalerie à l'armée Impériale, qu'ils surprirent par la gauche. *Pou-kou-hoai-ghen* donna le signal aux *Hoei-he*, qui fondirent dessus à toutes brides, & défirent l'embuscade. Ensuite venant prendre l'ennemi à dos, ils se joignirent au corps que commandoit *Li-sse-ye*, Vice-Roi & Commandant des garnisons de la Cour du N. O. dans la Tartarie ; & mettant ainsi les rebelles entre deux attaques, ceux-ci furent défaits entièrement. De-là on s'avança vers *Si-ghan-fou*, première capitale de l'Empire. Les *Hoei-he*, des barbares du Sud, & des *Ta-che*, c'est-à-dire des Arabes, fit le tour de la ville, & rabattant au Sud, alla camper sur les bords de la riviere de *Tçan*, d'où il s'avança vers l'Orient.

Etant arrivé à l'Occident de la ville de *Chen*, il livra bataille aux rebelles auprès de *Sin-tien*. Au commencement, lorsque les *Hoei-he* furent arrivés à la ville de *Hiu-ouo*, ville de la Province de *Chansi*, le Prince héritier envoya un de ses Généraux, nommé *Po-chi-thou-po-fi-lo*, avec ordre de côtoyer les montagnes du Sud en allant vers l'Orient, & d'exterminer les rebelles qui s'étoient retirés dans les vallées, où ils se tenoient en embuscade. En effet, le Général les surprit au Nord du mont *Ym-chan*, & les extermina. *Houo-tce-y* avec d'autres Généraux donnoit bataille aux rebelles ; son armée plioit. Les *Hoei-he* s'en étant apperçus de loin, passèrent la montagne qui étoit à l'Occident, & vinrent au secours en toute diligence ; ils prirent l'ennemi à dos. Les rebelles, qui furent obligés de faire volte-face, se troublèrent, & peu de temps après s'enfuirent en désordre. Ils furent poursuivis durant plusieurs lieues. On ne sauroit dire le nombre des hommes & des chevaux qui s'écrasèrent, les uns les autres, durant cette fuite. Les tas d'armes que l'on ramassa ressembloient à des collines. *Yen-tchouam* contraignit *Ghan-khim-fu*, chef des rebelles, d'abandonner la Cour de l'Orient, ou la seconde ville Impériale, qui étoit alors *Ho-nan-fou*, & de passer le *Hoam-ho*, pour se retirer vers le Septentrion. Alors les *Hoei-he* étant entrés dans la ville, ils la pillerent durant trois jours. Ils vuiderent tous les magasins & les trésors, étant induits à cela par des Chinois perfides. Le Roi de *Houm-pim* ne put jamais les en empêcher. Il fallut même, pour faire cesser ce pillage, que les anciens fissent un présent de dix mille pieces de soie aux *Hoei-he*.

Après cela, le Prince *Che-hou*, (c'est l'héritier du *Khan*,) vint à la Cour trouver l'Empereur, lequel envoya ses Grands le recevoir. L'Empereur étant assis sur son trône, fit appeller le Prince *Che-hou*, & le fit entrer dans la salle. Il fit asseoir ses Officiers dehors, & fit distribuer à chacundes pieces de taffetas, de brocard, de broderie & desarmes. Le Prince *Che-hou*, frappant la terre avec le front, dit : ,, Je laisserai mes troupes campées à *Cha-yuen*, ,, & je vais préparer de nouvelle cavalerie pour venir ,, reprendre *Fan-yam*, & achever par-là la destruction ,, des rebelles. Vous, Prince, & vos gens, ,, dit l'Empereur, vous n'avez épargné ni votre ,, fidélité, ni votre courage à mon service, & vous ,, avez fait réussir cette grande affaire ; c'est votre ,, gloire ". Il avança le Prince *Che-hou* en charges & en dignités. Il lui donna la charge de Président de la Cour des Ediles, & le créa *Tchoum-y-vam*, (c'est-à-dire, en Chinois, *fidele & juste Roi*.) Il lui assigna pour pension annuelle, vingt-mille pieces de taffetas, & lui ordonna d'aller à *So-fam-kiun*, (peut-être à l'armée qui étoit dans le *So-fam*,) où il recevoit cela.

L'an 758, l'Ambassadeur des *Hoei-he*, nommé *Tho-yen-apo*, se trouva à la Cour avec *Ko-tchi* & autres chefs des Arabes aux habits noirs. Ils devoient être introduits à l'audience. Il y eut une dispute entre eux pour le pas. Les Maîtres des cérémonies les firent entrer en même-temps par des portes différentes, & également honorables. Le *Khan* des *Hoei-he* envoya une autre ambassade, pour demander l'alliance de l'Empereur par mariage. L'Empereur y consentit, & lui destina pour femme une des plus jeunes de ses filles, qui étoit *Houm-tchu* de *Nim-koue*, & en même-temps il créa *Mo-yen-tchue* Empereur sous le titre d'*Ym-vou-ouei-yuen-pi-kia-khan*. Il ordonna à *Yu*, Roi du second ordre & de la ville de *Han-tchoum* de faire la fonction de Premier-Président de la Cour des Inquisiteurs, pour servir de Député à la création qui se feroit sur les lieux. Il assigna à *Yu* pour Député en second lieu, un Prince de son sang, qui feroit la fonction de second Président de la même Cour, & serviroit de Maître des cérémonies. *Fei-mien*, Assesseur

de

de la Cour des Ministres d'Etat, fut chargé de conduire la *Houm-tchu* jusqu'aux confins de la Chine. L'Empereur fit un festin d'adieu à la *Houm-tchu*, & pour cela il se transporta à *Hien-yam*. Il la consola & l'exhorta à s'acquitter de ses devoirs à l'égard de son mari. La *Houm-tchu* fondant en larmes : ,, L'Empire, *dit-elle*, est dans une étrange confusion. La ,, mort me sera agréable, si elle peut remédier à ce ,, mal ''.

Yu étant arrivé au camp du Prince barbare, il le trouva assis dans sa tente, le bonnet barbare en tête, & revêtu d'une robe rouge. Il avoit une cour & une pompe superbe. Il fit arrêter *Yu* devant sa tente, & lui fit demander à quel degré de consanguinité il étoit uni avec le céleste *Khan*. ,, Je suis son oncle, répon-,, dit *Yu* ''. Pour lors l'Eunuque *Lei-lim-tçun* avoit le pas au-dessus du Prince *Yu*. Le *Khan* envoya demander, quel est donc celui qui prend le pas au-dessus de lui ? ,, C'est un Officier du dedans repartit *Yu* ''. — ,, Les Eunuques, dit le *Khan*, sont des esclaves ; ,, oses-tu donc prendre le pas devant le Prince '' ? L'Eunuque se retira au plus vîte, & prit le pas après le Prince. Alors on introduisit *Yu* dans la tente. *Yu* ne salua point le *Khan* à genoux. ,, Le devoir ne per-,, met pas, dit le *Khan*, que l'on paroisse devant un ,, Roi sans le saluer à genoux. — Le fils du Ciel, ,, repartit *Yu*, ayant égard aux services que vous lui ,, avez rendus, vous marque son affection en vous en-,, voyant sa fille bien-aimée. Depuis que la Chine ,, donne de ses Infantes en mariage aux Barbares, ,, elle ne leur a jamais envoyé que des Princesses adop-,, tées à cette fin. Aujourd'hui celle que je vous pré-,, sente, est la propre fille de l'Empereur. Sa vertu ,, répond à sa beauté, & elle vient vous trouver de ,, mille lieues loin. Vous devenez par-là le gendre de ,, l'Empereur. Il falloit donc la recevoir avec l'hon-,, neur qui est dû à une si haute Princesse ; au con-,, traire, vous vous tenez négligemment assis. Est-ce ,, ainsi qu'on reçoit les ordres de l'Empereur '' ? Le *Khan* demeura confus ; & se levant, il reçut avec respect l'édit de l'Empereur. Ensuite s'étant mis à genoux, & ayant frappé la terre avec le front plusieurs fois, il reçut les patentes de sa création.

Le jour suivant, il conféra le titre de *Kha-toun* à la *Koum-tchu* de *Nim-koue*. Il fit distribuer à tous les présens que le Prince *Yu* lui avoit apportés de la part de l'Empereur. Il fit accompagner *Yu* à son retour, par une ambassade qui vint offrir à l'Empereur cinq cents chevaux, des fourrures de Zibelines, des tapis, & autres choses semblables. En même-temps il envoya *Khou-tchue-the-le*, son fils, *Tité*, un de ses Ministres d'Etat, & plusieurs autres Commandants, avec trois mille chevaux au secours de l'Empereur de Chine. L'Empereur donna le commandement de cette cavalerie à *Pou-kou-hoai-ghen*. De plus, le *Khan* envoya un de ses principaux Généraux *Kho-tçiam-kiun*, avec trois des filles du *Khan*, remercier l'Empereur de l'honneur de son alliance, & lui annoncer en même-temps la victoire signalée qu'il avoit remportée sur les *Khien-kouen*. L'année suivante, *Khou-tchue-the-le* (cela veut dire le Prince *Khou-tchue*,) & avec lui neuf Généraux Chinois, combattirent l'ennemi auprès de *Siam-tcheou* ; l'armée Impériale fut entièrement défaite. *Ti-té* & les autres Commandants *Hoei-he* se réfugierent dans la Cour. L'Empereur les consola, & leur fit de gros présents ; après quoi ils s'en retournerent. Aussi-tôt après, le *Khan* mourut.

Les *Hoei-he* vouloient que la *Koum-tchu* de *Nim-koue*, en qualité de *Kha-toun*, se défît elle-même pour suivre son mari ; elle s'en défendit. ,, La coutu-,, me de la Chine, dit-elle, est que quand le mari vient ,, à mourir, la femme le pleure soir & matin, & elle ,, en porte le deuil durant trois ans. Le Prince dé-,, funt ne m'a recherchée de mille lieues loin en ma-,, riage, que par l'estime qu'il faisoit de la Chine. Je

,, ne dois donc pas suivre votre coutume, mais celle ,, de la Chine ''. Les *Hoei-he*, persuadés par ce discours, la laisserent vivre. Cependant elle se fit des incisions au visage, & pleura à leur maniere. Ensuite, comme elle n'avoit point eu d'enfants, on lui permit de revenir en Chine. Celui des enfants du feu *Khan*, qui avoit été désigné héritier, avoit été mis à mort pour crime ; c'est pourquoi *Y-ti-khien*, son second fils, lui succéda, & prit le titre de *Meou-yu-khan*. Il avoit épousé la fille de *Pou-kou-hoai-ghen*. Auparavant lorsque *Meou-yu-khan* étoit tout-à-fait jeune, il avoit demandé en mariage à l'Empereur une Princesse de son sang, & l'avoit obtenue ; il la créa *Kha-toun*. L'année suivante, il envoya en ambassade un des grands Officiers de sa Cour *Kiu-lo-mo-ho-ta-kan*, accompagné de plusieurs autres, pour demander des nouvelles de la santé de la *Koum-tchu* de *Nim-koue*, femme de son pere. L'Empereur permit aux Ambassadeurs de la voir, & d'en avoir audience.

L'Empereur *Tham-thai-tçoum*, qui venoit de succéder à l'Empereur *Tham-sou-tçoum*, voyant que le rebelle *Se-tchao-yi*, étoit encore en armes, voulut éteindre le nœud de l'alliance que la Chine avoit contractée avec les *Hoei-he*. Il dépêcha vers eux l'Eunuque *Leou-tçim-tan*, pour leur demander du secours. Lorsque *Leou-tçim-tan* arriva, il les trouva prévenus de faux bruits que *Se-tchao-yi* avoit fait semer parmi eux à dessein. ,, Les morts des Empereurs de la Dy-,, nastie des *Tham*, leur faisoit-il dire, sont survenues, ,, les unes sur les autres ; il n'y a plus d'Empereur ,, & tout est en trouble. Si vous voulez venir vous ,, rendre maîtres des trésors de l'Empire, vous y trou-,, verez des richesses immenses ''. Aussi-tôt après avoir reçu cette nouvelle, le *Khan* partit, & s'avança vers le Midi. *Leou-tçim-tan* arriva à son camp dans la huitieme Lune de l'an 762, & présenta au *Khan* l'édit impérial. Le *Khan* l'ayant appelé dans sa tente : ,, Le ,, bruit court, dit-il, que l'Empire des *Tham* est éteint, ,, comment donc peut-il en venir des Ambassadeurs '' ? *Leou-tçim-tan* lui expliqua la chose. Quoique l'Empereur *Tham-sou-tçoum* ait abandonné le monde, le Roi de *Kouam-pim* a pris possession de l'Empire. Il est semblable au feu Empereur en charité, en sainteté, en habileté extraordinaire & en bravoure. C'est lui qui, avec le Prince *Che-hou*, recouvra les deux villes Impériales, dont les rebelles étoient les maîtres, & défit entiérement *Ghan-khim-fu*. Les *Khan* des *Hoei-he* sont accoutumés à recevoir ses bienfaits. Joignez à cela les présents de soieries que les Empereurs font tous les ans aux *Hoei-he* ; pouvez-vous oublier tout cela ?

L'armée des *Hoei-he* avoit déja passé les trois villes. Ils remarquerent que les villes étoient désertes, les terres incultes, & les tours des signaux sans gardes ; cela leur fit marquer du mépris pour la Chine. Aussi-tôt le *Khan* envoya un détachement se saisir des arsenaux, magasins & trésors de *Tchen-yu-fou*, (ou de la ville de *Tchen-yu*.) Il se servoit de paroles insolentes à l'égard de *Leou-tçim-tan*. Celui-ci donna secretement avis à l'Empereur, que le *Khan* marchoit contre la Chine avec une armée de cent mille *Hoei-he*. L'Empereur en fut effrayé. Il envoya *Yo-tçe-gham*, Intendant d'un palais, au-devant d'eux, sous prétexte de les recevoir, mais en effet pour les observer. Celui-ci trouva l'armée à *Ta-yuen*, capitale de la Province de *Chansi* ; il en prit secretement le compte. Cependant le *Khan*, prenant un détachement de quatre mille hommes des plus jeunes & des plus foibles, & plus de dix mille chevaux, s'avança avec la *Kha-toun*, fille de *Pou-kou-hoai-ghen*, pour venir trouver l'Empereur. Celui-ci députa *Pou-kou-hoai-ghen* vers eux. Après l'abouchement, le *Khan* prit le parti de supplier l'Empereur de recevoir le secours qu'il amenoit contre les rebelles. Cependant les *Hoei-he* vouloient passer le col de *Pou-kouan* pour venir à *Cha-yeun*,

& prendre leur route vers l'Orient. *Yo-tçe-gham* leur dit : ,, Depuis la révolte des rebelles, toutes les villes ,, de ces quartiers-là ont été ravagées, & manquent ,, de tout; vous ne pourrez y fubfifter. De plus, l'en-,, nemi occupe la ville impériale de l'Orient. Si vous ,, prenez votre route par le paffage de *Tçim-him*, & ,, que vous paffiez par les villes de *Him*, de *Lo*, de ,, *Ouei*, & de *Hoai*, vous vous rendrez maîtres, ,, en chemin faifant, des tréfors & des magafins des ,, rebelles; après quoi vous arriverez auffi-tôt à la ,, Cour orientale; voilà le premier & le meilleur ex-,, pédient ''. Ils n'en voulurent rien faire. ,, Après cet ,, expédient, continua *Yo-tçe-gham*, le plus fûr eft ,, de tirer droit à *Hoai-khim-fou*, en côtoyant les ,, monts *Thai-ham*, & de vous affurer de la ville de ,, *Ho-yam*. Vous tiendrez de cette façon les rebelles ,, par la gorge ''. Ils refuferent encore ce parti. ,, Voici ,, encore un troifieme moyen, continua *Yo-tçe-gham*, ,, & qui eft le moins bon; c'eft de confumer les vi-,, vres de *Ta-yuen*, enfuite d'aller droit à *Chen*, ,, (ville,) & de prendre avec vous les troupes qui ,, font dans les villes de *Tçé*, de *Lou*, de *Hoai*, & ,, de *Tchim*, (deux villes de la Province de *Honan*) ''. Les *Hoei-he* accepterent ce dernier parti.

L'Empereur, par un édit folemnel, nomma le Roi de *Youm* Généraliffime de toutes les troupes de l'Empire. Il fit *Yo-tçe-gham* fecond Préfident de la Cour des Inquifiteurs, & en même-temps un des Lieutenants-Généraux du Roi de *Youm*. Le fecond de fes Lieutenants fut *Ouei-kiu*, Général des Gardes-du-Corps. *Ouei-chao-hoa*, Officier de la Cour des Miniftres, fut fait Prévôt de l'armée du Généraliffime. *Li-tçin*, fecond Préfident de la Cour des Inquifiteurs, fut créé Maître de la cavalerie des camps volants. Ils allerent tous fe joindre aux *Hoei-he* vers l'Orient. Le Prince Généraliffime reçut ordre d'aller affembler à *Chen-tcheou*, (ville,) tous les Vice-Empereurs de Chine. Dans ce temps-là, le *Khan* étoit campé au Nord de *Chen-tcheou*. Le Prince Généraliffime l'alla faluer. Le *Khan* reprocha au Prince Généraliffime, qu'il ne le faifoit pas avec affez de foumiffion. *Yo-tçe-gham* repondit : ,, Le Prince Généraliffime eft petit-,, fils légitime d'Empereur. Les cercueils où font ,, les corps de fon pere & de fa mere, ne font pas ,, encore enterrés. Les loix du devoir ne lui permet-,, tent pas de faire la cérémonie que vous demandez ''. Les *Hoei-he* répartirent : ,, Notre *Khan* eft le frere ,, cadet de l'Empereur, ainfi il doit tenir lieu d'oncle ,, paternel au Prince Généraliffime ''. Le *Khan* & les *Hoei-he* jugerent que le Prince Généraliffime ne plieroit pas; ainfi ils traînerent *Yo-tçe-gham*, *Ouei-chao-hoa*, & *Ouei-kiu*, & les fouetterent cruellement; en forte que *Ouei chao-hoa* & *Ouei-kiu* en moururent la nuit fuivante.

Le Prince Généraliffime étant retourné à fon camp, les Chinois vouloient faire main-baffe fur les *Hoei-he*, pour venger un fi fanglant affront. Le Prince les arrêta, en leur remontrant que les rebelles n'étoient pas encore entiérement domptés. Il donna donc l'avant-garde de l'armée à commander à *Pou-kou-hoai-ghen*, & au *Cha* de la gauche des Barbares. *Se-tchao-yi* avoit envoyé des efpions pour femer le trouble. Le *Cha* de la droite les fit prendre, & les envoya à l'Empereur. Il livra bataille avec tous fes Officiers aux rebelles, fur le bord de la rivière de *Houm*, & les mit en fuite. Il s'avança vers la Cour de l'Orient, & la reprit. Le *Khan* envoya *Pa-ho-na* féliciter les fils du Ciel de cet heureux fuccès, & préfenta les étendards & les dépouilles de *Se-tchao-y*. Le Prince Généraliffime s'en retourna à *Lim-pao*. Le *Khan* campa à *Ho-yam*, où il demeura trois mois; il fit de grands dégâts dans les pays d'alentour. *Pou-kou-yam* fe mettant à la tête des *Hoei-he*, pourfuivit *Se-tchao-y*. Pendant deux cents lieues de chemin, ce ne fut que combats & que carnage. A la fin il coupa la tête à *Se-*

tchao-y, & la fit expofer. Cela pacifia la partie de la Chine, qui eft au Septentrion du *Hoam-ho*. *Pou-kou-hoai-ghen* prit fa route par la ville de *Siam-tcheou*, le long des montagnes du Midi; & ayant paffé le col de *Kouan-keou*, il retourna à fon camp. Le *Khan* traverfa les territoires de *Tçee-tcheou* & de *Loutcheou-fou*, villes de la Province de *Chanfi*, & vint à *Ta-yuen*, capitale de la même Province s'aboucher avec *Pou-kou-hoai-ghen*; après quoi il fortit de la Chine, & s'en alla.

Lorfque les *Hoei-he* fe furent rendus maîtres de *Honan-fou*, (Cour de l'Orient,) ils pillerent tout. La plupart du peuple fe retira dans deux temples dédiés au *Fo*, pour éviter leur fureur. Les *Hoei-he*, irrités de cela, mirent le feu aux temples, & firent paffer plus de dix mille de ceux qui s'y étoient retirés, par le tranchant du fabre. Cela les rendit plus infolents, jufqu'à charger d'injures les Officiers des villes, & à mettre la main fur eux. Ils en vinrent même jufqu'à forcer un tribunal de la Cour de l'Orient. Dans ce temps-là, *Kouo-ym-y* exerçoit la charge de Vice-Empereur dans cette ville. Il fe joignit à *Yutchao-ghen*, & aux troupes de *So-fam-kiun*, (de la ville militaire de *So-fam*, ou bien des troupes de *So-fam*,) & voyant les cruautés qu'exerçoient les *Hoei-he*, il pilla de fon côté tout le pays qui eft entre les villes de *Yu* & de *Tchim*. Il ne refta pas une maifon fur pied. Les habitants furent obligés de fe faire des habits de vieux papiers. Enfin, ceux-là fe montrerent plus cruels que les rebelles mêmes. L'Empereur fongea à *Ouei-chao-hoa*, & aux autres que les *Hoei-he* avoient fait mourir. Il honora *Ouei-chao-hoa* d'une nouvelle dignité, auffi-bien que *Ouei-kiu*. Il conféra à un des enfants de chacun, un mandarinat du fixieme ordre. Après cela il donna un nouveau titre au *Khan*, qui fut celui de *Kie-thou-tem-li-khou-tchue-mii-chi-ho-kiu-lo-ym-y-kien-koum-pi-kia-khan*. A la *Khatoun*, il donna celui de *So-me-kouam-tçin-hi-hoa-pi-kia-khu-toun*. Il envoya un Gentilhomme de la Chambre, Commandant des Gardes à cheval, nommé *Vam-y*, au camp royal du *Khan*, pour le créer *Khan* fur les lieux. Il affigna au *Khan* & à fes Miniftres d'Etat, le revenu de vingt mille familles Chinoifes. Pareillement il créa le *Cha* de la gauche, *Hioum-fo-uam*, (c'eft-à-dire, *Roi le plus brave du Septentrion*,) & donna à celui de la droite le titre de *Nien-fo-uam*, (c'eft-à-dire, en Chinois, *Roi pacificateur du Septentrion*.) Il conféra à *Hou-lo*, qui étoit *Tou-tou*, (c'eft-à-dire, en Chinois, *Général des troupes d'une Province*,) la dignité de (*Hin-ho-van*, ou Roi de *Hin-ho*,) & à *Pa-lan*, qui étoit *Tçiam-kiun*, (c'eft-à-dire, en Chinois, *Général d'armée*,) le titre de *Tçim-mo-vam*, (ou de *Roi pacificateur du défert*.) Il créa de plus les dix *Tou-tou* des *Hoei-he*, Ducs.

L'an 765, *Pou-kou-hoai-ghen* fe révolta. Il attira par fraude les *Hoei-he* & les *Tou-fan*, (c'eft-à-dire, les *Tybethains*,) en Chine, pour y faire ravage; il mourut auffi-tôt après. Ces deux peuples barbares fe difputoient le pas l'un à l'autre. Les *Hoei-he*, outrés de cela, envoyerent fecretement quelques-uns de leurs chefs à *Him-yam*, traiter avec *Huo-tçe-y* & lui demander en grace qu'il voulût bien les recevoir à fon fervice. *Houo-tçe-y* ménagea une occafion fi favorable. Il fe tranfporta auffi-tôt avec fes principaux Officiers au camp des *Hoei-he*. Les *Hoei-he* dirent tous qu'ils avoient envie de le voir. *Houo-tçe-y* fortit hors la porte de fon camp. Les *Hoei-he*, pour le bien connoître, le prierent de quitter fa cuiraffe & fon cafque. *Houo-tçe-y* changea d'habit. Quand il parut, les Commandants des *Hoei-he* fe regardant l'un l'autre : ,, C'eft ,, véritablement lui - même, difoient - ils entr'eux ''. Alors *Kouo-tçe-y* avoit à fes côtés *Ly-kouam-tçin* & *Lou-ffe-koum* armés de toutes pieces, & montés fur des chevaux bardés. *Kouo-tçe-y* les montrant aux *Hoei-he* : ,, Celui-ci, leur dit-il, eft le Vice-Empe-

„ reur du feptentrion de la riviere de *Ouei*, & cet au-
„ tre l'Intendant de la conduite des vivres de l'armée
„ de *So-fam*". Auffi-tôt que les Chefs des *Hoei-he* eurent reconnu que c'étoit certainement *Kouo-tçe-y*, ils
defcendirent de cheval; & fe profternant en terre, ils
le faluerent tous en frappant plufieurs fois la terre avec
le front. *Kouo-tçe-y*, de fon côté, mit pied à terre,
& les alla trouver. Il fut auffi-tôt inveffi de plufieurs
centaines de ces Barbares, qui accoururent pour le voir.
La troupe qui accompagnoit *Kouo-tçe-y*, s'avança auffi
pour le fuivre; mais *Kouo-tçe-y*, qui voulut montrer
la confiance qu'il avoit en ces Barbares, lui fit figne
de fe retirer.

Il fit auffi-tôt fervir un feftin, & but avec eux. Il
leur donna trois mille pieces de foie, propres à faire
des turbans. Il appella *Hou-lo*, frere cadet du *Khan*,
& plufieurs autres, leur prit les mains, & fe plaignit d'eux en ces termes : „ L'Empereur ayant égard
„ à vos fervices, vous en a récompenfés au-delà de
„ vos efpérances; qu'avez-vous donc à vous plaindre
„ pour être ainfi entrés dans fes Etats ? Je pourrois
„ préfentement vous attaquer, & vous feriez obligés
„ de vous rendre; mais j'ai mieux aimé entrer feul
„ dans votre camp, & me remettre à votre bonne
„ foi. Si vous m'ôtez la vie, mes troupes font en état
„ de me venger ". Ce difcours effraya les Chefs des
Hoei-he, & leur fit admirer la générofité de *Kouo-
tçe-y*. „ *Pou-kou-hoai-ghen*, répondirent-ils, nous a
„ trompés. Il nous a fait entendre que l'Empereur s'é-
„ toit refugié dans la partie méridionale de la Chine,
„ & que Votre Excellence avoit été dépouillée de
„ fes charges & dignités; c'eft-là ce qui nous a fait ve-
„ nir; mais puifque l'Empereur eft dans fa Cour, &
„ que Votre Excellence jouit d'une parfaite fanté,
„ nous offrons de tourner nos armes contre les *Ty-
„ bethains*, pour marquer notre reconnoiffance au cé-
„ lefte *Khan*. Nous fupplions feulement qu'on donne
„ la vie au fils du rebelle *Pou-kou-hoai-ghen*, parce
„ qu'il eft frere cadet de notre *Kha-toun* ".

Alors *Kouo-tçe-y* prit le verre en main. *Hou-lo* le
pria de jurer avant que de boire. *Kouo-tçe-y* le fit en
cette forte : „ Que le fils du Ciel de la Dynaftie des
„ *Tham* vive dix mille ans; que le *Khan* des *Hoei-
„ he* vive auffi dix mille ans; que les Miniftres & les
„ Généraux des deux Empires jouiffent du même
„ bonheur. Si quelqu'un viole la foi des traités que
„ nous faifons, que fa perfonne meure dans les ba-
„ tailles, & que fa famille foit exterminée " ! Le Miniftre des Barbares, nommé *Mou-thou-ho-ta-kan-tun*,
& les autres, entendant la formule du jurement, perdirent cœur. Quand ce fut à leur tour de boire & de
jurer : „ Nous n'avons rien à changer dans le jurement
„ que votre Excellence vient de faire, dirent-ils ".
Les Barbares, avant de partir, avoient confulté deux
de leurs Prêtres ou Devins. „ Cette expédition, avoient-
„ ils répondu, fe paffera fans combattre; mais vous ver-
„ rez un grand homme, & vous vous en retourne-
„ rez ". Après le jurement fait, ils firent attention à
la prédiction des Devins, & s'entre-regardant en riant :
„ Les Devins ne nous ont pas trompés, difoient-ils ".
Pe-yuen-kouam Commandant de l'avant-garde de l'armée de *So-fam*, alla fe joindre aux *Hoei-he* à *Lim-thai*,
(ville.) Il fit une groffe neige, accompagnée d'un brouillard épais qui déroboit la clarté du jour. Les *Tou-
fan*, (c'eft-à-dire, les *Tybethains*) fermerent la porte
de leur camp, fe croyant en fûreté par un temps fi
fâcheux. *Pe-yuen-kouam* vint tout-à-coup fondre fur
eux à toutes brides. Il en paffa cinquante mille au fil
de l'épée, & en prit dix mille. Il leur enleva tous
leurs chameaux, leurs chevaux, leurs bœufs & leurs
moutons; il délivra cinq mille familles de Chinois
qu'ils tenoient captifs. *Pou-kou-mim-tchim* vint fe
rendre à *Kouo-tçe-y*.

Après cette victoire, *Ho-lo-lou*, qui étoit *Tou-tou*,
vint avec plufieurs autres Officiers *Hoei-he* & deux

cents perfonnes, vifiter l'Empereur, lequel leur fit des
dons ineftimables. *Kouo-tçe-y* vint pareillement trouver
l'Empereur, & lui préfenta *Pou-kou-mim-tchin*. Celui-
ci étoit le fils du frere aîné de *Pou-kou-hoai-ghen*;
c'étoit un grand Capitaine. L'an 768, la *Kha-toun*,
furnommée *Kouam-için*, fille de *Pou-kou-hoai-ghen*,
& femme du *Khan* des *Hoei-he*, mourut. L'Empereur députa *Siao-hin*, Capitaine de fes Gardes à cheval & Gentilhomme de la Chambre, pour aller faire
des complimens de condoléance au *Khan*, & facrifier à la *Kha-toun* défunte. L'année fuivante, l'Empereur créa la plus jeune des filles de *Pou-kou-hoai-
ghen* Infante, ou *Koum-tchu* de *Tçoum-hoei*, & conféquemment l'adopta, & la lui envoya pour femme
à la place de fa fœur morte. *Li-han*, Affeffeur de la
Cour de la Milice, fut envoyé avec la marque de la
foi publique, pour la créer *Khatoun* fur les lieux.
L'Empereur y joignit un préfent de vingt mille pieces de foie. Dans ce temps-là, les tréfors de l'Empire étoient épuifés. L'Empereur taxa les Seigneurs
& les Grands de l'Empire à fournir des mulets & des
chameaux pour le voyage. Les Miniftres d'Etat firent
un feftin d'adieu à la *Koum-tchu*, fur le pont nommé
Tchoum-ouei-kiao. Les *Hoei-he*, qui étoient reftés à
la Cour, enlevoient les femmes dans les marchés publics. Ils eurent l'audace de forcer la porte d'un palais. On fut contraint de fermer les portes du mur
gufte, ou de l'enceinte extérieure du palais Impérial. L'Empereur envoya *Leou-tçim-tan* les appaifer. Ils recommencerent bientôt leurs violences dans
les marchés. Ils eurent même l'audace d'enlever les
chevaux de *Chao-yue*, Gouverneur de *Tcham-ghan*,
(ou de *Si-ghan-fou*, Capitale de l'Empire,) fans
que les Officiers Chinois ofaffent leur rien dire.

Depuis l'an 758, les fervices qu'ils avoient rendus
à l'Empire, les rendirent encore plus infolents. Quand
ils amenoient des chevaux à vendre, ils exigeoient
quarante pieces de tafferas pour chaque tête. Ils en
amenoient par-là plufieurs dixaines de milliers à ce
prix. Les Ambaffadeurs qui les conduifoient, fe fuivoient les uns les autres. On gardoit ces chevaux dans
le Tribunal des Ambaffadeurs; c'étoient des roffes de
nul ufage. L'Empereur les accabloit de préfents, efpérant par-là leur faire honte; mais ils ignoroient ce
que c'eft que la honte. Ils vinrent après cela, & amenerent dix mille chevaux à vendre. L'Empereur ne put
plus fouffrir leur importunité, & le peuple fe chargea
d'en payer fix mille. L'an 775, les *Hoei-he* couvroient
les grands chemins de morts. Le Gouverneur de la
Ville Impériale, nommé *Li-kan*, fit arrêter les affaffins; l'Empereur leur fit grace, & défendit qu'on informât contre eux. Un *Hoei-he* affaffina un homme
dans le marché de l'Orient. On le lia, & on le conduifoit en prifon, lorfque les Commandants de fa brigade le vinrent enlever. Ils forcerent la prifon, donnerent la liberté aux prifonniers, & tuerent les géo-
liers. Les habitants de la Capitale ne pouvoient plus
fouffrir leurs vexations.

L'an 778, les *Hoei-he* furprirent la ville de *Tchin-
vou*. Ils affiégerent *Toum-him*; de-là ils fe répandirent
dans la Jurifdiction de *Ta-yuen*, & pillerent toute la
contrée. Le Vice-Empereur de la Province, nommé
Pao-fam, les attaqua à *Yam-kio*; il fut entiérement
défait, & perdit dix mille hommes. Le *Tou-tou* de
Tai-tcheou, nommé *Tcham-khouam-chim*, leur livra
bataille dans la ville de *Yam-hou-khou*; ils furent défaits à leur tour, & fe retirerent. *Tham-te-tçoum* ne fut
pas plutôt parvenu à l'Empire, qu'il députa un Eunuque, pour donner avis au *Khan* des *Hoei-he* de la
mort de fon prédéceffeur, & pour ratifier les traités
précédens. Dans ce temps-là, les Barbares des neuf
familles exhorterent leur *Khan* à venir fondre fur la
Chine. Le *Khan* prit la réfolution de marcher contre
la Chine avec toutes fes armées; ainfi quand il vit l'Eunuque Ambaffadeur, il n'en fit aucun cas.

Le Ministre du *Khan*, nommé *Tun-mo-ho-ta-kan*, lui repréfenta ce qui fuit : „ La Chine eft un grand „ Empire ; elle ne nous a fait aucun tort. Quand „ nous y entrâmes la derniere fois, nous en ramenâ„ mes plufieurs dixaines de milliers de moutons & „ de chevaux. Nonobftant cela, à peine étions-nous „ de retour en notre pays, que nous manquions de „ tout. Préfentement que nous faifons marcher tout „ notre Etat, pour aller porter fi loin la guerre, fi „ la victoire nous abandonne, où nous retirerons„ nous " ? Le *Khan* rejetta cet avis. *Tun-mo-ho-ta-kan* s'en offenfa ; & prenant les armes, il attaqua le *Khan*, & le tua. Il extermina pareillement tous ceux de fa faction, avec les principaux des neuf familles, c'eft-à-dire, près de neuf mille perfonnes de marque. Auffi-tôt après, il fe fit proclamer *Khan*, fous le titre de *Ho-tou-thou-lo-pi-kia-khan*. Il envoya à l'Empereur un de fes *Ta-kan*, nommé *Tcham-kien-tha*, avec des Ambaffadeurs. L'Empereur (*Tham-se-tçoum*) fit un édit folemnel, l'an 780, par lequel il députa *Yuen-hieou*, Gouverneur en fecond de la ville Impériale, pour aller créer le *Ta-kan*, appellé *Tun-mo-ho*, & lui conférer le titre de *Vou-y-tchim-koum-khan*, c'eft-à-dire en Chinois, *belliqueux, jufte, & qui a réuffi dans fes deffeins*. Lorfque les *Hoei-he* venoient en Chine, ils étoient mêlés avec les Barbares des neuf familles. De-là vient que plufieurs de ces derniers fe trouvoient à la Cour, où ils s'étoient établis. Ils montoient à environ mille ; ils avoient acheté quantité de maifons & de terres. Il arriva que leurs Chefs, favoir *Thou-thoum*, *Y-mii-chi*, le grand & le petit *Mei-lo*, & autres, prirent la réfolution de s'en retourner dans leur pays. Ils plierent leur bagage, & le chargerent fur leurs chameaux.

Le chemin les conduifit à *Tchin-vou*, ville où ils s'arrêterent durant trois mois. Ils y faifoient une dépenfe énorme, que les Officiers du lieu étoient obligés de leur fournir. *Tcham-khouam-chim*, Gouverneur de cette ville militaire, les fit obferver. Il découvrit que les charges des chameaux étoient pleines de femmes Chinoifes. Il ordonna aux Mandarins des poftes de vifiter les balles, en les perçant avec des broches de fer, faites à ce deffein. La fraude fut découverte par ce moyen. En même-temps, ceux-là apprirent que *Tun-mo-ho*, qui venoit d'être proclamé *Khan*, avoit fait main-baffe fur plufieurs des Barbares des neuf familles. La crainte les empêchoit de s'en retourner ; de forte que la plupart fe débandoient, & prenoient la fuite. *Tou-thoum* les faifoit garder avec une féverité extrême, de façon qu'ils vinrent tous s'adreffer à *Tcham-khouam-chim*, & le prier de faire tuer tous les *Hoei-he* ; il le leur promit.

Auffi-tôt il écrivit à l'Empereur en ces termes : „ Les *Hoei-he* d'eux-mêmes n'ont aucune puiffance ; „ ils doivent leur agrandiffement aux neuf familles „ Barbares. Préfentement leur Empire eft en trouble ; „ ils fe font une rude guerre les uns aux autres. C'eft „ le naturel des Barbares, ils marchent où le gain „ les appelle. Ils s'uniffent quand il y a du butin à „ faire. Si le gain & le butin manquent, & qu'ils tom„ bent dans le trouble, ils ne peuvent fe relever. Que „ fi, au-lieu de fe fervir de cette conjoncture, la Chine „ continue à leur envoyer leurs Tartares & à leur faire „ des préfents, ne fera-ce pas, comme l'on dit, prê„ ter des armes aux bandits, & leur fournir des vi„ vres " ? Après cela, il donna ordre à un Lieutenant de Compagnie de chercher querelle à *Tou-thoum*. Celui-ci ne manqua pas d'entrer en colere. Il fit prendre le Lieutenant, & ordonna qu'on le fouettât rudement. Auffi-tôt *Tcham-khouam-chim* fait prendre les armes à fes foldats. Il attaque *Thou-thoum*, & le fait tuer avec tous fes *Hoei-he* & les Barbares. Il fe faifit à l'inftant de quelques milliers de chameaux & de chevaux, qui portoient leur bagage, & de cent mille pieces de foie dont ils étoient chargés. Après cela,

il rendit compte à l'Empereur de cette action en ces termes : „ Les *Hoei-he* s'étoient nommé un Général „ dans le deffein de fe rendre maîtres de *Tchin-vou*. „ Le Gouverneur de cette ville à peine a-t-il pu les „ prévenir & les châtier. Il renvoya les filles qu'ils „ avoient enlevées ".

L'Empereur rappella *Tcham-khouam-chim*, & mit *Poum lim-fam* en fa place. Il dépêcha pareillement un Eunuque vers le *Khan*, qui accompagna *Lu-ta-kan*, Ambaffadeur du *Khan*, pour lui raconter la chofe au vrai. Enfuite voulant fe fervir de cette occafion pour rompre avec les *Hoei-he*, il envoya ordre à *Yuen-hieou*, (c'eft le nom de l'Eunuque député,) de s'arrêter à *Ta-yuen* jufqu'à nouvel ordre. L'année fuivante, l'Eunuque reçut ordre de continuer fon voyage, & fit conduire au camp royal le corps de *Thou-thoum* & de trois autres. *Thou-thoum* étoit oncle paternel du *Khan*. Celui-ci ayant appris l'arrivée de *Yuen-hieou*, ordonna à fes Grands de préparer des carroffes & des chevaux, & d'aller au-devant de lui. Le grand Miniftre du *Khan*,)il fe nommoit *Kie-kan-kia-ffe*,) fe tenant négligemment affis, demanda en colere à *Yuen-hieou* & à ceux de fa fuite, de quelle maniere *Thou-thoum* avoit été tué. „ Il y a eu un „ combat entre lui & *Tcham-khouam-chim*, répon„ dit *Yuen-hieou*, où il eft mort ; cela ne s'eft point „ fait par ordre du fils du Ciel ". — „ Vous, Ambaf„ fadeur, [& les vôtres,] répartit le Miniftre, vous „ avez tous mérité la mort ; pourquoi votre Empe„ reur ne veut-il pas fait donner ? Et pourquoi „ veut-il emprunter nos fabres pour vous faire mou„ rir " ? Il demeura long-temps penfif, enfuite il fe retira. *Yuen-hieou* & les fiens furent en très-grand danger de perdre la vie. On les retint cinquante jours, fans qu'ils puffent avoir audience du *Khan*, qui fe contenta de leur faire dire ces paroles : „ Tous mes „ fujets vouloient que je vous fiffe mourir ; j'ai feul „ été d'avis contraire. *Thou-thoum* & les autres font „ déja morts. Si je vous fais mourir préfentement, „ ce fera laver le fang avec le fang, & augmenter „ la tache au-lieu de l'effacer. Ne vaut-il pas mieux „ que je la lave avec de l'eau ? Dites donc de ma „ part à vos Officiers, qu'ils m'envoyent inceffam„ ment le prix de mes chevaux qu'ils ont pillés, qui „ monte à dix-huit cents mille caches ". Il envoya en même-temps un de fes Généraux, nommé *Kham-tche-fin*, avec un cortege nombreux, qui partit avec *Yuen-hieou* pour venir trouver l'Empereur. L'Empereur diffimula l'injure autrefois reçue, & combla l'Ambaffadeur de préfents.

Trois ans après, le *Khan* envoya une ambaffade, apporter des préfents, & demander une Princeffe en mariage. L'Empereur gardoit dans fon cœur le reffentiment de l'affront autrefois reçu ; il parla en ces termes à un de fes Miniftres, nommé *Li-pii* : Quant à lui accorder une Princeffe en mariage, je laiffe cela à déterminer à mes defcendants ; pour moi, Empereur, je ne puis m'y réfoudre. — „ Votre Majefté, repartit *Li-pii*, ne veut-elle point parler de l'affront qu'elle reçut à *Chen-tcheou*, lorfqu'étant Prince Généraliffime, le *Khan* fit mourir fes gens fous les coups ? — C'eft de cela même, répondit l'Empereur. Les troubles funeftes de l'Empire fufpendirent alors ma vengeance, préfentement je ne veux plus de paix avec les *Hoei-he*. — Celui, repliqua *Li-pii*, qui fit mourir *Ouei-chao-hoa* & autres de vos Officiers, fut *Meou-yu-khan*. Ce *Khan* fachant qu'à votre avénement à la Couronne, vous tireriez vengeance de cette injure, n'eut pas plutôt appris votre exaltation, qu'il fe réfolut de commencer le premier la guerre ; mais avant que fon armée fût en marche, il fut tué par le *Khan* régnant. Celui-ci, fi-tôt qu'il a pris poffeffion de l'Empire, a envoyé des Ambaffadeurs à Votre Majefté pour lui en rendre compte. Il a laiffé croître fes cheveux, jufqu'à ce qu'il eût reçu
les

les ordres de Votre Majesté. Dans ces entrefaites, *Tcham-khouam-chim* a mis à mort *Thou-thoum* & les siens. Or quoique le *Khan* ait fait emprisonner les Ambassadeurs de Votre Majesté, après tout, il les a renvoyés sains & saufs; on peut donc dire qu'il n'est point coupable à cet égard ".

„ Ce que vous dites, ô Grand, repliqua l'Empereur, est véritable; mais moi, Empereur, je ne puis manquer à ce que je dois à la mémoire de *Ouei-chao-hoa* & des autres; que dois-je donc faire? Et moi, je dis, repliqua *Li-pii*, que Votre Majesté ne manque en rien à l'égard de *Ouei-chao-hoa* : c'est *Ouei-chao-hoa* qui a manqué à l'égard de Votre Majesté. Un Roi de Barbares Septentrionaux étoit venu en personne au secours de la Chine. Votre Majesté étoit alors simple Prince du sang, & seulement Roi; elle étoit encore peu avancée en âge. Cependant il vous laissa inconsidérément passer le *Hoam-ho*, & entrer dans le camp de ce Roi pour aller lui rendre visite. Ce camp étoit, à proprement parler, un repaire de loups & de tigres. C'étoit donc le devoir de *Ouei-chao-hoa* & des autres, de déterminer auparavant le lieu de l'entrevue, & de convenir du cérémonial. Je tremble même pour cela seul. Comment donc ont-ils osé conduire Votre Majesté seule dans ce camp? J'ai été autrefois maître de la cavalerie dans une des armées de l'Empereur, votre prédécesseur. Le Prince *Che-hou* vint avec ses *Hoei-he*. L'Empereur, votre prédécesseur, se contenta de lui faire servir un festin dans un tribunal. Quand ce vint à consulter sur les entreprises de la campagne, il ne l'appella point au Conseil. Le Prince *Che-hou* pria l'Empereur de m'envoyer dans son camp. L'Empereur le refusa, en lui faisant dire d'une manière obligeante : C'est au maître de la maison à traiter son hôte, & non pas à l'hôte à traiter le maître de la maison. Après que les *Hoei-he* eurent arraché d'entre les mains des rebelles, la Cour Orientale, l'Empereur leur fit dire, que la terre & le peuple me soient remis; que les richesses & les filles captives soient données aux *Hoei-he*. Le Prince *Che-hou*, après une grande victoire remportée par les siens, voulut tout abandonner au pillage. L'Empereur *Tham-thai-tçoum*, (qui n'étoit alors que Généralissime,) descendit de cheval, & le salua à genoux. Le Prince *Che-hou* tourna bride aussi-tôt vers l'Orient, & marcha contre les rebelles de la Cour Orientale. J'ai honte de voir qu'un Prince Généralissime se soit abaissé jusques-là; c'est la faute de ceux qui l'accompagnoient. L'Empereur, votre prédécesseur, parlant de Votre Majesté, & la créant Généralissime : Le Prince, dit-il, est charitable & pieux; ainsi il est capable de démêler mes affaires. Il consola & anima le Prince *Che-hou*, par un édit qu'il fit descendre vers lui. Ce Prince *Che-hou* étoit oncle paternel de *Meou-yu-khan*. Lorsque *Meou-yu-khan* vint en personne en Chine, Votre Majesté, en qualité de Prince héritier de l'Empire, refusa de le saluer à genoux dans sa propre tente, sans que le *Khan* osât manquer à rien de ce qu'il devoit à votre rang : ainsi Votre Majesté ne s'est point humiliée devant lui. Quand l'Empereur, prédécesseur de Votre Majesté, étant seulement Généralissime, salua à genoux le Prince *Che-hou*, il regagna par-là la Cour Orientale; mais Votre Majesté, sans saluer le *Khan* à genoux, s'est fait redouter des Barbares; que peut-elle donc se reprocher? Ne considérons présentement que ce qui s'est passé après la bataille de *Hiam-tçii*, dans la tente du *Khan*, près de la ville de *Chen-tcheou*. N'a-t-il pas mieux valu que Votre Majesté se soit fait redouter des Barbares, que de s'humilier devant eux? Lorsque *Ouei-chao-hoa* & les autres conduisirent Votre Majesté dans la tente du *Khan*, celui-ci fit fermer son camp, & vous retint cinq jours entiers à boire. Tout l'Empire, durant ce temps-là, ne fut-il pas dans une allarme continuelle? Le Ciel augmenta la terreur divine de votre nom, & appri-

voisa en votre faveur les loups & les tigres. La mere de *Meou-yu-khan*, & le *Khan*, firent présent à Votre Majesté de fourrures de Zibelines, & ordonnerent à leurs Officiers de préparer leurs chevaux. Ils vinrent même en personne conduire Votre Majesté hors de leur camp. C'est en cela que je dis que *Ouei-chao-hoa* & les autres ont manqué à ce qu'ils devoient à Votre Majesté. Mais supposons que *Meou-yu-khan* se soit rendu coupable par-là, il a été mis à mort par le *Khan* régnant, qui est oncle de *Meou-yu-khan*. Celui-ci a donc rendu un service en vengeant l'Empire; doit-on oublier ce service? De plus, le *Khan* des *Hoei-he* a élevé un monument de marbre devant la porte de son camp Impérial, sur lequel il a gravé cette inscription : Il faut que les Ambassadeurs de Chine, qui viendront ici, sachent les services que j'ai rendus plus d'une fois à leur Empire. Présentement qu'il a demandé une Princesse de votre sang en mariage, il n'aura pas manqué de s'avancer vers le Midi. Si Votre Majesté ne le satisfait pas, il passera outre, & étant choqué, il entrera à main armée dans la Chine. Que Votre Majesté ait la bonté de lui accorder sa demande, qu'on lui prescrive les mêmes loix que *Tham-thai-tçoum* avoit prescrites au *Khan* des *Tou-kiue*; qu'il prenne le titre de sujet, en parlant, ou écrivant à l'Empereur; qu'il ne puisse envoyer plus de deux cents personnes à chaque ambassade; qu'il ne puisse vendre plus de mille chevaux à la fois; qu'il ne reçoive aucun Chinois fugitif. En tout cela, il n'y a rien qui ne convienne. Vous avez raison, dit l'Empereur ".

Aussi-tôt il lui assigna une *Koum-tchu*, ou une de ses filles pour femme, en la faisant descendre vers lui; car c'est ainsi que les Chinois s'expriment. Les *Hoei-he*, de leur côté, consentirent aux conditions proposées. L'Empereur nomma donc à cet effet la *Koum-tchu* de *Hien-ghan*. Il ordonna pareillement, que l'Ambassadeur des *Hoei-he*, nommé *Ho-kiue-ta-kan* eût audience de la *Koum-tchu*. De plus, il envoya un Introducteur du dedans lui porter un portrait de la *Koum-tchu*, pour être donné au *Khan*.

L'année suivante, le *Khan* envoya *Hie-tie*, un de ses Visirs, & plusieurs *Tou-tou*, avec une suite de plus de mille hommes, comme aussi sa sœur cadette, qui avoit été créée *Khou-theou-lo-pi-kia-koum-tchu* par l'Empereur, & avec elle cinquante femmes des principaux Seigneurs *Hoei-he*, recevoir la *Koum-tchu*. *Hie-tie* étant arrivé à la ville de *Tchin-you*, fut pillé par les *Che-ouei* Tartares, & fut tué dans le combat. L'Empereur permit aux sept cents personnes qui restoient, de venir à sa Cour. On les logea dans le Tribunal des Ambassadeurs. L'Empereur se transporta à une des portes de son palais, (il y a des salles & des trônes à ces portes,) où il reçut les Ambassadeurs. Les lettres, dont le *Khan* les avoit chargés pour l'Empereur, étoient pleines de termes les plus respectueux : „ Auparavant, *disoit-il*, je portois la qualité „ de frere cadet de Votre Majesté, présentement je „ suis son gendre, je suis devenu son demi-fils. Si les „ Barbares Occidentaux (il veut dire les *Tybethains*,) „ font de la peine à Votre Majesté, je m'offre à em„ ployer mes armes pour les exterminer ". Il supplioit de plus Sa Majesté de changer le nom de sa nation, qui avoit été *Hoei-he* jusqu'alors, en celui de *Hoei-hou*, qui signifie *faucons qui planent*; & cela pour marquer que leur vaillance étoit semblable à celle des faucons qui fondent sur leur proie; (il obtint cela.)

L'Empereur vouloit faire un festin d'apparat à *Khou-lo-to-pi-kia-koum-tchu*, ou à la sœur du *Khan*. Il consulta *Li-pii* sur le cérémonial. *Li-pii* répondit en ces termes : L'Empereur *Tam-sou-tçoum*, votre prédécesseur, avoit le germain sur le Roi de *Thun-hoam*. Le *Khan* des *Hoei-hou* donna à ce Roi une de ses filles en mariage. Cette Princesse vint faluer l'Empereur à *Poum-yuen;* elle le falua à genoux. (Par ce falut, il faut entendre qu'elle fe mit à genoux, & frappa, trois fois de fuite, la terre avec le front, puis fe releva. Cette cérémonie fe répete trois fois pour l'Empereur feul, pour les autres deux fois au plus, & cela au pied de la falle dans la Cour.) L'Empereur l'appella du nom de femme, & ne la nomma jamais fa belle-fœur. Si donc dans des temps calamiteux, où l'on avoit befoin des *Hoei-hou*, l'Empereur ne laiſſa pas de les traiter en vaſſaux, combien plus le doit-on faire préfentement? Ainſi, la fœur du *Khan*, fut introduite par une porte latérale, où trois fœurs de l'Empereur l'attendoient en-dedans. Les Interpretes faifant paſſer l'ordre de bouche en bouche, appellerent la fœur du *Khan*, & la conduifirent au lieu où étoient les trois fœurs de l'Empereur. Elle les falua à genoux la premiere; elles lui rendirent le falut. Elles s'avancerent toutes enfemble vers la falle où l'Empereur étoit aſſis fur fon trône. Les trois Princeſſes Chinoifes entrerent les premieres, & fe tinrent debout à côté de l'Empereur. La Princeſſe *Huei-hou* falua l'Empereur à genoux; après quoi les Maîtres des cérémonies la conduifirent au lieu où étoient les trois Princeſſes Chinoifes. Enfuite les Interpretes faifant paſſer l'ordre de bouche en bouche, lui dirent de fuivre les trois Princeſſes, & d'entrer avec elles dans le lieu où le feſtin étoit préparé. Une des Reines defcendit les degrés, & vint au pied de la falle recevoir la Princeſſe *Hoei-hou*. Celle-ci falua la Reine à genoux; la Reine lui rendit un femblable falut. La Princeſſe *Hoei-hou* refalua; la Reine l'invita à monter. La Princeſſe *Hoei-hou* monta par l'efcalier Occidental, & alla s'aſſeoir dans fa place. Toutes les fois que l'Empereur lui envoyoit quelque préfent durant le feſtin, elle fe levoit, fortoit de la falle, defcendoit les degrés, & faluoit l'Empereur à genoux. Si les Princeſſes ou Reines faifoient la même chofe, elle quittoit fa place, & les faluoit à genoux; les Princeſſes & les Reines lui rendoient le même falut. Le feſtin fini, elle fe retira.

L'Empereur lui fit un fecond feſtin femblable au premier. Il forma la maifon de la *Koum-tchu* de *Hienghan*, & lui aſſigna tous les mêmes Officiers qu'il aſſiguoit aux Rois. Il envoya pour Député aux cérémonies du mariage, le Roi de *Se-fii*, nommé *Tchangen*, & nomma *Kouan-an*, pour accompagner la *Koum-tchu*, & pour porter au Roi des *Hoei-hou* les patentes, par lefquelles il le créoit *Khan*, fous le titre de *Mii-thou-lo-icham-cheu-thien-tçim-pi-kia-khan*, & la *Koum-tchu*, fous celui de *Tchi-hoei-touan-tchim-tcham-cheou-hiao-chun-kha-toun*. L'an 789, le *Khan* mourut. Son fils *To-lo-ſſe*, (ou peut-être *Thoros*,) lui fuccéda. Ses fujets le nommerent *Pan-kouan-the-le*. L'Empereur députa *Kouo-foum*, Préfident du tribunal des ambaſſades, avec la marque de la foi publique, pour le créer fous le titre de *Ghai-tem-li-lo-mi-mo-mii-chi-kiu-lo-pi-kia-tchoum-tchim-khan*.

Il y avoit déja quelque temps que les Généraliſſimes Chinois de *Ghan-fi* & de *Pe-thim*, ou de la Cour du Nord des *Tou-kiue*, ne pouvoient plus envoyer de couriers de ces pays, (voifins du *Khoraſſan* & des *Uzbeks*,) en Chine, ayant perdu le pays qui étoit entre deux. Le Vice-Roi de *Pe-thim*, appellé *Li-yuen-tchoum*, & le Vice-Roi des quatre Garnifons, (Royaumes Tartares & fujets de la Chine,) nommé *Kouo-hin*, avoient dépêché plufieurs couriers, qui n'étoient point arrivés. L'an 786, *Li-yuen-tchoum* & les autres firent paſſer de nouveaux couriers par le pays des *Hoei-hou*, & ceux-ci arriverent en Cour. L'Empereur éleva *Li-yuen-tchoum* à la dignité de Grand Généraliſſime de *Pe-thim*, & *Kouo-hin* à celle de Grand Généraliſſime de *Ghan-fi*. Ceux-ci ouvrirent le paſſage en droiture en Chine. Les Barbares ne fe raſſafioient point, & demandoient toujours. Une horde de *Cha-tho*, compofée de fix mille tentes, vivoit fous la protection du Généraliſſime de *Pe-thim*.

Elle ne pouvoit non plus fouffrir les exactions des Barbares. Les *Kho-lo*, les *Pe-yen* & les *Tou-kiue*, qui étoient fujets des *Hoei-hou*, fupportoient encore la tyrannie plus impatiemment. Tous enfemble s'attacherent aux *Tybethains*. Cela donna à ceux-ci la hardieſſe de venir avec les *Cha-to*, ravager les terres de *Pe-thim*. *Kie-khan-kia-ſſe* les combattit; il fut vaincu, & l'ennemi fe rendit maître de *Pe-thim*. C'eſt ce qui obligea le *Tou-hou*, c'eſt-à-dire en Chinois, le Généraliſſime de *Pe-thim*, nommé *Yam-fii-kou*, de s'enfuir avec fes troupes à *Si-tcheou*, (c'eſt *Eyghour* & *Kafchgar*.) Les *Hoei-hou* le vinrent trouver avec quelques dixaines de mille hommes d'excellente infanterie, pour le ramener à *Pe-thim*. Ils furent attaqués & mis en déroute par les *Tybethains*; plus de la moitié fut tuée dans le combat. *Kie-kan-kia-ſſe* prit la fuite, & s'en retourna. *Yam-fii-kou* ayant ramaſſé le débris des fiens, étoit fur le point de rentrer dans le *Kafchgar*, lorfque *Kie-kan-kia-ſſe* le trompant : Ayez la bonté, *lui dit-il*, de vous retirer chez moi ; je me charge de vous faire reconduire en Chine. *Yam-fii-kou* le crut; mais à peine fut-il arrivé dans la tente de *Kie-kan-kia-ſſe*, que ce traître lui fit couper la tête.

Ho-lo (Commandant, à ce qui paroît, des *Tybethains*,) après fa victoire, fe rendit encore maître du Pays de *Chin-thou-tchuen* (Riviere.) Cela donna l'allarme aux *Hoei-hou*; de forte que pour éviter fa rencontre, ils fe retirerent vers le Midi. Cette même année-là, leur *Khan* mourut, empoifonné par une de fes *Kha-toun*, nommée *Che-koum-tchu*. Cette *Kha-toun* étoit encore petite-fille de *Pou-kou-boaighen*. Le frere cadet du *Khan* prit fa place. Durant ce temps-là, *Kie-kan-kia-ſſe* étoit occupé à la guerre contre les *Tybethains*. Les Grands de fa Cour prirent les armes, & vainquirent les ufurpateurs, (la *Kha-toun* & le cadet du *Khan* mort, à ce qui paroît,) & les firent mourir. Ils placerent fur le trône des *Hoei-hou* le jeune fils du *Khan* empoifonné; ce fils fe nommoit *A-tchue*. *Kie-kan-kia-ſſe* retourna à la Cour. Le nouveau *Khan* fortit avec fes fiens, & vint le recevoir. Dès qu'il parut, ils fe proſternerent tous en terre, & lui rendirent compte de la mort du défunt *Khan*, & de la création du nouveau, ajoutant qu'ils s'abandonnoient à fa merci pour la vie & pour la mort. En même-temps, ils lui montrerent les méchantes armes & les vivres que *Kouo-foum* leur avoit donnés par grace. *Kia-kan-kia-ſſe* les falua à genoux, & leur dit ces paroles, les larmes aux yeux : „ Préfentement, par „ un bonheur extraordinaire, je vois un fucceſſeur légi- „ time de notre Empire, qui me nourrira comme fon „ fils ". En même-temps, eu égard à la douceur & à l'humilité du *Khan*, il l'embraſſa & pleura avec lui ; il le reconnut pour fon Souverain. Il diſtribua toutes les armes & les pieces de foie qu'il avoit apportées, fans en rien retenir pour lui; après quoi, l'Etat fut en paix.

Le *Khan* dépêcha vers l'Empereur de Chine *Tape-tchi-le-mei-lo-tçiam-kiun*, pour lui rendre compte de ce qui s'étoit paſſé, & pour lui demander fes ordres. L'Empereur députa vers lui le fecond Préfident du Tribunal des Ambaſſades, nommé *Yu*, pour le créer *Khan*, fous le titre de *Foum-tchim-khan*. Auſſi-tôt après, le *Khan* envoya *Lu-tchi-ta-kan* annoncer la mort de la petite *Koum-tchu* de *Nim-koue*. Elle étoit fille du Roi de *Youm*, (Prince du fang de la Chine.) Lorfque la grande *Koum-tchu* de *Nim-koue* étoit allée trouver fon mari, elle lui avoit été donnée pour compagne. Elle reſta parmi les *Hoei-hou*, après que la fille de l'Empereur, qui étoit la grande *Koum-tchu* de *Nim-koue*, fut retournée en Chine, & elle devint *Kha-toun*. Elle avoit été femme de deux *Khan*, favoir *Ym-vou-khan* & *Ym-y-khan*. Quand *Thien-tçin-khan* eut été élevé à l'Empire, elle fortit du palais. Elle avoit eu deux fils d'*Ym-y-khan*, qui furent mis à mort par *Y-tçin-khan*. Cette même année, les *Hoei-hou* attaquerent les *Tybethains* à *Pe-thim*, & les vainquirent. Ils envoyerent à l'Empereur les captifs qu'ils avoient faits. L'année suivante, le *Khan* envoya à l'Empereur pour Ambassadeur *Yo-lo-kho-kioum*. Celui-ci étoit Chinois, de la famille des *Lu*. Le *Khan* l'avoit adopté, ce qui lui fit prendre le nom de famille du *Khan*, qui étoit *Yo-lo-kho*, au-lieu du nom de *Lu*. L'Empereur, qui savoit que *Kioum* avoit tout pouvoir parmi les *Hoei-hou*, lui fit des présents & des honneurs extraordinaires; il le créa Assesseur de la Cour des Ministres. L'an 795, le *Khan* mourut sans laisser de postérité. Les *Hoei-hou* déférerent l'Empire à *Khou-thou-lo*, Ministre du *Khan* défunt. Il ne fut pas plutôt installé, qu'il envoya des Ambassadeurs en Chine. L'Empereur ordonna, par un édit solemnel, à *Tcham-tçien*, Intendant de la Bibliotheque secrete, d'aller créer le nouveau *Khan*, & de lui donner le titre de *Ghai-tem-li-lo-yu-lo-mo-mi-chi-ho-hou-lo-pi-kia-hoai-sin-khan*. *Khou-thou-lo* étoit de la famille des *Hie-tie*. Etant encore en bas âge, il étoit devenu orphelin. Il fut pris & élevé par un des principaux Seigneurs des *Hoei-hou*. Il étoit éloquent, actif, habile & vaillant. Il eut souvent le commandement des armées, sous le regne de *Thien-tçin-khan*. Tous les Chefs de l'armée l'honoroient & le redoutoient. Comme lui & sa famille avoient toujours servi glorieusement sous la famille royale des *Yo-lo-kho*, il n'osoit pas prendre le nom de la sienne. Il prit tous les fils & les neveux du *Khan*, & les envoya à l'Empereur de Chine. L'an 805, *Hoai-sin-khan* mourut. L'Empereur l'ayant su, députa le second Président du Tribunal des Ambassades, nommé *Sien-kao*, pour faire des compliments de condoléance, & créer son successeur, en luy donnant le titre de *Tem-li-ye-hokiu-lo-pi-kia-khan*. L'an 806 ou 7, celui-ci envoya deux ambassades en Chine; *Mo-ni* étoit venu en Cour. Il ne mangeoit que fort tard; il ne buvoit que de l'eau, & se contentoit d'herbages; il s'abstenoit même de laitages. Le *Khan* partageoit avec lui le gouvernement de ses Etats. Il vint à la Cour, & y demeura, d'où il avoit coutume d'aller aux foires qui se tenoient à l'Occident de la ville. Il trompoit dans le commerce. L'an 808, il vint apporter la nouvelle de la mort de la *Koum-tchu* de *Hien-ghan*, (fille de l'Empereur.) La *Koum-tchu* avoit été femme de quatre *Khan* consécutifs, & elle avoit passé vingt-un an parmi les *Hoei-hou*. Incontinent après, le nouveau *Khan* mourut aussi. L'Empereur *Tham-hien-tçoum* dépêcha vers les *Hoei-hou* le second Président du Tribunal des Princes, qui se nommoit *Li-hiao-tchim*, pour aller créer le successeur, sous le titre de *Ghai-tem-li-lo-mi-mii-chi-ho-pi-kia-pao-y-khan*. Dans les trois années suivantes, celui-ci envoya deux ambassades en Chine. Il envoya aussi deux fois *Y-nan-tchu*, demander une Princesse du sang en mariage. Il n'avoit pas encore reçu la réponse, qu'il s'avança à la tête de trois mille chevaux vers le Midi, & vint jusqu'à la fontaine nommée *Fi-zi-tçuen*.

Le Commandant Chinois des garnisons de *Tchin-vou* ayant appris sa marche, alla se camper dans la montagne noire, & fit incessamment travailler à réparer les fortifications de la ville de *Thien-te*, pour s'opposer aux Barbares. *Li-kiam*, Président de la Cour des Rits, représenta à l'Empereur ce qui suit : „ La puissance des *Hoei-hou* est dans toute sa force ; les confins Septentrionaux de la Chine sont entierement abandonnés. Si l'ennemi s'approchant éleve le moindre tourbillon de poussiere, la foible infanterie qui les garde n'est pas en état de lui résister ; les villes auxquelles l'éloignement ne permet pas de prêter secours, ne pourront tenir. Si Votre Majesté a envie de garder ces pays-là, il faut envoyer des troupes réglées, fortifier les villes, & établir des camps dans les lieux qui le demandent. Ce sera le meilleur expédient pour le

bien de l'Empire & pour la conservation des peuples. Moi, votre sujet, je remarque que dans l'arrangement que l'on donne présentement aux affaires, on ne s'attache pas à ce qu'il y a de plus nécessaire. Par rapport aux confins, je trouve cinq sujets d'affliction; qu'il me soit permis de les exposer à Votre Majesté l'un après l'autre ".

„ Les Barbares Septentrionaux sont d'une cupidité insatiable; ils n'ont des yeux que pour l'utile, & ils se reglent dans leurs entreprises sur l'embonpoint de leurs chevaux. Si depuis deux ans ils n'ont point paru en Chine, est-ce parce qu'ils sont dégoûtés de l'utilité qu'ils tirent de nos richesses? Ils n'attendent que la saison de l'automne, qui rend leurs chevaux vigoureux, pour venir fondre sur nous. Ainsi, soit qu'il faille les combattre au-dehors, soit qu'il faille se prémunir contre eux au-dedans, il faut nécessairement que la Cour soit fatiguée, & que l'Empire en souffre. Voilà le premier sujet d'affliction. Nos troupes ne sont point encore assez fortes, les sentinelles des confins ne sont point encore bien ordonnées; nos armes offensives & défensives ne sont point encore prêtes ; nos villes ne sont point encore assez bien fortifiées. Si nous nous fortifions dans la ville de *Thien-te*, les Barbares en prendront ombrage; si nous abandonnons la ville de *Si-tchim*, le chemin du désert demeurera sans défense. Voilà le second sujet d'affliction. Quand il s'agit, ou de bâtir des villes pour garder des postes importants, ou d'attaquer & de se rendre maître des passages aisés ou difficiles, il faut consulter les Commandants des frontieres. Présentement on se borne à garder le *Hoam-ho*, & tout se regle dans le palais par le Conseil de Votre Majesté. De-là vient que quand les Barbares font des irruptions subites, on prend mal son parti pour les repousser. Voilà le troisieme sujet d'affliction. Depuis que nous avons fait la paix avec les Barbares, ils ont pris une connoissance exacte de la situation des lieux, & de l'état de nos garnisons. Quand ils se répandent dans le pays pour le piller, il faut bien des jours & quelquefois un mois avant que les ordres soient portés aux Officiers, & que nos troupes soient en marche, au-lieu qu'eux dans un jour enlevent tout, hommes & animaux; de sorte qu'ils s'en sont déja retournés chargés du butin, avant que notre armée soit arrivée. Ainsi les Barbares ont tout le temps qu'ils veulent pour exercer leurs brigandages, tandis que les peuples & les troupes sont encore plus foulées par les marches. Voilà le quatrieme sujet d'affliction. Les Barbares du Nord (les *Hoei-hou*,) & ceux de l'Occident (les *Tybethains*,) se font la guerre depuis long-temps ; ce qui assure la tranquillité de nos frontieres. Si donc aujourd'hui que les *Hoei-hou* ne vendent plus de chevaux, d'ennemis qu'ils sont des *Tybethains*, la paix les en rend amis, nos Commandants des frontieres fermeront les portes de leurs camps, & craindront de les combattre ; les habitants des frontieres attendront, les bras croisés, leur mauvaise destinée. Voilà le cinquieme sujet d'affliction. De plus, le rebelle *Ou-chao-yam* qui occupe le *Hoai-si*, (ou l'Occident du *Hoai-ho*,) est prêt de mourir. Si l'on se sert de cette occasion, on peut le réduire ; au-lieu que si on entreprend la guerre contre les *Hoei-hou*, il faudra faire marcher des troupes de toutes parts, & cette entreprise coûtera dix fois plus que celle qui se fera contre *Ou-chao-yam*. Mon avis est qu'il faut accorder au *Khan* une Princesse du sang en mariage, afin de l'obliger par-là de demeurer tributaire de l'Empire & de le défendre; d'où il résultera trois utilités ".

„ Si le mariage s'effectue, les sentinelles de nos frontieres seront dispensées d'allumer des feux, & de faire de la fumée, (pour signaux d'allarmes.) Nous aurons le temps de réparer nos villes, d'y mettre de nombreuses garnisons qui y acquerront de la force & de l'expérience, & d'en remplir les magasins pour fortifier le courage des foldats. Voilà la premiere utilité. Etant déchargés de l'inquiétude du Septentrion, nous pourrons tourner toute notre attention vers le Midi, reprendre, le *Hoa-fi*, & réduire au devoir un bandit qui expire. Voilà la feconde utilité. Les captifs du Nord, enorgueillis par cette alliance avec Votre Majefté, s'attireront encore une plus grande haine de la part des Barbares Occidentaux. Ils ne jouiront d'aucun repos, tandis que la Chine fe tiendra affife en paix; les pillages cefferont durant long-temps. Il eft contre toute bonne politique de rejetter ces trois avantages pour fe procurer les cinq fujets d'affliction dont j'ai parlé. Quelqu'un dira que les dépenfes du mariage feront immenfes. A cela je n'ai autre chofe à répondre, fi ce n'eft que cela eft faux. Partageons en trois les tribus de l'univers. Qu'une de fes parties foit employée à garnir nos frontieres. Nous tirons des plus grandes villes du dernier ordre, qui font au Sud-Ouest, plus de deux cents mille onces d'argent. Le revenu d'une de ces villes fuffit pour les fraix du mariage. Ne fera-ce donc pas racheter un grand dommage à peu de fraix? On refufe de faire cette légere dépenfe; mais fi nous portons la guerre au Nord, nous ne pouvons envoyer d'armée qui ne foit au moins compofée de trente mille fantaffins & de cinq mille chevaux; autrement nous ne pourrions ni réfifter à l'ennemi, ni faire des courfes. Suppofons donc que nous foyons toujours victorieux, & que l'expédition ne dure qu'un an, le tribut d'une ville pourra-t-il fubvenir aux dépenfes de cette armée? Le tribut même de plufieurs villes y fuffira-t-il"? L'Empereur n'écouta point ce confeil. Les Officiers ayant calculé la dépenfe du mariage, trouverent qu'elle monteroit à cinq millions (de Caches, ou autre monnoie.) C'eft pourquoi l'Empereur, que les troubles du dedans occupoient, députa vers le *Khan* le fecond Préfident du Tribunal des Ambaffades, nommé *Li-tchim*, avec un Docteur du Tribunal des facrifices, nommé *Yn*, pour lui faire entendre que ce mariage ne convenoit pas.

Tham-mou-tçoum étant parvenu à l'Empire, les *Hoei-hou* envoyerent encore une ambaffade dont les Chefs étoient *Ho-ta-kan* & autres, pour demander avec inftance la conclufion de ce mariage, & l'Empereur y confentit; mais incontinent après, le *Khan* mourut. Des députés de Chine allerent créer fon fucceffeur fous le titre de *Tem-lo-yu-lo-mo-mii-chi-kiu-tchu-pi-kia-tçoum-te-khan*. Celui-ci n'eut pas plutôt pris les rênes de l'Empire, qu'il envoya *Yn-nan-tchu-kiu-lo-tou-tou-ffe-kie*, & autres, qui amenoient avec eux la *Koum-tchu*, nommée *Che-hou*, avec deux mille des principaux *Hoei-hou*, pour venir recevoir la *Koum-tchu*, de Chine. Ils venoient offrir pour préfents de mariage, vingt mille chevaux & mille chameaux. La Chine n'avoit jamais reçu ambaffade de Barbares plus nombreufe. L'Empereur permit à cinq cents perfonnes de la troupe, de venir à fa Cour, & ordonna aux autres de s'arrêter dans la ville *Thai-yuen*, ou *Ta-yuen-fou*. Il deftina pour femme au *Khan* la *Koum-tchu* de *Thai-ho*, qui étoit fille de l'Empereur *Tham-hien-tçoum*, & lui fit une maifon complete. Il dépecha *Hou-tchim*, Généraliffime des garnifons de la gauche de la ville Impériale, & *Li-te*, Préfident du Tribunal des vivres, pour aller conduire la *Koum-tchu*. Il marqua le Préfident du grand Tréfor nommé, *Li-yue*, pour député aux cérémonies du mariage, avec ordre de la créer fur les lieux, *Kha-toun*, fous le titre Chinois de *Gin-hiao-touan-li-mim-ichi-cham-cheou-kha-toun*, (c'eft-à-dire, *la pieufe, grave, polie, éclairée, prudente, de la plus longue vie.*) Je marque le fens de ces mots, afin que l'on juge par-là des titres Tartares des *Khan*, que les Chinois n'expliquent point, & qui comprennent des éloges comme celui-ci. Le fils du Ciel fit donner avis de la chofe à fes ancêtres, par des facrifices qu'il leur fit dans leur tem-

ple. Il fe tranfporta à une des portes de fon palais, pour y faire un feftin folemnel avant le départ de l'Infante. Tous les Officiers de la Cour y affifterent en rang. Le feftin fini, il prit congé d'elle.

L'Infante fortit de la Chine. Quand elle fut arrivée à dix lieues du *Khan*, il prit envie à celui-ci de la faire venir par des chemins de traverfe, pour la voir en particulier; *Hou-tchim* s'y oppofa. Cela a déja été pratiqué, répondirent les captifs, (c'eft-à-dire, les *Hoei-hou*) à l'égard de l'Infante de *Hien-ghan*. L'Empereur m'a envoyé, repartit *Hou-tchim*, pour remettre l'Infante entre les mains de votre *Khan*; je ne puis donc la remettre qu'après l'avoir vu lui-même. Les *Hoei-hou* cefferent de le preffer. Le *Khan* monta au fecond étage de fon palais, où il fe tint affis, le vifage tourné vers l'Orient. Il fit préparer un pavillon pour recevoir l'Infante. Celle-ci demanda des habits à la Barbare, & s'en revêtit. Une matrône l'accompagnant, elle fortit du pavillon, ou de la tente, & tournant le vifage vers l'Occident, elle falua à genoux le *Khan*. Elle fe retira enfuite, & alla fe revêtir des habits de *Kha-toun*, c'eft-à-dire, d'une jupe rouge, & d'un grand corfet, ou camifole. Elle mit fur fa tête une couronne ou bonnet d'or, terminé en pointe par-devant & par-derriere. Elle fortit une feconde fois, & falua le *Khan* comme la premiere fois, après quoi elle monta fur un brancard, que les neuf Miniftres ou Vifirs porterent fur leurs épaules en fe relevant tour-à-tour. Ils tournerent neuf fois autour de la Cour, en commençant par la droite, c'eft-à-dire, par le Midi. Cette cérémonie étant achevée, elle defcendit du brancard & monta au fecond étage, où elle s'affit auprès du *Khan*, le vifage tourné vers l'Orient. Tous les Officiers du *Khan* vinrent en ordre, les uns après les autres, rendre leurs hommages à leur nouvelle *Kha-toun*. La *Kha-toun* eut fa tente à part où elle n'entroit, ni n'en fortoit, qu'elle ne fût accompagnée de deux Vifirs. *Hou-tchim* & les autres Ambaffadeurs de Chine prirent leur audience de congé. La *Kha-toun* les trafta fplendidement; mais durant le feftin, elle ne ceffa de foupirer & de gémir. Le *Khan* fit de gros préfents aux Ambaffadeurs.

Durant ce temps-là, *Fei-tou* pouffoit vivement le Vice-Empereur du *Pe-tche-li*. Le *Khan* envoya à fon fecours *Li-y-tçie*, un de fes principaux Commandans, avec trois mille chevaux, & l'aida à pacifier la partie de la Chine, qui eft au Septentrion du *Hoam-ho*. Le Confeil de l'Empereur, inftruit par les défordres que les *Hoei-hou* avoient caufés ci-devant en Chine, fous prétexte de fecours, vouloit qu'on refufât celui du *Khan*; mais l'Empereur ne voulut pas entendre à cela. Il fe tranfporta à *Foum-tcheou*, où il reçut les Ambaffadeurs du *Khan*; il les combla de préfents, & les renvoya. La même année que *Tham-khim-tçoum* prit poffeffion de l'Empire, (l'an 825,) le *Khan* mourut. *Kho-ffa-the-le*, fon frere, lui fuccéda. L'Empereur envoya le créer *Ghai-tem-li-lo-mi-mo-mii-chi-ho-pi-kia-tcha-li-khan*. Celui-ci fut tué par les fiens. Un de fes neveux, nommé *Hou-the-le*, fut mis en fa place. Il envoya des Ambaffadeurs rendre compte à l'Empereur de fon avénement à la Couronne. L'Empereur députa *Tham-houm-che*, Général des Gardes à cheval, avec *Youm*, Roi de *Se-tçe*, le créer *Ghai-them-li-lo-mi-mo-mii-chi-ho-kiu-pi-kia-tcham-fin-kbhan*. L'an 839, un des Vifirs du *Khan*, nommé *Kiue-loue*, fe révolta contre lui; & fe mettant à la tête des *Chaa-tho*, le preffa fi vivement, que le *Khan* fut obligé de fe tuer lui-même. Les *Hoei-hou* lui donnerent pour fucceffeur *Khoffaa-the-le*. Il y avoit famine cette année-là. La pefte fuivit la famine, & l'excès des neiges fit mourir un grand nombre de chevaux & de moutons. Le *Khan* mourut avant qu'il eût eu le temps d'être créé par l'Empereur de Chine. Cependant *Tham-vou-tçoum* monta fur le trône de la Chine. *Youm*, Roi de *Se-tçe*, au retour de fon ambaffade, baſſade, lui fit connoître l'état de confuſion où étoient les *Hoei-hou*.

Auſſi-tôt après, un des principaux Commandants du *Khan*, nommé *Kiu-lo-ho-mo*, ſe joignit aux *Kie-kia-ſſe*, & vint à la tête de cent mille chevaux inveſtir la ville capitale des *Hoei-hou*. Il la força, fit mourir le *Khan*, & châtia *Kiu-lo-ve* du crime de rébellion. Il fit mettre le feu au camp du *Khan*. Les *Hoei-hou* ſe diſſiperent, tirant chacun de ſon côté. Un de leurs Viſirs, nommé *Sao-tche*, avec les quinze hordes qui étoient ſous le commandement de *Mam-the-le*, alla ſe jetter chez les *Kho-lo-lo*. Le reſte du débris ſe retira à *Chan-ſi*, & auprès des *Tybethains*. Alors les treize familles ou peuples, qui étoient immédiatement ſous le commandement du *Khan*, créerent *Ou-kiai-the-le*, Empereur, & le proclamerent leur *Khan*. *Ou-kiai-the-le* ſe ſaiſit des monts *Tço-tçe*, & s'y retrancha. Les *Kie-kia-ſſe*, après avoir mis les *Hoei-hou* en déroute, avoient pris la *Koum-tchu* de *Thai-ho*. Comme leur nation prétend de deſcendre de *Li-lim*, elle ſe croit Chinoiſe d'origine ; c'eſt pourquoi ils remirent la *Koum-tchu* à un Ambaſſadeur de leur part, nommé (ou plutôt qui étoit,) *Ta-kan*, pour la conduire avec toute ſorte d'honneur en Chine ; mais *Ou-kiai-he-le* l'ayant ſu, fit ſuivre le *Ta-kan*, qui ayant été attrapé, fut mis à mort. La *Koum-tchu* fut enlevée, & conduite au Midi du déſert. Les garniſons Chinoiſes des confins en furent effrayées. Les *Hoei-hou* continuant à s'avancer vers le Midi, attaquerent la ville de *Thien-te*. Le Vice-Empereur de *Tchin-vou*, nommé *Leou-mien*, ſe campa dans le col de *Yun-kia-kouan*, & les repouſſa. *Li-te-yu*, Miniſtre d'Etat de la Chine, repréſenta à l'Empereur ce qui ſuit : „ Les *Hoei-hou* ont rendu autrefois pluſieurs ſervices à l'Empire. Aujourd'hui ils ſont aſſaillis par la famine & par la guerre ; leur *Khan* ne ſait où ſe retirer. Il ne faut pas leur faire la guerre, tandis qu'ils ſont dans cet état. Il eſt plus à propos de leur envoyer des députés, qui leur faſſent fournir des vivres, & qui les conſolent dans leur malheur ”.

Dans ce même temps, un Viſir, nommé *Tche-ſin*, un fils de *Khan*, nommé *Ghao-mo-ſſe-the-le*, & *No-kie-tchue*, prirent la réſolution de venir ſe rendre avec leurs gens à l'Empereur. D'autre part, la *Koum-tchu* envoyoit des Ambaſſadeurs à l'Empereur, pour l'avertir qu'*Ou-kiai-the-le* avoit été fait *Khan*. Ceux-là ſe ſervirent de cette ambaſſade, pour demander à l'Empereur ſes ordres. Pareillement, *Kie-kan-kia-ſſe*, un des principaux Officiers du *Khan*, & pluſieurs autres envoyerent un placet à l'Empereur, par lequel ils lui demandoient en grace la ville de *Tchin-vou* par emprunt, pour ſervir de demeure à la *Koum-tchu* & au *Khan*. L'Empereur députa *Van-hoei*, Généraliſſime des garniſons de la droite de la Ville Impériale, vers les *Hoei-hou*, pour les conſoler & les appaiſer. Il leur envoya deux cents mille boiſſeaux de grains ; mais il refuſa de leur prêter la ville de *Tchin-vou*, (elle eſt dans la Tartarie ;) & pour leur faire entendre raiſon ſur ce point, il leur envoya un Eunuque de ſa chambre. Il envoya encore des Ambaſſadeurs pour créer le nouveau *Khan* ; mais on leur donna ſecretement ordre d'aller lentement, & d'attendre quelque révolution que l'on prévoyoit devoir arriver.

L'année ſuivante, les *Hoei-hou* menant avec eux l'Infante, vinrent au Midi du déſert, & entrerent dans les confins ſeptentrionaux de la Chine. Ils tuerent beaucoup de monde, & firent un terrible ravage ; après quoi ils s'en retournerent, & allerent ſe placer entre les villes de *Thien-te* & de *Tchin-vou*, d'où ils exerçoient mille brigandages, ſans rien craindre. L'Empereur fit marcher des troupes de tous côtés. *Ghao-mo-ſſe*, qui s'apperçut que *Tche-ſin* étoit un fourbe ſur lequel on ne pouvoit compter, convint avec le Commandant de la garniſon de *Thien-te*, nommé

Thien-meou, de lui tendre un piege. Ils l'engagerent à venir trouver le Commandant, qui lui fit couper la tête. *No-kie-chue* ſe rendit maître des ſept mille tentes de *Hoei-hou*, qui dépendoient de *Tchen-ſin*, & prenant ſa route vers l'Orient, il s'enfuit dans la ville de *Tchin-vou*. Il ſe joignit aux *Che-ouei*, & du midi des ſables noirs, il tâchoit de ſe jetter dans la Province de *Pe-tche-li* ; mais il fut défait par *Tcham-tchoum-vou*, Vice-Empereur de la Province, qui prit tout ſon monde. *No-kie-tchue* s'enfuit ; & ayant été pris par *Ou-kiai-the-le*, il fut mis à mort. L'armée d'*Ou-kiai-the-le* étoit encore puiſſante ; elle paſſoit pour être de cent mille combattants. Il ſe tenoit campé au ſeptentrion de la ville de *Thai-thoum-fou*, dans les monts *Liu-men-chan* ; mais quatre hordes, qui, jointes aux troupes du Général *Tçao-mo-ni*, faiſoient trente mille hommes, ſe ſervirent de la médiation de *Tcham-tchoum-vou*, pour ſe donner à l'Empereur. *Ghao-mo-ſſe* ſe ſervit de la commodité d'une ambaſſade, pour ſe rendre auſſi à l'Empereur. L'Empereur avoit réſolu d'aider le *Khan* à recouvrer ſes Etats, lorſque le *Khan* (*ou-Kiai-thele*) attaqua *Yun-tcheou*, ville de Chine. *Leou-mien*, qui le combattit, fut entiérement défait.

Ghao-mo-ſſe, & avec lui ſes trois hordes, & deux mille de ſes principaux cavaliers, vinrent à *Tchin-vou*, où ils ſe rendirent aux Chinôis. L'Empereur créa *Ghao-mo-ſſe*, Généraliſſime des garniſons de la droite de la Ville Impériale, & Roi du ſecond ordre de Chine, ſous le titre *Hoai-hoa-kiun-vam*. Il changea le nom de la ville de *Thien-te*, & lui donna le titre de *Kouei-kiun*, c'eſt-à-dire, *Ville militaire où l'on s'eſt ſoumis à l'équité*. Il créa le Gouverneur de *Kouei-y-kiun*, nommé *Oli-tchi*, Duc, ſous le titre de *Nim-pien-kiun-koum*. Il créa *Sii-ye-tchue*, Duc, ſous le titre de *Tcham-hoa-kiun-koum* Il créa *Ou-lo-ſſe*, Duc, ſous le titre de *Nim-ſai-kiun-koum*, & il le fit en même-temps, ou Généraliſſime de toutes ſes armées, ou Généraliſſime d'une armée, ou Généraliſſime des Gardes. Il créa *Ghai-ye-ve* Duc, avec le titre de *Nim-ſai-kiun-koum*, & le fit Généraliſſime de la droite. Il donna de plus par prérogative à *Gha-mo-ſſe*, outre les armes & les préſents, une banniere particuliere, & le pouvoir de porter des queues de léopard à ſes étendards, & fit diſtribuer à ſes Officiers des habits & des bonnets à la Chinoiſe. Il ordonna à *Li-te-yu* de faire une compilation de l'Hiſtoire des étrangers, qui, depuis la Dynaſtie des *Tçin* & des *Han*, avoient montré une fidélité inſigne, & rendu des ſervices ſignalés à la Chine. Il s'en trouva trente, & l'Empereur donna à ce recueil le titre d'Hiſtoire des Etrangers, qui s'étant rendus à la Chine, l'ont ſervie fidélement. Il en fit diſtribuer, par grace, des exemplaires à ceux qui venoient de ſe rendre. *Gao-mo-ſſe* demanda permiſſion de laiſſer ſa famille dans la ville de *Thai-yun-fou*, tandis que lui & ſes freres s'occupoient à la garde des frontieres de l'Empire. L'Empereur ordonna à *Leou-mien* de faire bâtir des maiſons en rues, entre les villes de *Yun* & de *So*, pour y loger la famille de *Ghao-mo-ſſe*.

Le *Khan* envoya des Ambaſſadeurs pour demander du ſecours, voulant retourner à ſon ancienne Cour, & pour ſupplier que la ville de *Thien-te* lui fût accordée en prêt. L'Empereur rejetta cette demande. Le *Khan*, irrité de ce refus, vint faire le ravage dans le territoire de *Thai-thoum-fou*, & après pluſieurs combats, il vint attaquer la ville de *Yun-tcheou*. Le Vice-Empereur *Ym-pi* n'oſa ſortir de ſa place. L'Empereur donna ordre d'augmenter le nombre des détachements des garniſons, pour courir au ſecours. Ces troupes ſe camperent à *Thai-yuen-fou*, & au ſeptentrion de cette ville. *Ghao-mo-ſſe* & les autres, avant de quitter la Cour, reçurent tous pour nom de famille, celui de la famille Impériale, qui étoit *Li* ; & pour nom propre, l'Empereur donna à *Ghao-mo-ſſe*, celui de de *Sé-tchoum*; à *Li-tohi*, celui de *Sé-tchim*; à *Sii-ve-tchue*, celui de *Sé-y*; à *Ou-lo-ſſe*, celui de *Sé-lii*; à *Ghai-ye-ve*, celui de *Houm-chun*, & il les fit tous Lieutenants Députés de l'armée, nommée *Kouei-y kiun*, c'eſt-à-dire, de *ceux qui ſe ſont ſoumis à l'équité*.

Enſuite il donna le titre de Général des troupes qui devoient faire la guerre dans la partie méridionale des *Hoei-hou*; à *Leou-mien*, celui de Général des troupes qui devoient porter la guerre dans la partie Orientale des mêmes; à *Tcham-tchoum-vou*, & à *Li-ſſe-tchoum*, (c'eſt *Ghao-mo-ſſe*,) celui de Commandant des *Tham-kiam*, & de Général des troupes qui devoient faire la guerre dans la partie du Sud-Oueſt. *Leou-mien* alla ſe camper à *Yen-men*, confins de la Province de *Chanſi*. Pareillement l'Empereur ordonna à *Ho-tçim-tchao*, Vice-Empereur d'*Yn-tcheou*, & à *Kii-pii-thoum*, Vice-Empereur d'*Yutcheou*, de s'avancer avec les troupes étrangeres qui étoient à leurs ordres, & d'aller ſe joindre avec *Leou-mien* & *Tcham-tchoum-vou*, & de ſerrer ainſi peu-à-peu les *Hoei-hou*. *Li-ſſe-tchoum* avança pluſieurs fois dans le Pays ennemi, & perſuada aux *Hoei-hou* qui avoient dépendu de lui, de venir ſe rendre. *Leou-mien* voyant cela, fit un détachement des *Cha-to*, Tartares de ſon armée, & en augmenta celle de *Li-ſſe-tchoum*. Il en fit un autre de cinq cents cavaliers de l'armée qui campoit dans le *Ho-tchoum*, & en augmenta l'armée de *Li-houm-chun*, (c'eſt *Ghai-ye-ve*.) *Leou-mien* lui-même s'avança, & alla ſe poſter dans la ville de *Yun-tcheou*. *Li-ſſe-tchoum*, qui avoit établi ſon camp dans le grand camp de *Pao-ta*, prenant avec ſoi les troupes de *Ho-tchoum*, commandées par *Tchin-hiu*, donna bataille aux *Hoei-hou*, & les défit. L'année ſuivante, ils furent encore défaits par *Li-houm-chun*. *Leou-mien*, de ſon côté, avec *Che-hioum*, Lieutenant du Général des troupes ambulantes de la ville & Province de *Thien-te*, après avoir pris l'élite de la cavalerie Chinoiſe, & de celle des Barbares, compoſée de différentes nations, comme de *Cha-to*, de *Ki-pie* & autres, ſortit de nuit de la ville de *Yun-tcheou*. Il marcha en diligence vers la ville de *Ma-yi*, & arriva aux confins nommés *Ghan-tchoum-ſai*. Il rencontra les *Hoei-hou*, les combattit, & les mit en déroute. Dans ce temps-là, *Ou-kiai-the-le* preſſoit la ville de *Tchin-vou*. *Che-hioum* pouſſant à toutes brides, y entra avec les ſiens durant la nuit. Il fit ouvrir la muraille, & combattit à outrance. *Ou-kiai-the-le* en fut effrayé, & ſe retira. *Che-hioum* le pourſuivit, & l'ayant atteint auprès du mont *Cha-hou-chan*, il lui livra combat. *Ou-kiai-the-le* ayant été bleſſé prit la fuite.

Che-hioum ayant rencontré l'Infante de la Chine, il l'envoya avec honneur en Chine. Il obligea pluſieurs dixaines de milliers de ſujets d'*Ou-kiai-the-le*, à ſe rendre. Il prit ſes tréſors, ſes bagages & toutes les patentes dont l'Empereur de Chine avoit honoré les *Khan*. *Ou-kiai-the-le* ramaſſa ce qui reſtoit de ſes gens, alla ſe refugier chez les *He-tche-tçe*, Tartares. *Li-houm-chun* & *Ho-tçim-tchao* reçurent ordre de le pouſſer à bout. *Li-houm-chun* propoſa de groſſes récompenſes aux *He-tche-tçe*, (cela ſignifie en Chinois *chariots noirs*,) s'ils vouloient faire mourir *Ou-kiai-the-le*. Après la déroute de ce *Khan*, les *Hoei-hou* qui l'avoient abandonné, & s'étoient diſperſés, ne pouvant faire un corps d'armée, vinrent ſe rendre aux Chinois de la Province de *Pe-tche-li*; ils y moururent de faim, de froid, & de leurs bleſſures. Pluſieurs milliers de *He-tche-tçe* profiterent du malheur des *Hoei-hou*, & tuerent *Ou-kiai-the-le*. Les *Hoei-hou* mirent *Gho-nien-the-le*, ſon frere cadet, en ſa place, & le proclamerent *Khan*. L'Empereur ordonna à *Li-te-yu* d'écrire le récit de ce ſuccès, & de le faire graver ſur un monument de marbre dans la capitale du *Pe-tche-li*, pour en tirer gloire dans la poſtérité. *Li-ſſe-tchoum*, &

les autres *Hoei-hou*, croyant leur Empire détruit, demanderent permiſſion de ſe retirer à la Cour. L'Empereur caſſa les troupes qu'ils commandoient, & donna à *Li-ſſe-tchoum* la charge de Généraliſſime des Gardes de la Porte gauche, à laquelle il joignit celle de Maître. Il lui aſſigna doubles appointements, & lui donna un hôtel. Il partagea les troupes de ſon armée, ſous les bannieres des Vice-Empereurs. Les Barbares qui craignoient d'être à la ſolde des Vice-Empereurs des Provinces, ſe fortifierent ſur la riviere de *Hou-tho-ho*, & ſe révolterent. On en fit mourir trois mille. L'Empereur ordonna à tous les Commandants des régiments *Hoei-hou* qui étoient dans les deux Cours, de prendre l'habit Chinois.

Ce fut pour lors que les Officiers ſe ſaiſirent des livres & des images de *Moni*, (on ne dit point de quelle religion il étoit,) les firent brûler publiquement, & confiſquerent tous ſes biens. *Gho-nien-khan* ramaſſa cinq mille hommes des débris des *Hoei-hou*, & eut recours à *Che-che-lam*, un des principaux Chefs des *Hii*, (peuple des *Toum-hou*, qui étoit entre les *He-tche-tçe* & les *Khi-tan*.) *Tcham-tchoum-vou*, Général Chinois, alla porter la guerre chez les *Hii* l'an 847, ou incontinent après; il les dompta, & ce fut alors que les *Hoei-hou* furent preſque entiérement détruits; pour ce qui eſt de leurs grands, (comme grands Rois & grands Officiers,) à peine en reſta-t-il un peu plus de cinq cents, qui ſe mirent ſous la protection des *Che-ouei*. *Tcham-tchoum-vou* employa la perſuaſion pour obliger les *Che-ouei* à s'en ſaiſir & à les lui livrer, & ſur-tout leur *Khan*. *Gho-nien-khan* en fut allarmé. Il prit ſa femme, nommée *Kho-lo*, & ſon fils nommé *The-le-thou-ſſe*, & abandonnant les ſiens, il s'enfuit avec neuf ſeuls cavaliers vers l'Occident. Ce ne fut plus alors que larmes & que ſoupirs parmi les *Hoei-hou*, qui s'abandonnerent au déſeſpoir. Sept hordes des *Che-ouei* les partagerent entr'elles, & ſe les aſſujettirent. Cela offenſa les *Kie-kia-ſſe*, qui, avec un de leurs Viſirs à leur tête, & ſoixante & dix mille cavaliers, vinrent tomber ſur les *Che-ouei*. Ils retirerent de leurs mains tous les *Hoei-hou*, & reprirent le chemin du ſeptentrion du déſert. Les *Hoei-hou* ſe retiretent dans les montagnes & les forêts, où ils ſe tenoient cachés, & d'où ils ne ſortoient que pour exercer leurs brigandages. Tous les autres Tartares ſe cotiſerent pour leur fournir des armes & des vivres. Peu après, les *Hoei-hou* vinrent ſe ranger ſous les étendards de *Mam-the-le*, qui pour lors avoit pris le titre de *Khan*, & demeuroit dans *Kan-tcheou*, ville dans la partie occidentale de la Province de *Chenſi*, poſſédant toutes les villes qui ſont à l'occident des ſables (c'eſt, ſelon toute apparence, le *Tham-gouth*.) L'Empereur *Tham-ſuen-tçoum* ſe faiſoit alors un devoir de traiter avec bonté les étrangers. Il envoya des Députés à *Nim-bia*, ville dépendante aujourd'hui de la Chine, pour viſiter les Chefs des *Hoei-hou*. Ceux-ci envoyerent leurs Ambaſſadeurs à la ſuite des députés. L'Empereur créa *Mam-the-le* ſous le titre de *Ghao-lo-tem-li-lo-mi-mo-mii-chi-ho-kiu-lo-pi-kia-hoai-kien-khan*. Celui-ci, dans l'eſpace de dix ans & plus, n'envoya qu'une ou deux ambaſſades à l'Empereur.

Sous le regne de *Tham-y-tçoum*, un des principaux Chefs des *Hoei-hou*, nommé *Pou-kou-tçun*, partit de *Pe-thim*, ou Cour du Nord des *Tou-kiue*, pour faire la guerre aux *Tybethains*. Il les vainquit, & fit couper la tête à *Lun-cham-ge*. Cette victoire le rendit maître de *Si-tcheou*, c'eſt-à-dire du Royaume de *Kaſchghar*, de la ville de *Lun-thai*, & autres villes adjacentes. Il envoya le *Ta-kan*, nommé *Mi-hoai-yu*, à l'Empereur, pour lui préſenter des captifs *Tybethains*, & demanda d'être créé *Khan*; l'Empereur le lui promit. Depuis ce temps-là, la Dynaſtie des *Tham* tomba dans le déſordre. Les Barbares ceſſerent d'envoyer réguliérement des ambaſſades, & de payer leurs tributs; de ſorte que l'hiſtoire de Chine ne put continuer celle des étrangers. L'Empereur *Tham-tchao-tçoum*, (il commença à régner l'an 889, & finit l'an 907,) se transporta à la ville de *Foum-tçiam-fou*. *Han-sien*, Vice-Empereur de *Nim-hia*, ou de *Lim-tcheou*, avertit l'Empereur par un placet, que les *Hoei-hou* supplioient Sa Majesté de vouloir bien recevoir le secours qu'ils lui offroient pour dompter les rebelles. *Han-ouo*, Docteur & Officier de l'Académie Impériale, s'y opposa, & représenta ce qui suit : „ Il y a long-temps „ que les *Hoei-hou* sont ennemis déclarés de la Chine. „ Depuis l'an 841 qu'ils commencerent leurs inva-„ sions, leurs plumes & leurs aîles n'ont pu encore „ repousser ; ainsi ils sont hors d'état de suivre le pen-„ chant de leur malignité. Ils veulent se servir de l'oc-„ casion de nos troubles, pour trouver quelque ou-„ verture à faire revivre leur puissance. Il ne faut pas „ leur ouvrir le chemin pour y parvenir". Cet avis fut cause qu'on laissa tomber la chose, & qu'on ne leur fit point de réponse ; mais enfin ils ne purent recouvrer leurs premieres forces. Ils faisoient un continuel trafic de *Yu*, (espece de pierre précieuse,) & de chevaux, avec les Chinois des confins de l'Empire. Jusqu'ici j'ai traduit mot à mot ce que l'histoire des *Tham* rapporte des *Hoei-hou*.

Les *Khi-tan*, dont nous parlerons dans la suite, acheverent de porter le coup mortel aux *Hoei-hou*, & leur enleverent la monarchie universelle de la Tartarie. Les *Hoei-hou* ne laisserent pas de se conserver encore quatre Etats dans cette vaste étendue de pays ; celui de *Kaschghar* fut le plus puissant. Ceux des *Hoei-hou* qui le possédoient, se faisoient nommer *Aslan*, ou *Arselan-hoei-hou* ; ce qui signifie les *Lions Hoei-hou*. Les *Hoei-hou* de *Khan-tcheou*, ville de la Province de *Chensi*, qui étoit leur capitale, étoient maîtres aussi d'un grand Royaume, c'est-à-dire, du *Tham-gouth*. Il y en avoit encore deux autres, savoir celui de *Ho-tcheou* ou d'*Eyghour* qui fut réuni à celui de *Kaschghar*, & celui de *Fou-tcheou*, & même un cinquieme ; mais tous ces Royaumes étoient sujets des *Khi-tan*, qui avoient poussé leurs conquêtes jusqu'en Perse. Ce fut *Tchim-khis-khan* qui les extermina tous, comme nous le verrons dans la suite. Cette nation des *Hoei-hou* devoit être extrêmement étendue. Ils commençoient aux bords orientaux de la mer Caspienne, d'où ils s'étoient répandus par toutes les montagnes jusqu'aux confins du Royaume d'*Eyghour* ; de-là s'élevant vers le nord, ils s'étendoient beaucoup au de-là des 57 degrés de latitude boréale. Car les Chinois ayant planté un Gnomon de 8 pieds dans le camp royal des *The-le*, nation des *Hoei-hou*, environ l'an 724, ils y trouverent la longueur de l'ombre méridienne, au jour du solstice d'été, de quatre pieds & un dixieme, & trois centiemes de pieds ; d'où l'on doit conclure la hauteur du Pole arctique en cet endroit, de près de 49 de nos degrés. *Tham-y-hem*, fameux Astronome de ce temps-là, en compte plus de 52 Chinois, qui en font plus de 51 des nôtres ; & *Kouo-cheou-khim*, excellent Astronome Chinois, marque dans l'Histoire de son Calendrier, que cette même ombre avoit été observée par des Astronomes de Chine, dans le pays des mêmes *Thie-le*, avant l'an 1280 de l'Ere Chrétienne, de cinq pieds & un centieme ; ce qui donne la hauteur du pole de 57 degrés, 57 minutes. Au reste, il ne faut pas s'imaginer que les Astronomes Chinois du huitieme siecle & ceux du treizieme parlent precisément du même lieu, & qu'ainsi ils se contredisent ; ou bien ces peuples vagabonds, comme il arrive d'ordinaire, avoient changé leur camp de place ; ou bien les Astronomes ont fait leurs observations, les uns au milieu du pays, les autres sur les confins.

La même nation poussoit ses bornes encore bien plus loin du côté du Nord-Ouest, puisque les *Khou-li-kan* en étoient ceux qui habitoient sur les bords de la mer Glaciale, & auxquels le même *Kouo-cheou-* *khim* donne la longueur de l'ombre solstitiale & méridienne du plus grand jour d'été, de six pieds & sept dixieme, & huit centiemes de pied ; d'où l'on conclut la hauteur de 64 de nos degrés & 2 minutes. Il est vrai qu'il ne nomme pas les *Khou-li-kan* ; mais il ne peut entendre qu'eux quand il nomme cette hauteur, qui est celle de la mer du Nord ou Glaciale. Il dit que le plus grand jour y est de quatre-vingt-deux centiemes d'un jour astronomique. Nous retoucherons ce point sous l'article des *Khou-li-kan* ; car je vais rapporter, en fidele traducteur, ce que l'Histoire des *Tham* raconte de tous ces peuples qui composoient la nation des *Hoei-hou*. Ils étoient les sujets de cette Dynastie ; elle devoit les bien connoître.

DES SIE-YEN-THO.

Au commencement, les *Yen-tho* étoient mêlés avec les *Sie*. Dans la suite, les *Yen-tho* ayant absolument dompté les *Sié*, ils se les incorporerent, & ne faisant plus qu'une même nation, ils prirent le nom de *Sie-yen-tho*, composé de celui de ces deux peuples. Le nom de la famille royale étoit *Y-li-tie*. Parmi tous les peuples qui composoient la grande nation des *Hoei-hou*, celui-ci avoit le renom d'être le plus vaillant de tous. Leurs mœurs & coutumes ne différoient en rien de celles des *Tou-kiue*. *Tchu-lo-khan*, Empereur des *Tou-kiue* Occidentaux, ayant fait mourir en trahison tous les principaux chefs des *Thie-le*, ou bien des *Hoei-hou*, (voyez l'histoire des *Hoei-hou* ci-dessus,) les *Thie-le* s'excitant mutuellement à la révolte, se retirerent, & proclamerent pour leur Roi *Kni-pi-kho-lem*, sous le titre de *Yue-thie-mo-bokhan*. Ce *Khan* s'empara des monts *Tan-han-chan*, qui le séparoient du Royaume d'*Eyghour*. Il honora *Yi-che-po*, chef des *Sie-yen-tho*, du titre de *Khan*, & le nomma *Ye-thie-khan*. Celui-ci se rendit maître des monts *Yen-mo* ; mais *Che-kouei-khan*, Empereur des *Tou-kiue*, ayant rétabli la puissance des *Tou-kiue* Occidentaux, ces deux *Khan* des *Hoei-hou* & des *Sie-yen-tho* déposerent ce titre qu'ils ne pouvoient pas soutenir, & se soumirent à lui. Les *Hoei-he*, les *Pa-ye-kou*, les *A-tie*, les *Thoum-lo*, les *Pou-kou*, & les *Pa-ssii*, habitoient les monts *Yu-tou-kiun*, & s'étoient soumis à *Che-pi-khan*, Empereur des *Tou-kiue* Orientaux. *Y-che-po* qui s'étoit cantonné dans les monts d'or ou de l'Occident, s'étoit rendu sujet de *Che-hou-khan*, un des Empereurs des *Tou-kiue* Occidentaux. *Che-hou-khan* mourut l'an 628. Sa mort fut suivie d'une guerre civile. *Y-nan*, petit-fils de *Yi-che-po*, vint avec soixante & dix mille tentes, se soumettre à *Kie-li*, *Khan* des *Tou-kiue* Orientaux. Dans la suite, *Y-nan* s'étant révolté contre *Kie-li-khan*, affoiblit la puissance de celui-ci. La plupart des hordes de *Kie-li-khan* se rebellerent contre lui, & se soumirent à *Y-nan*, qu'ils voulurent proclamer *Khan* ; mais la crainte de ne pouvoir soutenir ce titre, le lui fit refuser.

L'année suivante, l'Empereur de Chine *Tham-thai-tçoum* prit la résolution d'investir *Y-nan* de la dignité royale. C'est pourquoi il dépêcha vers *Y-nan* un Général des camps volants nommé *Kiao-sse-vam*, pour lui porter ses ordres par des chemins détournés, & pour le créer par lettres-patentes, *Tchin-tchu-pi-kia-khan*. *Y-nan* étant donc créé *Khan* dans toutes les formes, envoya des Ambassadeurs à l'Empereur, pour le remercier de cet honneur, & pour lui offrir des présents. Il établit son camp royal dans les monts *Yu-tou-kiun*, qui sont au Nord-Ouest de *Si-ghan-fou*, à six cents lieues de distance. Son pays confinoit à l'Orient avec les *Mo-ho*, à l'Occident avec les *Tou-kiue* de la dépendance de *Che-hou-khan* ; au Midi il étoit borné par le désert de sable, & au Septentrion par la riviere, ou lac, nommé *Hiu-lun*. De cette façon, il possédoit une vaste étendue de pays, & il avoit un grand nombre de sujets. Alors les *Hoei-he*, & toutes les autres hordes Tartares, se soumirent à lui, & devinrent ses sujets. Son frere cadet *Thoum-the-le* vint saluer l'Empereur en Chine. L'Empereur lui fit présent d'un excellent sabre, & d'un fouet couvert de pierreries. En les lui donnant, il lui dit: „ Si „ les sujets de votre frere manquent en quelque chose „ de considérable, il les fera fouetter avec ce fouet". *Y-nan* tint cela à grand honneur.

Après que *Kie-li-khan* eut été défait par l'Empereur *Tham-thai-tçoum*, les dehors des confins de la Chine demeurerent déserts & sans habitants. *Y-nan* s'approcha de l'Orient, & s'empara des monts *Tou-ouei-khien*. Il se plaça au Sud de la riviere, ou lac de *Tho-lo*, d'où il n'étoit plus éloigné de *Si-ghan-fou*, que de trois cents lieues & plus. Dans cet endroit, il confinoit avec les *Che-ouei* vers l'Orient; aux monts d'Or vers l'Occident; au Midi, il avoit les *Tou-kiue*; & au Septentrion les *Hoei-hou* de *Han-hai*. Ainsi il occupoit en entier les anciens Etats que les *Hioum-nou* possédoient en propre. Il avoit deux cents mille cavaliers d'élite, qu'il faisoit commander par *Tha-tou-che*, & par *Thou-li-che*, ses deux fils, la moitié à chacun. La premiere division se nommoit la Septentrionale, & la seconde la Méridionale. Il vint une ambassade de sa part en l'année 633. L'Empereur craignit que sa trop grande puissance ne devînt préjudiciable à son Empire; ainsi pour lui susciter des embarras, il créa les deux fils d'*Y-nan*, petits *Khan*. Il créa pareillement *Khan*, *Li-sse-mo* l'an 641. *Li-sse-mo* aussi-tôt après passa la riviere, & vint se poster au Midi du défert; *Y-nan* en fut choqué. Avant qu'il eût pris les armes, l'Empereur s'étoit transporté à *Lo-yam*, (aujourd'hui *Honan-fou*,) d'où il devoit partir incessamment pour aller faire au Ciel un sacrifice extraordinaire sur le sommet du mont *Thai-chan*. Cela donna occasion à *Y-nan* de tenir conseil avec les siens. „ Lorsque le fils du Ciel, *leur dit-il*, va faire „ ce sacrifice extraordinaire, tout l'Univers marche „ pour l'accompagner; toutes les troupes de l'Empire „ se réunissent autour de lui; les confins, pen- „ dant ce temps-là, sont absolument sans défense : „ nous pouvons donc prendre *Li-sse-mo*". Il envoya aussi-tôt contre lui *Tha-thou-che*, son fils, à la tête de deux cents mille cavaliers. Celui-ci traversa le défert, & vint au Midi camper dans la plaine de *Pe-tao-tchouen*. Chaque soldat, l'un portant l'autre, avoit quatre chevaux. Il attaqua *Le-sse-mo*, qui prit la fuite, & se retira dans la ville de *So-tcheou*.

Li-sse-mo avertit l'Empereur de cette surprise, & lui demanda secours. Alors l'Empereur ordonna à *Tcham-kien* de joindre les troupes Chinoises qui étoient sous son commandement à celles des *Hi*, des *Sii* & des *Khi-tan*, & de l'aller attaquer du côté de l'Orient. Il envoya *Li-tçii* avec soixante mille fantassins & trois mille chevaux, & *Li-ta-leam* avec quarante mille fantassins & cinq mille cavaliers, camper à *Lim-vou*. *Tcham-sse-kouei* reçut ordre d'aller camper à *Yun-tchoum*, avec une armée de dix-sept mille hommes. Il fit Généralissime de toutes ses armées *Li-sii-yu*. Il donna à tous ces Commandants les ordres suivants : „ Les *Sie-yen-tho* viennent de traverser le „ défert; leurs chevaux sont ruinés. C'est la maxime „ de la guerre de pousser vivement sa pointe, quand „ la fortune se montre favorable, & de se reti- „ rer au plus vite quand on la trouve contraire. Les „ captifs ou barbares ont manqué à cela. Ils n'ont pas „ attaqué *Li-sse-mo* de prime-abord; ils ne se font „ pas non plus retirés aussi-tôt. Ainsi on doit s'atten- „ dre à les voir entiérement défaits. Prenez garde „ d'aller les attaquer directement; attendez leur re- „ traite pour le faire". Peu de temps après, les *Sie-yen-tho* envoyerent des Députés, pour supplier l'Empereur de leur permettre de faire la paix avec les *Tou-kiue*. „ Voici les conventions que je vous ai or-

„ données, répondit l'Empereur : que les Pays qui „ sont au Nord du défert soient possédés par les *Sie-* „ *yen-tho*, & ceux qui sont au Midi du même défert, „ par les *Tou-kiue*. Vous n'avez pas cessé nonobstant „ cela de vous faire la guerre; je ne puis vous par- „ donner cette faute. Vous, *Sie-yen-tho*, qui me re- „ gardez comme votre pere, vous avez été les pre- „ miers à violer mes ordres; n'êtes-vous donc pas des „ perturbateurs du repos public? Après cela, vous „ dites que vous voulez avoir la paix avec les *Tou-* „ *kiue*. Vous y êtes obligés en vertu des conventions „ déja faites. Pourquoi donc présentement m'en de- „ mander la permission"? Il ne répondit point à leur demande. Cependant *Tha-thou-che* s'avança jusqu'à la grande muraille; mais il ne put joindre *Li-sse-mo*, qui s'étoit déja retiré au Midi de la muraille. *Tha-thou-che* comprit aussi-tôt qu'il ne pourroit plus l'atteindre. Il fit monter de ses gens sur la grande muraille pour charger *Li-sse-mo* d'injures.

Il arriva justement en ce temps-là que l'armée de *Li-tçii* parut. *Tha-thou-che* songea aussi-tôt à la retraite. Il traversa les monts *Tçim-chan*; mais il avoit bien du chemin à faire. *Si-tçii* choisit une troupe de déterminés, qu'il joignit à sa cavalerie, & passant la riviere de *Lo-ho*, il prit en toute diligence la route de *Pe-tao*, & poursuivit vivement *Tha-thou-che*, sans le perdre de vue. *Tha-thou-che*, craignant de ne pouvoir échapper, traversa la riviere de *Ge-tchin*, & fit ferme de l'autre côté. Auparavant les *Sie-yen-tho*, dans la guerre qu'ils avoient faite à *Cho-po-lo-kham* & à *Asena-chel*, avoient toujours été victorieux en combattant à pied; c'est pourquoi ils ne se servirent point de leur cavalerie dans cette occasion. Ils partagerent leurs troupes de cinq en cinq hommes, l'un desquels tenoit les quatre chevaux des autres, qui combattoient tour-à-tour, avec ordre à tous de monter à cheval après la victoire, pour poursuivre les fuyards. Ils avoient établi pour loi, que quiconque manqueroit au devoir, seroit mis à mort, & que ses biens seroient confisqués au profit de ceux qui auroient bien combattu. Les *Tou-kiue* de l'armée Chinoise furent enfoncés par les *Sie-yen-tho*, & mis en déroute. *Li-tçii* courut à leur secours. Les *Sie-yen-tho* tiroient seulement aux chevaux, qui tomboient morts à l'instant. *Li-tçii*, sur le champ, partagea son infanterie en compagnies de cent hommes, & donna tête baissée sur l'ennemi, qui s'étoit ouvert; il le mit en désordre & ensuite en déroute. Un de ses Lieutenants, nommé *Sie-van-tche*, poussa droit avec le fort de sa cavalerie à ceux qui tenoient les chevaux des autres, qui combattoient à pied; ce qui empêcha les *Sie-yen-tho* de pouvoir s'enfuir. Il en fut tué plusieurs milliers; on leur enleva quinze mille chevaux. *Tha-tou-che* prit la fuite & disparut. *Sie-van-tche* eut beau le poursuivre, il ne lui fut pas possible de l'attraper. *Tha-tou-che* se retira au Septentrion du défert, avec quelques débris de son infanterie. Par malheur pour lui, il tomba une grosse neige, & l'âpreté du froid fut si grande, que de dix parts de ses gens il en mourut huit. De tout temps, les *Sie-yen-tho* ont eu le pouvoir d'attirer les neiges du Ciel, par des sacrifices qu'ils font aux Dieux, pour perdre leurs ennemis. Ils crurent que cet expédient leur réussiroit à l'égard de *Li-tçii*; mais contre leur attente, il tourna à leur malheur.

Li-tçii s'en retourna à *Tim-siam*. L'Empereur y envoya des Députés, avec une lettre de sa main, pour louer l'armée, & s'informer de l'état où elle étoit. Il distribua des récompenses à tous ceux qui avoient bien fait, & sur-tout à ceux qui étoient morts dans cette expédition. En même-temps, il renvoya les Députés des *Sie-yen-tho*, qui étoient venus demander ses ordres, leur disant : „ Retournez chez vous, à la bonne „ heure, & rapportez à votre *Khan* ce que je vais lui „ dire. Vous vous êtes fiés sur votre puissance, & vous

„ avez

„ avez méprifé les *Tou-kiue*; vous les avez tyranni-
„ fés & accablés de tributs. Vous avez même pris
„ leur Chef pour ôtage. Ne fuis-je pas le maître de
„ l'univers, & vous appartient-il d'impofer des tri-
„ buts? A l'avenir quand il fe préfentera quelque chofe
„ d'important, confultez mûrement, pefez l'utile &
„ le dommageable, & n'entreprenez rien téméraire-
„ ment". Les *Sie-yen-tho*, après avoir entendu ce
rapport de leurs Députés, envoyerent des Ambaffadeurs demander pardon à l'Empereur. Ils envoyerent
auffi *Cha-po-lo*, oncle de leur *Khan*, offrir en préfent trois mille chevaux à l'Empereur, & lui demander une Infante en mariage. „ Le Roi de *Yen-tho*,
„ (dit l'Empereur,) n'étoit qu'un fimple *Ki-kin*; c'eft
„ moi qui l'ai fait *Khan*. Qui eft-il en comparaifon
„ de *Kie-li*, qui étoit *Khan* des *Tou-kiue* Orientaux,
„ & dont j'ai détruit la puiffance, pour avoir ofé por-
„ ter la guerre fur les confins de mon Empire"? Il
rejetta leur propofition

L'année fuivante, il vint une nouvelle ambaffade de
leur part, avec un plus grand nombre de chevaux,
outre les bœufs, les moutons & les chameaux, pour
faire de nouvelles inftances. L'Empereur tint ce difcours à fes Grands en plein Confeil : „ Moi, Em-
„ pereur, je trouve qu'il y a deux expédients fûrs
„ pour abaiffer l'orgueil des *Sie-yen-tho*. Le premier
„ eft d'envoyer contr'eux une armée de cent mille
„ hommes d'élite, qui les extermine entiérement ;
„ l'avantage qui reviendra de cet expédient durera
„ cent ans. Le fecond eft de rejetter la propofition
„ du mariage, de les tenir en bride, & les empêcher
„ d'approcher de la Chine. L'utilité que procurera
„ cet expédient, ne s'étendra pas au-delà de trente
„ ans. Lequel des deux vous paroît le meilleur"?
Fam-hiuen-lim prit la parole, & répondit en ces termes : „ Aujourd'hui tout eft encore dans le trouble,
„ les playes du peu qui refte de peuples ne font
„ pas encore fermées. Quand nous devrions fortir
„ victorieux de cette guerre, on ne peut point nier
„ qu'il n'y ait du rifque à l'entreprendre. Il vaut donc
„ mieux leur accorder une Infante en mariage, & fe
„ les attacher par le lien de cette alliance. Vous avez
„ raifon, dit l'Empereur". Il nomma en même-temps
la *Koum-tchu* de *Sin-him* pour femme du *Khan*. Il
fit appeller *Tou-li-che*, Ambaffadeur des *Yen-tho*, &
lui fit un feftin folemnel, tous les Officiers de la Cour
étant préfents avec tout l'appareil poffible. *Thou-li che*,
frappant la terre avec le front, fouhaita une vie fans
bornes à l'Empereur. L'Empereur ordonna, par un
édit folemnel, à *Y-nan*, de venir recevoir la *Koum-
tchu*, & il prit lui-même la réfolution d'aller en perfonne jufqu'à *Nim-hia*, pour y célébrer les noces.
Y-nan ne fe poffédoit pas de joie ; il le fit éclater par
ces paroles fanfaronnes : „ J'étois un fimple *Hoei-
„ hou*; le Souverain (on nomme ainfi par antonoma-
„ fe, l'Empereur de Chine,) m'a créé *Khan*; il me
„ donne en mariage fa propre fille ; lui-même en
„ perfonne s'avance jufqu'aux confins de fon Empi-
„ re, pour l'amour de moi ; quelle gloire après cela
„ peut égaler la mienne"? Auffi-tôt il impofa aux
fiens un tribut de moutons & de chevaux, pour
fournir aux fraix de la noce. Quelqu'un dit au *Khan* :
„ Votre Majefté & l'Empereur de Chine font cha-
„ cun maître d'un Etat, pourquoi donc l'allez-vous
„ vifiter? Et fi l'on vous arrête, fera-t-il temps de
„ vous repentir de cette démarche? Il n'en eft pas
„ ainfi, répondit *Y-nan*. Le fils du Ciel, régnant, eft
„ un Prince vertueux. Toute la terre s'eft foumife
„ à lui, & tous fe font gloire d'être au rang de fes
„ fujets. Nous fommes les feuls au Septentrion du
„ défert qui manquons de maître ; en pouvons-nous
„ choifir un autre que lui"? Cela ferma la bouche à
celui qui avoit parlé.

L'Empereur ordonna, par un édit folemnel, que
les préfents des *Yen-tho* fuffent reçus. Le *Khan* des

Yen-tho n'avoit ni magafins, ni tréfors. Il tiroit tous
fes befoins de fes fujets, par des tributs qu'il leur im-
pofoit, lorfque la néceffité le preffoit ; il falloit du
temps pour les lever. Quand ce vint à traverfer le
défert, les eaux & les herbes vinrent à manquer ; il
lui mourut un grand nombre de moutons & de chevaux. Il manqua de payer fon tribut au temps préfix.
Tout cela enfemble obligea l'Empereur à ne pas partir pour *Nim-hia*. Cependant *Y-nan* avoit perdu par
la mortalité, la moitié de fes chevaux & de fes moutons. On fuggéra à l'Empereur ce confeil : Les Barbares ne recherchent la Chine, que par un pur motif
d'intérêts. Si la Chine donne une de fes Infantes en
cette occafion, où le mariage ne fe peut pas faire
avec l'éclat & l'appareil convenable, elle tombera dans
le mépris parmi les Barbares. Cela détermina l'Empereur à rompre le mariage ; & il s'excufa de le conclure auprès des Ambaffadeurs des *Yen-tho*. Quelques-
uns lui dirent : „ Puifque Votre Majefté s'y eft enga-
„ gée, elle ne doit pas manquer à fa parole. Seigneurs,
„ repartit l'Empereur, le confeil que vous me donnez
„ n'eft point à propos. Anciennement, fous la Dy-
„ naftie des *Han*, la puiffance des *Hioum-nou* étoit
„ fi grande, que la Chine ne leur pouvoit réfifter.
„ Cela obligea les Empereurs de cette Dynaftie, de
„ donner à leurs *Tchen-yu* leurs propres filles en ma-
„ riage. Aujourd'hui, les Barbares du Septentrion font
„ foibles ; je puis les réduire, & fur-tout les *Yen-tho*,
„ qui me fervent avec beaucoup de circonfpection,
„ confidérant le befoin qu'ils ont de mon appui pour
„ fe foutenir dans leur nouvelle élévation. Mais moi,
„ je confidere l'utilité que je retire d'eux pour tenir
„ les autres dans la fujétion. Les *Thoum-lo* & les
„ *Pou-kou* ont affez de force pour réduire les *Yen-tho* ;
„ s'ils ne l'entreprennent pas, c'eft uniquement parce
„ qu'ils me redoutent. Or, fi je viens à donner une
„ *Koum-tchu* en mariage au *Khan* des *Yen-tho*, il
„ devient par-là mon gendre. Cela augmentera confi-
„ dérablement fa réputation & affermira fon trône,
„ & tous les autres Tartares viendront à l'envi fe ran-
„ ger fous fes étendards. Les Barbares ont dès in-
„ clinations fauvages ; quand ils peuvent fe foutenir
„ par eux-mêmes, ils fe foulevent contre la Chine.
„ Préfentement donc que j'ai rompu ce mariage, les
„ Barbares n'en auront pas plutôt la nouvelle, qu'ils
„ viendront fondre à l'envi les uns des autres fur les
„ *Yen-tho*, qui font par-là fur le penchant de leur
„ ruine ".

En effet, auffi-tôt après, *Li-ffe-mo* tomba fur eux,
& alla ravager leur pays. Les *Yen-tho*, de leur côté,
envoyerent *Thou-li-che* faire la même chofe dans le
territoire de *Tim-fiam*. L'Empereur ordonna à *Li-tçii*
de les chaffer des confins. Incontinent après, les *Sie-
yen-tho* envoyerent des Ambaffadeurs à l'Empereur,
pour le fupplier de vouloir bien accepter le fecours
de troupes qu'ils lui offroient contre la Corée. Ils
faifoient cela pour fonder le cœur de l'Empereur.
L'Empereur (*Tham-thai-tçoum*) fit venir ces Ambaffadeurs en fa préfence, & leur parla en ces termes :
„ Retournez dans votre Pays, & dites de ma part
„ à votre *Khan*, que fi lui & fes enfans ont affez
„ de puiffance pour infulter mes frontieres, ils vien-
„ nent le faire inceffamment ". *Y-nan* fut effrayé
par ce difcours, & il n'ofa prendre aucune réfolution.
Il fe contenta d'envoyer des Ambaffadeurs pour faire
excufe à l'Empereur, & pour lui offrir de nouveau
le fecours qu'il lui avoit déja offert. L'Empereur loua
fon zele, & répondit obligeamment. *Mo-li-tchi*, Miniftre de Corée, fe fervoit des *Mo-ho*, (ce font les
Man-tchou, aujourd'hui maîtres de la Chine,) pour
attirer *Y-nan* à fon parti, en lui propofant de groffes récompenfes. *Y-nan* avoit perdu courage ; il n'o-
fa rien entreprendre ; fa mort furvint auffi-tôt. L'Empereur l'ayant apprife, lui fit des facrifices dans le lieu
où il fe trouvoit alors. Auparavant, les *Yen-tho* avoient

prié l'Empereur de créer *Y-mam*, fils d'*Y-nan*, & né d'une concubine, *Khan*, sous le titre de *Thou-li-che-khan*, pour gouverner la partie Orientale de leurs Etats, & *Pa-cho*, fils légitime d'*Y-nan*, sous le titre de *Che-hou-khan*, pour gouverner la partie Occidentale. *Y-mam* avoit été cause que les *Yen-tho* avoient été défaits à la bataille de *Pe-tao*; ce qui l'avoit rendu odieux à tout le monde.

Après les obseques d'*Y-nan*, *Y-mam* se retira chez soi au plus vîte. *Pa-cho*, envoya un détachement de ses troupes après lui, qui le surprirent & le tuerent. *Pa-cho*, par cette mort, devint *Khan*, & prit le titre de *Hie-li-kiu-li-che-se-cha-tho-mi-khan*. Dans ce même temps, l'armée de l'Empereur étoit encore dans le *Leao-toum*, qui touche la Corée. Le nouveau *Khan* se servit de cette conjoncture si favorable pour faire des incursions sur la Chine. L'Empereur envoya *Tao-tçoum* contre lui, avec ordre de camper à *Sotcheou*. Il ordonna à *Sie-yan-tche* & *Asena-chel* de camper à *Chim-tcheou*, & à *Sa-khou-gou-gin* de camper à *Nim-hia*. Il donna ordre à *Tchi-che-sse-lii* & aux *Tou-kiue* de se tenir sur les confins, prêts à porter secours où la nécessité le requerreroit. Les captifs, (les Chinois nomment ainsi les Barbares, par mépris,) voyant ces préparatifs, se retirerent. *Pa-cho* étoit d'un naturel farouche & cruel; il faisoit mourir beaucoup des principaux Officiers de son pere, & distribuoit les charges à ses favoris; personne ne se croyoit en sûreté. *A-po-che* (ce doit être *Pa-cho*) rencontra par hasard une ambassade Chinoise sur les confins Occidentaux des *Mo-ho*. Il se donna-là un petit combat où *Apo-che* eut du pire. Craignant le ressentiment de ses sujets, il publia, quand il fut de retour, que les Chinois alloient tomber sur eux. Cela porta le trouble partout, & chacun se sauva où il put. *Tho-mii-khan* (ou *Pa-cho*,) prit la fuite avec un peu plus de dix cavaliers, & alla se refugier auprès d'*Asena-chi-khien*. Peu de temps après, il fut tué par les *Hoei-hou*, qui exterminerent toute sa famille.

Cinquante ou soixante mille *Yen-tho* se retirerent à *Li-tchim*, où ils proclamerent *Khan* le fils d'un frere de *Tchin-tchu-pi-kia-khan*, qui se nommoit *Thou-mo-tchi*, & lui donnerent le titre d'*Y-tche-ye-che-khan*. Celui-ci envoya des Ambassadeurs en Chine, pour marquer à l'Empereur que son dessein étoit de s'établir dans les Monts *Yu-dou-ghiun*. L'Empereur envoya des Députés régler cette affaire, & le consoler. Toutes les hordes des *Thie-le* étoient depuis assez long-temps sous le joug des *Yen-tho*; ce qui leur rendoit encore redoutable *Thou-mo-tchi*, tout foible & abandonné qu'il étoit, & cette crainte les retenoit dans sa dépendance. L'Empereur, qui craignoit qu'il ne se relevât, & ne fît bien du mal à la Chine, envoya vers lui *Li-tçii* & autres Commandants, avec ordre de le recevoir pacifiquement, s'il se rendoit, ou de lui faire la guerre au cas qu'il se révoltât. *Thou-mo-tchi* fut extrêmement surpris quand il vit *Li-tçii*. Il se préparoit à la guerre, tandis qu'il l'amusoit de belles paroles en demandant à se rendre. *Li-tçii* s'apperçut qu'il le jouoit. Il fondit sur lui à l'improviste, coupa plus de cinq mille têtes, & fit captifs trente mille vieillards & enfants. Il détruisit par-là l'Empire des *Sie-yen-tho*. Pour *Thou-mo-tchi*, ayant appris qu'il y avoit chez les *Hoei-hou* un Ambassadeur du fils du Ciel, nommé *Siao-sse-ye*; il l'y alla trouver, & demanda d'être reçu à merci. Il fut envoyé en Chine, où l'Empereur lui donna la dignité de Général de ses gardes de la droite, lui assigna des fonds de terre & des maisons.

Un peu avant la destruction de l'Empire des *Yen-tho*, il étoit venu un pauvre dans leur pays. Un *Yen-tho* le fit entrer dans sa tente, pour lui donner à manger. La femme de l'*Yen-tho* considérant son hôte, vit qu'il avoit la tête de loup. Après que l'hôte eut mangé, la femme avertit son mari de ce qu'elle avoit

vu; car pour lui il n'avoit rien apperçu de semblable. Ce bruit s'étant répandu, tout le voisinage s'assembla, & se mit aux trousses de l'homme à tête de loup. En le poursuivant, ils arriverent aux monts *Yu-dou-ghiun*, où deux hommes se présenterent à eux, & leur dirent: ,, Nous sommes des Génies, les *Sie-yen-tho* vont être ,, éteints''. Cette parole les frappa, & les fit désister de la poursuite de ce pauvre, qu'ils perdirent aussi-tôt de vue. En effet, ils furent éteints par *Li-tçii*, au même endroit où les Génies avoient apparu. L'Empereur, à la défaite des *Yen-tho*, voulut joindre celle des *Ki-pii* & autres Tartares. Ceux-ci se soumirent volontairement. L'Empereur envoya *Tao-tçoum*, & mit sous son commandement *A-se-na-chel* & autres Généraux, avec ordre de partager les troupes entr'eux, & de pousser les Tartares à bout. L'Empereur alla en personne à *Nim-hia*, où il assembla tous les Officiers du pays. Alors onze hordes des *Thie-le* vinrent se soumettre à lui, & demander des Officiers de sa main pour les gouverner, & réduire leur pays en Province de l'Empire de Chine. Cependant *Tao-tçoum* & les autres Généraux, ayant traversé le désert, attaquerent le reste des *Yen-tho*. *Apo-tha-kan* coupa la tête à plus de mille, & poursuivit les autres durant vingt lieues. *Sie-van-tche* poussa jusqu'à *Pe-tao*, & obligea les Chefs des *Hoei-hou* à venir se rendre. Les ambassades que les Barbares envoyoient à l'Empereur, dans le lieu où il étoit, se touchoient les unes les autres. Ils s'y trouverent au nombre de plusieurs mille hommes, & parlerent ainsi à l'Empereur: ,, Votre Souveraine Majesté, sem- ,, blable au Ciel en dignité, est notre *Khan*. Pourvu ,, que nous ayons l'honneur d'être mis à perpétuité ,, au nombre de ses esclaves, la mort nous devien- ,, dra agréable ''. L'Empereur partagea leurs terres en villes du second & du troisieme ordre; après quoi les déserts du Septentrion jouirent d'une parfaite paix.

L'Empereur tint ce discours aux Barbares qui étoient venus de toutes parts le saluer: ,, Vous serez ,, aussi contents sous ma domination, que les rats le ,, sont dans leurs trous, & les poissons dans les fon- ,, taines. J'étendrai ces trous en plaines, & ces fon- ,, taines en lacs, pour vous y faire vivre heureux ''. Il ajouta: ,, Tandis que je serai maître de l'univers, si ,, quelque Barbare, de quelque nation qu'il soit, a be- ,, soin de repos, je le lui procurerai; s'il est dans la tris- ,, tesse, je la dissiperai. Il pourra jouir, par mon sup- ,, port, de l'un & l'autre de ces deux avantages, de la ,, même façon qu'une mouche qui est attachée à la ,, croupe d'un cheval de prix, peut, sans se fatiguer, ,, faire cent lieues en un jour ''. Alors l'Empereur fit des sacrifices solemnels dans le temple de ses ancêtres, pour leur faire part d'un si glorieux succès. Il accorda aux peuples le pouvoir de s'assembler, & de faire des fêtes durant trois jours & trois nuits. Trois ans après, les restes des *Yen-tho* se rebellerent encore. L'Empereur donna le commandement de son armée à *Tchi-che-sse-lii*, qui les força & les remit dans le devoir. Entre l'an 650 & 656, l'Empereur *Tham-kao-tçoum* créa la ville de *Khi-tan-tcheou* maîtresse d'un territoire, où il plaça, après leur retour, les restes des *Yen-tho*, qui avoient pris auparavant la fuite.

DES PA-YE-KOU ou PA-Y-KOU.

Ils étoient répandus au Septentrion du désert, & leur pays avoit cent lieues d'étendue. Ils étoient placés vis-à-vis des *Pou-kou*. A l'Orient, ils confinoient avec les *Mo-ho*, (Tartares, aujourd'hui maîtres de la Chine.) Leur Etat consistoit en soixante mille tentes, d'où ils tiroient dix mille hommes de guerre. Le pays produit d'excellents chevaux & du fer d'une bonté extraordinaire. Il y a une riviere, nommée *Kham-kan-ho*.

On coupe des pins, & on les jette dedans; au bout de trois ans, ils se convertissent en une espece de pierre d'un gris verdâtre, d'une consistance serrée, & qui conserve encore les veines du pin. On l'appelle vulgairement *Kham-kan-che*, ou la *pierre de Khamkan*. Les peuples ne s'y occupent qu'à la chasse; il y en a peu qui labourent la terre. Ils vont à la chasse des cerfs sur des traîneaux qui coulent sur les glaces. Leurs mœurs sont, à fort peu près, semblables à celles des *Thie-le*; mais il y a quelque différence entre les deux langues.

L'an 629, ils vinrent avec les *Pou-kou*, les *Thoum-lo*, les *Hii* & les *Sii*, rendre hommage à l'Empereur. L'an 647, *Kiu-li-che*, qui étoit alors leur grand *Ki-li-fa*, vint avec toute sa nation demander que leur pays fût réduit en Province. L'Empereur *Tham-thai-tçoum* érigea leur pays en Généralat, lui donnant le nom de *Yeou-lim*. Il créa *Kiu-li-che* Général, ou bien *Tou-tou*, & lui donna le titre de Généralissime de ses Gardes de la droite. Vers l'an 658, ils se révolterent conjointement avec les *Pou-kou* & les *Thoum-lo*. *Tchim-gin-thai* alla porter la guerre chez eux, & fit couper la tête à leurs principaux Chefs. Après l'an 742, ils vinrent d'eux-mêmes rendre hommage.

DES POU-KHOU ou POU-KOU.

Ils sont à l'Orient des *Tho-lan-kho*. La nation consiste en trente mille tentes, d'où ils tirent dix mille hommes de combat. Ils sont les plus reculés de tous vers le Septentrion. Ils sont féroces & difficiles à dompter. D'abord ils s'étoient rendus sujets des *Tou-kiue*; ils le furent ensuite des *Yen-tho*. Après la destruction des *Yen-tho*, leur Chef *Po-pou-ki-li-fa-kho-lan-pa-yen* réduisit son pays en Province de Chine. L'Empereur donna à ce pays le nom de *Ki-yei-tcheou*. Il créa *Kho-lan-pa-yen*, Généralissime de ses Gardes de la droite, & le fit *Tou-tou*.

L'an 703, ou incontinent après, celui-ci fut tué par un de ses Officiers, nommé *Pou-kou*, qui vint aussi-tôt après se rendre à l'Empereur. Les Officiers de l'Empire le condamnerent à la mort. Son fils *Hoai-ghen*, l'an 756, fut créé, pour ses bons services, Vice-Empereur de *So-fam*, (pays de la Chine.) Sa vie est écrite dans l'Histoire.

DES THOUM-LO.

Ils sont au Septentrion des *Sie-yen-tho*, & à l'Orient des *Tho-lan-kho*. Ils sont situés à l'Occident de *Si-ghan-fou*, d'où ils sont éloignés de 700 lieues & plus. Ils mettent 30000 hommes d'élite en campagne. L'an 628, ils envoyerent des Ambassadeurs en Chine. Long-temps après, ils demanderent d'être réduits en Province. L'Empereur *Tham-thai-tçoum* érigea leur Pays en *Tou-tou-fou*, ou *Tribunal de Tou-tou*, & lui donna le nom de *Kieou-lin*. Il créa leur chef *Ki-li-fa-chi-kien-tchue*, premier *Tou-tou*, ajoutant à cette dignité le titre de Généralissime de ses Gardes de la gauche. *Ghan-lo-chan* s'étant révolté, enleva de force les troupes de *Thoum-lo*, & en composa un régiment, qui portoit le nom d'*Y-lo-ho*, c'est-à-dire, des *braves*.

DES HOEN.

C'est de tous les peuples de la nation des *Thie-le*, le plus avancé vers le Midi. Après la défaite de *Kie-li-khan*, Empereur des *Tou-kiue* Orientaux, le *Ki-li-fa* des *Hoen*, nommé *Adan-tchi*, vint se soumettre aux Chinois. Après la destruction des *Sie-yen-tho*

leur grand *Ki-li-fa*, qui prenoit le titre de *Hoen-vam*, ou Roi des *Hoen*, vint demander que son Pays fût réduit en Province. L'Empereur l'érigea en *Tou-tou-fou*, & lui donna le titre de *Kao-lin*. Ensuite il fut partagé en deux *Tcheou*, ou Provinces, à savoir, l'Orientale & l'Occidentale. L'Empereur *Tham-thai-tçoum* sachant qu'*Adan-tchi* avoit un degré de parenté au-dessus du *Vam* ou *Roi*, il le députa vers lui avec des Interpretes. Le *Vam* lui céda sa dignité avec joie. L'Empereur loua beaucoup cette action. Il créa *Adan-tchi* Généralissime des Gardes de la droite, & Vice-Empereur de *Kao-lin-tcheou*. Il donna au *Vam* le titre de Général avec celui de *Ki-li-fa*, & le fit Lieutenant d'*Adan-tchi*. Celui-ci étant mort, son fils *Hoei-kouei* lui succéda. *Hoei-kouei* après sa mort, eut pour successeur *Ta-cheou*, son fils. *Che-tchi* fut mis en la place de *Ta-cheou*, son pere. *Che-tchi* étoit un homme d'une bravoure extraordinaire dans les combats. Il étoit à la suite de *Kho-chu-han*, Général de l'armée Chinoise, lorsque ce Général força la ville de *Che-pao-tchim*. Sa vaillance lui mérita la charge de Généralissime des Gardes de la droite, & la dignité de Duc de *Ju-nan*. *Li-kouam-pi* défendoit le pays de *Ho-yam*. *Che-tchi* lui fut donné pour Lieutenant-Général, sous le titre de Maître de la cavalerie de *So-fam*. Il fut promu à la dignité de Roi de *Nim-so*, & de Vice-Empereur de *So-fam*.

Quelque temps après, le bruit courut que *Pou-kou-hoai-ghen*, qui avoit pris la fuite, revenoit prendre possession de son ancien Gouvernement: ,, Sans doute, ,, dit alors *Che-tchi*, c'est marque qu'il a été aban-,, donné des siens; il se prépara à le repousser ''. *Tcham-chao*, son neveu ou gendre, lui dit: ,, Si le repentir ,, des malheurs qu'il a causés à l'Empire le ramene ,, au devoir, peut-on ne le pas recevoir '' ? *Che-tchi* approuva ce conseil, & le reçut pacifiquement. A peine celui-ci fut-il entré, qu'il fit tuer *Che-tchi*, par *Tcham-chao*, & se rendit maître de son armée. Il eut horreur du crime de *Tcham-chao*; & lui ayant reproché sa perfidie : ,, Si vous avez été si ingrat à l'égard ,, de votre oncle, ou beau-pere, lui dit-il, puis-je ,, compter sur votre fidélité '' ? Il lui fit rompre les jambes, & le jetter dans une prison, où il mourut. *Gho-tchi* laissa un fils nommé *Che-tchim*, qui fut un des plus fideles sujets de l'Empereur *Tham-thai-tçoum*. Sa vie est écrite à la fin de l'Histoire des *Tham*.

DES KHI-PII ou KII-PII-YU.

Leur pays est au Nord-Ouest du Royaume de *Yen-khi*, sur des bords de la riviere d'*Ym-so*, au Midi des *Tho-lan-kho*. *Kho-lem*, leur Chef, prit le titre d'*Y-ye-tchin-mo-bo-khan*. Il étoit vaillant, aussi-bien que *Mo-ho-tou-the-le*, son frere cadet. *Mo-ho-tou* étant mort, son fils *Ho-li-cham-nieou* vint avec toute sa horde, se remettre entre les mains de *Tham-thai-tçoum*, Empereur de Chine. Ceci arriva l'an 632. L'Empereur lui assigna un territoire entre les villes de *Kan-tcheou* & *Leam-tcheou*, dans la Province de *Chensi*, pour l'habiter. L'Empereur donna au Pays des *Kii-pii*, le nom d'*Yu-kii-tcheou*. L'an 653, l'horde de *Ho-li-cham-nieou*, ou le pays qu'elle habitoit dans la Tartarie, fut nommé *Ho-lin*. L'Empereur assigna au Commandant du Pays le titre de *Tou-tou*, & voulut qu'il dépendît du Généralissime Chinois de *Yen-gen*. *Ho-li-cham-nieou* rendit de grands services à la Chine, dans ses armées. Ce fut un sujet d'une fidélité extraordinaire. Au commencement du regne de l'Empereur *Tham-ven-tçoum*, les *Kii-pii* de *Ho-li-cham-nieou* furent transférés dans le territoire de *Tchin-vou*, & furent attachés à la jurisdiction du Commandant Chinois de ce pays.

DES THO-LAN-KHO, ou THO-LAN.
(apparemment *Thoran*, ou *Thoramgha*.)

Ils sont placés à l'Orient des *Sie-yen-tho*, & touchent les bords de la riviere de *Thoum-lo*. Ils fournissent dix mille combattants, gens d'élite. Après la destruction des *Sie-yen-tho*, leur Chef *Ki-kiu-tho-lan-kho-mo* vint avec les *Hoei-he* rendre hommage à l'Empereur, qui érigea son pays en *Tou-tou*, & lui donna le nom de *Yen-gen*. Il joignit au *Tou-tou* la dignité de Généralissime des Gardes de la droite. Le *Tou-tou* (*tho-lan-kho-mo*) étant mort, *Tho-lan-kho-ki-pou* hérita de la charge de *Tou-tou*, & fut créé par l'Empereur Grand *Ki-li-fa*.

DES ATHIE, ou HATHIE, ou HIETHIE.

Au commencement ils se joignirent aux *Pa-ye-khou* & autres Tartares, pour venir rendre hommage. L'Empereur érigea leur Pays en *Tcheou*, & le nomma *Khi-thien*. Sous l'Empire de *Tham-hiuen-tçoum*, après l'an 713, *Hie-thie-sse-thai* vint du lieu où *Me-tchue*, Empereur des *Tou-kiue* Occidentaux, tenoit sa Cour, se soumettre à l'Empereur. Dans la suite, *Kouam-tçin*, & *Kouam-yen*, (deux *Athie*,) mériterent de grandes charges par les services qu'ils rendirent dans les armées de la Chine ; de sorte que l'Empereur leur donna le nom de sa famille, qui étoit *Li*, & les fit mettre sur les rôles. Leurs deux vies sont écrites dans l'Histoire.

DES KHO-LO-LO, ou KHORLO.

C'étoit dans sa premiere origine un ramas de familles *Tou-kiue*. Il étoient placés au Nord-Ouest de *Pe-thim*, ou de la Cour Septentrionale des *Tou-kiue*, & à l'Occident des Monts d'or. Ils occupoient les deux rives de la riviere de *Pou-kou-tchin*, entouroient le mont nommé *Tho-ta*, & confinoient avec le *Tche-pi*. Ils étoient partagés en trois corps. Le premier s'appelloit *Mou-lo*, ou bien *Mou-la*. Le second, *Tche-khi*, ou bien *Po-pou*. Le troisieme, *Ta-che-li*. Lorsque *Kao-khan*, au commencement du regne de *Tham-kao-tçoum*, l'an 650, ou peu après, alla faire la guerre à *Tche-pi-khan*, les trois corps des *Kho-lo-lo* furent réduits en Province. L'an 657, l'Empereur donna au corps des *Mou-lo* le titre d'*Yn-chan-tou-tou-fou*, & conséquemment le nom d'*Yn-chan* au pays qu'il habitoit. Celui de *Tche-kii* fut nommé *Ta-mo*, & érigé en *Tou-tou-fou* ; celui des *Ta-che-li* fut nommé *Hiuen-tche*, & érigé en *Tou-tou-fou*.

Les Chefs de ces corps furent créés *Tou-tou*. Dans la suite, les *Tche-khi* furent partagés en deux districts, dont l'un garda son ancien nom, & l'autre fut nommé *Kin-fou-tcheou*. Ces trois corps étoient serrés par les *Tou-kiue* du côté de l'Orient & du côté de l'Occident. Ils observoient la force ou la foiblesse des *Tou-kiue*, pour régler sur cela leur soumission ou leur révolte, sans avoir à cet égard aucune conduite arrêtée. Dans la suite, ils s'avancerent peu-à-peu vers le Midi, & leur Chef prit le titre de *Che-hou* des trois familles ou corps. Ils étoient courageux, & aimoient la guerre. Les *Tou-kiue* qui étoient à l'Occident des *Thim-tcheou*, & dans *Thim-tcheou* même, les redoutoient. Un peu après l'an 713, les *Kho-lo-lo* vinrent deux fois rendre hommage à la Chine. Après l'an 742, ils se liguerent avec les *Hoei-he* & les *Pa-ssi-mii*, & attaquerent tous ensemble le *Khan*, nommé *Ou-sou-mii-chi*, & le tuerent. Incontinent ils tournerent leurs armes avec les *Hoei-he* contre les *Pa-ssi-mii*, & mirent *Afena-che*, leur *Khan*, en déroute, près de *Pe-thim*, ou de la Cour du Septentrion. *Afena-che* se refugia à la Cour de l'Empereur. Les *Kho-lo-lo*, & les neuf familles (des *Tou-kiue* Occidentaux,) proclamerent le *Che-hou* des *Hoei-he*, Empereur, sous le titre de *Hoai-gin-khan* ; après quoi les *Kho-lo-lo* vinrent s'établir dans les monts *Ou-de-ghien*, (*Ou-tou-ghai*, ou en Chinois, *Ou-tou-kiun*, ou bien *Ou-te-kien*,) où ils s'assujettirent aux *Hoei-he*. Ceux qui demeuroient dans les Monts d'or, & à *Pe-thim*, rendoient tous les ans hommage à l'Empereur. Long-temps après, le *Che-hou* des *Kho-lo-lo*, nommé *Thun-pii-kia*, fit prendre & lier tous les *Tou-kiue* qui étoient dans son pays, & se révolta contre leur Empereur.

Le Chef des *Kho-lo-lo*, nommé *Apou-sse*, fut promu par l'Empereur à la dignité royale, sous le titre de *Roi des Monts d'or*, du second ordre. Depuis l'an 742 jusqu'à l'an 757, il vint cinq fois rendre hommage. Après cela les *Kho-lo-lo*, dont la puissance s'étoit insensiblement augmentée, commencerent à le disputer aux *Hoei-he*. Ils quitterent leur pays, & allerent s'établir dans celui qui avoit anciennement appartenu au *Khan* des dix familles des *Tou-kiue* Occidentaux. Par-là ils furent maîtres des villes de *Soui-che*, de *Tho-lo-sse* & autres. Nonobstant cela, ils craignoient les *Hoei-he* ; & n'osant passer sur leurs terres, ils cesserent de venir en Chine rendre hommage.

DES PA-SSI-MII.

Ils vinrent l'an 649 rendre hommage à l'Empereur, pour la premiere fois. L'an 742, ou peu après, ils s'unirent au *Che-hou* des *Hoei-he*, pour attaquer le *Khan* des *Tou-kiue* Occidentaux. L'Empereur créa un des Grands chefs des *Pa-ssi-mii*, nommé *Afena-tchi*, sous le titre de *Ho-la-pii-kia-khan*. Celui-ci envoya une ambassade à l'Empereur pour le remercier. *Tham-hiuin-tçoum*, qui régnoit alors, fit des présents considérables aux Ambassadeurs. Il ne se passa pas trois ans sans que ce *Khan* fût attaqué & défait par les *Kho-lo-lo* & les *Hoei-he*. Il s'enfuit à *Pe-thim*, d'où il vint rendre hommage à l'Empereur, qui le créa Général des Gardes de la gauche. Son pays & ses sujets lui furent ravis par les *Hoei-he*.

DES TOU-PO, ou TOU-POC.

Leur pays du côté du Septentrion est terminé par une petite mer, ou grand lac. Il confine, du côté de l'Occident, avec les *Khien-kouen*, & du côté du Midi, avec les *Hoei-he*. Ils sont divisés en trois cantons, qui ont chacun leur Chef séparé. Ils ne savent ce que c'est que la supputation des saisons & des années ; ils se font des huttes d'herbes & de paille. Ils ne savent ce que c'est que de nourrir des animaux. Ils ignorent entierement l'agriculture. Le terroir y produit beaucoup de *Pe-ho*, dont la racine leur sert de pain. Ils vivent de la pêche & de la chasse. Les peaux de Zibelines & de cerfs leur servent d'habits. Les pauvres cousent ensemble des plumes d'oiseaux pour s'en couvrir. Les présents de noces des riches consistent en chevaux, & ceux des pauvres en peaux de cerfs ou en racines. Ils enferment les corps des morts dans des coffres de bois, après quoi ils vont les porter dans les montagnes, & les suspendre aux arbres. La maniere de leurs funérailles est semblable à celle des *Tou-kiue*. Ils ne se servent point de supplices. Les voleurs y sont quittes de tout, en rendant le double de ce qu'ils ont pris. L'an 647, ils se servirent des *Khou-li-kan* qui venoient en Chine, pour y envoyer leurs Ambassadeurs rendre hommage.

DES KHOU-LI-KAN.

Ils sont au Nord de *Han-hai*. Ils peuvent mettre sur pied une armée de cinq mille hommes d'élite. Le
pays

pays abonde en *Pe-ho* (herbe ou racine,) Il produit d'excellents chevaux, dont la tête reſſemble à celle des chameaux. Ces chevaux ſont d'une haute taille & d'une force extraordinaire; ils font dans un jour pluſieurs dixaines de lieues. Cette contrée touche à la mer du côté du Septentrion. Elle eſt extraordinairement éloignée de *Si-ghan-fou*, (capitale alors de la Chine.) Paſſant au Septentrion de cette mer, (dans une Iſle,) on trouve le jour (du ſolſtice d'été) extrêmement long, & la nuit très-courte; à peine a-t-on le loiſir de bien cuire une épaule de mouton pendant le temps qui s'écoule entre le coucher & le lever du ſoleil. Cela vient de ce que ce pays eſt voiſin du lieu où le ſoleil ſe leve.

Après que les *Khou-li-kan* furent venus rendre hommage à la Chine, l'Empereur envoya chez eux le Général nommé *Kham-ſo-mii*, pour les voir & les conſoler. Il donna à leur pays le nom de *Hiuen-kieu-tcheou*. Leur principal Chef, ou leur *Ki-kin*, au retour du Général, envoya des chevaux en préſent à l'Empereur. Ce Prince fit choix des plus excellents; il s'en trouva dix d'une bonté ſi extraordinaire, qu'il leur donna à chacun un nom qui marquoit leur bonté. Il combla de préſents les Ambaſſadeurs *Khou-li-kan* qui les avoient amenés. Vers l'an 662, l'Empereur *Tham-kao-tçoum* changea le nom de *Hiuen-kiue-tcheou*, que le pays des *Khou-li-kan* portoit, en celui de *Yu-gou-tcheou*, & le ſoumit à la juriſdiction du *Tou-tou-fou* de *Han-hai*. L'an 694, il vint encore une ambaſſade des *Khou-li-kan*.

Remarquez que ce pays doit être ſous le cercle polaire, à fort peu près. Il eſt vrai que l'inſtrument dont parle l'Hiſtoire Chinoiſe, ſent un peu le Tartare, & n'eſt guere propre à prendre hauteur. On conclut pourtant de-là avec aſſez de ſûreté, ce que j'ai avancé. *Kouo-cheou-kim*, dont j'ai parlé, ci-devant, détermine cette hauteur avec toute la préciſion digne d'un grand Aſtronome. Ce pays avoit été ſubjugué par les *Moumgols*, qui régnoient en Chine. Comme ils aimoient les ſciences, ils cultiverent l'Aſtronomie avec un ſoin particulier. Les Tables *Ilkhaniennes* & celles d'*Ulug-beg*, & les obſervations de *Maragah* & de *Samarkande*, le témoignent aſſez. *Khoublai-khan* envoya des Aſtronomes Chinois, prendre les hauteurs du ſoleil dans toute l'étendue de ce vaſte Empire, le jour du ſolſtice d'été de la même année, plantant à cet effet des Gnomons de huit pieds de haut. Ceux qui furent députés chez les *Khou-li-kan* ſur les bords de la mer Glaciale, y trouverent l'ombre méridienne, ſuivant le rapport de *Kouo-cheou-kim*, de ſix pieds ſept dixiemes, & huit centiemes; d'où il conclut la hauteur du pole de 65 degrés Chinois; ce qui eſt fort près de la vérité: car 65 degrés Chinois font 64 degrés & 4 minutes des nôtres, & la hauteur du pole, ſuppoſant la longueur de l'ombre, ſe trouve par la Trigonométrie de 64 degrés, deux minutes. Il eſt vrai que *Kouo-cheou-kim* ne donne à la longueur du jour ſolſtitial, qui fut celui de l'obſervation, que quatre-vingt-deux centiemes de jour aſtronomique; c'eſt-à-dire qu'il ſuppoſe l'arc ſemi-diurne réduit à notre maniere de calcul, de neuf heures cinquante minutes, & un peu plus; d'où s'enſuivroit la hauteur du pole de 62 degrés 40 minutes; mais on fait aſſez combien il eſt difficile d'obſerver la longueur du jour. Au reſte, les *Moumgals* donnoient le nom de *Kin-tcha*, de leur temps, aux *Khou-li-kan*, & ils aſſurent que leur pays étoit éloigné de *Pe-kim* vers le Nord-Oueſt de deux milles lieues. Suivant ce calcul, ce doit être un peuple de la Moſcovie d'Europe, & l'Hiſtoire de la Dynaſtie des *Tham* a raiſon de dire qu'il étoit extrêmement éloigné de *Si-ghan-fou*, alors capitale de la Chine.

DES PE-SII.

Ils occupent l'ancien pays des *Sien-pi*. Ils ſont droit au Nord-Eſt de *Si-ghan-fou*, à cinq cents lieues de diſtance. Ils touchent le pays des *Thoum-lo* & des *Pou-khou*. Pour éviter les *Sie-yen-tho*, ils ſe cantonnerent ſur la riviere de *Ghao-tchi* & dans les monts *Lem-him*. Ils ont au Midi les *Khi-tan*; au Septentrion les *Ou-lo-hoen*; à l'Orient les *Mo-ho*; à l'Occident les *Pa-ye-kou*. Leur pays a deux cents lieues de tour. Il eſt entouré par-dehors de montagnes. Ils peuvent mettre dix mille hommes choiſis en bataille. Toute leur occupation eſt la chaſſe. Ils ſont vêtus de caſaques de peaux rouges, ſous leſquelles ils portent des habits verds. Les femmes portent des braſſelets de cuivre; elles attachent des grelots aux côtés ou pans de leurs robes.

Ils ſont diviſés en trois hordes qui ſe nomment *Kiu-yen*, *Vou-jo-mo*, & *Hoam-choui*. Leur Roi eſt ſujet des *Tou-kiue*. *Kie-li-khan*, Empereur des *Tou-kiue* Orientaux, lui avoit donné le titre de *Ki-kin*. Ils vinrent rendre hommage à *Tham-thai-tçoum*, Empereur de Chine. Enſuite la Chine donna le nom de *Tchin-yen-tcheou* à deux de leurs hordes, & celui de *Kiu-yen-tcheou* à l'horde des *Kiu-yen*. L'Empereur donna la qualité de Vice-Empereur à leur *Ki-kin*. L'an 660, l'Empereur accorda à leur chef *Li-han-tchu* la qualité de *Tou-tou*, de *Kiu-yen*. Celui-ci étant mort, eut pour ſucceſſeur ſon frere cadet *Kiue-tou*. Depuis ce temps-là, on n'en a plus entendu parler.

DES HOUSIE, ET AUTRES TARTARES.

Leur pays eſt au Nord des *Tho-lan-kho*. Ils peuvent armer dix mille hommes d'élite. Les *Hii-kie* ſont ſitués au Septentrion des *Thoum-lo*, & les *Sé-kie* dans l'ancien camp des *Yen-tho*. Ces deux dernieres hordes ſont enſemble vingt-mille hommes d'armes. Après qu'ils furent venus ſe ſoumettre à la Chine, leur pays fut diſtribué en territoires de villes du ſecond & du troiſieme ordre. Voici les noms de pluſieurs nations Barbares du Septentrion, qui communiquerent immédiatement avec la Chine, ſous l'Empire de *Tham-thai-tçoum*. Les *Ou-lo-hoen*, ou bien les *Ou-lo-heou*, étoient au Nord-Eſt de *Si-ghan-fou*, à ſix cents lieues de diſtance & plus. Ils confinoient aux *Mo-ho* du côté de l'Orient, & du côté de l'Occident aux *Tou-kiue*; au Midi, aux *Khi-tan*; au Septentrion, aux *Ou-ouan*. Leurs mœurs étoient pour la plus grande partie les mêmes que celles des *Mo-ho*. Les *Ou-ouan* qui s'appelloient auſſi *Kau-ouan*, ou bien *Kio*, ou bien *Kiai*, habitoient les pays qui étoit au Nord-Eſt des *Pa-ye-kou*. Il y a des arbres; mais pour toute herbe, on trouve de la mouſſe en abondance. Les habitants n'ont ni chevaux, ni moutons. En revanche, ils nourriſſent les cerfs comme on fait ailleurs les bœufs & les chevaux, excepté qu'ils ne leur donnent que de la mouſſe à manger; ils s'en ſervent à tirer leurs chariots. Ils ſe font auſſi des habits de leurs peaux. Ils bâtiſſent des maiſons de bois, où ils demeurent pêle-mêle ſans diſtinction de rang, ni de qualité. Il y a de plus, au Septentrion, un pays nommé *Yu-tche*, qui eſt plus étendu que celui des *Kou-ouan*, dont le peuple a les mœurs ſemblables à celles des *Pa-ye-kou*. Il s'y trouve peu de moutons & de chevaux; mais il y a quantité de Zibelines. Il y a les *Kiao-ma*, (ce qui ſignifie *chevaux pommelés* en Chinois,) dont le nom propre eſt *Pii-la*, ou *Gho-lo-tchi*. Ils ſont au Nord des *Tou-kiue*, & à 1400 lieues de *Si-ghan-fou*. Ils ſuivent les rivieres & les herbes, & n'ont point de demeure fixe; ils aiment à habiter les montagnes. Ils peuvent mettre ſous les armes trente mille hommes choiſis. Leur terre eſt toujours couverte de neige; cependant les arbres ne s'y dépouillent point de leurs feuilles. Ils ſe ſervent de chevaux pour labourer leurs champs. Comme tous leurs chevaux font pommelés, on a donné à leur nation le nom de *Chevaux pommelés* Ce pays, du côté du Nord, aboutit à la mer Glaciale. Au refte, quoiqu'ils élevent des chevaux, ils ne les montent point. Ils fe fervent du lait de cavale, pour en tirer du beurre & de l'eau-de-vie. Ils font ennemis des *Kie-khou*, & fe battent volontiers contre eux. Ils reffemblent de vifage aux *Kie-khou*; mais les langues des deux nations font tout-à-fait différentes. Elles fe coupent toutes deux les cheveux, & portent des bonnets d'écorce de bouleau. Ils affemblent des planches en forme de margelles de puits, qu'ils couvrent de bouleau ; ce qui leur fert de maifon.

Chaque canton a fon Chef indépendant de tous les autres. Les *Ta-han*, (cela fignifie en Chinois les *grands hommes*, ou les *Géants*) font au Nord du pays de *Kio*, ou *Kou-ouan*. Ils abondent en moutons & en chevaux. Les hommes, comme toute le refte, y font d'une grandeur démefurée ; de-là vient qu'ils fe font donné le nom de *Géants*. Ils confinent, auffi-bien que les *Kou-ouan*, avec les *Kie-kia-ffe*, & ils font établis fur les bords de la mer, ou grand lac, nommé *Kien-hai*. Ces dernieres nations n'avoient jamais paru en Chine ; mais depuis l'an 627, jufqu'à l'an 649, elles vinrent apporter pour tribut des peaux de Zibelines, & préfenter des chevaux ; les unes une fois, & les autres deux fois.

D E S   K I E - K I A - S S E.

Les *Kie-kia-ffe* font ce qu'on appelloit anciennement le Royaume de *Khien-kouen*. Leur pays eft à l'Occident d'*Y-ou* ou Nord du Royaume de *Yen-khi* & le long des Monts blancs. Ils fe nomment auffi *Kiu-ye* ou bien *Kie-khou*. Ils font mêlés avec les *Ti-lim*. Ce Royaume étoit la frontiere occidentale du pays qui appartenoit en propre aux *Hioum-nou*. Ceux-ci créerent Roi de cette nation le fameux *Li-lim*, Général Chinois qui s'étoit donné à eux, & lui donnerent le titre de *Hien-vam*, ou de *fage Roi* de la droite. Dans la fuite, le *Then-yu*, nommé *Tché-tchi*, fubjugua les *Khien-kouen* ou *Kie-kia-ffe*. Ils étoient éloignés de 700 lieues de la Cour du *Tchen-yu*, à l'Occident de laquelle ils étoient placés. Ils étoient terminés vers le Midi, par le Royaume de *Tche-ffe* ou d'*Eyghour*. Leur camp royal étoit éloigné de la capitale du *Tche-ffe* de cinq cents lieues. *Tchen-yu*, nommé *Tché-tchi*, y établit fon fiege impérial. Dans la fuite des temps, ceux qui pofféderent ce Royaume donnerent à fes habitans le furnom de *Kie-khou*, qui peu-à-peu fut changé en celui de *He-khou*, & même en celui de *Ke-khou-ffe*. On y compte plufieurs centaines de milliers d'habitans, dont on peut tirer quatre-vingts mille hommes d'élite pour la guerre. Ils font droit au Nord-Oueft des *Hoei-he*, à trois cents lieues de diftance. Les monts *Tan-man* leur fervent de remparts du côté du Midi. Le terroir en eft marécageux durant l'été, & couvert de neige durant l'hyver. Les hommes y font tous de grande taille ; ils ont les cheveux blonds, le vifage blanc & les yeux bleus. Ils mettent au rang des prodiges les cheveux noirs. Ceux qui ont les yeux noirs paffent inconteftablement parmi eux pour être de la race de *Li-lim*. Il naît peu d'hommes, & beaucoup de femmes. Ils portent des anneaux aux oreilles ; c'eft une nation fiere & altiere. Les hommes y font courageux. Ils fe font des marques ou ftigmates aux mains. Les femmes s'en font fur le cou, après avoir été mariées. Les hommes & les femmes vivent pêle-mêle enfemble ; d'où naît l'impureté & le libertinage qui regne parmi eux.

Ils appellent en leur langue le commencement de l'année, *Mao-ffe-ghai*; ce qui veut dire le mois. Trois *Mao-ffe-ghai* font une faifon. Ils ont un cycle de douze ans, chacun defquels ils défignent par le nom de quelque chofe. Par exemple, fi l'année eft la troifieme du cycle duodénaire de la Chine, & a pour caractere la lettre *Yn*, ils appellent cette année-là l'année du Tigre. Le froid dure long-temps dans ce climat. Les plus grands fleuves y gelent jufqu'à la moitié de leur profondeur. Leurs grains font diverfes efpeces de panis, le froment & l'orge. Ils fe fervent de moulins à bras pour moudre ou piler ces grains. Il fement dans la feconde lune, & moiffonnent dans la neuvieme. Ils fe fervent de ces grains pour faire du pain & du vin. Ils n'ont ni fruits d'arbres, ni fruits rempants. Ils élevent des chevaux très-grands & très-vigoureux. Les chevaux propres à la guerre, s'y nomment chevaux du premier rang. Ils ont des chameaux, des moutons & des bœufs ; fur-tout ils abondent en chevaux. Les laboureurs riches en ont quelquefois plufieurs milliers. Pour animaux fauvages, ils ont les chevaux fauvages, les *Khou-thou*, les chevres jaunes, les moutons à groffe queue, & les cerfs à queue noire. Cette efpece de cerfs reffemble au daim, excepté la queue qui eft grande & noire. Pour poiffon, ils ont le *Mao*, qui eft long de 7 à 8 pieds ; il n'a point d'os, & a la gueule fous le menton. Pour oifeaux, ils ont les oies fauvages, les canards, les corbeaux, les pies, les éperviers & les faucons. Pour arbres, ils ont les pins, les bouleaux, les ormes, les faules, & les rofeaux. Les pins font fi hauts, qu'une fleche, pouffée à toute force, ne peut fouvent atteindre jufqu'à la cime ; fur-tout il y a quantité de bouleaux. On trouve dans ce pays de l'or, du fer, & de l'étain. Dans le temps des pluies, on ne manque jamais de ramaffer une efpece de fer que les eaux entraînent, & qui fe nomme *Kia-cha*. Les armes qui en font forgées, percent la peau du Rhinocéros. Ils le portent aux *Tou-kiue*, pour payer le tribut qu'ils leur doivent. Ils ont pour armes l'arc & la fleche ; ils ont auffi des bannieres & des étendards. Leur cavalerie porte une targe, tiffue d'écliffes de bois, qui couvre le ventre & les jambes. De plus, elle fe couvre le dos d'une bouclier rond, qui vient jufqu'aux épaules, pour parer les coups qui fe portent par-derriere.

Agé, ou bien *Ogé*, veut dire *Roi* dans leur langue, & ce titre a paffé en nom de famille pour celle qui regne chez eux ; il a fa banniere royale. Tous ceux qui font de fa propre horde portent le rouge pour livrée. Les autres hordes prennent leur nom pour titre. Dans leurs habillemens, ils eftiment fur-tout la Zibeline. L'*Agé* ou l'*Aché* porte un bonnet de Zibeline durant l'hyver ; mais en été, il en porte un à boutons d'or, qui s'éleve en pointe, & dont le fommet fe termine en rond. Tous fes fujets portent des bonnets de feutre blanc. Ils aiment à porter le fabre & la pierre à aiguifer. Les gens de baffe condition font vêtus de peaux, & n'ont point de bonnets. Les habillemens des femmes font de drap, de ferge, de brocard, de tabis, & de taffetas, marchandifes qu'ils achetent des Arabes à *Ghan-fi* & à *Pe-thim*. L'*Agé* tient fa Cour dans les monts *Tçim-chan*, ou *Montagnes noires* (en Chinois.) Son camp eft entouré d'eftacades, qui tiennent lieu de murailles. Ses tentes font de feutres coufus enfemble ; ils nomment une tente en leur langue, *Mii-ti-chi-tho*. Les tentes de fes Officiers font plus petites que les fiennes. Quand il affemble des troupes, tous les peuples qui font fous fa dépendance, lui apportent pour tribut des peaux de Zibelines & de petit-gris. Il a pour Officiers des *Tçai-fiam*, ou Vifirs, qui font au nombre de fept ; des *Tou-tou* qui font au nombre de trois ; des *Tche-ffe* qui font au nombre de dix. Ces trois ordres d'Officiers ont le principal commandement des armées. Il a de plus quinze *Tcham-fé*. Les *Tçian-kiun*, & les *Ta-kan* n'ont point de nombre déterminé. Voilà en tout fix ordres d'Officiers. (Remarquez que tous ces termes d'Offices font Chinois, excepté le dernier.)

Toutes ces hordes vivent de chair & de laitage de cavale, il n'y a que le seul *Agé* qui mange du pain. Leurs instruments de musique sont la flûte traversiere, le tambour, l'orgue Chinoise, la flûte droite, les plats d'airain qu'on heurte l'un contre l'autre, & les petites cloches. Ils font combattre des chameaux, des lions, & des chevaux pour se divertir. Ils ont aussi des danseurs de corde pour la même fin. Quand ils sacrifient aux Dieux, ils le font en rase campagne, sans autre objet de culte que les eaux & les herbes; ils n'ont point de temps réglé pour cela. Ils nomment les Prêtres en leur langue *Kan-hoen*. Leurs présents de noces consistent en chevaux & en moutons; les riches les envoyent par centaines ou par milliers. Durant les funérailles, ils ne se déchiquetent point le visage. Ils font trois fois le tour du corps, ensuite ils le brûlent, & en ramassent les ossements qu'ils gardent un an entier avant de les enterrer; après quoi ils pleurent en mesure. Ils couvrent les maisons où ils logent d'écorce de bouleau. Leurs lettres & leur langue sont en tout semblables à celles des *Hoei-hou*. Leurs loix sont d'une étrange sévérité. Quiconque plie dans le combat, quiconque ne remplit pas l'attente publique dans une ambassade, quiconque se mêle de parler sans raison des affaires d'Etat, ou fait un vol, a le cou coupé sur le champ. Si le voleur a encore son pere, on attache au cou du pere la tête de son fils, qu'il est obligé de porter jusqu'à la mort.

Il y a quarante journées de chameau depuis le camp royal de l'*Agé*, jusqu'à celui de l'Empereur des *Hoei-hou*. Les Ambassadeurs, pour aller au camp des *Hoei-hou*, passent à la droite de la ville de *Thien-te*, à vingt lieues de distance & plus. De-là ils vont à la ville de *Cheou-hiam-tchim*, au Septentrion de laquelle ils passent à trente lieues de distance & plus. Ils arrivent enfin à la fontaine nommée *Fi-ti-tçuen*. De cette fontaine ils prennent leur route vers le Nord-Ouest, & après avoir marché cent cinquante lieues & plus, ils arrivent enfin au camp de l'Empereur des *Hoei-hou*. Il y a deux chemins qui y conduisent; celui qui est au Septentrion de la fontaine de *Fi-ti*, se nomme l'Oriental (*). Soixante lieues au Nord du camp royal des *Hoei-hou*, on trouve la riviere de *Gho-ho*. Au Nord-Est cet endroit de la riviere, sont les Monts neigeux, où le terroire est plein d'eau & de fontaines. A l'Orient des Monts *Tçim-chan*, ou *Monts noirs* en Chinois, il coule une riviere nommée *Khien-ho*; on joint deux barques ensemble pour la passer. Toutes ces eaux coulent vers le Nord-Est, & après avoir traversé le Royaume, elles se réunissent, & vont se jetter dans la mer du Nord. Vers l'Orient, on trouve les *Tou-kiue*, qui se servent de chevaux de bois pour traineaux. Ils sont composés de trois peuples, qui sont les *Tou-po*, les *Mie-li-kho* & les *Gho-tchi*. Les chefs de ces trois hordes portent tous trois le titre de *Kie-kin*. Ces peuples couvrent leurs maisons d'écorce de bouleau. Ils ont quantité de bons chevaux. Ils ont coutume de monter des chevaux de bois pour courir sur les glaces. Ils attachent des planches sous les pieds de ces chevaux. Ils courbent des branches d'arbres qui tiennent au dos du cheval de bois, & qui viennent les soutenir par-dessous les aisselles; d'un seul élan ils font cent pas. A l'aide de cette machine, ils vont d'une vitesse incroyable. Ces peuples se tiennent cachés durant le jour, & sortent la nuit pour exercer leurs brigandages. Les *Khien-kouen*, ou bien *Kie-kia-sse*, dépendent d'eux.

Le Royaume des *Khien-kouen* est puissant par lui-même; il égale en étendue le Royaume que les *Tou-kiue* possedent en propre. Aussi l'Empereur des *Tou-*

kiue donne de ses filles en mariage aux principaux Chefs des *Khien-houen*. Ces peuples-ci ont les *Khou-li-han* à l'Orient; (il devroit, ce semble, dire à l'Occident;) les *Tybethains*, (c'est-à-dire, le pays qu'ils avoient conquis dans la Tartarie,) au Midi; les *Kho-lo-lo* au Sud-Ouest. Au commencement, ils étoient sujets des *Sie-yen-tho*, qui les gouvernoient par le moyen d'un *Kie-li-fa*, ou Vice-Roi qu'ils y tenoient à cette fin. Ils avoient trois Chefs; le premier, nommé *Kii-sii*, le second *Kiu-cha-po*, le troisieme *Ami*, qui tous trois d'un commun accord, gouvernoient l'Etat. Ils n'avoient pas encore eu de communication avec la Chine, lorsque l'an 648 ayant appris que les *Thie-le*, (ou les *Hoei-hou*,) s'y étoient soumis, ils envoyerent aussi-tôt des Ambassadeurs à l'Empereur *Tham-thai-tçoum*. Le *Ki-li-fa*, nommé *Che-po-kiu-a-içien*, qui étoit leur Chef, vint en personne rendre hommage. L'Empereur lui fit un festin, durant lequel il dit à ses Grands qui y assistoient : ,, Je ,, croyois avoir fait un coup d'une valeur extraordi- ,, naire, lorsque j'eus coupé la tête à trois *Tou-kiue* ,, sur le pont du *Ouei* qui coule près de ma Capi- ,, tale; mais je trouve que le *Ki-li-fa*, à qui je fais ce ,, banquet, l'emporte en cela sur moi ''. Le *Ki-li-fa*, après s'être échauffé à boire du vin, supplia l'Empereur de lui donner une de ces planchettes, ou sceptres; que les Officiers de Chine tiennent à deux mains devant l'Empereur. L'Empereur érigea son pays en *Fou*, ou *Cité* du premier ordre, & lui donna le titre de *Khien-kouen-fou*. Il créa le *Ki-li-fa* Généralissime des Gardes campées de la gauche, & lui donna la charge de *Tou-tou*, en le mettant sous la jurisdiction du Généralissime Chinois de *Yen-gen*. Sous le regne de *Tham-kao-tçoum*, il envoya deux ambassades.

Vers l'an 709, le Chef des *Khien-khouen* envoya des présents à *Tham-tchoum-tçoum*, qui les reçut avec plaisir, & qui eut la bonté de dire aux Ambassadeurs : ,, Votre Royaume & le mien ont tous deux ,, la même origine; (parce que *Li-lim*, fondateur ,, & Roi des *Khien-kouen*, étoit Chinois :) je ne ,, le regarde pas de même œil que les autres Royau- ,, mes étrangers ''. En même-temps, il versa de son propre vin, & envoya la tasse pleine à l'Ambassadeur; celui-ci se mit à genoux, & frappa la terre avec le front. Les *Khien-kouen* envoyerent quatre ambassades sous le regne de *Tham-hiuen-tçoum*. L'an 758 ou 59, ils furent entiérement défaits par les *Hoei-hou*. Depuis ce temps-là, ils ne purent plus communiquer avec la Chine. Les autres Barbares leur donnerent dans la suite le nom de *Kie-kia-sse*, au-lieu de *Khien-kouen*. Ce furent proprement les *Hoei-hou* qui leur donnerent ce nouveau nom, qui signifie les *visages jaunes-rouges*. On l'a encore corrompu, & on les a nommés *Kia-kia-sse* : (ne seroient-ce point les *Kir-kasse*, ou, comme nous prononçons, les *Circasses*?) Ils se tiennent unis aux Arabes, aux *Tybethains* & aux *Kho-lo*, par une ligue défensive. Les *Tybethains*, dans leurs voyages, craignent d'être détroussés par les *Hoei-hou*; ce qui les oblige de s'arrêter chez les *Kho-lo*, jusqu'à ce qu'il leur soit venu une escorte de *Kie-kia-sse*. Les Arabes font des brocards, (c'est-à-dire, des tapis tissus d'or,) d'une si énorme pesanteur, qu'il faut vingt chameaux pour en porter un. Comme ils ne peuvent pas les transporter tout entiers, ils les partagent en vingt pieces, & tous les trois ans ils les donnent en présents aux *Kie-kia-sse*. Les *Hoei-hou*, de leur côté, donnent à l'*Agé* des *Kie-kia-sse*, pour titre de dignité, celui de *Pi-kia-tun-kie-kin*. Aussi-tôt que la puissance des *Hoei-hou* commença à tomber en décadence, l'*Agé* prit le titre de *Khan*. Il étoit fils d'une fille du Roi des *Tou-kiisse*; il la créa *Kha-toun-mere*, & sa femme, qui étoit fille du *Che-hou* des *Kho-lo*, reçut celui de *Kha-toun*.

Le *Khan* des *Hoei-hou* envoya un de ses Visirs

<hr>

(*) Ce routier ne s'accorde pas avec la situation que l'Histoire a donné au commencement aux pays des *Kie-kia-sse*; elle semble confondre ce nouveau pays avec l'ancien qu'ils possédoient.

faire la guerre à l'*Agé*; mais il ne put le réduire. Cette guerre dura vingt ans sans interruption. L'*Agé*, enflé de ses victoires, s'emporta en injures contre le *Khan* des *Hoei-hou* : „ Ton temps est fini, lui fit-il dire, „ je vais bientôt t'enlever la tente d'or ; je ferai des „ courses de chevaux devant cette tente ; je plante- „ rai dessus mes étendards. Si tu crois pouvoir me ré- „ sister, je t'attends de pied ferme ; si tu ne le peux „ pas, retire-toi incessamment ". Les *Hoei-hou* ne purent tirer vengeance de cet affront. Au contraire, un de leurs Chefs, nommé *Kiu-lo-mo-ho*, servit de guide à l'*Agé*, pour venir attaquer les *Hoei-hou*. L'*Agé* les défit, & fit couper la tête à leur *Khan*. Tous les *The-le*, ou Princes du sang du *Khan*, prirent la fuite. L'*Agé* mit lui-même le feu à la tente du *Khan*, à son camp & à la tente d'or de la *Koum-tchu* Chinoise, où le *Khan* avoit coutume de se retirer ; ensuite il ramassa les dépouilles de l'ennemi. Il prit aussi la *Koum-tchu* de *Thai-ho*, & la fit transporter sur le champ au Midi des Monts *Ya-lao*, qui se nomment aussi *Tou-pou* ; ils sont éloignés de quinze journées de cheval de l'ancien camp du *Khan* des *Hoei-hou*. L'*Agé* sachant que la *Koum-tchu* étoit fille d'un Empereur de Chine, envoya des Ambassadeurs, avec une escorte, pour la conduire en Chine. Le *Khan* des *Hoei-hou*, nommé *Ou-kiai-khan*, lui coupa chemin, & la reprit ; il fit mourir les Ambassadeurs de l'*Agé*. Vers l'an 844, l'*Agé* ayant appris la nouvelle de la mort de ses Ambassadeurs, & ne pouvant avoir de communication avec la Chine, à cause des *Hoei-hou* qui étoient entre deux, envoya *Tchughou-ho-sou* avec des lettres d'avis de ce qui s'étoit passé. *Tchughou* est le nom d'une famille des *Kie-kia-sse* ; *Ho*, dans la langue de ce peuple, signifie *brave*, & *Sou*, signifie *gauche* ; comme qui diroit, le brave qui tire des fleches de la gauche de la famille de *Tchughou*. Celui-ci fut trois ans en marche pour arriver en Chine. L'Empereur *Tham-vou-tçoum* fut ravi de le voir à sa Cour. Il lui donna le pas au-dessus des Ambassadeurs du Royaume de *Po-hai*, (puissant Etat de l'Orient du *Lea-ioum* & au Nord de la Corée,) & cela eu égard à ce qu'il étoit venu de si loin payer tribut. Il ordonna au Président du Tribunal des écuries, nommé *Tchao-fan*, d'aller consoler l'*Agé*. Il envoya un Ministre d'Etat visiter l'Ambassadeur dans le Tribunal des Ambassades. L'Ambassadeur lui fit la description de son Pays & des mœurs des peuples.

Le Ministre d'Etat, qui étoit *Li-te-yu*, parla en cette sorte à l'Empereur : „ Sous l'Empire de *Tham-thai-tçoum*, tous les Royaumes éloignés avoient envoyé des Ambassadeurs en Chine. *Yen-sse-kou*, un des plus grands hommes de ce siecle-là, qui étoit alors Assesseur d'une Cour souveraine, supplia l'Empereur qu'il lui fût permis, à l'exemple de l'ancienne Dynastie des *Tcheou*, de faire un recueil de ce qui regardoit ces Royaumes. Aujourd'hui les *Kie-kia-sse* se sont ouvert un chemin de communication avec la Chine. Il faut donc faire un semblable recueil, & lui donner le même titre d'Assemblée générale des Tributaires, pour servir de monument à la postérité ". L'Empereur ordonna, par un édit solemnel, qu'on fît le recueil, & qu'on y mît ce que l'Ambassadeur marqueroit. Il ordonna de plus, que l'on conservât la généalogie de l'*Agé*, avec celle de la famille Impériale. Dans ce temps-là, *Ou-kiai*, qui étoit *Khan* des *Hoei-hou*, s'étoit retiré avec le reste de ses gens chez les *He-tche-tçe*, (ce sont des *Che-ouei*.) L'*Agé* prit la résolution de venir l'enlever durant l'automne, saison où les chevaux ont toute leur vigueur. Il avertit l'Empereur de son dessein par un placet, & lui demanda du secours. L'Empereur envoya *Laou-moum* sur les frontieres de la Chine pour l'appuyer. D'un autre côté, le Conseil de l'Empereur considérant que dix-huit villes de la Province de *Chensi* étoient depuis long-temps sous la domination des *Tybethains*, que

les *Hoei-hou* étoient atterrés, & que la guerre civile des *Tybethains* les avoit épuisés, persuada à l'Empereur de ne pas laisser échapper une occasion si favorable. L'Empereur commença par envoyer des Députés à l'*Agé*, pour le créer *Khan*, sous le titre Chinois de *Tçoum-ym-hioum-vou-tchim-mim-khan*. L'Empereur *Tham-vou-tçoum* mourut avant le départ des Députés. *Tham-suen-tçoum* qui lui succéda, voulut exécuter le dessein de son prédécesseur. Quelques-uns lui dirent : Les *Kie-kia-sse* sont une petite nation, qui ne peut en aucune façon se comparer à la Chine. L'Empereur fit une assemblée générale de tous ses Officiers, depuis le premier ordre jusqu'au quatrieme inclusivement, & mit l'affaire en délibération. Tous furent de même avis & dirent : Lorsque les *Hoei-hou* étoient au plus haut point de leur puissance, les Empereurs se créoient *Khan*, & les honoroient de titres. Présentement, le bonheur a voulu que leur puissance ait été anéantie. Si l'on fait les mêmes honneurs aux *Kie-kia-sse*, ils causeront dans la suite quelque malheur à la Chine. Cela obligea l'Empereur à se désister de l'entreprise l'an 847. Enfin, l'Empereur *Tham-suen-tçoum* députa *Ly-ye*, Président du Tribunal des ambassades, pour aller avec les marques de la foi publique, créer *Khan*, l'*Agé* des *Kie-kia-sse*, & lui donner le titre Chinois d'*Ym-vou-tchim-mim-khan*. Sous l'Empire de *Tham-yi-tçoum*, depuis l'an 860 jusqu'à l'an 874, il vint trois ambassades de la part des *Kie-kia-sse*, lesquels, au bout du compte, ne purent subjuguer les *Hoei-hou*. Depuis ce temps-là, l'Histoire de Chine n'a plus marqué ni la suite des *Agé*, ni les ambassades qu'ils ont pu envoyer.

Voilà ce que l'Histoire des *Tham* a recueilli des *Tou-kiue*, des *Hoei-hou*, & des autres nations Tartares Occidentales. Voici présentement les observations des Historiens ; car ils racontent simplement les faits, sans aucune critique de leur part, sans exagération, & sans aucun ornement d'éloquence, se contentant de mettre, en peu de mots, à la fin des Chapitres, ce qu'ils pensent. Telle est la forme de l'Histoire Chinoise. Les Barbares, disent-ils, sont naturellement féroces & avides ; ils sont hommes au-dehors, & bêtes au-dedans ; ils n'ont des yeux que pour le vol & le brigandage. De-là vient que les deux anciennes Dynasties, fondées par *Tchim-tham* & par *Vou-vam*, n'ont jamais voulu se servir d'eux, montrant par-là qu'ils les tenoient pour étrangers, & non pour proches. L'Empereur *Tham-thai-tçoum*, qui en eut besoin pour conquérir l'Empire de Chine, se servit des *Tou-kiue* ; mais ne pouvant plus souffrir leurs cruautés, il fit lier leur *Khan*, & se les assujettit. L'Empereur *Tham-sou-tçoum* se servit des *Hoei-he* contre les Chinois rebelles. Ceux-ci en vinrent jusqu'à emmener les Chinois en captivité, à faire affront au Prince héritier de l'Empire, & à faire mourir, sous les coups, des principaux Officiers de l'Empereur. Ils ne mettoient aucunes bornes à leurs demandes & à leurs exactions. L'Empereur *Tham-te-tçoum* se servit aussi des *Tybethains*. Ceux-ci pillerent la ville de *Pim-leam-fou*. Ils mirent en déroute les plus grands Généraux de la Chine, & forcerent la partie occidentale des confins. Cela s'appelle introduire les malheurs du dehors, pour remédier aux troubles du dedans. Il faut s'en servir avec Epikie, & les tenir dans le devoir par la prudence ; le seul Empereur *Tham-tai-tçoum* en étoit capable. Quant aux deux Empereurs, (*Tham-sou-tçoum* & *Tham-te-tçoum*,) qui, comme Princes foibles & étourdis, se familiarisoient avec eux, étoient-ils capables d'arrêter leurs désordres ? Quand on les approche de soi, ils exigent des récompenses. Leur cupidité est insatiable, & ils ne sont jamais contents ; leur mécontentement dégénere insensiblement en haine. Si l'on veut les rappeller au devoir par la charité & la justice, ils regardent ces moyens avec mépris, d'où naît l'indignation dans leur cœur ; & comme ils ont acquis une parfaite connois-

sance

fance du fort & du foible de la Chine, les malheurs qu'ils lui caufent s'étendent loin, & font accompagnés d'inhumanité. N'eft-ce pas vouloir appaifer la faim d'un famélique, en lui préfentant du bois à manger, que de prétendre les réduire, en leur repréfentant l'honnêteté & l'équité ?

DE L'EMPIRE DES KHI-TAN,
qui ont fondé la Dynaſtie des LEAO, dans la Chine.

A-pao-khi, foundateur de cette Dynaſtie, fous le titre de *Thai-tçou*, naquit dans le canton de l'horde des *Khi-tan*, nommée *Thie-la*, qui s'appelloit autrement *Che-liu*, ou, comme le prononcent les Chinois, *Ye-liu*, d'où il tira fon nom de famille. Il étoit le fils aîné de *Te-tçou-hoam-ti*. Sa mere étoit de la famille des *Siao*, Il naquit l'an 872; fa mere le conçut, après avoir vu un foleil qui tomboit dans fon fein. Quand il naquit, la maifon où étoit fa mere, parut environnée d'une lumiere divine, & fut parfumée d'une odeur exquife. Il avoit la taille d'un enfant de trois ans quand il vint au monde, & pouvoit déja marcher en s'aidant des mains. Sa mere admira ces prodiges, & l'éleva avec foin. Elle le tenoit caché dans une tente différente de la fienne, & elle ne permettoit à perfonne de le voir. Au bout de trois mois, il commença à marcher. A l'âge d'un an, il parla, & prédifoit les chofes à venir. Il difoit de lui-même qu'il étoit entouré d'hommes divins, qui lui fervoient de gardes. Dès l'âge de fept ans, il ne parloit que d'affaires de conféquence. Son oncle maternel, qui gouvernoit alors, quoiqu'il en prît du foupçon, craignant qu'un jour il ne le dépoffédât, fe fervoit de fes confeils. Quand il fut parvenu à l'âge viril, il avoit neuf pieds de haut, (c'eft-à-dire près de fept de nos pieds.) Son vifage étoit large par en-haut, & pointu par en-bas; l'éclat de fes yeux éblouiffoit ceux qui le regardoient. Il bandoit un arc, qui ne fe pouvoit pleinement bander qu'en attachant à la corde un poids de trois cents livres Chinoifes. Lorfqu'il étoit *Tha-ma-yue-ffa-li*, (ce terme revient à celui de notre ancien Connétable,) les petits *Hoam-che-ouei* refuferent de lui obéir; il les foumit par adreffe. Il fit la guerre aux *Yue-ghou*, aux *Kou-lou*, aux *Hii* & aux *Cha-yue*, & dompta toutes ces hordes. Il reçut enfuite des fiens le titre d'*Atchu-cha-li*.

L'an 901, *Hen-te-kin* fut proclamé *Khan*; il le créa *Apao-khi*, Roi, ou bien *Y-li-kin* de l'horde des *Thie-la*, & lui donna le pouvoir de faire la guerre de fon chef. Celui-ci fubjugua les *Che-ouei*, les *Yu-kiue* & les *Hii*, & fit un très-grand nombre de captifs. Dans la dixieme lune de la même année, le *Khan* le créa *Y-li-kin* de *Ta-tie-lie-fou*. L'année fuivante, dans la feptieme lune, *A-pao-khi* entra en Chine à la tête de quatre cents mille combattants, & prit neuf grandes cités dans la partie Septentrionale de cet Empire. Il y fit quatre-vingt-quinze mille captifs. On ne peut exprimer le nombre des bœufs, des chameaux & des moutons qu'il en enleva. Dans la neuvieme lune, il bâtit la ville de *Loum-hoa-tcheou*, au Sud du *Hoam-ho*, (riviere hors du *Leao-toum* au Septentrion.) L'année fuivante, il commença à bâtir le Temple nommé *Khai-kiao-ffe*. Il porta la guerre chez les *Niou-tche*, & les dompta; il en enleva trois cents familles. Dans la neuvieme lune, il rentra dans la Chine Septentrionale, & en conquit plufieurs villes. Dans la dixieme lune, ramenant fon armée, il pilla la partie Orientale de la Province du *Pe-tche-li*, & s'en retourna chargé de dépouilles. Auparavant, *Te-tçoum-hoam-ti* (pere de *Thai-tçou*) avoit emmené captives fept mille familles de *Hii*. Il avoit formé une colonie qu'il avoit placée fur les bords de la riviere de *Tçim-ho*, qui eft dans le Pays de *Jaolo*. Ce fut alors que fa horde prit le nom de *Hii-thie-la*. Elle

fut partagée en onze villes du troifieme ordre, & *Thai-tçou*, (ou bien *Apao-khi*,) en fut créé *Yu-yue*, ou Vice-Roi, avec le commandement général des armées. L'an 904, *Apao-khi* augmenta la ville de *Loum-hoa-tcheou*, du côté de l'Orient. Dans la neuvieme lune, il alla faire la guerre à ceux des *Che-ouei*, qu'on nommoit *He-tche-tçe*, (ce qui fignifie en Chinois les *chariots noirs*.) Un Général Chinois, nommé *Leou-gin-khoum*, fit marcher une armée contre lui, commandée par *Leou-tchao-pa*, fils adoptif de *Leou-gin-khoum*. *Leou-tchao-pa* vint à la ville de *Vou-tcheou*. *Apao-khi* l'ayant fu par fes efpions, lui dreffa des embufcades fous les monts *Thao-chan*. Il envoya des *Che-ouei*, qui rapporterent fauffement à *Tchao-pa* qu'ils étoient envoyés par les Chefs de leur nation, pour convenir avec lui du rendez-vous qui feroit à *Pim-yuen*. Quand *Tchao-pa* y fut arrivé, les embufcades fe leverent de tous côtés; l'armée Chinoife fut exterminée, & *Tchao-pa* pris. *Apao-khi* pourfuivant fa victoire, alla fondre fur les *Che-ouei*, qu'il défit entiérement. L'année fuivante, dans la feptieme lune, il retourna porter la guerre chez les *Che-ouei* aux chariots noirs. *Li-khe-youm*, Général Chinois, envoya lui demander la paix. Dans la dixieme lune, *Apao-khi* vint avec foixante & dix mille cavaliers trouver *Li-khe-youm* à *Yun-tcheou*. Etant échauffé de vin dans le feftin, *Li-khe-youm* le pria de lui prêter fon armée, pour venger fur *Leou-gin-khoum* la perte qu'il avoit faite dans la bataille de *Mou-koua-kien*. *Apao-khi* la lui prêta; & ayant changé entr'eux d'habits & de chevaux, ils fe jurerent une amitié fraternelle. Marchant contre *Leou-gin-khoum*, il força quelques villes, dont il emmena avec lui tous les habitants. L'année fuivante, dans la feconde lune, il revint à la charge contre *Leou-gin-khoum*. Au retour de cette expédition, il furprit les *Hii* qui étoient au Septentrion des montagnes, & les défit à *Pien-tcheou*. *Tchu-tçuen-tchoum*, Chinois, révolté contre les Empereurs de la Dynaftie des *Tham*, lui envoya des Ambaffadeurs par mer, avec une lettre & des préfents de grand prix. Dans l'onzieme lune, *Apao-khi* envoya un détachement de fon armée contre les hordes des *Hii*, des *Sii*, & des *Niou-the* du Nord-Eft, qui n'étoient pas encore foumifes; elles furent toutes fubjuguées & affujetties. Dans la douzieme lune, *Hen-te-kin-khan* mourut. Tous les Grands de l'Etat, fuivant le teftament du feu *Khan*, réfolurent de proclamer *Apao-khi*. *Ho-lo* & les autres le prefferent d'accepter cette dignité; il la refufa trois fois, enfuite il la reçut.

La premiere année de fon regne, qui fut l'an 907 dans la premiere lune, il ordonna à fes Officiers de dreffer un Temple découvert; il y fit un holocaufte au Ciel, & prit le titre de *Hoam-ti*. Il créa fa mere *Hoam-thai-heou*, c'eft-à-dire en Chinois, *Augufte, très-grande Reine* ou *Impératrice-mere*. Il créa fa femme, qui étoit, auffi-bien que fa mere, de la famille des *Siao*, *Hoam-heou*, c'eft-à-dire en Chinois, *Impératrice*. Il donna la dignité de *Tçai-fiam* du Septentrion à *Siao-hia-la*, & de *Tçai-fiam* du Midi au Prince *Ye-lu-gheou-li-ffe*. Ce terme *Tçai-fiam* fignifie en Chinois *Miniftre d'Etat avec un pouvoir fans exception*. Tous les Officiers de l'Empire, ayant à leur tête les deux *Tçai-fiam*, donnerent en cérémonie à leur nouvel Empereur le titre de *célefte Hoam-ti*, & à leur nouvelle Impératrice celui de *terreftre Hoam-heou*. Dans la deuxieme lune, il fit la guerre aux *Che-ouei* aux chariots noirs, & les foumit. Dans la quatrieme lune, le premier jour, nommé *Tim-vei*, le Roi de *Leam*, nommé *Tchu-tçuen-thoum*, dépofa l'Empereur des *Tham*, qu'il fit mourir incontinent après, & prit le titre de *Hoam-ti* de la Chine, donnant à fa nouvelle Dynaftie le titre de *Leam*. Il en avertit *Thai-tçou*, (c'eft *Apao-khi*,) par une ambaffade folemnelle. *Leou-gin-koum* fut emprifonné

X

par fon fils *Leou-cheou-khouam*, qui ufurpa fa dignité
de Vice-Empereur. Le frere aîné de *Leou-gin-koum*
vint dans la feptieme lune fe rendre à *Thai-tçou*, avec
tous les Chinois qui étoient fous fon commandement.
Thai-tçou lui affigna pour fa demeure la ville de *Pim-
lou-tchim*. Dans la dixieme lune, il porta la guerre
chez les chariots noirs, & les défit.

La feconde année (908,) le premier jour du premier mois, il reçut les hommages de fes Grands &
de tous les Ambaffadeurs étrangers. Il créa fon frere
cadet *Sa-la* Préfident, ou *Tii-yn* du Tribunal des
Princes du fang. *Li-tçun-hiu*, fils de *Li-khe-youm*,
fuccéda à fon pere dans la dignité de Vice-Empereur
de la partie méridionale de la Province de *Chanfi*.
Thai-tçou envoya des Ambaffadeurs au fils, pour lui
faire des compliments de condoléance fur la mort de
fon pere. Dans la cinquieme lune, il envoya *Sa-la*,
fon frere, faire la guerre aux *Ou-ouan* & aux *Che-
ouei* aux chariots noirs. Le premier jour de la dixieme
lune, il bâtit le palais de *Mien-vam*, & fit élever
une longue muraille pour barrer la mer. Il envoya
Kim-gin redemander les *Tou-boen*, qui s'étoient refugiés chez les *Che-ouei*. Là troifieme année (909,)
dans la troifieme lune, *Leou-cheou-ven*, Vice-Empereur
de *Tçam-tcheou*, ayant été attaqué par fon frere *Leou-
cheou-khouam*, envoya demander du fecours à *Thai-
tçou*. *Thai-tçou* donna le commandement d'une armée à fon frere cadet, nommé *Che-li-fou* qui étoit
Y-li-kin & à *Siao-ti-lou*, qui mirent *Leou-cheou-
khouam* en déroute. L'armée victorieufe pénétra jufqu'à *Pe-thao-khaou*. Dans la cinquieme lune, il bâtit
la ville de *Yam-tchim* au pied du mont *Than-chan*,
pour fervir de lieu de commerce. Le premier jour
de la feptieme lune, il créa *Siao-ti-lou*, frere aîné
de l'Impératrice, *Tçai-fiàm* du Septentrion. Ce fut
pour la premiere fois que cette dignité fut conférée
à la famille des Impératrices. Dans la dixieme lune,
les *Hii* du mont *Ou-ma-chan*, les *Tcha-la-ti*, les
Tçou-po-te & autres fe révolterent; il leur fit la guerre,
& les fubjugua.

La quatrieme année (910,) il créa *Siao-ti-lou*,
frere de l'Impératrice, *Tçai-fiam* du Nord, & dompta
plufieurs Tartares du Nord.

La cinquieme année (911,) le premier jour de
la premiere lune, nommé *Pim-fu*, le foleil s'éclipfa.
Thai-tçou alla en perfonne faire la guerre aux *Hii*
Occidentaux, qui fe fiant fur la difficulté des paffages,
fe foumettoient & fe rébelloient à tous moments, fans
vouloir écouter la perfuafion; il fit tout plier fous le
joug. Enfuite faifant un détachement de fon armée,
il affujettit de la même forte les *Hii* Orientaux. Ce
fut pour lors qu'il devint paifible poffeffeur de tout
le Pays des *Hii* & des *Sii*; de forte que fon Empire
fe trouva terminé du côté de l'Orient par la mer; du
côté du Midi par *Pe-fan*, Pays de la Chine; à l'Occident, il paffoit au-delà des fables brûlants & du
Royaume d'*Eyghour*; au Nord du défert, il s'étendoit jufqu'à la riviere de *Hoam-choui*. Dans la cinquieme lune, *La-kha*, *Thie-la*, *Yu-ti-che* & *An-
douan*, quatre de fes freres cadets, fe révolterent. *Nien-
mo-kou*, femme d'*An-douan* l'avertit de la confpiration. *Thai-tçou* ayant examiné mûrement la chofe,
la trouva véritable; mais ne pouvant fe réfoudre à donner la mort à fes freres, il les conduifit fur une montagne, où après avoir fait des facrifices au Ciel & à
la terre pour avertir ceux-ci de ce qui fe paffoit, il
obligea ceux-là à lui jurer fidélité, & leur pardonna.
La-kha fut fait *Y-li-kin* de l'horde de *Thie-la*. La
Princeffe *Nien-mo-kou* fut créée Reine de *Tçin*,
Royaume de Chine dans la Province de *Chanfi*. Le
premier jour de la feptieme lune, les *Thie-li-ti*, &
les étrangers envoyerent des ambaffades avec leurs
tributs. Dans la dixieme lune, il établit des forges
de fer.

La fixieme année (912), il donna la charge de *Tii-yn*

à *Hoa-kha*. Dans la troifieme lune, il alla en perfonne
faire la guerre à *Leou-cheou-kouam*. Dans la quatrieme
lune, *Yeou-kouei*, Prince du fang de la Dynaftie Chinoife des *Leam*, & Roi d'*Ym*, tua fon pere, & fe
fit proclamer Empereur de Chine. Dans la feptieme
lune, *Thai-tçou* marcha en perfonne contre les *Che-
pou-kou*, qui fe foumirent à lui, le nombre des dépouilles montoit à plufieurs dixaines de mille. Il donna
un détachement à *La-kha*, fon frere, pour aller prendre
la ville de *Pim-tcheou*. Dans la huitieme lune, *Thai-
tçou* alla au mont, nommé *Gen-te-chan*, où il lui naquit un fils, nommé *Li-hou*. Dans la dixieme lune,
La-kha força la ville de *Pim-tcheou*. Etant de retour,
il renoua avec *Thie-la*, *Yn-ti-che*, *An-douan*, &
autres, le premier deffein de leur confpiration. *Thai-
tçou* ayant appris leur révolte auprès de la partie Septentrionale des monts *A-lou-chan*, & que les révoltés lui fermoient les chemins, il tourna vers le Midi,
& s'avança à grandes journées. Le jour même de fon
départ, il fit un holocaufte au Ciel. Le lendemain il
arriva à la riviere de *Tçii-tou*, ou des fept paffages. Chacun de fes freres révoltés envoya des Députés pour demander pardon de la faute. *Thai-tçou* eut
encore la bonté de leur pardonner, pour leur donner lieu de fe corriger. Cette année, *Thai-tçou* prit
dans un pillage cinquante Bonzes *Ho-cham*. Etant
de retour à *Si-leou*, ou au *Pavillon* Occidental,
il bâtit un temple nommé *Thien-hioum-ffe*, ou temple de *la célefte vaillance*, pour faire voir que le
Ciel avoit aidé fa vaillance dans la guerre, & il
plaça les Bonzes dans ce temple.

La feptieme année (913), dans la premiere lune,
l'armée de *Thai-tçou* étoit campée près de la ville de
Tche-choui-tchim. *La-kha* & les autres freres de *Thai-
tçou* le fupplierent de les recevoir à merci. *Tai-tçou*
s'étant revêtu d'habits fimples & fans ornement,
monta fur un chariot attelé de chevaux pommelés de
bai & de blanc; prit pour cochers deux Seigneurs; fe
fit accompagner de fes gardes, mais fans armes, &
les allant trouver en cet équipage, il les confola, &
leur donna de fages avis; *La-kha* fe retira avec fes
confédérés. *Thai-tçou* envoya encore des Députés
pour les raffurer & les confoler. Le premier jour de
la feconde lune nommé *Kio-fu*; *Yeou-tchim*, Roi Chinois & Prince du fang des *Leam*, punit fon frere aîné
Yeou-kouei du patricide de leur commun pere, & prit
poffeffion de l'Empire de Chine. Dans la troifieme
lune, *Thie-li-kha-thou*, frere cadet de *Thai-tçou*,
ufurpa le titre de Roi des *Hii*, & fe joignit à *An-
douan*. Ils s'avancerent avec une efcorte de plus de mille
cavaliers, difant fauffement qu'ils venoient rendre leurs
hommages à *Tai-tçou*. *Tai-tçou*, choqué de cet attentat, leur tint ce difcours : ,, Vous ne ceffez depuis
,, long-temps d'entretenir le crime & la rebellion dans
,, vos cœurs. Je vous ai tout pardonné par une fa-
,, veur fpéciale, efpérant que cela vous obligeroit à
,, vous corriger, & à devenir meilleurs. Malgré tout
,, cela, vous perfiftez à être infideles, & vous machi-
,, nez ouvertement ma perte ''. A peine eut-il fini de
parler, qu'il les fit arrêter, & diftribua à fon armée
tous leurs fujets. *La-kha* partit auffi-tôt avec tous
les fiens; & étant venu fur les bords d'un lac, il prit
les marques de la dignité Impériale, réfolu d'ufurper
le titre d'Empereur. L'Impératrice-mere lui fit donner avis fecretement de fe retirer au plutôt. Il arriva
dans le même temps qu'on fit courir le bruit que
l'Empereur étoit prêt d'arriver en perfonne. L'armée
de *La-kha* prit l'épouvante, fe diffipa, & après avoir
pillé le pays, s'enfuit vers le Septentrion; l'Empereur la fit fuivre par fes troupes. *La-kha* envoya
Yn-ti-che, avec ordre d'aller droit au camp de l'Empereur avec un détachement de cavalerie, & de
mettre le feu aux vivres & aux bagages; ce qu'il
exécuta en y joignant un grand carnage. L'Empereur envoya inceffamment *Cho-kou-lou* fecourir le

camp ; à peine arriva-t-il affez à temps pour fauver les bannieres & les tambours impériaux. Un autre des confédérés de *La-kha*, nommé *Chin-fo-kou*, pilla le *Si-ieou*, ou *Pavillon* Occidental, & brûla le *Si-yam-leou*.

L'Empereur étant arrivé à la riviere de *Thou-ho*, fit faire alte à fon armée, & donna le temps aux chevaux de repaître, fans paroître le moins du monde ému de tout cela. Tous les Commandants de l'armée vouloient que l'on pourfuivît l'ennemi en toute diligence. ,, Attendons, dit l'Empereur, qu'il foit retiré ,, bien loin. Il eft naturel aux hommes de fonger à ,, leur pays natal. Quand cette penfée aura fait une ,, vive impreffion fur leurs efprits; la divifion des ,, cœurs en naîtra parmi eux; alors fi nous donnons ,, fur eux, ils font infailliblement perdus ". Il fit partager à toute fon armée les dépouilles qu'il avoit auparavant enlevées. Il confia le gouvernement de l'Etat à *Tche-li-kou*, qui avoit la dignité d'*Y-li-pi*, & marcha après cela contre *La-kha*. Il arriva à *Mi-li*, où il apprit que fes freres avoient fait mourir de leurs captifs à coups de fleches des mânes; en regardant le mont *Mou-ye-chan*, prétendant par ce facrifice détourner le malheur de deffus leurs têtes : (cérémonie particuliere à ce peuple) *Thai-tçou* fit auffi-tôt prendre un captif des rebelles, & le fit mourir de la même forte, en regardant le lieu de leur retraite, pour oppofer facrifice à facrifice, & tourner leur propre invention contre eux-mêmes. Quand *Thai-tçou* fut arrivé à *Tha-li-tien*, (étang ou lac,) il envoya un gros de cavalerie légere à la fuite de l'ennemi. Ce détachement l'atteignit au paffage de la riviere de *Pou-tche-ho*, & lui enleva tous fes bagages, fes vivres & fes troupeaux. *Thai-tçou* avoit auparavant envoyé *Pa-la-ti-li-khou*, & quatre autres principaux Chefs des *Ouei-he*, & des *Tou-houen*, avec ordre de dreffer aux rebelles tout autant d'embufcades fur le chemin qui leur reftoit encore à faire. Il donna le commandement de fon avant-garde à *Tii-li-kou*, qui étoit *Tçai-fiam* du Septentrion, & marcha contre les rebelles. *La-kha* vint au-devant du *Tçai-fiam* pour le combattre. Celui-ci ordonna à fa cavalerie légere de donner. Son frere cadet *Gho-kou-tche* fe mit aux premiers rangs, d'où il tua plufieurs dixaines d'ennemis à coups de fleche ; de forte qu'aucun des ennemis n'ofoit avancer. Les deux armées demeurerent en ordre de bataille fans agir ; jufqu'à trois heures après midi qu'enfin l'ennemi fe débanda. On le pourfuivit jufqu'à la riviere de *Tchai-ho*. Auffi-tôt l'ennemi mit le feu à fes chariots & à fes tentes, & fe retira ; mais il tomba dans les embufcades que *Pa-la-ti-li-kou* & les quatre autres chefs lui avoient dreffées ; alors la défaite fut entiere. *La-kha* prenant la fuite, abandonna en chemin la tente qui fervoit de temple à *Thai-tçou* dans fes armées. Auffi-tôt que *Thai-tçou* l'eut apperçue, il la falua à genoux, & y fit des facrifices. Il fit rendre les dépouilles à ceux à qui elles avoient été enlevées.

Kou-kou-tche & *Mo-tho*, confédérés de *La-kha*, vinrent fe rendre les mains liées derriere le dos. Quand *Thai-tçou* fut arrivé à *Tcha-tou-ho*, il furvint une groffe pluie qui fit enfler la riviere. Dans la cinquieme lune, il la fit paffer premiérement au *Tçai-fiam* du Septentrion, nommé *Ti-nien*, avec la cavalerie légere, pour pourfuivre *La-kha*, lequel fut pris fur le bord de la riviere de *Yu-ho*. On prit avec lui *Nie-li-kouen*, *Apo*, & *Siao-che-lou*, ci-devant *Tçai-fiam* du Septentrion. *Yn-tii-che* prévint le fupplice en s'étranglant lui-même. *Thai-tçou* ayant mis fin à cette affaire, facrifia un mouton blanc au Ciel, & un noir à la terre. Quelques jours après, *La-kha*, *Nie-li-kouen* & *Apo* furent conduits devant *Thai-tçou*. Ils s'étoient liés eux-mêmes avec des cordes de paille, & menoient chacun un mouton en leffe. D'auffi loin qu'ils apperçurent *Thai-tçou*, ils fe profternerent à terre devant lui. *Thai-tçou*, à fon retour, paffa par le

mont *Thalim*. Il y avoit long-temps que cette expédition duroit ; les bagages ne pouvoient plus fuivre enfemble ; les troupes étoient obligées de vivre de la chair de leurs poulains, & de quelques herbes fauvages qu'elles cueilloient ; il leur étoit mort les fept ou huit dixiemes des animaux ; le prix des chofes avoit augmenté au décuple ; les uftenfiles & les chofes de prix étoient abandonnées dans les chemins ; de forte que l'armée fe trouva dans un étrange défordre fur les bords de la riviere de *Tçou-li-ho*. Cela donna occafion à *Thai-tçou* de changer le nom de fon frere *La-kha*, & de lui donner celui de *Paoli*, qui marquoit qu'il étoit la caufe de tous ces maux. Etant arrivé à *Khou-li*, il facrifia un bœuf noir au Ciel, & un cheval blanc à la terre. Il fit diftribuer fix cents animaux, & deux mille trois cents chevaux, aux deux régiments de Faucons ; (c'eft comme parmi nous les dragons.) Dans la fixieme lune, il arriva au mont *Yu-lim*, où il fit mettre en pieces *Sao-kou-fei*, Gouverneur de la ville de *Hia-la-hien*, pour les injuftices & les tyrannies qu'il avoit exercées fur le peuple. Il monta enfuite fur le mont *Tou-ghan-chan*, où il regarda avec tendreffe les anciens monuments de *Ki-cheou*, autrefois *Khan* des *Khi-tan*. Il eut de la peine à s'en féparer, & ne le fit qu'en foupirant. Ayant appris qu'un Officier de la Cour des crimes, nommé *Nie-li-kin*, avoit inventé de fon chef des inftruments de fupplices cruels ; de forte qu'il mouroit du monde dans la queftion, il ordonna qu'on le mit à mort. Quand il fut arrivé à la riviere de *Lam-ho*, il prit un des rebelles, nommé *Ya-li-mi-li* ; il le fit enterrer tout vif. Etant arrivé à la riviere de *Thoum-ho*, il donna la liberté à tous les captifs qu'il avoit faits ; la plupart furent repris par *Yu-khou-li*. L'Empereur, indigné de cet attentat, marcha en perfonne contre lui, à la tête de fa cavalerie légere ; il dépêcha en même-temps différents corps d'armée, pour l'aller furprendre ; ce qui eut fon effet. On lui enleva tous fes fujets, & on reprit tous ceux qu'il avoit fait captifs.

Thai-tçou étant arrivé fur le bord du lac *A-chum*, fit percer de fleches des mânes fon fils adoptif, nommé *Nie-li-ffe*, pour avoir adhéré à la rébellion des freres cadets de l'Empereur. Il fit punir fix mille rebelles qui reftoient, de divers fupplices proportionnés à la griéveté du crime d'un chacun. Il obligea plus de trente de ceux qui avoient pillé, de fe racheter par des amendes ; & les renvoya chacun chez foi. Après qu'il fut arrivé à l'Occident du mont *Che-lim*, il ordonna qu'on allât ramaffer les armes que les foldats, mourant de faim, avoient été contraints de jetter dans les chemins. Ayant été ramaffées, il commanda à la Cour des Vifirs du Septentrion, de les vifiter, & de les faire rendre à leurs anciens maîtres. Ne pouvant fe réfoudre à faire mourir par la main des bourreaux l'*Y-li-kim*, nommé *Nie-li-kouen*, qui avoit eu part à la confpiration, il lui dit de fe précipiter lui-même ; ce qu'il fit, & mourut. Dans la huitieme lune, étant arrivé dans le palais nommé *Loum-mei-koum*, il fit écarteler vingt-neuf rebelles. Il fit diftribuer leurs femmes & leurs filles aux Officiers qui s'étoient fignalés dans la derniere guerre. Il fit rendre à leurs anciens maîtres les efclaves, les animaux, & les chofes précieufes que les rebelles avoient pillées. Il obligea les familles de ces mêmes rebelles, de payer le prix de celles qui ne fe trouvoient plus en nature, & pour cet effet, il fit enlever aux familles qui étoient infolvables, leurs propres fujets. Dans la neuvieme lune, il partit de *Si-leou*. Dans la dixieme lune, il s'arrêta à *Tche-yai*. Huit jours après, il reçut une ambaffade ; & le tribut des *Hoei-hou* de *Ho-tcheou*. Cinq jours après, il fit mourir deux Seigneurs, qui avoient trempé dans la confpiration. Dans l'onzieme lune, il facrifia au mont *Mou-ye-chan*. A fon retour, il campa dans les monts *Tchao-ou-chan*, & s'informa des mœurs & coutumes des peuples qui y habitoient. Il alla vifiter les vieillards fort avancés en âge, & régla les cérémonies & la forme du gouvernement. Dans la douzieme lune, le jour marqué *Vou-tçe*, il fit un holocauste sur le bord du lac des Nénuphars.

La huitieme année (914) dans la premiere lune, les *Yu-kou-li* amenerent à l'Empereur dix-sept rebelles qu'ils avoient pris. L'Empereur les interrogea lui-même. Par leurs dépositions, ils chargeoient plusieurs Princes du sang ; & il y en avoit parmi les coupables, qui avoient été entraînés par force dans ce parti. L'Empereur se contenta de faire mourir sous le bâton le chef de l'entreprise, nommé *Gho-pou-hou* ; il renvoya tous les autres absous. *Hoa-kha*, fils de *So-lan*, fomentoit depuis long-temps la rébellion dans son cœur. Il s'étoit révolté plusieurs fois, & l'Empereur lui avoit toujours pardonné ; il se trouva encore compris dans la derniere conspiration. L'Empereur fit assembler les anciens du peuple avec tous les Officiers de sa Cour, pour le juger (lui & son pere.) Ils furent condamnés, pere & fils, & exécutés à mort. Cependant les Juges du crime faisoient le procès à plus de trois cents rebelles. Le procès ayant été instruit fut présenté à *Thai-tçou*. *Thai-tçou* faisant réflexion que la vie des hommes est d'un prix inestimable, & que les morts ne reviennent plus à la vie, fit à tous ces coupables un festin qui dura un jour entier, avec la même bonté que s'ils n'eussent rien fait. On y chanta, on y dansa, on y joua des comédies. Le lendemain on y régla les supplices des principaux coupables. *La-kha*, comme auteur de la rébellion, fut déclaré coupable au premier chef, & *Tie-li-kho* au second. *Thai-tçou*, qui les regardoit toujours comme ses freres, ne put se résoudre à les envoyer au supplice. Il se contenta de leur faire donner la bastonnade, après quoi il les fit élargir. Il jugea qu'*Yn-ti-che*, & *Andouan*, qui étoient foibles & sans mérite, n'avoient fait que se laisser conduire par leur frere *La-kha* ; il leur pardonna absolument. *Hiai-li*, fils de *He-ti-li*, ci-devant *Yu-yue*, & *Hia-la*, femme de *La-kha*, avoient eu directement part à la conspiration ; *Thaitçou* les fit étrangler. La femme d'*Yn-ti-che*, nommée *Nie-hie*, avoit été entraînée par force. La femme d'*An-douan*, nommée *Nien-mou-kou*, avoit rendu service à l'Etat, en donnant avis de la premiere conspiration. L'Empereur fit grace à toutes les deux.

En même-temps, il parla de cette sorte à ceux qui se trouvoient présents : ,, Mes freres ne manquent pas d'activité & d'habileté ; mais ils couvent dans leur cœur de pernicieux desseins, & ils se rendent endurcis dans le mal. Ils se vantent de l'emporter en sagesse sur le reste des hommes. L'inhumanité, la dureté, & la cruauté passent pour des vertus dans leur esprit. On peut combler les vallées & les précipices, mais l'ambition & l'avarice ne peuvent se remplir. Ils recherchent avec soin les plus légeres fautes des autres ; & quoiqu'elles soient excusables, elles leur paroissent plus pesantes que les plus hautes montagnes. Pour ce qui est d'eux-mêmes, ils commettent toutes sortes d'injustice ; & quoiqu'ils se précipitent dans les crimes les plus énormes, ils croyent que ces forfaits sont plus légers que des plumes. Ils ne font part de leur confidence & de leur amitié qu'à de la canaille. Ils donnent entrée aux femmes dans leurs conseils. Ils s'entr'aident mutuellement à devenir méchants, & à faire réussir leurs mauvais desseins, qui tendent ouvertement à la ruine de l'Etat. Pouvoient-ils par ces moyens éviter leur perte, quand ils l'auroient voulu ? La femme de *Che-lou*, Visir ou Ministre du Septentrion, nommée *Yu-lou-tou-kou*, étoit attachée à ma personne par le lien le plus étroit de la parenté ; cependant elle s'est jettée tout-à-coup par une horrible ingratitude dans le parti des rebelles ; elle est morte de maladie, avant de subir le supplice qu'elle meritoit ; c'est le Ciel qui l'a punie. *Hiai-li*, dès son bas âge, avoit toujours été élevé avec moi. Nous étions compagnons

de lit & de table. Il n'y a eu aucun Prince de mon sang pour qui j'aye eu tant de bonté & tant d'égards. Nonobstant cela, son pere & lui, par une ingratitude horrible, se sont déclarés pour les rebelles contre moi ; cela étoit-il pardonnable " ?

Le premier jour de la septieme lune, nommé *Pimchin*, la Cour des crimes présenta une liste de plus de trois cents rebelles, avec leurs procès instruits. Ils furent tous exécutés dans la place publique, sur quoi l'Empereur tint ce discours : ,, Est-ce volontairement ,, que j'envoye des gens au supplice ? S'ils n'avoient ,, employé leur trahison qu'à l'égard de ma seule per,, sonne, on pourroit peut-être leur pardonner ; mais ,, ces malheureux se sont abandonnés à toutes sortes ,, de crimes. Ils ont exercé leur cruauté sur mes fi,, deles sujets & sur les gens de bien ; ils ont foulé ,, le peuple aux pieds comme de la boue ; ils ont pillé ,, & ruiné beaucoup de monde. Tel qui parmi le ,, peuple avoit auparavant 10000 chevaux, est obligé ,, d'aller à pied. Jamais rien de semblable n'étoit ar,, rivé à notre Etat depuis sa fondation ; c'est certai,, nement la seule necessité qui me force à leur ôter ,, la vie ". Le premier jour de la douzieme lune nommé *Kia-tçe*, l'Empereur fit rebâtir le nommé *Khai-hoam-tien*, sur les fondements du *Mim-yamleon*, ou de *pavillon du Roi Mim-van*, brûlé par les rebelles.

La neuvieme année, (915) durant le cours de cette année, le Dieu *Kiun-khi-thai-yi-chin*, (cela signifie le *Dieu de la grande unité, fondement des Rois*, c'est le *Dieu de la félicité*,) apparut plusieurs fois. *Thai-tçou* ordonna qu'on le peignît. Cela lui donna occasion de donner aux années suivantes de son regne le titre de *Chin-tçée*, ou de créé par les Dieux.

La premiere année de *Chin-tçée*, (916) *Thai-tçou* reçut le titre glorieux qui lui fut présenté par ses peuples, après l'avoir refusé deux fois. L'onzieme jour de la premiere lune, il fit bâtir à l'Orient de la ville de *Loum-hoa-tcheou*, où il se trouvoit pour lors un temple de terre en terrasse, afin de recevoir ce titre solemnellement. Son titre fut *Ta-chim-ta-mim-tien-hoam-ti* ; ce qui signifie en Chinois, le *céleste Empereur, grand saint, grand sage*. Celui de l'Impératrice fut *Ym-tienta-mim-ti-hoam-heou* ; ce qui signifie la *terrestre Impératrice, répondante au Ciel & d'une grande sagesse*. L'Empereur publia une amnistie générale, & commença à donner aux années de son regne le titre de *Chintçée*. Il créa son fils, nommé *Pei*, héritier de l'Empire. Dans la septieme lune, il marcha contre les *Tou-kiue*, les *Tham-kiam*, les *Siao-fan*, les *Cha-to*, & autres Tartares occidentaux, & les subjugua tous. Il fit captifs leurs Chefs avec quinze mille six cents des principales familles, & enleva plus de neuf cents mille pieces d'armes & d'habits, avec une infinité de choses précieuses. Les chevaux, chameaux, bœufs & moutons qu'il leur enleva, étoient innombrables. A son retour, il prit le Vice-Empereur Chinois de *So-tcheou*. En tirant vers l'Orient, il força cinq villes dans le Septentrion de la Chine, où il fit couper quatorze mille sept cents têtes, & se rendit maître de tout ce qui est au Septentrion de ce pays.

La seconde année de *Chin-tçée*, (917) un Commandant Chinois, après avoir tué son Vice-Empereur, vint se rendre à *Thai-tçou*, qui le reçut, & alla ensuite attaquer la ville du Vice-Empereur, & la força. Il vint assiéger *Yeou-tcheou*, aujourd'hui *Pe-kim*. Il livra bataille aux Chinois, qu'il défit à l'Orient de la ville de *Sin-tcheou*, & en tua plus de trente mille. Dans la quatrieme lune, il assiégea *Yeou-tcheou*, qu'il ne put prendre.

La troisieme année de *Chin-tçée* (918), il créa *An-douan*, son frere cadet, *Ti-yn*, ou Grand-Maître du Palais Impérial, & lui ordonna de faire le siege de *Yun-tcheou*, ville de la Chine, & de porter de-là la
guerre

guerre aux peuples du Sud-Ouest. Dans la seconde lune, le Royaume des *Ta-tan*, (peut-être Tartares proprement dits) envoya une ambassade apporter son tribut. *Thai-tçou* fit bâtir la ville impériale, ou bien *Hoam-tou*, c'est-à-dire en Chinois, l'*auguste Cour*. L'Empereur & les Rois de Chine, les Royaumes de *Po-hai*, de la *Corée*, des *Hoei-hou*, des *Tçou-pou*, des *Tham-kiam*, & le Vice-Empereur de la Province de *Pe-tche-li*, envoyerent des ambassades avec leurs tributs. Dans la quatrieme lune, *Thie-lie-kho*, frere cadet de *Thai-tçou*, tramoit une conspiration; elle fut découverte. Se sentant coupable, il fortifia son camp, & l'entoura de fossés. Toute la famille Impériale demanda sa grace. *Thai-tçou* haïssoit *Nie-li-kouen*, femme de son frere cadet, nommé *Yn-ti-tche*. „ Je „ lui ferai grace, répondit l'Empereur, pourvu que „ *Nie-li-kouen* veuille mourir en sa place". *Nie-li-kouen* accepta le parti; elle s'étrangla. *Thai-tçou* la fit enterrer dans les fossés. Il fit aussi enterrer tout vivants avec elle plusieurs de ceux qui avoient trempé dans la conjuration; après quoi il pardonna à *Thie-lie-kho*. Dans la cinquieme lune, il ordonna par un édit solemnel, qu'on érigeât un temple à *Koum-fucius*, un autre au *Fo*, Auteur de la Religion des Bonzes *Ho-cham*, & un troisieme à l'Auteur de la secte des Bonzes *Tao-sse*.

La quatrieme année de *Chin-tçée* (919) dans la huitieme lune, le jour nommé *Tim-yeou*, il alla en personne au temple de *Koum-fucius*. Il envoya l'Impératrice & le Prince héritier de l'Empire, rendre les mêmes honneurs, l'un au temple de la secte des Bonzes *Ho-cham*, l'autre à celui des Bonzes *Tao-sse*. Dans la neuvieme lune, il alla faire la guerre à l'horde des *Ou-kou*. Ayant appris en chemin la maladie de sa mere, il fit soixante lieues en un jour, pour venir la servir. Il retourna à l'armée aussi-tôt qu'elle fut guérie. Dans la dixieme lune, il arriva dans le pays des *Ou-kou*. Les vents furieux & les neiges abondantes arrêtoient son armée. *Thai-tçou* fit des vœux au Ciel; à l'instant le ciel devint serein. Il donna le commandement de l'avant-garde au Prince héritier de l'Empire; l'ennemi fut défait. On fit quatorze mille deux cents captifs, & on enleva plus de deux cents mille pieces de bétail, de tentes & d'armes; après quoi l'horde entiere vint se soumettre.

La cinquieme année de *Chin-tçée* (920) dans la premiere lune, *Thai-tçou* ordonna qu'on inventât des lettres à l'usage de la nation des *Khi-tan*: (les Chinois lui en inventerent.) Le 14 de la neuvieme lune, les grandes lettres à l'usage des *Khi-tan* furent achevées; il en ordonna l'usage par un édit solemnel.

La sixieme année de *Chin-tçée* (921) dans la premiere lune, il créa deux de ses freres cadets, *Tçai-siam*, ou *Visirs*, l'un du Nord, l'autre du Sud. Le premier jour de la cinquieme lune, il publia le Code de ses loix, & détermina les rangs, & les dignités. Le premier jour de la sixieme lune, nommé *Yi-mao*, le soleil s'éclipsa. Dans l'onzieme lune *Thai-tçou*, entra dans la Province de *Pe-tche-li*, où il enleva plus de dix villes aux Chinois, & en fit transporter les habitants dans son Pays. Dans la douzieme lune, son armée fut battue par les Chinois; il se retira.

La premiere année de *Thien-tçan* (922) dans la seconde lune, il entra dans la Province de *Yeou-tcheou*, (ou du *Pe-kim* d'aujourd'hui.) Il changea le titre des années de son regne. Dans la quatrieme lune, il emporta d'assaut la ville de *Ki-tcheou*; il prit pareillement *Che-tcheou*.

La seconde année de *Thien-tçan* (923) *Yao-khou*, second fils de *Thai-tçou*, & Généralissime de ses armées, força la ville de *Pim-tcheou*. Dans la troisieme lune, *Thai-tçou* dompta les *Hii* révoltés. Il fit tuer à coup de fleches des mânes, trois cents des principaux, & fit jetter leurs corps dans la riviere. Il or-

donna à *Yao-khou* de faire le siege de *Yeou-tcheou*, (le *Pe-kim* d'aujourd'hui.) Il envoya une autre armée dans la Province de *Chansi*. Les Chinois présenterent la bataille à *Yao-khou*, qui les défit, & força les villes voisines. Dans la seconde quatrieme lune qui étoit intercallaire, *Yao-khou* força *Pe-pim* à se rendre: (c'est *Yeou-tcheou*, aujourd'hui *Pe-kim*.) Ce même mois, *Li-tçun-hiu*, Roi de *Tçin*, se fit proclamer *Hoam-ti*, ou Empereur de Chine, & donna le nom de *Tham* à sa Dynastie. Dans la cinquieme lune, *Yao-khou* fut de retour de son expédition. L'armée reçut les récompenses que ses services méritoient. Dans la sixieme lune, le Royaume de *Po-sse*, ou de Perse, envoya payer tribut. Le premier jour de la dixieme lune, nommé *Sin-vei*, le soleil s'éclipsa. Le neuvieme de la même lune, la Dynastie Chinoise des *Tham* (postérieurs,) éteignit celle des *Leam* (postérieurs.)

La troisieme année de *Thien-tçan* (924) dans la premiere lune, *Thai-tçou* envoya une armée faire le dégât dans la partie méridionale du Royaume de *Yen*; (c'est *Yeou-tcheou*, ou la Province de *Pe-kim* d'aujourd'hui.) Dans la cinquieme lune, il transporta les habitants de la ville de *Ki-tcheou*, ville de la même Province, à *Leao-tcheou*. Les *Po-hai* tuerent leur Vice-Roi *Khi-tan*. Dans la sixieme lune, le jour nommé *Yi-yeou*, il convoqua l'Impératrice, le Prince héritier, le Généralissime de toutes ses armées, les deux Visirs, & tous les Chefs des Tartares, & leur tint ce discours. „ Le Ciel qui est au-dessus de nos têtes, „ nous observe d'en-haut; ses bienfaits se répandent „ sur tous les peuples. A peine en dix mille ans trouve- „ t-on un saint maître, & un Roi sage. Comme d'un „ côté il a été créé par le Ciel, & que de l'autre, „ il gouverne tous les vivants; il ne fait aucune guerre, „ & ne forme aucune entreprise, que sous le bon plai- „ sir du Ciel. C'est pourquoi il tire de son fonds ses „ desseins. Il prend, ou laisse en Dieu; ses ordres sont „ religieusement exécutés. Il gagne les cœurs des hom- „ mes. De cette sorte ceux qui sont dans l'erreur re- „ tournent à la vérité; & tous, aussi-bien ceux qui „ sont éloignés de lui que ceux qui l'approchent, „ sont exempts de vices. Alors on peut dire de ce „ Roi, que sa grandeur d'ame peut contenir les mers, „ & que sa constance peut affermir les montagnes. „ Depuis que je travaille à former notre Empire, & „ que je suis devenu le pere de l'univers, j'ai établi „ des réglemens sûrs; après cela mes successeurs au- „ ront-ils sujet de s'inquiéter sur le Gouvernement? „ La durée, l'élévation & l'abaissement des Empires „ ont leurs termes marqués. Leur conservation pour- „ tant & leur destruction dépend aussi des Princes qui „ les gouvernent. Les expéditions heureuses, & les „ occasions favorables, doivent également s'accorder „ avec le Ciel & avec les hommes. Parmi tous les „ Rois de l'univers, s'en est-il jamais trouvé aucun qui „ ait pu changer de corps, & devenir immortel? J'ai „ un lieu où dans trois ans, en l'année nommée *Pim-* „ *su*, au commencement de l'automne, il faut abso- „ lument que je retourne: (il disoit cela l'an 924, „ nommée *Kia-chin*; ainsi cette année nommée *Pim-* „ *su* étoit 926.) Il me reste seulement deux affaires „ à finir; puis-je manquer à les terminer? Le temps „ est court; je dois redoubler, à cet effet, mon at- „ tention & ma diligence".

Tous ceux qui assisterent à cette harangue en furent effrayés, & tremblerent. Ils ne savoient ce que cela vouloit dire. Le même jour il ordonna de grands préparatifs pour aller porter la guerre dans la Tartarie Occidentale. Il laissa le gouvernement de l'Empire au *Hoam-thai-tçe*, (ce qui signifie en Chinois, l'*Auguste très-grand fils*; ils donnent ce titre à celui des fils de l'Empereur, qui a été solemnellement déclaré successeur de l'Empire.) Il marqua *Yao-kou* son frere puîné, & Généralissime de ses armées, pour l'accompagner dans son expédition. Dans la septieme lune, le jour nommé *Sin-hai*, *Ho-la*, & autres Commandants, attaquerent les hordes Tartares qui font à l'Orient des monts *So-kouen-no*, & les défirent. Dans la huitieme lune, le jour nommé *Yi-yeou*, l'Empereur arriva au mont *Ou-khou*; là il facrifia des oies au Ciel. Le jour nommé *Kia-ou*, il arriva à l'ancien Royaume des *Tcben-yu*; là il monta fur la montagne, nommée *A-li-tien-ya-to-ffe*, où il facrifia un cerf d'une efpece extraordinaire. Le premier jour de la neuvieme lune, nommé *Pim-chim*, il campa auprès de l'ancienne ville des *Hoei-hou*; là il fit ériger un monument de marbre, fur lequel il fit graver fes victoires. Le cinquieme jour de la même lune, nommé *Kem-tçe*, il adora le foleil dans la forêt de *Thai-lim*. Le jour nommé *Pim-ou*, l'onzieme de la neuvieme lune, il envoya une armée contre les *Tçou-pou*. Il donna deux corps d'armée, l'un au *Tçai-fiam* du Midi, l'autre à un *Y-li-kin*, pour aller ravager les pays du Sud-Oueft. Le vingtieme jour, nommé *Y-mao*, ces deux armées revinrent, & préfenterent à l'Empereur les captifs qu'elles avoient faits. L'Empereur fit tirer un canal de la riviere nommée *Kin-ho-choui*. Il fit charger des charettes de cette eau, & des pierres du mont *Ou-chan*, & les fit tranfporter dans fon pays. Il les plaça fur les bords du *Hoam-ho*, dans le mont *Mou-ye*, pour fervir de monument à la poftérité, & lui faire connoître que les fleuves & les montagnes étoient venus lui rendre hommage, comme les fleuves font à la mer, & les montagnes ordinaires aux grandes. Le vingt-huitieme de la neuvieme lune, nommé *Kouei-hai*, le Royaume de *Ta-che*, c'eft-à-dire, d'*Arabie*, envoya payer tribut à l'Empereur dans fon camp. Le lendemain vingt-neuvieme, nommé *Kia-tçe*, l'Empereur ordonna qu'on repolît l'ancien monument de *Pi-gha-khan*, Empereur des Tartares, & qu'on y gravât en caractères des *Khi-tan*, des *Tou-kiue*, & des Chinois, une infcription qui contînt le détail de fes belles actions. Dans ce mois, il défit & fubjugua les Barbares qui habitoient les monts *Hou-mou-ffe*. Il campa au pied des monts *Ye-te-ffa*, où il facrifia un bœuf rouge au Ciel, & un cheval noir à la terre. Le Roi des *Hoei-hou*, nommé *Pa-li*, vint au camp payer fon tribut. Le premier jour de la dixieme lune, nommé *Pim-yn*, l'Empereur chaffa dans les monts *Yu-lo*. Il prit plufieurs milliers de bêtes fauves, qui fervirent de rafraîchiffement à l'armée. Le fecond jour de la dixieme lune, l'Empereur campa au mont *Pa-li-ffe*. De-là il envoya une armée qui ayant traverfé les fables mouvans ou coulants, força la ville de *Fou-thou*, & affujettit toutes les hordes des confins Occidentaux. Le premier jour de l'onzieme lune, nommé *Yi-vei*, l'Empereur prit *Pi-li-gho*, qui étoit *Tou-tou* des *Hoei-hou* de *Kan-tcheou*. Il prit de-là occafion d'envoyer des Députés à leur *Khan* nommé *Ou-mou-tchu*. (Voyez ce que j'ai dit ci-deffus (*) touchant *Ye-lu-ta-che*, où le précis de la lettre, que portoient ces Députés, eft rapporté.) Il alla à la chaffe des tigres dans les monts *Ou-la-ye-li*, & pouffa jufqu'au mont *Pa-che*. Durant l'efpace de foixante lieues, l'armée marcha en chaffant, & eut tous les jours de nouveaux rafraîchiffements de venaifon.

La quatrieme année de *Thien-tçan* (925) dans la premiere lune, le jour nommé *Gin-yn*, il envoya des couriers à l'Impératrice & au *Hoam-thai-tçe*, pour leur porter la nouvelle de fes victoires. Dans la feconde lune, le jour nommé *Pym-yn*, le Généraliffime *Yao-khou* alla faire le dégat fur les terres des *Tham-kiam*. Le jour nommé *Tim-mao*, l'Impératrice envoya *Kham-mo-ta* demander des nouvelles de la fanté de l'Empereur, & lui porter des habits & des rafraîchiffements. Le jour nommé *Yi-hai*, le Seigneur, nommé *Siao-a-kou-tche*, fut envoyé faire le dégat dans les Provinces de Chine, nommées *Pe-tche-li*

(*) Page 11 & fuiv.

& *Chanfi*; il en revint chargé de butin. Le jour nommé *Sin-mao*, le Généraliffime *Yao-khou* préfenta les *Tham-kiam* qu'il avoit fait captifs. Dans la troifieme lune, le jour nommé *Pim-chin*, l'Empereur fit un feftin à fon armée dans les monts *Choui-tçimchan*. Dans la quatrieme lune, le jour marqué *Kia-tçe*, il attaqua vers le midi les *Siao-fan*, & les affujettit. L'Impératrice & le *Hoam-thai-tçe* vinrent trouver l'Empereur fur le bord de la riviere de *Tcha-li*. Le jour nommé *Kouei-yeou*, le Khan des *Hoei-hou*, nommé *Ou-mou-tchu*, envoya des Ambaffadeurs à l'Empereur payer tribut. Dans la cinquieme lune, le jour nommé *Kia-yn*, l'Empereur paffa les chaleurs de l'été au Septentrion du pays des *Che-ouei*. Dans la neuvieme lune, le jour marqué *Kouei-ffe*, l'Empereur fut de retour de fon expédition Occidentale. Dans la dixieme lune, le jour marqué *Tim-mao*, l'Empereur Chinois des *Tham* poftérieurs, envoya donner avis à l'Empereur par une ambaffade, comme il avoit éteint la Dynaftie des *Leam* poftérieurs. Le jour nommé *Kem-tchin*, le Japon envoya des Ambaffadeurs payer tribut. Le jour marqué *Sin-mao*, la Corée en fit autant. Dans l'onzieme lune, le jour, nommé *Tim-yeou*, l'Empereur alla au temple des Bonzes *Ho-cham*, nommé *Ghan-koue-ffe*, où il traita les Bonzes, & donna amniftie aux prifonniers de fa Cour. Il donna la liberté aux vautours & aux faucons de fa vénerie. Le jour nommé *Ki-yeou*, le Royaume de *Sin-lo* (il faifoit alors partie de la *Corée*) envoya payer tribut.

Dans la douzieme lune, le jour nommé *Ty-hai*, l'Empereur parla de cette forte en public : „ J'ai enfin „ terminé une des deux affaires dont je vous avois parlé „ auparavant. Refte maintenant à venger l'affront que „ nous avons reçu des *Po-hai*; (Ils avoient tué, „ comme on a vu, le Vice-Roi *Khitan* qui les gou- „ vernoit :) me puis-je donc tenir en repos avant de „ les avoir punis" ? Auffi-tôt il marcha en perfonne à la tête de fon armée, pour aller faire la guerre à *Yn-tchouen*, Roi de *Po-hai*. L'Impératrice, le *Hoam-thai-tçe* & le Généraliffime *Yao-khou* accompagnerent l'Empereur dans cette expédition. La feconde douzieme lune, & conféquemment intercallaire, le jour nommé *Gin-tchin*, l'Empereur facrifia au mont *Mou-ye*. Le jour nommé *Gin-yn*, il facrifia au Ciel un bœuf noir, & à la terre un cheval blanc. Ce facrifice fut fait dans le mont *Ou-chan*. Le jour nommé *Ki-yeou*, l'Empereur campa au pied du mont *Sa-kha*, où il fit mourir un criminel à coup de fleches des mânes. Le jour nommé *Tim-fé*, il arriva au mont *Cham-lim*. Durant la nuit, il fit inveftir *Fou-yu*, ville de *Po-hai*. *Po-hai* étoit un puiffant Royaume, formé fur le modele de la Chine ; il avoit la *Corée* au Midi, la mer à l'Orient, le fleuve *Ya-mour* au Nord, & les *Khi-tan* à l'Occident.

La premiere année de *Thien-hien*, & la cinquieme de *Thien-tçan*, (car il ne prit le titre de *Thien-hien* que dans la feconde lune de cette année, ce qu'il eft à propos de remarquer ici pour entendre les tables chronologiques, qui marquent fouvent les mêmes années fous des titres différents. Cette année donc 926,) dans la premiere lune, le jour nommé *Ki-vei*, une vapeur blanche traverfoit le foleil. Le jour nommé *Kem-chin*, la ville de *Fou-yu* fut prife. L'Empereur punit de mort les Officiers qui en commandoient la garnifon. Le jour nommé *Pim-yn*, il donna dix mille chevaux à commander à *An-douan*, Grand-Maître, ou *Ty-yn* du palais, à *Sio-a-khou-tche*, ci-devant Vifir, ou *Tçai-fiam* du Septentrion, & à d'autres Officiers pour fervir d'avant-garde à l'armée. Cette avant-garde rencontra l'armée des *Po-hai*, commandée par leur ancien Vifir; elle la mit en déroute. Le *Hoam-thai-tçe*, le Généraliffime *Yao-khou*, & les Généraux affiégerent la même nuit la ville de *Hhou-hhan*. Le jour nommé *Ki-ffe*, le Roi de *Po-hai*, nommé *Yn-tchouen*, capitula. Le jour nommé *Kem-ou*, l'Empereur campa au Midi de la ville *Hhou-hhan*. Le jour nommé *Sin-vei*, le Roi des *Po-hai*, vêtu d'un habit blanc & simple, tenant en lesse un mouton avec une corde de paille, sortit de la ville à la tête de plus de trois cents de ses principaux Officiers, & vint se rendre à l'Empereur. L'Empereur lui fit de grands honneurs, & lui donna la liberté. Le jour nommé *Kia-su*, il envoya ses ordres dans toutes les villes de *Po-hai*. Le jour nommé *Pim-tçe*, l'Empereur ordonna à un Gentilhomme de sa chambre, nommé *Kham-mo-ta*, & à douze autres, d'aller dans la ville faire une recherche exacte des armes qui y étoient; ils furent tués par les batteurs d'estrade. Le jour nommé *Thim-tcheou*, le Roi *Yn-tchouen* reprit les armes, & se révolta. La ville fut forcée; l'Empereur y entra; *Yn-tchouen* vint demander pardon de sa faute. L'Empereur lui donna des gardes à lui & à toute sa famille, & le fit sortir de la ville. L'Empereur rendit grace au Ciel & à la terre, par des sacrifices; après quoi il retourna dans son camp.

Dans la seconde lune, le jour nommé *Kem-yn*, tous les Gouverneurs des villes & des Provinces du *Po-hai* vinrent rendre hommage à l'Empereur, qui les renvoya, après les avoir reçus avec toutes les marques d'une bonté singuliere. Il fit distribuer à ses troupes les dépouilles de l'ennemi. Le jour nommé *Gin-tchin*, il sacrifia au Ciel un bœuf noir, & un cheval blanc à la terre. Il publia une amnistie générale, & changea le titre de ses années en celui de *Thien-hien*. Il envoya des Ambassadeurs à l'Empereur Chinois des *Tham* postérieurs, pour lui donner part de l'heureux succès de son entreprise. Le jour nommé *Kia-ou*, il rentra dans la ville de *Hhou-hhan*, où il fit la visites des trésors & des arsenaux. Il fit des libéralités de ce qui s'y trouva, à toute sa suite, & comme le Chef des *Hii* lui avoit rendu de grands services dans son expédition Occidentale, il lui en donna la meilleure part. Le jour nommé *Pim-ou*, l'Empereur changea le nom du Royaume de *Po-hai*, & lui donna celui de *Toum-tan*. Il changea pareillement le nom de la ville de *Hhou-hhan* en celui de *Thien-fou*, (c'est-à-dire, en Chinois, de *céleste félicité*.) Il créa le *Hoam-thai-tçe* Roi, sous le titre de *Gin-hoam-vam*, (c'est-à-dire, en Chinois, *auguste Roi des hommes*,) & lui donna le Royaume de *Toum-tan* à gouverner. Il lui assigna pour premier *Tçai-siam*, son frere cadet, nommé *Thie-la*, & oncle conséquemment de *Gin-hoam-vam*, & pour second *Tçai-siam*, celui du Roi de *Po-hai*, qui l'étoit avant la destruction du Royaume; il lui assigna encore d'autres Officiers. Il publia une amnistie générale dans tout le Royaume de *Po-hai*. Le jour nommé *Tim-vei*, les *Coreans*, les *Ouei-me*, les *Thie-li* & les *Mo-ho*, (qui sont tous sur la mer Orientale,) vinrent payer tribut. Dans la troisieme lune, le jour nommé *Vou-ou*, l'Empereur envoya une armée assiéger la ville de *Tcham-lim-fou* dans le *Po-hai*. Le jour nommé *Kia-tçe*, il sacrifia au Ciel. Le jour nommé *Tim-mao*, il alla visiter le Roi *Gin-hoam-vam* dans son palais. Le jour nommé *Ki-sse*, trois grandes cités du Royaume de *Po-hai* se rébellerent. L'Empereur envoya *An-douan*, qui ne tarda pas à les réduire. Le jour nommé *Tim-tcheou*, les trois villes révoltées furent réduites. Le jour nommé *Gin-ou*, les captifs des trois villes furent présentés par *An-douan*. L'Empereur se contenta de faire mourir le Commandant d'une de ces villes. Le jour nommé *Kouei-vei*, l'Empereur fit un festin à tous les Officiers du Royaume de *Toum-tan*, & leur fit distribuer des récompenses suivant leurs mérites. Le jour nommé *Kia-chin*, l'Empereur entra dans la ville de *Thien-fou*, (ou de *Hhou-hhan*, capitale du *Po-hai*.) Le jour nommé *Yi-yeou*, il ramena son armée avec le Roi de *Po-hai*, & toute sa famille. Le premier jour de la quatrieme lune, nommé *Tim-hai*, l'Empereur ar-

riva au mont *Sa-tçe-chan*. Le jour nommé *Sin-mao*, le Roi *Gim-hoam-vam* vint avec tous les Officiers du Royaume de *Toum-tan*, prendre congé de l'Empereur. Dans ce mois, *Li-sse-yuen*, fils adoptif de l'Empereur Chinois, se révolta contre son pere; *Kouo-tçe-hien* tua l'Empereur, & *Li-sse-yuen* prit sa place.

Dans la cinquieme lune, le jour nommé *Sin-yeou*, deux Cités de *Toum-tan* se révolterent. Le Généralissime *Yao-khou* alla les réduire. Dans la sixieme lune, le jour nommé *Tim-yeou*, les deux villes révoltées furent reprises. Le jour nommé *Pim-ou*, l'Empereur campa à *Tçim-tcheou*. Dans la septieme lune, le jour nommé *Pim-tchin*, le Vice-Roi de *Thie-tcheou* se révolta. Le jour nommé *Yi-tcheou*, le Généralissime *Yao-khou* força *Thie-tcheou*. Le jour nommé *Kem-ou*, le premier Visir de *Toum-tan*, nommé *Thie-la*, mourut. Le jour nommé *Sin-vei*, l'Empereur envoya *Yn-tchouen*, Roi de *Po-hai*, sous bonne garde à *Hoam-tou*, (c'est-à-dire, en Chinois, à son auguste Cour.) Il lui fit bâtir une ville à l'Occident de *Hoam-tou*, où il demeura. Il donna à *Yn-tchouen* le nom d'*Ou-lou-kou*, (c'est le nom du cheval que montoit l'Empereur,) & à la Reine sa femme celui d'*A-li-tche*, (c'est le nom du cheval que montoit l'Impératrice, quand il vint se rendre.) Le jour nommé *Kia-su*, l'Empereur arriva à la ville de *Fou-yu*; il se trouva incommodé. La nuit suivante, une grande étoile tomba au-devant de sa tente. Le jour nommé *Sin-sé*, au lever du soleil, on vit sur la forteresse un dragon de couleur jaune, qui l'entouroit; il pouvoit avoir un *Li* (*) de long. La lumiere qu'il répandoit, éblouissoit les yeux. Il se détacha, & entra dans le palais où logeoit l'Empereur. Une vapeur bleuâtre couvrit le ciel durant un jour entier; ce jour-là même l'Empereur mourut. Il étoit âgé de cinquante-cinq ans. Alors on comprit ce qu'avoit voulu dire l'Empereur, quand trois ans auparavant, c'est-à-dire, la troisieme année de *Thien-içan*, il tint ce discours aux siens : „ J'ai un „ lieu où, dans trois ans, en l'année nommée *Pim-su*, „ au commencement de l'automne, il faut absolu- „ ment que je retourne".

Le jour nommé *Gin-ou*, l'Impératrice prit les rênes du gouvernement & le commandement des armées. Dans la huitieme lune, le jour nommé *Sin-mao*, la ville de *Tcham-lim-fou* se révolta. Les *Khitan* attaquerent & forcerent *Tcham-lim-fou*, ville de *Po-hai*. Le jour nommé *Kia-ou*, l'Impératrice partit de *Fou-yu-fou* avec le corps de l'Empereur, & prit sa route vers l'Occident. Le jour nommé *Gin-yn*, le Généralissime *Yao-khou* soumit les villes rebelles de *Po-hai*; après quoi il vint à toute bride trouver l'Impératrice. Le jour nommé *Yi-sse*, le Roi *Gim-hoam-vam* succéda à *Thai-tçou*. Dans la neuvieme lune, le jour nommé *Tim-mao*, le corps de l'Empereur arriva à *Hoam-tou*. Il fut enterré par *interim* au Nord-Ouest de la forteresse. Le jour nommé *Ki-sse*, on donna à l'Empereur mort le titre Chinois de *Chim-thien-hoamti*, c'est-à-dire, l'*Empereur qui est monté au Ciel*, & pour titre d'apothéose, celui de *Thai-tçou*, ce qui signifie en Chinois, le *très-grand aïeul & fondateur de la Dynastie*. Dans la dixieme lune, le Vice-Roi de *Lou-loum* nommé *Lou-koue-youm*, se révolta, & se livra à l'Empereur de Chine. Dans l'onzieme lune, le jour nommé *Pim-yn*, l'Impératrice fit tuer plusieurs Grands. La seconde année de *Thien-hien*, dans la huitieme lune, le jour nommé *Tim-yeou*, le corps de *Thai-tçou-hoamti* fut enterré dans la sépulture dite, à cause de cela, *Tçou-lim*, c'est-à-dire, le *sépulcre de Thai-tçou*. On y établit un Vice-Roi, pour avoir soin du sépulcre. Le palais où *Thai-tçou* mourut en voyage, étoit situé au Sud-Ouest de la ville de *Fou-yu-fou* entre deux rivieres. Dans la suite, on y bâtit un véritable palais sous le nom de

---

(*) 300 pas géométriques.

Chim-thien-tien, ou de *palais de celui qui eſt monté au Ciel*, & l'on donna à *Fou-yu-fou*, le titre de *Hoam-loum-fou*, ou de *ville du premier ordre du dragon jaune*, à cauſe du dragon de cette couleur qui y parut le jour de la mort de *Thai-tçou*.

SENTIMENT DES HISTORIENS.

Les *Leao* tirent leur origine de *Chin-noum*, qui commença à régner en Chine 2819 ans avant l'Ere Chrétienne. Depuis cet Empereur, on ne connoît aucun Prince de cette famille plus ancien que l'Empereur *Khi-cheou-khan*. Celui-ci naquit dans le mont *Tou-ghan-chan*, d'où il vint dans la ſuite s'établir ſur les bords de la riviere de *Hoam-ho*. Le Prince *Ya-li* fut un de ſes deſcendants. *Ya-li* fit des loix & des réglements : il diſtribua les charges de l'Etat à des Officiers. Il fit graver des marques ſur des planchettes de bois, pour aſſurer la foi publique, & bâtir des maiſons en creuſant la terre. Enfin, il céda l'Empire à *Tçou-gou-khan*, refuſant de le prendre pour lui-même. *Ya-li* fut pere de *Pii-thie*. *Pii-thie* fut pere de *Khai-lim*. *Khai-lim* fut pere de *Neou-li-ſſe*. *Neou-li-ſſe* eut une grande étendue de génie & peu de cupidité; il convertit les peuples, ſans employer à cela la ſévérité. On lui a donné le titre de *Sou-tçou*. *Sou-tçou* eut pour fils *Sa-la-te*, qui montra une force & un courage extraordinaires dans la guerre qu'il fit aux *Che-ouei*. Les Empereurs des *Leao* lui ont conféré le titre de *Yi-tçou* long-temps après ſa mort. *Yi-tçou* engendra *Kiun-te*, qui le premier enſeigna aux ſiens l'art du labourage & la maniere d'élever des animaux, par où il procura l'abondance aux *Khi-tan*. On lui a donné le titre de *Hiuen-tçou*. *Hiuen-tçou* fut pere de *Sa-la-tii*. *Sa-la-tii* fut plein de charité envers les peuples, & grand ménager: Il fit faire des forges de fer, & apprit le premier aux ſiens l'art de fondre le fer. C'eſt lui à qui les Empereurs ont donné le titre de *Te-tçou*, & qui fut le pere de *Thai-tçou*. Tous ces Princes avoient poſſédé héréditairement la dignité d'*Yi-li-kin*, tandis que la famille de *Yao-nien* avoit régné ſur les *Khi-tan*, (c'eſt-à-dire, depuis *Tçou-gou-khan*.) Ils avoient la principale intendance du Gouvernement. Le frere cadet de *Te-tçou*, oncle paternel de *Thai-tçou*, nommé *Chu-lan*, porta la guerre au Septentrion contre les *Che-ouei*, & les *Yu-kiue*; il dompta au Midi les *Hii* & les *Sii*. Il fut le premier qui bâtit des villes, & qui enſeigna au peuple à planter des mûriers & du chanvre, pour en faire des pieces de ſoie & de toile. Il avoit déja formé le deſſein d'étendre ſes Etats, & de multiplier ſes ſujets, lorſque le dernier *Khan* de la famille de *Yao-nien* laiſſa en mourant ſes Etats à *Thai-tçou*. *Thai-tçou*, après avoir affermi ſon propre Etat, porta la guerre à l'Orient & à l'Occident. Il en ſubjugua tous les peuples avec la même vîteſſe que l'on romproit une corde pourrie, ou que l'on briſeroit un bois ſec. A l'Orient, il borna ſes Etats par la mer, & à l'Occident par les ſables mouvans. Vers le Septentrion, il les étendit bien loin au-delà du grand déſert des ſables. Certainement il a porté de tous côtés la terreur de ſon nom à mille lieues loin. Si donc la Dynaſtie qu'il a fondée a duré deux cents ans, cela a-t-il été l'ouvrage d'un jour? *Tcheou-koum*, un des plus grands Saints de la Chine, a autrefois puni du dernier ſupplice deux de ſes freres qui s'étoient révoltés contre lui, ſans que perſonne ait jamais pu y trouver à redire. *Thai-tçou* a non-ſeulement donné la vie aux ſiens qui étoient coupables d'un pareil crime, mais encore il leur a conſervé leurs dignités & leurs emplois. N'étoit-ce pas-là avoir une grandeur d'ame vraiment royale? Sans doute, que ſa mort, qui arriva à *Fou-yu* ſubitement, telle que la rapportent les Hiſtoriens contemporains, a eu quelque choſe d'extraordinaire.

Il faut ajouter ce que les Hiſtoriens omettent ici & diſent dans les vies des Impératrices. *Thai-tçou* eut pour mere *Siao-yen-mou*, femme légitime de *Te-tçou*, & fille de *Tii-la*, Viſir de l'Empire des *Khi-tan* ſous *Hen-te-khin*, dernier *Khan* de cette nation & de la famille de *Yao-nien*; elle eut de ſon mari ſix enfants. Le premier, *Thai-tçou*; le ſecond, *La-kha*; le troiſieme, *Thie-la*; le quatreme, *Yn-ti-che*; le cinquieme, *An-douan*; le ſixieme, nommé *Sou*. *Thai-tçou* épouſa *Chu-lu*, laquelle étoit *Hoei-hou* d'origine, & deſcendoit de *Ju-ſſe Hoei-hou*, qui s'étoit établi parmi les *Khi-tan*. Elle le fit pere de quatre enfants mâles, le premier, *Pei*; le ſecond, *Thai-tçoum* qui fut Empereur après *Thai-tçou*; le troiſieme, *Li-hou*; le quatrieme, *Ya-li-kouo*. C'étoit une matrône grave, ſage, ferme, réſolue, brave, & d'un bon conſeil. Elle ſervit beaucoup à ſon mari dans toutes ſes affaires. Elle fit la guerre à *Thai-tçoum*, qui avoit pris poſſeſſion de l'Empire au préjudice de ſes autres enfants, & ſans ſa participation. Elle l'obligea à ſe ſoumettre, & lui accorda l'Empire. Après avoir porté le corps de ſon mari au lieu de ſa ſépulture, elle réſolut de ſe défaire elle-même pour le ſuivre; mais toute la famille Royale & les Grands de l'Empire s'y étant oppoſés, elle ſe coupa la main droite, & la fit enfermer dans le cercueil de ſon mari. Dans une aſſemblée générale qui ſe tenoit au confluent des rivieres de *Leao-ho* & de *Thou-ho*, il parut une fille montée ſur un char, traîné par des bœufs noirs; elle ſe trouva ſurpriſe, s'écarta du chemin, & diſparut auſſi-tôt. Peu de temps après, une troupe d'enfants fit cette chanſon: *La matrône aux bœufs noirs a cédé le pas à l'Impératrice.* Sur quoi il eſt à remarquer que les *Khi-tan* donnoient à Cybele, ou à la Déeſſe de la terre, le titre de *Matrône aux bœufs noirs*. Auſſi quand *Thai-tçou* eut été proclamé Empereur, on donna à l'Impératrice le titre de *Ti-hoam-heou*, qui ſignifie en Chinois, l'*Impératrice terreſtre, ou de la terre*.

THAI-TÇOUM.

Thai-tçoum étoit le ſecond fils de *Thai-tçou*. Il naquit l'an 902. Une lumiere divine parut à ſa naiſſance; (car la naiſſance des Héros chez ces nations eſt toujours accompagnée de faux miracles, ou de vains prodiges.) Les chaſſeurs prirent en ce même temps-là un cerf blanc, & un épervier blanc; ce qui étoit d'un heureux augure. Quand il fut parvenu à l'âge viril, il eut le viſage long, grave & ſévere; cependant il étoit d'un naturel indulgent & charitable. Il ſervit beaucoup à ſon pere dans le gouvernement de l'Etat & des armées. Il l'accompagna dans toutes ſes expéditions, & eut par-tout la principale part aux ſuccès; ce qui fit que *Thai-tçou* le deſtina à l'Empire, quoiqu'il eût déja nommé ſon fils aîné, qui s'appelloit *Pei*, héritier de ſes Etats.

La ſeconde année de *Thien-hien* (927), les obſeques de *Thai-tçou* étant finis, *Gin-hoam-vam*, ſurnommé *Pei*, qui étoit déclaré héritier de l'Empire, vint à la tête de tous les Officiers de l'Empire, trouver l'Impératrice ſa mere, & lui parla de cette ſorte, le jour de l'onzieme lune, nommé *Gin-ſu*: „ Les ſervi-„ ces que le Prince Généraliſſime, mon frere, a ren-„ dus à l'Etat dans la fondation de notre Empire, ſont „ ſi conſidérables, que tous, tant ceux du dedans que „ ceux du dehors, lui ſont attachés; il eſt juſte qu'il „ ſuccede à l'Empire ". L'Impératrice ſuivit ſon conſeil; ainſi le même jour *Thai-tçoum* fut proclamé Empereur. Le jour nommé *Kouei-hai*, *Thai-tçoum* ſe tranſporta dans le *Miao*, ou temple dedié à *Thai-tçou*. Le jour nommé *Pim-yn*, il fit l'holocauſte accoutumé en pareilles occaſions, au Ciel & à la terre. Le jour, nommé *Vou-tchin*, il revint à ſa Cour. Le jour nommé *Gin-chin*, il reçut de tous les Officiers

de

de son Empire le titre de *Sé-chim-hoam-ti*, c'est-à-dire en Chinois, l'*Empereur successeur du Saint ;* après quoi il publia une amnistie générale. Les Officiers, à qui il appartenoit, le supplierent de vouloir changer le titre des années ; ce qu'il refusa de faire. Dans la douzieme lune, le jour nommé *Kem-tchin*, il conféra à l'Impératrice son aïeule, le titre Chinois de *Thai-hoam-thai-heou*, à l'Impératrice sa mere celui de *Hoam-thai-heou*, & à la Reine sa femme celui de *Hoam-heou*. Le jour nommé *Ki-tcheou*, l'Empereur sacrifia au Ciel & à la terre. Le jour *Kem-yn*, il envoya ses ordres à tous les Royaumes tributaires par des députés.

La troisieme année de *Thien-hien* (928) dans la seconde lune, le jour nommé *Ki-hai*, on présenta un loup blanc à l'Empereur. Dans la troisieme lune, il déclara la guerre à l'Empereur de Chine. Dans la quatrieme lune, le jour nommé *Ki-mao*, il sacrifia au Dieu, des cerfs d'une espece extraordinaire. Dans la sixieme lune, le jour nommé *Ki-mao*, il fit la cérémonie nommée *Sée-ste ;* (c'est un sacrifice ou une comédie pour demander de la pluie.) Dans la septieme lune, le jour nommé *Gin-tçe*, il vint un courier qui apporta la nouvelle de la défaite de l'armée des *Khitan* par les Chinois, de la mort de *Thie-la*, Commandant des *Khi-tan ;* & de la prise de plusieurs dixaines de grands Officiers & de la ville de *Thie-tcheou*. L'Empereur sentit un regret très-vif d'avoir envoyé cette armée à contre-temps. Dans la neuvieme lune, le jour marqué *Ki-tcheou*, l'Empereur alla au palais de son frere aîné *Gin-hoam-vam*, pour lui rendre visite ; il y retourna le jour nommé *Sin-mao*. Dans la douzieme lune, le jour nommé *Kouei-mao*, l'Empereur sacrifia au Ciel & à la terre. Le jour nommé *Kia-yn*, il érigea *Toum-pim-kiun* en Cour du Midi ; ou *Nan-kim*.

La quatrieme année de *Thien-hien* (929,) dans la troisieme lune, le jour nommé *Kia-ou*, il sacrifia de loin à tous les Dieux (des fleuves, des montagnes, &c.) Dans la quatrieme lune, le jour nommé *Sin-yeou*, le frere aîné de l'Empereur, nommé *Pei* ou *Gin-hoam-vam*, vint rendre hommage. Dans la septieme lune, le jour nommé *Kia-ou*, l'Empereur sacrifia à *Thai-tçou*. Dans la neuvieme lune, il sacrifia au mont *Mou-yè-chan*. Dans la dixieme lune, le jour nommé *Kia-tçe*, il fit partir son frere *Li-hou* avec une armée contre les Chinois. Dans l'onzieme lune, le premier jour, nommé *Pim-yn*, il avertit, par des sacrifices, le ciel & la terre, du départ de son armée. Le jour nommé *Gin-chin*, il en avertit pareillement *Thai-tçou* par un sacrifice.

La cinquieme année de *Thien-hien* (930,) dans la seconde lune, le jour nommé *Kouei-mao*, *Li-hou*, après avoir pris la ville de *Houan-tcheou*, vint trouver l'Empereur. Le jour nommé *Pim-tchin*, l'Empereur & son frere aîné *Gin-hoam-vam* vinrent rendre hommage à l'Impératrice leur mere. L'Impératrice, qui savoit qu'ils écrivoient très-bien l'un & l'autre, leur ordonna d'écrire quelque chose devant elle, afin qu'elle en jugât. Dans l'onzieme lune, le jour nommé *Vou-yn*, les Officiers du Royaume de *Toum-tan* donnerent avis à l'Empereur que *Gin-hoam-vam*, son frere aîné, s'étoit embarqué sur mer, pour aller se refugier à la Cour de l'Empereur de Chine.

La sixieme année de *Thien-hien* (931,) dans la troisieme lune, le jour nommé *Tim-hai*, la femme de *Gin-hoam-vam* Reine de *Toum-tan*, & nommée *Siao*, vint avec tous ses Officiers voir l'Empereur. Dans la huitieme lune, le jour nommé *Kem-chin*, il naquit un fils à l'Empereur, qu'il nomma *Chu-lu ;* il en avertit *Thai-tçou* dans son *Miao* par un sacrifice.

La septieme année de *Thien-hien* (932,) dans la troisieme lune, le jour nommé *Vou-chin*, l'Empereur, à la tête de tous ses Officiers, alla rendre hommage à l'Impératrice sa mere. Dans la quatrieme lune, il

vint des ambassadeurs de Chine, qui apporterent des lettres de *Gin-hoam-vam*, le jour nommé *Kia-su*. Dans la septieme lune, le premier jour nommé *Kouei-vei*, l'Empereur fit distribuer des pieces de soie & de toile à tous les vieillards de son Empire.

La huitieme année de *Thien-hien* (933,) dans la troisieme lune, le jour nommé *Pim-chin*, l'Empereur de Chine envoya demander la paix. Dans l'onzieme lune, le jour nommé *Sin-tcheou*, l'Impératrice aïeule mourut. Dans ce mois, *Li-sse-yuen*, Empereur de Chine, mourut aussi. Son fils *Li-tçoum-heou* prit sa place.

La neuvieme année de *Thien-hien* (934,) dans la quatrieme lune, *Li-tçoum-kho*, Prince du sang des *Tham* postérieurs, tua l'Empereur de Chine, & usurpa l'Empire ; *Gin-hoam-vam* pria que l'on vengeât sa mort. Dans la huitieme lune, le jour nommé *Gin-ou*, l'Empereur des *Khi-tan* résolut d'aller en personne faire la guerre à l'usurpateur. Le jour nommé *Yi-yeou*, l'Empereur admira l'adresse d'*Y-la-kiai-y*, qui prit à la main une oie sauvage en volant. Il fit à cette occasion des sacrifices au ciel & à la terre, pour les en remercier. Le jour nommé *Yi-mao*, l'Empereur arriva à la ville de *Yun-tcheou*. Les siens s'étoient déja rendu maîtres du *Ho-thao*, grand pays dans la partie septentrionale de la Province de *Chensi*, qui est enfermé par le fleuve *Hoam-ho*, comme dans une bourse, d'où il a pris son nom. Il prit dans l'onzieme lune plusieurs villes de Chine.

La dixieme année de *Thien-hien* (935,) dans la premiere lune, le jour nommé *Vou-chin*, l'Impératrice mourut en voyage.

L'onzieme année de *Thien-hien* (936,) dans la septieme lune, le jour nommé *Pim-chim*, l'Empereur de Chine déclara la guerre à *Che-khim-tham*, qui s'étoit révolté. *Che-khim-tham* envoya demander du secours. L'Empereur parla de la sorte à l'Impératrice sa mere à cette occasion : „ *Li-tçoum-kho*, Empereur „ de Chine, est parvenu à l'Empire par un parricide. „ Il est également odieux aux hommes & aux Dieux. „ Je dois lui faire subir les peines que le Ciel destine à son forfait ". Dans le même temps, *Che-khim-tham* reçut des Ambassadeurs d'un Chinois, nommé *Tchao-te-kiun*. Il dépêcha à l'instant *Sam-vei-han*, pour avertir que l'affaire pressoit. Aussi-tôt l'Empereur promit le secours desiré, & dans la huitieme lune, le jour nommé *Ki-vei*, il envoya des Députés à *Che-khim-tham* pour le rassurer. Le jour nommé *Kem-ou*, l'Empereur partit pour aller en personne secourir *Che-khim-tham*. Dans la neuvieme lune, le jour nommé *Tim-yeou*, l'Empereur arriva à *Yen-men*. Le jour nommé *Vou-su*, il vint à *Hin-tcheou*, où il sacrifia au Ciel & à la terre. Le jour nommé *Ki-hai*, il arriva à *Thai-yuen-fou*, capitale de la Province de *Chansi*. *Che-khim-tham* l'y vint trouver avec son armée. La bataille se donna. L'Empereur *Thai-tçoum* recula par une ruse de guerre. Deux des Généraux Chinois s'animant par ce succès, vinrent du côté de l'Occident pour donner une seconde bataille. *Thai-tçoum* ne leur en donna pas le temps. Une embuscade de *Khitan*, qui se leva tout-à-coup, coupa chemin au troisieme corps de l'armée Chinoise, dont les deux premiers s'étoient détachés ; de sorte que ces deux corps furent entiérement défaits. Il y périt plusieurs dixaines de milliers de Chinois. *Che-khim-tham* vint avec tous ses Officiers féliciter *Thai-tçoum*. *Thai-tçoum* lui prenant les mains, joignit à cette faveur toutes les marques de bonté que *Che-khim-tham* pouvoit espérer. Dans la dixieme lune, le jour marqué *Kia-tçe*, il créa *Che-khim-tham*, Roi de *Tçin*, & l'alla visiter. Dans l'onzieme lune, le jour nommé *Tim-yeou*, il créa *Che-khim-tham* Empereur, sous le titre de *Ta-tçin-hoam-ti*. Un des Généraux Chinois de l'armée de l'Empereur de Chine, après sa défaite, s'étoit jetté dans la ville de *Tçin-ghan*. Il y fut assiégé dans la neuvieme lune, le jour nommé *Kouei-mao*. Il avoit soutenu le siege plus de quatre-vingts jours; il étoit également destitué de secours du dedans & du dehors; il ne restoit aucuns vivres dans la place. Les assiégés en étoient réduits à laver la fiente des chevaux, & à couper du bois en esquilles, pour nourrir leurs chevaux. Bientôt les chevaux affamés commencerent à s'entre-manger; quand ils étoient tombés morts, ils servoient de nourriture aux assiégés. Les autres Généraux & Officiers l'exhortoient à se rendre. ,, Pour ,, moi, leur dit-il, je suis déterminé à mourir; si vous ,, voulez rendre la place, vous devez commencer par ,, me couper la tête ". En effet, dans la seconde-onzieme lune, le jour nommé *Kia-tçe*, le Général *Yam-khouam-yen* & *Chan-chin-khi* lui couperent la tête, & rendirent la place. *Thai-tçoum* ayant été in-formé de la constance de *Tcham-khim tha* & de sa fermeté, que la mort n'avoit pu ébranler, dit à ceux de sa suite ces paroles: ,, Tous ceux qui servent leurs ,, Rois, devroient être semblables à *Tcham-khim-* ,, *tha* ". En même-temps, il ordonna qu'on l'enter-rât avec toutes sortes de magnificence. Il donna à l'Empereur de *Tçin* tous les captifs & cinq mille che-vaux que l'on avoit trouvés dans la ville.

Le jour nommé *Pém-yn*, l'Empereur sacrifia au Ciel & à la terre, en action de graces de ce succès. Le jour nommé *Kem-ou*, l'Empereur *Thai-tçoum* ap-prit que les troupes auxiliaires Chinoises avoient pris la fuite; il les fit suivre durant la nuit. Ils jetterent leurs armes, & s'écrasoient les uns les autres; de sorte que le nombre des armes qu'on recueillit & des morts qu'on trouva, ne se pouvoit compter. Il ordonna au *Hoam-thai-tçe* de prendre dix mille chevaux légers, pour aller se saisir des passages. Celui-ci rencontra un corps de plus de dix mille fantassins, qu'il obligea de se ren-dre. Le jour nommé *Sin-yei*, l'Empereur *Thai-tçoum* ayant passé la vallée qui se nomme *Touan-pe-kou*, of-frit en sacrifice au Ciel & à la terre du vin & des fruits. *Thai-tçoum* étant arrivé à *Lou-tcheou-fou*, ville de la Province de *Chansi*, prit la résolution de ramener son armée. Il prit congé de l'Empereur de *Tçin*, auquel il fit de gros présents. Le jour nommé *Sin-fê*, l'Em-pereur de Chine *Li-tçoum-kho* se trouvant aux abois, fit venir *Gin-hoam-vam* en sa présence, & le pria de vouloir mourir avec lui; *Gin hoam-vam* le refusa. *Li-tçoum-kho* envoya des gens qui le tuerent; aprèsquoi il se brûla lui-même avec toute sa famille. *Thai-tçoum* ordonna qu'on ramassât les ossemens des ennemis qui avoient été tués, & qu'on en érigeât un trophée sur les bords de la riviere de *Fen-ho*. L'Empereur de *Tçin* ordonna à *Sam-vei-han* de composer une in-scription qui renfermât un narré court de cette expé-dition. Dans la douzieme lune, le jour nommé *Kem-yn*, l'Empeur *Thai-tçoum* partit de *Thai-yuen-fou*.

La douzieme année de *Thien-hien* (937,) dans la premiere lune, le jour nommé *Gin-su*, l'Empereur *Thai-tçoum* sacrifia au Ciel & à la terre. Dans la troi-sieme lune, le jour nommé *Kem-chin*, l'Empereur de *Tçin* envoya payer tribut. Dans la sixieme lune, le jour nommé *Kia-chin*, l'Empereur de *Tçin* envoya des Grands de sa Cour offrir un titre d'honneur à *Thai-tçoum*; *Thai-tçoum* le refusa. Ils offrirent pa-reillement à *Thai-tçoum* les pays qui sont au Nord de *Yen-men*, avec la partie du Nord-Ouest de la Pro-vince du *Pe-tche-li*, outre trois cents mille pieces de soie de tribut annuel; *Thai-tçoum* refusa encore cela. Dans la huitieme lune, le jour nommé *Kem-tçe*, il arriva des Ambassadeurs de la part de l'Empereur de *Tçin*, qui donnerent avis que leur Empereur avoit établi le siege de son Empire à *Pien*; c'est *Pien-leam* qu'on nomme aujourd'hui *Khai-foum-fou*, capitale de la Province de *Honan*.

La premiere année de *Hoei-thoum*, c'est-à-dire tout assemblé sous un même, (938,) dans la seconde lune, les *Che-ouei* présenterent à *Thai-tçoum* un *Piao* de couleur blanche : (ce terme Chinois signifie une es-pece de cerf d'une grandeur extraordinaire, & qui n'a qu'une corne; à ce que disent quelques-uns, qui sont en petit nombre.) Le jour nommé *Pim-chin*, l'Em-pereur regrettant son frere aîné *Gin-hoam-vam*, en-voya le *Tii-yn*, ou grand-Maître de son Palais, avec tous les Princes du sang, lui sacrifier dans un palais, où il logeoit quand il étoit en voyage. Dans la cin-quieme lune, l'Empereur de *Tçin* envoya derechef des Ambassadeurs, pour présenter de sa part un titre d'hon-neur à *Thai-tçoum*, qui le reçut. Dans la neuvieme lune, l'Empereur de *Tçin* envoya deux Grands de sa Cour, offrir un titre d'honneur à l'Impératrice-mere, & deux autres, en offrir un semblable à *Thai-tçoum*. Dans l'onzieme lune, le jour nommé *Gin-tçe*, le titre d'honneur fut reçu par l'Impératrice-mere. Le jour nommé *Kia-tçe*, l'Empereur fit la cérémonie de la renaissance, & un holocauste au Ciel & à la terre, pour les remercier du nouveau titre qu'il reçut deux jours après solemnellement. Il publia une amnistie générale, & changea le titre des années de son regne, qui avoit été jusqu'alors *Thien-hien*, en celui de *Hoei-thoum*. Ce même mois, l'Empereur de *Tçin* le félicita par un placet, & lui donna seize villes de Chine avec leurs territoires. La seconde année de *Hoei-thoum* (939,) dans la huitieme lune, l'Empereur de *Tçin*, ou de *Chine*, envoya son tribut de pieces de soie, le jour nommé *Yi-tcheou*.

La troisieme année de *Hoei-thoum* (940,) dans la neuvieme lune, le jour nommé *Kem-ou*, un Gen-tilhomme de la Chambre dit à *Thai-tçoum*, que l'Em-pereur de Chine ayant appris qu'il s'adonnoit à la chasse avec excès, il le prioit de se modérer en ce point. ,, Si je m'occupe de la chasse, répondit *Thai-tçoum*, ,, ce n'est pas par un motif de pur divertissement; par-,, là je forme mes troupes aux fatigues de la guerre; ,, qu'on lui dise cela ". Dans la douzieme lune, le jour nommé *Kia-ou*, après avoir fait un holocauste au Ciel, il sacrifia à la tente divine; (espece de temple qui suivoit l'armée.)

La quatrieme année de *Hoei-thoum* (941,) dans la troisieme lune; le jour nommé *Kouei-yeou*, l'Em-pereur de Chine envoya prier *Thai-tçoum* de ne pas venir sacrifier à la principale montagne de la Chine, qui est dans la Province de *Honan*, quoiqu'aupara-vant il l'en eût supplié. Dans la sixieme lune, le Roi des *Tou-khou-hoen* se refugia en Chine. *Thai-tçoum* envoya des Ambassadeurs se plaindre de cette infrac-tion du traité fait entr'eux. Le Gouverneur de *So-tcheou*, ville cédée à *Thai-tçoum*, alla se livrer avec la ville à l'Empereur de *Tçin*: Le jour nommé *Pim-ou*, l'Empereur *Thai-tçoum* envoya assiéger *So-tcheou*. Il vint un Ambassadeur de la part de l'Empereur de *Tçin*, qui demanda à entrer dans le camp. On ne le lui permit pas; on l'envoya par la voie de la poste à *Thai-tçoum*. Dans la septieme lune, le jour nommé *Kouei-hai*, le Roi des *Tham* méridionaux, (c'étoit alors un puissant Royaume de Chine,) envoya des Ambas-sadeurs avec des lettres de boules de cire, (c'est-à-dire en chiffre, ou plutôt cachées dans la cire.) Le jour nommé *Ki-sse*, les Officiers donnerent avis à *Thai-tçoum*, qu'un essaim d'abeilles étoit venu se poser sur le carrosse ou char qui portoit la baniere divine, & y avoit fait du miel. On consulta les sorts sur cet évé-nement, & on trouva que c'étoit un heureux présage. Dans la huitieme lune, le Roi des *Tham* méridionaux, & celui d'*Ou-yue*, son voisin, envoyerent des Ambas-sadeurs avec des lettres dans des boules de cire.

La cinquieme année des *Hoei-thoum* (942,) dans la sixieme lune, le jour nommé *Yi-tcheou*, l'Empe-reur de *Tçin*, nommé *Che-khim-tham*, mourut; *Che-tchoum-kouei* prit sa place. Le jour nommé *Tim-tcheou* l'Empereur ayant appris l'incommodité de l'Impéra-trice sa mere, prit la poste pour aller la servir dans sa maladie. Il faisoit l'essai par lui-même de toutes les médecines qu'elle prenoit. Il alla pareillement avertir *Thai-tçou*, par un sacrifice, dans son *Miao*, de l'état où elle étoit. Il alla à la même fin dans la salle, dédiée à une idole des Bonzes *Ho-chan*, & il donna à manger à cinquante mille Bonzes de cette secte. Dans la septieme lune, le jour nommé *Kem-yn*, l'Empereur de *Tpin* envoya des Ambassadeurs. Dans ses lettres, il se donnoit le titre de petit-fils, & non pas de sujet. *Thai-tçoum* lui envoya reprocher sa faute. *Kim-yen-khouam* répondit pour son Empereur en ces termes: ,, Le feu Empereur avoit été créé par votre ,, sainte Dynastie. Celui qui regne aujourd'hui a été élu ,, & proclamé par les Chinois. Il peut donc se donner ,, le titre de voisin ou de petit-fils; mais il ne doit ,, en aucune façon offrir des placets & se dire sujet". *Thai-tçoum* ayant reçu cette réponse, prit le dessein d'attaquer la Chine Méridionale. Dans l'onzieme lune, le jour nommé *Ki-vei*, l'Empereur fut averti qu'un pin avoit produit des jujubes.

La sixieme année de *Hoei-thoum* (943) dans la seconde lune, le jour nommé *Sin-yeou*, l'Empereur de Chine envoya demander la permission d'établir le siege de son Empire à *Pien*, ou bien *Pien-leam*; ce qu'il obtint. Dans la troisieme lune, le jour nommé *Tim-vei*, l'Empereur de Chine arriva à *Pien-leam*, ou bien *Khai-foum-fou*, & envoya des Ambassadeurs pour remercier *Thai-tçoum*. Le premier jour de la quatrieme lune, le soleil s'éclipsa. Dans l'onzieme lune, le jour nommé *Sin-mao*, un espion de l'Empereur de Chine ayant été pris, fit connoître que son maître songeoit à la révolte. Dans la douzieme lune, le jour nommé *Tim-vei*, l'Empereur *Thai-tçoum*, rentra dans *Nan-kim*, ou dans la Cour du Sud; (c'étoit alors le *Pe-kim* d'aujourd'hui.) Il tint conseil sur la guerre qu'il alloit déclarer à l'Empereur de Chine. Il fit marcher plusieurs armées devant lui; il suivoit avec la principale.

La septieme année de *Hoei-thoum* (944) dans la premiere lune, le premier jour nommé *Kia-su*, l'avant-garde, qui étoit composée de cinquante mille chevaux, arriva à *Gin-khieou*, ville du troisieme ordre de la Province de *Pe-tcho-li*. Le jour nommé *Pim-tçe*, une autre armée, commandée par *An-douan*, arriva à *Yen-men*, sur les confins Septentrionaux de la Province de *Chansi*, & assiégea aussi-tôt *Hia* & *Tai*, deux villes voisines de ce lieu. Le jour nommé *Ki-mao*, l'avant-garde, commandée par *Tchao-yen-cheou*, assiégea *Pei-tcheou*. Le Commandant de la ville ouvrit les portes aux *Khitan*. Le Gouverneur se précipita dans un puits, & mourut. Après plusieurs sieges, il se livra une bataille, où les *Khitan* eurent du pire. Le premier jour de la troisieme lune, nommé *Kouei-yeou*, on résolut d'attaquer les Chinois, qui étoient campés sous la ville de *Tan-yuen*. L'Empereur *Thai-tçoum* envoya contr'eux plusieurs dixaines de milliers de cavaliers, avec ordre de les attaquer par la droite. Lui-même avec l'élite de son armée les attaqua par la gauche. Le combat dura jusqu'au soir. Alors *Thai-tçoum* avec le plus fort de sa cavalerie, les vint attaquer de front; les Chinois ne pouvoient plus combattre. Un espion avertit que les Chinois étoient en petit nombre le long de la riviere de *Yen-ho*, & que leurs retranchements étoient foibles de ce côté-là. On les attaqua vigoureusement par cet endroit; alors ils furent mis en déroute. On les poursuivit vivement, & on en fit un grand carnage. Dans la quatrieme lune, le jour nommé *Kouei-tcheou*, l'Empereur *Thai-tçoum* fut de retour à *Nan-kim*. Dans la cinquieme lune, le jour nommé *Kouei-yeou*, les *Khitan* forcerent la ville de *Te-tcheou*, où ils prirent un Vice-Empereur & vingt-sept Officiers Chinois. Dans la septieme lune, le jour nommé *Sin-mao*, l'Empereur de Chine demanda la paix. Dans la huitieme lune, le jour nommé *Sin-yeou*, le Khan des *Hoei-hou* demanda une Princesse du sang en mariage; *Thai-tçoum* la lui refusa.

La huitieme année de *Hoei-thoum* (945) dans la premiere lune, le jour marqué *Kem-tçe*, *Thai-tçoum* partageant ses armées, assiégea trois villes de Chine en même-temps; il en extermina presque tous les habitants. Il entra dans le territoire de *Ye-tou*; (c'est *Tcham-te-fou*, ville de la Province de *Honan*,) mille cavaliers Chinois s'étant avancés pour observer l'ennemi, trouverent près de *Ye-tou* plusieurs dixaines de milliers de *Khitan*. Ils se battirent en retraite; mais l'armée ennemie grossissant toujours, *Yen-tchan*, un des Commandants des Chinois, combattant vaillamment, se mêla plus de cent fois avec les *Khitan*; son cheval ayant été tué, il combattit à pied avec le même courage. *Chin-khi*, autre Commandant Chinois, passa une riviere, & accourut à son secours; ce qui obligea les *Khitan* à se retirer. Dans la troisieme lune, les *Khitan* firent le siege de *Ouei*; la ville fut secourue par un Commandant Chinois. Le jour nommé *Vou-tçe*, un Commandant Chinois força la ville de *Tem-tcheou*. Dans la troisieme lune, le jour nommé *Vou-su*, l'armée des *Khitan* prit la ville de *Khi-tcheou*, où elle tua un Vice-Empereur Chinois. Le jour nommé *Khem-su*, les Commandants Chinois, nommés *Tou-tchoum-ouei* & *Li-cheou-tchim*, attaquerent la ville de *Thai-tcheou*. Le jour nommé *Vou-tçe*, l'avant-garde des *Khitan* accourut au secours. Le jour nommé *Ki-vei*, les deux Commandants Chinois prirent la fuite du côté du Midi. On les joignit à *Yam-tchim*, où ils furent entiérement défaits par les *Khitan*. Ils se remirent pourtant; & ayant fait une phalange de leur infanterie, ils vinrent affronter l'ennemi; ils soutinrent le choc plus de vingt fois sans rompre. Le jour nommé *Gin-su*, ils combattirent encore durant une lieue de chemin, & se retirerent en bon ordre.

Le jour nommé *Kouei-hai*, les Chinois furent investis par les *Khitan*; ils se retrancherent avec des chevaux de Frise. Sur le soir, il s'éleva un grand vent, qui dura jusqu'au lendemain matin. Le régiment des Milans de fer mit pied à terre, & ayant arraché & mis en pieces les chevaux de Frise, entra avec des armes courtes dans le camp des Chinois. On y mit le feu, & pour accroître l'épouvante, des cavaliers avec des balais attachés à la queue de leurs chevaux, augmentoient la poussiere que le vent excitoit déja assez. L'armée Chinoise s'adressant à ses Commandants s'écria: ,, Mourrons-nous ici sans coup férir? Pourquoi ,, ne nous pas servir de nos armes"? A l'instant, les Commandants Chinois commencerent le combat. *Tcham-yen-tçée*, *Yo-yuen-foui* & *Hoam-fou-yu* furent les premiers à combattre; ce qu'ils firent avec courage. Les autres Commandants Chinois se joignirent bientôt aux premiers; de sorte que l'armée des *Khitan* fut forcée de reculer, & perdit plusieurs centaines de pas de son terrein. Cependant le vent s'augmenta, & le jour fut changé en nuit. *Yen-khi* avec dix mille chevaux vint prendre les *Khitan* en flanc. Il fit en même-temps avancer son infanterie; ce qui acheva de mettre les *Khitan* en désordre. L'Empereur *Thai-tçoum* lui-même fut obligé de monter sur un chariot à la façon des *Hii*, & de se retirer à plus d'une lieue. Les Chinois le poursuivoient vivement. Il rencontra un chameau sur lequel il monta, & se retira. Après cette victoire, l'armée Chinoise se retira à *Pao-tcheou*, pour garder cette ville. Dans la quatrieme lune, *Thai-tçoum* fut de retour à *Nan-kim*. Il fit donner la bastonnade à tous ceux qui n'avoient pas fait leur devoir dans le combat. Le jour nommé *Kem-yn*, il fit un festin à son armée. Le jour nommé *Tim-hai*, l'Empereur reçut nouvelle, que les Chinois étant venus surprendre la ville de *Kao-yam* avoient été battus & mis en fuite. Dans la septieme lune, le jour nommé *Yi-mao*, l'Empereur de Chine envoya demander la paix; on lui répondit comme la premiere fois.

La neuvieme année de *Hoei-thoum* (946) dans

la huitieme lune, *Thai-tçoum* prit la résolution de revenir en Chine faire la guerre. Dans la neuvieme lune, le jour nommé *Gin-chin*, il fit la revue de ses troupes. Dans cette lune, *Tchao-yen-cheou* gagna une bataille sur les Chinois. Le premier jour de l'onzieme lune, nommé *Vou-tçe*, les *Khitan* assiégerent *Tchin-tcheou*. Le jour nommé *Pim-chin*, les *Khitan* défirent les Chinois; ils en tuerent plusieurs dixaines de milliers. *Tou-tchoum-ouei* se retira à *Tchoum-tou-tchai*, où il se fortifia; il y fut aussi assiégé. *Thai-tçoum* laissa deux Généraux au commandement du siege, & ayant passé lui-même la riviere, il prit l'ennemi à revers. Il attaqua & força la ville de *Louan-tchin*; après quoi il envoya des troupes se saisir des passages dangereux. Il ordonna à ses soldats de prendre des vivres pour trois jours, & leur défendit d'allumer du feu pendant tout ce temps-là. Il prit quantité de Chinois, qu'il fit marquer avec un fer rouge; après quoi il les renvoya. Ceux qui escortoient les vivres en furent effrayés, & abandonnerent tout pour s'enfuir. Les assiégés furent par-là réduits à la derniere extrémité. Dans la douzieme lune, le jour nommé *Pim-yn*, les Commandants Chinois *Tou-tchoum-ouei*, *Li-cheou-tchim*, *Tcham-yen-tçée* & autres, vinrent se rendre avec deux cents mille hommes. *Thai-tçoum*, entouré de plusieurs dixaines de milliers de cavaliers, les reçut à merci. Il étoit lui-même à cheval & sur une terre élevée; il donna de grands commandemens à tous les Commandans Chinois. Il donna la moitié des troupes qui venoient de se rendre, à commander à *Tou-tchoum-ouei*. Il mit l'autre moitié sous les ordres de *Tchao-yen-cheou*, un de ses Généraux. Il envoya à *Pien-leam* deux de ses Officiers, pour porter ses ordres à l'Empereur de Chine, & pour le consoler lui & sa mere. Il laissa une garnison dans la ville de *Ouei*, & prit sa route avec sa grande armée du côté du Sud.

Le jour nommé *Gin-chin*, les Députés de *Thai-tçoum* arriverent à *Pien-leam*. L'Empereur *Che-tchoum-kouei*, revêtu d'un habit blanc & simple, (en signe de deuil,) salua à genoux les ordres de *Thai-tçoum*. Sa mere, nommée *Li*, présenta un placet pour demander pardon de ce que son fils refusant de suivre les avis de *Sam-vei-han*, avoit rompu la paix. Dans ce même-temps, *Tcham-yen-tçée* fit mourir *Sam-vei-han*, & répandit le bruit qu'il s'étoit étranglé lui-même. *Thai-tçoum* ordonna qu'on l'enterrât avec honneur, qu'on exemptât ses biens de tout tribut; & il combla sa famille d'honneurs & de bienfaits. Le jour nommé *Kia-su*, le Général *Tcham-yen-tçée* transféra l'Empereur de Chine *Che-tchoum-kouei*, avec l'Impératrice sa mere & sa femme, du palais Impérial au Tribunal du Gouverneur de la ville, & lui donna une garde commandée par *Li-youm*. Le jour nommé *Gin-oa*, l'Empereur *Thai-tçoum* arriva à *Tche-kham*. *Che-tchoum-kouei*, Empereur de Chine, sortit de la ville Impériale, menant en lesse un mouton, avec une corde de paille, pour attendre *Thai-tçoum* au passage. *Thai-tçoum* ne put se résoudre à le voir en cet état; il ordonna qu'on lui préparât un temple d'idoles pour palais. Tous les Officiers de l'Empereur Chinois, revêtus d'habits de taffetas blanc, portant en tête des bonnets de soie claire, se prosternerent devant *Thai-tçoum*, attendant la punition de leurs fautes. ,, Si l'Empereur a été ingrat, dit *Thai-tçoum*, sa faute peut,, elle leur être attribuée "? Il les rétablit tous dans leurs offices & leurs dignités. Il conféra à *Ghan-cho-tçien* la dignité de suprême Généralissime, & la charge de Commandant de la garnison à pied de la ville Impériale. *Ghan-cho-tçien* sortant du rang, se tint debout. ,, Je n'ai pas oublié, lui dit l'Empereur, ce que ,, vous me demandâtes dans la ville de *Him-tcheou*". En achevant ce discours, il le créa Vice-Empereur à la garde de l'Empire. Voici ce qu'il avoit demandé. Il avoit secretement supplié *Thai-tçoum* de mettre sa ville

au rang des siennes. Le Général *Kham-tçiam* avoit pris *Kim-yen-khouam*; il le vint présenter à l'Empereur *Thai-tçoum*. L'Empereur ordonna que l'on comptât ses crimes avec des jettons; on en trouva huit. L'Empereur le fit conduire garotté à sa Cour; mais dans le voyage il s'ôta la vie.

La premiere année de *Tha-thoum*, c'est-à-dire de *la grande unité*, (parce que, suivant le style Chinois, il avoit réduit l'univers sous une seule domination,) (947,) dans la premiere lune, le premier jour nommé *Tim-hai*, l'Empereur *Thai-tçoum* fit son entrée solemnelle dans la ville de *Pien*, capitale alors de l'Empire Chinois. Il alla, accompagné de toute la pompe Impériale, s'asseoir sur le trône de l'Empereur de Chine, où il reçut les complimens de tous les Officiers des deux Empires. Il donna par *interim* le Gouvernement de la ville Impériale au second Président du Conseil de guerre, nommé *Leou-nim*. Il fit mourir *Tçin-ki-min*, *Li-yen-chin* & *Yam-tchim-hiun*. Il donna la charge de Vice-Empereur de *Lou-loum* à *Yam-tchim-sin*, frere cadet de *Yam-tchim-hiun*, & le fit héritier des dignités de son pere. *Yam-khouam-yuen* leur pere, lors qu'il étoit Gouverneur de *Tçim-tcheou*, avoit pris la résolution de se livrer avec sa place à *Thai-tçoum*. *Yam-tchim-hiun* s'y étoit opposé, &, ayant tué le Juge de la ville, & son propre frere cadet, avec plusieurs autres, il étoit allé se rendre à l'Empereur Chinois. Ce fut la raison pourquoi *Thai-tçoum* le fit mourir. Le jour nommé *Ki-tcheou*, il fit couper la tête en plein marché à *Tcham-yen-tçée*, parce qu'il avoit eu l'audace de se saisir de l'Empereur de Chine, de faire mourir *Sam-vei-han*, & d'abandonner tout au pillage de ses troupes; crimes impardonnables. Le peuple Chinois le hacha en pieces, & mangea ses chairs. Le jour nommé *Sin-miao*, *Thai-tçoum* dégrada l'Empereur Chinois, & ne lui laissa que la dignité de Grand du premier ordre; il le créa Marquis de l'ingratitude. Le jour nommé *Kouei-sse*, il donna les titres des principales charges de l'Empire à sept Seigneurs Chinois, & leur ordonna de prendre une escorte de trois cents cavaliers, & d'aller conduire à *Hoam-loum-fou*, (près de la *Corée*,) le Marquis de l'ingratitude, sa mere l'Impératrice *Li*, la Reine & l'Impératrice sa femme, nommée *Foum*, & les Princes du sang, & de les établir dans cette ville qu'il leur assigna pour exil. Il laissa à l'Empereur Chinois pour son service cinquante filles de son serrail, trois Eunuques, cinquante Officiers, un Médecin, quatre gardes du corps, sept cuisiniers, trois Intendants du gobelet, trois Porte-étendards & dix estafiers. Dans la seconde lune, le premier jour nommé *Tim-sé*, il donna à sa Dynastie le titre de *grande Leao*. Il publia une amnistie générale, & changea le titre de ses années, qui étoit *Hoei-thoum*, en celui de *Tha-thoum*. Il érigea la ville de *Tchin-tcheou* en *Tchoum-kim*, c'est-à-dire, en *Cour du milieu*. Il créa *Tchao-yen-tcheou*, Grand-Visir, avec un pouvoir égal sur les affaires civiles & militaires, & le laissa Vice-Empereur. Il nomma tous les Officiers de robe de son nouvel Empire, & distribua des récompenses selon le mérite d'un chacun.

Le jour nommé *Sin-vei*, le Vice-Empereur de *Ho-toum*, qui étoit Roi de *Pe-pim*, & se nommoit *Leou-tchi-yuen*, se fit proclamer *Hoam-ti*, ou Empereur de Chine, & donna le titre de *Han* à sa Dynastie. Il partagea le pays de son obéissance, entre trois Vice-Empereurs qui gardoient les passages. Le premier jour de la troisieme lune nommé *Pim-su*, *Thai-tçoum* créa *Siao-han*, Généralissime des troupes, & nomma les Officiers de guerre, distribuant à chacun des récompenses selon son mérite. Le jour nommé *Gin-yn*, l'Empereur *Thai-tçoum* fit enlever les Officiers Chinois, les femmes du serrail, les Eunuques, les Médecins, les Artisans, les chartres & les rôles de l'Empire, les tables & les instrumens astronomiques, uftronomiques, les monuments de marbre fur lefquels les livres canoniques étoient gravés, les ftatues de bronze, la clepfidre de la falle ou palais des Etats & des hommages, tous les livres & tous les inftruments de mufique, tous les fymboles de la pompe Impériale, avec les armes offenfives & défenfives; (tout cela fe doit enrendre de celles qui étoient dans le palais & appartenoient à l'Empereur, & non des autres,) & fit tranfporter le tout à *Cham-kim*, c'eft-à-dire à fa *fuprême Cour*. (Nous avons marqué ci-devant fa longitude & fa latitude.) Le Gouverneur de *Tce-tcheou* rendit la ville de *Siam-tcheou* à l'Empereur des *Han* poftérieurs. Le jour *Ki-yeou*, l'Empereur des *Leao* envoya l'affiéger. Le premier jour de la quatrieme lune nommé *Pim-tchin*, l'Empereur des *Leao* partit de *Pien-tcheou*; (c'eft *Pien*, ou bien *Pien-leam* :) il emmena avec lui plufieurs Seigneurs Chinois. Etant arrivé à *Tche-khan*, on entendit durant la nuit un bruit femblable au tonnerre, qui fortoit de fa tente; une groffe étoile tomba devant fes étendards & fes tambours. Le jour nommé *Yi-tcheou*, il paffa le gué de *Li-yam-tou*. Ce fut-là que fe tournant vers ceux de fa fuite, il leur tint ce difcours : ,, Moi, Empereur, ,, j'ai commis trois fautes. La premiere, eft que j'ai ,, permis à mes troupes de fourrager les bleds; la feconde, que je me fuis faifi du bien des particu- ,, liers; la troifieme, que je n'ai pas auffi-tôt permis ,, aux Vice-Empereurs de retourner dans leurs Gou- ,, vernements ". Le *Hoam-thai-tçe* envoya des exprès pour s'informer de ce que l'armée avoit fait. L'Empereur fon pere lui fit dire pour réponfe ces paroles : ,, D'abord l'armée a forcé *Tou-ichoum-ouei* & ,, *Tcham-yen-tçée* à venir fe rendre à la tête de deux ,, cents mille hommes. Enfuite je me fuis rendu maî- ,, tre de la ville de *Tchin-tcheou*. Après être entré dans ,, la ville de *Pien*, j'ai fait la revue des Officiers de ,, l'Empire Chinois; j'ai réformé ceux qui ne fer- ,, voient que de nombre; j'ai conféré les charges à ,, ceux que leur habileté en rendoit capables. Quoi- ,, que toutes les charges de l'Empire Chinois fuffent ,, remplies, les devoirs en étoient négligés par ceux ,, qui les géroient, & demeuroient vuides par cette ,, négligence, de la même façon qu'un nid demeure ,, vuide quand les petits s'en font envolés. Depuis ,, que l'Empire Chinois eft tombé dans cet étrange ,, défordre, les voleurs fe font élevés de toutes parts, ,, & fe font cantonnés par-tout. Le labourage a été ,, abandonné; les vivres n'ont plus été fournis à temps ,, aux armées; de forte que le peuple n'a pu fouffrir ,, plus long-temps un joug fi pefant. Je ne fuis pas ,, encore maître du *Ho-toum*; les Généraux de l'Oc- ,, cident fe font liguées enfemble; je fonge jour & ,, nuit aux moyens de les réduire. Préfentement je ,, traite avec charité mes Officiers; j'entretiens la paix ,, & l'union entre mes foldats; je procure le bien ,, & la tranquillité des peuples. Ces trois derniers points ,, font ma principale occupation. J'ai foumis foixante ,, & feize territoires, dans lefquels j'ai trouvé un mi- ,, lion quatre-vingt-dix mille cent dix-huit familles. Si ,, les chaleurs exceffives du climat de *Pien* m'avoient ,, permis d'y féjourner un an, rien ne m'eût été plus ,, facile que de faire jouir l'univers entier d'une paix ,, profonde. J'ai érigé la ville de *Tchin-tcheou* (*) ,, en Cour du milieu, pour préparer un fiege aux Em- ,, pereurs dans les vifites. J'ai deffein de porter la guerre ,, dans le *Ho-toum*; après quoi je formerai d'autres ,, entreprifes ". Voilà à-peu-près ce que répondit *Thai-tçoum*. Le jour, nommé *Vou-tchin*, l'Empereur arriva à *Kao-yi*, ville où il tomba malade. Le

jour nommé *Tim-tcheou*, il mourut dans la ville de *Louan-tchin*, après avoir vécu quarante-fix ans.

SENTIMENT DES HISTORIENS.

Thai-tçoum affujettit à fon Empire bien des pays. Tous, auffi-bien les pays éloignés que les voifins, fe foumirent à fa vertu. Il donna un titre à fa Dynaftie, & acheva de perfectionner fon Empire par de beaux réglements. Il mit le Gouvernement en ordre; il diftingua le vrai de l'apparent : il revit par lui-même les caufes des criminels; il enfeigna aux peuples l'art de labourer la terre & de faire des toiles; il maria les hommes & les femmes qui ne pouvoient fe marier par eux-mêmes. Il chercha avec empreffement des Officiers, qui lui diffent nettement la vérité. Il en trouva, il les écouta, & fe foumit à leurs repréhenfions. Il les honora après leur mort, en récompenfe de leur fidélité. Il retrancha fes promenades & fes divertiffements, à la requête d'un d'entr'eux. Il aimoit tendrement fes foldats, & donnoit les ordres néceffaires pour les bien nourrir, & leur donner du repos. Dans fa derniere expédition, il vit l'Empereur de la Chine à fes pieds. On peut donc dire qu'il a réuni en fa perfonne la terreur des armes & les attraits de la vertu, & qu'il a poffédé l'habileté naturelle & la prudence acquife dans un pareil degré d'excellence. Après la conquête de l'Empire de Chine, il ne fit point paroître le moindre figne d'orgueil; au contraire, il fe condamna lui-même fur trois chefs. Les difciples de *Koum-fucius*, dans leurs commentaires fur les annales canoniques, louent le Comte de *Tchim*, d'avoir fu l'art de fe comporter modeftement dans la victoire. L'Hiftoire Canonique approuve la conduite du Roi de *Tçin*, qui confeffa fes fautes, & s'en repentit publiquement, à l'âge de quatre-vingt-quinze ans. *Thai-tçoum* a mérité l'une & l'autre louange; n'a-t-il pas été véritablement un excellent homme?

Comme je ne prétends pas écrire une hiftoire complete de ces peuples, & que je n'ai deffein que d'en rechercher les antiquités, je me borne à ce qui regarde la fondation de leur Empire & l'origine de leur nation. Il me fera donc permis, à l'égard de ce dernier point, de retoucher ici ce que j'ai rapporté ailleurs des *Toum-hou* ou des Tartares Orientaux.

Après que leur Empire eut été détruit par *Mo-the*, Empereur, ou bien *Tchen-yu* des *Hioum-nou*, ils fe partagerent en deux peuples, qui emprunterent les noms de *Sien-pi* & d'*Ou-houan*, deux chaînes de montagnes dont ils s'emparerent, & où ils demeurerent tributaires de leurs vainqueurs. Les *Sien-pi* devinrent dans la fuite du temps les plus puiffants de leur nation; & fentant défaillir les *Hioum-nou*, ils les pousferent à leur tour, & fe rendirent maîtres de leur Empire. Ils fonderent plufieurs grands Royaumes dans la Chine Septentrionale, & même un dans les terres du *Thybet* près de la Chine Occidentale. *Kho-pe-nem*, le dernier de leur Héros, ennemi de la Chine, fut affaffiné par les menées du Vice-Roi Chinois de la Province de *Yeou-tcheou*, aujourd'hui *Pe-kim*. Les *Sien-pi*, qui ne pouvoient plus tenir contre la Chine, allerent fe cantonner dans le pays de la Tartarie Orientale, qui eft fitué au Septentrion de la ville de *Hoam-loum-fou*, au Midi de la riviere de *Hoam-choui*, à l'Occident du fleuve, nommé par les Chinois *Soumhoa-kiam*, & à l'Orient du *Cha-mo*, ou de la Mer de fable. *Pou-hoei*, defcendant de *Kho-ou-tou* qui defcendoit lui-même de *Chin-noum*, Empereur de Chine, eut pour fils *Mo-no* qui du Midi des monts *Yn-chan*, (ces monts font dans la Tartarie affez près des confins Septentrionaux de la Province de *Chanfi*,) vint s'établir dans la partie Occidentale du *Leao-toum*. Sa famille y régna fous neuf Rois confécutifs; mais ayant été éteinte par les *Sien-pi*, fujets de la famille

---

(*) *Tchin-tcheou* eft un nom que la Dynaftie des *Tham* donnoit à cette ville qu'elle nommoit auffi *Hem-tcheou*. Aujourd'hui on l'appelle *Tchin-tim-fou*. Elle eft dans la Province de *Pe-kim*, au Sud-Oueft de *Pe-kim*, à foixante lieues de diftance.

des *Mou-youm*, ſes ſujets ſe diſſiperent, & prirent, les uns le nom de *Yu-ven*, les autres de *Kuou-mou-hi*, les autres enfin des *Khitan*. Ce fut donc ſur la fin de la Dynaſtie Chinoiſe des *Tçin*, que le nom de *Khitan* commença à paroître. Les *Khitan* furent auſſi défaits par les *Sien-pi*, ſujets de la famille des *Mou-youm*; ce qui les obligea de ſe retirer dans le *Soum-mo*; c'eſt ainſi que les Chinois appellent le pays des *Sien-pi*, que je viens de décrire, à cauſe qu'il eſt entre le fleuve *Soum-hoa-kiam* & le déſert de *Cha-mo*. Il furent auſſi-tôt après ſubjugués par les *Ouei* Tartares. Les *Tou-kiue* devinrent enſuite leurs maîtres, & leurs vexations contraignirent les *Khitan* d'aller chercher un aſyle dans la *Corée*.

Enfin, l'an 584, leur chef vint en perſonne ſe ſoumettre à l'Empereur de Chine, qui lui permit de retourner avec ſa nation dans ſon ancien pays. Ils eurent le temps de ſe multiplier à l'abri de la protection Chinoiſe, & ils ſe partagerent en dix hordes, ou peuples. Ils étendirent même les bornes de leur Royaume, qui fut alors terminé du côté du Midi par la *Corée* & par le *Leao-toum*, à l'Occident par les *Hii*, au Septentrion par les *Mo-ho* & par les *Che-ouei*. Là ils étoient errants, vivant de leur chaſſe & de leurs troupeaux. Leur Roi qui étoit de la famille de *Ta-ho*, les diviſa en huit hordes, & ſubit le joug des *Tou-kiue*, qui lui accorderent le titre de *Ki-kin*. L'an 620, il paya tribut à la Chine; nonobſtant cela, incontinent après il y vint faire des incurſions. L'an 628, les *Khitan* ſe ſoumirent au grand *Thai-tçoum*, Empereur de Chine, qui diviſa la Tartarie Orientale, auſſi-bien que l'Occidentale, en villes & en Provinces, auxquelles il aſſigna des Vice-Rois & des Gouverneurs. Il créa *Kou-ko*, chef des *Khi-tan*, Commandant général de ſa nation, lui donnant le titre de *Tou-tou* du pays de *Soum-mo*. Les *Khi-tan* demeurerent long-temps paiſibles & ſoumis à la Chine. La paix eſt une mort pour les Barbares. Ils reprirent les armes, & ſe révolterent. Depuis ce-temps-là, ils garderent une eſpece d'alternative entre les Chinois & les *Tou-kiue*, balançant la puiſſance des uns par celle des autres, ſuivant ce que requéroit le beſoin.

Tçin-tchoum étoit petit-fils de *Kou-ko*; il ſe rendit maître du *Leao-toum*, & en tua le Vice-Roi, prenant en même-temps le titre de *Vou-cham-khan*, c'eſt-à-dire, en Chinois, *Khan qui n'a rien au-deſſus de ſoi*. Il avoit pour Viſir *Vam-youm*, petit-fils de *Ghao-tçao*, qui avoit eu la dignité de *Tou-tou de Soum-mo*, c'eſt-à-dire, Commandant général du Royaume des *Khitan*. *Vam-youm* défit les Chinois en deux ou trois grandes batailles; mais à la fin il fut entiérement défait lui-même, & tué par les Chinois. L'impuiſſance où les *Khitan* ſe trouverent de réſiſter aux Chinois, les obligea de ſe ſoumettre aux *Tou-kiue*. Un couſin de *Tçin-tchoum*, nommé *Che-ho*, ramaſſa les débris de ſa nation. Il obtint de l'Empereur de Chine, d'être créé *Tou-tou de Soum-mo*, & d'épouſer une Infante adoptive. Il mourut l'an 719.

So-kou, ſon cadet, prit ſa place, & devint *Tou-tou* la même année que mourut ſon frere. Il épouſa auſſi la *Koum-tchu*, femme de ſon frere, & vint en perſonne avec elle rendre hommage à l'Empereur de Chine. Il fut tué par un de ſes Officiers, nommé *Kho-tou-yu*, qui s'étoit révolté contre lui. *Yo-yu*, couſin de *So-kou*, fut reconnu pour chef, & *Tou-tou* par *Kho-tou-yu*; ce qui fut confirmé par l'Empereur de Chine. L'an 722, *Yo-yu* vint rendre hommage.

Thou-yu, cadet de *Yo-yu*, ſuccéda à ſon frere mort, & vint rendre hommage l'an 725. *Kho-tou-yu* le tenoit dans de perpétuelles allarmes; c'eſt pourquoi il

vint avec la *Koum-tchu* ſe retirer auprès de l'Empereur de Chine, qui le créa Roi. Les *Khitan* mirent en ſa place *Chao-kou*, cadet de *Thou-yu*. *Chao-kou* vint rendre hommage l'an 725; il fut aſſaſſiné par *Kho-tou-yu* l'an 730.

Kiu-lie, (c'eſt apparemment celui qui porte parmi les *Khitan* le titre de *Ouo-khan*,) fut mis en la place de *Chao-kou* par *Kho-tou-yu*. L'an 734, *Kho-tou-yu* & *Kiu-lie* furent défaits en deux batailles conſécutives, par le Vice-Roi Chinois de *Yeou-tcheou*. *Kouo-tche*, Officier des *Khitan*, fit trancher la tête à tous les deux. Il fut créé pour cela *Tou-tou* de *Soum-mo*, & Roi de *Pe-pim* dans la Chine. Cette même année 734, *Ya-li*, ou comme diſent quelques-uns, *Nie-li*, ou bien encore *Ni-li*, qui étoit de la faction de *Kho-tou-yu*, maſſacra *Kouo-tche*, & extermina ſa famille. Cette playe affoiblit extrêmement la puiſſance des *Khitan*; de ſorte que la famille Royale de *Ta-ho*, de tributaire qu'elle étoit auparavant, devint ſous-tributaire, & fut obligée de ſe ſervir de la médiation du Roi des *Hii*, pour pouvoir être admiſe à l'hommage en Chine. *Ya-li* refuſant de prendre la couronne, la mit ſur la tête du *Khan*, nommé *Tçou-gou-khan*. Cet *Ya-li* eſt le *Chi-tçou*, ou la tige de la famille Impériale des *Leao*.

Ti-nien-tçou-li-pen étoit *Ta-ſſe*, ou Grand-Maître des huit hordes. Il reçut par une grace ſpéciale le nom de la famille Impériale de Chine, & fut nommé en Chinois *Li-hoai-ſieou*; les ſiens lui donnerent le titre de *Tçou-hou-khan*. Il fut le premier Roi de la famille des *Yao-nien*, celle de *Ta-ho* étant éteinte. Il reçut apparemment cet honneur après le gain de la fameuſe bataille, où *Ghan-lo-chan*, qui étoit révolté contre la Chine, fut entiérement défait. *Neou-li-ſſe*, triſaïeul du fondateur de l'Empire des *Leao*, contribua beaucoup à cette victoire.

Kiai-lo prit le titre de Roi des *Khitan*. Il déclara la guerre à la Chine l'an 788.

Kiu-ſu, l'an 842, reçut la qualité de Vice-Roi de la Province Chinoiſe de *Yeou-tcheou*. Il y joignit le titre de Roi des *Khitan*, & les ſiens lui donnerent celui de *Ye-lan-khan*. Les Rois de la maiſon de *Yao-nien* étoient tributaires des *Hoei-hou*, & ils recevoient d'eux le ſceau qui étoit la marque de leur dignité. Il quitta ce ſceau, & en demanda un nouveau à l'Empereur de Chine, qui le lui accorda, en faiſant graver deſſus cette inſcription : *Foum-koue-khitan*, c'eſt-à-dire, *ſceau du Royaume ſoumis des Khitan*.

Sii-eul, Roi des *Khitan*, à qui les ſiens donnent le titre de *Pa-la-khan*, paya deux fois tribut à la Chine depuis l'an 860 juſqu'à l'an 873. La puiſſance des *Khitan* s'accrut ſous ſon regne.

Le Roi des *Khitan*, nommé *Khin-te*, étoit de la même famille que *Sii-eul*. C'eſt celui qui porta le titre de *Leam-te-kin-khan*; auparavant il a été nommé *Hen-te-kin*. Il eſt difficile de ſavoir laquelle de ces deux prononciations eſt la véritable; les lettres *Leam* & *Hen* ne different que d'un point, & peuvent par conſéquent ſe confondre aiſément. L'an 886, il ravagea les pays des *Sii*, des *Che-ouei*, & autres Tartares qui ſe ſoumirent enfin à lui. Il fit long-temps la guerre à *Leou-gin-koum*. Sur la fin de ſon regne, il ſe relâcha. C'étoit une coutume inviolable chez les *Khitan*, que les Chefs des hordes fuſſent changés tous les trois ans. *Ye-liu-apao-kbi* ne voulut point recevoir de ſucceſſeur dans l'horde de *Thie-la*, dont il ſe rendit Chef perpétuel, & prit le titre du Roi. Ainſi la famille des *Yao-nien* perdit la couronne, qui paſſa dans celle des *Ye-liu*, ou des *Che-lu*, ou des *Che-li*. Les deux Tables ſuivantes diront le reſte.

CANON *chronologique des Empereurs de la Dynastie des* LEAO, *ou des* KHI-TAN.

	L'EMPEREUR	fous le titre de	régna	commença l'an du Cycle nommé	l'an de J. C.	finit l'an du Cycle nommé	l'an de J. C.	régna en tout	vécut	mourut
1.	*Thai-tçou*		9	*Tim-mao*	907	*Yi-hai*	915			
		Chin-tçée	6	*Pim-tçe*	916	*Sin-fe*	921			
		Thien-tçan	5	*Sin-fe*	921	*Yi-yeou*	925			
		Thien-hien	2	*Yi-yeou*	925	*Pim-fu*	926	21	35	
2.	*Thai-tçoum*	*Thien-hien*	12	*Pim-fu*	926	*Tim-yeou*	937			
		Hoei-thoum	9	*Vou-fu*	938	*Pim-ou*	946			
		Tha-thoum	1	*Tim-vei*	947	*Tim-vei*	947	22	46	
3.	*Chi-tçoum*	*Then-lo*	5	*Tim-vei*	947	*Sin-hai*	951	5	34	affaffiné.
4.	*Mou-tçoum*	*Ym-lii*	19	*Sin-hai*	951	*Ki-ffé*	969	19	39	affaffiné.
5.	*Khim-tçoum*	*Pao-nim*	10	*Ki-ffé*	969	*Vou-yn*	978			
		Kien-hem	4	*Ki-mao*	979	*Gin-ou*	982	14	35	
6.	*Chim-tçoum*	*Thoum-ho*	29	*Kouei-vei*	983	*Sin-hai*	1011			
		Khai-tai	9	*Gin-tçe*	1012	*Kem-chin*	1020			
		Thai-pim	11	*Sin-yeou*	1021	*Sin-vei*	1031	49	61	
7.	*Him-tçoum*	*Tchoum-hii*	24	*Gin-chin*	1032	*Yi-vei*	1055	24	40	
8.	*Tao-tçoum*	*Tçim-nim*	10	*Yi-vei*	1055	*Kia-tchin*	1064			
		Hien-youm	10	*Yi-ffé*	1065	*Kia-yn*	1074			
		Thai-kham	10	*Yi-mao*	1075	*Kia-tçe*	1084			
		Tha-ghan	10	*Yi-tcheou*	1085	*Kia-fu*	1094			
		Cheou-loum	7	*Yi-hai*	1095	*Sin-fé*	1101	47	70	
9 & dernier.	*Thien-tço-ii*	*Kien-thoum*	10	*Sin-fe*	1101	*Kem-yn*	1110			pris vif par les *Kin*, & mort auffi-tôc de chagrin.
		Thien-khim	10	*Sin-mao*	1111	*Kem-tçe*	1120			
		Pao-tha	5	*Sin-tcheou*	1121	*Yi-ffé*	1125			

Remarquez que quelques-uns donnent à *Thai-tçou* onze ans de regne, fans titre, au-lieu de neuf; en voici la raifon.

Leam-te-kin-kham mourut dans la douzieme lune de l'an 914; ainfi *Thai-tçou* régna plufieurs jours de cette année-là, à raifon de quoi elle lui eft attribuée pour la premiere de fon regne par les uns, pendant que les autres la laiffent entiere à *Leam-te-kin-khan*. Pareillement la neuvieme de ceux-ci concourt au commencement avec la premiere de *Chin-tçée*, parce que

Thai-tçou ne prit le titre de *Chin-tçée* que le dixieme de la feconde lune, c'eft-à-dire dans la neuvieme année des derniers, & dans l'onzieme des premiers. Remarquez auffi que la derniere année d'un titre concourt avec la premiere du titre fuivant; ce qui marque que le commencement de la premiere année du fuivant appartient au titre précédent, & la fin au fuivant, le titre fuivant n'ayant pas commencé avec l'année. Les caractères du cycle répétés auffi-bien que l'année, le font affez voir dans la Table fuivante.

TABLE *généalogique des Empereurs des* LEAO *ou des* KHITAN, *de la Famille de* YE-LIU.

		EMPEREURS
	Ya-li céda l'Empire à *Tçou-gou-khan*, & defcendoit de *Ki-cheou-khan.* On ignore le nombre de générations qui fut entre deux ; il fut pere dé *Pii-thie.*	
		EMPEREURS créés après la mort.
	Khai-lim.	
	Neou-li-ffe ou	*Sou-tçou.*
Second fils	*Sa-la-te*	*Yi-tçou.*
Troifieme fils	*Kiun-te*	*Hiuen-tçou.*
Quatrieme fils	*Sa-la-tii*	*Te-tçou.*
		EMPEREURS véritables.
Fils aîné	*A-pao-khi* ou	*Thai-tçou* . . . . . 1.
Frere puîné	*Yao-khou* ou	*Thai-tçoum* . . . . 2.
Fils du fils aîné de *Thai-tçou* .	*Ou-yu*	*Chi-tçoum* . . . . 3.
Fils aîné de *Thai-tçoum* . .	*Chu-lu*	*Mou-tçoum* . . . . 4.
Fils aîné de *Chi-tçoum* . .	*Mim-y*	*Khim-tçoum* . . . . 5.
Fils aîné	*Ven-tchu-nou*	*Chim-tçoum* . . . . 6.
Aîné	*Y-pou-kin* ou *Tche-kou* . .	*Him-tçoum* . . . . 7.
Aîné	*Nie-lu,* ou bien *Tcha-la* . .	*Tao-tçoum* . . . . 8.
Petit-fils de *Tao-tçoum* & fils de	*Yen-hi,* ou *Yen-nim,* ou O-kouo	*Thien-tço-hoam-ti* . .
Chun-tçoum		9.

REMARQUE SUR CETTE TABLE GÉNÉALOGIQUE.

L'Hiftoire & la Tradition ignorent également le temps auquel régnoit *Ki-cheou-khan*, premiere tige de cette famille. Voici ce que l'Hiftoire rapporte. Il étoit monté fur un cheval blanc, & defcendoit à la nage la riviere de *Thou-ho.* Cette riviere fe jette dans une autre, au pied du mont *Mou-ye-chan*, qui eft dans le *Leao-toum.* Etant arrivé au confluent, il tourna la tête, & jetta les yeux fur l'autre riviere. Il apperçut une femme montée fur un petit char, attelé de bœufs gris, qui defcendoit l'autre riviere à la nâge ; cette riviere fe nomme *Hoam-ho,* ou *Hoam-choui.* Ils s'aborderent & fe marierent enfemble, fans autre formalité. De ce mariage il naquit huit garçons, à qui leur pere *Ki-cheou-khan* partagea le terrein de fes Etats, qui fe trouverent par-là divifés en huit hordes, dont fes huit enfants furent les chefs. On érigea un temple fur la montagne, où les ftatues du pere, de la mere & des huit enfants furent placées. Depuis ce temps-là, les *Khi-tan*, en mémoire de cette rencontre, leur faifoient réguliérement tous les ans des facrifices, dont les victimes étoient des chevaux blancs & des bœufs gris. Cette montagne étoit facrée pour les *Khi-tan*, & leurs Empereurs, outre des facrifices réglés, ne faifoient aucune entreprife confidérable, fans y aller facrifier auparavant. Leur Hiftoire eft pleine de ces fortes de facrifices qu'ils faifoient à *Ki-cheou-khan*, à fa femme & à fes enfants.

Il refte encore quelques obfervations à faire. Les voici.

1°. *Thai-tçou* bâtit quatre *Leou*, ce qui fignifie *maifons à étages.* C'étoit quatre fuperbes palais aux quatre points cardinaux, fur les confins de fes premiers Etats. L'Occidental étoit dans le lieu où enfuite il bâtit la ville de *Lin-hoam-fou*, qui fut fon *Chamkim* ou *fa fuprême Cour*, c'eft-à-dire, la principale Capitale de fon Empire. L'Oriental étoit éloigné de cent lieues de l'Occidental. Il bâtit enfuite autour de ce palais la ville de *Louam-hoa-tcheou.* Le Septentrional étoit éloigné de trente lieues de l'Occidental, & fut enfermé dans la ville de *Tham-tcheou.* Le Méridional étoit dans le mont *Mou-ye-chan.* L'efpace compris entre ces quatre palais étoit fon pays de chaffe. Les portes & les fenêtres de ces palais, auffi-bien que les maifons des particuliers, regardoient toutes l'Orient.

2°. On a fouvent parlé des fleches des mânes, en voici la cérémonie. Quand l'Empereur alloit en perfonne faire la guerre, il s'armoit de toutes pieces, & dans cet équipage, il facrifioit aux Empereurs fes ancêtres, à Mercure & à Mars : après quoi on amenoit un prifonnier condamné à la mort, lequel on plaçoit dans le chemin qui conduifoit au pays ennemi, & on l'attachoit à un poteau. Là on le perçoit de mille fleches, qu'on tiroit toutes à la fois. On les nommoit les fleches des mânes, peut-être à caufe du facrifice qu'on venoit de faire aux mânes des anciens Empereurs. Le facrifice de ce malheureux fervoit, fuivant la perfuafion fuperftitieufe de cette nation, à détourner les maux. Au retour de l'armée, on recommençoit la même cérémonie ; mais on choififfoit un des ennemis, au-lieu d'un coupable. On condamnoit auffi quelquefois d'infignes coupables à ce fupplice.

3°. La cérémonie du *Sée-fée*, ou de tirer des fleches fur des faules, fe faifoit pour demander de la pluie dans les grandes féchereffes ; on choififfoit un jour heureux. Avant ce jour, on élévoit, à l'endroit même où on devoit faire le facrifice, une falle fort vafte, qu'ils appelloient *célefte*, foutenue fur cent colonnes de bois ; tout le refte étoit de bambou. On plaçoit dans cette falle les portraits des anciens Empereurs, devant lefquels

quels l'Empereur régnant faifoit des oblations : après quoi on tiroit des fleches fur les faules, qui étoient au-dehors de fa falle. L'Empereur en tiroit deux ; les Rois du premier ordre & les Vifirs en tiroient chacun une. Ceux qui donnoient dans le faule changeoient de bonnet & de cafaque avec ceux qui n'y avoient pas donné, & ceux-ci étoient obligés de verfer à boire aux autres qui paffoient pour leurs vainqueurs ; après quoi chacun reprenoit fes propres habits. Le lendemain, on tiroit des fleches fur les faules qui fe trouvoient au Sud-d'Eft de la falle célefte. Les Prêtres du facrifice faifoient une oblation de vin & de bled au pied des faules, & récitoient une formule de prieres. L'Empereur & l'Impératrice facrifioient vers l'Orient. Enfuite les freres & les enfants de l'Empereur tiroient des fleches fur les faules. Les Princes du fang, les beaux-peres de l'Empereur, & les grands Officiers recevoient des préfents de l'Empereur, chacun felon le rang de fa dignité. S'il venoit à pleuvoir le troifieme jour, l'Empereur donnoit au *Tii-lie-ma-tou*, (c'eft ainfi que les *Khitan* appelloient dans leur langue le Préfident des facrifices,) quatre chevaux & quatre paires d'habits complets ; s'il ne pleuvoit pas, il le faifoit arrofer d'eau & bien mouiller.

4°. La cérémonie de la renaiffance fe célébroit à la fin de tous les douze ans, à compter depuis le jour de la naiffance. Dans la derniere lune de l'année, on choififfoit un jour heureux pour la cérémonie dans l'année fuivante. Avant ce jour, on préparoit, au Septentrion de la porte de derriere du palais, deux appartements, nommés l'un la chambre de la renaiffance, l'autre la chambre de l'Impératrice mere. On apportoit les portraits des Empereurs morts, que l'on plaçoit dans la falle de la renaiffance vers l'angle du Sud-Eft, & on plantoit à la renverfe un arbre à trois fourches. Le jour de la cérémonie, on introduifoit de jeunes enfants & des fages-femmes dans les chambres. Une femme portant du vin, & un vieillard tenant entre les mains des fleches & un carquois, attendoient debout hors les chambres. Les Maîtres des cérémonies prioient les tablettes des Empereurs défunts de defcendre des brancards. Ils leur faifoient une oblation ; après quoi, l'Empereur fortoit de fon appartement, pour aller fe placer dans la chambre de la renaiffance. Tous les Officiers venoient au-devant de lui, & le faluoient deux fois à genoux. L'Empereur étant entré dans la chambre, quittoit les habits de deffus, & fe mettoit nuds pieds ; il paffoit trois fois fous l'arbre à trois fourches, fuivi feulement des jeunes enfants. Toutes les fois qu'il y paffoit, les fages-femmes, en faifant des invocations, le nettoyoient & le vergettoient. Les jeunes enfants paffoient fept fois fous l'arbre ; l'Empereur fe couchoit cependant à côté de l'arbre. Alors le vieillard frappant le carquois qu'il tenoit, difoit : „ Il eft né un garçon ". Le principal Prêtre couvroit la tête de l'Empereur, qui fe relevoit. Tous les Officiers fe profternant à terre le faluoient deux fois pour le féliciter. Une fage-femme prenant le vin de la main de la femme qui le portoit, le préfentoit à l'Empereur ; le principal Prêtre lui préfentoit en même-temps des langes & des ornements convenables, & faifoit des vœux pour lui. Sept vieillards, choifis par avance pour cela, fe tenoient debout, portant chacun un nom propre pour l'Empereur, écrit fur du taffetas de couleur. Ils fe mettoient tous enfemble à genoux, & le prioient de choifir un de ces noms. Il le choififfoit & faifoit des préfents aux vieillards, qui s'étant profternés, & ayant falué deux fois, fe retiroient. Alors tous les Officiers de la Cour offroient à l'Empereur des langes & autres ornements convenables. L'Empereur, après avoir falué à genoux les portraits de fes ancêtres, alloit faire un feftin à tous les Officiers de fa Cour.

5°. Ces mêmes Empereurs facrifioient au Dieu des *Piao-lou*, (ce font des cerfs d'une grandeur extraordinaire,) toutes les fois qu'ils alloient à la chaffe pour long-temps. Ils avoient devant leurs tentes, dans les expéditions militaires, douze grands tambours & autant de *Thao*, ou, comme prononcent ordinairement les Chinois, de *Tou*, c'eft-à-dire de *longues piques*, au-deffous du fer defquelles étoit attachée une groffe houppe, faite d'une queue de vache du *Thybet*. Cela étoit particulier aux Empereurs de Chine, qui, par honneur, en donnoient de femblables aux *Khan* Tartares quand ils les créoient Empereurs ; car alors ils les inveftiffoient par le *Tou* & le tambour ; c'eft de là apparemment que vient la coutume des queues de cheval dont les Turcs fe fervent encore aujourd'hui, ne pouvant plus avoir des queues de vaches du *Thybet*. Le nom de *Tough* qu'ils donnent à cet étendard militaire, fait affez voir qu'ils ont pris cette coutume des Chinois. Sous cette touffe, les Chinois aujourd'hui placent un pavillon quarré. Au refte, il y a de ces queues de vaches du *Thybet*, qui font groffes comme un boiffeau Chinois. Il faut encore remarquer que les Empereurs des *Leao* avoient emprunté des *Geougen* & des *Tou-kiue*, le titre de *Khan* pour eux, & celui de *Khatoun* pour leurs femmes. Dans leur langue, *Yr-li-kin*, comme l'écrivent les Chinois, & peut-être *Yr-ghin*, étoit le titre de la puiffance fouveraine, & *Thie-li-khien*, fignifioit la *Reine* ou l'*Impératrice*, à laquelle ils donnoient même le fuperbe titre de *Neou-ouo-ma*, qui fignifie Cybele, la comparant par-là à la Déeffe de la terre ; car *Neou-ouo*, dans le langage des *Khitan*, eft le titre d'honneur de cette Déeffe, & *Ma* fignifie *Mere*. Pour ce qui regarde le refte, ils avoient formé leur Gouvernement & leur Religion fur le modele de la Chine. Un Philofophe Chinois, qui fe donna à *Thai-tçou*, forma le plan de ce grand Empire, & fans trop violenter les mœurs de ce peuple, il les accommoda aux manieres Chinoifes. Auffi *Thai-tçou* eut une confiance fans réferve en ce grand homme. Il s'abandonna entiérement à fa conduite, en ce qui étoit du Gouvernement, & lui fit des honneurs qu'il ne faifoit à aucun autre. La plupart des Empires Tartares ont été formés de la forte, c'eft-à-dire, par des Chinois que leurs Souverains avoient auprès d'eux.

On n'avoit peut-être jamais vu après celle des *Tham*, de puiffance plus grande & mieux établie que celle des *Khitan*, ou bien des *Leao*. L'Empire, qu'ils poffédoient en propre, avoit plus de mille lieues d'étendue en tout fens, outre un grand nombre de nations Tartares, & foixante Royaumes de compte fait, parmi lefquels ils comptoient la Perfe & l'Arabie, qui leur étoient tributaires : (je dirai dans la fuite ce qu'on doit entendre par ces deux pays-là.) A la vérité, ils ne poffédoient de l'Empire de Chine que les quatre Provinces feptentrionales ; mais le refte leur payoit un gros tribut. Le nombre de leurs troupes répondoit à la grandeur de leurs Etats ; car outre les cinq cents mille chevaux de la garde de l'Empereur, ils avoient fous leurs étendards près de dix-fept cents mille hommes, entretenus pour la garde de l'Empire, fans parler des troupes extraordinaires qu'ils pouvoient lever fur leurs terres, & des troupes auxiliaires que les Tartares & les Royaumes tributaires étoient obligés de leur fournir, fous peine de dégradation & d'exécution militaire, toutes & quantes fois qu'ils en étoient requis. Leurs richeffes étoient proportionnées aux dépenfes énormes qu'il leur falloit faire pour l'entretien de tant de foldats. Les Empereurs ont eu dans leurs haras jufqu'à un million complet de chevaux. Les fondements d'un tel Empire ne paroiffent-ils donc pas inébranlable ? Mais y a-t-il quelque chofe d'inébranlable à la puiffance du Dieu terrible qui ôte l'efprit aux Princes, & qui lave dans le fang les crimes énormes dont les nations opulentes & orgueilleufes ont coutume de fouiller la terre ? Sa Providence fufcita la moins nombreufe & la plus foible en apparence de toutes les

nations, (les *Niou-tche*, ou *Kin*) qui, dans l'efpace de trois ans, renverfa de fond en comble. cet effroyable édifice, & qui, au bout de dix ans, temps qui fuffifoit à peine pour parcourir ce vafte Empire, s'en vit maîtreffe paifible & abfolue. Une conquête fi furprenante pafferoit pour une fable, fi l'Hiftoire des *Leao*, ennemis des *Kin*, & celle des Chinois, qui n'eft pas trop portée à favorifer les Tartares ne s'accordoient en tous les points que je vais déduire avec celle des *Kin* mêmes. Avant de paffer outre, je dois marquer en peu de mots par quels degrés la Chine tomba du haut point de puiffance où elle s'étoit élevée fous les *Tham*, dans un abyme de malheurs qui la réduifirent enfin fous le joug pefant des Tartares.

Jamais l'Empire de la Chine ne fut plus puiffant & plus étendu que fous le commencement de la Dynaftie des *Tham*; jamais il ne fut plus foible & plus retréci que fur la fin de la même Dynaftie. Les Empereurs Chinois, pour affurer les confins de leurs Etats, s'aviferent d'un expédient qui paroiffoit bon, & qui dans le fond étoit pernicieux. Ce fut de créer des Vice-Empereurs; car c'eft ainfi que j'appelle ceux qu'ils nommoient *Tçe-ffe*, auxquels ils donnerent une égale autorité fur le peuple & fur le foldat. Cette autorité univerfelle eut d'abord tout l'effet qu'on s'en promettoit. Les confins furent bien gardés; mais quand une fois l'ambition a goûté d'une autorité que l'éloignement de la Cour rend abfolue, elle fonge à la rendre fouveraine. Les Vice-Empereurs fongerent bientôt à la rendre héréditaire. Ils employerent d'abord les fupplications, & quelques-uns réuffirent dans leur deffein. D'autres ayant été refufés, fe fervirent de la voie de fait, & firent proclamer leurs enfants, ou leurs parents, Vice-Empereurs par les peuples & par les troupes. On fit la guerre pour les châtier; on diffimula quelquefois. Bientôt après, le défordre augmenta; on n'eut plus à faire à des particuliers rebelles. Les Vice-Empereurs fe liguerent enfemble pour défendre, & chacun fe cantonna. Depuis ce temps-là, ce ne fut plus que guerres civiles. Enfin, la Dynaftie des *Tham* fut éteinte par le plus puiffant des Vice-Empereurs, qui fonda la Dynaftie des *Tham* poftérieurs. Cette Dynaftie fut fuivie de quatre autres, qui, toutes enfemble, ne durerent que cinquante-deux ans, fous douze Empereurs, c'eft-à-dire, depuis l'an 908 jufqu'en l'an 960. Ces Empereurs n'avoient que l'ombre de l'autorité Impériale; car durant leurs regnes, la Chine fut partagée en dix Royaumes indépendants les uns des autres, en quelques-uns defquels les Rois prenoient le titre d'Empereur. Ces Empereurs des cinq petites Dynafties poftérieures n'avoient pas affez de force pour fe foutenir & réfifter par eux-mêmes à leurs compétiteurs. C'eft pourquoi *Che-khim-tham*, fondateur de la feconde de ces Dynafties, nommé *Tçin*, ne fe fentant pas affez fort pour fupplanter l'Empereur des *Leam* poftérieurs, fondateur de la premiere des petites Dynafties poftérieures, appella à fon fecours *Thai-tçou*, Empereur & fondateur de la Monarchie des *Leao*.

Thai-tçou accourut à fon fecours avec une formidable armée. Il défit l'Empereur des *Leam*; & ayant créé *Che-khim-tham* Empereur de *Tçin*, il le rendit fon tributaire, & fe faifit d'une partie de la Province du *Pe-kim* d'aujourd'hui, fuivant les conventions faites entre lui & *Che-khim-tham*. Depuis ce temps-là, les Chinois fe virent pour la premiere fois réduits à payer un tribut régulier aux Tartares. Envain tâcherent-ils de fecouer ce joug; cela ne fervit qu'à faire perdre au fucceffeur de *Che-khim-tham* fon Empire & fa liberté, & à obliger les *Khitan* de fe rendre maîtres abfolus des quatre Provinces les plus feptentrionales de la Chine. Cette fauffe démarche de *Chekhim-tham* fut la fource de tous les malheurs de la Chine. Il eft vrai que la Dynaftie de *Soum* s'étant élevée l'an 960, réunit en peu de temps tout le refte de la Chine fous fa domination; mais elle ne put aracher aux *Khitan* leur proie. Au contraire, les *Khitan* la forcerent elle-même à leur payer un tribut de dix mille *Leam*, ou onces Chinoifes d'argent, & de deux cents mille pieces de foie. Les Chinois furent même contraints dans la fuite pour racheter la paix, de le faire monter jufqu'à trois cents mille pieces de foie. Les *Khitan* en uferent pourtant modérément avec les Chinois, au-lieu que les *Niou-tchin*, ou la Dynaftie des *Kin*, pouffa à leur égard la cruauté & l'infolence à bout, comme nous l'avons marqué cideffus. Venons préfentement à la Dynaftie des *Kin*.

DE LA DYNASTIE DES KIN.

Il faut commencer par la defcription géographique du pays. Il eft terminé à l'Orient par la mer, & comprend l'ifle de *Ye-tço*, qu'ils nomment *Hou-ye*; au Septentrion par le fleuve nommé en Chinois, *Heloum-kiam*, c'eft-à-dire, le *fleuve du Dragon noir*, ou bien *He-choui*, c'eft-à-dire, *eau noire*, & paffe même au-delà; au Midi par la *Corée*; à l'Occident par le fleuve *Hoen-thoum-kiam*. Pour lui donner des bornes fixes, il faut joindre au fleuve *Hoen-thoumkiam*, celui qui fe nomme *Ya-lo-kiam*. La principale chaîne de montagnes de cette grande région eft appellée par les *Man-tchou* qui font aujourd'hui maîtres de la Chine, & de la même nation que les *Kin*, *Chemghien-alin*, c'eft-à-dire, les *Monts blancs*, & par les Chinois, *Pe-chan*; ce qui fignifie la même chofe, ou *Tcham-pe-chan*; ce qui veut dire les Monts longs & blancs. En effet, cette chaîne de montagnes a cent lieues de long. Elle eft fituée au Nord-Eft de *Khaiyuen*, ville du *Leao-toum*, laquelle eft au Nord de *Chin-yam*, aujourd'hui *Chim-kim*, capitale du *Leaotoum*, & n'en eft éloignée que de trente lieues. *Chinyam* eft à quarante-deux degrés de latitude boréale, & conféquemment *Khai-yuen* eft à quarante-trois. Les Monts blancs, fuivant le routier Chinois, font éloignés de *Khai-yuen* de plus de cent lieues. Ainfi la partie Orientale de cette montagne doit être à environ quarante-fix degrés de latitude. De *Pe-kim* à *Chin-yam*, on compte plus de cent cinquante lieues; ainfi eu égard à la latitude de *Chin-yam*, *Chin-yam* doit être de fix degrés à-peu-près plus Orientale que *Pekim*; & la même partie des monts blancs étant par le routier plus Orientale de quatre degrés environ que *Chin-yam*, elle doit l'être plus que *Pe-kim* d'environ dix degrés. Cette montagne méritoit d'être marquée avec foin, à caufe d'un lac merveilleux qui fe trouve fur un de fes fommets. Ce lac, dit la Chorographie Chinoife, a huit lieues & plus de tour. Il verfe trois fleuves, dont l'un prend fon cours vers l'Orient, l'autre vers le Midi, & le troifieme vers le Nord. Le premier va fe jetter immédiatement dans la mer. Le fecond eft celui que les Chinois nomment *Ya-lo-kiam*, à caufe de la couleur de fes eaux, qui font d'une couleur verte, telle qu'elle paroît fur certaines plumes du canard. Ce fleuve en entrant dans le golfe du *Leaotoum*, ou fi vous voulez, de la *Corée*, fait la féparation de ces deux Royaumes. Le troifieme qui eft le *Hoen-thoum-kiam*, après avoir reçu plufieurs rivieres, & s'être enflé des eaux du fleuve *Soum-hoa-kiam*, va fe joindre au fleuve *He-loum-kiam*; ce qui fait que les Chinois confondent fouvent ces deux fleuves. Les *Man-theou* donnent au *He-loum-kiam*, dans leur langue, le nom de *Sa-gha-lien-ou-la*; ce qui fignifie le *fleuve noir*. Les *Moum-gols* l'appellent *Amour*, & les Mofcovites qui l'ont pris de ces derniers, *Yamour*.

Je doute fort que cette grande étendue de pays ait été anciennement habitée par une feule nation. Quoi qu'il en foit, voici ce que les Chinois en rapportent. Sous l'Empire de *Vou-vam*, qui commença à régner en Chine l'an 1122 avant J. C., cette nation portoit le nom de *Sou-chin*. Elle vint lui apporter en forme de tributs, des fleches d'une grandeur énorme, dont la pointe étoit faite d'une pierre aiguifée qui perçoit le fer. Enfuite elle prit le nom de *Ve-kii*. Enfin, elle porta celui de *Mo-hho*. Je vais préfentement traduire, en omettant ce que je jugerai à propos d'omettre.

Sous l'Empire des *Ouei* Tartares, les *Ve-kii* étoient divifés en fept hordes, ou peuples. La premiere fe nommoit *Sou-mo*, la feconde *Pe-thou*, la troifieme *An-tche-khou*, la quatrieme *Fou-ne*, la cinquieme *Hao-che*, la fixieme *He-choui*, la feptieme *Pe-chan*. Sous la Dynaftie Chinoife des *Soui*, ils prirent le nom de *Mo-hho*, & les fept hordes fe réunirent en un feul corps de nation. Sous la Dynaftie des *Tham*, il ne fut plus mention que de deux hordes, favoir des *Mo-hho* de *He-choui*, ou du *fleuve noir*, & des *Mo-hho* de *Pe-chan*, ou des *Monts blancs*.

Les *Mo-hho* de *Sou-mo*, dont le Chef avoit pour nom de famille *Tha*, qui fignifie *Grand* dans la langue Chinoife, fe foumirent aux Coréans. Après que la Corée eut été fubjuguée par la Chine, ces *Mo-hho* de *Sou-mo* fe retirerent dans les monts de *Toum-meou*. Ce furent ceux-ci qui fonderent le Royaume de *Po-hai*, qui a duré plus de dix regnes. Ils avoient l'ufage des lettres; ils favoient ce que c'eft que les devoirs & les cérémonies, & la forme de leur Gouvernement étoit réglée. Leur Royaume contenoit cinq Cours, quinze grandes Provinces, & foixante-deux moindres. Les *Mo-hho* du fleuve noir occupoient l'ancien pays des *Sou-chin*. Ils s'étendoient vers l'Orient jufqu'à la mer, & vers le Midi jufqu'à la *Corée*, à laquelle ils fe foumirent, comme avoient fait les *Mo-hho* de *Sou-mo*. Ils menerent une armée de cent cinquante mille combattans au fecours de la *Corée* que les Chinois attaquoient. L'Empereur *Tham-thai-tçoum* les défit avec les Coréans dans la bataille de *Ghan-che*. Ceux-ci vinrent payer tribut à l'Empereur *Tham-hiuen-tçoum*, auquel ils fe foumirent. L'Empereur érigea leur pays en *Tou-touat*, & donna à leur *Tou-tou* un Infpecteur Chinois. Il donna à ce même *Tou-tou* le nom de la famille Impériale, avec le nom propre de *Hien-tchim*. Dans la fuite du temps, la puiffance des *Po-hai* s'étant accrue, les *Mo-hho* du fleuve noir furent forcés de fubir leur joug. Depuis ce temps-là, ces *Mo-hho* cefferent de payer tribut à la Chine. Sous les cinq petites Dynafties poftérieures, les *Khitan* s'emparerent du Royaume de *Po-hai*, & par le même droit de conquête, ils affujettirent les *Mo-hho* du fleuve noir. Ceux de ces *Mo-hho* qui habitoient le Midi du fleuve, furent couchés fur les rôles des *Khitan*, qui les nommerent les *Niou-tchin* privés, pour les diftinguer de ceux qui habitoient le Septentrion du même fleuve, qui n'étoient point fur les rôles, & qui pour cela étoient nommés *Niou-tchin* fauvages. C'eft dans le pays des *Mo-hho* que coule le *Hoen-thoum-kiam*, & que font affis les monts blancs.

La tige de la famille Impériale des *Niou-tchin*, ou bien de la Dynaftie des *Kin*, fe nommoit *Pou-hhan*. Il étoit Coréan de nation; & quand il vint s'établir parmi les *Niou-tchin*, il étoit âgé de plus de foixante ans. Il avoit un frere aîné, nommé *A-kou-nai*, qui refta en Corée, refufant de le fuivre: ,, Dans la fuite, ,, dit-il, il fe trouvera de mes defcendans qui fuivront ,, les vôtres; pour moi je ne le puis faire ". Ainfi *Pou-hhan* partit accompagné feulement de *Pao-ho-li* fon cadet. *Pou-hhan* s'arrêta dans l'horde de *Vam-ghien*, (ce terme fignifie *Roi* ou *Royal*,) fur le bord de la riviere de *Pou-kan*. Son cadet *Pao-ho-li* demeura à *Ye-lan*. Un de fes defcendans, nommé *Hou-che-men*, vint à la tête des *Mo-hho* de *Ho-fo-kouan* fe rendre au fondateur de la Dynaftie des *Kin*, qui fe nommoit *A-gou-tha*. Il fe difoit defcendu d'*A-kou-nai*, qui avoit eu deux cadets qui s'étoient féparés de lui pour aller s'établir hors de la Corée: ,, *Che-thou-*,, *men* & *Ti-kou-nai*, ajouta-t-il, defcendent de *Pao-*

,, *ho-li* ". *Thai-tçou* (cela veut dire le *très-grand aïeul*, & fignifie en Chinois le fondateur d'une Dynaftie; fon nom propre étoit *A-gou-tha*,) après la premiere victoire qu'il remporta fur les *Leao*, où il prit *Ye-lu-fie-che* leur Général, envoya un Ambaffadeur aux *Po-hai*, & leur fit dire: ,, Les *Niou-tche*, (c'eft ainfi que nous les appellerons dans la fuite, car le huitieme Empereur des *Leao*, qui avoit pour nom propre Chinois *Tçoum-tchin*, changea la lettre Chinoife *Tchin* en celle de *Tche*, & cela parce qu'à la Chine il n'eft pas permis de nommer le nom propre de l'Empereur:) les *Niou-tche* & les *Po-hai* ne font dans leur origine qu'une même famille ". Or il difoit cela, parce que l'un & l'autre peuple étoit forti des fept hordes des *Ve-kii*. *Pou-hhan* s'étant donc établi dans l'horde de *Vam-ghien*, y demeura long-temps.

Un particulier de cette horde tua un homme d'une autre horde ou famille. Cela alluma une haine implacable & une guerre cruelle entre ces deux hordes, & la paix ne fe pouvoit faire. L'horde de *Vam-ghien* parla à *Pou-hhan* en ces termes: ,, Si vous pouvez ,, réuffir à ménager cette paix, & à arrêter tant de ,, maffacres, nous avons parmi nous une fille fage, ,, âgée de 60 ans, & qui n'eft pas encore mariée, ,, nous vous la donnerons pour femme, & vous fe-,, rez naturalifé dans notre horde ". *Pou-hhan* accepta la condition; il réuffit dans fa négociation; il reçut pour récompenfe un bœuf noir & la vieille veftale. Il envoya ce bœuf noir à la vieille fille, pour préfent de noces, & l'époufa. Elle lui apporta tous fes biens, & le fit pere de deux garçons. L'aîné fut nommé *Ou-lou*, & le fecond *Ouaa-lou*. Il en eut auffi une fille, nommée *Tchu-ffe-pan*. Après la mort de *Pou-hhan*, les Empereurs lui donnerent le titre de *Chi-tçou*, ou de *premier aïeul*.

Ou-lou, fon fils aîné, (créé dans la fuite *Te-hoam-ti*,) lui fuccéda. *Po-hai*, fils d'*Ou-lou*, fuccéda à fon pere. Il fut créé après fa mort (par les Empereurs fes defcendans, fuivant la coutume Chinoife,) *Ghan-hoam-ti*.

Soui-kho, fils de *Po-hai*, fuccéda à fon pere; fon titre eft *Hien-tçou*, c'eft-à-dire en Chinois, le *fage aïeul*. Jufqu'alors les *Niou-tche* du fleuve noir n'avoient fu ce que c'étoit que maifon. Ils fe contentoient de creufer des trous au pied des montagnes le long des eaux, & de les couvrir de poutres & de clayes, fur lefquelles ils mettoient de la terre. Ils en fortoient en été, pour fuivre les herbes & les eaux avec leurs troupeaux; l'hyver venu, ils y rentroient. Au refte, ils changeoient fouvent de trous, & n'avoient aucune demeure fixe. *Soui-kho* fut le premier qui ayant été s'établir fur la riviere de *Hai-kou*, enfeigna aux fiens à labourer, planter, & faire des maifons en forme, d'où le lieu tira le nom de *Na-kho-li*, qui fignifie dans leur langue, *maifon que l'on habite*. Il alla bientôt après établir une demeure fixe fur le bord de la riviere d'*An-tchu-hou*; ce qui fignifie la *riviere d'or*, parce qu'il s'en trouve là.

Che-lou fuccéda à *Soui-kho*, fon pere. Il porte pour titre d'apothéofe, *Tchao-tçou*. Il étoit conftant, brave, fimple & droit. Les *Niou-tche* fauvages n'avoient aucune ufage des lettres, ni des loix; on ne pouvoit les gouverner. *Che-lou* voulut peu-à-peu les inftruire, & introduire des loix parmi eux. Tous les anciens de fon horde trouverent cela mauvais, & vouloient le faire mourir. Il étoit déja pris, lorfque fon oncle paternel, nommé *Che-li-hou*, ayant appris le danger où étoit fon neveu, accourut en difant: ,, Le fils de mon frere ,, aîné eft un homme fage; il eft digne fucceffeur de ,, fes ancêtres, & tout propre à maintenir l'ordre parmi ,, nous; pourquoi donc vouloir le faire mourir fi ,, cruellement "? Il banda fon arc, & tira une fleche fur ceux qui le tenoient faifi. Ils le relâcherent, & s'enfuirent. *Che-lou*, après avoir évité ce danger, s'appliqua avec plus de foin qu'auparavant à inftruire & à policer fon peuple, dont la puiffance s'accrut par-là peu-à-peu; ce qui obligea les *Leao* à lui conférer la dignité de *Tü-yn*. Cependant les Chefs des hordes qui dépendoient de lui, perfiftoient à rejetter fes inftruEtions & fes réglements. Alors *Che-lou* employa la force, & marchant avec des troupes, il vifita les pays du mont *Tçim-lim* & des Monts blancs. Il traita avec bonté ceux qui fe foumirent aux loix, & fit la guerre à ceux qui refufoient de s'y foumettre. Il entra dans les territoires de *San-pin* & de *Ye-lan*; il vainquit tout ce qui s'oppofa à lui.

A fon retour, il paffa par le pays où coule la riviere de *Pou-khou*; mais comme *Pou-khou* fignifioit dans la langue du pays un abcès dangereux, il prit cela pour un mauvais augure; & quoiqu'il fût accablé de laffitude, il ne voulut point s'arrêter dans ce lieu-là. Il paffa outre, & vint jufqu'à la plaine de *Kou-li*. Pendant la nuit, il tomba malade dans le village qui y étoit. Il furvint une allarme de voleurs, qui l'obligea la même nuit à décamper. Etant arrivé au village de *Fou-la-kii*, il s'y arrêta, & y mourut durant la nuit. Sa petite armée mit fon corps dans un cercueil, & l'emporta avec foi. Elle rencontra une troupe de voleurs, qui lui enleverent le cercueil, & prirent la fuite. L'armée la pourfuivit, & les ayant atteints, elle les combattit & reprit le cercueil. *Pou-hou* qui étoit de l'horde des *Kia-kou*, vint enfuite pour furprendre l'armée. Etant fur le point de la joindre, il prit langue des paffants, & leur demanda combien le cercueil de *Che-lou* pouvoit être éloigné de l'endroit où il étoit. ,, Il eft bien ,, éloigné d'ici, lui répondirent-ils, & vous ne pourrez ,, plus le joindre ". Ce menfonge arrêta *Pou-hou* tout court, & donna le temps à l'armée d'enterrer le corps de fon Chef. Il eft vrai que fous le commandement de *Che-lou*, les *Niou-tche* fauvages commencerent à fe polir tant foit peu, & à recevoir quelques loix; mais comme ils n'avoient ni écritures, ni Officiers pour les commander, ils ne favoient ce que c'étoit que de compter les mois & les années. De-là vient qu'il n'eft pas poffible de marquer combien les hommes de ce temps-là ont vécu.

Ou-kou-nai, fils de *Che-lou*, fuccéda à fon pere. Il a pour titre d'apothéofe *Kim-tçou*. Il naquit l'an de grace 1021, nommé *Sin-yeou* dans le cycle fexagénaire des Chinois. Il faifoit la fixieme génération depuis *Chi-tçou*, ou bien *Pou-han*, tige de fa famille. Il étendit peu-à-peu fa jurifdiEtion fur les hordes voifines. Il arriva que des fugitifs des *Leao* vinrent fe retirer dans les terres de fon obéiffance; pareillement les *Thie-i* & les *Ou-ge*, dont les *Leao* vouloient faire une colonie, fe donnerent à lui, pour ne pas aller où on les deftinoit. L'Empereur des *Leao* envoya une armée les reprendre. *Ou-kou-nai*, qui craignoit que fi les *Leao* entroient dans fon pays, ils ne priffent une connoiffance exaEte de la fituation des lieux, & qu'enfuite ils ne s'en rendiffent maîtres abfolus, fe fervit de ce ftratagême pour les arrêter : ,, Si vous entrez dans ,, le pays, leur dit-il, vous allez effrayer tous les habi- ,, tants; ce qui caufera de grands malheurs; laiffez- ,, moi le foin de faire la recherche des fugitifs ". Dans le même temps, quoique les hordes voifines fuffent foumifes, *Che-hien* qui étoit de l'horde d'*Ou-lin-ta* établie fur la riviere de *Hai-lan*, tenoit encore bon, & refufoit de fe foumettre. *Ou-kou-nai* l'avoit attaqué fans fuccès; il employa l'artifice auprès de l'Empereur des *Leao*, qui envoya auffi-tôt des Députés vers *Che-hien*, pour le reprendre févérement. *Che-hien* envoya à l'Empereur fon fils, nommé *Po-tchu-khan*. L'Empereur le renvoya comblé de préfents. Dans fa fuite, *Che-hien* lui-même alla avec *Po-tchu-khan* fon fils trouver l'Empereur, qui retint *Che-hien*, & renvoya *Po-tchu-khan* gouverner fon horde. Toute cette intrigue fut ménagée par *Ou-kou-nai*.

Quelque temps après, *Pa-yi-men*, Vice-Roi de l'horde de *Fou-nie* qui appartenoit aux cinq Royaumes, fe révolta contre les *Leao*, & leur ferma les chemins par où ils alloient prendre des oifeaux de proie fur le bord de la mer. Les *Leao* fe préparoient à lui faire la guerre. L'Empereur des *Leao* communiqua fon deffein à *Ou-kou-nai* par des Députés. ,, Il faut l'a- ,, voir par rufe, répondit *Ou-kou-nai*; fi vous y em- ,, ployez les armes, il fuira, & fe retranchera dans des ,, lieux inacceffibles, & il faudra bien du temps pour ,, venir à bout de lui ". Dans le fonds, c'eft qu'*Ou-kou-nai* craignoit toujours que les *Leao* n'entraffent dans fes Etats; ainfi il aima mieux fe charger de l'affaire, & s'en faire un mérite. Il feignit donc d'être ami de *Pa-yi-men*, & lui donna fa femme & fes enfants en ôtage; enfuite il fe faifit de fa perfonne par furprife. Il alla préfenter *Pa-yi-men* à l'Empereur, qui lui fit un feftin & des préfents extraordinaires. Il le créa *Tçie-tou-ffe*, ce qui fignifie en Chinois Généraliffime des *Niou-tche* fauvages. Ce que les Chinois nommoient *Tçie-tou-ffe*, les *Leao* l'appelloient *Thai-ffe*, c'eft-à-dire, en Chinois, le *très-grand maître*, d'où les *Kin* prirent occafion de donner le titre de *Tou-thai-ffe* à cette dignité. L'Empereur des *Leao* donna ordre qu'on lui donnât un fceau pour marque de fa dignité; mais comme *Ou-kou-nai* ne vouloit en aucune façon être mis fur les rôles des *Leao*, il le refufa, en difant qu'il n'étoit pas encore temps. L'Empereur vouloit abfolument qu'il le reçût, & il le lui envoya par un Député. *Ou-keu-nai* fit fauffement répandre un bruit parmi les fiens, qui les obligea de protefter que s'il recevoit le fceau, & fe faifoit enrégiftrer fur le rôle des *Leao*, ils le feroient mourir. Il fe fervit de cet expédient pour refufer le fceau; ce qui obligea le Député de le remporter. Depuis qu'il eut été créé *Tçie-tou-ffe*, il établit des Officiers, & l'ordre commença à régner.

Les *Niou-tche* fauvages n'avoient point de fer; ils vendoient tout leur bien pour acheter à haut prix des cuiraffes & des cafques des Royaumes voifins. *Ou-kou-nai* obligea tous fes freres, fes enfants & fes parents, de faire une grande provifion de fer. Quand il en eut abondance il en fit forger des armes offenfives. Par-là il augmenta confidérablement fa puiffance; & plufieurs vinrent fe foumettre volontairement à lui, entr'autres deux hordes de *Van-hien*. *Ou-kou-nai* étoit clément & débonnaire. Il avoit une grandeur d'ame à l'épreuve de l'impatience. On n'apperçut jamais fur fon vifage aucune marque d'affeEtion ou d'averfion pour perfonne. Il diftribuoit aux autres tout ce qu'il avoit, fans aucun fentiment d'avarice. Il oublioit les injures qu'on lui faifoit. Il avoit été abandonné par quelques transfuges; il les fit pourfuivre par fes gens, avec ordre de les ramener par la voie de la perfuafion. Les transfuges répondirent : ,, Votre ,, maître eft un franc *Ho-lo* : nous favons prendre les ,, *Ho-lo*; mais pouvons-nous nous foumettre à un ,, *Ho-lo* "? *Ho-lo* eft un oifeau que les Chinois nomment *Tçe-niao*, c'eft-à-dire, le *charitable oifeau*. Il fe trouve dans les pays feptentrionaux; il reffemble à une groffe poule. Quand il apperçoit des apoftumes fur le dos des bœufs, des chevaux, ou des chameaux, il fe vient percher fur eux, perce l'abcès à coups de bec, mange tout, après quoi le bœuf ou le cheval meurt auffi-tôt. Si dans la faim il ne trouve rien à manger, il dévore tout, même le fable & les pierres. *Ou-kou-nai* étoit adonné au vin & aux femmes. Il étoit extrêmement glouton; c'eft ce qui lui avoit fait donner le fobriquet de *Ho-lo*, & c'eft ce que marquoient les transfuges par leurs railleries. *Ou-kou-nai* l'ayant appris, n'en tint aucun compte, & même dans la fuite la néceffité ayant forcé ces railleurs de fe foumettre à lui, il leur fit de gros préfents, & les renvoya chez eux. Il agit de même à l'égard des autres qui fe foumirent, fe contentant de les marquer fur fes rôles. Cela augmenta la confiance qu'on avoit en fa bonne foi. L'an 1072, une horde des cinq Royaumes, (ce font

auffi

aussi des *Niou-tche*,) se révolta contre les *Leao*, & leur ferma les passages pour aller à la chasse des oiseaux de proie. *Ou-kou-nai*, lui déclara la guerre. *Sie-ye* prêta secours à *Po-kin*, chef des révoltés ; il fut défait par *Ou-kou-nai*, qui le poursuivit long-temps. Ensuite il alloit victorieux trouver le Commandant des garnisons des *Leao*, nommé *To-lou-kou*, & lui rendre compte de la défaite de *Sie-ye* ; mais avant d'être arrivé, il tomba malade ; ce qui l'obligea de retourner dans sa maison, où il mourut à l'âge de cinquante-quatre ans.

He-li-po, dont le titre d'apothéose est *Che-tçau*, étoit le second fils d'*Ou-kou-nai* ; il lui succéda dans la dignité de *Tçie-tou-sse*. C'étoit une coutume inviolable parmi les *Niou-tche* sauvages, que les enfants, quand ils étoient devenus grands, se séparassent, & s'établissent chacun dans sa maison particuliere. *Ou-kou-nai*, ou bien *Kim-tçau*, avoit eu neuf garçons. Sa premiere femme, nommée *Tham-kouo*, l'avoit fait pere, 1°. de *Hai-tche*, 2°. de *Che-tçau*, 3°. de *Hai-sun*, 4°. de *Sou-tçoum*, 5°. de *Mou-tçoum*. Quand ceux-ci furent en âge de se séparer, leur pere *Kim-tçau* tint ce discours : „ *Hai-tche* est doux & aimable ; il est propre à avoir le soin de la famille. *He-li-po* a de la „ magnanimité, de l'esprit & de la sagesse ; de quoi „ n'est-il point capable ? *Hai-sun* est pareillement doux „ & bon ". Après avoir dit cela, il ordonna à *Hai-tche* & à *He-li-po*, de demeurer ensemble ; il voulut que *Hai-sun* & *Sou-tçoum* ne se séparassent point. *Kim-tçau* étant mort, *Che-tçau* lui succéda. *Sou-tçoum* succéda à son frere *Che-tçau*. *Mou-tçoum* succéda à son frere *Sou-tçoum*. *Mou-tçoum* eut pour successeur le fils de *Che-tçau* ; après quoi *Thai-tçau* devint Empereur. *Che-tçau* naquit l'an de grace 1039, nommé *Ki-mao*. L'an 1074, il hérita de la dignité de *Tçie-tou-sse*. Un frere cadet de *Kim-tçau*, né d'une autre mere, & nommé *Po-hhe*, tramoit une conspiration. *Che-tçau* craignant qu'il ne causât du trouble, lui rendoit tous les devoirs possibles sans pourtant lui donner des troupes à commander, & ne lui laissant que le soin d'une horde. *Po-hhe*, malgré cela, attira à lui *Houan-man*, *San-tha*, *Ou-tchun*, & *Ouo-mou-ban*, & excita une guerre civile qui divisa toutes les hordes. *Che-tçau* perdit deux batailles, & demanda la paix. On la lui offrit à cette condition qu'il donneroit deux fameux chevaux qu'il avoit dans ses écuries. Il la refusa, & livra une bataille générale qu'il gagna, quoique ses forces fussent beaucoup moindre que celles de ses ennemis. Il y combattit en désespéré, & sans cuirasse ; il fit un horrible carnage, tuant neuf personnes de sa main. Cette victoire le mit au-dessus de ses affaires ; elle fut remportée l'an de grace 1091. *Pei-nai* se révolta contre lui ; mais il fut défait, pris & présenté à l'Empereur des *Leao*. *Che-tçau* défit pareillement deux autres rebelles dans un combat où il reçut quatre blessures, dont il guérit. *Po-tchu-khan* & *Lao-pei* ne furent pas plus heureux ; il les prit dans un combat, & les envoya à l'Empereur des *Leao*. Il les remanda ensuite, & on les lui rendit avec tous les autres qu'il avoit présentés en différents temps. Un assassin se jetta sur lui pour le tuer, tous ses gens prirent la fuite. Il le prit par les mains, l'arrêta, & lui donna la vie ; mais il fit punir ses gens.

Après tant de victoires, il tomba malade. Sa premiere femme, nommée *Na-lan*, ne cessoit de pleurer. „ Né pleurez pas, dit-il, vous ne me survivrez „ que d'un an ". *Sou-tçoum*, son frere, le pria de faire son testament : „ Et vous, lui dit-il, vous ne me sur- „ vivrez que de trois ans ". *Sou-tçoum* étant sorti, dit à ceux qui étoient autour de lui ; „ Mon frere aîné, „ au-lieu de me consoler dans l'état où je suis, m'af- „ flige ". *Che-tçau* incontinent après, appella son frere *Mou-tçoum*, & lui dit ces paroles : „ *Ou-ya-cho* „ est doux & bon ; mais *A-gou-tha* peut mettre fin „ à l'affaire des *Leao* ". *Che-tçau* mourut l'an de grace 1092, le 15°. de la cinquieme lune, à l'âge de

54 ans, après avoir commandé dix-neuf ans. L'année suivante, *Na-lan*, sa femme, mourut, comme il l'avoit prédit. L'année d'après, *Sou-tçoum* mourut aussi, suivant une semblable prédiction.

Sou-tçoum étant au lit de la mort, dit ces paroles : „ Certainement *Che-tçau*, mon frere aîné, étoit un „ homme d'une rare sagesse. *Che-tçau* étoit d'un na- „ turel grave & sévere. Il étoit doué d'une grande pru- „ dence & d'une mémoire à qui rien n'échappoit. „ Le froid le plus âpre ne le faisoit pas trembler. Il „ ne regardoit jamais en-arriere dans toutes ses en- „ treprises ; jamais il ne se servoit de cuirasse dans les „ combats ; il auguroit du succès des batailles, par „ ses songes. Un jour s'étant enivré, il monta sur un „ âne, & entra dans sa chambre en cet équipage. Le „ jour suivant, il apperçut les vestiges de l'âne ; il s'in- „ forma de ce que ce pouvoit être ; on le lui dit. De- „ puis ce temps-là il ne but jamais de vin ".

Po-la-cho, frere cadet de pere & de mere de *Che-tçau*, & quatrieme fils de *Kim-tçau*, hérita de la charge de *Tçie-tou-sse*. Il naquit l'an de grace 1042, nommé *Gin-ou*. Il avoit porté le titre Chinois de *Koue-siam*, ou de *Ministre Général* de l'Etat, sous son pere, & sous son frere aîné. *Ya-tha*, pere des deux freres rebelles *Hoan-nan* & *San-tha*, l'avoit porté avant lui. *Kim-tçou* l'avoit demandé à *Ya-tha*, en lui offrant des présents ; il l'avoit obtenu & donné à *Sou-tçoum*. Celui-ci avoit gouverné en cette qualité avec beaucoup de sagesse, & assisté à toutes les victoires de son frere. De plus, il connoissoit à fond l'état des affaires & le génie des *Leao* ; de sorte qu'on lui en abandonnoit tout le soin. Il s'apperçut que les Officiers & les Interpretes des *Leao* le trompoient en rapportant les affaires à l'Empereur. Il se servit de morceaux de bois & de tuiles, en forme de jettons, pour marquer ce qu'ils disoient ; tout le monde fut surpris de cette simplicité : „ Je suis un homme gros- „ sier, sans politesse, & sans lettres, répondit-il ; c'est „ ce qui m'oblige à cela ". Il fut cru, & depuis ce temps-là on ne se défia plus de lui ; de sorte qu'il obtenoit tout ce qu'il demandoit. Il commença à dompter *Ma-tchan*, qui persistoit dans la rébellion ; il le força, le prit & le présenta à l'Empereur des *Leao*. L'an 1093, nommé *Kouei-yeou*, il acheva de pacifier ses Etats par le moyen de *Thai-tçou*, (c'est *Agou-tha*, fondateur de l'Empire des *Kin*,) à qui il donna le commandement de son armée. L'an 1094, *Sou-tçoum* mourut.

Ym-kha, dont le prénom étoit *Ou-lou-ouan*, & le titre d'apothéose *Mou-tçoum*, étoit le cinquieme fils de *Kim-tçau*. Il étoit frere cadet de pere & de mere de *Sou-tçoum*. Il naquit l'an de grace 1052, nommé *Kouei-sse*. Il hérita de la charge de *Tçie-tou-sse* l'an 1094, nommé *Kia-su*, à l'âge de quarante-deux ans. Il fit Ministre Général de l'Etat *Sa-khai*, fils de *Hai-tche*, son frere aîné. L'an 1054, nommé *Pim-tçe*, *Po-gha-po-ghin*, qui étoit de l'horde des *Tham-kouo*, & ancien ami de *Po-the*, natif de l'horde des *Ouen-tou*, alla voir *Po-the* pour une affaire, & le tua. *Mou-tçoum* donna des troupes à *Thai-tçau*, pour aller attaquer *Po-gha*. Celui-ci prit la fuite ; mais ayant été attrapé, il fut mis à mort. *A-sso* & *Mao-tou-lo*, qui étoient de l'horde des *He-che-lie*, située sur la riviere de *Sim-hien*, prirent les armes, & s'opposerent à *Mou-tçoum*. *Mou-tçoum* marcha en personne contre eux. *Sa-khai* avec un détachement attaqua & força la ville de *Thun-ghen-tchim*. *A-sso*, sachant que *Mou-tçoum* venoit tomber sur lui, alla en personne porter ses plaintes à l'Empereur des *Leao*. Cependant *Mou-tçoum* laissa *Hai-tche* avec une garnison dans la ville, & s'en retourna. Il arriva que des hordes révoltées dans les cinq Royaumes fermerent les passages par où les *Leao* alloient prendre des oiseaux de proie, & tuerent leurs chasseurs. L'Empereur des *Leao* ordonna à *Mou-tçoum* de les aller châtier. *A-ko-pan* & ses confédérés se saisirent d'un lieu très-fort, qu'ils entourerent de palissades; il faisoit alors grand froid. *Mou-tçoum* fit choix des plus excellents archers de son armée, & força le retranchement en peu de jours. Il délivra quelques Ambassadeurs des *Leao*, & les renvoya. Il défit ensuite une armée de rebelles confédérés, prit la ville de *Mi-li-mi-che-kan*, & donna la vie aux Chefs des rebelles qu'il avoit pris. *Sa-khai* & *Thai-tçou* forcerent la ville de *Leou-kho*. Avant le siege, *Leou-kho* s'étoit retiré chez les *Leao*. Tout fut passé au fil de l'épée. *Ou-tha* s'étoit pareillement enfui, & sa ville se rendit, aussi-bien que *Tche-tou*, & tout fut en paix; après quoi *Thai-tçou* ramena l'armée. L'an 1100, nommé, *Kim-tchin Mao-tou-lo* vint se rendre à *Hai-tche*, qui étoit encore en garnison dans la ville d'*Asso*; car *Asso* étoit encore chez les *Leao*. L'Empereur des *Leao* envoya des Députés, avec ordre de mettre bas les armes. *Mou-tçoum* envoya dire à *Hai-tche* d'être sur ses gardes; qu'il alloit venir des Députés des *Leao*, avec ordre de finir la guerre; que ce n'étoit que pour arrêter ses progrès; qu'il ne fît paroître ni beaux habits, ni étendards dans la ville d'*Asso*, de crainte que les Députés ne sussent ce qui s'y passoit; qu'il lui falloit trouver un expédient pour se délivrer de l'importunité des Députés; qu'ainsi il n'écoutât pas ce qu'ils lui diroient, & qu'il ne mît pas les armes bas.

Les Députés des *Leao* vinrent en effet pour mettre fin à la guerre. *Mou-tçoum* envoya *Hou-lou-po-ghin* & *Mao-sien-po-ghin*, (*Po-ghin* est un titre de dignité,) qui étoit de l'horde des *Pou-tcha*, les conduire à la ville d'*Asso*. *Hai-tche* se mit à genoux devant les Députés, & adressant la parole à *Hou-lou* & à *Mao-sun*: „ Mon horde, *leur dit-il*, est divisée par „ une guerre civile, en quoi cela vous regarde-t-il? „ Dois-je reconnoître votre autorité". Ayant dit cela, il poussa sa pique, & l'ayant enfoncée dans le ventre des chevaux que montoient *Hou-lou* & *Mao-sun*, il les renversa morts. Les Députés des *Leao*, effrayés de cette action, s'enfuirent sans oser tourner la tête, & s'en retournerent. Il força ensuite les villes rebelles; & ayant trouvé dans une de ces villes, *Tii-kou-pao*, qui retournoit de son ambassade de chez les *Leao*, il le fit mourir. *Asso* renouvella ses plaintes aux *Leao*. Les *Leao* envoyerent le *Tçie-tou-sse* des *Hii*, nommé *Yi-lie*, pour connoître de l'affaire. *Mou-tçoum* s'avança jusqu'au village de *Him-ho*, pour le venir recevoir. *Yi-lie* lui demanda raison de l'affaire d'*Asso*, & dit: „ Quand on a pris une ville mal-à-propos, l'ordre „ demande qu'on rende ce qui est en nature, & qu'on „ donne un dédommagement pour ce qui ne subsiste „ plus". Il le taxa à donner quelques centaines de chevaux. *Mou-tçoum* entra en pour-parler avec les Officiers *Leao*, & leur dit: „ Si je répare le dom„ mage causé à *Asso*, je suis hors d'état de tenir „ mes hordes en bride". Il ordonna sous main à deux de ses hordes, de faire semblant de se saisir du chemin qui conduisoit à la chasse des éperviers. Il fit pareillement dire aux *Leao* par *Pie-kou-te*, qui étoit *Tçie-tou-sse*; que s'ils vouloient ouvrir ce chemin, on ne le pourroit faire que par le moyen du *Tçie-tou-sse* des *Niou-tche* sauvages; (c'étoit *Mou-tçoum*.) Les *Leao* qui ne savoient pas que tout cela étoit un artifice de *Mou-tçoum*, donnerent dans le piege, & ordonnerent à *Mou-tçoum* de faire la guerre à ceux qui fermoient les passages. Après quoi il ne fut plus parlé de l'affaire de la ville d'*Asso*. *Mou-tçoum* feignit de marcher contre eux; mais après avoir chassé, il s'en retourna. Cette année *Leou-kho* vint se rendre à lui. L'an 1101, nommé *Sin-sé*, l'Empereur des *Leao* envoya des exprès avec des présents pour *Mou-tçoum*, & pour tous ceux qui avoient contribué à ouvrir le chemin. L'an 1102, *Mou-tçoum* envoya *Pou-kia-nou*, avec les récompenses qu'il avoit reçues de l'Empereur, à ceux qui avoient fermé le chemin, & le fit raccommoder.

Pendant l'hyver, *Ouo-tha-la*, chef d'une horde des *Niou-tche*, vint se rendre à *Mou-tçoum*, & lui dit qu'il vouloit s'unir à lui pour faire la guerre aux *Leao*; *Mou-tçoum* le fit arrêter. Il arriva que dans le même temps, il reçut ordre de l'Empereur de faire la guerre à *Siao-hai-li*. *Mou-tçoum* envoya son prisonnier *Ouo-tha-la* à l'Empereur, & se prépara à la guerre. Il assembla ses troupes, & il se trouva qu'elles passoient le nombre de mille hommes armés de cuirasse. Voilà la premiere fois qu'on en eût tant vu parmi les *Niou-tche*. Auparavant leur nombre n'étoit jamais monté jusqu'à mille. Il alla avec cette armée camper sur le fleuve *Hoen-thoum-kiam*. Il livra bataille à *Siao-hai-li*, qui fut tué, & son armée entiérement défaite. Il fit retourner les *Leao* avant de la livrer, quoique l'ennemi fût beaucoup plus fort que lui. Par-là il commença à connoître qu'on viendroit aisément à bout des *Leao*. Il envoya les captifs à l'Empereur; ensuite il alla lui-même trouver l'Empereur dans un lieu où il se divertissoit à la pêche. Il fut comblé d'honneurs & de présents. L'an 1103, nommé *Kouei-vei*, *Mou-tçoum*, dans la seconde lune, fut de retour de son voyage. Les Députés des *Leao* le suivirent, & apporterent des récompenses pour ceux qui s'étoient trouvés à la défaite de *Siao-hai-li*. La *Corée* commença son commerce d'ambassades avec les *Niou-tche*. Le vingt-neuvieme jour de la dixieme lune, *Mou-tçoum* mourut âgé de cinquante-un an. Auparavant chaque chef d'horde avoit ses tablettes de créance. *Mou-tçoum*, par le conseil de *Thai-tçou*, défendit, sous des peines très-grieves, à qui que ce fût, de s'en servir, se réservant uniquement ce pouvoir. Depuis ce temps-là, on sut à qui obéir, & les ordres ne furent plus reçus que d'un seul.

Ou-ya-san, dont le titre d'apothéose fut *Kam-tçoum*, & le prénom *Mao-lou-ouan*, étoit le fils aîné de *Che-tçau*; il naquit l'an 1061, nommé *Sin-tcheou*. L'an 1105, nommé *Kouei-vei*, il prit possession de la dignité de *Tçie-tou-sse*; il étoit pour lors âgé de 43 ans. La derniere année de *Mou-tçoum*, une horde s'étoit soulevée; *Kham-tçoum* la pacifia. Les Coréans le prierent d'envoyer des Ambassadeurs pour traiter d'une affaire; il les envoya, mais on ne leur permit pas d'entrer en *Corée*. Une horde se rendit aux Coréans avec quatorze Colonels qu'elle avoit liés. L'an 1106, nommé *Kia-chin*, les Coréans vinrent attaquer *Che-ti-houan*, & le défirent; après quoi ils demanderent la paix, & renvoyerent les quatorze Colonels. L'an 1108, nommé *Pim-su*, le Roi de *Corée* envoya complimenter *Kham-tçoum* sur sa nouvelle dignité. Ensuite les Coréans attaquerent *Ouo-sai*, & le mirent en déroute; après quoy ils bâtirent neuf forts dans son pays. *Ouo-lou* en bâtit tout autant vis-à-vis de ceux des Coréans. Ceux-ci revinrent à la charge, & mirent *Ouo-sai* en déroute une seconde fois. Enfin, les Coréans firent la paix, rendirent les fugitifs, & abandonnerent leurs neuf forts avec le pays qu'ils avoient envahi. Cette paix fut conclue dans la neuvieme lune. L'an 1109, nommé *Ki-tcheou*, la stérilité fut grande. On permit aux voleurs de racheter leur vie, pour employer le prix du rachat au soulagement des pauvres. L'an 1113, *Kham-tçoum* mourut, âgé de cinquante-trois ans.

SENTIMENT des *HISTORIENS.*

Trois freres seuls ont fondé la famille des *Kin*. Elle étoit donc très-peu de chose dans son origine. Quand l'Empereur *Hii-tçoum* créa, par rétrocession, Empereurs après leur mort, ses ancêtres qui ne l'avoient point été durant leur vie, il ordonna que *Chi-tçou*, tige de la famille, & aussi *Kim-tçau* & *Che-tçau* auroient toujours leurs places dans le temple de ses ancêtres, sans en pouvoir jamais sortir. *Che-tçau* épousa une fille fexagénaire, dont il eut deux fils & une fille. Ne fut-ce pas un coup du Ciel? *Kim-tçau* refufa la dignité & le fceau qui lui furent offerts par l'Empereur des *Leao*, & reçut pour fon fils le titre de *Koue-fiam*, ou de *Miniftre abfolu* de l'Etat qui lui fut donné par *Ya-tha*. *Che-tçau*, après avoir dompté *Houan-nan* & *San-tha*, s'étant apperçu que l'Empire des *Leao* tomboit en décadence, chargea *Thai-tçou* de le conquérir, en le recommandant à *Mou-tçoum*. Ne fut-ce pas un homme dont les vues étoient étendues, & qui prévoyoit les chofes de loin?

THAI-TÇOU.

Le nom propre de *Thai-tçau* fut *Agou-tha*. Il prit enfuite le nom Chinois de *Min*. Il étoit le fecond fils de *Che-tçau*; fa mere fe nommoit *Na-lan*. Sous l'Empire de *Leao-tao-tçoum*, il parut vers l'Orient un nuage diverfifié des cinq premieres couleurs, & cela plufieurs fois l'une après l'autre. Il avoit la forme d'un grenier rond, capable de contenir deux mille charges de grains. *Khoum-tchi-ho* qui étoit pour lors Préfident du Tribunal des Mathématiques, dit en particulier ces paroles à quelques-uns de fes amis : „ Dans „ le lieu qui eft fous ce nuage, il va naître un homme „ rare, qui fera des chofes extraordinaires. Puifque „ le Ciel annonce fa naiffance par ce prodige, toute „ la force humaine ne pourra l'en empêcher ". *Thai-tçou* naquit en effet l'an 1068, nommé *Vou-chin*, qui étoit le quatrieme du regne de *Leao-tao-tçoum*, fous le titre de *Hien-youm*, le premier jour de la feptieme lune. Il étoit d'une force extraordinaire; & jouant avec les enfants de fon âge, lui feul en terraf-foit plufieurs. Il étoit dès ce temps-là grave & férieux dans tous fes déportements. C'eft pourquoi *Che-tçau* fon pere avoit pour lui un amour de préférence. *Che-tçau* étant malade de quatre bleffures qu'il avoit reçues dans le combat de *Ya-içie*; (c'eft une riviere,) prit *Thai-tçou* fur fes genoux, & lui paffant la main fur la tête & le careffant, il dit ces paroles : „ Quand „ cet enfant fera devenu grand, je ferai délivré de „ toute inquiétude " A l'âge de dix ans, il fit paroî-tre fon inclination pour les armes; il devint bientôt un excellent archer. Un jour des Ambaffadeurs *Leao* étant dans le palais de fon pere, jetterent les yeux fur *Agoutha*, qui tenoit fon arc d'une main, & une fleche de l'autre : ils lui dirent de tirer fur des oifeaux qui paffoient. Il tira trois fleches de fuite, & abattit autant d'oifeaux. Surpris d'une telle dextérité „ Voilà, „ dirent les Ambaffadeurs, un enfant extraordinaire ". Une autre fois, *Agoutha* affiftant à un feftin dans la maifon d'*Ouo-li-han*, natif de l'horde des *He-che-lie*, fortit avec la compagnie, & alla fe promener. Il ap-perçut de loin une tertre élevé; il ordonna à tout le monde de tirer fur ce tertre, aucun n'y put atteindre. *Agoutha*, dès la premiere fleche qu'il décocha, paffa au-delà du tertre. Enfuite ayant mefuré la diftance des lieux, ou trouva que fa fleche avoit porté à 320 pas. *Man-thou*, Prince du même fang qu'*Agoutha*, paf-foit pour le plus habile archer de fon temps. Sa fleche pourtant demeura cent pas en-deçà de celle d'*Agoutha*. L'an 1151, on érigea un monument dans cet endroit-là, fur lequel on grava une infcription qui contenoit cette aventure.

Lorfque *Che-tçau* partit pour aller faire la guerre à *Pou-hoei* révolté, *Agoutha* demanda de le fuivre. *Che-tçau* ne le lui accorda pas à la vérité; mais il ne laiffa pas d'admirer en lui-même le courage de fon fils. Après la mort d'*Ou-tçim*, la paix fut accordée à *Ouo-mou-han*, qui nonobftant cela reprit les armes; il fut auffi-tôt affiégé dans fa ville. *Agoutha* avoit alors vingt-trois ans. Il prit une cuiraffe courte; il ne voulut point porter de cafque, ni monter un cheval bardé. En cet équipage, il fit le tour de la place,

en donnant des ordres aux troupes de fon pere qui l'affiégeoient; les affiégés le reconnurent. Un brave d'entr'eux, nommé *Thai-yu*, monté à l'avantage, for-tit & vint à toutes brides, la lance en arrêt, fondre fur *Agoutha* pour le percer. *Agoutha* n'eut pas le temps de fe mettre en défenfe; mais un de fes oncles maternels, nommé *Ho-la-hou*, pouffa fon cheval, & prenant *Thai-yu* en flanc, il perça fon cheval de fa lance, & le renverfa. *Thai-yu* eut peine à fe fauver lui-même. Un jour *Agoutha* fortit du camp avec *Cha-hou-thai* pour chercher des ennemis à combattre, & cela fans la participation de *Che-tçau*. A fon retour, il fut pourfuivi par un corps de troupes ennemies. Comme il fut obligé de marcher par des fentiers, il s'égara; l'ennemi le pourfuivit encore plus vivement. *Agoutha* trouva devant lui un lieu efcarpé de la hau-teur d'un homme. Son cheval le franchit d'un faut, & ce pas arrêta l'ennemi.

Che-tçau étoit malade; il députa *Agoutha* vers le Général voifin des *Leao*. Comme il étoit fur le point de partir, *Che-tçau* fon pere lui dit ces paroles : „ Ex-„ pédiez au plutôt cette affaire. Si vous arrivez avant „ le quinze de la cinquieme lune, j'aurai encore le „ temps de vous revoir ". Il expédia l'affaire, & arri-va un jour avant la mort de fon pere. Le pere voyant fon fils de retour, & apprenant le fuccès de fa né-gociation, en reffentit une grande joie. Il prit *Agou-tha* par la main, & l'embraffa tendrement. Enfuite fe tournant vers *Mou-tçoum*, fon frere : „ Ou-ya-fo, „ mon fils aîné, eft doux & bon, lui dit-il; mais celui-„ ci eft capable de mettre fin aux affaires de *Leao* ". *Mou-tçoum*, de fon côté, faifoit un cas particulier d'*Agoutha* fon neveu; il vouloit l'avoir toujours à fes côtés. Quand *Agoutha* alloit faire un voyage, *Mou-tçoum*, à la nouvelle de fon retour, ne man-quoit jamais d'aller au-devant de lui. *Che-tçau* avoit pris *Ko-pei* vif; *Ma-tchan*, qui s'étoit fortifié fur la riviere de *Tche-ouo-kai*, réfiftoit encore. *Mou-tçoum* donna des troupes à *Agoutha*, & lui ordonna d'aller fe faifir de la famille de *Ma-tchan*, tandis que *Kham-tçoum* alla l'affiéger fur le bord de la riviere. *Agou-tha* ayant réuni toute fon armée, prit lui-même *Ma-tchan*, & alla le préfenter à l'Empereur des *Leao*, qui lui donna en récompenfe la dignité de *Tçiam-ouen*, auffi-bien qu'à *Mou-tçoum*, à *Tçe-pou-che* & à *Man-thou*, Prince du même fang. Long-temps après, *Agoutha* prit un détachement, & alla faire la guerre à *Po-he-po*, à *Li-khai* & autres Chefs de l'horde de *Nimam-ghu*. Il choifit *Tha-tou-gha* pour guide de fa petite armée. Il marcha durant la nuit le long de la riviere de *Chouai*, & le furprit. Il fit captifs les en-fants & les femmes des rebelles. *Po-the*, de l'horde de *Ouen-tou*, avoit tué *Pa-kha*, de l'horde de *Tham-kouo*. *Mou-tçoum* ordonna à *Agoutha* de lui aller faire la guerre. Prenant congé de *Mou-tçoum*, il lui raconta ce fonge „ : La nuit derniere il m'eft apparu un fpectre „ rouge; je reviendrai certainement victorieux de „ cette expédition "; après quoi il partit. L'année fut abondante en neiges, & le froid extrême. Ayant pris avec lui les troupes de l'horde d'*Ou-kou-lun*, il cô-toya la riviere de *Thou-ouen*; & étant arrivé au bourg de *Mo-lin*, il joignit *Po-the* entre la montagne de *Se-ouen* & l'étang de *Pe-lo*, & le tua. A fon retour, *Mou-tçoum* s'avança au-devant de lui jufqu'au village de *Ghai-hien*.

Cependant *Sa-khai*, qui avoit le rang de *Tou-thoum*, faifoit la guerre à *Leou-kho*. *Man-tou-hha*, conjointement avec *Che-thou-men*, la faifoit à *Thi-khou-te*. *Sa-khai* tint confeil avec fes Officiers; les uns vouloient qu'on commençât par fe rendre maître des villes & des châteaux des hordes qui étoient fur la frontiere. Les autres étoient d'avis qu'on allât droit à la pifte de *Leou-kho*. Ne pouvant s'accorder, ils de-manderent *Agoutha* pour terminer le différend. *Mou-tçoum* l'envoya, en lui difant : „ Cette défunion m'eft

„ suspecte ; il ne me reste plus que soixante & dix „ hommes d'armes, je vous les donne tous ". *Man-tou-hha* étoit occupé au siege de la ville de *Mi-li-mi-han*, & *Che-thou-men* n'étoit pas encore arrivé. Les troupes vouloient se saisir de *Man-tou-hha*, & le livrer à l'ennemi, *Man-tou-hha* envoya en hâte des couriers à *Mou-tçoum*, pour l'avertir de ce qui se tramoit. Les couriers rencontrerent *Agoutha*. „ J'ai tout „ le reste des forces de l'Etat, leur dit-il : si les en-„ nemis peuvent une fois avoir *Man-tou-hha* en leur „ puissance, quelque vengeance que l'on en tire, à „ quoi cela servira-t-il " ? C'est pourquoi il donna aux couriers quarante de ses hommes d'armes ; & lui avec les trente qui restoient, continua sa marche vers l'armée de *Sa-khai*. Il trouva en chemin des gens qui l'avertirent, que l'ennemi s'étoit emparé du chemin qui est au midi du mont *Pen-nie* ; tous étoient d'avis qu'on prît le chemin du mont *Cha-pien*. „ Quoi „ donc, dit *Agoutha*, craignez-vous l'ennemi ". Il passa le mont *Pen-nie* sans rien trouver ; au contraire, il apprit-là que l'ennemi l'attendoit au mont *Pien-cha*. Quand il fut arrivé à l'armée de *Sa-khai*, il pressa le siege durant la nuit par des assauts perpétuels qu'il fit donner à la place, & il la força à l'aube du jour. Dans ce temps-là, *Leou-kho* & *Ou-tha* s'étoient retirés tous deux chez les *Leao*. *Agoutha*, après avoir pris la ville de *Leou-kho*, alla faire le siege de celle d'*Ou-tha*, qui se rendit à lui. Lorsqu'*Agoutha* eut franchi le mont *Pen-nie*, il passa près de la ville d'*Ou-tha*. Quelques-uns de ses cavaliers, qui étoient restés derriere, furent enlevés, après un combat, par les gens de la ville, qui prirent aussi les fourgons d'*Agoutha*. *Agoutha* faisant halte, & criant à haute voix, dit aux habitants de la ville : „ Au moins ne prenez „ pas mes ustensiles de cuisine. Si vous pouvez venir „ ici, répondirent-ils en se moquant, craignez-vous „ qu'il vous manque de quoi vivre ? Eh bien, repar-„ tit *Agoutha*, en levant le fouet, après avoir pris la „ ville de *Leou-kho*, attendez-vous à me voir à vos „ portes ". Alors les habitants tenant les ustensiles en main, & s'avançant : " Nous autres esclaves, dirent-„ ils, oserions-nous mettre en pieces ce qui appartient „ à un tel Seigneur " ? *Agoutha*, après la prise de ces deux villes, envoya *Pou-kia-nou* inviter *Tcha-tou* à se rendre ; il se rendit. *Agoutha* le fit délier, & lui donna la liberté.

Mou-tçoum assemblant ses troupes pour faire la guerre à *Siao-hai-li*, trouva qu'il avoit plus de mille soldats sous ses étendards. Jamais auparavant les *Niou-tche* n'avoient pu assembler une armée de mille soldats. Cela enfla extrêmement le courage à *Agoutha*, qui ne pouvant se retenir avec ce nombre de soldats armés de toutes pieces, s'écria, que ne peut-on pas entreprendre ? L'armée des *Niou-tche* étoit jointe dans cette guerre à celle des *Leao*. *Agoutha*, qui vouloit avoir toute la gloire du succès, donna ordre aux *Leao* de s'arrêter, & alla seul avec les siens livrer la bataille. Avant qu'elle se donnât, le Vice-Empereur de *Po-hai* fit offre d'une cuirasse à *Agoutha*, qui la refusa. *Mou-tçoum* lui ayant demandé pourquoi il ne la recevoit pas : „ C'est, repliqua-t-il, que si je gagne la bataille „ étant revêtu d'une cuirasse des *Leao*, ils s'en attri-„ bueront la gloire ". *Mou-tçoum*, sur la fin de son gouvernement, défendit à tous Chefs, autres que lui, de se servir de tablettes de créance. Il établit des postes & des tribunaux de justice ; ce qui rapporta le gouvernement à un seul. Tout cela vint d'*Agoutha*, qui le lui conseilla. La septième année du gouvernement de *Kham-tçoum*, il y eut une grande stérilité ; la plupart du peuple devint vagabond. Ceux qui avoient de la force se rendirent voleurs. *Houan-tou* & plusieurs autres étoient de sentiment, qu'il falloit employer la rigueur des supplices pour remédier au mal, & que tout voleur fût mis à mort. „ Il ne faut pas tuer les „ hommes pour l'amour des richesses, répondit *Agou-*

tha, puisque les richesses sont le fruit du travail des „ hommes ". Ainsi on diminua les peines que les loix imposoient aux voleurs ; on se contenta de les condamner à payer le triple du vol. Le peuple étoit accablé de dettes ; il ne pouvoit satisfaire à ses créanciers, même en vendant femmes & enfants. *Kham-tçoum* tint conseil sur cela avec ses Officiers. *Agoutha* étoit dans une salle hors la chambre du Conseil. Il attacha une piece de taffetas au bout d'un bâton, & faisant signal au peuple, il porta cette loi : „ Présentement, „ les pauvres ne peuvent vivre ; ils sont obligés de „ vendre femmes & enfants pour acquitter leurs det-„ tes : or il est naturel à tout homme d'aimer sa chair „ & ses os, (c'est-à-dire, sa femme & ses enfants.) „ A ces causes, pendant trois ans, à compter d'au-„ jourd'hui, défense est faite à tous créanciers, sans „ exception, d'exiger le payement de ce qui leur est „ dû ; après trois ans, on avisera à ce qu'il y aura à „ faire sur cela ". Tous se soumirent à cette loi, & ceux qui l'entendirent publier en furent touchés jusqu'à verser des larmes. Depuis ce temps-là, *Agoutha* devint le maître de tous les cœurs. *Kham-tçoum*, l'an nommé *Kouei-sse*, durant la dixieme lune, songea qu'il étoit à la chasse aux loups, & qu'il avoit tiré plusieurs fleches sans en frapper aucun ; mais qu'*Agoutha* s'étant avancé, les avoit percés de ses fleches. Le lendemain matin, il demanda l'explication de son songe à ses Officiers. Tous lui répondirent que ce songe étoit heureux, & qu'il présageoit que ce que l'aîné n'avoit pu faire, seroit fait par le cadet. *Kham-tçoum* mourut cette même année-là.

Aussi-tôt *Agoutha* prit possession de la dignité du mort, & fut proclamé *Tou-po-kii-lie*. *A-ssi-pao*, Envoyé des *Leao*, dit à *Agoutha* : „ Pourquoi n'aver-„ tissez-vous pas l'Empereur de la mort de votre pré-„ décesseur ? Je suis dans le deuil, répartit *Agoutha*, „ & au-lieu de me consoler, me veut-on faire un crime „ de ne pas avertir l'Empereur " ? Quelque temps après, *A-ssi-pao* ayant été renvoyé chez les *Niou-tche*, entra brusquement à cheval dans le lieu où *Khan-tçoum* étoit enterré par *interim*. Il fit la revue des présents funebres qu'on lui avoit faits ; il vit de beaux chevaux qu'il voulut prendre pour lui. *Agoutha*, outré de cette hardiesse, alloit le tuer sur le champ, si *Tçoum-hioum* ne l'eût arrêté par ses remontrances. Les *Leao* furent long-temps sans revenir. L'Empereur des *Leao* étoit passionné pour la chasse, pour le vin & pour les femmes ; il négligeoit entièrement le soin des affaires. Il ne répondoit presque jamais aux mémoires qui lui étoient envoyés de toutes parts. Après qu'*Asso* se fut retiré chez les *Leao*, & que sa ville avec son peuple eût été prise par les ordres de *Mou-tçoum*, il ne pouvoit plus revenir. Il fit un complot secret avec *Yn-chu-kha* & *Tçe-li-han*, ses neveux. Ceux-ci traiterent secretement avec *Hoen-tou* & *Pou-so-yu*, habitants du pays de *Nan-kiam*, & tous de concert partirent pour aller se réfugier en Corée. La chose fut découverte ; *Agoutha* les fit poursuivre. *Yn-chu-kha* & *Tçe-li-han* avoient déja été pris par les garnisons des *Leao* ; *Hoen-tou* & *Pou-so-yu* gagnerent la Corée. *Sa-kha*, qui avoit été envoyé par *Agoutha*, se saisit de leurs femmes & de leurs enfants, & les amena à *Agoutha*.

La seconde année du gouvernement d'*Agoutha*, nommée *Kia-ou*, *Agoutha* alla au pays nommé *Kiam-si*. Des Députés des *Leao* lui vinrent apporter des patentes de *Tçie-tou-sse* & de successeur. Les *Leao* avoient coutume d'envoyer tous les ans des exprès avec des chasseurs, pour aller prendre sur le bord de la mer des éperviers & des gerfauts. Ils passoient par les terres des *Niou-tche*. Les exprès s'abandonnoient à l'avarice & à la licence ; ils faisoient des exactions sans mesure. Les peuples & les Officiers des *Niou-tche* en étoient également indignés ; & *Khan-tçoum* avoit quelquefois pris le prétexte de la fuite d'*Asso*, pour ne
pas

pas permettre le paſſage aux exprès. *Agoutha* n'eut pas plutôt reçu les patentes de *Tçie-tou-ſſe*, qu'il envoya *Pou-kia-nou* redemander *Aſſo*. Ces deux plaintes de la protection donnée à *Aſſo*, & du paſſage des exprès, ſervirent continuellement de prétexte à *Agoutha* pour inquiéter les *Leao*, & furent enfin les deux cauſes de la ruine de leur Empire.

Interrompons pour un moment cette Hiſtoire, pour y ajouter un point eſſentiel qu'elle omet, parce qu'il appartient à l'Hiſtoire des *Leao*, où il eſt rapporté. On peut dire qu'il eſt la cauſe prochaine de la deſtruction de l'Empire des *Leao*, quoiqu'à proprement parler, elle n'ait eu d'autres principes que la vie diſſolue des Empereurs des *Leao* & l'ambition des *Niou-tche*. Voici le fait.

C'étoit une loi pour les *Niou-tche*, que toutes les fois que les Empereurs des *Leao* alloient pêcher dans le *Hoen-thoum-kiam*, tous les Princes des *Niou-tche* qui ſe trouvoient à cent lieues de diſtance, vinſſent les accompagner & leur rendre hommage. Un jour donc étant tous aſſemblés, l'Empereur, ſuivant la coutume des *Leao*, fit un grand feſtin après le premier poiſſon pris. Les Princes des *Niou-tche* y aſſiſterent tous, & entr'autres *Agoutha*. Au milieu du feſtin, lorſque le vin eut échauffé les têtes, l'Empereur *Thien-tço* s'avança juſqu'à la baluſtrade, & commanda à tous ces Princes de danſer l'un après l'autre ; ils obéirent. Quand ce vint à *Agoutha*, il s'en excuſa ſur ſon incapacité. L'Empereur le preſſa deux ou trois fois. Il perſiſta toujours à le refuſer. Quelques jours après, l'Empereur tint un Conſeil ſecret avec *Siao-foum-fien*, chef de ſon Conſeil de guerre : ,, J'ai obſervé dans le feſtin ,, dernier, dit l'Empereur, des marques d'une grande ,, bravoure & d'un puiſſant génie dans la perſonne ,, d'*Agoutha*. Son maintien & ſon port ont quelque ,, choſe d'extraordinaire. Il ſeroit à propos de lui ,, ſuſciter quelque embarras, & de s'en défaire ; au- ,, trement il nous cauſera quelque malheur. C'eſt un ,, homme ruſtique, & qui ne ſait ce que c'eſt que le ,, devoir & la civilité, repliqua *Siao-foum-fien*. Si, ,, ſans avoir commis de crime, on lui ôte la vie, je ,, crains que cela ne détourne le peuple & les Princes ,, de venir ſe ſoumettre à nous. Au reſte, quand même ,, *Agoutha* auroit de mauvais deſſeins, que peut-il ,, faire." ? Les freres cadets d'*Agoutha*, ſavoir, *Ou-khi-mai*, *Nien-han*, *Hou-che* & les autres accompagnerent l'Empereur à la chaſſe. Ils ſavoient contrefaire ſi naturellement avec des appeaux le cri du cerf, que le cerf même y étoit trompé. Ils tuoient des tigres à coups d'épieu, & forçoient les ours corps à corps. L'Empereur, charmé de tout cela, leur augmenta leurs titres & leurs dignités. Auſſi-tôt qu'*Agoutha* fut de retour chez lui, dans la crainte où il étoit que l'Empereur n'eût découvert le deſſein qu'il avoit formé de ſe révolter, il ſongea à ſe fortifier, & à amaſſer des troupes. Ce feſtin fut fait dans la ſeconde lune de la ſeconde année de *Pao-tha*, c'eſt-à-dire, l'an de grace 1122. Revenons à l'Hiſtoire des *Kin*.

Agoutha ne laiſſa pas de dépêcher vers l'Empereur trois Princes de ſa famille, pour redemander *Aſſo*. *Sii-kou-mi*, qui étoit le chef de l'ambaſſade, raconta en détail à *Agoutha*, à quel point d'orgueil & de licence l'Empereur des *Leao* étoit parvenu, & comme par un relâchement inouï il abandonnoit au haſard le gouvernement de ſes Etats. Alors *Agoutha* tint une aſſemblée générale de tous ſes Officiers & des anciens de la nation, devant laquelle il déclara le deſſein qu'il avoit caché juſqu'alors, de prendre les armes contre les *Leao*. Il ordonna qu'on ſe ſaiſît des paſſages importants, & qu'on y bâtît des villes & des châteaux ; que chacun fît forger des armes, & ſe tînt prêt au premier ordre. Le Général des *Leao* ayant appris ce mouvement des *Niou-tche*, dépêcha à *Agoutha* un *Tçie-tou-ſſe*, nommé *Tan-kho*, qui lui demanda de ſa part : ,, Avez-vous quelque deſſein de vous ré-

,, volter ? Vous vous fourniſſez d'armes, vous forti- ,, fiez vos places ; à qui prétendez-vous vous oppo- ,, ſer ? Je garde les pas dangereux de mes Etats pour ,, les conſerver, répondit-il ; eſt-ce à vous de vous en ,, informer " ? L'Empereur envoya *A-ſſi-pao* pour demander compte à *Agoutha* de ſa conduite. *Agoutha* répondit à l'Envoyé en ces termes : ,, Mon État ,, eſt petit ; je n'ai jamais oſé manquer à aucun des ,, devoirs que je ſuis obligé de rendre à votre grand ,, Empire ; mais ce grand Empire, loin de répandre ,, ſa bonté & ſes bienfaits ſur nous, reçoit au con- ,, traire nos fugitifs & les protege. Après cela, puis-je ,, ne pas me plaindre ? Si l'on veut me rendre *Aſſo*, ,, je tiendrai à honneur de vous payer tribut, & de ,, rendre hommage ; que ſi l'on s'obſtine à me le re- ,, fuſer, ſuis-je homme à me laiſſer prendre & lier " ?

Quand *A-ſſi-pao* eut fait rapport à l'Empereur d'une réponſe ſi fiere, l'Empereur commença à ſe préparer à la guerre. Il ordonna à *Siao-ta-bu-ye* d'aſſembler des troupes dans la ville de *Nim-kiam-tcheou*. *Agoutha* l'ayant ſu, dépêcha *Pou-kouo*, pour aller en apparence redemander encore une fois *Aſſo* ; mais en effet pour obſerver l'ennemi. *Pou-kouo* étant de retour, rapporta que le nombre des troupes *Leao* étoit infini. ,, Ils ne ſont que commencer à s'aſſembler, ré- ,, partit *Agoutha*, comment donc peuvent-ils être en ,, ſi grand nombre " ? En même-temps, il envoya à l'armée des *Leao Hou-che-pao*, qui, à ſon retour, fit un rapport conforme à ce qu'avoit dit *Pou-kouo*. Alors *Agoutha* tint ce diſcours à ſes Officiers : ,, Les ,, *Leao*, ſachant que j'allois prendre les armes, amaſ- ,, ſent des troupes de toutes parts ; il faut que nous ,, les prévenions. Il vaut mieux preſſer l'ennemi, que ,, ſe laiſſer preſſer par lui". Tous approuverent ſa réſolution. *Agoutha* ſe leva, & alla trouver ſa mere, à laquelle il expoſa ſon deſſein : ,, Vous avez, répon- ,, dit-elle, ſuccédé à votre pere & à votre frere aîné ,, dans le gouvernement de l'Etat, à la bonne heure ! ,, Faites ce que vous jugez à propos. Je ſuis vieille ; ,, prenez bien garde de me cauſer du chagrin : mais ,, ſans doute, vous ne m'en cauſerez pas". *Agoutha* ayant entendu ce diſcours, en fut frappé, & verſa des larmes. Auſſi-tôt prenant une coupe pleine de vin, il la préſenta à ſa mere, en lui ſouhaitant une longue vie. Enſuite ſortant avec ſa mere à la tête de tous ſes Officiers, il vint faire des vœux à l'auguſte Ciel & à la Terre-Reine. Il les avertit que les *Leao* étoient tombés dans la diſſolution & dans la débauche, & qu'après lui avoir refuſé *Aſſo*, ils ſe préparoient à l'attaquer. Après cette priere, il verſa ſur la terre, en formé de libation, du vin de la coupe qu'il tenoit. La mere ordonna à ſon fils de prendre la place d'honneur, & de faire un feſtin à ſes Officiers.

Ce feſtin fini, il donna ſes ordres. Il envoya *Po-lou-hou* prendre les troupes que *Tii-kou-nai* commandoit dans la Province de *Ye-lan*. Il donna les mêmes ordres aux diverſes Provinces de ſes Etats. Le Chef de l'horde de *Tha-lou-kou*, nommé *Che-li-kouan*, envoya dire à *Agoutha* ces paroles : ,, J'ai appris que ,, vous alliez faire la guerre aux *Leao*, quel parti ,, dois-je ſuivre ? Quoique mes gens ſoient en petit ,, nombre, repartit *Agoutha*, ce ſont de vieux ſol- ,, dats. A la vérité, le droit de voiſinage vous oblige ,, à prendre mon parti. Si pourtant vous craignez les ,, *Leao*, vous pouvez prendre le leur". *Agoutha* marcha contre les *Leao*, dans la neuvieme lune. Quand il fut arrivé à la ville de *Leao-hoei*, il n'y avoit pas *Po-lou-hou* avec ſes troupes. Quand *Po-lou-hou* fut arrivé, il lui fit donner la baſtonnade, pour avoir manqué de ſe rendre au temps préfix. Il lui laiſſa pourtant le commandement des troupes des Provinces. *Agoutha* fit la revue de ſon armée ſur le bord de la riviere de *Lai-leou* ; il la trouva compoſée de deux mille cinq cents hommes. Il fit encore-là, pour la ſeconde fois, l'énumération des crimes des *Leao*, & en

avertit de nouveau le Ciel & la Terre, en faisant cette priere : ,, Depuis plusieurs générations, mes ancê-
,, tres ont servi les *Leao* ; ils n'ont point manqué de
,, payer les tributs qu'ils devoient ; ils ont appaisé les
,, troubles causés par *Ou-tchun* & par *Ouo-mou-han* ;
,, ils ont mis en déroute l'armée de *Siao-hai-li*. On
,, n'a point eu égard à ces services ; au contraire,
,, on n'en a agi que plus tyranniquement. Nous avons
,, souvent redemandé *Assó* aux *Leao* ; ils ont constam-
,, ment refusé de le rendre. Présentement je vais tirer
,, vengeance de tous ces crimes. Vous, Ciel, & vous,
,, Terre, soyez témoins de cela, & prêtez-moi votre
,, secours ''.

Cette cérémonie étant finie, il ordonna à ses Offi-
ciers de faire passer le bâton de main en main à tous les soldats, pour les avertir d'être attentifs ; après quoi, il les harangua en cette maniere : ,, Unissez bien vos cœurs,
,, & employez toutes vos forces. Tous ceux qui se
,, comporteront vaillamment, s'ils sont esclaves, de-
,, viendront libres ; s'ils sont du rang du peuple, ils
,, seront faits Officiers. Ceux enfin qui sont en char-
,, ge, seront promus à de plus hautes dignités, & cela
,, à proportion du mérite d'un chacun. Quant à ceux
,, qui manqueront à leur devoir, ils mourront sous le
,, bâton, & leurs familles ne seront point épargnées ''.
Ensuite l'armée marcha. Quand elle fut arrivée au lieu nommé *Tbai-ouo-kia*, les soldats tirerent des fleches pour détourner les malheurs. Ils se rangerent en or-dre de bataille, armés de toutes pieces. Il sortit alors sous leurs pieds des flammes de la terre, & il en pa-rut pareillement sur le bout des piques & des pertui-sanes ; cela fut pris pour un bon augure. Le lende-main l'armée campa sur le bord de la riviere de *Tchó-tche*. Les mêmes lumieres & les mêmes feux paru-rent une seconde fois ; l'armée étoit sur le point d'en-trer sur les terres des *Leao*. *Agoutha* ordonna aux sol-dats, qui étoient sous le commandement de *Tçoum-gho-tou*, d'applanir les chemins, & de combler les fossés. Quand l'armée eut passé cet endroit, les trou-pes de *Ya-po-hai* attaquerent sept *Mou-ke*, c'est-à-di-re, sept *Centurions* de l'aîle gauche de l'armée des *Niou-tche* ; leurs troupes perdirent un peu de leur terrein. Les *Leao* vinrent droit tomber sur le corps de bataille. *Sie-ye* sortit des rangs avec *Tche-tie*, qui le précédoit. *Agoutha* l'ayant apperçu, dit : ,, Il ne
,, faut pas s'engager témérairement au combat ''. Il envoya *Tçoum-ouo* les arrêter. *Tçoum-ouo* laissant *Sie-ye* derriere, alla arrêter le cheval de *Tche-tie* par la bri-de ; alors *Sie-ye* s'en retourna avec *Tche-tie*. L'en-nemi les poursuivoit. Le cheval de *Ye-lu-sie-che*, Prince du sang des *Leao*, & Général de leur armée, s'abattit sous lui ; un *Leao* accourut à son secours. *Agoutha* décocha sur lui une fleche, & le tua ; il blessa d'une autre fleche *Ye-lu-sie-che*. Un cavalier *Leao* s'a-vança à toutes brides, pour les secourir. *Agoutha* lui porta un coup de fleche, qui le perça de part en part à travers sa cuirasse. *Ye-lu-sie-che* cependant eut le temps d'arracher la fleche de sa playe & de prendre la fuite. *Agoutha* le poursuivit, & lui donna un coup dans le dos. La fleche, malgré la cuirasse à l'épreuve, entra jusqu'à la moitié de sa longueur. *Ye-lu-sie-che* tomba mort, & *Agoutha* prit le cheval qu'il mon-toit.

Tçoum-ouo, avec quelques cavaliers, étoit investi par les *Leao* ; *Agoutha* le délivra. *Agoutha* combat-toit sans casque ; une fleche tirée de côté lui effleura le front. *Agoutha* tournant la tête, apperçut celui qui venoit de tirer ; il le tua d'une de ses fleches. Alors *Agoutha* dit à son armée, qu'on ne cesse point de combattre jusqu'à ce que l'ennemi soit entiérement ex-terminé. Tous obéirent volontiers, & cette parole re-doubla leur courage au centuple ; alors l'ennemi s'en-fuit précipitamment. Ils s'écrasoient les uns les autres, de sorte que de dix parts, il en fut tué sept ou huit. *Sa-khai* étoit pour lors absent, & n'eut point de part

à cette bataille. *Agoutha* lui envoya porter la nou-velle de la victoire, & lui donna en présent le cheval de *Ye-lu-sie-che*. *Sa-khai* envoya le féliciter par ses enfants, en lui donnant le titre d'Empereur, & l'ex-hortant à le recevoir. ,, Prendre un si haut titre pour une
,, seule bataille gagnée, répondit *Agoutha*, ne seroit-ce
,, pas montrer à tout le monde une ambition basse '' ? Après le gain de la bataille, il conduisit son armée victorieuse à *Nim-kiam-tcheou*. L'armée s'empressa de combler les fossés, & attaqua vigoureusement la ville. Les assiégés firent une sortie ; mais ils furent cou-pés par *Ouen-ti-leam* & par *A-dou-han*, qui les tue-rent tous. La ville fut emportée d'assaut.

Le premier jour de la dixieme lune, l'horde des *Thie-li* vint se soumettre. *Agoutha* vint camper dans la ville de *Lai-leou*, où il distribua à ses troupes les dépouilles & les captifs. Il fit venir *Leam-fou* & *Ouo-tha-la*, en leur disant, de feindre de s'enfuir, & d'al-ler inviter les *Po-hai*, leurs compatriotes, à se join-dre aux *Niou-tche*, en leur remontrant ce qui suit : ,, Les *Niou-tche* & les *Po-hai* ne font qu'une nation ;
,, dans les guerres que je fais, je ne sais ce que c'est
,, que de confondre l'innocent avec le coupable ''. Il envoya pareillement *Ouam-nien-leou-che* faire des pro-positions aux *Niou-tche* privés, c'est-à-dire à ceux qui étoient immédiatement sujets aux *Leao*. L'armée étant de retour ; *Agoutha* alla saluer sa mere. Il fit part des dépouilles aux Princes de sa maison & aux anciens du peuple. Il donna aux soldats tous les biens de *Che-li-kouan*. Il commença à diviser les *Niou-tche*. Sur cha-que trois cents familles, il établit un *Mou-khe*, c'est-à-dire, un *Centenier* ou un *Centurion*, & sur dix *Mou-khe*, il établit un *Mem-ghan*, c'est-à-dire un *Com-mandant* de mille hommes ou un *Tribun*. *Tcheou-ouo* & quelques autres furent chargés du soin de pacifier les *Niou-tche* de la riviere de *Tçan-mou*. Le Chef de *Pie-kou*, nommé *Hou-so-lou*, vint se rendre, & livra sa ville.

Dans l'onzieme lune, *Siao-kieou-li*, qui étoit *Tou-thoum*, c'est-à-dire en Chinois, *Lieutenant-Général* des *Leao* & *Ty-bou-ye* son Lieutenant, assemblerent une armée de cent mille hommes, tant d'infanterie que de cavalerie, au Septentrion de l'*Ya-tçe-ho*, ri-viere qui se jette dans le *Hoen-thoum-kiam*. *Agoutha* marcha pour la combattre. Il n'étoit pas encore arrivé à la riviere de *Ya-tçe-ho*, que la nuit survint ; il se coucha. A peine fut-il endormi, qu'il sentit une main qui lui souleva la tête trois fois de suite. Il se ré-veilla, & se leva en disant : ,, C'est un avertissement
,, des Dieux ''. A l'instant, il fit allumer des tor-ches, & ordonna aux tambours de battre la marche. Il marcha le reste de la nuit, & au point du jour il arriva à la riviere. Il trouva des *Leao* occupés à rom-pre les chemins ; il les fit charger, & l'armée s'avan-çoit toujours. Quand elle eut passé la riviere, *Agou-tha* en fit la revue, & trouva que de trois mille sept cents hommes d'armes dont elle étoit composée, il n'en étoit encore arrivé que le tiers. Aussi-tôt après, il rencontra l'ennemi auprès du village de *Tchu-ho-thien*. Il s'éleva tout-à-coup un vent impétueux, & une poussiere épaisse couvrit le ciel. *Agoutha* se ser-vit de cette conjoncture favorable pour attaquer l'en-nemi. Il le défit entiérement, & le poursuivit jusqu'à l'étang de *Ouo-lun*. On ne peut dire le nombre des ennemis qui furent tués, non plus que celui des cha-riots, des cuirasses, des armes & des choses précieu-ses qui furent prises, tant il étoit grand. Il fit distri-buer le tout à son armée, & lui fit un festin durant un jour entier. Les *Leao* avoient coutume de dire, que personne ne pourroit résister aux *Niou-tche*, si jamais leur armée montoit à dix mille hommes ; & justement, après cette victoire, l'armée des *Niou-tche* se trouva composée de ce nombre.

D'un autre côté, *Ouo-lou* défit les *Leao* dans une au-tre bataille, & tua *Ta-bou-ye*, leur *Tçie-tou-sse*, *Pou-*

boei & autres Officiers Généraux. Enfuite il attaqua & força la ville de *Pin-tcheou*. *Ou-ge* & *Tçan-hou-che* vinrent fe rendre. *Tche-kheou*, Commandant des *Leao*, livra bataille près de *Pin-tcheou*. Il fut défait par *Pou-boei* & *Hoen-tchu*. Le Roi des *Thie-li*, nommé *Hoei-li-pao*, vint fe rendre aux *Niou-tche* avec fon horde. *Ou-tou-pou-tcha* défit, à l'Orient de la ville de *Tçiam-tcheou*, une autre armée des *Leao*, commandée par *Tche-keoul*, qui avoit déja été vaincu une fois par *Siao-yi-fie*. Les deux Provinces de *Ouo-hou* & de *Kii-fai* fe foumirent aux *Niou-tche*. Enfin, *Ouo-lou-kou* défit encore une armée de *Leao*, à l'Occident de la ville de *Hien-tcheou*, & coupa la tête à leur Commandant dans le combat. *Ouan-nien-lou-che* prit enfuite la ville de *Hien-tcheou*. Durant cette même lune, *Ou-kii-mai*, *Sa-khai* & *Tçe-pou-che*, freres & oncle d'*Agoutha*, vinrent à la tête de tous les Officiers de l'Etat, le prier de prendre un plus haut titre, & de leur permettre de lui déférer celui d'Empereur, le premier jour de l'année qui alloit commencer. *Agoutha* refufa cet honneur. *Ali-hha-men*, *Pou-kia-nou*, *Tçoum-han* & plufieurs autres, s'étant avancés, parlerent de cette forte : ,, Vos grands deffeins ,, ont eu le fuccès que vous en attendiez. Si vous ,, manquez à prendre le titre qui vous eft dû, vous ,, ne pourrez jamais vous attacher les cœurs de tout ,, l'Univers. J'y penferai, repliqua *Agoutha* ''.

La premiere année de *Cheou-koue*, c'eft-à-dire en Chinois, *Empire reçu*, (l'an de grace 1115,) le premier jour de la premiere lune, nommé *Gin-chin*, tous les Officiers préfenterent à *Agoutha* le titre honorable. Ce jour-là même *Agoutha* le reçut, & il fut proclamé *Hoam-ti*. Incontinent après il tint ce difcours aux fiens : ,, Les *Khi-tan* ont donné à leur Dy-,, naftie le nom de *Leao*, (qui fignifie une efpece d'*a-*,, *cier* extraordinaire,) pour marquer par la dureté de ,, cet acier la durée de leur Dynaftie; mais quelque ,, grande que foit la dureté de cet acier, à la fin il ,, s'altere & périt par la rouille. Il n'y a que l'or, parmi ,, les métaux, qui foit inaltérable & abfolument in-,, corruptible. De plus, fa couleur en qualité de mé-,, tal, (l'un des cinq éléments des Chinois,) eft le ,, blanc; & l'horde des *Ouan-nien*, d'où je tire mon ,, origine, prend le blanc pour fa marque. C'eft pour ,, ces raifons que je donne à notre Dynaftie le titre ,, de *Kin*, (qui fignifie *or*, en Chinois)''.

Remarquez que d'autres difent que ce nom de *Kin* fut donné à cette Dynaftie, parce qu'il fe trouve de l'or dans le pays d'où *Agoutha* s'éleva à l'Empire, & que la riviere qui l'arrofe, portoit, par cette raifon, le nom d'*An-tchu-hou*, c'eft-à-dire, *riviere d'or*. Peut-être ce motif a pu porter *Agoutha* à lui donner ce nom; mais la principale raifon eft celle qu'*Agoutha* lui-même en donna publiquement.

Le jour nommé *Pim-tçe*, le cinquieme de la premiere lune, *Thai-tçau* (c'eft ainfi que je nommerai *Agoutha* dans la fuite,) alla en perfonne faire le fiege de *Hoam-loum-fou*. Il s'approcha, chemin faifant, de la ville d'*Yi-tcheou*. Tout le monde s'enfuit, & fe retira dans *Hoam-loum-fou*. Il enleva tout ce qui n'avoit pu fortir d'*Yi-tcheou*. L'Empereur des *Leao* envoya une armée de deux cents mille chevaux, & de foixante & dix mille fantaffins, pour la garde de la frontiere. *Leou-che* & *Yn-chu-kho* furent laiffés par *Thai-tçau* au blocus de *Hoam-loum-fou*, & *Thai-tçau* avec fon armée s'avança à grandes journées vers la ville de *Tha-lou-kou*. Il campa en chemin à l'Occident de *Nim-kiam-tcheou*. Il reçut-là des Ambaffadeurs des *Leao* qui venoient traiter de paix. Les lettres qu'apportoit *Sem-kia-nou*, chef de l'ambaffade, appelloient *Thai-tçau* par fon propre nom d'*Agoutha*, & le traitoient de tributaire. *Thai-tçau* en fut choqué, & continua fa marche. Un globe de feu fort lumineux tomba du ciel. ,, Ce prodige, dit *Thai-tçau*, promet le fecours ,, du Ciel ''. Il fit une libation d'eau, & falua le Ciel à genoux. Toute l'armée s'écria, & fauta de joie. Il commença à preffer la ville de *Tha-lou-kou*. L'Empereur (c'eft auffi *Thai-tçau* qui fe doit entendre par ce terme,) monta fur une hauteur pour découvrir les ennemis. Leur armée lui parut comme un affemblage énorme de nuages, & comme un déluge d'eau. Enfuite fe tournant vers ceux de fa fuite : ,, Les ,, troupes de *Leao*, dit-il, ont le trouble dans le cœur, ,, & la peur dans l'ame; quelque grand que foit leur ,, nombre; ils ne font nullement à craindre ''.

En même-temps, il fit gagner à fon armée quelques côteaux, où il la rangea en bataille. *Tçoum-hioum* avec l'aîle droite engagea le combat. Il fondit à bride abattue fur l'aîle gauche des *Leao*, & la contraignit de reculer. L'aîle gauche des *Niou-tche* donna parderriere fur la droite des *Leao*. Celle-ci combattoit vaillamment. *Leou-che* & *Yn-chu-kho* l'entamerent neuf fois par l'endroit le plus fort, fans la pouvoir rompre. *Tçoum-han* demanda permiffion à *Thai-tçau*, de marcher avec le corps de bataille au fecours de l'aîle gauche. *Thai-tçau* ordonna à *Tçoum-han* de faire une fauffe marche pour donner du foupçon à l'ennemi. Cependant *Tçoum-hioum* étant venu à bout de l'aîle gauche des *Leao*, vint tomber fur leur aîle droite. Alors l'armée des *Leao* fut mife en déroute. Elle fut pourfuivie jufqu'à fon camp. Comme il étoit fort tard, les *Niou-tche* l'y bloquerent. Le lendemain au point du jour, les *Leao* fortirent de leur camp, & prirent la fuite. On les pourfuivit jufqu'à une hauteur nommée *A-leou-kham*. Toute l'infanterie fut taillée en pieces. On prit quantité d'inftruments de labourage, qui furent diftribués aux *Niou-tche*. Cela fit connoître que les *Leao* étoient venus pour s'établir fur la frontiere, & faire alternativement le métier de laboureur & de foldat. Dans la feconde lune, l'armée retourna victorieufe. Dans la troifieme lune, le jour nommé *Sin-vei*, l'Empereur alla à la chaffe dans le territoire de la ville de *Leao-hoei*. Dans la quatrieme lune, *Ye-lu-tcham-nou* apporta des lettres de l'Empereur des *Leao*. L'Empereur retint cinq perfonnes de l'ambaffade, à caufe que les lettres étoient injurieufes, & ne renvoya que *Ye-lu-tcham-nou*. L'Empereur répondit à l'Empereur des *Leao* du même ftyle qu'il lui avoit écrit. Le premier jour de la cinquieme lune, nommé *Kem-ou*, l'Empereur paffa les chaleurs de l'été auprès de fa capitale. Le jour nommé *Kia-fu*, il adora le Ciel, & tira des fleches fur des faules. (L'ancienne coutume des *Niou-tche* étoit que leur chef, tous les ans, adorât le Ciel, & tirât des fleches fur des faules; le cinquieme jour de la cinquieme lune, le quinzieme jour de la feptieme, & le neuvieme jour de la neuvieme.) Dans la fixieme lune, le premier jour nommé *Ki-hai*, *Ye-lu-tcham-nou* revint avec des lettres de fon maître. Dans ces lettres, *Thai-tçau* étoit encore appellé par fon nom propre. *Thai-tçau*, dans fa réponfe, appella pareillement l'Empereur des *Leao* par fon nom propre, & l'exhorta à fe foumettre à lui. Dans la feptieme lune, le jour nommé *Vou-tchin*, l'Empereur créa *Ou-kii-mai*, fon cadet, *Amban-po-ki-lie*, c'eft-à-dire, *Grand Po-ki-lie* & *Kouefiam*, ou *Grand-Vifir*. Il conféra à *Sa-khai* la dignité de *Koue-loun-po-ki-lie*, à *Tçe-pou-che* celle d'*A-mai-po-ki-lie*, & à *Sie-ye*, fon cadet, celle de *Koue-loun-po-ki-lie*. Le jour nommé *Kia-fu*, l'Empereur des *Leao* envoya *Tçe-la* apporter des lettres. L'Empereur l'arrêta, & ne le renvoya pas. Les *Hii* vinrent fe foumettre.

Dans la huitieme lune, le jour nommé *Vou-fu*, l'Empereur partit pour aller attaquer *Hoam-loum-fou*. Etant campé fur le *Hoen-toum-kiam*, & n'ayant point de barques pour paffer fes troupes; il ordonna à un cavalier monté fur un cheval roux & blanc, de paffer le premier, & de dire que tous fuivent la route que je montrerai avec mon fouet. L'armée le fuivit. Les chevaux trouvant un gué, n'eurent de l'eau que jufqu'aux fangles. Après le paffage, on fit fonder cet endroit, & on n'y trouva point de fond. De-là vient que l'Empereur *Hii-tçoum*, régnant fous le titre de *Thien-kiuen* la feconde année, donna à *Hoam-loum-fou* le nom de *Tçi-tcheou*, c'eft-à-dire, *Ville du paffage*, & à la garnifon celui de *Li-che*, qui fignifie *gué utilement paffé*. Dans la neuvieme lune, l'Empereur prit *Hiam-loum-fou*. Le jour nommé *Ki-mao*, il parut en l'air un dragon jaune. (Je marque les fables auffi-bien que le refte, pour donner une idée plus jufte de ces nations.) Le jour nommé *Kouei-ffe*, l'Empereur conféra à *Sa-khai* la dignité de *Koue-loum-hou-lou-po-ki-lie*, & de *Ali-hha-men* celle de *Koue-loun-yi-che-po-ki-lie*. Dans l'onzieme lune, l'Empereur des *Leao* ayant appris la perte de *Hoam-loum-fou*, fut faifi de frayeur. D'un côté, il marcha en perfonne à la tête d'une armée de 700000 hommes, de l'autre fon gendre marcha avec une armée de cinquante mille cavaliers & de 400000 fantaffins. L'Empereur des *Leao* vint fe pofter à *Tho-men*, & fon gendre fur l'étang de *Ouo-lin*. L'Empereur marcha contre eux. Dans la douzieme lune, le jour nommé *Ki-hai*, il campa à *Hiao-la*, où il tint confeil avec tous fes Officiers. Ceux-ci dirent tous d'une voix : ,, L'armée ,, de l'Empereur des *Leao* eft, à ce qu'on dit, de ,, fept cents mille combattants; il eft difficile de lui ,, réfifter. D'ailleurs, nous fommes épuifés, & nos ,, chevaux le font auffi, par tant de marches, de fieges ,, & de combats. Il faut arrêter ici, & nous y bien ,, retrancher ". L'Empereur y confentit.

Il ne faut pas omettre une rufe de ce conquérant, qui n'eft omife ici que parce qu'elle eft déja rapportée dans l'hiftoire des *Leao*. Avant de partir, il affembla les Etats de fa nation, auxquels il tint ce difcours : ,, Il n'eft pas poffible de réfifter à ces deux effroya- ,, bles armées qui fe vont réunir; ainfi puifque je fuis ,, la caufe du malheur de ma patrie, je dois en être ,, la victime. Qu'on me prenne, qu'on me lie, & ,, qu'on me mene à l'Empereur des *Leao*. Il fatisfera ,, fa vengeance fur moi & fur ma famille; & vous & ,, les vôtres, vous ferez confervés ". Cette étrange propofition les fit tous frémir; & ils lui promirent tous de périr avec lui, plutôt que de commettre une femblable lâcheté. Ayant vu leur refolution, il les raffura, & partit.

Il envoya *Tii-kou-nai* & *Yn-chu-kho*, garder la ville de *Tha-lou-kou*. Le jour nommé *Tim-vei*, l'Empereur prenant avec foi un gros de cavalerie, alla en perfonne reconnoître l'ennemi. Il prit en chemin des Officiers commis à la conduite des vivres, qui lui apprirent que l'Empereur des *Leao* ayant été informé de la révolte de *Tcham-nou*, avoit tourné bride, & retournoit en Chine, & qu'il étoit en marche depuis deux jours. L'Empereur retourna le même jour à fon camp. Etant arrivé à l'étang de *Cho-kie*, il parut des feux fur la pointe des lances. Le jour nommé *Vou-chin*, tous les Officiers *Niou-tche* dirent à l'Empereur : ,, Puifque l'Empereur des *Leao* eft en marche ,, pour fon retour, il ne fera pas fur fes gardes; il ,, faut le fuivre & le combattre ". L'Empereur repliqua : ,, Vous avez refufé d'aller au-devant de l'en- ,, nemi pour le combattre lorfqu'il venoit à vous; ,, prétendez-vous montrer de la bravoure, en le pour- ,, fuivant lorfqu'il fe retire "? Ce difcours les confondit, & les fit tous rougir. Ils dirent qu'ils vouloient réparer leur faute. ,, Si effectivement, repartit l'Em- ,, pereur, vous avez bonne envie de pourfuivre l'en- ,, nemi, promettez-moi que vous ne vous mettrez pas ,, en peine de vous fournir de vivres; car fi vous dé- ,, faites l'ennemi, que pourrez-vous defirer que vous ,, ne trouviez "? Ce difcours anima leur courage, & tous fauterent de joie. Ils atteignirent l'armée des *Leao* au tertre, nommé *Hou-pou-ta-kham*. Dans cette expédition, *Thai-tçau* n'avoit que vingt mille cavaliers avec lui : ,, Leur nombre eft infini, dit-il, & le nôtre ,, très-petit, ainfi nous ne pouvons pas nous partager.

,, Toute la force de leur armée eft dans le corps de ,, bataille, c'eft-là infailliblement où eft l'Empereur ,, des *Leao*; fi nous pouvons vaincre ce corps, tout ,, le refte eft à nous ". Il ordonna à fon aîle droite de commencer le combat. Elle fit plufieurs attaques; après quoi l'aîle gauche fe joignit à cette aîle, & pouffa l'ennemi. Elles le culbuterent, & la déroute fut grande. En même-temps le corps de bataille des *Niou-tche* prit l'armée des *Leao* en flanc, & la rompit entiérement. La terre fut couverte de morts durant plus de dix lieues de chemin. On prit la litiere, les tentes & les pavillons de l'Empereur des *Leao*. Le nombre des armes, des inftruments, des vivres, des uftenfiles, des chofes précieufes, des chevaux & des bœufs qui tomberent entre les mains des *Niou-tche*, étoit innombrable. Dans cette bataille, *Sie-ye* tua de fa pique plufieurs dixaines d'hommes. *Ali-pen* avoit été entouré par les ennemis; il fut dégagé par *Ouen-ti-ban* & *Ti-hou-tie*, qui fe fervirent pour cela de quatre compagnies. *Ouan-nien-moum-kouo*, quoique bleffé en plufieurs endroits, ne ceffa pas de combattre jufqu'à la fin. Auffi quand on fit l'eftimation des hauts faits d'armes d'un chacun pour ordonner des récompenfes, tous ceux-ci furent mis au premier rang. *Siao-tbe-mo* & tous les Officiers brûlerent leur camp, & fe retirerent. *Kia-khou-fa-gba* prit la ville de *Khai-tcheou*, & *Po-lou-ho* celle de *The-lin*. *Ou-tçe-li-han* fe rendit aux *Niou-tche*.

La feconde année de *Cheou-koue*, (l'an 1116) dans la premiere lune, le jour nommé *Vou-tçe*, l'Empereur publia l'Edit fuivant : ,, Depuis la défaite de l'Empereur des *Leao*, il vient de toutes parts un grand nombre de peuples fe foumettre à nos loix. Il faut les traiter avec beaucoup de bonté. Préfentement les *Khitan*, les *Hii*, les Chinois, les *Po-hai*, les *Niou-tche* foumis aux *Leao*, les hordes des *Ouei-tche*, des *Tha-lou-kou*, des *Ou-ge*, des *Thie-li* étant venus fe rendre à nous en foule, qu'on n'impute point à crime la conduite de ceux qui ayant été pris par l'ennemi, ou s'étant enfui, retourneront à nous; que leurs Chefs foient rétablis dans charges; qu'enfin on leur affigne des demeures convenables. ,, Dans la feconde-premiere lune, (c'eft-à-dire la lune intercallaire,) *Kao-youm-tcham* révolté contre les *Leao*, fe faifit de la Cour Orientale, & envoya demander du fecours aux *Niou-tche* par *Ta-bou-ye*. La Corée envoya des Ambaffadeurs féliciter l'Empereur de fa grande victoire, & demanda en même-temps la ville de *Pao-tcheou*. L'Empereur lui permit de la prendre. Dans la feconde lune le jour, nommé *Ki-ffe*, l'Empereur publia cet édit : ,, La ftérilité a caufé la difette, & le peuple ne pouvant vivre, a été contraint de s'attacher aux riches. A ces caufes qu'il foit permis à tous ceux qui ont volontairement fubi l'efclavage, ou qui n'ayant pu payer les amendes, y ont été réduits, ou bien qui ayant paffé des contrats d'emprunt, s'y font engagés en cas de non-payement, de deux perfonnes d'en racheter une. Si pourtant le contrat n'a porté que fur une feule tête, qu'on s'en tienne au contrat. Dans la quatrieme lune, le jour marqué *Yi-tcheou*, il créa *Ouo-lou*, Généraliffime, & l'envoya faire la guerre à *Kao-youm-tcham*. *Hou-cha-pou* & plufieurs autres furent tués. Dans la cinquieme lune, *Kao-youm-tcham* fut défait, pris & mené à l'Empereur, qui le fit mourir à la tête de l'armée. La Cour Orientale, (c'étoit alors *Leao-yam*, ville du *Leao-toum*,) & toutes les villes de fa dépendance, auffi-bien que la Province du Midi, & tous les *Niou-tche* fujets immédiats des *Leao*, fe foumirent. Alors l'Empereur fit un édit par lequel il abrogea toutes les loix des *Leao*. Il diminua les tailles, & divifa le peuple en *Mou-khe*, c'eft-à-dire, il le diftribua fous des *Centeniers*, le tout conformément aux loix des *Niou-tche*. *Adou-han* défit une armée de foixante mille *Leao* près de la ville de *Tchao-fan*. Dans la neuvieme lune, le jour nommé *Yi-ffe*, l'Empereur
fit

fit faire des tablettes de créance d'or. Le premier jour de la troisieme lune, *Ou-ki-mai*, cadet de l'Empereur, & tous les Grands de l'Empire, offrirent à l'Empereur un titre d'honneur, qui fut celui de très-saint Empereur. L'Empereur quitta l'ancien titre de ses années, & donna aux suivantes celui de *Thien-fou*, c'est-à-dire, *aidé du Ciel*.

La première année de *Thien-fou* (1117) dans la première lune, la ville de *Thai-tcheou* se révolta ; elle fut réduite à l'obéissance. La ville de *Thai-tcheou* fut prise par une armée de dix mille *Niou-tche*. Dans la quatrieme lune, *Ye-lu-nie-li*, Roi des Royaumes de *Tçin* & de *Tçin*, vint à la tête d'une armée de *Leao*, attaquer *Ti-kou-nai*. Dans la cinquieme lune, l'Empereur publia cet édit : „ Quiconque depuis la prise de la ville de „ *Nim-kiam-tcheou*, aura épousé une femme de sa „ propre famille, quelque éloigné que puisse être le „ degré de parenté, recevra la bastonnade, & le ma- „ riage sera dissous ”. Dans la huitieme lune, la Corée envoya une ambassade, pour demander une seconde fois la ville de *Pao-tcheou*. Dans la douzieme lune, le jour nommé *Kia-tçe*, le Prince *Ye-lu-nie-li* fut vaincu & entiérement défait par les *Niou-tche*, au pied du mont *Tçii-li*. Cette victoire fut suivie de la reddition d'un grand nombre de villes. Ce même mois, l'Empereur de Chine de la Dynastie des *Soum*, envoya une ambassade à l'Empereur avec des lettres, dont voici le précis : „ Dans le lieu où naît le so- „ leil, certainement il est né un Saint. J'ai appris les „ fréquentes victoires que Votre Majesté a remportées „ sur des ennemis aussi formidables que les *Leao*. Je „ demande instamment qu'après la destruction de leur „ Empire, Votre Majesté ait la bonté de me remet- „ tre les terres de la Chine, qu'ils ont usurpées sous „ les cinq petites Dynasties ”.

La seconde année de *Thien-fou*, (1118) la ville de *Chouam-tcheou* & son *Tçie-tou-sse*, se rendirent librement. Dans la première lune, le jour nommé *Kem-yn*, l'Empereur envoya des Ambassadeurs en Chine, & répondit ainsi aux lettres de l'Empereur Chinois: „ Quant aux pays que Votre Majesté redemande, at- „ taquons chacun de notre côté ; ce que chacun pren- „ dra sera pour lui ”. Dans la seconde lune, le premier jour nommé *Kouei-tcheou*, l'Empereur des *Leao* envoya des Ambassadeurs traiter de paix. *Ti-kou-nai* & *Leou-che* vinrent voir l'Empereur. Le jour nommé *Sin-yeou*, l'Empereur fit donner la bastonnade, pour avoir quitté leur poste, lorsque l'Empereur des *Leao* étoit dans sa Cour du milieu, (c'est le *Pe-kim* d'aujourd'hui,) & par conséquent si près de leurs Provinces. *Ouo-lou-kou* fut accusé de péculat. Il en fut convaincu, & de Généralissime fut fait *Centenier*, ou bien *Mou-khe*. Le jour nommé *Gin-tchin*, les Ambassadeurs des *Leao* revinrent avec de nouvelles lettres. Le jour nommé *Kem-tçe*, l'Empereur, sur la remontrance de *Leou-che* au sujet de l'éloignement de *Hoam-loum-fou*, & de son importance, y envoya en garnison des Centeniers de toutes les Provinces, & nomma *Leou-che*, qui venoit de recevoir la bastonnade, leur Généralissime, en lui donnant le titre de *Van-hou*, ce qui signifie en Chinois, *dix mille familles*, ou le *chef de dix mille familles*. Dans la quatrieme lune, le jour nommé *Sin-sé*, les Ambassadeurs des *Leao* revinrent avec de nouvelles lettres. Dans la cinquieme lune, le jour nommé *Pim-chin*, l'Empereur députa *Hou-tou-kouen* vers l'Empereur des *Leao*. Dans la sixieme lune, le jour nommé *Kia-yn*, l'Empereur publia cet édit : „ Ordre à tous les Officiers d'empêcher que le peuple ne soit tyrannisé, & qu'on n'engage des personnes libres, ou qu'on n'exige le double du rachat marqué par la loi ”. Dans la septieme lune, le jour marqué *Kouei-vei*, *Hou-tou-kouen* revint de son ambassade, & les Ambassadeurs des *Leao*, ayant toujours pour Chef *Ye-lu-nou-kho*, revinrent avec des lettres. Le jour nommé *Pim-chin*, *Hou-*

tou-kouen fut envoyé en ambassade aux *Leao*. Plusieurs hordes se rendirent à la première instance qui leur en fut faite. Dans la huitieme lune, *Hou-tou-kouen* revint de son ambassade. *Ye-lu-nou-kho* & les autres revinrent aussi avec des lettres. Dans la neuvieme lune, le jour nommé *Vou-tçe*, l'Empereur publia l'Edit suivant : „ Nous avons besoin de savants „ hommes pour écrire nos dépêches, & inventer des „ caractères. J'ordonne à tous les Officiers de mon „ Empire, de faire une exacte recherche des gens „ habiles, & d'un mérite distingué, & de les envoyer „ au plutôt à ma Cour ”. La seconde-neuvieme lune (intercallaire,) le premier jour, (il se nommoit *Kem-su*,) un grand nombre de sujets des *Leao* vinrent se rendre. *Ye-lu-nou-kho* revint avec des lettres. Dans la dixieme lune, le jour nommé *Kouei-vei*, l'Empereur créa *Tçien-hou*, c'est-à-dire en Chinois, *chefs de mille familles*, deux Chinois qui se rendirent à lui avec la ville de *Loum-hoa-tcheou*. D'autres Chinois vinrent aussi se rendre avec ceux qui leur étoient soumis ; ils furent pareillement créés *Tçien-hou*. Dans la douzieme lune, le jour nommé *Kia-tchin*, *Ye-lu-nou-kho* & les autres Ambassadeurs des *Leao* revinrent encore avec des lettres. Vingt mille bandits qui s'étoient rendus, se révolterent ; ils furent exterminés.

La troisieme année de *Thien-fou*, (1119) dans la troisieme lune, *Ye-lu-nou-kho* revint avec des lettres. Le premier jour de la quatrieme lune, nommé *Pim-tçe*, il y eut éclipse de soleil. Dans la sixieme lune, le jour nommé *Sin-mao*, l'Empereur des *Leao* envoya un de ses principaux Grands, nommé *Sii-ni-lié*, & plusieurs autres, présenter à l'Empereur de *Niou-tche* des patentes de création & un sceau Impérial. L'Empereur des *Niou-tche* raya dans les patentes quelques articles qui ne lui convenoient pas, & les renvoya. *San-tou* revint de son ambassade vers l'Empereur de Chine. *Ma-tchim* & son fils vinrent visiter l'Empereur. L'Empereur fit donner la bastonnade à *San-tou*, pour avoir reçu un titre de dignité de l'Empereur de Chine, & le lui ôta. Il renvoya une autre ambassade à l'Empereur de Chine. Dans la huitieme lune, le jour nommé *Ki-tcheou*, l'Empereur publia dans tout l'Empire les lettres nouvellement inventées à l'usage des *Niou-tche* (*). Dans la neuvieme lune, l'Empereur voyant que les Ambassadeurs des *Leao* avoient manqué au terme qu'il leur avoit marqué de lui rapporter les patentes de création en l'état où il les vouloit, ordonna à ses armées de passer le *Hoen-thoum-kiam*, & de camper au-delà. Dans l'onzieme lune, *Sii-nie-lie* & les autres Ambassadeurs des *Leao* revinrent avec des lettres. Les Coréans rehausserent de trois pieds la grande muraille qui les séparoit du territoire de *Ho-lan-fou* (†). L'Empereur ordonna aux Commandants des garnisons de *Ho-lan*, de se tenir sur leurs gardes, & de fortifier les camps.

La quatrieme année de *Thien-fou*, (1120) dans la deuxieme lune, l'ambassade fut de retour de Chine. L'Empereur de Chine envoya des Ambassadeurs pour traiter des pays de la Chine qui dépendoient de la Cour du milieu & de la Cour d'Occident des *Leao*. Dans la troisieme lune, le jour nommé *Kia-tchin*, l'Empereur tint ce discours à tous ses Officiers : „ Les „ *Leao*, par tant d'ambassades & de vains propos, „ ne cherchent qu'à gagner du temps, & à ralentir „ notre ardeur, pour tâcher de réparer leurs pertes, „ Il faut songer sérieusement à les pousser à bout ”. Il ordonna qu'on préparât des armes & des munitions, & qu'ensuite on lui en apportât les rôles. Le jour nommé *Sin-yeou*, l'Empereur parla au Général de *Hien-tcheou*, en ces termes : „ Moi, Empereur, voyant „ que la paix ne peut se conclure avec les *Leao*, j'ai

---

(*) Invention des lettres.
(†) Grande muraille de Corée.

„ réfolu de marcher contre eux le vingt-cinquieme
„ de la quatrieme lune. Ainſi, vous ordonnerez à *Sie-*
„ *kha* de laiſſer mille hommes à la garde de *Tou-*
„ *mou*, & de me venir joindre avec le reſte de ſes
„ troupes ſur les bords du *Hoen-ho*". *Sii-ni-lie* revint encore avec des lettres. Dans la quatrieme lune,
le jour nommé *Yen-vei*, l'Empereur partit pour aller faire la guerre en perſonne aux *Leao*. Il mena avec
lui les Ambaſſadeurs des *Leao* & de la Chine. Dans
la cinquieme lune, le jour nommé *Gin-tçe*, l'Empereur parut devant *Cham-kim*, c'eſt-à-dire, la *ſuprême
Cour* des *Leao*. Il publia cet édit au peuple & aux
Officiers de la ville : „ Le Seigneur des *Leao* s'eſt
écarté du droit chemin, les Dieux & les hommes
ont une égale averſion pour lui. Depuis que moi,
Empereur, j'ai pris les armes, je me ſuis fait une loi
inviolable, de forcer tout ce qui réſiſte, & de recevoir avec bonté ceux qui ſe ſoumettent; il eſt à propos que vous le ſachiez. Votre Empereur, à la vérité, traite de paix avec moi, mais ſon inconſtance perpétuelle découvre ſa ſupercherie, & fait voir qu'il
ſonge à me tromper. Pour moi, je ne puis plus ſouffrir de voir que les peuples de l'univers ſoient foulés
aux pieds; c'eſt ce qui m'a fait prendre une ferme réſolution de continuer la guerre. Je vous ai envoyé
Tçoum-hioum & pluſieurs autres ſucceſſivement, pour
vous inſtruire de mes intentions; vous avez rejetté leurs
conſeils. Préſentement ſi je vous attaque, votre ville
ſera forcée. Comme la guerre que je fais eſt juſte, elle
eſt accompagnée de compaſſion & de clémence, &
je n'ai point envie de ſaccager. C'eſt pourquoi je vous
avertis ſérieuſement de faire attention aux malheurs
dont votre obſtination pourra être ſuivie". Les habitans ſe fiant ſur la force de leur garniſon, & ſur l'a-
bondance de leurs magaſins, ſe défendoient vigoureu-
ſement. Le jour nommé *Kia-yn*, l'Empereur ordonna qu'on tînt tout prêt pour donner un aſſaut général, & dit ces paroles aux Ambaſſadeurs *Leao* &
Chinois : „ Vous allez être témoins de quelle ma-
„ niere je vais faire la guerre, & par-là vous pour-
„ rez connoître quel parti vous avez à ſuivre". A l'inſtant l'Empereur s'avance ſous les murailles de la ville,
& fait donner le ſignal. En même-temps l'armée donna
au bruit des tambours, & pouſſant des cris effroyables.
L'attaque dura depuis le lever du ſoleil juſqu'à dix
heures du matin, que *Tou-mou*, avec les gens de ſa
banniere, gagna le haut des murailles de la ville extérieure, qui en même-temps fut priſe. *Ta-hou-ye*,
Vice-Empereur de *Cham-kim*, rendit auſſi-tôt la ville
intérieure. *Tchao-leam-ſé*, chef de l'ambaſſade Chinoiſe, & tous les autres Ambaſſadeurs préſenterent
une coupe pleine de vin à l'Empereur, pour lui ſouhaiter une longue vie, & lui donnerent le titre de
Van-ſoui; ce qui ſignifie *dix mille ans* en Chinois, &
eſt un ſouhait propre pour le ſeul Empereur de Chine.
Ce même jour, l'Empereur pardonna à tous les habitans, tant au peuple qu'aux Officiers. Il envoya ſol-
liciter le Lieutenant-Général des *Leao*, nommé *Yu-
tou*, de ſe rendre. Le jour nommé *Gin-ſu*, l'armée
s'avança dans le pays ennemi, & campa ſur la riviere
de *Ouo-he*. *Tçoum-kan*, à la tête de tous les Officiers,
fit à l'Empereur la remontrance ſuivante : „ Nous
„ ſommes éloignés de notre pays; les chaleurs ſont
„ extrêmes; nos ſoldats & nos chevaux ſont très-fa-
„ tigués. Si nous entrons plus avant dans le pays en-
„ nemi, les vivres & les fourrages nous manqueront.
„ Nous craignons donc que dans la ſuite nous n'ayons
„ de la peine à nous retirer ". L'Empereur ſuivit leur
avis, & ramena l'armée. Il en tira un détachement
pour aller faire le ſiege de *Kim-tcheou*. Cependant
Yu-tou, Lieutenant-Général des *Leao*, ſurprit *Tou-
mou* ſur le bord de la riviere de *Leao*; mais il fut
battu, & repouſſé. *Ouan-nien-tche-hou* fut tué dans
le combat; (il étoit de la famille de l'Empereur.)
Dans la ſeptieme lune, le jour nommé *Kouei-mao*,

l'Empereur fut de retour de ſon expédition. Dans la
neuvieme lune, l'horde de la riviere de *Tcho-ouei* ſe
révolta, & tua ſes Officiers *Niou-tche*. Le premier
jour de la dixieme lune, nommé *Vou-tchin*, le ſoleil
s'éclipſa. Le jour nommé *Vou-yn*, l'Empereur fit marcher une armée contre *Che-li-kou-ta*, auteur de la
révolte. Dans la douzieme lune, l'Empereur de Chine
envoya une ſeconde fois *Ma-tchim*, demander la Cour
Occidentale des *Leao* & ſes dépendances, (c'eſt-à-
dire la Province de *Chanſi* & autres pays.)
La cinquieme année de *Thien-fou*, (1121) *Oua-
lou* défit en bataille rangée le rebelle *Che-li-kou-ta*;
après quoi il ſe contenta de faire mourir quatre des
chefs, & pardonna à tout le reſte. Le premier jour de
la quatrieme lune, nommé *Yi-tcheou*, *Tçoum-kan* demanda à l'Empereur la continuation de la guerre contre les *Leao*. L'Empereur ordonna qu'on tînt tout
prêt pour l'expédition. Dans la cinquieme lune, *Yu-
tou* & pluſieurs autres Officiers *Leao* vinrent ſe rendre.
La ſeconde-cinquieme lune, (intercallaire) *Sa-khai*
mourut. Dans l'onzieme lune, le jour nommé *Kia-
tchin*, l'Empereur publia cet édit : „ Le gouverne-
„ ment des *Leao* eſt dans le dernier déréglement ; ils
„ ſont abandonnés des Dieux & des hommes. Pré-
„ ſentement je veux réduire le dedans & le dehors,
„ (c'eſt-à-dire tout) ſous une ſeule domination : (Et
„ s'adreſſant aux Généraux qu'il venoit de nommer :)
„ c'eſt pourquoi je vous donne une groſſe armée à
„ commander, pour aller châtier les *Leao*. Soyez at-
„ tentifs à ce qui regarde cette guerre. Choiſiſſez &
„ exécutez les bons conſeils. Récompenſez ſans diſ-
„ tinction, & puniſſez ſans égard. Ayez ſoin que les
„ vivres ſoient fournis à temps. Ne cauſez aucun dé-
„ plaiſir à ceux qui ſe ſoumettent. Ne permettez pas
„ le pillage. Agiſſez comme bon vous ſemblera, &
„ ne traînez pas la guerre en longueur. Dans toutes
„ les occaſions ou l'*Epikie* aura lieu, vous n'aurez
„ que faire de me conſulter ". Le jour nommé *Vou-
chin*, l'Empereur donna aux mêmes Généraux les ordres ſuivants : „ Si vous prenez la Cour du milieu
„ des *Leao*, vous m'envoyerez inceſſamment les ha-
„ bits de cérémonies, les inſtruments de muſique, les
„ chartes, les livres & les rôles de l'Empire des *Leao*".
La ſixieme année de *Thien-fou*, (1122) dans la
premiere lune, le jour nommé *Kouei-yeou*, le Généraliſſime des *Niou-tche*, nommé *Kao*, prit les villes
de *Kao*, de *Ghen* & de *Hoei-he*. Le jour nommé
Yi-hai, il tira droit à *Tchoum-kim*, (c'eſt le *Pe-kim*
d'aujourd'hui,) & chemin faiſant, il obligea la ville
de *Tçée-tcheou* à ſe rendre. Le premier jour de la ſeconde lune, nommé *Kem-yn*, le ſoleil s'éclipſa. Le
jour nommé *Ki-hai*, *Tçoum-kan* & autres Généraux
défirent auprès de la ville de *Pe-ghan-tcheou*, dans
une bataille rangée, le Roi des *Hii*, ſujet des *Leao*,
nommé *Hia-mo*; les *Hii* ſe ſoumirent avec lui. Le
jour nommé *Gin-yn*, le Généraliſſime *Kao* donna avis
à l'Empereur, par un exprès, de la victoire que l'armée venoit de remporter, & lui offrit les plus précieuſes dépouilles. L'Empereur leur envoya cet édit:
„ Vous êtes allés porter la guerre au-dehors; vous
„ vous montrez en tous lieux, capables des charges
„ que je vous ai confiées. Après la priſe des villes,
„ vous en traitez les habitans avec clémence. Moi,
„ Empereur, je ne puis aſſez louer votre conduite.
„ Quant à ce que vous me dites que vous avez ſéparé
„ vos troupes, pour aller ſoumettre les *Hii*, & qu'en
„ effet ils ſe ſont ſoumis, c'eſt une choſe faite. Vous
„ me mandez par un autre courier que vous ne pou-
„ vez point avancer, & qu'il faut attendre l'automne.
„ Examinez bien ce point; & ſi la choſe vous paroît
„ néceſſaire, faites-la, à la bonne heure. Si vous avez
„ beſoin d'un renfort de troupes, marquez-en le nom-
„ bre, & envoyez-le-moi inceſſamment; mais ne vous
„ repoſez pas ſur le gain d'une bataille, & ne vous
„ abandonnez pas pour cela à la pareſſe & au relâche-

,, ment. Ayez grand soin de bien traiter ceux qui
,, viennent de se soumettre. Faites connoître mes in-
,, tentions sur cela à mon armée ".

Tçoum-kan s'arrêta à *Pe-ghan-tcheou*, d'où il envoya *Hi-yn* & autres Officiers, faire le dégât dans le
pays ennemi. Ils prirent *Ye-lu-si-ni-lie*, Commandant
dans les gardes de l'Empereur des *Leao*. On sut de
lui que son maître étoit à la chasse sur l'étang de *Yueng-
bam* ou des sarcelles; qu'il venoit de faire mourir
par jalousie, sur de fausses délations, le Roi de *Tçin*
son fils, déclaré héritier de son Empire, Prince accompli, & sur lequel étoient fondées toutes les espé-
rances des *Leao;* ce qui avoit achevé d'aliéner de lui
tous les esprits; qu'au reste, quoiqu'il eût encore avec
lui toutes les troupes du Nord-Ouest & du Sud-Ouest
de son Empire, elles étoient aussi mauvaises que nombreuses. A l'instant, *Tçoum-kan* dépêcha plusieurs
Officiers vers l'Empereur, pour lui porter ces nouvelles. En même-temps le Généralissime *Kao* fit avancer
l'armée des *Niou-tche*, pour aller surprendre l'Empereur des *Leao*. Dans la troisieme lune, le Généralissime *Kao* passa le mont *Tçim-lim*, & arriva à l'é-
tang de *Pe-choui*: (c'est apparemment *Tcham-khan-
noor*, c'est-à-dire, en Tartare, le *Lac blanc;* car *Pe-
choui* en Chinois signifie *blanche eau.*) Le Général
Tçoum-kan passa de son côté le mont *Piao-lim;* &
les deux corps d'armée tirerent droit à l'étang des sarcelles, pour atteindre l'Empereur des *Leao*. Celui-ci
l'ayant appris, prit la fuite, & se retira dans *Se-kim*,
c'est-à-dire, dans sa *Cour Occidentale:* (c'étoit *Tha-
thoum-fou*, ville de la Province de *Chansi.*) *Tçoum-
kan* le poursuivit jusqu'au Lac blanc, sans pouvoir
l'atteindre; mais il enleva ses bagages & tout ce qu'il
avoit de plus précieux. Le jour nommé *Ki-sse*, l'armée de *Tçoum-kan* arriva à la Cour Occidentale. Le
jour nommé *Gin-chin*, (c'est-à-dire, trois jours
après,) la Cour Occidentale se rendit aux *Niou-tche*,
& *Hi-yn* poursuivit vivement l'Empereur des *Leao*
jusqu'à l'horde des *Yi-che;* il ne put le joindre. Le
jour nommé *Yi-hai*, la Cour Occidentale se révolta
contre les *Niou-tche*.

Pendant cette lune, *Ye-lu-nie-li*, Roi des Royaumes de *Tçin* & de *Tçin*, fut proclamé Empereur des
Leao à *Yen-kim*, c'est-à-dire, en Chinois, la *Cour de
Yen*, ou bien *Tchoum-kim*, qui signifie la *Cour du
milieu:* (c'est le *Pe-kim* d'aujourd'hui.) Dans la quatrieme lune, le jour nommé *Sin-mao*, le *Si-kim*, ou
la Cour Occidentale, fut reprise par les *Niou-tche*.
Le jour nommé *Gin-tchin*, l'Empereur des *Niou-tche*
envoya des Ambassadeurs à l'Empereur des *Soum*, ou
des Chinois méridionaux. Le jour nommé *Vou-su*,
le Généralissime *Kao* partit de la Cour Occidentale,
& vint à grandes journées au Lac blanc. Il envoya
un détachement sous son armée, commandé par *Ou-po*,
pour aller surprendre l'horde des *Pii-che*. Le lendemain *Ou-po* les surprit; mais une partie du détachement fut défaite par les *Pii-che*. Au retour, ce même
détachement se réunit avec le corps d'armée, qui étoit
sous le commandement de *Tcha-la*. Ces deux corps
réunis poursuivirent l'ennemi jusqu'à la riviere de
Hoam-choui, où ils le défirent entièrement. *Ye-lu-
tan*, (Prince *Leao*) assembla toutes les hordes du
Sud-Ouest; & prenant sa route vers l'Occident, il
marcha vers le Septentrion de la Province de *Chensi*.
Un de ses principaux Officiers, nommé *Ye-lu-fou-tim*,
se rendit aux *Niou-tche*. Pareillement deux hordes
Tartares, & plus de quatre mille Chinois se révolterent contre les *Leao*. *Ya-lu-tan* les surprit & les ramena. Cependant *Tou-mou* & *Leou-che* soumirent aux
Niou-tche plusieurs villes considérables de Chine, &
reprirent *Asso*, (le principal prétexte de la guerre.)

Quoique toutes les villes de la Province de *Chansi*
eussent été assujetties par les *Niou-tche*, les cœurs des
habitants ne leur étoient pourtant pas encore attachés.
L'Empereur des *Leao* se fortifia dans les monts *Yn-*

chan, (c'est une chaîne de montagnes dans la Tartarie, fort près des Provinces de *Chensi* & de *Chansi*,)
& *Ye-lu-nie-li* régnoit dans la Cour du milieu. Le
Généralissime *Kao* dépêcha *Tçoum-vam* à l'Empereur,
pour le prier de venir en personne commander ses
armées. Dans la cinquieme lune, le jour nommé *Sin-
yeou*, l'Empereur apprit de la bouche de *Tçoum-vam*,
les nouvelles de tant de victoires. Tous les Officiers
de son Empire vinrent l'en féliciter. Il leur fit un festin qui se passa dans toute la joie possible. Auparavant
les *Niou-tche* avoient pris *Te-li-thi*, Président du
Conseil de guerre des *Leao*, le *Tçie-tou-sse*, nommé
Ho-tcham, & plusieurs autres Officiers *Leao*. Le Généralissime *Kao* les remit à *A-lin* pour les escorter &
les conduire à l'Empereur. *Te-li-thi* se sauva en chemin. *A-lin* fut trouvé coupable, & porta la peine de
sa faute. *Ye-lu-nie-li* envoya des Ambassadeurs pour
demander une trève. Le jour nommé *Vou-yn*, l'Empereur dépêcha *Yam-nien* vers *Ye-lu-nie-li*, avec des
lettres par lesquelles il l'exhortoit à se rendre. Le
premier jour de la sixieme lune, nommé *Vou-tçe*,
l'Empereur partit de sa Cour, pour venir commander ses armées. Il confia le gouvernement de son Empire à *Ou-ki-mai*, son cadet. Le jour nommé *Sin-
hai*, l'Empereur envoya les ordres suivants à *Cham-
kim*, (c'est-à-dire à la suprême Cour des *Leao*, qui
étoit en sa puissance :) ,, Moi, Empereur, me sou-
,, mettant aux ordres du Ciel, je fais la guerre avec
,, clémence. Je me suis déja rendu maître de trois
,, Cours des *Leao*, mais n'ayant pas encore l'Em-
,, pereur des *Leao* en ma puissance, il ne m'est pas
,, permis de mettre fin à la guerre. Présentement je
,, marche en personne, & je dois passer par la Pro-
,, vince dont *Cham-kim* est la capitale. Je crains que
,, ses habitants, à qui j'ai procuré la paix & le re-
,, pos, ne prennent l'allarme en apprenant ma mar-
,, che, & n'abandonnent leurs maisons. Pour les ras-
,, surer, je donne une amnistie générale à tous ceux
,, qui, ayant suivi la révolte de *Tou-mi-lu* qui s'étoit
,, rendu à moi, se sont enfuis, & se sont fortifiés dans
,, des lieux inaccessibles, pourvu qu'ils reviennent &
,, se fussent enregistrer. Que s'ils persistent dans la ré-
,, volte, je les exterminerai, sans pitié, eux & leurs
,, familles ".

Durant ce mois, *Ye-lu-nie-li*, nouvel Empereur
des *Leao*, mourut. *Oua-lou* & *Leou-che* défirent l'armée des *Hia*, dans la vallée de *Ye-kou;* ils tenoient
pour les *Leao* dans la Province de *Chensi*. Dans la
septieme lune, le jour nommé *Kie-tçe*, l'Empereur
envoya des ordres à ses armées, par lesquels il défendoit à tous les Officiers d'interrompre leur service,
& de s'écarter pour venir le recevoir. Le jour nommé
Ye-tcheou, le Chinois nommé *Mao-pa-che*, qui demeuroit dans la Province de la Cour suprême des
Leao, vint se rendre avec quatre mille familles; l'Empereur lui en accorda le commandement. Le jour
nommé *Pim-yn*, il créa *Ouo-ta-la*, Chef de huit
mille familles, pour avoir engagé beaucoup de monde
à se rendre volontairement. Il lui donna *Hou-sie* pour
Lieutenant. Le jour nommé *Gin-ou*, le Général *Hi-yn*
présenta *Asso*, (qui avoit été pris,) à l'Empereur,
qui lui fit donner la bastonnade, & le remit en liberté.
Dans la huitieme lune, le jour nommé *Ki-tcheou*,
l'Empereur arriva au Lac blanc. Le Généralissime *Kao*
vint le saluer à la tête de tous les Officiers de l'armée.
Le jour nommé *Kouei-sse*, l'Empereur commença à
poursuivre l'Empereur des *Leao*. Il arriva à l'étang,
nommé *Tha-yu*, c'est-à-dire, en Chinois, du *grand
poisson*. Le lendemain *Tçoum-vam* atteignit l'Empereur des *Leao* à *Che-nien-tho*, où il lui livra bataille,
& le mit en déroute. L'Empereur des *Leao* prit la
fuite. Le jour nommé *Ki-hai*, l'empereur arriva au
Septentrion de *Kiu-yen;* (tous ces pays sont dans la
Tartarie, au Septentrion de la Province de *Pe-kim*
ou *Pe-tche-li*.) Le jour nommé *Sin-tcheou*, *Ouan-*

nien-hoen-tchu défit près de la ville de *Kao-tcheou*, une armée de foixante mille hommes, tant *Hii*, que *Khitan* ou *Leao*, & Chinois. Le *Po-kin*, nommé *Ma-kii*, fut tué dans le combat. L'horde de *Li-te-man* fe foumit aux *Niou-tche* victorieux. Le Lendemain, *Tçoum-vam* pourfuivit l'Empereur de *Leao*, jufqu'à *Ou-li-tche-tho*, fans le pouvoir joindre. Dans la neuvieme lune, le jour nommé *Kem-chin*, l'armée campa à l'étang de *Tçao*, (ou des *herbes*, en Chinois.) *Tou-mou* pacifia tous les révoltés de la Cour du milieu, & en engagea toutes les villes de la Province qui font fur le bord de la mer, à fe rendre. Le *Tçie-tou-ffe Leao*, nommé *Ye-lu-chin-fé*, vint avec toutes fes hordres fe rendre aux *Niou-tche*. Le jour nommé *Yi-tcheou*, l'Empereur publia cet édit aux fix hordes des *Hii*: „ Après vous être foumis à moi, vous vous „ êtes révoltés; vous avez porté tous les cœurs à la „ rébellion. Un crime femblable ne mériteroit aucun „ pardon; mais ayant égard au peu de temps qu'il „ y avoit que vous vous étiez affujettis, & que peut-„ être on ne vous a pas traités avec toute la bonté „ convenable, je vous invite encore à rentrer dans „ le devoir. Si vous vous foumettez inceffamment, „ tout le paffé vous fera pardonné, & tous vos Offi-„ ciers feront confervés dans leurs anciens poftes". La ville de *Kouei-hoa-tcheou* fe rendit. Le jour nommé *Vou-tchin*, l'Empereur vint, & campa à *Kouei-hoa-tcheou*. Le jour nommé *Kia-fu*, le Général *Tçoum-hioum* mourut. Le jour nommé *Tim-tcheou*, la ville de *Foum-chim-tcheou* fe rendit; elle eft à trente-fix lieues du *Pe-kim* d'aujourd'hui, au Sud-Oueft.

Le premier jour de la dixieme lune, nommé *Pim-fu*, l'armée vint à *Foum-chim-tcheou*, où l'Empereur publia cet édit: „ Moi, Empereur, je recommande „ fouvent à mes Officiers de pacifier les peuples, de „ leur procurer la tranquillité, de me les attacher „ par de bons traitements, & fur-tout de ne les pas „ opprimer, ni fouler; mais comme les peuples font „ groffiers & ne connoiffent pas leur propre bien, „ il y en a encore un grand nombre qui prend la „ fuite, & va fe cacher dans les montagnes & dans „ les forêts. Je ne puis me réfoudre à employer la „ force des armes, pour les en tirer. Ainfi je promets „ une amniftie générale de toutes fortes de crimes, „ de quelque nature qu'ils puiffent être, à tous, tant „ à ceux du peuple qu'aux autres, qui fe trouvant „ difperfés par la fuite, voudront retourner, & je pro-„ mets des Mandarinats héréditaires à ceux qui les ra-„ meneront; s'ils font efclaves, je leur donne la li-„ berté. Que l'on publie par-tout cet édit, afin que „ l'on fache mes intentions". La ville de *Yu-tcheou* fe rendit. Le jour nommé *Kem-yn*, *Yu-tou* & autres Officiers envoyerent *Tcée-tchao-yen*, *Su-him* & *Thien-khim*, Commandants de la garnifon de *Yy-tcheou*, à l'Empereur, qui les honora de diverfes dignités, & les exhorta à bien traiter les peuples, & à les engager à fe foumettre volontairement. Le jour nommé *Tim-yeou*, les Officiers de *Yu-tcheou*, nommés *Tcée-tchao-yen*, & *Thien-khim*, tuerent le Gouverneur de la ville, & fe révolterent. Le jour nommé *Pim-ou*, ils fe rendirent une feconde fois. Dans l'onzieme lune, l'Empereur publia cet édit aux habitants de la Cour du milieu : „ Mon armée Impériale pardonne tout „ à ceux qui fe foumettent, & elle laiffe les Officiers „ dans les charges où ils fe trouvent".

Dans la douzieme lune, l'Empereur décampa pour aller affiéger la Cour du milieu, ou le *Pe-kim* d'aujourd'hui. *Tçoum-yam* commandoit fept mille chevaux & lui fervoit de guide. *Ti-kou-nai* prit fon chemin par le col de *Te-chim-kheou*. *Yn-chu-kho* prit le fien par le paffage de *Kiu-youm-kouan*. *Leou-che* commandoit l'aîle gauche, & *Po-lou-hoei* la droite. Le corps d'armée marcha droit à *Kiu-youm*, environ dix-huit lieues au Septentrion de *Pe-kim*. Le jour nommé *Tim-hai*, l'Empereur arriva & campa à *Kouei-tcheou*. Le jour nommé *Vou-tçe*, il campa à *Kiu-youm-kouan*. Le jour nommé *Kem-yn*, le Généraliffime des *Leao*, nommé *Kao-lou*, & plufieurs autres grands Officiers, vinrent préfenter à l'Empereur les clefs de la Cour du milieu. L'Empereur entra par la porte du Midi dans la Cour de *Yen*, (*Yen-kim*,) ou dans la Cour du milieu (*Tchoum-kim*,) (c'eft le *Pekim* d'aujourd'hui.) Auparavant *Yn-chu-kho* & *Leou-che* avoient rangé l'armée des *Niou-tche* en bataille fur les murailles de la ville. Lorfque l'Empereur fut prêt d'entrer, les fix principaux Grands de la Cour vinrent le recevoir, le placet à la main, & fe foumirent volontairement à lui. Le jour nommé *Sin-mao*, tous les Officiers *Leao* fe préfenterent à la porte du camp des *Niou-tche*, & frappant la terre du front, demanderent pardon à l'Empereur. L'Empereur ordonna qu'on les élargît tous, & qu'on leur donnât la liberté. Le jour nommé *Gin-tchin*, l'Empereur fe tranfporta dans le palais de la victoire, où il reçut les compliments de tous les Officiers. Le jour nommé *Kia-ou*, l'Empereur ordonna à *Tço-khi-kouen*, & à quelques autres de fes Officiers, d'aller vifiter toutes les villes de la Province, & d'en raffurer les peuples. L'Empereur envoya cet édit à la Cour d'Occident : „ Préfen-„ tement je fuis dans *Yen-tou*, (c'eft le même que „ *Yen-kim* ou *Tchoum-kim* :) tout y eft affujetti & „ tranquille. Il ne manque que la *Yen-ti*, Reine (Ré-„ gente & femme de *Ye-lu-nie-li*, mort Empereur,) „ qui a pris la fuite avec quelques-uns de fes Offi-„ ciers. Je la fais pourfuivre par des troupes. Si par „ hafard elle paroît dans votre Province, vous la pren-„ drez, & vous me l'envoyerez ". La ville de *Hoam-loum-fou* fe révolta contre les *Niou-tche*. *Tçoum-fou* la reprit, & l'affujettit de nouveau.

La feptieme & derniere année de *Thien-fou*, (1123) dans la premiere lune, le jour nommé *Tim-fé*, le Roi des *Hii*, dont le nom étoit *Hoei-li-pao*, ufurpa le titre de *Hoam-ti*. Le jour nommé *Kia-tçe*, le *Tçie-tou-ffe Leao* de *Pim-tcheou*, nommé *Chi-li-ghai*, vint fe rendre. L'Empereur, par un édit, fit grace à la ville. Le jour nommé *Kem-ou*, l'Empereur parla à *Ouo-loun*, Général de la Cour du milieu, en ces termes : „ J'apprends, ô Grand ! que vous êtes favant „ dans l'art de pacifier les peuples, & que fous vos „ ordres tous jouiffent tranquillement de leurs biens. „ Moi, Empereur, je ne puis affez vous louer de „ cela. *Hoei-li-pao*, Roi des *Hii*, amaffe du monde, „ & réfifte à mes ordres. Il eft de votre devoir de „ trouver des expédients pour l'arrêter, & l'empêcher „ de répandre plus loin fon venin". Le jour nommé *Gin-tchin*, celui-ci envoya folliciter *Hoei-li-pao* à fe rendre. Le jour nommé *Kouei-yeou*, l'Empereur, par le confeil de *Chi-li-ghai*, fit la même chofe à l'égard des hordes des *Hii*. Le jour nommé *Ki-mao*, les Ambaffadeurs de l'Empereur de Chine vinrent délibérer fur le partage des deux Cours & Provinces nouvellement conquifes par les *Niou-tche*. Le jour nommé *Kem-tchin*, plufieurs villes de la Chine fe rendirent. Le jour nommé *Kia-chin*, l'Empereur publia cet édit : „ Il y a peu de temps que les villes de la Chine „ & les hordes des Tartares font foumifes à mon Em-„ pire. Les cœurs ne font pas encore parfaitement „ tranquilles. Le temps du labourage approche ; j'or-„ donne qu'on envoye par-tout des Députés, pour „ avertir les Commandants des troupes de tenir la „ main à ce que les foldats ne moleftent perfonne, „ de crainte que le labourage n'en fouffre ". Dans la feconde lune, le premier jour nommé *Yi-yeou*, l'Empereur ordonna à *Sa-pa*, d'exhorter la ville de *Him-tchoum-fou* à fe foumettre; ce qu'elle fit. Plufieurs *Tçie-tou-ffe* des *Leao* vinrent pareillement fe rendre, & livrer avec eux les villes de leurs dépendances. Le jour nommé *Gin-tchin*, l'Empereur tint ce difcours aux Grands *Po-ki-lie* de fa Cour : „ Toutes les villes „ font foumifes & tranquilles. Il y a encore des peu-„ ples

,, ples difperfés par la fuite qui ne font pas foumis.
,, Je leur ai déja pardonné ; qu'on le leur faffe favoir.
,, Les colonies que j'ai établies ont quitté leur pays
,, depuis peu ; peuvent-elles manquer de foupirer après
,, leur patrie ? J'ordonne aux Officiers des lieux de
,, les traiter avec une douceur & une bonté extrêmes,
,, & je prétends qu'on ne les trouble & qu'on ne les
,, molefte en rien. Quant à ceux à qui la pauvreté
,, ôte les moyens de fubfifter, je veux qu'on leur four-
,, niffe, à mes fraix, le néceffaire ".
Le jour nommé *Kouei-ffe*, l'Empereur fit l'édit
fuivant : ,, La guerre avoit interrompu les chemins,
,, & l'on ne pouvoit marcher durant les troubles. Pré-
,, fentement que l'Univers ne compofe plus qu'une
,, famille, fi on continue à tenir les paffages fermés, ce
,, fera une grande incommodité pour le public. J'or-
,, donne que les chemins foient ouverts à tout le monde
,, dans le pays de *Hien-tcheou* de la Cour Orientale
,, & autres Provinces. Permis à tous ceux qui ont été
,, faits captifs dans toutes ces Provinces, ou qui fe
,, font vendus eux-mêmes, de fe racheter, & qu'ils
,, foient libres ". De plus, il envoya des Députés par
la voie des poftes, publier ce même édit. *Him-tchoum-
fou* & *Y-tcheou* fe révoltèrent. L'Empereur de Chine
envoya des Ambaffadeurs, pour offrir une augmentation de tribut, à condition que la Cour du milieu lui
feroit rendue, & en même-temps pour régler les
confins des deux Empires, pour déterminer les cérémonies que les deux Empereurs fe feroient réciproquement par leurs Ambaffadeurs au premier jour de
l'an & à leur jour natal ; pour établir le commerce &
les douanes entre fes deux Empires, & enfin, pour
traiter de la reftitution que demandoit l'Empereur de
Chine, de la Cour Occidentale & de la Province qui
en dépendoit, & de divers autres points. Le jour nommé *Kouei-mao*, les Généraux *Niou-tche*, *Yn-chu-
kbo* & *Thola*, furent envoyés en ambaffade à l'Empereur de Chine. Le jour nommé *Yi-ffe*, l'Empereur
parla au Généraliffime *Kao*, fon frere, en ces termes : ,, Il faut dreffer des rôles des hommes habiles
,, qui fe trouvent parmi les peuples nouvellement fou-
,, mis, & les employer ". Le jour nommé *Vou-chin*,
l'Empereur ordonna aux Officiers de la ville de *Pim-
tcheou*, d'aller avec les Ambaffadeurs Chinois marquer les limites de fix villes & territoires qui devoient
leur être cédés dans la Province (aujourd'hui) de
Pe-kim. Le jour nommé *Kouei-tcheou*, l'Empereur
publia une amniftie générale.
Dans cette lune, l'Empereur érigea la ville de *Pim-
tcheou*, (c'eft aujourd'hui *Youm-pim-fou*, ville du premier ordre de la Province de *Pe-kim*,) en *Nan-kim*,
c'eft-à-dire en *Cour du Midi*. Il créa *Tcham-kio*, Vice-
Empereur de cette Cour. Le premier jour de la troifieme lune, nommé *Kia-yn*, l'Empereur alloit faire
punir de mort *Ghan* ; mais fur la remontrance de *Sii-
pou-che*, il fe contenta de lui faire donner foixante
& dix coups de baguette, & il le tint, comme auparavant, prifonnier dans la ville de *Thai-tcheou*. Le
jour nommé *Vou-ou*, le Généraliffime *Kao* & autres Officiers avertirent l'Empereur, que *Ye-lu-ma-tche*, *Yu-
tou*, *Ou-che*, *Tho-la* & autres *Leao* tramoient une révolte, & qu'il falloit les prévenir inceffamment. L'Empereur fit venir *Yu-tou* en fa préfence, & lui parlant
avec douceur, il lui dit : ,, Si moi, Empereur, j'ai
,, conquis l'Univers, je dois cela à l'union de cœur
,, & de vertu qui regne entre moi & mes fujets ; vous
,, autres vous n'avez aucune part à un fi grand fuc-
,, cès. J'apprends que vous tramez une révolte. Cela
,, eft-il vrai ? Vous avez befoin, pour une fi grande
,, entreprife, de chevaux & d'armes, je vous en fe-
,, rai fournir, & je vous engage fur ce fait ma pa-
,, role Impériale ; mais fi vous tombez une feconde
,, fois fous ma puiffance, n'attendez plus de moi au-
,, cun pardon ; que fi vous voulez mettre bas l'efprit
,, de rébellion, & demeurer attaché à mon fervice

,, foyez certain que je ne vous tiendrai point pour
,, fufpect ". Ce difcours fit trembler *Yu-tou* & tous
les autres conjurés, & ils ne purent rien répondre.
Il fit donner la baftonnade à *Tho-la*, & pardonna à
tous les autres. L'Empereur de Chine envoya trois
Ambaffadeurs avec des lettres. Dans la quatrieme lune,
le jour nommé *Tim-hai*, l'Empereur envoya deux de
fes Généraux, pour aller furprendre l'Empereur des
Leao dans les monts *Yn-chan*. Le jour nommé *Gin-
tchin*, l'Empereur répondit à l'Empereur de Chine.
Auffi-tôt après que l'Empereur fe fut rendu maître
de *Tchoum-kim*, les *Leao* revinrent à la charge, & fe
jetterent fur la ville de *Foum-chim-tcheou*. L'Académicien *Ta-che*, (c'eft *Ye-lu-ta-che*, Prince du fang
des Empereurs *Leao*, qui fonda dans le *Kerman* la
Dynaftie Occidentale des *Leao*, & dont nous avons
parlé fur l'article des *Caracathaiens*) pofa fon camp
deux lieues & demie à l'Orient de *Loum-men*. Le Généraliffime *Ouo-lou* l'ayant appris, envoya contre lui
un détachement de fon armée, commandé par *Tchao-
lii*, *Leou-che*, *Ma-bo-cham* & autres. Ils forcerent
Ye-lu-ta-che, & le prirent ; après quoi tout le refte
de fon armée fe rendit aux *Niou-tche*.
Le jour nommé *Kouei-ffe*, l'Empereur porta cet
édit : ,, Si dans les conjonctures préfentes, on s'ar-
,, rête à me rendre compte des affaires avant que de
,, les entreprendre, on perdra du temps, & on mar-
,, quera les occafions ; ainfi qu'on s'adreffe au Gé-
,, néraliffime pour l'expédition des affaires de cette
,, Province-là, & que les autres foient rapportées à
,, la Cour de la guerre ". *Kieou-kin* affembla plufieurs de fes *Khitan* dans la ville de *Tchoum-him-fou*,
& fe révolta. Il fut pris, & il fe tua lui-même. L'Empereur envoya fous bonne efcorte, dans le pays des
Niou-tche, les plus riches familles & les plus habiles
ouvriers de la ville de *Tcham-chim-kiun* & de la Cour
du milieu. Le jour nommé *Ki-hai*, l'Empereur vint
à la ville de *Ju-tcheou*. *Ouo-lou* & *Tçoum-vam* furprirent le fecond Préfident des fix Cours des *Leao* fur
le Lac blanc, & le prirent. Ils firent en même-temps
captifs quinze Rois du fang des Empereurs *Leao*,
qui s'étoient rendus. Ils apprirent que les bagages de
leur Empereur étoient à *Tçim-tchcoum*. Ils détache-
rent dix mille cavaliers de leur armée, avec ordre
d'aller à la ville d'*Ym-tcheou*, & dépêchèrent plufieurs
Commandans pour pourfuivre l'ennemi. *Tçoum-vam*
atteignit l'Empereur des *Leao*, & le furprit ; il lui
livra bataille & le défit. Il prit fon fils Roi de *Tchao*,
& nommé *Sii-ni-lie* ; il prit auffi le fceau Impérial.
Dans la cinquieme lune, le jour nommé *Kia-yn*,
Tcham-kio, Chinois, Vice-Empereur de la Cour du
Midi, s'empara de la Cour, & fe révoka. Le jour
nommé *Pim-yn*, l'Empereur arriva au mont *Hou-ye-
lim*. Le jour nommé *Ki-ffe*, il arriva à l'étang de *Lo-
li*. *Ouo-lou* & autres Commandans lui préfenterent
le Roi de *Tchao*, *Ye-lu-ta-che*, *Ma-ju-nou* & les autres captifs, avec le fceau Impérial. D'un autre côté,
Tçoum-tçoum lui amena le Roi de *Tçin*, le Roi de
Hiu, fils de l'Empereur des *Leao*, *Ghao-ye*, fa fille
& plufieurs autres. Les *Hii* furent vaincus, & leur
Roi *Hoei-li-pao* qui avoit pris le titre d'Empereur,
fut tué par les fiens.
Le jour nommé *Gin-ou*, premier de la fixieme lune,
l'Empereur campa fur l'étang des Sarcelles. Dans ce
mois, *Tou-mou*, frere de l'Empereur, vainquit *Tham-
kio* dans le *Leao-toum*. Le jour nommé *Pim-chin*,
l'Empereur tomba malade, & prit la réfolution de retourner à *Cham-kim*, ou la fuprême Cour des *Leao*.
Il nomma auparavant les Officiers Généraux de fon
armée, & laiffa des garnifons fur les frondieres. Le
jour nommé *Ki-yeou*, il fit appeller fon frere *Ou-ki-
mai*. Dans la feptieme lune, le jour nommé *Sin-yeou*,
il campa au mont *Nieou-chan*. Le premier jour de
la huitieme lune, nommé *Sin-fe*, il y eut une éclipfe
de foleil. Le jour nommé *Yi-vei*, l'Empereur arriva

à la riviere de *Hoen-ho*, au Nord de laquelle il campa. *Ou-ki-mai*, accompagné des Princes du sang & de tous les Officiers de la Cour, vint l'y trouver. Le jour nommé *Vou-chin*, l'Empereur mourut sur les bords de l'étang de *Pou-tou*, dans le palais de passage, qui y étoit ; il vécut cinquante-six ans.

Dans la neuvieme lune, le jour nommé *Kouei-tcheou*, le corps arriva à la suprême Cour. Le jour nommé *Ti-mao*, il fut enterré au Sud-Ouest de son palais, dans le palais nommé *Nim-chin-tien*, c'est-à-dire en Chinois, la *salle qui appaise les mânes*. Le jour nommé *Pim-tchin* le frere de pere & de mere de *Thai-tçau* fut proclamé Empereur ; son nom *Niou-tche* étoit *Ou-ki-mai*. On conféra au mort, pour son titre d'apothéose, le titre de *Thai-tçau*, c'est-à-dire en Chinois *très-grand aïeul*. On lui fit ériger un *Miao*, ou *Temple*, dans la Cour Occidentale : (c'étoit la ville de *Thai-thoum-fou*, dans la Province de *Chansi*.) Dans la suite, on transporta son corps dans un autre tombeau. On érigea à la gloire de son nom un monument avec une inscription, hors la ville de *Pe-kim* d'aujourd'hui, vers le Midi, dans l'endroit où il avoit autrefois campé. Long-temps après, son corps fut encore une fois transféré dans un autre tombeau.

SENTIMENT DES HISTORIENS.

Thai-tçau fut doué de qualités admirables. Il fut homme de tête, d'intelligence & de conseil ; rien n'échappoit à la pénétration de son esprit. Il avoit une grandeur d'ame extraordinaire. Il étoit savant dans l'art de se servir des hommes qu'il connoissoit parfaitement, & qu'il employoit volontiers. *Che-tçau*, son pere, couvoit dans son cœur le dessein de ravir l'Empire aux *Leao* ; ce qui l'obligea de faire passer le commandement de sa nation après lui à trois de ses cadets, & après eux au frere aîné de *Thai-tçaus* afin qu'il pût tomber entre les mains de *Thai-tçau* même. Etant au lit de la mort, il recommanda *Thai-tçau* à *Mou-tçoum* ; ainsi il avoit formé ce dessein, depuis long-temps. *Thai-tçau*, après avoir pris la Cour Orientale des *Leao*, abrogea leurs loix, & diminua les tributs. Il introduisit, en leur place, les ordonnances & les coutumes de ses ancêtres. Il obligea l'Empereur des *Leao* à devenir fugitif & vagabond. Il força l'Empereur de la Chine de lui payer un tribut annuel, & en cette considération, il lui céda six grands territoires & autant de villes, dont l'une étoit la Cour de *Tchoum-kim*. Il établit la Cour du Sud dans la ville de *Pim-tcheou*. Après sa mort, les Chinois ne purent garder ces villes, & l'Empereur des *Leao* fut pris vif. Quoique tous ces grands succès doivent s'attribuer à des occasions que le Ciel avoit ménagées, cependant le plan de ce grand dessein & l'exécution de tant de grandes entreprises qui l'ont fait réussir sont dus à la capacité de *Thai-tçau*, comme à sa cause originale. Si donc la Dynastie des *Kin* a possédé un si vaste Empire durant cent dix-neuf ans, cela vient de ce que rien n'échappoit à la prudence de *Thai-tçau*, & que rien aussi ne résistoit à la force de ses armes. Il a fondé un grand Empire ; il l'a transmis à ses successeurs. O l'admirable vaillance !

THAI-TÇOUM.

Thai-tçoum eut pour nom propre, en sa langue nationale, *Ou-ki-mai*. Il prit ensuite le nom propre Chinois de *Chim*. Il étoit le quatrieme fils de *Che-tçou*, & le deuxieme de *Na-lan*, seconde femme de *Che-tçou* ; ainsi il étoit frere cadet de pere & de mere de *Thai-tçau*. Il naquit l'an de grace 1075, nommé *Yi-mao*. D'abord il fut adopté par *Mou-tçoum*. L'an 1116, il fut créé *Amban-po-ki-lie*, c'est-à-dire, *grand Po-ki-lie* ou Gouverneur, par *Agoutha*, son frere, qui, la même année, s'étoit fait proclamer *Thou-po-ki-lie*,

c'est-à-dire, *Roi* ou *Gouverneur absolu de toute sa nation*. *Agoutha* lui laissoit le gouvernement de ses Etats, toutes les fois qu'il quittoit sa capitale pour aller faire la guerre, & il lui donnoit le pouvoir absolu sur tout. Le jour de la neuvieme lune, nommé *Ki-vei*, *Thai-tçoum* sacrifia au Ciel & à la terre, pour les avertir & les remercier de son avénement à la Couronne. Le jour nommé *Pim-chin*, il publia une aministie générale, & changea le titre des années, ordonnant que la septieme *Thien-fou* seroit nommée la premiere de *Ta-hoei*, c'est-à-dire en Chinois, de la grande conjonction ou rencontre.

La premiere année de *Ta-hoei* (1123,) dans la dixieme lune, le jour nommé *Ki-hai*, les Bonzes *Ho-cham* de la pagode nommée *Khim-yuen-sé*, offrirent à l'Empereur des os de leur *Fo*, auteur de leur Religion ; l'Empereur les rebuta. *Thou-mou* fut entiérement défait par *Tcham-kio* révolté. Dans l'onzieme lune, le jour nommé *Gin-tçe*, l'Empereur envoya *Tçoum-vam* faire le procès à *Thou-mou*, & prendre le commandement de l'armée, pour aller tirer vengeance de *Tcham-kio*. Le jour nommé *Kouei-hai*, l'armée de *Thou-mou*, commandée par *Tçoum-vam*, partit de *Kouam-nim* ; elle réduisit toutes les villes de *Po-hai*. L'Empereur ordonna au Vice-Empereur de la Cour du Midi, de céder aux Chinois les deux villes de *Vou-tcheou* & de *Sou-tcheou*, avec leurs territoires. Le jour nommé *Kem-ou*, le rebelle *Tcham-kio* donna bataille à *Tçoum-vam*, à l'Orient de la Cour du Midi. Il fut entiérement défait, & il s'enfuit dans l'Empire de Chine. Les habitants de la Cour prirent son pere & deux de ses fils. Ils les amenerent à *Tçoum-vam*, qui les fit mourir à la tête de son armée. Le jour nommé *Gin-chin*, *Tcham-tchoum-sé* & *Tcham-chun-kou* rendirent la Cour du Midi. Les habitants tuerent les Députés *Niou-tche* qui y étoient entrés, & se rebellerent une seconde fois. Le jour nommé *Ki-mao*, l'Empereur permit aux les *Niou-tche* qui s'étoient donnés aux *Leao*, de revenir en toute sûreté.

La seconde année de *Ta-hoei* (*) (1124,) le premier jour de la premiere lune, nommé *Kem-su*, on assembla un Conseil général pour régler la forme du Gouvernement. Le jour nommé *Gin-tçe*, l'Empereur ordonna les récompenses dues à *Tçoum-vam*, & à tous ceux qui avoient pris la Cour du milieu des *Leao*. Il pardonna à *Thou-mou* la faute de sa défaite. Le jour nommé *Kouei-hai*, l'Empereur remit la moitié des tributs & des péages à la Province de la Cour Occidentale des *Leao*, à cause des stérilités continues. Le jour nommé *Kia-su*, les Généraux *Tçoum-han* & *Tçoum-vam* supplierent l'Empereur de ne rien céder aux Chinois de la Province de *Chansi* : „ Ce seroit „ s'opposer aux ordres de *Thai-tçau*, repartit l'Em-„ pereur : qu'on leur cede incessamment ce qu'il leur „ avoit promis ".

Le Roi de *Hia* présenta un placet, & se soumit. On lui accorda une grande étendue de pays pour augmenter son Royaume. Le jour nommé *Pim-tçe*, l'Empereur demanda à l'Empereur de Chine qu'il lui renvoyât les fugitifs. Le jour nommé *Tim-tcheou*, l'Empereur alla pour la premiere fois de sa Cour à celle du Midi. Il établit sur le chemin des postes de cinq lieues en cinq lieues. Dans la seconde lune, l'Empereur fit une loi, par laquelle il condamnoit à mort tous ceux qui profaneroient les tombeaux des *Leao*. Dans la troisieme lune, le jour nommé *Ki-yeou*, il ordonna au Prince Généralissime *Tçoum-vam*, de distribuer à ses troupes le tribut des Chinois, à proportion des bons services d'un chacun. Dans la cinquieme lune, le jour nommé *Yi-sse*, on fit ce rapport à l'Empereur : „ La coutume est qu'on envoye tous les ans „ pêcher des Chiens de mer, & prendre des Ger-

---

(*) Le Copiste Indien a mis ici & dans la suite *Thien-hoei* ; il paroit que c'est une faute.

„ fauts sur les côtes de la Corée; nous y avons en-
„ voyé deux petits vaisseaux : les Coréans sont venus
„ avec quatorze grands navires, ils les ont attaqués,
„ & ont tout tué. Il n'est pas à propos, répondit l'Em-
„ pereur, de faire une guerre pour un si petit sujet,
„ à l'avenir qu'on n'y aille point sans ordre ". Tou-
mou força la Cour du Midi, & la reprit. Le jour
nommé Gin-tchin, on rapporta à l'Empereur que la
Corée recevoit les fugitifs & les rebelles; qu'elle for-
tifioit les frontieres, qu'ainsi elle avoit quelques mauvais desseins. „ Si la Corée, dit-il, reçoit les fugitifs
„ de mon Empire, & ne les renvoye pas, elle se
„ met dans son tort. Nonobstant cela, qu'on reçoive
„ ses Ambassadeurs à l'ordinaire. Si elle attaque la
„ premiere, que mes garnisons se défendent; que si
„ quelques-uns des miens commencent à l'attaquer,
„ quelque avantage qu'ils puissent remporter, qu'ils
„ comptent qu'ils seront châtiés ". Dans la dixieme
lune, Ouo-lou avertit l'Empereur que Ta-bou-ye, qui
étoit Tçiam-ouen ou Commandant d'horde parmi les
Leao, étoit venu se rendre, & avoit rapporté que Ye-
lu-ta-che, (fondateur de l'Empire des Leao dans le
Kerman,) avoit pris de sa propre autorité le titre de
Roi; que l'Empereur des Leao n'avoit plus que quatre mille familles à sa suite, & que son armée n'étoit
composée que d'un peu plus de dix mille hommes,
tant infanterie que cavalerie, & que son dessein étoit
d'aller à la ville de Thien-te, pour se retrancher dans
la vallée de Yu-tou. L'Empereur ordonna qu'on pour-
suivît incessamment l'Empereur des Leao; quant à
Ye-lu-ta-che, qu'on attendît de nouveaux couriers.

La troisieme année de Ta-hoei (1125,) dans la
seconde lune, le jour nommé Gin-fu, le Général
Leou-che prit l'Empereur des Leao dans la vallée de
Yu-tou. L'Empereur des Leao, (dit sa propre Histoire,) n'avoit plus qu'environ mille à douze cents
cavaliers avec lui. Il traînoit à sa suite une infinité de
choses précieuses, & entr'autres une idole d'or de
seize pieds de haut. Il abandonna tout cela pour fuir
plus vite; mais Leou-che lui ayant coupé le chemin,
& l'ayant arrêté, descendit de cheval, & se mettant
à genoux devant lui, il lui présenta une tasse pleine
de vin, après quoi, il se saisit de sa personne. Dans
la huitieme lune, le jour nommé Kouei-mao, le Général Ouo-lou présenta à l'Empereur dans sa Cour
l'Empereur des Leao captif. Le jour nommé Kia-
tchin, l'Empereur avertit Thai-tçau de ce succès,
par des sacrifices qu'il lui fit dans son Miao. Le jour
nommé Pim-ou, l'Empereur fit venir en sa présence
Ye-lu-ven-hii, Empereur des Leao captif. L'Empereur le créa Roi de Hai-pin, ou de la côte de la
mer. Le jour nommé Gin-tçe, l'Empereur ordonna
qu'on tînt tout prêt, pour faire la guerre aux Chinois. Dans la dixieme lune, le jour nommé Kia-tchin,
l'Empereur créa les Officiers généraux de l'armée qui
devoit marcher contre la Chine. Kao en fut fait le
Généralissime. L'Empereur ordonna qu'on dédiât un
Miao ou Temple à Thai-tçau, dans la Cour Occidentale, (la ville de Tha-thoum-fou.) Dans la douzieme lune, le jour nommé Kem-tçe, le Lieutenant
Généralissime Tçoum-han prit la ville de So-tcheou.
Le jour nommé Kia-tchin, le Général Tçoum-vam
livra bataille aux Chinois à Pe-ho, & les défit entiérement. Pou-hien les mit pareillement en déroute
dans le col de Kou-pe. Kouo-yo-sse, Général des Chinois, se rendit. Par-là toute la Province de Yen, (aujourd'hui Pe-kim,) fut assujettie. Le jour nommé
Vou-ou, le Lieutenant Généralissime Tçoum-han assiégea Thai-yuen, capitale de la Province de Chansi.
Ye-lu-yu-tou, Sous-Lieutenant-Généralissime, défit le
secours Chinois. Le jour nommé Kia-tçe, le Général
Tçoum-vam força la ville de Sin-te-fou.

La quatrieme année de Ta-hoei (1126,) dans la
premiere lune, le jour nommé Ki-sse, l'armée des
Niou-tche, après plusieurs victoires & prises de villes,
passa le fleuve Hoam-ho. Le jour nommé Kem-ou,
elle prit la ville de Hoa-tcheou. Le Général Tçoum-
vam envoya des Députés à Pien, (capitale alors de
l'Empire Chinois, située sur le Hoam-ho,) demander
à l'Empereur Chinois la tête de ceux qui lui avoient
conseillé d'enfreindre les traités. Le pere de l'Empereur Chinois, qui s'étoit déposé, prit la fuite. Le
jour nommé Kouei-yeou, toutes les armées se joignirent devant Pien, & en formérent le siege. Le jour
nommé Kia-fu, l'Empereur de Chine envoya demander pardon & la paix. Le Général Tçoum-vam y consentit, à condition que les Chinois lui livreroient les
trois Provinces où étoient leurs garnisons; qu'ils aug-
menteroient leur tribut, & que les Empereurs Chinois, dans leurs lettres, se nommeroient neveux. Les
Chinois donnerent en ôtage le Roi Kam, surnommé
Keou, & un Officier nommé Tcham-pam-tcham. Le
jour nommé Sin-sé, l'Empereur Chinois envoya la
formule de son serment avec la charte de son Empire. Il prit dans ses lettres le titre de Hoam-ti des
Grands Soum, votre neveu, & donna à l'Empereur
des Niou-tche le titre de Hoam-ti des Grands Kin,
mon oncle. Le jour nommé Kouei-vei, le siege fut
levé. Le premier jour de la seconde lune, nommé
Tim-yeou, le Général Chinois, nommé Yao-pim-
tchoum, vint, à la tête de quatre cents mille hommes,
attaquer par surprise le camp du Général Tçoum-vam.
Il fut repoussé & mis en déroute. Le jour nommé
Ki-hai, les Niou-tche recommencerent le siege de
Pien, capitale de l'Empire Chinois. L'Empereur
Chinois retira le Roi Kam, & donna en sa place pour
ôtage le Roi de Siao, après quoi le siege fut levé.
Dans la troisieme lune, le jour nommé Yi-tcheou,
après plusieurs autres victoires, les Niou-tche défirent
entiérement les Chinois dans la vallée de Si-tou. Dans
la cinquieme lune, le jour nommé Kouei-yeou, les
Chinois reçurent un second échec. Le premier jour
de la sixieme lune, la Corée se soumit volontairement,
& envoya payer tribut.

Dans la huitieme lune, le jour nommé Kem-tçe,
l'Empereur ordonna aux deux Lieutenants-Généralis-
simes de ses armées, Tçoum-han & Tçoum-vam, de
continuer la guerre contre les Chinois. Le jour nommé
Pim-yn, après plusieurs défaites des Chinois, le Lieutenant-Généralissime Tçoum-han força la ville de Thai-
yuen; ce qui fut suivi de la prise de plusieurs villes
moins importantes. Le jour nommé Ki-sse, l'Empereur rendit le titre de Cour du milieu à la ville de
Pim-tcheou. Le jour nommé Sin-vei, le Général
Tçoum-vam remporta une grande victoire sur les Chinois, qui fut suivie de la prise des villes de Thien-
ouei-kiun & de Tchin-tim-fou. Dans l'onzieme lune,
le jour nommé Kia-tçe, après plusieurs victoires &
prises de villes, le Général Tçoum-han partit de
Thai-yuen-fou, pour aller assiéger Pien, capitale de
l'Empire Chinois. Le jour nommé Pim-yn, le Général Tçoum-vam partit de Tchin-tim-fou à même
dessein. Tout plia sous leur puissance, & toutes les
villes Chinoises se rendirent. Le jour nommé Kem-
tchin, le Général Tçoum-vam passa le Hoam-ho. Le
jour nommé Pim-fu, il arriva devant Pien, après
avoir pris le même jour la ville de Hoai-tcheou. Le
premier jour de la seconde-onzieme lune, (intercallaire,) nommé Gin-tchin, les Chinois livrerent bataille à Tçoum-vam; il les mit en déroute. Le jour
nommé Sin-yeou, l'Empereur de Chine, nommé
Tchao-houan, se retira dans sa forteresse. Dans la douzieme lune, le jour nommé Kouei-hai, l'Empereur
de Chine se rendit; le même jour on le ramena dans
la ville. Le jour nommé Kem-tchin, l'Empereur publia
un manifeste pour exhorter les peuples au labourage.

La cinquieme année de Ta-hoei (1127,) le premier jour de la premiere lune, nommé Sin-mao, la
Corée envoya complimenter l'Empereur. Le jour
nommé Kouei-sse, les Députés de Tçoum-han & de

Tçoum-vam apporterent la nouvelle de la reddition de *Pien* & de la prise de l'Empereur Chinois. On exhorta l'Empereur à créer un nouvel Empereur Chinois de la même famille; l'Empereur n'y voulut pas confentir. Le jour nommé *Tim-fé*, le Roi des *Hoei-hou*, nommé *Ha-li-khan*, envoya fon tribut par des Ambaffadeurs. Dans la feconde lune, le jour nommé *Pim-yn*, l'Empereur dégrada les deux Empereurs de Chine, (pere & fils,) & les réduifit au rang du peuple. Dans la troifieme lune, le jour nommé *Tim-yeou*, l'Empereur créa un Officier Chinois, nommé *Tcham-pam-tcham*, Empereur de Chine, & lui conféra le titre de *Hoam-ti* du grand *Tçau*; il donna des terres au Roi de *Hia*. Dans la quatrieme lune, le jour nommé *Pim-fu*, l'Empereur créa de nouveaux Officiers généraux. *Tçoum-han* & *Tçoum-vam* partirent avec les deux Empereurs captifs. Le premier jour de la cinquieme lune, le Roi *Kam*, furnommé *Keou*, Prince du fang de la famille Impériale des *Tchao*, prit le titre d'Empereur de Chine dans la ville de *Kouei-te-fou*, qui, fous fa Dynaftie, portoit le titre de *Nan-kim*, ou de Cour du Midi, comme *Honan-fou* celui de *Si-kim*, ou de Cour Occidentale, & *Tha-mim-fou* celui de *Pe-kim*, ou de Cour Septentrionale. Les Chinois maffacrerent *Tcham-pam-tcham*. *Leou-che* foumit aux *Niou-tche* un grand nombre de villes. Dans la neuvieme lune, le jour nommé *Tim-vei*, *Tou-mou* prit la ville de *Ho-kien-fou*, & défit entiérement l'armée Chinoife; après quoi plufieurs villes fe foumirent. Dans la dixieme lune, le jour nommé *Tim-mao*, le Roi des *Hoei-hou* de *Cha-tcheou*, nommé *Ho-la-fan-khan*, paya tribut. Les deux Empereurs Chinois furent envoyés de la Cour de *Yen* à la Cour du milieu pour y demeurer. Les *Niou-tche* reprirent plufieurs villes.

La fixieme année de *Ta-hoei* (1128,) dans la feptieme lune, le jour nommé *Y-ffé*, les deux Empereurs Chinois réduits à la condition du peuple, furent envoyés à la fuprême Cour. Le jour nommé *Tim-tcheou*, l'Empereur fit préfenter à *Thai-tçau*, dans fon Miao, les deux Empereurs revêtus d'habits fimples; après quoi il les admit en fa préfence. Il créa le pere, Duc de l'extravagance, & le fils, Duc de la double extravagance. Le même jour, il avertit de cette création *Thai-tçau*, par des facrifices qu'il lui fit dans fon temple. Dans la dixieme lune, le jour nommé *Vou-yn*, l'Empereur envoya les deux Empereurs Chinois captifs dans la ville de *Han-tcheou*. (Cette année fut une fuite continuelle de victoires & de prifes de villes pour les *Niou-tche*; il feroit trop ennuyeux de les marquer.)

La feptieme année de *Ta-hoei* (1129,) le premier jour de la neuvieme lune, nommé *Pim-ou*, il y eut éclipfe de foleil. Dans l'onzieme lune, *Tçoum-pi* prit la ville de *Ho-tcheou*. Le jour nommé *Gin-fu*, il paffa le fleuve *Yam-tçe-kiam*. Il défit une armée Chinoife auprès de *Kiam-nim*, (c'eft la ville nommée *Nan-kim*, en Europe.) Le jour nommé *Tim-mao*, la ville de *Kian-nim* fe rendit à lui. Dans la douzieme lune, le jour nommé *Pim-fu*, le même *Tçoum-pi* prit la ville de *Hou-tcheou*. Le jour nommé *Tim-hai*, il força celle de *Ham-tcheou*, capitale de la Province de *Tche-kiam*. Toutes les autres armées des *Niou-tche* eurent auffi par-tout l'avantage.

La huitieme année de *Ta-hoei* (1130,) dans la quatrieme lune, le jour nommé *Pim-chin*, l'armée Chinoife, qui étoit victorieufe, ayant été défaite, toute l'armée des *Niou-tche* paffa le fleuve. Dans la fixieme lune, le jour nommé *Kouei-yeou*, l'Empereur donna pour femmes aux Princes de fon fang fix filles du Duc de l'extravagance, (Empereur Chinois, pere.) Dans la feptieme lune, le jour nommé *Tim-mao*, l'Empereur fit transférer les deux Empereurs Chinois captifs dans la Province de *Hou-li-khai*. Dans la neuvieme lune, le jour nommé *Vou-chin*, l'Empereur créa *Leou-*

yu, Empereur de Chine; il lui conféra le titre de *Hoam-ti* du grand *Tçi*, à condition qu'il fe nommeroit fon fils; il lui affigna la ville de *Tha-mim-fou*. Dans la fixieme lune, le jour nommé *Gin-tchin*, l'Empereur envoya aux deux Empereurs Chinois, à chacun deux paires d'habits. Dans la huitieme lune, le jour nommé *Sin-fé*, *Ouei-yu*, Roi *Hoei-hou*, envoya fon tribut. Dans la neuvieme lune, le jour nommé *Ki-yeou*, les *Hoei-hou* de *Ho-tcheou*, (ou bien d'*Eyghour* & *Kafchgar*,) prirent *Sa-pa-tu-li-thou-thié*, partifan de *Ye-lu-ta-che*, Empereur des *Leao* dans le *Kerman*, & l'amenerent à l'Empereur. Dans la dixieme lune, le jour nommé *Vou-yn*, le Général *Tçoum-pi* fut entiérement défait par les Chinois. Dans l'onzieme lune, le jour nommé *Ki-vei*, l'Empereur fit transférer les parents éloignés de la famille Impériale des Chinois, dans la ville de *Cham-kim*, ou dans la fuprême Cour. L'Empereur donna des terres de la Province de *Chenfi* à l'Empereur de *Tçii*. Cette année les *Niou-tche* continuerent de vaincre.

La dixieme année de *Ta-hoei* (1132,) dans la neuvieme lune, le Sous-Lieutenant-Généraliffime *Ye-lu-yu-tou* trama une révolte; il prit la fuite, après avoir été découvert. Dans l'onzieme lune, le jour nommé *Kouei-hai*, le *Tçie-tou-ffe*, nommé *Thou-kou-ffe-pou*, le prit avec fes enfants, & leur fit à tous trancher la tête; il envoya leurs têtes à l'Empereur.

L'onzieme année de *Ta-hoei* (1233,) dans la huitieme lune, le jour nommé *Vou-tçe*, *Tchau-hiao*, qui avoit fauffement accufé de trahifon fon pere, Duc de l'extravagance, eut la tête tranchée, auffi-bien que fon gendre *Leou-ven-yen*.

La douzieme année de *Ta-hoei* (1134,) dans la feconde lune, le jour nommé *Tim-yeou*, le Général *Sa-li-hha* remporta une victoire fur les Chinois, laquelle fut l'unique de cette année.

La treizieme année de *Ta-hoei* (1135,) le premier jour de la premiere lune, nommé *Pim-ou*, il y eut éclipfe de foleil. Le jour nommé *Ki-ffe*, l'Empereur mourut, âgé de foixante & un ans. Le petit-fils de *Thai-tçau* fut proclamé Empereur devant fon cercueil.

SENTIMENT DES HISTORIENS.

Thai-tçau fortit tout fraîchement du chaos, & il n'eut pas le loifir de fonger à polir l'Empire. L'Empereur *Thai-tçoum* donna le gouvernement civil à *Sie-ye* & à *Tçoum-kan*, & le militaire à *Tçoum-han* & à *Tçoum-vam*, tous Princes de fon fang, après avoir éteint les Monarchies des *Leao* & des *Soum*. Il fongea à régler les cérémonies & à établir des loix. Il eut foin de régler l'Aftronomie & le Kalendrier, fans interrompre le cours de fes conquêtes. Il embellit fa Dynaftie par de fages ordonnances. Alors l'Empire des *Kin* commença à prendre une forme arrêtée. Durant treize ans de regne, il laiffa fes palais & fes maifons de plaifance dans l'état où il les trouva, fans y rien ajouter. Etant au lit de la mort, il eut affez de force d'efprit pour confentir que le petit-fils de *Thai-tçau* lui fuccédât, au préjudice de fes propres enfants, & rendit par-là l'Empire aux defcendants du fondateur. On peut dire qu'il a fait des chofes qui font très-difficiles à faire aux Princes.

Je vais parcourir légerement les regnes des Empereurs fuivants, & je ne dirai que ce qu'il y a de plus remarquable.

H I I - T Ç O U M.

Hii-tçoum avoit pour nom propre Tartare, *Hha-la*, & pour nom Chinois, *Tan-pen*. Il étoit fils de *Chim-kouo*, qui étoit le fecond fils de *Thai-tçau* & de l'Impératrice

pératrice *Tham-kouo*. *Chim-kouo*, suivant la coutume Chinoise, fut créé Empereur après sa mort, par *Hii-tçoum*, incontinent après l'élévation de celui-ci à l'Empire, & il reçut en même-temps le titre de *Kim-suen-hoam-ti*. La premiere année de *Thien-kiuen* (1138,) *Hii-tçoum* publia les petites lettres inventées à l'usage des *Niou-tche*. Il érigea la ville de *Hoei-nim-fou* en *Cham-kim*, ou *Cour suprême*, & donna au *Cham-kim*, ou à la Cour suprême des *Leao*, le titre de *Pe-kim*, c'est-à-dire, de *Cour du Septentrion*.

La troisieme année de *Thien-kiuen* (1140,) il créa *Koum-sun-fan*, descendant de *Koum-fucius* à la quarante-neuvieme génération, héritier de cette maison & du titre de *Yen-chim-koum*, c'est-à-dire, de Duc qui continue la famille du Saint.

La premiere année de *Hoam-thoum* (1141,) il créa *Ye-lu-yen-hi*, ci-devant Empereur des *Leao*, Roi de *Yu* & du premier ordre; *Tchao-kie*, ci-devant Empereur de Chine, Roi de *Thien-choui* & du second ordre; & *Tchao-houan*, fils de *Tchao-kie*, Duc de *Thien-choui*. Il alla sacrifier en personne à *Koum-fucius* dans son *Miao*.

La seconde année de *Hoam-thoum* (1142,) l'Empereur de Chine se soumit à payer deux cents cinquante mille *Leam*, ou onces Chinoises d'argent pur, & autant de pieces de soie pour son tribut; moyennant quoi, la paix fut faite, & il fut arrêté que le fleuve *Hoai-ho* serviroit de limites aux deux Empires. Par ce moyen, les Provinces du Nord de la Chine resterent aux *Niou-tche*, & le reste demeura aux Chinois. L'Empereur créa *Hoam-ti*, ou Empereur de la Chine, le Roi *Kham*.

La neuvieme année de *Hoam-thoum* (1149,) l'Empereur fut assassiné par les ordres de *Hai-lim*. *Hii-tçoum* avoit de belles qualités, qu'il déshonora par son ivrognerie & par sa cruauté. La crainte du châtiment obligea *Hai-lim* à s'en défaire.

H A I - L I M.

Hai-lim, qui porte le titre de *Fei-ti* ou d'Empereur dégradé, & de *Chu-gin* ou de réduit à la condition du peuple, avoit pour nom propre Tartare, *Ti-kou-nai*; pour nom propre Chinois, *Leam*; & pour surnom Chinois d'honneur, *Yuen-koum*. Il étoit le second fils de *Tçoum-kan*, qui étoit le premier des enfants de *Thai-tçau*; c'est sur quoi il fondoit ses prétentions à l'Empire. Il créa son pere mort, Empereur, sous le titre de *Te-tçoum*.

La premiere année de *Thien-te*, qui fut aussi la neuvieme de *Hoam-thoum* (1149,) il jura solemnellement dans le *Miao* de *Thai-tçau*, & donna des copies de son serment à six des assassins de l'Empereur, pour les rassurer.

La premiere année de *Tchim-yuen* (1153,) dans la troisieme lune, le jour nommé *Sin-hai*, il arriva à *Yen-kim*, où il établit sa Cour. Il changea le titre de *Yen-kim* ou de la Cour de *Yen*, (aujourd'hui *Pe-kim*,) en celui de *Tchoum-tou*, ou de ville Impériale du milieu; il donna à la ville le nom de *Ta-him-fou*. Il changea pareillement le titre de *Pien-kim* ou de Cour de *Pien*, en celui de *Nan-kim*, c'est-à-dire, de *Cour du Midi*. Enfin, il ordonna que la ville qui portoit auparavant le titre de *Tchoum-kim*, ou de *Cour du milieu*, portât dans la suite celui de *Pe-kim*, ou de *Cour du Septentrion*. Dans la dixieme lune, le jour nommé *Tim-sé*, *Hai-lim*, alla chasser dans le territoire de la ville de *Leam-hiam-hien*, près de *Pe-kim* au Midi. Il créa durant cette chasse le Dieu du terte, nommé *Leao-che-kham*, Roi opérant des miracles & exauçant les vœux, en Chinois *Lim-ym-vam*. Voici la cause de cette création. *Hai-lim* passant un jour par ce terre, entra dans le temple qui y est dédié à ce Dieu. Il prit, de dessus la table ou l'autel, les gondoles qui servent à tirer les sorts, & fit cette priere: ,, Si vous m'accordez la grace de parvenir à l'Empire, déclarez-moi votre volonté par les sorts". Il jetta les gondoles à terre; elles tomberent dans une situation qui préfageoit du bonheur. Il recommença la même priere, ajoutant: ,, Si vous m'êtes aussi favorable que les sorts me le promettent, je vous récompenserai comme il faut. Si vous refusez de l'être, je ferai raser votre temple". Il jetta les gondoles à terre une seconde fois, & leur situation fut aussi heureuse qu'auparavant. Ce fut donc pour reconnoître le bienfait du Dieu, qu'il le créa Roi. Dans la dixieme lune, le jour nommé *Vou-yn*, il déposa les tablettes des Empereurs, ses ancêtres, dans le temple d'idoles, nommé *Yen-chim-sé*, (en attendant que leur *Miao* fût bâti.)

La quatrieme année de *Tchim-loum* (1159,) en la huitieme lune, dans le dessein où il étoit de faire la guerre aux Chinois Méridionaux, il assembla plus de cinq cents soixante mille chevaux, qu'il donna à nourrir au peuple; il fit aussi assembler trente mille matelots. Dans la cinquième lune, il défendit à tous les Officiers de la Cour, sous peine de la vie, & même aux Ambassadeurs étrangers, sous de grosses peines, de boire du vin.

Dans la sixieme année de *Tchim-loum* (1161,) le Généralissime des garnisons de la ville Impériale *Assó* but du vin. *Hai-lim*, ayant égard au sang royal dont il étoit issu, & à la proche parenté qu'il avoit avec lui, se contenta de lui faire donner soixante & dix coups de baguette, & cent à ceux qui en avoient bu avec lui. Le premier jour de la neuvieme lune, nommé *Kem-yn*, il marcha avec des armées prodigieuses, (on y comptoit un million de combattants) commandées par trente-deux Généralissimes, contre l'Empereur des *Soum*, ou des Chinois Méridionaux; il força tout ce qui s'opposoit à lui. Dans la dixieme lune, le vingt-septieme jour nommé, *Pim-yn*, la flotte de *Hai-lim*, dont *Sou-pao-hem*, Chinois, Président de la Cour des Ediles, étoit Amiral, & *Tchim-kia*, Prince du sang, Vice-Amiral, fut entièrement défaite par les Chinois. Cette flotte devoit être extrêmement grande, puisqu'outre les matelots de la mer, *Hai-lim* en avoit encore assemblé trente mille. De plus, elle portoit une armée très-nombreuse, qui devoit débarquer & aller attaquer la grande ville de *Ham-tcheou*.

DE L'INVENTION DES CANONS EN CHINE.

On ne trouvera pas mauvais que j'interrompe pour quelque temps le cours de cette Histoire, pour parler de l'invention des canons. C'est ici le premier endroit que j'aie lu, où l'Histoire Chinoise en parle. Comme les fastes ne font qu'indiquer la chose, je me sers de la vie du Prince *Tchim-kia*, qui est rapportée dans l'Histoire des *Kin*. Voici ce qu'elle dit. La flotte qui étoit partie de l'embouchure de la riviere de *Thien-tçin-ouei*, environ trente lieues à l'Orient de *Pe-kim*, prit sa route vers *Lin-ghan*, (*Ham-tcheou* se nommoit pour lors ainsi.) Etant arrivée entre les Isles de *Soum-lin* où des forêts de pins, elle eut le vent contraire, & fut obligée de mouiller. Le lendemain matin au lever du soleil, on apperçut la flotte Chinoise. On pria *Tchim-kia* de tenir tout prêt pour le combat. ,, Combien l'ennemi est-il éloigné de nous, demanda le Prince *Tchim-kia*? Il en est encore à trente lieues, lui répondit-on; mais comme il a le vent en poupe, il sera bientôt sur nous". Le Prince, qui n'avoit aucune connoissance de la marine, ne les voulut pas croire. Peu de temps après, la flotte ennemie fut effectivement à portée de combattre, & s'appercevant que la flotte Tartare n'étoit point en défense, elle commença à la canonner. Le Prince *Tchim-kia*, regardant de côté

& d'autre sans savoir quel conseil prendre, vit bientôt sa flotte toute en feu. Il jugea qu'il ne pouvoit échapper de ce danger. C'est pourquoi il se précipita dans la mer, & mourut à l'âge de quarante-un ans. Voilà ce que rapporte sa vie. L'Histoire des *Soum*, ou des Chinois méridionaux, raconte en d'autres termes cet événement dans la vie de *Li-pao*, Amiral de la flotte Chinoise. Les voici. *Li-pao* voyant la flotte ennemie en désordre, ordonna aux cent vingt vaisseaux qu'il commandoit, de l'investir, & de lui tirer des flèches à feu. Le feu prenoit par-tout où les flèches portoient; de sorte qu'il y eut quelques centaines de vaisseaux ennemis brûlés. En même-temps, il ordonna qu'on abordât ceux qui n'étoient pas en feu, & qu'on fît main-basse sur tout ce qui se présenteroit. Les Chinois de l'ennemi gagnerent les Isles à la nage, & furent reçus à merci; il s'en noya un très-grand nombre. La flotte victorieuse, nonobstant le dégât du feu, s'en retourna chargée d'une infinité de dépouilles. Elle fut même contrainte de brûler ce qu'elle ne pouvoit emporter. Le feu dura quatre jours & quatre nuits avant de s'éteindre.

Cette seconde description, plus détaillée que la premiere, semble donner à entendre que la flotte Chinoise ne se servît pas de véritables canons dans cette occasion, & que les vaisseaux n'étoient chargés que de catapultes, qui lançoient des phalariques, ou comme s'exprime l'Histoire, des flèches à feu, quoiqu'à dire la vérité, le terme de flèche à feu puisse aussi bien convenir au canon que celui de *Niao-tçiam* qui signifie *lance à oiseaux*, convient au fusil. La première Histoire, ou celle des *Kin*, appelle sans détour ces machines, des *Ho-pao*, c'est-à-dire, des *Pao à feu*. Sur quoi il est à remarquer que les Chinois ont eu de tout temps l'usage des balistes & des catapultes, aussi-bien que nos anciens Grecs, les premieres, pour jetter des pierres; les secondes, pour lancer de grands traits, suivant l'étymologie de ces deux termes. Les Chinois se servoient du terme de *Pao*, pour signifier l'une & l'autre; & pour faire l'analyse du terme Chinois, il est composé de la lettre latérale *Ché*, qui signifie *pierre*, & de la lettre principale *Pao*, qui signifie *embrasser*, ou *saisir tout autour*, marquant par-là que cette machine saisissoit les pierres qu'elle jettoit. Après l'invention de la poudre & des armes à feu, il leur est arrivé la même chose qu'aux Latins, qui n'ayant point de terme propre pour signifier un canon, se sont servis de l'ancien terme *tormentum*, qui comprenoit également sous sa signification les balistes & les catapultes des Grecs; & pour éviter l'équivoque, y ont joint *ignitum*, qui veut dire à feu. De la même façon, les Chinois ont retenu pour les canons leur ancien mot de *Pao*, & y ont joint celui de *Ho*, qui pareillement signifie *feu*. Souvent même ils employent celui de *Pao feu*. Quelques-uns même en écrivant joignent les deux lettres ensemble, & pour abréger, nomment le canon *Pao*. Je laisse la chose à décider au Lecteur. Il faut seulement remarquer que cette bataille fut donnée l'an de grace 1161.

J'ai long-temps cherché l'inventeur de la poudre & du canon dans l'Histoire de la Chine; mais je ne l'ai jamais pu trouver. Apparemment que les Chinois eux-mes ne le connoissent pas, non plus que le temps précis où cela a été trouvé. Voici un témoin irréprochable de ce que j'avance.

Sous l'Empire du dernier Empereur de la Dynastie précédente, toute la Chine étoit en armes. Les rebelles s'étoient saisis des meilleures Provinces de l'Empire. *Tçoum-tchim* qui régnoit alors, ne savoit plus quel conseil prendre. Sur la fin de 1640, il convoqua tous les Officiers de sa Cour, pour chercher le remede à un mal irrémédiable. *Yam-jo-kiao*, Inquisiteur de l'Empire, proposa à l'Empereur le R. P. Adam Schall, comme un homme savant dans l'artillerie. *Leou-tçoum-tchéou* s'avançant, dit ces paroles qui font à

mon sujet. ,, Avant la Dynastie des *Tham* & des *Soum*, on n'avoit jamais oui parler d'arme à feu. Depuis qu'on s'en sert dans les armées, on a fait consister en cela toute la force. C'est-là l'unique cause qui a tout ruiné, en introduisant la lâcheté ". Il parut au visage de l'Empereur, que le discours de *Leou-tçoum-tchéou* ne lui avoit pas agréé. ,, Retirez-vous, lui dit l'Empereur, ,, & sachez que l'usage des armes à feu est une des ,, prérogatives que la Chine a par-dessus les autres ,, nations ". Ce que je viens de dire, est tiré de l'histoire des *Mim* ou de la derniere Dynastie, *Chap.* 72. f°, 51.

On conclut de ce discours deux choses; la premiere, que les Chinois ignorent l'auteur & le temps de l'invention des armes à feu; la seconde, que l'usage en a été introduit sous la Dynastie des *Tham*, c'est-à-dire, avant l'an de grace 907, qui fut le dernier de cette Dynastie. Il ne paroit pourtant aucun vestige certain de cette invention dans l'histoire des *Tham*; à moins qu'on ne rapporte à cela ce qu'elle raconte dans l'histoire des cinq éléments, où sous l'an de grace 620, elle remarque comme un prodige qu'une pie avoit fait son nid dans la machine d'un *Pao*, qui étoit sur les murs de la ville de *Pou-tchéou*. Elle raconte encore que pendant que la ville de *Nan-yam* étoit assiégée par les troupes de *Chan-lo-chan*, une autre pie fit son nid sur la machine d'un *Pao*, qui étoit dans la ville, & y éleva trois petits, qui s'envolérent aussi-tôt qu'ils eurent les ailes assez fortes. Ce dernier prodige arriva l'an 757. La machine d'un *Pao* peut à la vérité signifier un affût de Canon, ou même un Canon; mais il semble qu'on peut l'entendre plus naturellement d'un baliste.

Je trouve quelque chose de plus convainquant dans l'histoire des *Soum*, au chapitre où elle traite des armes. L'an 970, *Youm-ki-chim*, Président de la Cour des Milices, & ses collègues, présenterent à l'Empereur *Soum-thai-tçou*, fondateur de la Dynastie des *Soum*, des lances à feu d'une invention nouvelle. L'an 1000, un Centurion des troupes de la marine, qui se nommoit *Tham-fou*, présenta à l'Empereur *Soum-tchin-tçoum* des flèches à feu, des globes à feu, & des chausse-trapes à feu. Trois ans après (1002,) *Leou-youm-sii*, Commandant d'une garnison, présenta des *Pao* de main. Ces globes, ces chausse-trapes, ne seroient-ce point des boulets & des grenades? Ces *Pao* de main, ne seroient-ce point des pistolets? L'Histoire des *Soum* continue ainsi: L'an 1259, la ville de *Chéou-tchun-fou* présenta à l'Empereur *Soum-li-tçoum* des *Thou-ho-tçiam*, c'est-à-dire, en Chinois, des *lances qui vomissent du feu*. Cette lance, continue l'Histoire, avoit pour canon un bambou creux, dans le fond duquel on plaçoit une balle. Quand on y mettoit le feu, la balle en sortant faisoit un bruit semblable à celui du *Pao*, & qui s'étendoit à plus de cent cinquante pas géométriques à la ronde. On ne peut douter après ce dernier passage, tiré de l'Histoire des *Soum*, qu'ils n'eussent l'usage du canon dans ce temps-là, & cette comparaison du bruit d'un fusil avec celui d'un *Pao*, ou d'un canon, fait voir clairement que le *Pao* n'étoit pas une baliste antique, & que l'usage du canon étoit déja ancien. Elle nomme le fusil une lance qui vomit du feu, nom qui convient aux armes à feu qui ne portent pas loin. Aujourd'hui même ils appellent un fusil *Niao-tçiam*, ce qui signifie une *lance à oiseaux*. Il y a donc de l'apparence qu'ils donnoient aux armes à feu qui portoient loin, le nom de flèches à feu; ce qui pourroit faire croire que les *Pao* à feu de la flotte Chinoise, étoient des canons qui tiroient des boulets rouges, & qui mettoient le feu par-tout; mais voici un exemple qui ne laisse aucun doute. *Khai-foum-fou*, capitale alors de l'Empire des *Kin*, étoit assiégée par les *Moumgols* l'an 1232, dans la troisieme lune. Les assiégeants se servoient de toutes sortes de canons, & sur-tout de ceux que les Chinois nommoient *Tchin-*

thien lei, c'est-à-dire, *tonnerres qui font trembler le Ciel.* Voici comme l'Histoire les décrit. C'étoient des tubes de fer, qu'on remplissoit de poudre. Quand on y mettoit le feu, ils faisoient un bruit semblable à celui du tonnerre, & qui se faisoit entendre plus de dix lieues à la ronde. Le feu qu'ils jettoient remplissoit l'espace d'un demi-journal de terre, & rien n'y pouvoit résister. Les assiégés suspendoient avec des chaînes de semblables machines, qui, venant à tirer, mettoient en poudre les mineurs & les galeries des assiégeants.

Depuis ce temps-là, l'usage des canons fut plus fréquent en Chine. Les *Moumgols* ne forcerent le vaillant Chinois *Lu-ven-hoan*, à leur rendre la ville de *Siam-yam-fou* après cinq ans de siege, qu'à l'aide des canons. Ce fameux siege où il périt tant de monde, fut commencé dans la neuvieme lune de l'an 1168. La place fut rendue l'an 1273, dans le deuxieme mois. Les *Moumgols* l'assiégeoient avec toutes leurs forces militaires, & avec plusieurs centaines de milliers d'hommes, par terre & par eau. On verra cela dans l'Histoire des *Moumgols.* Revenons présentement à l'Histoire des *Kin.*

Dans l'onzieme lune, le jour nommé *Kem-ou*, plusieurs Officiers donnerent avis à *Hai-lim* comment *Ou-lo*, petit-fils de *Thai-tçau*, avoit été proclamé Empereur dans la Cour Orientale, & avoit donné aux années de son regne le titre de *Ta-tim*, c'est-à-dire, en Chinois, de *la grande pacification.* *Hai-lim*, frappant d'étonnement sa cuisse de la main: ,, C'étoit mon dessein, dit-il, après la destruction de ,, l'Empire des *Soum*, de prendre ce même titre"; & il leur fit voir cela dans ses mémoires. Il fit passer le fleuve à une partie de ses troupes, qui furent battues par les Chinois, & obligées de le repasser. *Hai-lim* vint avec toute son armée à la ville de *Yam-tcheou.* Il fit assembler ses barques à *Koua-tcheou*, le jour nommé *Kia-ou*, & marqua le lendemain à son armée pour passer le fleuve. Le lendemain, nommé *Yi-yei*, le Prince *Ouan-yen-yuen-y* & autres Généraux se révolterent, & massacrerent *Hai-lim.* Il étoit âgé de quarante ans; il en régna treize.

CHE-TÇOUM.

Che-tçoum étoit fils de *Gho-li-to*, dont le nom propre Chinois étoit au commencement *Tçoum-yao*, & dans la suite *Tçoum-fou.* Le nom propre Chinois de *Che-tçoum* étoit *Youm-pen.* Il vint au monde, l'an de grace 1123, dans la ville de *Cham-kim* des *Leao.* Il apporta en naissant sept seings sur la poitrine, qui représentoient la figure des sept principales étoiles de la grande Ourse. Il avoit l'air extraordinaire, le port majestueux, & la barbe si longue, qu'elle lui descendoit jusqu'aux cuisses. Il étoit naturellement charitable, pieux, sage & débonnaire. La pénétration de son esprit étoit surprenante. Tout le monde avouoit qu'il étoit le meilleur cavalier, & le plus habile archer de son temps. La crainte qu'il eut de *Hai-lim* qui se faisoit un point de politique de faire main-basse sur les Princes de son sang, jointe à l'affection que les peuples fatigués de la tyrannie avoient pour lui, le contraignit à recevoir l'Empire, qui sans cela alloit périr. Ainsi il consentit qu'on le proclamât Empereur le jour de la dixieme lune, nommé *Pim ou*, après avoir averti par des sacrifices *Thai-tçau* dans son temple.

La seconde année de *Ta-tim*, (1162) le premier jour de la premiere lune, nommé *Vou-tchin*, il y eut éclipse de soleil.

La sixieme année de *Ta-tim*, (1166) dans la cinquieme lune, le jour nommé *Vou-chin* l'Empereur alla dans le temple d'idoles, nommé *Hou-yen sé*, visiter les statues d'airain de tous les Empereurs des *Leao*, qui y étoient placées.

La huitieme année de *Ta-tim*, (1168) le premier jour de la dixieme lune, nommé *Ki-tcheou*, il ordonna qu'on peignît dans le *Miao* de *Thai-tçau*, les portraits de ceux qui avoient rendu des services signalés à l'Etat, & qu'on érigeât des monuments à ceux d'entre eux à qui on n'en avoit pas encore érigé. L'Empereur tint ce discours à ses Ministres d'Etat: ,, *Hai-lim* avoit choisi ,, pour assister à toutes les cérémonies, & marquer ,, les paroles & les actions de l'Empereur, deux His- ,, toriens dignes de lui, & indignes de leur office. ,, De-là vient que la fidélité due à l'Histoire, a été ,, violée par eux. Qu'on fasse les perquisitions requises ,, pour découvrir la vérité". *Men-hao* s'avançant, dit: ,, La plume fidelle des bons Historiens marque sans ,, flatterie les actions & les paroles des Empereurs. ,, De-là vient que parmi les anciens Empereurs, il ,, ne s'en trouve aucun qui ait osé demander à voir ,, ce que leurs Historiens avoient écrit".

La dix huitieme année de *Ta-tim*, (1178) dans la premiere lune, le jour nommé *Kem-su*, un des Historiens des actions & des paroles de l'Empereur se plaignit par un placet à l'Empereur, de ce que Sa Majesté tenoit souvent des conseils secrets, faisant alors écarter tout le monde, même les Historiens; comment peuvent-ils donc écrire ce qui se passe? L'Empereur consulta sur ce placet deux de ses Ministres, dont un répondit en ces termes: ,, Anciennement, les ,, fils du Ciel avoient à leurs côtés, dans toutes les ,, cérémonies publiques, deux Historiens qui étoient ,, chargés d'écrire, l'un les paroles, l'autre les ac- ,, tions de l'Empereur. Ils en usoient ainsi pour obli- ,, ger les Empereurs à être attentifs, & à se tenir tou- ,, jours sur leurs gardes, par la crainte de la posté- ,, rité".

La vingt-neuvieme année de *Ta-tim*, (1189) le second jour de la premiere lune, l'Empereur mourut; il étoit âgé de soixante-sept ans. Ce Prince fut un véritable Héros, & un Empereur accompli. La cinquieme année de son regne, il fit la paix avec la Chine méridionale, & remit les choses sur l'ancien pied. Tout le reste de son regne fut pour les peuples une suite perpétuelle de félicités.

TCHAM-TÇOUM.

Le nom propre *Niou-tche* de *Tcham-tçoum* fut *Ma-tha-kha*, & le Chinois fut *Khioum.* Il étoit fils légitime & héritier de *Ho-tho-oua*, second fils de l'Empereur *Che-tçoum.* *Tcham-tçoum* commença son régne, suivant la coutume de Chine, par créer son pere *Ho-tho-oua*, Empereur après sa mort, sous le titre de *Hien-tçoum.*

La premiere année de *Mim-tcham*, (1190) dans la cinquieme lune, le jour nommé *Yi-mao*, l'Empereur, après une longue sécheresse, demanda de la pluie par des sacrifices qu'il fit à la terre dans son temple, & à ses ancêtres dans leur *Miao.* Le jour nommé *Gin-su*, il la demanda de la même maniere au Dieu des terres, & au Dieu des grains de tout l'Empire dans leur temple commun. Le jour nommé *Ki-ssé*, il fit de nouveaux sacrifices aux Empereurs ses ancêtres dans leur *Miao*, pour obtenir de la pluie. Le jour nommé *Pim-tçé*, il fit des sacrifices aux cinq principales montagnes, aux cinq montagnes moins principales, aux quatre mers & aux quatre fleuves, pour leur demander de la pluie qu'il n'avoit point encore obtenue.

La quatrieme année de *Mim-tcham*, (1193) dans la douzieme lune, le jour nommé *Kia-yn*, l'Empereur créa Empereur le Dieu des Monts blancs, (desquels nous avons parlé au commencement) & lui conféra par des patentes le titre Chinois de *Khai-thien-houm-chim-ti*, c'est-à-dire, *Empereur qui a ouvert le Ciel, & très-grand Saint.*

La cinquieme année de *Mim-tcham*, (1194) le troifieme jour de la premiere lune nommé *Yi-hoei*, l'Empereur ordonna qu'on augmentât les titres & les dignités qui avoient été conférées à *Ye-lou-kou-chin*, premier, (ou premiers) inventeurs des lettres des *Niou-tche*, & qu'on les égalât aux honneurs que les Chinois rendoient à *Tçam-kie*, (inventeur de leurs lettres.) Il ordonna que fur la forme du *Miao*, qui eft dédié à *Tçam-kie*, inventeur des lettres Chinoifes, dans *Tcheou-tche*, fa ville natale, fituée dans le territoire de *Si-ghan-fou*, on leur en érigeât un dans le village de *Na-li-hoen*, dépendant de la Cour fuprême, où tous les ans on leur feroit les facrifices réglés; donnant pouvoir à leurs defcendants de leur y faire des facrifices particuliers, outre les deux annuels du printemps & de l'automne, qui feroient faits par un Officier de la Cour fuprême, & par le *Tçien-hou*, ou chef de mille familles du lieu. Dans la feconde-dixieme lune, (intercallaire,) le jour nommé *Vou-yn*, l'Empereur demanda aux Miniftres de fon Empire, en quel état étoient par-tout l'Empire des *Miao* de *Koum-fucius*. Toutes les villes de l'Empire, repartit *Cheou-tchim*, s'empreffent de lui en ériger. L'Empereur, à l'occafion de cette réponfe, dit ces paroles: ,, Les *Hocham-bonzes* n'épargnent aucune dépenfe pour rendre leurs temples & les ftatues de leurs Dieux refpectables par la beauté & par la magnificence; les *Tao-ffe-bonzes* font à-peu-près la même chofe : il n'y a que les Philofophes Chinois qui laiffent en défordre & en ruine les *Miao* dédiés à *Koum-fucius* ". — ,, En voici la raifon, repliqua *Cheou-tchim* : c'eft que les Philofophes ne font pas leur demeure de leurs écoles, comme les Bonzes font la leur de leurs temples ". — ,, C'eft, reprit l'Empereur, que les Bonzes font un métier de leur profeffion, & tirent leur fubfiftance du culte de leurs Dieux; c'eft pourquoi ils n'épargnent rien pour l'embelliffement de leurs temples, afin que la beauté du fpectacle furprenne les peuples & attire des aumônes ".

La fixieme année de *Mim-tcham*, (1195) dans la quatrieme lune, le jour nommé *Kouei-hai*, les Députés ayant rendu compte à l'Empereur, que le *Miao* dédié à *Koum-fucius* dans fa ville natale de *Kin-fou-hien*, étoit achevé felon fes ordres, il envoya au Chef de la famille de *Koum-fucius* tous les habits & les inftruments de mufique néceffaires aux facrifices. Dans la heuvieme lune, le troifieme jour, l'Empereur conféra par patentes au Dieu du mont *Tçim-nim-chan* la dignité de *Tchin-ghan-koum*, c'eft-à-dire, en Chinois, *Duc gardant & pacifiant*.

La feconde année de *Tchim-ghan*, (1197) dans la quatrieme lune, le jour nommé *Kouei-yeou*, l'Empereur ordonna qu'on fe fervît des lettres *Niou-tche*.

La quatrieme année de *Tchim-ghan*, (1109) le premier jour de la cinquieme lune, nommé *Gin-tchin*, l'Empereur, à l'occafion de la féchereffe, publia un édit par lequel il fe condamnoit lui-même, & cherchoit des gens qui lui diffent fincérement fes défauts. Il quitta fon appartement, diminua le nombre des mêts de fa table; & fit examiner les caufes de ceux qui étoient injuftement accufés de crime. Le jour nommé *Vou-fu*, il ordonna aux Officiers de demander de la pluie par des facrifices aux cinq principales montagnes, aux cinq montagnes moins principales, aux quatre mers, & aux quatre fleuves. Le jour nommé *Ki-hai*, l'Académicien *Tchin-tçai* marqua quatre défordres dans le Gouvernement, auxquels il imputoit la féchereffe. Le jour nommé *Vou-chin*, il plut dans la ville Impériale. L'Empereur fut prié par fes Miniftres de retourner dans fon appartement. Le jour nommé *Kem-fu*, l'Empereur tint ce difcours à fes Miniftres : ,, Il ne pleut point ,, dans les Provinces; ne feroit-ce point la faute des ,, Miniftres de l'Etat & des Gouverneurs " ? Les principaux Miniftres préfenterent à l'Empereur un placet, par lequel ils s'accufoient d'avoir irrité le Ciel, & d'ê-

tre caufe de la féchereffe. L'Empereur répondit que la caufe de tout le mal devoit être attribuée à lui feul. Le jour nommé *Gin-tçe*, l'Empereur demanda de la pluie aux Empereurs fes ancêtres, par des facrifices qu'il leur fit dans leur *Miao*. Le jour nommé *Vou-ou*, les Miniftres prierent pour la feconde fois l'Empereur de retourner à fon appartement, & de tenir fa table à l'ordinaire; l'Empereur le refufa. Dans la fixieme lune, le jour nommé *Tin-mao*, il plut. L'Empereur, à la follicitation des Miniftres, retourna dans fon appartement, & reprit fa table. Le jour nommé *Kia-fu*, la pluie ayant été fuffifante, l'Empereur envoya des Députés en rendre graces à fes ancêtres dans leur temple. Dans la feptieme lune, le jour nommé *Pim-tchin*, comme il pleuvoit depuis long-temps, l'Empereur ordonna au Gouverneur de la ville Impériale, de demander du beau temps. Le jour nommé *Kia-fu*, l'Empereur qui n'avoit pas encore défigné fon fucceffeur à l'Empire, envoya des Députés facrifier à fes ancêtres dans leur *Miao*, pour demander des lumieres fur cette affaire.

La quatrieme année de *Thai-ho*, (1204) dans la troifieme lune, le jour nommé *Kouei-yeou*, l'Empereur ordonna au Gouverneur de la ville impériale, de demander de la pluie. Le jour nommé *Yi-yeou*, l'Empereur demanda de la pluie à la terre. Le jour nommé *Gin-tchin*, il la demanda au Dieu des terres & au Dieu des grains de tout l'Empire. Dans la quatrieme lune, le jour nommé *Ki-hai*, l'Empereur demanda de la pluie dans le temple de fes ancêtres. Le jour nommé *Pim-ou*, il facrifia aux cinq montagnes principales, aux cinq montagnes moins principales, aux quatre mers, aux quatres fleuves, pour leur demander de la pluie. Le jour nommé *Kouei-tcheou*, il la demanda une feconde fois aux Dieux des terres & des grains de tout l'Empire. Le jour nommé *Kia-yn*, l'Empereur, par un édit folemnel, s'accufa lui-même d'être caufe de la longue féchereffe, chercha des gens qui lui diffent fincérement fes défauts, quitta fon appartement, retrancha fa table, fit taire fa mufique, diminua le nombre des chevaux de fes écuries, diminua auffi les tributs, & fit juger les caufes des coupables, & rendre juftice aux opprimés. Le jour nommé *Yi-mao*, les Miniftres d'Etat s'accuferent par un placet, d'être caufe de la féchereffe. L'Empereur y répondit en ces termes : ,, Moi, Empereur, je commets quantité de ,, fautes; le Ciel qui eft en-haut m'en avertit par ,, ce fléau extraordinaire. Vous, ô Grands! retournez ,, à l'exercice de vos charges, & ayez foin de fecon-,, der mes intentions ". Le jour nommé *Kem-chin*, l'Empereur demanda de la pluie aux Empereurs fes ancêtres dans leur *Miao*. Dans la cinquieme lune, le jour nommé *Yi-tcheou*, l'Empereur fit demander de la pluie dans le fauxbourg du Septentrion, à la terre, &c. Les Officiers à qui il appartient, prierent l'Empereur de faire le facrifice extraordinaire au Ciel pour demander de la pluie. L'Empereur répondit par un édit, qu'on le fît à la bonne heure, mais feulement après qu'on l'auroit demandée trois fois, fans l'obtenir, aux montagnes, aux fleuves, aux Dieux des terres, & des bleds, & à fes ancêtres. Le jour nommé *Kia-fu*, il plut. Le jour nommé *Yi-hai*, tous les Officiers de la Cour fupplierent l'Empereur par un placet, de retourner dans fon appartement, & de rétablir fa table, fa mufique, & toute la pompe Impériale. Le jour nommé *Yi-yeou*, l'Empereur rendit graces aux Empereurs fes ancêtres dans leur temple, par des facrifices qu'il leur fit, pour la pluie qu'ils lui avoient accordée. Le jour nommé *Tim-hai*, il ordonna qu'on fît la même chofe à l'égard du Dieu des terres & du Dieu des bleds de tout l'Empire.

La cinquieme année de *Thai-ho* (1205) dans la dixieme lune, les Chinois commencerent à prendre des villes, & à faire d'autres actes d'hoftilité.

La fixieme année de *Thai-ho*, (1206) dans la cinquieme

quieme lune, le jour nommé *Pim-fu*, l'Empereur avertit par des facrifices le Ciel & la terre, les Empereurs fes ancêtres, le Dieu des terres & le Dieu des bleds, de l'infraction du traité de paix, faite par les Chinois, & fit partir fes armées.

La huitieme année de *Thai-ho*, (1208.) dans la quatrieme lune, les Chinois, pour obtenir la paix, furent obligés de faire couper la tête à deux de leurs principaux Officiers qui avoient violé le traité de paix précédent. Ces têtes furent préfentées à l'Empereur le jour de la cinquieme lune, nommé *Tim-vei*. Dans l'onzieme lune, le jour nommé *Pim-tchin*, l'Empereur mourut à l'âge de 41 ans.

QUEI-CHAO-VAM.

Ouei-chao-vam étoit le feptieme fils de *Che-tçoum*. Son nom propre Chinois fut d'abord *Yun-tçii*. Enfuite, parce que le mot d'*Yun* fe trouvoit dans le furnom de fon pere, on le changea en celui de *Youm*, & il fe nomma *Youm-tçii*.

La troifieme année de *Tha-ghan*, (1211.) dans la quatrieme lune, *Tchim-khis-khan*, Empereur de la Tartarie, qui étoit fon tributaire, & qui pour une pique particuliere refufa de payer fon tribut, s'en vint faire la guerre aux *Kin* Tartares. L'Empereur envoya inutilement lui demander la paix.

La premiere année de *Tchi-nim*, (1213.) l'Empereur *Ouei-chao-vam* fut mis à mort par les ordres de *Hou-chan-hou*, defcendant du fameux *Affo*. Cela arriva dans la huitieme lune; en voici quelques particularités. Le jour de cette lune nommé *Kouei-ffe*, *Hou-chan-hou* fit fortir l'Empereur de fon palais, & le fit garder dans un hôtel. Une Reine du troifieme ordre, nommée *Tchim*, étoit chargée de la garde du fceau Impérial. Auffi-tôt qu'elle eut entendu le tumulte, elle courut au lieu où étoit le fceau, & s'y tint affife en attendant la fin de cette étonnante révolution. *Hou-chan-hou* envoya un Eunuque chercher le fceau.

„ Le fceau, repliqua la Reine, n'eft qu'à l'ufage du
„ feul fils du Ciel; *Hou-chan-hou* eft fon fujet; que
„ prétend-il faire du fceau? Préfentement que le Ciel
„ a permis cet étrange changement, repliqua l'Eunuque, l'Empereur ne pouvant fauver fa propre per-
„ fonne, combien moins peut-on fauver fon fceau?
„ Songez plutôt, Madame, à chercher les moyens
„ d'échapper du danger ". La Reine fremiffant d'in-
„ dignation, & élevant la voix : „ Vous autres, miféra-
„ bles Eunuques, lui dit-elle, vous êtes les domefti-
„ ques de l'Empereur; il vous a honorés & comblés
„ de bienfaits, & cependant, au-lieu de lui marquer
„ votre reconnoiffance dans une occafion fi terrible,
„ en mourant pour fon fervice, vous avez l'infolence
„ de faire l'action d'un rebelle. Prétendez-vous m'en-
„ lever le fceau par force? Je fuis déterminée à la
„ mort, & je ne livrerai point le fceau, tandis que
„ je vivrai ". Ayant fini ce difcours, elle ferma les yeux, & ne dit plus mot. *Hou-chan-hou* lui fit arracher le fceau, dont il fe fervit pour fceller des patentes, & créer Officiers fes complices; (& apparemment il la fit tuer:) mais *Hou-chan-hou* lui-même fut tué bientôt après.

SUEN-TÇOUM.

Le nom propre *Niou-tche* de *Suen-tçoum* étoit *Ou-dou-pou*, & le Chinois *Sun*. Il étoit fils aîné de *Hien-tçoum*, déclaré Empereur après fa mort. Il fut proclamé Empereur par *Hou-chan-hou* & tous les Grands, la premiere année de *Tchi-nim*, le jour de la huitieme lune, nommé *Kia-tchin*. Il changea le titre des années, & ordonna que la premiere de *Tchi-nim* feroit nommée la premiere de *Tchim-yeou*.

La troifieme année de *Tchim-yeou*, (1215) dans la cinquieme lune, le jour nommé *Kem-chin*, la ville Impériale du milieu, ou bien *Tchoum-tou*, (le *Pe-kim* d'aujourd'hui,) fut prife d'affaut par les *Moum-gols*.

La quatrieme année de *Tchim-yeou*, (1216) dans la fixieme lune, le jour nommé *Pim-chin*, Mercure parut de jour dans la conftellation de l'Entre-cuiffe; il parut de cette façon durant cent & un jours (*).

L'Empereur des *Kin* érigea la ville de *Honan-fou* en *Tchoum-kim*, ou en Cour du milieu.

La feconde année de *Yuen-kouam*, (1224) le dixneuvieme jour de la douzieme lune, nommé *Tim-hai*, l'Empereur tomba malade. Le vingt-deuxieme, nommé *Kem-yn*, il mourut. L'Empereur, en mourant, déclara *Ouan-nien-cheou-fu* fon fucceffeur. Il avoit un frere aîné, nommé *Ouan-nien-cheou-chun*, qui fouffrit cette préférence avec douleur.

GHAI-TÇOUM.

Ghai-tçoum porta trois noms propres, l'un après l'autre. Il fut d'abord nommé *Cheou-fu*, enfuite *Cheou-li*; ces deux noms étoient Chinois. Son nom propre *Niou-tche* étoit *Nim-kia-ffe*. Il étoit le troifieme fils de *Suen-tçoum*.

La premiere année de *Tchim-tha*, (1225) le premier jour de l'an, nommé *Vou-fu*, il changea le titre des années de fon pere; & donna aux fiennes le titre de *Tchim-tha*.

Le jour nommé *Vou-ou*, il parut à la porte du pa-

(*) C'eft une erreur de l'Hiftorien; auffi dans l'hiftoire particuliere des phénomenes céleftes, cette même apparition eft attribuée à Jupiter, & non pas à Mercure, à qui cela ne peut convenir. Mais pour donner en paffant un effai des ces obfervations Chinoifes, je rapporterai ici les principales que cette hiftoire particuliere marque fous les quatre premieres années de *Tchim-yeou*, c'eft-à-dire, fous l'an 1213 & les trois fuivants.

Dans la feconde année de *Tchim-yeou* (1214) le jour de la feconde lune, nommé *Tim-vei*; la lune s'éclipfa. Le premier jour de la neuvieme lune, nommé *Gin-fu*, il y eut une éclipfe totale de foleil, & toutes les grandes étoiles du ciel parurent. Tous ces obfervations furent faites dans le *Pe-kim* d'aujourd'hui.

Dans la troifieme année de *Tchim-yeou* (1215) le jour de la premiere lune, nommé *Tim-fe*; le foleil à fon lever parut rouge comme du fang; il reprit la même couleur un peu avant fon coucher. Le jour de la feptieme lune, nommé *Ki-mao*, la lune entra dans la conftellation des Hyades. Vers la minuit fuivante, elle n'étoit éloignée de la plus grande étoile, où d'*Aldebaran*, que d'environ dix-huit minutes. Le jour de la huitieme lune, nommé *Sih-tcheou*, il y eut éclipfe totale de lune. Le jour de la douzieme lune, nommé *Kem-yn*, Vénus parut dans la conftellation nommée la Dangereufe; (elle comprend la tête & la bouche de Pégafe, avec la claire de l'épaule droite d'*Aquarius*.)

Dans la quatrieme année de *Tchim-yeou*, (1216) le jour de la premiere lune, nommé *Yi-mao*, à minuit, il parut au ciel une étoile volante de la grandeur du foleil & de couleur de feu, qui laiffoit après foi une trace longue de plus de dix pieds, (ou degrés.) Elle tomba au Sud-Oueft de la capitale, & elle le fit avec un bruit femblable à celui du tonnerre. Le premier jour de la feconde lune, nommé *Kia-gin*, le foleil s'éclipfa. Le jour de la feconde lune, nommé *Ki-hai*, il y eut une éclipfe de lune. Le jour de la quatrieme lune, nommé *Tim-yeou*, Vénus parut de jour dans la conftellation de l'Entre-cuiffe. Quatre-vingt-feize jours après, elle fe cacha fous les rayons du foleil. (La conftellation de l'Entre-cuiffe comprend la plus grande partie des étoiles du Poiffon boréal, & quelque peu de l'Andromede; les étoiles qui la forment font difpofées en deux lignes droites qui aboutiffent à un angle fort aigu. De-là vient le nom que les Chinois lui ont donné.) Le jour de la fixieme lune, nommé *Pim-chin*, Jupiter parut de jour dans l'Entre-cuiffe; cent & un jour après, il fe cacha fous les rayons du foleil. (C'eft cette apparition que notre Hiftorien attribue à Mercure.) Le premier jour de la feconde-feptieme lune, qui conféquemment étoit intercallaire, nommé *Gin-ou*, il y eut éclipfe de foleil.

lais un homme vêtu de deuil, qui la regardant fixement, se mettoit tantôt à rire, tantôt à pleurer; on lui en demanda la raison. ,, Quand je ris, répondit-il, je ris ,, de ce que parmi tant de Ministres & de Capitaines ,, qui nous gouvernent, il ne se trouve pas un seul ,, homme. Quand je pleure, je pleure sur la perte ,, prochaine de l'Empire des *Kin* ". Tous les Officiers de la Cour demandoient qu'on le fît mourir. L'Empereur n'y voulut point consentir, & dit: ,, J'ai permis ,, à tout le monde par un édit solemnel, de parler ,, librement; ainsi quoique la chose sente l'insulte & ,, la raillerie, il n'est point coupable ". Les Officiers se contentèrent de lui faire donner la bastonnade, pour avoir ris & pleuré dans un lieu non-convenable.

La seconde année de *Tchim-tha*, (1226) dans la neuvieme lune, le Roi de *Hia* fit sa paix, & se rendit une seconde fois tributaire des *Kin*, donnant à leur Empereur le titre de frere aîné. Dans la dixieme lune, le jour nommé *Yi-hai*, l'Empereur ordonna à ses Officiers de faire ériger un temple à treize Officiers qui avoient sacrifié leur vie pour le bien de l'Empire.

La septieme année de *Tchim-tha*, (1231) dans la cinquieme lune, *Yam-miao-tchim*, femme de *Li-tçuen* qui avoit été tué par les Chinois, pour venger la mort de son mari, fit jetter des ponts flottants au Septentrion de la ville de *Hoai-ghan-fou*, & dans le dessein de les attaquer, elle envoya *Hha-ta-pou-gha* garder la frontiere de sa jurisdiction.

La premiere année de *Ta-him*, (1232) cette année au commencement porta le titre de neuvieme de *Tchim-tha*. Après qu'il se fut écoulé une partie de la premiere lune, elle eut celui de *Khai-him*, & dans la quatrieme, elle prit celui de *Ta-him*. Le premier jour de la premiere lune étoit nommé *Gin-ou*. Le quatorzieme de la premiere lune, nommé *Yi-vei*, les coureurs de l'armée *Moumgols* arriverent devant *Pien-tchim*, capitale alors de l'Empire des *Kim*. Dans la quatrieme lune, le jour nommé *Tim-se*, l'Empereur envoya des Députés aux *Moumgols* avec de riches présents, pour demander la paix. Le jour nommé *Vou-ou*, il en envoya d'autres avec de nouveaux présents, pour les remercier de ce qu'ils la lui avoient accordée. Ce fut après cela qu'il donna à ses années le titre de *Thien-him*, c'est-à-dire, *celui que le Ciel a relevé*. Le jour nommé *Tim-mao*, la ville de *Pien* fut entierement délivrée du siege. Le jour de la cinquieme lune, nommé *Sin-se*, le Général *Pou-ssao* ne voulut pas permettre au peuple qui s'y étoit retiré, d'en sortir. Le premier jour de la septieme lune, nommé *Kem-tchin*, il parut des feux sur la pointe des armes des soldats. Le jour nommé *Kia-chin*, l'Empereur fut averti que le Colonel du régiment des Tigres-volants avoit fait massacrer *Tham-khim* & trente-deux autres Ambassadeurs *Moumgols* dans leur hôtel. L'Empereur lui pardonna cette action qui mit obstacle à l'affermissement de la paix. Dans l'onzieme lune, le jour nommé *Gin-tçe*, le sixieme du mois, les habitants de la capitale bloquée commençoient à se manger les uns-les-autres. Le septieme jour, on ouvrit deux portes, & on laissa sortir le peuple pour aller chercher des vivres. Dans la douzieme lune, le jour nommé *Sin-tcheou*, vingt-sixieme de la lune, l'Empereur sortit de sa capitale. En sortant, il dit ces paroles aux Officiers & aux troupes de la garnison: ,, Les ,, temples du Dieu des terres, du Dieu des grains & ,, des Empereurs mes ancêtres sont dans cette ville. ,, Vous êtes des braves, n'allez pas vous imaginer ,, que parce que vous n'assisterez pas aux combats que ,, je vais donner, vous en aurez moins de part au ,, mérite. Si vous conservez dans son entier le dépôt ,, que je vous confie, sachez que votre mérite ne sera ,, pas oublié, & que votre récompense sera égale à ,, celle de ceux qui combattront avec moi ". Ce discours tira les larmes des yeux de tous ceux qui l'en-

tendirent. L'Empereur ayant appris que tout étoit ravagé à trente lieues de la ville du côté de l'Occident, tourna vers l'Orient, & vint à la ville de *Tchin-leou-hien*. Le jour nommé *Gin-hin*, qui fut le vingt-septieme, il arriva à la ville de *Ki-hien*. Le vingt-huitieme, nommé *Kouei-mao*, il arriva à *Hoam-tchim*. Le vingt-neuvieme, nommé *Kia-tchin*, il arriva auprès de *Hoam-lim-kham*. Le trentieme, nommé *Yi-se*, il résolut, de l'avis de ses Capitaines, de passer au Nord de la riviere de *Hoam-ho*.

La seconde année de *Ta-him*, (1233) le premier jour de la premiere lune, nommé *Pim-ou*, l'Empereur passa le *Hoam-ho*. Un vent impétueux, qui s'éleva du côté du Nord, empêcha son arriere-garde de passer. Le second jour nommé *Tim-vei*, les *Moumgols* joignirent l'arriere-garde sur la rive méridionale du fleuve; ils prirent ou exterminerent tout. Le jour nommé *Tim-yeou*, (il faut corriger *Ki-yeou*, qui fut le quatrieme de la premiere lune;) l'Empereur pleura la perte de son arriere-garde, & sacrifia aux soldats qui y avoient été tués; il fit ce sacrifice sur la rive septentrionale du fleuve. Il donna ses ordres pour faire assembler des troupes & des vivres, dans le dessein d'aller se rendre maître de la ville de *Ouei-tcheou*. Le Généralissime *Pou-tcha* avec l'avant-garde, composée de onze mille hommes, vint à *Pou-tchim*. Le cinquieme jour nommé *Kem-su*, l'Empereur arriva au tertre nommé *Gheou-ma-kham*; l'arriere-garde, commandée par *Pe-cha*, n'arriva pas. Le sixieme jour nommé *Kem-su*, *Pe-ssaa* attaqua la ville de *Ouei-tcheou* sans succès. L'onzieme jour nommé *Yi-mao*, les *Moumgols*, après avoir passé les fleuves, vinrent camper au Sud-Ouest de *Ouei-tcheou*. Le treizieme jour nommé *Tim-se*, les *Moumgols* défirent entierement *Pe-ssaa* dans une bataille. Le jour nommé *Vou-ou*, qui fut le quatorzieme, l'Empereur arriva à *Pou-tchim*, d'où il retourna au village de *Ouei-leou-tçun*. Le quinzieme, nommé *Ki-vei*, l'Empereur, par le conseil de *Pe-ssaa*, abandonna ses armées, & repassa le fleuve *Hoam-ho*, accompagné seulement de six ou sept personnes, dont l'un étoit le Lieutenant-Généralissime de l'armée. Il prit sa route vers la ville de *Kouei-te-fou*. Le seizieme nommé *Kem-chin*, les armées apprirent la fuite de l'Empereur, & se débanderent. Le dix-septieme jour nommé *Sin-yeou*, l'Empereur entra dans *Kouei-te-fou*. *Pe-ssaa* revint de *Pou-tchim*, & ayant assemblé ses troupes sur le grand pont, il n'osa entrer. Le dix-huitieme, nommé *Gin-su*, l'Empereur envoya appeller *Pe-ssaa*, & lui ayant reproché ses crimes, il le fit mettre en prison; il confisqua ses biens, & les fit distribuer à ses troupes. Sept jours après, *Pe-ssaa* & son fils *Hou-tou-lin* moururent en prison. Le vingt-troisieme jour, nommé *Vou-tchin*, le Général *Tçoui-li* se révolta dans la capitale assiégée ou bloquée, tua le Prince *Ouan-nien-nou-chin*, & fit donner le gouvernement de l'Empire à *Tçoum-kho*, fils du Roi de *Ouei*. Il fit mourir un grand nombre des principaux Seigneurs, & ensuite il traita avec les *Moumgols*. Le vingt-huitieme, nommé *Kouei-yeou*, le Généralissime *Moumgol*, nommé *Soui-bu-ghai*, (l'Histoire des *Soum* le nomme *Souboudai*,) vint assiéger une seconde fois la Cour de *Pien*. Le vingt-neuvieme, nommé *Kia-su*, le Seigneur *Ta-pou-che* avec son pere, & *Se-hi* avec sa femme, forcerent les gardes de la capitale, & s'enfuirent. Ils étoient arrivés le vingt-cinquieme à *Kouei-te-fou*. Le trentieme, nommé *Yi-hai*, l'Empereur, irrité de cet attentat, leur fit trancher la tête à tous les deux en plein marché.

Le premier jour de la seconde lune, nommée *Pim-tçe*, *Tcham-hien* se révolta. Dans la troisime lune, le jour nommé *Yi-tcheou*, l'Empereur prit la résolution de se retirer dans la ville de *Tçai-tcheou*; il fit avertir les habitants de son dessein. Le jour nommé *Vou-tchin*, *Kouan-nou* se révolta, & fit tuer plus de trois cents des principaux Seigneurs. L'Empereur, au-lieu de le punir, le récompensa. Le jour nommé *Sin-sé*, *Kouan-nou* se rendit maître des portes du palais, & empêcha qu'on ne fît rapport d'aucune affaire à l'Empereur. L'Empereur gémissant, se lamentant & fondant en larmes, dit ces paroles : „ Il n'y a point d'Em„ pire éternel, ni d'Empereur immortel. L'unique „ regret que j'ai, c'est que, pour me connoître si mal „ en gens, je me vois emprisonné par ce scélérat ?„ La quatrieme lune, le jour nommé *Gin-ou*, le Prince *Ouan-nien* fit mourir *Vam-te-tçum* avec son fils. Le jour nommé *Kem-yn*, le Commandant *Li-chun-eul* se révolta, & se rendit à *Tçoui-li*. Le jour nommé *Koueisé*, le perfide *Tçoui-li* conduisit dans la forteresse de *Tçim-tchim*, (elle est dans la ville de *Pien*.) plus de cinq cents, tant Princes que Princesses du sang, qu'il livra à l'ennemi. Le jour nommé *Kia-bu*, les deux Impératrices qui avoient été livrées, furent envoyées par les *Moumgols* en Tartarie. Le jour nommé *Kia-tchin*, deux *Tçie-tou-sé* abandonnerent leurs villes, & allerent se livrer aux Chinois. Dans la sixieme lune, le jour nommé *Ki-mao*, *Kouan-nou* & *Ali-hha-pe-tçin*, son partisan, recurent la mort qu'ils méritoient. Le jour nommé *Gin-ou*, la Cour du milieu qui avoit été reprise, fût forcée une seconde fois par les *Moumgols*. Le jour nommé *Sin-mao*, l'Empereur partit de *Koueiresou*. Le jour nommé *Gin-tchin*, il campa dans la ville de *Po-tcheou*. Le jour nommé *Ki-hai*, l'Empereur arriva à *Tçai-tcheou*. Le quinzieme de la septieme lune, nommé *Tim-sé*, un Officier des Gardes apporta de *Pien* les portraits des Empereurs morts. L'Empereur ordonna qu'on les plaçât dans le temple d'Idoles, nommé *Khien-yuen-sé*. Dans la huitieme lune, le jour nommé *Yi-yeou*, les *Moumgols* prierent les Chinois méridionaux de faire le siege de *Tham-tcheou*. Le Lieutenant du Commandant Général de la place fut tué dans un combat par les Chinois. Le Commandant *Pou-tcha* fut mangé par ses propres soldats. Les Chinois, après avoir emporté la ville d'assaut, firent rechercher ces antropophages, & les firent mourir dans les supplices; au reste, ils ne firent aucun dommage à la ville.

Le jour nommé *Yi-vei*, étoit le jour natal de l'Empereur. Il reçut encore des complimens de plus de vingt endroits. Le huitieme jour de la neuvieme lune, nommé *Kem-su*, l'Empereur, à cause de la fête du jour suivant, adora le Ciel à la maniere des *Nioutche*. Ensuite il fit la harangue suivante à tous les Seigneurs qui l'avoient accompagné à la cérémonie : „ De„ puis la fondation de notre Empire, les Empereurs „ vous ont nourri, comme vos enfants, pendant „ plus de cent ans, les uns en récompense des ser„ vices de leurs ancêtres, & les autres par rapport „ à leurs propres services. Il y a long-temps que vous „ gémissez sous le poids des armes. Ceux qui parta„ geront avec moi les malheurs présents, pourront „ jouir de la gloire due aux sujets fideles. J'apprends „ que les *Moumgols* se préparent à nous venir atta„ quer ici. La fortune vous favorise en cela, vous „ donnant occasion de vous signaler par vos services, „ & de montrer votre reconnoissance envers l'Etat. „ Que si vous mourez pour le bien de l'Empire, „ on ne pourra vous ravir la gloire de mânes fideles, „ qui vous accompagnera dans le tombeau. Le seul „ chagrin que vous avez pu avoir dans les expéditions „ passées, c'est que vos belles actions ne fussent pas „ connues du Prince. Aujourd'hui je serai témoin en „ personne de tout ce qui se fera; ainsi prenez cou„ rage.„ La harangue finie, il présenta à chacun une tasse pleine de vin. Le tout n'étoit pas encore fait, que les batteurs d'estrade vinrent annoncer l'approche de l'ennemi. L'Empereur fit faire une sortie sur les premiers qui parurent : en même-temps, il distribua les postes pour la garde de la ville. Le jour nommé *Ki-hai*, les ennemis ouvrirent la tranchée, & com-

mencerent leurs lignes de circonvallation. Le premier jour de l'onzieme lune, nommé *Sin-tcheou*, l'Empereur de la Chine méridionale envoya deux de ses Généraux, avec dix mille hommes d'armes & trente milles charges de grains, pour aider les *Moumgols* à prendre la ville de *Tçai-tcheou*, dans la Province de *Houan*.

Dans la douzieme lune, le jour nommé *Ki-mao*, le neuvieme, les *Moumgols* s'emparerent de la muraille extérieure. Le jour nommé *Ki-tcheou*, c'est-à-dire, dix jours après, ils firent brèche à la muraille du côté de l'Occident. Ce fut alors que l'Empereur tint ce discours que j'ai rapporté ailleurs. Le jour nommé *Kia-ou*, l'Empereur s'étant déguisé, sortit de la ville durant la nuit avec une troupe de braves, pour tâcher de s'enfuir. Etant arrivé aux retranchements des ennemis, il les trouva si forts qu'il s'en retourna sans combattre.

La troisieme année de *Ta-him* (1234,) le jour nommé *Gin-yn*, l'Empereur créa, par patentes, le Dieu de l'étang, nommé *Thai-tan*, (qui étoit auprès de la ville, & que les assiégeants avoient saigné,) *Hou-koue-ym-lim-vam*, c'est-à-dire en Chinois, le *Roi conservateur de l'Etat*, qui répond aux vœux & opere des miracles. Le jour nommé *Vou-chin*, qui étoit le neuvieme de la premiere lune, l'Empereur ayant assemblé tous ses Officiers, se démit de l'Empire, & le céda au Prince de son sang, nommé *Ouan-nien-tchim-lin*, qui le refusa long-temps. Le jour nommé *Ki-yeou*, qui étoit le dixieme, *Ouan-nien-tchim-lin* fut proclamé Empereur, & reçut les complimens de tous les Officiers. La cérémonie finie, tous coururent à leurs postes; mais les étendards Chinois étoient déja arborés sur la muraille du Midi. Un moment après, il s'éleva de tous côtés des hurlements effroyables, qui firent trembler le ciel & la terre. Les assiégés abandonnerent leurs postes, & l'armée ennemie entra de toutes parts dans la ville. Les assiégés firent ferme dans les rues, & se battirent tant qu'ils purent ; mais à la fin ils succomberent. L'Empereur *Ouan-nien-cheou-su* se pendit & s'étrangla. Ses Officiers lui donnerent le titre de *Ghai-tçoum*, c'est-à-dire en Chinois, le *vénérable digne de compassion*. On brûla son corps, malgré le tumulte & le carnage, & on enterra ses cendres. L'Empereur *Ouan-nien-tchim-lin* fut tué dans la mêlée. Ainsi périt l'Empire des *Kin* ou des *Nioutche*, après avoir duré cent vingt ans, suivant le calcul qui compte pour la premiere de leur Empire, l'année onze cents quinze, qui fut effectivement l'année qu'*Agoutha* fut proclamé pour la premiere fois Empereur; mais les Chinois, qui regardent cette proclamation comme nulle, commencent par l'an 1117, qu'*Agoutha* fut proclamé Empereur pour la seconde fois : encore faut-il pour remplir le nombre de 120 ans des *Niou-tche*, & de 118 des Chinois, attribuer à *Ghai-ti* l'année 1234 de J. C. toute entiere, quoiqu'elle ne lui appartienne pas, n'en ayant régné que neuf jours.

Il reste encore deux remarques à faire; l'une sur les coutumes de cette Dynastie, l'autre sur la langue de la nation. Pour ce qui regarde la langue, je me réserve à en parler à la fin, lorsque cette nation sera remontée sur le trône de la Chine. Quant aux coutumes, les *Niou-tche* ont été, pour ainsi dire, plus rigides observateurs des manieres Chinoises que les Chinois mêmes. Ils en observoient les loix & les cérémonies, sur-tout celles des sacrifices, avec une ponctualité qui ne se peut assez admirer. J'ai touché quelque chose des sacrifices qu'ils faisoient pour demander de la pluie ou du beau temps; je dois ajouter ici que, suivant la regle de la Chine, ils ne s'adressoient pour cela à leurs ancêtres que dans la derniere nécessité, pour ne pas les importuner, & ne les pas charger d'un soin qu'ils croyent ne pas convenir assez à la grandeur & à la majesté de leurs mânes. Ils commençoient donc à faire dans le fauxbourg du Nord, des vœux & des sacrifices aux Dieux des cinq principales montagnes, & des cinq montagnes moins principales, aux quatre mers & aux quatre fleuves, comme ayant l'intendance des eaux, & cela après avoir choisi auparavant le jour par les forts. Si dans sept jours les vœux n'étoient pas exaucés, ils en faisoient de nouveaux au Dieu des terres labourables, & au Dieu des grains de tout l'Empire. Ils laissoient encore passer sept autres jours, après lesquels ils faisoient des sacrifices aux ancêtres de l'Empereur, pour obtenir ce qu'ils demandoient. S'ils n'obtenoient rien d'eux, ils recommençoient les mêmes sacrifices dans le même ordre. Après avoir vu l'effet de leurs vœux, ils faisoient des sacrifices eucharistiques à tous ces Dieux, & sur-tout aux ancêtres de l'Empereur dans leur *Miao*.

Les Empereurs *Niou-tche* ou *Kin*, ayant sous leur domination immédiate les cinq Provinces septentrionales de la Chine, & tout le reste leur payant un gros tribut, se servoient du privilège des Empereurs de Chine, qui, en qualité de fils du Ciel, s'arrogent le pouvoir de créer de nouveaux Dieux, & de donner des dignités aux anciens: en quoi ils traitent les Dieux comme leurs sujets, & ils se servent dans la création de ceux-là des mêmes termes & des mêmes cérémonies, (aux sacrifices près,) dont ils se servent pour ceux-ci. Pour faire voir jusqu'où se porte l'orgueil humain, lorsqu'il n'est pas réprimé par la force de la vraie Religion, je vais traduire mot à mot deux de ces patentes de création de Dieux.

La douzieme année de *Tha-tim* (1172,) les Officiers, à qui il appartenoit, représentèrent à l'Empereur *Che-tçoum* ce qui suit: Les Monts-blancs sont dans la Province où notre Empire a pris naissance. Les loix des cérémonies (Chinoises) demandent que nous reverrions le Dieu qui y préside, & qu'il soit délibéré sur le titre, la dignité & le *Miao*, (ou Temple,) qui lui sont dus. Dans la douzieme lune, la Cour des Rits, le Tribunal des Sacrifices & l'Académie Impériale reçurent l'ordonnance de l'Empereur, par laquelle ce Dieu étoit créé *Him-koue-lim-ym-vam*, c'est-à-dire en Chinois, *Roi qui a élevé l'Empire, & qui opere des miracles*. Aussi-tôt on mit la main à l'œuvre, pour lui bâtir un *Miao* au Septentrion des Monts-blancs. La quinzieme année de *Tha-tim* (1175,) dans la troisieme lune, l'Empereur, à la requête des mêmes Officiers, dépêcha les patentes de création, & régla la cérémonie qui devoit l'accompagner.

PATENTES DE CRÉATION DU DIEU DES MONTS-BLANCS.

Le *Hoam-ti*, (ou l'Empereur,) parle ainsi: „Après que les deux images furent sorties du cahos, que le ciel & la terre se furent séparés l'un de l'autre, les esprits intelligents des montagnes se réunirent (& formèrent des Dieux.) Chacun d'eux se rendit à son département. L'élévation aux Empires est sans doute l'ouvrage du Ciel, & l'on ne peut répondre à la bonté des Dieux, (dont il se sert à cet effet,) que par les sacrifices. De-là vient que tous ceux qui ont jetté les premiers fondements des Empires, comme *Thai-vam* jetta ceux de la Monarchie (Chinoise) des *Tcheou* dans le pays de *Ki-yam*, ont sacrifié aux montagnes & aux fleuves, suivant en cela les ordonnances & l'exemple de *Chun*, (ancien Empereur de Chine.) Les Monts-blancs sont la source des vertus de notre Dynastie: & eu égard à la hauteur de leurs sommets, ils sont certainement la garde de notre ancien Royaume. C'est d'eux que le *Hoen-thoum-kiam*, qui roule des flots de lumière, tire la source de ses eaux. Les ombres profondes de leurs forêts, épaisses & rangées en si bel ordre, forment un spectacle étonnant. C'est où mes saints ancêtres se sont multipliés par une longue suite de générations; c'est où ils ont fait éclater leur courage & briller leur sagesse. *Thai-tçau*, nommé *Agoutha*, fondateur de notre Dynastie, fut doué d'une valeur divine. En tant de guerres qu'il fit, il ne trouva dans l'univers aucune force qui pût résister à la sienne. Par cette incomparable vaillance, il est devenu le maître des Dieux, (c'est-à-dire, Empereur des hommes & Grand-Prêtre des Dieux, dont il administre les sacrifices.) Pour moi, quoique sans expérience, je continue par bonheur sa sainte succession. Il n'est aucune montagne & aucun grand fleuve, de tous ceux qui sont compris entre les quatre mers, à qui je ne fasse les sacrifices accoutumés. Combien plus dois-je rendre ce sacré devoir aux Monts qui sont la vraie cause de l'exaltation de ma Dynastie? Ainsi considérant la juste température & la fertilité de leur pied, puis-je épargner les cérémonies, les habits somptueux, les dignités, les titres, & ne pas les élever au-dessus des Ducs & des Rois tributaires? (ce sont les deux premiers rangs des dignités Chinoises anciennes après l'Impératrice.) Cela même est encore fort au-dessous de leur mérite. Présentement, je députe N. Mandarin N. avec les marques de la foi publique, pour aller préparer tout pour la cérémonie, & créer par ces présentes patentes le Dieu des Monts-blancs, *Him-koue-lim-ym-vam*, c'est-à-dire *Roi, qui a élevé l'Empire, & qui opere des miracles*. J'ordonne pareillement aux Officiers, à qui il appartient, de lui offrir les sacrifices réglés pour chaque année. Hélas! puissiez-vous jouir des mets de ces sacrifices durant dix mille ans, & dix mille fois dix mille ans, (c'est-à-dire, à perpétuité,) & que le bonheur des *Kin* ne trouve point de fin, non plus que le vôtre; ne sera-ce pas un grand bien "?

Le même Empereur, la vingt-unieme année de *Tha-tim* (1181,) créa le Dieu du Mont *Tha-fam-chan*, situé dans le territoire du *Pe-kim* d'aujourd'hui, *Pao-lim-koum*, c'est-à-dire *Duc gardien des sépulcres Impériaux*, (parce que les sépulcres de ses ancêtres étoient dans cette montagne.) Les cérémonies de la création furent moindre qu'à celle des Monts-blancs, en même proportion que la qualité de *Koum*, ou de *Duc*, est inférieure à celle de *Vam*, ou de *Roi*. Voilà un exemple de création des Dieux des montagnes; en voici un de création des Dieux des fleuves.

Sous le même Empereur, l'an vingt-cinquieme de *Tha-tim* (1185,) les Officiers, à qui il appartenoit, firent ce rapport: Anciennement *Thai-tçau*, allant attaquer les *Leao*, poussa son cheval, & passa le *Hoen-thoum-kiam* à gué. Le Dieu du fleuve employa pour lui sa puissance; & pour favoriser les desseins de ce Conquérant, il lui prépara ce gué par un miracle des plus surprenants. Il est donc à propos d'ériger un temple à ce Dieu bienfaisant, & de lui donner une nouvelle dignité & un nouveau titre d'honneur. L'Empereur, sur cette remontrance, créa par patentes ce Dieu *Him-koue-ym-chim-koum*, c'est-à-dire, *Duc qui a élevé l'Etat, & exaucé les vœux du Saint*. Il lui assigna en même-temps des sacrifices réglés sur le pied de ceux des Monts-blancs. La pompe de la cérémonie fut la même que dans la création du Dieu du mont *Tha-fam-chan*. Voici la teneur des patentes.

PATENTES DE CRÉATION DU DIEU DU FLEUVE HOEN-THOUM-KIAM.

„Anciennement *Thai-tçau*, fondateur de ma Dynastie, reçut du Ciel l'éclatante création ou exaltation à l'Empire. Il nettoya entièrement les ordures, dont la Dynastie des *Leao* avoit sur la fin rempli l'univers. Il partit avec son armée, & arriva sur les bords de votre grand fleuve. Il apperçut une mer immense, qui rouloit des flots impétueux, & non pas un fleuve. Il

le

CANON CHRONOLOGIQUE

DES EMPEREURS DE LA DYNASTIE DES *KIN* OU DES *NIOU-TCHE.*

	L'EMPEREUR	Sous le titre de	commença l'an du Cycle.	l'an de J. C.	finit l'an du Cycle.	l'an de J. C.	régna en tout	vécut	mourut.
1.	Agoutha ou Thai-tçau	Cheou-koue	Ti-vei . . .	1115	Pim-chim .	1116			
		Thien-fou .	Tim-yeou .	1117	Kouei-mao	1123	9	56	
2.	Thai-tçoum . . .	Thien-hoei, c'est plutôt Ta-hoei . .	Kouei-mao.	1123	Ti-mao . .	1135	13	61	
3.	Hii-tçoum	Thien-hoei, c'est Ta-hoei . .	Ti-mao . .	1135	Tim-fé . .	1137			
		Thien-kiuen	Fou-eu . .	1138	Kem-chiu .	1140			
		Hoam-thoum	Sin-yeou .	1141	Ki-ffe . . .	1149	15	31	affaffiné.
4.	Fei-ti, dit Hai-lim	Thien-te . .	Ki-ffe . . .	1149	Gin-chim .	1152			
		Tchim-yuen	Kouei-yeou	1153	Ti-hai . . .	1155			
		Tchim-loum	Pim-tçe . .	1156	Sin-fé . . .	1161	13	40	affaffiné.
5.	Che-tçoum . . .	Tatim . . .	Sin-fé . . .	1161	Ki-yeou . .	1189	29	67	.
6.	Tcham-tçoum . .	Miu-tcham	Kem-fu . .	1190	Ti-mao . .	1195			
		Tchim-ghan	Pim-tchim	1196	Kem-chin .	1200			
		Thai-ho . .	Siu-yeou .	1201	Vou-tchim .	1208	19	41	
7.	Ouei-chao-vam .	Tha-ghan .	Ki-ffe . . .	1209	Sin-vei . .	1211			
		Tçoum-khiu	Gin-chim .	1212	Cin-tchim .	1212			
		Tchi-nm . .	Kouei-yeou	1213	Kouei-yeou	1213	5		affaffiné.
8.	Suen-tçoum . . .	Tchim-yeou	Kouei-yeou	1213	Tim-tcheou	1217			
		Him-tim . .	Tim-tcheou	1218	Gin-ou . .	1222			
		Yuem-kouam	Kouei-vei .	1223	Kia-chin .	1224	11	61	
	Ghai-tçoum . .	Tchim-tha .	Ti-yeou . .	1225	Sin-mao .	1231			
		Thien-him .	Gin-tchim .	1232	Kia-ou . .	1234	10		

Ouan-nien-tchim-lin fut tué le jour même de son Couronnement; c'est pourquoi il n'est pas mis au rang des Empereurs. Nonobstant cela, l'Histoire lui donne le titre de *Mo-ti*, c'est-à-dire dernier Empereur.

TABLE GÉNÉALOGIQUE

DES EMPEREURS DES *KIN* OU DES *NIOU-TCHE.*

	nombre de leurs enfans mâles.		EMPEREURS véritables.	nombre de leurs enfans mâles.
Chi-tçou	2	Premier	*Thai-tçau*, ou bien *Agoutha*, second fils de *Che-tçau.*	16
Te-hoam	3	Second	*Thai-tçoum*, quatrieme fils de *Che-tçau*	14
Ghan-ti	5	Troisieme	*Hii-tçoum*	2
Hien-tçau	7	Quatrieme	*Hai-lim*	4
Tchao-tçau	6	Cinquieme	*Che-tçoum*	10
Kim-tçau	9	Sixieme	*Tcham-tçoum*	6
Che-tçou, deuxieme fils de *Kim-tçau*	11	Septieme	*Ouei-chao-vam*	6
Sau-tçoum, quatrieme fils de *Kim-tçau*	2	Huitieme	*Suen-tçoum*	4
Mou-tçoum, cinquieme fils de *Kim-tçau*	5			
Kham-tçoum, fils aîné de *Che-tçau*	3			

le paſſa ſans barques à gué. Quand on vient à conſi-
dérer un ſemblable prodige, on n'a plus rien à dire
contre les tortues qui firent à *Mou-man* un pont de
leurs dos pour paſſer ce fleuve, ni contre les glaces
qui affermirent les eaux du *Hoam-ho*, (fleuve à qui
la rapidité de ſon cours ne permet de ſe gêler qu'aux
bords,) lorſque l'Empereur (de Chine) *Han-khouam-*
vou-ti étoit ſur le point de le paſſer. L'année derniere,
nommée *Tchi-ſu*, (ou bien *Tchin*, qui eſt le cinquieme
caractere du Cycle duodénaire, c'eſt l'an 1184,) le
quatrième mois de l'année & le premier de la ſaiſon
d'été, moi, Empereur, je me ſuis tranſporté dans
mon ancien pays; je ſuis venu ſur les rives du fleuve
Hoen-thoum-kiam; j'ai admiré, en ſoupirant, la maniere dont le premier de mes ancêtres jetta les premiers fondemens de ſon Empire; j'ai loué hautement
le zele avec lequel le Dieu du fleuve avoit employé
ſa puiſſance pour favoriſer *Thai-tçau*, (fondateur du
même Empire.) Etant de retour dans ma ſuprême
Cour, j'ai tenu conſeil ſur les honneurs qui ſe devoient
rendre au Dieu du fleuve. Ayant examiné les anciens
ſtatuts (Chinois,) j'ai trouvé que les cinq principales
montagnes y ſont comparées aux trois Ducs, & les
quatre fleuves aux Rois tributaires, (c'eſt-à-dire, que
ceux-ci tiennent le même rang parmi les Dieux, que
ceux-là parmi les hommes.) La Dynaſtie (Chinoiſe)
des *Tham*, & celles qui l'ont ſuivie, leur ont attribué
des titres plus relevés, tels que ſont ceux de *Vam*,
(ou de *Roi*,) & de *Ti*, (ou d'*Empereur*.) Cette
augmentation de dignité ne doit point paſſer pour une
vaine oſtentation de la poſtérité; la néceſſité d'élever
la vertu des Dieux, & de récompenſer leurs ſervices,
les a obligés à le faire. Je dois, avec plus de raiſon,
faire la même choſe à l'égard du Dieu du *Hoen-*
thoum-kiam; car outre que ce fleuve prend ſa ſource
dans les Monts-blancs, il arroſe le pays natal de mes
ancêtres, & il les a effectivement aidés à s'élever à
l'Empire. Après tout cela, ſi je venois à manquer de
lui conférer le titre de Duc ſuprême, il ne me reſteroit aucun autre moyen de faire connoître à tout le
monde, & de reconnoître moi-même les heureux ſecours qu'il a prêtés à ma Dynaſtie. A ces cauſes, je
députe N. Mandarin N. avec les marques de la foi
publique, pour préparer tout, & vous créer, ô Dieu!
par les préſentes patentes, *Him-koue-ym-chim-koum*,
c'eſt-à-dire, *Duc qui a élevé l'Etat, & exaucé les*
vœux du Saint. De plus, j'ordonne aux Officiers, à
qui il appartiendra, de vous faire tous les ans les deux
ſacrifices réglés. Hélas! la beauté de votre redoutable
Miao eſt parfaite. Il ne manque rien non plus aux
cérémonies de la création; mais vous, ô Dieu! faites-
nous reſſentir à jamais les effets de votre protection,
& employez votre puiſſance à ſoutenir notre Empire
à perpétuité. Par ce moyen, vous, ô Dieu! vous
jouirez auſſi à perpétuité des mets que nous vous offri-
rons en ſacrifice dans votre *Miao*. Ne ſera-ce pas un
égal bonheur pour vous & pour nous "?

En voilà aſſez pour donner une idée juſte de ces
attentats contre la Divinité. Pourroit-on croire, ſi on
ne le voyoit, qu'une nation auſſi ſage en fait de Gouvernement, que l'eſt la Chinoiſe, fût ſi aveugle en
fait de Religion? (*Voyez les deux Tables ci-jointes.*)

Il faut avouer qu'*Agoutha* fut un des plus vaillans
hommes, & un des plus grands Capitaines qui parut
jamais au monde. Peut-on ne pas admirer ſa fermeté,
quand on le voit aller attaquer avec deux mille cinq
cents chevaux, à la vérité tout armés de fer, auſſi
bien que leurs cavaliers, une armée de cent mille
hommes, & la défaire entiérement? N'eſt-il pas encore
plus étonnant qu'il n'héſite point d'aller donner avec
vingt mille chevaux ſeulement, ſur une armée de plus
d'un million d'hommes, qui avoit à la tête ſon Empereur? Il auroit pu alors avoir une armée incomparablement plus nombreuſe que la ſienne propre; mais
il craignoit que la multitude, loin de ſeconder ſes ef-

forts, ne cauſât la confuſion, & que la confuſion ne
mît obſtacle à la valeur de ſes troupes invincibles. Cette
même nation, qui, de nos jours, a (encore une fois
& cette fois ci entiérement) conquis la Chine, a fait
voir que cette ancienne valeur n'eſt pas encore éteinte
en elle.

DE L'EMPIRE DES MOUMGOLS, ou DE LA DYNASTIE DES YUEN.

Les *Kin*, c'eſt-à-dire le plus foible & le plus obſ-
cur de tous les peuples de la Tartarie Orientale, ren-
verſerent le grand Empire des *Leao*, & devinrent, par
cette conquête, la plus célebre nation de l'Orient. Les
Moumgols, qui étoient le plus petit & le plus mé-
priſé de tous les peuples de la Tartarie Occidentale,
anéantirent la Dynaſtie des *Kin*, & fonderent, ſur
ſes ruines, le plus fameux Empire qui fût jamais. Il
ne fut plus queſtion de tribut; il fallut que la Chine
toute entiere pliât pour la première fois ſous le joug.
Les *Moumgols* ne fonderent pas un ſimple Empire;
ce fut un compoſé de pluſieurs Empires & un aſſem-
blage d'un très-grand nombre de Royaumes, que la
prodigieuſe valeur de *Tchim-khis-khan*, & celle de
ſes ſucceſſeurs, aſſujettirent à leurs loix. Cet Empire
étoit terminé par les quatre mers, ſavoir, la Méridionale, l'Orientale, la Glaciale, & la Méditerranée. Tous
les peuples qui habitoient ce vaſte continent, furent
forcés à ſe ſoumettre, ſans que les fleuves les plus ra-
pides, ni les montagnes les plus inacceſſibles, ni la
rigueur des climats, ni la férocité, naturelle à la plûpart des peuples qu'ils ſubjuguerent, les puſſent mettre à couvert de la valeur *Moumgole*. Au reſte, ils ne
ſe contenterent pas de parcourir tant de pays; ils les
retinrent tous, & les poſſéderent en propre. Ils les
diſtribuerent en Provinces & en Villes, qui étoient
gouvernées immédiatement par les Officiers du *Khan*
Moumgol. Les vaincus ne furent plus de ſimples tributaires; ce furent des ſujets taillables en toute rigueur, à la réſerve néanmoins de la Moſcovie, à qui
il eût été pourtant plus honorable d'être réduite en
Province, que de payer un tribut honteux, & de voir
toujours à ſes portes le terrible *Batou*, petit-fils de
Tchim-khis-khan, qui occupoit ſes meilleures terres.
Il faut encore excepter l'Inde Méridionale & quelques
autres Etats, qui ne payoient aux *Moumgols* qu'un
tribut ordinaire. La mer même ne put donner des
bornes à l'ambition des *Moumgols*. Ils équiperent des
flottes, & la traverſerent pour aller ſubjuguer les in-
ſulaires. Les *Javans* ayant refuſé de ſe ſoumettre,
furent forcés dans leur Iſle; car je crois que ce que
les Chinois nomment *Tchao-va*, ou bien *Koua-va*,
(car ils écrivent ce nom différemment,) étoit l'Iſle
que nous appellons *Java*; du moins la latitude Méridionale de ſix degrés que lui donnent les *Moumgols*,
convient parfaitement à cette Iſle.

Prenant donc pour bornes de cet Empire, du côté
du Midi, le ſixieme degré de latitude Méridionale,
on trouvera qu'il occupoit près de quatre-vingts degrés du Midi au Septentrion; & comptant de l'extrêmité la plus Orientale de la *Corée* juſqu'à *Alep*, ſur
le bord de la mer Méditerranée, on en trouvera plus
de quatre-vingts de l'Orient à l'Occident. Parmi tant
de pays, dont ils étoient maîtres abſolus, ils choiſi-
rent la Chine comme le meilleur de tous pour y établir le ſiege de leur Empire. Il étoit impoſſible qu'un
ſeul Prince pût, dans un ſi grand éloignement, gouverner tant d'Etats ſi différens en coutumes, en loix,
en langues & en inclinations. Les Empereurs *Moum-*
gols furent donc obligés, à l'exemple de *Tchim-khis-*
khan, de partager le gouvernement de leurs Etats
entre les Princes de leur ſang, qui, par cette inveſtiture, devenoient tributaires du *Khan* ou de l'Empereur *Moumgol*, qui réſidoit en Chine. De-là vient que

de tous ces pays, il y avoit des postes réglées jusqu'à *Pe-kim*. Les Ambassadeurs des Papes & des Princes Chrétiens l'éprouverent dans le treizieme siecle. *Batou* avoit fait trembler l'Europe, sur-tout après avoir défait les Hongrois sur les bords du Danube; ce qui obligea l'Europe de traiter avec lui. Quand ces Ambassadeurs faisoient quelques propositions importantes aux *Moumgols* dans la Moscovie, ou dans la Perse, on les renvoyoit au fils du Ciel; c'est ainsi qu'ils nommoient leur Empereur, à la maniere Chinoise, ou au *Khan*, comme ils l'appelloient en leur langue. Ce titre de *Khan* ne se donnoit qu'à lui seul. En cela, les *Moumgols* furent plus avisés que les Tartares des Dynasties précédentes, qui ne faisoient point de difficulté de créer *Khan* les Princes de leur sang, sans faire attention qu'en leur communiquant ce titre, ils partageoient avec eux l'autorité souveraine. Je ne m'étendrai pas davantage sur cette Dynastie, parce que j'ai traduit en Latin ce qu'il y a de plus remarquable dans son Histoire. D'ailleurs, on trouvera, dans les Observations qui vont suivre, ce qui regarde son origine. (*Voyez les deux Tables ci-jointes.*)

Les six enfants que *Tchim-khis-khan* eut de trente-sept, tant Impératrices que Reines, qui étoient distribuées en quatre *Ouardo*, c'est-à-dire, *palais de tentes*, furent 1. *Chu-tche*. 2. *Tcha-gha-thai*. 3. *Ouokouo-thai*, Empereur. 4. *To-lei*. 5. *Ou-lou-tche*, ou bien *Ouroudge*. 6. *Kouo-yen-kien*. *Chu-tche* laissa sept enfants: 1. *Pa-tou*, ou bien *Ba-tou*, le Grand Roi: (c'est celui-ci qui vint sur le Danube, & fit trembler toute l'Europe.) 2. *Sa-li-tha*, le Grand Roi. 3. *Mamgha-themeur*, Roi. 4. *Tho-tho-moum-kha*, Roi. 5. *Tho-tho*, Roi en Chine. 6. *Pe-hhou*, Grand Roi. 7. *Yue-tçii-lie*, Grand Roi. *Ouo-kouo-thai* laissa cinq enfants: 1. *Mie-li-kii-thai*, Roi. 2. *Moum-gha-thou*, Grand Roi. 3. *Tchebi-themeur*. 4. *Thie-bi-lai*, Grand Roi. 5. *Kiu-lie-lou*, Grand Roi. *To-lei* laissa onze enfants: 1. *Moum-kho*, Empereur. 2. *Hhou-tou-tou*. 3. N. 4. *Khou-blai*, Empereur. 5. N. 6. *Hu-lai-ghou*, Grand Roi, (destructeur de l'Empire des Khalifes; nous le nommons *Ho-laghou*.) 7. *Aribougha*, Grand Roi. 8. *Ba-bo-tcho*, Grand Roi. 9. *Mo-kho*, Grand Roi. 10. *Soui-tou-gha*, Grand Roi. 11. *Sue-pie-thai*, Grand Roi.

Les enfants de *Hu-lai-ghou* qui posséderent après leur pere, l'Empire des Khalifes, furent *Aba-kha* Roi, & *Y-lim-tchin-tordge*.

Les Mahométans assurent qu'*Alancova* étoit fille de *Gioubiné*, fils de *Bolduz*, Rois des Mogols de la Dynastie ou famille de *Kiat*, & qu'elle avoit épousé *Doujoun*, Roi pour lors des Mogols, duquel elle eut deux enfants nommés *Belghedi* & *Bekgiedi*. Incontinent après, parlant de sa grossesse miraculeuse, ils disent qu'elle accoucha de trois enfants, dont le premier fut nommé *Boukoun-cabaki*, le second, *Bouskin-salegi*, & le troisieme *Bouzangir*, qui est un des aïeuls de *Genghiz-khan*. La généalogie Chinoise des *Moumgols* ne donne en tout que trois enfants à *Alan-kouo-hha*, deux desquels elle eut de son mari nommé *Thoben-yam-li-kien*. Le premier de ces deux se nommoit *Po-hhan-kho*, ou bien *Bo-hhan-kha*, & le second s'appelloit *Bo-hha-kouan-sa-li-kii*. Le troisieme qui est le *Chi-tçou*, ou la tige de la famille de *Tchim-khis-khan*, naquit miraculeusement, & porta le nom de *Bod-ouan-tchar*.

Admirons ici encore une fois la puissance du Dieu des armées, qui n'employa qu'une pierre des plus petites pour réduire en poudre cet effroyable colosse. Encore ne fut-elle pas détachée d'une montagne; elle fut tirée par sa providence, du lieu le plus bas d'un vallon, je veux dire qu'elle ne se servit que d'un paysan Chinois, pour renverser le superbe Empire des *Moumgols*. La famine obligea ce paysan, natif de la Province de *Kiam-nan* & de la famille des *Tchu*, de se faire Bonze. La même famine le contraignit à

devenir de Bonze, soldat. De soldat il fut bientôt fait Général & Roi. Enfin, après avoir combattu durant vingt ans contre ses compétiteurs, & les avoir tous exterminés, il vint à bout de chasser les *Moumgols* de la Chine l'an 1367. Ce coup d'Etat lui valut l'Empire, dont il prit possession dans les formes l'année suivante. Etant Empereur, il envoya ses Généraux dans la Tartarie pour donner la chasse aux *Moumgols*, qui furent exterminés à plus de trois cents lieues à la ronde. Le reste de leur Empire se démembra; ce qui donna la hardiesse à *Tamerlan* de se saisir de la partie occidentale. La Dynastie dont *Tchu* fut le fondateur, & à laquelle il donna le titre de *Mim*, ou de *clarté*, subsista sous treize regnes dans une grande splendeur, durant deux cents soixante & dix-sept ans, c'est-à-dire, depuis l'an 1368 jusqu'à l'an 1644. Ensuite l'Empire passa entre les mains des *Man-tchou*.

DE L'EMPIRE DES MAN-TCHOU, ou DE LA DYNASTIE DES TÇIM.

Les *Man-tchou* étoient un petit peuple de la nation des *Niou-tche*, & descendoient des *Kin*. Leur pays, leur langue & leur valeur le font assez connoître. Leur *Thai-tçau*, (ou le fondateur de leur Dynastie,) après avoir emporté de vive force la capitale du *Leao-toum*, y fut proclamé Empereur par les siens l'an 1616, c'est-à-dire, cinq cents ans précisément après qu'*Agoutha*, fondateur de la Dynastie des *Kin*, avoit pris le même titre; car, comme nous avons vu ci-dessus, il le prit l'an 1115. Les *Man-tchou* étoient depuis long-temps en guerre avec les Chinois, sans avoir pu jusqu'alors entamer la Chine. *Ou-ssan-kouei*, Général Chinois, les tenoit, pour ainsi dire, bloqués dans leur nouvelle conquête, lorsque la Providence divine leur ouvrit un chemin aisé au trône de la Chine.

Li-tçe-tchim, fameux chef de bandits, venoit de se rendre maître de *Pe-kim*; il se fit sur le champ proclamer Empereur en la place du légitime, que le désespoir avoit forcé à se pendre. Un de ses premiers soins fut de s'assurer d'*Ou-ssan-kouei* & de son armée, dont il connoissoit la valeur. Il envoya des Députés à *Ou-ssan-kouei*, pour l'inviter à se soumettre. *Ou-ssan-kouei* rejetta la proposition avec mépris. Il sentit bien que cette démarche alloit incessamment attirer sur lui toutes les forces du Tyran, dont l'armée étoit composée de quatre cents mille combattants. Il n'ignoroit pas qu'une aussi petite armée que la sienne étoit hors d'état de résister à une aussi grande armée que celle-là. Dans une nécessité si pressante, il prit le parti d'implorer le secours des *Nan-tchou*, leur promettant des richesses immenses en récompense d'un service si signalé. Les *Man-tchou* accoururent à l'instant, & leur arrivée prévint celle de l'armée du Tyran. Après avoir pris toutes les assurances possibles contre la fraude, ils se joignirent à l'armée d'*Ou-ssan-kouei*. L'armée du Tyran ne tarda pas à paroître. Les *Man-tchou*, qui craignoient encore quelque surprise de la part des Chinois, se tinrent à l'écart, & rangerent en bataille leur cavalerie sur les collines voisines. L'armée d'*Ou-ssan-kouei*, qui étoit composée de vieux soldats, engagea le combat avec tant de fureur, que les *Man-tchou* ne douterent plus de la bonne foi d'*Ou-ssan-kouei*. Ils donnerent eux-mêmes en lions, & une partie de leur cavalerie vint par un détour prendre l'ennemi en flanc, l'enfonça, & le défit. Cette victoire n'avoit coupé qu'une tête à l'hydre; il en renaissoit même autant qu'on en coupoit, parce que le Tyran avoit partagé ses troupes en plusieurs armées, qu'il fallut combattre & défaire l'une après l'autre avant que d'arriver à *Pe-kim*. On verra dans mes recueils de quelle maniere *Ou-ssan-kouei* força cette fameuse ville, & défit entiérement toutes les forces du Tyran. Il fit

CANON CHRONOLOGIQUE
DES EMPEREURS DE LA DYNASTIE DES *YUEN* OU *MOUMGOLS.*

L'EMPEREUR	Sous le titre de	commença l'an du Cycle.	l'an de J. C.	finit l'an du Cycle.	l'an de J. C.	régna en tout	vécut	nommé en Moumgol.
Thai-çau	. . . . . .	Pin-yn . . .	1206	Tim-hai . .	1227	22	66	Tchim-khis-kan.
Interregne . .	. . . . .	Vou-tçe . . .	1228	Ki-tcheou .	1229	2	40	Tò-lei , (Régent.)
Thai-tçouan .	. . . . .	Ki-tcheou . .	1229	Sin-tcheou .	1241	13	56	Ouo-koue-thai.
Nai-ma-tchin, Impératrice .	. . . . .	Gin-yn . . .	1242	Yi-ffu	1245	4	. . .	Tho-lie-khana.
Tim-tçoum .	. . . . .	Pin-ou . . .	1246	Vou-chin . .	1248	3	(43)	Kouei-yeou.
Interregne . .	. . . . .	Vou-chin . .	1248	Kem-fu . . .	1250	3	. . .	Hai-mti-che, Impératrice.
Hien-tçoum .	. . . . .	Sin-hai . . .	1251	Ki-yei . . .	1259	9	52	Mfoun-kho.
Che-tçau . .	Tchoun-thoum	Kem-chin .	1260	Kouei-hai .	1263			
	Tchi-yuen .	Kia-tçe . . .	1264	Kia-ou . . .	1294	35	80	Ilhou-bi-lai.
Tchim-tçoum .	Yuen-tchim .	Yi-vei . . .	1295	Pim-chim .	1296			
	Tha-te . . .	Tim-yeou . .	1297	Tim-vei . . .	1307	13	42	Themeur.
Veu-tçoum . .	Tchi-tha . .	Vou-chin . .	1308	Sin-hai . . .	1311	4	31	Hai-chan.

L'EMPEREUR	Sous le titre de	commença l'an du Cycle.	l'an de J. C.	finit l'an du Cycle.	l'an de J. C.	régna en tout	vécut	nommé en Moumgol.
Gin-tçoum		Hoam-khim	Gin-tçe . .	1312	Kouei-tcheou	1313			
		Yen-yeou .	Kia-yn . .	1314	Kem-chin . .	1320	9	36	Ghai-yu-li-pa-li-pa-ta.
Yn-tçoum . . .		Tchi-tchi . .	Sin-yeou . .	1321	Kouei-hai .	1323	3	21	Che-te-pala, assassiné.
Thai-tin		Thai-tin . .	Kia-tçe . .	1324	Tim-mao .	1327			
		Tchi-ho . .	Vou-tchin .	1328	Ki-tchin . .	1328	5	36	Ye-sun-themeur.
Mim-tçoum . .		Thien-lii . .	Vou-tchin .	1328	Ki-ffe	1329	1	30	Ho-che-fo ; du mort subite.
Veu-tçoum . . .		Thien-lii . .	Ki-ffe . . .	1329	Ki-ffe . . .	1329			
		Tchi-chun . .	Kem-ou . .	1330	Gin-chin . .	1332	4	29	Thou-themeur.
Nhu-tçoum . . .			Gin-chin . .	1332	Gin-chin . .	1332		7	Y-lin-tche-pan.
Chuntl		Yuen-thoum	Kouei-yeou	1333	Kia-fu . . .	1334			Tho-houan-tho-mour. Il mourut deux ans après avoir été chassé de la Chine, c'est-à-dire en 1370.
		Tchi-yuen .	Yi-hai . . .	1335	Kem-tchin .	1340			
		Tchi-tchin .	Sin-fe . . .	1341	Vou-chin . .	1368	36	51	

(Ainsi la puissance des Moumgols a duré 162 ans, sous quatorze Empereurs ; mais à ne compter, comme les Chinois, que depuis l'an 1279, que *Khoublai* fut maître de la Chine entiere, elle n'a duré dans cet Empire que 89 ans.)

TABLE GÉNÉALOGIQUE
De la Famille des EMPEREURS DE LA DYNASTIE DES *YUEN*, laquelle Famille avoit pour nom *KIOUEN* (ou *KI-OUOUEN.*)

Noms des Hommes: en Moumgol.	en Chinois.	en Mahométan.	nombre d'enfans	Noms des Femmes: en Moumgol.	en Chinois.	en Mahométan.
Chet-çau , ou tige de la famille.						
Bod-ouan-tchar, troisième fils de Tho-ben-yam-li-kien & d'Alan-kouo-hha	Po-touan-tchal . .	Buzangir ou Buzangiar-khan .	1.			
	. . . .	. . .	. . .	Alan-koue-hha . . .	Olan-koue-ho . . .	Alankova ou Alancava.
Parin-fu-bara-thou-hha-pii-biu.	Pa-lin-fii-he-la-thou-hha-pii-hiu.	Buca-khan	1.			
Yam-li-thou-thoum.	Yam-li-tou-sun . .	(Doutouman) . .	7.	Mo-na-loun.	Mo-na-loun.	Menoulou.
Kina-doue-hhan.	Kin-a-toul-han . .	(génération omise.)	1.			
Hhai-dou	Hai-tou	Cai-dou-khan . . .	1.			

Noms des Hommes: en Moumgol.	en Chinois.	en Mahométan.	nombre d'enfans.	Noms des Femmes: en Moumgol.	en Chinois.	en Mahométan.
Bai-fin-ghour . .	Pai fem oul	Raifancor	1.			
Thoum-bi-nai . .	Thun-pii-nai . . .	Tourmenah-khan . .	6.			
Kho-boul-hhan . .	Kho-pou-lu-ban . .	Kil-khan, c'est Coblai-khan	7.			
Bar-tau	Pa-li-tan	Bortan,	4.			
Lie-tçau, ou l'illustre Aïeul ; Yeffo-kai	Ye-fo-kai	Iefucai ou Bifukai.	5.	Ye-loun. . . .	Yue-loun . . .	Oloun.
Thai-tçau ou Tchim-khis-khan .	Tchim-kii-ffe-kho-ban	Cenkhiz-khan , ou Tchinghiz-khan .	6.			

Les cinq Enfans de *Ye-fo-kai*, sont, 1. *Tchim-khis-kan.* 2. *So-tche-ghar*, Roi. 3. *Hha-tche-suen*, grand Roi. 4. *Thie-mou-hha-ouo-tche-kiu*, l'auguste très grand frere cadet. 5. *Pie-li-kou-thai*, Roi.

déliée. Le Prince fut obligé de la délier lui-même. Ensuite la Princesse tint ce discours au Prince : „ Sei-„ gneur, vous avez porté une loi dont les conséquen-„ ces sont bien dangereuses. Si vous l'exécutez, que „ dira-t-on de vous ? si ce n'est que vous préférez „ une porcelaine à la vie d'un homme. Si vous ne „ l'exécutez pas, quel cas fera-t-on de vos loix, dont „ vous êtes le premier à ne pas exiger l'observation. „ Enfin, si vous la révoquez, ne faites-vous pas sentir „ à tout le monde, ou votre inconfidération à la pu-„ blier, ou votre inconstance à l'abroger ? Or tout „ cela n'est-il pas indigne d'un homme qui gouverne „ l'Univers" ?

Le Prince demeura quelque temps pensif, songeant à se tirer de ce mauvais pas. Voici l'expédient qu'il trouva pour, d'un côté, ne pas révoquer sa loi, & de l'autre pour n'être pas obligé de l'exécuter. Il ordonna sur le champ qu'on lui apportât tout ce qui restoit de ses antiques, & les mit lui-même en pieces. Lequel des deux est plus digne d'admiration, le mari ou la femme ? Du moins cela vaut bien le tour ingénieux que Pulchérie joua à Théodose.

Je manquerois à la reconnoissance, si, parlant de cette Dynastie, je ne disois rien de l'Empereur *Kham-hii* qui regne aujourd'hui si glorieusement.

Che-tçau-tcham-hoam-ti vécut 25 ans, dont il en régna dix-huit. Il laissa quatre enfants, dont aucun n'étoit fils de l'Impératrice. Etant au lit de la mort, il les fit venir en sa présence pour en nommer un à l'Empire. Il demanda d'abord à l'aîné, s'il vouloit régner. Il répondit qu'il se sentoit trop foible pour porter un si pesant fardeau ; en quoi il disoit vrai. J'ai eu l'honneur de le voir plusieurs fois : c'étoit un Prince très-débonnaire, mais peu capable de grandes affaires. Le second répondit à-peu-près comme le premier. Quand ce vint au petit *Kham-hii*, il répondit autrement : „ Papa Empereur, dit-il, donnez-moi l'Empire à gou-„ verner, & l'on verra comment je m'en démêlerai ". Cette réponse naïve & hardie charma le pere : „ Il a „ du courage, dit-il, qu'il soit Empereur ". Voilà de quelle façon la Providence fit tomber l'Empire à *Kham-hii*, dont elle vouloit faire son Christ & un second Cyrus. Quel progrès n'auroit pas fait la Religion sous un regne si favorable, si l'homme ennemi n'eût semé la zizanie dans le champ du pere de famille, & si la division n'avoit partagé les Ministres de l'Evangile ?

Kham-hii naquit l'an 1654, nommé *Kia-ou*, l'onzieme du regne de son pere, le dix-huitieme jour de la troisieme lune, ou du mois lunaire, durant lequel le soleil entre dans le signe du Taureau. Son pere mourut l'an 1661, le septieme jour de la premiere lune. *Kham-hii*, qui n'avoit pas encore alors sept ans accomplis, fut proclamé, suivant la coutume, devant le cercueil de son pere. Cependant les années de son regne ne commencent à se compter que du premier jour de l'année suivante qui fut la 1662e. de J. C. La raison de cela, c'est que l'année dans laquelle le pere meurt, lui est attribuée toute entiere. C'est un respect que le fils doit à son pere, selon les regles de la Chine. *Chetçau*, par son testament, avoit créé un Conseil de régence composé de quatre des principaux Seigneurs, & laissé le pouvoir absolu entre les mains de sa mere, femme d'une grande résolution, & Moumgole de nation. *Kham-hii* fut déclaré majeur à l'âge de treize ans & un jour ; car telle est la loi de la Chine. Il ne tarda pas à faire pressentir ce qu'il seroit un jour.

Après la majorité, il fallut rendre compte de la régence. *Pa-tou-rou-koum*, (cela veut dire le *vaillant Duc*,) un des quatre Gouverneurs sous la minorité, étoit un homme d'une force & d'une bravoure extraordinaire. Sa fidélité & son courage l'avoient élevé de l'état de simple soldat aux premieres dignités de l'Empire ; mais ces grandes qualités étoient obscurcies par des vices encore plus grands. Il étoit altier, arrogant, & sur-tout d'une avarice insatiable. Pendant la régen-

ce, il devint bientôt le régent des régents mêmes, & le tyran public. Il devint en même-temps l'horreur de tous les honnêtes gens. Dès qu'on eut la liberté de se plaindre, on l'accusa de toutes parts. Il fut convaincu de tant de concussions & de violences, qu'il fut condamné à être haché en pieces dans la place publique. On alla lui lire sa sentence dans la prison, d'où incontinent après on le fit sortir pour être conduit au lieu du supplice. Quand on vint pour lui mettre le bâillon à la bouche, (ils en usent ainsi à l'égard des Grands criminels, pour les empêcher de s'emporter en des paroles indécentes,) il cria à haute voix qu'en qualité d'homme qui avoit gouverné l'Etat, il avoit quelque chose d'important à communiquer à l'Empereur avant que de mourir. Cette parole avoit été entendue de tout le monde ; ce qui jetta dans un grand embarras les Grands qui étoient chargés de l'exécution de la sentence. S'ils manquoient d'en avertir l'Empereur, ils craignoient qu'on ne leur en fît un crime, & qu'on ne les accusât d'avoir voulu lui fermer la bouche : s'ils avertissoient l'Empereur, connoissant comme ils faisoient, les ruses de *Pa-tou-rou-koum* dont ils vouloient la mort, ils avoient peur qu'il ne trouvât quelque moyen de l'éviter. La premiere crainte l'emporta sur la seconde. Un d'eux se détacha, & alla rendre compte de ce que *Pa-tou-rou-koum* venoit de dire. Les Grands du Conseil, qui étoient assemblés devant l'Empereur, ayant entendu cela, prierent Sa Majesté d'envoyer au supplice *Pa-tou-rou-koum*, sans l'entendre davantage. L'Empereur, malgré cette opposition, ordonna qu'on le fît venir.

Pa-tou-rou-koum, qui, dans le chemin, s'étoit préparé à ce qu'il devoit dire & faire, ne fut pas plutôt en présence de l'Empereur, que découvrant sa poitrine, & la lui montrant toute cousue de coups, il dit avec une voix tonnante : „ Seigneur, aurez-vous le „ cœur d'envoyer au supplice un homme qui a reçu „ toutes ses blessures, pour sauver la vie à votre aïeul" ? Tous les Grands se prosternerent devant l'Empereur, & le prierent instamment d'envoyer ce téméraire au supplice. „ Non, non, repliqua l'Empereur ; il ne sera „ pas dit qu'un homme qui a ainsi exposé sa vie pour „ sauver celle de mon grand-pere, soit mort par mon „ ordre ; qu'on le ramene ; & qu'on le renferme en-„ tre quatre murailles" ; (mais entre ces quatre murailles, on lui bâtit une maison.) Tous admirerent une si grande présence d'esprit, & une force de jugement si prématurée. Ils approuverent sa conduite ; ils louerent son bon cœur. Enfin, ils avouerent qu'ils avoient un maître. Voilà par où a commencé la réputation de grand génie que *Kham-hii* s'est acquise. Je n'entreprends pas d'écrire l'histoire de ce grand Prince. Je ne veux pas non plus faire son panégyrique ; je serois obligé de ne pas tout dire. Je me contenterai donc de marquer quelques faits certains, qui pourront faire connoître son caractere.

On peut dire sans flatterie qu'il a tâché d'imiter les meilleurs Empereurs de Chine, qui ont toujours fait plus de cas du titre de pere du peuple, que de celui de fils du Ciel. On peut encore assurer qu'il les a parfaitement imités en ce que je vais dire. Dans l'espace de 22 ans que j'ay demeuré en Chine, je mets en fait qu'il a remis à ses peuples plus de quatre cents millions de tailles. Après avoir soumis la Tartarie jusqu'aux *Uzbeks* inclusivement, il remit à l'Empire les tributs d'une année entiere. Il ne le fit pourtant que successivement, exemptant les Provinces l'une après l'autre, & cela parce que les dépenses de l'Empire doivent toujours avoir leur cours. J'ai vu la Province de *Chansi* exempte jusqu'à trois fois de tout tribut, pour avoir été foulée par des marches de troupes. Au reste, dans ce compte, je n'ai pas compris les remises annuelles qui se font pour causes de calamité, quoiqu'elles montent tous les ans, l'un portant l'autre, à une somme considérable. C'est l'effet de la bonté du Gouvernement ,

ment, & non pas de la libéralité du Prince. Voici ce que porte la loi de la Chine : „ Tout Gouverneur immédiat, dès que quelque canton de fon Gouvernement viendra à fouffrir, fera obligé, fous peine de caffation, d'en avertir fes fupérieurs. Ceux-ci le feront favoir au Vice-Roi, & le Vice-Roi en informera l'Empereur; qui ordonnera à l'inftant la vifite du lieu, pour diminuer le tribut à proportion du dommage. Si toute la moiffon a été gâtée, tout le tribut fera remis. Si la moitié des grains a péri, la moitié du tribut fera remife, & ainfi du refte ". Cette loi eft inviolablement obfervée ; y-a-t-il rien de plus jufte ?

Pour revenir à *Kham-hii*, joignons à ce qui a été dit, les préfents qu'il a fait diftribuer plus d'une fois à tous les vieillards du petit peuple, qui avoient 80 ans ou plus. J'étois à *Nan-kim* quand on faifoit une de ces diftributions. Cette Province, à caufe de fa grandeur énorme, eft partagée en deux Vice-Royautés. Je vis le rôle d'une de ces Vice-Royautés, tel qu'il avoit été préfenté à l'Empereur ; il contenoit près de quarante-quatre mille de ces vieillards. Jugez par-là combien il y en devoit avoir dans tout l'Empire, & conféquemment quelle dépenfe il falloit faire pour donner à ceux de 80 ans une piece de foie, deux à ceux de 90 ans, trois à ceux de 100 ans, & outre cela, tout ce qui accompagne les pieces de foie. Ajoutez-y encore les fraix immenfes qu'il a faits dans le même temps, pour fubvenir à la mifere publique pendant les famines. Il lui en a coûté dans une feule année plus de quinze millions pour une feule Province. Ce font-là des aumônes vraiment royales. Au refte, cela ne vaut-il pas incomparablement mieux que d'entaffer tréfors fur tréfors pour faire des guerres, qui ceffent d'être juftes dès-là qu'elles ne font pas abfolument néceffaires ? Je dis de plus : diftribuer ainfi fes richeffes, c'eft les accumuler ; c'eft faire des conquêtes, & des conquêtes légitimes, puifqu'elles fe font dans fon propre pays. Par-là on multiplie le nombre de fes fujets, fans forcer ceux d'autrui à fubir un joug involontaire, par-là on augmente en la même proportion fes richeffes, fans appauvrir les voifins ; par-là enfin, on acquiert chez foi une très-grande étendue de terrein, qui, fans cette multiplication de fujets, demeureroit inculte, & comme non-poffédé. En effet, fous le long regne de *Kham-hii*, l'Empire de Chine qu'il avoit trouvé défolé par les guerres civiles, s'eft fi bien rétabli, qu'il regorge aujourd'hui de monde & de richeffes. Plût à Dieu que les Princes Chrétiens, qui, comme tels, devroient en faire davantage, vouluffent du moins en faire autant !

TABLE *chronologique des Empereurs de la Dynaftie des* Tçim, *ou des* Man-tchou.

	L'EMPEREUR	Sous le titre de	commença l'an du Cycle	l'an de J. C.	Finit l'an du Cycle	l'an de J. C.	régna.
1.	*Thai-tçau* . .	*Thien-min* .	*Pim-tchin*	1616	*Tim-mao* .	1627	12 ans.
2.	*Thai-tçoum* .	*Thien-tçoum* *Tçoum-te* .	*Tim-mao* *Pim-tçe* .	1627 1636	*Pim-tçe* . *Kouei-vei*	1636 1643	17
3.	*Che-tçau* . .	*Chun-tchi* .	*Kia-chin*	1644	*Sin-tcheou*	1661	18
4.	*Kham-hii* . .	*Kham-hii* .	*Gin-yn* .	1662	. . . . .		

Cette année 1718, qui va finir, eft la cinquante-feptieme du regne de *Kham-hii* : qu'il en puiffe encore régner autant !

J'ai cru être obligé de mettre ici cette Table, pour faire voir l'erreur de ceux qui ont fait deux Empereurs du feul *Thai-tçoum*, prenant les deux titres de fes années de *Thien-tçoum* & de *Tçoum-te*, pour deux Empereurs différents. Sur quoi il eft bon de remarquer en paffant les différents noms que les Chinois fe donnent durant leur vie. Ils en portent trois ; 1°. le *Sim*, ou le nom de famille ; 2°. le *Mim*, ou le nom propre ; 3°. le *Hao* ; c'eft-à-dire, le titre ou le prénom, ou le nom d'honneur. Plufieurs en portent un quatrieme, qui eft le *Piao-te*, c'eft-à-dire le *Montre-vertu* : Celui-ci ne fe donne que dans un âge avancé, & à des gens diftingués par leur fageffe. Le nom de l'enfance, ou comme ils le nomment, *Siao-mim*, c'eft-à-dire le *petit nom*, peut paffer pour un cinquieme, quoiqu'ils le quittent quand ils prennent le *Mim*, ou le nom propre avec la robe virile ; ce qui fe fait avec un grand appareil de cérémonies, dans le temple des ancêtres de l'enfant, s'il en a.

Le *Nien-hao*, ou le titre que les Empereurs donnent aux années de leur regne, peut paffer pour un fixieme nom de ces Princes. Après leur mort, fi les défunts font des perfonnages illuftres, la République, ou leurs amis, leur donnent un *Che-hao*, ou titre après la mort. Enfin, quand on place la tablette du mort dans le temple de fes ancêtres, on lui donne un *Miao-hao*, c'eft-à-dire un titre de temple ou de *Miao* ; j'appelle celui-ci nom d'apothéofe. Les Empereurs portent tous, fans exception, ces deux derniers titres. On ne peut plus même leur en donner d'autres après leur mort. Par exemple, fi l'on parloit à l'Empereur de feu fon pere, il faudroit le nommer *Che-tçau-tcham-hoam-ti*, qui fignifie l'Empereur *Che-tçau-tcham*. Or *Che-tçau*, qui veut dire l'*aïeul des fiecles*, eft fon nom d'apothéofe, & *Tcham* eft fon titre caractériftique. Ces deux titres font conférés aux Empereurs morts, après en avoir averti le Ciel & la terre & leurs ancêtres, par des facrifices. L'Empereur régnant tient auparavant des Etats, par le confeil defquels ces titres font arrêtés. Le titre caractériftique contient le caractere de l'Empereur défunt. Anciennement ce titre étoit honorable, ou diffamant, felon le mérite du mort. Aujourd'hui la flatterie a prefque entièrement banni les titres diffamants.

Quant à ce qui regarde le titre des années, on ne peut le donner aux Empereurs que lorsqu'il s'agit de marquer les années de leur regne. Ce seroit une incivilité des plus grossieres, si parlant du pere de l'Empereur à l'Empereur même, on le nommoit *Chun-tchi-hoam-ti*; quoiqu'il fallût dire, s'il le demandoit, je suis entré dans la Chine telle année de *Chun-tchi*; & même si cette année tomboit sous son propre regne, il faudroit dire j'y suis entré telle année de *Kham-hii*. Cette variété de titres & de noms cause un étrange embarras à ceux qui n'y sont pas faits, & dégénere en confusion par la traduction diverse, qu'en font les nations voisines. *Kham-hii*, par exemple, signifie en Chinois, *paix profonde*. Les *Man-tchou* expriment ces termes dans leur langue par ceux d'*El-ghe-thai-fin*, & les *Moumgols* par *Am-ghou-lam*. Apparemment les autres nations Tartares en font de même à cet égard. Or la postérité peut-elle, au travers de tous ces différents noms, démêler clairement la personne dont il s'agit, à moins qu'elle ne soit au fait de ces sortes de changements? Les Assyriens, les Medes, &c. pourroient bien avoir eu une semblable coutume. De-là vient peut-être que leurs Empereurs sont nommés différemment par diverses nations.

Les Tartares n'ont point, à proprement parler, de *Sim*, ou de nom de famille, à la réserve peut-être de quelques familles illustres, & sur-tout des Royales. Le *Hha-la* des *Man-tchou* est bien plus étendu que ce que nous appellons nom de famille; c'est plutôt un nom d'horde, ou de division d'horde, qui comprend plusieurs familles qui vivent unies entr'elles dans le même canton ou village, ou de quelqu'autre maniere que ce soit.

Au reste, il ne faut pas se persuader qu'on puisse indifféremment se servir de tous ces noms pour marquer la personne; il faut les changer suivant les occurrences. Si l'on parle à une personne au sujet d'une autre personne qui lui soit fort inférieure, on nomme celle-ci par son nom de famille & par son nom propre. Si l'on parle directement à une personne supérieure, ou égale, il faut bien se donner de garde de l'appeller par son nom propre; ce seroit lui faire un affront signalé. On la doit nommer par son nom de famille, suivi d'un titre d'honneur, comme de Monsieur ou de Seigneur; & si l'on parle d'elle en son absence, on peut la nommer par son nom de famille, suivi de son titre d'honneur. S'il s'agit de l'Empereur, c'est une faute punissable par la loi, de prononcer ou d'écrire son nom propre tout entier, même dans les actes publics; car il est permis, quand il est composé de deux lettres, de les écrire, ou prononcer séparément.

Voici le Catalogue que j'ai promis, qui fera voir clairement que les *Man-tchou* sont la même nation qui, 500 ans auparavant, avoit subjugué la Chine, chassé les *Leao*, & fondé la Dynastie des *Kin*.

TERMES NIOU-TCHE, écrits

en Chinois,	en Niou-tche,	en Man-tchou,	Signifient,
Ghan-pan	Am-ban	Am-ban	Grand Officier.
A-hou-tie	A-hou-tie.	A-hou-ta	Freres aînés.
Pou-yam-ven	Pou-yam--ven	Pou-yaa	Petit. (Enfant.)
Y-tou	Y-dou	Y-dou.	Rang.
Sfa-ta	Saa-ta	Sakh-da	Vieillard.
Sfa-hha-nien	Sfa-hha-nien	Sfa-kha lien	Noir verdâtre.
Ou-chu	Ou-chu	Ou-tchou	Tête. Chef.
Hou-tou.	Hou-tou.	Hou-douri	Félicité.
Gho-tchu-hou	A-tchu-hou	An-tchoun	Large.
Ou-thai	Ou-thai.	Hhou-da	Prix.
O-lin	A-lin	A-lin	Montagne.
Ghan-tchu-hou	An-tchu-hou	Ai-gin	Or.
Yn-chu-kho	Yn-chu-kha	Tha-na	Perle.
O-li-hou	A-li-hou	A-li-khou	Baffin.
Ho-la-hou	Ho-la-hou	Fou-la-houn	Rougeâtre.
Ho-li-han	Ho-li-han	Hho-nin	Mouton. Agneau.
Sie-kho	Sie-kha	Sfe-khe	Zibeline.
Ouo-le	Ouo-le	Oue-he	Pierre.
Ni-mam-kou	Ni-mam-kou	Ni-ma-hha	Poisson.
O-tien	A-tien	Ac-tchan	Tonnerre.
Ouen-thun	Ouen-thun	Ouen-tou-hoen	Vuide.
Pousan	Pou-san	Pou-tchan	Forêt.
Y-lai	Y-lai	Ylan	Trois.
O-hha	A-hha	Ahha	Esclave.
Ou-ye	Ou-ye	Ou-youn.	Neuf. Nombre.
Nien-han	Nien-han	Nia-man	Le Cœur.
Ghan-ta-hai	Anda-hhai	Anda-hhan	Hôte étranger.
Ouo-mou-hhan.	O-mou-hhan	Ou-ma-hhan	Œuf.
The-lin	The-lin	Mederi.	Mer.
Pou-bo	Pou-gha.	Oul hhou-ma	Faisan.
Man-tou-kho	Mon-tou-kha	Men-tou-hhoun	Hébété.
Mem-ghan	Mem-ghan	Mim-gan	Mille.
Mou-ke	Mou-khe	Tam-ghou	Cent.
Ouo-li-to	Ouor-do	Ordo	Salle ronde d'un Palais.
			Tribunal.

J'ai quelquefois écrit comme les *Man-tchou* écrivent; quelquefois auffi j'ai écrit comme ils prononcent; car ils ne prononcent pas toujours comme ils écrivent. Dans leur écriture, il n'y a ni B, ni D ni I, ni Z. Ils ne laiffent pourtant pas de prononcer fouvent ces lettres, fur-tout au milieu des mots. Par exemple, ils écrivent *Y-tou*, & prononcent *Y-dou*; ils écrivent *Am-pan*, & prononcent *Am-ban*; ils écrivent *Sakha-lien*, & prononcent *Sa-gha-lien*; ils écrivent *Ai-fin*, & prononcent *Ai-gin*. Ils écrivent *Am-ba-fa*, & prononcent *Am-ba-za*.

À la fin de l'Hiftoire Chinoife des *Kin*, il y a un petit vocabulaire de plus de quatre-vingts mots *Nioutche*, écrits en lettres Chinoifes. Parmi ce nombre, j'en ai trouvé trente que je viens de marquer, qui font encore aujourd'hui dans la langue des *Man-tchou*, ou entiers, ou peu altérés, & cette altération peut fort bien être attribuée aux lettres Chinoifes, avec lefquelles il n'eft pas poffible, pour l'ordinaire, d'écrire les mots étrangers fans les tronquer, ou du moins fans les défigurer. Pour les cinquante autres mots que je n'ai pas mis dans la Table précédente, parce qu'ils font tout-à-fait différents du *Man-tchou*, il eft bon d'avertir que ce changement doit naturellement provenir de celui qui ne manque jamais d'arriver à une langue vivante dans l'efpace de cinq cents ans. De plus, outre que je n'ai jamais fu parfaitement cette langue, il y a vingt ans entiers que je ne la cultive plus. Ainfi il fe peut fort bien faire que plufieurs de ces termes foient encore dans le corps de la langue, fans qu'ils me foient connus, parce qu'étant furannés, ils n'entrent plus dans l'ufage ordinaire.

Ce qu'il y a de certain, c'eft que les titres d'offices font entièrement différents dans l'ancien *Niou-tche* & dans le *Man-tchou* d'aujourd'hui. *Po-kii-lie*, comme l'écrivent les Chinois, ou peut-être *Po-ki-rie*, comme le prononçoient les *Niou-tche*, fignifioit *Officier*. Ainfi les *Niou-tche* donnoient le titre de *Tou-po-kii-lie*, c'eft-à-dire de *Po-kii-lie* de la Ville Royale à leur Seigneur, ou au premier Miniftre de leur Etat. Celui d'*Am-ban-po-kii-lie*, ou de grand *Po-kii-lie*, étoit prefque égal à l'autre. Celui de *Koue-loun*, (peut-être *Khou-roum*, qui fignifie *Royaume*, en *Man-tchou*,) celui, dis-je, de *Koue-loun Po-kii-lie*, ou bien *Po-ki-lie* d'Etat, n'étoit prefque en rien inférieur aux deux autres; car ces trois compofoient le premier ordre. Les *Hou-lou* (ou peut-être *Hou-rou*) *Po-ki-lie* compofoient le fecond, & étoient les Préfidents des autres Officiers. Le troifieme ordre étoit des *Y-lai Po-ki-lie*, c'eft-à-dire, des troifiemes *Po-ki-lie*. Les Gouverneurs de ville portoient le titre d'*Amai-po-ki-lie*. Les Concierges des tribunaux, celui d'*Y-ché-po-ki-lie*. Les Officiers qui préfidoient aux forts, aux devins, &c. celui de *Tçée-po-ki-lie*, & les Affeffeurs des Officiers en chef, celui de *Thie-po-ki-lie*. Pour les Officiers de guerre, *Men-ghan*, ou mille, étoit le titre des Tribuns, ou Colonels; *Mou-khe*, ou cent, celui des Centurions, ou fimples Capitaines. *Kieou-tçiam-ouen* celui des Commandants de garnifons fur les frontieres de l'Empire; *Y-li-kin*, (ou peut-être *Yr-ghin*,) celui des Commandants de garnifons dans les hordes Tartares. Ces deux derniers titres de *Tçiam-ouen* & d'*Yr-ghin* avoient paffé avec leur domination, de la langue des *Khi-tan* dans celle des *Niou-tche*. *Thou-li*, (ou peut-être *Thou-ri*,) étoit le titre des Juges d'horde. *Ou-lou-kou* celui des Intendants des haras, jardins &c. Enfin, les tribunaux de tous ces Officiers fe nommoient *Ouo-li-to*; (c'eft ainfi que les Chinois écrivent *Or-do*.)

Les *Man-tchou* ne fe fervent plus de tous ces titres; ils ont trois termes différents affectés à cet ufage. Le premier eft *Amban*; *Avba* dans leur langue fignifie grand en étendue, & *Amban* grand en dignité; ce dernier fait *Am-ba-za* au pluriel. Ce titre ne fe donne qu'aux grands Officiers de l'Empire. C'eft ainfi qu'ils donnent le nom de *Tor-ghi-amba-fa*, ou de *Grand du dedans*, aux fix premiers Officiers de leur Empire, qui compofent le Confeil d'Etat, & commande chacun une compagnie de *Hiaa*, c'eft-à-dire, de gardes Mandarins. Cette charge les rend dépofitaires de la perfonne du Prince & de la fûreté de l'Empire. C'eft ainfi qu'ils appellent *Po-y-ambaza*, ou *Grand de la maifon*, les Grands-maîtres de la maifon de l'Empereur. Pareillement les Préfidents des Cours fouveraines de l'Empire, portent le titre d'*Ali-hha-am-ban*, c'eft-à-dire, *Grands qui ont reçu* (pour porter & foutenir,) & leurs Affeffeurs mêmes ont pour titre *As-khan-ni-ambaza*, c'eft-à-dire, *Grands de l'aîle*, parce qu'ils fervent d'aîles au Préfident.

Le fecond terme eft *Ta*, qui fignifie *chef*, & qui convient aux Officiers les moins relevés. Il convient pourtant aux Miniftres d'Etat, qui ont pour titre *Ali-hha-ta*, c'eft-à-dire, *chef qui a reçu* (pour porter & foutenir.) Anciennement les Empereurs Chinois n'avoient qu'un feul Miniftre, qui étoit un homme d'une fageffe éprouvée. Pour lors cette dignité étoit la premiere après l'Impériale. Après que les mœurs des Chinois eurent commencé à fe corrompre, on n'ofa plus fe fier fur un feul homme; on partagea cette charge entre plufieurs qui confervoient tous le même rang, c'eft-à-dire, le premier de l'Empire. Cependant ils ne paffoient guere le nombre de deux, jufqu'à ce qu'enfin le fondateur de la Dynaftie des *Mim*, (il y a environ deux cents cinquante ans,) ayant éprouvé le peu de fidélité de deux de ces Miniftres, qui avoient conjuré contre lui, les dégrada, & les réduifit au cinquieme ordre de Mandarins. De-là vient que les *Man-tchou*, qui ont fuivi pas à pas les traces des *Mim*, ne leur ont donné que le titre de *Ta*, ou de Chef; ils les ont même multipliés jufqu'au nombre de fix, quelquefois trois *Man-tchou* & trois Chinois. Ce titre convient encore aux trente maîtres de la maifon de l'Empereur, qui font fubordonnés aux Grands-Maîtres, & ils les nomment *Po-y-ta*, c'eft-à-dire, *chefs de maifons*. Ils le donnent auffi à un Décurion des gardes de la porte, & l'appellent *Tchouen-ta*, ou *chef de dix*. Ils le donnent enfin jufqu'à un chef de boucherie, qu'ils appellent *Ya-li-ta*, c'eft-à-dire, *chef des chairs*.

Le troifieme titre eft celui de *Hba-fan*, qui revient au terme Chinois de *Kouan*, que nous exprimons vulgairement par celui de Mandarin, ou pour mieux dire d'Officier. Il eft donc commun à tous les Officiers de l'Empire, tant de robe que d'épée. Cependant quand il eft précédé par certains termes, il paffe en nom de dignité, fouvent héréditaire, du moins durant plufieurs générations. De-là viennent 1°. les *Amba-tcham-khin*, ou les *grands Commandants*; 2°. les *As-khan-ni-ha-fan*, ou *Mandarins de l'aîle*; 3°. les *Ada-ha-ha-fan*, ou *Mandarins des adjoints*; 4°. les *Pai-ta-la-boure-ha-fan*, ou *Mandarins de fervice*; 5°. les *Toua-jara-ha-fan*, ou *Mandarins Infpecteurs*; ce qui revient à notre nobleffe; car ces cinq dignités font héréditaires. Les trois premieres paffent jufqu'à trois, ou cinq générations, la quatrieme durant trois générations; la derniere ne paffe pas aux defcendants. Ils ont les mêmes appointements que les Mandarins d'armes des cinq premiers ordres, dont ils portent les marques fur le bonnet & fur l'habit. Au-deffus de ceux-ci & hors d'ordre font les *Koum*, ou Ducs; les *Heou* ou *Marquis*; les *Pe*, ou *Comtes*, trois dignités Chinoifes; les *Peïle* ou *Vi-comtes*, & les *Peïzé* ou *Barons*; ces deux derniers portent des titres *Man-tchou*.

En voilà affez pour faire voir que la nation des *Man-tchou* eft fortie de celle des *Niou-tche*. Une preuve qui leur eft la plus avantageufe, c'eft qu'on a vu revivre en eux la réputation des *Niou-tche*, qui, de leur temps, paſſoient pour invincibles, quand ils pouvoient aſſembler dix mille hommes d'armes de leur nation. Or les *Man-tchou* n'en avoient pas tant quand ils ont commencé à ſoumettre la Tartarie, même quand ils ſont entrés en Chine. Celle qui ſuit n'eſt pas ſi glorieuſe, mais elle eſt plus convainquante.

Les *Niou-tche* ont toujours été célebres par une eſpece de chaſſe qui étoit particuliere à leur nation. Cette même ſorte de chaſſe eſt encore aujourd'hui propre aux ſeuls *Man-tchou*. Pour la bien entendre, il faut reprendre la choſe de plus haut. Les *Man-tchou* racontent comme un fait bien avéré, ce qui ſuit. Un peu avant le temps du rut, chaque cerf ſe compoſe un ſerrail de biches, & s'empare d'un quartier de forêt ou de montagne. Après ce partage fait, il ſe trouve des cerfs, ou qui n'ont point été partagés, ou qui, après l'avoir été, ont été depouillés. Chacun d'eux ſonge à acquérir un terrein par droit de conquête. Il entre dans le diſtrict d'un de ſes voiſins. En y entrant, il commence par bramer, & ce cri ſert de défi au combat. Si le poſſeſſeur eſt courageux, il n'attend pas un ſecond cri; il vient à l'inſtant fondre ſur l'uſurpateur. Cependant les biches ſe rangent des deux côtés ſur deux lignes, & ſont ſpectatrices du combat. Le vaincu ayant été, ou terraſſé, ou mis en fuite, ſes biches paſſent du côté du vainqueur, & ſe donnent à lui pour le juſte prix de ſa victoire.

Que font les *Man-tchou*? Ils prennent une tête de cerf avec ſon bois, ils la vuident & en couvrent leur propre tête. Sous la tête de cerf, ils ont un appeau, avec lequel ils imitent ſi parfaitement le cri d'un cerf, que les cerfs eux-mêmes y ſont trompés. Dans cet équipage, ils entrent dans le territoire du cerf qu'ils veulent ſurprendre, & ſe cachent dans des brouſſailles. Si le cerf eſt courageux, au premier coup d'appeau, croyant entendre un autre cerf bramer, il devient furieux. Il attaque ſans différer; il le fait quelquefois avec tant de fureur & de précipitation, qu'il ne donne pas le temps au chaſſeur de ſe ſervir de ſes armes. Et malheur à celui qui eſt ſurpris; car il eſt mis en pieces ſans reſſource. L'Empereur *Kham-hii* lui-même, durant ſa jeuneſſe, a couru une fois riſque de la vie à cette chaſſe, qui ſe fait tous les ans. Ils aſſurent de plus qu'outre qu'à cette chaſſe on prend les meilleurs cerfs, les plus grands & les plus vigoureux, rien n'eſt plus beau à voir que la majeſté, la fierté & l'intrépidité de ces animaux, quand ils viennent au combat: (qualités d'ailleurs qui leur conviennent peu en d'autres temps.)

Voilà en raccourci la ſuite des principaux Empires qui ſe ſont ſuccédés les uns aux autres dans la Tartarie pendant plus de deux à trois mille ans. Conſidérant le peu de durée de la plûpart de ces vaſtes Monarchies, ne diroit-on pas voir autant de flots dans une mer orageuſe, qui ſe ſuivent, ſe heurtent, ſe briſent les uns les autres, & qui après s'être élevés juſqu'aux nues, ſe précipitent auſſi-tôt dans les abymes? Ne ſont-ce pas autant de tempêtes qui ſe ſont formées dans l'air avec un fracas qui a étonné le monde, & qui peu de temps après ſe ſont diſſipées? Après tout, on ne doit pas être ſurpris de leur peu de durée, & ſi du plus haut point de puiſſance où elles étoient parvenues, elles ſont retombées ſoudainement dans le néant, elles n'étoient fondées que ſur la tyrannie, & cimentées que de ſang humain. Les *Moumgols* ſe glorifioient d'avoir fait paſſer par le tranchant du ſabre, dans les ſeules priſes de villes, ſans y comprendre leurs mots, dix-ſept millions d'hommes dans l'eſpace d'un peu plus de cinquante ans de conquête. Joignez à ce nombre celui des ennemis & des *Moumgols* mêmes, qui avoient péri en tant de combats & de ſaccagements. Jugez enfin par les *Moumgols*, des autres Tartares qui les avoient précédés, & vous avouerez qu'on peut dire de ces peuples de la haute Aſie, ce que la Sageſſe,

adreſſant la parole à Dieu, dit des Egyptiens: (*a*) ,, Vous avez donné aux injuſtes le ſang humain pour ,, ſource d'un fleuve intariſſable ". Je finis par trois réflexions qui naiſſent naturellement de mon ſujet, & qui ſont le fruit qu'on doit retirer de la lecture de ces ſortes d'événements.

La premiere regarde la Providence. La deſcription de ces bouleverſements d'Empires eſt moins l'hiſtoire des peuples qui les cauſent, que celle du gouvernement de la Providence, qui tire l'ordre du déſordre. Elle fait éclater ſa juſtice ſur les Empires qu'elle renverſe. (*b*) Car les Royaumes ſont tranſportés d'une nation à l'autre, à cauſe des injuſtices, des violences, des outrages & des diverſes tromperies. Elle fait paroître ſa miſéricorde ſur ceux qu'elle établit (*c*). Il a renverſé les trônes des Princes ſuperbes, & il a fait aſſeoir en leur place ceux qui étoient doux. Dieu a deſſéché les racines des nations ſuperbes, & a planté celles de ces mêmes nations qui étoient humbles.

La ſeconde regarde la gloire du conquérant. La vanité promet à cette gloire une durée égale à l'éternité, & une étendue auſſi vaſte que le monde. Mais quant à l'étendue, que ſes bornes ſont étroites! La renommée de tant de conquérants Tartares n'a jamais pu pénétrer juſqu'en Europe, comme celle des nôtres n'a jamais pu trouver d'entrée dans la Tartarie. Alexandre & Céſar ne ſont pas mieux connus des Tartares, que *Mo-tho* & *Tou-men* l'ont été des Grecs & des Romains; & ſi quelques-uns des leurs ſe ſont fait connoître à nous, comme *Attila* & *Batou*, nous les avons regardés comme des monſtres de cruauté. Eux de leur côté auroient-ils regardé les nôtres d'un autre œil, ſi les nôtres s'étoient mis en tête de les aller ſubjuguer? Quant à la durée, pour un de ces prétendus Héros, dont la mémoire a échappé du naufrage du temps, il y en a cent qui ſont déja enſevelis dans l'oubli.

La troiſieme regarde l'ambition. On empoiſonne le cœur des Princes de cette malheureuſe maxime, que l'ambition eſt la marque d'une grande ame. On voit pourtant ici que cette paſſion furieuſe eſt plus forcenée dans les cœurs des Barbares, qu'elle ne l'eſt dans ceux des peuples polis; preuve évidente que l'envie de dominer eſt plutôt un effet de la férocité, qu'une ſuite du courage.

Reprenons à préſent le fil des Obſervations, qui a été interrompu juſqu'ici par l'Hiſtoire de la Tartarie. Pour cet effet, je vais tirer, pour ainſi dire, les concluſions des principes que j'ai établis, c'eſt-à-dire que cette hiſtoire ſervira de preuve à ce que je dois remarquer dans pluſieurs des obſervations ſuivantes.

Avant de paſſer à ces obſervations, ſuite de celles qui concernent différents articles de la *Bibliotheque Orientale*, je juge devoir faire une petite diſſertation ſur le titre de *KHAN*, qui, depuis environ treize ſiecles, eſt en uſage chez la plûpart des peuples de l'Aſie.

K H A N.

Jamais terme ne fut plus maltraité que celui-ci. La renommée qui le fit paſſer de bouche en bouche dans tout notre continent, fut obligée de l'adoucir pour le faire prononcer à tant de nations différentes, & cela ſeulement à cauſe de la rudeſſe de ſa prononciation, qui ſe tire du plus profond de la gorge, & qui devient encore plus difficile, quand abſorbant l'*a* du milieu, comme font les Tartares Occidentaux, on prononce *Khhan*.

(*a*) Sap. II, 7.
(*b*) Eccl. X, 8.
(*c*) Eccl. X, 17 & 18.

Khhan. Ainsi les Chinois qui n'avoient ni *Kha* ni *Hha* dans leur langue, ont écrit & prononcé *Kho-han*, ou *Khe-han*. Les Européens à qui les Huns apporterent les premiers ce nouveau titre, dirent *Kaghan*. Aujourd'hui nous disons *Kam* ou *Cam*. Les Mahométans ont dit *Ka-kan*, & beaucoup plus fréquemment *Khan*; les Persiens *Kan*, & les Mogols Indiens *Caam*. Même ces deux derniers peuples l'ont dépouillé ou détaché de l'autorité souveraine, pour l'attribuer aux Gouverneurs de Province & autres Seigneurs de distinction. Les *Yu-tien*, Royaume de la Tartarie Chinoise qui touche les Indes du côté du Midi, & dont la capitale est au Nord-Est, & à trois cents lieues de distance de la capitale du Royaume que les Chinois nomment *Po-lo-men*, ou Royaume des Brachmanes, (peut-être *Delli*,) les *Yu-tien*, dis-je, prononcent *He-han*. Les *Eighuréens* ont prononcé *Ke-han*; c'est le titre que prenoient ces deux Rois. Enfin, les *Man-tchou* lui donnent la prononciation de *Han*, & c'est le titre qu'ils donnent à leurs Empereurs.

Nous avons vu que ce titre commença à paroître dans la Tartarie l'an de grace 402, & que *Tou-loun*, Roi des *Geou-gen*, fut le premier qui le prit, après avoir soumis les autres Tartares, pour montrer qu'il étoit leur Seigneur; car je ne doute presque pas que ce terme ne revienne, pour la signification, au *Solthan* des Mahométans, ou, comme nous le prononçons, *Sultan*, qui signifioit un Seigneur de la première distinction. Ce titre de *Sultan* qui fut donné par *Khalaf* à *Mahmoud*, fils de *Sebecteghin*, l'an 393 de l'Hégire, plut si fort à ce Prince qu'il en fit son titre Royal. En quoi il fut suivi par les autres Princes Mahométans, qui se l'approprierent. *Tou-loun*, (ou *Touron*) eut apparemment quelque raison approchante de celle-ci, pour introduire celui de *Kha-hhan*. Voici ce qui m'en convainc. Les Seigneurs que *Mou-youm-hoei* députa vers *Tou-kou-hoen*, son frere, pour le rappeller de sa fuite, comme nous l'avons rapporté dans l'histoire des *Sien-pi*, donnerent à *Tou-kou-hoen*, en lui parlant, le titre de *Kha-hhan*, quoiqu'il ne fût ni Empereur, ni Roi, & qu'il n'eût pour tout partage que sept cents familles, que son pere lui avoit données à commander. Ceci arriva sur la fin du troisieme siecle, & beaucoup plus de cent ans avant *Tou-loun*. Environ deux cents ans après l'institution de ce titre, les *Tou-kiue* nommoient encore *Ouei-kha-hhan*, c'est-à-dire, *Kha-hhan* de maison, les chefs de la famille de la première Noblesse sans que cela préjudiciât à leurs Empereurs qui portoient le titre de *Kha-hhan*.

Tou-loun fut donc le premier Souverain de la Tartarie, qui abandonna le titre de *Tchen-yu*, qui avoit été usité jusqu'à son temps. Les Empereurs des *Hioum-nou*, qui avoient si long-temps dominé dans toute l'Asie, à la réserve de la Chine & peut-être des Indes, avoient porté ce titre, pour marquer la vaste étendue de leur puissance. Car *Tchen-yu* dans leur langue, comme nous l'avons déja dit, signifioit une grandeur & une étendue sans bornes, telle qu'est celle du ciel. C'étoit leur titre propre, celui de *Tçem-li-kou-tou*, qui signifioit en *Hioum-nou* fils du Ciel, n'étant qu'une imitation du titre d'honneur de l'Empereur de Chine. Il est à propos de remarquer en passant, qu'on s'est trompé quand au-lieu de *Tchen-yu*, on a écrit *Tan-yu*. A la vérité la première lettre Chinoise se peut lire *Tan*, aussi-bien que *Tchen*; mais quand il s'agit de représenter le son d'un mot étranger, il

faut s'en rapporter aux Historiens contemporains, qui l'ont fixé à la prononciation de *Tchen*. On a commis la même faute à l'égard des *Khitan*, qu'on a appellés *Sie-tan*, parce que la première lettre de ce nom se lit indifféremment *Khi* & *Sie*; mais l'Histoire marque qu'il faut la lire *Khi* dans le mot de *Khitan*. Ce qu'il y a de plus plaisant, c'est que de ce *Tan-yn* prétendu, nos Cartes ont fait un Royaume; ce qui est précisément la même chose, que si l'on donnoit le nom d'Empereur à l'Allemagne.

Tou-loun ne se contenta pas de changer le titre des Empereurs; il changea encore celui des Impératrices, & au-lieu que les *Hioum-nou* les appelloient *Yen-tchi*, il voulut qu'elles portassent celui de *Kha-hha-toun*; car il se prononçoit ainsi au commencement. Dans la suite, il a eu le même sort que celui de *Kha-hhan*, & pour les mêmes causes on l'a transformé en celui de *Kha-toun*, *Ka-thoun*, *Ca-thoun* & *Kho-toun*. La prononciation primitive de *Kha-hha-toun* fait voir assez clairement, ce me semble, que *Kha-hha-toun* est dérivé de *Kha-hhan*, & *Kha-toun* de *Khan*, de la même maniere que notre terme d'Impératrice est dérivé de celui d'Empereur.

Enfin, pour mieux égaler la destinée de ces deux titres, observons que de même que celui de *Kha-toun* n'est pas tellement propre aux Impératrices, qu'il ne convienne encore aux Reines & même aux Dames du premier rang, pareillement celui de *Khan* n'a pas été tellement affecté aux Empereurs, qu'il ne se soit conféré aux Rois. Les *Tou-kiue* semblent avoir été les premiers qui ont rendu ces titres communicables. La vaste étendue de leurs conquêtes ne souffroit pas qu'elles fussent gouvernées immédiatement par un seul. Cela obligea les *Khan* à créer des *Khan* subalternes, ou bien des Vice-*Khan*, à l'exemple peut-être des *Hioum-nou*, qui, pour la même raison, avoient plusieurs *Tchen-yu*. Comme ces Vice-*Khan* portoient à pur & à plein le titre de *Khan*, les étrangers les confondoient aisément avec le véritable *Khan*, qui souvent leur étoit inconnu. Il fallut que le souverain *Khan* prît, pour se distinguer, le titre de *Grand Khan*, ou de *Ma-hha-khan*. Car *Mahha*, qui signifie *grand* en Indien, a passé dans les langues des nations voisines. Je sais que les Siamois l'on reçu sans aucune altération; ce que n'ont pu faire les Chinois, chez qui il est entré avec la Religion des Brachmanes; aussi l'ont-ils écrit & prononcé *Mo-ho*. Or ce qui me fait croire que ce même terme s'est introduit dans la Tartarie, c'est que rien n'est plus fréquent dans les titres des dignités Tartares que le *Mo-ho* Chinois, c'est-à-dire, que le *Ma-hha* Indien, comme on le peut voir dans l'Histoire Chinoise.

Voilà l'origine du titre de Grand *Kan*, si connu en Europe. Au reste, la politique Chinoise ne contribua pas à multiplier les *Khan*; car le véritable Grand *Khan*, au moins depuis mille ans, a toujours été l'Empereur, ou de toute la Chine, ou de la Chine Septentrionale, & le Grand *Khan* Tartare étoit son tributaire & créé par lui. Après avoir donc créé le Grand *Khan* Tartare, les Empereurs de Chine ne laissoient pas d'en créer d'autres immédiatement, afin d'affoiblir la puissance du Grand *Khan* par la division; de sorte qu'il se trouvoit quelquefois sept ou huit *Khan* en même temps dans la Tartarie. Enfin, *Tchim-khis-khan* rétablit le titre de *Khan* dans toute sa souveraineté, & le rendit incommunicable comme il l'avoit été dans sa première institution.

SUITE DES OBSERVATIONS.

La Bibliotheque, sous le titre d'Ordou-Balic.

Ordou-Balig, *ville bâtie par Octai, fils de Ginghizkhan, après qu'il eut fait la conquête du Khatai, ou de la Chine Septentrionale. C'est la même que les habitans du Turquestan appellent* Caracorani, *& peut-être aussi celle que nous nommons* Cambalu.

Observation.

Les Chinois prononcent *Ordo* en deux façons. Dans l'Histoire des *Khitan*, ou bien des *Leao*, ils l'écrivent *Ouo-lh-tho;* dans celles de *Kin*, ou des *Nioutche*, ils l'écrivent *Ouo-li-tho*. Les *Man-tchou* écrivent *Ortho*, & prononcent *Ordo*. Suivant le témoignage des mêmes Chinois, les *Khitan* donnoient ce nom à une tente royale ou à un palais, (qui parmi eux dans les commencemens étoit composé de tentes seules.) Les *Niou-tche*, après avoir fait la conquête de la Chine, nommoient ainsi les tribunaux de leur Empire; avant cela, ils rendoient la justice sous des tentes. Les *Man-tchou* appellent de ce même nom certains fallons ronds qui se trouvent dans les palais des Empereurs de Chine, apparemment à cause de leur figure qui représente une tente. Les *Moumgols* ont conservé à ce mot sa signification originale. Ils ont donné au principal camp de leurs Empereurs le titre d'*Ordo-balig;* ce qui veut dire le *siege* ou la *demeure* de la tente Royale; & *Tchim-khis-khan* lui-même partagea son serrail, qui étoit composé de trente-sept, tant Impératrices que Reines, en cinq *Ordo*, à chacun desquels il assigna des états & des revenus pour son entretien. On doit conclure de-là qu'*Ordo-balig* étoit un nom appellatif, de même que *Khanbalig*; & qu'il convenoit, non-seulement aux tentes des Empereurs, mais aussi à celles des autres Rois ou Princes. On a donc eu raison d'employer en Europe le mot d'*Orde*, pour signifier un peuple Tartare particulier, puisqu'il dépendoit d'une seule tente ou orde, c'est-à-dire, du Prince qui y tenoit son siege.

On donne le même nom, & pour la même raison à une troupe de Tartares, commandée par un Chef. Présentement je laisse à décider au Lecteur, si le terme d'*Orde*, qui ne paroît pour la première fois, dans l'Histoire Chinoise que parmi la nation des *Khitan* Tartares Orientaux, a passé d'eux aux Tartares-Occidentaux, ou si les Orientaux l'avoient pris des Occidentaux. Au reste, les *Khitan* donnoient le nom d'*Aimän* aux ordes Tartares. Touchant le reste de cet article, il faut consulter les observations que je vais faire sur *Caracoram*.

La Bibliotheque, sous le titre de Caracoram.

Ville qu'Octai-kaan, fils de Gen-ghiz-khan, bâtit dans le pays de Cathai, *après qu'il l'eut subjugué. Elle fut aussi nommée* Ordou-balik, *& c'est peut-être la même que* Marc Paul *appelle* Cambalu. Moungaca, *ou* Mangou-kaan, *fils de* Touli-khan, *& petit-fils de* Gen-ghiz-khan, *quatrieme Empereur des Mogols, faisoit sa résidence dans cette ville.*

La Bibliotheque, sous le titre de Cara-Khotan.

C'est le même pays que le Cara-Cathai ou Cathai noir, ou au moins une Province qui lui est limitrophe.

La Bibliotheque, sous le titre de Khotan ou Khoten; (Hotan & Yu-tien.)

Nom d'un pays du Turquestan, suivant les Auteurs cités par Aboul-feda, *situé au-delà de* Bourkend, *& en-deçà ou plus bas que* Caschgar, *dont la capitale qui est très-peuplée porte le même nom. La longitude de cette ville, suivant les Tables Persiennes, est de cent sept degrés, & la latitude de quarante-deux degrés; & suivant l'Auteur du* Canoun, *sa longitude seulement de cent degrés quarante minutes, & sa latitude de quarante-trois degrés, trente minutes. Ce pays est à l'extrémité du Turquestan, & il est arrosé de plusieurs rivieres dans le cinquieme climat...* Aboulfeda *insinue ce que plusieurs Auteurs semblent signifier plus clairement, c'est-à-dire, que c'est la partie septentrionale de la Chine, appellée autrement* Khathaj.

La Bibliotheque, sous le titre de Caracou.

Caracum, Sablon noir *en Turc;* c'est le nom d'une ville du pays des *Mogols*, c'est-à-dire, des Scythes ou des Turks Orientaux. *Elle est située à cent seize degrés quarante minutes de longitude, & à trente degrés trente-six minutes de latitude Septentrionale.* Cara-khan, *pere d'*Oguz-khan, *un des plus anciens Rois des* Mogols, *y tenoit son siege royal. Cette ville est placée au milieu d'une vaste campagne, couverte d'un sablon noir, qui lui a donné le nom, bornée au Septentrion & au Midi par les montagnes nommées* Ak-tak *&* Ghertak, *branches du mont* Imaüs.

Observation.

Caratoram s'écrit en Chinois, *Ko-la-ho-lin;* ainsi son nom *Moumgol* devoit être *Kara-hharin* ou *Kara-karin*. Cette ville étoit ainsi appellée à cause d'une riviere de même nom qui couloit à son Occident. Le *Khara-karin*, suivant une Carte que j'ai vue, coule vers le Nord-Est; il entre dans la *Touoüla*, qui se décharge dans le lac de *Baikhal*. De ce lac, qui est vers le 50ᵉ degré de latitude du Nord de *Pekim*, sort l'*Anghery* ou l'*Anghara*, qui entre dans la *Geniffée*, & celle-ci dans la mer Glaciale. La ville de *Kara-karin* subsistoit avant *Tchim-khis-khan*, qui y établit le siege de son Empire, l'an de grace 1230, lorsqu'il y passa en venant de la Chine, dont il avoit déja subjugué une partie, pour aller porter la guerre chez les Mahométans, qui l'avoient cruellement insulté. Ce ne fut donc pas son fils *O-kouo-tai* qui la bâtit. Tout ce qu'il fit, one fut de la faire environner de murailles, & d'orner de palais; ce qui arriva l'an 1235, le septieme de son regne. Elle servit de *Khan-baligh* ou de Cour aux quatre premiers successeurs de *Tchim-khis-khan*. L'Empereur *Khou-blai*, qui fut le cinquieme, n'eut pas plutôt été proclamé l'an 1620, qu'il la réduisit en capitale de Province, & transféra dans la Chine le siege de l'Empire *Moumgol*. Il le plaça tantôt dans la ville que nous nommons *Pe-kim*, tantôt dans celle de *Kaipim-fou*, qu'il avoit fait bâtir à ce dessein l'an 1256. Celle-ci étoit dans la Tartarie, au Nord de *Pe-kim*, à soixante & dix lieues de distance. L'on voit par ce que je viens de dire, que Marc Paul, qui n'entra en Chine que sous *Khoublai-khan*, n'a pu prendre *Khara-kharin* pour le *Khanbaligh* des *Moumgols*. Il n'a voulu marquer par son *Cambalu*, que l'une des deux dernieres villes, & sur-tout *Pe-kim*. La ville de *Khara-kharin* fut ruinée l'an 1289 par les Rois qui s'étoient li-

gués & révoltés contre *Khoublai-khan*. L'année fuivante, *Khoublai*, après avoir dompté les rebelles, la
fit rétablir. L'an 1312, on y établit un Conseil am-
bulant, dont la jurisdiction s'étendoit à plus de mille
lieues loin. Voilà quelle fut la destinée de cette ville
sous les *Moumgols*.

Le P. Ricci, dans ses *Tables Géographiques*, donne
à cette ville quarante-cinq degrés de latitude boréale,
& la fait plus occidentale que *Pe-kim* de dix-sept
degrés. Il eût pu peut-être en mettre vingt & plus.
Il donne à *Pe-kim* cent vingt-neuf degrés de longitude;
il en doit donc donner cent douze à *Kara-kharin*;
ce qui ne convient pas mal à *Caracum*, qui par-là
pourroit bien être la même que *Kara-kharin*. La hauteur du pole de trente degrés, trente-six minutes, que
lui donnent les Mahométans, ne le permet pas, direz-
vous; je l'avoue; mais il est évident qu'il s'est glissé
quelque faute dans cette latitude, qui autrement dé-
placeroit *Karacum* de la Tartarie, & la transporte-
roit dans le *Thybet* près de *Lassa*. La latitude du P.
Ricci paroît avoir été copiée sur les observations de
Kouo-cheou-kim, fameux Astronome Chinois, & contemporain de *Khoublai*. *Kouo-cheou-kim* dit que dans
cette ville le jour du Solstice d'été à midi, l'ombre d'un
gnomon de huit pieds de haut étoit longue de trois
pieds quatre dixiemes & huit centiemes; mais il se
trompe, quand il en conclut la hauteur de quarante-
cinq degrés Chinois; car elle doit se conclure de quarante-cinq de nos degrés & quarante-huit minutes.

Le même *Kouo-cheou-kim* ajoute que la longueur
du jour du Solstice d'été étoit dans cette ville de soixante-quatre quarts, ou centiemes de jour astronomique; ce qui ne s'accorde pas avec la longueur de
l'ombre; car ces soixante-quatre centiemes donnent
l'arc sémi-diurne de sept de nos heures, quarante
minutes & quarante-huit secondes, d'où il s'ensuivroit
que la hauteur du pole n'y seroit qu'un peu plus de
quarante-quatre de nos degrés; ainsi il faut s'en tenir
à la hauteur qui se tire de l'ombre solstitiale.

La Bibliotheque, sous le titre d'*Igur* ou
d'*Aigur*.

*Nom d'une tribu des Turks Orientaux. La
nation ou la tribu d'Igur a une langue qui lui est
commune avec les Cathaïens, aussi-bien qu'un Kalendrier. Ils embrasserent dans la suite des temps la
Religion Chrétienne; car ils avoient des Evêques
particuliers du temps de Gen-ghiz-khan; mais ils
ne l'ont point conservée, & sont aujourd'hui ou
Idolâtres ou Mahométans.*

*Idikoub ou Idegou, Roi du pays d'Igur, se sou-
mit à Gen-ghiz-khan, & le reconnut pour son Souverain, après qu'il l'eut vu maître de toutes les
autres nations du Cathai & du Turkestan.*

O B S E R V A T I O N.

Le Royaume d'*Eyghour* commença à être connu
des Chinois 126 ans avant l'Ere Chrétienne. Ils le
nommerent d'abord *Tche-ssa*. Il étoit pour lors divisé
en deux, savoir, en antérieur ou oriental, & en postérieur ou occidental, & il étoit gouverné par deux Rois.
Sous la Dynastie des *Tçin*, il fut érigé en *Kiun*, c'est-
à-dire, en *Cité de Chine*, & on lui donna le titre
Chinois de *Kao-tcham-kiun*, c'est-à-dire, de *Cité
élevée & abondante*; & cela par rapport à l'élévation
de son terrein & à l'abondance de ses richesses. On la
nomma aussi *Kiao-ho-kiun*, du nom de sa capitale. La
Dynastie des *Tham*, après l'avoir reconquis, le nomma
Si-tcheou, ce qui veut dire *Province Occidentale*. Les
Chinois n'ont commencé à l'appeller *Eyghour*, qu'a-
près la conquête qu'en fit *Tchim-kbis-khan*; & comme
parmi leurs lettres, ils n'ont aucune des syllabes qui
composent ce nom, ils l'ont écrit & prononcé *Ouei-*

ou-lh. Aujourd'hui il est connu des Chinois sous le
nom de *Ho-tcheou* ou de Province de feu, parce que
n'y pleuvant presque jamais, le climat en est sec & em-
brasé, & que les pierres de ses montagnes, pour la
plupart, sont rouges ou de couleur de feu.

L'antérieur, qui est proprement nommé *Eyghour*, a
trente lieues d'étendue de l'Orient à l'Occident, & cinquante du Midi au Septentrion. L'Histoire des *Tham*
lui en donne quatre-vingts d'Orient en Occident, &
cinquante du Midi au Septentrion. Ce qui vient de ce
qu'elle joint le postérieur à l'antérieur, ou l'Occidental à l'Oriental, les deux Royaumes ayant été réduits
à un. Ce Royaume que nous ne distinguerons plus
en deux, est borné à l'Orient par le *Hami* ou *Khamil* ou *Khamoul*; à l'Occident par *l'Yrbaligh*; au
Midi par le *Yu-tien*, Royaume qui touche les Indes;
au Septentrion par le pays des *Oua-la* Moumgols, autrefois des *Hioum-nou*. Il est entouré de toutes parts
de montagnes qui sont presque toutes fort hautes.

La ville capitale de l'*Eyghour* Occidental se nommoit anciennement *Kin-man-tchim*. Elle est éloignée
de *Si-ghan-fou*, de huit cents quatre-vingt-dix lieues
vers l'Ouest-Nord-Ouest. De cette ville jusqu'au lieu
de la résidence du *Tou-hou*, c'est-à-dire du Généralissime Chinois de la Tartarie, on compte plus de cent-
vingt-trois lieues. Elle est au Nord-Est de ce siege.

La ville capitale de l'*Eyghour* Oriental, qui l'est aussi
de l'Occidental depuis plus de mille ans, est nommée par
les Chinois *Kiao-tchim*, ou *Kiao-ho-tchim*, c'est-à-dire
la *Ville du confluent*, parce que la riviere qui l'arrose se
partage pour l'embrasser, & ensuite ses deux bras se réunissent sous ses murs. Elle est éloignée de huit cents dix
lieues de *Si-ghan-fou*, vers l'Ouest-Nord-Ouest. Elle a
au Sud-Ouest, (il faut peut-être corriger Nord-Ouest,)
le siege du *Tou-hou* à cent quatre-vingts lieues de distance. C'est où le Lieutenant-Général du *Tou-hou*,
ou du Généralissime Chinois de la Tartarie faisoit sa
résidence, tandis que le Tribun, (ou Tribuns,) am-
bulant demeuroit à *Thien-ti-tchim*, ville du même
Royaume. La ville capitale avoit de tour dix-huit cents
quarante pas géométriques.

Han-you-ti fut le premier Empereur de Chine qui
eut connoissance de l'*Eyghour*; il le dompta, & le
ravit aux *Hioum-nou*, quatre-vingt-neuf ans avant l'Ere
Chrétienne. Depuis ce temps-là, il fut presque toujours Province de Chine jusqu'à la Dynastie derniere
qui se contenta de l'avoir pour tributaire. L'Empereur *Han-suen-ti*, qui ne pouvoit compter sur la soumission des *Eyghouréens*, envoya des soldats laboureurs dans le *Kiu-li*, pays fertile & voisin, pour y ensemencer les terres, & préparer des vivres à ses armées. Ensuite il ordonna à *Se-ma-hii* & à un Gentilhomme de sa chambre, nommé *Hii*, d'aller faire
le siege de *Kiao-tchim*. Celui-là prit la ville, mais le
Roi d'*Eyghour* s'étant retiré dans la forteresse, il ne
put l'y forcer, son armée manquant de vivres. Il revint l'année suivante, & emporta de vive force la forteresse. Le Roi prit la fuite, & se retira chez les *Ou-
sun*. L'Empereur donna l'administration du Royaume
au fils & légitime héritier du Roi. Celui-ci rompit avec
les *Hioum-nou*, & s'unit aux Chinois. Ce fut pour
lors que l'Empereur établit des Tribuns ambulants.
Le seconde année de l'Ere Chrétienne, la Chine ouvrit un chemin qui conduisoit droit à *Eyghour* par le
passage de *Kia-yu-kouan*. Cela donna à penser au Roi
d'*Eyghour*, & l'obligea de se rendre aux *Hioum-nou*.
Vam-mam, qui usurpa l'Empire de Chine la neuvieme
année de J. C., choqua le *Tchen-yu* des *Hioum-nou*.
Celui-ci, pour se venger, se rendit maître de la Tartarie Chinoise, les troubles du dedans ne permettant
pas aux Chinois de la secourir, après que leur Généralissime eut été tué par les *Yen-khi*.

L'an 90 de l'Ere Chrétienne, *Teou-hien*, Généralissime Chinois de la Tartarie, défit dans une grande
bataille les *Hioum-nou* Septentrionaux. Cela fit trem-

bler les deux Rois d'*Eyghour*, qui envoyerent auffi-tôt de leurs propres enfants à l'Empereur, pour lui fervir de Pages. Ils ne laifferent pas pour cela de fe révolter fréquemment. *Pam-youm*, Lieutenant-Général du *Tou-hou*, c'eft-à-dire du Généraliffime Chinois, défit entiérement le Roi de l'*Eyghour* Occidental, l'an 123 de l'Ere Chrétienne. Enfuite *Tcham-kouei*, *Lu-kouam* & *Tçu-kiu-moum-fun*, Rois de *Leam* dans la Chine, (voyez la Table des Royaumes tumultueux,) le poffèderent comme Province, & y tenoient des Gouverneurs, comme avoient fait les Empereurs de *Tçin*.

Sous l'Empire de *Thai-vou*, Empereur des *Ouei* Tartares dans la Chine Septentrionale, qui commença à régner l'an 424, le Roi de l'*Eyghour* Oriental, (il fe nommoit *Kan-choum*,) ayant été attaqué par *Tçu-kiu-vou-hoei*, Gouverneur du Pays pour les Rois de *Leam*, fe plaignit par un placet en ces termes : „ Ne pouvant plus tenir, j'ai abandonné mes Etats, „ & je me fuis retiré avec un tiers de mes gens fur „ les confins Orientaux de l'*Yen-khi*. Prenez compaf-„ fion de moi dans l'abandon où je me trouve ". *Thai-vou* envoya le confoler, & lui fit ouvrir les magafins qu'il avoit dans l'*Yen-khi*. Un peu avant l'an 470, les *Gou-gen* s'emparerent de l'*Eyghour*, & en créerent Roi, *Khan-pe-tcheou*, en lui donnant le titre Chinois de *Kao-tcham-vam*. Celui-ci eft le premier Roi d'*Eyghour*, (ce qui fe doit entendre du premier Roi feul de l'*Eyghour* entier.) Il eut pour fucceffeur fon coufin, qui fut tué l'an 478 par *Tcham-moum-mim*, Chinois, qui ufurpa l'*Eyghour*; (d'autres difent par *Afou-tchi-lo*, Roi des *Kao-tche* Tartares : peut-être prêtat-il fecours à *Tcham-moum-mim*.) Celui-ci fut tué lui-même par les *Eyghouréens*, qui mirent *Ma-ju* en fa place. *Ma-ju* envoya des Ambaffadeurs en Chine à l'Empereur des *Ouei* Tartares, pour demander permiffion de venir s'établir en Chine avec fes fujets. Les *Eyghouréens* ne pouvant fouffrir cette tranfmigration, lui ôterent la vie, & placerent fur leur trône un de fes Miniftres, Chinois de naiffance, qui s'appelloit *Kiu-kia*. Les *Yen-khi*, dont le Roi avoit été défait par les *Ye-tho*, lui envoyerent des Ambaffadeurs pour lui demander un Roi ; il leur donna fon fecond fils. Cette aventure lui acquit un grand crédit.

Les Rois de la famille de *Kiu* furent exacts à payer leur tribut aux *Ouei* Tartares. Sous l'Empire de *Ouei-hiao-mim*, qui commença à régner l'an 516, & régna douze ans, *Kiu-kia* envoya des Ambaffadeurs avec un placet fupplier l'Empereur de lui faire donner les cinq Livres canoniques & l'Hiftoire de la Chine, & de lui envoyer *Leou-fie*, fameux Docteur, pour lui fervir de maître, & les lui enfeigner, alléguant pour raifon que, faute de favoir la langue Chinoife, il ne pouvoit bien comprendre le fens de fes édits & de fes ordres ; ce qu'il obtint. *Kiu-kia* laiffa en mourant le Royaume à *Kiu-khien*, fon fils, l'an 548. *Kiu-khien* étant mort, fon fils héritier *Kiu-hiuen-kia* fut créé fucceffeur de fon pere par l'Empereur des *Ouei* Tartares Occidentaux. Le Duc de *Thien-ti* lui fuccéda l'an 555. L'an 559, il paya tribut en Chine à l'Empereur des *Pe-tcheou*. Sous *Soui-ven-ti*, Chinois, Empereur de toute la Chine, les *Tou-kiue* lui enleverent quatre villes. Deux mille de fes fujets vinrent fe refugier en Chine. *Kiu-pe-ya*, petit-fils de *Yu-kia*, fut proclamé Roi d'*Eyghour*. *Kiu-pe-ya* vint en perfonne l'an 609, rendre hommage à *Soui-yam-ti*, Empereur de toute la Chine. Il accompagna *Soui-yam-ti* dans fon expédition contre la *Corée*. Au retour, *Soui-yam-ti* lui donna une Princeffe de fon fang en mariage ; & pour rendre ce bienfait plus fignalé, il adopta la Princeffe, & la créa *Koum-tchu*. L'an 612, *Kiu-pe-ya* retourna dans fon pays. L'an 630, *Kiu-ven-thai*, fils de *Kiu-pe-ya*, ayant fuccédé à fon pere mort, vint en perfonne rendre hommage au grand *Tham-thai-tçoum*, Empereur de toute la Chine, de la Dynaftie des *Tham*. Il ne laiffa pas toutefois de fe foumettre bien-

tôt après aux *Tou-kiue*, & de fermer le paffage aux Royaumes qui font à l'Occident de l'*Eyghour*, & dont les fujets étoient obligés d'y paffer pour venir apporter les tributs en Chine. Il vint même avec les *Tou-kiue*) attaquer *Y-ghou*, (ou bien *Hhami*, ou *Khamil*.)

L'an 639, l'Empereur *Tham-thai-tçoum* dit aux Ambaffadeurs de *Kiu-ven-thai*, Roi d'*Eyghour* : „ Il y „ a quelques années que votre Roi néglige de me „ payer tribut, quoique les dix mille Rois, c'eft-à-„ dire, tous les autres Rois, le faffent réguliérement. „ De plus, je fais qu'il a tenu ce difcours : Quand „ le faucon volant dans le ciel, le faifan fe cache fous „ l'abfynthe, dont il aime paffionnément la graine ; „ quand le chat fe promenant dans la maifon, le rat „ fe tient tapi dans fon trou, tout n'eft-il pas en fa „ place, & tout n'eft-il pas content? Eh bien l'année „ prochaine j'envoyerai une armée porter la guerre „ chez lui ". En effet, l'an 640, l'Empereur créa *Heou-kiun-tçii* Généraliffime d'*Eyghour*, & il le mit à la tête d'une puiffante armée, avec ordre d'aller attaquer l'*Eyghour*. On eut beau repréfenter à l'Empereur la diftance de mille lieues, l'incertitude du fuccès, & la difficulté de conferver cette conquête, il fallut marcher.

Kiu-ven-thai cependant difoit à fes gens : „ Allant „ en perfonne rendre hommage à l'Empereur, j'ai „ obfervé que tout étoit défert dans le Nord de la „ Chine, & que les chofes y étoient dans un état bien „ différent de celui où elles étoient du temps de la „ Dynaftie des *Soui*. Préfentement l'Empereur me dé-„ clare la guerre ; fi fon armée eft nombreufe, elle „ ne trouvera pas de quoi fubfifter ; fi elle ne paffe „ pas trente mille hommes, je puis en venir à bout ; „ car après avoir traverfé les fables, elle fera épuifée „ de forces & de courage ; au-lieu que la mienne qui „ attendra de pied ferme, fera forte & vigoureufe. Je „ puis donc demeurer en repos, & attendre tranquil-„ lement fa défaite ". Mais auffi-tôt qu'il eut appris que l'armée Impériale étoit arrivée en-deçà des fables, il en fut fi fort effrayé, qu'il en tomba malade, & en mourut. *Kiu-tchi-tchim*, fon fils, lui fuccéda. *Heou-kiun-tçii* alla droit à la capitale, & en fit le fiege. Le Roi fe rendit, & fut captif. On prit trois provinces, cinq villes du troifieme ordre, & trente-deux autres places. Le Royaume fut réduit en Province, & nommé *Sie-tcheou*, c'eft-à-dire, la *Province Occidentale*. *Kiao-ho-tchim*, la capitale, fut abaiffée au troifieme ordre des villes, & fut appellée *Kiao-ho-hien*. *Che-tcham-tchim* fut pareillement dégradée, & nommée *Che-tcham-hien*, comme auffi *Thien-chan-tchim* qui eut pour titre *Thien-chan-hien* ; de même *Thiun-po-tchim* fut appellé *Leou-tchoum-hien*, & *Toum-tchim* fut nommé *Tcham-pou-hien*. Enfin, on donna à *Kao-tcham-tchim* le nom de *Kao-tcham-hien*. Il eft à remarquer que *Leou-tchoum-hien* fut nommé dans la fuite *Leou-ichin-hien*. Elle eft fituée à l'Orient de la capitale, à fept lieues de diftance. Les *Tour-fan* font à l'Occident de la même capitale, à dix lieues de diftance. Le pays du *Tour-fan* fut érigé par *Tham-thai-tçoum* en ville du troifieme ordre, & nommé *Kiao-ho-hien*.

Les *Tou-kiue* avoient, avant cette expédition, mis garnifon dans la ville de *Khan-fou-thou*, menaçant de fecourir l'*Eyghour*. Quand ils en eurent vu le fuccès, la garnifon fe rendit aux Chinois, qui changerent le nom de *Khan-fou-thou* en celui de *Tim-tcheou*. De plus, ils bâtirent une nouvelle ville fous le nom de *Pou-lei-hien*. Tous les ans, les Chinois y envoyoient mille hommes pour rafraîchir les garnifons. *Tchu-foui-leam*, un des grands hommes de ce temps-là, repréfenta à l'Empereur les dépenfes, les dangers & le peu d'utilité du maintien de cette conquête, & requit qu'on lui donnât un Roi qui feroit tributaire de la Chine ; il ne fut point écouté. Le Royaume de *Yen-khi* re-

demanda

demanda les cinq villes que l'*Eyghour* lui avoit enlevées; les Chinois les lui rendirent. *Heou-kiun-tçii* mic par-tout des garnisons; & après avoir élevé des monuments de sa victoire, il retourna triomphant. Il emmena avec lui en Chine le Roi captif, & les plus puissantes familles de l'*Eyghour*. L'Empereur fit le Roi d'*Eyghour Kiu-tchi-tchim*, Général d'une brigade de ses gardes, & le créa Duc de la Cité de *Kin-tchim*, ville de la Chine. Il fit à-peu-près le même honneur à *Kiu-tchi-tchan*, frere cadet de *Kiu-tchi-tchim*. La famille des *Kiu* posséda l'*Eyghour* sous neuf regnes pendant cent trente-quatre ans. (Pour faire le nombre de neuf, il faut qu'il y ait eu deux Rois entre le Duc de *Thien-ti* & *Kiu-pe-ya*.) Durant les troubles que *Ghan-lo-chan* excita en Chine, l'*Eyghour* fut abandonné par les Chinois. Il s'étoit établi beaucoup de *Hoei-hou* dans l'*Eyghour*; de-là vient que depuis ce temps-là, on lui a donné le nom de *Hoei-hou*.

L'an 962, le *Hoei-hou*, nommé *A-tou-tou*, vint avec 41 autres rendre hommage à l'Empereur *Soum-thai-tçau*. L'an 965, le *Khan* des *Hoei-hou* de *Si-tcheou*, ou d'*Eyghour*, envoya un Bonze en ambassade au même Empereur. Il apporta entre autres présents des dents de *Fo-tho*, c'est-à-dire du fondateur de la Religion des Brachmanes. L'an 981, le Roi d'*Eyghour* commença à prendre le titre de *Si-tcheou-vai-sem-sé-tçé-vam*; ce qui signifie en Chinois, le *Roi des Lions* de *Si-tcheou* ou d'*Eyghour*, neveu par les femmes (des Empereurs de Chine, parce que les Empereurs des *Hoei-hou* avoient souvent épousé des Infantes de Chine,) & prit, en Tartare, celui d'*As-lan-khan* ou de *Khan des lions*. Il envoya la même année des présents à l'Empereur *Soum-thai-tçoum*. L'année suivante, *Soum-thai-tçoum* dépêcha vers lui *Vam-yen-te*, & autres de ses Officiers, pour lui porter des présents & des ordres. Ecoutons présentement *Vam-yen-te* parlant à l'Empereur *Soum-thai-tçoum* dans la relation de son voyage : ,, Ces peuples (*Eyghouréens* & *Hoei-hou*) se servent (dit-il) du Kalendrier Chinois, suivant la réforme qui en fut faite (l'an 719) par les ordres de l'Empereur *Tham-hiuen-tçoum*. Dans la ville capitale, il y a plus de cinquante temples dédiés aux Dieux des Indes, avec des bibliotheques pour les livres de cette Religion. Ils sont ornés d'inscriptions envoyées par les Empereurs de la Dynastie des *Tham*. Il y a aussi des temples de *Moni*, & de Bonzes Arabes. Plusieurs Royaumes même de *Tou-kiue* en dépendent. Les habitants y vivent ordinairement jusqu'à cent ans, & il est inouï qu'on y meure avant la vieillesse ".

,, Le Roi-lion (continue *Vam-yen-te*) étoit allé, suivant sa coutume, passer les chaleurs de l'été à *Pe-thim* quand nous arrivâmes à la capitale de l'*Eyghour*. Il avoit laissé le soin du gouvernement à son oncle, nommé *Ado-yu-yue*. Celui-ci ayant appris notre arrivée, envoya demander si nous le saluerions à genoux, lui qui étoit oncle du *Khan*. Je répondis qu'étant chargés des ordres de l'Empereur, le devoir ne nous permettroit pas de le faire. Il demeura quelques jours sans nous voir; après quoi il nous reçut avec un grand respect. Quelque temps après, il vint des ordres du Roi-lion, ou du Roi des lions, de lui envoyer à *Pe-thim* les Députés de Chine. Nous partîmes donc de la Capitale d'*Eyghour*, & passant par la ville de *Kiao-ho-tcheou*, ou (*Kiao-ho-hien*,) nous arrivâmes en six jours au pied des monts d'Or. C'est d'où les naturels du pays tirent leurs principales richesses. Nous marchâmes durant deux jours dans ces montagnes, & nous arrivâmes au lieu nommé le camp des Chinois. De-là après cinq jours de marche, nous montâmes une montagne. Durant le passage de la montagne, il tomba une grande quantité de neige. Sur le sommet de la montagne, nous trouvâmes une salle de dragons, sous laquelle est un monument avec cette inscription : Le petit mont neigeux. Cette montagne est toujours cou-

verte de neige, & les voyageurs ne trouvent point d'habits assez épais pour se garantir du froid. A une journée du pied de cette montagne, nous trouvâmes *Pe-thim*; (cela veut dire en Chinois *Cour du Nord*; le nom propre de la ville écrit en Chinois étoit *Y-lo-lou*, peut-être en Tartare *Yro-lou* ou bien *Yr-lou*.) On nous logea dans un temple d'idoles. Le Roi nous fit servir magnifiquement de la chair de cheval & de mouton. Le pays abonde en chevaux; la plaine en étoit couverte à plus de dix lieues à la ronde. *Pe-thim* est situé dans une plaine qui s'étend de trois côtés à plusieurs centaines de lieues (*) Le Roi nous envoya dire qu'il avoit fait choisir un jour heureux par ses Devins pour nous admettre à son audience; qu'ainsi il nous prioit de ne pas trouver étrange ce retardement ".

,, Au bout de sept jours, nous fûmes appellés. Nous trouvâmes le Roi avec sa famille & toute sa Cour. Tous se tournerent le visage vers l'Orient, & s'étant mis à genoux, le Roi seul frappa la terre avec le front neuf fois à trois reprises, les instruments de musique marquant le temps de chaque cérémonie; après quoi il reçut les présents de l'Empereur de Chine. Ensuite les fils & les filles du Roi firent tous ensemble le même salut, avant de recevoir les présents qui leur étoient destinés. Le reste du jour se passa jusqu'à la nuit en festins, en danses & en réjouissances. Le lendemain le Roi nous conduisit en bateau sur un étang qui étoit environné de symphonistes. Le surlendemain il nous mena dans un temple qui avoit été bâti l'an 640 ".

,, On tire, poursuivit *Vam-yen-te*, le *Nao-chaa* ou le *sel ammoniac*, d'une montagne qui est au nord de *Pe-thim*. Elle fume continuellement durant le jour, & elle est toujours couverte de neiges ou de brouillards. La nuit il en sort des feux en forme de brandons. A la lueur de ces feux, on apperçoit des oiseaux & des rats, qui sont aussi de couleur de feux. Ceux qui vont en tirer le sel ammoniac prennent des souliers dont les semelles sont de bois; elles seroient bientôt brûlées si elles étoient de cuir. Il y a des ouvertures au bas de la montagne, d'où il sort une boue noire qui se change aussi-tôt en pierre sablonneuse. Les gens du pays s'en servent pour préparer les cuirs. Dans la ville de *Pe-thim*, il y a quantité de maisons à plusieurs étages, & beaucoup d'arbres à fleurs. Les habitants sont blancs, graves & sérieux. Ils sont naturellement adroits, & réussissent parfaitement dans les ouvrages d'or, d'argent & de fer. Ils s'entendent surtout à tailler le *Yu*, (pierre précieuse d'une extrême dureté.) On y achete un bon cheval pour une piece de taffetas simple; & dix pieds de ce même taffetas suffisent pour en avoir un méchant pour le service, mais bon à manger ".

,, Dans la septieme lune, continua *Va-yen-te*, le Roi nous fit dire que nous pouvions partir quand nous voudrions. Dans la neuvieme lune, le Roi fut de retour dans sa capitale de l'*Eyghour*. Il y arriva des Ambassadeurs *Khitan*, dont le chef avoit la levre fendue, & recouverte d'une feuille d'or; il tint ce discours au Roi : ,, Mon maître ayant appris que les Chinois
,, envoyoient une ambassade en Tartarie, qui devoit
,, passer sur vos terres, & vous induire à la révolte,
,, veut que vous la fassiez conduire incessamment au
,, terme de son voyage, sans la retenir plus long-temps.
,, Faites-vous réflexion que l'*Eyghour* est des appar-
,, tenances de la Chine; que cette ambassade est com-
,, posée d'honnêtes espions, & qu'elle n'est pas venue
,, sans dessein? Ayant été informé de cela, je dis au
,, Roi qu'il n'ignoroit pas que ces Barbares refusoient
,, à la Chine l'obéissance qu'ils lui devoient, & qu'ils
,, ne venoient dans ses terres que pour y semer la

(*) L'Auteur des Observations croit que c'est une faute de l'Auteur ou de l'Imprimeur Chinois, & qu'il faut corriger, plusieurs dixaines de lieues.

„ difcorde; qu'ainfi je voulois les faire tous tuer ".
Le Roi m'en diffuada, & j'acquiefçai à fes confeils. Je partis de la Cour de Chine dans la cinquieme lune de l'an 981. J'arrivai dans la capitale
d'*Eyghour*, dans la quatrieme lune de l'année fuivante. Je partis de la capitale d'*Eyghour*, avec les
Ambaffadeurs des Rois Tartares, dans le printemps
de 983, & je fus de retour à la Cour de Chine
l'an 984 ". Voilà par où *Vam-yen-te* termine fa relation.

Joignons à cette relation ce qui eft rapporté à ce fujet par l'Hiftoire des *Moumgols* dans la vie de *Bal-
tchou-ar-the*, Roi, ou bien *Y-dou-hhou* de l'*Eyghour*.

Y-dou-hhou fignifie *Roi* en *Eyghouréen*; c'eft le
titre commun de tous les Rois de *Kao-tcham*. Anciennement ces Rois tenoient leur Cour dans le territoire
nommé *Eyghour*, (ce pourroit être l'*Y-ghou*, ou
comme le prononcent les Chinois, l'*Y-ou* qui eft dans
le *Hha-mii*.) Il y a dans ce territoire une montagne
nommée *Ho-lin*, (ou peut-être *Kharin*,) d'où fortent deux rivieres, la premiere porte le nom de *Tou-
hhou-la*, & la feconde celui de *Sie-lim-ko*, (ou peut-
être *Sie-lim-gha*.) Une nuit on vit defcendre du ciel
une lumiere miraculeufe qui alla fe pofer fur un arbre. Les peuples qui habitoient entre les deux rivieres, l'obferverent foigneufement. Il fortit du corps
de l'arbre une tumeur femblable au ventre d'une femme
enceinte, fur laquelle tumeur la lumiere fe tint im-
mobilement attachée durant neuf mois & dix jours,
au bout defquels la tumeur s'ouvrit. Il en fortit cinq
enfants, que les habitants du pays reçurent & éleverent. Le dernier des cinq porta le titre de *Pou-ho-han*,
(peut-être *Bou-hha-khan*.) A peine eut-il atteint l'âge
viril, qu'il affujettit les peuples, & fe rendit maître du
pays. *Y-ou-loun-ti-kin*, qui fut plus que le trentieme
Roi après *Pou-ho-han*, eut de longs démêlés avec
la Chine. Il ne trouva pas d'autre moyen de les terminer que de faire époufer à *Kbo-li-ti-kin*, fon fils,
une Princeffe du fang de Chine, nommée *Kiu-lien*.
Cette Princeffe plaça fa Cour à *Ho-lin-pie-li-po-li-ta-
hha*, c'eft-à-dire, *montagne où demeure la femme
(du Roi.)* On trouve dans ce même territoire une
autre montagne, nommée *Thien-ko-li-yu-ta-hha*,
c'eft-à-dire, *montagne du Génie du Ciel*. Du côté
du Midi, il y avoit une roche en forme de petite montagne, à qui les naturels du pays donnoient le nom
de *Hhou-lii-thha*, c'eft-à-dire, *montagne de félicité*.

Il vint à *Ho-lin* des Ambaffadeurs Chinois accompagnés de Devins : „ Tout le bonheur de *Ho-lin*,
„ dirent-ils entr'eux, dépend de cette roche; ne faut-
„ il pas la détruire pour affoiblir ce Royaume "? Ils
allerent trouver le *Ti-kin*, & lui tinrent ce difcours:
„ Nous avons une grace à vous demander en vertu
„ de l'alliance que vous avez contractée avec la Chine ;
„ nous l'accorderez-vous? La roche, à qui vous don-
„ nez le titre de montagne de la félicité, eft entiére-
„ ment inutile à votre grand Royaume, la Chine au-
„ roit bien envie de l'avoir ". Le *Ti-kin* la leur accorda. La roche étoit trop grande pour pouvoir être
remuée. Les Chinois l'entourerent de bois ; & y ayant
mis le feu, ils la firent rougir ; après quoi l'ayant arrofée du vinaigre le plus fort, ils la mirent en poudre qu'ils chargerent fur des charrettes, & emporterent
en Chine. Tous les oifeaux & tous les autres animaux de l'*Eyghour*, pleurerent, (chacun à fa maniere,) l'enlevement de la roche. Le *Ti-kin* lui-même
mourut fept jours après. Depuis ce temps-là, on ne
vit que calamités & que prodiges. Les peuples de
l'*Eyghour* ne furent plus ce que c'étoit que le repos.
Plufieurs des fucceffeurs de *You-loun-ti-kin* furent enlevés, comme lui, par une mort précipitée. Cela obligea les Rois de l'*Eyghour* de tranfporter leur fiege
à *Kiao-tcheou*, autrement *Ho-tcheou*, d'où ils étendirent leur domination fur le *Bifch-balik*.

Ce Royaume fut alors terminé du côté du Septentrion par le fleuve nommé *Ochu*, (ne feroit-ce point
l'*Oxus* des Latins ?) du côté du Sud-Oueft par la
Chine Occidentale, (telle qu'elle étoit en ce temps-
là ;) du côté de l'Orient par *Yuen-tun-kia-cha*, &
du côté de l'Occident par le *Thybeth*. Les Rois du
pays avoient tenu leur Cour dans la ville de *Kiao-tcheou*
durant plus de 970 ans, quand dans l'année nommée
Ki-ffe, (qui fut l'an 1209 de l'Ere Chrétienne,) le
Ti-kin, ou fi vous voulez l'*Y-dou-hhou*, nommé *Bal-
tchou-ar-the* ayant appris que *Tchim-khis-khan* avoit
fubjugué le Septentrion, fit tuer les garnifons des *Khitan* Tartares qui tenoient fes Etats affujettis, & vint
fe foumettre volontairement à lui ; *Bal-tchou-ar-the*
fervit fidélement les *Moumgols*. Il coupa chemin à
quatre des petits-fils de *Thai-yam-khan*, (Roi de *Nai-
man*,) & les tua fur les bords l'*Yr-tifch*, après avoir
défait leur armée dans une grande bataille qu'il livra fur la rive du fleuve *Tan*. Ce fut en récompenfe
de cette victoire, fignalée que *Tchim-khis-khan* lui
donna une de fes propres filles en mariage. Enfuite *Bal-
tchou-ar-the* porta la guerre chez les Mahométans,
& il attaqua le *Sotan*, (c'eft-à-dire, le *Soltan*) nommé
Han-mien-lii. *Bal-tchouar-the* étant mort, *You-kou-
loun-tche-ti-kin*, fon fecond fils, lui fuccéda. Celui-
ci eut pour fucceffeur *Ma-mou-la-ti-kin*, fon fils.
Ho-tche-ghao-ti-kin régna après *Ma-mou-la-ti-kin*,
fon pere, & laiffa la couronne à *Nieou-lin-ti-kin*, fon
fils, qui époufa la petite-fille d'*Oktai*, Empereur des
Moumgols. *Themeur-pou-hoa* régna après la mort de
Nieou-lin-ti-kin, fon pere. Celui-ci céda la couronne
à fon cadet, nommé *Tçien-kii*, l'an 1328 de l'Ere
Chrétienne. Voilà mot pour mot ce que rapporte l'Hiftoire *Moumgole*.

Quoique cette chronologie ne foit pas précife, on en
conclut pourtant deux chofes ; la premiere eft que les
Rois d'*Eyghour* tranfporterent le fiege de leur Empire à *Kiao-tcheou* vers le commencement du troifieme
fiecle de notre Ere ; la feconde c'eft que *Pou-ho-han*,
ou *Bou-hha-khan*, fonda ce Royaume fix ou fept fiecles avant le commencement de l'Ere Chrétienne.

Pour conduire cette hiftoire jufqu'à nos temps, il
faut ajouter que l'*Eyghour*, après avoir été Province
de la Chine fous la Dynaftie des *Tham*, devint tributaire en toute rigueur des Dynafties des *Leao* &
des *Kin*, qui poffédoient le Septentrion de la Chine &
toute la Tartarie. Il ne faut pas en être furpris, puifque
les *Hoei-hou Lions*, dont l'*Eyghour* n'étoit qu'une
Province, étoient fujets au même tribut. L'Empire
de l'*Eyghour* paffa fous la domination de *Tchim-khis-
khan* avec celui des *Kin* & de toute l'Afie, incontinent après que les *Nai-man*, (c'eft ainfi que les
Moumgols appelloient les *Hoei-hou Lions*,) eurent
fubi le joug de ce grand Conquérant. Ainfi l'*Eyghour*
fe foumit volontairement à lui l'an 1209 ; fi pourtant
on peut appeller volontaire une foumiffion inévitable ;
car l'*Eyghour* appartenoit d'un côté aux *Hoei-hou
Lions*, & de l'autre étoit hors d'état de réfifter à la
puiffance des *Moumgols*. Cependant en confidération
de cette foumiffion, les Empereurs *Moumgols* donnerent toujours le pas aux Rois d'*Eyghour* fur tous
les autres Rois. Après que les Chinois eurent chaffé
les *Moumgols* de la Chine, l'Empire des *Moumgols*
fe démembra, & les Rois d'*Eyghour* étant devenus
libres, envoyerent leur tribut ordinaire aux Empereurs
de Chine. *Tchin-tchim*, Officier de la Cour des Mandarins, fut envoyé dans l'*Eyghour* par l'Empereur
Mim-tchin-tçau l'an 1414. Il rapporta à fon retour
qu'il avoit trouvé le pays entièrement défert & délabré. Il fe reffentit apparemment de la chûte de l'Empire des *Moumgols*.

Kiao-tchim, capitale de l'*Eyghour*, avoit 1840
pas géométriques de tour ; elle étoit ceinte de murailles. Dans la falle d'audience du Roi étoit peint *Ghai-
koum*, Roi de *Lou*, interrogeant *Kom-fucius*, fon
fujet, fur le Gouvernement. Les Officiers du Roi étoient

presque les mêmes qu'en Chine. On comptoit dix-huit villes dans le Royaume, & quarante-six places de garnisons. Les peuples y suivent les coutumes Chinoises dans les mariages & dans les funérailles. Leurs mœurs sont à-peu-près semblables à celles des *Ta-tche* ou *Tartares*. Les hommes sont vêtus à la Barbare, & les femmes à la Chinoise. Les hommes & les femmes portent leurs cheveux tressés & rejettés sur le dos. Leur port, leur taille & leur air ressemblent assez aux *Coréans*. Ils ont toutefois les yeux enfoncés, & le nez grand. Dans leurs habits, ils estiment sur-tout le brocard & la broderie. Les femmes y portent des bonnets huilés qui se nomment dans la langue du pays... Le terroir en est élevé, pierreux & sablonneux; il porte toute sorte de bleds, excepté du Sarazin. Il est propre aux vers à soie, & abonde en toutes sortes de fruits. Il y a sur-tout quantité de raisins dont ils font du vin. Il y a une espece particuliere d'herbe ou d'arbrisseau qui porte un fruit semblable au cocon du ver à soie; on en tire un fil très-fin & très-blanc, qui se nomme *Thie-tie*. Les habitants en font des toiles, dont ils trafiquent. Il y a pareillement une espece de ouate ou de coton si chaud, qu'une once Chinoise suffit pour fourrer un habit entier, & si on en met davantage, on n'en peut souffrir la chaleur. Les Chinois l'ont nommé à cause de cela, *Ho-tçan-mien*, *soie de feu*. Il y a aussi deux especes de sel fossile, dont l'une est rouge comme du cinabre, & l'autre blanche comme de l'albâtre. On y voit encore une herbe nommée *Yam-la*, sur laquelle il naît du miel d'une douceur exquise.

Quand à leur langue, outre celle du pays & les lettres particulieres dont les *Moumgols*, qui n'en avoient point, se servirent long-temps, la Chinoise y est en usage, aussi-bien que ses lettres. On y parle aussi Arabe. Enfin, toute leur Religion consiste à adorer le Génie, ou le Dieu du Ciel, & ils n'ont aucune croyance dans la Religion des Indes.

Il semble par-là que l'Auteur veuille dire qu'ils étoient Chrétiens. Cette expression est pourtant équivoque; car outre que les histoires Chinoises disent de la Religion Mahométane, qu'elle ne reconnoît que le Génie, ou le Dieu du Ciel, elles disent quelquefois le même de certains Idolâtres. De plus, les relations Chinoises semblent se combattre, quand les unes disent qu'ils adorent les Dieux des Indes, & les autres qu'ils rejettent la Religion des Indes. Il y a donc de l'apparence que d'Idolâtres, ils devinrent Chrétiens, & de Chrétiens Mahométans, & qu'ainsi ce que disent les unes & les autres est vrai par rapport à la différence des temps.

Le P. Ricci, dans ses *Tables Chinoises*, donne quarante-quatre degrés de latitude boréale à la capitale de l'*Eyghour*, & fort plus occidentale de 22 degrés que le *Pe-kim* d'aujourd'hui. Je crois qu'il s'est trompé, & qu'il prend le chemin de détour pour le droit. On peut, dit *Ma-touan-lin*, aller de la Chine dans l'*Eyghour* par un chemin bien plus court que l'ordinaire; mais il faut passer pour cela une plaine de sable qui a plus de cent lieues d'étendue. De tous côtés, on ne voit que le ciel & le sable, sans qu'il y paroisse le moindre vestige de chemin. Ceux qui la veulent passer ne peuvent trouver d'autres marques que des ossements d'hommes & d'animaux, ou de la crotte de chameau. Durant le passage, on entend tantôt chanter, tantôt pleurer, & il arrive souvent que les voyageurs, que la curiosité porte à en découvrir les causes, s'égarent & se perdent entièrement. Ce sont des voix de lutins & de follets. De-là vient que les voyageurs & les marchands aiment mieux prendre le chemin de *Hhami*, ou bien *Camil*, quoique plus long de beaucoup. Ces sables commencent du côté de l'Orient à la ville de *Na-che-tchim*, de laquelle on voit le col au passage, nommé *Yu-men-kouan* qui est fort proche de-là. Après avoir marché trois jours

dans les sables, on arrive à la vallée dite des Démons, Là il faut sacrifier à un Dieu, à la maniere du pays, pour obtenir que le vent cesse. On marche encore cinq jours, & on arrive à un temple. De-là on traverse six peuples différents; ensuite on arrive à la capitale d'*Eyghour*.

Voici un autre routier mieux détaillé. Partant du passage ou col de *Yu-men-kouan*, ou de celui de *Yam-kouan*, (car ils sont voisins,) & traversant les sables des Lutins & le Royaume de *Chen-chen*, après cent lieues de marche, route au Nord, on arrive à *Y-ghou* (dans le *Hhami*.) D'*Y-ghou* à *Kao-tcham-pi*, route à l'Ouest, il y a 120 lieues; c'est une ville de l'*Eyghour* Oriental. De *Kao-tcham-pi*, route vers le Nord, jusqu'à *Kin-man-tchim*, ville de l'*Eyghour* postérieur ou Occidental, on compte cinquante lieues. Présentement il faut savoir que *Pan-kou* assure que de *Si-ghan-fou* au passage de *Yam-kouan*, il y a 450 lieues; ce qui fait en tout de *Si-ghan-fou* à *Kin-man-tchim*, 720 lieues par chemin ordinaire. Quelqu'un en compte 895. Ainsi le chemin des sables étoit plus court que l'autre de 175 lieues.

N'est-ce point-là ce que nos cartes appellent le désert de *Lop* ? Corrigeant donc le routier ordinaire, ne pourroit-on pas dire que la capitale d'*Eyghour* est de huit ou dix degrés plus septentrionale que *Si-ghan-fou*, & plus occidentale de quinze. Or *Si-ghan-fou* est à trente-quatre degrés, seize minutes quarante-cinq secondes de latitude, & à cent vingt-neuf degrés, six minutes, quarante-cinq secondes de longitude.

Y-de-ghou signifie *Roi* en *Eyghouréen*; ainsi ce titre est commun à tous les Rois du Pays. Ce titre ne se trouve dans l'histoire de Chine qu'au temps des *Moumgols*. Les Chinois l'écrivent *Y-tou-hou*, peut-être en *Eyghouréen*, *Y-dou-ghou*. Au reste, il ne faut pas être surpris si l'*Eyghour*, qui avoit toujours été dépendant de la Chine, reçut l'usage de ses lettres, & si après avoir été réduit en Province, il s'est servi du Kalendrier Chinois.

La Bibliotheque, sous le titre de *Botom*.

Pays fort petit & resserré au milieu des montagnes de la Transoxane, *dont la croupe est fort élevée & toujours couverte de neige. Il y a cependant dans leur enceinte plusieurs bourgades & villages; mais ce qu'il y a de plus considérable est une grotte de laquelle il s'élève une vapeur qui est pendant le jour semblable à la fumée, & pendant la nuit à du feu. C'est de cette vapeur condensée que se forme le Nuschader, c'est-à-dire, le sel ammoniac, qu'il faut tirer avec grande précaution & une extrême diligence; car ceux qui le vont recueillir, s'ils ne sont vêtus de fort grosses étoffes, & s'ils ne se retirent promptement y perdent infailliblement la vie. Cependant cette vapeur n'est mortelle que lorsqu'elle est renfermée.*

OBSERVATION.

On voit assez que la *Bibliotheque* veut parler de ce que *Vam-yen-te*, Gentilhomme de la Chambre de l'Empereur de Chine, & son Ambassadeur vers la Tartarie, vient de raconter du sel ammoniac. On doit, sans doute, sur ce fait s'en rapporter plutôt aux Chinois qu'aux Mahométans, parce qu'outre que les Chinois ont long-temps demeuré dans ce pays, qui faisoit une de leurs Provinces, ils ont coutume d'observer avec grand soin les miracles de la nature. Selon eux, il n'y a d'autres risques à tirer le sel ammoniac de cette montagne que celui de se brûler. Ce n'est point la vapeur qui tue par sa malignité, ni qui forme ce sel par sa propriété; ainsi les gros habits ne seroient qu'une charge nuisible, & propre à prendre feu. De plus, les neiges pourroient-elles soutenir, sans se fondre, la chaleur brûlante de la montagne & les flammes qu'elle vomit ? Je crois pourtant qu'il s'eft gliffé une faute dans la relation de *Vam-yen-te*, quand on lui a fait dire que cette montagne eft couverte en tout temps de nuages & de brouillards ; car l'Hiftoire naturelle de la Chine & d'autres Auteurs témoignent le contraire.

Les Chinois donnent à cette montagne le nom de *Ho-yen chan;* ce qui fignifie en Chinois, *montagne de flamme de feu,* comme nous difons volcan. Ils ajoutent que les Tartares l'appellent *A-kie.* Elle eft enclavée dans une chaîne de montagnes, que les Chinois nomment les Monts-blancs, & elle eft fituée au Nord de la ville de *Pe-thim,* appellée premièrement *Y-lo-lou,* & enfuite *Y-en-tchim,* à vingt lieues de diftance. *Pe-thim* eft éloigné de *Si-ghan-fou* vers le Nord-Oueft, de fept cents cinquante lieues, & de *Kiao-tchim,* capitale de l'*Eyghour,* de cent lieues & plus, vers le Nord; d'où l'on pourra tirer fa latitude & fa longitude, en comparant ces diftances avec celles que j'ai rapportées ci-deffus.

Au refte, il fe trouve du fel ammoniac dans les Provinces de Chine nommées *Chanfi* & *Chenfi;* mais il n'égale pas en bonté celui de *Pe-thim.* L'Hiftoire naturelle de la Chine lui attribue les qualités fuivantes. Il a un goût qui tient du falin, de l'amer & de l'âcre; il eft chaud au quatrieme degré. (Quelques Auteurs prétendent qu'il l'eft au fouverain degré.) Il a du venin. De-là vient que les Médecins défendent févérement d'en prendre trop fréquemment, ou en trop grande quantité, après même toutes les préparations requifes, parce qu'autrement il corromproit les tuniques de l'eftomac. Quelques-uns prétendent qu'il réfoudroit le Parenchyme du cœur en fang. Tous avouent qu'à raifon de fa chaleur exceffive, il cauferoit des tranfports au cerveau, & en troubleroit les fonctions. C'eft à caufe de ce dernier effet que les Chinois ont donné au fel ammoniac le nom de *Nao-cha,* c'eft-à-dire, *fable qui trouble le cerveau.* Ils le nomment encore *Tii-yen,* fel de Barbares, parce qu'il y en a qui affurent que les Barbares s'en fervent pour faler leurs viandes ; ce qu'ils font, difent-ils, fans en recevoir aucune incommodité, quoique plufieurs ayent peine à le croire. Ils l'appellent encore *Khi-cba,* ou *fable de vapeur.* Ils lui donnent auffi le titre de *Theou-khou-tçiam-kium,* qui fignifie le *Général qui pénetre les os,* parce qu'il commande l'avant-garde des drogues qui attaquent les obftructions, & qui mettent en pieces, ou réfolvent les duretés contre nature qui fe forment dans le corps humain, & les os qui fe mettent en travers dans la gorge. Si on en a trop pris, le remede eft de broyer dans de l'eau une efpece de pois dont la peau demeure toujours verdâtre, & de boire une bonne quantité de cette liqueur. Les Chinois, font un grand ufage de ce fel dans les maladies froides, & qui proviennent d'obftructions. Ils prétendent que c'eft un puiffant diffolvant, & qu'il réfout tout, fur-tout le fang caillé. Ils concluent cela de la vertu qu'il a à ramollir & de fondre les métaux, fur-tout l'or & l'argent, & de leur fervir de foudure. Ils difent auffi que lorfque les cuifiniers, fe trouvant preffés, en mettent un peu parmi les viandes, elles font auffi-tôt cuites pour peu qu'on les laiffe au feu.

La Bibliotheque , fous l'article de *Giourtasch.*

Giourtafch ou Gioudeh-tafch, ou Senkideh, pierre myftérieufe des Turcs Orientaux, qu'ils croyent avoir reçue de leurs ancêtres de main en main, en remontant jufqu'à Japhet, fils de Noé; & ils prétendent qu'elle a la vertu de leur procurer de la pluie, quand ils en ont befoin.

Et fous l'Article de *Turk.*

Japhet reçut, avec la bénédiction de fon pere Noé, un préfent fignalé, favoir une pierre fur laquelle le grand nom de Dieu étoit gravé, & apprit en même-temps que ce nom myftérieux contenoit tout ce qui étoit de plus effentiel dans la Religion, & dans le culte divin. Cette pierre, que les Arabes appellent Hag'r Almathar, la pierre de la pluie, eft nommée par les Mogols, Gioudeh-thafch & Giurthafch, & par les Perfans, Senkideh. Elle avoit la vertu de produire & de faire ceffer la pluie felon les befoins que Japhet en pouvoit avoir; & quoique par fucceffion de temps elle ait été confumée ou perdue, il fe trouve cependant encore parmi les Turks Orientaux de femblables pierres, qu'ils difent avoir la même vertu, auxquelles ils ont auffi donné le même nom. Les plus fuperftitieux d'entr'eux difent qu'elles ont été reproduites & multipliées par une efpece de génération de cette premiere pierre que Noé avoit donnée à fon fils.*

O B S E R V A T I O N.

Il eft certain que cette fable regne depuis long-temps dans la Tartarie. Voici ce que je trouve à ce fujet dans l'Hiftoire Chinoife. *Tham-hiuen-tçoum,* Empereur de toute la Chine & de toute la Tartarie, (il commença à régner l'an 713, & finit l'an 756,) recevoit de fréquents tribus du Roi de *Samarkande.* Une de ces ambaffades lui préfenta une pierre nette, polie & éclatante; la lumiere qui en rejailliffoit, rempliffoit une chambre entiere. Quand on la regardoit attentivement, on appercevoit des Dieux, des Déeffes, des nuages & des cigognes, qui y faifoient divers mouvements. L'an de grace 763, qui fut le premier du regne de *Tham-thai-tçoum,* il parut tout-à-coup une lumiere miraculeufe dans le tréfor des joyaux, & l'on fentit une odeur d'une douceur charmante; l'une & l'autre fortoient de cette pierre. L'Empereur ordonna qu'on la tirât du tréfor. Depuis ce temps-là, toutes les fois qu'on avoit befoin de pluie, ou de beau temps, on n'avoit qu'à facrifier à cette pierre, & les vœux étoient exaucés fur le champ. Voilà les propres termes de l'Hiftoire. Au refte, quand je dis l'Hiftoire Chinoife, il ne faut pas s'imaginer que je veuille parler d'hiftoire claffique; elle eft trop grave pour fe charger de ces contes étrangers. Voici ce que rapportent à cette occafion les faftes de l'Empereur *Tham-hiuen-tçoum.* La feptieme année de *Khai-yuen,* (c'eft le titre des années de ce Prince, & la 719e. de l'Ere Chrétienne,) les Ambaffadeurs du Roi de *Khi-pin,* (c'eft le Royaume de *Samarkande,*) offrirent à l'Empereur des livres d'aftronomie, des fecrets de médecine & des drogues extraordinaires. L'Empereur créa le Roi de *Khi-pin,* & lui donna le titre de *Kho-lo-ta-chi-the-le.* Voilà, felon toutes les apparences, la même ambaffade qui apporta la pierre myftérieufe; car l'Hiftoire particuliere fait le même dénombrement des autres préfents qui accompagnoient cette pierre, que la claffique; mais celle-ci ne fait aucune mention de la pierre.

J'ai donc prétendu parler des Hiftoires particulieres, qui ne font pas fi fcrupuleufes, & qui vraifemblablement auront adopté ce conte fur le rapport des eunuques, qui débitent volontiers de faux prodiges pour faire honneur à leurs Empereurs. C'eft dommage que les Chinois qui font d'ailleurs fi foigneux, ayent négligé cette pierre, & puifqu'elle fe reproduit, qu'ils n'ayent pas eu au moins le foin d'en conferver de la femence. Elle pourroit s'appeller précieufe à jufte titre, & les diamants les plus rares ne feroient que de la boue au prix d'elle. Il eft à remarquer que les Arabes fe rendirent maîtres de *Samarkande* l'an 85, ou, comme difent quelques Auteurs, l'an 93e. de l'Hégire, c'eft-à-dire, vers l'an 704 ou 711 de l'Ere Chrétienne, & qu'ainfi cette pierre & ce tribut pourroient bien être venus d'eux. Ce qui eft certain, c'eft que les Chinois n'eurent aucune connoiffance de l'origine

gine de cette pierre, & que ceux qui la préfenterent, ne parlerent ni de fa généalogie, ni de *Japhet*, ni de *Noé*; car les Chinois n'auroient pas manqué de marquer ces circonftances, qui en auroient confidérablement augmenté le prix. Quant au grand nom de Dieu, (ils veulent dire le nom ineffable,) il peut fans doute donner la pluie & le beau temps, quand il eft invoqué avec ferveur; mais il faut pour cela qu'il foit gravé dans le cœur par la foi, & non pas fur une pierre avec le burin.

La Bibliotheque, fous le titre de Unc, ou *Avenk*, ou *Avenk-Khan*.

C'eft ainfi que les Mogols appellent celui que nous nommons Jean, *quoique l'origine de ce mot foit le mot Hébreu* Jokhanna *&* Jokhannan. *Ainfi* Ungkhan, *ou* Avenk-khan, *eft le nom d'un Prince ou Empereur des Mogols, qui a été nommé par les Européens le Prêtre* Jean, *à caufe qu'il étoit Chrétien lui & la plus grande partie de fes fujets. Il régnoit dans la partie la plus Orientale de l'Afie, en tirant vers le Septentrion, fur une tribu ou race de Mogols, qui portoit le nom de* Kerit, *& fon Empire s'étendoit à droit & à gauche dans la grande Tartarie jufqu'aux confins de la Chine, & peut-être même de la Corée & du Japon.*

Tamugin, dit Ginghiz-khan, *prit la fille d'*Ungkhan *en mariage, l'an* 599°. *de l'Hégire; mais cette alliance n'empêcha pas qu'il ne dépouillât fon beaupere de fes États. Ce fut-là par où ce grand Monarque commença fes conquêtes, & dans la Chine même, avant que le bruit de fes armes retentît dans la Perfe.*

Observation.

Commençons par un petit abrégé de l'Hiftoire de *Vam-han* ou *Vam-khan*. *Tchim-khis-khan* l'avoit toujours regardé comme fon pere, à caufe de l'alliance de fraternité que *Vam-khan* avoit contractée avec *Yefo-khai*, pere de *Tchim-khis-khan*. Il l'avoit rétabli dans fes États dont il avoit été chaffé. Il l'avoit vengé de fes ennemis & enrichi de leurs dépouilles. Après tant de fervices, pour toute reconoiffance, *Vam-khan* trama la perte de *Tchim-khis-khan*, à l'inftigation de fon fils. On traitoit d'un double mariage, l'un entre *Tou-che*, fils aîné de *Tchim-khis-khan*, & *Tcha-gor*, fille de *Vam-khan*; l'autre entre *Tou-fa-gha*, fils de *Vam-khan*, & *Hba-gha-tchin*, fille de *Tchim-khis-khan*. La négociation avoit été rompue; *Vam-khan* la renoua, & invita *Tchim-khis-khan* au feftin des fiançailles, dans la réfolution de fe défaire de lui. *Tchim-khis-khan* y alloit fans défiance, & fans autre efcorte que de dix cavaliers. Dans le chemin, il eut quelque foupçon qui l'obligea de tourner bride. Il ne tarda pas à être inftruit du danger qu'il venoit de courir. Il envoya fur le champ reprocher à *Vam-khan*, fa perfidie, & lui déclara la guerre; *Vam-khan* fut entièrement défait. Il s'enfuit chez les *Nai-man*: (nous venons de voir que ce font des *Hoei-hou* du Royaume de *Kafchghar*.) Un Commandant des *Nai-man* l'ayant rencontré en chemin, lui trancha la tête. *Ylo-kho*, ou peut-être *Yra-gha* fon fils, qui, par fa jaloufie, avoit caufé la perte de fon pere & de fon pays, fe retira dans le Royaume de *Hia*, (dont la Capitale étoit *Nim-hia*, ville de la Chine;) d'où ayant été chaffé à caufe des brigandages que la néceffité de vivre lui faifoit exercer, il alla chercher, comme avoit fait fon pere, un afyle dans le Royaume de *Khieoutçe* ou de *Kafchghar*; mais il y trouva la mort que le Roi des *Nai-man* lui fit donner. Cette défaite de *Vam-khan* arriva l'an 1203 de l'Ere Chrétienne. Ainfi finit l'Empire du Prêtre *Jean*.

Venons préfentement au titre. Il paroît évident qu'*Ug-khan*, *Avenk* & *Avenk-khan* ne font qu'une corruption de celui de *Vam-khan*. Je dis titre, parce que fon nom propre étoit *To-li*. Ce titre eft compofé de *Vam*, qui fignifie *Roi*, & qui parmi les Chinois récents marque feulement le premier degré d'honneur après celui de *Hoam-ti*, qui, felon eux, ne peut convenir qu'à l'Empereur de Chine. *To-li* étoit tributaire de la Chine, auffi-bien que *Tchim-khis-khan*. Il avoit reçu de l'Empereur de Chine le titre de *Vam*, & comme d'ailleurs il étoit Tartare, & prenoit celui de *Khan*, qui eft le propre du pays, il les réunit apparemment tous deux enfemble, pour en compofer celui de *Vam-khan*, qu'il fit gloire de porter. Les Mahométans, & peut-être auffi les Tartares, le défigurerent différemment. Ceux-ci prononcerent *Oumkhan*, au-lieu de *Ouam-khan*, (car les Chinois prononcent *Vam* ou bien *Ouam*;) peut-être auffi eft-ce une faute d'écriture, qui aura retranché l'*a* de *Ouam*. Les Mahométans ont prononcé *Avenk* ou *Avenk-khan* en ajoutant un *a* au commencement. Car il n'eft rien de plus ordinaire à ces peuples que d'ajouter l'*ek* ou le *k* à la fin des mots Chinois, ou quelque autre confonne, pour leur donner une terminaifon Mahométane. C'eft ainfi, (comme on l'a vu cidevant fous l'article de *Van*,) que de *Cham*, qui veut dire en Chinois *fuprême ou fupérieure*, ils ont fait *Chanek*; de *Tchoum*, qui fignifie *moyenne*, ils ont fait *Chounek*. Enfin, de *Fen*, qui fignifie *partie ou minute*, ils ont fait *Fenk* on *Fenek*. Et fans fortir de notre fujet, n'ont-ils pas transformé *Thai-yam*, qui étoit le titre que le Roi des *Nai-man* avoit reçu de la Chine, en celui de *Thyanek*. L'horde qu'*Avenkkhan* poffédoit en propre, eft nommée par les Chinois, qui n'ont point d'*r*, *Ke-lie*, par les *Moumgols*, *Kerie*, & par la raifon que je viens de rapporter, elle eft appellée *Kerit* par les Mahométans.

Sous l'article de *Genghiz-khan*, *la Bibliotheque* dit que *Tabanek* ou *Tayanek*, Roi des *Nai-man*, ufant de trahifon, fit tuer *Avenk-khan*. L'Hiftoire Chinoife des *Moumgols* n'attribue point cette mort aux ordres de *Thai-yam-khan*; elle fe contente de dire ce que j'ai rapporté. Il eft vrai qu'il étoit fon ennemi, & qu'il avoit été défait par *Tchim-khis-khan*, dont *Vamkhan* avoit imploré le fecours contre lui. La même *Bibliotheque* ajoute incontinent après que *Scho-koun* fils d'*Avenk-khan*, fut obligé de fuir promptement jufqu'au Pays de *Cafch-gar*, où il ne trouva pas plus de fûreté, & y perdit auffi la vie l'an 599°. de l'Hégire; tout cela eft exactement vrai. Comme donc l'Hiftoire Chinoife des *Moumgols* dit, qu'il s'enfuit dans le Royaume de *Khieou-tçe*, il s'enfuit néceffairement que le *Khieou-tçe* des Chinois étoit le Royaume de *Kafchghar*, duquel alors la capitale étoit *Pe-thim*, dont nous avons parlé ci-deffus, & que les *Nai-man* dont *Ta-yam-khan* ou *Tayanek* étoit Roi, étoient les *Hoei-hou* Lions, qui furent enfin exterminés par *Tchim-khis-khan*. Car ayant tué *Thai-yam-khan*, dans une grande bataille, l'an 1204, & puis l'an 1206, *Poulu-yu-han*, frere aîné de *Thai-yam-khan* le fils de celui-ci, nommé *Kiu-chu-lu-khan*, s'enfuit jufqu'au bord de l'*Yrtifch*, où *Tchim-khis-khan* alla le chercher l'an 1208, & l'ayant trouvé, il le défit & extermina l'horde des *Mielkhi*. Mais *Kiu-shu-lu-khan* échappa, & alla fe jetter parmi les *Khitan* ou les *Leaò* Occidentaux: (ce font apparemment ceux du *Kerman* dont on a parlé ci-deffus, & *Kiu-chu-lu* pourroit bien être le *Kufchlek* des Mahométans, & celuilà même qui ayant furpris leur Roi, les affujettit.) Depuis ce temps-là, on n'a plus entendu parler des *Hoei-hou* ou *Nai-man*.

Les Mahométans étendent l'Empire du *Malek-jouhanna*, ou Roi *Jean*, que nous nommons *Prêtre Jean*, bien au-delà de fes bornes. Il étoit ferré par le *Kafchghar* à l'Occident. Il avoit au Midi le Royaume de *Hia*, par la deftruction duquel *Tchim-khiskham* termina fes conquêtes, & auffi-tôt après, fa vie.

À l'Orient, il trouvoit aussi-tôt les terres propres de l'Empire Chinois, qui étoit possédé par les *Altoun-khan*, ou les Empereurs de la Dynastie des *Kin*, de la nation des *Niou-tche*, dont il étoit tributaire en toute rigueur. Le Prêtre *Jean* n'avoit donc garde de rien prétendre sur la *Corée*, encore moins sur le *Japon*.

Ce que j'ai rapporté ci-dessus du double mariage, semble prouver que jamais *Oung-khan* ne fut beau-pere de *Tchim-khis-khan*. Aussi dans le Catalogue des trente-sept Impératrices ou Reines, que *Tchim-khis-khan* épousa, on ne trouve point cette *Oisungin* des Mahometans, ni aucune de l'horde ou famille de *Ke-rie* ou *Kerit*. On en trouve seulement une de ce nom parmi les femmes de *To-lei*, quatrieme fils de *Tchim-khis-khan*.

Après cela, que doit-on penser de ceux qui ayant pris l'Afrique pour l'Asie, alloient sans caractere & sans pouvoir, ordonner Prêtre *Jean* l'Empereur des Abyssins, sans autre titre que celui de demi-Chétien qu'il avoit? Certes, l'ordination étoit nulle, si jamais il y en eut. Il s'est toutefois trouvé d'habiles gens qui, après avoir fouillé bien avant dans les langues Africaines, ont cru avoir déterré des preuves de sa validité. Quelques-uns l'ont dégradé; & sans faire tant de recherches, se sont contentés de retrancher un *r* de ce mot, & en faire *Prete-Jean;* après quoi ils nont fait aucune difficulté d'avancer que ce titre étoit tiré de *Preta gen-te*, termes de la langue Portugaise, qui signifient *nation noire*, couleur qui convient aux Abyssins. Ils n'ont pas pris garde que Prêtre *Jean* étoit le titre d'un Roi, & non pas le nom d'une nation. D'autres plus savants encore, qui n'ignoroient pas ce que témoignent les relations, que le Prêtre *Jean* étoit un Prince de l'Asie, dont les Etats étoient au fond de la Tartarie, sont allés chercher l'origine de ce titre dans la Perse, & l'ont trouvé dans les termes Persiens de *Perest giani*, qui signifient *vrais Adorateurs*, comme si des sectateurs de Mahomet auroient voulu donner un titre si glorieux à un Prince Chrétien, ou comme si ce Prince Chrétien, qui, dans un si grand éloignement, ne connoissoit peut-être pas la Perse, eût pu emprunter son titre d'honneur de cette langue.

Il y en a qui prétendent que le Prêtre *Jean* n'est autre chose que le *Talai-lama*, ou le Grand *Lama*. Ceux-ci ne se déplacent pas tout-à-fait, outre que le *Talai-lama* est Prêtre & Roi en même-temps; sans parler de la Religion dont il est le chef, laquelle conserve encore, à ce que quelques-uns assurent, des vestiges de la Religion Chrétienne assez bien marqués. Cependant deux choses prouvent, ce me semble, le contraire. La premiere est, que l'Empire du Prêtre *Jean* a été éteint dans le sang de *Toli* l'an 1203; ce qui ne se pourroit dire si les grands *Lamas* avoient été ses successeurs. La seconde est, que les *Talai-lama* n'ont été institués que long-temps après la destruction du Prêtre *Jean;* car ce fut *Khoublai*, Empereur des *Moumgols*, qui, l'an 1260, créa un certain *Pah-haspa*, le premier *Talai-lama*. L'Empereur de Chine nomme encore aujourd'hui à cette dignité. Le sceau du Grand *Lama*, dont l'inscription est en trois langues, la Chinoise, la Tartare & la Tybéthaine, le prouve assez. J'en ai vu l'Ectype; j'ai cru le devoir mettre ici: Sceau de *Poutta-abdi*, Roi & Pontife de la loi du *Ouad-gira-tara-talai-lama*, qui amplifie & répand la Religion de *Fo*. Les Chinois, ni les *Man-tchou*, ne changent rien dans son titre, qui est *Ouad-gira-tara-talai-lama*. Je sais que *Thalai* signi-fie *mer*, ou *grandeur sans bornes*; j'ignore les autres termes, mais cela suffit pour faire voir si ce *Tha-lai-lama* peut passer pour Chrétien. *Ouad-gira-tara-talai-lama* est le titre de sa dignité; & si, pour faire mieux comprendre la chose, on peut comparer la vérité à l'imposture, ce titre est tel que celui de Souverain Pontife. *Poutta-abdi* est son titre d'honneur particulier, & qui revient, par exemple, à celui d'In-

nocent XI. Je dis ceci, parce que dans un Mémorial qu'il présenta à l'Empereur *Kham-hii*, l'an 1696, où il se donne la qualité de petit sujet, il se nomme en un endroit *Mo-tçem-na-ya-la*, & dans l'autre *Mo-tçem-na-li-ya;* ce qui revient, par exemple, à N. Odescalchi, nom propre d'Innocent XI. Les Chinois écrivent & prononcent son titre de dignité & d'honneur *Oua-tçi-la-ta-lai-lama-pou-the-tha-ope-ti ;* à l'égard de son nom propre *Mo-tçem-na-ya-la*, il est écrit en Chinois, & ce pourroit bien être *Mo-tçem-na-yara*, ou bien *Mo-tçem-na-ria*.

D'ailleurs, pour revenir à ce que nous disions, la Religion Chrétienne s'étoit répandue assez loin dans l'Asie Orientale, pour avoir pu pénétrer jusques dans le *Thybet*, comme elle avoit passé dans l'*Eyghour*, sans que pour cela le *Thybet* fût sujet au Prêtre *Jean*, comme l'*Eyghour* ne l'étoit pas. Au reste, la Religion Chrétienne s'étoit répandue plus loin, puisqu'elle avoit même été portée en Chine, où il y avoit à l'entrée du côté de l'Occident des Evêques Chrétiens, comme l'assure Marc-Paul, si je m'en souviens bien.

Les Chinois, direz-vous, ne font aucune mention de la Religion Chrétienne dans ces mêmes temps; je l'avoue. En voici peut-être la cause, c'est que l'endroit de la Chine, où Marc-Paul place ces Evêques, appartenoit alors à un Royaume étranger, & étoit sous la domination des *Hoei-hou* de *Kan-tcheou*, (dont nous avons parlé,) ou si vous voulez, du Royaume de *Hia*, qui partageoit avec eux cette longue pointe que la Province de *Chensi* pousse assez loin vers l'Occident.

De plus, si l'Histoire de la Chine n'en a point parlé avant l'entrée des *Moumgols*, elle semble en parler après leur entrée. Voici ce que je trouve dans l'Histoire Chinoise des *Moumgols*. L'Empereur *Khoublai*, parmi le nombre prodigieux de tribunaux qui étoient à *Pe-kim* pour le Gouvernement de tant de nations qui composoient son Empire, en érigea un nouveau l'an 1289; & pour montrer le cas qu'il faisoit des affaires dont il lui confioit l'administration, il voulut qu'il fût du second ordre des tribunaux. Il y établit dix-neuf principaux Officiers, dont les quatre Présidents étoient Mandarins de la seconde division du second ordre. Il portoit pour titre *Tçoum-fou-sse*, c'est-à-dire en Chinois, le *Tribunal qui exalte la félicité*. Il avoit l'intendance sur les affaires de la Religion des Temples de la Croix, des *Marhha*, des *Si-lie-pan* & des *Ye-li-kha-ouen*. Ces *Che-tçe-sse*, ou Temples de la Croix, semblent dénoter assez clairement la Religion Chrétienne, du moins les Chinois nomment aujourd'hui la Croix ✕ *Che-tçe;* ce qui veut dire la lettre dix, parce que ✕ *Che* signifie *dix*, & ce qui est remarquable, ceux d'entre les Chinois qui ne savent pas écrire leur nom, signent cette lettre pour assurer la foi publique dans les contrats. A la vérité, je ne trouve nulle part l'explication des termes Tartares de *Mar-hha*, de *Si-lie-pan*, d'*Ye-li-kha-ouen*, & je ne puis dire si ce sont des noms de nations ou de Religion, quoique je trouve *Ye-li-kha-ouen* pris pour un nom de nation, ni s'il ne faut point traduire les Temples de la Croix des *Mar-hha*, &c.

L'an 1315, ce même Tribunal fut élevé par l'Empereur *Yuen-gin-tçoum* à un rang plus éminent d'un degré, & il passa de celui des *Sé* à celui des *Yuen*. Alors 72 *Tcham-kiao-sse*, ou Tribunaux, qui présidoient à la Religion des *Ye-li-kha-ouen*, se trouvoient sous son intendance dans tout l'Empire. N'auroit-ce point été autant d'Evêques? L'an 1320, le même Empereur réduisit ce Tribunal au même rang qu'il avoit tenu avant son élévation. On voit par-là que la forme despotique du Gouvernement Tartare ne permettoit pas aux Empereurs de laisser aux Evêques, ou aux Chefs des autres Religions, la liberté entiere de se gouverner à leur gré, même dans les affaires de la Religion. C'est peut-être cette raison qui a fait donner le titre de *Prêtre* au Roi Tartare Chrétien, dont nous parlons, comme s'ingérant dans les affaires ecclésiastiques pour les régler, & faisant en cela les fonctions de Prêtre.

CATHAI.

Nous avons parlé ci-dessus du nom; parlons maintenant de la chose; mais auparavant il faut retoucher quelques points de ce que nous avons déja dit.

Han-vou-ti fut le premier Empereur de Chine qui se mit en tête de faire des conquêtes; la nécessité l'y força. Il avoit de la peine à soutenir seul le poids énorme de la puissance des *Hioum-nou*. Il apprit par les Ambassadeurs qu'il avoit envoyés dans l'Occident, que les principaux fondements de cette puissance étoient les tributs & les troupes qu'ils tiroient de la Tartarie Chinoise, Pays qui s'étendoient depuis la Chine jusqu'au *Khorassan*, dans un espace d'environ huit cents lieues de l'Orient à l'Occident, & de deux cents du Midi au Septentrion, plein de Royaumes réguliers, peuplés & abondants. Il forma le dessein de les enlever aux *Hioum-nou*, & de se les assujettir. A cet effet, il envoya une ambassade aux Grands *Yue-tchi*, pour les obliger de se joindre à lui, & d'attaquer les *Hioum-nou* à revers, c'est-à-dire, du côté de l'Occident, tandis que lui les pousseroit vigoureusement du côté de l'Orient. Les *Yue-tchi* avoient été défaits & chassés de la partie du Nord-Ouest de Chine par les *Hioum-nou*, qui avoient massacré leur Roi, & fait une coupe de son crâne. *Han-vou-ti* comptoit sur leur haine; mais l'amour du repos & la crainte qu'ils avoient des *Hioum-nou*, l'emporta sur le desir de la vengeance. Ils étoient contents de la conquête du *Tabia*, Pays de la Perse au Sud-Ouest, & à plus de deux cents lieues de distance du *Ta-yuen*, & éloigné de douze à treize cents lieues de *Si-ghan-fou*; ainsi ils refuserent d'entrer dans une ligue si périlleuse.

Han-vou-ti ne perdit point courage pour cela. Il attaqua seul les *Hioum-nou*; il le fit avec tant de succès, & donna le commandement de ses armées à de si braves hommes, qu'il leur enleva près de deux cents lieues de Pays autour de la Chine du côté du Nord-Ouest, qu'ils avoient eux-mêmes enlevé aux *Yue-tchi*. Il s'en saisit l'an 115 & l'an 111 avant l'Ere Chrétienne; & l'ayant partagé en plusieurs grandes Provinces, il y distribua en garnison cent quatre-vingt mille fantassins armés de toutes pieces, & le peupla de colonies. Par ce moyen, il rendit à la Chine ses anciennes bornes vers l'Occident, qui sont un grand désert de sable, que nos Cartes appellent apparemment le *désert de Lop*, & les Chinois le *désert des Lutins*, ou bien *Leou-cha*, c'est-à-dire, les *Sables coulants*, parce que les vents les agitent comme les flots de la mer. Ils en nomment la partie du Nord-Est *Mim-cha*; ce qui signifie *sables criants*, parce qu'en certaines saisons de l'année, il en sort un bruit semblable à celui du tonnerre. Il termina donc la Chine du côté de l'Occident par les deux fameux *Kouan* ou *Cols*, nommés *Yam-kouan* & *Yu-kouan*, qui donnent entrée dans le désert des Lutins à travers des montagnes. Ces deux passages, qui sont voisins, sont éloignés de deux cents lieues & plus de *Leam-tcheou*, ville dans la partie occidentale de la Province de *Chensi*, qui étoit une des quatre Cités que *Han-vou-ti* venoit de conquérir, & à qui il avoit donné le titre de *Vou-ouei*, ou de *belliqueuse terreur*. Les trois autres étoient *Khan-tcheou*, qu'il nomma *Tcham-yi*, (c'est-à-dire *qui étend l'appui*;) *Sou-tcheou*, qu'il appella *Tsieou-tçuen*, c'est-à-dire, *fontaine de vin*, à cause d'une fontaine de son territoire, dont l'eau avoit le goût de vin, & *Koua-tcheou*, (*la Ville des melons*,) ou plutôt *Cha-tcheou*, ce qui signifie la *Ville des sables*, parce que les deux cols qui donnoient entrées dans les sables coulants, étoient dans son district. Il donna à cette derniere le titre de

Thun-obam, c'est-à-dire, de *brillante* & d'*éclatante*.

Cette conquête ne fut pas capable d'affermir la Tartarie Chinoise contre la peur que ses Rois avoient des *Hioum-nou*. Ils recevoient les Envoyés & les ordres de ceux-ci avec des honneurs extraordinaires, au-lieu qu'ils rançonnoient & même insultoient ceux de Chine. *Han-vou-ti* prit prétexte du refus que le Roi de *Ta-yuen*, (Pays de la *Bactriane* ou du *Khorassan* à douze cents cinquante lieues de *Si-ghan-fou*,) faisoit de lui envoyer des chevaux rares, qui naissoient dans ses Etats, pour lui faire la guerre. Il fit partir, l'an 104 avant l'Ere Chrétienne, une grosse armée commandée par *Li-kouam-li*, qui, après bien des sieges & des combats, arriva dans le *Ta-yuen*, c'est-à-dire, dans le grand *Yuen*. L'armée assiégea une ville de la frontiere nommée *Yu-tchim*. Comme il ne restoit plus que dix mille combattants épuisés de faim & de fatigues, elle leva le siege, & s'en retourna sans rien faire. Elle fut deux ans en marche. L'Empereur ne se rebuta pas; il renvoya le même Général avec une armée beaucoup plus formidable que la premiere. Enfin, l'an 101 avant J. C., *Li-kouam-li*, arriva devant la capitale du grand *Yuen*, & l'assiégea. Il avoit coupé l'eau aux assiégés, & la ville alloit se rendre, lorsqu'il y entra un Ingénieur Romain, qui fit creuser des puits, & trouva de l'eau. Les assiégés ne laisserent pas pour cela de livrer leur Roi, qui, à l'instant eut le col coupé, & de donner aux Chinois les chevaux rares qu'ils demandoient. Les Chinois créerent un nouveau Roi, & se retirerent. Cette expédition, dit l'Histoire Chinoise, fit tout trembler dans l'Occident, même l'Empire Romain. Ce qui est certain, (& c'est ce que prétendoit *Han-vou-ti*,) c'est que toute la Tartarie Chinoise en fut épouvantée. Les Royaumes qui la composoient se soumirent, & bientôt *Ham-vou-ti* vit à ses pieds trente-six de ces Rois. Ce fut pour lors qu'il se vanta d'avoir coupé le bras droit aux *Hioum-nou*, & de leur avoir enlevé leurs trésors. Par-là il devint maître de toute la Tartarie Chinoise, c'est-à-dire, depuis la Chine jusqu'à la *Bactriane* ou *Khorassan*.

Les choses demeurerent en cet état jusqu'au regne de *Han-suen-ti*. Ce Prince voyant que tant de garnisons ne pouvoient subsister que sous un commandement général, après avoir assujetti un des principaux Rois des *Hioum-nou*, établit l'an 59 avant J. C. un *Tou-hou*, c'est-à-dire, un *Commandant Généralissime* dans la Tartarie Chinoise, pour gouverner tous ces Royaumes, & les entretenir en paix. *Tchim-kü* fut le premier qui posséda cette grande charge. Depuis ce temps-là, les *Hioum-nou* n'en oserent plus approcher. Le Généralissime résidoit dans la ville de *Yo-lei*, qui est éloignée du col de *Yam-kouan* de deux cents soixante & quatorze lieues. L'Empereur *Han-yuen-ti* mit sous le Généralissime deux Tribuns, qu'il appella *Ambulants*, parce qu'ils n'avoient point de demeure fixe. Vers le commencement de l'Ere Chrétienne, ces trente-six Royaumes furent partagés en cinquante-cinq, dont les Rois étoient créés par l'Empereur de Chine; en sorte qu'on comptoit dans cette vaste étendue de pays trois cents soixante & seize Seigneurs, qui tenoient de la Chine leur sceau & la dignité dont il est la marque.

Sous la tyrannie de *Vam-mam*, les guerres civiles de la Chine détournerent son attention de dessus ces Royaumes, qui, par-là repasserent sous la domination des *Hioum-nou*. Après soixante-cinq ans d'interruption, la Chine les reprit, & y rétablit les mêmes Officiers, qui furent aussi-tôt assiégés par les *Hioum-nou*; ce qui obligea l'Empereur *Han-tcham-ti*, qui ne voulut pas les secourir, de les rappeller. Cependant le brave *Pan-tchao* étoit demeuré dans le *Yu-tien*, Royaume éloigné de *Si-ghan-fou* de plus de neuf cents lieues, d'où il ne laissoit pas d'entretenir en paix une partie de la Tartarie Chinoise.

L'an 89°. de l'Ere Chrétienne, *Teou-hien*, Géné-

ral Chinois, ayant remporté une victoire signalée sur les *Hioum-nou*, l'Empereur *Han-ho-ti* chassa les garnisons des *Hioum-nou* de *You* (dans le *Hami* ou le *Camil.*) L'an 91, *Pan-tchao* ayant achevé de réduire à l'obéissance toute la Tartarie Chinoise, en fut créé Généralissime. Il plaça son siege dans le *Khieou-tçe*; c'est le *Kafchghar*, au dire des Chinois. On lui assigna deux Tribuns, selon la forme ancienne. Alors plus de cinquante Rois Tartares envoyerent des ôtages, & réduisirent leurs Etats en Provinces de Chine. L'Egypte même, l'Assyrie & le reste des Royaumes, qui s'étendent dans un espace de quatre mille lieues jusqu'à la mer, envoyerent payer tribut à la Chine, leurs Envoyés s'expliquant par la bouche de plusieurs Interpretes de différentes langues. L'an 97, *Pam-tchao* envoya *Kan-ym*, chef de ses Secretaires, à la découverte de l'Occident. *Kan-ym* pénétra jusqu'à la mer Méditerranée, & fit un rapport exact des pays par où il avoit passé. *Pan-tchao* fut rappellé en Chine, & *Gin-cham* vint prendre sa place. Prenant congé de *Pan-tchao*, il lui tint ce discours : „Moi, quoiqu'in-
„ digne, j'ai l'honneur de vous succéder; sans doute,
„ vous avez quelque instruction salutaire à me don-
„ ner. Les Officiers & les soldats que la Chine en-
„ voye en ce pays-ci, répondit *Pan-tchao*, ne sont
„ rien moins que d'honnêtes gens; ils ont tous été
„ condamnés à cet éxil pour leurs crimes. D'un au-
„ tre côté, les Barbares ont des cœurs de bêtes; ils
„ sont difficiles à apprivoiser, & faciles à effaroucher.
„ Je remarque que vous êtes d'un naturel impatient
„ & sévere. Souvenez-vous que les grands poissons
„ ne se pêchent point dans les eaux claires, & qu'un
„ gouvernement fâcheux n'est pas propre à entrete-
„ nir la concorde. Il faut être ici naturel, sans façon,
„ libre & dégagé. Il faut pardonner les petites fautes,
„ & se contenter de maintenir l'essentiel de l'ordre ”.
Gim-cham ne fit pas cas de cet avis. Peu d'années après, c'est-à-dire l'an 107 de J. C., la Tartarie se révolta contre lui, suivant la prédiction de *Pan-tchao*. *Gin-cham* fut assiégé avec ses Officiers. L'Empereur *Han-ghan-ti*, à qui la distance des lieux ne permettoit pas de les secourir, les fit revenir & abandonna tous ces Royaumes, qui retomberent encore une fois sous la domination des *Hioum-nou* Septentrionaux. Ceux-ci se servirent des troupes de ces nouveaux sujets, pour venir porter la désolation dans la Chine; ce qui dura plus de dix ans. *Tçao-tçoum*, Commandant Chinois, après avoir battu les *Hioum-nou*, vouloit pousser sa pointe, & aller reconquérir l'Occident; mais l'Impératrice *Tem-heou*, qui gouvernoit alors, ne le voulut pas permettre; elle se contenta d'y rétablir un Lieutenant-Généralissime. Les *Hioum-nou*, étant revenus à la charge avec les troupes d'*Eyghour*, on fut sur le point de tout abandonner; *Tchin-tçoum* s'y opposa. L'Impératrice ne sachant quel parti prendre, consulta *Pam-youm*, fils de *Pan-tchao*. Il la détermina à reprendre la Tartarie Méridionale. Elle l'en créa Lieutenant-Généralissime, & lui assigna pour le lieu de sa demeure *Leou-tchoum*, ville d'*Eyghour* à plus de 700 lieues de *Si-ghan-fou*. *Pan-youm* eut bientôt subjugué tout l'*Eyghour*. L'an 127, il remit sous le joug le Royaume de *Yen-khi*. Ensuite dix-sept autres Royaumes, comme le *Khieou-tçe* ou le *Kafchghar*, le *Yu-tien*, le *So-le* & le *So-tche*, se soumirent volontairement. Cette soumission ne fut pas de durée; car l'an 145, ils commencerent à se faire la guerre les uns aux autres, sans se mettre en peine des ordres de la Chine. La Chine, sous les Dynasties des *Ouei* & des *Tçin*, fut trop occupée d'elle-même pour pouvoir penser à eux. Durant tout ce temps-là, il n'y eut que peu de ces Royaumes qui continuerent à envoyer leur tribut. La Dynastie des *Ouei* Tartares se les assujettit, & exerça un empire souverain sur eux dans les commencements; mais les guerres civiles qui l'agiterent bientôt, donnerent moyen aux *Tou*.

kiue de s'en saisir. La Dynastie des *Soui* les posséda ensuite.

La Dynastie des *Tham* poussa bien plus loin ses conquêtes, que n'avoient fait toutes les précédentes. Elle soumit à ses loix la Tartarie entiere, aussi-bien l'Orientale que l'Occidentale. Elle posséda avec un empire absolu la Méridionale, où elle entretenoit des garnisons en plus de 300 villes, & au centre de laquelle elle avoit les quatre garnisons. C'est ainsi qu'elle nommoit les quatre Royaumes contigus de *Kafchghar* ou *Khieou-tçe*, de *Yu-tien*, de *So-le* & de *Soui-ye*, ou peut-être *Soui-che*. De-là les garnisons Chinoises tenoient en bride le reste de la Tartarie. Il est vrai que ces quatre Royaumes lui furent enlevés par les *Thybethains*; mais les Chinois les en chasserent bientôt après. Depuis l'an 705, les Arabes ou les *Ta-che* aux habits noirs, dont la puissance croissoit de jour en jour, & qui avoient déja étendu leur domination jusqu'à la mer Occidentale, se rendirent maîtres de plusieurs Royaumes de Tartarie. La Dynastie des *Khitan* Tartares, ou des *Leao*, ne laissa pas de posséder une partie de la Tartarie, & d'avoir le reste tributaire, comme étant une dépendance de la Chine, dont elle tenoit le Septentrion en propre, & le Midi sous le tribut. Les *Niou-tche* ou les *Kin* Tartares, entrerent dans tous les droits des *Leao*, après avoir subjugué leur Empire. Enfin, tout plia sous le joug des *Moumgols*, qui détruisirent également l'Empire des *Kin* Tartares & des Arabes. Ils se rendirent maîtres non-seulement de toute la Tartarie, mais même de l'Asie presque toute entiere; sans parler d'une partie de l'Europe, qu'ils ravagerent ou possèderent.

La Dynastie des *Mim*, qui éteignit celle des *Yuen*, ou des *Moumgols*, & la chassa de la Chine, abandonna tous ces Royaumes étrangers, dont la conservation coûtoit à l'Empire des sommes excessives. Elle retrécit les confins de la Chine du côté de l'Occident de plus de cent lieues, & transporta les bornes du col de *Yam-kouam* à celui de *Kia-yu-kouan*, qui n'est éloigné de *Sou-tcheou* que de cinq ou six lieues vers l'Occident. Enfin, elle se contenta de tenir trois cents lieues de pays à la ronde sous sa dépendance, autour des confins de son Empire.

La Dynastie des *Tçim* ou des *Man-tchou*, qui regne aujourd'hui en Chine, & qui a succédé à celle des *Mim*, a conservé les mêmes bornes; & sa domination dans la Tartarie ne passe pas *Yar-khan*, ou, comme ils le nomment, *Yar-khien*, dont le Roi rendit hommage à l'Empereur, lorsque j'étois à *Pe-kim*. Ce Royaume est dans l'*Usbek* Oriental.

On doit conclure, ce me semble, de ce précis, que le *Khathai* des Occidentaux, pris dans toute son étendue, comprenoit la Chine entiere avec toute la Tartarie qui dépendoit de la Chine. Comment donc distinguoient-ils la Chine de cette Tartarie? L'exemple des Moscovites qui doublent le mot de *Kitai* pour marquer la véritable Chine, & la nomment *Kitai-kitai*, comme qui diroit la *Chine Chinoise*, pourroit faire croire que les Occidentaux l'appelloient aussi *Khathai-khathai*, & que comme les Moscovites donnent le titre de *Kitäi* tout court à la Chine Tartare, de même les Occidentaux donnoient simplement celui de *Khathai*, à la Tartarie des dépendances de Chine. Cela n'empêche pas que les Occidentaux ne pussent donner ce titre de *Khathai*, tantôt à la Chine entiere, tantôt à la Septentrionale seulement, suivant les Dynasties Chinoises dont ils étoient sujets, & qui la possèdoient en entier ou à moitié. Il est pourtant vrai que ni les uns, ni les autres, ne redoubloient ce terme qu'en cas d'opposition, & pour distinguer la Chine Chinoise de la Chine Tartare. Qu'il me soit permis de me servir de ces termes.

Les Occidentaux ont poussé plus loin la précision, & ils ont divisé la Chine Tartare en *Khathai simple*, & en *Khathai noir*, ou *Khara-kathai*. Je ne doute
presque

presque pas qu'il ne faille entendre par le *Khathai* simple, la Tartarie Chinoise ou Indienne, c'est-à-dire, tous les Royaumes qui étoient le long des Indes, ou sur la même ligne d'Orient en Occident, depuis la Chine jusqu'à la *Bactriane* sous la domination Chinoise, & par le *Khara-khathai* ou *Khathai noir*, le Royaume de *Kaschghar*, & les pays attenants, sur-tout ceux que les Chinois comprenoient sous le nom des quatre Garnisons.

Il se peut faire encore que le *Khotan*, & le *Khara-kotan* des Mahometans, soit une corruption du *Khathai* & du *Khara-khathai* des Tartares, de la même façon que le *Kithai* des Moscovites en peut être une; quoique la prononciation *Moumgole*, qui s'accorde avec la Moscovite, donne sujet de croire que ce soit la prononciation primitive du mot, d'où les Mahometans ont tiré leur *Khathai*. Tout ce que je viens de dire, à la réserve de ce qui regarde le *Khara-khathai*, ne passe pas la conjecture; car où trouver des mémoires sur cela? Le Lecteur y déférera autant qu'il lui plaira.

La Bibliotheque, sous l'Article de *Turk*.

Atrak, qui signifie les Turks, *étant un nom commun non-seulement aux Turcs Othmanides, qui sont nos voisins, mais encore aux Tartares, aux Iguréens, Khathaïens & Mogols, il est à propos d'en chercher l'origine.*

Observation.

Les Chinois l'ont marquée cette origine avec autant de précision qu'on le pouvoit faire; & ils donnent assez à entendre, par les différentes opinions que cette nation en avoit elle-même, combien elle étoit incertaine dans l'esprit des Turcs mêmes. On dira que les Chinois ne font pas mention des Turcs, mais seulement des *Tou-kiue*, j'en conviens; mais je prétends en même-temps que les *Tou-kiue*, ou, si vous voulez, les *Tou-kise*, sont les *Turks*. Voici sur quoi je me fonde pour avancer cela.

1°. Il y a de l'apparence que les Chinois ayant souvent ce nom dans la bouche, en auront retranché la lettre *r* pour l'adoucir, de la même façon que de *Pars* ou *Pors*, ils ont fait *Po-sse*, en supprimant la lettre *r*, pour signifier la Perse. Par la même raison, au-lieu de changer le *K* en *Ke*, ils l'auront changé en *Kiue*. C'est ainsi que de *Moumgol* ils ont fait *Moum-kou*, changeant *Gol* en *Kou*. Mais sans nous arrêter à cette sorte de preuve qui laisse toujours quelque doute, passons à quelque autre.

2°. La fable du jeune homme & de la louve, enlevés & placés dans une montagne, à laquelle les *Tou-kiue* faisoient tous les ans des sacrifices, comme à l'origine de leur nation, ne désigne-t-elle pas assez clairement le mont *Erkeneh-koun*, où *Kian* & *Thehouz* se retirerent avec leurs femmes, après que leur nation eut été détruite par *Tour*, fils de *Feridoun*, Roi de Perse?

3°. De plus, les *Turks* n'ont commencé à se faire connoître que sur la fin du sixieme siecle. La Chine qui ressentit bientôt la pesanteur de leurs bras, le témoigne, & nos Histoires s'accordent en ce point avec la Chinoise. Que doit-on donc penser des Historiens Mahometans qui sont entrés dans un aussi grand détail des affaires de cette nation & de la suite de ses Rois, même avant ce temps-là, que s'ils avoient eu des Histoires completes?

4°. D'ailleurs, les *Turks* n'eurent pas plutôt paru au monde, qu'ils subjuguerent, outre la Tartarie toute entiere, la Perse & plusieurs autres pays de l'Asie. Ils parvinrent à un tel point de puissance, que la Chine, qui les avoit à ses portes, n'a pu l'ignorer. N'auroit-elle donc point parlé des *Turks*, elle qui a donné place dans son Histoire jusqu'aux moindres nations de la Tartarie? Et quand elle auroit voulu s'en taire, ne l'auroient-ils pas forcée par leurs irruptions, à en parler, ce pays si riche ayant toujours été le principal objet de l'ambition & de la cupidité Tartare? Qu'on juge sur cela, si j'ai pu dire avec fondement que les *Tou-kiue* des Chinois sont les *Turks* des Mahométans, & si l'on ne doit pas plutôt s'en rapporter touchant leur origine, aux Chinois, qui nous ont donné une Histoire suivie de cette nation qui étoit, pour ainsi dire, née sous leurs yeux, qu'aux Mahométans, qui, dans les lambeaux détachés qu'ils rapportent d'une nation si éloignée d'eux au commencement, n'ont gardé aucun ordre chronologique.

Quelle foi, dira quelqu'un, peut mériter en ce point l'Histoire Chinoise, qui fait descendre la race de ses *Tou-kiue* d'une louve? Vit-on jamais une fable plus grossiere? A cela je réponds qu'elle n'est ni la premiere, ni la seule qui ait souillé le papier de ces sortes de naissances; les nôtres mêmes nous en fournissent des exemples. Mais sans examiner ici si la chose est absolument impossible, l'on ne peut douter que ces peuples, qui, avant que de recevoir la loi de Mahomet, étoient entêtés de la métempsycose, & qui ne mettoient entre l'homme & la bête d'autre différence que celle des organes, ne la crussent non-seulement possible, mais encore probable, ou peut-être véritable.

Quoi qu'il en soit, l'Histoire Chinoise fait assez voir qu'elle n'appuye pas beaucoup sur cela, quand elle rapporte les autres origines que les *Tou-kiue* se donnoient, ou qu'on leur donnoit. Or en tout cela paroit-il le moindre vestige de *Japhet?* En doit-on croire sur leur parole les Historiens Mahométans, quand ils avancent comme un fait incontestable, que les *Turks* l'ont toujours reconnu pour leur premier pere, vu principalement que les Mahométans s'accordent si mal ensemble dans le nombre des enfants qu'ils donnent à *Japhet?* Les uns ne lui en donnent que trois, & ceux-ci se trompent manifestement, puisque la *Genese* en marque sept, & en fait conséquemment un point de foi. Les autres lui en donnent huit, & ceux-ci approchent plus de la verité. Quelques-uns le font pere d'onze fils. On en pourroit ajouter un douzieme, selon eux, puisque la *Bibliotheque*, sous le titre d'*Andalous*, remarque que les Mahométans le font fils de *Japhet*. Celui-ci est évidemment un enfant supposé, comme on l'a pu voir ci-dessus. Parmi les onze autres, il y en a quatre qui ne sont pas plus légitimes. Si donc ils ont été si peu exacts au sujet de *Japhet*, dont ils avoient l'Histoire abrégée dans les Livres sacrés des Juifs, quels mémoires leur ont pu fournir les Turks, pour les mettre en état de particulariser avec tant de précision la généalogie de *Turk*, son fils aîné ou puiné?

Les *Turks*, au commencement, n'avoient aucun usage des lettres. Les Chinois, qui ont été si long-temps mêlés avec eux, & qui avoient toujours dans leur Cour plusieurs des plus habiles & des plus entendus de cette nation, le témoignent. C'est pareillement une chose avérée que les *Moumgols*, leurs prétendus freres, au commencement du treizieme siecle, ignoroient les lettres & l'écriture; de sorte que *Tchimkhis-khan*, le fondateur de leur Empire, après avoir étendu bien loin ses conquêtes, se vit obligé d'emprunter les lettres des *Eyghouréens* pour écrire ses dépêches, & les envoyer dans les pays soumis. *Khoublai* fut le premier Empereur *Moumgol* qui fit inventer des lettres à l'usage de sa nation par *Pa-hhas-pa*, qu'il créa premier *Talai-lama*. Reste donc la tradition qui a dû conserver parmi les Turks la mémoire de tant de généalogies & d'événemens. Je laisse à penser combien on peut compter sur les traditions d'une nation barbare, vagabonde & toujours occupée de guerres; mais cette tradition n'auroit-elle point été interrompue par *Tour*, fils de *Feridoun*, Roi de Perfe, qui, comme l'affurent les Perfans, extermina toute cette nation, à la réferve de deux hommes & de deux femmes qui échapperent au maffacre général, & fe retirerent dans le mont *Erkeneh-koun*, où ils la re-peuplerent? *Feridoun*, fuivant une des Chronologies reçues, mourut 1255 ans, fuivant l'autre, 1459 avant l'Ere Chrétienne. Les Perfiens ne peuvent donc pas nier que cet événement n'ait précédé notablement l'an 1255 avant l'Ere Chrétienne, *Feridoun* ayant régné 500 ans entiers fuivant leurs Romans. Quelle appa-rence après cela que deux hommes & deux femmes ayent eu la mémoire affez heureufe pour conferver à la poftérité tant de traditions, fur-tout une fi longue fuite de générations, & tant de noms de ceux qui les avoient précédés, fans les corrompre, ni les altérer, & que ceux qui les ont fuivis ayent eu le même bon-heur & la même fidélité? Ce que je vais dire eft en-core plus fort, & me paroit décifif.

Les *Mogols* & les *Cathayens*, comme le rapporte la *Bibliotheque* fous le titre de *Van*, comptoient l'an 847°. de l'Hégire, (c'eft l'an 1443 environ de l'Ere Chrétienne,) quatre-vingt-huit millions fix cents trente-neuf mille huit cents foixante années écoulées depuis la création du monde; (nous avons examiné cela ci-deffus :) confervoient-ils auffi la mémoire des généalogies & des événements renfermés dans cette effroyable multitude de fiecles? Dans cette perfuafion de l'antiquité du monde, pouvoient-ils fe borner à *Japhet*, & ne pas pouffer plus loin l'antiquité de leur nation? Ou plutôt pouvoient-ils avoir la connoiffance de *Japhet*, de *Noé* & du Déluge?

De plus, on leur fait donner à tous les anciens Rois le titre de *Khan*. Cependant l'Hiftoire Chinoife qui ne peut être fufpecte à cet égard, a marqué dans fes annales que ce titre n'a commencé à paroître dans la Tartarie que l'an du falut 402, & que *Tou-loun*, ou bien *Touroun*, le Roi des *Geou-gen* Tartares, fut le premier qui le porta. Quand bien même les *Geou-gen* auroient fait une partie de la nation Turque, ce qui n'eft pas, comme on le peut voir dans l'Hif-toire des *Geou-gen*, qui regardoient les *Turks* comme leurs efclaves & comme de fimples forgerons, le ti-tre de *Khan* n'en feroit pas moins nouveau. Les Ma-hométans, & les *Turks* probablement après eux, ne laiffent pas de faire remonter ce titre prefque jufqu'à *Japhet*, & peu s'en faut qu'ils ne le nomment *Japhet-khan*. Cela s'eft donc fait après coup. Les *Hioum-nou*, qui pourroient bien avoir été les *Huns*, & qui ont dominé fi long-temps avec un pouvoir fans bor-nes dans toute la Tartarie, & dans plufieurs autres parties de l'Afie, avant & après la venue du Meffie, auroient-ils permis aux *Turks*, quand même dès ce temps-là ils auroient fait un corps de nation, de pren-dre un titre de fouveraineté tel qu'étoit celui de *Khan*, eux qui étoient fi jaloux de celui de *Tchen-yu* qui leur étoit propre? Les *Hioum-nou* n'auroient-ils pas auffi été *Turks*? Les Chinois qui les avoient reçus dans leur Empire, & s'étoient confondus avec eux, & qui les font defcendre d'un de leurs Empereurs, témoi-gnent le contraire. Sans doute, fi les *Hioum-nou* avoient été connus des Mahométans, & dans les mêmes re-lations à leur égard que les *Turks*, les Mahométans n'auroient pas manqué de donner un fils de ce nom à *Japhet*. Cela leur coûte peu.

Que doit-on conclure de tout cela? Si ce n'eft peut-être que, d'un côté, les Mahométans s'étant ef-forcés à l'envi de relever les *Turks* & les *Moumgols*, dont ils avoient fubi le joug, en leur impofant (en revanche) celui de leur Religion, leur ont forgé des généalogies illuftres, & des événements finguliers, pour couvrir de ces voiles la baffeffe de leur origine, & la barbarie de leurs mœurs; & de l'autre que les Turks & les *Moumgols* profitant de la flatterie des Hiftoriens, l'ont fait fervir à la politique, & ont adopté

des fables qui pouvoient contribuer à affermir leur domination fur les peuples toujours crédules. Encore fi ces Hiftoriens Mahométans nous indiquoient les fources où ils ont puifé ces connoiffances, s'ils nom-moient quelques Hiftoriens contemporains pour té-moins des faits qu'ils avancent, du moins s'ils les propofoient comme douteux, on pourroit les excu-fer, ou les louer. J'ajoute donc plus de foi aux Chi-nois, qui ont écrit dans le temps dont ils parlent, & qui pour les temps plus reculés, ont travaillé fur les mémoires & les traditions des *Turks* dont ils avoient une connoiffance parfaite, & qui favoient les diftinguer des autres nations.

Car pour ne pas accufer les Hiftoriens Mahomé-tans, de mauvaife foi, il fe peut fort bien faire que, faute de cette diftinction, ils auront confondu les *Turks* avec les autres nations de Tartarie, & auront réuni fous un feul peuple, des faits hiftoriques qui devoient être partagés entre plufieurs. Du moins eft-il certain que fous le nom de *Turks*, ils comprenoient un nombre in-nombrable de nations différentes qui rempliffent la Tar-tarie, de la même façon que les Grecs & les Latins les comprenoient fous le nom de *Scythes*, & que nous les comprenons, contre tout droit, fous le nom de Tartares. De cette confufion de nations naît nécef-fairement le trouble & le défordre dans leurs hiftoires, parce qu'on y attribue à une feule nation ce qui doit être diftribué entre plufieurs peuples. Ces noms vagues font fujets à de grandes erreurs. Si les Mohomé-tans s'avifoient d'écrire l'hiftoire des *Afrang*, ou des *Franks*, comprenant fous ce nom toute l'Europe, quoi qu'il ne dût comprendre proprement que la Fran-ce, ils confondroient bientôt l'Allemagne avec l'Italie, & mettroient fur le compte de la France ce qui ap-partient à l'Efpagne. C'eft ainfi, par exemple, que les Hiftoriens Mahométans font des *Eyghouréens* une na-tion Turquefque; c'eft pourtant un Royaume régu-lier & rempli de villes, qui fut affujetti par les Chi-nois plus de cent ans avant l'Ere Chrétienne. Il étoit fondé long-temps avant qu'il tombât fous la puiffance des Chinois, comme nous venons de le voir. S'en-fuit-il pour cela qu'il foit compofé de Turks? D'ail-leurs, les Turks reconnoiffent une louve, & les Rois d'*Eyghour* un arbre pour leur origine. Enfin, les Turks eurent bien de la peine dans le plus haut point de leur puiffance, à ravir l'*Eyghour* aux Chinois, qui le leur arracherent bientôt.

Pour les *Cathayens*, c'eft encore un terme vague, qui comprend bien des nations différentes, entr'au-tres la Chinoife. Quant à la Chinoife, on en fait l'o-rigine qui n'a aucun rapport à celle des *Turks*. Pour ce qui regarde les autres nations du *Khatai* Tartare, il fe peut faire qu'il y eût quelques peuples *Turks* qui en habitaffent une partie; mais je tiens pour cer-tain que les autres fe feroient offenfés, fi on leur avoit donné le nom de *Turks*. J'ai dit qu'il fe pouvoit faire qu'il y eût quelques peuples *Turks* dans le *Khathai*, parce qu'on ignore les bornes précifes du *Khatai* Tar-tare. D'ailleurs, il eft certain qu'après que les Chi-nois eurent détruit les deux Empires des *Tou-kiue*, ou *Turks* Orientaux & Occidentaux, les *Turks* fe fé-parerent, & s'emparerent de diverfes contrées où ils fe maintinrent fous la domination de la nation qui ré-gnoit fur toute la Tartarie. De-là vient qu'on trouve dans ce pays plufieurs *Turkeftan* (*). C'eft de-là qu'ils fe font répandus dans la fuite dans l'Occident, où ils ont fondé plufieurs Empires, dont le plus puiffant fub-fifte encore aujourd'hui. Ce fléau de Dieu après avoir fervi à la juftice divine pour châtier la Chine, a en-

____

(*) Un de ces Pays envoya une ambaffade en Chine l'an 941 pour la derniere fois. A l'occafion de cette am-baffade, l'Hiftoire de la Chine remarque que leur Royaume étoit pour lors très-petit & très-foible.

core à préfent le même ufage entre fes mains pour punir les Chrétiens. Au refte, je ne prétends pas affurer que la Tartarie n'ait pas été peuplée par les defcendants de *Japhet*, qui, felon le langage de l'Ecriture, partagerent entr'eux les ifles des nations : ce qui pourtant femble mieux convenir à l'Europe qui eft féparée de la Judée par la mer, & qui en eft prefque toute entourée, qu'à la haute Afie, qui ne fait qu'un même continent avec elle. Ce que j'ai voulu prouver, c'eft que la prétendue tradition des *Turks* n'a pris naiffance qu'après celle du Mahométifme ; & fuppofé le fait, s'il eft permis de conclure quelque chofe de la reffemblance des noms, la famille des *Affena*, fi illuftre parmi les *Turks*, fembleroit donner à entendre qu'*Afcenez*, fils de *Gomer*, & petit-fils de *Japhet*, auroit été le premier pere de cette nation.

La Bibliotheque, fous le titre de *Tatar*.

Tatar & Tatar-khan, *nom d'un fils d'*Ilingeh-khan, *cinquieme Roi du* Turqueftan, *de la poftérité de* Turk, *fils de* Japhet. *Il vint au monde avec fon jumeau nommé* Mogul *ou* Mogol, *& ces deux freres fonderent deux grands Empires fameux dans l'Orient, lefquels par la fuite fe réunirent en un feul....*
La Dynaftie fut de huit Khan. 1. Ilingeh-khan, 2. Tatar-khan ; 3. Bouka-khan ; 4. Bilingeh-khan ; 5. Iffali-khan ; 6. Akfur-khan ; 7. Ordou-khan ; 8. Sounig, *ou* Sidig-khan. *Après la mort de* Sounig, *les guerres civiles & étrangeres diviferent tellement cette nation de Tartares, que leur grand Empire fut entiérement aboli, quoique les familles Tartares fubfiftaffent toujours féparées des autres nations Turquefques de l'Orient.*
Aujourd'hui l'on donne chez les Turks *le nom de* Tatar-khan *au Sultan qui commande les Petits-Tartares de la* Crimée.

OBSERVATION.

Les Chinois les ont nommé au commencement *Thatche*, enfuite *Tha-tha*, & vulgairement *Tha-tçe* ; enfin, par mépris *Sao-tha-tçe*, c'eft-à-dire les *puants Tartares*. Quelquefois auffi ils fe fervent de la lettre *Tha* qui a le même fon, au-lieu de celle de *Tha* ; fur quoi il eft à remarquer que la lettre qui fe lit *Ke* par les Chinois, fignifie dans leur langue la *peau crue* d'un animal, & ils ne l'ajoutent pour latérale à la lettre *Tha*, que pour donner à entendre quel rang tiennent ces peuples dans leur efprit. Auffi les *Niou-tchin* & les *Moumgols*, après avoir conquis la Chine, ont retranché cette lettre injurieufe, & ont écrit feulement *Tha-tha*, & quelquefois *Tha-tha*. Je crois même que les *Thatan*, dont les *Khitan* font deux fois mention dans leur Hiftoire, défignent le même peuple. Les Chinois ne laiffent pas de l'écrire fimplement *Tha-tha* ; ce qui n'a rien de méprifant ; & pour prononcer le mot entier, ils ajoutent *Eul*, & lifent *Ta-tal*, au-lieu de *Tatar*. C'eft ainfi entr'autres que l'écrit le petit abrégé de la Géographie univerfelle, intitulé *Fam-yu-chim-lio*.
Au refte, les Chinois prennent ce nom en trois fens différents. Dans le fens le plus étendu, il revient àpeu-près à notre mot de Tartare, & comprend indéfiniment toute la partie de la haute Afie, qui eft plus Septentrionale que la Chine, & à l'Occident du méridien de *Pe-kim*. Le peuple même l'applique jufqu'aux Mofcovites, qu'il appelle *Ta-pi-tha-tçe*, c'eftà-dire, les *Tartares au grand nez*. Anciennement les Chinois donnoient à tous ces peuples le nom commun de *Tii*, qui eft encore plus infultant que celui de *Tha-tçe* écrit à leur maniere, la lettre latérale de *Kiuen*, qui fignifie *Chien*, marquant, comme le prétendent quelques Chinois, qu'ils font de race de chien. Delà vient que les vocabulaires Chinois définiffent le terme de *Tha-tche* ou de *Tha-tha*, en cette maniere :

„ C'eft un terme général qui comprend tous les *Tii*, „ ou, comme l'expliquent quelques-uns, tous les Bar„ bares du Nord ".
L'Abrégé de la Géographie univerfelle, intitulé *Kouam-yu-ki*, donne des bornes plus étroites & plus précifes au terme de *Tha-tche* ; & c'eft lefecond fens. Elle en termine le pays, du côté de l'Orient, par l'*Ouream-gha*, & conféquemment par le méridien de *Pekim* à fort peu près ; à l'Occident, par le Royaume de *Sal-mal-han* ou *Samarkand* ; du côté du Nord, elle en pouffe les limites jufqu'aux extrêmités Septentrionales des déferts de fable.
Dans le troifieme fens qui eft le propre, & apparemment celui d'où les deux autres font tirés, (car ils ne font pas anciens,) il fignifie une nation particuliere, qui n'a commencé à fe former fous ce nom, & à être connue en Chine que fur la fin de la Dynaftie des *Tham*. Je vais traduire ce que *Gheou-yam-fieou*, le premier Hiftorien de Chine qui en ait parlé, en a rapporté dans fon Hiftoire des cinq petites Dynafties poftérieures. Ce qui eft compris entre des parenthefes eft ajouté en forme d'éclairciffement.
Les *Tha-tche* defcendent des *Mo-ho*, (ce font les *Niou-tchin*, ou, comme on les nomme aujourd'hui, les *Man-tchou*,) dont ils étoient un peuple. Le pays qu'ils habitoient eft fitué au Nord-Eft de celui des *Hii* & des *Khitan*, (& conféquemment de la Province du *Pe-kim* d'aujourd'hui ;) dans la fuite, les *Khitan* les ayant attaqués, leurs hordes fe démembrerent & fe diffiperent. Une partie fe foumit aux *Khitan* ; une autre alla fe refugier dans le *Po-hai*, Royaume contigu à la Corée & au *Leao-toum*.) Une de fes hordes vint fe jetter dans les monts *Yn-chan*, (qui font hors de la grande muraille, entre la Chine & le *Chamo*, ou la mer de fable.) Elle s'y répandit, après avoir pris le nom de *Tha-tche*. Sur la fin des *Tham*, eux & leur nom commencerent à fe faire connoître en Chine. (Deux Seigneurs *Tha-tche*, nommés) *Meifiam-ouen* & *Yu-yue-fiam-ouen*, (*Siam-ouen* étoit un titre de commandement chez les *Niou-tchin*, emprunté des *Khitan* ; *Yu-yue* étoit auffi un titre de la premiere nobleffe parmi ces deux peuples ; ce qui donne lieu de croire que ce ne font pas les noms de ces deux Seigneurs, mais le titre de leurs charges & de leurs dignités.) Ces deux Seigneurs donc, fous l'Empire de *Tham-yi-tçoum*, fervirent fous *Tchu-ye-tche-fin*, (qui reçut de l'Empereur le nom de *Li-koue-tcham*, & qui fut créé l'an 869 Général de l'armée que l'Empereur fit marcher contre *Pamhiuen* qui s'étoit révolté l'an 867.) Enfuite *Tchuye-tche-fin*, (ou bien *Li-koue-tcham* ; il étoit de nation *Cha-tho* Tartare,) & fon fils *Li-ke-youm* ayant été défaits par *He-lien-tho* & autres, fortirent de la Chine, (crainte du châtiment,) & fe retirerent chez les *Tha-tche* (l'an 880 ; mais l'an 883,) *Li-ke-youm* rentra en Chine, fuivi des *Tha-tche*, & défit avec ce fecours le rebelle *Hoam-tchao*. Après cela il s'établit avec les *Tha-tche* entre *Yun-tcheou* & *Tai-tcheou*, (deux villes dans la partie Septentrionale de la Province de *Chanfi*).
Voici les mœurs des *Tha-tche* : ils nourriffent un grand nombre de chameaux & de chevaux. Il n'eft pas poffible d'entrer dans le détail des noms de leurs hordes, & de ceux qui les commandent. On ne peut parler que de ceux qui font venus en Chine, entre l'an 923 & l'an 926. *Tche-ven-pou*, qui étoit leur *Toutou*, ou Commandant général dans le *Ho-fi*, paya fouvent à la Chine fon tribut de chameaux & de chevaux. L'Empereur *Heou-tham-mim-tçoum* (qui commença à régner l'an 927, & régna 7 ans,) affiégeoit *Vam-tou* dans la ville de *Tim-tcheou*. *Vam-tou* appella les *Khitan* à fon fecours. L'Empereur *Mimtçoum*, de fon côté, ordonna aux *Tha-tche* d'aller porter la défolation dans le pays des *Khitan*, pour faire diverfion. Il députa vers eux *Sie-kim-tchoum*,

Gouverneur de la ville de *Sou-tcheou*, qui leur porta 250 rondaches avec quelques centaines d'arcs & de fléches qui avoient été enlevées aux *Khitan*; car les *Tha-tche* étoient fujets des *Tham* poftérieurs. L'an 932, *Hie-kho*, un des chefs des *Tha-tche*, vint avec fa troupe, qui étoit de plus de quatre cents perfonnes, s'établir en Chine fous les aufpices des *Tham* poftérieurs. Ils ne cefférent de venir régulièrement en Chine qu'après l'an 959. Voilà les propres termes de *Gheou-yam-fieou*.

Il eft évident par ce que je viens de rapporter, que les *Tha-tche* ou *Tartares* étoient originairement un peuple de la Tartarie Orientale, qui ne commença à entrer dans l'Occidentale que vers le milieu du neuvieme fiecle. Ainfi ceux qui ont placé ce pays au Nord-Oueft des *Khitan*, fe font trompés; ce qui arrive fouvent aux Hiftoriens Chinois non-contemporains, quand ils décrivent des pays qu'ils ne connoiffent pas. Car quand bien même *Gheou-yam-fieou* ne diroit pas qu'ils étoient *Mo-ho* de nation, les titres de *Siam-ouen* & de *Yu-yue* le prouveroient affez. D'abord ce peuple s'arrêta auprès de la Chine, au Nord de la Province de *Chanfi*. Bientôt après, il s'en approcha jufqu'à la toucher, & il fe foumit aux Chinois. Il ne tarda pas à s'avancer vers l'Occident. L'an 923, il s'étoit déja établi dans le *Ho-fi*; c'eft ainfi que les Chinois nomment ce pays, parce qu'il eft à l'Occident du *Hoam-ho*. Il faifoit en ce temps-là une partie de la Province de *Chenfi*, & s'étendoit plus de deux cents lieues à fon Occident, depuis la ville de *Leam-tcheou* jufqu'aux fables des lutins. Delà les *Tha-tche* tournant vers le Nord-Oueft, allerent établir une demeure fixe fur le bord de la riviere de *Tatar*, à laquelle ils donnerent leur nom felon toutes les apparences; ce qui vraifemblablement arriva dans l'onzieme fiecle. C'eft ainfi que ces peuples vagabonds de la haute Afie paffent de pays en pays.

Au refte, les *Tha-tche*, ou Tartares proprement dits, étoient divifés en trois, favoir, en blancs, en fauvages & en noirs. Les blancs n'ont rien d'affreux ni de difforme, dit un Auceur Chinois. Ils aiment à porter des balaffres au vifage. Ils ont de la piété pour leurs parents, & obfervent foigneufement les devoirs: (ne marqueroit-il point par-là les fujets du Prêtre-Jean, auffi-bien que par l'adoration du Ciel fi refpeétueufe dont il eft parlé plus bas?) Les fauvages font pauvres & ftupides; ils n'ont pour toute habileté que celle de monter à cheval, & de fuivre les autres en qualité de valets. Les noirs font ceux parmi lefquels *The-moud-gin*, furnommé *Tchim-khis-khan*, prit naiffance, & chez qui il exerça la fonétion de Décurion. Etant tout jeune, il fut pris & enlevé par les *Niou-tchin*, qui le tinrent en captivité durant plus de dix ans, après lefquels ayant trouvé le moyen de s'évader, il retourna parmi les fiens. *The-moud-gin* avoit un mérite extraordinaire; il étoit homme de cœur, de tête & de réfolution, fur-tout il avoit de la grandeur d'ame. Par-là il devint Roi des *Tha-tche* noirs. Ces peuples adorent le Ciel avec le plus profond refpeét. Ils font toujours mention du Ciel dans toutes leurs affaires. Quand ils entendent le tonnerre, ils font faifis de crainte & d'horreur; ils font faire alte à leurs armées, & n'oferoient paffer outre; ils difent que le Ciel a crié. Ce que je viens de dire eft tiré de la defcription exaéte que *Mem-koum*, fameux Auteur, & plus fameux Capitaine encore, fous la Dynaftie des *Soum*, a faite des *Moumgols* & des Tartares. Il eft cité par le vocabulaire, intitulé *Tchim-tçe-thoum*, fous la lettre *Tha*.

A ces trois efpeces, il en faut ajouter une quatrieme qui eft de Tartares aquatiqueś, qui fe répandant vers le Nord-Eft, femblerent vouloir retourner à leur ancien pays. Ils occuperent, à ce que je crois, les bords du *Talai*, ou, comme prononcent les Mofcovites, *Dalai*. Ce terme, qui fignifie *mer*, fe donne par autonomafe, à caufe de fa grandeur, au lac nommé proprement *Kou-loun* par les *Moumgols*, & par les Chinois, *Kouo-louan*. Il eft au Nord de *Pe-kim* à environ deux cents cinquante lieues de diftance; il a plus de cent lieues de circuit, & reçoit fept rivieres dans fon fein, d'où fort enfuite l'*Ergoné*, ou, comme les Mofcovites l'appellent, *Argoun*, qui va décharger fes eaux dans le fleuve *A-mour*, ou bien *Ya-mour*, ou pour parler avec les *Man-tchou*, dans le *Sa-ghalien-ou-la*, ou avec les Chinois, *He-choui*, c'eft-à-dire, l'eau noire, ou bien *He-loum-kiam*, c'eft-à-dire, le fleuve du dragon noir. Les Tartares fe faifirent auffi de la contrée qui eft entre ce lac & le pays des *Mo-ho*, ou des *Man-tchou*; & comme le voifinage du lac & des rivieres la rend marécageufe, on donna à ces Tartares, pour les diftinguer, le nom de Tartares, ou bien de *Moumgols* aquatiques.

Les noirs firent bande à part, & ayant pris le nom de *Moumgols*, ils devinrent ennemis des autres, qui retinrent le nom de *Tatar*. *Ye-fou-khai*, pere de *Tchim-khis-khan*, défit les blancs entièrement fur la fin du douzieme fiecle. Il retournoit viétorieux, & ramenoit en triomphe le Roi des Tartares, nommé *The-moud-gin*. Il trouva à fon retour fa femme accouchée de *Tchim-khis-khan*. *Ye-fou-khai*, tranfporté de joie par cette heureufe rencontre, voulut que le nouveau né portât le nom du Roi captif, en mémoire de fa viétoire. Au commencement du treizieme fiecle, *Tchim-khis-khan* acheva d'exterminer le refte de la nation Tartare. Delà vient que les *Moumgols* fe fentoient offenfés, quand les Ambaffadeurs de l'Occident leur donnoient le nom de *Tartare*, qu'ils avoient quitté depuis un ou deux fiecles, par quelque pique apparemment contre les autres Tartares, dont ils avoient éteint le nom avec les nations qui le portoient. En quoi ils n'étoient peut-être pas mieux fondés que les *Othmanides*, qui ne fouffrent pas patiemment qu'on les appelle *Turks*. Du moins les peuples Occidentaux, concourant avec les Chinois à mettre les *Moumgols* au rang des Tartares, cela rend la chofe prefque indubitable.

Après une origine fi bien marquée des *Tatar*, fuivie pour ainfi dire à la pifte, & qui ne paffe pas neuf cents ans d'antiquité, que deviendra *Tatar-khan*, auffi-bien que *Mogol*, fon prétendu frere jumeau? Que deviendra *Ilingeh-khan* & toute fa Dynaftie? Je le laiffe à décider au Leéteur.

Les deux Auteurs que j'ai cités méritent quelque attention; ils doivent paffer pour contemporains, puifqu'ils ont tous deux fleuri fous la Dynaftie des *Soum*, fous laquelle les *Moumgols* ont commencé leurs conquêtes, qu'ils ont terminées par fa deftruétion. *Memkoum* a parlé avec connoiffance de caufe, ayant commandé en chef l'armée que les Chinois unirent aux troupes de *Moumgols* contre les *Kin* Tartares, & conféquemment il a long-temps vécu avec les *Moumgols*. Quant à *Gheou-yam-fieou*, il naquit l'an 1007, & mourut l'an 1072. Il peut donc paffer pour contemporain des *Tha-tche*. Il fut le plus grand Philofophe, & le plus éloquent Orateur de fon fiecle. Il occupa les plus hautes dignités de l'Empire, & s'il ne poffeéda point la premiere que le public lui adjugeoit, fon amour pour la vérité & pour la juftice l'en fit exclure. Il a compofé fon Hiftoire fur les mémoires de ceux qui avoient traité avec les Tartares. Il mérite donc plus de croyance que les Hiftoriens Mohométans.

LA BIBLIOTHEQUE, fous le titre de *FERI-DOUN*.

Feridoun ou Afridoun, *feptieme Roi de Perfe de la premiere Dynaftie ou race.* . . . . *Quand* Feridoun *fe fentit avancé en âge, il réfolut de partager fes Etais entre trois enfants qu'il avoit.* . . . . *L'Aureur du* Tarikh Cozideh *dit, que* Feridoun *étoit petit-fils de* Giamfchid, *& qu'il portoit le furnom de* Ferrakh,

Ferrakh, *qui signifie généreux & libéral; il le fait passer pour Musulman.*

Il ajoute qu'il partagea ses enfants en grand Seigneur; car il donna à Salm, *son fils aîné, le pays nommé* Magreb, *c'est-à-dire, toutes les Provinces de l'Occident, conquises ou à conquérir, avec le titre de* Kaissar; *à son second fils, nommé* Tour, *la Turquie Orientale, qui comprend les Pays des Turks, Tartares &* Mogols, *& toute la vaste étendue du Pays de* Catha *& de* Tchin, *c'est-à-dire, le Cathai & la Chine, avec le titre de Fagfour. Le cadet, qu'il aimoit plus tendrement, demeura maître de la Perse, des deux Iraques, de la Syrie, de l'Arabie & du Khorassan avec leurs dépendances, & prit le titre de Schah…* Feridoun, *selon le même Auteur, fit ce partage, après avoir régné cinq cents ans.*

OBSERVATION.

Peut-on voir un amas plus monstrueux de fables? Les Empires des Assyriens, des Medes & des Babyloniens n'auroient été que des pygmées en comparaison de ce colosse, composé de l'Europe, de l'Asie entiere & de l'Afrique. D'où vient donc que nos Histoires anciennes qui ont fait sonner si haut la grandeur de ceux-là n'ont pas dit un seul mot de celui-ci? D'où vient que les Chinois, qui sont si exacts, n'ont rien marqué de ce Roi, qui étoit venu de si loin les gouverner, & qu'ils ont marqué le contraire? *Feridoun* est mort, suivant la Chronologie Mahométane, douze ou quinze siecles avant la venue du Messie. D'où vient encore que les Carthaginois & les Grecs n'ont laissé à la postérité aucune mémoire d'un si vaste Empire, qu'ils auroient, pour ainsi dire, touché au doigt, & dont ils auroient fait une partie, tandis qu'ils nous en ont vanté tant d'autres, qui étoient incomparablement moins puissants? Ou trouve-t-on dans ces temps-là des hommes qui vécussent mille ans, & qui en régnassent plus de cinq cents? Les titres de *Kaissar* & de *Fagfour* ne découvrent-ils pas la fausseté ouvertement? Nous savons tous que le titre de *Kaissar* est le nom propre de Jules-César, & qu'il n'a passé en titre Impérial parmi les Romains, qu'après sa mort. Tout le monde sait encore que c'est un mot purement Latin. Comment donc *Feridoun* l'a-t-il pu faire entrer dans le partage qu'il fit à son fils aîné? L'anticipation n'a pas lieu en ceci. L'Historien pouvoit, par cette figure, donner à *Salm* le titre de *Kaissar*, quoique fort improprement; mais il ne peut pas dire que *Feridoun* ait donné un titre qui n'étoit pas en être. Nous avons montré que le titre de *Fagfour* a toujours été inconnu à la Chine, & que l'Histoire de *Tour* est à cet égard une chose controuvée.

L'Auteur du *Lebtarik* est plus modeste, me direz-vous, & il se contente de dire que *Feridoun* se sentant avancé en âge, fit le partage de ses Etats entre ses trois enfants; qu'il donna la partie Occidentale, qui s'étendoit jusqu'en Afrique, à *Salm*, l'Orientale, terminée par le *Gihon*, à *Tour*, & le milieu à *Irage*: (on peut reconnoître à ces marques l'Empire des Assyriens, & non pas des Perses.) Cela, sans doute, sent plus son Historien, & peut-être vrai; mais il s'accorde dans le reste avec l'Auteur du *Tarik Cozideh*; il renvoye son Héros au désert, & en fait un Hermite Musulman; ce qui suffit pour rendre sa narration suspecte. Au reste, le tablier du forgeron-conquérant étoit, sans doute, d'une peau bien extraordinaire pour avoir pu se conserver jusqu'à la bataille de *Cadesie*, c'est-à-dire, durant plus de deux mille ans. Sans doute, on en aura mis d'autres en sa place; ce qui faisoit le même effet. J'ai fait ces Observations, afin qu'on voye combien on doit compter sur l'Histoire des *Turks*

& des *Moumgols*, quand elle vient à se mêler avec celle de *Feridoun.*

LA BIBLIOTHEQUE, sous le titre de MOGOL & MOGUL.

Mogol-khan, *nom d'un des fils d'*Alingeh-khan, *cinquieme Roi du* Turquestan, *qui descendoit en ligne directe de* Turk, *fils de* Japhet.

Mogol-khan *naquit frere jumeau de* Tatar-khan, *& c'est de lui que* Genghiz-khan *est descendu: car* Mogol-khan *eut quatre enfants, dont le premier porta le nom de* Kara-khan; *le second, d'*Azer-khan; *le troisieme de* Ghez-khan, *& le quatrieme, d'*Orkhan; *& c'est de* Kara-khan, *l'aîné, que* Genghizkhan *descend en ligne directe & masculine.*

Cette premiere Dynastie des Mogols *a eu neuf Rois consécutifs.* …

Cette premiere Race & Dynastie des Mogols *fut abolie, & leur nation presque exterminée au temps que* Tour, *fils de* Feridoun, *Roi de Perse, conquit toutes les Provinces transoxanes.*

OBSERVATION.

Nous venons de rapporter, sous le titre des *Tartares*, ce que le Général *Mem-koum* a laissé par écrit de la nation des *Moumgols*. Joignons-y ce que dit l'Abrégé de la Cosmographie universelle, intitulé *Fam-yu-chim-lio*. Voici comme il s'en explique. Les *Moumgols* anciennement étoient un petit peuple de captifs du Nord, nommés *Ta-tche*. Le chef de cette horde étoit pris depuis plusieurs générations dans la famille de *Tchim-khis-khan*. Ce sont les termes des Auteurs qui écrivoient l'an 1612.

En effet, la nation des *Moumgols*, avant *Tchim-khis-khan* & son pere, c'est-à-dire avant la fin du douzieme siele, étoit si peu connue dans la Tartarie même, qu'à peine trouve-t-on son nom, avant ce temps, deux fois dans l'Histoire Chinoise. Encore n'oserois-je assurer que ce soit de ce peuple qu'elle parle; car elle se contente de le nommer simplement, sans rien ajouter qui le concerne, & par où on le puisse distinguer. J'ai toutefois de la peine à croire ce que le Général *Mem-koum* assure, qui est que *Tchim-khis-khan* n'eut d'autre charge parmi sa nation que celle de Décurion, puisqu'il est constant que son pere *Ye-sou-khai* commença à étendre sa nation & à la rendre illustre par ses conquêtes. Peut-être entend-il parler du temps auquel *Tchim-khis-khan* se trouva abandonné de tous les siens après la mort de son pere; ou bien il veut dire que, durant la vie de son pere, il commença par avoir seulement le commandement sur dix hommes. Quoi qu'il en soit, le mépris que les *Nai-man*, voisins des *Moumgols*, témoignent avoir pour eux, fait voir clairement le peu de crédit qu'avoit pour lors cette nation.

Aussi les *Moumgols*, dans les mémoires qu'ils ont laissés en Chine, & sur lesquels les Chinois ont écrit leur Histoire, ne poussent pas l'antiquité de leur famille Royale au-delà de *Bodouan-tchar*, (que les Mahométans appellent *Bouzanghir*,) & d'*Alan-kouohha*, ou, selon les Mahométans, *Alankova*, comme on le peut voir dans les Tables généalogiques qui sont ci-dessus: soit qu'effectivement ils ne pussent remonter plus haut, soit qu'ils craignissent de s'exposer à la risée des Chinois, qu'ils savoient être peu disposés à croire les origines fabuleuses qu'ils leur auroient débitées.

Je dois tout dire. *Leao-fan-yuen*, Auteur très-judicieux d'un Abrégé de l'Histoire générale de la Chine, rapporte que quelques-uns faisoient descendre la famille de *Tchim-khis-khan* d'une louve; ce qui semble la réunir avec celle des *Turks*. Cependant ceci n'est pas certain, puisque la même chose est attribuée à plusieurs autres nations. Je ne m'étendrai pas davantage sur ce sujet. Le détail où je vais entrer de la famille de *Tchim-khis-khan*, servira d'éclaircissement à ce que je viens de dire. Ce détail sera fort concis: on pourra voir les choses plus au long dans l'Histoire des *Moumgols*, que j'ai écrite en Latin. Je ne ferai donc autre chose ici, que comparer ce que disent les Chinois avec ce qui est rapporté par les Mahométans touchant les *Moumgols*. Commençons par *Tchim-khis-khan.*

LA BIBLIOTHEQUE, sous le titre de GENCHIZ-KHAN.

C'est ainsi que les Arabes prononcent ce nom; mais les Persans & les Turcs le prononcent, comme s'il étoit écrit en François, Tchin-ghis-khan. ...

OBSERVATION.

Les Chinois prononcent *Tchim-khis-khan.*

LA BIBLIOTHEQUE, sous le même Titre.

Ce surnom ou titre, qui signifie en langue Mogolienne Roi des Rois.....

OBSERVATION.

Les Chinois assurent que ce surnom signifie *Thien-sé*, c'est-à-dire, *Donné du Ciel.* J'ai connu un Moumgols, qui passoit pour habile dans sa langue, qui assuroit que le jour auquel *Tchim-khis-khan* fut proclamé Empereur de toute la Tartarie, un paon, (chose merveilleuse dans un pays si froid, & au milieu d'une armée si nombreuse,) vint se percher sur sa tente, & qu'en mémoire de ce prodige on lui donna le titre de *Tchim-khis*, exprimant par ce nom sans signification, le bruit que cet oiseau fait avec ses ailes quand il vole. Cela me fait croire que ce titre fut emprunté d'une langue étrangere, & inconnue aux *Moumgols*, dans laquelle il avoit le sens que les Chinois lui donnent.

LA BIBLIOTHEQUE, sous le même Titre.

Tamugin, que nous appellerons désormais Genghiz-khan*, étoit* Mogol *de nation, & non pas* Tartare*, car il étoit fils d'*Ye-su-kai.

OBSERVATION.

Son nom propre étoit celui du Roi Tartare, dont nous avons parlé ci-dessus; il se prononçoit *The-moudgin* par les *Moumgols*, & par les Chinois, *Thie-mou-tchin.* *Ye-sou-khaï* fut son pere; il n'étoit pas Tartare blanc, mais Tartare noir.

LA BIBLIOTHEQUE, sous le même Titre.

Genghiz-khan *naquit à* Diloun-jolun, *l'an* 549. *de l'Hégire, de J. C.* 1154, *dans le* Dongouz-il, *c'est-à-dire, en l'année du Cycle des Cathayens, nommée le* Pourceau.... Mirkhond *appelle le lieu de sa naissance* Diloun-jaldak, *& donne à sa mere le nom d'*Oloun. *Il perdit son pere à l'âge de treize ans, & fut obligé, par la révolte & par les divisions des Mogols, à se retirer auprès d'*Avenk *ou d'*Ungh-khan*, Prince Chrétien de la tribu de* Kerit, *qu'*Aboulfarage *appelle* Malek Johanna, *le Roi* Jean. *C'est celui-là même que nos Historiens & Voyageurs ont appelé le Prêtre* Jean. Khondemir *dit, aussi-bien que les autres Historiens de la vie de* Genghiz-khan, *qu'il naquit tenant du sang caillé dans ses mains de la grosseur d'un dez.*

OBSERVATION.

L'Histoire Chinoise marque sa naissance sous l'an 1162; car elle assure qu'il mourut l'an 1227, après avoir vécu 66 ans. L'année de sa naissance se nommoit *Gin-hou* dans le Cycle sexagénaire des Chinois. Elle étoit donc sous la domination du Cheval, & non pas du Pourceau. Ce qui cause cette diversité, est non-seulement la différence d'onze jours qui se trouve entre l'année lunaire des Mahométans & la luni-solaire des Chinois, mais bien plus le trop long temps qu'ils le font vivre; car les Mahométans le font naître l'an 549°. de l'Hégire, & mourir l'an 624, lui donnant 76 ans lunaires de vie, ou 74 solaires, c'est-à-dire, huit ans solaires plus qu'il ne faut. Après cela, il ne faut pas s'étonner si l'animal sous lequel il est né, n'est pas bien marqué par les Mahométans. Pour ce qui regarde le lieu de sa naissance, l'*Abrégé de Cosmographie* que j'ai cité, dit que *Tchim-khis-khan* naquit dans le mont *Pour-ghan*; c'est-à-dire, *divin*, suivant ce qu'un *Moumgol* m'a rapporté. L'*Abrégé de la Chorographie universelle* assure qu'il vint au monde dans la montagne nommée *Thie-li-ouen-po-tha*, (peut-être le prononçant en *Moum-gol*, *Terivemboda*.) Pour les accorder ensemble, il faut supposer que *Pourghan* est un nom qui convient à une longue chaîne de montagnes, & que *Thie-li-ouen-po-tha* est un mont particulier. Cela ne combat pas ce que disent les Mahométans, qui, au-lieu des montagnes, auront pu marquer le nom des camps *Moumgols* qui étoient au pied.

Il est vrai que *Tchim-khis-khan* fut abandonné des siens; mais il trouva moyen de les faire revenir; à quoi apparemment le Prêtre *Jean* employa son autorité, quoique l'Histoire des *Moumgols* n'en parle point. Les Chinois donnent à la mere de *Tchim-khis-khan* le nom de *Yue-loun.* Leur Histoire fait aussi mention d'une masse de sang caillé qu'il tenoit entre ses mains quand il vint au monde; mais elle n'en spécifie point la grandeur.

LA BIBLIOTHEQUE, sous le même Titre.

Après que Genghiz-khan *eut demeuré plusieurs années auprès d'*Aven-khan, *& qu'il l'eut servi très-utilement dans les guerres qu'il avoit avec ses voisins, il épousa sa fille, nommée* Oisungin.

OBSERVATION.

J'ai déja dit, sous le titre d'*Avenk-khan*, qu'il n'est pas fait mention de ce mariage dans l'Histoire Chinoise des *Moumgols*; peut-être donne-t-elle un autre nom à cette Princesse; peut-être aussi l'a-t-elle omise. Au reste, *Tchim-khis-khan* ne s'étoit point retiré auprès d'*Avenk-khan*; au contraire, *Avenk-khan*, fugitif, s'étoit retiré auprès de *Tchim-khis-khan.*

LA BIBLIOTHEQUE, sous le même titre.

Genghiz-khan *les défit tous deux*, (Avenk-khan *& son fils* Schokoun,) *& les contraignit de se réfugier auprès de* Tabanek *ou* Tayanek, *Roi des Tartares. Ce Prince usant de trahison, fit tuer* Avenk-khan; *de sorte que* Schokoun, *son fils, fut obligé de fuir jusqu'au Pays de* Kaschghar, *où il ne trouva pas plus de sûreté, & y perdit aussi la vie; ce qui arriva l'an* 599°. *de l'Hégire.*

OBSERVATION.

J'ai déja marqué, sous le titre d'*Avenk-khan*, que *Tabanek* ou *Tayanek* est nommé dans l'Histoire Moumgole *Tai-yam-han*; qu'*Avenk-khan*, ou le Prêtre

Jean, fut mis en fuite par *Tchim-khis-khan* l'an 1203 ; qu'*Avenk-khan* fût tué, durant sa fuite, par un des Commandants des armées de *Tai-yam-han*, sans qu'on dise qu'il en eut ordre de son Roi. Mais *Yra-gha*, (qui est ici nommé *Schokoun*,) après avoir erré durant quelque temps, alla chercher un asyle dans le *Khieou-tçe*, où il trouva la mort, par les ordres du Roi du Pays.

LA BIBLIOTHEQUE, sous le même Titre.

Depuis l'année suivante, qui fut la six-centieme de l'Hégire jusqu'en 602, que les Mogols appellent l'année du Léopard, il subjugua toutes les Tribus des Mogols & des Tartares, & tint une assemblée générale de tous les grands Seigneurs de ces deux nations, ... où le nom de Tamugin lui fut changé en celui de Genghiz-khan : & il y ordonna qu'une cornette blanche seroit dorénavant l'étendard général de ses troupes ; après quoi marchant contre les Caracathayens, il les défit si pleinement, qu'Ilcan, leur Roi, résolut de s'empoisonner lui-même. .... Depuis ce temps-là jusqu'en l'année 615e. de l'Hégire, il subjugua tous les Princes de Caracathai, qui refusoient de lui obéir. Il défit Kuschlek, grand ennemi des Musulmans, lequel fut contraint de s'enfuir dans les montagnes couvertes de forêts d'un pays qui en a tiré son nom de Caracathai, c'est-à-dire en Turc, le Cathai noir.

O B S E R V A T I O N.

L'an 600 de l'Hégire a dû être, suivant le calcul précédent, le 1204e. de J. C., & conséquemment le 602e. de la même Hégire étoit le 1206e. de l'Ere Chrétienne. Cette année-là se nommoit *Pim-yn* dans le Cycle séxagénaire des Chinois : elle étoit donc véritablement sous la domination du Léopard, comme le disent les Mahométans. Voici en peu de mots ce que *Tchim-khis-khan* exécuta durant ce temps-là. L'an 1204, il défit dans une bataille rangée *Tayanek* ou *Tai-yam-han*, Roi des *Nai-man*, avec sept puissants peuples qui s'étoient joints à lui, entr'autres les Tartares blancs, ennemis des noirs dont *Tchim-khis-khan* étoit le Roi. Cette fameuse victoire fut si complete, qu'ayant laissé à ses Généraux le soin de poursuivre les restes des ennemis, il vint en personne faire la guerre au Roi de *Hia*, dont nous parlerons bientôt. L'an 1205, il revint chargé des dépouilles du Royaume de *Hia*. L'an 1206, il fut proclamé Empereur de toute la Tartarie par les Etats généraux du Pays. On lui conféra le titre de *Tchim-khis-khan*. Je dis le titre, car ce n'étoit pas un nom, & cela ne l'empêcha pas de retenir le nom propre de *The-moudgin*. Il prit en effet l'étendard blanc à neuf pendants pour sa banniere royale. Après la cérémonie achevée, il marcha contre les *Nai-man*. Il surprit *Pu-lu-yu-han*, frere aîné de *Thai-yam-han*, tandis qu'il chassoit & l'enleva. *Kiu-tchu-lu-han*, (c'est apparemment le *Kuschlek* des Mahométans,) après que son oncle eut été pris, se retira avec *To-to*, chef de l'horde des *Melkhi*, sur les bords de la riviere de *Yel-ti-tche*, (c'est plus que probablement l'*Irtisch*,) pour y reprendre des forces. *Tchim-khis-khan* ne le poursuivit pas pour lors : il forma le dessein de tirer vengeance de la mort de *Hien-pou-hai*, Prince de son sang, à qui les *Kin* Tartares, qui régnoient en Chine, avoient ôté la vie.

L'an 1207, il entra dans le Royaume de *Hia*, où il força la ville de *Ouo-lo-hai*.

L'an 1208, étant de retour de son expédition, il marcha durant l'hyver vers l'*Irtisch*, où étant arrivé, il attaqua l'ennemi, & le défit. *To-to* fut tué, & l'horde des *Melkhi* fut exterminée. *Kiu-tchu-lu-han* prit la fuite, & alla se réfugier chez les *Khitan* de l'Occident ou du *Kerman*.

Ainsi, puisque *Kiu-tchu-lu-han* étoit fils & héritier de *Tayanek* ou de *Tai-yam-han*, à qui il avoit succédé, (car *Tayanek* avoit été pris & mis à mort dans la bataille donnée en 1204,) & qu'il avoit pris le titre de *Han* ou de *Khan*, il étoit Roi du *Kara-khatai*, aussi-bien que son pere l'avoit été. Comment donc se seroit-il enfui dans le *Kara-khatai*, que l'ennemi le forçoit d'abandonner ? Il s'enfuit dans le pays que l'*Irtisch* arrose, & qui est bien éloigné du *Kara-khatai*. De plus, les Mahométans assurent que le Prêtre *Jean* & son fils furent obligés de s'enfuir dans le pays de *Kaschghar*. Les Chinois disent qu'ils se retirerent dans le Royaume de *Khieou-tçe*. Enfin, les *Moumgols* prétendent qu'ils allerent chez les *Nai-man* ; d'où l'on doit conclure que le *Khieou-tçe*, le *Kara-khatai* & le *Kaschghar* sont une même chose, quoique je ne doute pas que le *Kara-khatai* ne fût plus étendu que le *Kaschghar*, & que je sois persuadé que le *Kaschghar* ne se confond avec le *Kara-khatai*, que parce que le Roi tenoit son siege dans le *Kaschghar*. Il s'ensuit encore que les *Nai-man* sont ce que les Chinois nomment les *Hoei-hou Lions*.

LA BIBLIOTHEQUE, sous le même titre.

.... A peine y étoit-il arrivé, (à Ordou-baligh, l'an 621e. de l'Hégire,) qu'il apprit que Scheidercou, qui commandoit dans le Pays de Tangut & de Caschin, s'étoit révolté, & qu'il s'avançoit vers lui avec une armée de cinq cents mille hommes. Genghiz-khan alla au-devant de lui. .... Il se trouva trois cents mille hommes des ennemis morts sur la place. Cette perte cependant ne fut pas capable de réduire pour lors Scheidercou à se soumettre au vainqueur ; mais ayant été depuis encore vaincu à diverses reprises, il demanda quartier, & jura fidélité à Genghiz-khan.

O B S E R V A T I O N.

Je ne doute point que *Scheidercou* ne soit le Roi de *Hia*. Ce Royaume étoit très-puissant ; sa capitale étoit la ville de Chine, qui se nomme aujourd'hui *Nim-hia*. Elle est située à l'extrêmité Septentrionale de la Province de *Chensi*, & sur la rive Septentrionale du *Hoam-ho*. Elle est toujours grande & très-peuplée. De-là il dominoit la partie du Nord-Ouest de cette Province ; il s'étendoit à l'Occident & au Septentrion à environ trois cents lieues dans la Tartarie. Tout le *Ho-si*, que nous avons décrit ailleurs, étoit de ses dépendances. Il poussoit même plus loin du côté de l'Occident, & c'est apparemment ce Royaume qu'on appelloit *Tamghout*. Pour le mot de *Kaschin*, je ne sais ce que c'est ; à moins qu'on ne veuille entendre par ce nom *Kan-tcheou*, ville de la Province de *Chensi*, qui lui appartenoit, & qui auparavant avoit été la capitale de plusieurs familles royales qui avoient possédé le *Thamghout* tour-à-tour, & en dernier lieu des *Hoei-hou*, auxquels, selon toutes les apparences, les Rois de *Hia* l'avoient enlevée. Nous avons déja vu comme *Tchim-khis-khan* lui avoit fait la guerre l'an 1207. Il la recommença l'an 1226, à l'occasion d'un captif de conséquence, ennemi de *Tchim-khis-khan*, à qui le Roi de *Hia* avoit donné asyle dans ses Etats.

Cette même année, *Tchim-khis-khan*, qui venoit de dompter les Mahométans, lui enleva la meilleure partie de ses Etats, sur-tout plusieurs villes de Chine qu'il possédoit. Ayant passé le *Hoam-ho*, il livra bataille aux *Hia*, & défit entièrement leur armée. L'an 1227, *Tchim-khis-khan* assiégea la capitale du *Hia*. Le Roi, dont le nom Chinois étoit *Li-tçuen*, se rendit à lui, & lui soumit ses Etats. Voilà, à la vérité, une grande bataille & une déroute entiere des *Hia* ; mais l'année 1226 de J. C. ne quadre pas avec l'année 621e. de l'Hégire. Aussi la *Bibliotheque* se contente de dire que cette année-là *Tchim-khis-khan* revint, ou plutôt prit la résolution de revenir, à son *Ordou-baligh*, & il put aisément s'écouler trois ans avant cette bataille : de cette maniere tout quadreroit.

LA BIBLIOTHEQUE, sous le titre d'*ALANKAVA* ou *ALANCOVA*.

.... *Fille de* Gioubiné, *fils de* Bolduz, *Roi des Mogols de la Dynastie ou famille de* Kiat .... *Cette Princesse avoit épousé son cousin germain, nommé* Doujoun, *Roi pour lors des* Mogols, *duquel elle eut deux enfants, nommés* Belghedi & Bekgiedi. *Après la mort de* Doujoun, *Alankava gouverna ses Etats, & éleva ses enfants avec beaucoup de sagesse.*

.*On raconte sur le sujet de cette Princesse une histoire merveilleuse. .... Mirkond rapporte donc que cette Princesse étant éveillée dans sa chambre pendant la nuit , une grande lumiere l'investit tout d'un coup, lui entra dans le corps par la bouche, descendit dans ses entrailles, & lui sortit enfin par les voies ordinaires de la génération.*

Ce phénomene ayant peu après disparu, Alankava se trouva fort surprise de cette apparition ; mais elle le fut encore beaucoup plus, lorsqu'elle apperçut qu'elle étoit grosse, sans qu'elle eût connu aucun homme. Le trouble que lui causa cet événement, lui fit aussitôt convoquer une assemblée de ses sujets, qui étoient tous très-persuadés de sa sagesse. Cependant comme elle se trouva fort étonnés de la nouveauté de ce fait, & qu'ils en parloient diversement entr'eux, Alankava, pour dissiper tous les soupçons qu'on pouvoit former contre son honnêteté, fit venir les principaux d'entr'eux, & les enfermant dans sa chambre, les rendit témoins oculaires de ce qui s'y passoit toutes les nuits. Ces Seigneurs virent donc cette même lumiere qui l'investissoit de la maniere que nous avons déja dite ; de sorte qu'étant devenus témoins oculaires du fait qu'elle avoit avancé, ils la justifierent pleinement. Enfin , le terme de cette grossesse étant arrivé, elle accoucha de trois enfants. Le premier fut nommé Boukoun-cabaki, *duquel les Tartares, nommés* Cabakin & Kapgiak, *sont descendus ; le second eut nom* Bouskin-salegi, *duquel les* Selgiucides *ont tiré leur origine ; & le troisieme fut appellé* Bouzangir , *lequel est reconnu pour un des aïeuls de* Genghiz-khan & *de* Tamerlan.

Khondemir *ajoute à cette narration que la merveille qui arriva dans la grossesse d'Alankava, est la même qui s'est rencontrée pareillement dans celle de* Miriam, *mere d'*Issa ; *ce qui pourroit faire croire que cette tradition des Mogols est une marque du Christianisme, que ces nations du Septentrion ont autrefois professé, & qu'il ont beaucoup corrompu dans la suite.*

OBSERVATION.

Voyons premiérement ce que dit l'Histoire Chinoise sur cet article. *Tchim-khis-khan* avoit pour nom de famille Ki-o-uen. La tige de cette famille fut *Bod-ouand-giar*, fils d'*Alan-kouo-hha*, qui avoit été femme de *To-pen-yam-li-kien*, ou peut-être *Doben-yam-li-khien*. Durant le mariage, elle en eut deux enfants, le premier nommé *Bo-han-kha* ; le second, *Bo-ha-kouan-sa-li-kii*. *Alan-kouo-hha* étant demeurée veuve, vit une nuit, durant le sommeil, une lumiere éclatante qui entrant dans sa tente par une ouverture au toît qui y tenoit lieu de fenêtre, se changea tout-à-coup en un enfant d'une beauté divine & de couleur d'or. L'enfant accourut au lit où elle dormoit. La frayeur l'éveilla en sursaut ; elle conçut, & mit au monde *Bod-ouandgiar*. Celui-ci avoit quel-

que chose de divin dans sa personne & dans son air ; mais comme il gardoit un profond silence & parloit peu, il passoit pour stupide dans l'esprit de tout le monde. La seule *Alan-kouo-hha* crut le contraire. " Cet enfant, disoit-elle , aura une postérité glorieu-" se, & qui possèdera les plus hautes dignités ."

" *Yuen-leao-fan*, dans son *Abrégé de l'Histoire Universelle de la Chine*, quand il vient au temps de *Tchim-khis-khan*, s'accorde mieux avec les Mahométans. Quelques-uns prétendent , dit-il , qu'*Alan-kouo-hha*, durant son veuvage, ayant apperçu une lumiere miraculeuse qui s'insinuoit dans son sein, conçut trois enfants, dont le dernier né fut *Bod-ouand-giar*.

Le même Auteur ajoute, que les mémoires secrets des *Moumgols* témoignent que la famille de *Ki-o-uen* étoit sortie de l'accouplement d'un cerf gris & d'une louve blanche, & que l'enfant monstrueux qui en naquit fut le vingt-quatrieme aïeul de *Tchim-khis-khan*, c'est-à-dire que *Tchim-khis-khan* fut le vingt-cinquieme de cette race en ligne directe masculine.

L'Histoire Chinoise des *Moumgols*, dans les Tables Généalogiques de la famille de *Tchim-khis-khan*, ne dit pas un mot de tout cela : sur-tout elle ne parle nulle part de la derniere, qui est également honteuse & impossible. Les Tables se contentent de donner trois enfants à *Doben-yam-li-khien* & à *Alan-kouo-hha*, dont le dernier fut *Bod-ouandgiar*. Si je n'omets pas ces fables, ce n'est pas tant pour faire connoître le génie de ces peuples, que pour faire voir combien peu on doit compter sur ce qu'ils publient, & conséquemment combien elles sont incertaines. On voit par-là que *Doben-yam-li-khien* doit être le *Doujoun* ou *Dou-youn* des Mahométans.

Khondemir a grand tort de comparer cette conception d'*Alan-kouo-hha* avec celle de la Sainte Vierge ; c'est-à-dire , la fable avec la vérité. Il se seroit bien donné garde de le faire, s'il avoit su qu'il n'est rien de plus ordinaire aux Tartares que de feindre de ces sortes de faux prodiges pour illustrer la naissance de leurs Héros, & sur-tout quand ils sont devenus fondateurs d'Empire. Les Tartares pourroient bien avoir fait cela à l'exemple des Chinois , qui ont attribué à plusieurs de leurs anciens Empereurs le privilege d'une semblable naissance, & leurs livres canoniques ne sont pas exempts de cette tache, ou plutôt les Chinois ont puisé dans la même source, je veux dire dans l'orgueil de l'homme qui affecte d'être plus qu'homme, ou du moins de paroître tel aux yeux des peuples, qu'il prétend assujettir par cette vaine persuasion.

Venons présentement aux remarques. La premiere sera sur la chronologie ; mais auparavant, il faut réunir plusieurs points qui sont répandus dans la *Bibliotheque*.

LA BIBLIOTHEQUE, sous le titre de *BUZANGIR.*

Buzangir *ou* Buzangiar-caan , *troisieme fils miraculeux d'*Alancava, *duquel toutes les races royales du* Turkestan *sont descendues ; car ceux qui sont issus de ses freres sont appellés* Mogols, *ou Tartares du dehors. . . .*

Il laissa deux enfants mâles, dont l'aîné, nommé Buca-khan, *fut le huitieme aïeul de* Genghiz-khan & *de* Caragiar ; *le second fut* Tucana, *pere de* Magin.

Buzangir *vivoit & régnoit dans le* Turkestan *au même-temps qu'*Abumoslemmeruzi *faisoit valoir dans le* Khorassan *les prétentions des Abbassides au Khalifat contre celles des Ommiades ; & l'on dit que ces deux personnages entretenoient grande correspondance entr'eux ; ce qui donna dans la suite beaucoup de jalousie au Khalife* Abugiafar Almansor.

Sous le Titre d'*ABOU - MOSLEM.*

Abou-Moslem *fit proclamer l'an* 746 *de J. C., &*
le

le cent vingt-neuvieme de l'Hégire, les Abbaſſides, héritiers légitimes du Khalifat ; il fut aſſaſſiné l'an 754.

Sous le Titre des *ABBASSIDES.*

Aboul-abbas Saffah *fut le premier Khalife des Ab-baſſides. Il régna quatre ans & neuf mois. Abugia-far-almanſor, ſon frere, lui ſuccéda, & régna 22 ans.*

OBSERVATION.

Il s'enſuit de ce que je viens de rapporter, que *Bodouand-giar* régnoit quelques années avant l'an 754ᵉ. de l'Ere Chrétienne. Nous avons montré dans l'Hiſtoire des *Tou-kiue*, ou *Turks*, que *Toü-men*, leur premier *Khan*, fonda, l'an 535, ſon Empire, qui dura juſqu'à l'an 745. Durant tout ce temps-là, ils furent maîtres de tout le *Turkeſtan*, quoique preſque toujours ſujets de la Chine, qui poſſédoit en propre le reſte de la Tartarie, comme on a pu le voir ci-deſſus. Les *Hoei-hou*, ou les *Naiman*, ſujets pareillement de la Chine, hériterent de la puiſſance des *Tou-kiue*, qu'ils avoient détruits. Où trouver place après cela au Royaume de *Bodouand-giar* ? Ce devoit être un fort petit Seigneur, dont les Etats étoient la proie des premiers venus. Autrement les Chinois, qui rempliſſoient la Tartarie de leurs garniſons, auroient fait mention de ces Rois & de leur nation, dans l'Hiſtoire ſi complete qu'ils nous ont donnée de la Tartarie.

Faiſons, en paſſant, cette remarque : Toutes les races Royales du *Turkeſtan* ſont deſcendues de *Buzan-gir*, dit la *Bibliotheque*; cela ſe doit entendre tout au plus de celles qui ne paſſent pas le huitieme ſiecle de l'Ere Chrétienne, *Bodouandgiar* ou *Buzan-gir* étant né dans ce ſiecle-là.

Je ne vois pas la raiſon pourquoi la poſtérité des deux freres de *Bodouand-giar* auroit été regardée comme étrangere par rapport aux autres *Moumgols* & Tartares, s'ils étoient nés de même mere que lui & par un miracle commun. Voici apparemment le fait, tel que le rapportent les Auteurs des Tables généalogiques de l'Hiſtoire des *Moumgols.*

Les Mémoires de la généalogie des dix aïeuls de *Tchim-khis-khan* portent ce qui ſuit. Le premier aïeul *Bodouand-giar*, lorſqu'il gouvernoit le peuple des *Kii-li-hou-lou*, (peut-être *Kirghourou*,) rencontra une femme enceinte, nommée *Tchadgi-lai*; il l'épouſa. Le fils, dont elle accoucha, prit le nom de ſa mere, & s'appella *Tchadgi-lai*. Celui-ci dans la ſuite fonda un peuple à part, qui porta auſſi le nom commun de *Tha-tche*, ou de *Tartare*. Comme *Tchadgi-lai* n'étoit pas fils de *Bodouand-giar*, nous ne lui avons pas donné place dans la Table généalogique, & nous l'avons rejetté à la fin. Voilà peut-être pourquoi il y avoit des Tartares & des *Moumgols* du dehors. Faites attention à ce que diſent les Tables, que le peuple de *Tchadgi-lai* prit auſſi le nom de *Tha-tche*, ou de Tartare, & vous trouverez que celui du fils légitime de *Bodouandgiar* portoit le même nom de Tartare, & qu'ainſi les Tartares proprement dits & les *Moumgols* ne faiſoient qu'une même nation dans les commencements.

Les mêmes Tables généalogiques ne donnent qu'un enfant à *Bodouand-giar*, & elles le nomment *Pá-lin-ſii-he-la-thou-bha-pii-biu.* Celui-ci fut le neuvieme aïeul de *Tchim-khis-khan*, & non pas le huitieme. Il pourroit pourtant avoir eu deux autres enfants, comme l'aſſurent les Mahométans. Du moins les Auteurs des Tables ſi ſouvent mentionnées, diſent que les *Moumgols* tenoient ſous un grand ſecret leurs généalogies; que les Hiſtoriens contemporains n'en avoient pas une entiere connoiſſance; qu'ainſi eux, qui travailloient ſur leurs mémoires, n'oſoient répondre qu'ils n'omiſſent rien.

La ſeconde remarque regardera l'origine des peuples que les Mahométans diſent être deſcendus d'*A-lan-kouo-hha* & de ſes enfants. Rejoignons donc encore ici pluſieurs articles de la *Bibliotheque.*

LA BIBLIOTHEQUE, ſous le Titre d'*ALANKAVA.*

.... Cette Princeſſe avoit épouſé ſon couſin germain, nommé Doujoun, *Roi pour lors des Mogols, duquel elle eut deux enfants, nommés* Belghedi *&* Bekgiedi, *... Durant ſon veugage, elle accoucha de trois enfants. Le premier fut nommé* Boukoun Cabaki, *duquel les Tartares, nommés* Cabakin *&* Kapgiak, *ſont deſcendus.*

Sous le Titre de *CABGIAK.*

Cabgiak, Captchak, *ou* Kiptchak, *Tribu des Turks Orientaux, à laquelle* Oghuz-khan *donna ce nom, auſſi-bien qu'à l'enfant d'une veuve qu'il adopta, parce que ſon mari venoit d'être tué à ſon ſervice.*

OBSERVATION.

Oghuz-khan, ſuivant le témoignage des Mahométans, ſous ſon article, étoit fils de *Cara-khan*, & petit-fils de *Mogul-khan*. Il étoit donc neveu de *Japhet* à la huitieme génération, & de *Turk* à la ſeptieme. Il faut conſéquemment qu'il ait régné environ 2000 ans avant l'Ere Chrétienne. *Captchak* fonda donc la Tribu des *Captchak* en ce même temps-là. Cela ſuppoſé, comment peuvent-ils être deſcendus de *Boukoun-cabaki*, qui n'eſt né que dans le huitieme ſiecle de l'Ere Chrétienne ?

LA BIBLIOTHEQUE, ſous le titre d'*ALANKAVA.*

.... Le ſecond fils miraculeux de cette Princeſſe eut nom Bouskin-ſalegi, *duquel les* Selgiucides *ont tiré leur origine. ...*

Sous le titre de *SELGIUK.*

Selgiuk, *ſelon l'Auteur du* Lebtarikh, *tiroit ſon origine en ligne directe & maſculine d'*Afraſiab, *Roi de* Touran, *ou du* Turqueſtan, *qui fit une ſi longue guerre aux Rois de Perſe de la premiere Dynaſtie. Et ceux qui ont fait la généalogie de la maiſon des* Selgiucides, *comptent expreſſément* Selgiuk *pour le trente-quatrieme des deſcendants de ce Prince.*

Le même Auteur dit que Selgiuk *eut quatre enfants mâles, qui vinrent s'établir dans la* Tranſoxane *l'an 375ᵉ. de l'Hégire, &* 985 *de* J. C., *entre* Bokhara *&* Samarcande.

Sous le titre de *MASSOUD*, fils de *MAHMOUD*, fils de *SEBEKTECHIN.*

L'an 424ᵉ. de l'Hégire, les Selgiucides, *race Turqueſque, paſſerent le fleuve* Amou *ou* Gihon, *& prirent des quartiers dans le* Khouarezm.

OBSERVATION.

Il s'enſuit de-là que *Selgiuk* vivoit ſur la fin du dixieme ſiecle de l'Ere Chrétienne. Or, *Afraſiab*, contemporain d'*Afridoun*, comme nous l'avons montré ſous le titre de ce dernier, régnoit 12 à 15 cents ans avant la même Ere. Il y avoit donc entre *Afraſiab* & *Selgiuk*, pluſieurs centaines d'années au-delà de deux mille ans. Néanmoins l'Auteur du *Lebtarikh* ne compte entre deux que trente-deux générations. Cela eſt-il croyable, vu le peu de durée de la vie des hommes, & ſur-tout des Rois ? Quand il n'y auroit que deux mille ans d'intervalle entre les deux, ce feroit plus de foixante-deux ans à chaque génération, l'une portant l'autre.

Quoi qu'il en foit, comment accorder cette origine de l'Auteur du *Lebtarikh* avec ce qu'affure *Mirkond*, que *Selgiuk* defcendoit de *Bouskin-falegi*, fils d'*Alan-kava*, né d'une façon miraculeufe ? Dira-t-on qu'*Alankava* defcendoit auffi en ligne directe & mafculine d'*Afrafiab* ? On le dira fans preuve ; du moins l'Hiftoire des *Moumgols* ne dit pas même de quel pere & de quelle mere elle étoit née.

LA BIBLIOTHEQHE, fous le titre de *MENOULON*.

C'eft le nom de la femme de Toumenan-khan, *Prince de la Dynaftie des Mogols, & un des ancêtres de* Ginghiz-khan. . . . *Il arriva pendant fa régence qu'une nation voifine des Mogols, & que l'on nommoit* Gialair, *ayant été contrainte d'abandonner le* Khatai-khotan, *c'eft-à-dire la partie feptentrionale de la Chine, où elle habitoit, vint fe refugier fur fes Etats, & commença à y labourer la terre pour en tirer leur fubfiftance.* Menoulon *leur défendit ce travail qui étoit encore inconnu pour lors parmi les Mogols. . . . Ces peuples, irrités par cette défenfe, entreprirent fur la vie de Menoulon, & fur celle de fes enfants ; en forte qu'il n'y en eut qu'un feul d'entre eux qui échappa à leur fureur.*

Ce Prince, qui fe fauva des mains des Gialair *fe nommoit* Kaidou-khan, *& fut le feptieme aïeul de* Ginghiz-khan, *felon* Khondemir.

OBSERVATION.

L'Hiftoire Chinoife des *Moumgols* nomme cette Princeffe *Monaloun*, & fon mari *Tam-li-tou-toun*, dont elle eut fept enfants mâles. *Monaloun* étoit fiere & hautaine. Les enfants d'une horde voifine, nommée *Hia-la-yl*, c'eft-à-dire *Hia-layr*, vinrent innocemment fouiller des racines dans la terre. Elle leur fit paffer fon chariot fur le corps, & en écrafa plufieurs. Les *Hia-la-yr*, pour s'en venger, vinrent enlever fes troupeaux. Les enfants de *Monaloun* furent fi ardents à la pourfuite de l'ennemi, qu'ils ne fe donnerent pas le temps de prendre leurs cuiraffes ; ils furent tous tués dans le combat, à la réferve d'un feul qui étoit abfent.

Les *Hia-la-yr*, pouffant leur pointe, tomberent fur *Monaloun* même, & l'exterminerent avec le refte de fa famille. *Haidou*, fils de *Kina-toulhan*, & petit-fils de *Monaloun*, étoit encore à la mamelle. Sa nourrice l'ayant caché fous un tas de bois, le fauva du maffacre général. *Na-tchin*, feptieme fils de *Monaloun*, lequel avoit époufé une femme de la horde des *Pa-la-hou*, (ou peut-être *Paraghou*,) & qui à l'occafion de fon mariage s'étoit établi parmi eux, ayant appris ce défaftre, vint auffi-tôt à la maifon de fa mere, où il ne trouva que *Haidou* & quelques vieilles femmes. Dans l'incertitude où il étoit du parti qu'il avoit à prendre, il arriva que le cheval d'un de fes freres s'échappa, & revint au logis. Il monta deffus, & pouffa droit aux *Hia-la-yr*. Il rencontra en chemin les chevaux de fes autres freres ; il tua ceux qui les gardoient, & les enleva. Il retourna fur le champ à la maifon de fa mere, prit *Haidou* avec les femmes qui reftoient, & les emmena avec lui chez les *Paraghou*, où ils demeurerent tous enfemble. *Na-tchin* reconnut *Haidou* pour fon chef, (comme l'étant de fa maifon en qualité de fils de fon frere aîné,) & fon exemple perfuada aux *Paraghou* & aux *Kie-kou*, de faire la même chofe.

Hai-dou, ainfi reconnu, ne fut pas plutôt en âge de porter les armes, qu'il alla attaquer les *Hia-la-yr*, & les dompta. Enfuite il alla planter le piquet fur les bords de la riviere de *Pa-la-ho-he*, ou peut-être *Paraghaghe*. Je demande préfentement où eft le trône de *Monaloun* & du prétendu *Khan*, fon mari ? Voit-on le moindre veftige de royauté dans ce que je viens de rapporter ? Et tout n'y fent-il pas fon fimple particulier ? Point de fujets pour venger la mort de leur prétendue Régente & de fes enfants ; aucune reffource à un malheur fi grand que la fuite d'un enfant & de quelques vieilles. *Haidou* lui-même doit fes nouveaux fujets à la générofité de fon oncle *Na-tchin*, & à fon mérite. D'ailleurs, les *Hialair* n'ont point abandonné le *Khatai-khotan*, ou la Chine Septentrionale, pour venir s'établir fur les terres de *Monaloun*. Ce font leurs enfants que le voifinage y attire, pour y venir chercher des racines.

Hai-dou fut pere de *Bai-fim-ghour*. *Bai-fim-ghour* le fut de *Toun-pii-nai*. *Toun-pii-nai* de *Ko-pou-liu-han* ou *Koblai-han*. *Koblai-han* de *Pa-li-tan*, ou *Baritan* ou *Bartan*. *Bartan* de *Ye-fo-khai*. *Ye-fo-khai* de *Tchim-khis-khan*. Ainfi *Haidou* fut le fixieme aïeul de *Tchim-khis-khan*, & non pas le feptieme.

LA BIBLIOTHEQUE, fous l'Article de *TOUMENAH-KHAN*.

Toumenah-khan, *fils de* Baifancor, *hérita de fes Etats. Il eut deux femmes, de la premiere defquelles il eut fept enfants, qui n'eurent point de part à fa fucceffion, & de la feconde vinrent au monde deux jumeaux, dont l'un porta le nom de* Kilkhan, *& le fecond celui de* Fagiouli.

OBSERVATION.

Les Tables généalogiques le nomment *Toun-pii-nai*, d'où *Toumenah*, ou, comme la *Bibliotheque* le nomme ailleurs, *Toum-nah*, pourroit avoir été tiré par corruption. Les mêmes Tables lui donnent fix enfants en cet ordre. 1°. *Kho-mou-hou*. 2°. *Kho-hou-la-kii-li-tan*, peut-être *Kha-houra-ghirtan*. 3°. *Hotchan*, ou peut-être *Hha-içan*. 4°. *Hha-la-la-thai*, ou *Khalarthai*. 5°. *Kho-tche-hoen*. Le premier eft le chef de la famille des *Na-kha-ghar* ; le fecond de celle des grands *Baroulas* ; le troifieme de celle des petits *Baroulas* ; le quatrieme de celle des *Po-thai-a-içan* ; le cinquieme de celle des *Atali*, ou peut-être *Adari* ; le fixieme enfant de *Toumenah*, ou de *Toun-pii-nai*, fut *Ko-pou-liu-han*, ou apparemment *Koblai-han*, qui fut pere de *Baritan* ou *Bartan*, & bifaïeul de *Tchim-khis-khan*. Il eft à remarquer qu'il n'y a rien qui tende à faire entendre qu'il ait eu deux femmes. D'ailleurs, les fix noms des enfants de *Toumenah* n'ont aucun rapport avec ceux de *Fagiou-li* & de *Kilkhan*.

LA BIBLIOTHEQUE, fous le même Titre.

. . . . *Il doit fortir de la ligne de* Kilkhan *trois Princes l'un après l'autre. . . . & un quatrieme. Ces trois Princes furent* Coblai-khan, Bortan-behadir, *&* Iefukai-behadir, *& le quatrieme* Ginghiz-khan. . . .

OBSERVATION.

Il y a un grand mécompte en ce peu de paroles. *Bai-fem-ghour* ou *Baifancor* fut pere de *Toun-pii-nai* ou *Toumenah*. *Toumenah* fut pere de *Ko-pou-liu-han* ou *Coblai*, ou, comme le nomme la *Bibliotheque*, *Kilkhan*. *Kilkhan* fut pere de *Bortan*. *Bortan* fut pere de *Ye-fo-khai*. *Ye-fo-khai* fut pere de *Tchim-khis-khan*. De-là il s'enfuit évidemment que *Tchim-khis-khan* ne fut pas le quatrieme Prince defcendu en ligne droite de *Kilkhan*, mais le troifieme ; car *Coblai-khan* & *Kilkhan* ne font qu'une feule perfonne dont les trois autres font defcendus.

LA BIBLIOTHEQUE, sous le titre de *BORTAN*.

Bortan-behadir, *fils de* Kilkhan, *Roi des Mogols, & frere puîné de* Coblai-khan. *Il succéda à son frere, mort sans enfants, & fut pere de* Iesukai, *pere de* Genghiz-khan.

LA BIBLIOTHEQUE, sous le titre de *KILKHAN*.

Il fut fils de Toumenah-khan, *& frere jumeau de* Fagiouli. *Il succéda à son pere dans l'Empire des* Mogols, *& fut surnommé* Elingek, *ou* Alingek-khan... *Il fut trisaieul de* Genghiz-khan, *& laissa six enfants. Mais on ne sait le nom que de trois, à savoir de* Ughin-khan, Coubla-khan, *&* Bortan-behadir.

OBSERVATION.

Ici les Mahométans se confondent dans leur calcul. Dans le premier article, *Bortan* est pere de *Iesukai*, & grand-pere ou aïeul de *Genghiz-khan*; ce qui est très-vrai; dans le second, il est bisaïeul de *Genghiz-khan* (*) ce qui est contradictoire & faux. *Bortan* fut fils de *Kilkhan*. *Kilkhan* fut fils de *Toumenah-khan*. Il faut donc que *Kilkhan* soit le même que le *Ko-pou-liu-han* Chinois des Tables généalogiques, qui est apparemment *Koblai-khan* corrompu. Tout le désordre des Mahométans paroît être venu de ce qu'ils ont distingué *Kil-khan* de *Coblai-khan*, & par-là ils ont inféré une génération de trop. En effet, réunissant en un *Koblai*, & *Kilkhan*, ou *Alingek-khan*, le reste ira bien.

Car *Ko-pou-liu-han* eut sept enfants, au rapport des Tables, nommés en cet ordre. 1. *Oughin Paraghagha*, d'où sont sortis les *Ourghin*. 2. *Bortan*, successeur. 3. *Hou-tou-lou-yam-niel*. 4. *Hou-lou-la-khoum*. 5. *Hba-tan-patour*. 6. *Tchoue-touan-ouo-tche-ghin*. 7. *Hou-lan-patour*. Ce dernier étoit bâtard.

LA BIBLIOTHEQUE, sous le titre de *CORLA*, & *CUBLA-KHAN*.

Il fut fils de Kilkhan, *surnommé* Ilingek. *Il succéda à l'Empire, & vengea la mort d'*Ughin-khan *son frere aîné, que les Tartares avoient fait mourir. Il déclara pour cet effet la guerre à* Altun-khan *leur Roi....Il mourut sans enfants, & laissa la couronne à son puîné* Bortan, *qui fut le grand-pere de* Genghiz-khan.

OBSERVATION.

Cobla ou *Koblai* étoit *Kil-khan* lui-même, & étoit fils de *Toun-pii-nai* ou de *Toumenah-khan*. *Oughin* étoit son fils aîné, & non pas son frere. Le frere puîné d'*Oughin* étoit *Bortan*, grand-pere de *Tchim-khis-khan*. L'*Altun-khan* étoit l'Empereur de Chine de la Dynastie des *Kin*, qui n'étoient Tartares que dans le sens le plus étendu. Cette guerre prétendue les mit peu en peine, puisqu'ils n'en font aucune mention; & je ne sais même s'ils ont jamais parlé des *Moumgols* dans leur Histoire avant le temps de *Tchim-khis-khan*. Les *Moumgols*, quoiqu'ils en disent, n'ont commencé à faire figure que sous le pere de *Tchim-khis-khan*. Encore étoit-ce si peu de chose, que *Tchim-khis-khan*, après la mort de son pere, se trouva presque seul & sans sujets; & ces dix *Khan* prétendus, qui ont été les aïeux de *Tchim-khis-khan*, doivent à leur neveu le titre de *Khan*, & tout l'éclat de leur gloire. Apparemment les *Moumgols* auront imité les Chinois, qui, dès qu'ils parviennent à l'Empire, commencent par honorer leurs ancêtres du titre d'Empereur,

---

quand bien même ils n'auroient été que laboureurs durant leur vie. *Bortan* ne m'a guere la mine d'avoir vengé la mort de son frere aîné *Oughin*. Ce pourroit plûtôt être *Tchim-khis-khan* qui en auroit tiré raison & vengé son grand-oncle; du moins son Histoire témoigne que le principal motif de la guerre qu'il fit aux *Kin*, fut la mort qu'ils avoient fait donner à un Prince de son sang.

Il est temps de parler des descendants de *Tchim-khis-khan*, & de ses successeurs à l'Empire. Car quoiqu'il l'eût partagé en mourant entre ses enfants, il faut bien se donner de garde de croire qu'il les ait rendus indépendants les uns des autres. Il soumit tous les autres à celui qu'il avoit créé son successeur & aux successeurs de celui-ci. Les fréquentes ambassades que les Princes Chrétiens, & même les Papes, envoyoient aux enfants de *Tchim-khis-khan*, qui régnoient dans la Moscovie, la Perse, &c. doivent nous en convaincre, puisque pour peu importantes que fussent leurs demandes, on les renvoyoit à la Cour du *Khan* pour être écoutées. Au commencement, ces *Khan* tenoient leur Cour dans la Tartarie; mais ils ne tarderent pas à la transporter en Chine dans la ville de *Pe-kim*. Pour faciliter la communication, ils avoient établi des postes dans toute l'Asie, & même dans le Nord de l'Europe, d'abord jusqu'à *Khara-Kharin*, ensuite jusqu'au *Pe-kim* d'aujourd'hui; de sorte que les Chinois marquent que *Pa-tou*, ou bien *Batou*, petit-fils de *Tchim-khis-khan*, (*Batou* nous est assez connu par les ravages qu'il fit dans l'Europe jusqu'au Danube,) rendoit compte de ses expéditions à l'Empereur ou au *Khan*, qui tenoit pour lors son siege à *Pe-kim*, & que du lieu où il étoit, jusqu'à *Pe-kim*, il y avoit plus de 200 jours de poste.

LA BIBLIOTHEQUE, sous le tire de *OCTAI-KHAN*, ou *CAAN*, comme le prononcent les Mogols.

OBSERVATION.

L'Histoire Chinoise le nomme *Ouo-kouo-tai*. Elle ne parle point de cette modération avec laquelle il refusa l'Empire, ni de la violence prétendue que lui firent son aîné *Tcha-gha-tai*, & son oncle *Ou-ta-kin* pour le lui faire accepter. Il régna en vertu du testament de son pere *Tchim-khis-khan*. Il mourut l'an 1241. Son titre Chinois d'apothéose, est *Thai-tçoum*; ce qui signifie le *très-grand Vénérable*.

LA BIBLIOTHEQUE, sous le titre de *GAIUR-KHAN*, fils d'*OCTAI-KHAN*, & petit-fils de *GEN-GHIZ-KHAN*.

OBSERVATION.

L'Histoire Chinoise le nomme *Kouei-yeou*. Il étoit l'aîné de tous les enfants d'*Octai*. La même histoire nomme sa mere *Nai-ma-tchin* de son nom de famille, n'osant, suivant la coutume de la Chine, prononcer son nom propre qui étoit *Tho-lie*, (ou plutôt *Tho-rai*) *Khona* ou *Khana*; & de ce *Tho-rai-khana* les Mahométans ont formé celui de *Toura-kinah*. Cette Princesse regna quatre ans. Elle étoit la sixieme femme d'*Octai*, quoique dans les Tables Généalogiques elle soit nommée immédiatement après la premiere Impératrice, apparemment à cause de l'aînesse de son fils. Elle ménagea l'Empire pour son fils, au préjudice de *Che-lie-men* son petit-fils, qu'*Octai* avoit nommé à l'Empire par son testament.

Kouei-yeou, ou plutôt *Kei-yeou*, commença à régner l'an 1246. Il régna trois ans, & mourut l'an 1248. Son nom Chinois d'apothéose, est *Tim-tçoum*, c'est-à-dire, le *vénérable qui a affermi (l'Empire.)* Son regne fut suivi d'un interregne de deux ans.

La Bibliotheque, sous le titre de *Mangu-caan*, ou *Manguka*, ou *Mangaka*.

Observation.

L'Histoire Chinoise écrit *Moum-kho*, (peut-être *Moum-kha*,) ce qui signifie *longue vie* ou *immortalité*. Il étoit fils aîné de *To-lei*, quatrieme fils de *Tchimkhis-khan*. Il commença à régner l'an 1251, & mourut l'an 1259, & non pas 1257. Son titre d'apothéose est *Hien-tçoum*; ce qui signifie l'*illustre vénérable*. Il eut dix freres, & non pas sept seulement.

Il ne fonda pas *Khanbaligh* à la vérité; mais comme *Koublai*, son frere cadet, le fonda sous le regne de *Moum-kha*, on a droit de le lui attribuer. Ce *Khanbaligh* étoit *Khai-pim-fou*, ville de la Tartarie Chinoise, plus au Nord que le *Pe-kim* d'aujourd'hui de 70 lieues. Nous en avons parlé sous le titre de *Khanbaligh*.

La Bibliotheque, sous le titre de *Cobla* ou *Coblai-Caan*.

Observation.

L'Histoire Chinoise écrit *Hou-pi-lie*. Je ne sais pourquoi elle change toujours, ou presque toujours, le *Lai* des *Moumgols* en *Lie*. Il faut donc lire *Hhoubi-lai*; ce qui veut dire *Officieux*, en *Moumgol*. Les *Moumgols* en prononçant ce nom, absorbent l'*i* du milieu, & disent *Hhoublai*, d'où *Koublai* a été formé. *Koublai* étoit le quatrieme fils de *Tolei*, & par conséquent frere cadet de *Moum-kha*, & petit-fils de *Tchim-khis-khan*. *Moum-kha-khan* attaquant de son côté la Province de Chine, appellée *Se-tchouen*, mourut, non pas d'un coup de fleche, mais d'une maladie que lui causerent les chaleurs du climat. *Koublai* qui, d'un autre côté, faisoit la guerre dans la Province de *Hou-kouam*, ayant appris à temps la nouvelle de la mort de son frere, abandonna son entreprise, & retourna en poste à *Pe-kim*, d'où il se transporta avec la même diligence à *Cham-tou*, ou au *Khanbaligh* dont nous venons de parler. Là il fut proclamé Empereur des *Moumgols* l'an 1260.

Cependant *Aribugha*, septieme fils de *Tolei*, & conséquemment frere cadet de *Koublai-khan*, prit les armes & le titre d'Empereur, ou de *Khan*, à *Khara-kharin*, ancienne Cour des *Moumgols*. Il fut défait l'année suivante par *Koublai-khan*, qui avoit marché en personne contre lui. La bataille se donna sur les bords du lac nommé *Sii-mou-tou-noor*. *Aribugha* ne pouvant se relever de cette perte, prit le parti de venir se rendre au *Khan*, son frere, l'an 1264, amenant avec lui *Ym-loum-ta-che*, *A-so-tai* & *Sii-likii*, trois Princes du sang de *Tchin-khis-khan*, revoltés avec lui, & un grand nombre de Seigneurs qui avoient été les auteurs ou les fauteurs de sa rebellion. *Koublai* pardonna sans aucune exception à son frere, & aux Princes de son sang; mais il punit de mort les Grands qui avoient fomenté la rébellion des Princes. Ainsi les Mahométans se trompent quand ils avancent qu'*Aribougha* se maintint pendant dix-sept ans. Ils se trompent encore plus visiblement quand ils assurent que *Koublai* vengea si cruellement sur son frere l'injure qu'il en avoit reçue. *Koublai* régna trente-cinq ans, (non pas vingt-cinq,) & mourut l'an 1294, âgé de plus de 80 ans. Son titre Chinois d'apothéose est *Chi-tçou*; ce qui signifie l'*aïeul des siecles*. C'eût été sans doute un des plus grands Princes & des plus accomplis qui ayent jamais porté le sceptre, si son ambition avoit su se borner, & si sur la fin de sa vie, sa vigilance avoit pu modérer la cupidité des Mahométans ses sujets, à qui il abandonna entiérement l'intendance de ses finances. Ces deux défauts ont dés-

honoré la fin d'un regne, dont le commencement, au dire des Chinois mêmes, avoit rappellé le siecle d'or. Tant il est vrai que l'extrême vieillesse des Rois est souvent plus pernicieuse aux Etats que leur minorité.

Hu-lai-ghou étoit à la vérité frere de *Koublai*, puisqu'il étoit le fils de *Tolei*; mais bien-loin de lui succéder dans l'Empire des Khalifes, qu'il avoit éteint sous les auspices de *Koublai*, (& sous le regne de *Moum-kha*) l'an 1258, il lui fut toujours soumis, & ses descendants le furent pareillement aux descendants de *Koublai*, qui de la Chine où ils résidoient, gouvernoient la Monarchie universelle des *Moumgols*.

Koublai eut pour successeur *Themour*, son petit-fils, dont le titre d'apothéose est *Tchim-tçoum*, c'est-à-dire, le *droit* ou le *vrai vénérable*. Le pere de *Themour*, qui étoit le fils aîné de *Koublai*, & nommé *Tchin-kin*, & qui auroit surpassé son pere, étoit mort avant le temps.

La Bibliotheque, sous le titre de *Touli-khan*.

Observation.

L'Histoire Chinoise le nomme *To-lei*. Il n'est pas vrai qu'il soit mort du vivant de *Tchim-khis-khan*. Il mourut vers la fin de l'an 1232°. de l'Ere Chrétienne, & la quatrieme du regne d'*Octai-khan*, qu'il avoit accompagnée cette année-là dans une expédition contre les *Kin* Tartares dans les Provinces de *Honan* & de *Houkouam*. Il y signala sa valeur d'une maniere incroyable. Après avoir conduit l'armée, dont il avoit le commandement, à travers plusieurs Provinces de Chine, malgré les neiges & les passages de fleuves & de montagnes. Il défit avec un fort petit nombre de troupes l'armée ennemie composée de plus de cent mille combattants. Il l'extermina presque toute, & en prit le Général. On ne trouve point *To-lei* parmi les Empereurs *Moumgols*; la raison en est qu'il ne l'a jamais été. Après sa mort, le premier de ses enfants qui monta sur le trône, suivant en cela la coutume inviolable de la Chine, lui conféra le titre, & lui attribua tous les honneurs d'Empereur, dont il a toujours joui depuis ce temps-là.

Je ne dois point passer outre, puisque les Mahométans s'arrêtent ici. Au reste, on ne doit pas être surpris si les Historiens Mahométans se trompent souvent, quand ils racontent des faits qui se sont passés si loin de chez eux, & qu'ils ne pouvoient savoir que sur des rapports vagues. On doit en échange s'en rapporter à eux plutôt qu'aux Chinois dans l'Histoire des guerres que *Tchim-khis-khan* & ses successeurs leur ont faites; & cela d'autant plus que les Chinois n'en parlent point du tout, ou s'ils en parlent quelquefois, il ne le font que fort superficiellement, & se contentent d'articuler chronologiquement les faits sans rien circonstancier. D'une autre part, les *Moumgols* ressembloient fort à nos anciens Gaulois, qui s'attachoient plutôt à faire qu'à écrire; & ils aimoient mieux fournir des monuments à l'Histoire que de s'occuper à les rapporter. Encore s'ils avoient gardé des mémoires, on pourroit leur pardonner; rien de tout cela, & les Chinois eux-mêmes déplorent dans l'Histoire des *Moumgols* la perte irréparable de tant d'exemples d'une valeur héroïque, dont les *Moumgols* ont négligé de conserver la mémoire à la postérité.

Ce que je vais dire paroîtra d'abord s'écarter du sujet que je me suis proposé. On verra néanmoins dans la suite, que la chose y a du rapport, & qu'elle regarde la Chine en quelque façon. Ramassons pour cela divers articles de la *Bibliotheque*.

La Bibliotheque, sous le titre de *Giamschid*.

Giamschid, *quatrieme Roi de la Dynastie des* Pischdadiens,

chdadiens, *qui est la premiere des Rois de Perse, étoit frere ou neveu de* Tahamourath, *son prédécesseur...* (*Il bâtit* Estekhar *ou* Persépolis.) *Cette grande ville étant achevée, il y fit son entrée, & y établit le siege de son Empire; ce qui étant arrivé au même moment que le soleil entroit dans le signe du Bélier, ce jour, nommé par les Persans* Neuruz, *c'est-à-dire, le nouveau jour, parce qu'il est le premier du printemps, fut fixé pour le commencement de l'année Persienne, qui est purement solaire...*

Le Neuruz *qu'il institua, comme nous avons vu, le premier jour du printemps, ayant reculé dans l'année solaire, faute de bissextile, fut remis sous le Khalifat de* Moctadhi, *du quinzieme degré des Poissons où il se trouvoit, au premier degré du Bélier....* Khondemir *donne à* Giamschid *pour Ministres deux grands personnages, l'un Juif, & l'autre Grec. Le premier se nommoit* Fael Issuf Rabban, *& le second* Fithagores, *qui est* Pythagore. ...

La Bibliotheque, *sous le titre de* Cebissah ou Kebissah.

Kebissah *signifie intercalation. Dans le Kalendrier Arabique, on se sert de l'intercalation d'un mois entier, après trois années lunaires, pour faire accorder ces années avec les années solaires; mais dans le Kalendrier Persien moderne, qui est nommé* Gélaléen, *on intercale seulement un jour tous les quatre ans, & après que cela a été fait six ou sept fois, on intercale ce jour après la cinquieme année suivante. Pour ce qui regarde l'ancien Kalendrier Persien, que l'on nomme* Jezdégirdique, *il n'y a point d'intercalation; car on se servoit alors des* Mosteraka, *ou* Epagomenes, *qui sont cinq jours ajoutés à la fin de douze mois solaires, qui font 360 jours; de sorte que leur année étoit ainsi de 365 jours précisément.*

Sous le titre de Firouz & Pirouz.

Mot Persien, qui signifie le troisieme jour des cinq, que les Grecs, &, après eux, les Latins, ont appellé Epagomenes, *qui s'ajoutent à la fin de l'année solaire, composée de trois cents soixante jours, telle qu'étoit l'année des Egyptiens & des anciens Persans, selon le Kalendrier* Jezdégirdique, *& selon le Gélaléen.*

Les Persans... disent, qu'il faut nécessairement les ajouter, si l'on veut avoir le cours entier du Soleil depuis le premier degré du Bélier jusqu'au dernier degré des Poissons; en quoi ils se trompent grossiérement, parce qu'il y a de surplus 5 heures & 49 minutes.

Sous le titre de Tarikh-Farsi.

L'Ere Persienne; c'est celle que nous appellons ordinairement Jezdégirdique. *Nos meilleurs Chronologistes marquent le commencement de cette Ere aux seizieme jour de Juin, troisieme férie de l'an 632°. de J. C.; mais les Arabes ne la commencent que l'année trente-deuxieme de l'Hégire, qui est la 632°. (corrigez 652) de J. C.*

Sous le titre de Tarikh-Gelali.

L'Ere Gélaléenne *commence la premiere férie du cinquieme de la lune de* Schaban *l'an 468°. de l'Hégire. Il y a pourtant des Arabes qui fixent son commencement dans la cinquieme férie, dixieme jour de la lune de* Ramadhan, *l'an 471°. de la même Hégire.*

Nos Chronologistes suivent cette derniere date, & marquent son commencement à l'équinoxe du printemps, qui arriva le quatorzieme Mars de l'année 1079 de J. C. (*), dans laquelle année finissoit le troisieme Juillet cinquieme, férie l'an 476°. (corrigez 471) de l'Hégire. Car l'an 472 commence le quatrieme Juillet cinquieme férie de la même année.

Sous le titre de Moctadi-Bemrillah.

.... Melik-schah & son Visir Nezam-elmulk assemblerent, l'an 467°. de l'Hégire, les plus grands Astronomes qui fleurissoient en ce temps-là, lesquels fixerent le Neurouz, *c'est-à-dire, le premier jour de l'année solaire du Kalendrier Persien au premier degré de l'Aries. Ce jour du* Neurouz *se trouvoit pour lors par la négligence des Astronomes, ou, pour mieux dire, par la suite des années, reculé jusqu'au quinzieme degré des Poissons; de sorte qu'il fallut alors supprimer quinze jours entiers.... C'est donc cette année 467 (1074 de J. C.) qui est la véritable époque de la réforme du Kalendrier Persien, laquelle fut appellée* Gélaléenne, *à cause du titre de* Gelaleddin, *que portoit* Melik-schah, *(Sultan Selgiucide, sous l'autorité de* Moctadi-Bemrillah.)

Sous le titre de Jezdegird Ben Scheheriar.

.... C'est au commencement du regne de ce Prince, sur l'onzieme année de l'Hégire, & sur l'année 632°. de J. C., que l'on doit fixer l'époque de l'Ere que nos Chronologistes appellent Jezdégirdique, *& non pas au temps de sa défaite à* Cadesie, *ni à sa mort en* Khorassan, *puisque sa défaite arriva l'an 15, & sa mort l'an 31°. de l'Hégire.*

Observation.

Il s'agit de vérifier si l'époque de *Giamschid* peut s'accorder avec le retranchement de 15 jours de la réformation *Gélaléenne.* Pour en juger, il faut déterminer la distance de temps qui se trouve entre ces deux termes. Il faut en cela se servir de la Chronologie Persienne, que je tirerai de la *Bibliotheque,* telle qu'elle se trouve sous le titre de chaque Roi de Perse.

(*) Selon Gravius, corrigez 1078 de J. C. ; ensuite le deuxieme Juillet troisieme férie, puis le troisieme Juillet quatrieme férie ; du moins dans la *Bibliotheque,* il faut corriger l'un ou l'autre nombre des féries : le premier doit être 4, ou le second doit être 6.

CHRONOLOGIE des DYNASTIES DE PERSE jusqu'à l'Ere Chrétienne.

Premiere Dynaſtie des *Piſchdadiens.*			Seconde Dynaſtie des *Caïaniens.*		Troiſieme Dynaſtie des *Grecs.*
Le ROI	régna	vécut	Le ROI	régna	
1. *Caïumarath* . . }	. . . .	1000	1. *Caicobad*	120	*Alexandre* com-
2. *Siamek* . . . }	. . 560		2. *Caikaus*	150	mença à régner
Interregne	(200)		3. *Caikhoſru*	60	en Perſe l'an a-
3. *Tahamurath* . . .	. 30		4. *Lohorasb*	120	avant l'Ere Chré-
4. *Giamſchid*	. 700	1000	5. *Kiſchtasp*	120	tienne 331
5. *Zhôhak*	. 1000		6. *Ardſchir* ou *Bahaman*	112	
6. *Afridoun* ou *Feridoun*	. 500		7. *Homai*, Reine	32	
7. *Manougeber* . . .	. 120		8. *Dorab*, premier . . 14 (*Lebtarikh* 12)		
8. *Nodar*	. 7		9. *Dorab*, ſecond 14		
9. *Afraſiab*	. 12		Il fut vaincu par *Alexandre.*		
10. *Zab*	. 30				
11. *Guſtasb*	20 ou 30				

Premiere Somme . 2979 ou 2989
Seconde Somme . 740 ou 742 Seconde Somme . . 742 ou 740 Troiſieme Somme . 331
Troiſieme Somme . 331 . . 331

Somme totale . . . 4050 ou 4062 ans, non compris l'Interregne de 200 ans.

Donc la premiere année du regne de *Caïumarath* fut avant l'Ere Chrétienne . . . 4050 ou 4062

Ajoutant l'Interregne . 4250 ou 4262

LA BIBLIOTHEQUE, ſous le titre de *CAIAN* ou *CAIANIAN.*

Elle dit que, ſelon le *Lebtarikh*, les neuf Rois Caïaniens ont régné 734 ans, & ſelon le *Tarikh-Montekheb*, 938. Cela ſuppoſé, le *Lebtarikh* leur donne 6 ou 8 ans de moins que la Table. Otez-les de 4050 & de 4062, reſtent 4044 ou 4054 pour la premiere année de *Caïumarath* avant l'Ere Chrétienne. Au contraire, le *Tarikh-Montekheb* leur donne 198 ou 196 ans de plus que la Table; ajoutez-les à 4050 ou à 4062, vous aurez cette premiere année 4248 ou 4258 ans avant l'Ere Chrétienne.

Parmi toutes ces ſommes, la plus petite eſt 4050, & la plus grande 4258. Ajoutez à chacune de ces ſommes 1074 ans complets de l'Ere Chrétienne, qui ſe ſont écoulés juſqu'à la réformation Gélaléenne, vous aurez la diſtance entre le commencement de la premiere année de *Caïumarath*, & le commencement de l'année de la réformation Gélaléenne, la plus grande de 5332, & la plus petite de 5124; ſi vous voulez ajouter l'interregne, 5532 ou 5324.

Préſentement, pour trouver la diſtance entre la premiere année de *Giamſchid* & la premiere de la réformation Gélaléenne, il faut ôter les 590 ans qu'ont duré les regnes de *Caïumarath*, *Siamek* & *Tahamurath*, qui ont précédé celui de *Giamſchid*; d'où réſultera la plus grande diſtance entre le commencement du regne de *Giamſchid* & la réformation Gélaléenne, de 4742, & la plus petite de 4534. Enfin, retranchant 699 ans du regne de *Giamſchid* de ces deux derniers nombres, reſtera pour la plus grande diſtance, entre la derniere annnée de *Giamſchid* & la premiere de la réformation Gélaléenne, 4043, & pour la plus petite 3835.

Venons préſentement au fait, & pour favoriſer, autant qu'il eſt poſſible, l'hypotheſe des Mahométans, ſuppoſons, ce qui n'eſt pas vraiſemblable, que la diſtance entre les deux époques n'eſt effectivement que de trois mille huit cents trente-cinq ans. Nonobſtant cela, je ſoutiens que *Neurouz*, ou le premier jour de l'année Perſienne, a dû reculer, pour me ſervir du terme de la *Bibliotheque*, non pas de 15 degrés, ou, ſi vous voulez, de 15 jours; mais de près de 30 degrés, & conſéquemment de près de 30 jours. Il faut, avant toutes choſes, rechercher la cauſe de cette anticipation de l'équinoxe. Elle ne vient pas du manquement d'intercalation tous les quatre ans. A la vérité, les années des Perſiens, auſſi-bien que celles des Egyptiens, étoient toutes égales entr'elles, & de 365 jours précis, y ayant les 5 jours Epagomenes, ou ſur-ajoutés; ce qui faiſoit rouler le commencement de leur année ſolaire, auſſi-bien que l'Egyptienne, dans toutes les ſaiſons, & ne l'auroit ramenée au même point du ciel, ſuivant leur calcul, qu'après 1461 de leurs années, de la même maniere que le commencement de l'année lunaire des Arabes parcourt tout le Zodiaque, & ne revient au même point qu'au bout d'environ 33 ans. Et quand bien même ils ne l'auroient pas fait, tout ce que je viens de dire ne devroit s'entendre que de l'année civile des uns & des autres; mais l'année aſtronomique & les calculs qui en dépendent, ne peuvent ſubſiſter ſans cette intercalation.

En effet, s'ils avoient manqué d'intercaler tous les 4 ans d'une maniere ou d'autre, comme ils auroient omis chaque année 5 heures & 49 minutes, leur *Neurouz*, dans l'eſpace de trois mille huit cents trente-cinq ans en queſtion, auroit rétrogadé de 929 jours, 10 heures & 55 minutes, c'eſt-à-dire, de deux ans entiers, 199 jours, 10 heures & 55 minutes; ce qui eſt bien éloigné des 15 jours de la réformation Gélaléenne. Ils ont donc intercalé; mais ils ont mal intercalé. Car fuppofant l'année folaire de 365 jours & un quart précifément, comme faifoient toutes les autres Nations dans ces temps fi reculés, ils ajoutoient tous les ans onze minutes de temps plus qu'il ne falloit; ce qui faifoit que leur *Neurouz* reculoit, ou, fi vous voulez, anticipoit d'autant. A ce compte, leur *Neurouz* auroit dû reculer en 3835 ans, de 29 jours, 7 heures & 5 minutes, & non pas de 15 jours feulement.

Ceux qui ne font pas accoutumés à l'embarras du calcul, en pourront juger par la réformation de notre Calendrier; & quoique la regle qu'il nous fournit ne foit pas auffi exacte que la précédente, elle fuffira pour appuyer ce que j'ai dit. On fait affez que, dans l'efpace de 1256 ans, c'eft-à-dire, depuis l'an 325, qui fut celui du Concile de Nicée, jufqu'à l'an 1582, qui fut celui de notre réformation, l'équinoxe du printemps avoit anticipé de dix jours & plus, qui furent retranchés par le Pape Grégoire XIII. Dites préfentement fi 1256 ans donnent 10 jours d'anticipation, 3835 ans en doivent donner 30 & plus. Cela ne feroit-il point croire que *Giamfchid* n'eft pas fi ancien qu'on le fait? Car, fuivant cette feconde regle, fi 10 jours d'anticipation donnent 1256 ans, les 15 jours d'anticipation dans la réformation Gélaléenne en devroient donner entr'elle & la derniere année du regne de *Giamfchid*, 1884 ans, dont ôtant 1074 de l'Ere Chrétienne, qui fe font écoulés jufqu'à la réréformation Gélaléenne, refteroient 810 années, dont la derniere de *Giamfchid* auroit précédé la premiere de l'Ere Chrétienne; & la premiere du regne de *Giamfchid* feroit la mille cinq cent & dixieme avant l'Ere Chrétienne. Mais à quoi bon fe tourmenter pour accorder un fyftême fi mal concerté? Les regnes de 700 ans & de 1000 ans ne font-ce pas des marques vifibles de la fauffeté de cette chronologie?

Rentrons dans notre fujet, & revenons à la Chine, qui pourra nous fournir quelqu'éclaiciffement fur la réformation du Kalendrier Mahométan. Voici ce que rapportent les Annales de la Chine. L'an 1267, les Occidentaux préfenterent à l'Empereur un Kalendrier de dix mille ans, (c'eft-à-dire perpétuel.) Ces Occidentaux des Annales ne font autres que les Mahométans, qui, après la deftruction de l'Empire des Khalifes, arrivée l'an 1258, avoient paffé fous la domination *Moumgole*. Ils vinrent bientôt après rendre hommage en Chine à leur nouvel Empereur, qui étoit pour lors *Koublai*. L'expofition univerfelle de l'origine du Kalendrier, fous le titre de l'intercalation des Mahométans, explique plus diftinctement la chofe en ces termes.

L'Auteur du Kalendrier Mahométan fut un homme extraordinaire, Arabe de nation, (& conféquemment Occidental de pays.) Il étoit né à *Mako*, (c'eft *Meka* ou bien la *Mecque*.) Il fe nommoit *Mahhoma*, (c'eft-à-dire *Mahomet*.) L'époque de fon Kalendrier tombe fur l'année nommée *Ki-vei*, (c'eft l'année 599°. de l'Ere Chrétienne,) qui fut la neuvieme de l'Empire de *Soui-ven-ti* régnant alors en Chine, fous le titre de *Khai-hoam*. Voici les regles de ce Kalendrier: Il donne à l'année folaire 365 jours entiers. Il divife le Zodiaque en 12 maifons ou palais. Il intercale 31 jours tous les 128 ans. Il établit l'année lunaire de 354 jours entiers, & il la partage en 12 mois. Il intercale onze lunaifons ou mois tous les 30 ans. La période eft de 1942 ans; après quoi elle revient au même point, c'eft-à-dire, au commencement de la maifon (ou figne) du Bélier blanc, & les années reprennent la même dénomination dans le Cycle fexagénaire de la Chine. Le Soleil, la Lune & les cinq planetes recommencent leurs cours du premier jour de cette période. (Ce commencement du Bélier convient avec ce que les Chinois nomment l'équinoxe du printemps, & il occupe le même lieu dans les Conftellations.) Ce Kalendrier dans fes calculs divife les degrés du ciel en degrés de longitude & de lati-

tude, &, par le même moyen, il marque les approches de la Lune & des autres planetes aux étoiles fixes. Ce Kalendrier fut eftimé le meilleur de tous par les Aftronomes Chinois. Ce font-là les termes de l'expofition, (voyez le chap. 21 de *Yue-lim-kouam-y*, page neuvieme,) fur quoi il y a bien des chofes à remarquer.

L'Auteur de l'expofition fe trompe quand il avance que la période en queftion eft compofée de 1942 ans. Il arrive fouvent que les Auteurs Chinois, qui ne font point Aftronomes, fe trompent quand ils veulent parler d'aftronomie. La preuve de cette bévue eft évidente, puifque le nombre de 1942 ans, qu'il attribue à la période, ne peut être exactement divifé, ni par le Cycle folaire de 128 ans, ni par le lunaire de 30, ni par le Cycle fexagénaire de la Chine: conditions abfolument requifes dans cette période, fuivant l'Auteur même. Il faut pour cela que cette période ne foit que de 1920 ans; alors tout quadrera: car ce nombre contient 15 Cycles folaires, 64 lunaires & 32 fexagénaires. De cette forte, la premiere année de la feconde période aura la même dénomination dans le Cycle fexagénaire, qu'avoit eu la premiere année de la premiere période. Il eft vrai que les jours ne reviendront pas à la même dénomination du Cycle fexagénaire; mais les Mahométans, qui avoient inventé cette période pour leurs ufages, ne pouvoient pas avoir égard à cela. Elle revenoit pourtant pour les mois, en omettant les intercalaires, comme font les Chinois; car la période Mahométane, telle que je la fuppofe, fe peut divifer fans fraction par 5. Or les mêmes dénominations des lunes reviennent au bout de cinq ans dans le Cycle fexagénaire.

Voici une correction femblable à la nôtre, & qui la précede de près de 1000 ans. Jugez après cela fi les Arabes n'ont pas eu d'excellents Aftronomes. Notre réformation Grégorienne intercale en 400 ans folaires 97 jours. La correction Arabique intercale 31 jours en 128 ans. La proportion eft la même; car 128 : 31 : 400 :: 96 & fept huitiemes; c'eft-à-dire, que les Mahométans, dans l'efpace de 400 ans tropiques, intercalent 96 jours & fept huitiemes. Le peu de différence qui fe rencontre entr'eux & nous, doit être compté pour rien.

Nous avons ici une époque aftronomique des Arabes plus ancienne que l'époque civile de l'Hégire de 22 ans & plus. Au refte, fi Mahomet avoit été l'auteur d'une période fi bien entendue, comme le témoigne l'expofition Chinoife, il n'auroit pas été auffi ignorant qu'on le croit communément. Peut-être avoit-il donné l'ordre aux Aftronomes de la compofer; ce qui l'a fait paffer fous fon nom, ou plutôt les Mahométans, qui l'apporterent en Chine, voulant fauffement honorer leur faux Prophete, la lui ont attribuée. S'il en avoit été l'inventeur, elle auroit paffé pour divine, & feroit defcendue du Ciel. Cependant les Mahométans n'en parlent point dans la *Bibliotheque*.

La correction que j'ai faite dans l'expofition Chinoife de la période Arabique, changeant 1942 ans en 1920, pourroit paroître téméraire. Il faut donc en apporter des preuves plus convaincantes que celles que j'ai marquées ci-deffus.

Il eft de fait, que 1920 ans contiennent 23040 mois ordinaires, (les intercalaires en étant exclus.) Le

nombre de 23040 eſt diviſé exactement par 60, nombre du Cycle ſexagénaire : Donc la période de 1920
étant finie, les mois reviennent à leur premiere dénomination dans le Cycle ſexagénaire, puiſque, comme
nous avons dit, les 704 emboliſmiques doivent
être exclus, ſuivant le ſtyle Chinois, parce qu'ils
prennent leur dénomination du mois ordinaire qui les
précede.

Pareillement 1920 années ſolaires Arabiques contiennent 701265 jours, y compris les intercalaires.
Ce nombre ne peut ſe diviſer par 60, ſans fraction ;
d'où il s'enſuit que les jours ne peuvent reprendre leur
premiere dénomination dans cette période. Quelqu'un
dira que les 1942 années de l'Auteur Chinois ſont
des années de l'Hégire, qu'il aura priſes pour des années luni-ſolaires Chinoiſes, qui, par l'intercalation,
reviennent aux purement ſolaires. Réduiſez ces 1942
années ſuppoſées de l'Hégire, & vous verrez qu'aucune des propriétés de la période ne peut convenir
au nombre de 1942, ni en le ſuppoſant compoſé
d'années ſolaires, quand même vous réduiriez ces 1942
années ſuppoſées ſolaires en années de l'Hégire, qui
feroient plus nombreuſes.

C I N Q U I E M E   R E M A R Q U E.

Il y a quelque difficulté à accorder le Cycle lunaire des Arabes avec le ſolaire. La période Arabique de
1920 ans contient par ſa conſtitution 23744 lunes,
c'eſt à ſavoir 23040 ordinaires, & 704 emboliſmiques :
ce qui, à compter réguliérement douze mois lunaires, alternativement pleins & caves, pour chaque année, comme fait l'Hégire, feroit 1978 ans & huit
mois de la même Hégire. D'où il s'enſuit que le premier jour de la premiere ou de la ſeconde période ne
peut concourir avec le premier de l'année de l'Hégire, mais ſeulement avec le premier jour de la neuvieme lune de la même Hégire. Ce concours avec le
premier jour de l'année de l'Hégire, ne peut ſe rencontrer qu'après trois périodes accomplies.

De plus, les 1920 années ſolaires ordinaires, c'eſt-
à-dire de 365 jours de la période Arabique, contiennent 700800 jours ordinaires, & 465 jours intercalaires ; ce qui fait en tout 701265 jours.

D'un autre côté, 1920 ans lunaires chacun de
douze mois, alternativement caves & pleins, contiennent 679680 jours. Ajoutez à cette ſomme 21120
jours produits des 704 lunes intercalaires, chacune de
39 jours, vous aurez 700800 jours en tout. A ce
compte, il manqueroit aux années lunaires 465 jours,
en différence de 700800 à 701265 ; ce qui renverſeroit
la période de fond en comble. Il faut donc conſumer
cette différence de jours, en les ajoutant à l'année
lunaire ordinaire, & dans l'eſpace de la période de
1920 ans ſolaires, intercaler 465 jours en autant d'années lunaires communes, ce qui les doit rendre chacune de 355 jours ; après quoi tout ſera d'accord.
En effet, je me ſouviens d'avoir lu quelque part
que le Kalendrier des Turks fait quelquefois l'année
civile de l'Hégire de 355 jours, ſans qu'on en puiſſe
deviner la cauſe. Je laiſſe à décider aux Aſtronomes
ſi ce ne ſeroit point celle que je viens de marquer ;
comme auſſi à déterminer ſi nos tables de réduction
des années de l'Hégire n'ont pas beſoin
de correction, & ſi, ſuppoſé ce que je viens de
dire, il eſt aiſé de déterminer au juſte le commencement des années & des mois Arabes, & ſur-tout la
férie Chrétienne qui répond au jour marqué par les
Mahométans.

S I X I E M E   R E M A R Q U E.

Réſolvez les 701265 jours entiers de la période
Mahométane en 60589296000 ſecondes. Enſuite diviſez ce nombre par celui des années de la période

qui eſt 1920, vous trouverez que chaque année tropique de la période eſt compoſée de 31556925 ſecondes, c'eſt-à-dire, de 365 jours entiers, 5 heures,
48 minutes & 45 ſecondes préciſément. Peut-on rien
de plus juſte, je ne dis pas pour ce temps-là, mais
même pour celui d'aujourd'hui?

Je ne puis me diſpenſer de faire ici quelques réflexions ſur la Chronologie Perſienne dont je viens
de donner la Table, pour en faire voir la fauſſeté,
qui ſe produit aſſez d'ailleurs par elle-même, quand
ce ne ſeroit que par les 3000 ans & plus de regne
qu'elle attribue aux onze ou douze Rois de la premiere Dynaſtie.

Je ſuppoſe avant toutes choſes que les Mahométans, qui ſont nés dans le ſein de l'Egliſe Orientale,
ont adopté depuis Adam la Chronologie des Septante, qui étoit reçue des Chrétiens parmi leſquels ils
vivoient, ou même, ſi vous voulez, celle des Hébreux. *Aboulfarage*, Chrétien & ſavant Hiſtorien du
treizieme ſiecle, témoigne que tous les Chrétiens
de l'Orient, dont il étoit du nombre, à la réſerve
des Syriens, comptoient, ſuivant la verſion des
Septante, 5586 ans depuis la création du monde juſqu'au commencement de l'Ere Chrétienne, tandis
que les Hébreux n'en comptoient, ſelon leur texte,
que 4220.

LA BIBLIOTHEQUE, ſous le titre de *CAIU-
MARATH.*

Elle rapporte quatre opinions touchant la perſonne
de ce premier Roi. La premiere ſoutient que c'eſt l'*A-
dam* des Hébreux ; la ſeconde le fait fils du premier
Adam & frere de *Seth* ; la troiſieme prétend qu'il
étoit fils de *Malaleel* & contemporain d'*Enokh* ; la
quatrieme, qui eſt celle des Arabes, entreprend de
prouver qu'il eſt le troiſieme *Adam*, & non pas le premier ; que *Noé*, le ſecond *Adam*, fut ſon grand-pere,
& *Sem* ſon pere. Cette diverſité, qui monte à beaucoup plus de deux mille ans, fait aſſez voir que cette
chronologie eſt une pure fiction. La premiere opinion
ne ſe peut accorder, ni avec la Chronologie des Septante, ni avec celle des Hébreux. La preuve en eſt
facile. La chronologie Perſienne, après avoir avancé
que *Caiumarath* eſt le premier *Adam*, ne compte
pourtant depuis la création juſqu'à l'Ere Chrétienne
au plus que 4698 ans, & ajoutant l'interregne, que
4898 ans. C'eſt trop pour les Hébreux, & trop peu
pour les Septante.

La ſeconde opinion s'approche un peu plus des
Septante que la premiere, & la troiſieme beaucoup
plus que la ſeconde. La quatrieme, qui eſt celle des
Arabes, qui paroît pourtant la plus naturelle, s'éloigne encore plus de la vérité que la premiere, & ne
peut s'ajuſter, ni aux Septante, ni à notre Vulgate.
Les Septante, comme on le conclut du calcul d'*A-
boulfarage*, ne mettent entre le Déluge & le commencement de l'Ere Chrétienne, que 3330 ans, & la Vulgate, ou les Hébreux, que 2564, & quand bien même
Sem eût engendré *Caiumarath* l'année qui ſuivit immédiatement le Déluge, & que les Perſiens euſſent
adopté l'opinion des Syriens, qui étendent le calcul
des Septante juſqu'à 6000 ans précis, depuis la création
du monde juſqu'à l'Ere Chrétienne, il ne reſteroit entre cette Ere & le Déluge que 3744 ans ; ce qui ſeroit toujours fort éloigné du calcul Perſien, qui met
entr'elle & la naiſſance de *Caiumarath* 4698 ans, ou,
y compris l'interregne, 4898 ans. Il eſt donc vrai qu'on
ne peut rien établir de certain ſur des fondemens ſi
ruineux. En voici encore une preuve qui a quelque
choſe de divertiſſant par la multitude des anachro-
niſmes qu'elle contient. C'eſt le temps auquel les
Mahométans font fleurir *Pythagore*. Ramaſſons ce
qu'ils en diſent ſous divers articles de la *Bibliotheque*.

L A

LA BIBLIOTHEQUE, fous le titre de *GIAMSCHID*.

Khondemir donne à *Giamſchid* pour Miniſtre *Fit-hagores*, qui eſt *Pythagore*.

Sous le Titre de *FITHAGORES*.

Pythagore. *Le Tarikh Montekheb dit qu'il vivoit fous le regne de* Giamſchid, *cinquieme Roi de la Race des* Piſchdadiens, *du temps du Patriache* Noé. . . . . *Le Lebtarikh, auſſi-bien que* Khondemir, *diſent plus probablement qu'il vivoit fous le regne de* Caïkhozrou, *troiſieme Roi de Perſe de la Race des* Caianiens. . . .

OBSERVATION.

Pythagore, ſuivant Euſebe, eſt mort dans la quatrieme année de la ſeptantieme Olympiade, c'eſt-à-dire, ſuivant le même Auteur, 496 ans avant l'Ere Chrétienne. Ceux qui le font vivre plus long-temps lui donnent 90 ans de vie; ſa naiſſance n'a donc pu précéder l'Ere Chrétienne que de 586 ans : comment donc a-t-il pu être Miniſtre de *Giamſchid*, qui a ceſſé de régner environ 3000 ans avant l'Ere Chrétienne, comme la Table Chronologique le démontre ? Comment *Khondemir* peut-il s'accorder avec lui-même, quand, après avoir donné à *Pythagore* la charge de Miniſtre d'Etat ſous *Giamſchid*, il le rebaiſſe tout-à-coup juſqu'au temps de *Caïkhozrou*, c'eſt-à-dire, de près de deux mille ans. Nonobſtant ce rapprochement, ſon calcul manque encore de juſteſſe, puiſque *Caïkhozrou*, ſelon le *Lebtarikh*, auquel il ſemble ſe joindre, a dû commencer à régner 801 ans avant l'Ere Chrétienne.

Le *Tarikh Montekheb* aſſure que *Pythagore* a vécu ſous *Giamſchid*, & a été contemporain de *Noé*. D'où il s'enſuit qu'il compte entre *Noé* & l'Ere Chrétienne plus de 3646 ans, & fait naître *Pythagore* 3000 ans plutôt qu'il ne faut. S'ils ne ſont pas plus exacts dans leurs propres affaires qu'ils le ſont dans les étrangeres, jugez combien on peut compter ſur leur Chronologie.

Avant de mettre fin à cet Ouvrage, qu'il me ſoit permis de ſortir pour un moment de mon ſujet, pour dire un mot en paſſant de la croyance que méritent les Hiſtoires Mahométanes. Elles ſont remplies de grands événements, ſur-tout depuis la naiſſance du faux Prophete, leſquels ſeroient encore plus grands s'ils étoient moins exagérés. Celles qui précedent cette naiſſance, ſont mêlées de fables qui obſcurciſſent tellement la vérité, que ſouvent on ne peut l'appercevoir. Il faut avouer que les Perſiens, & ſur-tout les Arabes, ont eu de grands hommes dans toutes les facultés, & la fauſſeté de leur Religion ne peut nous diſpenſer d'admirer les talents qu'il a plu à Dieu de leur départir; elle doit bien plutôt nous porter à plaindre leur ſort & à bénir le nôtre. Mais on ne peut nier auſſi que leurs Hiſtoriens ne ſoient trop paſſionnés pour la gloire de leurs nations, & ne donnent ſouvent dans la fable, déshonorant ainſi l'Hiſtoire, tandis qu'ils veulent honorer leurs Héros. Je vais en donner deux exemples; je m'arrêterai aux ſeuls Perſiens, parce que je crois les Arabes beaucoup plus exacts.

Les Perſiens faiſant du premier homme le premier de leurs Empereurs, ſe ſont apperçus que toutes les autres nations de la terre étoient fondées en droit à prétendre la même choſe. Cette conſidération les a obligés de recourir à la fable, & à ſuppoſer des *Solimans* Préadamites pour pouſſer plus loin leur antiquité. Ce ſont apparemment des reſtes de la vanité des Chaldéens, qui, ſuivant les témoignages de *Beroſe*, d'*Epigenes* & de *Critodemus*, rapportés par *Pline*, comptoient l'antiquité de leur nation par centaines de milliers d'années.

En effet, comme l'a judicieuſement remarqué le ſavant Auteur de la *Bibliotheque*, les Perſes ſe ſont appropriés, comme par droit de conquête, tous les anciens Rois des Aſſyriens, des Medes & des Chaldéens.

La vérité eſt que les Perſes, avant *Cyrus*, étoient une nation riche & ſpirituelle, mais plongée dans les délices, & peu recommandable du côté de la valeur. La Perſe pour lors ne formoit qu'une Province aſſez petite de ces vaſtes Empires, auxquels elle avoit été ſoumiſe tour-à-tour. C'eſt ainſi que le rapportent tous les anciens Auteurs, tant Chaldéens, que Grecs & Romains. Le témoignage de l'Ecriture, qui s'accorde en ce point avec les Hiſtoires profanes, ne nous permet pas d'en douter.

Qu'ont fait les Perſes ? après que *Cyrus* ſe fut rendu maître de l'Empire des Medes, des Aſſyriens & des Babyloniens, comme tous ces Princes étrangers avoient été leurs Empereurs, il les ont naturaliſés, & en ont fait autant de Rois Perſiens; à-peu-près comme ſi les Goths, qui avoient été long-temps ſujets de l'Empire Romain, après avoir ſubjugué l'Italie, & être entrés par-là dans tous les droits de cet Empire, s'étoient aviſés de paſſer par gradation des Dynaſties des Rois Goths à celle des Empereurs Romains, de ceux-ci aux premiers Rois de Rome, enſuite aux Rois Latins, enfin aux Rois de Troye, & en euſſent fait autant de Goths. Après cela, pour imiter parfaitement les Perſes, ils n'avoient qu'à conduire cette ligne de ſucceſſions de ces derniers juſqu'à *Japhet*, &, ce qui auroit enſuite été facile, la pouſſer au travers du Déluge juſqu'à *Adam*.

Au moins ſi les Perſes s'étoient contentés de cette eſpece d'adoption, & que d'ailleurs ils nous euſſent donné une chronologie ſuivie, & une Hiſtoire réguliere de ces Princes, on leur pardonneroit volontiers leur uſurpation. On leur auroit même de l'obligation; mais ils ont attribué à ces anciens Empereurs, ou des regnes ſi longs, ou des faits ſi romaneſques, que les fictions de l'Arioſte pourroient paſſer pour de véritables Hiſtoires auprès de ce qu'ils diſent. Par exemple, les palais enchantés du Poëte ont-ils rien de plus magnifique que le trône du *Khoſrou* ou *Khoſroës*, qui fut vaincu par l'Empereur *Héraclius*, & qui étoit contemporain du faux Prophete ? Voici la deſcription qu'en font tous les anciens Auteurs Mahométans ſous le titre de *Khoſrou*.

Ce trône étoit un grand palais d'une hauteur prodigieuſe, & ſon étendue étoit ſi vaſte, qu'il étoit ſoutenu de quarante mille colonnes d'argent, toutes rangées en divers ordres d'architecture. Sa voûte étoit enrichie de mille globes d'or; leſquels avoient tous leur mouvement différent, & repréſentoient les planetes & les diverſes conſtellations du Zodiaque. Les murailles étoient parées de trente mille houſſes en broderie, tendues en pluſieurs compartiments. Sous ce palais, on gardoit des tréſors immenſes d'or, d'argent, de pierreries, & de drogues précieuſes. (Il y avoit juſqu'à cent de ces tréſors).

Un ſemblable trône n'auroit-il pas été mieux placé dans la Capitale du *Ginniſtan*, c'eſt-à-dire du *pays des Fées*, que dans la ville de *Madain* ?

Au reſte, je ne prétends pas entrer dans un ennuyeux détail de ces ſortes de fauſſetés. Je m'attacherai, comme je l'ai promis, à deux ſeulement, dont l'un regarde *Nabuchodonoſor*, & l'autre *Alexandre-le-Grand*.

Nabocadnaſſar, ou bien *Bakht-al-naſſar*, ou enfin *Bokht-al-naſſar*, étoit, ſuivant les Auteurs Orientaux, un des quatre Gouverneurs que *Lohorasb*, quatrieme Roi de la Dynaſtie des *Caianides*, avoit établis pour régir l'étendue de tout ſon Empire. Celui-ci avoit pour ſon partage la Babylonie ou Chaldée, & ruina la ville & le temple de Jéruſalem; mais *Bahaman*, ſixieme Roi de la même Dynaſtie, ôta ce gouvernement à *Balthaſar* ſon fils, & le donna à *Kirſech*, que les Hébreux appellent *Koresch*, & qui nous est connu sous le nom de *Cyrus*. Ce sont les propres termes de la *Bibliotheque*.

A considérer la chose en elle-même, il importe peu que *Nabuchodonosor* & *Cyrus* ayent été de puissants Empereurs, ou de simples Vice-Rois; mais comme ces faits démentent les Histoires sacrées, il est de la derniere importance de ne s'y pas laisser surprendre.

Cyrus détruisit l'Empire des Medes, & força *Babylone* 559 ans avant l'Ere Chrétienne. Ce fait est constant. *Bahaman*, suivant la Table Chronologique que j'ai donnée ci-dessus, & qui est à-peu-près conforme au calcul du *Lebtarikh*, commença à régner 503 ans avant l'Ere Chrétienne. Quand donc même *Bahaman* eût créé *Cyrus* Vice-Roi de la Chaldée la premiere année de son regne, ce calcul seroit encore éloigné de la vérité de cinquante-six ans. Cela s'accorderoit peut-être avec le *Tarik-Montekheb*, qui donne une durée plus longue de deux cents quatre ans à la Dynastie des *Caianides* que le *Lektarikh*, si nous savions de quelle maniere il distribue le nombre d'années entre les neuf Rois qui composent cette Dynastie.

Lohorasb, suivant la même Table, a commencé à régner 743 ans avant l'Ere Chrétienne; ce qui mettroit environ deux cents quarante ans entre *Nabuchodonosor* & *Cyrus*. Cependant *Nabuchodonosor* & *Cyrus* doivent avoir été contemporains, puisque *Cyrus* prit Babylone & *Balthasar*, fils de *Nabuchodonosor*, après avoir régné en Perse vingt-sept ans. D'ailleurs, l'Ecriture, qui est la regle de la vérité, assure que *Balthasar* ne régna que 3 ans, & *Nabuchodonosor* 45.

Il n'est donc rien de plus mal assorti en fait de chronologie que ce que disent ici les Mahométans. Venons à l'Histoire; & pour savoir si *Nabuchodonosor* fut un simple Gouverneur de Province, consultons *Daniel*, le plus saint & le plus sage des hommes de son siecle, qui fut si long-temps premier Ministre de *Nabuchodonosor*, & qui fut nommé par *Balthasar*, fils de *Nabuchodonosor*, pour gouverner l'Etat comme second Ministre, qualités qui rendroient son témoignage irréfragable, quand même son autorité ne seroit pas infaillible, comme elle l'est effectivement. Voici comme il parle de *Nabuchodonosor*, avant de lui interpréter le songe que ce Prince venoit de faire de cette prodigieuse statue dont la tête étoit d'or : „ Vous êtes le Roi des Rois, & le Dieu du Ciel vous „ a donné le gouvernement & la force, l'Empire & „ la gloire, avec tous les lieux où habitent les en- „ fants des hommes, & où se retirent les animaux de „ la campagne. Il a même mis entre vos mains les oi- „ seaux du ciel, & rangé toutes choses sous votre do- „ mination; vous êtes donc cette tête d'or (*) ". Et dans l'interprétation du second songe que fit *Nabuchodonosor* d'un arbre qui lui parut s'élever tout-à-coup jusqu'au ciel, & qui fut aussi-tôt arraché, il lui adresse ces paroles : „ Vous êtes, ô Roi! (cet arbre), vous qui „ avez été exalté, & qui avez prévalu. Votre gran- „ deur a crû, & s'est parvenue jusqu'au ciel, & votre „ puissance jusqu'aux extrémités de la terre (†) ". Parle-t-on de la sorte à un Gouverneur de Province? N'est-ce pas plutôt à un Prince qui possede la Monarchie universelle.

Les cent vingt Provinces, ou Satrapies, que Daniel met sous la domination de *Nabuchodonosor*, & au nombre desquelles étoient la Judée, l'Egypte, l'Ethiopie, l'Idumée, l'Ammonitide, la Syrie & l'Ælam, c'est-à-dire, la Perse, comme le témoignent les Propheres inspirés du Saint-Esprit, ne composoient-elles pas un des plus grands Empires qui fût jamais? Et pour ce qui regarde l'Ælam, ou la Perse propre-

ment dite, le Prophete Jérémie (*) ne lui prédit-il pas que *Nabuchodonosor* la traitera comme la Judée, qu'il en enlevera les habitants, & que Dieu ne les renvoyera dans leur pays que lorsqu'il ramenera les Juifs dans le leur? *Nabuchodonosor*, dira-t-on, a pu devenir de Vice-Roi qu'il étoit au commencement, un puissant Empereur dans la suite. Quand même cela seroit, les Mahométans seroient toujours inexcusables d'avoir parlé du premier état de ce Prince, sans faire mention du second, qui étoit incomparablement plus digne de mémoire que l'autre. Outre que *Nabuchodonosor* avoit hérité l'Empire de ses ancêtres qui l'avoient conquis sur les Assyriens. Peut-être que son pere, ou son grand-pere, avant la conquête, n'avoient été que de simples Gouverneurs.

Venons présentement à *Alexandre-le-Grand*, que les Mahométans nomment *Escander*, ou *Iskender*. Voici ce qu'ils en disent. Il étoit frere de *Dara*, qui est le dernier *Darius*, surnommé *Codomanus*, fils du premier *Darius*, d'une autre mere que celle d'*Alexandre*. Ce Prince ayant appris de qui il étoit véritablement fils, & que la couronne de Perse lui appartenoit comme à l'aîné, entreprit, après la mort de *Philippe*, de faire la guerre à *Dara*, son frere. . . . . *Alexander* étoit fils de *Darab*, fils de *Bahaman*, c'est-à-dire, de *Darius*, qui avoit épousé la fille de *Philippe* de Macédoine, & qui la renvoya à son pere, quoiqu'elle fût déja grosse de lui, à cause de la puanteur de sa bouche, qu'il ne pouvoit souffrir. Cette fille accoucha d'un fils de *Darius* dans la maison de son pere, qui fit élever l'enfant comme s'il eût été son propre fils. . . . Voilà ce qu'ils disent mot pour mot.

Peut-on rien avancer de plus contraire, je ne dis pas à la vérité, mais même à la vraisemblance? Autant que le pere d'*Alexandre* est incertain, autant est-il certain qu'*Olympias*, femme de *Philippe*, fût sa mere. Il y a peu d'époques mieux marquées dans l'Histoire que cette naissance. Elle arriva le même jour que le fameux temple de *Diane*, qui étoit à *Ephese*, fut brûlé. Tout le monde sait le mot de *Timée*, qui a paru si beau à *Ciceron*, & si froid à *Longin* : „ Il ne faut pas s'étonner, dit *Timée*, si Diane „ a laissé brûler son temple; elle étoit absente pour „ lors, & occupée aux couches d'*Olympias*, qui „ mettoit *Alexandre* au monde ".

Les Historiens Grecs de ce temps-là conviennent tous qu'*Olympias* fut mere d'*Alexandre*; mais aucun d'eux ne parle, ni du mariage d'une fille de *Philippe* avec le Roi de Perse, ni de sa répudiation. La chose pourtant en valoit la peine. Outre que les Rois de Perse étoient bien éloignés de s'allier avec les Rois de Macédoine, qui étant Grecs, devenoient par-là leurs ennemis jurés; ce fut cette haine héréditaire qui obligea *Alexandre* à porter la guerre chez les Perses. Si *Alexandre* eût été fils de *Darius*, n'auroit-il pas fait valoir le droit incontestable que sa naissance lui eût donné sur la Perse? Il ne l'a pourtant point fait; il s'est contenté de faire valoir celui des armes. *Philippe* lui-même, qui méditoit la guerre contre les Perses pour venger la Grece, eût dû être ravi d'avoir un prétexte aussi spécieux que le droit manifeste de son petit-fils. Etoit-il homme à s'en priver en ôtant *Alexandre* à sa fille pour le donner à sa femme? La politique & l'intérêt ne le lui permettoient pas. Quand même *Philippe* auroit voulu le faire, *Olympias* eût-elle été d'humeur d'adopter par une feinte le fils de sa fille? Elle n'étoit pas assez complaisante pour *Philippe*, qu'elle n'aimoit pas, & dont elle n'étoit pas aimée.

Enfin, si *Alexandre* eût eu un tel pere, n'eût-il pas été également glorieux à *Philippe* d'avoir pour gendre l'Empereur des Perfes, & à *Alexandre* d'avoir pour pere un des plus puiffants Princes de l'Univers? Après cela *Philippe* auroit-il eu recours à la fable groffiere du Dragon qu'il avoit vu avec *Olympias*, pour en faire le pere d'*Alexandre? Alexandre*, de fon côté, eût-il été contraint, pour couvrir la honte de fon origine paternelle, de pouffer à bout l'impiété, & de fe faire paffer pour le fils de *Jupiter?* Les Perfes, fans doute, en faifant de ce conquérant un Prince du fang de Perfe, ont voulu obfcurcir par-là la gloire de leur vainqueur, & fe confoler de la perte de leur Empire.

Aboulfarage & *Saïd*, fils de Batrik, & *Jofeph Ben Gorion*, croyent que le pere d'Alexandre étoit *Nectanete*, Roi d'Egypte, lequel ayant été chaffé par Artaxerxès Ochus, fe déguifa en Aftrologue, vint en Macédoine, & ayant couché avec Olympias,

époufe de Philippe, engendra Alexandre-le-Grand.

Ce qui peut être vrai en cela, eft que, fuivant le rapport de quelque Hiftorien Grec, *Neftabanus*, Perfan de nation, & Mage de Religion, vit *Olympias*. Ce Seigneur l'étoit venu trouver, la foudre à la main, & dans tout l'équipage de *Jupiter*, foit que ce fût une véritable fraude, ou une pure collufion de la Dame. Le même Auteur ajoute qu'*Olympias* avoua la chofe à *Philippe*; mais je doute que *Philippe* eût été affez patient pour ne pas venger fur les coupables un fi fanglant affront : à moins qu'il n'eût été affez bon pour fe perfuader que c'étoit *Jupiter* lui-même en perfonne. Car la fable Payenne avoit accoutumé les peuples à croire de *Jupiter*, qu'il n'étoit pas moins jaloux du titre de Pere des hommes, que de celui de Pere des Dieux.

Fin de la fuite des Obfervations faites fur divers Articles de la BIBLIOTHEQUE, *par Mr.* VISDELÓU.

AVIS DE L'AUTEUR

Sur le Monument du Christianisme en Chine.

J'AI suivi, dans la maniere d'écrire les termes étrangers, la méthode introduite par les Portugais, parce qu'elle est par-tout en usage. Mais afin que ceux qui n'entendent pas la langue Portugaise, ne puissent se tromper, voici ce qu'il faut observer sur la maniere de prononcer.

L'*u* pur doit être prononcé comme le prononcent la plupart des Nations Européennes, & comme nous prononçons *ou* dans les mots *doute, route.* Lorsqu'il y a un point au-dessus, il faut le prononcer comme nous prononçons *se* dans le mot *sequestrer.* Enfin, lorsqu'il est précédé par un *i*, il faut prononcer comme l'*u* François ou Grec : par exemple *siu* se prononce comme nous prononçons *su* dans le mot *assurer.*

S doit toujours être prononcé durement, & comme s'il étoit double, & jamais comme un *z*.

Ng est une lettre Chinoise, qui répond à l'*ain* des Hébreux. Non-seulement les Européens, mais même tous les Chinois, ne peuvent la prononcer. C'est pourquoi pour approcher, autant que faire se peut, de sa véritable prononciation, il faut la changer en *gh*; par exemple, *lin-ngen*, prononcez *lin-ghen, si-ngan*, prononcez *si-ghan.*

N finale doit être toujours prononcée bref & serré, de la même maniere que nous la prononçons quand elle est suivie d'un *e* muet, dans les mots *panne, fine, mine.*

M, au contraire, à la fin d'un mot ou d'une syllable, doit être prononcée comme nous prononçons *n* finale, sans être suivie d'un *e*, dans ces mots *pan, pin, vin.*

X doit être toujours prononcé comme notre *ch* dans les mots *charité, chere, chimere, choquer.*

Ç, ou *c* avec une cédille, se prononce comme un *t*, suivie de *SS*, par exemple, *ça* se prononce comme s'il y avoit *tssa*, & *çe* comme *tsse.*

L'*E* final se prononce toujours comme nous le prononçons dans le mot *charité.*

DÉCLARATION DE L'AUTEUR.

Il y a long-temps que j'ai fait la traduction de ce Monument, & que je l'ai fait passer en Europe ; j'envoyai pour lors l'original même, sans en garder copie. Il n'est pas besoin d'avertir ici que l'on doit s'en tenir à cette présente version, si en quelque endroit elle ne s'accorde pas avec l'autre. Au reste, j'ai cru qu'il étoit inutile de faire observer ce qui, dans ce Monument, regarde la Religion Chrétienne, parce qu'on l'y voit clairement, & que chacun peut l'observer par soi-même, que les mysteres de la Trinité & de l'Incarnation sautent aux yeux. Mixiho & Eloha montrent ouvertement le Messie & le vrai Dieu. On y voit aussi les coutumes & les traditions de l'Eglise Orientale. Il paroit qu'ils n'offrent le sacrifice qu'une seule fois la semaine ; ils enseignent plus d'une fois que les suffrages des vivants sont inutiles aux morts ; ils font venir de la Perse les Rois Mages. Si quelques termes Chinois offensent les oreilles des Européens, il faut le pardonner à l'Auteur, qui, sans doute, étoit Chinois ; car comme il recherchoit moins (dans son style) l'éloquence des Philosophes que les expressions pompeuses des Bonzes, il eût été contraint d'employer des métaphores très-dures, & des termes moins propres. J'ai traduit mot à mot, à l'exception de très-peu de termes, qui ne pouvoient être rendus que par une longue circonlocution, au-lieu desquels j'ai employé des termes qui approchoient le plus du sens.

Note. *CLAUDE VISDELOU, Evêque de Claudiopolis, a achevé cette version (Latine) au commencement de l'année 1719.*

MONUMENT

DE LA
RELIGION CHRÉTIENNE,

TROUVÉ PAR HASARD DANS LA VILLE DE *SI-NGNAN-FU* (1),
MÉTROPOLE DE LA PROVINCE DE *XENSI* EN CHINE.

Traduit en Latin, & accompagné d'une Paraphrase & de Notes, ainsi que de la DESCRIPTION
DE L'EMPIRE ROMAIN, *selon les Chinois.*

Par Mʀ. CLAUDE VISDELOU, *Evêque de Claudiopolis.*

ÉLOGE.

DE la Religion admirable (2) qui coule & qui marche dans le Royaume du milieu; composé par *Khim-çim*, Bonze (3) du temple de *Taçin*, & gravé sur une pierre.

Certes vraiment, celui qui perpétuellement vrai, solitaire, premier du premier, & sans origine, profondément intelligent, vuide, dernier du dernier, & existant par excellence, tient l'axe mystique, & en opérant, convertit (le néant en être), & par sa dignité primitive confere l'excellence à tous les Saints, n'est-ce pas le corps excellent de notre seule Unité-trine, le véritable Seigneur sans origine *Oloho?* (4).

Il a formé une croix pour déterminer les quatre parties (du monde). Il a fondu le vent primogene, & a engendré deux matieres. Le vuide ténébreux a été changé, & le ciel & la terre ont paru à découvert. Le soleil & la lune ont fait leurs révolutions, & le jour & la nuit ont été faits. Par son travail, il a achevé dix mille choses; mais en formant les premiers hommes, il les gratifia d'une concorde intime intérieure. Il leur ordonna de veiller à la sûreté d'une mer de conversions. (Leur) parfaite & primogene nature étoit vuide & non pleine. (Leur) cœur simple & pur étoit originellement sans desirs & sans appetits. Mais après que *Sothan* eût répandu les mensonges, en appliquant son fard, il souilla le pur & le net

PARAPHRASE DE L'ÉLOGE.

DE la Religion Chrétienne (2), *qui fleurit dans l'Empire de la Chine; composé par* Kim-çim, *Bonze* (3) *du temple de* Taçin, *& gravé sur une table de marbre.*

Cette substance qui est perpétuellement vraie & seule; qui, de toute éternité, existe par elle-même, & n'a point de commencement; qui est incompréhensiblement intelligente, & exempte de toute erreur & de tout vice; qui subsiste éternellement par excellence; qui, par sa puissance ineffable, a créé & fait de rien toutes choses; qui, par la communication de sa gloire primogene, confere l'excellence à tous les Saints. N'est-ce pas la substance excellente de notre unique Trinité, le véritable Seigneur Eloha? (4).

Par quatre bandes, en forme de croix, il a affermi les quatre parties du monde, & par-là le monde entier. De la matiere premiere, comme jettée en fonte, il a forgé les deux matieres; les espaces vuides du monde, changeant d'être, sont devenus pleins, & le ciel & la terre ont été formés. Le soleil & la lune ont fait leurs révolutions; & la nuit & le jour ont été faits. Comme un ouvrier, il a fait toutes choses. Mais quand il forma les premiers hommes, il leur donna la justice originelle, & les commit à la garde d'une mer de conversions, c'est-à-dire, à tourner leur postérité à toute sorte de vertus. La nature parfaite & primogene des premiers hommes étoit vuide de toute erreur & de tout vice, & non pleine de soi-même, ni enflée d'orgueil. Leur cœur, simple & net, étoit originellement exempt de toute

Il inséra l'égalité de grandeur (5) dans le milieu de ce vrai-ci, & mit en pieces l'identité obfure dans l'intérieur de ce faux-là. C'eft pourquoi 365 Sectes fe prêtant l'épaule (les unes aux autres) formerent une chaîne ; elles tiffurent à l'envi des filets de loix. Les unes indiquerent les créatures pour dépofer le vénérable ; les autres évacuerent l'être pour fubmerger les deux. D'autres en priant, facrifierent pour extorquer la félicité. D'autres firent parade du bien pour tromper les hommes. L'examen & la follicitude en travaillant travaillerent. L'affection pour le bienfait étant en efclavage, fut captive. Toujours flottants, ils n'obtinrent rien ; le bouilli tourna en rôti. Ils augmenterent les ténebres ; ils perdirent la voie ; long-temps égarés, ils ne revenoient point. Alors notre Unité-trine fit part de fon corps à l'admirablement honorable *Mixi-ho* (6).

Se recueillant, il cacha la véritable majefté ; il fe préfenta aux hommes, femblable à l'homme. Le Ciel, joyeux de fa naiffance, publia la félicitation. Une femme (vierge) enfanta le Saint dans *Taçin* ; une conftellation admirable annonça le fortuné.

Pofu (7) contempla fa lumiere pour apporter le tribut. Il a arrondi les loix anciennes des difcours faits par 24 Saints ; il a réglé, par de grands avis, les familles & les Royaumes. Il a inftitué, fuivant l'efprit pur de l'Unité-trine, une nouvelle religion qui ne fe répand point en paroles. Il a donné l'être du bon ufage par la véritable foi. Il a déterminé les mefures des huit limites ; il a converti la pouffiere cuire en véritable (& franche). Il a ouvert la porte des trois ordinaires ; il a ouvert la vie & éteint la mort. Il a fufpendu le foleil admirable pour brifer la maifon des ténebres. Alors les menfonges des Démons furent entiérement détruits. Il a conduit à la rame la barque miféricordieufe pour monter au palais de la lumiere. Alors les êtres contenant l'intelligence furent pleinement tranfportés. Cette grande affaire étant achevée, il monta en plein midi dans le vrai. Vingt-fept livres des Ecritures ont été laiffés. Il a étendu la converfion primogene pour lâcher le reffort de l'intelligence. La loi lave avec l'eau & le vent ; elle enleve les fleurs flottantes, & nettoye le vuide blanchi. Le fceau eft une croix, qui fond les quatre illuftrés pour les unir fans empêchement. Frappant fur un bois, elle fait retentir une voix de charité & de bonté. Adorant (vers) l'Orient, elle tend au chemin de la vie & de la gloire. Elle conferve des cheveux, par où elle montre qu'elle s'emploie aux chofes extérieures. Elle tond le fommet par où elle montre qu'elle n'a intérieurement aucune affection (mauvaife.) Elle n'entretient point d'efclaves ; elle s'égale & en honneurs & en baffeffe aux hommes ; elle n'accumule ni biens, ni richeffes ; affurément elle nous les abandonne. Le jeune eft parfait alors qu'il foumet l'efprit, ou bien fa folidité confifte dans la tranquillité & l'attention. Adorant fept fois, ils louent ; & font d'un grand fecours aux vivants & aux morts. Le feptieme jour ils offrent une fois, purifient le cœur, & retournent à la fimplicité. La véritable & perpétuelle fageffe eft excellente, & difficile à nommer. Son mérite & fon ufage éclatants brillent vivement. On la nomme par force Religion admirable ; mais la Doctrine fans le Saint ne s'étend point ; le Saint fans la Doctrine ne devient pas grand. La Doctrine & le Saint étant d'accord (comme un rouleau,) toute la terre devient ornée & brillante.

cupidité. Mais après que Sathan eut femé fes erreurs, il fouilla de fon fond leurs mœurs pures & fans mélange.

Il introduifit comme véritable, l'opinion qui identifie toutes chofes, & qui les rappelle toutes à une feule (5). Il voulut que l'on tînt pour fauffe la reffemblance cachée. De-là un grand nombre de Sectes s'épaulant & s'enchaînant les unes les autres, commencerent à fe répandre. Toutes à l'envi tiffurent des filets de religions pour furprendre les hommes. Les unes mirent les créatures à la place du fouverain Dieu ; les autres nierent qu'il y eût quelque chofe d'exiftant, & anéantirent même les deux matieres. D'autres inftituerent toute forte de facrifices pour évoquer la félicité. D'autres firent paroître une vaine oftentation de vertu, pour tourner les hommes à la partie oppofée qui eft l'orgueil. Ils tourmenterent l'efprit de foins & d'inquiétudes. Ils tinrent toujours captives les affections qui fe tournoient aux premiers biens. Allant à tâtons comme des aveugles, ils n'atteignirent rien. Le mal alla en empirant. Parmi tant de ténebres, ils perdirent la voie. S'étant égarés long-temps, ils ne pouvoient plus revenir. Alors notre Trinité communiqua fa fubftance à l'admirable & honorable Meffie (6):

Or le Meffie cacha profondément fa véritable majefté, & fe montra en forme humaine parmi les hommes. Des Anges céleftes publierent à fa naiffance (des concerts) de congratulation. Une Vierge enfanta le Saint dans Taçin. *Une étoile admirable inftruifit de cette heureufe nativité.*

La Perfe, (7) contemplant fa fplendeur, vint payer le tribut. Le Meffie a entiérement accompli les loix anciennes des 24 livres du vieux Teftament, écrits par les Saints. Il a donné des préceptes illuftres pour la conduite des familles & le gouvernement des Royaumes. Il a inftitué une nouvelle religion conformément aux mœurs pures de la Trinité, & fans aucun appareil de difcours. Il a réglé l'exercice de toutes fortes de vertus fur le prototype de la véritable foi. Il a donné à tout le monde les regles qu'il doit fuivre. Il a affiné (par Art chimique) le monde corrompu, & l'a purgé de toute écume. Il a ouvert la porte des trois principaux devoirs & de tous les devoirs de la vie humaine, pour en laiffer l'entrée aux hommes. Il a ouvert le chemin de la vie, & il a éteint la mort. Il a élevé le foleil admirable de l'intelligence pour brifer le palais de ténebres. Alors certes les menfonges des Démons furent entiérement abolis. Il a mené, à force de rame, la barque de miféricorde pour monter aux palais lumineux. Alors feulement le genre humain y fut tranfporté. Après avoir achevé une fi pénible affaire, il monta au ciel en plein midi. Il nous a été laiffé vingt-fept livres d'écritures de l'Evangile. Il a développé la force fouveraine de la grace dans les converfions, afin d'encourager les hommes. Cette religion ufe du Baptême de l'eau & de l'efprit, par lequel toute vanité eft effacée, les cœurs font purifiés, & deviennent nets de tout vice, & blanchis de vertu. Pour étendard elle tient la Croix, afin de lier enfemble tous les hommes de la terre, & les unir entr'eux fans aucun empêchement. Frappant fur un bois (pour appeller à l'Eglife,) elle fait au peuple des Sermons pleins de charité & de bonté. Elle adore Dieu, la face tournée vers l'Orient, pour envifager le chemin de la vie & de la gloire. (Ses Prêtres) confervent des cheveux autour de la tête, pour donner à connoître qu'ils fe deftinent aux devoirs externes ; mais ils en rafent le fommet, pour connoître eux-mêmes qu'ils doivent retrancher de leur cœur toute mauvaife affection. Ils n'ont point d'efclaves, pour montrer qu'ils veulent être égaux à tous les hommes, & n'être fupérieurs à perfonne. Ils n'acquierent ni biens, ni richeffes, pour faire

L'Empereur *Thai-çum* (8) a illuftré la Chine : il a ouvert la révolution, & a gouverné très-faintement les hommes. Un homme d'une vertu éclatante, nommé *Olopen* (9), fut originaire du Royaume de *Taçin*. Il obferva les nuées bleues, & porta les véritables écritures ; il fit attention aux regles des vents, pour traverfer le difficile & le périlleux. L'an neuvieme de *Chim-kuan*, il arriva à *Cham-ngan*. L'Empereur ordonna à *Fam-hiven-lim*, Miniftre de l'Empire (10), d'aller à la tête d'un grand cortege dans le fauxbourg Occidental, & rencontrant le nouveau-venu, de l'amener au palais. Il traduifit les Ecritures dans la falle des livres. La porte, où il n'eft pas permis d'entrer, écouta la Doctrine, & comprit à fond la droite unité ; il ordonna fpécialement de la publier & livrer. L'an douzieme de *Chim-kuan*, au feptieme mois, en automne, il fit un Edit en ces termes.

„ La Doctrine (11) n'a point de nom déterminé,
„ le Saint n'a point de fubftance (12) déterminée ;
„ il inftitue les Religions felon les pays, & paffe en
„ foule tous les hommes dans la barque. *Olopen*, du
„ Royaume de *Taçin* & d'une grande vertu, pre-
„ nant les écritures & les images, eft venu les offrir
„ dans la Cour fuprême. En examinant l'esprit de
„ cette religion, elle eft myftérieufe, excellente,
„ paifible. En contemplant fon primogene vénérable,
„ il produit le parfait, & établit le néceffaire. Ce dif-
„ cours eft exempt d'un importun verbiage. La rai-
„ fon met en oubli la naffe ; elle amene les chofes à
„ bon port. Elle eft utile aux hommes ; elle doit
„ être publiée par toute la terre. Que ceux qui font
„ en charge conftruifent fans délai dans le Canton,
„ nommé *Y-nien*, de la Ville Impériale, un Temple
„ du Royaume de *Taçin*, & y faffent paffer vingt-un
„ Bonzes ".

La vertu du vénérable *Cheu* s'étant éteinte, le chariot bleu (13) paffa dans l'Occident. La fageffe du grand *Tham* étant venue à briller, le vent admirable a foufflé dans l'Orient. Il ordonna à ceux qui étoient en charge, de prendre un portrait fidele de l'Empereur pour en faire peindre un femblable fur la muraille du Temple, La beauté célefte répandant l'éclat

voir qu'ils les cedent volontairement aux autres. Ils penfent que le jeûne n'eft parfait que quand il foumet l'efprit, ou du moins ils croyent que fa principale vertu confifte en ce qu'il apporte le repos & la vigilance. Ils adorent fept fois par jour, & récitent dévotement des prieres, par lefquelles ils foulagent les vivants & les morts. Chaque feptieme jour ils offrent une feule fois (le Sacrifice), & s'étant ainfi purifié le cœur, ils retournent à la fimplicité ou pureté premiere. On ne peut donner de nom à la véritable & éternelle Sageffe, à caufe de fon excellence. Cependant, eu égard à fon mérite & à fon ufage merveilleufement éclatant, on la nomme, par force, la Religion admirable. Certes, la véritable fageffe ne s'étend pas bien loin fans le fecours du Saint, & le Saint fans la véritable fageffe n'eft pas grand. Mais quand la véritable Doctrine & le Saint s'uniffent mutuellement, toute la terre brille d'un très-grand éclat.

De cette maniere, Tai-çum-ven-hoam-ti (8) *a fondé une nouvelle Dynaftie ; il a gouverné les hommes fagement & faintement. Sous fon regne vint de Taçin, un homme d'une grande vertu, nommé* Olopen (9). *Contemplant le ciel pour diriger fa route, il apporta avec lui les véritables écritures. Ayant égard aux faifons des vents, il traverfa d'une courfe rapide un chemin difficile & périlleux. La neuvieme année de* Chim-kuan, (635 de J. C.) *il arriva à* Cham-ngan, *ville Impériale, aujourd'hui nommée* Si-ngan-fu. *L'Empereur envoya à fa rencontre, au fauxbourg Occidental,* Fam-hiven-lim, *Miniftre de l'Empire* (10), *avec grand appareil. Il (fit) traduire en Chinois les Saintes Ecritures dans la Bibliotheque Impériale. La Cour de l'Empereur le queftionna beaucoup fur la Religion, & comprit à fond qu'elle étoit véritable & bonne. L'Empereur ordonna fpécialement qu'elle fût publiée & divulguée. L'an douzieme de* Chim-kuan, (638 de J. C.) *la feptieme lune, en automne, l'Empereur fit cet Edit.*

„ *La fageffe* (11) *n'a aucun nom déterminé,*
„ *les Saints n'ont aucun état fixe* (12), *nulle forme*
„ *certaine ; ils inftituent les Religions felon le génie*
„ *des pays & des peuples, pour fecourir générale-*
„ *ment tous les hommes. Un homme d'une grande*
„ *vertu, nommé* Olopen, *originaire de* Taçin, *a*
„ *apporté de loin des écritures & des images, &*
„ *eft venu les offrir dans ma fuprême Cour. Si l'on*
„ *examine avec foin l'efprit & le but de cette Re-*
„ *ligion, on la trouvera remplie de myfteres excel-*
„ *lents, & adonnée à la paix & à la tranquillité.*
„ *Si l'on confidere attentivement le premier Souve-*
„ *rain qu'elle propofe d'adorer & révérer, c'eft*
„ *l'Auteur de tout bien, & l'Inftituteur de tout ce*
„ *qui eft néceffaire pour obtenir la félicité. Cette*
„ *Religion bannit entiérement de fes difcours tout*
„ *ennuyeux verbiage, & toute affectation de grands*
„ *mots. Sa Doctrine admet toute imperfection, pour*
„ *la conduire à la perfection ; mais la perfection*
„ *étant acquife, l'imperfection eft oubliée, comme*
„ *un pêcheur oublie fa naffe, après avoir pris le*
„ *poiffon. Elle eft profitable aux affaires, & utile*
„ *aux hommes. Il eft expédient qu'elle fleuriffe*
„ *dans tout le monde. Que les Officiers, que ceci*
„ *regarde, conftruifent, fans différer, un Temple*
„ *à la Religion du Royaume de* Taçin, *dans le*
„ *quartier de la ville nommé* Y-nim-fam, *c'eft-à-*
„ *dire, Juftice tranquille, & qu'ils y commettent*
„ *vingt-un Bonzes pour profeffer cet inftitut ".*

Après que la vertu de la vénérable Dynaftie Cheu *eut péri,* Lao-kium (13) *paffa dans l'Occident. Après que la fageffe de la grande Dynaftie des* Tham *a brillé, les mœurs admirables de la Religion Chrétienne font venues dans l'Orient. L'Empereur ordonna auffi aux Officiers, à qui cela regardoit, de faire peindre fon portrait fur la muraille du Tem-*

des couleurs (rendit) l'admirable porte brillante & fleurie. Les saints vestiges (firent) monter le bonheur, & donnerent perpétuellement de l'éclat aux mondes réguliers.

Suivant les cartes & les annotations de la région Occidentale, & les Histoires & Commentaires des Dynasties *Han* & *Vei* (14), le Royaume de *Taçin* embrasse du côté du Midi la mer de Corail. Au Septentrion, il est terminé par les montagnes des choses précieuses. Du côté de l'Occident, il regarde le pays des immortels & la forêt des fleurs. Vers l'Orient, il reçoit le vent perpétuel & l'eau foible. Son terrein produit de la toile qu'on lave au feu, (15) du parfum qui rappelle l'ame, des pierres de lune brillantes, des pierres qui brillent la nuit. Il ne s'y commet par coutume, ni assassinat, ni vols. Les hommes y vivent en joie & en paix. Il n'y a point d'autre loi que la loi admirable. On ne crée Roi que celui qui en a les vertus. Les limites du pays sont amples & vastes. Les choses qui regardent l'ornement, y abondent, y éclatent.

Kao-çum (16), grand Empereur, a pu respectueusement suivre ses aïeux. En humectant (17), il colora le vrai vénérable, & établit des Temples admirables dans toutes les Provinces. Exaltant de nouveau *Olopen*, il le fit souverain Gardien du Royaume de la grande loi. La loi se répandit dans les dix voies. (*) Le Royaume fut enrichi d'un grand bonheur. Les Temples remplirent cent villes ; les familles furent enrichies de l'admirable félicité.

Aux ans de *Xim-lii* (18), (698 ou 699,) les Emfants de *Xe* employerent la force, & (firent) réjaillir leur bouche dans l'Orientale *Cheu*. Sous la fin de *Sien-thien* (19), (l'an 712) des Lettrés inférieurs raillerent, diffamerent, mépriserent, & calomnierent étrangement dans l'Occidentale *Hao*. Il y eut *Lo-han*, chef des Bonzes, *Kii-lie* d'une grande vertu & *Kiuei-siu*, de *Kin-fam*, Bonzes extraordinairement illustres ; ils releverent ensemble le cable mystique, & relierent unanimement le nœud rompu.

Hiuen-tçum (20), Empereur d'une haute sagesse, ordonna à *Nim-kue* & aux autres quatre Rois, d'aller en personne sur le toit de la félicité, & d'élever fermement l'autel du Temple. La poutre de la loi, courbée pendant quelque temps, fut élevée de nouveau. La pierre de la Doctrine, penchée pendant un temps, fut redressée & remise à plomb. Au commencement de *Thien-pao*, il ordonna à *Kao-lii-su*, grand Général des armées, de porter les portraits des cinq *Saints*, (21) & les déposant, de les placer dans le Temple. Il donna cent pieces de soie, & offrit, prenant part à la joie, les portraits éclatants. Il fut permis de saisir

(*) L'Empereur *Tham-thai-çum* divisa, l'an 627, tout l'Empire de la Chine en dix grandes Provinces ou voies, comme il lui plut de les nommer.

---

ple, conforme à l'original. La beauté du visage céleste répandit son éclat de toutes parts, & donna du lustre à la porte admirable, c'est-à-dire, à la Religion Chrétienne. Ce monument du saint Empereur fut favorable & fortuné, & remplit le monde d'une splendeur perpétuelle.

Suivant les cartes & les descriptions géographiques du Pays Occidental, comme aussi suivant les Livres historiques des Dynasties des *Han* & des Vei (14), le Royaume de Taçin domine du côté du Midi à la mer de Corail. Il est terminé au Septentrion par les montagnes de toutes choses précieuses. Il regarde du côté de l'Occident le séjour des hommes immortels & la forêt des fleurs. Il reçoit du côté de l'Orient le vent perpétuel & l'eau foible. La terre du Royaume de Taçin produit de l'Asbeste, du baume, de la toile qu'on nettoye en la jettant au feu (15), des pierres précieuses, brillantes comme la lune, des pierres qui brillent la nuit. La nation ne connoît ni le larcin, ni le brigandage. Les peuples jouissent d'une paix & d'une tranquillité parfaites. Aucune autre Religion n'y est admise que la Religion Chrétienne. Le Royaume n'est déféré qu'à celui qui en est digne. Les limites de l'Empire sont très-étendues. Tout ce qui peut contribuer à quelqu'espece d'ornement que ce puisse être, s'y trouve en abondance.

Kao-çum (16), grand Empereur, imita respectueusement ses aïeux. Il illustra (17), par une nouvelle augmentation de lumiere, la Religion du vénérable & vrai Dieu, & fit élever, dans toutes les Provinces, des Temples admirables ou chrétiens. De plus, à l'exemple de son pere, il éleva Olopen en dignité, & l'honora du titre de Pontife de la Religion gardienne du Royaume. La Religion se répandit dans les dix Provinces, c'est-à-dire toutes les Provinces de l'Empire. La prospérité de l'Etat fleurit merveilleusement. Les Temples remplirent toutes les villes ; & les familles furent comblées d'une félicité admirable ou chrétienne.

Sous l'Impératrice Vu-heu, régnant sous le titre de Xim-lii (18), l'an 698 on 699 de *J. C.*, les Sectateurs de Fo, ou de la Religion des Bonzes-hocham, unissant leurs forces, lâcherent la bride à leur langue dans la ville Impériale nommée Loyam, (aujourd'hui Honan-fu, ville de la Province Honan.) Sous la fin du regne d'Hiven-çum, sous le titre de Sien-thien (19), (l'an 712 de *J. C.*) des lettrés du bas ordre diffamerent extrêmement la Religion Chrétienne. Dans l'Occidentale Hao, (ville de la Province de Xensi, autrefois le siege de l'Empereur Uuuam, située à l'Occident de Singan-fu,) il y eut quelques personnes, savoir Lohan, chef des Bonzes, & Kii-lie, doué d'une grande vertu, & avec eux Kinfam, (peut-être originaire du quartier de la ville Impériale, nommé Kin-fam, à cause de l'or) Kuei-siu, Bonzes extrêmement illustres, qui joignant leurs forces ensemble réleverent la Religion abattue, & renouerent (la Religion) déchirée.

Hiuen-çum (20,) Empereur d'une grande sagesse, ordonna à Nim-kue & à quatre autres Rois, d'aller en personne visiter l'Eglise des Chrétiens, & d'avoir soin qu'on y fît le service divin. Alors la Religion, qui avoit été opprimée pendant quelque temps, commença de nouveau à se relever, & cette même Religion, qui, pendant ce temps-là, avoit été courbée, fut redressée comme auparavant. Le même Empereur Hiuen-çum, commençant de régner sous le titre de Thien-pao, ordonna au Généralissime des armées, nommé Kao-lii-fu, (fameux eunuque de ce temps-là,) de placer dans l'Eglise les portraits des cinq Saints (21,) (Empereurs ses prédécesseurs,) & d'offrir en même-temps un présent de cent pieces de soie. Kao-lii-fu apporta respectueusement les portraits des sages Empereurs ; & quoique ces Empereurs eussent déja été (22) enlevés au ciel par des

les

les mouſtaches du dragon, (22) quoiqu'éloignées, & l'arc & l'épée. Les cornes du ſoleil répandirent la lumiere ſur les céleſtes viſages de huit-dixiemes de pied.

La troiſieme année (744,) il y eut un Bonze *Kii-ho*, du Royaume de *Taçin*, (*qui*) obſervant les étoiles, tendit à la converſiou, (*&*) regardant le ſoleil (vint) ſaluer l'Honorable.

L'Honorable ordonna au Bonze *Lo-han*, au Bonze *Pu-lun* & aux autres, en tout ſept, de travailler avec *Kii-ho* d'une grande vertu, au mérite & à la vertu dans le palais de *Him-khim*. Alors le Ciel écrivit ſur la tablette du temple. Le front porta l'écriture du dragon. Les ornements précieux brillerent vivement. Les nuées de cinabre reſplendirent avec éclat. La tablette clairvoyante dilata le vuide : montant & opprimant, elle toucha le ſoleil. Les dons gracieux ſont comparés à la hauteur extrême du mont méridional ; les bienfaits inoudants égalent la profondeur de la mer Orientale. La ſageſſe prouve tout : ce qu'elle prouve, peut être nommé. Le Saint fait tout ; ce qu'il fait, peut être publié.

L'Empereur *Su-çum*, orné, (23) illuſtre, éleva gravement des Temples admirables dans *Lim-ou* & dans d'autres villes, cinq en tout. Le bien primogene eut du renfort, & l'heureux fortuné fut ouvert. Une grande félicitation parut, & l'auguſte établiſſement fut affermi (24).

L'Empereur *Tai-çum*, civil & guerrier, en déployant, étendit la ſainte révolution. En ſerviteur, il ſervit la tranquillité. Toujours à la deſcente de l'heure de la nativité, il donnoit libéralement du parfum céleſte pour faire ſouvenir du mérite parfait. Il diſtribuoit des viandes Impériales pour illuſtrer la multitude admirable. Certes, le Ciel mit en uſage une belle utilité. C'eſt pourquoi il peut produire amplement. Le Saint ſe ſert du primogene conſubſtantié ; c'eſt pourquoi il peut régler & élever (25).

Notre Empereur (*Te-çum*) (26) établiſſant la médiocrité, ſaint, divin, civil & guerrier, a déployé une forme octuple de Gouvernement pour éloigner les obſcurs, & avancer les clairs. Il applanit neuf genres, afin certes de renouveller le commandement admirable. Par la converſion, il pénetre la raiſon myſtérieuſe. En priant, il n'a pas un cœur rougiſſant. Quand on parvient au quarré, au grand & au vuide, il eſt attentif à vaquer uniquement au repos, & à avoir de l'indulgence ; à étendre ſa bonté, à ſoulager toutes les miſeres, & à couvrir par un bon prêt tous les hommes. C'eſt par notre grand deſſein de travailler, de réparer, c'eſt par l'échelle de notre conduite &

dragons, il fut pourtant permis de regarder & de toucher les monuments de leur ſouvenir. Leur bel air brilla vivement dans leurs portraits, & il fut acordé de contempler depuis leurs viſages céleſtes.

La troiſieme année de Chim-kuan, *(744 de* J. C.*) il y eut un Bonze du Royaume de* Taçin, *nommé* Kii-ho, *qui, ſur l'obſervation des étoiles, dreſſa ſa route vers la Chine, où l'attiroit la force & l'efficace de la vertu de l'Empereur pour la converſion des étrangers, & ſur l'aſpect du ſoleil, vint (à la Chine) ſaluer l'Empereur.*

L'Empereur ordonna au Bonze Lo-han, *au Bonze* Pu-lun *& à cinq autres Bonzes, d'offrir enſemble avec* Kii-ho *les ſacrifices Chrétiens dans le palais de* Him-khim, *(c'eſt-à-dire, de la félicitation exaltée.) Alors le céleſte Empereur fit ſuſpendre une inſcription, écrite de ſa main, à la porte de l'Egliſe. Le front de la tablette ſuſpendue porta les caracteres tracés de la main du dragon, c'eſt-à-dire de l'Empereur. Les ornements de la tablette précieuſe, où l'inſcription étoit gravée, brillerent d'un éclat merveilleux. La lumiere qu'ils élançoient de toutes parts, obſcurciſſoit les nuées rouges & élevées au haut des airs. La tablette écrite par le clairvoyant Empereur, perça en quelque maniere l'étendue de l'air, & s'élévant juſqu'au Ciel, provoqua le ſoleil même. La faveur & les dons, conférés par l'Empereur* Hiuen-çum *à la Religion Chrétienne, ſont comparables en hauteur aux montagnes Méridionales, (ainſi nommées, parce qu'elles ſont ſituées au midi de la ville Impériale de* Si-ngan-fu.*) Les bienfaits qu'il a répandus ſur elle ſans bornes, égalent la profondeur de la mer Orientale. La ſageſſe approuve tout ; ce qu'elle approuve peut être nommé. Les Saints font tout ; ce qu'ils font peut être laiſſé à la poſtérité.*

L'Empereur Su-çum *(23), orné de toutes ſortes de vertu & de ſageſſe, bâtit à grands fraix des Egliſes Chrétiennes, dans la ville de* Lim-ou *& dans quatre autres villes) ſituées toutes aux limites Septentrionales de la Province de* Xenſi ;*) il y fut entraîné par le bien primogene. La voie (qui mene) à la félicité, fut amplement ouverte. Une grande proſpérité ſurvint, & l'Empire fut de nouveau rétabli. (24).*

Tai-çum-hoam-ti, *c'eſt-à-dire, l'Empereur* Tai-çum, *doué de toutes les vertus civiles & militaires, aggrandit conſidérablement l'Empire rétabli. Il s'adonna uniquement au repos & à la tranquillité. Tous les ans, au jour de la Nativité de* J. C.*, il donnoit à l'Egliſe des parfums céleſtes, pour faire ſouvenir qu'il avoit bien géré les affaires, & les avoit conduites à la fin deſirée. Il diſtribuoit à la multitude Chrétienne des viandes Impériales pour la rendre remarquable (& célebre.) Certes, le Ciel eſt tout entierement occupé à conférer une belle utilité. C'eſt pourquoi il peut par-tout produire & conſerver les choſes. Les Saints ſe rendent propre & comme eſſentielle cette vertu primogene, qu'a le Ciel pour produire les choſes ; c'eſt pourquoi ils peuvent gouverner & élever (25) les peuples, leur communiquer tout bien, & détourner d'eux tout mal.*

L'Empereur Te-çum *(26), aujourd'hui régnant, affermiſſant la juſte médiocrité, ſaint, divin, & doué des vertus civiles & militaires, a répandu de toutes parts, toutes les maximes d'un excellent gouvernement, par leſquelles les bons ſont appellés aux charges de la République, & les méchants en ſont privés. Il a cultivé ouvertement les neuf vertus, c'eſt-à-dire, toutes les vertus Impériales ; afin certes de renouveller cet ordre admirable du Ciel, par lequel les Empires ſont conférés, & pour aſſurer une durée perpétuelle à l'Empire depuis peu rétabli. La force qui eſt en lui pour convertir les peuples, participe à la raiſon incompréhenſible, &*

notre progrès à puiſer ; mais de faire que les vents &
les pluies arrivent à propos ; que ce qui eſt ſous le
ciel ſoit paiſible ; que les hommes puiſſent être rangés & les choſes être propres ; que les vivants puiſſent
être dans l'abondance, & les morts être dans la joie ;
que le ſon réponde à la penſée naiſſante, & qu'une
affection auſſi-tôt produite ſoit parfaite par elle-même.
Cela appartient au mérite & à l'uſage du puiſſant emploi de nos forces admirables. Le Bonze *Y-ſu*, (*a*) grand
bienfaicteur, vêtu d'une belle robe bleuâtre, grand à
brillante paye, & tout à la fois Lieutenant du Commandant-Général de *So-fam*, cependant Inſpecteur
de la Cour au-dedans du palais, & gratifié d'une robe
de Bonze bleue, eſt paiſible & bienfaiſant. Il pratique
exactement la Doctrine écoutée. Il eſt venu à *Chun-
hia* (*b*) de fort loin, à ſavoir, de la ville de *Nam-
dyo-chim* (※). Il ſurpaſſoit en induſtrie les trois Dynaſties. Il eſt dix fois integre dans la tradition des arts.
Au commencement, il s'acquitta de ſon devoir dans
la Cour de Cinabre. En effet, il glorifia ſon nom dans
le pavillon du Roi.

Kao-çu-y, Préſident de la Cour Miniſtériale, Roi
de la ville de *Fen-yam*, fut au commencement Généraliſſime (27) des armées à *So-fam*. *Su-çum* voulut
qu'il l'accompagnât bien loin ; quoiqu'il fût reçu familiérement dans la chambre du lit, il n'étoit pas plus
différent que s'il n'eût été qu'un ſimple ſoldat. Il étoit
les ongles & les dents de la république, & les oreilles & les yeux des armées. Il eut la force de diſtribuer ſa ſolde, ſes préſents, & n'accumula point dans
ſa maiſon.

Il offrit des verres *Lin-ngen* ⸿ ; il étendit des tapis d'or *çu-kii*. Quelquefois il laiſſoit les vieux Temples comme ils étoient auparavant ; quelquefois il
aggrandit de neuf les palais de la Loi. Il réhauſſa les
portiques, & orna les toîts en maniere d'un faiſan
qui vole. Outre cela, il rendoit ſervice à la Porte admirable. Il s'appuyoit ſur la charité ; il diſtribuoit l'u-

(*a*) Il en eſt parlé à la troiſieme Note.
(*b*) Royaume du milieu.

---

*lui eſt entiérement conforme. Lorſqu'il adreſſe ſes
vœux (à Dieu,) il ne trouve rien dans ſon cœur
dont il puiſſe ſe repentir. Or, que l'on parvienne
juſques-là, que par une incroyable fermeté & grandeur d'ame, le cœur ſoit exempt de toute contagion
de vices & d'erreurs, que quoiqu'on vaque uniquement au repos, on cultive pourtant avec ſoin la charité envers les autres (ne les regardant pas autrement que ſoi-même,) que par une bonté maternelle
on ſubvienne aux miſeres des peuples ; que tous les
hommes ſoient à couvert ſous l'étendue d'une clémence, qui pardonne les injures & les offenſes. Tout cela
certes doit être imputé à notre grande prudence,
par laquelle nous nous parons nous-mêmes de toutes
ſortes de vertus, & de notre diligence non-interrom-
pue, par laquelle nous montons, comme par les degrés d'une échelle, & nous nous élevons peu-à-peu
en-haut, comme par la corde dont le ſeau eſt tiré
du puits. (Eſt-ce que l'Auteur étoit dans l'erreur
de Pélage ?) Mais de faire que les vents & les
pluies viennent au temps qu'il faut ; que toute la
terre jouiſſe du repos ; que les hommes perſiſtent conſtamment, chacun dans ſon grade & ſa fonction,
& les choſes dans leur état & condition propre ;
que les vivants puiſſent être floriſſants, & les morts
être contents ; que dès qu'on a conçu un deſſein, le
ſuccès y réponde auſſi promptement que le ſon répond à la percuſſion ; que les affections nées ſubitement, ſoient tout auſſi-tôt & comme naturellement,
pures elles-mêmes. Tout cela eſt le mérite & l'effet
des forces & de l'efficacité puiſſante de notre Religion Chrétienne. Y-ſu, grand bienfaicteur de la
Religion, & tout à la fois Grand de la Cour, Aſſeſſeur du Vice-Roi de So-fam, (grande contrée au
Septentrion de la Province de Xenſi,) & Inſpecteur du palais, à qui l'Empereur a fait préſent
d'une robe de Religieux de couleur bleu-clair, eſt
un homme de mœurs douces & d'un eſprit porté à
faire toute ſorte de biens. Auſſi-tôt qu'il eut reçu
dans ſon cœur la véritable Doctrine, il la mit ſans
ceſſe en uſage. Il eſt venu à la Chine d'un Pays
lointain, ſavoir, de la ville de Vam-xe-chim. Il ſur-
paſſe en induſtrie tous ceux qui ont fleuri ſous les
trois premieres Dynaſties. Il a une très-parfaite intelligence des Arts & des Sciences. Au commencement, lorſqu'il travailloit à la Cour, il rendît d'excellents ſervices à l'Etat, & s'acquit une très-haute
eſtime auprès de l'Empereur.*

Kao-çu-y, *premier Préſident de la Cour Miniſtériale, (c'étoit alors la premiere charge de la Chine,)
& Roi de la ville de* Fen-yam, *étoit au commencement Généraliſſime (27) des Troupes dans* So-fam,
*c'eſt-à-dire, dans la contrée & la région Septen-
trionale. L'Empereur* Su-çum *ſe l'aſſocia pour compagnon d'une longue marche ; mais quoique par une
faveur ſinguliere, il fût admis familiérement dans
la chambre de l'Empereur, il ne ſe comportoit pourtant pas autrement que s'il eût toujours reſté au
pavillon du camp. Il tenoit lieu à l'Empereur Su-
çum, de protecteur & de défenſeur, & aux Troupes d'inſpecteur & d'interprete. Il répandit libéralement les penſions & les largeſſes dont l'Empereur
le combloit amplement, & n'accumuloit rien dans
ſa maiſon.*

Il offroit des vaſes de verre Lin-ngen ⸿, *c'eſt-à-
dire, du bienfait prêt à ſe répandre, & des tapis
dorés* Çu-kii, *c'eſt-à-dire, rejettant le repos. Ou il
conſervoit les vieilles Egliſes dans leur ancien état,
ou bien il augmentoit leur bâtiment. Il élevoit à une
plus grande hauteur leur toît & leurs portiques,
& les embelliſſoit, de façon que ces édifices étoient
ſemblables à des faiſans, qui déployent leurs ailes
pour voler. Outre cela, il montra par toute ſorte
de bons offices ſon reſpect pour la Religion Chrétienne. Il étoit aſſidu aux exercices de charité, & pro-*

tilité. Tous les ans il affembloit les Bonzes & les Difciples de quatre Temples. Il fervoit avec ardeur; il
fournissoit proprement, & apprêtoit pendant cinq dixaines de jours. Ceux qui avoient faim, venoient, &
il les nourrissoit. Ceux qui avoient froid, venoient,
& il les vêtoit. Il foignoit les malades, & les ranimoit.
Il enterroit les morts, & les mettoit en paix. Jamais
il ne s'eft oui tant de belles chofes parmi les *Ta-fo* (28)
du pur devoir. Les Lettrés admirables, vêtus de blanc
voyent à préfent ces hommes-là. Ils s'empreffent de
graver un grand monument pour donner vent à leur
heureufe fplendeur. Le difcours dit ce qui fuit.

Le véritable Seigneur eft fans principe; il eft éternellement pur & folitaire. Il a été le premier Auteur.
Il a fabriqué & converti, fondé la terre, & établi le
ciel. Divifant fon corps, il eft venu au monde. Se-
courant, il a, fans réferve, (tout) paffé dans la barque. En montant de jour, les ténebres ont été étein-
tes. Il a déclaré tout ce qui eft vrai & myftérieux.

L'illuftre & civil Empereur a furpaffé en fageffe
les Empereurs paffés. Au temps favorable, il rangea
ce qui étoit troublé. Le ciel fut amplifié, & la terre
étendue. La célebre Religion admirable dit de retourner à notre *Tham*. Il traduifit les Ecritures, bâtit des
temples, & paffa dans la barque les vivants & les morts.
Cent félicités s'éleverent à la fois. Dix mille Royaumes furent pacifiés.

Kao-çum continua fes aïeux; de nouveaux édifices
des toîts purs; les palais de la Concorde (29) furent
amplifiés fplendidement; ils remplirent de tous côtés
le Pays du milieu. La véritable doctrine fut publiée
clairement. Les Souverains de la loi furent créés dans
les formes. Les hommes pofféderent la joie & la tranquillité. Les chofes furent exemptes de calamités &
de miferes.

Hiuen-çum ouvrit la fainteté; il s'employa à parer
le véritable endroit. La tablette Impériale répandit fa
fplendeur; la célefte infcription brilla merveilleufement. L'augufte tablette refplendit avec éclat; toute
la terre révéra hautement; toutes les affaires furent
en paix; les hommes s'appuyerent fur la félicitation.

Su-çum, en venant, fut de retour; la célefte Majefté avoit mené loin le chariot; le faint Soleil dé-
ploya fa vive lumiere. Le vent fortuné balaya la nuit;
la félicité revint dans l'augufte maifon. La vapeur monf-
trueufe dit adieu pour toujours. Il arrêta le bouillon-
nement, fit ceffer la pouffiere, & rendit grand notre Pays.

*digue dans la diftribution des aumônes. Il raffem-
bloit tous les ans les Bonzes & les Chrétiens des quatre Eglifes; il leur fervoit avec ardeur & de propos délibéré des mêts nets & propres, & il continuoit
cette libéralité pendant cinquante jours de fuite. Il
donnoit à manger à ceux qui avoient faim; il re-
vêtoit ceux qui étoient nuds. Il fourniffoit des remedes aux malades, & leur procuroit la fanté. Il prenoit foin d'enfevelir les morts, & de leur accorder
le repos. On n'a pas oui dire jufqu'à préfent qu'une
vertu fi éclatante ait brillé dans les Tha-fo (28)
même, ces hommes qui s'adonnent fi religieufe-
ment à rendre de bons offices. Les Prêtres Chrétiens,
vêtus de blanc, voyent à préfent de leurs propres
yeux tant de fi grands hommes. Auffi ils gravent
une infcription fur cette grande pierre, pour faire
connoître leur excellente gloire à la poftérité. Or
voici ce que dit l'infcription.
Le véritable Seigneur de toutes chofes n'a point
de principe; il jouit perpétuellement de fa propre
effence pure, & fe fuffifant à elle-même. Il a
donné commencement à toutes chofes, & il a fabriqué le monde par une converfion admirable du néant
(à l'être.) Il a fondé la terre, & établi le ciel.
Par la communication de fon effence & la diftinction des perfonnes, il a paru homme parmi les hommes. Il les a fauvés; & traverfant les fleuves des
miferes, il les a tous menés, fans réferve, au rivage de la félicité. Le foleil de juftice, montant
en-haut, a chaffé les ténebres. Il a révélé & dé-
montré tous les véritables myfteres.
L'Empereur Thai-çum, tout brillant de majefté,
a été fupérieur en fageffe aux Empereurs fes dé-
vanciers, (comme il l'eft à l'égard de la
tête.) Profitant de l'occafion qui s'offrit, il appaifa
les troubles de l'Empire. Il fembla qu'il avoit amplifié le ciel même, & ainfi le monde entier. Sous
fon regne, la très-illuftre Religion des Chrétiens
pénétra dans notre Empire de la Chine, qui pour
lors étoit fous la domination de la Dynaftie des
Tham. Les Livres Canoniques (de cette Religion)
furent traduits en Chinois. On lui éleva des Temples; c'eft ainfi que par fa charité, comme par un
navire, elle mena au ciel les vivants & les morts.
avec elle vint en abondance toute forte de félicité;
& toute la terre jouit après d'une paix & d'une
tranquillité parfaites.
L'Empereur Kao-çum marcha exactement fur les
traces de fes aïeux; il bâtit de nouvelles Eglifes. Par
fes foins, les temples confacrés à Dieu (29,) brillerent merveilleufement, & remplirent tout l'Empire de la Chine. Sous fon regne, la fageffe fut publiée par-tout, & de côté & d'autre. Et de plus,
il créa dans les formes, des Pontifes de la Religion.
Après cela, les hommes eurent l'efprit joyeux &
content, & les chofes furent exemptes de calamités
& de miferes.
L'Empereur Hiuen-çum s'ouvrit une voie à la
fainteté, & cultiva férieufement la véritable &
droite fageffe. L'infcription Impériale, (qu'il eut
foin de faire appendre au frontifpice de l'Eglife,)
jetta de l'éclat de tous côtés. Les caractéres, tracés
de fa main célefte, brillerent merveilleufement, &
l'augufte tablette brilla d'un vif éclat. C'eft pourquoi toute la terre eut un très-grand refpect pour la
Religion. Toutes les affaires furent parfaitement bien
gérées & adminiftrées, & la félicité provenant de
la Religion fut profitable au genre humain.
Su-çum ayant recouvré l'Empire, retourna dans
la ville Impériale. Sa célefte Majefté avoit conduit
au loin fon chariot; mais il darda de tous côtés les
rayons de fa fainteté, femblables à ceux du foleil.
Il balaya, comme un vent fortuné, la nuit de rébellion. Il rétablit dans fon augufte maifon l'heureufe poffeffion de l'Empire; & la noire vapeur de*

Tai-çum fut pieux & juste ; il étoit semblable en vertu au ciel & à la terre. Il ouvrit & accommoda ; il produisit & perfectionna. Les choses tirerent une belle utilité. Il brûloit du parfum pour annoncer le mérite. (Il profitoit) de la charité , pour faire des largesses. La vallée de l'Orient (30) vint (saluer) la Majesté. Le trou de la lune fut entiérement réuni.

Kien-chum a affermi la médiocrité & maîtrisé les extrêmités ; & certainement il a orné la brillante vertu. Par la guerre , il a fait trembler les quatre obscurs. Par l'ornement, il a nettoyé dix mille contrées. (Comme) un flambeau, il a porté (*sa lumiere*) sur les (*miseres*) cachées des hommes. (Comme) un miroir, il a contemplé les couleurs des choses. *Mundum illuminavit , ressuscitavitque* (31). *Centum Barbaris dedit leges.* La sextuple union a clairement repris vigueur. Cent Barbares ont tiré un exemplaire. A la raison certainement ample *Hui !* La réponse certes pressée étant nommée, est par force appellée *Hui !* & interprétée Unité-trine. Le Souverain peut faire *Hui !* Le sujet peut publier; il dresse cette magnifique pierre, *Hui !* pour célébrer le primogene fortuné.

Cette pierre a été établie & dressée la seconde année de *Kien-chum* de la grande Dynastie des *Tham*, Jupiter étant dans *ço-ngo* (32), le septieme jour de la lune dite *Tai-çeu* (33) , jour des grands luminaires brillants en bon ordre. En ce temps-là, le Bonze *Nim-xu*, Seigneur de la loi, gouvernoit la multitude admirable de la contrée Orientale.

Liu-sieu-yen, Conseiller du palais, auparavant du Conseil de guerre du grand Prévôt de la ville de *Tai-cheu*, a écrit (34).

F I N.

---

la rébellion fut dissipée pour toujours. Il réprima les troubles dont l'Empire étoit agité , & dissipa le tourbillon qui soulevoit par-tout la poussiere. Enfin , il fonda de nouveau notre Empire Chinois.

L'Empereur Tai-çum *fut pieux & juste. Sa vertu égaloit celle du ciel & de la terre. Il avança ce qu'il avoit commencé , & acheva ce qu'il avoit avancé. Enfin, toutes choses reçurent de lui de grands avantages. Il offrit des parfums pour avertir qu'il avoit bien géré les affaires. Il (y) joignoit la charité pour répandre ses libéralités. Tous les Barbares de l'O-rient* (30) , *frappés de sa majesté , vinrent le trouver ; toutes les nations de l'Occident se rendirent auprès de lui.*

L'Empereur Te-çum, *aujourd'hui régnant sous le titre de* Kien-chum, *a cultivé la vertu, naturellement infuse en lui sans mélange d'aucun vice , ni d'aucune erreur , & il s'est donné un nouvel éclat par les vertus & les sciences qu'il s'est acquises. Par sa vertu militaire , il a porté à la crainte & au respect tout ce qui est contenu au-dedans des quatre mers. Par sa vertu pacifique , il a rendu toute la terre nette , comme une eau pure & tranquille. Il découvre , par la lumiere de son esprit, les miseres cachées des peuples, & les soulage.* Velut in speculo detecta cernebat omnia ; totum ressuscitavit orbem (31). Cuncti Barbari regulam vivendi acceperunt. *La Sagesse ou la Religion Chrétienne est certainement grande , & elle opere aussi-tôt des merveilles dans le cœur humain. Comme elle ne peut être nommée , on est forcé de lui donner , par l'interprétation, le nom de la Trinité. C'est certainement aux Rois à bien faire , & c'est aux sujets à publier à la postérité le bien qu'ils ont fait. C'est pourquoi nous élevons cette illustre pierre , pour célebrer l'état heureux & florissant où les affaires sont à présent.*

La seconde année de l'Empereur Te-çum *de la grande Dynastie des* Tham, *régnant sous le titre de* Kien-chum, *(l'an 781 de J. C.) Jupiter étant dans* ço-gno (32), *c'est-à-dire, dans le signe* Yeu, *(car le caractere de cette année étoit* Sin-yeu *dans le style sexagénaire), le septieme jour de la lune dite* Tai-çeu (33) ; *(c'est la premiere lune) : auquel temps le Bonze nommé* Nim-xu, *fut Pontife de la Religion Chrétienne dans la contrée Orientale.*

Liu-sieu-yen, *Conseiller du palais , auparavant Membre du Conseil de guerre du grand Prévôt de la ville de* Tai-cheu, *(& ainsi Mandarin du septieme Ordre ,) a ajouté cette inscription à la pierre* (34).

F I N.

Il y a le long d'un bord de la pierre, & au bas de la même pierre, des caracteres Syriaques, dont on peut voir l'interprétation dans le sixieme Chapitre de la premiere partie de la *Chine illustrée* du P. KIRCHER.

Ceux le long de l'ouvrage sont des noms de plusieurs Missionnaires Syriens ; & l'inscription du bas contient la date du monument, & le nom & titre de ceux qui l'ont fait élever, avec quelques autres noms de Missionnaires & leurs dignités.

O B S E R V A T I O N S.

L'Auteur de l'INSCRIPTION vivoit du temps de la Dynastie des *Tham*, & il déclare avoir tiré des Histoires des Dynasties des *Han* & des *Vei* sa description du Royaume de *Taçin*. C'est pourquoi il est nécessaire de représenter ici ce qui se trouve contenu dans les descriptions géographiques de ces trois Dynasties.

Extrait du Chapitre 78 , feuille neuvieme , des traditions des derniers Han du Royaume de Taçin.

Le Royaume de *Taçin* est aussi nommé *Likien*, (ou peut-être *Vighien*); & comme il est situé à l'Occident

de la mer, on le nomme aussi l'*Occident de la mer*. Les limites de ce Royaume s'étendent de tous côtés à plusieurs centaines de lieues. On y compte plus de 400 villes; quelques dixaines de petits Royaumes lui sont soumis. Les villes sont ceintes de murs de pierre. On trouve de tous côtés des maisons établies pour les couriers, tous ces édifices sont enduits de blanc. La terre produit des pins , des cyprès , & toutes sortes d'arbres & de plantes. Les peuples s'adonnent beaucoup à l'agriculture ; ils sont vigilants à planter & à semer. Ils élevent des vers à soie & des mûriers ; tous ont la tête rasée. Leurs habits sont magnifiques & relevés en broderie. Leurs voitures sont des caleches, des chariots & de petits chars,

couverts

couverts d'un parafol blanc. Quand ils fortent de leurs maifons, ou qu'ils y rentrent, on bat les tambours, & l'on porte quatre fortes d'étendards.

La Ville Royale a plus de dix lieues de tour. Dans cette ville, le Roi a cinq palais, diftants, l'un de l'autre, d'une lieue. Les colonnes de toutes les maifons font de cryftal. Tous les vafes dans lefquels on fert à manger, font de la même matiere. Le Roi change tous les jours de palais, & ne retourne que le cinquieme jour à celui qu'il vient de quitter. (Quand il fort), un de fes Officiers a toujours ordre de porter un fac, & de fuivre fon char. Ceux qui pour lors ont à faire au Roi, jettent leur requête dans le fac. Le Roi, de retour à fon palais, prend connoiffance de leur caufe, & rend juftice aux fuppliants. Chaque genre d'affaire a fon tribunal, & toutes les procédures fe font par écrit. Le Roi & trente Généraux s'affemblent au Confeil, toutes les fois qu'il s'agit des affaires de la République. Le Roi n'eft pas perpétuel. On élit Roi celui d'entr'eux qui eft le plus éminent en fageffe; que fi l'Empire fe trouve affligé par des calamités & des prodiges, ou fi les vents & les pluies viennent hors de faifon, on dépoffede celui-là, & on lui en fubftitue un autre. Celui qui eft dépoffedé obéit volontiers, & ne forme jamais aucune plainte. Le gens du pays font tous de haute ftature & d'un naturel uni (de niveau) & droit (à plomb), c'eft-à-dire, qu'ils font bons, faciles, pleins de droiture & de probité, & en cela non différents des Chinois. C'eft pourquoi ils ont acquis communément le nom de Ta-çin, c'eft-à-dire, de grande Chine.

La terre produit de l'or, de l'argent & grand nombre de chofes admirables & précieufes. Il s'y trouve des pierres qui brillent la nuit (a), des pierres brillantes comme la lune (b), des cornes de certains rhinocéros, nommés *effrayeurs de poules* (c); du corail, de l'ambre jaune, du verre, du corail noir; du cinabre (ou vermillon;) des pierres bleues & verd de mer; des toiles tiffues d'or & brodées de couleur; des tapis de même façon; des étoffes d'un tiffu ferré; de l'or réduit en maffe douce & molle pour la dorure; de la toile qu'on lave au feu. Outre cela, il y a une autre forte de toile d'un tiffu très-délié, que quelques-uns affurent être tiffue de la laine la plus fine des brebis aquatiques, ou de la foie des vers à foie fauvages. (A l'égard des parfums); après avoir mêlé enfemble toutes fortes d'aromates, ils en tirent au feu un fuc que les Chinois appellent *Súho*. En général, tout ce qui fe trouve de précieux & d'admirable dans les Royaumes étrangers fe tire de ce Royaume. On y bat de la monnoie d'or & d'argent; dix écus d'argent valent un écu d'or. Ils commercent par mer avec les Royaumes de *Ngan-fii*, (*l'Affyrie*), & de *Thien-cho* (*l'Inde Orientale*.) Ils gagnent dans ce commerce dix pour un. Les gens du pays font fimples & droits; ils n'ont pas deux prix dans le commerce. Les grains fe vendent toujours chez eux à vil prix, & il y a abondamment des fonds pour l'utilité publique.

Lorfque les Ambaffadeurs des Royaumes voifins arrivent aux limites de l'Empire, on leur fournit des voitures pour fe rendre à la Ville Royale. Y étant arrivés, on leur donne un certain nombre d'écus d'or fuffifant pour leur dépenfe. Les Rois de *Taçin* ont toujours eu deffein de communiquer avec les Chinois par Ambaffadeurs; mais les Affyriens, qui faifoient le commerce de la foie avec les Chinois, fermerent foigneufement le chemin de la Chine aux gens de *Taçin*, afin qu'ils n'y puffent pénétrer. Enfin, la neuvieme année de *Han-huanti*, régnant fous le titre de *Yeu-hii*, (c'eft-à-dire, l'an de grace 166) le Roi de *Taçin*, nommé *Ngan-thun* (d), envoya des Ambaffadeurs, qui ayant traverfé la mer au-delà du Royaume *Je-nan*, (*Camboye*) offrirent (à l'Empereur de la Chine) des dents d'éléphant, des cornes de rhi-

nocéros, & des écailles de tortue; & ce fut pour la premiere fois que ces peuples communiquerent avec les Chinois. Dans le mémoire où le tribut étoit enregiftré, & dans le tribut même, il n'y avoit rien de précieux & d'admirable; ce qui fit douter de leur rapport; (ou, comme d'autres le difent, on crut qu'ils avoient dérobé le plus beau du tribut.) Quelques-uns difent, qu'à l'Occident du Royaume de *Taçin*, il fe trouve auprès de la région où réfide (la Déeffe) *Si-van-mu*, & du lieu où le foleil fe couche, l'eau foible & les fables coulants; ce qui eft différent de ce que nous écrivons ici.

Dans les temps précédents, tous les Ambaffadeurs envoyés par la Dynaftie *Han*, n'alloient pas au-delà du Royaume *Ukho*, (ou *U-khô-yi-xan*), d'où ils retournoient à la Chine. C'eft pourquoi ils ne parvenoient pas jufqu'au Royaume de *Thiaô-chi*. Voici encore ce qu'on raconte. Depuis le Royaume de *Ngan-fii*, la mer eft environnée de la terre. En tournant la mer du côté du Septentrion, on arrive à l'Occident de la mer, & de-là au Royaume de *Taçin*. Ce Royaume eft très-peuplé; on y trouve des maifons de lieue en lieue. Les poftes font établies de 3 en 3 lieues. On n'y craint, à la vérité, ni larrons, ni voleurs; mais il y a beaucoup de tigres & de lions, qui guetent les voyageurs pour leur donner la mort; ce qui fait que s'ils ne voyagent au nombre de cent & plus, munis chacun de toutes fortes d'armes, ils deviennent la proie des bêtes féroces. Quelques-uns difent qu'il y a un pont volant de quelques dixaines de lieues de large, au moyen duquel on peut traverfer la mer vers le Septentrion. Au refte, toutes les relations touchant les chofes merveilleufes & extraordinaires, les pierres précieufes & les autres chofes de cette nature, qui naiffent dans les Royaumes étrangers, font la plupart fauffes, monftrueufes & nullement canoniques; c'eft pourquoi nous les paffons fous filence.

INTERPRÉTATION.

L'Abrégé Hiftorique de la Dynaftie *Vei* dit ce qui fuit. Le Royaume de *Taçin* eft rempli de Bateleurs & Enchanteurs, qui jettent des flammes par la bouche, fe lient & fe délient, & font d'un faut douze pas; certainement leur adreffe n'eft pas ordinaire.

Extrait du Chapitre neuvieme, feuille 16e, des Traditions des derniers Vei.

Le Royaume de *Taçin* eft auffi nommé *Likien*. La Ville Royale s'appelle *Ngan-fii*. Elle eft à 1000 lieues de diftance & à l'Occident du Royaume de *Thiao-chi*, (c'eft peut-être l'Egypte,) un golfe de la mer entre deux. Elle eft éloignée de 3940 lieues de *Täi*, (ville Chinoife.) Ce golfe de mer s'étend au côté de *Taçin* de la même maniere que le golfe de mer qui eft entre la Chine & la Corée, & ces deux golfes font à l'oppofite l'un de l'autre, l'un tourné vers l'Orient, l'autre vers l'Occident; ce qui, fans doute, eft un effet raifonné de la nature. Le Royaume de *Taçin* a 600 lieues en tout fens; il eft fitué entre deux mers. Les naturels du pays font unis & droits. Leurs maifons font difpofées comme (un ciel plein) d'étoiles: (c'eft-à-dire, que le peuple y eft nombreux, & que les villes & les bourgs font fréquents.) La Ville Royale eft divifée en cinq villes, dont chacune a une demi-lieue en tout fens; ainfi la ville entiere a 6 lieues de tour. Dans la ville du milieu eft fitué le palais royal. Dans chacune des autres quatre villes réfident huit grands Officiers, qui de-là préfident aux quatre parties du Royaume; & dans la ville du milieu, il y a auffi huit autres grands qui préfident aux quatre villes, deux fur chacune. Lorfqu'il s'agit de délibérer fur ce qui regarde le Royaume ou l'une de fes quatre parties, les grands Prépofés fur les quatre villes s'affemblent devant le Roi pour réfoudre ce qu'on a à faire, & le faire enfuite exécuter. Le Roi vifite le Royaume tous les trois ans pour s'enquérir des mœurs du peuple. Si quelqu'un a été condamné à tort par un Juge, il s'adreffe au Roi. Le Roi remet la connoiffance de la caufe aux Grands qui préfident à cette partie du Royaume. Si le Juge a péché légérement, il en eft feulement réprimandé & blâmé; mais fi la faute eft grieve, il eft chaffé de fon emploi, & le Roi ordonne auffi-tôt aux Grands de mettre un autre Juge à fa place.

Les naturels du Pays font graves, droits & de haute ftature. La forme de leurs habits, de leurs chariots & de leurs étendards, eft femblable à celle des Chinois. C'eft pourquoi les nations étrangeres leur ont donné le nom de *Taçin*, (c'eft-à-dire *grande Chine*.) La terre eft fertile en toutes fortes de grains, en mûriers & en chanvre. Le peuple eft induftrieux & vigilant dans la culture des terres & des vers-à-foie. Il fe trouve abondamment dans le pays des pierres (précieufes) de la feconde claffe, du corail noir, des tortues divines, des chevaux blancs à crains noirs, des pierres éclatantes, des difques qui brillent la nuit du côté qui regarde entre le Midi & l'Orient le (Sud-Eft.) Ils ont commerce avec le *Tumkin*. Ils commercent auffi par voie de riviere, (c'eft-à-dire par le fleuve qui traverfe le *Pegu*,) avec *Ti-cheu* & *Yum-cham*, villes Chinoifes de la Province *Yunnan*. Ils y apportent une grande quantité de chofes extraordinaires. A l'Occident de la mer qui eft Occidentale par rapport à *Taçin*, il y a un fleuve qui coule vers le Sud-Oueft. A l'Occident de ce fleuve, il y a des montagnes, les unes boréales, les autres auftrales, à l'Occident defquelles fe trouve l'eau rouge. A l'Occident de l'eau rouge, il y a un mont, appellé *Mont des Pierres précieufes*. A l'Occident de ce mont, s'éleve un autre mont habité par *Si-yam-mu*, (c'eft-à-dire, la *mere du Roi Occidental*. Son palais eft de pierres précieufes.

En partant des limites Occidentales de *Ngan-fii*, (que je crois être la Syrie ou l'Affyrie,) & côtoyant le rivage de la mer, on peut parvenir à *Taçin*, après avoir fait 4000 lieues & plus de chemin. Là le foleil, la lune, les étoiles, les conftellations, paroiffent en même ordre & fituation qu'à la Chine. Ainfi les Hiftoires précédentes, (c'eft-à-dire celles des *Han*,) fe font bien éloignées de la vérité, lorfqu'elles ont marqué que le lieu où le foleil fe couche, étoit éloigné de dix lieues, (corrigez de 200 journées) de chemin du Royaume de *Thiao-chi*, vers l'Occident.

Extrait du Chapitre 146, pag. 16, des Traditions réglées de l'Hiſtoire de la Dynaſtie Tham.

Le Royaume de *Fu-lin* eft celui-là même que l'on nommoit anciennement *Taçin*. Il eft fitué au bord de la mer Occidentale; c'eft pourquoi on l'appelloit auffi *Hä-fi*, (c'eft-à-dire, l'*Occident de la mer*.) Il eft à l'Occident du Royaume *Xen*. Il a vers l'aquilon (Nord-Nord-eft) le peuple *Tukive*, (*Turc*) nommé *Khoffaa* (ou *Khhaffaa*); la mer le baigne à l'Occident, dans une diftance égale de l'Orient & de l'Occident, à l'endroit où eft fituée la ville de *Chi-fan*. Il eft limitrophe de la *Pefu* (la *Perfe*) Le Pays a 1000 lieues à chacun de fes quatre côtés. On y compte 400 villes & un million de foldats. De mille en mille pas, il y a une maifon, & de trois en trois maifons, c'eft la pofte. Quelques dixaines de petits Royaumes lui font foumis. Ceux qui font venus à notre connoiffance s'appellent *Cee-fan* & *Lu-fen*. Le Royaume de *Cee-fan* eft précifément à l'aquilon de la Ville Royale. Nous ignorons de combien il en eft diftant. Après deux cents lieues de chemin vers l'Orient, on parvient au Royaume de *Lu-fen*. L'enceinte de la Ville Royale eft bâtie de pierres; elle a huit lieues de tour. La porte Orientale a 20 toifes (*Decempeda*) de hauteur; tout le tour de la porte eft couvert d'or. Dans la ville, il y a trois palais, dont toutes les portes intérieures font ornées de pierres précieufes d'une grande beauté. Au centre des portes du milieu eft fufpendue une grande balance d'or, fur le fléau de laquelle il y a une ftatue humaine d'or, portant fur fa tête douze petits globes du même métal, qui tombent d'eux-mêmes tour-à-tour d'une heure à l'autre. Les colonnes de ces palais font de turquoifes; les lambris de cryftal de roche & de verre; les poutres de bois odoriférant; le plancher ou parquet d'or, & les portes d'ivoire.

Douze principaux Miniftres font chargés du gouvernement de l'État. Le Roi, quand il fort, eft accompagné d'un Officier qui porte un fac, dans lequel il jette les requêtes que l'on préfente au Roi. Le Roi, de retour à fon palais, prend lui-même connoiffance des caufes. Quand il furvient de grandes calamités, ou des prodiges, on dépofe auffi-tôt le Roi, & l'on met le plus fage à fa place. Le bonnet du Roi reffemble aux aîles d'un oifeau, & il eft tout couvert de pierres précieufes. L'habit royal eft, ou d'un tiffu d'or fur foie, ou relevé en broderie de couleur. Les pans du devant de l'habit tombent chacun de fon côté, & l'un ne croife pas fur l'autre. Le Roi eft affis fur un lit de fleurs. Il a à fon côté un oifeau verd, femblable à une oie. Si les viandes que l'on préfente au Roi font empoifonnées, l'oifeau jette auffi-tôt un cri. Ils n'ont aucune maifon couverte de tuiles cuites; mais au-lieu de tuiles, ils fe fervent d'une certaine pierre blanche, extrêmement dure & polie, comme une pierre précieufe. Pendant les chaleurs, ils conduifent les eaux par des tuyaux cachés jufques fur le plus haut étages des maifons, & ils fe procurent du vent par artifice. Les hommes ont la tête rafée, & portent des habits ou robes brodées en couleur, de maniere pourtant que l'épaule droite fe trouve découverte. C'eft pourquoi ils fe couvrent les épaules d'un petit manteau. Leurs voitures font des caleches, des chariots & de petits chars, couverts d'un parafol blanc. Quand ils fortent de leurs maifons, ou qu'ils y rentrent, on éleve les drapeaux & étendards, & l'on bat les tambours. Les femmes portent des coëffures d'un tiffu d'or fur foie. Les fujets, dont les biens montent à plufieurs fois 10000 écus, c'eft-à-dire, les *Sénateurs*, font Magiftrats du premier ordre.

Les gens de ce Royaume aiment le vin. Ils fe plaifent à manger du pain cuit jufqu'à être defféché. Il y a grand nombre de bateleurs qui peuvent jetter du feu de leur vifage, faire couler des fleuves & des lacs de leurs mains, faire fortir des étendards & des javelots de leur bouche, & fecouer des perles & des pierres précieufes de leurs pieds élevés. Il y a auffi de très-habiles Médecins, qui peuvent guérir les taies des yeux en tirant des vers du cerveau qu'ils découvrent. Le pays fournit abondamment de l'or, de l'argent, des difques qui brillent la nuit, des pierres brillantes comme la lune, de grandes coquilles, des conques d'albâtre, de l'agathe, du *Munan* (e), des plumes bleues de paon & de martinet (*Cypſelorum*,) & de l'ambre jaune. Ils font, avec la laine de brebis aquatiques, de la toile que nous nommons *Hai-fi-pu*, c'eft-à-dire, toile de la mer d'Occident. Il fe trouve dans la mer l'Ifle de corail. Les pêcheurs jettent de leurs grands navires des filets de fer jufqu'au fond de la mer, pour enlever le corail. Au commencement, le corail naît fur de grandes roches; il eft alors blanc comme un champignon. Au bout d'un an, il devient rouffâtre; au bout de trois ans, il devient rouge. Ses rameaux & fes nœuds font embrouillés & croifés; il croît à la hauteur de trois ou quatre pieds. On l'arrache radicalement avec le filet de fer, & quand on l'a enlevé dans le navire, on le retire du filet. S'il n'eſt pas cueilli en ſon temps, il ſe pourrit auſſi-tôt. Dans la mer Occidentale, il y a un marché, où les vendeurs & les acheteurs ne ſe voyent pas les uns les autres. On dépoſe le prix à côté de ce qu'on veut acheter. Ce marché s'appelle le marché des démons ou des génies. Au Royaume de *Taçin*, il y a un animal nommé *çan*; il eſt de la grandeur d'un chien, mais furieux, & fort. Dans la partie Septentrionale du Royaume, il ſe trouve un agneau qui naît de la terre; il eſt attaché à la terre par le nombril. Si on lui coupe le nombril, l'agneau meurt immanquablement. Les naturels du pays montés ſur des chevaux, armés de toutes pieces, courent çà & là en battant des tambours pour l'épouvanter. L'agneau effrayé rompt lui-même ſon nombril, & ſur le champ il cherche les pâturages & les eaux, ſans pourtant s'attrouper avec les autres. L'an 17 de *Chim-kua*, (643 de J. C.) le Roi de *Taçin*, nommé *Potolii*, envoya (à la Chine) des Ambaſſadeurs, qui apporterent du verre rouge & des pierres lazuli vertes (peut-être des émeraudes). L'Empereur ordonna qu'on leur fit des préſents.

Les peuples *Taxé* (les Arabes,) étoient devenus puiſſants. Le Roi (des Arabes) envoya le Généraliſſime de ſes troupes, nommé *Moyi*, porter la guerre au Royaume de *Taçin*. Le Roi de *Fulin* fit la paix, & ſe déclara auſſi-tôt Vaſſal des Arabes. Depuis l'année *Kien-fam*, (666 de J. C.) juſqu'à l'année *Taço* (701), il vint à la Chine deux ambaſſades avec des préſents. La ſeptieme année de *Khai-yven*, (718 de J. C.) des Ambaſſadeurs de *Taçin* vinrent avec le Généraliſſime du Royaume de *Tuholo*, (Royaume du *Coraſſan*) & offrirent à l'Empereur des lions & des chevres intelligentes (*f*). Du Royaume de *Fulin*, en traverſant les ſables, on parvient après deux cents lieues de chemin au Royaume de *Molin* & à celui de *Laopeſſa*. Les peuples de ces deux Royaumes ſont noirs & féroces. La terre exhale des vapeurs malignes; elle ne produit ni plantes, ni arbres, ni grains; les chevaux ſe nourriſſent de poiſſons, & les hommes de *Human*. Or les *Human* ſont des jujubes de Perſe (ou des dattes). Ces peuples n'ont point honte de l'inceſte, en quoi ils ſont les plus impudents de tous les Barbares. Ils prennent eux-mêmes le titre de *çin*. Le Roi & les ſujets fêtent chaque ſeptieme jour, & ne font ce jour-là ni contrat, ni commerce; ils paſſent la nuit entiere à boire enſemble. Juſqu'ici c'eſt ce que diſent les Hiſtoires Chinoiſes.

J'ajoute ici quelques fables que l'Auteur de l'Hiſtoire des derniers *Han* a rejettées avec raiſon. Je les tire de la relation des Royaumes étrangers, publiée autrefois par *Kham-xi*. Dans la grande *çin*, les murs des villes ſont de cryſtal de couleur de pourpre, & les maiſons ſont bâties de cryſtaux de toutes ſortes de couleurs : (cela déſigne des marbres.) Les gens du pays ſont induſtrieux & ingénieux; ils ſavent l'art de tranſmuer les métaux; la monnoie eſt par-tout en uſage. Les maiſons des grands (ſelon le témoignage de *Chinnan* dans ſa chorographie,) ſont de cryſtal, les murailles de verre, & les planchers de cryſtal auſſi. Dans la mer, nommée *Sie*, il y a une Iſle, appellée *Seſtiao*. Dans cette Iſle, il croît un arbre, dont l'écorce s'enleve l'hyver. De cette écorce on fait du fil; de ce fil on fait de la toile, & de cette toile, d'un tiſſu très-fin, on fait des ſerviettes. Cette toile differe ſeulement par ſa couleur de la nôtre, qui eſt ridée & faite avec de l'ortie non-piquante; car elle a moins de blancheur, & ſa couleur tire un peu ſur la cendre. Lorſque les ſerviettes ſont ſales, on ne les nettoye pas dans l'eau, mais dans le feu, d'où on les retire ſaines, blanches & nettes. C'eſt de-là que les Chinois les ont nommées *Seu-ho-huan*, c'eſt-à-dire, *toile qui ſe lave au feu*.

La Géographie Univerſelle dit ce qui ſuit : Le Royaume des Pigmées eſt ſitué au Sud de la grande *çin*. Dès que ces peuples ſont parvenus à la hauteur de trois pieds, ils s'appliquent au labourage, & pendant qu'ils y ſont occupés, ils ſont dans une crainte extrême d'être enlevés & dévorés par les grues. Les habitants de la grande *çin* leur fourniſſent du ſecours. Les Pigmées ſont troglodites, c'eſt-à-dire, qu'ils habitent des cavernes.

La relation des Royaumes étrangers dit : Il y a trois Royaumes dans le monde qui abondent en trois choſes, chacun la ſienne. Le Royaume de la Chine abonde en hommes; le Royaume de *Taçin* en choſes précieuſes, & le Royaume de *Tayvechi*, c'eſt-à-dire, le grand *Yve-chi*, c'eſt le *Khoraſſan* & l'*Usbek*, en chevaux. Je ſerois trop long ſi je voulois tranſcrire tout. Ceci doit ſuffire pour que l'on puiſſe, à travers toutes ces fables, reconnoître la magnificence Romaine. Je ne puis ici m'empêcher d'admirer, comment des nations, auſſi éloignées entr'elles que le ſont les Européens & les Chinois, & encore plus éloignées l'une & l'autre du vrai, ayent pu s'accorder entiérement dans le fabuleux. Les Chinois ont leur Pigmées qu'ils placent, comme nous, en différents lieux. J'ai lu des Hiſtoires Chinoiſes, qui, autant que l'on peut conjecturer par l'itinéraire, les placent dans la Laponie. Ils ont leurs Amazones qu'ils aſſurent être placées au fleuve *Thermodoon*, (car ils les font voiſines de l'Empire de Conſtantinople & de l'Aſſyrie,) & même ils prétendent que le fleuve qui coule dans leur pays, eſt cette eau débile dont ils font tant de contes fabuleux, quoique les uns la placent d'un côté, les autres d'un autre, ſelon la variété des opinions. Enfin, les Chinois ont leurs cynocéphales dans la Tartarie Orientale, & beaucoup d'autres choſes de ce genre, ſemblables aux nôtres.

NOTES PARTICULIERES SUR LE MONUMENT.

(1) J'ai dit, *en-dedans des murs*, ſuivant en cela l'autorité d'un Philoſophe Chinois, qui a eu ſoin de l'impreſſion du Monument. Mais cependant comme un témoin oculaire a aſſuré, qu'il avoit été trouvé au dehors des murs de *Coimlu* dans un Fauxbourg voiſin, je penſe qu'il doit en être cru, attendu ſur-tout que le Chinois peut avoir été dans l'erreur, ou s'être expliqué moins proprement.

(15) On ne ſauroit douter que la toile qu'on lave au feu ne ſoit celle que les Grecs appellent *Asbeſton*. On ne convient pas parmi nous ſur la matiere dont on fait cette toile. Les Chinois n'en conviennent pas mieux entr'eux; car, outre les opinions ci-deſſus rapportées, il y en a qui diſent, qu'elle eſt tiſſue du poil de certains rats, qui vivent dans les flammes que vomiſſent certaines montagnes. Ce qu'il y a de ſûr, c'eſt que dans la Tartarie, il ſe trouve des pierres dont on tire ce fil, après les avoir briſées.

NOTES SUR CES TRADITIONS.

(*a*) Il s'y trouve des pierres qui brillent la nuit. Ces pierres ſont quarrées & percées d'un trou rond à leur centre, afin que par leur forme quarrée elles repréſentent la terre, & par la rondeur du trou, le ciel. Je n'ai trouvé en aucun lieu de quelle pierre elles peuvent être. Les pierres ordinaires ont un demi-pied de large, & ſont faites d'une pierre dure comme le porphyre, qui eſt fort cher à la Chine; ils le nomment *Yu*. Il s'en trouve de pluſieurs couleurs, comme de rouges, de vertes, de bleues & de blanches. On les tire d'un Royaume qui confine aux Indes du côté du Midi, & au Royaume d'*Eyghour* du côté du Sud-Oueſt. Ce Royaume eſt appellé *Yu-tien* par les Chinois, & *Kotan* par les Occidentaux.

(b) Des pierres brillantes comme la lune. C'est ou la pierre félénite, ou quelqu'autre pierre, quelle que ce puisse être. Il faut observer ici que *Chu*, chez les Chinois, ne signifie pas seulement une perle, mais aussi toute autre pierre précieuse de forme ronde; que cette appellation est commune à neuf sortes de pierres de cette forme, & que, pour qu'elle signifie une perle, les Chinois ont coutume d'y ajouter le terme *Chin*, qui signifie *véritable*; de sorte que le sens entier est véritable *Chu*; quoique pourtant par autonomase, on l'employe communément pour dire une perle. Les Chinois attribuent faussement à leur *brillant de nuit*, soit *Chu* ou *Pii*, ce que nous attribuons aux diamants, savoir, de briller naturellement dans les ténebres. Au reste, qu'est-ce que ces *Chu* brillants de nuit? c'est sur quoi les Auteurs ne sont pas d'accord. Les uns prétendent que ce sont des pierres de dragons. De-là cet axiome *Hoai-nan-çu-i*, le brillant de nuit *Chu*, maladie du dragon est l'utilité de l'homme. D'autres assurent que les yeux de la baleine se convertissent, après sa mort, en brillants de nuit *Chu*. D'autres enfin disent, qu'on les trouve dans certaines huitres: mais pour lors ce seroient de véritables perles. C'est un trait célebre dans l'Histoire, que l'entrevue qu'eurent à la Chine deux anciens Rois, savoir *Hoei-vam*, Roi ou Empereur du Royaume de *Vei*, & *Suem-yam*, Empereur du Royaume de *Çi*, (car ils avoient usurpé tous deux le trône d'Empereur de la Dynastie des *Cheu*.) Comme ils s'entretenoient ensemble familiérement, *Vei-hoei-vam* demanda à l'autre: Avez-vous des pierres d'un prix extraordinaire? Je n'en ai aucune, répondit *Çi-suem-vam*: Et moi, repliqua *Vei-hoei-yam*, quoique moins riche que vous, j'ai un *Chu* d'un dixieme de pied de diametre, qui éclaire de tous côtés un espace de douze chariots de file. Une si sotte vanité fut payée d'une réponse à laquelle toute la postérité a applaudi. J'ai quatre excellents hommes, répondit *Çi-suem-vam*, qui sont tous autant de boulevards de mon Royaume; ce sont-là mes plus précieuses pierres.

(c) Des cornes de rhinocéros qui effrayent les poules. Il faut transcrire ici quelque chose de l'Histoire Naturelle des Chinois. Le rhinocéros mâle se nomme *Sii*, & la femelle *Su*, quoique le peuple se serve sans distinction de ces deux appellations. Le rhinocéros a deux cornes, l'une sur le front, l'autre sur le nez. Celle du front est plus précieuse que l'autre. Il y a une espece de rhinocéros que l'on nomme *Thoun-thim sii*, c'est-à-dire, communiquant avec le ciel. Sa corne brille d'une petite bande blanche, qui prend depuis la racine jusqu'à la pointe. Etant exposée la nuit à la rosée, elle ne contracte aucune humidité; elle opere divinement dans les médicaments. Il y a une autre sorte de rhinocéros qui est appellé *Hai-khi-sii*, c'est-à-dire, *effrayeur de poules*. Si l'on offre aux poules du riz dans une de ces cornes, toutes étant effrayées prennent aussi-tôt la fuite, & aucune d'elles n'ôse toucher au riz. Si l'on en expose de la même maniere aux oiseaux sur le toit de la maison, les oiseaux ne se reposeront pas sur le toit. Il y a aussi des cornes de rhinocéros femelles, qui sont à la vérité longues, qui ont des veines semblables à celles du mâle, mais qui ne sont d'aucune usage pour les médicaments. Il y a pourtant une certaine espece de rhinocéros femelle dont la corne est parsemée, avec beaucoup d'ordre & de régularité, de veines & de petites tâches blanches, douces & polies; laquelle espece est appellée communément *Pan-sii*, c'est-à-dire, rhinocéros *bigarré* ou *marqueté*. Elle a la préférence pour plusieurs usages; mais pour celui de la médecine, elle est inférieure au mâle. Le livre *Çam-khi* dit: La division du rhinocéros en aquatique & terrestre est vaine. Par cette division, on désigne seulement un plus grand ou un moindre degré de bonté du rhinocéros terrestre. La corne du rhinocéros communiquant avec le ciel, croît & s'épointe pendant 1000 ans. La pointe de sa corne est mouchetée de petites étoiles blanches qui percent fort avant. De ces canaux étoilés s'exhale un soufre, par lequel la corne communique avec le ciel. Par la même raison, quand on la plonge dans l'eau, elle la repousse de toute part, & elle attire par une communication cachée les Dieux aquatiques, & les rend présents. Elle effraye aussi les poules; de-là lui est venu le nom de communiquant avec le ciel. C'est de cette espece de corne que parle *Pao-pu-çu*, lorsqu'il dit: Si quelqu'un tenant à sa bouche une de ces cornes, taillée en forme de poisson, se plonge dans l'eau, les eaux se retireront de toutes parts à 3 pieds de distance, & il s'y fera une cavité. Une autre Auteur dit: Le rhinocéros a la forme semblable à celle d'un bœuf aquatique, (c'est le buffle.) Il a la tête d'un porc, le ventre gros & gras, les pieds peu élevés & semblables à ceux de l'éléphant, quoiqu'il n'ait que trois ongles à chacun de ses pieds. Il est de couleur noire; il a la langue hérissée de pointes, & les épines font pour lui une pâture exquise. De chaque panne de sa peau sortent trois poils, comme au pourceau. Il y en a qui n'ont qu'une corne; d'autres qui en ont deux, d'autres enfin qui en ont trois. *Kuo-pu* dit, le rhinocéros pese 1000 livres Chinoises. Il a trois cornes, l'une sur le sommet de la tête; l'autre sur le front, & la troisieme sur le nez. Le rhinocéros ne peut souffrir la vue de son image; c'est pourquoi il trouble l'eau avec ses pieds avant de boire. De sa peau l'on fait des cuirasses. Quelques-uns disent, qu'il quitte sa corne tous les ans, & qu'il la cache dans les montagnes. Il choisit pour cela un certain lieu. Ceux qui le trouvent, en retirent les cornes, & y substituent des cornes semblables faites de bois. S'ils ne le font pas, le rhinocéros cache sa corne dans un autre endroit. Presque tous conviennent qu'il n'a qu'une corne. *Li-sun* dit: Le rhinocéros communiquant avec le ciel est ainsi nommé, parce que lorsqu'il est encore dans le sein de sa mere, celle-ci transmet & imprime sur la corne du petit qu'elle porte, les images des choses qu'elle voit au ciel. Voilà ce que dit l'Histoire. Je n'ai pas omis les fables, afin de ne laisser rien à desirer. Notez que la plupart donnent une seule corne à la femelle, & trois au mâle.

(d) L'an 166 de J. C. régnoient à Rome Marc-Aurele & Lucius Verus. L'un & l'autre étoit gendre & successeur d'Antonin le Pieux, & tous les deux, pour marquer leur vénération envers cet Empereur, avoient pris le nom d'Antonin. *Ngan-tun*, ou, selon la véritable prononciation, *An-tun*, (car les Chinois ne pouvant écrire *An*, écrivent *Ngan*,) *An-tun*, dis-je, semble désigner l'un & l'autre Empereur, quoique peut-être ce seroit mieux de dire que ces Ambassadeurs étoient partis, sous l'Empire d'Antonin le Pieux, l'an 163, & qu'à cause des longs circuits de chemin, ils n'arriverent à la Chine que trois ans après.

(e) *Munan*, selon leur définition, est une sorte de parfum qui découle du bec de certains oiseaux où il s'amasse.

(f) Les chevres intelligentes sont désignées par plusieurs noms. On les nomme pourtant plus communément *Lim-yam*. Au reste, le caractere *Lim* est composé de *Lu*, qui signifie *cerf*, & de *Lim*, qui signifie *intelligent & spirituel*. Or les cerfs, à la vérité, s'attroupent ensemble; & se serrant en forme de cercle, tournent leur bois (contre les bêtes qui les attaquent;) mais les chevres intelligentes vont seules; & lorsqu'elles ont besoin de repos, elles accrochent leurs cornes aux branches des arbres; & demeurant ainsi suspendues, elles évitent le péril. C'est pour cette raison que le caractere de ce mot est composé des lettres qui signifient *cerf* & *intelligence*; & c'est à bon droit qu'eu égard à leur industrie, pour se préserver du danger, elles ont acquis le nom d'intelligentes. On les appelle aussi chevres à neuf queues, par ce que, depuis la poitrine jusqu'à la queue, elles ont neuf floccons qui leur pendent sous le ventre. Elles ont le corps

de

de chevre, & la queue de cheval. Quelques-uns difent que, dans cette efpece, il s'en trouve à une feule
corne. Leurs cornes font garnies de nœuds, & il y
a des canaux creufés de telle maniere, qu'ils femblent
avoir été empreints avec les doigts. Il y en a dont
les cornes égalent en grandeur celles des bœufs. On
fe fert de celles-ci pour faire des felles & des harnois. On
les reconnoît aifément en ce que leur milieu, par où
elles fe tiennent fufpendues en l'air pour dormir, s'ap-
puyant fortement aux branches, eft ufé & amoindri.
L'Auteur moderne de l'Hiftoire Naturelle les décrit
ainfi. Le *Lim-yam* reffemble à la chevre, (mais il
eft beaucoup plus grand;) il a le poil noir & gros.
Ses cornes font petites & courtes. Au refte, la Cofmographie dit ceci du *Lim-yam* à une feule corne.
Dans le *Tum-kin*, il fe trouve un *Lim-yam* à une
feule corne. Sa corne eft extrêmement dure; elle
peut brifer & écrafer des diamants. Bien plus, au
premier choc, le diamant fe fond, & fe liquéfie de
lui-même, comme un glaçon au foleil. Cependant le
diamant ne peut être fondu par aucun feu, ni brifé
par aucun choc. Ceci eft auffi vrai que ce que nous
difons du diamant; mais ce qu'il attribue à la corne
de la chevre intelligente, eft auffi faux que ce que
nous attribuons au fang du bouc.

NOTES SUR L'INSCRIPTION DU MONUMENT.

Elles font de trois fortes; favoir, Notes Hiftoriques,
Notes Grammaticales, & Notes Géographiques.

NOTES HISTORIQUES.

(8) *Thai-çum.* Avant de parler de cet Empereur, il
faut dire un mot de fes prédéceffeurs. *Sui-yam-ti* reçut l'an 605, l'Empire de la Chine & de la Tartarie
(des mains) de fon pere *Sui-van-ti*, grand homme,
qui l'avoit acquis par fes armes, ou plutôt il le lui
arracha avec la vie; car fon pere étoit à l'extrémité.
Yam-kuam, (c'étoit le nom de *Sui-yam-ti*) que fon
pere, après avoir dégradé fon frere aîné, avoit créé
héritier préfomptif de l'Empire, ne comptant déja plus
fur fon pere, mit tout en œuvre pour corrompre une
de fes concubines. Celle-ci réfifta, & s'étant fauvée
de fes mains, elle traverfa en fuyant, toute tremblante
& déchirée, la chambre du moribond. Le pere comprit de quoi il s'agiffoit, & tout auffi-tôt il ordonna
qu'on fît venir *Yam-yum*, voulant lui rendre l'Empire.
Yam-kuam l'ayant appris par des Eunuques, retint
les meffagers, & (fi l'on en croit le bruit commun,)
ayant chargé de couffins le vifage de fon pere, il ac-
céléra par-là fa mort prochaine. Selon la coutume,
il auroit dû être auffi-tôt proclamé Empereur; mais
il ne voulut pas l'être avant de confommer l'incefte
avec cette concubine paternelle, qui pour lors ne pouvoit plus lui réfifter. Par ces deux crimes, on ne fauroit dire quelle fut l'exécration que les Chinois conçurent contre lui. Parmi tant des vices, il ne manquoit
à ce monftre des apparences de vertu. C'étoit un
homme d'un grand génie, d'un plus grand courage,
& d'une très-grande magnificence, non moins libéral
dans les dépenfes publiques, que dans les fiennes
propres.

La premiere année de fon regne, il fixa fa Cour
dans la ville de *Honan-fu*. Il aimoit principalement le
féjour d'une autre ville, appellée aujourd'hui *Yam-
cheu-fu*, diftante d'*Honan-fu* d'environ 173 lieues,
& de 219 lieues de *Si-nganfu*, par le chemin de terre.
Afin donc que le chemin, tant par terre que par eau,
fût plus court pour aller à fes délices, il fit travailler
plus de 1000000 hommes à creufer un canal depuis la riviere de la ville d'*Honan-fu*, jufqu'au fleuve *Hoai-ho*,

& en même-temps il fit conftruire plufieurs milliers de
fort grandes barques pour y être porté par eau lui &
fa fuite. Quant au chemin par terre, depuis *Si-ngan-
fu* jufqu'à *Yam-cheu-fu*, il y fit élever plus de 40 palais pour s'y arrêter avec fes gens, quand il alloit &
venoit. Outre plufieurs autres palais qu'il fit bâtir en
d'autres lieux, il fit entourer de murailles un pacr
de plus de 20 lieues de tour, rempli de palais, de
jardins & de forêts. Là avec une armée de jeunes filles,
car on en comptoit plufieurs milliers, toutes à cheval,
il paffoit fouvent les nuits entieres dans les jeux &
dans les plaifirs, pendant que des concerts de femmes
fe faifoient entendre de toutes parts. Il aimoit la chaffe
& la guerre; il fit une fois la chaffe du vol avec plus
de 10000 faucons bien dreffés. La cinquieme année
de fon regne, il fit une chaffe folemnelle avec une
nombreufe armée, qui embraffoit deux cents lieues
de pays; voilà pour fes dépenfes privées.

Pour ce qui eft des publiques, il fit plus d'une fois
la guerre aux Tartares avec autant de valeur que de
fuccès. La feptieme année de fon regne, il employa
1000000 hommes & plus même, aux réparations de
la grande & longue muraille. Il fit creufer deux canaux, l'un pour joindre le fleuve *Hoam-ho* au fleuve
Yam-çu-kiain, l'autre de plus de 80 lieues de long,
pour joindre ce même fleuve à la ville *Ham-cheu-fu*.
On ne fauroit croire quelle eft l'utilité que la Chine
a retirée & retire encore de ces deux ouvrages. J'ai
parcouru plufieurs fois l'un & l'autre canal. Le Souverain des Turcs, nommé *Khi-min-khan*, le vint
trouver, & le faluant à genoux, fe déclara fon vaffal.
L'onzieme année de fon regne, il chargea ce *Khan*
de dons & de préfents, dont on peut juger de la
valeur par les deux cents mille pieces de foie qu'il
fit diftribuer à 3500 Officiers de la fuite du *Khan*,
auxquels il fit un feftin très-folemnel. Ce fcélérat
étoit pourfuivi par fon deftin. L'an huitieme de fon
regne, fur le refus qu'avoit fait le Roi de la Corée
de venir le faluer en perfonne, il partit pour la Corée avec une armée qu'on difoit être de 2000000
d'hommes, & qui n'étoit réellement que de 1133800
combattants. Il ordonna en même-temps à une armée
navale, qui devoit couvrir 100 lieues de mer, de
faire voile vers le même endroit. Jamais, dit l'Hiftoire, on n'avoit oui parler, ni vu une fi nombreufe armée. Il fut pourtant battu & entièrement défait. Dès-
lors tous l'abandonnerent; & dans peu d'années tous
prirent les armes. Enfin, la quatorzieme année de fon
regne, il fut tué par les fiens, après avoir régné près
de 14 ans. Après fa mort, les Chinois lui donnerent
le nom infâme *Yam*, & voulurent qu'on l'appellât
Sui-yam-ti.

Pour revenir à *Tham-thai-çum*, fon nom de race
étoit *Li*, & fon nom propre *Xemin*. L'an 615, *Sui-
yam-ti*, (dont nous venons de parler) parcouroit le
Septentrion. Le Souverain des Turcs, nommé *Xebi-
khan*, par une extrême perfidie, accourut avec quelques cents mille cavaliers pour l'opprimer au dépourvu. *Sui-yam-ti* fe refugia dans une ville prochaine,
nommée *Yen-men*. Les Turcs inveftirent cette ville
de façon qu'il n'en pouvoit fortir aucun meffager pour
en porter les nouvelles. *Sui-yam-ti* vouloit s'ouvrir,
par une fortie vigoureufe, un chemin à la fuite. Il en
fut détourné par fes principaux Officiers; & après
avoir fait graver fur des tablettes de bois des Edits,
par lefquels il imploroit le fecours des Chinois, il
les abandonna au courant de l'eau. Une de ces tablettes tomba entre les mains du Général de la Province de *Xenfi*, dont le pere de *Li-xemin* étoit Vice-
Roi. Auffi-tôt il ordonna aux troupes de partir. Déja
ces troupes étoient en marche, quand *Li-xemin* s'é-
cria: Que fera un fi petit nombre d'infanterie contre
tant de cavaliers Turcs? Il faut ici ufer de ftratagême.
Il faut divifer les troupes en plufieurs corps, & les
faire marcher par différents chemins, multipliant de

jour les drapeaux, & de nuit les flambeaux; les Turcs s'imagineront qu'il vient de tous côtés de troupes de secours, & prendront d'eux-mêmes la fuite. Le Général approuva son avis; & en effet les Turcs, trompés (par l'apparence), leverent le siege à l'aspect des Chinois. On comprit de-là pour la premiere fois combien *Li-xemin* deviendroit dans la suite un grand homme de guerre.

De retour de cette expédition, prévoyant que l'Empire ne pourroit pas se soutenir long-temps, il forma le dessein de s'en rendre maître, & conseilla le premier à son pere *Li-yven* de prendre les armes. Mais déja tant de si grands & de si puissants Généraux avoient entr'eux partagé l'Empire, qu'il comprit aisément qu'il ne pourroit leur résister. C'est pourquoi il se refugia chez les Turcs; & pour en obtenir du secours, il persuada à son pere de se déclarer leur vassal. *Li-yven* donna à *Li-xemin* le soin des affaires de la guerre. Tout cédoit à la valeur & à la prudence de *Li-xemin*. Par des victoires innombrables, il fraya le chemin de l'Empire à son pere, qui, après que *Sui-yam-ti* eût été tué par *Yuen-hoa-kii*, prit le titre d'Empereur. En peu d'années, *Li-xemin* fit périr tous les concurrents, & pacifia entiérement l'Empire. Le frere aîné de *Li-xemin*, que son pere avoit désigné héritier de l'Empire, désespéroit de pouvoir devenir Empereur, tant que *Li-xemin* seroit en vie. C'est pourquoi, après avoir communiqué son dessein à ses freres, il résolut de le faire mourir, & il conduisoit sa trame si ouvertement, qu'elle n'étoit cachée à personne, encore moins à *Li-xemin*, qui pour lors étoit très-fameux, sous le titre de Roi du Royaume de *Çin*. Cependant *Li-xemin* se contentoit de se tenir sur ses gardes, & rejettoit toute pensée de vengeance, jusqu'à ce qu'enfin les principaux Généraux, qui lui étoient tous acquis, craignant pour sa personne, tuerent deux de ses freres, savoir, celui qui étoit l'héritier désigné de l'Empire, & celui qui étoit Roi du Royaume *Çi*, &, avec celui-ci ses dix fils. Son pere, qui n'admiroit pas moins *Li-xemin* que les autres, lui céda volontairement l'Empire.

Ainsi l'an 627, *Thai-çum* fut proclamé Empereur. L'hommage promis aux Turcs lui faisoit de la peine. Leur insolence, à laquelle toute la terre paroissoit céder, le rendoit inquiet & jaloux. L'épuisement où étoient le trésor & l'Empire l'empêchoit de leur déclarer la guerre. Les Turcs furent sur le point de l'assiéger dans sa Ville Impériale, & ce ne fut qu'à force de présents qu'ils n'entreprirent pas le siege. Cependant *Thai-çum* fit si bien son compte, qu'en trois ans de temps, il battit en plusieurs rencontres leur Souverain *Xe-bi-khan*, quoiqu'accompagné de plus d'un million de cavaliers, & l'eut enfin vif en son pouvoir. Après qu'il eut détruit le vaste & puissant Empire des Turcs, toute la Tartarie passa sous son obéissance. Ceux qui refuserent d'obéir, il les subjugua par les armes, & il réduisit toute la Tartarie en Provinces. C'est pourquoi tous les Rois & Princes Tartares, sans exception, se donnerent à lui à l'envi. Après cela il n'est pas étonnant que, sous son regne, la Cour de la Chine fût sans cesse pleine d'Ambassadeurs étrangers. Les Tartares & toutes les Nations étrangeres le respectoient comme une Divinité; & tous les Rois Tartares, d'un commun accord, lui déférerent, l'an 629, le titre d'Empereur céleste. Les Chinois le tenoient pour un très-grand Empereur. Sa derniere expédition fut celle de la *Corée*. Il y marcha peu avant sa mort avec une armée médiocre. A son arrivée, ayant mis en déroute les troupes auxiliaires Tartares, il se rendit maître du pays, & le réduisit en Province. Il mourut l'an 649°. de J. C., à l'âge de 55 ans, dont il en avoit régné 23, & son pere 9 entiers. Ainsi à l'âge de 23 ans, il avoit presque subjugué tout l'Empire de la Chine, & fait son pere Empereur.

A quoi bon tout ceci? C'est pour montrer quelle raison eut *Thai-çum* de recevoir si honorablement *Olopen*, & de faire traduire les Saintes Ecritures qu'il apportoit. Certainement il étoit tout entier aux affaires étrangeres; il traitoit avec bonté tous les étrangers, de quelque pays qu'ils fussent, persuadé que la gloire de son regne en seroit plus éclatante, si son nom devenoit célebre par toute la terre. Or comme il comprenoit que la Religion lui seroit en cela d'un grand secours, il permettoit à toutes les Religions une libre entrée à la Chine, & même, comme il le fait assez connoître par son édit inféré dans le Monument, il étoit dans cette erreur de croire que toutes les Religions sont bonnes, chacune à sa maniere. Jamais la Religion des Brames ne fut si florissante que sous son regne & sous sa Dynastie. Jamais tant de Brames ne passerent des Indes à la Chine, & tant de Cénobites n'allerent de la Chine aux Indes, sur-tout depuis que le principal Roi des Indes ayant été pris par les Chinois, lui fut amené à la Chine. Ce *Fam-hiuen-lin*, qui présida à la version des Saintes Ecritures, traduisoit environ dans le même temps, avec beaucoup d'élégance, d'Indien en Chinois, un Livre Canonique de la Religion Indienne, qui est en grande estime chez les Chinois, & qui a communément pour titre *Lem-yen-kim*, c'est-à-dire, *Livre de l'apathie*, *Kim* signifiant en Chinois *Livre*, & *Lem-yen* en Indien *de l'apathie*. Mais quelqu'un objectera, pourquoi donc l'Histoire Chinoise ne parle-t-elle point de la Religion Chrétienne? Je replique, pourquoi aussi ne parle-t-elle point de la Secte des Mahométans, qui s'y étoit introduite peu auparavant la Religion Chrétienne; pourquoi ne fait-elle pas mention de plusieurs autres Sectes, qui très-vraisemblablement couroient dans la Chine, comme là Religion Chrétienne, au temps du Monument. C'est qu'effectivement l'Histoire Chinoise n'embrasse seulement que ce qui concerne la République, & ne fait aucune mention des Religions & des Sectes étrangeres, pas même de celles de la Chine, à moins qu'elles n'ayent excité des troubles dans l'Empire, ou qu'elles ne touchent par quelque endroit au Gouvernement. Joignez à cela que comme les Prêtres Chrétiens prenoient dans ce temps-là le nom, & conséquemment l'habit des Bonzes Indiens, il étoit aisé de confondre les uns avec les autres.

(10) *Fam-hiven-lin* fut en ce temps-là un homme très-célebre par sa sagesse & son savoir. *Thai-çum*, n'étant pas encore Empereur, avoit assemblé chez lui cette fameuse Académie si vantée parmi les Chinois, sous le nom des dix-huit Docteurs, parce qu'elle étoit composée de 18 Philosophes illustres, avec lesquels il conféroit alternativement sur les Belles-Lettres & sur le Gouvernement (des Etats,) toutes les fois que ses affaires le permettoient. Sous de tels Docteurs, il fit tant de progrès dans l'un & l'autre objet, que pour ce qui est du Gouvernement, la félicité de son regne le démontre assez; & quant aux Belles-Lettres, son Histoire fort étendue de la Dynastie *Çin*, qu'il composa avec autant de savoir que d'éloquence, à ses heures de loisir, en est une preuve. Ceux qu'il avoit eut pour maîtres dans la théorie du Gouvernement, il les eut pour aides dans la pratique. Les Chefs de ces dix-huit Docteurs étoient *Fam-hiven-lin* & *Tu-iu-mei*. *Thai-çum*, la troisieme année de son regne, (629 de J. C.) les créa principaux Ministres de l'Empire. *Fam-hiven-lin* s'acquitta glorieusement de sa charge, jusqu'en l'an 648, qu'il mourut. C'est donc avec raison que l'Auteur du Monument, lorsqu'en l'an 635 *Fam-hiven-lin* alla au-devant d'*Olopen*, l'honore du titre de premier Ministre.

(16) L'Empereur *Kao-çum* étoit le neuvieme enfant de l'Empereur *Thai-çum*. Il succéda à son pere l'an 650; ce fut un homme qui avoit du foible pour les femmes, & qui se laissa gouverner lui & son Empire par l'Impératrice *Uu-heu*.

(18) L'Impératrice *Uu-heu* régnoit sous le titre *Xim-lii*, (c'est-à-dire, de la sainte révolution) d'abord en secret sous le nom de son mari *Kao-çum*, puis tout ouvertement & publiquement sous le sien, après qu'elle eut dégradé *Chum-çum*, fils de *Kao-çum*. On ne sauroit dire si ce fut une femme ou un monstre féminin. D'un côté, ce fut un monstre d'impureté, de cruauté, d'impudicité & de fourberie ; de l'autre, c'étoit un prodige d'esprit, de génie, de jugement & de dextérité. Déja dès l'an 637, l'Empereur *Thai-çum* l'avoit admise dans son serrail. *Thai-çum* étant mort, elle s'étoit renfermée dans un Couvent de Bonziennes, ou *Kao-çum* étant allé pour un vœu, l'ayant vue par hasard, l'aima tout d'un coup, & la rappella au serrail. Elle connut bientôt que l'Empereur étoit épris d'elle, & en même-temps elle commença d'ambitionner la dignité suprême. Pour cela, il falloit déposséder l'Impératrice *Vam-xi*. *Uu-heu*, dès la première année, avoit eu une fille de l'Empereur. Quelque temps après ses couches, l'Impératrice *Vam-xi* vint pour congratuler l'accouchée. Celle-ci étoit alors absente ; ainsi l'Impératrice, après avoir pris l'enfant entre ses bras, & l'avoir baisé & caressé, se retira. *Uu-heu* l'ayant appris, en prit occasion de calomnier l'Impératrice. Elle étouffe sa fille en secret & sans témoins ; puis l'ajuste dans son berceau, comme un enfant qui dort. Peu après arrivent les nourrices qui trouvent la fille morte. Elles en font rapport à *Uu-heu*, qui s'abandonnant aux gémissements, en fondant en larmes, va trouver l'Empereur, & prosternée à ses pieds, elle rejette sur l'Impératrice le crime du meurtre de sa fille. Elle trouve créance, & tout aussitôt on dépossède l'Impératrice *Vam-xi*, & *Uu-heu* est mise à sa place l'an 655. Après cela, son mari le lui permettant, elle s'arrogea toute l'autorité du Gouvernement. Enfin, l'an 656, elle obtint un édit solemnel de l'Empereur, qui la chargeoit du soin général des affaires.

C'est ainsi que pendant cinquante ans entiers elle gouverna l'Empire de la Chine, avec plus d'autorité qu'aucun Empereur n'avoit fait avant elle. Ayant pris en main le gouvernement, elle fit mourir sa rivale *Vam-xi*. L'an 656, après avoir dégradé *Li-chum*, fils de *Vam-xi*, elle créa héritier désigné de l'Empire *Li-hum*, dont elle avoit fait pere l'Empereur. L'an 664, elle fit mourir *Li-chum*, comme criminel de lese-Majesté, sur la délation de faux témoins qu'elle avoit apostés. Elle n'épargna pas même son propre fils ; car elle lui ôta la vie l'an 675, & lui substitua dans la dignité de Prince-successeur son autre fils *Li-hieu*, c'est-à-dire, *Li*, le *sage*. Elle ôta aussi à celui-ci sa dignité l'an 680, & la donna à *Li-che*, qui, dans la suite, après la mort de son pere *Kao-çum*, devint Empereur sous le titre de *Chum-çum*. Celui-ci commença & cessa de régner l'an 684 ; car l'année d'après, *Uu-heu* le chassa du trône, & proclama Empereur *Li-tan*, qui, dans la suite, régna sous le titre de *Jeui-çum* & fut successeur de *Chum-çum*. L'an 685, elle relégua au loin l'Empereur détrôné *Li*, surnommé l'*illustre ;* car *Li-che* avoit pris ce titre, lorsqu'il fut créé héritier de l'Empire. L'an 690, elle chassa *Li-tan* du trône, & le fit passer à la dignité de Prince-successeur ; puis elle l'en priva pour la conférer à l'Empereur *Li* l'illustre. Ainsi l'an 699, elle le rappella de l'exil, & l'établit dans le palais de l'héritier désigné de l'Empire. Enfin, l'an 705, les Grands de l'Empire ayant pris les armes, chassèrent du trône cette vieille infâme, & restituerent l'Empire à *Li* l'illustre, c'est-à-dire, à *Chum-çum*. Cette même année mourut *Uu-heu*, âgée de 82 ans. Sa mort fut suivie de l'extermination de la famille *Uu*, & de l'abolition de tout ce que *Uu-heu* avoit établi ; & les affaires furent remises à leur premier état. Nous l'avons vue mere impie ; nous l'allons voir méchante femme.

Elle avoit résolu d'éteindre la famille Impériale *Li*, & de mettre l'Empire dans sa famille, nommée *Uu*. Elle avoit déja effacé le nom de *Tham*, que portoit cette Dynastie, par celui de *Cheu*, qu'elle vouloit donner à la Dynastie dont elle prétendoit être le fondateur, contre les regles de la Grammaire, parce que, par un attentat jusqu'alors inoui, elle avoit ordonné qu'on l'appellât Empereur & non Impératrice. Elle supprima tout ce qui avoit été fait par les *Tham*. Elle s'emporta horriblement par les meurtres, contre les Princes de cette famille Impériale, qu'elle fit presque tous massacrer l'an 689. Ce ne fut pas seulement contre les Princes de cette famille qu'elle exerça sa cruauté ; elle fit renfermer les Princesses de cette race dans des Couvents, & les condamna à se faire Bonziennes. Elle fit aussi mourir une de ses belles-filles.

Elle se montroit, à la vérité, bonne, facile & libérale envers le peuple ; mais par les Gouverneurs qu'elle établissoit sur eux, elle étoit cruelle & inexorable. Par cet artifice, elle contenoit tout le monde dans le devoir. Pour ce qui est de son impudicité, elle avoit pour galant un Bonze qu'elle introduisoit, sans pudeur, dans son appartement, & qu'elle caressoit presqu'à la vue de tous. Dans un âge décrépit, elle eut, sans cesse, auprès d'elle un troupeau de jeunes gens, qui ne la quittoient, ni nuit, ni jour, quoique tout le monde murmurât d'une si grande impudence. Voilà pour son impudicité.

Quant à la politique, ce fut une maîtresse passée en ruse, en finesse, en subtilité. Elle découvroit tout jusqu'aux plus secretes menées, soit par ses espions, soit par ses propres conjectures. Voilà pour sa finesse. Joignez à cela une prodigalité insupportable. L'an 694, elle fit élever un monument de 105 pieds de haut, où elle ordonna de graver tout ce qu'elle avoit fait de beau & de grand, & lui donna le nom de *Colonne céleste*. Voici ce qui en est dit dans sa vie (*). Cette colonne étoit octogone, & haute de 105 pieds. Chaque côté avoit cinq pieds de large. Elle étoit posée sur une base de fer fondu en forme de montagne, qu'entouroient des dragons d'airain fondu & des animaux monstrueux de pierre. Le sommet de la colonne étoit couvert d'un chapiteau fait en forme de nuées, sur la cime duquel il y avoit pour bosse une grande pierre de prix, de 10 pieds de hauteur & de 20 pieds de tour. Quatre dragons sans cornes, hauts de 12 pieds, soutenoient cette pierre sur leur dos. La montagne sur laquelle la colonne étoit posée, avoit 170 pieds de tour & 20 pieds de hauteur. On fondit pour cet ouvrage 2000000 au moins de livres Chinoises, tant en fer qu'en airain ; (ce qui revient à 2460000 livres de France.) On grava sur ce monument les noms & les surnoms de tous les Gouverneurs & des Rois étrangers ; voilà ce que dit l'Histoire. Mais enfin, l'an 714, ce monument fut brisé & renversé par l'Empereur *Hiuen-çum*.

L'an 697, elle fit fondre en cuivre neuf pots à 3 & 4 pieds, sur chacun desquels elle ordonna de graver le plan d'une Province de l'Empire, avec les tributs & tout ce qui concernoit la Province qui y étoit représentée. On peut juger de l'énormité de leur masse par cela seul, qu'outre les ouvriers, plus de 100000 soldats des Gardes purent à peine suffire pour les traîner, & les introduire dans le palais. Elle faisoit cela à l'exemple de l'ancienne Dynastie *Cheu*, dont elle faisoit porter le nom à la sienne. La description de ces vases, comme ne regardant que la curiosité & non l'instruction de la postérité, ne se trouve en aucun endroit de l'Histoire Classique. Je tire celle qui suit de la continuation de l'Histoire générale des affaires, (*Siù-po-ue-chi*, 5. 2.) dont l'Auteur est *Li-xe*. Voici ce qu'il dit. L'Impératrice *Uu-heu* fit construire dans la Ville Impériale Orientale une vaste falle de 300 pieds de haut, pour y tenir les affemblées des Rois, & y offrir les facrifices aux cinq *Xam-ti* & aux aïeux de l'Empereur. Dans cette falle, elle fit placer les vafes à 3 pieds des neuf Provinces; (anciennement il n'y en avoit pas davantage dans l'Empire.) Le vafe où étoit gravé le plan de la Province du milieu, étoit placé au milieu. Il avoit 18 (*) pieds de hauteur, & contenoit 1800 *Tan* de bled. Les autres 8 vafes étoient fitués à l'égard de celui-là vers la même partie du monde, où les Provinces qui y étoient gravées, étoient fituées à l'égard de la Province du milieu; chacun de ces vafes avoit 14 pieds de hauteur, & contenoit 1200 *Tan* de bled. On fondit pour cet ouvrage 560712 livres Chinoifes de cuivre, (ce qui revient à 413805 & cinquante-fept cent & vingt-cinquiemes de nos livres de France de 16 onces.) Voilà fes vices : voici fes vertus.

Elle avoit un courage plus que viril. Au-dehors, un très-grand nombre de nations Tartares méprifoient un gouvernement féminin, & refufoient ouvertement d'obéir à fes ordres; elle les dompta toutes. Au-dedans, les Princes du fang Impérial & les plus grands Généraux d'armée fe foulevoient; elle les réprima tous. Perfonne enfin ne l'irrita jamais impunément. Elle avoit un jugement vif, pénétrant & fort au-deffus de celui de fon fexe, & un efprit perçant à qui rien n'échappoit. Perfonne ne s'eft fervi avec plus de dextérité des deux freins du gouvernement. Elle récompenfoit, avec une libéralité incroyable, ceux qui en étoient dignes & quelquefois indignes. Elle puniffoit, avec une très-grande féverité, ceux qui le méritoient, & auffi ceux qui ne le méritoient pas. C'eft ainfi qu'elle s'acquit une fi grande autorité, & qu'elle fe maintint fi long-temps dans fa tyrannie. Après cela, il n'eft pas étonnant fi fous un gouvernement fi immodéré, la Religion Chrétienne reçut du dommage. Au refte, l'Auteur du Monument tait à deffein fon nom, afin de ne pas s'attirer l'indignation publique, en renouvellant la mémoire d'une femme fi haïe & fi détestée.

(13) Nous avons vu ci-deffus que l'Impératrice *Uu-heu* avoit mis tout en œuvre pour arracher l'Empire à la famille des *Tham*, nommée *Li*, qui étoit celle de fon mari & de fes fils, pour le transférer à fa famille, nommée *Uu*. Quand elle l'eut transféré, elle donna à fa nouvelle Dynaftie le titre de *Cheu*, qui avoit été celui d'une ancienne Dynaftie. J'ai cru autrefois que cela étoit indiqué un peu obfcurément par l'Auteur du Monument; mais j'étois dans une grande erreur. Car ici c'eft l'Empereur *Thai-çum* qui parle, & de fon temps *Un-heu* n'avoit aucune autorité. Ainfi donc, lorfque *Thai-çum* dit, que quand la vertu du vénérable *Cheu* vint à fe diffiper, le chariot azuré paffa dans l'Occident, il défigne *Lao-kium*, dont le nom de race étoit *Li*, & duquel la famille des *Tham* fe difoit fauffement être iffue. Il eft bon de voir fur quel témoignage elle le crut, étant trompée, ou elle le divulgua, en trompant les autres. Voici ce qu'en dit *Li-xe* dans fon *Sui-po-ue-chi*, c'eft-à-dire, dans la continuation de l'Hiftoire générale des affaires (7. 1.)

La troifieme année de *Tcham-kao-çu*, régnant fous le titre de *Un-te*, c'eft-à-dire, de la *vertu militaire*, (c'eft l'an de grace 620,) un homme natif de la ville de *Çin-cheu* (aujourd'hui *Pim-yam-fu*,) nommé *Kii-xen-him*, voyageant par hafard dans la montagne *Kio-xan*, ainfi nommée des cornes de Bélier, apperçut un vieillard vêtu de blanc. Ce vieillard adreffant la parole à *Kii-xen-him* : „ Tu déclareras, lui dit-il, ce-„ ci de ma part à *Tham*, fils du Ciel : je fuis *Lao-*„ *kium*, & auffi la fouche de la famille régnante des „ *Tham* ". A caufe de cela, *Tham-kao-çu*, (fonda-

teur de la Dynaftie des *Tham*,) éleva un temple à *Lao-kium*. L'Empereur *Tham-kao-çum*, (neveu de *Tham-kao-çu*,) illuftra *Lao-kium* du titre de *Hiven-yuen-hoamti*, c'eft-à-dire, de myftique primogene Empereur, comme par droit de retour à fa fouche. L'Empereur *Tham-hiuen-çum* commenta lui-même le Livre de *Lao-kium*, & ordonna qu'on l'enfeignât dans les écoles publiques. On dédia dans les deux villes Impériales & dans toutes les autres villes de l'Empire des Temples à *Hiuen-yuen-hoamti*, c'eft-à-dire, à *Lao-kium*. Les Temples qui furent élevés dans les deux villes Impériales, furent nommés *Hiven-yuen-kum*, c'eft-à-dire, *Palais du myftique primogene*, ou *du fuprême*. Ceux des autres villes de l'Empire furent illuftrés du titre de *Çu-kii-kum*, c'eft-à-dire, *palais du pole blanc tirant fur le bleu*; (c'eft le nom de la région du ciel autour du pole arctique, habitée par le fuprême *Xam-ti*.) Peu de temps après, le Temple qui avoit été élevé dans la ville Impériale Occidentale, fut nommé *Thai-çim-kum*, c'eft-à-dire, *Palais de la grande pureté*; (c'eft une région feinte, que l'on croît être la demeure de *Lao-kium* dans le Ciel.) Le temple de la ville Impériale Orientale fut nommé *Çu-uei-kum*, c'eft-à-dire, *palais de bleu fubtil tirant fur le blanc*; (c'eft auffi le nom d'une région célefte.) Dans l'un & l'autre de ces temples, on établit des Colleges, & on y fit venir des écoliers. Les anciennes Hiftoires Chinoife difent que les affaires des *Cheu* tombant en décadence, ce *Lao-kium* fortit de la Chine, & fe refugia dans l'Occident; furquoi L'Empereur fait allufion à cette opinion répandue parmi les Chinois, que *Lao-kium* étoit allé aux Indes, & qu'il y avoit inftitué cette fecte Indienne, qui long-temps après revint dans la Chine. Cette allufion eft confirmée par la phrafe qui fuit : La fageffe du grand *Tham* ayant relui, un vent admirable a foufflé ou rafraîchi dans l'Orient. En voici le fens.

La Dynaftie des *Tham* fleuriffant, la Religion Chrétienne, (comme par droit de retour) eft revenue dans la Chine. Car comme il y a d'oppofition de Dynaftie à Dynaftie, & de région à région, de même le fens du difcours Chinois femble demander qu'on oppofe Religion à Religion. *Lao-kium* étoit voituré dans un char, parce que les anciens Chinois ne voyagerent pas autrement. Le char de *Lao-kium* étoit, dit-on de couleur bleue, ou d'un verd foncé tirant fur le noir; mais plutôt c'eft que fon char étoit traîné par des bœufs noirs, comme le rapporte l'Hiftoire, s'étant, je ne fais pourquoi appropriée cette couleur que les Bonzes fes Sectateurs fe font auffi appropriée à l'exemple de leur fondateur. J'ai parlé ailleurs amplement de *Lao-kium*, quand j'ai traité de la Religion qu'il a établie.

(19) Dans ce temps-là, c'eft-à-dire, l'an 712, *Hiuen-çum* commença de régner fous le titre de *Sien-thien*, c'eft-à-dire, *dévançant le Ciel*. Pendant les fept premiers mois de cette même année, *Jeüi-çum* (fon pere) avoit régné fous le titre de *Thai-kii*, c'eft-à-dire, du *grand comblé*. Mais ayant cédé le huitieme mois l'Empire à fon fils *Hiuen-çum*, celui-ci impofa aux cinq autres mois de cette année, & à toutes les autres années de fon regne, le titre de *Sien-thien*.

(21) Les cinq Saints. Pour bien entendre ce paffage, il faut mettre ici la fuite des Empereurs de la Dynaftie des *Tham*. Le premier fut *Kao-çu*; le fecond, *Thai-çum*, fecond fils de *Kao-çu*; le troifieme, *Kao-çum*, neuvieme enfant de *Thai-çum*; le quatrieme, *Chum-çum*, feptieme fils de *Kao-çum*, né de l'Impératrice *Uu-heu*; le cinquieme, *Jeui-çum*, huitieme enfant de *Kao-çum*; le fixieme, *Hiuen-çum*, troifieme enfant de *Jeui-çum*; le feptieme, *Su-çum*, troifieme enfant d'*Hiuen-çum*; le huitieme, *Tai-çum*, fils aîné de *Su-çum*; le neuvieme, *Te-çum*, fils aîné de *Tai-çum*. Le Monument ne va pas au delà de ces neuf

Empereurs.

<hr>

(*) Le pied eft à celui de Paris comme 500 eft à 507; ainfi 18 pieds des *Tham* font 17 pieds, 4 pouces & un peu plus de 7 lignes de Paris.

Empereurs. Ainfi les cinq portraits qu'*Hiuen-çum* fit peindre fur les murailles de l'Eglife, paroiſſent avoir été ceux de ſes cinq prédéceſſeurs, *Kao-çu*, *Thai-çum*, *Kao-çum*, *Chun-çum* & *Jeui-çum*. Je m'étois autrefois imaginé que le portrait de l'Impératrice *Uu-heu* tenoit la place de celui de *Chum-çum*, parce que tant que cette Impératrice vécut, *Chum-çum* n'eut d'Empereur que le nom & l'apparence; que dis-je, il n'en eut pas même le nom. Mais la mémoire de cette femme étoit odieuſe au public; & *Hiuen-çum* étoit très-éloigné d'en expoſer le portrait en public après l'année 742, qu'il commença de régner ſous le titre de *Thien-pao*, c'eſt-à-dire, de la *précieuſeté du ciel*, puiſqu'il détruiſoit tous les monuments de cette femme, & que dès l'an 714, il fit briſer, comme nous l'avons déja dit, cette fameuſe colonne du Ciel, qu'elle avoit conſtruite & élevée à ſi grands frais. Peut-être auſſi qu'*Hiuen-çum*, à l'exemple de *Thai-çum*, au-lieu du portrait de *Jeüi-çum* (ſon pere,) qui régna ſeulement deux ans, & (lui) céda volontairement l'Empire, envoya ſon propre portrait avec les quatre autres; car l'Auteur du Monument ne dit pas un mot de *Jeüi-çum*.

(20) *Hiuen-çum*, comme nous venons de voir, ſuccéda l'an 712 à ſon pere *Jeüi-çum*. C'eût été un Empereur parfait, ſi la fin de ſon regne eût répondu au commencement. (C'eſt ce qu'on verra dans la Note ſuivante.)

(23) *Su-çum*, (fils d'*Hiuen-çum*.) Il faut ici dire un mot de l'Hiſtoire de ce temps-là. Il ſemble que c'étoit une fatalité attachée aux Empereurs de la famille des *Tham*, de ſe laiſſer gouverner par les femmes. *Hiuen-çum*, ſi grand homme d'ailleurs, bien-loin de profiter de l'exemple de *Kao-çum*, qui, pour avoir lâché la bride à l'ambition de l'Impératrice *Uu-heu*, avoit mis l'Empire & ſa Dynaſtie en très-grand danger, & de celui de *Chum-çum*, à qui l'Impératrice *Wei-xi*, qu'il aimoit éperdument, ôta la vie par le poiſon; *Hiuen-çum*, dis-je, loin de profiter de leurs exemples, fut encore plus foible & plus livré aux femmes qu'eux. L'Impératrice aimoit *Ngan-lo-xan*. L'Empereur en vint à un tel point de lâcheté, que de l'introduire dans l'appartement des femmes, & peu s'en faut dans le lit Impérial. Cependant il aimoit éperdument la Reine *Yam-thai-chin*. La faveur de l'Impératrice envers *Ngan-lo-xan* alla ſi avant, malgré les Grands les plus ſages de l'Empire, qu'il n'y en avoit pas de pareil en dignité & en puiſſance. Rien ne ſuffit à l'ambition; auſſi *Ngnan-lo-xan* affecta ouvertement l'Empire, & tout-à-coup il fut ſalué Empereur par les ſiens dans la Chine Septentrionale. D'abord, au premier choc, il mit en déroute, dans une grande bataille, les troupes de l'Empereur, & s'approcha en vainqueur de la Ville Impériale. L'Empereur, dépourvu de conſeil, prit la fuite, & tira vers la Province de *Sü-chuen*. Le premier jour, tout ſon cortege manqua de vivres. Les Généraux, ayant excité une ſédition, demanderent inſtamment la mort de la Reine *Yam-thai-chin* & de ſon grand-oncle *Yam-kue-chum*, qui gouvernoit l'Etat ſelon ſon caprice, comme étant les véritables auteurs d'une ſi grande déſolation. L'Empereur fut obligé de condeſcendre à ces gens armés; ainſi l'un & l'autre fut mis à mort.

Dans le même temps, le fils de l'Empereur, qui avoit été créé Prince héritier déſigné de l'Empire, ſe retira au loin, & gagna, à grandes journées, l'an 756, la ville de *Lim-un*, (aujourd'hui *Nim-hia*, ville très-peuplée de la Tartarie Chinoiſe.) Auſſi-tôt il fut ſalué Empereur par tous, ſans la participation de ſon pere qu'il avoit abandonné. Ce ne fut qu'après ſa mort qu'on lui donna le titre de *Su-çum*. Il monta ſur le Trône le ſeptieme mois; & le huitieme mois, *Hiuen-çum* ſe dépouilla lui-même de l'Empire, & ratifia la nomination de ſon fils, retenant ſeulement le titre de *très-grand ſuprême Auguſte*. Le cas ayant

été divulgué, *Kuo-çu-y* vint auſſi-tôt avec ſon armée trouver *Su-çum*. Cependant l'année d'après, *Ngan-lo-xan* fut inhumainement maſſacré par ſon propre fils *Ngan-khim-ſü*. *Kuo-çu-y*, qui commandoit ſous *Su-çum* toutes les troupes de l'Empire, pourſuivit vivement les rebelles; & ayant mis en déroute, dans une défaite ſanglante, les troupes de *Ngan-khim-ſü*, il reprit les deux villes Impériales: les ayant recouvrées, les deux Empereurs retournerent dans la ville Impériale de *Si-ngan-fu*. L'an 759, le parricide *Ngan-khim-ſü* fut maſſacré à ſon tour par *Sü-ſü-mim*, qui avoit été Général des armées de ſon pere, & *Sü-ſü-mim* devint Empereur. Par un ſemblable parricide, *Sü-ſü-mim* fut tué, l'an 761, par ſon fils *Sü-chao-y*. L'an 762, *Hiuen-çum* & ſon fils *Su-çum*, tous deux Empereurs, moururent. C'eſt donc ſavamment que l'Auteur du Monument couvre la ſuite de ces deux Empereurs, lorſqu'il marque ſeulement le retour de *Su-çum*. Ce n'eſt pas auſſi, en ignorant, qu'il déſigne ſa retraite en un pays éloigné, par un chariot mené au loin. Tout enfin eſt ſelon la fidélité de l'Hiſtoire, lorſqu'il dit que *Su-çum* appaiſa les troubles, réprima la rébellion, & rétablit l'Empire.

(24) *Su-çum* avoit, à la vérité, recouvré l'Empire avec autant de gloire que de bonheur; mais quelles que ſoient les louanges que l'Auteur du Monument lui donne pour la rébellion réprimée, il ne la réprima pourtant pas ſi bien, que les Chinois Septentrionaux ne fuſſent encore chancelants en fidélité. C'eſt pourquoi *Thai-çum*, ſon fils & ſon ſucceſſeur, ne trouva point d'autre expédient, pour arrêter la rébellion, que de créer les Chefs des rebelles Vice-Rois, chacun dans ſa Province, & en même-temps, de ſe dépouiller, en leur faveur, de preſque toute ſon autorité Impériale. Voilà pour le dedans de l'Empire. Quant au-dehors, un ennemi bien plus puiſſant fondit tout-à-coup ſur lui. Les *Thibétains* ayant mis en déroute les troupes Impériales, s'emparerent des frontieres de l'Empire. *Thai-çum* les voyant approcher de la ville Impériale, l'abandonne. Les *Thibétains* s'en rendent maîtres, & créent un nouvel Empereur du ſang Impérial. On implore de nouveau le ſecours de *Kuo-çu-y*. A l'aſpect d'un ſi grand Général, les Thibétains prennent la fuite, & la Ville Impériale eſt recouvrée; *Thai-çum* y retourne. Tout cela ſe paſſa l'an 763, & la même année, *Pu-ku-hoai-ngen*, l'un des premiers Généraux de l'Empire, déſerta, & ſe joignit à l'ennemi. Cependant ſur de faux rapports des Eunuques, on ôta à *Kuo-çu-y* le commandement général des armées. Les *Thibétains* & les Tartares *Hoei-hu* ayant pour guide *Pu-ku-hoai-ngen*, percent les frontieres de l'Empire avec une armée de 300000 hommes. Tout auſſi-tôt on rétablit *Kuo-çu-y* dans ſa dignité, & on l'oppoſe comme le bouclier de l'Etat à l'ennemi fier & joyeux de ſa victoire. A peine *Kuo-çu-y* avoit levé 20000 hommes de troupes, qu'il ſe trouve à l'improviſte inveſti dans ſon camp par ce grand nombre de Barbares. *Kuo-çu-y* ſe préparoit avec un courage intrépide à une vigoureuſe réſiſtance, lorſque par haſard, il fut apperçu par les Tartares *Hoei-hu*. Ils en furent tous étonnés; car pour les gagner, on leur avoit fait accroire qu'il étoit mort; ils l'invitent à un pour-parler. *Kuo-çu-y* voyant bien qu'avec une auſſi petite troupe que la ſienne, il ne pouvoit ſe tirer de cette affaire par les armes, s'abandonna à leur bonne foi; & ſortant avec peu de ſuite & ſans armes, il ſe tranſporte dans leur camp. Les Tartares *Hoei-hu*, qui, depuis long-temps, avoient de l'admiration pour lui, le reçurent avec autant de reſpect qu'une divinité. Ils font la paix, & s'engagent à ſuivre exactement ſes ordres; & même, exhortés & conduits par *Kuo-çu-y*, ils tournent leurs armes contre les Thibétains. Il tomboit alors beaucoup de neige, & un brouillard épais empêchoit qu'on ne pût être vu. *Kuo-çu-y* profitant de cette conjoncture (ſi favorable,) ordonne à ſes

gens & aux Tartares *Hoei-hu* d'attaquer le camp des Thibétains. Ceux-ci, qui fe croyoient en affurance à caufe de la neige, s'étoient contentés de fermer les portes du camp. L'ennemi les attaque au dépourvu, & s'en rend bientôt le maître. *Kuo-çu-y* fit un grand carnage des Thibétains, & remporta de cette victoire des dépouilles fans nombre.

(27) *Kuo-çu-y* ne fut pas feulement le héros de fon fiecle, mais auffi l'homme le plus illuftre de la Dynaftie des *Tham*, tant dans la paix que dans la guerre. Il rétablit plus d'une fois l'Empire, comme nous l'avons vu ci-devant. Les Empereurs mêmes avouoient ouvertement qu'ils devoient l'Empire à fa bravoure; ils le devoient auffi à fa fidélité. Car fi, après l'avoir rétabli dans des temps très-facheux, il l'eût voulu garder pour lui, tout le monde y eût confenti de bon cœur; tant étoit grande l'admiration que les Chinois & les étrangers avoient pour fa perfonne. Mais afin qu'il ne femble pas que j'exagere les vertus d'un fi grand homme, je traduis ici mot pour mot ce que l'Hiftoire des *Tham* dit à la fin de fa vie, avec autant de nobleffe que de fimplicité, par une courte récapitulation.

Kuo-çu-y étoit fidele envers fes fupérieurs, & bon envers fes inférieurs. Il ne récompenfoit ni ne puniffoit perfonne que felon fes mérites. Les Courtifans favoris (qu'il contenoit comme les autres dans les bornes de la difcipline) le perfécutoient par des accufations continuelles. Les temps étoient très-difficiles. La perfidie & la rébellion régnoient impunément. Au-dehors, il étoit le maître de toutes les armées. Néanmoins toutes les fois qu'il étoit mandé par les Empereurs, il accouroit fur le champ fans détour, ni délai; & par cette promptitude à obéir, il fermoit la bouche à la calomnie. Pendant qu'il battoit les Thibétains dans le territoire de la ville de *Nim-hia*, *Yu-chao-ngen*, (l'un de ces favoris de la Cour,) fit fouiller & profaner le tombeau de fon pere. On n'en avoit pas puni les auteurs, quand *Kuo-çu-y*, après avoir remporté fur les Thibétains cette infigne & merveilleufe victoire, vint faluer l'Empereur. Tout l'Empire craignoit que *Kuo-çu-y*, pour venger l'injure la plus atroce que l'on puiffe imaginer à la Chine, ne prît les armes contre *Yu-chao-ngen*, qui l'avoit faite, & contre l'Empereur qui l'avoit diffimulée. L'action déplaifoit à l'Empereur, & il découvroit fa douleur à *Kuo-çu-y*. Celui-ci pleurant & gémiffant : Il y a long-temps, lui dit-il, que votre fujet, que voici, commande les armées. Je n'ai pas affez de févérité détourné le foldat de la profanation des tombeaux d'autrui; ainfi fi le tombeau de mon pere, autrefois votre fujet, a été violé, c'eft un châtiment infligé du Ciel, & non une difgrace caufée par un homme. De plus, *Yu-chao-ngen* avoit invité *Kuo-çu-y* à un feftin. Quelqu'un rapporta à *Kuo-çu-y* qu'on lui préparoit des armes & non des viandes, & qu'on lui dreffoit des embûches; qu'ainfi il eut à munir fon monde de cuiraffes cachées fous les habits, & qu'il allât bien accompagné. *Kuo-çu-y* rejetta ce confeil, & s'en alla au feftin, accompagné feulement de dix ou un peu plus même de fes domeftiques. *Yu-chao-ngen* l'admirant : Pourquoi, lui-dit-il, êtes-vous venu avec une fi petite fuite ? *Kuo-çu-y* lui en dit la raifon. Alors *Yu-chao-ngen*, les larmes aux yeux, qui, dit-il, hors un auffi grand homme que vous, n'eut pas eu de moi des foupçons finiftres ?

Thien-chim-fu fe comportoit en tout avec hauteur & arrogance. *Kuo-çu-y* envoya un Député dans la ville où il commandoit. *Thien-chim-fu*, tournant la face vers l'Occident, (où *Kuo-çu-y* étoit alors,) fe mettant à genoux, fit le falut frappant de la tête contre terre. Enfuite montrant du doigt fes genoux, il parla ainfi au Député : ,, Il y a long-temps que ces genoux ,, n'ont fléchi pour perfonne; à préfent, je les ai flé,, chis pour *Kuo-çu-y* ''. *Li-li-yao* occupoit de force la ville de *Kai-fum-fu*. Il avoit coutume de piller tout

ce qui paffoit par-là, fut-ce les tributs publics, ou les biens des particuliers. Mais fi quelque chofe appartenoit à *Kao-çu-y*, loin d'y toucher, il prenoit foin d'en affurer le tranfport par une bonne efcorte. Il avoit fous fes enfeignes quelques dixaines de vieux Généraux d'armée, qui étoient revêtus des plus grands honneurs, & même royaux; il les trouvoit toujours auffi prompts & difpofés à lui obéir au moindre fignal, que les fimples foldats. De fes Officiers domeftiques, plus de foixante devinrent, ou Généraux d'armée, ou principaux Miniftres de l'Empire, ou Gouverneurs du premier rang, tant il étoit attentif & clairvoyant à choifir des hommes capables. Il égala en réputation *Likhuam-pi*; il le furpaffa en bonté, en probité, & dans l'art de connoître les hommes. *Kuo-çu-y* recevoit de paye tous les ans au moins 240000 onces d'argent. Il demeuroit dans le pays, nommé *Cin-gin*, dont il occupoit la quatrieme partie. Dans fes maifons, le chemin du milieu étoit élevé au-deffus du fol, comme chez l'Empereur. Il avoit chez lui 3000 domeftiques, & les uns ne favoient pas où les autres logeoient. On ne peut fupputer le nombre, ni la valeur des terres riches & fertiles, des jardins délicieux & des maifons dont les Empereurs l'avoient à diverfes fois gratifié.

L'Empereur *Tai-çum* ne l'appelloit jamais par fon nom, mais par celui de Grand de l'Empire. Pendant vingt ans entiers, le deftin de l'Empire dépendit de lui feul. Il gouverna l'Etat pendant vingt-quatre ans. Il eut huit fils & fept filles, qui furent toutes mariées. Ses fils & fes gendres furent élevés aux plus grands honneurs & aux premieres dignités de la Cour. Il comptoit quelques dixaines de petit-fils, & l'on ne peut favoir combien il en avoit. Leur nombre étoit fi grand, que, quand ils alloient tous enfemble le faluer, (ne pouvant les connoître, ni les nommer tous,) il fe contentoit de leur faire un figne de tête. Parmi tant de richeffes, tant d'honneurs, & pendant le cours d'une fi longue vie, jamais ni aucune gloire, ni aucune calamité ne purent le détourner en la moindre maniere du devoir de fujet : (tant il fut d'accord avec lui-même depuis le commencement jufqu'à la fin.) Quatre de fes fils devinrent des hommes illuftres. Voilà fa vie mot pour mot.

Il n'eft pas étonnant après cela, fi encore aujourd'hui les théâtres Chinois retentiffent par-tout de fes belles actions, & fi la poftérité l'éleve jufqu'au Ciel par tant de louanges; qui plus eft, les Philofophes déplorent avec raifon l'aveuglement des Empereurs fous lefquels il fleurit, de n'avoir pas laiffé tout le gouvernement de l'Empire, (car il étoit également grand homme de guerre & d'Etat) à la difcrétion d'un homme fi fage, puifque c'étoit le feul moyen de voir régner la paix dans leur Empire, au-lieu des troubles dont il fut agité. Il vécut 84 ans, & mourut l'an 781. L'Empereur & tout l'Empire pleura fa mort. On fit fes funérailles aux dépens du public, avec une pompe prefqu'Impériale; & fon tombeau fut placé parmi les tombeaux des Empereurs. Enfin, ce qui eft le comble des honneurs, il fut affocié aux facrifices Impériaux. C'étoit un homme de fept pieds & demi de haut; ce qui revient, à-peu-près, à fix de nos pieds. L'Auteur du Monument ne s'étend pas fur fes louanges, comme il fait pour les Empereurs. Il ne touche feulement que fes vertus Chrétiennes; car il paroît qu'il fut Chrétien.

(26) Si le regne de l'Empereur *Tai-çum* fut malheureux, celui de fon fils & fon fucceffeur *Te-çum* le fut encore davantage. Il fe fervit de Miniftres perfides; il exila les bons, & permit tout aux Eunuques. L'an 783 il fut obligé, par la fédition de fes foldats, d'abandonner la Ville Impériale. *Chu-çu* ufurpa l'Empire; & après avoir maffacré inhumainement 77 Princes de la race Impériale, il affiéga l'Empereur dans la ville où il s'étoit refugié. L'année d'après, *Chu-çu* fut tué lui-même par un de fes Généraux d'armée, &

l'Empereur *Te-çum* retourna dans la ville Impériale. Néanmoins *Li-hi-lie* fut falué Empereur par les fiens. La même Ville Impériale fut prife de nouveau, l'an 790, par les Thibétains, & ce ne fut qu'avec peine qu'on la leur arracha. Enfin, l'an 805, *Te-çum* mourut aprés avoir régné vingt-cinq ans, toujours occupé de guerres civiles ou de guerres étrangeres. Ainfi tout ce que l'Auteur du Monument dit (à *l'avantage*) de cet Empereur, n'eft qu'un trait d'éloquence, & non la vérité de l'Hiftoire.

(22) Les mouftaches du Dragon, l'arc & l'épée, pouvoient être faifies, quoiqu'elles fuffent éloignées. Par ces paroles, on fait allufion à *Hoam-ti*, ancien Empereur Chinois, dont ils racontent beaucoup de fables, entr'autres, qu'il avoit acquis l'immortalité; qu'en conféquence, un grand dragon defcendit du ciel, fur lequel étant monté, il fut enlevé aux cieux; que plus de 70 perfonnes de fa fuite étant montées fur le même dragon, furent enlevées avec lui; que plufieurs autres ayant empoigné les mouftaches du dragon furent à la vérité élevées en l'air, mais que parmi un fecouffe violente du dragon, ils lâcherent prife, & retomberent à terre; que l'arc & l'épée de *Hoam-ti* tomberent auffi avec eux; que ceux qui avoient été laiffés les ramafferent, & les yeux levés au Ciel pleurant & gemiffant, ils fuivirent de vue, tant qu'ils purent, ceux qui leur étoient enlevés; qu'enfin ils éleverent en cet endroit un cénotaphe à l'honneur de l'Empereur, dans lequel ils renfermerent l'arc & l'épée. Le fens de ces paroles eft donc, que ces cinq Empereurs étoient à la vérité allés au Ciel, de la même maniere que l'Empereur *Hoam-ti*; mais que quelqu'éloignés qu'ils fuffent, ils avoient laiffé fur la terre tant de monuments de leur fouvenir, que leur mémoire ne mourroit jamais, & feroit toujours préfente à la poftérité. Si cela eft Chrétien, c'eft ce que je laiffe à l'Auteur du Monument.

NOTES GRAMMATICALES.

(2) *Kim-kiao*. Ce titre, par lequel l'Auteur du Monument défigne la Religion Chrétienne, je le traduis par Religion admirable. *Kim* fignifie proprement *grand*, *brillant*, *lumineux*, *clair*. Si l'on a égard à la compofition de ce caractere, *Ge* fignifie le *foleil*, & *Kim* un *monticule* efcarpé de toutes parts. Davantage, le foleil fur une montagne, outre les autres fignifications, défigne parfaitement une chofe élevée & lumineufe. Pour donc réunir en quelque maniere toutes ces notions, j'ai traduit ces mots par *Religion admirable*. Le Lecteur peut les traduire autrement, fi bon lui femble.

(3) Je traduis *Sem* par *Bonze*. C'eft le nom propre des Bonzes, que les Chinois appellent *Hoxam*. Ce mot n'eft pas Chinois; il eft parvenu de l'Inde à la Chine avec la Religion Indienne. Le mot entier, felon la prononciation Chinoife, eft *Sem-kiaye*, & peut-être, felon la prononciation des Indes, *Sem-kaye*. Les Prêtres Chrétiens avoient pris le nom, & même très-vraifemblablement, l'habit des Bonzes de la fecte Indienne, qui pour lors étoit la plus floriffante de toutes. C'eft ce que fit auffi au commencement le R. P. *Matthieu Ricci*, quand, environ mille ans après eux, il ramena, le premier des modernes, à la Chine la Religion Chrétienne. Il n'eft donc pas étonnant que les Chinois confondiffent les Prêtres Chrétiens avec les Bonzes Indiens, & peut-être même tous les Chrétiens avec les Sectateurs de la Secte Indienne; quoique pourtant dans ce même temps, l'Hiftoire Chinoife faffe plus d'une fois mention des Bonzes Barbares, c'eft-à-dire, étrangers & Occidentaux. Je n'en donnerai qu'un exemple. La neuvieme année de l'Empereur *Tai-çum*, régnant fous le titre de *Talii*, (c'eft l'an 774) mourut *Pukhum*, Bonze Barbare. Etant mort,

l'Empereur lui donna de plus grands honneurs, & le créa Chef d'un Royaume, (de la Chine,) appellé *Sukue*. C'eft ainfi que le rapportent les Annales Claffiques. De cela j'infere qu'il n'eft pas étonnant que le Bonze ou Prêtre Chrétien *Y-fu* ait été décoré des titres féculiers de Grand, & de Lieutenant du Vice-Empereur *So-fam*. Il eft vrai que les Annales ne difent point de quelle nation étoit *Pukhum*, ni quelle étoit fa Religion; il eft feulement dit, qu'il étoit étranger. Mais, direz-vous, le titre de Bonze montre affez ouvertement qu'il étoit de la Secte Indienne. Non certes, puifque le nom de Bonze étoit commun même aux Prêtres Chrétiens; & qui plus eft, le nom de *Pukhum*, que les Annales attribuent à ce Bonze, femble être une proteftation manifefte qu'il n'étoit point du tout attaché à la Secte Indienne : car cette Secte rappelle tout au vuide, & n'admet autre chofe dans l'univers qu'une feule & unique nature intelligente. De-là vient que communément, parmi les Chinois, cette Religion eft appellée *Khum-men*, c'eft-à-dire, la *porte du vuide*. Or *Pu-khum* fignifie *non-vuide*, ou *n'évacuant rien*. Il ne pouvoit donc montrer plus clairement qu'il rejettoit le vuide des Bonzes, & qu'il condamnoit & fappoit une Religion appuyée fur un pareil fondement. Mais que fait-on fi ce *Pukhum* n'eft pas celui-là même que l'Auteur du Monument nomme *Y-fu*? Car le nom *Y-fu* étoit le nom propre qu'il avoit dans fon pays. Ce n'étoit pas un nom Chinois; au lieu que le nom de *Pukhum*, qui eft purement Chinois, a pu être, & a été même fon nom de Religion; car dans ce monument il eft bon d'obferver, que les Prêtres Chrétiens, pour fe mieux conformer aux Bonzes du pays, avoient pris, comme eux, des noms de Religion; & l'Auteur du Monument fe nomme lui-même *Kim-çin*, c'eft-à-dire, *pureté admirable* ou *Chrétienne*. D'ailleurs, les temps n'y répugnent pas, car *Y-fu* fut contemporain de *Kuo-çu-y*, & *Kuo-çu-y*, comme nous l'avons vu, mourut l'an 781, c'eft-à-dire, fept ans après *Pukhum*. Je joins ici quelques particularités que j'ai trouvées par hafard dans l'Hiftoire des *Tham*, (*Tham-xe-ho-chi* 42., 11.) par lefquelles on voit évidemment que la Religion Chrétienne avoit fait d'affez grands progrès à la Chine. Voici ce qu'elle dit : *Tham-vu-çum* étant parvenu à l'Empire, (il commença de régner l'an de grace 861) défendit la Religion des Bonzes, détruifit 4600 de leurs Temples, & du nombre des Bonzes *Hocham*, & des Bonziennes *Hocham*, dont les noms étoient enrégiftrés dans les Catalogues, il réduifit 265000 de libres & 150000 d'efclaves au plus bas ordre du peuple. Des terres qu'ils poffédoient, il en confifqua quelques centaines de milliers de *Khim*, (le *Khim* contient 24000 pas géométriques quarrés.) Il réduifit au même fort plus de 2000 *Mu-hu-yao*, (c'eft-à-dire, *Bonzes* ou *Prêtres*) de *Taçin*. Voilà ce que dit l'Hiftoire, où il paroît que le nom propre ou étranger des Prêtres de *Tacin* étoit *Mu-hu-yao*. J'ignore la force & la fignification de ce nom : mais certainement ce n'eft pas un nom Chinois, & il ne s'agit ici que des Bonzes. Il y avoit donc à la Chine plufieurs *Taçiniens* ou *Chrétiens*, qui avoient embraffé l'état religieux. Il ne faut pas pour cela penfer que l'une & l'autre Religion eût été entierement exterminée; car peu après, la même Hiftoire des *Tham* ajoute ce qui fuit : Le même Empereur ordonna que dans chacune des grandes rues ou bourgs (*Vicus*) de la Cour fuprême, (c'eft-à-dire, de la ville de *Thai-yum-fu*,) & de la Cour Orientale, (c'eft-à-dire, d'*Honan-fu*) on laiffât fubfifter deux temples, & que dans chaque temple, il y eût 30 Bonzes; mais dans tous les autres temples de l'Empire, il ne permit pas qu'il y eût plus de 20 Bonzes.

(4) *Oloho* eft un mot étranger à la Chine. C'eft ainfi que les Chinois, faute de caracteres, font contraints d'écrire le mot *Eloha*. Comme ils n'ont aucune lettre qui puiffe être lue E, ils lui fubftituent

l'O. Dans ce temps-là , ils n'en avoient aucune qui pût être lue *Ha* , & à sa place ils écrivoient *Ho*. Tout le monde sait que c'étoit le nom du Dieu vivant chez les Syriens.

(5) Il n'est pas aisé de connoître quelle est l'hérésie que l'Auteur du Monument désigne par ces mots, (*Sathan* introduisit comme une opinion véritable celle qui identifie toutes choses , & qui les ramene toutes à une seule.) Quoique la Religion Indienne de la Chine se glorifie du titre d'*égalissant toutes choses* , parce qu'elle n'admet, comme Parménide & Mélisse, qu'une seule & unique nature intelligente, prétendant qu'elle exceptée, rien n'existe , & que le monde & tout ce qu'il contient, n'est qu'un pur jeu de cette nature qui se divertit; d'où il suit que toutes choses sont égales ou plutôt ne sont qu'un. Ce qu'il ajoute n'est pas moins obscur : (il voulut que l'on crût pour fausse la ressemblance cachée.) si ce n'est peut-être qu'il ait voulu donner à connoître , que les choses sont, à la vérité, distinctes & différentes les unes des autres; mais que par le nom commun de choses créées, elles ne different point entr'elles; ce que la Secte Indienne rejette comme faux. Mais quand il dit : d'autres nierent qu'il y eût quelque chose d'existant, & réduisirent même au néant la double matiere (des Philosophes Chinois;) alors , certes , il blâme manifestement l'erreur de la Secte Indienne. Ensuite il semble qu'il attaque les Philosophes mêmes. Au reste, dans une si grande obscurité de discours, je n'ose assurer d'avoir saisi parfaitement sur les deux premiers articles le sens de l'Auteur.

(6) *Mixiho*. Il n'est pas besoin d'avertir que c'est le Messie, puisque la chose parle d'elle-même. Il y a plus de difficulté en ce qu'en parlant de la Trinité, il dit le *Xin* ou le corps de la Trinité; mais c'est que les Chinois employent communément le mot de corps pour substance, & que souvent même ils le substituent au terme *Ego* , *moi*.

(11) Le Saint n'a point de substance déterminée. *Thi* signifie *membre*, & par une synecdoche très-fréquente, il signifie *corps*. Il signifie aussi, quand c'est un substantif, *substance*, *essence* , *forme*; & quand c'est un verbe, il signifie *s'incorporer à quelque chose*, ou *incorporer quelque chose à soi*, c'est-à-dire consubstantier; & même être ou constituer une substance, la posséder comme soi-même. Il a encore plusieurs autres sens plus recherchés , qui pourtant se rapportent à ceux-ci. On ne peut donc interpréter plus nettement ce passage, & je n'en aurois pas tant dit, si le paraphraste de *Kircher* ne s'y fût pas mépris. Ainsi donc l'Empereur *Thai-çum* , par cet exorde de son Edit , fit savoir publiquement à tous ses sujets, qu'il admettoit toutes les Religions; & il avoue manifestement, que les Saints , en instituant des Religions , n'ont aucune idée certaine, aucun modele fixe; mais qu'ils s'accommodent au génie & au naturel des nations pour lesquelles ils les inventent; d'où il suit que toutes les Religions sont bonnes, chacune en sa maniere, chacune pour le peuple qui la suit.

(12) *Tao*. La signification de ce terme est fort étendue chez les Chinois. *Tao* signifie proprement *chemin* ou *voie publique*, dans laquelle il faut nécessairement entrer. Or comme entrer ou marcher signifie, par métaphore, *agir*, de-là est venu que, par le terme *Tao* ou *chemin*, ils désignent, par une semblable métaphore, la raison, mais la raison pratique que tous doivent suivre; or la raison renferme la doctrine & la sagesse véritable. C'est pourquoi il leur est familier d'employer le terme *Tao* pour cette sagesse & cette doctrine.

(17) En humectant, il a coloré le vrai Souverain. J'ai traduis ainsi ces mots: il a illustré, par une nouvelle augmentation de lumiere, la Religion du vrai & souverain Dieu, & ce qui suit confirme cette version : & il eut soin de faire bâtir des Temples Chrétiens dans toutes les Provinces. Je ne garantis pas

pourtant cette version; car il paroîtra peut-être à quelqu'un qu'on peut traduire de cette maniere : l'Empereur *Kao-çum* marcha sur les pas de son aïeul l'Empereur *Kao-çu* ; il illustra par une nouvelle augmentation de gloire, le vrai vénérable *Thai-çum*, son pere; quoique pourtant le titre de vrai vénérable s'y oppose; car le nom de *Thai-çum*, donc le pere de *Kao-çum* fut honoré après sa mort, signifie *grand vénérable* : & nulle part il est appelé *Thin-çum*, c'est-à-dire, *vrai vénérable*. Le Lecteur peut choisir.

(25) Quoique dans le terme *Tim* la lettre postérieure se lise presque toujours *Thu*, qui signifie *venin*, ici pourtant on doit la lire *Tu*, qui signifie *élever*, c'est-à-dire, amener par la nourriture à un état parfait. C'est pourquoi j'ai traduit : c'est pour cela qu'il peut régler, élever (les peuples & toutes choses.) Car cette formule est tirée d'un ancien Auteur, où on lit ainsi, & où elle a le même sens; quoique pourtant elle ne feroit pas un mauvais sens, si l'un & l'autre mot étoit employé, tel qu'il est ordinairement couché; car alors *Tim-thu* signifieroit *empêcher le venin*, c'est-à-dire, éloigner tout ce qui peut nuire aux peuples & aux choses.

§ Il offrit des verres *Lin-ngen* , & il étendit par terre des tapis dorés *cukii*. J'ai traduit ceci dans la paraphrase, conformément à la signification que ces termes ont en Chinois : il offrit des vases de verre d'un bienfait appuyé, & des tapis dorés qui chassent le repos. Cependant je n'oserois décider si ce sont-là des noms propres ou des noms appellatifs.

(28) *Thoso*. J'ignore quelle est la signification de ce mot , ni de quelle langue il a été tiré; car il n'est point Chinois. Le sens paroît demander qu'il signifie un Héros Chrétien; à moins que l'Auteur n'ait prévariqué, & qu'il ait non-seulement comparé un Bonze Idolâtre à un Héros Chrétien, mais encore qu'il le lui ait préféré.

(29) *Ho-kum* signifie, à la vérité, *palais de la Concorde* ; mais ce nom appartient proprement au temple que *Hoamti*, ancien Empereur Chinois, dédia aux cinq *Xam-ti*, qui, selon les Chinois, sont comme les premiers Ministres du grand *Xam-ti*. L'Auteur du Monument, qui cueille de toutes parts les fleurs de l'éloquence, applique ce titre aux temples Chrétiens, mais non chrétiennement.

(30) *Yamku* signifie proprement la *vallée du parfait*, d'où se leve le soleil parfait, ainsi nommé, comme étant la fleur de matiere parfaite , & , par conséquent, il désigne l'*Orient*. *Yue-ku* signifie *trou* de la lune, & désigne l'*Occident*, d'où la lune se montre premiérement après le nouveau, & commence à paroître; mais quoique ce terme signifie, mot pour mot, de la lune le trou, il désigne pourtant effectivement les lieux les plus retirés & les plus secrets du palais lunaire.

(31) *Luho*, c'est-à-dire, *sextuple union*, signifie l'*Univers*, ou les quatre régions du monde, avec la partie supérieure & l'inférieure, qui, unies ensemble, composent le monde-entier.

(32) *Ço-ngo* est le même que *Yeu*, ou le dixieme caractère du Cycle duodénaire, & en même-temps la marque du dixieme mois, (à commencer du signe du Capricorne.) Ces deux mots signifient *debout dépouillés*, parce qu'au dixieme mois, après la moisson faite, les arbres & tout le reste de ce genre étant dépouillés de fruits & de feuilles , paroissent debout, comme de vrais troncs. Mais cette appellation de l'année n'est pas ordinaire, & n'est presque jamais en usage, si ce n'est dans les Prologues.

(33) *Tai-çeu* est une appellation extraordinaire du premier mois, c'est-à-dire, de celui auquel le soleil entre dans les Poissons. Elle est tirée des plus profonds mysteres de la Philosophie & de la Musique, (car les Chinois astreignent le travail annuel de la nature à des loix harmoniques :) mais je serois trop long si je voulois les exposer ici. Or ces deux mots
signifient

signifient *grand accroissement*, parce que dans ce mois, les plantes qui sont déja sorties de terre, croissent & deviennent épaisses & touffues. Ce titre est le titre propre du troisieme tube musical, (car ils sont au nombre de douze comme les mois) & on le transfere au premier mois civil, parce qu'il est le troisieme de l'année astronomique ou tropique. Il y a une cause plus cachée de cette translation, qui n'est au fond qu'une pure fiction ; à savoir que le soleil entrant dans les Poissons, la cendre de roseau se chasse d'elle-même hors de ce tube. Nous avons parlé de ces tubes dans un autre Ouvrage.

(34) L'ancienne version est fautive, & a entraîné dans l'erreur le Pere *Kircher*, lorsqu'elle dit, que la seconde année de *Teçum*, régnant sous le titre de *Khien-chum*, qui est celle où le Monument fut érigé, fut la 782°. de l'Ere Chrétienne; car ce fut la 781°.; c'est ce que démontrent les Annales Chinoises, en assurant que cette seconde année fut appellée *Sin-yeu* dans le Cycle sexagénaire : à quoi s'accorde le Monument même, lorsqu'il dit que *Sui-çai-ço-ngo*, c'est-à-dire, *l'an où Jupiter*, *Planete de l'an*, résida dans *ço-ngho*; car *ço-ngo*, quand on parle d'une maniere plus cachée, ou dans le style recherché, signifie la dixieme note du Cycle duodénaire, appellée *Yeu*; & quoique cette même note soit aussi attribuée au dixieme mois & à la dixieme heure, ici pourtant cette formule ne souffre pas qu'on les leur attribue, non plus que ce que dit ensuite le Monument de la premiere lune, puisque, quand même on devroit l'attribuer à la lune, ce ne pouvoit être à la septieme, mais à la dixieme (depuis le Capricorne;) ou bien, selon la forme de l'année d'aujourd'hui, à la huitieme, qui est celle où le soleil entre dans le signe de la Balance. Si le Monument ne désigne l'année où il fut érigé que par l'unique note *Yeu* du Cycle duodénaire, omettant la note du Cycle dixinaire, qui étoit nommée *Sin*, & qui, avec la premiere, composoit le nom de cette année dans le Cycle sexagénaire, c'est parce que, dans un si court espace de temps que celui d'un regne, cette seule note étoit plus que suffisante pour marquer un seul an d'un regne.

L'ancienne version est encore fautive dans l'interprétation de ces cinq mots : *Thäi-çen-yue-çii-ge*, qui signifient le septieme jour de la lune du grand accroissement ou épaississement; de quoi j'ai dit la raison dans la note 33. Or par ce grand assemblage des biens de la terre qui croissent dru & épais, ou par ce grand amas souterrein de vapeurs parfaites, qui forcent les semences des plantes à pousser, à germer & à sortir dehors, & désignée la troisieme lune depuis le Capricorne, à la premiere de l'année usuelle, c'est-à-dire celle où le soleil entre dans les Poissons. Donc ce fut en l'an 781°. de l'Ere Chrétienne, le septieme jour de la premiere lune de l'année Chinoise, c'est-à-dire de la lune où le soleil entre dans les Poissons, que ce Monument fut érigé. Si ce jour fut un Dimanche, c'est ce que les autres devinent, quoique ce que le Monument ajoute après le jour, semble l'indiquer. Maintenant, puisque l'an 781°. de l'Ere Chrétienne fut la 1092°. de l'Ere des Grecs, si l'on soustrait le moindre nombre du plus grand, on verra évidemment que la premiere année de l'Ere des Grecs, que suivoient les Chaldéens, fut la 311°. avant l'Ere Chrétienne.

NOTES GÉOGRAPHIQUES.

(14) J'ai cru qu'il suffisoit de traduire ces trois Descriptions, parce que l'Auteur du Monument, qui vivoit sous la Dynastie *Tham*, ne produit d'autres témoignages, après la Dynastie *Tham*, que ceux des Dynasties *Han* & *Vei*. Or, qui est-ce qui, dans cette Description, toute fabuleuse qu'elle est, ne reconnoît & n'apperçoit pas la gloire de l'Empire Romain, comme le soleil entre des nuages ? La situation seule des lieux le montre assez ouvertement. Cet Empire est situé à l'Occident de la mer, (c'est-à-dire de la Méditerranée,) eu égard à l'Asie & à la Chine. Il est baigné à l'Occident par la mer, (c'est-à-dire l'Océan ;) il est terminé au Sud-Ouest, (un trajet de 200 lieues de mer entre deux,) par un peuple noir & féroce, (c'est dans doute celui de la Mauritanie.) En passant de la Syrie, pour y aller, il faut côtoyer le rivage Septentrional de la mer Méditerranée. En tournant cette même mer & le Pont-Euxin, qui en est le dernier golfe, on peut y arriver par la Babylonie, où il y a des lions, & où l'on ne peut voyager que par troupes, par la Géorgie & par la Moscovie. Ainsi donc il étoit limitrophe vers le Nord-Est des *Khassa* ou Turcs, qui habitoient le rivage Septentrional du Pont-Euxin.

Lorsque la Chorographie des *Vei* assure que la grande *çin* est resserrée entre deux mers, ne désigne-t-elle pas ouvertement la mer supérieure & l'inférieure, qui baignent de part & d'autre l'Italie, alors la tête de l'Empire Romain ? De plus, les maisons bâties d'un mille ou d'une lieue à l'autre, & ces postes de 3 en 3 maisons, que sont-elles autre chose, si-non ces pierres ou colonnes dressées de mille en mille pas, & ces couriers établis d'un certain nombre de colonnes à l'autre ? L'exagération même de la magnificence de la grande *çin*, toute outrée qu'elle est, démontre la même chose. Ces richesses immenses, amassées des dépouilles de l'Europe & de l'Asie, le prouvent encore ; & la multitude du peuple, le grand nombre des villes, l'étendue des limites de l'Empire, la grandeur de la Ville Royale, le nombre immense des troupes, la somptuosité incroyable des édifices, à quel autre Royaume peuvent-ils convenir qu'à l'Empire Romain ? Tout cela peut-il convenir à la Judée ? La fable de cet agneau, qui naît de la terre sur les limites Septentrionales de la grande *çin*, &, selon d'autres, dans un Royaume qui lui est tributaire, approche de la vérité ; c'est ce Zoophite qui imite la forme d'un agneau, & que l'on dit paître l'herbe tout autour de lui.

Quant à ce qui regarde *Si-yam-mu*, cette mere du Roi Occidental, si célebre depuis long-temps parmi les Chinois, & cette eau débile, ce sont des fictions Chinoises, que les Syriens, pour flatter les Chinois qui s'en informoient, appuyerent peut-être de leur témoignage. Mais, dira-t-on : dans la grande *çin*, aucun Roi n'est stable ; on le dépose ; & quand il est déposé, il ne se plaint pas, cela convient-il aussi à l'Empire Romain ? Oui, sans doute. Les Chinois eurent connoissance de la grande *çin* 126 ans avant J. C., du temps que les Consuls gouvernoient la République Romaine, & les Auteurs de l'Histoire des derniers *Han* & de la Chorographie des *Tham* croyoient que la même forme de gouvernement existoit encore 300 ans après, & même plus de 1000 après. Or y a-t-il-là quelque chose qui ne quadre pas avec le gouvernement Consulaire ? Quelqu'un dira que du moins la distance de 4000 lieues y répugne. Pour répondre à cela, je vais ajouter ici quelques chose touchant le Royaume de *Ngan-sii*, (peut-être la Syrie,) que je tire du Chapitre déja cité de l'Histoire des derniers *Han*.

La Métropole du Royaume de *Ngan-sii* est à 2500 lieues de *Loyam*, ville Impériale de la Chine. La neuvieme année de *Han-ho-ti*, régnant sous le titre *Yum-yum*, (c'est l'an de grace 97,) le Généralissime Chinois de la Tartarie, nommé *Panchao*, dépêcha *Kanym* aux Royaumes de *Taçin* & de *Thiao-chi*. *Kanym* étant arrivé à la grande mer, (la Méditerranée,) se disposoit à la traverser; mais les peuples maritimes de *Ngan-sii* lui tinrent ce discours : Cette mer est spacieuse & vaste; ceux qui vont par mer d'ici à la grande çin, s'ils trouvent des vents favorables, y arrivent en trois mois ; que si les vents sont contraires, ils restent quelquefois deux ans en chemin. C'est pourquoi tous ceux qui voyagent sur cette mer, sont obligés d'embarquer avec eux des vivres pour trois ans. Outre cela, cette navigation engendre ordinairement la maladie du pays ; de-là vient que plusieurs personnes meurent en chemin. *Kan-ym*, ayant entendu ces choses, se désista de sa navigation. Dans la suite, les Chinois s'apperçurent de la fourberie, & comprirent que les peuples de *Ngan-sii* n'avoient inventé tout ce qu'ils avoient dit, que pour empêcher les Chinois de commercer avec la grande çin, & que par-là tout le profit ne passât dans leurs mains. L'an treizieme, (101 de J. C.,) le Roi de *Ngan-sii*, nommé *Man-kiu*, (peut-être quelque Proconsul de Syrie, nommé *Marcus*,) offrit entr'autres choses à l'Empereur des lions pour la seconde fois, (car il en avoit déja envoyé l'an 87,) & un grand oiseau de *Thiao-chi*, ou d'Egypte, (c'est l'autruche.) Depuis lors, cet oiseau a été nommé par les Chinois, oiseau de *Ngan-sii*.

La Chorographie des *Vei* déclare aussi, à l'endroit déja cité, que la ville Royale du Royaume de *Ngan-sii* est distante seulement de 2150 lieues de *Tai*, ville de la Chine, & que ce Royaume confine à la Perse.

De-là je tire cette induction : Les Chinois connoissoient assez exactement le chemin par terre, comme l'ayant effectivement parcouru ; mais à l'égard du chemin par mer, ils ne le connoissoient que sur le rapport des peuples de *Ngan-sii*. Or, comme ceux-ci en avoient, à dessein, exagéré l'étendue, les Chinois, joignant le chemin de mer à celui de terre, compterent environ 1000 lieues de plus qu'il ne falloit.

Pour faire voir que le Royaume de *Thiao-chi* est l'Egypte, je vais extraire ici quelque chose du même endroit de la Chorographie des derniers *Han*. La ville Royale du Royaume de *Thiao-chi* est située sur une montagne. Elle a plus de quatre lieues de tour ; elle est située sur le rivage du golfe de la mer Occidentale. La mer l'environne de trois côtés, savoir au Midi, à l'Orient & à l'Occident. On ne peut l'aborder par terre que du côté du Nord-Ouest. Le pays est humide & chaud ; il produit des lions, des rhinocéros, des bœufs, qui ont une loupe, des paons, & des autruches. Les œufs des autruches sont de la forme & de la grandeur des vases de terre, avec lesquels les Chinois tirent de l'eau des puits. De cette ville, en tirant entre le Nord & l'Est, on parvient en 60 jours de cheval (ou de caravane) à la ville Royale du Royaume de *Ngan-sii*. Dans un certain temps, le Roi du Royaume de *Ngan-sii* conquit le Royaume de *Thiao-chi*, & le gouverna par un Vice-Roi. Qui est-ce qui, dans cette ville maritime, ne reconnoît pas Alexandrie ? Pour moi, j'en suis encore persuadé, par plusieurs autres traits qu'il n'est pas nécessaire de rapporter ici.

Joignons encore à ceci que la Chorographie des *Tham* nomme *Fulin*, ce que les autres avoient nommé la grande çin, & rapporte en plusieurs endroits de certaines particularités de ce *Fulin*, dont on infere aisément que, sous le nom de *Fulin*, est désigné l'Empire Romain, & proprement l'Empire Oriental ou de Constantinople ; sur-tout lorsqu'elle affirme que cet Empire est limitrophe de la Perse, & qu'à son égard il est situé au Nord-Ouest, quoiqu'à la vérité, avant la division de l'Empire, il fut contigu à la Perse.

Mais enfin dira quelqu'un : l'Auteur même du Monument désigne clairement la Judée par le mot de *Taçin* ; & voilà l'Empire Romain réduit en des bornes très-étroites. Il le désigne, il est vrai, mais avec plus d'éclat que de vérité ; c'est-à-dire, qu'il s'attache plus à l'éloquence qu'à la vérité, & ne songeoit qu'à amplifier son sujet ; quoique pourtant il ne s'éloignât pas tout-à-fait du vrai, puisque les limites étroites qu'il donnoit à son *Taçin*, montroient assez qu'il ne décri-

voit pas le *Taçin* tout entier, mais seulement l'une de ses parties, & la principale en dignité, à savoir la Judée. Effectivement l'an 636, qu'*Olopen* vint à la Chine, la Judée faisoit encore partie de l'Empire Romain ; elle n'avoit pas encore subi le joug des Sarrasins. Mais quand même elle l'eût déja subi, l'Empire Romain n'eut pas pour cela perdu le droit qu'il y avoit. Ainsi cet Auteur a employé par synecdoque la partie pour le tout, & il lui a paru que c'étoit à juste titre. La mer de Corail, où il la termine du côté du Sud, est visiblement la mer Rouge. En effet, la Judée touchoit au golfe Arabique par l'Idumée, qui lui étoit soumise ; & à considérer la situation d'*Asiongaber*, porte de Salomon, elle dominoit sur ce golfe, ou, si l'on veut, elle l'embrassoit ; car l'Auteur du Monument se sert d'un mot qui signifie l'un & l'autre. Ces montagnes fertiles en choses précieuses & situées au Nord, ne paroissent être que le Liban & l'Anti-Liban, & l'Auteur se sert ici d'un terme qui marque que ces montagnes terminent la Judée de maniere qu'elles y sont renfermées ; car quoique le terme *Kii* signifie *Pole*, cependant en cet endroit on ne doit pas l'entendre ainsi. *Kii*, chez les Chinois signifie tout ce qui est aux extrêmités ; & cette notion *Kii* n'est attribuée aux poles du monde, que parce qu'ils sont les extrêmités du globe ou de l'axe du monde. Mais dans l'endroit dont il s'agit, ce mot est un verbe qui, pour me servir d'un mot forgé, signifie *Extremare* ; de sorte que le sens est tel : au Septentrion *Extremat*, les montagnes, ou bien elle les comprend toutes entieres, jusqu'à l'extrêmité de leur pied & rien au-delà.

Taçin regarde, du côté de l'Occident, le pays des hommes immortels, c'est-à-dire, que par de-là la mer, ou du trajet de la mer Méditerranée qui est entre deux, il regarde le vrai Royaume de *Taçin* proprement dit, en quoi par les hommes immortels il désigne les Romains, qui, par leur vertu, leur sagesse, leur force, étoient regardés, de tous les peuples, comme dignes d'une véritable immortalité, & même par le terme d'*Hoalin*, c'est-à-dire, forêt des fleurs, il fait manifestement allusion au nom de *Fulin*, qu'on donnoit de son temps au Royaume de *Taçin* ; car dans le mot *Fulin*, la syllabe *Lin* signifie, à la vérité, *forêt* ; mais la syllabe *Fu* ne signifie rien qui, étant joint à forêt, puisse former un sens. C'est pourquoi l'Auteur a changé *fu* en *Hoa*, qui signifie *fleur* ; & par-là le mot entier *Hoalin* signifie *forêt des fleurs*, c'est-à-dire, selon le génie de la langue Chinoise, contrée remplie de toute sorte d'élégance, de politesse, d'agréments ; & comme les Chinois appliquent dans le même sens ce terme *Hoa* à leur Empire, il semble que l'Auteur, pour rendre l'Empire Romain plus efficacement & plus véritablement recommandable parmi les Chinois, ait voulu l'honorer du surnom de Chine Occidentale, & le ramener à la même signification que celle de *Taçin*. Que sait-on même si, en substituant *Hoalin* au-lieu de *Fulin*, il n'a pas eu dessein de désigner par ce nom tant soit peu déguisé, le nom d'*Hellen*, ou, comme le prononcent à présent la plupart des Occidentaux, & que peut-être les Orientaux le prononçoient déja dès le sixieme siecle, *Hellin* ou *Helin*, c'est-à-dire les Grecs, l'Empire des Grecs ou de Constantinople ? Et certes, comme l'Empire des Grecs étoit la partie la plus recommandable de l'Empire Romain, il ne seroit pas étonnant, si les Chinois qui, à l'exception du renom, n'avoient aucune connoissance certaine de l'un & de l'autre, eussent donné le nom de celui-là à celui-ci. Du moins il est vraisemblable que les Chinois ont d'abord changé *He* en *Hu*, & ensuite en *Fu*, vu que le nom de *Fuliu* n'a été substitué à celui de *Taçin* que dans le sixieme siecle, ou peu auparavant, du temps que l'Empire Oriental ou des Grecs étoit déja entiérement séparé de l'Empire Occidental ou des Romains.

A l'égard du titre d'hommes immortels, pour que les oreilles des Européens n'en soient point offensées, il est bon d'en dire un mot. Il y a dans la Chine une secte de Bonzes du pays, qui prétendent que par la pratique des vertus & l'usage de certains remedes chimiques, l'on peut se rendre immortel en cette vie, & que ceux qui sont parvenus à cet état, demeurent dans les montagnes & dans les forêts. C'est pourquoi ils les apppellent *Sien*, ou, selon la composition du caractere, *Xan*, c'est-à-dire, *Montagnards*, & *Gin*, c'est-à-dire, *hommes* ; en un mot hommes Montagnards. Au reste, rien n'est si commun parmi les Chinois, que d'honorer de ce nom flatteur des personnes de l'un & de l'autre sexe, soit vivantes, soit mortes. Il n'est donc pas étonnant que l'Auteur du Monument ait appliqué ce titre aux Romains, qui étoient signalés par tant de noms, & de qui la renommée publioit des choses incroyables, puisqu'il étoit même de son sujet de les élever ; (*E re sua.*)

Taçin a vers l'Orient le vent perpétuel & l'eau débile. L'Auteur avoit entendu parler de la mer Morte, & il a, ce me semble, appliqué à cette mer la fable Chinoise de l'eau débile. De temps immémorial, on a cru chez les Chinois, que dans l'Occident, il y avoit une montagne, nommée *Kuen-lun*, habitée par *Sivam-mu*, c'est-à-dire, la *mere du Roi Occidental*, & qu'on ne pouvoit aborder cette montagne que par la voiture d'un dragon, à cause de l'eau débile dont elle étoit environnée. Ils appellent cette eau *l'eau débile*, parce qu'elle ne peut pas seulement soutenir un cheveu, ni une plume, sans que tout aille au fond. Or qui sait à présent si l'Auteur n'a pas voulu insinuer énigmatiquement que par la montagne *Kuen-lun*, la montagne de Sion étoit désignée, & par la mere du Roi Occidental, la Vierge, Mere de Jesus-Christ, le véritable Roi.

Après tout ce qui vient d'être dit, il est aisé de voir, combien s'est trompé cet homme, d'ailleurs très-savant, qui, donnant un peu trop aux conjectures, s'exprime ainsi : *Taçin* signifie *monde*, ou ce qui est le même, eu égard à la force & à l'origine du terme, *monde parfait, palais parfait, grand parfait*; car dans la colonne 19, nombre 35 (du Pere *Kircher*,) *Tà* signifie *monde*; & colonne 7, nombre 51, il signifie *grand*, & *çin*, colonne 27, nombre 42, veut dire *perfectionner*. Dans la Paraphrase, on lit toujours *Tan-çin*; or, colonne 21, nombre 32, *Tan* signifie *palais*. Voilà ce qu'il dit.

Ta, outre sa prononciation ordinaire *Ta*, en a trois autres, *Tha*, *Thäi* & *Ya*; mais quoique la prononciation soit variée, le sens ne varie pas. Par-tout il signifie *grand* quoiqu'il soit pris souvent au superlatif, sur-tout quand on prononce *Thäi*. Quelquefois même, il signifie, *excès*, ou *grandeur* qui excede ses bornes; nul autre sens n'est attribué à ce mot par les Chinois. C'est donc à tort que dans la colonne 19, nombre 35, on traduit *Ta* par monde, car là, comme ailleurs, il veut dire, *grand*. Et certes *Chuam-çù*, célebre Auteur Chinois, assure qu'il y a quatre grandes choses dans le monde, le ciel, dit-il, est grand; la terre est grande; la raison, ou la nature universelle est grande; le Roi est grand; mais il ne dit pas que *Ta* signifie *monde*. Peut-être que le Traducteur a traduit par monde, les deux mots *Fam-ta*, qui se trouvent dans cet endroit de la même colonne, & qui signifient *quarré, grand*. Si c'est ainsi, (car je n'ai pas en main la version qui est dans le Livre du *P. Kircher*,) certainement il s'est bien trompé; car en cet endroit *Fam*, nombre 34 de la colonne 19, quarré est employé dans le même sens que le *Vir Quadratus* des Latins, & désigne la droiture & fermeté de l'ame, jointe à *Ta*, c'est-à-dire, *grandeur*.

Çin parmi les Chinois est une espece de froment, comme le marque la partie inférieure de ce caractere.

De ce froment, le nom a passé à une ville de la Province *Xensi*, nommée *Çin-cheu*, peut-être parce que son territoire étoit abondant en cette espece de grain. De cette ville il a passé à un très-puissant Royaume, dont cette même ville devint la capitale. Enfin, les Rois du Royaume *çin* étant devenus maîtres de tout le monde, pour parler comme les Chinois, ils donnerent le nom de *çin* à l'Empire de la Chine & au leur, & ce nom a été retenu par plusieurs nations étrangeres de l'Asie Méridionale. Outre cela, *çin* est le nom d'une famille. On ne sauroit trouver d'autres significations de ce mot que celles que nous venons de dire; mais toutes ces translations n'ont rien changé à la propriété & à l'origine de ce mot. D'où est-ce donc que cet habile homme a tiré ce qu'il dit ? *çyn*, colonne 27, nombre 42, signifie, *perfectionner*. Dans tout ce Monument, *çin* n'est jamais employé que conjoint avec l'adjectif *Ta*, qui le précede; & pour lors rien n'est plus vrai qu'il signifie le Royaume du grand *çin*. Il a été trompé par la ressemblance du son : car au même endroit, on lit ces quatre mots *Ven-çim-sü-yo*, c'est-à-dire, mot pour mot, par l'ornement il a purifié (ou poli) les quatre contrées (ou parties du monde,) & dans un sens plus étendu, l'Empereur, par la force & l'efficace des ses exemples, de ses loix, de ses vertus, & de ses préceptes, en quoi consiste tout l'ornement & le lustre des Rois & des Royaumes, a purifié les peuples du monde entier, non pas d'une pureté telle quelle, mais d'une pureté parfaite, & telle qu'elle reluit dans l'eau claire & nette. Je le répete encore, il a été trompé par la ressemblance du son; & au-lieu de *Cyn*, il a lu *çim*. Mais quand même l'un & l'autre caractere se liroit *Cyn*, on ne doit pas tirer la signification des caracteres Chinois de leur son, mais de leur figure. Or autant que *çin* approche de *çim* par le son, autant il en est éloigné par la figure.

Il ne rencontre pas plus heureusement, quand il dit : dans la paraphrase on lit toujours *Tan-cyn*. Or dans la colonne 21, nombre 32, *Tan* signifie *palais*; ce sont ses paroles. Mais dans ce même endroit, on ne doit pas lire *Tan-cyn*, mais *Tan-thim*, où *Tan* signifie *du cinabre*, & *Thim* signifie *cour*, & tous les deux ensemble, *palais*; car les Chinois donnent le nom de cour de cinabre aux palais, sur-tout à ceux de leur Empereur, parce que les portes & les colonnes sont ordinairement peintes de cinabre.

Il est donc plus clair que le jour, que le grand *çin* ne désigne pas le monde, ni que *Olopen* se soit donné pour cosmopolite ou citoyen du monde. Quant à ce qui a porté les Asiatiques Méridionaux à honorer l'Empire Romain du titre de *Taçin*, ou grande Chine, ce ne fut que pour le comparer ou peut-être le préférer à la Chine. Mais les Chinois eurent une toute autre raison de lui conserver ce titre si glorieux, qu'ils ne connoissoient que par la tradition de ces étrangers : (car il n'est pas naturel de penser que les Chinois ayent pu admettre ce titre par opposition à leur Empire, puisqu'il auroit fallu pour lors qu'ils se fussent contentés du titre de petite Chine.) Ce fut donc seulement pour faire une distinction, & par opposition au Royaume de *çin*, qui comprenoit la principale partie de la Province de *Xensi*. Mais cependant ils avouent tous que les Romains n'étoient barbares que par l'habit, & pas même par l'habit, selon quelques-uns, & que pour tout le reste ils étoient Chinois. Il s'en trouve même qui croyent que les Romains sont sortis d'une colonie Chinoise, (ils ont voulu dire *Troyenne*,) qui fut emmenée dans leur Pays.

Au reste, cette convenance symmétrique, que l'Auteur Chinois observe se trouver naturellement entre l'Orient & l'Occident, n'est pas la remarque d'un ignorant; car tout bien consideré, si l'on compare le golfe qui est entre la Chine & la *Corée*, à la mer Méditerranée, & la Chine à l'Italie, on verra qu'en un sens opposé, la Corée répond à l'Espagne, le pays des *Niu-che* à la France, & le Japon à l'Angleterre. Mais ce qui est encore plus digne d'être observé, c'est que dans un même temps, & avec un même faste, deux Empires très-puissants vouloient, à titre égal, être & paroître les maîtres de toute la terre ; car le *Thien-hia* des Chinois, c'est-à-dire, tout ce qui est sous le ciel, revient précisément au même, que le *Terrarum orbis* des Romains, & le δικυμζύη des Grecs.

Passons à présent à d'autres choses que rapporte cet habile homme. Il transforme par anagramme le nom d'*Olopen* en *Polven*, ou *Pol Vénitien*, qu'il prétend être l'auteur faussaire de ce Monument. Cela est subtil, il faut l'avouer, mais il n'est pas vrai. Rien n'est plus certain que l'on ne peut rien tirer des noms étrangers écrits en caracteres Chinois, tant les Chinois ont coutume de les défigurer & de les altérer, faute de certaines lettres & syllabes. Pour moi, qui ai lu plusieurs de ces mots ainsi détournés, je me porte aisément à croire que le nom véritable d'*Olopen* étoit *Arben*, ou, si l'on veut, *Orben* ou encore *Oroben*. Mais ce qui me fait incliner plutôt pour *Arben*, c'est que les Chinois ont coutume de lire très-souvent l'*O* & l'*A* dans les mots étrangers, quoique rarement dans les leurs, & de lire très-rarement l'*O* dans les mots étrangers, quoique très-souvent dans les leurs. Ce qui plus est, ils n'ont aucune autre lettre par laquelle ils puissent rendre l'*A* lorsqu'il est seul, ou que dans la composition il forme une syllabe. En voici un exemple. Le *Talaï-lama*, qui mourut vers l'an 1696, portoit le nom de *Puttha-abdi* ; mais les Chinois l'écrivoient ainsi, *Puthetha-opeti*, où l'on voit manifestement que l'*O* doit être lu *A*. Mais je veux qu'il étoit nommé *Olopen* en Syriaque. Que s'ensuit-il de-là ? En transposant les lettres de ce nom, on fera *Polven* ; non certainement, car on en fait *Poloen*, l'*U* qui s'y trouve (dans le *P. Kircher*) ayant été ajouté par les Portuguais, non pas pour être prononcé, mais seulement pour indiquer que l'*E* suivant doit être prononcé brièvement & obscurément. Je passe sous silence la note d'infamie que l'on jette sur *Marc Pol*, Vénitien, (*Paulus Venetus*) homme célebre, & sur plusieurs Chrétiens, qui ont dû nécessairement l'aider dans cette entreprise ; & certes c'est bien injustement, comme l'on va voir.

L'Auteur de l'Inscription écrit aussi élégamment qu'il se peut. Il est plein d'érudition Chinoise ; il possede parfaitement l'Histoire des *Tham*. Tout cela peut-il convenir à Pol Vénitien ? Dira-t-on qu'il eut pour complice de l'imposture, dont il étoit auteur, un Chinois qui lui donna la forme ? Mais ce Chinois, quel qu'il pût être, n'étoit certainement pas un homme d'une science vulgaire. Auroit-il osé prêter sa main à un homme étranger, & d'une Religion étrangere pour une pareille fourberie, & cela aux dépens de sa réputation & au péril de sa vie ? Il étoit Chrétien, mais mauvais Chrétien, puisqu'il étoit fourbe. D'ailleurs, comment auroit-il pu cacher sa fraude ? Cette inscription est gravée sur un marbre de 6 à 7 pieds de haut ; sa largeur & son épaisseur répondent à sa hauteur. Vingt ou trente hommes robustes auroient à peine pu le remuer. Il falloit pourtant le retirer d'une montagne, le voiturer, & l'enterrer au-dedans des murs d'une ville Impériale. Avant cela, il falloit qu'un habile homme y traçât les caracteres de l'Inscription, & qu'aussi-tôt un Sculpteur les y gravât. Ceux-là étoient aussi Chrétiens ; quels Chrétiens, bon Dieu ! Ajoutez qu'outre les caracteres Chinois, il y a aussi au bord de la pierre plusieurs mots Syriaques. Sans doute, que *Marc Pol*, Vénitien, aura eu aussi sous sa main un Ecrivain Syrien pour les tracer. Voyons le reste.

Ce savant homme dit, & cela est vrai, que ce Monument a été trouvé dans la Province de *Xensi*. Mais il auroit été plus correct, s'il eût dit qu'il a été trouvé en-dedans des murs d'une ville, pour lors la capitale de la Province & de l'Empire. Il ajoute, & ceci est faux, que *Marc Pol*, Vénitien, étant à l'armée du grand *Cham* des Tartares, lorsqu'il assiégeoit cette ville en l'an 1268, le *Cham* se servit des avis de *Pol* & du secours d'artilleurs qui étoient Chrétiens, *Marc Pol* le disant lui-même, Liv. 2. Ch. 58. *Marc Pol* a dit vrai ; mais je doute qu'il ait parlé ici de la ville de *Si-ngnan-fu*. Cette ville fut, par l'ordre du grand *Cham*, nommé *Octäi*, assiégée l'an 1230, & prise par les Moumgols. Mais l'an 1268 (nommé *Chin* dans le Cycle,) les Moumgols assiégeoient *Siam-yam-fu*, ville de la Province *Hu-kuan*, distante de 115 lieues de celle de *Si-ngan-fu*. Le siege commença la neuvieme lune de cette même année, & ce ne fut que l'an 1273, (nommé *Kuei-yeu*,) c'est-à-dire, quatre ans & demi après que les Chinois se rendirent ; & je ne sais s'il y a jamais eu un siege si opiniâtre, les assiégeants & les assiégés voyant bien que de cette ville dépendoit le destin de l'Empire de la Chine. D'un côté, les Moumgols l'assiégeoient avec toutes les forces de l'Asie qu'ils s'étoient soumise ; de l'autre, les assiégés avoient à leur tête *Liü-ven-huan*, Chinois d'origine & très-grand homme de guerre. La ville, par la longueur du siege, se trouvoit investie, non pas avec des forts & des fortins, mais avec des places entieres. On combattoit continuellement, & sur terre & sur l'eau. Enfin, *Liü-ven-huan*, dépourvu de secours & des convois, battu de tous côtés de l'artillerie, & ce qui étoit encore pis, abandonné perfidement du Ministre de l'Empire, se rendit & remit la ville aux Moumgols. Ceux-ci reçurent ce grand homme non comme un prisonnier, mais comme un triomphateur ; mais les Chinois le rayent du Catalogue des grands Hommes, parce qu'il aima mieux survivre à la perte de sa ville, qu'être enseveli sous ses ruines.

Quand à ce qui regarde ces Artilleurs, voici ce qu'en dit l'Histoire Moumgole Chinoise. L'an huitieme de l'Empereur *Kubläi*, régnant sous le titre de *Chi-yuen*, (c'est l'an de grace 1271,) l'Empereur dépêcha des Envoyés à un Roi de son sang, nommé *O-pu-kho*, pour lui demander des Artilleurs. Aussi-tôt & la même année, *O-pu kho* fit partir en poste des Artilleurs, l'un desquels se nommoit *O-lao-yatim*, (c'est à-dire *Alaeddin*,) & l'autre, *Y-sü-ma-yn*, (c'est-à-dire *Ismaïl*.) Etant arrivés, l'Empereur *Kubläi* les créa sur le champ Commandants. *Ismaïl* fut envoyé au siege de la ville de *Siam-yam-fu*, avec l'autorité de Commandant de l'artillerie. Il dirigea son artillerie à l'angle de la ville qui regardoit le Nord-Est. Les machines étant lâchées, il en partoit un bruit qui faisoit trembler le ciel & la terre. Elles fracassoient & renversoient tout ce qui se trouvoit à leur rencontre. (Les boulets qu'elles lançoient) pesoient 125 livres Chinoises ; ils pénétroient de 7 pieds dans l'épaisseur d'un rempart de terre. *Liü-ven-huan* en étant effrayé, rendit la ville. Voilà mot à mot ce que dit l'Histoire ; (sur quoi il y a plusieurs choses à remarquer.)

1°. Celui que les Mahométans & les Moumgols nomment *Abakha*, ou plutôt *Abukha*, les Chinois l'écrivent *Opukho* ; ce qui ne confirme pas peu ce que nous avons remarqué ci-devant sur *Olopen* ; car là comme ici, on doit lire a : ici *Abukha*, là *Arben*. Cet *Abakha* étoit neveu de l'Empereur *Kubläi*, fils de son frere *Hulaghu*, qui peu auparavant avoit détruit l'Empire des *Khalifes*. L'an 1264, *Abakha*, après la mort de son pere *Hulaghu*, avoit pris possession de l'Empire des *Khalifes* ; cependant quoique Sultan des Mahométans, il étoit entièrement soumis à son oncle *Kubläi*, Empereur de la Chine & de toute l'Asie. C'est pourquoi il n'est pas étonnant qu'il y eût des postes établies depuis la Ville Royale du Sultan jusqu'à *Pekim* ; qui plus est, les maîtres des postes s'étant plaint à l'Empereur *Kubläi*, que les Mahométans,

tans, qui allerent fréquemment à *Pekin*, refufoient dédaigneufement de toucher aux viandes qu'on leur préfentoit, fi ce n'eft qu'ils n'euffent tué eux-mêmes les animaux. „ Ce font mes efclaves, répondit l'Empereur, qu'ils vivent comme les autres "; il fallut obéir.

2°. Ces machines étoient des bouches à feu ; car fi c'euffent été des baliftes, d'où pouvoit venir ce bruit terrible, capable d'ébranler le ciel & la terre ; d'où leur feroit venue cette force de renverfer & d'écrafer tout ce qu'elles rencontroient ? D'ailleurs, les Chinois ne manquoient pas, & n'avoient jamais manqué de baliftes de toute efpece. Quant à ce que dit l'Hiftoire, que la machine ou le reffort fut lâché, je ne m'y oppofe pas, fachant bien que les Chinois, chez qui cette invention n'étoit pas fort ancienne, confervoient alors, comme ils confervent encore aujourd'hui, les anciens termes concernant l'art baliftique, ainfi que nous faifons nous-mêmes en Latin, depuis que cette invention eft parvenue en Europe. Car nous employons en cette langue le mot de *Tormentum*, comme les Chinois celui de *Pao*, quoique l'un & l'autre terme foit le terme propre des baliftes & des catapultes. Mais de même que pour en marquer la différence, nous les appellons *Tormenta ignita*, de même aussi les Chinois retranchent souvent de leur *Pao* la lettre *Xe*, qui défigne une pierre, lui fubftituant *Ho*, qui fignifie *feu* ou *enflammé*, & ils écrivent *Pao*, comme nous l'avons montré ailleurs affez amplement. Mais dira-t-on, fi les Chinois avoient l'ufage des bouches à feu, qu'étoit-il néceffaire de faire venir de fi loin des Artilleurs ? Oui, certes, ils en avoient l'ufage ; mais ils s'en fervoient rarement, comme ils font encore aujourd'hui, parce qu'ils craignent que les rebelles n'en abufent. C'eft par la même raifon que les Chinois, il y a environ cent ans, firent venir de *Macao* des Canonniers, (dont ils avoient befoin). C'eft pourquoi de ce qu'ils firent venir autrefois des Canonniers Mahométans, on n'en peut pas plus inférer que les Chinois ne foient pas les auteurs de cette invention que d'avoir, il y a cent ans, fait venir des Canonniers Portuguais. Joignez à cela que ceux-là ne furent pas mandés par les Chinois, mais par les Moumgols, qui, depuis lors, fe fervirent du canon dans toutes leurs expéditions, même maritimes ; car l'an 1293, les Moumgols étant allés avec une armée navale attaquer l'Ifle de *Chao-va*, (que je crois être *Java*,) comme ils étoient prêts à combattre contre une armée de plus de cent mille infulaires, le Général Moumgol fit tirer, pour fignal du combat, quelques coups de canon. L'Hiftoire Moumgole prouvera encore mieux l'ufage qu'ils avoient des bouches à feu.

3°. Suivant l'Hiftoire Chinoife, il femble que ces deux Artilleurs étoient Mahométans puifqu'elle les nomme *Hoëi-hoëi*. Les noms mêmes d'*Alaeddin* & d'*Ismaïl* femblent l'indiquer aussi. Cependant il faut plutôt en croire *Marc Paul*, Vénitien, témoin oculaire, qui affure qu'ils étoient Chrétiens ; vu même qu'ils pouvoient fort bien être Mahométans de nation & de nom, mais non de Religion.

(7) *Pofu*. Ce nom même indique que c'eft la Perfe. Tout le monde fait qu'au commencement ce pays s'appelloit *Pars* par fes habitants, & que les Arabes l'appellent *Fars*. De *Pars*, les Romains, à l'imitation des Grecs, firent *Perfia* ou *Perfis*. Les Chinois rejettant ce mot la lettre *r* qui leur eft odieufe, ont écrit *Pofu*. Mais afin qu'on ne croye pas que ceci n'eft qu'une fimple conjecture, je joins ici la defcription de ce pays, tirée de l'Hiftoire des *Tham*, fous lefquels écrivoit l'Auteur du Monument.

Pofu eft diftant de 1500 lieues de *Si-ngan-fu*, ville Impériale de la Chine. Il eft terminé vers l'Orient par les Royaumes de *Tuholo* & de *Kham* ; (que je crois être le *Khoraffan* & l'*Uzbek* ;) il eft baigné de la mer du côté du Midi & de l'Occident. Du côté du Nord-Eft, (ou plutôt le Nord-Oueft,) il regarde *Fulin*, (ou l'Empire de Conftantinople,) dont il eft éloigné de 400 lieues. Du côté du Nord, il confine aux Turcs, appellés *Khafa*. Sous la fin de la Dynaftie Chinoife *Sui*, (elle finit l'an 619,) l'Empereur des Turcs, nommé *Xehu-khan*, attaqua & tua le Roi de *Pofu*, nommé *Kufaha*. Le fils de celui-ci, nommé *Xili*, fut mis à fa place, mais en même-temps, *Xehukhan* établit un Vice-Roi pour gouverner le Royaume. *Xili* étant mort, les gens du Pays rejetterent le Gouvernement des Turcs, & déclarerent Reine la fille de leur Roi *Kufaha*. Cette Reine fut auffi tuée par les Turcs. Un fils de *Xili*, nommé *Tankie*, s'étoit enfui au Royaume de *Fulin* ; il fut rappellé par les fiens, & fous le nom d'*Ytaxi*, qu'il prit, il fut falué Roi. Etant mort, il eut pour fucceffeur fon neveu *Yfukhi*, fils de fon frere aîné. L'an 638°. de J. C., *Yfukhi* envoya à la Chine un Ambaffadeur, nommé *Mofupan*, avec un tribut. *Yfukhi* ayant été chaffé par les fiens à caufe de fa tyrannie, prit la fuite pour aller au Royaume de *Tuholo* ; mais il fut pris en chemin, & tué par les *Taxe*, ou les Arabes, & fon fils *Pilufu* (*Firouz*) fe fauva heureufement dans le Royaume de *Tuholo*. Il fit favoir fon aventure par Ambaffadeurs à *Tham-thai-çum*, Empereur de la Chine. L'Empereur refufa, à caufe de la diftance des lieux, le fecours qu'il demandoit. La paix ayant en quelque façon été faite, lès Arabes fe retirerent, & les peuples du Royaume de *Tuholo* le rétablirent dans fon Royaume paternel. L'an 661, ou peu après, il fe plaignit de nouveau par Ambaffadeurs à l'Empereur (*Tham-kao-çum*) des incurfions des Arabes.

Dans ce même temps, l'Empereur envoyoit des Ambaffadeurs dans la Tartarie, pour la partager en Cités & en Provinces. Il créa *Pilufu* (*Firouz*) Général, & lui affigna pour fa réfidence la ville de *Çii-lim* ; mais auffi-tôt fon Royaume fut fubjugué & éteint par les Arabes. L'an 670, ou peu après, *Firouz* alla à la Chine, & l'Empereur le créa Général de la droite de fes (fa garde) foldats Prétoriens ; & mit à fa place fon fils *Ni-niefu*, qui, depuis long-temps, étoit en ôtage à la Chine. L'an 679, l'Empereur *Kao-çum* ordonna à *Fei-him-kien*, Généraliffime de la Tartarie, de le conduire à main armée en Perfe. *Fei-him-kien*, à caufe de la longueur du chemin, ne put le mener que jufqu'au Royaume de *Suixe*, (parmi les *Uzbeks* ;) c'eft pourquoi *Ni-niefu* fe vit obligé de mener pendant vingt ans une vie privée dans le Royaume du *Tuholo*. L'an 703 ou 704, il retourna à la Chine, & l'Empereur le créa Général de la gauche de fa garde. Tant qu'il vécut, il jouit d'une partie de fon Royaume. Depuis l'an 713 jufqu'en l'an 755, il envoya à la Chine de fréquentes ambaffades avec des préfents. Enfin, l'an 758, il fe joignit aux Arabes, qui alloient attaquer *Canton* avec une armée navale. Il l'attaque avec eux à l'impourvu, le prend & le pille, & s'étant tous chargés de butin, ils prirent auffi-tôt la fuite. Néanmoins *Ni-niefu* ne laiffa pas d'envoyer, vers l'an 773, des Ambaffadeurs à la Chine.

Sur quoi il faut obferver que par *Yfuki*, on doit entendre *Yezdegird*, qui, l'an quinzieme de l'Hégire & 636°. de J. C., ayant été défait par les Arabes à la bataille de *Cadefie*, prit la fuite, & erra d'un côté & d'autre, jufqu'en l'an 31°. de l'Hégire, & 652 de J. C., que la mort termina fa courfe. Avec lui fut éteinte la Monarchie des Perfes, & les Arabes en prirent poffeffion. C'eft ainfi que le racontent les Hiftoires des Perfes & des Arabes. Mais puifqu'après fa défaite de l'an 636, il prit la fuite, comment fe peut-il faire que l'an 638 il ait envoyé une ambaffade à la Chine ? C'eft, fans doute, qu'il n'étoit pas alors encore dépouillé de tout fon Royaume, & que la perte qu'il avoit faite récemment, fut caufe qu'il envoya à la Chine pour implorer le fecours des Chinois, qui, dans ce temps-là, commandoient dans toute la Tartarie.

(9) *Olopen* contemplant le Ciel , & ayant égard aux faisons des vents, vint à la Chine. L'Auteur s'exprime pour ainfi exagérer la difficulté du chemin qu'*Olopen* devoit faire pour arriver à la Chine. Car il faut favoir qu'il fe trouve dans la Tartarie un grand nombre de vaftes fablonnieres, & qu'il y en a fur-tout une fur les limites mêmes de l'Empire de la Chine, qui eft la plus dangereufe de toutes, & que l'on dit être infeftée par des lutins & des efprits follets. Elle a cent lieues & plus de tout fens. On y entend çà & là, (à ce que difent les Chinois) des voix, tantôt comme des perfonnes qui pleurent, tantôt comme des gens qui rient, tantôt comme des gens qui appellent. Si quelqu'un, pouffé par la curiofité de favoir d'où viennent ces voix, fans que l'on voye perfonne, s'éloigne tant foit peu de la troupe des voyageurs, il difparoît à l'inftant, & périt fans reffource. Ceux qui traverfent ces fablonnieres, dirigent leur route pendant le jour fur le foleil, & pendant la nuit fur les étoiles & la lune. Mais le plus grand danger vient des vents, qui foulevent ces fables arides, & les élevent en forme de nuages; c'eft ce que l'Auteur indique ici.

✠ *Vam-xe-chim*, c'eft-à-dire, *Ville de la maifon Royale*, eft, comme on croit, un nom appellatif qui eft ici attribué à une ville, dont le nom propre, felon la prononciation Chinoife, étoit *Patiyen*, (& peut-être felon la prononciation Tartare, *Badian*.) Elle eft éloignée de 1010 lieues à l'Occident de la ville de *Si-ngan-fu*, alors métropole de la Chine. Elle eft au Midi, & à plus de 20 lieues du fleuve *Uhu*, (que je crois être celui que nos Géographes nomment *Oxus*, & les Mahométans *Gihon*.) Cette ville étoit la capitale d'un Royaume Tartare, nommé *Ye-tho*, quoique les Tartares ne le vifitoient que de temps en temps, parce qu'ils étoient Nomades, & paffoient fans ceffe d'un lieu à un autre, pour chercher la commodité des pâturages & des eaux. Ce Royaume, qui confinoit aux Indes ou au Caucafe, étoit devenu, dès le com-

mencement de l'Ere Chrétienne, un très-puiffant Empire, s'étant affujetti par la force des armes plus de vingt Royaumes des environs; il fubfifta pendant fix ou fept fiecles, jufqu'à ce qu'enfin il fût détruit par les Turcs. Là s'étoit introduit une coutume horrible & inouie jufqu'alors, à laquelle le petit nombre de femmes avoit donné lieu. Lorfqu'on marioit une fille, elle ne devenoit pas feulement la femme de fon mari, mais auffi de tous les freres de fon mari : & ils avoient fi peu de honte d'une action fi déteftable, que les femmes mêmes s'en faifoient un mérite & une gloire. Car de leur coëffure s'élevoient autant de houppes qu'elles avoient de maris.

Ces Tartares avoient un langage particulier & tout-à-fait différent de celui des autres Tartares. Ils alloient fouvent à la Chine pour y porter le tribut. C'eft de-là que le Bonze *Yfu* étoit venu à la Chine, & deux chofes indiquent affez clairement qu'il y entra en habit féculier, & que là, comme peut-être il avoit fait dans fon pays, il géra fort bien les affaires de l'Etat avant d'embraffer l'état religieux. L'une de ces chofes eft le paffage de l'Auteur du Monument, où il dit, *au commencement, &c.*; l'autre les honneurs & les dignités dont l'Empereur l'avoit comblé. De-là on peut fe convaincre aifément que la Religion Chrétienne avoit déja fait alors quelques progrès dans la Tartarie. Au refte, ce n'eft pas fans raifon que l'Auteur du Monument a appellé cette ville *Vam-xe-chim*, plutôt que *Patiyen*. Le nom de *Patiyen* étoit barbare, & fonnoit mal aux oreilles Chinoifes, comme n'ayant effectivement aucun fens dans leur langue, au-lieu que le nom de *Vam-xe-chim*, outre qu'il eft formé de mots purement Chinois, & qui ont une fignification connue, il fe trouve encore que dans les Livres Canonique de la Religion des Indes, qui font traduits en Chinois, il eft fait fouvent mention de cette ville fous ce même nom; de forte que par-là ce nom n'avoit rien d'étranger pour les Chinois.

DESCRIPTION ABRÉGÉE DE L'EMPIRE DE LA CHINE,

En forme d'une Lettre écrite à S. A. S. le PRINCE EUGENE DE SAVOYE.

Sur l'Antiquité, l'étendue & le Gouvernement de l'Empire de la Chine.

AVERTISSEMENT.

Un Capitaine de vaisseaux, Flamand de nation, qui a été trois fois à la Chine, ayant fait connoissance avec une personne qui y avoit fixé son séjour depuis plusieurs années, en a tiré des Mémoires qui font la matiere de cette Lettre, écrite en 1728.

MONSEIGNEUR,

J'AI déja eu l'honneur de vous présenter un petit Mémoire de ce que j'avois appris de particulier touchant l'Empire de la Chine, dans les différents voyages que j'y ai faits; & Votre Altesse Sérénissime ayant eu la bonté de me témoigner qu'il lui avoit fait plaisir, tout informe qu'il étoit; aujourd'hui qu'il est dans un meilleur ordre, j'espere qu'Elle ne le verra pas avec moins de satisfaction. J'ai été obligé, pour donner de la liaison à mon discours, d'y joindre certaines choses déja connues; & peut-être que V. A. S. ne sera pas fâchée de s'en renouveller les idées.

Quand on considere la multitude innombrable des habitants de la Chine, ses richesses immenses, & son abondante fertilité pour tout ce qui regarde la nécessité, la commodité & les délices de la vie, & sur-tout la sagesse de son gouvernement, je crois que c'est à bon titre qu'on lui donne un des premiers rangs entre les Empires & Royaumes de l'univers.

L'Histoire populaire de cette Monarchie est hors de toute vraisemblance, pour ne pas dire manifestement fausse, puisqu'elle compte plus de quarante mille ans depuis sa fondation. Il est bien vrai qu'il n'y a point de peuple plus ancien, ni peut-être si ancien dans le monde : car le temps le plus reculé, marqué dans la Vulgate, suffit à peine pour fixer la chronologie des Chinois; & ce que leurs Savants en disent, est soutenu par des circonstances si apparentes, & confirmé par une tradition si généralement reçue parmi eux, qu'on y passeroit pour ridicule & pour un incrédule obstiné, si l'on vouloit seulement le révoquer en doute. Cependant, malgré la prétendue certitude de ces Savants, ils ne s'accordent pas tout-à-fait sur l'antiquité de leur nation, les unes lui donnant quatre mille quatre-vingt-huit ans, les autres quatre mille six cents quatre-vingts; & plusieurs, par des raisons assez probables, la font remonter encore six cents ans plus haut.

Quoique ces différences paroissent sensibles, l'on ne doit point s'en étonner, ni s'y arrêter beaucoup, lorsqu'on fait attention au peu de conformité qui se trouve aussi entre nos Auteurs Européens, qui ont traité de la chronologie. V. A. S. n'ignore point qu'il y a plus de soixante-quinze opinions touchant le calcul des années depuis la création du monde, jusqu'à la venue de Jesus-Christ, & que toutes ces opinions renferment une différence de plus de trois mille ans; puisque la premiere, qui est du Rabbi *Nahasson*, en compte 3740, & la derniere d'Alfonse le Sage, Roi de Castille, 6984.

(*a*) Pour donner une vraie époque, ou du moins vraisemblable, à l'établissement de l'Empire de la Chine, un homme de probité & d'érudition, qui y a fait un séjour de plus de quarante ans, s'est étudié à débrouiller ce cahos autant qu'il lui a été possible, & m'a assuré d'en avoir fait une dissertation en Latin, (que je n'entends pas, autrement il me l'auroit communiquée) dans laquelle il prouve, m'a-t-il dit, la véritable origine de cet Empire, son Gouvernement, &c. Mais il m'a donné les petits Mémoires sur lesquels il a travaillé, & dont je vais tâcher de déduire le contenu, en commençant par la Généalogie du Roi *Jectan*. Elle est tirée exactement des Annales Chinoises, & conforme à l'Ecriture-Sainte jusqu'à *Heber*, pere de ce *Jectan*.

C'est donc par une étude recherchée des Historiens Chinois & de leurs anciennes Chroniques qu'on a pu apprendre que le Roi *Jectan*, appellé dans leur langue *Yao* ou *Yao-tang*, a été le fondateur de ce grand Empire. Ils disent que ce Prince partit l'an 171 après le Déluge, du camp de *Sennaar*, où avoit été la Tour de Babel, & qu'il habita pendant cinquante ans, depuis *Cang-kiu* jusqu'au mont *Hoa*, lieux qui paroissent répondre au *Messa*, & à la montagne Orientale *Séphar*, & qui, suivant l'Ecriture-Sainte, furent la premiere habitation de ce second fils d'*Heber*. Enfin, il quitta ce poste, & arriva à la Chine, onze ans après, avec sa nombreuse colonie, ayant pris sa route par la Province Septentrionale de *Changsi*, où il trouva aussi bien que dans un pays plat, tirant plus sur le Midi, une vaste étendue d'eau, que leur Histoire nomme *Hong-choui*, c'est-à-dire, *Eaux du Déluge*, & que ce Prince fit écouler dans la mer par plusieurs canaux, auxquels on travailla pendant l'espace de treize ans (*b*).

Sur les montagnes qui environnoient ce pays, on ne voyoit que des serpents & des bêtes feroces, qui dévorerent plusieurs de ces nouveaux hôtes. Tout autre que *Jectan* se seroit rebuté à la vue de ces affreux objets; mais plein d'un courage héroïque, il ranima les plus timides; & mettant lui-même la main à l'œuvre pendant que d'un autre côté l'on évacuoit les eaux, il mit le feu par toutes ces montagnes, pour en exterminer ces animaux sauvages; il fit défricher les terres, & les ensemencer; & à force de travail, on fit paroître au bout de quelques années des maisons & des villes dans toute cette longue étendue de Pays.

____

(*a*) Antiquité de la Chine.
(*b*) *Mengt-tsĕ*, Historien Chinois, dit au Chap. III de ses Anecdotes, que la Chine n'étoit alors qu'un désert, habité par des serpents & autres bêtes cruelles.

Pour ne pas être accablé du fardeau immenfe des affaires de ce naiffant Empire, il s'affocia, pour le gouverner, un perfonnage d'un rare mérite, nommé *Yu*, & enfuite *Chun*. Aidé de ce grand homme, il mit tout en bon ordre, créa des Charges, fixa fa Cour, choifit fes Officiers, & partagea ce vafte Domaine en neuf diftricts, où il établit autant de Gouverneurs, fe réfervant un tribut annuel proportionné à la bonté de chaque territoire. Enfin, toutes chofes furent fi bien ordonnées, que fes réglements & fes loix, qui fubfiftent encore, ont fait jufqu'aujourd'hui le bonheur & la tranquillité de ces peuples, & l'admiration des étrangers.

Le regne d'*Yao-jectan*, depuis fon départ de *Sennaar* jufqu'à fa mort, a duré cent & un ans, 61 hors de la Chine, & 40 depuis fon arrivée dans le Royaume. *Chun* régna après lui cinquante-un ans; ce qui fait 92 pour le regne alternatif de ces deux Princes. *Yao* fut fi content des belles qualité de *Chun*, que de fon premier Miniftre, il en fit fon gendre & fon collegue, en l'élevant lui-même au trône de fon vivant, & le préférant à tous fes fils; parce qu'il ne reconnut en aucun d'eux affez de vertu, ni affez de capacité pour pouvoir continuer & faire fubfifter fes admirables établiffements. L'événement confirma ce jufte choix, & *Chun* gouverna avec tant de bonté, de fermeté & de fageffe, qu'il paffe encore dans la nation pour le plus grand Empereur & le plus parfait qu'il y ait eu après *Yao*. Une des chofes qui lui attira le plus d'eftime, c'eft que, fuivant l'exemple de fon prédéceffeur, il eut plus d'égard à la félicité de fes fujets, qu'à la proximité de fon fang. Il préféra donc à fon fils aîné *Chang-kiun*, pour lui fuccéder à la Couronne, le grand *Yu*, non moins célebre par fes vertus éminentes, que pour avoir préfidé à l'évacuation des eaux, & en avoir achevé le grand & pénible ouvrage. C'eft lui qui fut le chef de la premiere famille Royale nommée *Hia*. Il auroit bien voulu imiter fes deux illuftres prédéceffeurs, en remettant au plus digne les rênes de l'Empire; mais le fentiment des Grands & du peuple prévalut, en le rendant héréditaire, par la crainte qu'ils eurent qu'une élection qui auroit toujours été arbitraire, ne vînt enfin à caufer des murmures & des troubles capables d'ébranler, ou de bouleverfer même, ce qui étôit fi bien affermi.

L'on ne peut pas dire au jufte le nombre des Princes que cette premiere famille, ou Dynaftie, comme mon Auteur l'appelle, a mis confécutivement fur le trône, l'ordre de la fucceffion en ayant été plufieurs fois interrompu par quelques rebelles. Mais il eft bien certain qu'elle n'a fubfifté que 259 ans, au-lieu de 439, que le comput chronologique lui attribue, par une addition qui paroît faite à deffein d'une triple révolution de fon cycle fexagénaire, c'eft-à-dire, de 180 ans. Les preuves qu'en donnent de favans Auteurs Chinois font très-plaufibles, par rapport à de certains événements, dont les circonftances font parfaitement conformes avec celles que nous lifons dans la Vulgate. Cette erreur de calcul a tellement dérangé la Chronologie Chinoife, que les Miffionnaires Européens n'ont pu jufqu'ici reconnoître la véritable origine de l'Empire, de crainte qu'en avouant le Roi *Yao* fon fondateur, comme il l'eft en effet, ils ne fuffent obligés de le faire noyer dans les eaux du Déluge, dix ans avant fon élection, ou fon départ pour la Chine. C'eft pourquoi ils ont dû abandonner la Vulgate, & avoir recours aux Septante, pour trouver à la faveur de leur comput allongé, quelque Prince plus ancien, qu'ils ont fait le prétendu fondateur de cette nation; & cela faute d'un examen fuffifant, s'étant contentés de chercher ce Prince entre ceux dont les Annales Chinoifes parlent confufément depuis le premier homme.

La feconde Dynaftie qui a fuivi immédiatement celle des *Hia*, s'eft nommée *Chang*, & a duré 644 ans fous ving-huit Princes confécutifs. L'Empereur *Tching-*

tang, furnommé l'*Homme parfait*, en fut le chef, & parvint à l'Empire la même année que le Patriarche Jacob entra en Egypte, qui étoit la feconde de la famine univerfelle de fept ans. L'Hiftoire Chinoife en fait mention, de même que l'Ecriture-Sainte, & la place auffi dans le même temps, favoir 582 ans après le Déluge.

La troifieme Dynaftie, appellée *Tcheou*, pendant 876 ans qu'elle a duré, a eu trente-fept Rois, dont *Vou-yang* fut le premier, ayant défait le cruel & débordé *Tcheou*, dernier Prince de la Dynaftie précédente. Depuis ce temps-là jufqu'à la naiffance de Jefus-Chrift il s'eft écoulé 246 ans, le fixieme du regne de l'Empereur *Han-geai-ti*. Et enfin depuis cette fainte & heureufe époque, nous en comptons 1728. D'où il réfulte que l'Empire de la Chine ayant commencé 230 après le Déluge, le 1886 du monde felon la Vulgate, a jufques à préfent, 3845 années d'antiquité, comme on le voit par cette fuppuration.

Le regne des deux premiers Rois.   ans.

	ans.
Yao & *Chun* a été de	92.
La premiere Dynaftie a duré	259.
La feconde,	644.
La troifieme,	876.
Depuis lors à J. C. il s'eft paffé	246.
Et depuis Jefus-Chrift	1728.
	3845.

Pendant cette longue fuite d'années, on a toujours vu la même forme de Gouvernement dans la Chine, & rien ne s'y eft changé que les habillements, quoique les Tartares Occidentaux & Orientaux y ayent fait deux invafions; la premiere l'an 1280, qui a duré jufqu'en 1373: la feconde en l'an 1643, & qui continue encore.

Il me femble, MONSEIGNEUR, d'avoir affez bien débattu l'erreur populaire touchant l'antiquité de la Chine, je vais maintenant fixer fa fituation & fon étendue.

(a) Les Géographes parlent diverfement de l'une & de l'autre: mais fans m'arrêter à rapporter leurs différents fentiments, ce qui feroit fort inutile, je puis affurer, après les obfervations exactes faites en dernier lieu, qu'elle eft fituée depuis le 22ᵉ. degré de latitude feptentrionale, jufqu'au 41ᵉ., & depuis le 125ᵉ. degré de longitude jufqu'au 150ᵉ., c'eft-à-dire qu'elle a 380 lieues marines ou d'une heure de chemin, du Midi au Septentrion, & 500 lieues de l'Orient à l'Occident en comptant 20 lieues pour un degré. Joignons-y la Tartarie Orientale qui fait auffi partie de l'Empire Tartare-Chinois, depuis l'extrêmité de la fameufe muraille, jufqu'au 49ᵉ. degré de latitude; ce font encore neuf à dix degrés: de forte que tout ce terrein repréfente à-peu-près un quarré long de deux mille cent foixante lieues de circuit. Encore n'y ai-je pas compris les ifles de *Formofe*, *Hainam*, *Tfangquoe*, *Theoucham*, & quelques moins confidérables, qui, toutes enfemble, feroient un fort grand Royaume; non plus que la grande Province de *Leaotong*, qui eft au-delà de la grande muraille, & non en-deçà, comme les Géographes l'ont ci-devant placée. Pour ce qui eft de *Tunquin*, de *Siam*, & de la prefqu'ifle de *Corée*, quoique ces Etats foient tributaires de l'Empereur, ils ont cependant chacun leur gouvernement particulier, & font très-différents de la Chine; foit qu'on regarde la fertilité des terres, la beauté & la grandeur des villes, foit qu'on faffe attention à l'efprit, à la Religion & aux mœurs des habitants; auffi font-ils fort méprifés par les Chinois, qui les traitent de barbares, & ne veulent point s'allier avec eux, non plus

---

(a) Situation de la Chine & fon étendue.

plus qu'avec les autres Indiens; de peur que ce mélange ne les fasse dégénérer de leur ancienne noblesse.

(*a*) Ce vaste Empire de la Chine est divisé en quinze Provinces, qu'on pourroit appeller autant de Royaumes. Les six premiers vers le Septentrion, que les Tartares connoissent sous le nom de *Catay*, sont *Pekeli*, *Changsi*, *Chengsi*, *Xantung*, *Honan*, & *Sout-Chouen*. *Mangy* étoit autrefois le nom de la partie Méridionale de la Chine. Elle est divisée aujourd'hui en neuf Provinces, savoir, *Houquam*, *Nanking*, *Chekiam*, *Kiamsi*, *Fokien*, *Quangtong*, *Quamsi*, *Yunnan* & *Kouei-tcheou*.

Ces quinze Provinces contiennent cent cinquante cinq villes principales; treize cents douze cités ou villes du second ordre, & deux mille trois cents cinquante sept bourgs militaires, ou places d'armes. Il n'y a pas beaucoup de différence entre les villes & les cités, eu égard à leur grandeur; puisqu'il se trouve des cités aussi grandes que des villes, & même plus. C'est la jurisdiction des Gouverneurs qui les distingue. Ceux des villes sont subordonnés aux Vice-Rois des Provinces, & les cités leur sont soumises. Les bourgs ne different des villes & des cités, que parce qu'ils ne sont point fermés de murailles, & qu'ils ont une garnison qui demeure avec les Bourgeois. Les villes en langue Chinoise se nomme *Foù*, les cités *Tcheou*, & les bourgs *Hien*. Il y en a d'une aussi grande étendue que des cités.

(*b*) Il n'est point croyable combien tout ce pays est peuplé. Quand on est sur les grands chemins, on diroit que ce sont des armées ambulantes. C'est comme si l'on voyoit continuellement de nos foires ou de nos processions. Les Portuguais en étoient si étonnés, lorsqu'ils entrerent la premiere fois dans la Chine (*c*), qu'ils demandoient si les femmes y faisoient des douzaines d'enfans à la fois. On compte plus de dix millions cent vingt-huit mille sept cents quatre-vingt-dix familles : & sans comprendre les Princes du Sang, les Ministres de l'Empire, les Seigneurs, les Officiers tant de police que militaires, les Bonzes ou Sacrificateurs, les Eunuques, les femmes & les enfans. Le nombre des hommes du commun peuple, au-dessus de l'âge de vingt ans, se monte à cinquante-huit millions, neuf cents seize mille huit cents; outre une prodigieuse quantité de gens qui vivent dans les vaisseaux & les barques, de façon que l'eau y paroît aussi peuplée que la terre. L'on ne doit donc pas tant se recrier, quand on assure qu'il y a plus de deux cents millions d'ames à la Chine : ce qui est fort aisé à supputer par la taille & la capitation; outre que chaque pere de famille est obligé, suivant les Loix, de mettre un écriteau sur la porte de sa maison, qui dénote le nombre & la qualité de ceux qui demeurent chez lui. Il y a même des *Tisangs*, ou Dixainiers commis pour tenir chacun le rôle de dix familles.

Ce qui contribue beaucoup à cette multitude d'habitants, c'est que tout le monde veut se marier, à la réserve de quelques Bonzes, & de ceux que la misere réduit à garder le célibat malgré eux. D'ailleurs, comme la guerre ni la peste ne désolent point ces contrées, & que les hommes, outre leur femme légitime, ont autant de concubines qu'ils veulent, on y peuple d'une si étrange maniere, qu'on ne voit plus aucun lieu, fût-il entre les rochers & des montagnes, qui ne soit habité & cultivé.

(*c*) L'on ne peut disconvenir, MONSEIGNEUR, que la Chine ne soit digne d'admiration à plusieurs égards; mais je pense que sa politique & la forme de son

Gouvernement la rendent encore plus recommandable. J'ai déja dit qu'on en avoit l'obligation à *Fectan* & à *Chun*, ses deux premiers Rois. Voici comme ils s'y prirent.

Après avoir partagé en neuf ordres les Officiers de robe ou Mandarins Lettrés, ainsi qu'on les nomme, ils jugerent à propos de distinguer leurs rangs & leurs qualités par différents habits & par diverses figures symboliques, chaque ordre ayant pour son symbole un oiseau, comme la Cigogne, l'Aigle, le Paon, &c. Ensuite ils fixerent six ordres d'Officiers d'épée ou Mandarins d'armes, à qui ils donnerent pour marques de distinction des figures de bêtes sauvages, telles que le Lion, le Tigre, le Léopard, &c. Ces réglements furent religieusement observés jusqu'à l'invasion des Tartares, qui en furent si charmés, qu'ils les adopterent avec plaisir; & tous ces Officiers portent encore, aux jours de cérémonie, sur la poitrine & sur le dos en deux cartouches quarrés brodés d'or & de soie, les figures de ces oiseaux & de ces quadrupedes. Ils obligerent seulement leurs nouveaux sujets de se couper les cheveux & de porter l'habit Tartare. Mais ils eurent plus d'égard pour les femmes Chinoises, que pour les hommes, en leur laissant leurs habits & leurs parures, qui different beaucoup des habillements des femmes Tartares. Cependant, comme elles gardent toutes entre elles la même subordination que leurs maris gardent entre eux, elles ont aussi sur leurs habits les mêmes symboles de leur différente qualité.

Outre ce cartouche en broderie, dont je viens de parler, tous les Mandarins portent à leur bonnet & à leur ceinture, des pierres précieuses, qui marquent aussi les différents ordres par leur diversité. Mais les Mandarins Lettrés des trois premiers ordres, & les Mandarins d'armes des quatre premiers, se distinguent encore par des robes enrichies de figures de Dragons à trois ou quatre ongles; ce qui est une marque très-honorable, parce que l'Empereur a aussi le Dragon pour son signe symbolique, avec cette différence qu'il le porte à cinq ongles : & cette distinction est si sacrée, que personne dans ses Etats n'oseroit s'en servir, ni même le faire peindre, ou seulement crayonner, sans un ordre ou permission expresse de ce Monarque.

Il y a de plus une autre subordination entre tous ces Mandarins de Lettres & d'Armes, chacun étant encore distingué en deux degrés. De sorte qu'en parlant, par exemple, d'un Mandarin du quatrieme ordre, on dit : Un tel est Mandarin du premier ou du second degré du quatrieme ordre. Tous ces ordres & ces degrés différents ne sont pas attachés aux charges, mais aux personnes qui les possedent; parce qu'on n'a égard en cela qu'au seul mérite, & aux services rendus à l'Etat. Il est bien vrai que l'on proportionne ordinairement l'ordre & le degré à la dignité des charges; mais l'Empereur éleve souvent au Mandarinat du premier ou second ordre, un Officier qui mérite récompense, & de qui l'emploi est peu considérable. C'est par cette exacte & merveilleuse subordination, & par l'autorité absolue du Souverain, que se conserve, comme j'ai dit, cette heureuse tranquillité dans la Chine.

Pour en donner une connoissance encore plus précise, il convient d'entrer dans un plus grand détail.

L'on compte dans *Peking*, Capitale de ce vaste Empire, jusqu'à douze Cours souveraines, qui s'étendent sur toutes les Provinces, savoir, six de Mandarins Lettrés, qu'on appelle *Leoù-pou*, c'est-à-dire, *les six Cours*; & cinq de Mandarins d'armes, nommées *Oufou*, qui signifie *les cinq Classes*.

La douzieme, ou pour mieux dire, la premiere, qui a la supériorité sur toutes les autres, forme les deux Conseils de l'Empereur, dont l'un est extraordinaire, composé des Princes du sang, l'autre ordinaire, dans lequel entrent les Ministres d'Etat, qu'on nomme

C c c

Colaos. C'est comme une espece de Parlement qui juge de toutes les causes d'appel, qui examine toutes les grandes affaires, qui en fait rapport à l'Empereur, & qui en reçoit les dernieres résolutions. Ce Tribunal, qu'on appelle *Nui-yuen, la Cour du dedans*, parce qu'il se tient au-dedans du palais, comprend trois classes de Mandarins. La premiere est celle des *Colaos*, qui sont tous Mandarins du premier ordre ; le nombre n'en est point limité. Il y en a. d'ordinaire cinq ou six, l'un desquels a le titre de Président que l'on nomme *Ciam-ciu*, c'est comme le premier Ministre de l'Empire. Dans la seconde classe sont les Mandarins du premier & du second ordre, en qualité d'Assesseurs des *Colaos* ; on les nomme *Ta-hio-ssée* ou *Magistrats d'une capacité reconnue.* La troisieme classe appellée *Tchong-chu-ce, École des Mandarins*, est celle des Secretaires de l'Empereur, qui sont ordinairement des Mandarins du quatrieme, du cinquieme & du sixieme ordre. Voici les noms & les fonctions de ceux qui composent les six Cours de Mandarins Lettrés.

1. Le *Lii-pou* a l'inspection sur tous les Mandarins de l'Empire, pourvoit à leurs charges, en les donnant ou les ôtant selon qu'il le trouve convenir.

2. Le *Hou-pou* a la surintendance des Finances & des tributs qui se levent dans tout l'Empire.

3. Le *Lu-pou* conserve les anciennes coutumes, les rites & cérémonies de l'Etat, & dirige tout ce qui a rapport à la Religion, les Sciences, les Arts & les affaires étrangeres.

4. Le *Ping-pou* étend sa jurisdiction souveraine sur les troupes & les Officiers qui les commandent, & a soin des armes.

5. Le *Hing-pou* juge souverainement les criminels.

6. Le *Cong-pou* a la sur-intendance générale des bâtiments Royaux, & autres ouvrages publics, & de la Marine.

Ces six Cours ont chacune un Président & deux Assesseurs. Le Président est un Mandarin du premier degré du second ordre, & les Assesseurs sont du premier degré du troisieme ordre. Chaque Tribunal renferme encore plusieurs autres chambres, composées d'un Président & de douze à quinze Conseillers, selon la multitude des affaires, dont les plus importantes sont toujours renvoyées en dernier ressort à la premiere Chambre. On compte jusqu'à quarante-quatre de ces Tribunaux subalternes. Le Tribunal des Finances & celui des Causes criminelles ont chacun vingt-quatre Conseillers.

Pour empêcher que des Cours aussi puissantes que celles-là, ne donnent atteinte à l'autorité du Prince, ou ne trament quelque chose contre ses intérêts, il est statué que les matieres de leurs jurisdictions soient tellement partagées, qu'ils ayent tous besoin les uns des autres. De façon qu'il n'y a point d'affaire de conséquence dans l'Etat, qui ne soit relative à plusieurs de ces Mandarins, & quelquefois à tous ensemble. Outre cela, l'on a encore établi dans chaque Cour un Inspecteur, qu'on nomme *Coli*, qui examine tout ce qui s'y passe, pour en avertir secretement l'Empereur ; ou même publiquement, lorsqu'un ou plusieurs membres ont commis quelque faute ou injustice. Ces sortes d'Officiers obligent aussi les Princes à se tenir sur leurs gardes ; l'Empereur même, s'il entreprend quelque chose contre les Loix fondamentales de l'Etat, parce qu'alors les *Colaos* ont la liberté de le supplier, par des remontrances respectueuses, de ne point sortir de son devoir, ni de se rendre indigne par-là du rang suprême auquel il est élevé.

Voilà quel étoit le nombre des Mandarins Chinois ; mais depuis que les Tartares se sont rendu maîtres de la Chine, on les a redoublés, en mettant dans chaque Tribunal autant de Tartares que de Chinois ; ainsi au-lieu d'un Président & de deux Assesseurs qu'il y avoit dans chacune des six Cours, il y a aujourd'hui deux Présidents & quatre Assesseurs mi-partis des deux nations ; & ainsi dans tous les Tribunaux subalternes. C'est un trait de politique du Conquérant Tartare, pour accoutumer ses premiers sujets aux manieres de la Chine, sans donner du mécontement aux seconds : ce qui seroit arrivé, s'il les eût exclus des emplois.

Les cinq Cours souveraines des Mandarins d'armes sont :

La premiere, *Heou-fou*, de l'*Arriere-garde*.
La seconde, *Tso-fou*, de l'*Aîle-gauche*.
La troisieme, *Yeou-fou*, de l'*Aîle-droite*.
La quatrieme, *Tchong-fou*, du *Corps de bataille*.
La cinquieme, *Tsien-fou*, de l'*Avant-garde*.

Dans ces Cours de Mandarins militaires, il y a comme dans celles des Lettrés ; un Président & deux Assesseurs, qui sont tous du premier & du second degré du premier ordre, & sont pour la plupart de grands Seigneurs, qui commandent aux Officiers de la Cour & aux soldats.

Ce sont ces cinq classes qui forment le Tribunal suprême appellé *Yong-tching-fou*, dont le chef est un des plus puissants Seigneurs de l'Empire, parce que son autorité s'étend généralement sur tous les Officiers & sur tous les soldats, tant de la Cour que des Provinces.

Outre ces douze Cours souveraines qui se tiennent à *Peking*, les quinze Provinces de l'Empire ont aussi chacune la leur, qui a la sur-intendance sur les Tribunaux subalternes. Comme je puis parler avec certitude du détail du Gouvernement de *Quang-ton*, V. A. S. pourra juger de celui des autres Provinces, parce qu'il est par-tout uniforme. Il n'y a que la quantité d'Officiers qui est plus ou moins grande, selon l'étendue de leurs départements. Je commence par la liste générale des Mandarins Lettrés, & la fonction d'un chacun.

(*a*) Le premier s'appelle *Tsongtou* ; c'est le Général-Commandant de la part de l'Empereur dans les deux Provinces de *Quang-ton* & *Quang-si*. Il est aussi le Receveur-Général des deniers Royaux qui s'y perçoivent sur le sel, & dont il rend compte au *Houpou* à *Peking*. Il a pour sa garde & à sa disposition cinq mille hommes de troupes avec un Brigadier, quatre Colonels, cinq Lieutenants-Colonels, dix Capitaines & vingt Lieutenants. Sa résidence ordinaire est la ville de *Tchao-quing*, distante de 20 lieues de celle de *Quang-ton*, où il se rend, lorsque des affaires importantes l'y appellent.

Le second est *Fou-yuen*, ou Vice-Roi de la Province ; est en même-temps le Lieutenant-Général de Police & Receveur-Général des Douanes, tant de mer que de terre. Il est pareillement comptable au *Houpou*. Sa garde est de trois mille hommes avec un Brigadier, deux Colonels, trois Lieutenants-Colonels, six Capitaines & douze Lieutenants. Sa résidence est à *Quang-ton*.

Le troisieme est *Ta-tchu-cao*, le Grand-Président de l'Examen, qui se fait tous les trois ans à *Quangtong*, pour les Bacheliers de la Province, qui aspirent au degré de Licencié *Kiu-qin*. Ceux qui l'obtiennent vont ensuite à *Peking*, pour être admis au Doctorat *Tsinsé*. Ce grand Mandarin est choisi & envoyé par l'Empereur même entre les premiers Docteurs du College Impérial ; & l'examen fini, il s'en retourne à la Cour.

Le quatrieme, *Heo-yuen*, Président absolu à l'examen qui se tient deux fois en trois ans à *Quangton* & dans chaque ville du premier ordre de la Province. Une fois pour les compositions des Bacheliers, & deux

---

(*a*) Noms & fonctions des Officiers de Police dans chaque Province.

fois pour celles des afpirants au Bacalauréat, que ce même Préfident accorde aux plus dignes, & dont le nombre eft limité pour chaque ville. Ce grand Mandarin, moindre que le précédent, eft auffi envoyé de la Cour, & choifi parmi les Docteurs du College Impérial par l'Empereur, & s'en retourné de même après les trois ans achevés.

(a) Rien n'eft plus important, ni plus étroitement obfervé que ces examens. C'eft par les compofitions qu'on juge de la capacité des fujets, qui font enfermés dans des cellules, & ne peuvent avoir, pendant ce temps-là, aucune communication au-dehors, étant foigneufement gardés par des furveillants fideles, que l'on empêche, autant qu'il eft poffible, de fe laiffer corrompre. Les portes font même fcellées du fceau du Vice-Roi. Il ne leur eft pas permis d'avoir aucun Livre, ni d'autres papiers que celui dont ils ont befoin pour leurs compofitions. L'on a foin de leur fournir tout le néceffaire, aliments, bougie, &c. aux dépens de l'Empereur.

Comme il y a deux fortes de dignités, dont l'une s'acquiert par la fcience des Lettres (*Vên-quân,*) & l'autre par celle des Armes (*Où-quân,*) il y a de même deux fortes d'examens à fubir par ceux qui afpirent à l'une ou à l'autre : & les deux grands Mandarins Examinateurs y donnent toute leur attention avec la derniere rigueur, fans acception des perfonnes, & n'ayant égard qu'au mérite des candidats : il leur eft défendu à eux-mêmes de parler à qui que ce foit, auffi long-temps qu'ils font dans cette fonction. Cependant, quoiqu'ils doivent s'attendre à une mort certaine, s'ils font convaincus de prévarication, il s'en trouve quelquefois d'affez malheureux pour fe laiffer gagner par argent, avant qu'ils foient arrivés dans la Province. On leur donne certains fignes ou marques pour reconnoître les compofitions de ceux que l'on eft convenu de favorifer. Mais il eft toujours vrai de dire, que la tranfgreffion des loix ne diminue rien de leur beauté.

(b) Après avoir examiné & nommé, tant les Bacheliers que les Licenciés pour les Lettres, comme la partie la plus eftimée & la plus honorable, on procéde enfuite à l'examen des Armes. Il confifte premiérement à voir fi les candidats favent bien monter à cheval, courir à toute bride fans tomber, l'exercice du manege, tirer de l'arc à pied ferme & au galop, & atteindre ainfi droit au but. En fecond lieu, on examine s'ils peuvent faire fans faute un difcours fimple, mais bien raifonné fur telle matiere qu'on leur propofe, qui ait quelque rapport à l'Art militaire.

Avec tout cela ils n'en font point meilleurs foldats. On a remarqué que dans les occafions, qui à la vérité ne font pas fréquentes, ils fondent avec impétuofité fur l'ennemi & fans aucun ordre; & qu'après cette premiere fougue, ils courent tous à la débandade, fans que toute l'habileté des Généraux puiffe les retenir, & les ramener au combat. On conte que les Tartares Occidentaux, pour fe moquer des Chinois, difent qu'un cheval de la Tartarie qui hennit, eft capable de mettre en fuite toute la cavalerie Chinoife. Cette raillerie, avant la conquête de 1643, étoit fondée non-feulement fur la molleffe & la poltronnerie des Chinois; mais encore fur le naturel de leurs chevaux, qui ne pouvoient fouffrir alors la vue, ni le feul henniffement des chevaux Tartares. Je ne croirois donc pas, Monseigneur, vous donner une grande louange, fi j'affurois que V. A. S., à la tête de 40 ou 50 mille dragons, pourroit conquérir toute la Chine, quoique leur Monarque entretienne plus de fix cents mille hommes de troupes réglées. Bien leur en prend

de n'avoir pas de voifins beaucoup plus vaillants & plus guerriers qu'eux. Je reprends ma narration.

(a) Les difcours ou compofitions pour l'examen des Armes, font toujours fimples, comme je viens de dire : mais ceux des Lettrés doivent être plus figurés & plus fleuris. Le bon Gouvernement & la morale en font la matiere qui fe tire d'ordinaire de quelque beau paffage, mais difficile, de leurs anciens Livres claffiques. L'examen achevé, les nouveaux Licenciés vont, la plupart la même année, à *Peking* pour fe préfenter au Doctorat : & fi quelques-uns ne font pas en état de fupporter les frais du voyage, l'on ne manque jamais d'y pourvoir, afin que la pauvreté ne foit point un obftacle au mérite, & que l'Etat ne foit privé de plufieurs bons Officiers. Dès qu'ils font Docteurs, on les préfente au Souverain, qui, donnant aux trois premiers, ou des couronnes, ou d'autres préfents honorables, les diftingue par-là fur tous les autres, & les éleve tous, bientôt après, à différentes dignités, chacun felon fes vertus & fes talents. Il en choifit quelques-uns des plus capables, entre les Lettrés feulement, pour leur faire fubir un nouvel examen, dont il fe mêle quelquefois lui-même, & les aggréger au College Impérial en qualité de *Han-lin-yuen,* pour l'emploi des examen triennaux, & remplir les premieres charges de l'Empire. Ceux des Licenciés qui fe défient d'eux-mêmes, ou qui n'ont pas affez d'ambition pour afpirer au grade de Docteur, fe retirent chez eux pour y vivre honorablement, ou parviennent à des emplois par quelque puiffante protection, de laquelle ils n'auroient nullement befoin s'ils étoient Docteurs. Mais dès qu'ils font en charge, foit Docteurs ou Licenciés, ils ne peuvent plus fe relâcher de l'étude, étant obligés, dans le temps qu'ils y fongent le moins, de comparoître encore aux examens. Ils font même févérement punis, s'ils ont oublié quelque chofe, & font auffi très-bien récompenfés, s'ils ont fait de nouveaux progrès.

(b) On retire plus d'un avantage d'une auffi fage politique 1°. La jeuneffe, occupée fans relâche dès l'âge de fix ans, n'a guere le temps de fe corrompre par la débauche. 2° Un efprit, cultivé par l'étude des fciences, fe forme & fe polit. 3°. Les charges étant remplies par d'habiles gens, on prévient les maux & les inconvéniens fâcheux qui naiffent de l'ignorance & du déréglement. 4°. Puifque les charges ne fe donnent qu'au mérite, l'Empereur peut les ôter, dès qu'on fe rend indigne par des bévues ou des abus groffiers : & perfonne n'eft en droit de s'en plaindre, comme on prétendroit l'être, fi ces charges étoient vénales. N'a-t-on pas vu que cette vénalité, jointe à une trop grande indulgence pour ceux dont l'argent fait tout le mérite perfonnel, a toujours été fatale au bonheur du peuple & au fervice du maître ? Le cinquieme avantage d'une continuelle application à l'étude, n'eft pas moins confidérable que les précédents : car comme on ne connoît point à la Chine de nobleffe héréditaire ; qu'il n'y a que ceux qui poffedent actuellement les charges qui foient réputés pour nobles, & que les enfants d'un premier Miniftre, d'un Vice-Roi, ou d'un Gouverneur de Province, ont leur fortune à faire, de même que les moindres roturiers, il faut néceffairement qu'ils foient héritiers de la vertu & de la capacité de leurs peres, s'ils veulent hériter auffi de leurs dignités & du rang qu'ils ont tenu.

Le cinquieme Mandarin de Lettrés réfide à *Quangton,* & fe nomme *Pout-ching-fe.* C'eft l'Intendant de la Province & le Grand-Tréforier ou Receveur-Général des Impôts qui s'y levent fur les terres, tous les ans, pour l'Empereur. Chaque Gouverneur de ville eft obligé, fous peine d'être caffé, de lui faire tenir

---

réguliérement ceux de fon diftrict : & le Tréforier les ayant raffemblés, envoye le tout au *Hou-pou* à *Peking*, après en avoir retenu ce qu'il faut pour payer les charges de la Province. La levée de ces deniers fe fait dans un très-bon ordre, auffi-bien que ceux des Douanes, de la Taille, de la Gabelle, &c. On ne voit point-là, comme en France & ailleurs, cette cohorte de partifans, de Sous-fermiers & de Commis brutaux, qui foulent le peuple par des exactions injuftes & odieufes.

(*a*) On fait la mefure de toutes les terres, & ce qu'elles rapportent : on fait le nombre des familles & les facultés de chacune, & tout ce que l'Empereur doit retirer de la capitation. Chaque particulier eft obligé de porter fa contribution aux Officiers commis à cet effet. Si quelqu'un y manque, on ne veut point le ruiner par des amendes; mais on le met en prifon, & on lui donne de temps en temps la baftonnade jufqu'à ce qu'il ait fatisfait.

Le fixieme Mandarin réfide auffi à *Quang-ton* : c'eft le *Gan-teha-fe*, grand Juge-Criminel pour les caufes capitales ou dignes de mort. Il envoye le jugement qu'il en a porté, à la cinquieme Cour fouveraine à *Peking*, laquelle, après l'avoir examiné, & en avoir fait rapport à l'Empereur, ce Prince ratifie la fentence, la commue, ou fait grace au criminel.

Ce feroit ici le lieu de parler des différents genres de fupplices dont on ufe envers les coupables, fi je n'avois peur de fatiguer V. A. S. par un détail ennuyeux & peu agréable, parce que les moindres chofes font punies avec une cruauté qui fait horreur : mais ce qu'on ne fauroit trop confidérer, c'eft la grande exactitude avec laquelle la juftice s'exerce à la Chine.

(*b*) Il eft très-rare d'y voir des Juges dont on corrompe l'intégrité, parce que leur conduite & les plaintes du peuples y font examinées avec une attention la plus fcrupuleufe & la plus rigide. Et fi quelque Mandarin eft convaincu d'injuftice, il eft condamné à perdre la vie, ou fa charge tout au moins, & déclaré inhabile d'en poffeder jamais aucune. Tous les procès s'y vuident gratis ; les Juges Civils & autres, qui ont des appointements fuffifants, n'ofent rien exiger des parties. L'on n'y connoît par conféquent ni les épices, ni les honoraires, ni les falaires : les pauvres gens peuvent y pourfuivre leurs droits fans crainte d'être opprimés par des adverfaires trop puiffants. Mais ce que je ne faurois nullement approuver, c'eft qu'une infinité de gens à gages fe préfentent pour fubir le châtiment d'un coupable qui n'a pas mérité la mort, & dont ils efcamottent l'individu en prenant fubtilement fa place. Je ne me ferois jamais imaginé qu'il y eût dans le monde des hommes affez malheureux pour ne vivre que de coups de bâton. La chofe eft d'autant plus furprenante, que la baftonnade des Chinois étant extrêmement rude, un feul coup peut affommer fon homme. Elle fe fait en frappant à toute force fur les feffes avec de groffes cannes de bois de Bambouc. Ce fut un Empereur, nommé *Venius*, (*c*) qui fubftitua ce genre de fupplice à un autre beaucoup plus cruel, qui étoit de couper les criminels par morceaux.

Le feptieme Mandarin fe nomme *Yen-tao* : c'eft l'Intendant-Général de la Gabelle du fel dont il eft comptable au *Tfong-tou*, de même que du nombre de chevaux qu'il entretient, dans divers endroits murés, pour la remonte de la cavalerie. Il a pareillement l'intendance générale fur les barques & fur les grains que la Province doit fournir chaque année à l'Empereur, tant pour la fufiftance de fes troupes & de fes

---

(*a*) Maniere de percevoir les deniers Royaux.
(*b*) Adminiftration de la Juftice.
(*c*) Il régnoit 279 ans avant J. C.

tribunaux, que pour remplir les magafins auxquels on a recours en temps de difette & de cherté. Il en rend compte au *Pou-ching-fe*, & celui-ci au *Fou-yuen*. Ces trois charges, réunies en lui feul à *Quang-ton*, font partagées dans les autres Provinces à trois Mandarins.

Le huitieme eft le *Taoyé*, autrement *Tuen-Siun-tao*, qui a l'autorité, l'intendance & l'infpection générale, mais fubalterne, en ce qui regarde la police fur deux villes du premier ordre; à favoir fur celle où il réfide, à *Quang-ton* & fur fon adjacente.

Le neuvieme eft un Colonel-Major nommé *Tching-cheou*. Il préfide à la garde des portes & des remparts de la ville, & y fait fa réfidence, ayant fous lui un Lieutenant-Colonel, deux Capitaines, & quatre Lieutenants.

Le dixieme eft le Gouverneur-Général de Police dans *Quang-ton*, & autres moindres villes de fa dépendance : on le nomme *Tchi-fou*.

Le onzieme eft le Gouverneur-Général en fecond de cette Capitale & des villes qui en dépendent. Il s'appelle *Eut-fou* ou *Tong-chi*.

Le douzieme, *Sa-fou* ou *Tong-pouou*; c'eft le troifieme Gouverneur. Ces deux derniers font proprement les Affeffeurs de *Tchi-fou*, avec qui ils partagent le foin des affaires du Gouvernement, & lui en rendent compte.

Le treizieme, nommé *Tchi-hien*, eft le Gouverneur particulier de la ville. Il y en a deux dans cette Capitale, & chacun a fes Officiers fubalternes. Son pouvoir fubordonné à celui du Gouverneur-Général ne s'étend que dans la ville & fa banlieue. Il en eft de même des Gouverneurs des autres petites villes. Sa fonction principale, outre la décifion des caufes, eft de recueillir les deniers Royaux de fon diftrict.

Le quatorzieme eft l'Affeffeur du précédent pour les caufes qu'il lui donne à examiner. Son nom eft *Eul-yâ* ou *Hien-tching*.

Le quinzieme, *San-yâ* ou *Tchu-po*, eft fpécialement commis pour le mefurage & la recette du riz, que le territoire de la ville doit fournir à l'Empereur, & doit le tenir prêt pour la vifite que le fecond Gouverneur-Général fait dans les villes de fa dépendance.

Le feizieme, qu'on nomme *Sé-yâ* ou *Tien-fé*, eft le Lieutenant de Police pour le menu peuple. Tous petits différends, querelles & batteries font de fon reffort. Ces trois derniers Officiers dépendent immédiatement du Gouverneur particulier, & ont chacun leur tribunal fubordonné au fien.

Outre ces feize Officiers ou Mandarins de police il y en a encore plufieurs autres dans cette Capitale & les autres villes du premier ordre. Les principaux qui vont prefque de pair avec le *Tchi-hyen*, font Mandarins de Lettres. Il y en a quatre à *Quang-ton*, deux généraux & deux particuliers; ceux-là s'appellent *Fou-hio*, & ceux-ci *Hien-hio*, du nom propre de leur palais collégial. L'un fupérieur & général, & l'autre inférieur & particulier. L'autorité des deux premiers s'étend généralement fur tous les Bacheliers & étudiants de cette ville : mais celle des deux feconds n'eft que les feuls étudiants & Bacheliers de chaque territoire des deux villes ou *Hien*. Ce font eux qui ont la charge & le foin d'inftruire & de châtier même les Bacheliers, & de préparer & conduire les étudiants aux examens que font pour le Baccalauréat, les deux Gouverneurs, général & particulier de la ville, & enfuite le Docteur Examinateur envoyé de la Cour.

Le Gouverneur-Général de *Quang-ton*, & de toute autre ville du premier ordre, a encore à fon fervice deux autres petits Mandarins, dont le premier s'appelle *Tchao-mo*, Examinateur fpécial des caufes & affaires qu'on lui apporte de dehors pour être jugées par le Gouverneur. Le fecond *King-lié-fé* eft fon rapporteur

porteur particulier fur l'état & la nature de chacune de ces affaires.

(*a*) Le *Ti-tang*, qui eſt le Maître du Bureau des poſtes, vient enſuite ſur les rangs. Il eſt ordinairement Lieutenant-Colonel, ou du moins Capitaine par brevet. Les poſtes ſont réglées à-peu-près comme en Europe. A chaque pierre ou borne qui contient dix ſtades Chinoiſes ou une lieue de France, il y a des couriers qui font une diligence incroyable : & à chaque huitieme pierre, il y a des maiſons Royales & publiques nommées *Cungquon* & *Tſeli*, où logent les Officiers de diſtinction qui y ſont reçus aux dépens de l'Empereur ; ils y trouvent des voitures prêtes & toutes ſortes de commodités ; ils doivent avoir pour cela des lettres de poſte, que les anciens Romains appelloient *Diplomata* ou *Evectiones*. Ces poſtes n'ont été établies que pour les affaires publiques, & le ſervice du Souverain : c'eſt pourquoi il en fait ſeul toute la dépenſe, & entretient un grand nombre de chevaux : mais les particuliers ne laiſſent pas d'en profiter auſſi, en donnant une très-petite rétribution au *Ti-tang*, & leurs dépêches ſont très-exactement rendues.

Après cet Officier, l'on en compte cinq autres de moindre dignité qui ſont :

Choui-eo-ſe, Receveur des droits ſur certaines denrées particulieres, ſur les boutiques des marchands, ſur les terres & les endroits de la ville qui relevent de quelque droit ſeigneurial appartenant à l'Empereur.

Ho-po-ſo, Lieutenant du port, lequel a inſpection & autorité ſur les barques.

Se-yò-ſe, Grand Géolier, ou Garde-Général des priſons.

Siun-kien, Lieutenant de Police & Juge dans un gros bourg, & dans tout autre grand abord, pour les cauſes qui regardent le commerce par eau, comme à *Fauchan*, au voiſinage de *Quang-ton*, &c.

Ye-tchin, Lieutenant d'un Bourg ou d'une Cité, où ſont les écuries des chevaux qu'on y entretient pour la cavalerie & pour les poſtes.

Tous ces Mandarins ont encore dans la ville & dans les villages, pluſieurs Maîtres de quartier conſtitués de leur part, pour veiller à tout ce qui ſe paſſe ; afin que ſur leur rapport, ils puiſſent avec plus de facilé & d'exactitude y pourvoir par eux-mêmes, & maintenir par-tout le bon ordre & la tranquillité : ce qui fait l'objet principal du gouvernement de la Chine. C'eſt auſſi, MONSEIGNEUR, ce que j'ai tâché par ce détail, de faire connoître à V. A. S. Je ne ſais, après cela, comment on peut avancer que la juriſprudence ; la police & toutes les loix de la Chine, ont quelque choſe de groſſier & de barbare, qui demanderoit une bonne réformation. C'eſt pourtant ce que l'on fait dire à un voyageur, & pour plus de ſingularité, à un voyageur Moſcovite (*b*).

Après le dénombrement des Officiers de Police dans la Province de *Quang-ton*, qui eſt le même, comme j'ai dit, dans toutes les autres, je viens à celui des Officiers militaires Tartares & Chinois.

(*c*) Le premier Officier Tartare, qui eſt le Général, s'appelle *Tſiang-kiun*. Il commande cinq mille hommes, deux mille Tartares & trois mille Chinois, annexés à leurs bannieres (*d*), dont les quatre premieres portent chacune la ſimple couleur jaune, bleue, rouge & blanche : les quatre autres ſont bordées diverſement d'une de ces quatre couleurs.

Le ſecond *Tou-tong*, ſon Lieutenant-Général. Il y en a deux dans cette ville. L'un de la gauche, & l'autre de la droite. La gauche eſt le côté le plus hono-

rable chez les Tartares. Chacun d'eux commande mille hommes effectifs. Dans la plûpart des autres Provinces, le *Tſiang-kiun* a quatre Lieutenants-Généraux. Le premier pour l'avant-garde, le ſecond pour l'aîle gauche, le troiſieme pour la droite, & le quatrieme pour l'arriere-garde, avec une augmentation proportionnée de troupes.

Le troiſieme Officier s'appelle *Cou-chan*, Meſtre-de-camp, ou Colonel. Il y en a huit ; quatre de la gauche, & autant de la droite.

Le quatrieme eſt le *Tſang-ling*, Lieutenant-Colonel de cavalerie. Il y en a pareillement huit pour la gauche & la droite.

Le cinquieme eſt Capitaine d'une Compagnie de cavalerie, compoſée de 50 Maîtres. On le nomme *Fang-yu* : il y en a vingt de la droite, & vingt de la gauche. Chacun en conduit cinq ; ce ſont deux mille hommes en tout, non compris les Officiers.

Le ſixieme, nommé *Hiáo-ki-hidō*, eſt Lieutenant de cavalerie : il y en a autant que de Capitaines, & rangés de la même maniere.

Ces Officiers ou Mandarins d'armes portent tous la marque ſpéciale de leur dignité. Il y a encore par Compagnie cinq *Décurions* ou Cornettes, nommés *Pe-che-cou*, qui ſont à la tête de chaque ligne, compoſée de dix Maîtres. Ils portent ſur le dos un petit étendard, & tirent la double paye d'un cavalier.

Le Lieutenant-Général Chinois, incorporé aux Tartares, ſe tient toujours au corps de bataille, & s'appelle le *Tchông-kiûn*. Il a trois mille hommes ſous ſon commandement, preſque toute Infanterie, tant Archers que Mouſquetaires, partagés en trois régiments, dont les Colonels ſe nomment *Ycou-kié*, & ont chacun trois Lieutenants-Colonels, *Cheou-poei*, ceux-ci deux Capitaines, *Tſien-tſong*, & chaque Capitaine deux *Pâ-tſong*, c'eſt-à-dire, deux Lieutenants.

(*a*) Le premier Officier de la Milice Chinoiſe s'appelle *Ti-tou* ; c'eſt le Commandant-Général des troupes dans chaque Province. Celui de *Quang-ton* ne réſide point dans la métropole où ſe tient le Général Tartare ; mais à *Hoei-tcheou*, ville du premier ordre, plus voiſine de la mer & de la Province de *Fokien*. Il a ſous ſes ordres cinq mille hommes de troupes, mille de cavalerie & quatre mille d'infanterie : cinq Colonels, dont celui du milieu eſt Brigadier par brevet ; cinq Lieutenants-Colonels, dix Capitaines & vingt Lieutenants.

Le ſecond eſt le *Tſong-ping*, Lieutenant-Général. Il commande trois mille hommes, diſtribués ſous trois Colonels qui ont, comme ci-deſſus, leurs Officiers ſubalternes. Il s'en trouve ſix dans cette Province.

Le troiſieme eſt Maréchal-de-Camp, qu'on nomme *Foû-tſiang* : il y en a douze.

Le quatrieme, dont il y en a auſſi douze, eſt le *Tſang-tſiang*, ou Brigadier.

Le cinquieme, qui eſt Colonel, ſe nomme *Ycoû-kie*. Son régiment eſt compoſé de mille hommes, deux cents cavaliers, & huit cents fantaſſins.

Le ſixieme eſt *Cheou-poei*, Lieutenant-Colonel. Il ſuit immédiatement ſon Colonel à la tête de ces mille hommes, qu'il commande auſſi dans le lieu de ſa réſidence, ſoit que le Colonel s'y trouve ou non.

Le ſeptieme eſt le *Tſing-tſong*, Capitaine d'une Compagnie de cinq cents hommes, dont la cinquieme partie ſont cavaliers, & les quatre autres piétons : chaque Capitaine a ſous lui deux Lieutenants.

Le huitieme, *Pa-tſong*, Lieutenant d'une Compagnie, qui a auſſi un certain nombre d'hommes ſous ſes ordres.

Les Chinois n'ont point d'enſeignes ; ce ſont de ſimples ſoldats choiſis entre les plus robuſtes qui portent les drapeaux.

(*a*) Couriers & chevaux de poſte.
(*b*) *Yſbrands Ydes*. Voy. Recueil des Voyages au Nord, Tom. VIII.
(*c*) Rang & noms des Officiers Militaires Tartares.
(*d*) Toute la nation Tartare eſt compriſe ſous huit Bannieres.

(*a*) Officiers militaires Chinois.

Il y a encore dans la milice Chinoife des bas Officiers nommés *Pé-tfong*, centeniers qui font à la tête de cent foldats, & qui ont double paye. Il fe trouveroit dans cette Province trente-fix mille hommes de troupes, s'ils étoient complets.

Pour le *Tfong-tou* Commandant-Général,	5000
Pour le *Tfiang-kiun* Général Tartare,	5000
Pour le *Ti-tou*, Général Chinois,	5000
Pour les fix *Tfong-ping*, ou Lieutenants-Généraux,	18000
Pour le *Foû-yûen*, le Vice-Roi,	3000
	36000

Mais on y tolere quantité de paffevolants, jufqu'à deux cents ou environ fur mille, dont les Officiers Chinois s'approprient la paye, & la partagent entre eux felon léur rang ; ce qui fait que le nombre ne paffe guere les 30000.

Le Général Tartare feul tient fes troupes dans le lieu de fa réfidence, qui eft comme une ville féparée & environnée de murailles dans l'enceinte même de la plupart des villes capitales. Les Généraux Chinois divifent les leurs dans toutes les villes & places de la Province. Celle de *Quang-ton* contient dix villes du premier ordre, neuf du fecond, & foixante-quatorze du troifieme. Cependant comme il y en a de ce troifieme ordre qui font compliquées dans celle du premier & du fecond, on n'y compte en tout que 74 villes murées qui, fuivant l'importance de chacune, ont toutes une garnifon fuffifante pour contenir le peuple dans le devoir.

(a) Le nombre des familles de cette Province, felon la fupputation la plus récente, eft de 483360. Celui des hommes, fans y comprendre les femmes, ni les enfants au-deffous de vingt ans, eft de 1978000 & au-delà ; & c'eft une des moindres des quinze Provinces. Auffi les Tailles y font-elles proportionnées, ne portant que cinq cents quatre mille taëls en argent : le taël peut valoir un ducaton de Flandre, ou deux florins & demi d'Allemagne. C'eft peu de chofe en comparaifon des autres Provinces, dont il y a telle ville, par exemple *Sout-cheou* dans celle de *Nanking*, qui paye, pour la taille annuelle, deux millons cinq cents deux mille neuf cents taëls. Une différence fi confidérable ne provient pas feulement de la petite étendue de *Quang-ton* ; mais c'eft qu'il y a beaucoup plus d'eaux & de montagnes que dans plufieurs autres Provinces ; & que fon terroir, trop voifin de la mer & des côtes, n'en eft pas, à beaucoup près, fi bon ni fi fertile.

La Taille fur le riz monte par année à un million dix-fept mille fept cents foixante & douze muids ou boiffeaux : c'eft de cette Taille & de celle en argent qu'on fournit à la nourriture & aux appointements de l'Etat civil & militaire. Les droits fur le fel rapportent 91120 taëls par an ; & ceux de la douane de mer & de terre 43600.

Tels font les revenus fixés dans cette Province pour l'Empereur : le furplus, fi ce Prince ne l'exige, refte ordinairement dans les mains des Receveurs, qui s'en enrichiffent fouvent aux dépens du peuple ; car on eft homme par-tout ; & l'intérêt domineroit à la Chine encore plus qu'ailleurs, fi les *Colis* ou Infpecteurs, dont j'ai parlé, ne tenoient tous ces Mandarins dans la crainte, & ne mettoient un frein à leur infatiable convoitife.

(b) Par le produit de la feule Province de *Quang-ton*, l'on ne peut guere fe former une idée complete des richeffes de toute la Monarchie, ni des revenus de l'Empereur : on en jugera du moins par la petite déduction que je vais en donner, & fur laquelle on peut véritablement compter.

Si la richeffe d'un Royaume confifte dans l'abondance des chofes néceffaires à la vie, & de celles qui contribuent à la rendre commode & brillante ; fi elle confifte dans la grande étendue du commerce, & dans les tréfors que l'on tire de la terre, la Chine l'emporte certainement fur tous les pays du monde. Tous ces avantages s'y trouvent dans un degré éminent. Des grains de toutes les efpeces, de fort bons légumes en quantité, des fruits excellents, toutes fortes de bétail, la volaille & le gibier à foifon ; le fel, le fucre, les épices ; différentes fortes de vins de riz très-délicats, plus nourriffants & moins nuifibles que ceux de la vigne (a), quand on en ufe plus que modérément ; enfin, la boiffon commune du thé qui eft très-falubre. Voilà ce que la Chine produit pour la nourriture.

Pour les habillements, elle fournit toutes fortes de toiles de chanvre & de coton ; toutes fortes d'étoffes de foie & de laine, & différentes peaux qui fervent de fourrures, fuivant la diverfité des lieux & des faifons. Les gens aifés y font logés très-commodément & très-proprement : le vernis, la peinture & la dorure y brillent par-tout, non-feulement dans les meubles, mais jufques dans les moindres uftenfiles de ménage. L'on ne voit pas, à la vérité, tant d'éclat parmi le commun peuple ; mais il y a peu de particuliers qui, outre leur appartement intérieur, n'ayent une falle féparée & bien ornée, pour y recevoir & traiter leurs amis ; car ce feroit une grande impoliteffe parmi eux, de les introduire dans leurs chambres à coucher, ou dans les appartements des femmes.

(b) Quant au commerce de la Chine, il n'eft pas feulement d'un avantage infini, il y eft même abfolument néceffaire ; & s'il venoit à manquer, tout périroit. Auffi y eft-il univerfel, chacun s'en mêle, & prefque tous les Mandarins donnent leur argent à des Négociants, pour le mettre à profit ; fur-tout à ceux qui vont à Siam, à Batavia, aux Manilles, à Formofe, & autres endroits de leur voifinage. Ils y portent la porcelaine, les ouvrages verniffés, les drogues, le fucre, le riz, &c. d'où ils ne rapportent que de l'argent, fi l'on en excepte ceux de *Batavia*, qui ont foin de le garder, pour être envoyé en Europe, & qui ne trafiquent qu'en échange contre d'autres marchandifes.

Le commerce le plus confidérable des Chinois, eft leur commerce interne. Toutes les rivieres, tous les canaux, font toujours chargés de barques, qui tranfportent continuellement, d'une Province à l'autre, les marchandifes qui leur conviennent réciproquement, & fe communiquent ainfi chacune leurs richeffes. Celle de *Quang-ton* a le fucre en partage ; celle de *Chekiam* la foie ; *Nanking*, les plus beaux ouvrages, en vernis, porcelaine, foie & d'autres matieres ; *Chang-fi* & *Ching-fi* fourniffent les chevaux, les mulets & les fourrures ; ces deux dernieres Provinces font encore abondantes en fer : celles de *Leaotong* & de *Junnan* donnent de l'or en quantité. Il y a auffi plufieurs mines d'argent dans divers endroits, d'où l'on tire toujours quelque chofe, malgré la défenfe de les ouvrir. *Fokien* produit le thé, *Houquam* le riz, & ainfi des autres.

(c) La Monnoie qui a cours à la Chine, n'eft que de cuivre mélangé, de la couleur & de la grandeur de nos fols à-peu-près. Ils ont au milieu un petit trou

---

(a) Habitants & revenus de la Province de *Quang-ton* en particulier.
(b) Richeffe de la Chine en général.

(a) La vigne eft peut-être la feule plante utile qui foit inconnue à la Chine : ainfi quand on dit qu'elle abonde en vins, on doit toujours entendre les vins de riz.
(b) Commerce,
(c) Monnoie.

quarré; on les enfile par milliers dans une ficelle, à laquelle on fait un nœud à chaque centaine. Mille de ces pieces sont évaluées à une demi-pistole d'Espagne. Jamais l'on n'a permis de battre de la monnoie d'or ou d'argent, afin de prévenir les tromperies ordinaires de la nation, qui est extrêmement avide du gain. L'or y passe pour marchandise, on en achete avec de l'argent, sur lequel il y a ordinairement 30 à 40 pour cent de profit. L'un & l'autre se reçoivent au poids, & les marchands ont tous de petites balances de poche & des ciseaux, faits exprès, pour couper l'argent.

Les Chinois connoissent parfaitement la pureté de ces deux métaux. Ils divisent l'argent en cent parties, & ne le reçoivent point dans le commerce à plus bas titre que 80; on punit même ceux qui s'en servent. Les écus de France & les ducatons de Flandre, y sont sur le pied de quatre-vingt-treize, c'est-à-dire, que sur cent onces, il n'y a que pour 93 d'argent fin.

(a) Quoique chacun soit maître de son bien, l'Empereur peut y mettre de nouveaux impôts, s'il le trouve convenir pour les besoins de l'Etat; mais cela n'arrive que fort rarement. Souvent même l'on exempte de la Taille une ou deux Provinces, sur-tout quand il survient une stérilité, ou de grandes maladies parmi le peuple. Le secours que les pauvres reçoivent alors est très-considérable. On leur distribue la quantité de grains qu'ils ont besoin pour subsister & pour ensemencer les terres. L'Empereur en fait remplir des magasins tous les trois ou quatre ans; & pendant la disette, il le fait vendre à un prix si bas, qu'on en a quatre mesures pour la même valeur que les particuliers en vendent une seule.

C'est pour ces occasions & pour le soulagement continuel des pauvres, qu'il y a toujours plusieurs millions sur l'état ordinaire de la Maison de l'Empereur. Il est vrai que les revenus de ce Prince sont tels, que toutes ces libéralités, qui n'ont que la politique pour objet, n'y sont pas une diminution fort sensible.

(b) La Taille annuelle sur les terres est d'environ cent-cinquante millions de taëls, ou cinq cents vingt-cinq millions de florins, monnoie courante de Flandre. Les Douanes, la Gabelle sur le sel, le loyer des maisons appartenantes à l'Empereur, & la coupe des bois, montent aussi extrêmement haut; le tout ensemble peut aller à sept cents millions de florins. Qu'on ajoute à cette somme prodigieuse d'argent ce que l'on paye encore en différentes denrées. La Taille seul sur le riz fournit par an plus de 4500000 sacs, contenant chacun 125 livres, que l'on transporte des Provinces méridionales à Peking, par un fameux canal sur plus de 9000 vaisseaux, chargés au juste de 500 sacs chacun. Voici le détail de ces denrées.

Quarante-trois millions trois cents vingt-huit mille huit cents trente-quatre sacs de riz, de froment & de millet, ces derniers pesant chacun 120 livres.

Un million trois cents quinze mille neuf cents trente-sept pains de sel de 50 livres.

Deux cents dix mille quatre cents soixante & dix sacs de feves de 120 livres.

Vingt-deux millions cinq cents quatre-vingt-dix-huit mille cinq cents quatre-vingt-trois bottes de paille de riz pour les chevaux.

Un million six cents cinquante-cinq mille quatre cents trente-deux pieces de damas.

Quatre cents soixante-six mille deux cents soixante & dix pieces d'étoffe de soie plus légere, comme taffetas, &c.

Trois cents quatre-vingt-treize mille quatre cents quatre-vingts pieces de toile de coton.

Cinq cents soixante mille deux cents quatre-vingts pieces de toile de chanvre.

Deux cents soixante & douze mille quatre-vingt-treize livres pesant de soie crue.

Quatre cents soixante mille deux cents dix-sept de coton crud.

Quatre-vingt-quatorze mille sept cents trente-sept livres d'ocre.

Et deux cents cinquante-huit livres de vermillon pur.

Toutes ces denrées, jointes à plusieurs autres de moindre considération, & évaluées au plus vil prix, produisent encore au moins quarante millions de taëls: de sorte que, ce n'est point exagérer, si l'on dit que les revenus de l'Empereur passent les deux millions quatre cents mille florins par jour. Non, ce n'est point exagérer. Que seroit-ce, si, dans ce juste dénombrement des parties, l'on n'avoit pas oublié la Capitation?

Marco Polo de Venise, le plus ancien voyageur de l'Europe à la Chine, & le premier qui en ait écrit avec connoissance, ne parle aussi de ces revenus que par centaines de millions. Il est vrai que son Histoire étoit autrefois fort suspecte pour les choses merveilleuses & incroyables qu'elle contenoit, & qu'on l'a surnommé Messer Marco Millioni; mais on lui a rendu justice dans la suite; & un semblable sobriquet n'est plus à craindre après les témoignages des Peres Trigault, Martiny, Navarrette, & de plusieurs autres, qui conviennent tous du trésor prodigieux de l'Empereur de la Chine.

Malgré tout ce qu'on dit à la louange des Chinois touchant leur politique & leur gouvernement; malgré leur extrême application à étudier toute leur vie; malgré les examens rigoureux auxquels ils sont assujettis pour se mettre & se maintenir en place, nous ne voyons point qu'ils ayent eu de grands Ministres d'Etat, ni de grands Clercs dans les Sciences, qui sont parvenues à un si haut degré de perfection en l'Europe. Eh, comment pourroient-ils s'y rendre habiles? Leur langue est si difficile & si défectueuse, qu'ils doivent en faire leur principale étude. Ils n'ont point de simples lettres comme les Hébreux, les Grecs & les Latins: ils ont autant de figures que de mots, qui sont presque tous monosyllabes. On en fixe le nombre à seize cents; mais un seul mot peut signifier plus de vingt choses différentes, selon la diversité des sons qu'on leur donne, c'est-à-dire, que leur langage est une espece de musique beaucoup plus diversifiée que les récitatifs des Opéra Italiens: encore n'y a-t-il que les concitoyens qui puissent s'entendre entre eux; car chaque Province & même chaque ville a son idiome, ou pour mieux dire, ses tons particuliers. Il n'est point de langue plus remplie d'équivoques que la Chinoise; de sorte qu'on ne peut écrire ce qu'un autre prononce, ni comprendre la lecture d'un livre, à moins qu'on ait aussi le même livre devant les yeux. Un homme aura beau parler avec toute la précision & toute l'exactitude possibles, il est quelquefois obligé de répéter ce qu'il a dit, & même de l'écrire, pour se faire bien entendre. J'oubliois de dire qu'outre ces 1600 mots, qui peuvent avoir plus de trente-deux mille significations, ils ont encore une infinité d'autres caracteres ou figures, qui correspondent aux différentes formules ou dictions dont on se sert pour s'exprimer. La plus longue vie d'un homme ne suffit point pour apprendre distinctement tous ces caracteres: aussi personne n'est-il mis au nombre des Savans qu'il n'en sache pour le moins soixante-dix ou quatre-vingts mille. On peut donc leur appliquer sérieusement ce qu'on dit en raillant dans une Comédie: C'est un Docteur qui sait lire & écrire. S'en trouve-t-il qui connoissent plus qu'un autre les rites, les coutumes, & les maximes politiques, ce sont alors leurs Coriphées & leurs Héros.

(a) Soin des pauvres.
(b) Revenus de l'Empereur.

Pour ce qui eſt des ſciences, quelques perſonnages de conſidération que j'ai conſultés, diſent qu'il ne faut pas s'en rapporter aux éloges qu'on a prodigués trop inconſidérément aux Chinois : rien n'eſt plus pitoyable, diſent-ils, que leur philoſophie. Les fables même ſur leſquelles ils ont formé leurs faux principes ne ſont point de leur invention, & il eſt aſſez apparent qu'elles ſont paſſées juſqu'à eux par le commerce des Perſans & des Indiens.

Toute leur capacité dans la Médecine ſe réduit à ſavoir tâter le poulx dans pluſieurs endroits, & à connoître certaines ſimples, avec leſquels on prétend qu'ils font des cures admirables ; mais les plus ſauvages Américains en ſavent plus qu'eux là-deſſus.

On ſait poſitivement aujourd'hui quelle étoit leur ignorance dans l'Aſtronomie, la Géographie, & les autres parties des Mathématiques. Ce n'eſt que depuis environ cent ans qu'on avoit commencé de les vanter extraordinairement ſur ces ſciences, la modeſtie de quelques Miſſionnaires leur ayant cédé chrétiennement ce qui n'étoit dû qu'à leur propre travail & à leur ſavoir particulier.

L'on attribue encore aux Chinois pluſieurs belles inventions, comme la Bouſſole, l'art de naviguer, l'Imprimerie, la poudre à canon, l'artillerie & autres : mais tout cela eſt fort ſujet à conteſtation. Il ne ſeroit pas même difficile de détruire ce faux préjugé, en faiſant voir qu'ils ont appris ces choſes des étrangers & pluſieurs autres qu'ils ignoroient auparavant. Qu'on leur donne les louanges qu'ils méritent, pour ce qu'ils ont effectivement inventé & cultivé, comme leur encre, le vernis & la porcelaine ; mais qu'on s'en tienne-là, & qu'au préjudice des autres peuples, on ne leur faſſe pas un honneur des inventions qui ne leur appartiennent point. Sans entrer dans les vues de ces Panégyriſtes outrés, il eſt certain que l'air de confiance avec lequel ils parlent de l'ancienne origine & de la ſcience univerſelle des Chinois, ne peut ſervir qu'à répandre de l'obſcurité dans l'Hiſtoire profane, à faire douter de l'autorité de l'Ecriture-Sainte, & à rendre encore plus fiere la plus orgueilleuſe de toutes les nations.

J'ai l'honneur d'être avec le plus profond reſpect,

MONSEIGNEUR,

DE VOTRE ALTESSE SÉRÉNISSIME,

Le très-humble & très-obéiſſant Serviteur.

P. D. B.

PRÉFACE DE L'AUTEUR,

Sur les Paroles Remarquables & Maximes des Orientaux.

Cet Ouvrage renferme deux Parties, l'une des Paroles remarquables des Orientaux, & l'autre de leurs Maximes. Le Lecteur, qui aura quelque connoissance des Ouvrages des Anciens, remarquera sans peine que le premier titre est l'interprétation ou l'explication de celui d'Apophthegmes, sous lequel Plutarque nous a laissé les Paroles remarquables des anciens Rois, des Capitaines Grecs & Romains, & des Lacédémoniens. Le titre de Dicta memoratu digna, c'est-à-dire, de Paroles dignes de mémoire, que Valere Maxime a donné en partie au Recueil que nous ayons de lui, n'en est pas aussi beaucoup différent.

Le dessein de Plutarque dans ses Apophthegmes, comme il le marque en les adressant à l'Empereur Trajan, fut de faire voir quel étoit l'esprit de ces grands Hommes. Mon dessein est aussi de faire connoître quel est l'esprit & le génie des Orientaux. Et comme les Paroles remarquables représentent la droiture & l'équité de l'ame, & que les Bons-Mots (a) marquent la vivacité, la subtilité, ou même la naïveté de l'esprit, on aura lieu de connoître que les Orientaux n'ont pas l'esprit, ni moins droit, ni moins vif, que les peuples du Couchant.

Sous le nom des Orientaux, je ne comprends pas seulement les Arabes & les Persans, mais encore les Turcs & les Tartares, & presque tous les Peuples de l'Asie jusques à la Chine, Mahométans & Payens ou Idolâtres. Les Paroles remarquables de Ginghiz-khan & Ogtaï-khan, que j'ai rapportées, font foi que les Tartares & les Turcs, qui sont les mêmes que les Scythes, conservent encore aujourd'hui le même génie, & à-peu-près les mêmes coutumes que celles dont Quinte-Curce & d'autres Auteurs anciens ont fait mention. Mais c'est ce qui arrive à toutes les Nations qui ne changent pas le principal caractere, suivant lequel elles pensent & agissent.

J'attribue aussi aux mêmes Orientaux les Maximes qui font la seconde Partie, parce qu'elles ne font pas seulement tirées des Livres Arabes; mais encore des Ouvrages des Persans & des Turcs, dont les Auteurs ont suivi chacun le génie de leur Nation.

Valere Maxime, comme il le dit, ne s'étoit pas proposé de ramasser toutes les paroles remarquables des Romains & des autres Nations, parce que c'étoit une entreprise d'une trop vaste étendue. Pour la même raison, je n'ai pas eu aussi en vue de recueillir toutes les paroles remarquables, ni toutes les pensées des Orientaux.

J'ai puisé des mêmes Originaux ou des connoissances que j'ai acquises dans mes voyages au Levant, les Remarques que j'ai cru nécessaires pour l'intelligence entiere des paroles remarquables qui m'ont paru en avoir besoin. Ainsi elles ne contiennent rien que je n'aye lu dans les Livres Arabes, Persans & Turcs, ou que je n'aye vu & connu par moi-même. Je les ai aussi employées à marquer le temps auquel vivoient les Califes, les Sultans, les Princes & les autres personnes dont il y est fait mention, & je l'ai fixé précisément en réduisant les années de l'Hégire aux années de la naissance de Jesus-Christ.

J'ai extrait tout cet Ouvrage en partie de Livres imprimés, & en partie de Manuscrits. Les Livres imprimés font, l'Histoire des Califes, par Elmacin, l'Histoire des Dynasties, par Alboulfarage, l'une & l'autre en Arabe, & le Gulistan, Ouvrage de Sadi, en Persan.

Les Manuscrits font le Baharistan, de Giami, en Persan, composé sur le modele du Gulistan. L'Instruction d'un Roi de Mazanderan pour son fils, aussi en Persan. Je parle amplement de cet Ouvrage & de son Auteur dans les Remarques. L'Abrégé de l'Histoire Mahométane, en Persan, sous le titre d'Histoire choisie, dont il y a une Version en Turc que j'ai consultée. Un autre Abrégé de la même Histoire, aussi en Persan, par Ommia Jahia de Gazbin. L'Histoire de Ginghiz-khan, en Persan, par Mirkhond, faisant partie de son Histoire générale, comprise en six Volumes in-folio. L'Histoire en Persan de Schahroch, fils de Tamerlan, & de ses successeurs, par Abdurrizzac Efendi. L'Histoire Universelle de Mehemmed Lari, ou de la Ville de Lar, dans la Perse, écrite en Persan, dont il y a une Traduction en Turc, qui se trouve à la Bibliotheque du Roi. L'Histoire Ottomane, depuis Sultan Osman jusques à Sultan Selim Premier inclusivement, par Cogia Efendi, autrement nommé Saad-eddin, fils d'un favori du même Sultan Selim. L'Histoire des Poëtes Turcs, par Letifi, qui vivoit du temps du Sultan Soliman. Deux Recueils de bons Mots en Turc, dont j'ai choisi ceux qui méritoient d'être publiés. J'ai négligé les autres, parce qu'ils étoient trop vulgaires ou trop libres, & indignes de la curiosité des honnêtes gens.

Les Maximes font recueillies de celles qu'Erpenius & Golius ont fait imprimer confusément & fans distinction avec les Proverbes Arabes; de deux Recueils manuscrits, l'un que j'ai rapporté de Constantinople, & l'autre qui se trouve dans la Bibliotheque de feu M. Thevenot; des Fables Indiennes de Bidpaï, tant en Persan qu'en Turc; & de quelques autres Livres de Morale Arabes, Persans & Turcs, tant en Vers qu'en prose. Ceux qui auroient pu souhaiter que les Maximes fussent disposées par ordre des matieres, pourront se satisfaire en consultant la Table qu'ils trouveront à la fin du Livre (b).

Je pourrois m'étendre sur les qualités de l'esprit des Orientaux; mais ce seroit peut-être diminuer le plaisir du Lecteur, que de lui exposer par avance ce qu'il aimera mieux sentir par lui-même. C'est pourquoi je lui laisse ce plaisir tout entier, afin qu'il juge par le témoignage même des Orientaux, plutôt que par ce que j'en pourrois dire, s'ils ont raison de croire qu'ils ne font pas moins partagés d'esprit & de bon sens que les autres Nations, qui nous font plus connues à cause de leur voisinage.

(a) On a retranché du titre de l'Ouvrage le terme de *Bons-Mots*, comme inutile.
(b) Cette Table, ainsi que celle des *Paroles Remarquables*, est ajoutée à la Table Générale, qui se trouve à la fin de ce Volume.

PAROLES REMARQUABLES
ET
MAXIMES DES ORIENTAUX,

Recueillies par Mᴿ. ANTOINE GALAND, *Membre de l'Académie des Inscriptions & Médailles, & Professeur en Arabe au College Royal à Paris.*

UN Mahométan consultoit Aïscheh, une des femmes de Mahomet, & lui demandoit conseil sur la conduite de sa vie. Aïscheh lui dit : Reconnoissez un Dieu, retenez votre langue, réprimez votre colere, faites acquisition de la science, demeurez ferme dans votre Religion, abstenez-vous de faire le mal, fréquentez les bons, couvrez les défauts de votre prochain, soulagez les pauvres de vos aumônes, & attendez l'éternité pour récompense.

REMARQUE. Suivant les Histoires des Mahométans, Mahomet a eu quatorze femmes. Aïscheh, qui fut de ce nombre, étoit fille d'Aboubekir, qui fut le premier successeur de Mahomet. Elle véquit neuf ans avec lui, & ne mourut que long-temps après, sous le regne du Calife Maavia, âgée de 65 ans.

Hormouzan, Gouverneur de la ville de Schoufchter, capitale du Khouziftan, pour le Roi de Perse, combattit soixante & dix fois contre les Arabes dans le temps de la conquête qu'ils firent du Royaume de Perse ; mais enfin les Arabes le firent prisonnier, & le conduisirent à Omar, second successeur de Mahomet, qui commanda qu'on le fît mourir. Avant l'exécution de cet arrêt, Hormouzan demanda à boire ; mais la frayeur de la mort l'avoit tellement saisi, qu'il n'eut pas la force de boire l'eau qu'on lui apporta. Omar lui dit de reprendre ses esprits, & qu'il n'avoit rien à craindre qu'il n'eût bu. Mais voyant qu'il ne buvoit pas, il ordonna qu'on lui coupât la tête. Hormouzan s'écria : Quoi ! vous m'avez donné ma grace, & vous ne tenez pas votre parole ? Omar étonné, demanda comment il l'entendoit ? Hormouzan répondit : Vous m'avez dit, que je n'avois rien à craindre que je n'eusse bu, je n'ai pas bu. Ceux qui étoient présents dirent, qu'Hormouzan avoit raison, & Omar lui donna la vie.

REMARQUES. On a remarqué avant moi, que Schoufchter est l'ancienne Suse, où les Rois de Perse alloient passer l'hyver, parce qu'elle est dans un climat fort chaud, comme tout le Khouziftan, qui est encore aujourd'hui une des Provinces du Royaume de Perse, bornée au Couchant par le Golfe Persique.

Hormouzan oublia la grace qu'Omar lui avoit faite, & fut un de ses assassins.

Taher, fondateur de la puissance des Tahériens dans le Khoraffan, avoit tué le Calife Emin, & par cet assassinat il avoit été cause que Mamoun, frere d'Emin, avoit été élevé à la même dignité de Calife. Mais Mamoun, qui ne se fioit pas à Taher, nonobstant l'obligation qu'il lui avoit, l'envoya au Khoraffan en qualité de Gouverneur, pour l'éloigner de sa Cour. Pendant qu'il étoit dans ce Gouvernement, Mamoun déclara, pour être Calife après lui, Ali Riza, le huitieme des douze Imams successeurs d'Ali, & l'envoya au Khoraffan, où Taher fit la cérémonie de le mettre sur le Trône dans la ville de Merou, & en lui prétant serment, il lui dit : Ma main droite a élevé Mamoun, & ma main gauche vous rend le même office. Ali Riza repartit : La main gauche qui éleve un Imam sur le Trône, peut s'appeller la main droite.

REMARQUES. Cette action de Taher & l'assassinat du Calife Emin firent dire de lui qu'il étoit à deux mains. Il mourut l'an de l'Hégire 210, c'est-à-dire, l'an de J. C. 825, après avoir pris le titre de Roi, quelque temps avant sa mort.

Le mot d'Ali Riza est fondé sur ce qu'étant de la race d'Ali, & par conséquent de la race de Mahomet, à cause de Fatime, fille de Mahomet, qu'Ali avoit épousée, il croyoit être plus digne successeur du Califat que Mamoun & que les prédécesseurs de Mamoun, que lui & tous ceux qui étoient dans les intérêts de la race d'Ali regardoient comme des usurpateurs. Son autorité en qualité de Calife fut reconnue, & l'on frappa monnoie à son nom. Mais cette autorité ou cette puissance égale à la puissance de Mamoun, ne dura qu'environ deux ans ; car Mamoun se repentit de la lui avoir donnée, & le fit empoisonner à Tous dans le Khoraffan, où il mourut. Après sa mort, son corps fut porté & enterré dans un lieu du territoire de la même ville, qu'on appelloit Senabad, où on lui dressa un tombeau. Depuis, la dévotion y a attiré un si grand nombre de Mahométans, qu'il s'y est formé une ville qui porte le nom de Mesched, & le mot de Mesched signifie un tombeau, mais un tombeau d'une personne morte d'une mort violente, ou plutôt d'un Martyr ; parce que les Mahométans regardent Ali Riza comme un Martyr ; car chez eux, ceux qui meurent de mort violente, par ordre du Prince ou à la guerre, sont appellés & crus Martyrs. La dévotion pour le tombeau d'Ali Riza continue toujours, & les Mahométans y vont encore aujourd'hui en pelerinage, particuliérement ceux du Khorassan & des Provinces voisines.

Le Khorassan, dont il sera encore parlé dans cet Ouvrage, est une grande Province, ou plutôt un Royaume considérable en-deçà de l'Oxus, qui comprend l'Ariane, la Bactriane & les Paropamisades des Anciens. Les Uzbecs sont aujourd'hui les maîtres de ce Royaume, de même que du Maveraunahar, c'est-à-dire, de la Transoxiane ou de la Sogdiane, dont Samarcande, qui étoit la Maracande, dont il est fait mention dans Q. Curce, est la capitale.

Jacoub, fils de Leits, qui s'étoit fait reconnoître Souverain, après s'être emparé de la ville de Siftan & de l'Etat de même nom, entra dans le Khorassan pour le subjuguer, & alla attaquer Mehemmed, fils de Taher, le cinquieme des Taheriens, dans la ville de Nisabor, dont il avoit fait la capitale de son Royaume. Mehemmed ayant appris qu'il approchoit, envoya lui témoigner qu'il étoit prêt de se soumettre s'il avoit des Lettres avec le sceau du Calife ; mais qu'il s'étonnoit de sa venue s'il n'avoit pas d'ordre. Jacoub, qui ne reconnoissoit pas l'autorité du Calife, tira son sabre du fourreau, & dit : Voici l'ordre que je porte, & entra dans Nisabor, où il fit Mehemmed prisonnier avec cent soixante personnes de sa famille, & les envoya tous à la ville de Siftan sous bonne escorte.

REMARQUE. Leits, père d'Jacoub, de qui il est ici parlé, s'appelloit Leits Saffar, c'est-à-dire, le *Marchand de cuivre*, à cause de sa profession, & de ce nom de Saffar, Jacoub fut appellé Saffarien, de même que son frere Amrou & Mehemmed, fils de Taher, qui régnerent, après lui. Jacoub, dès sa jeunesse, eut une passion si forte pour les armes, que son pere, qui fit tout ce qu'il pouvoit pour l'engager dans sa profession, fut contraint de l'abandonner à sa conduite ; & alors, comme il se vit libre de ses actions, il se fit voleur de grands chemins ; mais il avoit la modération de laisser toujours quelque chose qu'il voloit. Un jour il enfonça le trésor de Dirhem, Gouverneur du Siftan pour le Calife, & y entra. Dans l'obscurité, il mit d'abord la main sur quelque chose qui avoit un peu d'éclat, croyant que c'étoient des pierreries, & porta ce qu'il prit à la bouche ; mais il trouva que c'étoit du sel. En même-temps, sans toucher à autre chose, il sortit du trésor par l'ouverture qu'il avoit faite, & se retira. Le lendemain, le Gouverneur ayant su ce qui s'étoit passé, & que rien n'avoit été enlevé du trésor, fit publier qu'il pardonnoit au voleur, qu'il pouvoit se déclarer en toute sûreté, & que non-seulement il ne le maltraiteroit pas ; mais encore, qu'il feroit ce qu'il pourroit pour l'obliger. Sur la parole du Gouverneur, Jacoub parut & se présenta à lui. Le Gouverneur lui demanda quelle raison il avoit eue pour ne rien emporter du trésor. Jacoub lui raconta la chose comme elle s'étoit passée, & ajouta : J'ai cru que j'étois devenu votre ami en mangeant de votre sel, & que par les loix de cette amitié, il ne m'étoit pas permis de toucher à rien de ce qui vous appartenoit. Dirhem lui donna de l'emploi dont il s'acquita avec tant de conduite & de valeur, qu'à la fin par degrés il le fit Général de son armée. Mais après la mort de Dirhem, Jacoub se prévalant de l'autorité qu'il avoit en main, chassa les fils de Dirhem, & s'empara du Siftan, & après le Siftan, du Khorassan, de la Perse & de plusieurs autres Etats, dont il en forma un d'une grande étendue & très-puissant. Il mourut l'an 262 de l'Hégire, de J. C. l'an 875.

Amrou Leits succéda à son frere Jacoub, & augmenta considérablement le Royaume qu'il lui avoit laissé, & pour s'agrandir encore davantage, il conçut le dessein de détruire le Calife, & lui déclara la guerre. Mais le Calife lui opposa Ismaïl, premier Roi de la race des Samaniens, & Ismaïl le fit prisonnier, & l'envoya au Calife. Amrou étoit un Prince très-magnifique & très-splendide, & il ne falloit pas moins de trois cents chameaux pour porter seulement l'attirail de sa cuisine lorsqu'il étoit en campagne. Le jour qu'il fut vaincu & arrêté prisonnier par Ismaïl, il vit près de lui le chef de sa cuisine, qui ne l'avoit pas abandonné, & lui demanda s'il n'avoit rien à lui donner pour manger. Le cuisinier, qui avoit un peu de viande, la mit aussitôt sur le feu dans une marmite, & alla chercher quelqu'autre chose pour régaler son maître dans sa disgrace, le mieux qu'il lui seroit possible. Cependant un chien, qui vint là par hasard, mit la tête dans la marmite pour prendre la viande ; mais il ne put le faire aussi promptement qu'il falloit, à cause de l'ardeur du feu qui le contraignit d'abandonner son entreprise. En relevant la tête, l'anse de la marmite lui tomba sur le cou, & il fit ce qu'il put pour se dégager ; mais ne pouvant en venir à bout, il prit la fuite, & emporta la marmite. A ce spectacle, Amrou ne put s'empêcher de faire un grand éclat de rire, nonobstant sa disgrace ; & un des Officiers qui le gardoient, surpris de ce qu'un Roi prisonnier pouvoit rire, lui en demanda le sujet. Il répondit : Ce matin, trois cents chameaux ne suffisoient pas pour le transport de ma cuisine, & cet après-dîné vous voyez qu'un chien n'a pas de peine à l'emporter.

REMARQUE. Le Calife, de qui il est parlé ci-dessus, étoit Mutadad, qui retint Amrou prisonnier pendant deux ans. Mais à la mort de ce Calife, Amrou fut négligé, & mourut de faim dans sa prison. Mutadad mourut l'an de l'Hégire 289, de J. C. l'an 901.

Un esclave d'Amrou Leits prit la fuite ; mais des gens envoyés après lui le ramenerent, & le grand-Visir de ce Roi, qui lui vouloit du mal, sollicita Amrou avec chaleur de le faire mourir, lui inspirant que ce seroit un exemple pour les autres, & que cela leur apprendroit à ne pas fuir. A ces paroles, l'esclave se prosterna le visage contre terre devant Amrou, & lui dit : Tout ce qu'il plaira à Votre Majesté d'ordonner de ma destinée sera bien ordonné, un esclave n'a rien à repliquer contre le jugement de son Seigneur & maître ; mais parce que j'ai été élevé & nourri dans votre palais, par reconnoissance, je ne voudrois pas que vous eussiez à répondre au jour du Jugement d'avoir fait verser mon sang. Si elle veut me faire mourir, qu'elle le fasse au moins avec quelque prétexte de justice. Amrou lui demanda avec quel prétexte il pourroit le faire ? L'esclave répondit : Permettez-moi de tuer le Visir, & faites-moi perdre la vie, pour venger sa mort, vous le ferez avec raison. Amrou rit de la plaisanterie de l'esclave, & demanda au Visir ce qu'il en pensoit. Le Visir répondit : Je supplie Votre Majesté de pardonner à ce malheureux, il pourroit me jetter moi-même dans quelque malheur. Je me suis attiré cela par ma faute, parce que je n'ai pas considéré que quand on veut tuer quelqu'un, on n'est pas moins exposé à être tué que celui que l'on veut tuer.

Dans un des premiers siecles de la Religion de Mahomet, un Mahométan disoit qu'il étoit Dieu. On lui dit : Il y a un an que l'on fit mourir un tel qui se disoit Prophete, ne craignez-vous pas qu'on vous fasse le même traitement ? Il répondit : On a bien fait de le faire mourir, parce que je ne l'avois pas envoyé.

REMARQUE. Touchant ce faux Prophete puni de mort, il est à remarquer que les Mahométans tiennent que Mahomet est le dernier des Prophetes, que Dieu ne doit pas en envoyer d'autres, & qu'ainsi ils

ils sont perfuadés qu'ils peuvent faire mourir ceux qui se donnent cette qualité, parce qu'ils les regardent comme des perturbateurs du repos public.

Un Calender n'obfervoit pas le jeûne du Ramazan, & se donnoit encore avec cela la licence de boire du vin. On lui dit : Puifque vous ne jeûnez pas, au moins vous ne devriez pas boire de vin. Il répondit : J'ai renoncé à la pratique d'un précepte, voulez-vous que j'abandonne encore la pratique de cette tradition ?

REMARQUES. Les Calenders, chez les Mahométans, font des gens qui abandonnent pere, mere, femme, enfants, parents & toutes chofes ; qui courent par le monde, & qui vivent de ce qu'on leur donne ; mais cela ne les rend pas meilleurs obfervateurs de leur Religion, comme on le voit par l'exemple de celui-ci. On appelle encore Calender le chef d'une nation, d'une tribu, d'un peuple, &c. Par exemple, dans l'Hiftoire de Scharoch, & des autres Fils & defcendants de Tamerlan, les chefs de vingt à trente mille Turcomans, qui avoient paffé de la Perfe au Khoraffan, pour s'y établir, font nommés Calenders. Les Arméniens d'Ifpahan, qui demeurent dans le quartier de Julfa, ont auffi un chef qui porte le nom de Calender, & en cette qualité c'eft lui qui repréfente les befoins de fa nation au Roi de Perfe ou à fes Miniftres, & qui fait exécuter les intentions de la Cour par fa même nation.

On préfenta un jour au Calife Haroun Errefchid un de fes fujets qui fe difoit Prophete. Le Calife, qui ne douta pas que le prétendu Prophete n'eût la cervelle renverfée, affembla fes Médecins pour une confultation touchant le remede qu'on pourroit lui faire. Les Médecins convinrent que les méchantes nourritures avoient caufé ce bouleverfement d'efprit, & dirent au Calife que de bons aliments pourroient lui procurer la guérifon. Le Calife ordonna qu'on prît le foin de le bien nourrir pendant quarante jours, & pour cela, qu'on le conduifît à la cuifine de fon palais. Les quarante jours expirés, le Calife le fit venir, & lui demanda s'il étoit encore Prophete, & fi l'Ange Gabriel venoit toujours lui annoncer les ordres de Dieu ? Le faux Prophete répondit : L'Ange Gabriel me marque que Dieu, parce que je lui fuis agréable, m'a fait une grace toute finguliere en me procurant la bonne cuifine où je fuis, & me commande de n'en pas fortir.

REMARQUES. Harou Errefchid fut le cinquieme Calife de la race des Abbaffides, & mourut l'an de l'Hégire 193, de J. C. l'an 808. Les Mahométans tiennent que Dieu fait faire tous fes meffages par l'Ange Gabriel, & c'eft de-là qu'ils veulent que ce foit lui qui ait dicté l'Alcoran à Mahomet, & qu'ils appellent les rêveries qui y font contenues, la parole de Dieu.

Un bon homme de Sivri-Hiffar difoit à un de fes voifins, qu'il avoit grand mal à un œil, & lui demandoit s'il ne favoit pas quelque remede ? Le voifin répondit : J'avois l'an paffé un grand mal à une dent, je la fis arracher, & j'en fus guéri ; je vous confeille de vous fervir du même remede.

REMARQUE. Sivri-Hiffar eft une petite ville de la Natolie, dont les habitants ont la réputation d'être fimples.

Dans la même ville de Sivri-Hiffar, un homme enfermoit tous les jours fa hache à la clef dans un coffre. Un jour fa femme lui en demandant la raifon, il répondit : Je crains que le chat ne la mange. La femme repartit : Vous vous moquez, les chats ne mangent point de haches. Le mari repliqua : Le bourreau ! il nous a mangé un foie qui nous coûtoit un afpre & demi, pourquoi voulez-vous qu'il ne mange pas une hache qui en coûte vingt ?

REMARQUE. Un afpre eft une petite monnoie d'argent de la valeur d'environ deux liards, qui a cours dans l'Empire Ottoman, que les Turcs appellent *Akgeh*, c'eft-à-dire, un *blanc*, & les Grecs ont traduit ce mot dans leur langue par celui d'ἄσπρον, qui fignifie auffi un blanc. De-là nos Marchands François, qui font à Conftantinople & en d'autres Echelles du Levant, & même nos voyageurs, ont fait celui d'afpre, que l'ufage femble avoir autorifé plutôt que nôtre mot de *blanc*, qui cependant en feroit la véritable interprétation.

Une Mahométane d'une grande laideur, demandoit à fon mari : A qui de vos parents voulez-vous que je me faffe voir ? Le mari répondit : Ma femme faites-vous voir à qui vous voudrez, j'en ferai content, pourvu que je puiffe ne vous pas voir.

REMARQUE. Puifque cette femme étoit fi laide, on pourroit demander pourquoi le mari l'avoit époufée ? mais il eft aifé de répondre que parmi les Mahométans, de même que parmi nous, on prend des femmes par intérêt de famille, & parce que le pere & la mere le veulent. De plus, c'eft auffi parce qu'on les prend prefque toujours fans les avoir vues auparavant le vifage découvert ; & quand on les a époufées, elles ne peuvent fe découvrir le vifage devant perfonne qu'avec la permiffion du mari ; parce que c'eft un péché à une femme Mahométane, de fe faire voir à un autre Mahométan qu'à fon mari. Mais j'ai lu dans un de leurs Livres, que ce n'eft pas un péché pour elles de fe faire voir à d'autres que des Mahométans. En raifonnant fuivant leurs principes, en voici la raifon, fi je ne me trompe. C'eft qu'ils croyent que leurs femmes en fe faifant voir à des Chrétiens, par exemple, ou à des Juifs, ne feront pas faciles à fe laiffer corrompre, premiérement, à caufe de l'averfion contre les uns & contre les autres dans laquelle ils ont foin de les élever, & en fecond lieu, à caufe du rude châtiment de lapidation ou de fubmerfion auquel elles font condamnées, lorfqu'elles font convaincues de ce crime. Ils regardent auffi le grand bien qui peut en revenir à leur Religion, en ce que les Chrétiens ou les Juifs retenus d'entreprendre de corrompre des Mahométanes, dans la crainte du feu, peuvent par ce moyen en devenir amoureux, & abandonner leur Religion pour en époufer quelqu'une. Il eft certain qu'ils ont cette vue, & qu'elle leur a réuffi, & ne leur réuffit encore que trop.

Un Cadi interrogeoit, en préfence d'un Sultan, un Mahométan, qui fe difoit Prophete, & le fommoit de prouver fa miffion par un miracle. Le Prophete prétendu dit que fa miffion étoit évidente, en ce qu'il reffufcitoit les morts. Le Cadi ayant repliqué, que c'étoit ce qu'il falloit voir, & qu'il ne fuffifoit pas de le dire, il dit au Cadi : Si vous ne me croyez pas, faites-moi donner un fabre, que je vous coupe la tête, & je m'engage de vous reffufciter. Le Sultan demanda au Cadi ce qu'il avoit à dire là-deffus ? Il répondit : Il n'eft plus befoin de miracle, je l'en tiens quitte, & je crois qu'il eft Prophete.

REMARQUE. Sur ce principe, que les Prophetes doivent prouver leur miffion par un miracle, les Mahométans, qui croyent que Mahomet eft le dernier des Prophetes, & que Dieu s'eft fait une loi de n'en plus envoyer après lui, tiennent pour conftant qu'il a partagé la lune en deux du bout de fon doigt, & fur ce faux miracle, ils ont l'aveuglement de le tenir pour Prophete, & d'ajouter foi à tout ce qu'il leur enfeigne dans l'Alcoran.

Dans la ville de Samarcande, un Savant prit place dans une affemblée au-deffus d'un Mahométan qui favoit l'Alcoran par cœur. Celui-ci, offenfé de la hardieffe du Savant, demanda à la compagnie : D'un Alcoran & d'un autre Livre, fi c'étoit le Livre ou l'Alcoran qu'on mettoit deffus ? Le Savant, qui comprit

prit son intention dit : C'est l'Alcoran qu'on met-dessus, mais non pas l'étui de l'Alcoran.

REMARQUES. Les Mahométans ont des gens qui font profession de savoir l'Alcoran par cœur ; mais plus souvent ils ne savent autre chose. On les appelle du nom d'*Hafiz*, formé d'un verbe qui signifie *conserver dans la mémoire*. Mais parce qu'ils ne sont recommandables que par un effort de mémoire, les autres Mahométans qui font profession de savoir quelque chose, n'ont pas pour eux le respect qu'ils prétendent, quoique d'ailleurs ils ayent de la vénération pour l'Alcoran.

Comme l'Alcoran est d'un grand usage, on le met ordinairement dans un étui de drap pour le conserver ; & ce drap est presque toujours verd. On le met aussi dans des étuis de cuir ou de carton. On fait de même des étuis de cuir ou de carton pour d'autres livres, particuliérement lorsque la reliure n'est pas commune, & qu'on veut la conserver.

Un Chrétien se fit Musulman. Six mois après, ses voisins, qui l'avoient observé, & qui avoient remarqué qu'il se dispensoit de faire par jour les cinq prieres auxquelles il étoit obligé comme tous les autres Mahométans, ils le menerent au Cadi, afin qu'il en fît le châtiment ; & le Cadi lui demanda la raison de sa conduite. Il répondit : Seigneur, lorsque je me fis Musulman, ne me dites-vous pas en propres termes que j'étois pur & net, comme si je venois de sortir du ventre de ma mere ? Le Cadi en étant tombé d'accord, il ajouta : Si cela est, puisqu'il n'y a que six mois que je suis Musulman, je vous demande si vous obligé les enfants de six mois de faire la priere ?

REMARQUE. Ceci fait voir que chez les Mahométans, les causes qui regardent la Religion, sont jugées par les Cadi de même que les causes civiles.

Un autre Mahométan, qui ne faisoit pas la priere, fut mené de même en Justice. Sur la demande que le Cadi lui fit de la cause de cette négligence, il répondit : Seigneur, j'ai une femme & des enfants à nourrir, je suis pauvre, & je ne puis gagner de quoi nous nourrir ma famille & moi, que par un travail qui ne demande pas de relâche ; c'est ce qui m'empêche de faire la priere. Le Cadi lui dit : On vous donnera deux aspres par jour, faites la priere comme les autres. Quelque temps après, on amena le même au Cadi, & on lui exposa qu'à la vérité il faisoit la priere, mais qu'il ne se lavoit pas auparavant. Le Cadi lui en fit une grande réprimande, & lui demanda pourquoi il ne se lavoit pas ? Il répondit : Seigneur, si vous voulez que je me lave avant que de faire la priere, faites-moi donner quatre aspres au-lieu de deux. C'est pour perdre moins de temps que je ne me lave pas.

REMARQUE. Quoique chacune des prieres que les Mahométans sont obligés de faire chaque jour soit courte, néanmoins, en y comprenant le temps qu'il faut qu'ils employent à se laver, ce qu'ils font avec circonspection & avec mesure, ils ne peuvent pas y en mettre moins qu'une demi-heure. Les cinq temps prescrits pour cela, sont à la pointe du jour, à midi, à deux heures & demie avant le coucher du soleil, au coucher du soleil, & à une heure & demie après le coucher du soleil. Ainsi dans tous les pays où l'on fait profession du Mahométisme, on se leve généralement de grand matin en quelque temps que ce soit ; car il n'y a point d'exception, Princes, Seigneurs, Nobles & Roturiers, tout le monde y est obligé quand on est en âge de la faire.

Un Calender, qui avoit une grande faim, présenta son bras à un Médecin, afin qu'il lui tâtât le poulx, & lui dit qu'il étoit malade. Le Médecin, qui connut que le Calender n'avoit pas d'autre maladie que la faim, le mena chez lui, & lui fit apporter un grand plat de pilau. Quand le Calender eut achevé de man-

ger, il dit au Médecin : Monsieur le Docteur, vingt autres Calenders ont la même maladie que moi dans notre Couvent.

REMARQUE. Le pilau est du riz cuit & préparé avec du beurre, ou avec de la graisse, ou de bon jus de viande. Mais par cette maniere de préparer le riz, les grains sont dans leur entier & non pas écachés comme quand nous en préparons avec du lait, ou en potage.

On louoit dans une assemblée un Savant qui paroissoit avoir l'esprit un peu égaré, & qui marchoit toujours la tête levée, & entr'autres sciences, on disoit qu'il étoit bon Astronome. Bassiri, qui étoit de la conversation, dit : Je ne m'en étonne pas, il regarde toujours aux astres.

REMARQUE. Bassiri étoit un Poëte Turc des confins de la Perse, qui vint à la Cour de Constantinople sous le regne de Sultan Bajazid, fils & successeur de Sultan Mehemmed second, où il se fit distinguer par ses Poésies en langue Turque & en langue Persane. Letifi, qui parle de lui dans son Ouvrage, touchant les Poëtes Turcs, remarque qu'il étoit agréable dans la conversation, & qu'il avoit toujours le mot pour rire. Bassiri est un mot tiré de l'Arabe, & signifie *le voyant*, *l'intelligent*. Peut-être que l'occasion se présentera ailleurs de parler des noms des Poëtes Orientaux.

Un Calife avare recevoit les Poésies faites à sa louange qu'on lui présentoit ; mais, pour récompense, il ne donnoit qu'autant que le livre ou l'écrit pesoit. Un Poëte, qui savoit sa coutume, s'avisa de faire graver sur un gros marbre une piece de Poésie qu'il avoit faite pour lui ; & lorsque la gravure fut achevée, il fit charger le marbre sur un chameau, & le fit porter jusques à la porte du Calife, avec ordre d'attendre. Cependant il alla faire sa cour ; & en parlant de son travail au Calife, il lui demanda s'il auroit pour agréable qu'il fît apporter le marbre. Le Calife répondit : Non, ne le faites pas apporter, mais composons.

REMARQUES. La composition fut de cinq mille aspres, c'est-à-dire, de cent vingt-cinq livres que le Calife fit compter à l'Auteur ; mais ce n'étoit pas une récompense, ni pour sa peine, ni pour la gravure. C'est pourquoi il y a apparence que c'étoient des drachmes, monnoie d'argent au coin des Califes, & qu'ainsi la somme fut un peu plus considérable.

Cette piece de Poésie étoit une de celle que les Orientaux appellent *Cacideh*, dont la plus courte est au moins de cinquante distiques, & la plus longue de cent, plus ou moins. Les deux premiers Vers riment ensemble, & les autres seulement alternativement, tous sur une même rime ; de sorte que les plus longues sont celles qui sont sur une lettre ou sur une terminaison, qui fournit plus de rimes qu'une autre. Elle est principalement consacrée à la louange des Princes & des grands hommes.

Schahroch, fils de Timour, c'est-à-dire, de Tamerlan, étoit un Prince naturellement avare & d'un grand ménage. Un vendeur de pots de terre se présenta à lui, & lui demanda s'il ne tenoit pas pour véritable la doctrine de la Religion Mahométane, qui enseigne que tous les Musulmans sont freres ? Schahroch répondit, qu'il la tenoit pour véritable. Le vendeur de pots repartit : Puisque nous sommes tous freres, n'est-ce pas une injustice que vous ayez un si grand trésor, & que je sois dans le besoin d'une pauvre maille. Donnez-moi au moins la portion qui me touche en qualité de frere. Schahroch lui fit donner une piece de monnoie d'argent de la valeur d'environ trois sols ; mais il n'en fut pas content, & il dit : Quoi ! d'un si grand trésor il ne m'en revient que cette petite portion ? Schahroch le renvoya, & lui dit : Retire-toi, & ne dis mot à personne de ce que je t'ai donné. Ta portion ne seroit pas si considérable, si tous nos autres freres le savoient.

REMARQUE. C'est un Ecrivain Turc qui taxe ici Schahroch d'avarice & de ménage. Néanmoins, c'étoit un grand & puissant Monarque, comme on pourra le connoître par son Histoire, que j'ai traduite du Persan en notre langue. Ce qui peut faire croire qu'il est quelque chose du vice qu'on lui reproche, est, qu'il paroît que les Gens de Lettres s'attachoient plutôt aux Princes ses fils qu'à lui: Mais pour l'excuser de ce défaut, on peut dire qu'il paroissoit l'avoir, parce qu'il se donnoit tout entier au soin du gouvernement de ses Etats, qui s'étendoient depuis la Perse jusques à la Chine, & qu'il ne se donnoit pas l'application qu'il falloit pour connoître dans le détail ceux qui méritoient d'être récompensés.

Avant que de manger, un Mahométan avare disoit toujours deux fois *Bismi-llah*, c'est-à-dire, *au nom de Dieu*. Sa femme lui en demanda un jour la raison. Il dit : La premiere fois, c'est pour chasser le Démon ; & la seconde, pour chasser les écornifleurs.

REMARQUE. Les Mahométans ne prononcent pas *Bismi-llah* seulement avant que de manger ; mais encore en commençant de marcher, de travailler, & de faire quelque ouvrage que ce soit.

Dans une assemblée, en présence de Sultan Mehemmed second, Empereur de Constantinople, quelqu'un avança que Mirza Khan avoit promis mille pieces de monnoie d'or à celui qui lui feroit voir une seule faute dans les Ouvrages des Poëtes de sa Cour. Sultan Mehemmed dit : J'épuiserois mes trésors, si je voulois imiter Mirza Khan.

REMARQUES. Sultan Mehemmed est celui qui prit Constantinople. Quoiqu'il eût si peu bonne opinion des Poëtes de sa Cour, néanmoins il y avoit déja de bons Poëtes Turcs de son temps, comme Letifi l'a remarqué. Le mot de *Mirza*, dans la Perse & dans les Indes, signifie le fils ou le parent d'un Souverain, & il se dit par abréviation au-lieu d'*Emir Zadeh*, qui signifie en Persan *né d'un Emir*. Je crois qu'il y a faute dans le nom du Prince de qui il est ici parlé, & que c'étoit un Prince de la famille de Tamerlan, qui portoit encore un autre nom avec celui de *Mirza* & de *khan*. Le mot de *Khan* chez les Tartares signifie un *grand Monarque*. Les Empereurs Turcs qui prennent leur origine du Turquestan, qui fait partie de la grande Tartarie, le prennent avec le nom de Sultan. Ainsi on dit & on écrit chez les Turcs : *Sultan Mehemmed Khan*, *Sultan Ahmed Khan*, *Sultan Murad Khan*, &c.

Un Imam avoit sa maison fort éloignée de la Mosquée dont il étoit Imam. Les Mahométans, qui en dépendoient, lui dirent un jour : Votre maison est trop éloignée, & vous ne pouvez vous rendre chaque soir à la Mosquée pour faire la priere à une heure & demie de nuit. C'est pourquoi nous vous en exemptons : nous la ferons entre nous, sans qu'il soit nécessaire que vous preniez la peine de venir. L'Imam répondit : Musulmans, Dieu vous fasse miséricorde, vous m'exemptez de cette priere, & moi je vous exempte de la priere du matin.

REMARQUES. Le mot d'*Imam* est Arabe, & signifie proprement la même chose que le mot Latin *Antistes*, c'est-à-dire, *celui qui est à la tête des autres* ; & en cette signification chez les Mahométans, c'est celui qui fait la priere publique, non-seulement dans la Mosquée, mais encore en quelque endroit que ce soit, & ceux qui sont derriere lui, font en même-temps les mêmes génuflexions, les mêmes prosternations contre terre, & tous les gestes qu'ils lui voyent faire. Les Turcs appellent en leur langue *Iatsinamaz*, cette priere qui se fait à une heure & demie de nuit, c'est-à-

dire, priere du coucher, priere qui se fait avant de se coucher.

Un Mahométan, qui faisoit peur à voir, tant il étoit laid, trouva un miroir en son chemin, & l'ayant ramassé, il s'y regarda ; mais comme il se vit si difforme, il le jetta de dépit, & dit : On ne t'auroit pas jetté, si tu étois quelque chose de bon.

Un Calife étoit à table, & on venoit de lui servir un agneau rôti, lorsqu'un Arabe du désert se présenta. Le Calife lui dit d'approcher, & de prendre place à sa table. L'Arabe obéit, & se mit à manger avec avidité, & morceaux sur morceaux. Le Calife, à qui cette maniere déplut, lui dit : Qui êtes-vous donc qui dépecés ce pauvre agneau avec tant de furie ? il semble que sa mere vous ait donné quelque coup de cornes. Il répondit : Ce n'est pas cela ; mais vous avez autant de dépit de voir que j'en mange, que si sa mere avoit été votre nourrice.

REMARQUE. Les Arabes du désert ne sont pas si polis que les Arabes qui demeurent dans les villes ; mais ils ne laissent pas d'avoir de l'esprit & du bon sens, & de vivre entr'eux avec plus de bonne foi que ne vivent les autres Arabes.

On prioit Behloul de compter les foux de la ville de Basra d'où il étoit ; il répondit : Vous me demandez une chose qui n'est pas possible ; passe si vous me parliez des Savants, ils ne sont pas en si grand nombre.

REMARQUES. Basra est, suivant nos Géographes, la ville de Bassora sur le Golfe Persique. Behloul étoit un Savant de la Cour du Calife Haroun-erreschid, qui avoit l'esprit agréable. Le mot de *Behloul* en Arabe signifie un *moqueur*, un *railleur*, & particuliérement un homme qui a l'esprit gai ; d'où vient le Proverbe Arabe : Qui a l'esprit gai, danse sans tambour de basque, ou le mot de *Behloul* est employé en cette signification. Ce Behloul apparemment avoit un autre nom, & celui-ci étoit un sobriquet qui lui est demeuré.

Behloul arrivant pour faire sa cour au Calife, le grand-Visir lui dit : Behloul, bonne nouvelle, le Calife te fait l'Intendant des singes & des pourceaux de ses Etats. Behloul repartit au Visir : Préparez-vous donc à faire ce que je vous commanderai, car vous êtes un de mes sujets.

Un Savant écrivoit à un ami, & un importun étoit à côté de lui, qui regardoit par-dessus l'épaule ce qu'il écrivoit. Le Savant, qui s'en apperçut, interrompit le fil de sa lettre, & écrivit ceci à la place : Si un impertinent, qui est à mon côté, ne regardoit pas ce que j'écris, je vous écrirois encore plusieurs choses, qui ne doivent être sues que de vous & de moi. L'importun, qui lisoit toujours, prit la parole, & dit : Je vous jure que je n'ai regardé, ni lu ce que vous écrivez. Le Savant repartit : Ignorant que vous êtes, pourquoi donc me dites-vous ce que vous dites ?

Un Tisserand, qui avoit donné un dépôt en garde à un Maître d'école, vint le redemander, & trouva le Maître d'école à sa porte, assis & appuyé contre un coussin, faisant la leçon à ses écoliers, qui étoient assis autour de lui. Il dit au Maître d'école : J'ai besoin du dépôt que vous savez, je vous prie de me le rendre. Le Maître d'école lui dit de s'asseoir, & d'avoir la patience d'attendre qu'il eût achevé de faire la leçon. Mais le Tisserand avoit hâte, & la leçon duroit trop long-temps. Comme il vit que le Maître d'école remuoit la tête, par une coutume qui lui étoit ordinaire en faisant la leçon à ses écoliers, il crut que faire la leçon n'étoit autre chose que de remuer la tête, & il lui dit : De grace, levez-vous, & laissez-moi à votre place, je remuerai la tête pendant que vous irez prendre ce que je vous demande, parce que je n'ai pas le temps d'attendre. Cela fit rire le Maître d'école & les écoliers.

Remarques. Il faut entendre que ce Maître d'école étoit affis les jambes croifées ou fur les talons, fur un tapis ou fur une natte, fuivant la coutume du Levant.

Les Mahométans ont cette coutume dans tout le Levant, de branler la tête en-devant & en-arriere lorfqu'ils lifent; & comme les enfants qui lifoient fous ce Maître d'école, branloient la tête, le Maître d'école branloit auffi la fienne, quoiqu'il eût pu s'en abftenir; mais c'étoit fa coutume. Les Juifs branlent auffi la tête dans leurs Synagogues en priant Dieu, mais d'une épaule à l'autre, & non pas en-devant & en-arriere, comme les Mahométans. Les uns & les autres prétendent que cette agitation les rend plus attentifs à leurs prieres.

Dans une nuit obfcure, un aveugle marchoit dans les rues avec une lumiere & une cruche d'eau fur le dos. Un coureur de pavé le rencontra, & lui dit : Simple que vous êtes à quoi vous fert cette lumiere? La nuit & le jour ne font-ils pas la même chofe pour vous? L'aveugle lui répondit en riant : Ce n'eft pas pour moi que je porte cette lumiere, c'eft pour les têtes folles qui te reffemblent, afin qu'ils ne viennent pas heurter contre moi & me faire rompre ma cruche.

Un Savant, qui étoit d'une laideur extraordinaire, s'entretenant dans la rue avec un ami, une Dame, affez bien faite, qui paffoit, s'arrêta, & le regarda fixément pendant quelque temps; après quoi elle continua fon chemin. Quand elle fut partie, le Savant envoya fon valet après elle pour favoir ce qu'elle fouhaitoit. Elle dit au valet, afin qu'il le redît à fon maître : J'ai commis un péché énorme par les yeux, & je cherchois à les punir par un châtiment conforme à l'énormité du péché. J'ai cru que je ne pouvois leur caufer un plus grand fupplice, que de les employer à regarder la vilaine face de ton maître.

Le même Savant racontoit, que jamais on ne pouvoit avoir une mortification plus grande que celle qu'il avoit eue un jour. Il difoit : Une Dame me prit un jour par la main dans la rue, & me mena devant la boutique d'un Fondeur, à qui elle dit : Comme cela, entendez-vous? & après ces paroles, elle me laiffa. Je fus d'autant plus furpris de l'aventure, que je ne favois pas ce que cela vouloit dire. Je priai le Fondeur de me dire ce que c'étoit, & il me dit : Cette Dame étoit venue pour me faire fondre la figure d'un Diable, & je lui avois répondu que je n'avois pas de modele pour lui rendre le fervice qu'elle fouhaitoit. Elle vous a rencontré, & vous a amené, pour me dire que j'en prenne le modele fur vous.

Un Mahométan, âgé de cinquante ans, qui avoit un grand nez, faifoit l'amour à une Dame, & lui difoit, qu'il n'étoit pas léger & inconftant comme les jeunes gens, & fur toute chofe qu'il avoit de la patience, quelque fâcheufe & peu fage que pût être une femme. La Dame lui dit : Il faut bien que cela foit; car fi vous n'aviez pas la patience de fupporter une femme, jamais vous n'auriez pu porter votre nez l'efpace de cinquante ans.

Un Mahométan, propre & poli, voyant un autre Mahométan négligé, qui ne fe faifoit pas faire la barbe, lui dit : Si vous ne vous faites rafer, votre vifage deviendra tête.

Remarque. Quoique les Mahométans, particuliérement ceux qui font mariés, fe laiffent croître la barbe; néanmoins ils ne laiffent pas que d'en avoir un grand foin. Ils la font accommoder fouvent, en faifant rafer le poil follet autour du vifage, & couper les extrémités avec des cifeaux, de maniere qu'un poil ne paffe pas l'autre, & cela donne tout un autre air au vifage.

Un defcendant d'Ali avoit querelle avec un autre Mahométan, & lui difoit : Pourquoi êtes-vous mon ennemi, pendant que la religion vous oblige de dire dans vos prieres : mon Dieu, béniffez Mahomet & ceux qui font de fa race. L'autre répondit : La priere porte pour ceux de fa race qui font bons & purs; mais vous n'êtes pas de ce nombre-là.

Remarque. Les defcendants d'Ali font confidérés dans la Perfe, tant à la confidération d'Ali, que de Fatime, fille de Mahomet, & femme d'Ali, parce qu'ils font cenfés defcendre de Mahomet par Fatime. Les Schérifs chez les Turcs font les mêmes que les defcendants d'Ali chez les Perfans. Mais les Turcs ne croyent pas avec les Perfans, que les defcendants d'Ali fuffent les véritables fucceffeurs de Mahomet à la dignité de Calife, & ne regardent pas la nobleffe de leurs Schérifs par cet endroit-là; mais par Fatime de qui ils defcendent.

Un Arabe du défert étoit à la table d'un Calife, & le Calife le regardant manger, apperçut un poil fur un morceau qu'il alloit mettre à la bouche, & lui dit : Arabe, prenez garde, ôtez le poil que voilà fur votre viande. L'Arabe lui dit : On ne peut pas manger à une table dont le maître prend garde aux morceaux de fi près qu'il y apperçoit un poil; & en difant cela, il fe leva & jura que jamais il ne mangeroit à la table du Calife.

Un Mahométan fort riche étant mort fous le regne d'un Tyran, le Vifir du Tyran fit venir le fils du défunt, & lui demanda compte des biens que fon pere lui avoit laiffés. Le fils lui rendit un compte exact de tout, & à la fin il ajouta : Mon pere vous a fait héritier de cela pour portion égale avec moi. Le Vifir rit en lui-même de l'adreffe du fils, & fe contenta de prendre la moitié des biens pour le Tyran.

On demandoit à un Turc ce qu'il aimoit le mieux, ou de piller aujourd'hui, ou d'entrer demain dans le Paradis? Il répondit : Je prends, je pille & je vole aujourd'hui tout ce qui m'accommode, & je fuis prêt d'entrer demain dans le feu d'enfer, pour tenir compagnie à Pharaon.

Remarque. Le Turc, de qui il eft ici parlé, n'étoit pas un Turc de Conftantinople, ni de l'Empire qui en dépend; mais un Turc du Turqueftan dans la grande Tartarie, de ceux qui étoient accoutumés à piller, & qui fortoient de temps en temps de leur pays pour faire des courfes en-deçà de l'Oxus, ou pour fe louer & fe mettre à la folde des Princes qui les prenoient à leur fervice. Quoique les Turcs de Conftantinople tirent leur origine d'une inondation faite dans une de ces courfes, néanmoins ils ne fe donnent pas ce nom là. Ils le donnent feulement aux payfans Mahométans de Natolie & de Romélie. De forte que chez eux, un Turc eft un homme groffier, ruftique, incivil & mal appris.

Un pauvre demandoit l'aumône à la porte d'une maifon. Le Concierge lui dit : Dieu vous affifte, il n'y a perfonne à la maifon. Le pauvre repartit : Je demande un morceau de pain, je n'ai rien à démêler avec les gens de la maifon.

Le fils d'un Mahométan étant à l'agonie, le Mahométan donna ordre de faire venir le laveur pour le laver. Ses gens lui dirent, qu'il n'étoit pas encore mort, & qu'il falloit attendre. Le pere repartit : Il n'importe, qu'on le faffe venir, il fera mort avant qu'on ait achevé de le laver.

Remarque. Les Mahométans font exacts à laver les corps de leurs morts, avant que de les enfevelir, & c'eft une cérémonie de leur Religion dont ils ne fe difpenfent pas.

On demandoit à un artifan, qui étoit l'aîné lui ou fon frere? Il répondit : Je fuis l'aîné; mais quand mon frere aura encore un an, nous ferons lui & moi de même âge.

Un Mahométan étoit à l'agonie, & un de ses voisins, qui avoit l'haleine puante, l'exhortoit à la mort, & le pressoit fortement de prononcer la profession de foi de sa Religion, en lui soufflant sous le nez; & plus l'agonisant tournoit la tête de l'autre côté, plus il s'avançoit, & plus il l'importunoit. A la fin, l'agonisant ne sachant plus comment se délivrer de lui, dit: Eh, de grace, pourquoi ne me laissez-vous pas mourir purement? Voulez-vous continuer de m'infecter de votre haleine, que je trouve plus odieuse que la mort.

REMARQUE. Tout le monde sait que cette profession de foi consiste en ces paroles: *La-ilah-illa-llab, Mehemmed reçoul ullab*, c'est-à-dire, il n'y a pas d'autre Dieu que Dieu, Mahomet est son Envoyé. Les Mahométans, autant qu'ils le peuvent, la font prononcer par les agonisants, parce qu'ils croyent que cela est nécessaire pour entrer dans le Paradis qu'ils attendent.

On demandoit à un bossu ce qu'il aimoit mieux, ou que Dieu le rendît droit comme les autres hommes, ou qu'il rendît les autres hommes bossus comme lui? Il répondit: J'aimerois mieux qu'il rendît les autres hommes bossus comme moi, afin que j'eusse le plaisir de les regarder du même œil dont ils me regardent.

Des amis allerent se promener en campagne avec de bonnes provisions; & s'étant arrêtés à l'ombre dans un endroit extrêmement agréable, ils se mirent à manger ce qu'ils avoient porté. Un chien s'approcha d'eux, & un de la compagnie lui jetta une pierre, de la même maniere que s'il eût jetté un morceau de pain ou de viande. Le chien flaira la pierre, & se retira. On l'appella, mais jamais il ne voulut retourner. Cela fit dire à un autre de la compagnie: Savez-vous ce que ce chien dit en lui-même? Il dit: Ce sont des chiches & des vilains, ils ne mangent que des pierres. Il n'y a rien à faire pour moi auprès d'eux.

On demandoit à un fils s'il ne souhaitoit pas la mort de son pere, afin d'hériter de ses biens. Il répondit: Non, mais je souhaiterois qu'on le tuât, afin qu'avec l'héritage qui me viendroit, j'héritasse encore du prix de son sang.

REMARQUE. On paye toujours chez les Mahométans le sang de celui qui a été tué, soit aux dépens de l'assassin ou des voisins du quartier où l'assassinat s'est commis, ou d'autre maniere.

Un Poëte Persan lisoit de méchants vers de sa façon à une personne d'esprit & de bon goût, & en achevant de les lire, il dit qu'il les avoit faits étant aux lieux. La personne reprit: Je n'en doute pas, ils en portent l'odeur avec eux.

Un Poëte s'adressa à un Médecin, & lui dit, qu'il avoit quelque chose sur le cœur qui lui causoit des défaillances de temps en temps avec frissonnemens, & que cela lui faisoit dresser le poil par tout le corps. Le Médecin, qui avoit l'esprit agréable, & qui connoissoit le personnage, lui demanda: N'avez-vous pas fait quelques vers que vous n'ayez encore récités à personne? Le Poëte lui ayant avoué la chose, il l'obligea de réciter ses vers; & quand il eut achevé, il lui dit: Allez, vous voilà guéri, c'étoient ces vers retenus qui vous causoient le mal de cœur qui vous tourmentoit.

Un Prédicateur, qui faisoit de méchants vers, affectoit de les citer dans ses Prédications, & quelquefois il disoit: J'ai fait ceux-ci en faisant ma priere. Un des auditeurs, indigné de sa vanité & de sa présomption, l'interrompit, & dit: Des vers faits pendant la priere valent aussi peu que la priere pendant laquelle ils ont été faits.

Un Poëte Persan lisoit au fameux Poëte Giami un Gazel de sa façon qui ne valoit rien, & lui faisoit remarquer qu'il étoit singulier en ce que la lettre *Elif* ne se trouvoit dans aucun des mots de la piece. Giami lui dit: Vous feriez une bien plus belle chose si vous en ôtiez toutes les lettres.

REMARQUES. Un Gazel est une piece de Poésie extrêmement en usage parmi les Persans & parmi les Turcs. Les deux premiers vers riment ensemble, & le premier vers des distiques qui suivent, rime avec la premiere rime; mais le second vers des mêmes distiques ne rime pas. Cette piece est au moins de cinq distiques, & j'en ai vu d'onze, de douze, & de treize distiques. Ordinairement le Poëte fait entrer son nom dans le dernier distique ou dans le pénultieme, lorsque le Gazel est long. Tous les Poëtes, un peu distingués parmi eux, font une suite de Gazels rimés par ordre alphabétique, & cette suite, réduite en un corps, s'appelle Divan. Ce même mot de Divan signifie aussi un corps de personnes qui composent un Conseil & le lieu où le Conseil s'assemble. Ainsi on dit à la porte: Le Grand-Visir préside au Divan, & le Grand-Visir, les autres Visirs, les deux Cadileskers, le Reis Kitteb & le Nischanga s'assemblent trois fois la semaine dans le Divan, où ils ont tous séance. L'amour est le sujet le plus ordinaire des Gazels. Néanmoins, Hafiz, Giami & d'autres Poëtes Persans traitent des matieres les plus sublimes de la Théologie affective dans ceux qu'ils ont composés sous les termes allégoriques d'amour & de débauche.

Giami est un Poëte Persan des plus fameux, qui fait connoître lui-même dans son *Baharistan*, qu'il étoit dans le plus fort de sa réputation sous le regne de Mirza Sultan Hussein, le dernier des successeurs de Tamerlan dans les Royaumes du Khorassan & de la Perse. Il mourut l'an 898 de l'Hégire, de Jesus-Christ l'an 1483, âgé de 81 ans, suivant l'Histoire des Poëtes Persans de Sami, Prince de la Famille des Sofis de Perse d'aujourd'hui. Il a composé un grand nombre d'Ouvrages, tant en Vers qu'en Prose, & l'on compte cinq Divans parmi ses Poésies, c'est-à-dire, cinq recueils complets de Gazels par ordre alphabétique. Il s'appelle communément *Mevlana Giami*, & *Mevlana* est un mot Arabe, qui signifie *notre Maître*. Ce titre se donne aux Savants, soit dans la Religion, soit dans les Loix, soit dans les autres Sciences, & se joint aux noms de ceux qui se sont distingués par dessus les autres. Nos Docteurs se donnent de même le titre de *Magister noster*.

Ce Gazel, où il n'y avoit pas d'*Elif*, me donne occasion de remarquer, que les Grecs ont eu le même raffinement dans leur Poësie, de faire des Poëmes entiers où l'on ne trouvoit pas une certaine lettre de l'alphabet,

Messihi & Schemi, Poëtes Turcs & amis, qui vivoient à Constantinople, allerent un jour ensemble à une Eglise de Galata, exprès pour y voir les belles de Galata. Cela fit dire à un autre Poëte, que Messihi avoit porté un cierge à l'Eglise.

REMARQUE. La pointe consiste en ce que Messihi est un mot Arabe qui signifie un *Chrétien*, & que *Schemin* en est un autre, qui signifie un cierge, une chandelle ou une bougie. Messihi & Schemi vivoient sous le regne de Sultan Soliman, au rapport de Letifi, dans son Histoire des Poëtes Turcs.

Le Médecin Mehemmed, fils de Zekeria, accompagné de quelques-uns de ses disciples, rencontra un fou qui le regarda long-temps fixément, & qui enfin se mit à rire. En rentrant chez lui, Mehemmed fit d'abord préparer de l'Epithym, & le prit. Ses disciples lui demanderent, pourquoi il prenoit ce remede dans un temps où il sembloit qu'il n'en avoit pas besoin? Il répondit: C'est parce que ce fou de tantôt a ri en me voyant. Il ne l'auroit pas fait, s'il n'avoit vu en moi quelque chose de la bile qui l'accable. Chaque oiseau vole avec les oiseaux de son espece.

REMARQUES. Mehemmed, fils de Zekeria, de qui

il est ici parlé, est le fameux Médecin Arabe, connu sous le nom de Razis, qui n'est pas son propre nom, mais le nom appellatif de la ville de Reï dans le Royaume de Perse, d'où il étoit, suivant les regles de la Grammaire Arabe, de même que de Paris on fait Parisien. Razis n'étoit pas Arabe, mais Persan; & s'il doit être appellé Médecin Arabe, c'est parce qu'il a écrit en Arabe, & qu'il a pratiqué & enseigné la Médecine des Arabes. Ceux qui connoissent les plantes savent que l'Epithym est ce qui croit sur le Thym par filaments, dont les Médecins se servent encore aujourd'hui pour purger la bile.

Cette particularité de la vie de Razis est tirée de l'Instruction en Persan d'Emir Onsor el Maali Kikiaous, Roi du Mazanderan, pour son fils Ghilan Schah, sous le Titre de *Kabous-nameh*. Ce Roi vivoit dans le cinquieme siecle de l'Hégire, puisqu'il marque dans cet Ouvrage qu'il fit le pélerinage de la Mecque, sous le régne du Calife Caïm-billah, qui commença de régner l'an 420 de l'Hégire, c'est-à-dire, l'an de J. C. 1029.

Une femme consultoit Bouzourgemhir, Visir de Khosrou, Roi de Perse, sur une affaire, & Bouzourgemhir n'eut pas de réponse à lui donner. La femme lui dit : Puisque vous n'avez pas de réponse à me donner, pourquoi êtes-vous dans la charge que vous occupés? Les appointements & les bienfaits du Roi, que vous recevez, sont fort mal employés. Bouzourgemhir repartit : Je suis payé pour ce que je sais, & non pas pour ce que je ne sais point.

REMARQUE. Khosrou est le même Roi de Perse, qui s'appelle Noúschirvan & Anouschirvan, sous qui Mahomet naquit, & Bouzourgemhir étoit son premier Ministre. Les Orientaux parlent de Nouschirvan comme du modele d'un Prince accompli, & ils proposent Bouzourgemhir pour servir d'exemple à tous les Ministres.

Un Tailleur de Samarcande, qui demeuroit près de la porte de la ville qui conduisoit aux Cimetieres, avoit en sa boutique un pot de terre pendu à un clou, dans lequel il jettoit une petite pierre à chaque mort qu'on portoit pour être enterré, & à la fin de chaque lune, il comptoit les pierres pour savoir le nombre des morts. Enfin, le Tailleur mourut lui-même, & quelque temps après sa mort, quelqu'un, qui n'en avoit rien su, voyant sa boutique fermée, demanda où il étoit & ce qu'il étoit devenu? Un des voisins répondit : Le Tailleur est tombé dans le pot comme les autres.

REMARQUE. Kikiaous rapporte cette plaisanterie dans l'instruction pour le Prince son fils, en lui marquant, qu'il faut tous mourir jeunes & vieux.

Un jeune homme, railleur, rencontra un vieillard âgé de cent ans, tout courbé & qui avoit bien de la peine à se soutenir avec un bâton, & lui demanda : Scheich, dites-moi, je vous prie, combien vous avez acheté cet arc, afin que j'en achete un de même? Le Vieillard répondit : Si Dieu vous donne de la vie, & si vous avez de la patience, vous en aurez un de même qui ne vous coûtera rien.

REMARQUE. Scheich, qui signifie un Vieillard, est aussi un titre d'honneur & de dignité, & il paroit, par les Histoires du Levant, qu'il se donne même aux enfants pour être à leur nom. Ainsi, dans l'Histoire de Tamerlan, on a Mirza Omer Scheich, qui étoit un de ses fils.

Kikiaous, Roi du Mazanderan, dans l'instruction pour son fils, rapporte le conte qui suit, & dit en ces termes: Camil, un des Chiaoux de mon pere, âgé de plus de 70 ans, voulant acheter un cheval, un maquignon lui en amena un d'un beau poil & vigoureux en apparence. Il lui plut, & il l'acheta. Quelque temps après, il s'avisa de le regarder à la bouche, & trouva que c'étoit un vieux cheval. Il chercha aussi-tôt à s'en

défaire, & le vendit à un autre. Je lui demandai, pourquoi l'autre s'en étoit accommodé. Il répondit : C'est un jeune homme qui n'a pas connoissance des incommodités de la vieillesse. Il est excusable de s'être laissé tromper à l'apparence; mais je ne le serois pas si je l'avois gardé, moi qui sais ce que c'est que la vieillesse.

Un Roi de Perse, en colere, déposa son Grand-Visir, & en mit un autre à sa place. Néanmoins, parce que d'ailleurs il étoit content des services du déposé, il lui dit, de choisir dans ses Etats un endroit tel qu'il lui plairoit, pour y jouir le reste de ses jours avec sa famille des bienfaits qu'il lui avoit faits jusques alors. Le Visir lui répondit : Je n'ai pas besoin de tous les biens dont V. M. m'a comblé, je lui supplie de les reprendre; & si elle a encore quelque bonté pour moi, je ne lui demande pas un lieu qui soit habité; je lui demande avec instance de m'accorder quelque village désert, que je puisse repeupler & rétablir avec mes gens, par mon travail, par mes soins & par mon industrie. Le Roi donna ordre qu'on cherchât quelques villages tels qu'il les demandoit; mais après une grande recherche, ceux qui en avoient eu la commission, vinrent lui rapporter qu'ils n'en avoient pas trouvé un seul. Le Roi le dit au Visir dépofé, qui lui dit : Je savois fort bien qu'il n'y avoit pas un seul endroit ruiné dans tous les pays dont le soin m'avoit été confié. Ce que j'en ai fait a été, afin que V. M. sût elle-même en quel état je les lui rends, & qu'elle en charge un autre qui puisse lui en rendre un aussi bon compte.

REMARQUE. Le Roi de Kikiaous remarque, que le Roi fut si satisfait de l'adresse de ce Visir, qu'il le pria d'oublier ce qui s'étoit passé, & qu'il le rétablit dans sa même dignité. Ce Roi, de qui il parle, étoit un des Rois de Perse, qui ont régné avant la naissance de Mahomet. Cela joint avec d'autres témoignages, fait connoître qu'il y avoit des Histoires de ces Rois-là, qui pouvoient être perdues du temps de Kikiaous; mais dont on savoit encore beaucoup de choses par tradition.

Sous le regne de Sultan Mahmoud Sebecteghin, le Gouverneur de la ville de Nisa dans le Khorassan, ruina un Marchand fort riche, & le renferma dans une prison. Le Marchand s'échappa, & alla à Gaznin, la Capitale du Sultan, où il se jetta à ses pieds, & lui demanda justice. Sultan Mahmoud fit expédier une lettre adressée au Gouverneur, par laquelle il enjoignoit au Gouverneur de rendre au Marchand ce qu'il lui avoit pris. Le Gouverneur reçut la lettre; mais dans la pensée que le Marchand ne prendroit pas la peine de retourner une autre fois à la Cour, il se contenta de la lire, & ne fit rien de ce qui lui étoit commandé. Le Marchand ne se rebuta pas, il retourna une autre fois à Gaznin; & prenant le temps que le Sultan sortoit de son palais, il demanda encore justice contre le Gouverneur, les larmes aux yeux, & en des termes accompagnés de gémissemens & de sanglots. Le Sultan commanda qu'on lui expédiât une autre lettre. Le Marchand lui représenta : Je lui ai déja porté une lettre de la part de V. M. à laquelle il n'a pas obéi, il n'obéira pas encore à celle-ci. Sultan Mahmoud, qui avoit l'esprit occupé ailleurs, repartit : Je ne puis faire autre chose que de lui écrire; mais s'il n'obéit pas, mets sa tête sous tes pieds. Le Marchand repliqua : Je demande pardon à V. M. Ce sera lui qui me mettra les pieds sur la tête en recevant cette seconde lettre. Le Sultan rentra en lui-même, & dit : J'ai mal parlé, c'est à moi à le perdre & non pas à toi. En même-temps, il dépêcha des Officiers au Prévôt de la Ville de Nisa, avec ordre de faire rendre au Marchand ce qui lui appartenoit, & de faire pendre le Gouverneur. Le Prévôt exécuta ces ordres; & en faisant pendre le Gouverneur avec la lettre du Sultan, il fit crier à haute voix, que c'étoit-là le châtiment que méritoient ceux qui n'obéïssoient pas aux lettres du Prince leur maître.

REMARQUES. Sultan Mahmoud Sebekteghin étoit fils de Sebekteghin, & Sebekteghin fut d'abord esclave à la Cour des Samaniens, qui l'avancerent si avantageusement aux premieres Charges de leurs Etats, qu'il succéda enfin à leur puissance dans le Khorassan. Après sa mort, Sultan Mahmoud lui succéda, & augmenta ses Etats par de grandes conquêtes dans les Indes. Il régnoit dans le quatrieme siecle de l'Hégire, c'est-à-dire, dans le dixieme siecle de notre Epoque, & sa Capitale étoit la ville de Gaznin aux confins des Indes, qu'il avoit préférée à Bokhara, où les Samaniens avoient fait leur résidence, afin d'être plus voisin des conquêtes qu'il avoit faites, & plus en état de les soutenir.

Nisa est une ville considérable du Khorassan, fameuse par l'excellence de ses pâturages & par ses bons chevaux.

Sultan Masoud, fils de Sultan Mahmoud Sebekteghin, étoit brave & vaillant; mais il ne savoit pas l'art de gouverner comme son pére le savoit. Pendant qu'il étoit dans les divertissemens, au milieu des concerts avec les Dames de son palais, les Gouverneurs de ses Provinces & ses troupes vivoient dans la derniere licence, & commettoient de grandes violences. Une femme maltraitée lui fit des plaintes, & il lui fit dresser une lettre en sa faveur pour le Gouverneur de qui elle se plaignoit. Mais le Gouverneur ne fit rien de ce qui lui étoit ordonné. Elle retourna au Sultan; & s'étant mêlée parmi la foule de ceux qui demandoient justice, elle lui présenta un second placet. Sultan Masoud ordonna qu'on lui expédiât une seconde lettre; & sur ce qu'elle représenta que le Gouverneur n'avoit pas obéi à la premiere, le Sultan ayant dit, qu'il ne pouvoit qu'y faire, elle repartit avec hardiesse : Donnez vos Provinces à gouverner à des gens qui sachent obéir à vos lettres, & ne perdez pas le temps dans les divertissemens, pendant que vos peuples, qui sont les créatures de Dieu, gémissent sous la tyrannie de vos Gouverneurs.

Le Médecin Hareth disoit : Quoique la vie soit toujours trop courte, néanmoins pour vivre long-temps, il faut manger du matin, il faut être léger d'habit, & user de femmes sobrement. Par la légéreté d'habit, il entendoit qu'il ne falloit pas avoir de dettes.

REMARQUE. Ce Médecin étoit Arabe de la ville de Taïef, qui exerça premiérement la Médecine en Perse & depuis en son pays, dans le temps que Mahomet vivoit. Néanmoins, il n'est pas certain qu'il ait été Mahométan; mais il est constant qu'il étoit né Payen.

Le Calife Mansour avoit pour Médecin George, fils de Bacht-jeschoua, qui étoit Chrétien, qu'il chérissoit, parce qu'il l'avoit guéri d'une maladie très-dangereuse. George, qui étoit dans un âge avancé, étant tombé malade, le Calife voulut le voir, & commanda qu'on l'apportât le plus commodément qu'on pourroit. On l'apporta, & le Calife lui demanda l'état de sa santé. Le Médecin le satisfit, & le supplia de lui accorder la permission de retourner en son pays, disant, qu'il souhaitoit de voir sa famille avant que de mourir, & particuliérement un fils unique qu'il avoit, & d'être enterré avec ses ancêtres après sa mort. Le Calife lui dit : Médecin, crains Dieu, & fais-toi Musulman, je te promets le paradis. Le Médecin répondit : En paradis ou en enfer, je serai content d'être où sont mes peres.

REMARQUES. Aboulfarage, qui rapporte cette Histoire, ajoute que le Calife, après avoir ri de la réponse du Médecin, fit ce qu'il put pour le retenir; mais à la fin, il lui accorda ce qu'il demandoit, & le renvoya avec un présent de dix mille pieces de monnoie d'or, & cette monnoie étoit à-peu-près de la valeur de l'écu d'or de France; de sorte qu'il est aisé de juger,

que la libéralité étoit considérable. Ce Médecin étoit de Giondi Sabor, ville de Perse, où il fut conduit & escorté par un Eunuque, qui avoit ordre de faire transporter son corps chez lui, au cas qu'il mourût en chemin, afin qu'il y fût enterré comme il le desiroit; mais il y arriva étant encore en vie.

Le Calife Mansour s'appelloit Abougiafar Mansour. C'étoit le deuxieme de la race des Abbassides. Il mourut à peu de distance de la Mecque, il étoit allé en pélerinage l'an de l'Hégire 158, de J. C. 774.

Jean, fils de Mesué, connu sous le nom de Mesué, Médecin du Calife Haroun-erreschid, étoit un railleur; mais il ne put empêcher qu'un autre Médecin ne lui fermât la bouche dans une conversation, en présence d'Ibrahim, frere d'Haroun-erreschid; car ce Médecin qui s'appelloit Gabriël, lui dit : Vous êtes mon frere, fils de mon pere. A ces mots, Mesué dit au frere du Calife : Seigneur, je vous prends à témoin sur ce qu'il vient de dire, parce que je prétends partager l'héritage de son pere avec lui. Gabriël répartit : Cela ne se peut, les bâtards n'héritent pas.

REMARQUES. Mesué étoit de Syrie, & Haroun-erreschid, qui l'avoit fait venir, lui fit traduire en Arabe les anciens Médecins & d'autres Ouvrages Grecs. Comme d'ailleurs, il étoit très-savant, il avoit établi une école à Bagdad, où il enseignoit toutes les sciences.

Gabriël étoit petit-fils de George, fils de Bacht-Ieschoua, de qui il est fait mention ci-dessus, & Médecin à la Cour d'Haroun-erreschid, auprès de qui il se mit dans un grand crédit, à l'occasion d'une Dame de son palais. Cette Dame s'étoit étendue, & en s'étendant, son bras étoit demeuré roide à ne pouvoir s'en servir. Après toutes les onctions & toutes les fomentations dont les Médecins purent s'aviser, le mal continuant toujours, Gabriel fut appelé, & on lui dit de quelle maniere il étoit arrivé à la Dame. Sur ce rapport, il dit au Calife, qu'il savoit un moyen infaillible pour la guérir; il le pria de ne pas trouver mauvais ce qu'il feroit pour cela en sa présence & en la présence de la compagnie, s'il avoit pour agréable de faire venir la malade. Elle vint par ordre du Calife; & lorsqu'elle parut, Gabriel courut à elle en se baissant, & lui prit le bas de la veste, comme s'il eût voulu lever la veste. La Dame, surprise de cette action, changea de couleur, & porta la main du bras dont elle étoit incommodée, jusqu'au bas de sa veste, pour empêcher que le Médecin ne la levât. En même-temps, le Médecin dit au Calife qu'elle étoit guérie. En effet, dès ce moment la Dame remua son bras de tous les côtés, comme si jamais elle n'y avoit eu de mal, & le Calife fut si satisfait, qu'il fit donner cinq cents mille drachmes au Médecin. Les drachmes étoient monnoie d'argent, & cette somme faisoit environ trois cents cinquante mille livres.

Le Calife Vathek Billa pêchoit à la ligne sur le Tigre, & Mesué, son Médecin, étoit près de lui. Le Calife, chagrin de ce qu'il ne prenoit rien, dit à Mesué : Retire-toi, malheureux, tu me portes malheur. Mesué, piqué de cette rebuffade, dit au Calife : Empereur des croyans, ne m'accusez point de ce qui n'est pas. Il est vrai que mon pere étoit un simple bourgeois de Khouz, & que ma mere Recala avoit été esclave. Mais avec cela, je n'ai pas laissé que d'arriver au bonheur d'être favori de plusieurs Califes, de manger, de boire avec eux, & d'être de leurs divertissemens; & par leurs bienfaits, j'ai des biens & des richesses au-delà de l'espérance que je pouvois concevoir. Cela ne peut pas appeller être malheureux. Mais si vous voulez bien me le permettre, je vous dirai qui est celui qu'on peut véritablement appeller malheureux. Le Calife ayant témoigné qu'il pouvoit s'expliquer, il reprit : C'est un Seigneur descendu de quatre Califes, que Dieu a fait Calife comme eux, lequel laissant à part dignité, grandeur & palais, est assis dans une cabane de vingt coudées en toutes ses di-

menfions, expofé à un coup de vent qui peut le fubmerger, & qui fait ce que font les plus pauvres
& les plus difgraciés de tous les hommes.

REMARQUES. Aboulfarage remarque que le Calife
fut outré de la hardieffe de Mefué ; mais que la préfence de Mutevekkel-ala-llah, fon frere, qui fut Calife
après lui, l'empêcha d'éclater.

Le Calife Vathek mourut l'an 232 de l'Hégire, c'eft-
à-dire, l'an 846 de J. C.

Le Médecin Bacht-Iefchoua alla un jour faire fa
cour au Calife Mutevek-kel-ala-llah, & le trouva feul.
Il s'affit près de lui, comme il avoit coutume de le
faire; & comme fa vefte étoit un peu découfue par
le bas, le Calife en difcourant acheva infenfiblement
de la découdre jufques à la ceinture, & dans ce moment, fuivant le fujet dont ils s'entretenoient, il
demanda au Médecin à quoi l'on connoiffoit qu'il
étoit temps de lier un fou? Bacht-Iefchoua répondit : Nous le lions lorfqu'il eft venu au point
de découdre la vefte de fon Médecin jufques à la
ceinture.

REMARQUE. Au rapport d'Aboulfarage, le Calife
rit fi fort de la réponfe du Médecin, qu'il fe laiffa aller
à la renverfe fur le tapis où il étoit affis. En même-
temps, il lui fit apporter une autre vefte fort riche,
avec une fomme d'argent très-confidérable qu'il lui donna.

Ce Bacht-Iefchoua étoit fils de Gabriël, de qui il eft
parlé ci-deffus. Mais nonobftant cette grande familiarité,
il lui arriva mal d'avoir fait un grand feftin au même
Calife, qui fut choqué de fa magnificence & de la grande
opulence avec laquelle il l'avoit regalé; car peu de temps
après, il le difgracia, & exigea de lui des fommes très-
confidérables. Il eft remarqué que de la vente feule
du bois, du vin, du charbon & d'autres provifions
de fa maifon, on fit une fomme d'environ trente-fix
mille livres.

Mehemmed, fils de Zekeria, ou plutôt Razis, de
qui il a déja été parlé, devint aveugle dans fa vieilleffe, & un Empirique s'offrit de lui rendre la vue
en faifant l'opération. Razis lui demanda combien l'œil
avoit de tuniques. L'Empirique répondit qu'il n'en
favoit rien; mais que cela n'empêcheroit pas qu'il ne
le guérît. Razis repartit : Qui ne fait pas combien
l'œil a de tuniques ne touchera pas à mes yeux. Ses
parents & fes amis le prefferent, en lui repréfentant
qu'il n'hafardoit rien quand l'Opérateur ne réuffiroit
pas, & qu'il pouvoit recouvrer la vue s'il réuffiffoit.
Mais il s'en excufa, & dit : J'ai vu le monde fi long-
temps, que je n'ai point de regret de ne le pas
voir davantage.

Le Calife Caher-Billah avoit chargé Sinan, fils
de Thabet, fon Médecin, de faire fubir l'examen à
ceux qui voudroient faire profeffion de la Médecine.
Un jour un Vieillard de belle taille, grave & vénérable, étant venu fe préfenter à lui, il le reçut avec tous
les honneurs que méritoit un homme de cette apparence; & après lui avoir fait prendre place, & avoir
témoigné qu'il écouteroit avec plaifir les bonnes chofes
qu'il attendoit de fa capacité, il lui demanda où qu'il
il avoit appris la Médecine ? A cette demande, le
Vieillard tira de fa manche un papier plein de pieces de monnoie d'or qu'il mit fur le tapis devant Sinan, en le lui préfentant & répondit : Je vous avoue
franchement que je ne fais ni lire, ni écrire. Mais
j'ai une famille, il faut que je trouve tous les jours de
quoi la faire fubfifter. Cela m'oblige de vous fupplier
de ne me pas faire interrompre le train de vie auquel
je fuis engagé. Sinan fourit, & dit : Je le veux bien;
mais à la charge que vous ne verrez point de malades de qui vous ne connoîtrez pas la maladie, & que
vous n'ordonnerez ni faignée, ni purgation que dans
les maladies qui vous feront très-connues. Le Vieil-

lard répondit que c'étoit fa méthode, & qu'il n'avoit
jamais ordonné que de l'Oxymel & des Juleps. Le
lendemain, un jeune homme, proprement vêtu, bien
fait & d'un air dégagé, vint le trouver pour le même
fujet, & Sinan lui demanda de qui il avoit pris des
leçons de Médecine. Il répondit, qu'il les avoit prifes de fon pere, & que fon pere étoit le Vieillard à
qui il avoit donné le pouvoir d'exercer la Médecine
le jour précédent. Sinan reprit : C'eft un brave homme; vous fervez-vous de la même méthode dont il
fe fert? Le jeune homme dit qu'oui, & Sinan lui
recommanda de la bien obferver, & le renvoya avec
le même pouvoir d'exercer la Médecine que fon pere.

REMARQUES. Le Calife Caher-Billah s'appelloit
Abou Manfour, avant que d'être Calife. Il fuccéda à
Muctfeder Billa, l'an 320 de l'Hégire, & de J. C.
l'an 932, & régna un an & fept mois.

Le premier Médecin du Grand-Seigneur a, de même
que le Médecin de ce Calife, le pouvoir d'examiner
& d'éprouver la capacité de ceux qui entreprennent
d'exercer la Médecine à Conftantinople.

Un Médecin Grec d'Antioche étoit convenu pour
une fomme d'argent, de guérir un malade de la fievre
tierce; mais au-lieu de le guérir, les remedes qu'il
lui donna firent changer la fievre tierce en demi-
tierce; de forte que les parents le renvoyerent, & ne
voulurent pas qu'il approchât davantage du malade. Il
leur dit : Payez-moi donc la moitié de la fomme qui
m'a été promife, puifque j'ai chaffé la moitié de la
maladie. Il étoit fi ignorant, qu'il s'arrêtoit au nom,
& qu'il croyoit que la fievre demi-tierce étoit moins
que la fievre tierce, quoiqu'elle foit double de la.
tierce; & quoiqu'on pût lui dire, il demandoit toujours la moitié du payement.

Une Dame Egyptienne fit venir un fameux Aftrologue, & le pria de lui dire ce qui lui faifoit peine
dans l'efprit. L'Aftrologue dreffa une figure de la difpofition du Ciel tel qu'il étoit alors, & fit un long
difcours fur chaque maifon, avec d'autant plus de
chagrin, que tout ce qu'il difoit ne fatisfaifoit pas la
Dame. A la fin il fe tut, & la Dame lui jetta une
drachme. Sur le peu qu'elle lui donnoit, l'Aftrologue
ajouta, qu'il voyoit encore par la figure qu'elle n'étoit
pas des plus aifées chez elle, ni bien riche. Elle lui
dit que cela étoit vrai. L'Aftrologue regardant toujours
la figure, lui demanda : N'auriez-vous rien perdu?
Elle répondit : J'ai perdu l'argent que je vous ai donné.

REMARQUE. Nous avons déja dit, qu'une drachme étoit une monnoie d'argent. Elle étoit de la valeur de huit à dix fols.

Les Savants des Indes tomboient d'accord de la
capacité & de la grande fageffe de Bouzourgemhir;
mais ils trouvoient à dire, qu'il fatiguoit ceux qui le
confultoient par l'attente de fes réponfes. Bouzourgemhir, qui fut ce qu'ils lui reprochoient, dit : Il eft plus
à propos que je penfe à ce que je dois dire, que de
me repentir d'avoir prononcé quelque chofe mal-à-
propos.

Un Roi avoit prononcé fentence de mort contre
un criminel, & le criminel qu'on alloit exécuter en
fa préfence, n'ayant plus que la langue dont il pût
difpofer, vomiffoit mille injures & mille malédictions
contre le Roi. Le Roi ayant demandé ce qu'il difoit, un de fes Vifirs, qui ne vouloit pas l'aigrir davantage contre ce malheureux, prit la parole, & dit,
que le criminel difoit que Dieu chériffoit ceux qui
fe modéroient dans leur colere, & qui pardonnoient
à ceux qui les avoient offenfés. Sur ce rapport, le
Roi fut touché de compaffion, & donna la grace au
criminel. Un autre Vifir, ennemi de celui qui venoit
de parler au Roi, dit : Des perfonnes de notre rang
& de notre caractere ne doivent rien dire aux Monar-

qués qui ne soit véritable. Ce misérable a injurié le
Roi, & a proféré des choses indignes contre S. M.
Le Roi en colere de ce discours, dit : Le mensonge
de ton collegue m'est beaucoup plus agréable que
la vérité que tu viens de me dire.

REMARQUE. Le premier Chapitre du Gulistan
commence par cette petite Histoire ; mais je remarquerai
en passant, que Gentius, qui l'a traduite en Latin,
n'a pas bien entendu l'endroit, qu'il a traduit en ces
termes : *Lingua quam collebat convitiis regem proscindere
cepit.* Il falloit traduire : *Lingua quam habebat,* ou *quæ
illi supererat,* & l'entendre de la maniere que je l'ai
rendu en notre langue.

Un Roi avoit peu d'amour & de tendresse pour un
de ses fils, parce qu'il étoit petit & d'une mine peu
avantageuse, en comparaison des Princes ses freres,
qui étoient grands, bien faits & de belle taille. Un jour,
ce Prince voyant que son pere le regardoit avec mépris, lui dit : Mon pere, un petit homme sage &
avisé est plus estimable qu'un grand homme grossier
& sans esprit. Tout ce qui est gros & grand, n'est
pas toujours le plus précieux. La brebis est blanche
& nette, & l'éléphant sale & vilain.

REMARQUE. Le succès fit voir que ce Prince avoit
plus de cœur que ses freres : car il se signala à la guerre
par de beaux exploits, pendant que ses freres n'eurent
pas le courage de paroître devant l'ennemi.

Un Roi s'embarqua dans un de ses ports pour faire
un trajet, & un de ses Pages ne fut pas plutôt sur le
vaisseau que tout le corps lui trembla de frayeur, &
qu'il se mit à crier d'une maniere effroyable. On fit
tout ce qu'on put pour l'obliger de se taire ; mais il
crioit toujours plus fort, & le Roi même étoit im-
portuné de ses cris. Un Savant, qui accompagnoit le
Roi, dit : Si Votre Majesté me le permet, je trou-
verai le moyen de le faire taire. Le Roi lui ayant témoigné qu'il lui feroit plaisir, il fit jetter le Page à
la mer. Mais ceux qui l'y jetterent, avertis de ce qu'ils
devoient faire, eurent l'adresse de le plonger seulement deux ou trois fois, & de le retirer par les cheveux dans le temps qu'il s'étoit pris au timon, croyant
qu'on vouloit le faire noyer tout de bon. Quand il fut
dans le navire, il se retira dans un coin, & ne dit plus
mot. Le Roi, très-satisfait du succès, en demanda la
raison au Savant, qui dit : Le Page n'avoit jamais su
ce que c'étoit que d'être plongé dans la mer, ni ce
que c'étoit que d'être délivré du danger d'être noyé,
& le mal qu'il a souffert fait qu'il goûte mieux le plaisir
d'en être échappé.

Hormouz, Roi de Perse, peu de temps après son
élevation sur le Trône, fit emprisonner les Visirs qui
avoient été au service du Roi son pere. On lui demanda
quel crime ils avoient commis pour l'obliger à leur faire
ce traitement ? Il répondit : Je n'ai rien remarqué, &
je ne sais en eux rien de criminel. Mais, malgré les
assurances que je leur avois données de ma bonté &
de ma clémence, j'ai connu qu'ils avoient toujours
le cœur saisi de frayeur, & qu'ils n'avoient pas de
confiance à mes paroles ; cela m'a fait craindre qu'ils
ne se portassent à me faire périr ; & en ce que j'ai fait,
j'ai suivi le conseil des Politiques, qui disent, qu'il
faut craindre celui qui nous craint.

REMARQUE. De quatre anciens Rois de Perse,
nommés Hormouz, comme il est encore marqué plus
bas, celui-ci étoit le premier ou le second du nom,
parce que l'un & l'autre ont été de bons Princes. Le
troisieme étoit un tyran, & le quatrieme ne régna
qu'un an.

Un Roi des Arabes, cassé de vieillesse, étoit malade
à la mort, lorsqu'un Courier vint lui annoncer, que
ses troupes avoient pris une place qu'il nomma, qu'el-

les avoient fait prisonniers de guerre ceux qui avoient
fait résistance, & que le reste & les peuples s'étoient
soumis à son obéissance. A ce discours, il s'écria avec
un grand soupir : Cette nouvelle ne me regarde plus,
elle regarde mes ennemis.

REMARQUE. Il entendoit parler de ses héritiers,
qu'il regardoit comme des ennemis.

Hagiage étoit un Gouverneur de l'Arabie, sous le
regne du Calife Abd'ulmelec, fils de Mervan, de la
race des Ommiades ; mais il étoit extrêmement haï,
à cause de ses vexations & de ses cruautés. Ayant eu
à sa rencontre un Derviche de Bagdad, il se recommanda à ses prieres. En même-temps, le Derviche,
levant les yeux au Ciel, dit : Grand Dieu, prenez son
ame. Hagiage ne fut pas content de cette priere, &
il en gronda le Derviche. Mais le Derviche repartit :
Elle est bonne pour vous & pour tous les Musulmans.

REMARQUE. Aboulfarage, dans son Histoire, appelle ce Gouverneur Hagiage, fils d'Iousouf, & l'Auteur du Gulistan, Hagiage Iousouf. Il faut aussi remarquer, qu'Abd'ulmelec, fils de Mervan, fut fait Calife
l'an 60 de l'Hégire, & que l'Auteur du Gulistan s'est
trompé en écrivant que le Derviche étoit de Bagdad ;
car la ville de Bagdad ne fut bâtie que l'an 145 de
l'Hégire, de J. C. l'an 762.

Un Prince, en succédant au Roi son pere, se trouva
maître d'un trésor considérable, dont il fit de grandes
largesses à ses troupes & à ses sujets. Un de ses favoris
voulut lui donner conseil là-dessus, & lui dit impru-
demment : Vos ancêtres ont amassé ces richesses avec
beaucoup de peine & de soins. Vous ne devriez pas
les dissiper avec tant de profusion comme vous le faites. Vous ne savez pas ce qui peut vous arriver dans
l'avenir, & vous avez des ennemis qui vous observent.
Prenez garde que tout ne vous manque dans le besoin.
Le Roi, indigné de cette remontrance, repartit : Dieu
m'a donné ce Royaume pour en jouir, & pour faire
des libéralités, & non pas pour en être simplement le
gardien.

On avoit fait rôtir de la chasse pour Noufchirvan,
Roi de Perse, de celle qu'il avoit prise sur le même
lieu où la chasse s'étoit faite. Quand il fallut se mettre
à table, il ne se trouva pas de sel, & on envoya un
Page en chercher au prochain village. Mais Noufchirvan dit au Page : Payez le sel que vous apporterez,
de crainteque cela ne passe en méchante coutume, &
que le village ne souffre. Un favori dit, que cela ne
valoit pas la peine d'en parler, & qu'il ne voyoit point
le mal que cela pouvoit causer. Noufchirvan repartit :
Les vexations dans le monde ont eu leur commencement de très-peu de chose, & dans la suite elles ont
tellement augmenté qu'elles sont arrivées au comble
où on les voit.

Sans contestation, le lion est le Roi des animaux,
& l'âne le dernier de tous. Cependant les Sages ne
laissent pas de dire : Un âne qui porte sa charge,
vaut mieux qu'un lion qui dévore les hommes.

Un Marchand de bois, extrêmement intéressé, achetoit le bois à bon marché des pauvres paysans qui
le lui apportoient, & le vendoit chérement aux riches. Une nuit le feu prit à sa cuisine, se communiqua au magasin de bois, & le consuma entièrement.
Quelque temps après, il disoit : Je ne sais comment
le feu prit chez moi. Un de la compagnie lui répartit : Il y prit de la fumée qui étoit sortie du cœur des
pauvres, que vous avez rançonnés par votre avarice.

Un maître Lutteur, de trois cents soixante tours
d'adresse de son art, en avoit enseigné trois cents cin-
quante-neuf à un de ses disciples, & ne s'en étoit réservé qu'un seul. Le disciple, jeune & dispos, qui avoit
bien profité des leçons qu'il avoit prises, eut la hardiesse de défier son maître à lutter contre lui. Le maître

tre accepta le défi, & ils parurent l'un & l'autre devant le Sultan, qui n'approuvoit pas la témérité du disciple, & en préfence d'une grande foule de peuple. Le maître, qui n'ignoroit pas que fon difciple avoit plus de force que lui, ne lui donna pas le temps de s'en prévaloir. D'abord il l'enleva de terre adroitement avec les deux mains; & l'ayant élevé jufques fur fa tête, il le jetta contre terre aux acclamations de toute l'affemblée. Le Sultan récompenfa le maître, & blâma le difciple, qui dit qu'il n'avoit pas été vaincu par la force, mais feulement par un tour de l'art qui lui avoit été caché. Le maître repartit: Il eft vrai; mais je me l'étois réfervé pour un tel jour qu'aujourd'hui, parce que je favois la maxime des Sages, qui dit, quelque affection qu'on ait pour un ami, que jamais il ne faut lui donner un avantage à pouvoir s'en prévaloir s'il devenoit ennemi.

REMARQUE. Il y a encore des Lutteurs, chez les Orientaux, qui luttent comme autrefois chez les anciens. Ils font nuds, exepté qu'ils ont un caleçon de cuir depuis le deffus des genoux jufqu'au-deffus des reins, & ils fe frottent le corps d'huile pour faire cet exercice.

Un Roi paffoit devant un Derviche, & le Derviche ne leva pas feulement la tête pour le regarder. Le Roi, qui étoit du nombre de ces Rois qui ne favent pas fe poffëder, & que la moindre chofe offenfe, fut piqué de cette irrévérence, & dit: Ces fortes de gens vêtus de haillons font comme des bêtes. Le Vifir dit au Derviche: Pourquoi ne rendez-vous pas au Roi le refpect que vous lui devez? Le Derviche répondit: Dites au Roi, qu'il attende les refpects de ceux qui attendent fes bienfaits, & fachez que les Rois font établis pour la confervation des fujets; mais que les fujets n'ont pas la même obligation d'avoir du refpect pour les Rois. Le Roi, qui avoit entendu ce difcours hardi, invita le Derviche à lui demander quelque chofe. Le Derviche lui dit: Je vous demande que vous me laiffiez en repos.

REMARQUE. Diogene fit à-peu-près le même compliment à Alexandre; mais il ne faut pas s'en étonner, car la plupart de ces Derviches, à proprement parler, font des fectateurs de ce chef des Philofophes Cyniques. Ils ont la même impudence & la même indifférence pour toutes les chofes du monde.

Noufchirvan délibéroit dans fon Confeil d'une affaire de grande importance, & les Vifirs propofoient chacun leur fentiment. Noufchirvan avança auffi fon avis, & Bouzourgemhir le fuivit. On demanda à Bouzourgemhir, pourquoi il avoit préféré l'avis du Roi à l'avis des Vifirs? Il répondit: Le fuccès de l'affaire dont il s'agit eft très-incertain, & j'ai cru qu'il valoit mieux fuivre le confeil du Roi, afin d'être à couvert de fa colere, au cas que la chofe ne réuffiffe pas.

Un vagabond, déguifé fous l'habit d'un defcendant d'Ali, entra dans une ville capitale avec la caravane des pélerins de la Mecque, publiant par-tout qu'il venoit de ce pélerinage. S'étant introduit à la Cour, il lut devant le Roi une piece de poéfie, dont il fe difoit l'auteur. Un des principaux Officiers, nouvellement arrivé de l'armée, dit au Roi: Je l'ai vu à Bafra le jour de la fête du facrifice, comment peut-il dire qu'il a fait le pélerinage de la Mecque? De plus, fon pere eft un Chrétien de la ville de Malatia. Quel rapport d'un defcendant d'Ali avec un Chrétien? Avec cela, il fe trouva que le poëme qu'il avoit récité étoit du Poëte Enveri. Le Roi, qui connut que c'étoit un trompeur, commanda qu'on lui donnât quelques coups, & qu'on le chaffât. A ce commandement, le vagabond, fe jettant aux pieds du Roi, dit: Je fupplie V. M. de me permettre de dire encore un mot, je me foumets à tel châtiment qu'il lui plaira d'ordonner, fi ce que je

dirai n'eft pas véritable. Le Roi le lui permit, & il dit: Ce que j'ai à dire, eft que les voyageurs difent beaucoup de menfonges.

REMARQUES. Les pélerins de la Mecque célebrent la fête du facrifice à la Montagne d'Arafat, où ils facrifient chacun un mouton. Ainfi, puifque ce jour-là, l'impofteur étoit à Bafra fur le Golfe perfique, qui eft fort éloigné de la Montagne d'Arafat, c'étoit une marque qu'il n'étoit pas pélerin de la Mecque.

Malatia eft une ville de Natolie dans la Cappadoce, des anciens.

Enveri eft un ancien Poëte Perfan.

Deux freres étoient chacun dans un état fort oppofé l'un à l'autre. L'un étoit au fervice d'un Sultan, & l'autre gagnoit fa vie du travail de fes mains, de forte que l'un étoit à fon aife, & que l'autre avoit de la peine à fubfifter. Le riche dit au pauvre: Pourquoi ne vous mettez-vous pas au fervice du Sultan comme moi, vous vous délivreriez des maux que vous fouffrez. Le pauvre repartit: Et vous, pourquoi ne travaillez-vous pas, pour vous délivrer d'un efclavage fi méprifable?

Un Courier arriva à Noufchirvan, & lui annonça que Dieu l'avoit délivré d'un de fes ennemis. Il lui demanda: N'avez-vous pas auffi à m'annoncer que je vivrai toujours, & que je ne mourrai jamais?

Dans le Confeil de Noufchirvan, où Noufchirvan étoit préfent, on délibéroit fur une affaire, & chaque Vifir dit fon avis, excepté Bouzourgemhir. Les autres Vifirs lui en ayant demandé la raifon, il répondit: Les Vifirs font comme les Médecins, qui ne donnent des remedes aux malades que lorfqu'ils font en grand danger. Vous dites tous de fi bonnes chofes, que j'aurois tort d'y rien ajouter du mien.

Le Calife Haroun-errefchid, après avoir conquis l'Egypte, y mit pour Gouverneur un certain Cofaïb, le plus vil de fes efclaves; & la raifon qu'il en apporta fut l'indignation qu'il avoit de ce que Pharaon avoit exigé que l'on crût qu'il étoit Dieu. Or, Cofaïb étoit un noir le plus groffier & le plus ruftique que l'on pût imaginer, comme il le fit voir en plufieurs occafions, & particuliérement en celle-ci. Les Laboureurs, dans l'efpérance de quelque diminution des droits auxquels ils étoient obligés, lui firent remontrance fur une inondation du Nil à contré-temps, qui avoit fait périr le coton qu'ils avoient femé. Cofaïb leur dit: Il falloit femer de la laine; elle n'auroit pas été perdue.

On demandoit à Alexandre le Grand comment il avoit pu fubjuguer l'Orient & l'Occident, chofe que d'autres Rois, qui avoient d'autres finances, d'autres Etats, plus d'âge & plus de troupes que lui, jamais n'avoient pu faire. Il répondit: Je n'ai pas fait de tort aux peuples des Royaumes que j'ai conquis avec l'aide de Dieu, & jamais je n'ai dit que du bien des Rois avec qui j'ai eu affaire.

REMARQUE. Alexandre le Grand eft illuftre chez les Mahométans fous le nom d'Iskender; mais ils font partagés touchant la nation dont il étoit. Les uns écrivent qu'il étoit fils de Darab, Roi de Perfe, & qu'ayant monté fur le trône après Dara, fon aîné, qui eft le même que Darius, il conquit tout le monde. Les autres qui approchent plus de la vérité, difent qu'il étoit fils de Philippe. Mais les uns & les autres tombent d'accord de l'étendue de fes conquêtes, & lui attribuent une grande fageffe, qui avoir été cultivée par Ariftote fon Précepteur. Ils difent auffi que, dans le cours de fes victoires, il chercha la fontaine de vie; mais qu'elle ne fut trouvée que par Hizir, fon Général d'armée, &, fuivant leur penfée, Hizir eft le même qu'Elie, qui n'eft pas mort, parce qu'il but de cette eau. Ils l'appellent auffi le Cornu, à caufe de fa grande puiffance dans l'Orient & dans l'Occident. Touchant cette appellation, je dirai que je fuis comme perfuadé, que les Orientaux la lui ont donnée à l'occafion des médailles Grecques de Lyfimachus, & particuliérement de celles qui font d'argent, où Lyfimachus eft repréfenté avec des cornes, & que ces médailles étant tombées entre leurs mains, ils les ont prifes pour des médailles d'Alexandre, parce qu'ils ne favoient pas lire le Grec, & qu'ainfi ils ne pouvoient pas diftinguer l'un d'avec l'autre, outre que ces médailles étant plus grandes que celles d'Alexandre, il femble qu'ils ont été bien fondés par leur grandeur & même par leur beauté, de croire qu'elles étoient plutôt d'Alexandre que d'un autre.

Un Derviche, qui avoit été invité par un Sultan à manger à fa table, mangea beaucoup moins qu'il n'avoit coutume de manger chez lui, afin de faire remarquer qu'il étoit fobre, & après le repas, il fit fa priere plus longue que les autres, afin qu'on eût bonne opinion de fa dévotion. En rentrant chez lui, il commanda qu'on mît la nappe, & dit qu'il vouloit manger. Son fils, qui avoit de l'efprit, lui demanda : Mais, mon pere, n'avez-vous pas mangé à la table du Roi ? Le Derviche répondit : Je n'ai pas beaucoup mangé, afin que ni lui, ni fes Courtifans ne cruffent pas que je fuffe un grand mangeur. Le fils repliqua : Mon pere, il faut donc que vous recommenciez auffi votre priere; elle n'eft pas meilleure que le repas que vous avez fait.

REMARQUE. A l'occafion du fils de ce Derviche, il eft bon de remarquer, quoique les Derviches foient des gens qui menent une vie auftere, qui pourroit faire croire qu'ils ont du rapport avec nos Religieux ; néanmoins, excepté les Calenders, qu'ils fe marient prefque tous. Les Mahométans n'y trouvent rien à dire, parce qu'ils ont pour maxime, qu'il n'y a pas de Moinerie dans la Religion Mufulmane : *La ruhbaniet fil'iſlam*, & par-là ils entendent que le vœu de chafteté n'y eft pas reçu.

L'Auteur du Guliftan, en parlant de lui-même, écrit en ces termes : Etant fort jeune, j'avois coutume de me lever la nuit, pour prier Dieu, pour veiller & pour lire l'Alcoran. Une nuit que j'étois dans ces exercices, & que toute la famille dormoit, excepté mon pere, près de qui j'étois, je dis à mon pere : Voyez, pas un ne leve feulement la tête pour prier Dieu, & ils dorment tous d'un fommeil fi profond, qu'il femble qu'ils foient morts. Mon pere me ferma la bouche, en me difant : Mon fils, il vaudroit mieux que vous dormiffiez comme ils dorment, que d'obferver leurs défauts.

On louoit dans une affemblée une perfonne de remarque, qui étoit préfente, & l'on en parloit très-avantageufement. La perfonne leva la tête, & dit : Je fuis tel que je le fais.

Un Roi demandoit à un Derviche fi quelquefois il ne fe fouvenoit pas de lui ? Le Derviche répondit : Je m'en fouviens; mais c'eft lorfque je ne penfe pas à Dieu.

Un Dévot vit en fonge un Roi dans le Paradis, & un Derviche en Enfer. Cela l'étonna, & il s'informa d'où venoit que l'un & l'autre étoient chacun dans un lieu oppofé à celui dans lequel on s'imagine ordinairement qu'ils doivent être après leur mort ? On lui répondit : Le Roi eft en Paradis, à caufe de l'amour qu'il a toujours eu pour les Derviches, & le Derviche eft en Enfer, à caufe de l'attache qu'il a eue auprès des Rois.

Un Derviche mangeoit dix livres de pain par jour, & paffoit toute la nuit en prieres jufques au matin. Un homme de bon fens lui dit : Vous feriez beaucoup mieux de ne manger que la moitié d'autant de pain, & dormir.

L'Auteur du Guliftan dit encore, en parlant de lui-même : J'étois efclave à Tripoli, chez les Francs, lorfqu'un ami d'Halep, qui me reconnut en paffant,

me racheta pour dix pieces de monnoie d'or, & m'emmena avec lui à Halep, où il me donna fa fille en mariage & cent pieces de monnoie d'or pour fa dot. Mais c'étoit une méchante langue, & elle étoit d'une humeur très-fâcheufe. Quelque temps après notre mariage, elle me reprocha ma pauvreté, & me dit : Mon pere ne vous a-t-il pas délivré des chaînes des Francs pour dix pieces de monnoie d'or ? Je répondis : Il eft vrai, il m'a procuré la liberté pour le prix que vous dites, mais il m'a fait votre efclave pour cent.

Dans une affaire de grande importance, un Roi fit vœu, s'il en venoit à bout, de diftribuer une fomme d'argent confidérable aux Derviches. L'affaire réuffit comme il fouhaitoit, & alors, pour accomplir fon vœu, il mit la fomme dans une bourfe, & en la confiant à un Officier, il lui ordonna d'en aller faire la diftribution. L'Officier, qui favoit quelle forte de gens étoient les Derviches, garda la bourfe jufques au foir, & en la remettant entre les mains du Roi, il lui dit, qu'il n'avoit pas trouvé un feul Derviche. Le Roi dit : Que veut dire cela; je fais qu'il y en a plus de quatre cents dans la ville ? L'Officier reprit : Sire, les Derviches ne reçoivent pas d'argent, & ceux qui en reçoivent ne font pas Derviches.

On demandoit à un Savant ce qu'il penfoit de la diftribution de pain fondée pour les Derviches ? Il répondit : Si les Derviches le mangent dans l'intention d'avoir plus de forces pour fervir Dieu, il leur eft permis d'en manger ; mais s'ils font feulement Derviches pour le manger, ils le mangent à leur dam.

Un Derviche quitta fon Couvent, & alla prendre des leçons d'un Profeffeur dans un College. Je lui demandai, (c'eft l'Auteur du Guliftan qui parle,) puifqu'il avoit changé de profeffion, quelle différence il faifoit entre un Savant & un Derviche ? Il me répondit : Le Derviche fe tire lui-même hors des vagues; mais le Savant en tire encore les autres.

REMARQUES. Les Derviches, chez les Mahométans, ne font pas des vœux qui obligent auffi étroitement que nos Religieux font obligés par leurs vœux. C'eft pourquoi ils quittent librement l'habit, la regle & la clôture pour embraffer telle autre profeffion qu'il leur plaît.

Les Mahométans ont un grand nombre de Colleges, fondés par des Sultans & par des particuliers, où des Profeffeurs gagés enfeignent ce qu'ils doivent favoir pour acquérir le titre de Savant. Ils y arrivent par degrés, de même qu'on arrive au titre de Docteur dans les Univerfités de l'Europe, & les fciences qu'ils apprennent regardent la Religion & les Loix, qui font chez eux inféparables de la Religion.

Un Mahométan, qui avoit donné plufieurs preuves d'une force extraordinaire, étoit dans une fi grande colere, qu'il ne fe poffédoit plus, & qu'il écumoit de rage. Un homme fage, qui le connoiffoit, le voyant en cet état, demanda ce qu'il avoit, & il apprit qu'on lui avoit dit une injure. Cela lui fit dire : Comment ! ce miférable porte un poids de mille livres, & il ne peut pas fupporter une parole ?

REMARQUE. Ce mot eft plus jufte dans le Perfan que dans le François, en ce que le même mot, qui fignifie *porter*, fignifie auffi *fupporter*.

Un Vieillard de Bagdad avoit donné fa fille en mariage à un Cordonnier, & le Cordonnier en la baifant la mordit à la levre jufqu'au fang. Le Vieillard lui dit : Les levres de ma fille ne font pas du cuir.

Un Savant ne fachant à qui donner fa fille en mariage à caufe de fa laideur, quoique la dot qu'il lui donnoit fût très-confidérable, la maria enfin avec un aveugle. La même année, un Empirique, qui rendoit la vue aux aveugles, arriva de l'Ifle de Serendib, & l'on demanda au Savant pourquoi il ne mettoit pas

fon gendre entre les mains du Médecin ? Il répondit :
Je crains, s'il voyoit, qu'il ne répudiât ma fille. Etant
auffi laide qu'elle eft, il vaut mieux qu'il demeure
aveugle.

REMARQUE. L'ifle de Sérendib eft la même que
l'Ifle de Ceilan, & que celle que les anciens appelloient
Taprobane. J'efpere que j'aurai lieu d'en parler ailleurs
plus amplement, fuivant la tradition des Orientaux.

Un Derviche parloit à un Roi, qui ne faifoit pas
beaucoup d'eftime des gens de fa forte, & lui difoit :
Nous n'avons ni les forces, ni la puiffance que vous
avez en ce monde ; mais nous vivons plus contents
que vous ne vivez. Avec cela, la mort nous rendra
tous égaux, & au jour du Jugement nous aurons l'a-
vantage d'être au-deffus de vous.

REMARQUE. Les Mahométans, comme les Chrétiens, attendent un Jugement univerfel pour le châtiment des méchans & pour la récompenfe des bons.

Dans la ville d'Halep, un pauvre d'Afrique difoit
à des Marchands affemblés : Seigneurs, qui êtes riches, fi vous faifiez ce que l'équité voudroit que vous
fiffiez, & fi nous autres pauvres étions des gens à
nous contenter, on ne verroit plus de mendiants dans
le monde.
Deux Princes, fils d'un Roi d'Egypte, s'applique-
rent l'un aux fciences, & l'autre à amaffer des richeffes. Le dernier devint Roi, & reprocha au Prince, fon
frere, le peu de bien qu'il avoit en partage. Le Prince
repartit : Mon frere, je loue Dieu d'avoir l'héritage
des Prophetes en partage, c'eft-à-dire, la *fageffe.*
Mais votre partage n'eft que l'héritage de Pharaon
& d'Haman, c'eft-à-dire, le Royaume d'Egypte.

REMARQUE. Ce Pharaon eft celui que Dieu, fuivant l'ancien Teftament, fit fubmerger dans la mer
Rouge, & Haman, fuivant les traditions des Mahométans, étoit fon premier Miniftre & l'exécuteur de fes
méchantes intentions. Suivant les même Mahométans,
ce Pharaon fut le premier des Rois d'Egypte qui porterent le nom de *Pharaon* ; car fi nous les en croyons,
il n'étoit point de race Royale, mais de fort baffe naiffance. Voici ce qu'ils en difent. Son pere, qui s'appelloit Maffab, & qui gardoit les vaches, étant mort dans
le temps qu'il étoit encore en bas âge, fa mere lui fit
apprendre le métier de Menuifier ; mais cette profeffion
ne lui ayant pas plu, il abandonna fa mere & fon pays,
& fe mit chez un vendeur de fruits, chez lequel il ne demeura pas long-temps. S'étant mis dans le négoce, il alla
à une foire ; mais il en fut dégoûté, fur ce qu'on exigea de lui à un paffage un droit dont la fomme égaloit le
prix de fa marchandife, & de dépit il fe fit voleur de
grands chemins. Enfuite il trouva le moyen de s'établir
à une des portes de la Capitale de l'Egypte, & quoique
ce fût fans aveu, d'exiger au nom du Roi un droit
fur tout ce qui paffoit ; mais ayant été découvert,
en voulant exiger le même droit fur le corps d'une fille
du Roi d'Egypte, qu'on portoit pour être enterrée,
il fe délivra de la mort par les grandes fommes d'argent qu'il avoit amaffées. La fortune ne l'abandonna
pas pour cela, il eut encore affez d'intrigue pour devenir
Capitaine du Guet, & dans cet emploi, il eut un ordre exprès du Roi d'Egypte de faire mourir tous ceux
qui marcheroient pendant la nuit. Le Roi d'Egypte, fans
lui donner avis de fon deffein, fortit lui-même une nuit
pour aller communiquer quelque affaire fecrete à un
de fes Miniftres. La Garde l'ayant rencontré, il fut arrêté, & conduit à Pharaon, qui ne voulut pas croire
qu'il fût le Roi, quoiqu'il eût déja dit aux gens du
Guet, qui n'avoient pas auffi voulu le croire. Au contraire, il le fit defcendre de cheval, & lui fit couper
la tête. Après cette action, ayant connu que c'étoit
véritablement le Roi, il fut affez puiffant pour aller
forcer le palais, s'en rendre maître, & fe faire déclarer Roi. Il introduifit le culte des Idoles, & voulut

qu'on le reconnût lui-même pour Dieu. Enfin, il pourfuivit les Ifraélites dans leur retraite ; mais il fut fub-
mergé dans la mer Rouge. Toutes ces particularités fe
trouvent dans l'Hiftoire des Prophetes de Kefani.

Un Roi de Perfe avoit envoyé un Médecin à Mahomet, & le Médecin demeura quelques années en
Arabie ; mais fans aucune pratique de fa profeffion,
parce que perfonne ne l'appelloit pour fe faire médi-
camenter. Ennuyé de ne pas exercer fon art, il fe préfenta à Mahomet, & lui dit en fe plaignant : Ceux
qui avoient droit de me commander m'ont envoyé ici,
pour faire profeffion de la médecine ; mais depuis que
je fuis venu, perfonne n'a eu befoin de moi, & ne m'a
donné occafion de faire voir de quoi je fuis capable.
Mahomet lui dit : La coutume de notre pays eft de
manger feulement lorfqu'on eft preffé par la faim, &
de ceffer de manger lorfqu'on peut encore manger. Le
Médecin repartit : C'eft-là le moyen d'être toujours
en fanté, & de n'avoir pas befoin de Médecin. En difant cela, il prit fon congé, & retourna en Perfe, d'où
il étoit venu.
Ardefchir Babekan, Roi de Perfe, demanda à un
Médecin Arabe combien il fuffifoit de prendre de nourriture par jour ? Le Médecin répondit qu'il fuffifoit
d'en prendre cent drachmes ; & le Roi dit, que ce
n'étoit pas affez pour donner de la force. Le Médecin repartit : C'eft affez pour vous porter ; mais vous
le porterez vous-même, fi vous en prenez davantage.

REMARQUE. Ardefchir Babekan eft le premier
de la race des Rois de Perfe qui régnerent jufqu'à ce
qu'ils furent chaffés par les Mahométans. Son pere s'appelloit Safan, d'où vient que lui & les Rois qui lui
fuccéderent, furent appellés *Safaniens,* fuivant l'Hiftoire
ancienne des Perfans, dans ce qui nous en refte par
les écrits des Arabes.

Deux Sofis, de la ville de Vafete, prirent de la
viande à crédit d'un Boucher, & ne la lui payerent
pas. Le Boucher les preffoit tous les jours pour en
être payé, avec des paroles injurieufes, qui les mettoient dans une grande confufion ; mais ils prenoient
le parti d'avoir patience, parce qu'ils n'avoient pas
d'argent. Un homme d'efprit, qui les vit dans cet embarras, leur dit : Il étoit plus aifé d'entretenir votre
appetit dans l'efpérance de la bonne chere, que d'entretenir le Boucher dans l'efpérance de le payer.

REMARQUES. Les Sofis font les Religieux les plus
diftingués chez les Mahométans, tant par la droiture
de leurs fentiments, touchant leur Religion, que par le
réglement de leur vie & par la pureté de leurs mœurs,
fuivant l'origine de leur nom, qui fignifie *les purs, les
choifis.* Les Rois de Perfe, dont la race regne encore
aujourd'hui, ont auffi pris le nom de *Sofis,* à caufe qu'ils
font defcendre leur origine de Mouça Caffem, le feptieme
des douze Imams, qui mourut environ l'an de l'Hégire
183, de J. C. 799, prétendant que la fecte d'Ali,
de qui les douze Imams font defcendus, eft la meilleure
& la plus pure, parce que leurs ancêtres fe font toujours diftingués par un zele fingulier pour la Religion
Mahométane.
La ville de Vafete étoit autrefois une ville confidérable dans la partie de l'Arabie qui porte le nom d'Erak.

Un Mahométan officieux entretenoit un Derviche
d'un homme fort riche, & lui difoit, qu'il étoit perfuadé que cet homme lui feroit de grandes largeffes,
s'il étoit bien informé de fa pauvreté. Il fe donna même la peine d'aller jufques à la porte de la maifon de
cet homme, & de lui faire donner entrée. Le Derviche entra ; mais comme il vit un homme mélancolique avec les leyres pendantes, il fortit d'abord, fans
avoir feulement ouvert la bouche pour lui parler. Le
conducteur, qui l'attendoit, lui demanda pourquoi
il étoit forti fi promptement. Il répondit : Sa mine

ne me plaît pas, je le tiens quitte de la libéralité qu'il pourroit me faire.

Hatemtaï, de son temps, étoit le plus bienfaisant & le plus libéral de tous les Arabes. On lui demanda s'il avoit vu quelqu'un ou entendu parler d'un seul homme qui eût le cœur plus noble que lui? Il répondit : Un jour, après avoir fait un sacrifice de quarante chameaux, je sortis à la campagne avec des Seigneurs Arabes, & je vis un homme qui avoit amassé une charge d'épines seches pour brûler. Je lui demandai pourquoi il n'alloit pas chez Hatemtaï, où il y avoit un grand concours de peuple, pour avoir part du régal qu'il faisoit? Il me répondit : Qui peut manger son pain du travail de ses mains, ne veut pas avoir l'obligation à Hatemtaï. Cet homme avoit l'ame plus noble que moi.

Un Roi avoit besoin d'une somme d'argent pour donner aux Tartares, afin d'empêcher qu'ils ne fissent des courses sur ses Etats, & apprit qu'un pauvre qui gueusoit avoit une somme très-considérable. Il le fit venir, & lui en demanda une partie par emprunt, avec promesse qu'elle lui seroit rendue d'abord que les revenus ordinaires seroient apportés au trésor. Le pauvre répondit : Il seroit indigne que V. M. souillât ses mains en maniant l'argent d'un mendiant tel que je suis, qui l'ai amassé en gueusant. Le Roi repartit : Que cela ne te fasse pas de peine, il n'importe, c'est pour donner aux Tartares. Telles gens, tel argent.

REMARQUE. Ces Tartares sont ceux de la grande Tartarie, qui ont été de tout temps de grands faiseurs de courses sur leurs voisins, & c'est d'eux que les Tartares de la Crimée, nonobstant le long temps qu'il y a qu'ils se sont séparés d'avec eux, retiennent cette coutume, qui coûte tant de milliers d'hommes à l'Allemagne & à la Pologne, depuis le commencement de cette derniere guerre.

L'Auteur du Gulistan, de qui sont quelques-uns des articles précédents, parle de lui-même en ces termes : J'ai connu un Marchand qui voyageoit avec cent chameaux chargés de marchandises, & qui avoit quarante tant esclaves que domestiques à son service. Un jour, ce Marchand m'entraîna chez lui dans son magasin, & m'entretint toute la nuit de discours qui n'aboutissoient à rien. Il me dit : J'ai un tel associé dans le Turquestan, tant de fonds dans les Indes; voici une obligation pour tant d'argent qui m'est dû dans une telle Province; j'ai un tel pour caution d'une telle somme. Puis changeant de matiere, il continuoit : Mon dessein est d'aller m'établir à Alexandrie, parce que l'air y est excellent. Il se reprenoit, & disoit : Non, je n'irai pas à Alexandrie, la mer d'Afrique est trop dangereuse. J'ai intention de faire encore un voyage; après cela je me retirerai dans un coin du monde, & je laisserai-là le négoce. Je lui demandai quel voyage c'étoit? Il répondit : Je veux porter du souffre de Perse à la Chine, où l'on dit qu'il se vend chérement. De la Chine j'apporterai de la porcelaine, & je la viendrai vendre en Grece. De la Grece je porterai des étoffes d'or aux Indes; des Indes j'apporterai de l'acier à Halep, & d'Halep je porterai du verre en l'Arabie heureuse, & de l'Arabie heureuse je transporterai des toiles peintes en Perse. Cela fait, je dirai adieu au négoce, qui se fait par ces voyages pénibles, & je passerai le reste de mes jours dans une boutique. Il en dit tant sur ce sujet qu'à la fin il se lassa de parler, & en finissant il m'adressa ces paroles : Je vous prie, dites-nous aussi quelque chose de ce que vous avez vu & entendu dans vos voyages. Je pris la parole, & je lui dis : Avez-vous ouï dire ce que disoit un voyageur qui étoit tombé de son chameau dans le désert de Gour? Il disoit : Deux choses seules sont capables de remplir les yeux d'un avare, la sobriété ou la terre qu'on jette sur lui après sa mort.

REMARQUES. Outre que cette narration est très belle par le portrait qu'elle donne d'un Marchand qui ne met pas de bornes à son avarice, elle est encore très-curieuse en ce qu'elle fait connoître de quelle maniere & avec quelles marchandises le négoce se fait dans le Levant. On fait encore aujourd'hui toutes ces routes par terre, & souvent la même personne les fait toutes & quelquefois davantage.

Le Turquestan est une Province d'une vaste étendue dans la grande Tartarie, dont la ville de Caschgar est la capitale. Elle a pris son nom des Turcs qui l'habitent, & c'est de-là que sous ce nom une infinité de peuples sont sortis en différents temps, dont les Turcs qui occupent encore aujourd'hui l'Empire de Constantinople, font partie.

Par la mer d'Afrique, l'Auteur du Gulistan entend la mer Méditerranée, qui baigne toute la côte d'Afrique vers le Sud. Quant à ce qu'il dit qu'elle est dangereuse, c'est que de son temps les Chétiens en étoient les maîtres dans toute son étendue, & qu'il n'étoit pas libre aux Mahométans d'y naviger.

Le désert de Gour est aux environs du Jourdain, entre Damas & la mer Morte, par où l'on passe de Syrie en Arabie. Il y a aussi un pays du même nom près de l'Indus, qui confine avec le Khorassan.

Le même Auteur du Gulistan dit encore ceci de lui-même : Un homme de peu d'esprit, gros & gras, richement vêtu, la tête couverte d'un turban d'une grosseur démesurée, & monté sur un beau cheval Arabe, passoit, & l'on me demanda ce qu'il me sembloit du brocard dont ce gros animal étoit vêtu. Je répondis : Il en est de même que d'une vilaine écriture, écrite en caractere d'or.

REMARQUE. Encore aujourd'hui, à Constantinople, les gens de Loi, c'est-à-dire, le Mouphti, les Cadileskers, les Mullas ou les Cadis du premier rang, portent des turbans d'une grosseur surprenante; & sans exagération, il y en a qui ont près de deux pieds dans leur plus grande largeur. Ils sont faits avec beaucoup d'art & d'adresse; & quoiqu'ils soient si gros, néanmoins ils sont fort légers, parce qu'il n'y entre que de la toile très-fine & du coton. Quand quelqu'un de ces Messieurs n'a pas la capacité qu'il doit avoir, malheur pour lui. Les Turcs imitent l'exemple de l'Auteur du Gulistan, ils se moquent de lui & de la grosseur de son turban.

Un voleur demandoit à un mendiant, s'il n'avoit pas honte de tendre la main au premier qui se présentoit, pour lui demander de l'argent. Le mendiant répondit : Il vaut mieux tendre la main pour obtenir une maille, que de se la voir couper pour avoir volé un sol ou deux liards.

Un Marchand fit une perte considérable, & recommanda à son fils de n'en dire mot à personne. Le fils promit d'obéir; mais il pria son pere de lui dire quel avantage ce silence produiroit. Le pere répondit : C'est afin qu'au-lieu d'un malheur, nous n'en ayons pas deux à supporter, l'un, d'avoir fait cette perte, & l'autre de voir nos voisins s'en réjouir.

Un fils qui avoit fait de grands progrès dans les études, mais naturellement timide & réservé, se trouvoit avec d'autres personnes d'étude, & ne disoit mot. Son pere lui dit : Mon fils, pourquoi ne faites-vous pas aussi paroître ce que vous savez? Le fils répondit : C'est que je crains qu'on ne me demande aussi ce que je ne sais pas.

Galien vit un homme de la lie du peuple qui maltraitoit un homme de Lettres d'une maniere indigne. Il dit de l'homme de Lettres : Il n'auroit pas eu de prise avec l'autre, s'il étoit véritablement homme de Lettres.

REMARQUE. Galien n'étoit pas seulement Médecin, c'étoit encore un grand Philosophe. C'est pourquoi il ne faut pas s'étonner que Saadi rapporte de lui ce bon mot, qu'il pouvoit avoir appris dans quelque livre traduit de Grec en Arabe, ou entendu dire à quelque favant Chrétien dans fes voyages.

Des Courtifans de Sultan Mahmoud Sebekteghin demandoient à Haffan de Meïmend, Grand-Vifir de ce Prince, ce que le Sultan lui avoit dit touchant une certaine affaire. Le Grand Vifir s'excufa, en difant qu'il fe garderoit bien de rien apprendre à des perfonnes à qui rien n'étoit caché, & qui favoient toutes chofes. Ils repartirent: Vous êtes le Miniftre d'Etat, & le Sultan ne daigne pas communiquer à des gens comme nous ce qu'il vous communique. Le Vifir reprit: C'eft qu'il fait que je ne le dirai à perfonne, & vous avez tort de me faire la demande que vous faites.

REMARQUE. Meïmend eft une ville du Khoraffan, d'où étoit ce Grand-Vifir de Sultan Mahmoud Sebekteghin.

Saadi dit encore, en parlant de lui-même: Je voulois acheter une maifon, & je n'étois pas encore bien réfolu de le faire, lorfqu'un Juif me dit: Je fuis un des anciens du quartier, vous ne pouvez mieux vous adreffer qu'à moi, pour favoir ce que c'eft que cette maifon. Achetez-la fur ma parole, je vous fuis caution qu'elle n'a point de défaut. Je lui répondis: Elle en a un grand d'avoir un voifin comme toi.

REMARQUE. Quoique les Mahométans ayent une grande averfion pour tous ceux qui ne font pas de leur Religion, néanmoins ils en ont plus pour les Juifs que pour les Chrétiens. C'eft pourquoi Saadi avoit de la peine à prendre une maifon dans un quartier où il y avoit des Juifs.

Un Poëte alla voir un chef de voleurs, & lui récita des vers qu'il avoit faits à fa louange; mais au-lieu d'agréer fes vers, le chef des voleurs le fit dépouiller & chaffer hors du village, & avec cela il fit encore lâcher les chiens après lui. Le Poëte voulut prendre une pierre pour fe défendre contre les chiens, mais il avoit gelé, & la pierre tenoit fi fort, qu'il ne put l'arracher. Cela lui fit dire, en parlant des voleurs: Voilà de méchantes gens, ils lâchent les chiens & attachent les pierres.

REMARQUE. L'Auteur du Guliftan ajoute que ce bon mot fit rire le chef des voleurs qui l'entendit d'une fenêtre, & qu'il cria au Poëte de demander ce qu'il voudroit, & qu'il le lui accorderoit. Le Poëte lui dit: Si vous avez envie de me faire du bien, je ne vous demande que la vefte dont vous m'avez fait dépouiller. Le chef des voleurs eut compaffion de lui, & avec fa vefte, il lui fit encore donner une vefte fourrée.

Un mari avoit perdu fa femme, qui étoit d'une grande beauté; mais la mere de la défunte, qui lui étoit odieufe, demeuroit chez lui par une claufe du contrat de mariage, au cas qu'elle furvéquît à fa fille. Un ami lui demanda comment il fupportoit la perte de fa femme. Il répondit: Il ne m'eft pas fi étrange de ne plus voir ma femme, que de voir fa mere.

Je logeois chez un Vieillard de Diarbekir qui avoit du bien, (ce font les termes de l'Auteur du Guliftan,) & ce Vieillard me difoit, que jamais il n'avoit eu qu'un fils qui étoit préfent, que Dieu avoit accordé à fes prieres plufieurs fois réitérées dans une vallée peu éloignée de la ville, où il y avoit grande dévotion près d'un certain arbre. Le fils, qui entendit ces paroles, dit tout bas à fes camarades: Je voudrois favoir où eft cet arbre, j'irois y demander à Dieu la mort de mon pere.

REMARQUE. Diarbekir eft une grande ville de la Méfopotamie, que nos Géographes appellent du nom

de la même ville. Comme elle eft fur la frontiere des Etats du Grand-Seigneur vers la Perfe, il y a un Pacha qui a plufieurs Sangiacs au-deffous de lui.

Le même Auteur dit encore, en parlant de lui-même: Par un excès & par un emportement de jeuneffe, je maltraitois un jour ma mere de paroles. Sur les chofes fâcheufes que je lui dis, elle fe retira dans un coin, les larmes aux yeux, & me dit: Préfentement que vous avez la force d'un lion, avez-vous oublié que vous avez été petit pour avoir l'infenfibilité que vous avez pour moi? Vous ne me maltraiteriez pas comme vous le faites, fi vous vous fouveniez de votre enfance & du temps que je vous tenois dans mon fein.

Le fils d'un avare étoit dangereufement malade, & des amis confeilloient à fon pere de faire lire l'Alcoran, ou de faire un facrifice, difant que cela feroit peut-être que Dieu rendroit la fanté à fon fils. Le pere y penfa un moment, & dit: Il eft plus à propos de faire lire l'Alcoran, parce que le troupeau eft trop loin. Un de ceux qui entendirent cette réponfe, dit: Il a préféré la lecture de l'Alcoran, parce que l'Alcoran eft fur le bord de la langue; mais l'or qu'il lui en auroit coûté pour acheter une victime, eft au fond de fon ame.

REMARQUE. Les Mahométans lifent ou font lire l'Alcoran entier, ou par parties, en plufieurs rencontres, comme pour l'ame d'un défunt, pour un malade, avant qu'une bataille fe donne, dans des calamités publiques & en d'autres néceffités preffantes, dans la croyance que c'eft un moyen propre pour appaifer la colere de Dieu. Ils égorgent auffi des moutons pour le même fujet. Schahroch, fils de Tamerlan, étant fur le point de donner une grande bataille à Emir Cara Joufouf, qui s'étoit fait reconnoître Roi de Perfe, & qui avoit établi fon fiege à Tauriz, fit lire douze mille fois le Chapitre de la Conquête, qui eft le 48 de l'Alcoran, par les Hafiz, c'eft-à-dire, par ceux qui favoient l'Alcoran par cœur, lefquels étoient à la fuite de fon armée. Ce Chapitre eft de 29 verfets.

On demandoit à un Vieillard pourquoi il ne fe marioit pas? Il répondit, qu'il n'avoit point d'inclination pour de vieilles femmes. On lui repartit, étant riche comme il l'étoit, qu'il lui feroit aifé d'en trouver une jeune. Il reprit: Je n'ai pas d'inclination pour les vieilles, parce que je fuis vieux, comment voulez-vous qu'une jeune femme puiffe avoir de l'inclination pour moi & m'aimer?

Un Sage difoit à un Indien, qui apprenoit à jetter le feu Grégeois: Ce métier-là ne vous eft pas propre, à vous de qui la maifon eft bâtie de cannes.

REMARQUE. Les Orientaux parlent fouvent du feu Grégeois, & par ce qu'ils en difent, il paroît que le bitume entroit dans fa compofition.

Un Mahométan de peu d'efprit, qui avoit mal aux yeux, s'adreffa à un Maréchal, & le pria de lui donner quelque remede. Le Maréchal lui appliqua un emplâtre dont il fe fervoit pour les chevaux; mais le malade en devint aveugle, & fut faire fes plaintes à la Juftice. Le Cadi informé du fait, le chaffa, & lui dit: Retire-toi, tu n'as pas d'action contre celui que tu accufes. Tu n'aurois pas cherché un Maréchal au-lieu d'un Médecin, fi tu n'étois un âne.

Un fils étoit dans un cimetiere affis fur le tombeau de fon pere, qui lui avoit laiffé de grands biens, & tenoit ce difcours au fils d'un pauvre homme: Le tombeau de mon pere eft de marbre, l'épitaphe eft écrite en lettres d'or, & le pavé à l'entour eft de marqueterie & à compartiments. Mais toi, en quoi confifte le tombeau de ton pere? En deux briques, l'une à la tête, l'autre aux pieds, avec deux poignées de

terre fur fon corps. Le fils du pauvre répondit : Tai-
fez-vous , avant que votre pere ait feulement fait
mouvoir, au jour du Jugement, la pierre dont il eft
couvert, mon pere fera arrivé au Paradis.

REMARQUE. C'eft une coutume chez les Mahométans de mettre une pierre aux pieds & à la tête
des fépultures de leurs morts. Plus le mort eft riche,
& plus cette pierre eft polie & ornée , & fouvent on
y met de beau marbre blanc, au-lieu de pierre, dans
les lieux où l'on en peut avoir , & alors le marbre ou
la pierre eft en forme de colonne , & affez fréquemment avec un turban en fculpture au haut de la colonne ,
conforme à la profeffion ou à l'emploi du défunt pendant
qu'il vivoit , ou avec un bonnet de femme , fi c'eft une
fépulture de femme. De plus , pour peu que la perfonne
foit de confidération , on voit fur la colonne une épitaphe
en fculpture ou en caractères gravés en relief ; car je
ne me fouviens pas d'en avoir vus de gravés en creux,
comme on grave ordinairement les épitaphes en Europe , & l'épitaphe contient prefque toujours la profeffion de foi de la Religion Mahométane , le nom & la
qualité du défunt , avec une invitation au paffant de
réciter le premier Chapitre de l'Alcoran pour le repos
de fon ame , & il y en a dont les caractères font dorés.
Les plus riches font de groffes dépenfes en repréfenta-
tions , en édifices voifins ; comme mofquées, hôpitaux ,
fontaines , écoles , avec des revenus pour leur entretien. Les cimetieres publics font toujours hors des portes
des villes , & l'on n'enterre dans les villes que les Princes & les perfonnes de grande diftinction avec leur
famille , près des mofquées dont ils font les fondateurs.
Cet ordre eft même obfervé dans les bourgs & dans
les villages où les cimetieres font toujours hors de l'enceinte des maifons le long des grands chemins , afin que
les paffants , en les côtoyant , foient excités de prier
pour ceux qui y font enterrés. Outre la pierre & le
marbre, il y a des endroits où les parents plantent à la
tête & aux pieds du romarin ou quelqu'autre plante.
En de certains lieux , les femmes vont le Vendredi pleurer fur la fépulture de leurs maris , ou de leurs parents
& amis.

Le Grand Iskender , ou Alexandre le Grand , car
c'eft la même chofe, venoit de prendre une place , &
on lui dit , que dans cette place il y avoit un Philofophe de confidération. Il commanda qu'on le fît venir ; mais il fut fort furpris de voir un homme fort
laid , & il ne put s'empêcher de lâcher quelques paroles qui marquoient fon étonnement. Le Philofophe
l'entendit ; & quoiqu'il fût dans un grand défordre à
caufe du faccagement de fa patrie, néanmoins il ne
laiffa pas que de lui dire en fouriant : Il eft vrai que
je fuis difforme ; mais il faut confidérer mon corps
comme un fourreau dont l'ame eft le fabre. C'eft le
fabre qui tranche, & non pas le fourreau.

REMARQUE. Je ne me fouviens pas d'avoir lu ce
trait de l'Hiftoire d'Alexandre le Grand dans aucun Auteur Grec ou Latin, ni entendu dire qu'il s'y trouvât ,
& je ne fache pas auffi qu'aucun des Philofophes que
nous connoiffions , ait dit ce mot. En effet , il reffent
plutôt la fageffe des Orientaux que des Grecs. Quoi
qu'il en foit , il eft jufte & digne d'être remarqué , &
les Orientaux n'en fachant pas le véritable Auteur,
ont pu l'attribuer à Alexandre le Grand , qu'ils ont fait
un Héros de leur Pays.

Un Philofophe difoit : J'ai écrit cinquante volumes
de Philofophie ; mais je n'en fus pas fatisfait. J'en ti-
rai foixante maximes qui ne me fatisfirent pas davantage. A la fin de ces foixante maximes, j'en choifis
quatre, dans lefquelles je trouvai ce que je cherchois.
Les voici :
N'ayez pas la même confidération , ni les mêmes
égards pour les femmes que pour les hommes. Une
femme eft toujours femme, de fi bonne maifon & de
telle qualité qu'elle puiffe être.
Si grandes que puiffent être vos richeffes, n'y ayez

point d'attache , parce que les révolutions des temps
les diffipent.
Ne découvrez pas vos fecrets à perfonne, non pas
même à vos amis les plus intimes ; parce que fouvent
il arrive qu'on rompt avec un ami , & que l'ami devient ennemi.
Que rien dans le monde ne vous tienne attaché que
la fcience , accompagnée de bonnes œuvres ; parce que
vous feriez criminel à l'heure de votre mort fi vous
la méprifiez.

Les Philofophes des Indes avoient une bibliotheque fi ample , qu'il ne falloit pas moins de mille chameaux pour la tranfporter. Leur Roi fouhaita qu'ils
en fiffent un abrégé , & ils la réduifirent à la charge
de cent chameaux ; & après plufieurs autres retranchements , enfin tout cet abrégé fut réduit à quatre
Maximes. La premiere regardoit les Rois qui devoient être juftes; la feconde, prefcrivoit aux peuples d'être fouples & obéiffants ; la troifieme avoit
la fanté en vue, & ordonnoit de ne pas manger qu'on
n'eût faim ; & la quatrieme recommandoit aux femmes de détourner leurs yeux de deffus les étrangers,
& de cacher leur vifage à ceux à qui il ne leur étoit
pas permis de le faire voir.

REMARQUE. A propos de bibliotheque portée par
des chameaux, Saheb, fils d'Ibad , Grand-Vifir de deux
Rois de Perfe de la race des Boiens , qui aimoit les Lettres, & qui mourut l'an de l'Hégire 385, de J. C. l'an
995, en avoit une que quatre cents chameaux portoient à fa fuite, même dans les campagnes qu'il étoit
obligé de faire. Le Grand-Vifir Kupruli , tué à la bataille de Salankemen, qui avoit une bibliotheque très-
fournie, n'alloit auffi en aucun endroit qu'il ne fît porter avec lui plufieurs coffres remplis de livres ; car tout
le temps qu'il ne donnoit pas aux affaires , il le donnoit à la lecture, ou à enfeigner ce qu'il pratiqua particuliérement au commencement de cette derniere guerre
contre l'Empereur, qu'il n'eut pas d'emploi jufques à
la mort du Grand-Vifir Cara Muftapha Pacha, qui l'en
avoit éloigné , parce que dans le Confeil , il s'étoit
oppofé lui feul à la déclaration de cette guerre. Dans
cet intervalle, il faifoit tous les jours leçon à foixante
écoliers, qu'il nourriffoit auffi , & qu'il habilloit. Bien
des gens peut-être auront de la peine à le croire, parce
qu'ils ne font pas accoutumés à voir de femblables exemples devant leurs yeux. Cependant cela s'eft fait & vu
fur un théâtre affez grand , puifque c'étoit au milieu
de Conftantinople.

Quatre puiffants Monarques de différents endroits
de la terre ont prononcé chacun une parole remarquable à-peu-près fur le même fujet. Un Roi de Perfe
a dit : Jamais je ne me fuis repenti de m'être tu ; mais
j'ai dit beaucoup de chofes dont je me fuis cruellement repenti. Un Empereur de la Grece a dit de
même : Mon pouvoir éclate bien davantage fur ce
que je n'ai pas dit, que fur ce que j'ai dit ; mais je
ne puis plus cacher ce que j'ai une fois prononcé. Un
Empereur de la Chine a dit : Il eft beaucoup plus fâcheux de dire ce qu'on ne doit pas dire, qu'il n'eft
aifé de cacher le repentir de l'avoir dit. Enfin, un
Roi des Indes s'eft expliqué en ces termes fur le
même fujet : Je ne fuis plus maître de ce que j'ai une
fois prononcé ; mais je difpofe de tout ce que je n'ai
pas avancé par mes paroles. Je puis le dire & ne le
pas dire , fuivant ma volonté.

REMARQUE. Au-lieu de l'Empereur de la Grece ,
le texte de l'Auteur du Guliftan porte, l'Empereur de
Roum , ce qui fignifie la même chofe , parce qu'en
général , fous ce nom de Roum , les Orientaux comprennent tous les pays qui ont été occupés par les Romains. Et quoique des Romains, ces pays ayent paffé
aux Grecs , néanmoins ils ont toujours retenu le nom
de Roum , par rapport à fa premiere origine ; de quoi
il ne faut pas s'étonner , puifque depuis les Romains ,

les Grecs se sont appellés & s'appellent encore aujourd'hui Ρωμαῖοι, c'est-à-dire, Romains. Le mot de Roum en particulier, se prend aussi simplement pour les Etats que les Selgiucides ont possédés dans la Natolie, ayant fait leur Capitale de la ville d'Iconium; ce qui leur fit prendre le titre de Rois de Roum. Cela vient de ce que les Empereurs de Constantinople ayant défendu long-temps ces pays-là contre les Mahométans, qui les connoissoient sous le nom d'Empereurs de Roum, les premiers qui s'en emparerent & qui s'en rendirent Souverains, affecterent de se donner le même nom.

Trois Sages, l'un de la Grece, un autre des Indes, & Bouzourgemhir, s'entretenoient, en présence du Roi de Perse, & la conversation tomba sur la question, savoir, quelle étoit la chose de toutes la plus fâcheuse. Le Sage de la Grece dit, que c'étoit la vieillesse accablée d'infirmités, avec l'indigence & la pauvreté. Le Sage des Indes dit, que c'étoit d'être malade & de souffrir sa maladie avec impatience. Mais Bouzourgemhir dit, que c'étoit le voisinage de la mort destitué de bonnes œuvres; & toute l'assemblée fut du même sentiment.

On demandoit à un Médecin quand il falloit manger? il répondit : Le riche doit manger quand il a faim, & le pauvre quand il trouve de quoi manger.

Un Philosophe disoit à son fils : Mon fils, jamais ne sortez de la maison le matin qu'après avoir mangé; on a l'esprit plus rassis en cet état; & au cas que l'on soit offensé par quelqu'un, on est plus disposé à souffrir patiemment. Car la faim dessèche & renverse la cervelle.

REMARQUE. Je ne sais si les Orientaux sont fondés sur cette maxime, qui est de très-bon sens & véritable; mais généralement ils mangent tous de grand matin, & ordinairement après la priere du matin, qu'ils font avant le lever du soleil, & ce qu'ils mangent sont des laitages, des confitures liquides, & autres choses semblables & froides, mais pas de viande, après quoi ils prennent le café. Il est certain que l'air sombre, sérieux & mélancolique que l'on remarque le matin dans ceux qui sont à jeun, ne prouve que trop la nécessité de mettre cette maxime en pratique.

On demandoit à Bouzourgemhir, qui étoit le Roi le plus juste? Il répondit : C'est le Roi sous le regne de qui les gens de bien sont en assurance, & que les méchants redoutent.

Les Arabes disoient à Hagiage, leur Gouverneur, qui les maltraitoit : Craignez Dieu, & n'affligez pas les Musulmans par vos vexations. Hagiage, qui étoit éloquent, monta à la tribune, & en les haranguant, il leur dit : Dieu m'a établi pour vous gouverner; mais quand je mourrois, vous n'en seriez pas plus heureux; car Dieu a beaucoup d'autres serviteurs qui me ressemblent, & quand je serai mort, peut-être que je serai suivi d'un autre Gouverneur qui sera plus méchant que moi.

Alexandre le Grand priva un Officier de son emploi, & lui en donna un autre de moindre considération, & l'Officier s'en contenta. Quelque temps après, Alexandre le Grand vit cet Officier, & lui demanda comment il se trouvoit dans la nouvelle charge qu'il exerçoit? L'Officier répondit avec respect : Ce n'est pas la charge qui rend celui qui l'exerce plus noble & plus considérable; mais la charge devient noble & considérable par la bonne conduite de celui qui l'exerce.

REMARQUE. Alexandre le Grand fut très-satisfait de cette réponse, & il rétablit cet Officier dans sa premiere charge. Dans les Cours du Levant, qui sont orageuses, les Courtisans ont besoin de ces sortes d'exemples, pour ne pas se désespérer, lorsqu'ils sont contraints de reculer, après y avoir avancé dans le service.

Un Derviche voyoit un Sultan fort familiérement; mais il observa un jour que le Sultan ne le regardoit pas de bon œil, comme il avoit coutume de le regarder. Il en chercha la cause; & croyant que cela venoit de ce qu'il se présentoit trop souvent devant lui, il s'abstint de le voir & de lui faire sa cour. Quelque temps après, le Sultan le rencontra, & lui demanda pourquoi il avoit cessé de venir le voir. Le Derviche répondit : Je savois qu'il valoit mieux que V. M. me fît la demande qu'elle me fait, que de me témoigner du chagrin de ce que je la voyois trop souvent.

Un Favori faisoit cortege à Cobad, Roi de Perse, & avoit beaucoup de peine à retenir son cheval, pour ne pas marcher à côté du Roi. Cobad s'en apperçut, & lui demanda quel égard les sujets devoient avoir pour leur Roi, quand ils lui faisoient cortege? Le Favori répondit : La principale maxime qu'ils doivent observer, est de ne pas faire manger à leur cheval tant d'orge que de coutume, la nuit qui précede le jour auquel ils doivent avoir cet honneur, afin de n'avoir pas la confusion que j'ai présentement.

REMARQUES. Cobad, Roi de Perse, étoit pere de Noufchirvan, qui lui succéda, sous lequel Mahomet naquit.

On donne de l'orge aux chevaux dans le Levant, & non pas de l'avoine, qui n'y est pas si commune que l'orge.

Un jour de Nevrouz, Noufchirvan, Roi de Perse, régalant toute sa Cour d'un grand festin, remarqua pendant le repas qu'un Prince de ses parents cacha une tasse d'or sous son bras; mais il n'en dit mot. Lorsqu'on se leva de table, l'Officier, qui avoit soin de la vaisselle d'or, cria que personne ne sortît, parce qu'une tasse d'or étoit égarée, & qu'il falloit la retrouver. Noufchirvan lui dit : Que cela ne te fasse pas de peine, celui qui l'a prise ne la rendra pas, & celui qui l'a vu prendre ne déclarera pas le voleur.

REMARQUE. Le Nevrouz est le jour auquel le soleil entre dans le Bélier, & ce mot signifie le *nouveau jour*, parce que chez les Persans c'est le premier jour de l'année solaire, qui étoit suivie sous le regne des anciens Rois de Perse, à laquelle les Mahométans ont fait suivre l'année lunaire. Néanmoins, depuis ce temps-là, les Persans continuent de célébrer ce jour-là la fête solemnelle qui s'y célébroit. Le Roi de Perse la célebre lui-même par un grand régal qu'il fait à toute sa Cour, dans lequel le vin que l'on boit est aussi servi dans des tasses d'or, comme on peut le remarquer dans les relations de voyageurs de notre temps.

Hormouz, Roi de Perse, fils de Sapor, avoit acheté une partie de perles, qui lui avoit coûté cent mille pieces de monnoie d'or; mais il ne s'en accommodoit pas. Un jour, son Grand-Visir lui représenta qu'un Marchand en offroit deux cents mille, & que le gain étant si considérable, il seroit bon de les vendre, puisqu'elles ne plaisoient pas à Sa Majesté. Hormouz répondit : C'est peu de chose pour nous que cent mille pieces de monnoie d'or que nous avons déboursées, & un gain trop petit pour un Roi que cent mille autres que vous me proposez. De plus, si nous faisons le marchand, qui sera le Roi, & que feront les marchands?

REMARQUE. On compte quatre Rois de Perse qui ont porté le nom d'Hormouz, suivant la liste que nous en avons dans les Histoires des Orientaux. Celui-ci est le premier de ce nom, & le troisieme de la quatrieme & derniere race des anciens Rois de Perse, que les mêmes Historiens appellent Sassaniens de Sasan, pere d'Ardeschir Babecan, premier Roi de cette race. Sapor, son pere, avoit fait bâtir Tchendi Sapor dans le Khouziftan, d'où étoit le Médecin Bacht-Iefchoua, de qui nous avons parlé ci-devant. Avant celui-ci, il y avoit eu un autre Sapor, Roi de Perfe; mais il étoit de la race des Afcaniens, comme les appellent les Orientaux, & ce font les mêmes que ceux que nous appellons Arfacides. Il fut fucceffeur d'Ask, qui donna le nom à toute la race, & ce fut celui qui fe rendit fi redoutable aux Romains. D'Ask les Grecs & les Romains ont fait Afak, & d'Afak Arfak, d'où eft venu le nom des Arfacides.

Pendant la minorité de Sapor, fils d'Hormouz, Roi de Perfe, Taïr, Chef des Arabes, fit une cruelle guerre aux Perfans, dans laquelle il pilla la Capitale du Royaume, & fit la fœur de Sapor efclave. Mais quand Sapor eut atteint l'âge de gouverner par lui-même, il attaqua Taïr, & le prit dans une forterefie par la trahifon de Melaca, fa propre fille, qui ouvrît la porte de la forterefie. Après qu'il fe fut défait de Taïr, il fit un grand carnage des Arabes, & à la fin lafié de cette tuerie, afin de rendre fa cruauté plus grande par une mort lente, il ordonna qu'on rompît feulement les épaules à tous ceux qu'on rencontreroit. Melik, un des ancêtres de Mahomet, lui demanda quelle animofité il pouvoit avoir pour exercer une fi grande cruauté contre les Arabes. Sapor répondit: Les Aftrologues m'ont prédit, que le deftructeur des Rois de Perfe doit naître chez les Arabes; c'eft en haine de ce deftructeur que j'exerce la cruauté dont vous vous plaignez. Melik repartit : Peut-être que les Aftrologues fe trompent; & fi la chofe doit arriver, il vaut beaucoup mieux que vous faffiez ceffer cette tuerie, afin qu'il ait moins de haine contre les Perfans quand il fera venu.

REMARQUE. Sapor, de qui il eft parlé en cet article, eft le fecond du nom de la race des Safaniens, & fon pere Hormouz de même, eft le fecond du nom de la même race. A caufe de cette cruauté de cafier les épaules, les Arabes lui donnerent le nom de *Sapor Zon l'eftaf*, comme qui diroit, le *brifeur d'épaules*, avec lequel ils le diftinguent toujours des autres, lorfqu'ils parlent de lui dans leurs Livres.

On préfenta un voleur fort jeune à un Calife, & le Calife commanda qu'on lui coupât la main droite, en difant que c'étoit afin que les Mufulmans ne fufient plus expofés à fes voleries. Le voleur implora la clémence du Calife, & lui dit : Dieu m'a créé avec l'une & l'autre main, je vous fupplie de ne pas permettre qu'on me faffe gaucher. Le Calife reprit : Qu'on lui coupe la main, Dieu ne veut pas qu'on fouffre les voleurs. La mere qui étoit préfente, repartit : Empereurs des Croyants, c'eft mon fils, il me fait vivre du travail de fes mains, je vous en fupplie, pour l'amour de moi, ne fouffrez pas qu'il foit eftropié. Le Calife perfifta dans ce qu'il avoit ordonné, & dit: Je ne veux pas me charger de fon crime. La mere infifta, & dit : Confidérez fon crime comme un des crimes dont vous demandez tous les jours pardon à Dieu. Le Calife agréa ce détour, & accorda au voleur la grace qu'elle demandoit.

REMARQUE. Empereurs des Croyants eft la traduction fidelle du titre d'*Emir elmoumenin*, que les Califes fe font attribué, & après eux les Rois Arabes en Efpagne & d'autres Princes Mahométans. Omar fecond, fucceffeur de Mahomet, le prit le premier, au-lieu du titre de Succeffeur de Dieu qu'on lui avoit donné d'abord, & qui fut trouvé trop long, comme Aboulfarage l'a remarqué.

On amena un criminel à un Calife, & le Calife le condamna au fupplice qu'il méritoit. Le criminel dit au Calife : Empereur des Croyants, il eft de la juftice de prendre vengeance d'un crime; mais c'eft une vertu de ne pas fe venger. Si cela eft, il n'eft pas de la dignité d'un Calife de préférer la vengeance à une vertu. Le Calife trouva ce trait ingénieux à fon goût, & lui donna fa grace.

Un jeune homme de la famille d'Hafchem, famille confidérable parmi les Arabes, avoit offenfé une perfonne de confidération, & l'on en avoit fait des plaintes à un oncle, fous la direction de qui il étoit. Le neveu voyant que fon oncle fe mettoit en état de le châtier, lui dit : Mon oncle, je n'étois pas en mon bon fens lorfque je fis ce que j'ai fait; mais fouvenez-vous de faire en votre bon fens ce que vous allez faire.

Hagiage interrogeoit une Dame Arabe, qui avoit été prife avec des rebelles, & la Dame tenoit les yeux baifiés, & ne regardoit pas Hagiage. Un des afiiftants dit à la Dame : Hagiage vous parle, & vous ne le regardez pas. Elle répondit : Je croirois offenfer Dieu, fi je regardois un homme tel que lui, que Dieu ne regarde pas.

REMARQUE. Nous avons déja remarqué qu'Hagiage étoit un Gouverneur de l'Arabie, & qu'il y avoit exercé de grandes cruautés.

On demandoit à Alexandre le Grand par quelles voies il étoit arrivé au degré de gloire & de grandeur où il étoit. Il répondit : Par les bons traitements que j'ai faits à mes ennemis, & par les foins que j'ai pris, de faire en forte que mes amis fuffent conftants dans l'amitié qu'ils avoient pour moi.

Alexandre le Grand étant avec fes Généraux, un d'eux lui dit : Seigneur, Dieu vous a donné un grand & puiffant Empire; prenez plufieurs femmes, afin que vous ayez plufieurs fils, & que par eux votre nom demeure à la poftérité. Alexandre répondit : Ce ne font pas les fils qui perpétuent la mémoire des peres, ce font les bonnes actions & les bonnes mœurs. Il ne feroit pas auffi de la grandeur d'un Conquérant, comme moi, de fe laiffer vaincre par des femmes, après avoir vaincu tout l'Univers.

Sous le regne du Sultan Mahmoud, Sebekteghin Fakht-edde-vlet, Roi d'Ifpahan, de Reï, de Kom, de Kafchan & de la Province du Cahiftan dans le Khoraffan, mourut & laiffa pour fucceffeur Megededde-vlet, fon fils, en bas âge. Pendant fa minorité, Seïdeh, fa mere, Princeffe d'une fageffe extraordinaire, gouverna avec l'approbation générale de tous les peuples du Royaume. Lorfqu'il eut atteint l'âge de régner par lui-même, comme il ne fe trouva pas avoir la capacité néceffaire pour foutenir un fardeau fi pefant, on lui laiffa feulement le titre de Roi, pendant que Seïdeh continua d'en faire les fonctions. Sultan Mahmoud, Roi du Maverannahar, du Turqueftan, de la plus grande partie du Khoraffan & des Indes, enflé de la poffeffion de ces puiffants Etats, envoya un Ambaffadeur à cette Reine, pour lui fignifier qu'elle eût à le reconnoître pour Roi, à faire prier, à fon nom, dans les Mofquées du Royaume qui dépendoit d'elle, & de faire frapper la monnoie à fon coin. Si elle refufoit de fe foumettre à ces conditions, qu'il viendroit en perfonne s'emparer de Reï & d'Ifpahan, & qu'il la perdroit. L'Ambaffadeur étant arrivé, préfente la lettre remplie de ces menaces dont il étoit chargé. La lettre fut lue, & Seïdeh dit à l'Ambaffadeur : Pour réponfe à la lettre de Sultan Mahmoud, vous pourrez lui rapporter ce que je vais vous dire : Pendant que le Roi, mon mari, a vécu, j'ai toujours été dans la crainte que votre Maître ne vînt attaquer Reï & Ifpahan. Mais d'abord qu'il fut mort, cette crainte s'évanouit, parce que Sultan Mahmoud étant un Prince très-fage, je m'étois perfuadée qu'il ne voudroit pas employer fes armes contre une femme. Puifque je me fuis trompée, je prends Dieu à témoin, que je ne fuirai pas s'il vient m'attaquer, & que je l'attendrai dans une bonne contenance, pour décider de mes prétentions, & de mon bon droit par les armes. Si j'ai le bonheur de remporter la victoire, je ferai connoître à tout l'Univers que j'aurai foumis le grand
Sultan

Sultan Mahmoud, & ce fera pour moi une gloire immortelle d'avoir vaincu le vainqueur de cent Rois. Si je fuccombe, Sultan Mahmoud ne pourra fe vanter que d'avoir vaincu une femme.

REMARQUE. Seïdeh étoit fille d'un oncle de la mere de Kikiaous, Roi du Mazanderan, comme il le marque lui-même en rapportant ce trait d'Hiftoire dans l'inftruction pour fon fils, dont il a déja été parlé. Le même trait eft auffi rapporté dans l'Hiftoire choifie, qui eft un abrégé de l'Hiftoire Mahométane en Perfan.

Fakhr-edde-vlet étoit Roi de Perfe, le feptieme de la race de Boieh, qui commença à y régner l'an de l'Hégire 321, de J. C. 933, par Ali, fils de Boieh, & Boieh fe difoit defcendre de Beheram Gour, ancien Roi de Perfe, de la race des Safaniens. Fakhr-edde-vlet régna onze ans, & mourut l'an 387, de J. C. 997. Saheb Ifmail, fils d'Ibad, qui faifoit porter fa bibliotheque en campagne par quatre cents chameaux, comme nous l'avons marqué ci-deffus, étoit fon Grand-Vifir.

Seïdeh défarma Mahmoud Sebekteghin par fa fermeté & par fa réponfe. Mais d'abord qu'elle fut morte, il détrôna Meged-edde-vlet, & le fit mourir en prifon.

On demandoit à un Arabe ce qu'il lui fembloit des richeffes. Il répondit : C'eft un jeu d'enfant, on les donne, on les reprend.

Schems-elmaali, Roi de Gergian & du Tabariftan, ou ce qui eft la même chofe, Roi du Mazanderan, avoir de très-belles qualités ; mais il étoit emporté, & faifoit mourir fes fujets pour la moindre chofe, fur le champ ; car il n'en envoyoit pas un feul en prifon, pour garder au moins quelque forme de juftice. A la fin, fes fujets, laffés de le fouffrir, mirent la main fur lui, & en l'enfermant dans une prifon où il mourut, ils lui dirent : Voilà ce qui vous arrive, pour avoir ôté la vie à tant de monde. Il repartit : C'eft pour en avoir fait mourir trop peu ; car je ne ferois pas ici aujourd'hui, fi je n'en avois pas épargné un feul de vous tous.

REMARQUE. Schems-elmaali s'appelloit Schems-elmaali Cabous, & étoit grand-pere de Kikiaous, Auteur de l'inftruction dont nous avons déja parlé plus d'une fois, qu'il a intitulée *Cabous nameh* pour lui faire honneur. Il mourut de froid dans cette prifon l'an 403 de l'Hégire, parce qu'on l'y mit en déshabillé, dans le même état qu'on l'avoit furpris, & on l'y laiffa fans lui donner feulement ce qu'on donne aux chevaux pour litiere, quoiqu'il le demandât en grace, & ce qu'on donne aux chevaux pour litiere dans le Levant eft de la fiente de cheval feche. Schems-elmaali étoit favant en Aftronomie & en plufieurs autres fciences, & il a laiffé des Ouvrages Perfans en profe & en vers.

Noufchirvan, Roi de Perfe, demanda à un Empereur des Grecs, par un Ambaffadeur, par quels moyens il étoit fi ferme & fi ftable dans fon Empire ? L'Empereur lui fit réponfe : Nous n'employons que des perfonnes expérimentées dans l'adminiftration de nos affaires. Nous ne promettons rien que nous ne le tenions. Nous ne châtions pas fuivant la grandeur de notre colere ; mais feulement fuivant l'énormité des crimes. Nous ne donnons les charges qu'aux perfonnes de naiffance, & nous ne prenons confeil que des perfonnes de bon fens.

Le même Noufchirvan voulut qu'on gravât ce mot fur fon tombeau : Tout ce que nous avons envoyé avant nous, eft notre tréfor ; celui qui récompenfe plutôt le mal que le bien, eft indigne de vivre tranquillement.

REMARQUE. Par cette expreffion : Tout ce que nous avons envoyé avant nous, Noufchirvan a voulu dire : Toutes nos bonnes œuvres.

Platon difoit : La faim eft un nuage d'où il tombe une pluie de fcience & d'éloquence. La fatiété eft un autre nuage, qui fait pleuvoir une pluie d'ignorance & de groffiéreté. Il difoit encore : Quand le ventre eft vuide, le corps devient efprit ; & quand il eft rempli, l'efprit devient corps. Il difoit auffi : L'ame trouve fon repos en dormant peu, le cœur dans le peu d'inquiétudes, & la langue dans le filence.

REMARQUES. Je ne fache pas que ces paroles remarquables de Platon fe lifent dans fes Ouvrages, ou fe trouvent dans aucun de nos Auteurs anciens. Je les ai trouvées dans un Recueil de différentes matieres en Arabe, en Perfan & en Turc, que j'ai apporté de Conftantinople. A chaque article, le Collecteur cite l'Auteur d'où il l'a tiré, excepté en quelques endroits, comme en celui-ci qui m'a paru digne d'avoir ici fa place.

Un Poëte lifoit à un Emir des Vers qu'il avoit fait à fa louange, & à mefure qu'il lifoit, l'Emir lui difoit : Cela eft bien, cela eft bien. Le Poëte acheva de lire ; mais il ne lui dit autre chofe. A ce filence, le Poëte lui dit : Vous dites : Cela eft bien, cela eft bien ; mais la farine ne s'achete pas avec cela.

REMARQUE. Par le nom d'Emir, il faut entendre un Général d'armée, ou un Gouverneur de Province.

On difoit à Alexandre le Grand, qu'un Prince qu'il avoit à vaincre étoit habile & experimenté dans la guerre, & on ajoutoit, qu'il feroit bon de le furprendre & de l'attaquer de nuit. Il repartit : Que diroit-on de moi, fi je vainquois en voleur ?

On demanda à un Sage ce que c'étoit qu'un ami ? Il répondit : C'eft un mot qui n'a point de fignification.

Le fage Locman, étant au lit de la mort, fit venir fon fils, & en lui donnant fa bénédiction, il lui dit : Mon fils, ce que j'ai de plus particulier à vous recommander, en ces derniers moments, eft d'obferver fix maximes, qui renferment toute la morale des anciens & des modernes.

N'ayez de l'attache pour le monde qu'à proportion du peu de durée de votre vie.

Servez le Seigneur votre Dieu avec tout le zele que demandent les befoins que vous avez de lui.

Travaillez pour l'autre vie, qui vous attend, & confidérez le temps qu'elle doit durer.

Efforcez-vous de vous exempter du feu, d'où jamais on ne fort, quand une fois on y a été précipité.

Si vous avez la témérité de pécher, mefurez auparavant les forces que vous aurez, pour fupporter le feu de l'enfer & les châtiments de Dieu.

Quand vous voudrez pécher, cherchez un lieu où Dieu ne vous voye pas.

REMARQUE. Les Orientaux ont un Recueil de fables, fous le nom de Locman, qu'ils appellent Sage, & ce qu'ils en difent a beaucoup de conformité avec ce que les Grecs difent d'Efope. Ils ne conviennent, ni du temps auquel il vivoit, ni du pays d'où il étoit. Il y en a qui avancent que c'étoit un Patriarche, & qu'il étoit fils d'une fœur de Job, & d'autres écrivent qu'il étoit contemporain de David, & qu'il a demeuré trente ans à fa Cour. La plus grande partie affurent que c'étoit un Abyffin, &, par conféquent, qu'il étoit noir, efclave d'un marchand. Mais tous ceux qui en parlent conviennent qu'il étoit d'une grande prudence & d'une fageffe confommée, accompagnée d'une vivacité d'efprit extraordinaire. Son tombeau, à ce qu'ils difent, eft à Remleh, qui eft ce que nous appellons Rama dans la Terre-Sainte, entre Hierufalem & Japha. Mahomet a parlé de lui dans le trente-unieme Chapitre, ou autrement dans la trente-unieme Sourate de l'Alcoran, qu'on appelle la Sourate de Locman.

On demandoit au même Locman de qui il avoit appris la vertu. Il répondit : Je l'ai apprife de ceux qui n'en avoient pas ; car je me fuis abftenu de tout ce que j'ai remarqué de vicieux dans leurs actions.

Ali recommandoit à ses fils Hassan & Hussein, de pratiquer ce qui suit, & il leur disoit : Mes enfants, ne méprisez jamais personne. Regardez celui qui est au-dessus de vous comme votre pere ; votre semblable comme votre frere, & votre inférieur comme votre fils.

Hagiage, qui fut depuis Gouverneur de l'Arabie, assiégeoit la ville de la Mecque, & Abdullah, fils de Zébir, la défendoit. Abdullah, réduit à l'extrêmité, & voyant qu'il alloit être forcé, se retira chez lui. Sa mere lui dit : Mon fils, si c'est pour le bon droit que vous combattez, il ne peut se maintenir que par votre bras. Retournez donc au combat, & considérez que vous serez un martyr si vous succombez. Abdullah répondit : Ma mere, je ne crains pas la mort ; mais je crains d'avoir la tête coupée après ma mort. La mere reprit : Mon fils, le mouton égorgé ne sent pas de douleur quand on l'écorche.

REMARQUES. Après la mort du Calife Maavia, fils d'Iezid, cet Abdullah s'étoit emparé de la Mecque & de ses dépendances & d'autres pays, & il s'y maintint plus de neuf ans, jusques à ce qu'il fût tué dans le dernier assaut en défendant la place. Après sa mort, Hagiage lui fit couper la tête, qu'il envoya à Médine, & fit mettre son corps en croix.

Ce siege de la Mecque & la mort de cet Abdullah arriverent l'an 71 de l'Hégire, & de J. C. l'an 690.

Les Mahométans ne font point de guerre où la Religion ne soit mêlée ; c'est pourquoi ils croyent que tous ceux qui y sont tués, sont martyrs.

Le Calife Mehdi, pere du Calife Haroun-errefchid, étoit dans le Temple de la Mecque, & disoit à un certain Mansour : Si vous avez besoin de quelque chose, demandez-le-moi. Mansour répondit : Ce seroit une honte pour moi de demander mes besoins dans le Temple de Dieu, à une autre qu'à Dieu.

REMARQUE. Suivant la tradition des Mahométans, le Temple de la Mecque est le premier Temple consacré à Dieu, & ils veulent qu'il ait été bâti par Adam, & rebâti ensuite par Abraham & par Ismaël. C'est pour cela qu'ils y vont en pelerinage par un des cinq préceptes de leur Religion.

Le Calife Haroun-errefchid voulant récompenser Bakht-Iefchouon, qui l'avoit guéri d'une apoplexie, le fit son Médecin, & lui donna les mêmes appointements qu'à son Capitaine des Gardes-du-Corps, en disant : Mon Capitaine des Gardes-du-Corps garde mon corps ; mais Bakht-Iefchoua garde mon ame.

REMARQUE. Bakht-Iefchoua est le même que Gorge, fils de Bakht-Iefchoua, de qui il est parlé ci-devant. Il étoit fort jeune, lorsqu'il guérit Haroun-errefchid de cette apoplexie : ce fut le commencement de sa fortune à la Cour des Califes.

Le Calife Mamoun, fils d'Haroun-errefchid, prenoit un grand plaisir à pardonner, & il disoit : Si l'on savoit le plaisir que je me fais de pardonner, tous les criminels viendroient à moi, pour sentir l'effet de ma clémence.

REMARQUE. Mamoun n'étoit pas seulement un Prince doux, bon & clément comme il paroît par ce trait de son Histoire ; mais encore il étoit libéral & très-habile dans l'art de gouverner. Avec cela, il a encore été le plus docte de tous les Califes ; & comme il aimoit la Philosophie & les Mathématiques, il fit traduire du Grec & du Syriaque en Arabe plusieurs Livres de ces sciences. Il étoit même bon Astronome, & il dressa ou fit dresser des Tables Astronomiques, qui furent appellées les *Tables de Mamoun.*

Le Calife Vathik Billah, étant à l'article de la mort, dit : Tous les hommes sont égaux & compagnons au moment de la mort. Sujets, Rois, personne n'en est exempt. Il ajouta, en s'adressant à Dieu : Vous, de qui le Royaume n'est point périssable, faites miséricorde à celui de qui le Royaume est périssable.

REMARQUE. Le Calife Vathik Billah étoit petit-fils du Calife Haroun-errefchid, & neveu de Mamoun. Son pere, auquel il avoit succédé, s'appelloit Mutaffem Billah. Il étoit vaillant & libéral ; & comme il étoit amateur de la Poésie, les Poëtes étoient bien venus à sa Cour, & il leur faisoit du bien. Il ne régna que cinq ans & quelques mois, & mourut l'an de l'Hégire 231, de J. C. 845.

Le Calife Mutezid Billah avoit besoin d'argent pour les préparatifs d'une campagne, & on lui dit qu'un Mage, qui demeuroit à Bagdad, avoit de grosses sommes en argent comptant. L'ayant fait appeller, il lui en demanda à emprunter, & le Mage lui répondit, que le tout étoit à son service. Sur cette bonne foi, le Calife lui demanda s'il se fioit bien à lui, & s'il ne craignoit point que son argent ne lui fût pas rendu. Il répondit : Dieu vous a confié le commandement de ses serviteurs & les pays qui reconnoissent votre puissance ; il est public aussi qu'on peut se fier à votre parole, & vous gouvernez avec justice. Après cela puis-je craindre de vous confier mon bien ?

REMARQUE. Ce Calife mourut à Bagdad, l'an de l'Hégire 289, de J. C. l'an 901.

Gelal-edde-vlet Melec Schah, un des premiers Sultans de la famille des Selgiucides qui ont régné dans la Perse, fit un jour sa priere à Mefched, dans le Khoraffan, au tombeau d'Ali Riza, dans le temps qu'un de ses freres s'étoit rebellé contre lui. En sortant de la priere, il demanda à son Grand-Visir s'il devineroit bien ce qu'il avoit demandé à Dieu ? Le Grand-Visir répondit : Vous lui avez demandé qu'il vous donne la victoire contre votre frere. Le Sultan repartit : Je n'ai pas fait cette demande ; mais voici ma priere : Seigneur, si mon frere est plus propre que moi pour le bien des Musulmans, donnez-lui la victoire contre moi ; si je suis plus propre que lui, donnez-moi la victoire contre lui.

REMARQUE. Ces Sultans ou ces Rois Selgiucides prennent leur nom de Selgiouc, chef d'une puissante inondation de Turcs, qui passerent en-deçà de l'Oxus dans le Khoraffan, sous le regne de Mahmoud Sebeéteghin, de qui il est fait mention ci-dessus. Dogrulbeg, petit-fils de Selgiouc, commença leur Empire, qui fut partagé en plusieurs branches, l'an 429 de l'Hégire, de J. C. l'an 1037. Quelques-uns de nos Auteurs, par une grande corruption, l'ont appellé *Tangrolipix,* & Mr. Befpier, dans ses Notes sur l'Etat de l'Empire Ottoman de Mr. Ricaut, s'est donné beaucoup de peine pour en trouver la correction. Celle qu'il a donnée de Togrulbeg est la meilleure, & il auroit trouvé aussi Dogrulbeg, s'il avoit su que les Turcs prononcent le *Ti* des Arabes comme un D ; mais il ne pouvoit pas le savoir, puisqu'il n'avoit appris le peu de Turc qu'il savoit qu'en Normandie. Ce mot ne vient pas aussi de *Tangri,* qui signifie *Dieu* en Turc, comme il le prétend ; mais de *Drogu,* qui signifie *droit,* & Dogrulbeg signifie le *Seigneur droit.* Gelal-edde-vlet Melek-Schah, qu'un autre Auteur appelle Gelal-eddin, fut le troisieme Sultan après Dogrulbeg, & mourut l'an de l'Hégire 485, de J. C. 1092.

Le Calife Soliman, qui étoit bien fait de sa personne, se regardoit dans un miroir en présence d'une de ses Dames, & disoit : Je suis le Roi des jeunes gens. La Dame repartit : Vous seriez la marchandise du monde la plus belle & la plus recherchée, si vous deviez vivre toujours ; mais l'homme n'est pas éternel, & je ne fache pas d'autre défaut en vous que celui d'être périflable.

REMARQUE. Le Calife Soliman étoit le feptieme de la race des Ommiades qui régnerent avant les Abaffides. Il mourut l'an 99 de l'Hégire, de J. C. l'an 717.

Au retour du fiege de Mouffoul, qui ne lui réuffit pas, Salahh-ddin, Roi d'Egypte & de Syrie, tomba dans une maladie très-dangereufe, dont peu s'en falut qu'il ne mourût. Naffir-eddin Mehemmed, fon coufin, en ayant eu la nouvelle, écrivit auffi-tôt à Damas, de la ville d'Hims où il étoit, pour folliciter ceux qu'il croyoit lui être favorables, de fonger à le déclarer Sultan, au cas que Salahh-ddin vînt à mourir. Salahh-ddin ne mourut pas ; mais peu de temps après, Naffir-eddin Mehemmed tomba malade, & mourut lui-même. Salahh-ddin, qui avoit été informé de la démarche qu'il avoit faite, s'empara de fes richeffes & de tous fes biens, & quelque temps après, il voulut voir un fils, âgé de dix ans, qu'il avoit laiffé en mourant ; on le lui amena ; & comme il favoit qu'on avoit foin de fon éducation, il lui demanda où il en étoit de la lecture de l'Alcoran. Il répondit avec efprit & avec une hardieffe qui furprit tous ceux qui étoient préfens, & dit : J'en fuis au verfet qui dit : Ceux qui mangent le bien des orphelins, font des tyrans.

REMARQUES. Salahh-ddin eft le fameux Saladin de nos Hiftoires des Croifades, qui reprit Hierufalem l'an 585 de l'Hégire, de J. C. l'an 1189, quatre ans après le fiege de Mouffoul, dont il eft ici parlé, la feule de toutes les entreprifes qu'il avoit faites jufques alors qui ne lui réuffit pas. Lorfqu'il fut arrivé devant la place, Sultan Atabek Azz-eddin Mafoud lui demanda la paix, en lui faifant propofer la ceffion de toute la Syrie. Mais Salahh-ddin, perfuadé par fon Confeil, s'obftina à vouloir faire le fiege qu'Azz-eddin foutint fi vigoureufement, qu'il fut contraint de le lever avec honte, & de fe retirer, après avoir fait une paix qui lui fut bien moins avantageufe que celle qui lui avoit été offerte.
Hims eft le nom que les Arabes donnent à la ville d'Emeffe en Syrie.

Dans une bataille que Ginghizkhan gagna, les Officiers de l'armée ennemie faifoient des actions furprenantes, & faifoient retarder le moment de la victoire. Ginghizkhan les vit, & dit en les admirant : Un Monarque qui a de fi braves gens à fon fervice, peut vivre en fûreté.

REMARQUES. Il n'y a prefque que le petit nombre de ceux qui ont quelque intelligence des Livres Orientaux à qui Ginghizkhan foit bien connu. Néanmoins le public peut efpérer d'avoir bientôt le même avantage, par l'Hiftoire que M. de la Croix, le pere, en a recueillie de différents Auteurs Arabes, Perfans & Turcs, qu'il doit faire imprimer. Cependant, ayant à rapporter en cet endroit quelques-unes de fes paroles remarquables, tirées de Mirkhond, un de fes Hiftoriens, afin de donner des marques de fa grandeur, je dirai en paffant, que, par fes conquêtes, il fut Empereur de la grande Tartarie, de la Chine, des Indes, de la Perfe, & de tous les pays qui font au Sud de la Mofcovie, au-deffus de la mer Cafpienne & de la mer Noire. Il régna vingt-cinq ans avec grand éclat, & mourut l'an de l'Hégire 624, de J. C. l'an 1226.
Il gagna la bataille dont il eft ici parlé, contre Taïank-Khan, Roi d'une bonne partie de la grande Tartarie, dans laquelle ce Roi fut bleffé fi dangereufement, que peu de jours après il mourut de fes bleffures. Cette victoire lui ouvrit le chemin à toutes les autres conquêtes, qui l'éleverent au point de grandeur qui a été marqué.

Giougikhan prioit Ginghizkhan, fon pere, de donner la vie à un Prince de Mecrit, fort jeune & très-adroit à tirer de l'arc, de qui le pere & deux freres venoient d'être tués dans un fanglant combat. Ginghizkhan

le refufa, & lui dit : Le peuple du Mecrit eft de tout le monde le peuple à qui il faut le moins fe fier. Le Prince pour qui vous parlez, n'eft préfentement qu'une fourmi ; mais cette fourmi peut devenir un ferpent. De plus, un Prince n'a jamais moins à craindre d'un ennemi que lorfqu'il l'a mis au fond d'un tombeau.

REMARQUES. Giougikhan étoit l'aîné des fils de Ghinghizkhan, qui lui donna le commandement abfolu fur tous les pays qui s'étendent depuis la grande Tartarie au-deffus de la mer Cafpienne & la mer Noire, & une grande partie de la Mofcovie y étoit comprife. Il mourut quelque temps avant la mort de Ginghizkhan.
Le pays de Mecrit eft une Province du Mogol dans la grande Tartarie, dont le Roi & le peuple avoient caufé de grandes traverfes à Ginghizkhan dans fa jeuneffe, & qui étoient entrés dans toutes les ligues qui s'étoient formées contre lui. C'eft pourquoi il ne faut pas s'étonner qu'il n'ait pas voulu écouter les prieres de fon fils Giougi, mais facrifier plutôt ce jeune Prince à fon reffentiment.

Un jour, Ginghizkhan voyant fes fils & fes parents les plus proches, affemblés autour de lui, tira une fleche de fon carquois & la rompit. Il en tira deux autres qu'il rompit de même tout à la fois. Il fit la même chofe de trois & de quatre. Mais enfin, il en prit un fi grand nombre, qu'il lui fut impoffible de les rompre. Alors il leur tint ce difcours, & dit : Mes enfants, la même chofe fera de vous que de ces fleches. Votre perte fera inévitable, fi vous tombez un à un, ou deux à deux, entre les mains de vos ennemis. Mais fi vous êtes bien unis enfemble, jamais perfonne ne pourra vous vaincre ni vous détruire. Pour leur perfuader davantage qu'ils devoient vivre dans cette union, il leur difoit encore : Un jour qu'il faifoit grand froid, un ferpent à plufieurs têtes voulut entrer dans un trou, pour fe mettre à couvert, & s'empêcher d'être gelé. Mais à chaque trou qu'il rencontroit, les têtes s'embarraffoient tellement l'une avec l'autre, qu'il lui fut impoffible d'entrer dans aucun, & qu'à la fin ayant été contraint de demeurer à l'air, le froid le faifit, & le fit mourir. Dans le même temps, un autre qui n'avoit qu'une tête & plufieurs queues, fe fourra d'abord avec toutes fes queues dans le premier trou qu'il rencontra, & fauva fa vie.

REMARQUE. Ginghizkhan réuffit dans le deffein qu'il avoit conçu d'établir une bonne union dans fa famille, & après lui elle dura une longue fuite d'années dans fa poftérité, qui conferva long-temps le grand & le puiffant Empire qu'il avoit formé fous le commandement abfolu d'un feul. Mais celui qui avoit ce commandement, ne gouvernoit point par droit de fucceffion ni d'aîneffe, mais par l'élection qui s'en faifoit du confentement de tous dans une affemblée générale, pour jouir de la même autorité avec laquelle Ginghizkhan avoit régné. C'eft ce que l'on verra plus amplement dans l'Hiftoire de Ginghizkhan & de fes fucceffeurs, lorfqu'elle fera mife au jour.

Ginghizkhan avoit pris à fon fervice le Secretaire d'un Roi Mahométan qu'il avoit vaincu, pour l'employer dans fes expéditions. Un jour il eut à écrire au Roi de Mouffoul, pour lui mander de donner paffage à un détachement de fes troupes qu'il avoit envoyé de ce côté-là, & il fit venir ce Secretaire, à qui il dit, en termes fort précis, ce qu'il vouloit que la lettre contînt. Le Secretaire, accoutumé au ftyle pompeux & rempli de titres emphatiques que tous les Princes Mahométans de ce temps-là fe donnoient, dreffa une lettre en Arabe, tiffue de belles penfées & de mots recherchés, & la préfenta à Ginghizkhan pour avoir fon approbation. Ginghizkhan fe la fit interpréter en Mogol qui étoit fa langue ; mais il la trouva d'un ftyle oppofé à fon intention, & il dit au Secretaire, que ce n'étoit pas ce qu'il lui avoit dit d'écrire.

Le Secretaire voulut se défendre, & dit que c'étoit la maniere ordinaire d'écrire aux Rois. Ginghizkhan, qui ne vouloit pas qu'on lui repliquât, repartit en colere : Tu as l'esprit rebelle, & tu as écrit en des termes qui rendroient Bedreddin, (c'étoit le nom du Roi de Moussoul,) plus orgueilleux en lisant ma lettre, & moins disposé à faire ce que je lui demande.

Remarques. Ginghizkhan ne se contenta pas de cette réprimande, il fit encore mourir le Secretaire, pour avoir eu la hardiesse de ne pas faire précisément ce qu'il lui avoit commandé.

Bedr-eddin, Roi de Moussoul, n'avoit été premierement que Ministre de ce Royaume-là, sous Azz-eddin Masoud, de la race des Atabeks, auquel il succéda après sa mort. Il régna long-temps, & mourut l'an de l'Hégire 659, de J. C. 1260.

Le Lecteur ne sera pas fâché de trouver ici le contenu de la lettre que Ginghizkhan écrivoit au Roi de Moussoul, en son propre style. Le voici tel qu'il est rapporté par Mirkhond : *Le grand Dieu nous a donné l'Empire de la surface de la terre à moi & à ma nation. Tous ceux qui se soumettent sans se faire contraindre ont leur vie, leurs biens, leurs Etats & leurs enfants saufs. Dieu, qui est éternel, fait ce qui leur doit arriver. Si Bedr-eddin se soumet & donne passage à nos troupes, il lui arrivera bien. S'il fait le contraire, que deviendront ses Etats, ses richesses & la ville de Moussoul, lorsque nous y serons arrivés avec nos troupes rassemblées ?* Ginghizkhan & ses successeurs ne prenoient pas d'autres titres que celui de Khan.

Ginghizkhan s'étant rendu maître de la ville de Bokhara, fit assembler les habitants, & en les haranguant, il leur dit entr'autres choses : Peuple, il faut que vos péchés soient bien énormes, puisque c'est la colere de Dieu tout - puissant qui m'a envoyé contre vous, moi qui suis un des fléaux de son trône.

Remarque. Bokhara est une ville du Maverannahar ou de la Transoxiane, qui étoit très-grande, très-peuplée & très-opulente. Mais Ginghizkhan, après s'en être rendu maître, y fit mettre le feu ; & parce qu'elle n'étoit presque bâtie que de bois, elle fut toute consumée en un seul jour, & il n'y resta sur pied que la grande Mosquées & quelques maisons bâties de briques. Ogtaïkhan, fils & successeur de Ginghizkhan, la fit rebâtir. Elle étoit encore illustre du temps de Tamerlan & de ses successeurs, & elle subsiste encore aujourd'hui sous le regne des Uzbecs.

Après la destruction de la ville de Bokhara par Ginghizkhan, on demanda dans le Khorassan, à un des habitants qui s'y étoit refugié, si le désordre que les Mogols y avoient commis, étoit aussi grand qu'on le publioit. Il répondit, & en exprima la désolation en sa langue, qui étoit Persane, en ce peu de mots : Ils sont venus, ils ont détruit, ils ont brûlé, ils ont tué, ils ont emporté.

Remarque. Après avoir parlé de l'incendie de Bokhara dans la Remarque précédente, pour dire un mot de l'effusion de sang que l'armée de Ginghizkhan y fit, le jour qu'elle arriva devant la place, vingt mille hommes en sortirent à l'entrée de la nuit pour la surprendre. Mais les Mogols les apperçurent, & ils en firent une si grande tuerie, qu'il n'en rentra dans la ville qu'un très-petit nombre. Le lendemain au lever du soleil, les habitants ayant observé de dessus leurs remparts que la campagne paroissoit comme un grand lac de sang, (c'est l'expression de Mirkhond,) ils capitulerent, & ouvrirent leurs portes.

Un Scheich, d'une grande réputation, & d'un profond savoir, demeuroit dans la ville de Kharezem, Capitale du Royaume du même nom, lorsque Ginghizkhan sortit de la grande Tartarie pour étendre ses conquêtes du côté du Couchant. Les Mahométans, qui étoient auprès de lui, ayant su qu'il avoit résolu d'envoyer assiéger cette ville-là par trois Princes, ses fils, le supplierent d'avoir la bonté de faire avertir le Scheich de se retirer ailleurs. Ginghizkhan leur accorda cette grace, & on donna avis à ce Scheich, de sa part, qu'il feroit sagement de sortir de la ville, pour ne pas être enveloppé dans le malheur de ses concitoyens, s'il arrivoit que la ville fût forcée, comme elle le fut, parce qu'alors on feroit main-basse sur tous les habitants. Le Scheich refusa de sortir, & fit cette réponse : J'ai des parents, des alliés, des amis & des disciples, je serois criminel non - seulement devant Dieu, mais encore devant les hommes, si je les abandonnois.

Remarque. Ce Scheich, qui s'appelloit Negemeddin Kebri, fut tué dans le sac de Kharezem ; mais auparavant, quoiqu'il fût dans une grande vieillesse, néanmoins il ne laissa pas que de tuer plusieurs Mogols de ceux qui le forcerent dans sa maison.

Sans parler des Kharezemiens, qui furent tués dans le dernier assaut, par lequel ils furent forcés, après un siege de près de six mois, Mirkhond rapporte que les Mogols, quand ils furent maîtres de la ville, en firent sortir tous les habitants, suivant leur coutume lorsqu'ils prenoient une place, qu'ils firent esclaves, savoir, les Marchands & les Artisans, avec les femmes & les enfants qui étoient au-dessous de quatorze ans, & que le reste fut distribué aux soldats pour les égorger. Il ajoute que les soldats étoient au nombre de plus de cent mille, & que des Historiens assuroient que chaque soldat en avoit eu vingt-quatre en partage. Si cela étoit, plus de deux millions quatre cents mille ames auroient péri dans ce seul carnage. On pourroit douter qu'une ville eût pu contenir tant de monde ; mais il faut considérer que la ville étoit grande, puisque c'étoit une capitale, & que les habitants des villes voisines & les peuples d'alentour s'y étoient refugiés avant le siege.

Ginghizkhan étant à Bokhara, après ses grandes conquêtes en-deçà de l'Oxus, sur le point de retourner en son pays dans la grande Tartarie, où il mourut peu de temps après son arrivée, eut un entretien avec deux Docteurs Mahométans, touchant leur Religion, dont il fut curieux d'avoir la connoissance ; & à cette occasion, il dit plusieurs paroles très-remarquables & de bons sens, qui méritent d'avoir ici leur place.

Le Docteur Mahométan, qui portoit la parole, lui dit : Les Musulmans reconnoissent un seul Dieu, Créateur de toutes choses, & qui n'a pas son semblable. A cela Ginghizkhan dit : Je n'ai pas de répugnance à croire la même chose. Le Docteur poursuivit : Dieu, Tout-Puissant & très-Saint, a envoyé à ses serviteurs un Envoyé, afin de leur enseigner par son entremise ce qu'il falloit qu'ils observassent pour faire le bien, & pour éviter le mal. Ce discours ne déplut pas à Ginghizkhan plus que le premier, & il y répondit en ces termes : Moi, qui suis serviteur de Dieu, j'expédie tous les jours des Envoyés pour faire savoir à mes sujets ce que je veux qu'ils fassent ou qu'ils ne fassent pas, & je fais des Ordonnances pour la discipline de mes armées. Le Docteur reprit la parole, & dit : Cet Envoyé a fixé de certains temps pour faire la priere, &, en ces temps-là, il a commandé d'abandonner tout travail & toute occupation pour adorer Dieu. Voyant que Ginghizkhan agréoit cet article, il dit encore : Il a aussi prescrit de jeûner une lune entiere chaque année. Ginghizkhan repartit : Il est juste de manger avec mesure l'espace d'une lune pour reconnoître les faveurs du Seigneur, après en avoir employé onze à manger sans regle & sans ménagement. Le Mahométan continua, & dit : Le même Envoyé a aussi enjoint aux riches, par exemple, de vingt pieces de monnoie d'or, d'en donner la moitié d'une chaque année, pour le soulagement des pauvres. Ginghizkhan loua fort ce statut, & dit : Dieu éternel a créé toutes choses indifféremment pour tous les hommes ;

mes; c'est pourquoi il est raisonnable que ceux qui en sont partagés aventageusement, en fassent part à ceux qui n'en ont pas. Le Docteur ajouta, que les Mahométans avoient encore un commandement exprès d'aller en pélerinage au Temple de Dieu, qui étoit à la Mecque, pour l'y adorer. Ginghizkhan répondit à cet article : Tout l'univers est la maison de Dieu. On peut arriver à lui de tous les endroits du monde, & Dieu peut m'écouter de l'endroit où je suis présentement, de même que du Temple que vous dites.

REMARQUES. Le Docteur, qui avoit parlé dans cet entretien, prétendoit conclure, que Ginghizkhan, sur les réponses qu'il avoit faites, étoit Mahométan. Mais son collegue soutint le contraire, parce que Ginghizkhan n'avoit pas reconnu la nécessité de faire le pélerinage de la Mecque. Il avoit raison : car, comme Mirkhond l'a remarqué, il est constant que Ginghizkhan n'a été attaché à aucune Religion particuliere des peuples qu'il avoit subjugués; qu'il laissoit à chacun la liberté de professer celle qu'il vouloit, & qu'il ne contraignoit personne d'embrasser celle dont il faisoit profession. Au contraire, il avoit de la considération pour tous ceux qui avoient de la vertu, du savoir & du mérite, sans avoir égard à leur Religion, comme il paroit par son Histoire, &, comme le remarque encore Mirkhond, c'est une des grandes qualités qui le rendirent recommandable. A considérer sa Religion en particulier de l'entretien qu'il eut avec ces Docteurs, des autres circonstances de son Histoire & de l'Histoire de ses successeurs, il semble qu'on pourroit dire qu'elle n'avoit pas beaucoup dégénéré de celle que Japhet ou sa postérité avoit portée dans la Tartarie.

Soit que ce fût une opinion reçue par les Arabes du temps de Mahomet, qu'Abraham & Ismaël avoient bâti un Temple de Dieu à la Mecque, ou que Mahomet ait inventé le fait, c'est ce qui lui a donné lieu de faire un article de sa Religion, par lequel il enjoint à tous ses Sectateurs d'y aller en pélerinage au moins une fois en leur vie. Ils l'observent encore aujourd'hui, & il y en a peu de ceux qui en ont les moyens qui ne le fassent; ou s'ils ne le font, qui ne croyent qu'ils y sont obligés, & qui n'ayent dessein de le faire.

On rapporta à Ogtaïkhan, fils de Ginghizkhan, & son successeur aux grands & puissants Etats qu'il avoit laissés, comme une nouvelle, qu'on croyoit devoir lui faire plaisir, qu'on avoit trouvé dans un livre que le trésor d'Afrasiab, ancien Roi du Turquestan, étoit dans un certain endroit qui n'étoit pas éloigné de sa capitale. Mais il ne voulut pas en entendre parler, & il dit : Nous n'avons pas besoin du trésor des autres, puisque nous distribuons ce que nous avons aux serviteurs de Dieu & à nos sujets.

REMARQUES. Ogtaï étoit le troisieme fils de Ginghizkhan, qu'il déclara son successeur, par son testament, préférablement à Giagataï, son second fils, qui se soumit à la volonté de son pere, & qui reconnut lui-même Ogtaï en cette qualité dans l'assemblée générale de tous les Etats, lorsqu'il fut confirmé deux ans après la mort de Ginghizkhan. Cette Diete ou cette assemblée n'avoit pu se tenir plutôt, parce qu'il ne falloit pas moins de temps à tous ceux qui devoient la composer, pour s'y rendre des extrémités de l'Empire de Ginghizkhan. Ogtaïkhan mourut l'an de l'Hégire 639, de J. C. l'an 1241. C'étoit un Prince clément & pacifique, & sur toutes choses très-libéral, comme on peut le remarquer par les articles qui suivent.

Ogtaï fut particuliérement appellé Kaan au lieu de Khan; mais ce fut par corruption & suivant la maniere plus grossiere des Mogols, de prononcer ce mot, au rapport de Mirkhond.

Un Marchand présenta à Ogtaïkhan un bonnet à la mode du Khorassan, & alors Ogtaïkan étoit un peu échauffé de vin. Le bonnet lui plut, & il fit expédier au Marchand un billet pour recevoir deux cents balisches. Le billet fut dressé & livré; mais les Officiers qui devoient compter la somme, ne la payerent pas, croyant qu'elle étoit excessive pour un bonnet, & que le Khan, dans l'état où il étoit, n'y avoit pas fait réflexion. Le Marchand parut le lendemain, & les Officiers présenterent le billet au Khan, qui se souvint fort bien de l'avoir fait expédier; mais au-lieu d'un billet de deux cents balisches, il en fit expédier un autre de trois cents. Les Officiers en différerent le payement de même qu'ils avoient différé le payement du premier. Le Marchand en fit ses plaintes, & le Khan lui en fit faire un troisieme de six cents balisches, que les Officiers furent contraints de payer. Ogtaï, le Prince du monde le plus modéré, ne s'emporta pas contre eux sur le retardement qu'ils avoient apporté à l'exécution de sa volonté; mais il leur demanda, s'il y avoit au monde quelque chose qui fût éternel? Les Officiers répondirent, qu'il n'y en avoit aucune. Il reprit : Ce que vous dites n'est pas véritable; car la bonne renommée & le souvenir des bonnes actions doivent durer éternellement. Cependant, par vos longueurs à distribuer les largesses que je fais, parce que vous vous imaginez que c'est le vin qui me les fait faire, vous faites voir que vous êtes mes ennemis, puisque vous ne voulez pas qu'on parle de moi dans le monde.

REMARQUE. Une balische, chez les Mogols, valoit environ cinq cents livres de notre monnoie. Ainsi, de la somme qu'Ogtaïkhan fit donner au Marchand pour le bonnet qu'il lui avoit présenté, on peut juger de sa libéralité. En voici un autre exemple qui n'est pas moins surprenant.

Un Persan de la ville de Schiraz se présenta devant Ogtaïkhan, & lui dit, que, sur le bruit de ses largesses, il venoit du milieu de la Perse, implorer son secours pour s'acquitter d'une dette de cinq cents balisches. Ogtaï le reçut fort bien, & ordonna qu'on lui comptât mille balisches. Ses Ministres lui représenterent que ce n'étoit pas une largesse, mais une prodigalité, de donner plus qu'on ne demandoit. Ogtaï repartit : Le pauvre homme a passé les montagnes & les déserts sur le bruit de notre libéralité, & ce qu'il demande ne suffit pas pour s'acquitter de ce qu'il doit, ni pour la dépense du voyage qu'il a fait, & de celui qu'il a encore à faire pour retourner chez lui.

REMARQUE. Schiraz est la Capitale de la partie de tout le Royaume de Perse qui porte proprement le nom de Perse. De-là le Persan, de qui il est ici parlé, étoit allé presque à l'extrémité de la grande Tartarie vers la Chine à la Cour d'Ogtaïkhan, & Ogtaïkhan eut égard à la confiance en sa libéralité avec laquelle il avoit entrepris un si grand voyage.

En passant par le marché de Caracoroum, sa Capitale, Ogtaïkhan vit des jujubes, & commanda à un Officier de lui en acheter. L'Officier obéit, & retourna avec une charge de jujubes. Ogtaï lui dit : A la quantité qu'en voilà, apparemment qu'elles coûtent plus d'une balische? L'Officier crut faire sa cour, & dit qu'elles ne coûtoient que le quart d'une balische, & que c'étoit même plus que le double de ce qu'elles valoient. Ogtaï lui dit en colere : Jamais acheteur de ma qualité n'a passé devant la boutique de ce Marchand, & lui commanda en même-temps de lui porter dix balisches.

REMARQUE. Caracoroum, dans la grande Tartarie, étoit le lieu de la naissance de Ginghizkhan, & le patrimoine qui lui étoit échu après ses ancêtres, dont il avoit fait la Capitale de son Empire. Sous le regne de ses successeurs, elle devint une très-grande ville par l'affluence des peuples qui y abordoient de tous les endroits du monde.

Un Marchand avoit perdu une bourse remplie

d'une fomme confidérable & d'un bon nombre de pierreries, & pour la trouver plus facilement, il fit publier qu'il en donneroit la moitié à celui qui la lui rapporteroit. Un Mahométan, qui l'avoit trouvée, la lui porta ; mais il ne voulut rien donner, difant, que le tout n'y étoit pas. L'affaire alla jufques à Ogtaïkhan qui voulut en prendre connoiffance. Le Mahométan jura que la bourfe étoit en fon entier, & qu'il n'en avoit rien pris, & le Marchand foutint, par ferment, qu'il y avoit plus d'argent & plus de pierreries. Ogtaïkhan prononça, & dit au Mahométan : Emportez la bourfe, & gardez-la jufqu'à ce que celui à qui elle appartient, vienne vous la demander. Pour le Marchand, qu'il aille chercher ailleurs ce qu'il a perdu ; car de fon propre aveu la bourfe n'eft pas à lui.

Timour, maître de la Natolie, après la défaite de Sultan Bajazet Ildirim, voulut voir le Scheich Koutbeddin de Nicée, fur la réputation de fa doctrine & de la vie retirée dont il faifoit profeffion. Le Scheich prit la liberté de lui dire : C'eft une indignité à un Conquérant de maffacrer les ferviteurs de Dieu, & de faccager les Provinces, comme vous le faites. Ceux qui afpirent à la gloire doivent s'abftenir de verfer le fang innocent. La Religion Mufulmane, dont vous faites profeffion, demande que vous protégiez les pays où elle eft fleuriffante. Timour répondit : Scheich, chaque campement que je fais, l'entrée de mon pavillon eft ouverte le foir du côté du Levant, & le lendemain matin je la trouve ouverte du côté du Couchant. De plus, quand je fuis monté à cheval, une cinquantaine de Cavaliers vifibles à moi feul marchent devant moi, & me fervent de guides. Le Scheich reprit : Je croyois que vous étiez un Prince fage ; mais ce que vous me dites me fait connoître que je me fuis trompé. Timour repartit : Comment ? Le Scheich repliqua : C'eft que vous faites gloire de tout renverfer comme le Démon.

REMARQUES. Timour eft le véritable nom de Tamerlan, & le mot de *Tamerlan* eft une corruption de *Timourlenk*, pour dire *Timour le boiteux*, nom qui lui fut donné apparemment de fon temps par ceux qui avoient des raifons pour ne pas l'aimer. Mais il ne devroit pas être en ufage parmi nous, qui n'en avons reçu aucun fujet de chagrin.

En venant de la Perfe dans la Natolie, Timour entroit dans fon pavillon par l'entrée qui regardoit le Levant, & en fortoit par le côté du Couchant, parce qu'il venoit en avançant vers le Couchant. Il n'avoit pas une meilleure réponfe à faire au Scheich, c'eft pourquoi il lui fit celle-ci par raillerie.

Timour étoit un jour au bain avec plufieurs de fes Emirs, parmi lefquels fe trouvoit auffi Ahmedi, Poëte Turc, qu'il avoit attiré auprès de lui comme un homme de Lettres & comme bel efprit. Il demanda à Ahmedi : Si mes Emirs, que voilà, étoient à vendre, à quel prix les mettriez-vous ? Ahmedi les mit chacun à tel prix qu'il lui plut ; & quand il eut achevé, Timour lui demanda : Et moi, que puis-je valoir ? Il répondit : Je vous mets à quatre-vingts afpres. Timour reprit : Votre eftimation n'eft pas jufte. Le linge feul dont je fuis ceint en vaut autant. Ahmedi repartit : Je parle auffi de ce linge ; car pour votre perfonne, vous ne valez pas une maille.

REMARQUES. Il étoit aifé que la converfation tombât fur ce fujet parmi des perfonnes chez qui les hommes fe vendoient & s'achetoient tous les jours, comme il fe pratique encore aujourd'hui dans tout le Levant, & particuliérement dans un bain où il étoit facile de juger de l'embonpoint & des défauts du corps d'un chacun.

Suivant ce qui a été remarqué ci-devant, quatre-vingts afpres font quarante fols de notre monnoie.

Timour ne fe fâcha pas de la hardieffe du Poëte ; au contraire, il entendit raillerie, & il ne fe contenta pas de rire de fa plaifanterie. Il lui fit encore préfent

de tout l'attirail de bien dont il fe fervoit en cette occafion, lequel confiftoit en des baffins & en de grandes taffes d'or & d'argent, & des vafes de même matiere propres à verfer de l'eau.

Les Mahométans, hommes & femmes, par bienféance, fe ceignent dans le bain au-deffous des efpaules d'un linge qui eft ordinairement de toile bleue, dont ils font enveloppés prefque jufques aux pieds par-devant & par-derriere, de maniere que rien ne bleffe la modeftie. Ils appellent ce linge *Fota*, duquel mot Cogia Efendi s'eft fervi en rapportant cette plaifanterie. On fe baigne dans l'eau froide avec la même réferve ; mais plutôt avec le caleçon qu'avec le Fota. Si la même chofe fe pratiquoit en France, on ne reprocheroit pas aux Dames la promenade en été le long de la riviere hors de la porte de Saint-Bernard.

Ahmedi étoit de la Cour de Sultan Bajazet Ildirim. Après que Timour fe fut retiré de la Natolie, il fe donna à Emir Soliman, fils du même Bajazet, & lui dédia l'Hiftoire d'Alexandre le Grand en Vers, qu'il avoit compofée fous le titre d'*Iskendernameh*.

Un jour Timour expédia un Courier pour une affaire de conféquence, & afin qu'il fît plus de diligence, il lui donna le pouvoir, quand il en auroit befoin, de prendre tous les chevaux qu'il rencontreroit en chemin, fans regarder à qui ils appartiendroient de tel rang que ce pût être. En paffant par une prairie, le Courier vit de très-beaux chevaux, & voulut en prendre un à la place de celui fur lequel il couroit. Mais les palefreniers s'oppoferent à l'exécution de fon deffein, & lui cafferent la tête quand ils virent qu'il vouloit ufer de violence. Contraint de fe retirer en cet état, il montra fa tête enfanglantée à Timour, & fe plaignit du mauvais traitement qu'on lui avoit fait. Timour, en colere, commanda qu'on s'informât qui étoit le maître des chevaux, & qu'on le fît mourir lui & les palefreniers. Ceux qui eurent cette commiffion ayant appris qu'ils appartenoient au Mouphti Saad-eddin, ne voulurent pas exécuter l'ordre qu'ils avoient, à caufe de fa dignité de la perfonne, qu'ils n'en euffent donné avis à Timour, & qu'il ne leur eût donné un autre ordre. La colere de Timour s'appaifa quand il fut que les chevaux appartenoient au Mouphti. Il fit venir le Courier, & lui dit : Si une femblable chofe étoit arrivée à mon fils Schahroch, rien ne m'auroit empêché de le faire mourir. Mais comment puis-je m'attaquer à un homme qui n'a pas fon pareil au monde, à un homme de qui la plume ne commande pas feulement dans les pays de ma domination, mais encore au-dehors & dans les climats où mon fabre ne peut arriver ?

REMARQUE. Ce Mouphti étoit d'un lieu aux environs d'Herat, qui s'appelloit Taftazan. A caufe de fon habileté, on le confultoit de tous les endroits où l'on faifoit profeffion de la Religion Mahométane ; c'eft pourquoi Timour eut pour lui le refpect qu'il s'étoit acquis par fa grande autorité.

Mirza Omer, petit-fils de Timour, chaffé des Etats que fon grand-pere lui avoit donnés conjointement avec Mirza Miranfchah, fon pere, & Mirza Ababekir, fon frere aîné, fe réfugia au Khoraffan auprès de Schahroch, fon oncle. Schahroch, non content de l'avoir bien reçu, le fit encore Souverain du Mazandéfan, qu'il conquit peu de temps après fon arrivée. Mais Mirza Omer ne fut pas plutôt établi dans ce Royaume, qu'il fe révolta, & qu'il déclara la guerre à Schahroch, fon oncle & fon bienfaiteur. Lorfque Schahroch reçut la nouvelle de fa rébellion, un de fes Officiers, en qui il avoit beaucoup de confiance, & qui avoit été d'avis de ne pas faire à ce Prince le bon traitement qu'il lui avoit fait, le fit fouvenir de ce qu'il avoit eu l'honneur de lui dire fur ce fujet, qu'il n'y avoit pas d'apparence qu'il dût vivre en meilleure intelligence avec un oncle qu'il n'avoit vécu avec fon pere & avec son frere, & remarquer en même-temps, que l'événement faisoit voir qu'il ne s'étoit pas trompé. Schahroch lui dit : Nous ne lui avons pas fait de mal, & le Royaume que nous lui avons donné n'étoit pas à nous. Sachez que les Royaumes sont à Dieu ; il les donne, & il les ôte à qui bon lui semble.

REMARQUE. Mirza Omer ne profita pas long-temps de son ingratitude ; car Schahroch le vainquit dans une bataille presque sans coup férir. Comme il avoit pris la fuite au travers des Etats de Schahroch, il y fut arrêté & amené au vainqueur avec une grande blessure qu'il avoit reçue, en se défendant contre ceux qui l'avoient arrêté. Schahroch eut encore la bonté de lui donner un Médecin & un Chirurgien, & de l'envoyer à sa Capitale pour y être traité. Mais il mourut en chemin.

Schahroch donnoit les Royaumes qui dépendoient de lui, à ses fils, à ses parents ou à ses Emirs ; mais ordinairement, à la charge d'un tribut, & de frapper la monoie à son coin. Alors il donnoit à chacun les avis dont il croyoit qu'ils avoient besoin pour bien gouverner, & la plupart de ces avis ont été recueillis par Abdurrizzac Efendi, son Historien. Il dit à son fils Mirza Ulug Beg, en le faisant Roi du Maverannahar, ou de la Transoxiane & du Turquestan : Le Tout-Puissant nous a fait le présent relevé dont nous jouissons, & nous a gratifié de l'autorité absolue que nous avons en main, sans avoir égard à nos foiblesses, ni à nos défauts. Le Souverain, pénétré de quel prix est un Empire, doit premiérement lui rendre graces de ses bienfaits. Ensuite il faut qu'il ait de la tendresse & de la compassion pour tous ceux qui sont dans la nécessité, & qu'il se souvienne que Dieu a dit au Prophete David, qu'il l'avoit établi son Lieutenant sur la terre, afin qu'il rendît la justice aux hommes. Ayez de la vénération & du respect pour les Savants, & ne vous écartez pas des préceptes de la loi, ni des décisions de ceux qui l'ont expliquée. Maintenez toujours ceux qui en sont les Interpretes dans leurs honneurs & dans leurs dignités. Appliquez-vous fortement à faire en sorte que les Juges fassent leur devoir suivant les loix. Prenez sous votre particuliere protection les peuples de la campagne, afin qu'on ne leur fasse aucune vexation ; mais au contraire, afin qu'on leur fasse toute sorte de justice. Car ce sont eux qui contribuent au maintien & à l'augmentation des finances de l'Etat. Gouvernez vos soldats avec un visage ouvert & de douces paroles, parce qu'ils sont la force & le soutien d'un Royaume. Prenez aussi le soin que la paye leur soit faite dans le temps, & augmentez le salaire de ceux qui font des actions de distinction, & qui exposent leur vie pour la conservation publique. Mais châtiez ceux qui manquent à leur devoir. Enfin, en quelque rencontre que ce soit, ne vous écartez pas de la droiture, & commettez la garde de vos confins à des Gouverneurs d'une expérience consommée, & qui ayent soin de bien entretenir les places fortes.

REMARQUES. Ulug Beg, aîné des fils de Schahroch, régna long-temps dans le Royaume de Maverannahar, & du Turquestan pendant le regne de son pere. Après sa mort, il eut quelques guerres à soutenir, pour la succession des Etats qu'il lui avoit laissés en mourant, dont il ne fut pas long-temps en possession par ses factions qui se formerent contre lui ; mais particulièrement par la révolte de son propre fils Mirza Abdulletif. Car ce fils dénaturé lui fit la guerre, le vainquit, & commit en sa personne, en le faisant mourir, un parricide d'autant plus détestable, qu'il s'étoit acquis non-seulement par sa valeur, mais encore par sa bonté, par sa sagesse, & sur-tout par sa doctrine, & par l'amour qu'il avoit pour les Lettres & pour les Savants, une réputation qui l'avoit distingué par-dessus tous les autres Princes de son temps. En effet, parmi les Mahométans & parmi les Chrétiens, on parlera toujours de l'Observatoire qu'il

fit bâtir à Samarcande, des Mathématiciens & des Astronomes qu'il y avoit attirés, & qu'il y entretenoit, & des Observations dont les Tables Astronomiques, qu'ils mirent au jour sous son nom, furent le fruit.

Comme l'Alcoran est le fondement de la Religion & des loix civiles des Mahométans, ses interpretes de ce Livre se sont acquis une grande autorité parmi eux. C'est pourquoi Schahroch, qui ne l'ignoroit pas, & qui étoit lui-même le religieux observateur de ce qu'il contient, recommande à son fils d'avoir de la vénération pour eux, & de les maintenir dans leurs honneurs & dans leurs dignités, comme un des principaux moyens pour se faire aimer des peuples. Car les peuples ont de la peine à souffrir patiemment qu'on méprise & qu'on maltraite les chefs & les administrateurs de leur Religion.

Le même Schahroch dit à Mirza Mehemmed Gehanghir, un de ses petits-neveux, en lui donnant un Etat considérable sous les conditions marquées ci-devant : Afin que vous vous comportiez comme vous le devez, considérez que Dieu ne prive jamais ceux qui font le bien, de la récompense qu'ils méritent. Soyez clément & bon envers ceux qui dépendent de vous, parce que ce sont des créatures de Dieu. Commandez à vos Officiers de ne les pas maltraiter, de soulager les pauvres, & d'observer les Loix & les Ordonnances. Pour ce qui vous regarde en particulier, ne faites rien qu'avec prudence & avec sagesse, & ayez toujours devant les yeux les bons avis que je vous donne.

Il dit aussi à Mirza Kidou, autre de ses petits-neveux, en lui donnant le Royaume de Candahar & ses dépendances : Exercez la justice, ne faites pas de vexations, ni d'injustices, ni de tyrannies, parce que c'est un chemin par où vous vous perdriez. N'oubliez pas que les Royaumes, gouvernés par des Princes justes & équitables, quoiqu'infideles, ne laissent pas que d'être de longue durée ; mais que le regne des Tyrans ne subsiste pas long-temps. Comportez-vous en toutes choses avec modération & avec sagesse. Ayez soin de votre réputation, & attirez-vous la bénédiction de vos sujets, par vos libéralités & par vos bienfaits. C'est par-là que vous régnerez long-temps.

REMARQUES. Mirza Kidou étoit fils de Mirza Pir Mehemmed, fils de Mirza Gehanghir, l'aîné des fils de Timour, & Mirza Gehanghir étoit mort dans le temps que son pere vivoit encore. Après sa mort, Timour avoit donné le Royaume de Candahar à Mirza Pir Mehemmed, qui avoit fait sa capitale de la ville de Balkh. Mais son regne ne fut pas de longue durée après la mort de Timour ; car il fut assassiné par Pir Ali Taz, sur lequel il s'étoit remis du gouvernement de ses Etats. Schahroch châtia ce rebelle, & donna premiérement Balkh & ses dépendances à Mirza Kidou, & quelque temps après, le Royaume de Candahar. Mais ce Prince ne profita pas des avis de Schahroch comme il le devoit. Il se rebella quelques années après ; mais il fut pris & arrêté, & Schahroch se contenta de le renfermer dans une prison.

Les Mahométans, quoique faussement, sont persuadés qu'ils sont dans la bonne Religion, & savent que les Rois justes des autres Religions, comme des Payens & des Chrétiens, ont régné & regnent long-temps. C'est pour cela qu'ils ont fait la maxime, dont Schahroch se sert ici, pour persuader à Mirza Kidou, qu'étant dans la bonne Religion, comme il le croyoit, son regne, à plus forte raison, seroit d'une longue durée par une bonne administration de la justice.

Il dit de même à Mirza Baïkra, autre de ses parents, en lui donnant les Etats d'Hamadan & du Loristan : Exercez la justice envers les peuples que je vous confie ; gouvernez-les paisiblement & doucement, & prenez garde que personne n'entreprenne de les maltraiter. Ayez les mêmes égards pour les pauvres, & pour les foibles que pour les riches &

pour les Grands. Protégez les Marchands & les Négociants. Ce sont les oiseaux des Etats. Ils y portent l'abondance par le trafic qu'ils y font.

REMARQUES. Mirza Baïkra n'eut pas plus d'exactitude que Mirza Kidou à profiter des leçons de Schahroch. Il fut rebelle comme lui. Mais Schahróch eut pour lui la même indulgence qu'il avoit eue pour Mirza Kidou.

En appellant les Marchands les oiseaux des Etats, Schahroch entend parler de ceux qui transportent des marchandises de Royaumes en Royaumes, comme il se pratique encore aujourd'hui par tout le Levant.

Il dit encore à Mirza Ibrahim, Sultan, son fils, en l'établissant Roi de Perse dans la ville de Schiraz : La splendeur la plus brillante d'un Royaume, consiste à avoir des troupes nombreuses, & un grand attirail de train, de suite & d'équipage ; mais sa force principale est d'avoir un bon Conseil, de tenir les frontieres fortifiées, & les passages bien gardés ; de ne pas fouler les sujets, & de maintenir la Religion. Graces à Dieu, mon fils, je sais que vous n'avez pas besoin de conseils. Néanmoins, la tendresse paternelle m'oblige de vous dire, que vous devez faire en sorte que vos sujets vous bénissent sous l'ombre de votre clémence & de votre bonté, & qu'ils goûtent parfaitement les plaisirs d'une vie sûre & tranquille, & d'un bon gouvernement. Pour cela, ayez soin que vos Officiers n'exigent rien d'eux qu'avec justice, & qu'ils n'excedent pas les réglements établis dans l'exaction des revenus du Royaume. Par cette conduite, on nous estimera vous & moi, on nous louera, on nous bénira, on nous souhaitera toutes sortes de bonheurs, & ces puissants motifs feront que jamais nous ne cesserons de faire notre devoir. J'espere que vous pratiquerez toutes ces choses ; car je suis persuadé que vous aspirez à la gloire des Monarques les plus puissants de la terre.

REMARQUE. Mirza Ibrahim Sultan fit un bon usage de la bonne éducation que Schahroch lui avoit donnée, & de ces bons avis qu'il y ajouta en le faisant Roi de Perse l'an 817 de l'Hégire, & de J. C. l'an 1414. Il tint son siege dans la Ville de Schiraz, où il mourut l'an 838 de l'Hégire, de J. C. l'an 1434, que Schahroch son pere vivoit encore. Il aimoit la vertu & ceux qui en faisoient profession ; mais particuliérement les Savans auxquels il faisoit de grandes largesses. Sur-tout il en combla Scheref-eddin Ali de la ville d'Jezd, qui a écrit la vie de Timour ou de Tamerlan en Persan, que M. de la Croix, le fils, a mise en François, dans l'intention de faire voir au public l'Histoire la plus accomplie de ce Conquérant, toutes celles qui ont été publiées jusques à présent, étant très défectueuses en plusieurs manieres.

Avant que de donner le Royaume de Perse à Mirza Ibrahim, Sultan Schahroch en avoit disposé en faveur de Mirza Iskender, un de ses neveux. Mais Mirza Iskender ne garda pas long-temps la fidélité qu'il devoit. Schahroch ne voulut pas ajouter foi à la premiere nouvelle qui vint de sa révolte ; & sur ce que ses Ministres lui représenterent que jamais son Empire ne seroit tranquille pendant que ce Prince vivroit, il leur dit : Vous avez raison, & vous parlez en sages Politiques. Mais si, par ignorance ou par un emportement de jeunesse, mon fils, Mirza Iskender, s'est porté à cette folle entreprise, peut-être qu'un bon conseil l'obligera de revenir à lui, & de reconnoître sa faute. S'il ne le fait pas, ce sera à nous de faire en sorte qu'il ne trouble pas le repos de nos peuples.

REMARQUES. Mirza Iskender étoit fils de Mirza Omer Scheich, un des fils de Timour, & Schahroch lui avoit donné le Royaume de Perse après la mort de Mirza Pir Mehemmed, autre fils de Mirza Omer Scheich.

Sur la nouvelle certaine de sa révolte, Schahroch tâcha de le ramener par une lettre remplie de bonté qu'il lui écrivit. Mais sur ce qu'il apprit qu'il persistoit, il marcha contre lui, & alla le forcer dans la ville d'Ispahan qu'il avoit enlevée à Mirza Rustem. Mirza Iskender prit la fuite ; mais des Cavaliers qui le poursuivirent, l'arrêterent & l'amenerent à Schahroch, qui le remit entre les mains de Mirza Rustem, son frere, en lui recommandant d'en prendre soin, & de le consoler. Mais Mirza Rustem lui fit crever les yeux, afin de lui ôter par-là l'envie de remuer & d'entreprendre de régner une autre fois.

De ces paroles remarquables de Schahroch & des autres particularités de sa vie, que nous avons rapportées pour suivre le dessein de cet Ouvrage, on peut juger que son Histoire mérite d'être mise au jour. Elle est d'autant plus considérable, qu'elle renferme un regne de 42 ans, rempli d'événemens très-singuliers. Car Schahroch commença à régner l'an 1404, & mourut en 1446 de J. C. De plus, Abdurrizzak Efendi, qui en est l'Auteur, a été son Imam & Juge de son armée, lorsqu'il étoit en campagne, & son pere avoit exercé les mêmes emplois avant lui. Avec cela, Schahroch l'employa en plusieurs ambassades, de sorte qu'elle est écrite sur de bons Mémoires. La traduction en François de cette Histoire, & de l'Histoire des fils de Schahroch & de ses successeurs, presque jusques au commencement des Sofis de Perse, qui regnent aujourd'hui, écrite en Persan par le même Auteur, est en état de pouvoir être imprimée.

Sous le regne d'Ulug Beg, Roi du Maverannahar & du Turquestan, Kadizadeh Roumi, savant dans les Mathématiques, étoit Professeur à Samarcande dans un college avec trois autres Professeurs, où il enseignoit avec tant de réputation, que ces Professeurs entendoient ses leçons avec leurs écoliers, après quoi ils faisoient leur leçon chacun dans leur Classe. Ulug Beg déposa un de ces Professeurs, & en mit un autre à sa place. Cette déposition fut cause que Kadizadeh Roumi demeura chez lui, & ne fit plus de leçons. Ulug Beg, qui en eut avis, crut qu'il étoit malade ; & comme il avoit beaucoup de vénération pour lui à cause de sa doctrine, il alla le voir, & trouva qu'il étoit en bonne santé. Il lui demanda quel sujet pouvoit l'avoir obligé de discontinuer ses leçons. Kadi-zadeh répondit : Un Scheich m'avoit donné avis de ne pas m'engager dans aucune charge de la Cour, parce qu'on étoit sujet à en être déposé, & je m'étois engagé dans la charge de Professeur, croyant qu'il n'en étoit pas de même. J'ai appris le contraire par l'exemple de mon collegue. C'est pour cela que je me suis retiré pour ne pas être exposé au même affront.

REMARQUES. Ulug Beg prit cette réponse en très-bonne part, & il se contenta pas seulement de rétablir le Professeur qu'il avoit déposé ; mais encore il fit serment que jamais il ne lui arriveroit d'en déposer aucun.

Kadi-zadeh Roumi s'appelloit autrement Mouça Pacha, & avoit eu pour pere un Cadi de Brousse, sous le regne de Sultan Murad I, fils de Sultan Orkhan. C'est pour cela qu'on lui avoit donné le nom de Kadizadeh Roumi, c'est-à-dire, *fils de Cadi du pays de Roum*, dans le Khorassan, où il étoit allé sur la réputation des savants Mahométans de ce Royaume-là qui fleurissoient alors. Il savoit les Mathématiques, & il fut un de ceux qui travaillerent aux Tables Astronomiques d'Ulug Beg ; mais il mourut avant qu'elles fussent achevées & mises au jour. Ces particularités sont rapportées par Cogia Efendi dans son Histoire Ottomane, à la fin du regne de Sultan Murad I, où il fait mention des Savans qui furent célebres en ce temps-là.

Un Mahométan voyoit un Livre Arabe, qui contenoit un texte en lettres rouges avec des notes fort courtes, en lettres noires, de maniere qu'il y avoit plus de rouge que de noir. Il dit : Il semble que ce sont des mouches sur de la chair de bœuf.

Schems-eddin

Schems-eddin Mehemmed Fanari, Cadi de Brousse sous le regne de Sultan Bajazet Ildirim, étoit riche de cent cinquante mille sequins, & avoit grand train & grand équipage. Cependant il affectoit la pauvreté par un habit fort simple & par un petit turban, quoique les Cadis de son rang le portassent fort ample. Comme il achetoit cet habillement de l'argent qui lui venoit de la soie qu'il recueilloit des vers à soie qu'il nourrissoit lui-même, pour excuser les richesses qu'il avoit d'ailleurs & la splendeur de sa maison, il disoit : Je ne puis pas en gagner davantage par le travail de mes mains.

REMARQUES. Cent cinquante mille sequins font environ la somme de .... livres.

Ce Cadi, qui étoit très-savant, a composé plusieurs Livres dont les Turc font grand estime. Il portoit le nom de *Fanari,* parce qu'il étoit d'un village qui s'appelloit Fanar.

Le Poëte Scheichi étoit pauvre, & vendoit un remede pour le mal des yeux, afin de gagner de quoi pouvoir vivre. Mais il avoit lui-même mal aux yeux, & il ne s'étoit pas avisé de se servir du remede qu'il vendoit aux autres. Un jour une personne qui avoit besoin de son remede, lui en acheta pour un aspre, & en le payant, au-lieu d'un aspre, lui en donna deux. Scheichi voulut lui en rendre un ; mais l'acheteur lui dit : L'un est pour le remede que je vous ai acheté pour mon usage ; & l'autre, je vous le donne, afin que vous en preniez autant, pour vous en frotter les yeux vous-même, puisque je vois que vous y avez mal.

REMARQUE. Ce Poëte vivoit du temps de Sultan Murad II, qui gagna la bataille de Varna. Par l'avis qui lui fut donné en cette occasion, il comprit si fortement le ridicule qu'il y avoit de vendre aux autres un remede dont il ne se servoit pas lui-même, quoiqu'il en eût besoin, que jamais il n'y pensoit qu'il n'en rît bien fort.

Sultan Murad II, après avoir gagné la bataille de Varna, passoit par le champ de bataille, & considéroit les corps morts des Chrétiens. Il dit à Azab Beg, un de ses Favoris qui étoit près de sa personne : Je suis étonné que parmi tous ces Chrétiens, il n'y en a pas un seul qui n'ait la barbe noire. Azab Beg répondit : Si une seule barbe blanche se fût rencontrée parmi eux, jamais un dessein si mal conçu ne leur seroit venu dans la pensée ; ils ne s'y sont engagés que par un emportement de jeunesse.

REMARQUE. La bataille de Varna fut gagnée par Sultan Murad II, l'an de l'Hégire 848, & de J. C. l'an 1444. Il mourut l'an 855, de l'Hégire, de J. C. l'an 1451.

Un Pacha qui toutes les fois qu'il se retiroit à l'appartement de ses femmes, après avoir paru en public pour donner audience, avoit coutume de faire jouer les tymbales, voulut railler un Poëte qui lui faisoit sa cour ordinairement, & lui demanda : Quand vous retournez chez vous, ne toussez-vous pas pour avertir que c'est vous ? Le Poëte, qui railloit lui-même finement, comprit ce que cela vouloit dire, & repartit : Je suis un trop petit Seigneur pour imiter un Pacha comme vous, qui faites jouer les tymbales.

REMARQUES. Les Gouverneurs des Provinces chez les Turcs, sont appellés Pachas. Suivant quelques-uns, le mot de *Pacha* est Persan, & se dit au-lieu de *Pai-Schah,* c'est-à-dire, le *pied du Roi,* parce que les Pachas font valoir & représentent l'autorité Royale dans les lieux où les Rois ne peuvent pas aller en personne.

Les tymbales, dont il est ici parlé, sont de petites tymbales d'environ un demi-pied de diametre, de la même forme que les plus grandes. Les Pachas ont aussi de grandes tymbales, des trompettes & des hautbois, qui sonnent devant eux dans les marches & dans les cérémonies, tous à cheval.

Ali disoit qu'il avoit entendu dire à Mahomet : Quand l'aumône sort de la main de celui qui la fait, avant que de tomber dans la main de celui qui la demande, elle dit cinq belles paroles à celui de la main de qui elle part : J'étois petite, & vous m'avez fait grande. J'étois en peu de quantité, & vous m'avez multipliée. J'étois ennemie, & vous m'avez rendue aimable. J'étois passagere, & vous m'avez rendue permanente. Vous étiez mon gardien, & je suis votre garde.

REMARQUES. L'aumône se prend ici dans une signification passive c'est-à-dire, pour ce qui se donne par aumône.

Ali est le gendre de Mahomet, & le quatrieme de ses successeurs, de qui il a été parlé ci-devant.

Un Cadi en arrivant au lieu où il devoit exercer sa charge, logea chez le Commandant, qui fit de son mieux pour le bien régaler. Dans la conversation, le Commandant dit au Cadi : Peut-on, sans vous offenser, vous demander comment vous vous appellez ? Le Cadi répondit : On m'a trouvé d'une sévérité si grande dans les lieux où j'ai été Cadi avant, que de venir ici, qu'on ne m'y appelle pas autrement qu'Azraïl, qui est le nom de l'Ange de la mort. Le Commandant se mit à rire, en disant : Et moi, Seigneur, je suis connu sous le nom de Cara Scheitan, c'est-à-dire, de *Diable noir.* Nous ne pouvions pas mieux nous rencontrer pour mettre à la raison le peuple à qui nous avons à faire vous & moi. Car je vous donne avis que ce sont des gens très-fâcheux & sujets à rébellion, & qu'il n'y a pas moyen de les dompter. C'est pourquoi agissons de concert. Pendant que vous leur ôterez la vie, j'aurai soin de les obliger à renier leur Religion. Autrement jamais ils ne fléchiront.

REMARQUES. Les charges de Cadi chez les Mahométans, particuliérement chez les Turcs, ne font ni vénales, ni à vie, ni héréditaires. Elles se donnent au mérite & à la capacité par les Cadileskers qui les distribuent, & elles font changées de deux ans en deux ans. De sorte qu'au bout de deux ans, un Cadi est obligé de retourner à Constantinople, pour solliciter d'être employé ailleurs, à moins qu'il n'ait un agent ou un ami qui sollicite pour lui, & qui obtienne qu'on l'envoye en un autre endroit immédiatement après le terme de deux ans achevé. Il ne leur en coûte qu'un droit pour l'expédition des patentes, en vertu desquelles ils exercent leur charge, & ce droit est au profit des Cadileskers, qui les expédient au nom du Grand-Seigneur. Il y a aussi quelques fraix dont les Officiers des Cadileskers profitent.

Les Mahométans croyent qu'il y a un Ange qu'ils appellent Azraïl, c'est-à-dire Azriel, de qui la fonction est de ravir l'ame de ceux qui meurent. Ils ont emprunté cette croyance des Juifs, ou même ils l'ont communiquée aux Juifs, qui en ont un, qu'ils appellent aussi l'Ange de la mort & l'Ange destructeur sous le nom de Samaël, & qu'ils représentent les uns avec une épée, & les autres avec un arc & des fleches. M. Gaulmin, dans ses Notes sur la vie de Moïse, qu'il a traduite de l'Hébreu en Latin, en fait mention à l'occasion de l'entretien de Samaël avec Moïse avant qu'il mourût. Il remarque aussi qu'encore aujourd'hui en Allemagne, les Juifs, quand quelqu'un est mort chez eux, jettent l'eau de tous les pots & autres vases qui font dans la maison, par une superstition qu'ils ont de croire que l'Ange de la mort y a lavé l'épée dont il s'est servi pour ravir l'ame du défunt.

Sur toutes les autres nations, les Turcs font ingénieux à donner des noms aux gens suivant qu'on leur plaît, ou qu'on leur déplaît, & n'épargnent personne là-dessus. Ainsi ils avoient nommé Scheitan le brave Pacha, qui soutint si bien le premier siege de Bude contre les Impériaux, lequel étoit Pacha de Candie, parce qu'il ne laissoit pas ses soldats en repos, & qu'il les tenoit toujours en haleine. Mais dans ces derniers temps, on a vu un Caplan Pacha, c'est-à-dire, *Pacha Léopard*, & souvent ils ont des Pachas Schahin, c'est-à-dire. *Pachas Faucon.* Ils ont aussi des noms satyriques, & ils appelloient un Favori de Sultan Mahemmed IV, *Coul-oglou*, à cause de sa naissance, c'est-à-dire *fils de Janissaire.* Les défauts du corps leur donnent aussi matiere d'en imposer ; c'est pourquoi ils ont une infinité de Topals, de Kiors & de Kusehs. *Topal* signifie un *boiteux*, *Kior*, un *borgne*, & Kuseh un homme qui a peu de barbe au menton.

Un begue marchandoit une fourrure à Constantinople, & chagrinoit fort le Marchand Pelletier, par sa longueur à s'expliquer. Le Marchand ayant demandé ce qu'il vouloit faire de cette fourrure, il répondit en bégayant toujours fortement : Je veux m'en servir cet hyver. Le Marchand repliqua : L'hyver passe pendant que vous prononcez le mot qui le signifie : Quand prétendez-vous vous en servir ?

Un descendant d'Ali ayant besoin de bois, sortit de grand matin, & alla attendre au passage les paysans qui en apportoient à la ville pour le vendre ; mais avec l'intention d'en acheter seulement à un vendeur qui s'appelleroit Ali. Chaque paysan qui arrivoit, il lui demandoit son nom, & l'un s'appelloit Aboubekir, un autre Omer, un autre Osman, & un autre d'un autre nom différent de celui d'Ali ; de sorte qu'il les laissoit tous passer, & qu'il n'achetoit pas de bois. Après avoir attendu presque jusques à la nuit, pour surcroit de peine, il se mit encore à pleuvoir, & le désespoir alloit le prendre, lorsqu'il vit paroître un boiteux, qui marchoit devant un âne chargé d'assez méchant bois & mal choisi. Il s'approche de lui, & lui demande comment il s'appelloit. Le boiteux répondit qu'il s'appelloit Ali. L'autre lui demanda : Combien la charge de ton âne ? Donnez-vous patience, je suis de compagnie avec un autre qui vient derriere moi, vous marchanderez avec lui. Le descendant d'Ali repartit : Poltron que tu es, tu vends du bois après avoir été Calife, & tu dis que tu as un associé. Ne peux-tu pas faire ton affaire sans associé ?

REMARQUE. Comme je l'ai déja remarqué, Ali fut le quatrieme Calife après Mahomet ; mais le Califat qui devoit passer à ses successeurs après lui, passa aux Ommiades, & ensuite aux Abbassides. Ainsi la réprimande du descendant d'Ali au vendeur de bois, qui portoit le même nom qu'Ali, est fondée sur ce point d'Histoire.

Il ne s'étoit pas encore vu un homme qui eût si peu de barbe que Kuseh Tchelebi, que l'on avoit ainsi nommé, à cause de cette singularité. Il n'en avoit pas du tout au menton, & il n'avoit que vingt à vingt-cinq poils à la moustache. Le Poëte Bassiri se plaignant à lui de sa pauvreté, il lui dit : Je m'étonne que vous soyez pauvre ; car on m'avoit dit que vous aviez beaucoup d'argent. Bassiri repartit : Seigneur, je n'en ai pas plus que vous avez de poil à la moustache.

REMARQUES. Il est fait mention du Poëte Bassiri ci-devant, & j'ai déja remarqué que *Kuseh* signifie un homme qui a peu de barbe.

Tchelebi est un titre d'honneur qui se donne aux personnes de quelque naissance. Ce mot peut venir du mot Persan *Geleb* ou *Tcheleb*, qui signifie les premieres fleurs, les premiers fruits, & tout ce qui vient à sa maturité avant le temps ordinaire. Cette origine me plairoit fort, parce que les Turcs donnent ce nom particulierement aux jeunes gens propres, agréables, bien élevés, qui marquent plus d'esprit que leur âge ne porte. D'autres veulent qu'il vienne de *Tcheleb*, ancien mot Turc, qui signifie *Dieu* ; mais cette étymologie me paroît trop éloignée.

Des Juifs à Constantinople eurent contestation avec des Turcs touchant le Paradis, & soutinrent qu'ils seroient les seuls qui y auroient entrée. Les Turcs leur demanderent : Puisque cela est ainsi, suivant votre sentiment, où voulez-vous donc que nous soyons placés ? Les Juifs n'eurent pas la hardiesse de dire, que les Turcs en seroient exclus entierement ; ils répondirent seulement : Vous serez hors des murailles, & vous nous regarderez. Cette dispute alla jusqu'aux oreilles du Grand-Visir, qui dit : Puisque les Juifs nous placent hors de l'enceinte du Paradis, il est juste qu'ils nous fournissent des pavillons, afin que nous ne soyons pas exposés aux injures de l'air.

REMARQUES. En même-temps, le Grand-Visir taxa le corps des Juifs, outre le tribut ordinaire, à une certaine somme pour la depense des pavillons du Grand-Seigneur, qu'ils payent encore aujourd'hui depuis ce temps-là.

Je n'ai pas lu ceci dans aucun Livre ; mais on le dit communément à Constantinople où je l'ai entendu dire.

Le monde apparut à Isa, fils de Marie, déguisé sous la forme d'une vieille décrépite. Isa lui demanda combien avez-vous eu de maris ? La vieille répondit : J'en ai eu un si grand nombre, qu'il n'est pas possible de le dire. Isa reprit : Ils sont morts apparemment, & ils vous ont abandonnée en mourant. Elle repartit : Au contraire, c'est moi qui les ai tués, & qui leur ai ôté la vie. Isa repliqua : Puisque cela est, il est étonnant que les autres, après avoir vu de quelle maniere vous les avez traités tous, ont encore de l'amour pour vous, & ne prennent pas exemple sur eux.

REMARQUE. Isa signifie *Jesus-Christ* chez les Arabes, qui lui attribuent plusieurs autres paroles, qui ne se trouvent pas dans le Nouveau Testament ; mais qui ne laissent pas que d'être très-édifiantes : En voici une autre qui n'est pas moins remarquable.

Du temps d'Isa, trois Voyageurs trouverent un trésor en leur chemin, & dirent : Nous avons faim, qu'un de nous aille acheter de quoi manger. Un d'eux se détacha, & alla dans l'intention de leur apporter de quoi faire un repas. Mais il dit en lui-même : Il faut que j'empoisonne la viande, afin qu'ils meurent en la mangeant, & que je jouisse du trésor moi seul. Il exécuta son dessein, & mit du poison dans ce qu'il apporta pour manger. Mais les deux autres, qui avoient conçu le même dessein contre lui pendant son absence, l'assassinerent à son retour, & demeurerent les maîtres du trésor. Après l'avoir tué, ils mangerent de la viande empoisonnée, & moururent aussi tous deux. Isa passa par cet endroit-là avec ses Apôtres, & dit : Voilà quel est le monde. Voyez de quelle maniere il a traité ces trois personnes. Malheur à celui qui lui demande des richesses !

Fin des Paroles Remarquables.

LES MAXIMES DES ORIENTAUX.

LA crainte de Dieu eft la plus grande des perfec-tions, & le vice la plus grande des imperfections.

La crainte de Dieu purifie le cœur.

Je crains Dieu, & après Dieu, je ne crains que celui qui ne le craint pas.

Il n'y a point d'afyle d'une fûreté plus grande que la crainte de Dieu.

La piété eft la fageffe la plus grande, & l'impiété eft la plus grande des folies.

Le culte de Dieu mortifie la concupifcence.

Le culte que l'on rend au Démon, mene à la per-dition; mais le culte que l'on rend à Dieu, eft un gain.

C'eft trop que de pécher une feule fois; mais ce n'eft pas affez de mille actes de culte envers Dieu pour le bien honorer.

Ne méprifez pas Dieu en jurant par fon nom, afin qu'il ne vous méprife pas.

Qui trahit fa Religion pour s'abandonner au mon-de, fe trompe groffiérement.

On ne peut pas bien fe connoître foi-même, qu'on ne connoiffe fon Créateur.

Celui-là de qui la concupifcence l'emporte par-deffus fa raifon, périt.

Si l'homme prévoyoit fa fin & fon paffage de cette vie, il auroit horreur de fes actions & de leur trom-perie.

La vie eft un fommeil, dont on ne fe réveille qu'à la mort.

La vie de l'homme eft un chemin qui tend à la mort.

On fuit plutôt les mœurs corrompues de fon fiecle que les bons exemples de fes aïeux.

La vertu, la fcience & les belles connoiffances font les feules chofes qui nous rendent eftimables.

L'orphelin n'eft pas celui qui a perdu fon pere, mais celui qui n'a ni fcience, ni bonne éducation.

Le défaut de bon fens eft le pire de tous les degrés de pauvreté.

Rien ne cache mieux ce que l'on eft que le filence.

L'efprit eft la plus riche de toutes les poffeffions.

On fe fait beaucoup d'amis par la douceur du dif-cours.

Moins on a d'efprit, & plus on a de vanité.

Il n'y a pas de grandeur d'ame à fe venger.

La fcience dans un enfant eft pour lui un diadême, & la fageffe un collier d'or.

C'eft être entiérement malheureux que de fe laiffer abattre dans les difgraces.

Ceux qui aiment la vertu, ne la pratiquent pas toujours, & ceux qui la pratiquent, ne le font pas dans toute la perfection néceffaire.

La groffiéreté & l'incivilité engendrent la difcorde, même entre les parents.

Le cœur de l'infenfé eft dans fa bouche, & la lan-gue du Sage eft dans fon cœur.

Qui court bride abattue, guidé par l'efpérance, rencontre le dernier moment de fa vie, & tombe.

L'envie n'a point de repos.

Lorfque vous avez reçu un bienfait, ne vous en rendez pas indigne par le défaut de reconnoiffance.

Le defir de vengeance eft un empêchement invin-cible pour vivre heureux & content.

Lorfque vous avez de l'avantage fur votre ennemi, pardonnez-lui en action de grace envers Dieu de cet avantage.

C'eft fe priver de l'honneur qu'on reçoit de la vifite d'un ami, que de lui faire mauvais vifage.

On ne doit pas compter fur la parole d'un homme chagrin & de mauvaife humeur.

Lorfque vous êtes en joie, vous ne devez pas cher-cher d'autre vengeance contre celui qui vous en porte envie, que la mortification qu'il en a.

Que la fcience eft avantageufe à celui qui la poffe-de, puifqu'elle eft d'un fi haut prix, que perfonne ne la vend pour de l'argent!

Trois chofes, tôt ou tard, caufent la perte de l'homme; fa femme, lorfqu'elle a donné fon cœur à un autre, un ferpent dans la même maifon où il de-meure, & un ami qui manque de conduite.

Rien n'obtient le pardon plus promptement que le repentir.

C'eft une folie de fe préfenter devant quelqu'un fans être appellé; c'en eft une plus grande de parler fans être interrogé, & c'en eft une doublement plus grande de fe vanter d'être favant.

Il n'y a point de maladies plus dangereufes que le défaut de bon fens.

De tous les vices, la vanité & l'amour des procès font ceux dont on fe corrige le moins.

Les difcours attirent le bien ou le mal qui nous arrive.

Ce n'eft pas mal fait de rendre vifite; mais il ne faut pas que cela arrive fi fouvent, que celui que l'on vi-fite, foit contraint de dire, c'eft affez.

C'eft infulter, que de reprendre devant le monde.

Le peu de paroles eft la marque d'une fageffe par-faite.

C'eft un puiffant moyen pour obtenir ce qu'on aime que de s'humilier.

Le véritable culte de Dieu, dans un Prince, eft de demeurer dans fes limites, de maintenir les Traités, de fe contenter de ce qu'il a, & de fouffrir patiemment la privation de ce qu'il n'a pas.

C'eft fe fouvenir d'avoir été offenfé que d'obliger de demander pardon une feconde fois.

On a plus befoin d'un Chef qui agiffe, que d'un Chef qui parle.

Rien ne reffemble davantage à des fleurs plantées fur un fumier, que le bien qu'on fait à un ignorant, ou à un homme de rien.

En quelque communauté, compagnie ou fociété que ce foit, ne vous engagez à rien de ce qui regarde les affaires communes, parce que fi vous réuffiffez, la compagnie s'en attribuera le fuccès, & fi vous ne réuffiffez pas, chacun vous en attribuera la faute.

Lorfque l'on fouffre avec impatience, les chagrins & les inquiétudes caufent des tourments beaucoup plus grands, que fi l'on fouffroit avec patience.

Lorfque l'ame eft prête à partir, qu'importe de mourir fur le Trône, ou de mourir fur la pouffiere?

Plus la malice des ennemis eft cachée, plus on doit s'en méfier.

Prenez exemple de ceux qui vous ont précédé, & efforcez-vous de faire le bien.

Ne foyez pas négligent, parce qu'on ne fera pas négligent à votre égard.

Prenez & donnez avec équité.

Il ne faut pas s'étonner que ceux qui demandent & qui recherchent des chofes qui ne leur font pas convenables, tombent en des malheurs qu'ils n'atten-dent pas.

Les richeffes ne font pas plus de féjour dans la main des perfonnes libérales, que la patience dans le cœur d'un amant, & que l'eau dans un crible.

D'abord que l'on prend plaifir à entendre médire, on eft du nombre des médifants.

Ce que l'on fouffre pour ce monde couvre le cœur

de ténebres; mais ce que l'on souffre pour l'autre monde, le remplit de lumiere.

La fortune & la gloire ont ensemble une liaison si étroite, que celui qui n'a pas de fortune, n'a pas de gloire.

Le plus grand repos dont on puisse jouir, est celui dont on jouit lorsqu'on ne desire rien.

On obtient rarement ce que l'on souhaite, lorsqu'on le recherche avec trop d'empressement.

Pourquoi me reprochez-vous le péché que j'ai commis, puisque Dieu me le pardonne?

Qui pousse la raillerie plus loin que la bienséance ne le demande, ne manque jamais d'être haï, ou d'être méprisé.

L'homme que l'on peut véritablement appeller homme, se connoît aux marques qui suivent. Quelque accident qu'il lui arrive, il est inébranlable. Il est humble dans les grandeurs. Il ne lâche pas le pied dans les occasions où il s'agit de faire voir qu'il a du cœur. Il n'a d'autre but que sa gloire & que sa réputation, & s'il n'est savant, il a au moins de l'amour pour les sciences.

L'état d'un homme qui obéit à ses passions, est pire que l'état d'un misérable esclave.

Le vainqueur doit être content de sa victoire, & pardonner au vaincu.

Souvent on se donne beaucoup de peine pour réussir dans une affaire, dont on ne tire que du chagrin dans la suite.

La conduite d'un Officier déposé de sa charge, doit être la même que s'il étoit encore en charge.

C'est être libre que de ne rien desirer, & c'est être esclave que de s'attendre à ce que l'on souhaite.

Apprenez les sciences, avant que de vous marier.

L'avis du sage tient lieu de prédiction.

Qui fait attention sur ce qui se passe dans le monde, en prend exemple pour faire le bien, ou pour éviter les défauts qu'il y remarque.

Quand vous auriez deux cents belles qualités à la pointe de vos cheveux, elles ne vous serviront de rien, si la fortune vous est contraire.

L'affaire la plus embarrassante est celle d'avoir de l'inimitié.

Efforcez-vous d'avoir des amis sinceres, pour vivre à l'ombre de leur protection, vous en aurez de la joie dans la prospérité, & ce vous sera un préservatif contre l'adversité.

On ne sait plus ce que l'on fait, quand on a le cœur blessé.

Soyez sincere, quand même votre sincérité devroit vous coûter la vie.

On est sage à proportion que l'on a eu une bonne éducation.

Ne faites pas crédit, vous vivrez en liberté.

On n'a plus de pudeur, si-tôt qu'on s'est abandonné aux plaisirs déshonnêtes.

Le Sage pratique particuliérement trois choses : Il abandonne le monde avant que le monde l'abandonne. Il bâtit sa sépulture avant le temps d'y entrer, & fait tout dans la vue d'être agréable à Dieu, avant que de paroître en sa présence.

Qui commande avec trop d'empire à ceux qui sont nu-dessous de lui, trouve souvent un maître qui lui commande de même.

Ne péchez pas, vous aurez moins de chagrin à votre mort.

Il est rare de ne pas réussir dans ce qu'on entreprend, quand on a pris conseil auparavant.

Prenez garde avec quelle famille vous ferez alliance en mariant votre fils, parce que la racine communique au tronc & aux branches ce qu'elle a de mauvais.

Qui a de la considération & de l'honnêteté pour tout le monde, réussit dans ce qu'il entreprend.

L'avidité amene la pauvreté; mais on est riche lorsqu'on ne desire rien.

Trop de familiarité engendre la médisance, & l'on n'est pas loin de l'inimitié entre amis, lorsqu'on censure toutes choses.

Qui vient vous faire rapport des défauts d'autrui, a dessein de faire rapport de vos défauts à d'autres.

Plus on espere, moins on obtient, parce que l'espérance est souvent un moyen pour ne pas obtenir ce qu'on attend.

Qui pardonne à ses inférieurs, trouve de la protection auprès de ceux qui sont au-dessus de lui.

Interprétez toujours la conduite de vos amis, par l'endroit le plus favorable, jusqu'à ce que vous en appreniez quelque chose qui lasse votre patience.

Observez vos amis, excepté ceux de qui vous êtes sûr; mais on ne peut être sûr que d'un ami qui a la crainte de Dieu.

Aimez vos amis avec précaution.

Les plaisirs du monde, les plus parfaits, sont toujours mêlés de quelque amertume.

Qui considere les suites, avec trop d'attention, n'est pas ordinairement un homme de courage.

Le monde est un enfer pour les bons, & un paradis pour les méchants.

Les décrets de Dieu rendent inutiles tous les plus beaux projets du monde.

Les précautions ne servent de rien où Dieu commande.

Ne vous informez point des choses qui ne sont pas arrivées; le point est de s'informer de celles qui sont arrivées, afin d'en profiter.

Les bienfaits ferment la bouche à ceux qui ont de mauvaises intentions.

Le vin, quelque violent qu'il soit, n'ôte pas plus l'esprit qu'une passion déréglée.

La véritable noblesse consiste dans la vertu & dans le nombre des aïeux.

La meilleure éducation est d'avoir des inclinations louables.

X Il vaut mieux battre le fer sur une enclume, que d'être debout devant un Prince les mains croisées sur le sein.

Prenez conseil dans vos affaires de ceux qui craignent Dieu.

Rien n'est plus fâcheux que la pauvreté. Néanmoins la mauvaise conduite est encore plus fâcheuse, & c'est pour cela que la sagesse est un trésor inestimable.

Jamais on n'a de mauvais succès, quand on connoît bien de quoi l'on est capable.

Rien n'éloigne davantage toutes sortes de personnes d'auprès de soi, que la trop bonne opinion de soi-même.

L'avare a le chagrin de voir une grande solitude chez lui.

Plus on aime à railler, & plus on s'attire de méchantes affaires.

Qui a perdu la pudeur, a le cœur mort.

C'est une imprudence de rejetter les bienfaits qu'on nous offre. Il y a danger qu'on ne nous les refuse, lorsque nous voudrons les demander.

Les pauvres doivent apprendre les sciences pour devenir riches, & les riches afin qu'elles leur servent d'ornement.

Il faut s'accommoder à la foiblesse de ses inférieurs pour en tirer le service dont on a besoin.

Tout prospere à celui qui se préserve de l'avarice, de la colere & de la concupiscence.

L'insensé se fait connoître par ses discours.

Qui a abandonné toutes choses pour embrasser la vie retirée, ne doit avoir de la complaisance pour personne.

La langue du Sage se regle suivant les mouvements de son cœur.

Ne payez pas d'ingratitude le bien que l'on vous fait.

En toute autre chose, le mari doit paroître un enfant

fant à l'égard de sa femme; mais il doit paroître homme, lorsqu'elle demande ce qu'il a.

Les pensées les plus cachées se découvrent au discours & à la contenance.

Il vaut mieux posséder un art dont on puisse gagner sa vie, que de tendre la main pour la demander.

L'avare court droit à la pauvreté. Il mene une vie de pauvre ici-bas; mais on exigera de lui un compte de riche au jour du Jugement.

On reconnoît les richesses heureuses au soin que ceux qui les possedent, ont d'en remercier Dieu.

La bonne foi se paye par la bonne foi.

Le plus grand avantage qu'on puisse procurer à des enfants, est de les bien élever.

Qui peut guérir l'enterement d'un homme qui fait le vaillant, & qui cependant ne fait mal à personne?

Faites du bien à celui qui vous fait du mal, vous remporterez la victoire sur lui.

Nous devons tenir pour frere celui qui nous secourt de ses biens, & non pas celui qui nous touche par le sang & qui nous abandonne.

Les amis de ce temps sont les espions de nos actions.

Les hommes ont l'avantage de la parole par-dessus les bêtes; mais les bêtes sont préférables aux hommes, si les paroles ne sont de bon sens.

Les disgraces doivent se tenir cachées sous le voile d'un dehors gai & honnête envers tout le monde.

On vient à bout de ses desseins avec la patience.

La douceur la plus agréable à Dieu est la douceur d'un Chef juste & de facile accès; mais la barbarie qui lui est la plus odieuse, & celle d'un Chef violent & emporté.

Le plus grand ennemi de l'homme est sa concupiscence.

Les bonnes actions sont la bénédiction de notre vie.

Les plus grands malheurs sont causés par la langue.

De quelque nation que l'on soit, on n'est estimable qu'autant qu'on a d'industrie à se faire valoir.

Il faut acquérir à la fin de sa vie ce qu'on a négligé au commencement.

Celui qui s'est retiré du monde, & qui a de l'attache auprès des riches, est encore du monde.

Une marque d'abondance est d'avoir beaucoup de monde à sa table.

Ne contraignez pas vos filles de prendre un mari difforme, parce qu'elles aiment ce que vous aimez.

Dieu fasse miséricorde à celui qui nous découvre nos vices.

Trois choses perdent l'homme: la vanité, l'avarice & la concupiscence.

Le plus sage des hommes est celui qui a le plus de complaisance pour les autres.

On peut se délivrer des châtiments de Dieu par la pénitence; mais on ne peut se délivrer de la langue des hommes.

Le corps est soutenu par les aliments, & l'ame se soutient par les bonnes actions.

Ne remettez pas à demain la bonne action que vous pouvez faire aujourd'hui.

Qui ne connoît pas le mal, tombe dans le mal.

La bonté d'un discours consiste dans la briéveté.

La compagnie des honnêtes gens est un trésor.

La véritable gloire vient de Dieu.

Deux choses sont inséparables du mensonge, beaucoup de promesses & beaucoup d'excuses.

Un homme doux & affable n'a besoin du secours de personne.

Recommandez aux parents & aux alliés de se voir & de se rendre visite; mais ne leur recommandez pas d'être voisins.

Les vilains discours & déshonnêtes sont moins tolérables que la malpropreté dans le manger.

Les trompeurs, les menteurs, & toutes sortes de personnes de qui la vie est déréglée, sont enivrés de la prospérité qui leur rit en toutes choses; mais cette ivresse est la juste récompense de leurs méchantes actions.

On ne meurt pas pour n'avoir le ventre qu'à moitié rempli.

C'est posséder un trésor que de posséder un art.

Lisez les Poésies, c'est une marque de bonnes inclinations.

Le moyen le plus sûr pour vivre en repos, est de tenir la bride à ses passions.

L'ami le plus fidele est celui qui nous met dans le bon chemin.

L'esprit se connoît dans la conversation.

Le bon ami se connoît à la fermeté qu'il a de tenir sa parole.

La meilleure femme est celle qui aime son mari, & qui fait beaucoup d'enfants.

Augmentez vos enfants & votre famille; vous ne savez pas que c'est à leur considération que vous trouvez de quoi subsister.

Le meilleur remede dans les afflictions est de se remettre à la volonté de Dieu.

L'esprit de l'homme se connoît à ses paroles, & sa naissance à ses actions.

Il ne sert de rien de dire la vérité où elle ne fait pas d'effet.

Le moyen d'être toujours joyeux & content, est d'avoir beaucoup d'amis.

Gardez-vous de l'amitié de l'insensé. Quoiqu'il ait intention de vous rendre service, néanmoins il ne laissera pas de vous causer du tort.

L'avare ne tire pas plus d'avantage de son argent que s'il avoit des pierres dans ses coffres.

Toute la félicité des Rois consiste à bien rendre la justice.

On dit: Le siecle est corrompu. Cette façon de parler n'est pas juste. Ce n'est pas le siecle, ce sont les hommes du siecle qui sont corrompus.

C'est trop de commettre une seule faute, & ce n'est pas assez de faire son devoir.

Qui est dans la nécessité ressemble à un insensé qui n'a pas d'autre route à suivre que celle de son malheureux sort.

Le souvenir d'avoir été jeune ne produit que du regret.

L'ivrognerie est la porte par où l'on se fait entrée aux choses défendues.

Rien ne console plus que la vue d'un ami sincere.

La tranquillité & le repos font toute la satisfaction de la vie.

Nous nous affligeons lorsque nous n'avons pas de richesses, & nous nous embarrassons dans leur amour, lorsque nous en avons.

La science est au-dessus de tout ce qu'on peut s'imaginer de plus élevé.

On a de la peine dans l'occupation; d'un autre côté, l'oisiveté est pernicieuse.

La naissance est l'avant-coureur de la mort.

Le bon choix d'un ami est la marque du bon esprit de celui qui l'a fait.

L'amitié se renouvelle avec les amis, chaque fois qu'on les voit.

La compréhension de Dieu consiste dans la difficulté de le comprendre.

Il faut plutôt s'attacher à embellir l'ame que le corps.

La mauvaise conduite doit se considérer comme un précipice d'où il est difficile de se tirer.

Ayez le cœur pur & net devant Dieu; soyez généralement civil envers tout le monde; maîtrisez vos passions; soyez soumis à vos supérieurs, & supportez leurs défauts. Prenez conseil des sages. Soyez doux envers vos ennemis, respectueux envers les Savants, & dans le silence devant les ignorants.

Par la mauvaise conduite des hommes, il est aisé de juger de ce qu'ils cachent le plus.

Les nouvelles affaires font toujours les plus fâcheufes.

Les plaintes font les armes des foibles.

On n'a pas de fâcheux accidents à craindre avec la patience ; mais on n'a rien d'avantageux à efpérer avec l'impatience.

Les difcours inutiles déshonorent la fageffe.

La mort eft une coupe que tous les hommes doivent boire, & le tombeau eft une porte par où ils doivent tous paffer.

Ce qui précede la mort eft plus fâcheux que la mort même, & la mort eft plus tolérable que ce qui la fuit.

Les affaires vont mal, lorfque les richeffes font poffédées par des perfonnes qui n'en favent pas faire un bon-ufage, que les armes font entre les mains de ceux qui ne peuvent pas s'en fervir, & que ceux qui ont la fageffe en partage ne favent pas en profiter.

L'avarice eft le châtiment du riche.

Un riche qui eft avare, eft plus pauvre qu'un pauvre qui eft libéral.

Trois chofes retombent fur celui qui les pratique : l'injuftice, le manquement de foi, & la tromperie.

Une des loix de l'amitié eft de laiffer les cérémonies à part.

Qui va le droit chemin ne peut jamais s'égarer.

Qui écrit & ne fait pas réflexion fur ce qu'il écrit, perd la moitié de fa vie, de même que celui qui lit & qui n'entend pas ce qu'il lit.

Le filence épargne & détourne de fâcheufes affaires.

Il eft furprenant que les hommes veuillent demeurer dans des palais magnifiques, fachant que le tombeau eft leur véritable demeure.

On ne craint rien des entreprifes des mal-intentionnés, lors qu'on a de bons amis.

L'ignorant fe cache, & ne fe fait pas connoître en gardant le filence.

Soit que vous pardonniez, foit que vous châtiiez, que vos paroles ne foient pas vaines, de crainte qu'on ne vous croye pas lorfque vous pardonnez, & qu'on ne vous craigne pas lorfque vous menacez.

L'offenfe la plus fâcheufe eft d'être offenfé par un ami.

Ne menacez pas de châtier plus rigoureufement que le crime ne le mérite. Si vous le faites, vous ferez injufte ; & fi vous ne le faites pas, vous aurez dit un menfonge.

La méchanceté la plus grande eft d'abandonner la Religion pour fuivre la vanité du monde.

Vous ne ferez pas expofés à être repris des autres, fi vous vous reprenez vous-mêmes.

Heureux celui qui a des richeffes & qui en ufe bien !

N'affeétez pas de faire beaucoup de bruit, toutes les fois que vous promettez.

On peut dire que la vie eft longue, lorfqu'elle eft exempte de chagrins & d'afflictions.

Lorfque le bien fe préfente à vous, embraffez-le ; mais rejettez le mal d'abord qu'il paroît pour vous furprendre.

Qui fe foumet à la volonté de fon ennemi, s'expofe à un péril inévitable.

La tyrannie des Rois eft plus tolérable que le foulevement des peuples.

Les gémiffements des opprimés ne font pas inutiles.

La vie d'un tyran n'eft pas de longue durée.

La longueur du difcours en fait oublier une bonne partie ; cependant c'eft contre l'intention que l'on doit avoir quand on parle.

La mémoire eft préférable à un grand amas de livres.

Soyez doux & complaifant, on aura le même égard pour vous.

Il n'eft pas étonnant que celui qui fouffre prenne patience ; mais il y a lieu d'admirer celui qui fouffre & qui remercie Dieu de ce qu'il fouffre.

C'eft poffédér un tréfor que de jouir d'une fanté parfaite.

Ne mêlez pas votre fecret avec les chofes que vous expofez en public, vous vous en trouveriez mal.

Ne cachez aucune circonftance à celui de qui vous prenez confeil ; le mal qui vous en arriveroit feroit par votre faute.

La gloire qui s'acquiert par la vertu, eft plus relevée que la gloire qui vient de la nobleffe.

La bonne naiffance fe fait connoître par l'élévation des penfées.

Les ingrats ne profitent jamais des bienfaits qu'ils reçoivent.

Les ignorants prennent facilement les premieres places ; mais les favants, qui font perfuadés des devoirs de l'honnêteté, ne le font pas.

Dans l'efpace de temps dont vous jouiffez en ce monde, vous êtes en-deçà de votre derniere heure. Avant que cette heure arrive, employez les moments que vous avez à vous, à prévenir ce qui doit vous arriver lorfqu'ils feront expirés, & n'attendez pas qu'on vous ôte toute efpérance & qu'on vous renvoye à vos méchantes actions.

C'eft affez à un vieillard de l'infirmité de fon âge, il ne doit pas s'embarraffer d'autres chagrins.

Suivant le cours du monde, la vie eft miférable fans richeffes, & la fcience fans dignité n'eft qu'un amas de difcours bien fuivis, qui ne fervent à rien.

Ce qui doit donner de la confolation quand on a reçu quelque fanglant affront, eft qu'on n'a pas à vivre une éternité.

Il ne fe commet point de méchancetés dans une nation, que Dieu ne les faffe fuivre d'une affliction générale.

Rien n'attire davantage les cœurs, que la douceur des paroles.

La vieilleffe ne doit pas fe compter pour une partie de la vie.

Ne vous glorifiez pas. Quelle gloire eft-ce que celle d'être créé de terre pour y retourner fervir de pâture aux vers ? De vivre aujourd'hui, & de mourir demain ?

Redoutez les prieres que ceux que vous affligez adreffent à Dieu.

Ayez patience. Rien ne fe fait qu'avec la patience.

Un Monarque favant ne fe repent jamais de l'être.

Prenez garde à ce que vous dites & en quel temps.

C'eft une réputation très-méchante, que celle qu'on prétend acquérir par une infenfibilité pour toutes chofes.

Lorfque vous prenez confeil, dites la vérité, afin que le confeil qu'on vous donnera foit auffi véritable.

Afin que vous ayez des avis, donnez entrée à tout le monde dans votre armée.

L'inimitié la plus grande peut fe diffiper par un accommodement, excepté de l'envieux.

Jamais on ne fe repent de s'être tu.

On fe fait un tréfor de toutes fortes de belles perfeétions dans la compagnie des honnêtes gens.

Ne foyez pas rigoureux dans le châtiment. Il eft rude, quelque léger qu'il foit. Ne vous en fervez pas auffi trop fréquemment, vous pouvez arriver à votre but par d'autres voies que par celle-là.

Le principal point, pour acquérir de la réputation, confifte à bien pefer & à bien régler fes paroles.

Qui n'a pas de richeffes, n'a pas d'honneur dans le monde, & qui n'a pas d'honneur, fuivant le monde, n'a pas de richeffes.

Combattez vaillamment dans le combat, & ne perdez pas courage, vos foldats le perdroient auffi.

Le véritable emploi des richeffes eft d'en faire des largeffes.

Le monde & le paradis peuvent être comparés à deux femmes qui n'ont qu'un mari, lequel aime plus l'une que l'autre.

Une amitié contraétée avec un infenfé, jette promptement dans des malheurs.

Il vaut mieux être seul, que d'être dans la compagnie des méchants.

Correspondez à l'amitié de vos amis, & ayez pour eux la même considération qu'ils ont pour vous.

Un avare qui garde son argent, ressemble à un homme qui a du pain devant lui, & qui ne mange pas.

Servez-vous de vos richesses, pour gagner la bienveillance de tout le monde.

Nous sommes respectés & honorés tous les jours, pendant que la mort est plus près de nous que la couture de nos souliers.

On meurt au milieu des plaisirs & de la débauche, sans savoir que l'on meurt.

Les peuples n'abandonnent pas leur Monarque, & ne sortent pas de son obéissance, sans effusion de sang.

Le sage ne peut être pauvre.

Le mensonge ne tire après lui que du déshonneur.

Un mensonge qui tend à la paix, est préférable à une vérité qui cause une sédition.

Qui vit dans un entier abandonnement du monde, n'est traversé d'aucun chagrin.

Personne ne fait paroître davantage sa bêtise, que celui qui commence de parler, avant que celui qui parle ait achevé.

Il n'y a pas de véritables richesses sans la vertu.

Qui commet une affaire de conséquence à une personne qui n'a pas la capacité pour en venir à bout, se repent de l'avoir fait, & fait connoître, en même temps, la légéreté de son esprit aux personnes de bon sens.

Un ennemi peut devenir ami par les bienfaits; mais plus on flatte les passions, plus elles se rebellent.

On acquiert la bienveillance de son prochain, en lui procurant du bien.

Ce n'est pas conduite du sage de donner de l'espérance, & de l'ôter ensuite.

Ceux qui feroient des libéralités, n'ont pas de quoi les faire, & ceux qui ont de quoi les faire, ne sont pas libéraux.

Qui veut lui-même se faire connoître pour savant, passe pour un ignorant devant Dieu & devant les hommes.

Qui veut approfondir les belles sciences, ne doit pas se laisser gouverner, ni maîtriser par les femmes.

Les richesses sont pour vivre plus commodément; mais on ne vit pas pour amasser des richesses.

C'est affliger les pauvres, que de pardonner à ceux qui les foulent par leurs extorsions.

Il faut se garder de ceux que l'on ne connoît pas.

Qui se laisse conduire par ses desirs, est ordinairement pauvre.

On vient à bout de ce que l'on a projetté, en cachant son secret.

Deux sortes de personnes travaillent inutilement, celui qui gagne & qui ne jouit pas de ce qu'il gagne, & celui qui apprend d'un maître de qui les actions ne sont pas conformes à ce qu'il fait, ni à ce qu'il enseigne.

Le Savant, de qui les mœurs sont déréglées, ressemble à un aveugle qui tient un flambeau dont il fait lumière aux autres; mais dont il n'est pas éclairé.

On recueille du fruit d'un arbre qu'on a planté; mais les hommes détruisent ceux qui les ont établis dans le monde.

Il vaut mieux garder son secret soi-même que de le confier à la garde d'un autre.

Qui vous fait des rapports de la conduite des autres, fait de même aux autres des rapports de votre conduite.

Un savant connoît un ignorant, parce qu'il a été ignorant; mais un ignorant ne peut pas juger d'un savant, parce qu'il n'a jamais été savant.

Le même qui vous flatte, vous déteste dans l'ame.

Les Rois ont plus besoin du conseil des sages, que les sages n'ont besoin de la faveur des Rois.

Comment pourroit-on faire fondement sur l'amitié d'un ignorant, puisqu'il est ennemi de lui-même?

Trois choses ne sont pas stables dans la nature: les richesses sans commerce, la science sans dispute, & un Royaume sans sévérité.

L'espérance mal fondée ne se perd qu'avec la mort.

C'est faire tort aux bons, que de pardonner aux méchants.

Plus on fait d'expérience, plus on se forme l'esprit.

Le monde périroit, si tous les hommes étoient savants.

La paresse & le trop dormir ne détournent pas seulement du service de Dieu; ils amenent encore la pauvreté.

Le luxe dissipe tous les biens qui sont à sa disposition.

Il faut faire du bien, si l'on veut en recevoir.

Il faut chercher un bon voisin, avant que de prendre une maison, & un bon camarade avant que d'entreprendre un voyage.

Ne découvrez pas à votre ami tout ce que vous avez de secret, parce qu'il peut devenir votre ennemi. Ne faites pas aussi à votre ennemi tout le mal que vous pourriez lui faire, parce qu'il peut devenir votre ami.

Il faut avoir autant de soin de se blâmer soi-même, que de blâmer les autres.

La colere commence par la folie, & finit par le repentir.

Il ne peut arriver que du malheur à celui qui laisse gouverner sa raison par ses passions.

× Un sage ennemi est plus estimable qu'un ami insensé.

Il n'y a point de vertu, semblable à la prudence, point de mortification égale à la fuite du vice, point de bonté pareille à la bonté des mœurs, & point de richesses égales au plaisir d'être content de ce que l'on a.

∝ Qui fait amitié avec les ennemis de ses amis, cherche à offenser ses amis.

Il n'est pas nécessaire de risquer sa vie dans les affaires qui peuvent se terminer par argent.

Il vaut mieux être pauvre que d'avoir des richesses mal acquises.

Il est d'une conséquence trop grande de suivre le conseil d'un ennemi. Néanmoins il est permis de l'écouter pour faire le contraire de ce qu'il dit, & le bon sens demande qu'on le fasse.

Rien n'est pire qu'un Savant de qui la science est inutile.

La colere excessive chasse d'auprès de vous ceux qui en approchent, & les caresses à contre-temps leur font perdre le respect. C'est pourquoi, il ne faut pas avoir trop de sévérité pour ne point s'attirer du mépris, ni trop de bonté pour n'être pas insulté.

Deux sortes de personnes ne se contentent jamais; ceux qui cherchent la science, & ceux qui amassent des richesses.

Frappez la tête du serpent de la main de votre ennemi; de deux bons effets que cela peut produire, un ne peut pas manquer de vous arriver. Si l'ennemi est le vainqueur, le serpent sera tué, & si le serpent a l'avantage, votre ennemi ne sera plus au monde.

× N'annoncez pas vous-même une méchante nouvelle à celui qui peut en être troublé, laissez-là annoncer par un autre.

Qui n'a pas d'éducation, ressemble à un corps sans ame.

N'accusez personne de rébellion auprès du Prince, que vous ne soyez sûr que le Prince vous écoutera, autrement vous vous perdrez vous-même.

Le sage, privé des choses les plus nécessaires, est préférable à l'ignorant à qui rien ne manque.

Le stupide, ou l'ignorant, est rempli de lui-même.

Qui parle trop est sujet à mentir, ou à dire des choses inutiles.

Le trop de précipitation est suivi du repentir, & les bons succès ne viennent qu'après la patience.

C'est être riche, que d'être content de peu de choses.

Ecoute pour apprendre, & garde le silence pour ta propre conservation.

Les hommes sont partagés en deux classes : Les uns trouvent ce qu'ils cherchent, & ne sont pas contents; les autres cherchent, & ne trouvent pas.

Qui donne conseil à un homme rempli de lui-même, a lui-même besoin de conseil.

Chacun croit avoir de l'esprit au souverain degré, & chaque pere s'imagine que son fils surpasse tous les autres en beauté.

Des sujets bien gouvernés valent mieux que de grandes armées.

C'est se rendre coupable de se justifier, lorsqu'on n'est pas accusé.

Les Rois ne veulent pas d'égaux, les envieux n'ont pas de repos, & les menteurs n'ont pas de retenue.

Gardez-vous des Grands, quand vous vous serez moqué d'eux; d'un fou, quand vous l'aurez raillé; d'un sage, quand vous l'aurez offensé; & d'un méchant, quand vous aurez fait amitié avec lui.

Tout le monde ne suffit pas à un avare; mais le sobre ne veut que du pain pour se rassasier.

Le Démon n'a pas de pouvoir sur les bons, ni le Prince sur les pauvres.

Trois sortes de personnes ne tirent rien de bon de trois autres; le noble du roturier, le bon du méchant, ni le sage de l'ignorant.

Les affaires qui se font peu-à-peu, s'achevent promptement.

L'homme se connoît par sa langue, de même qu'une méchante noix par sa légéreté.

Qui dispute avec un plus savant que lui, pour paroître savant, passe à la fin pour un ignorant.

On doit posséder la science d'une maniere qu'on puisse la faire paroître quand on veut.

Il est de la bonne prudence de bien considérer la fin de toutes choses.

Le service des Rois a deux faces, l'espérance d'avoir du pain, & la crainte de perdre la vie; mais il n'est pas de la prudence du sage de se jetter dans une semblable crainte pour une telle espérance.

Trois choses ne se connoissent qu'en trois occasions. On ne connoît la valeur qu'à la guerre, le sage que dans sa colere, & l'ami que dans la nécessité.

Si quelqu'un a pris la parole avant vous, ne l'interrompez pas, quoique vous sachiez la chose mieux que lui.

Ne publiez pas les vices de votre prochain, parce que vous le diffamez & que vous diminuez votre bonne réputation.

On ne peut mettre qu'au nombre des bêtes, celui qui ne sait pas distinguer le bien d'avec le mal.

Qui apprend la science, & ne pratique pas ce qu'elle enseigne, ressemble à celui qui laboure & qui ne seme pas.

On peut connoître en un jour ce qu'un homme a d'acquis; mais ne vous fiez pas à lui en ce qui regarde son intérieur, parce que la méchanceté de son ame ne peut se connoître en plusieurs années.

Le foible qui entreprend de se battre contre un plus fort que lui, aide lui-même son ennemi à le faire périr.

Qui n'écoute pas les conseils, cherche à être repris.

On augmente la science par l'expérience, & l'on augmente le mensonge en croyant trop facilement.

Le sage qui se tait, dit plus que l'insensé qui parle.

La sagesse ne paroît que par l'opposition de la folie & de la stupidité.

Nous sommes esclaves du secret publié; mais le secret est notre esclave tant que nous le tenons caché.

Appliquez-vous à la recherche de la science, depuis le berceau jusques à la mort.

Le sage qui se trouve parmi les ignorants, ne doit s'attendre à aucun honneur.

Rien n'est plus difficile que de se connoître soi-même.

Il ne faut pas s'étonner que quelquefois l'ignorant, par son babil, l'emporte sur le savant. L'émeril use les pierres précieuses.

Il est de l'entendement offusqué par la concupiscence, comme d'un mari gouverné par sa femme.

Le sage ne doit pas facilement excuser les légéretés du menu peuple, parce qu'il en arrive du mal à l'un & à l'autre. L'autorité du sage en diminue, & le menu peuple se confirme dans le désordre.

Qui loue les mauvaises actions, est sujet à les commettre.

L'attache pour le monde & pour les richesses, est la source de tous les maux.

Le Ciel a accordé de quoi vivre à tout le monde; mais à condition de travailler pour l'avoir.

La honte empêche qu'on n'obtienne ce que l'on souhaite.

On oublie le nom de celui de qui l'on n'a pas mangé le pain pendant qu'il vivoit.

Dans une méchante année, il ne faut pas demander au pauvre en quel état sont ses affaires, à moins qu'on ne veuille le soulager.

La meilleure conduite dans les grandes assemblées, est de ne rien dire contre le sentiment de personne.

Les bons sont joyeux dans leur pauvreté, & les méchants sont tristes au milieu de l'abondance.

Un homme sans esprit se connoît à six sortes de marques; en ce qu'il se fâche sans sujet, en ce qu'il dit des paroles qui ne servent de rien, en ce qu'il se fie à toutes sortes de personnes, en ce qu'il change lorsqu'il n'a pas lieu de changer, en ce qu'il s'embarasse de ce qui ne le regarde pas, & en ce qu'il ne sauroit faire le discernement d'un ami d'avec un ennemi.

L'Ecolier qui apprend malgré lui, ressemble à un amant qui n'a pas d'argent; le voyageur qui manque de bon sens, à un oiseau sans ailes; un Savant qui ne pratique pas ce qu'il sait, à un arbre sans fruit, & un Derviche sans science, à une maison sans porte.

Il n'est pas du bon sens de prendre un remede douteux, ni de voyager sans caravane par un chemin qu'on ne connoît pas.

Les richesses les plus completes consistent à se contenter de ce que l'on a, & le plus fâcheux de la pauvreté est de ne la pas supporter avec patience.

On attend inutilement cinq choses de cinq personnes différentes : Un présent du pauvre, du service du négligent, du secours de l'ennemi, du conseil de l'envieux, & un véritable amour d'une femme.

On se perd par deux sortes de moyens, par les richesses excessives, & par la grande démangeaison de parler.

Ne vous pressez pas de vous informer de ce que vous pouvez savoir un jour par vous-même, parce que cela feroit préjudice à la bonne opinion que l'on a de vous.

On n'est pas homme tant qu'on se laisse dominer par la colere.

Mesurez vos paroles à la capacité de ceux à qui vous parlez.

On est riche lorsqu'on est content de ce que Dieu donne.

Un peu de beauté est préférable à beaucoup de richesses.

Qui fréquente les méchants ne laisse pas que de faire tort à sa réputation, quoique leur compagnie ne l'ait pas encore corrompu. Il en est de même que de celui qui fréquente les cabarets; on ne dit pas qu'il y prie Dieu, mais qu'il y boit du vin.

La

La modération doit être confidérée comme un arbre, dont la racine eſt en mouvement, & le fruit en repos.

† Le pauvre de qui la fin eſt heureuſe, eſt préférable au Roi de qui la fin eſt malheureuſe.

Il n'eſt pas du ſage, de reprendre une faute, & d'y tomber lui-même.

Le Ciel donne de la pluie à la terre; mais la terre ne renvoye au Ciel que de la pouſſiere : C'eſt qu'on ne tire d'un vaſe que ce qu'il contient.

Le plaiſir du monde eſt d'avoir le néceſſaire, & non pas le ſuperflu.

Le trop grand commerce avec le monde jette dans le mal.

L'amitié s'augmente en viſitant les amis; mais en les viſitant peu ſouvent.

Il appartient de donner conſeil aux Rois, à ceux ſeulement qui ne craignent pas de perdre la vie, & qui n'attendent rien d'eux.

Perſonne ne ſe fait plus de tort à lui-même, que celui qui fait des ſoumiſſions à qui n'a pas de conſidération pour lui, & qui entretient une amitié dont il ne tire aucun avantage.

Ne laiſſez point paſſer devant vous ceux qui ne connoiſſent pas votre mérite.

Qui ne ſouffre pas quelque temps avec patience la peine qu'il y a d'apprendre, demeure long-temps dans l'obſcurité de l'ignorance.

L'homme eſt la plus noble des créatures, & le chien la plus mépriſable. Cependant il faut tomber d'accord, qu'un chien reconnoiſſant eſt plus eſtimable qu'un ingrat.

Les nobles, qui ſe rendent d'un facile accès, en tirent deux avantages; l'un, en ce que cela releve leur nobleſſe, & l'autre, en ce qu'ils en ſont conſidérés davantage.

Qui obéit à ſes paſſions, n'eſt capable de rien, & c'eſt auſſi pour cela qu'il n'eſt pas propre à commander.

La perfection conſiſte en trois choſes : à obſerver ſa Religion, à être patient dans les diſgraces, & à ſe conduire avec ſageſſe.

Puiſque le monde n'eſt qu'un paſſage, nous devons au moins nous étudier à faire en ſorte qu'on y diſe du bien de nous.

La douceur du chameau eſt ſi grande, qu'un enfant peut le conduire cent lieues loin par le licou. Néanmoins, ſi l'enfant le conduit par un chemin dangereux, il réſiſte, & ne lui obéit plus. Cela fait voir qu'il faut rejetter la douceur, lorſque la ſévérité eſt néceſſaire.

Un Prince qui n'a pas de juſtice, reſſemble à une riviere ſans eau.

De même que les viandes ſont inutiles au malade, de même auſſi tous les avertiſſements, tous les conſeils & toutes les prédications, ne ſervent de rien à celui qui eſt aveuglé de l'amour du monde.

Trois ſortes de perſonnes ſont connoître en trois différentes rencontres ce qu'ils ſont, & ce qu'ils ſavent faire : Les gens de cœur dans le combat, les gens de bonne foi en rendant le dépôt qu'on leur a confié, & les amis dans le temps du malheur & de la mauvaiſe fortune.

Il eſt du menſonge comme d'une plaie qui laiſſe une cicatrice après elle. On ne croit pas le menteur, même quand il dit la vérité, & cela arriva aux freres de Joſeph.

Un ſavant qui ne pratique pas ce qu'il ſait, reſſemble à un nuage qui ne donne pas de pluie.

Ce n'eſt pas avoir aſſez d'amis que d'en avoir mille; mais c'eſt trop d'ennemis que d'en avoir un ſeul.

La ſcience chaſſe l'ignorance; mais elle ne chaſſe pas un eſprit mal-tourné.

Plus un ennemi paroît ſoumis, flatteur & complaiſant, & plus un bon politique doit ſe méfier de lui.

Deux choſes ſont embarraſſantes; ſe taire quand il faut parler, & parler quand il faut ſe taire.

Un ſeul homme au plus peut tuer cent autres hommes de ſon ſabre; mais il peut, par ſa prudence, détruire une armée entiere.

Le riche qui n'eſt pas libéral, reſſemble à un arbre ſans fruit.

Pourvu que vous ne vous laſſiez pas de chercher, vous trouverez ce que vous cherchez.

Vous ne pouvez pas garder votre ſecret; quelle raiſon avez-vous de vous plaindre, qu'un autre, à qui vous l'avez déclaré, le publie?

Le pauvre qui n'a pas de patience, reſſemble à une lampe ſans huile.

Quoique la patience ſoit amere, néanmoins le fruit en eſt doux.

Celui à qui, dans l'intention ſeulement de faire paroître ſon éloquence & ſon bel eſprit, il échappe de dire plus qu'il n'eſt capable de faire, n'eſt pas long-temps à ſe repentir de ſon imprudence.

Il eſt de l'adminiſtration des affaires des Rois, comme des voyages ſur mer; on y gagne, on y perd, on y amaſſe des tréſors, on y perd la vie.

Une femme ſans pudeur reſſemble à des viandes qui ne ſont pas aſſaiſonnées.

Le pauvre volontairement pauvre, ne poſſede rien, & rien ne le poſſede.

Le frere qui cherche ſes commodités au préjudice d'un autre, n'eſt ni frere, ni parent.

Un ſeul jour d'un Savant vaut mieux que toute la vie d'un ignorant.

Il eſt moins fâcheux de mourir dans le beſoin, que de déclarer ſa pauvreté.

Il eſt plus ſouhaitable de mourir glorieuſement, que de vivre miſérablement.

Le méchant doit être réputé pour mort lors même qu'il eſt vivant; mais l'honnête homme vit même parmi les morts.

Un Roi cruel ne doit pas eſpérer que ſon regne ſoit de longue durée; un orgueilleux, qu'on le loue; un méchant, d'avoir beaucoup d'amis; un avare, de paſſer pour humain & pour un honnête homme, & un intéreſſé, d'être eſtimé juſte & équitable.

Jamais il ne faut découvrir ſon averſion ni à ſes envieux, ni à ſes ennemis.

L'amitié des Grands, le temps chaud en hyver, les douces paroles des Dames, & la joie des ennemis, ſont quatre choſes auxquelles il ne faut pas ſe fier.

Jamais on ne doit rien entreprendre qu'après l'avoir bien examiné.

Le cœur d'une perſonne qui ne dépend de perſonne, doit être le tombeau d'un ſecret quand on le lui a confié.

Il ne faut ni s'entretenir, ni avoir aucun commerce avec les foux, parce que rien ne leur fait honte.

Qui poſſede un art, peut dire qu'il eſt grand Seigneur.

L'envie eſt autant inſéparable de l'envie, que le feu & la fumée ſont inſéparables.

Si un conſeil ne réuſſit pas une fois, il réuſſit en un autre temps.

Le pays où l'on n'a pas d'amis, eſt un méchant pays.

L'envie eſt un feu qui prend flamme d'abord, & qui brûle également le verd & le ſec. C'eſt un torrent qui emporte chaumieres & palais.

Grands & petits ſont chaſſés de chez eux, pour une faute qu'un ſeul homme aura commiſe en toute une nation.

Les honneurs, les charges & les dignités ne récompenſent pas de la peine qu'on ſe donne pour y arriver.

Souvent un eſclave mérite plus d'eſtime qu'un noble.

En de certains temps, un livre tient lieu d'une agréable compagnie.

Souvent la vie ſolitaire eſt une vie de gens qui ne peuvent & qui ne veulent rien faire.

Le jour auquel on ne fait pas quelque bonne action, ne doit pas être mis au nombre des jours de la vie, non plus que le jour auquel on n'apprend pas quelque chose.

La médiocrité est la regle de toutes les affaires & de toutes les entreprises.

Il est impossible, quand on n'a pas de complaisance, qu'il ne naisse du trouble, même entre les parents & les alliés.

Un grand Monarque doit avoir la bonne réputation pour objet, parce que de toutes les grandeurs & de tout le fracas du monde, c'est la seule chose qui reste après lui.

Ne différez pas à demain ce que vous avez à faire aujourd'hui.

La marque d'une grande ame, est d'avoir pitié de son ennemi lorsqu'il est dans la misére.

La libéralité est si agréable à Dieu, que c'est par elle qu'il se laisse appaiser, & qu'il fait miséricorde.

Peu de richesses bien ménagées durent long-temps, mais de grands trésors ne sont pas de durée lorsqu'on les prodigue.

Il ne faut pas se détacher d'un vieil ami, pour se donner au premier venu, parce que jamais on ne se trouve bien de ce changement.

Qui fait du bien ne perd pas sa récompense. Jamais un bienfait ne périt, devant Dieu, ni devant les hommes.

Qui se porte bien, & qui a du pain & un lieu de retraite, ne se met au service de personne, ni ne voyage.

Si vous avez du respect pour les braves & pour les personnes de courage, ils sont tout à vous : mais si vous avez le même égard pour les lâches, ils vous haïssent & en deviennent plus insolents.

L'avidité mene à l'infini ; le plus sûr est de se fixer. Ceux qui ne se fixent pas, ne sont jamais riches.

Un peu de bonne amitié bien placée, vaut mieux qu'une grande amitié contractée avec légéreté.

On ne peut se démêler des grands embarras qu'en deux manieres, ou par une fermeté constante, ou par la fuite.

Un Monarque qui s'abandonne entiérement aux divertissements, rend sa vie la premiere vie du monde en fait de plaisirs ; mais pour s'acquitter de son devoir, il doit être dans son Royaume, comme la rose au milieu d'un jardin, où elle couche sur les épines.

Il ne faut pas mépriser les hommes à les voir rampants & mal vêtus. La mouche à miel est un insecte désagréable à la vue ; cependant sa ruche ne laisse pas que de donner une grande abondance de miel.

Les grands honneurs élevent un homme bien né ; mais ils abaissent un mal-habile homme.

Les peuples jouïssent du repos, lorsqu'ils sont gouvernés par des Princes qui ne mettent pas la tête sur le chevet pour en prendre. Le Monarque qui ne s'en donne pas, la fait naître.

Il faut conférer son sentiment avec le sentiment d'un second, parce que deux trouvent plutôt la vérité qu'un seul.

On ne doit pas se réjouir de la mort d'un ennemi ; notre vie ne sera pas éternelle.

Il faut agir pour ne pas tomber dans la paresse ; il faut aussi rapporter à Dieu tout ce que l'on acquiert par le travail, autrement on est dans une oisiveté continuelle & condamnable.

Les fautes de la langue causent plus de mal qu'un faux pas. La tête paye les fautes de la langue ; mais on ne chope plus en marchant moins vîte.

Le meilleur des hommes est celui qui fait du bien aux hommes.

La difficulté est grande de rendre savant celui qui ne sait rien, parce que son ignorance lui fait croire qu'il en sait plus que celui qui entreprend de l'instruire.

La plupart de vos amis s'approchent de vous pour avoir part à votre table, & d'abord que vos biens diminuent, ils vous abandonnent.

C'est assez d'un habit, d'une maison, & de la nourriture d'un jour. Si l'on meurt à midi, on a la moitié de sa nourriture de superflu.

L'avare est un objet de malédiction, tant à l'égard du monde qu'à l'égard de la Religion, & l'ennemi de tous les pauvres.

Il vaut mieux que vous fassiez le bien, & qu'on parle mal de vous, que si vous étiez méchant, & qu'on en dît du bien.

Patientez contre les entreprises de vos envieux, votre modération les jettera dans le désespoir, & vous arriverez au temps que vous les verrez tous périr.

Les amis intéressés ressemblent aux chiens des places publiques, qui aiment mieux les os que ceux qui les leur jettent.

Quand vous serez dans la prospérité, ayez soin de vous y bien maintenir, parce que vous pourriez vous en priver vous-même par votre faute.

Il ne s'agit pas de la naissance, ni de la valeur, pour arriver aux grandes charges ; mais de la vivacité & de la force de l'esprit. Il n'y a rien à quoi on ne puisse aspirer, quand on a de l'esprit.

L'avantage auquel un honnête homme doit aspirer à la Cour, est d'arriver, s'il le peut, à une dignité plus relevée que celle qu'il possede, afin d'être en état de faire du bien à ses amis, & d'empêcher par l'autorité dont il est revêtu, que ses ennemis ne puissent lui nuire.

Pour bien vivre, il faut mourir aux affections des sens & de tout ce qui en dépend.

Mille années de délices ne méritent pas qu'on hasarde sa vie un seul moment pour en jouir.

La passion de vivre à son aise & sans rien hasarder, est l'avant-coureur d'une vie méprisable & ignominieuse.

On propose de se bien gouverner, lorsqu'on est malade, & l'on n'est pas plutôt en santé, qu'on retombe en de nouvelles débauches. On met son espérance en Dieu dans ses craintes, & on l'offense d'abord qu'on est en santé. Cela montre bien qu'il n'y a point d'actions pures & sinceres.

En quelque entreprise que ce soit, il ne faut pas moins savoir comment on en sortira, que l'endroit par où on doit la commencer.

Vous ne recevez rien, qu'à proportion de ce que vous donnez.

Qui veut s'avancer à la Cour, doit observer cinq choses. La premiere, est de corriger le penchant qu'il peut avoir aux emportements, par la douceur & par la complaisance ; la seconde, de ne pas se laisser séduire par le Démon de l'orgueil ; la troisieme, de ne pas se laisser vaincre par l'intérêt ; la quatrieme, d'être sincere & droit dans l'administration des affaires dont il sera chargé ; & la cinquieme, de ne pas s'ébranler pour tous les contre-temps qui lui arriveront.

Le service des Rois est une mer vaste où naviguent des Marchands ; les uns y font naufrage, & les autres en rapportent de grandes richesses.

Eloignez-vous de celui qui ne connoît pas de quoi il est capable, qui s'obstine dans les entreprises qui sont au-dessus de ses forces, & qui se laisse conduire par ses passions. Il aura de la satisfaction pour un jour, & plusieurs années à se repentir.

Les affaires sont conduites par les sages, tant qu'elles vont bien ; mais les méchants s'en chargent d'abord, que les sages les abandonnent.

Craignez celui qui vous craint.

Il ne faut rien faire sans dessein.

La prudence fait la moitié de la vie.

Il faut s'abaisser en demandant, afin d'être élevé en obtenant sa demande.

La familiarité des Grands eſt périlleuſe ; c'eſt un feu auquel on ſe brûle.

Gardez-vous de la familiarité des Rois, avec le même ſoin que le bois ſec doit s'éloigner du feu.

Une méchante femme, dans la maiſon d'un homme de bien, eſt un enfer pour lui dans ce monde.

Le commencement de la joie ſuit immédiatement après la patience.

Qui ne combat point, craint le danger, & n'arrive jamais à la gloire.

On acquiert des richeſſes avec la patience, & l'on eſt à couvert, des dangers par le ſilence.

Il eſt de l'intérêt des Rois, de cultiver & de favoriſer les perſonnes de mérite, parce qu'ils en reçoivent des ſervices proportionnés aux bienfaits par leſquels ils ont ſoin de les ménager.

On ne peut pas dire de l'avare, tout attaché qu'il eſt à ſes richeſſes, qu'il en ſoit le poſſeſſeur.

La penſée au mal tire ſon origine de l'oiſiveté.

Faites parade de votre propre vertu, & ne vous fondez pas ſur l'antiquité de votre origine. Ne produiſez pas un vivant par un mort, & ne donnez pas un mort pour un vivant.

Ne dites point de mal des morts, afin que le bien que vous aurez fait, demeure dans la mémoire des hommes.

Le bon emploi des richeſſes vaut mieux que la recherche qu'on en fait.

Les Rois & les ſujets ſont également malheureux, où les perſonnes de mérite ſont mépriſées, & où les ignorants occupent les premieres charges.

Les richeſſes qui ne ſont pas employées à ſubſiſter la vie, ne ſont utiles à rien.

Afin de n'être pas inſulté par les méchants, il faut avoir de la complaiſance pour eux.

Le mal eſt le plus grand de rendre le mal qu'on a reçu, que de commencer à faire le mal.

On n'obtient pas tout ce que l'on ſouhaite.

Répondez à ceux qui vous font des demandes, d'une maniere qu'ils ne puiſſent pas ſe fâcher.

Le moyen de punir les envieux, eſt de les combler de bienfaits.

Vos freres & vos amis ſont ceux qui vous aſſiſtent dans la néceſſité.

La prudence ſouffre entre l'impoſſibilité & l'irréſolution.

C'eſt rendre graces à Dieu des richeſſes qu'il donne, que d'en faire des largeſſes.

Ne faites amitié avec perſonne qui ne ſoit exempt de colere.

Quand vous parlez, faites en ſorte que vos paroles n'ayent pas beſoin d'explication.

L'acquiſition la plus précieuſe, eſt celle d'un ami fidele.

Il ne faut pas ſe fier aux apparences ; le tambour, avec tout le bruit qu'il fait, n'eſt rempli de rien.

N'ayez pas une méchante conſcience, mais ayez de la méfiance, afin que vous ſoyez ſûr de n'être ni ſurpris, ni trompé.

Soit que l'on faſſe le mal, ou que l'on faſſe le bien, rien ne demeure impuni, ou ſans récompenſe.

Le bon ſuccès dans les affaires, même dans les occaſions les plus périlleuſes, ne dépend de la force, ni du ſecours que l'on reçoit d'ailleurs ; mais de la prudence & de la bonne conduite.

La ſageſſe eſt préférable à la force, parce qu'elle exécute des choſes dont la force ne peut venir à bout.

Le ſage, par ſes paroles, fait des choſes que cent armées jointes enſemble ne peuvent pas exécuter.

Heureux celui qui corrige ſes défauts ſur les défauts des autres !

Les graces ne ſont pas la récompenſe des baſſeſſes, qu'il faut faire pour les obtenir.

Il ne faut point parler, qu'auparavant on n'ait penſé à ce qu'on veut dire ; ni rien faire ſans raiſon.

Ceux qui croyent trouver leur avantage dans les troubles & dans les ſéditions, ne manquent pas de les exciter.

Les meilleurs amis de ce ſiecle ſont les eſpions de nos défauts.

Jamais on n'aura d'amis, ſi l'on en veut avoir ſans défaut.

Quand un Miniſtre, avec le pouvoir abſolu en main, eſt également arbitre des affaires ſecretes & des affaires générales de l'Etat, c'eſt un grand miracle s'il n'aſpire pas à la puiſſance ſouveraine, & s'il ne fait point périr celui qui lui fait obſtacle.

Le repos de l'ame conſiſte à ne rien eſpérer.

Il ne faut pas craindre du côté dont on ſe garde, mais du côté dont on s'imagine qu'on eſt en ſûreté.

Le Savant indiſcret eſt à charge à tout le monde.

Une méchante conſtitution ne peut ſe changer en une parfaite ſanté ; jamais auſſi des mœurs corrompues ne peuvent ſe changer en des mœurs louables & irréprochables.

On eſt conſidéré & reſpecté en tout lieu, quand on a de la vertu ; mais l'ignorant eſt étranger en ſon propre pays.

Qui met ſon application à acquérir les ſciences, ſe met en état de poſſéder toutes ſortes de biens.

Donnez une bonne éducation à vos enfants, vous leur ferez plaiſir.

Qui ne réuſſit pas dans l'exécution des ordres qu'on lui a donnés, parce qu'on l'en a cru capable, mérite d'être excuſé ; car il eſt à croire qu'il n'a rien oublié de ſes ſoins pour en venir à bout.

Avoir de l'honnêteté & de la conſidération pour les méchants & pour de malhonnêtes gens, c'eſt cultiver une épine & nourrir un ſerpent dans ſon ſein.

Faites du bien au méchant, vous le ferez devenir homme de bien.

Les véritables richeſſes conſiſtent dans la vertu, & non pas dans la poſſeſſion de grands biens, & la ſageſſe ſe trouve dans l'entendement, & non pas dans les années.

Un ſerviteur enclin à mal faire, ne ſort jamais du monde qu'il n'ait payé ſon maître d'ingratitude.

Les Rois ne ſont Rois, que parce qu'ils ont des hommes, & les hommes ne peuvent vivre heureux ſans Roi.

Vous qui êtes dans les charges & dans les dignités, pourquoi vous déchargez-vous ſur un autre d'un ſoin qui vous regarde ? Pourquoi remettez-vous ſur d'autres la faute que vous faites vous-même ?

Chaque action demande un génie particulier.

Les richeſſes augmentent à meſure qu'on les diſtribue aux pauvres.

La trop grande réputation eſt ſouvent un embarras.

On n'eſt pas mépriſable pour être pauvre. Le lion à la chaîne n'en eſt pas moins vaillant.

Un ſeul homme ne peut pas réſiſter à pluſieurs autres hommes. Un moucheron renverſe un éléphant avec ſa groſſeur épouvantable & avec toute ſa force, & pluſieurs fourmis enſemble mettent un lion dans un grand embarras, lorſqu'elles ſe jettent ſur ſa peau.

Les bonnes actions rendent la vie heureuſe.

Qui donne conſeil n'a que ſon conſeil à donner ; c'eſt à celui qui le reçoit de l'exécuter.

Les richeſſes & les enfants ne cauſent que du malheur.

Un Souverain doit être réduit à de grandes extrémités, avant que de détruire l'ouvrage de ſes mains, en privant un Miniſtre de ſes bonnes graces.

Un jeune homme, qui a la ſageſſe d'un vieillard, eſt conſidéré comme un vieillard parmi les ſages.

Un Prince juſte eſt l'image & l'ombre de Dieu ſur la terre.

Le service des Grands ressemble à la mer. Plus on y est engagé, & plus on y court de risque.

La vérité est amere & dure à entendre.

On ne peut arriver à la possession de tout, que par un abandonnement entier de toutes choses.

La vertu ne commence pas plutôt d'éclater, que le vice l'insulte avec insolence.

L'homme n'a pas un plus grand ennemi que son ventre.

La vie de ce monde est un jeu d'enfants.

On ne peut pas dire qu'on ait pensé mûrement à ce que l'on fait, lorsque la fin ne correspond pas à ce qu'on s'étoit proposé.

L'ami de qui on doit faire le moins d'état, est celui pour qui il faut avoir des égards.

Afin que ce que vous souhaitez vous soit avantageux, ne souhaitez rien au-delà de ce qui vous est convenable.

C'est une espece de bienséance parmi les personnes de débauche, de dire le mot pour rire; mais la même liberté n'est pas bienséante à ceux qui font profession d'être sages.

L'avidité est une maladie dangereuse; elle attaque l'ame & le cœur, & elle est si pernicieuse, que chacun s'éloigne de ceux qui en sont attaqués.

Les plus méchants des hommes sont ceux qui ne veulent point pardonner.

Comme on le prétend, on ne peut pas éviter le destin. Mais il est bon de ne rien faire qu'avec précaution.

C'est faire un second présent, que de le faire avec un visage ouvert.

La noblesse n'est point parfaite, qu'elle ne soit soutenue par les bonnes actions.

La médisance & la calomnie ne quittent jamais prise, qu'elles n'ayent anéanti l'innocent, qu'elles ont une fois attaqué.

A la fin de votre vie, mettez ordre aux choses que vous avez négligées au commencement.

On doit faire plus de fondement sur la promesse des honnêtes gens, que sur les dettes des méchants payeurs.

C'est un crime & une rébellion à un Ministre de porter un Roi à ne pas tenir sa parole.

La justice cause plus de bien que les grandes armées, & défend plus sûrement que les citadelles les mieux fortifiées.

Les amis intéressés ressemblent à de méchants chiens, qui n'ont pas d'autre inclination que d'être toujours autour d'une table.

Ne fréquentez pas ceux qui ne connoissent pas ce que vous valez.

Le respect est le lien de l'amitié.

Considérez votre état, & laissez les jeux & les mots pour rire aux jeunes gens.

La colere veut être appaisée par des adoucissements, plutôt que par des voies d'aigreur. Pour éteindre un incendie, il vaut mieux y jetter de l'eau que du feu. Le feu ne serviroit qu'à l'augmenter.

Cinq choses sont les plus inutiles du monde: Un flambeau en plein midi, un beau visage devant un aveugle, une pluie abondante dans un désert & sur une campagne stérile, un bon festin devant des gens rassasiés, & la vérité avec la science proposée à un ignorant.

Les sages n'ont que leur conseil à donner. Ils ne sont pas garants de l'exécution, elle dépend de ceux qui les consultent, s'ils ont du bon sens.

On se rend vénérable & respectable, en s'abstenant des détours & des tromperies.

Quatre choses réjouissent particuliérement la vue. Une prairie émaillée de fleurs, une eau coulante, un vin pur, & la présence des amis.

Il est de la science & des belles connoissances sans la pratique, comme de la cire qui n'a plus de miel, comme de la parole que l'effet ne suit pas, & comme d'un arbre sans branches, qui n'est bon qu'à être jetté au feu.

Ne fréquentez pas l'ignorant, qui croit être savant.

Qui a la faveur d'un Prince, fait tout le mal qu'il lui plaît, & on lui applaudit.

Ne laissez pas de dire la vérité, quoique vous sachiez qu'elle est odieuse.

Le nombre d'hôtes à table est la bénédiction de la maison.

Cinq choses sont inutiles, quand elles ne sont pas accompagnées chacune d'une autre chose: La parole sans effet, les richesses sans économie, la science sans les bonnes mœurs, l'aumône sans intention & hors de propos, & la vie sans la santé.

Si vous voulez que votre ennemi ne sache pas votre secret, ne le révélez pas à votre ami.

L'avarice, la concupiscence & l'amour de soi-même, sont trois choses qui abregent la vie.

Le noble, qui vit sans dignité, ne doit pas être censé au nombre des vivants.

Si vous voulez vivre sans inquiétude dans les dignités, faites des actions dignes de votre caractere.

Quand des sujets, maltraités par des Officiers subalternes, ne peuvent pas faire de remontrances au Prince, parce que la trop grande autorité du Ministre leur en ôte les moyens, leur sort est semblable à celui d'un homme pressé de la soif, qui s'approche du Nil pour boire, & qui y apperçoit un crocodile, dont la vue lui ôte la hardiesse de prendre de l'eau.

Le tombeau seul peut étouffer la concupiscence.

Il vaut mieux se laisser mourir de faim, que d'arracher le pain des pauvres.

Les viandes sont la nourriture du corps; mais les bons entretiens sont la nourriture de l'ame.

Ceux qui commettent les crimes les plus énormes, sont en quelque façon plus tolérables qu'un pauvre rempli d'orgueil.

La durée d'un mensonge n'est que d'un moment; mais la vérité subsiste jusqu'au jour du jugement.

Il est des Princes comme des beautés. Plus une beauté a d'amants, & plus sa gloire est grande. De même, plus la Cour d'un Prince est nombreuse & remplie de Courtisans, & plus le Prince est estimé & considéré.

Le plus grand des affronts est celui qu'on reçoit, lorsque ce qu'on a avancé est connu publiquement pour faux.

La plus grande des lâchetés est d'avoir le pouvoir de faire du bien à qui en a besoin, & de ne vouloir pas le faire.

Les bonnes mœurs doivent être l'ornement des hommes, & l'or l'ornement des femmes.

Si quelqu'un vous reprend de vos défauts, ne vous chagrinez pas contre lui, mais chagrinez-vous des choses qu'il vous dit.

La science est dommageable à celui qui la possede, lorsqu'elle n'est pas accompagnée de sagesse & de bonne conduite.

Les viandes empoisonnées sont préférables à des discours dangereux.

Si vous voulez ne pas être un méchant ami, ne soyez pas vindicatif.

Il y a six choses sur lesquelles il ne faut pas fonder son espérance: L'ombre d'un simple nuage, parce qu'il ne fait que passer. L'amitié des mal-intentionnés, parce qu'elle passe comme un éclair. L'amour des femmes, parce qu'il s'éteint pour le moindre sujet. La beauté, parce qu'à la fin elle se ternit, quelque accomplie qu'elle soit. Les fausses louanges, parce qu'elles n'aboutissent à rien; & enfin, les richesses & les biens de ce monde, parce qu'ils se dissipent & qu'ils se consument.

Si vous desirez vivre sans déplaisir, n'ayez point d'attache pour tout ce qui se passe dans le monde.

Pour

Pour ne pas recevoir un affront, n'ôtez pas de sa place ce que vous n'avez point placé.

Un méchant homme heureux est indigne de son bonheur.

Afin qu'on ne découvre pas vos défauts, ne découvrez pas les défauts des autres.

Combattez contre vous-même, vous acquerrez la tranquillité de l'ame.

Ne faites rien par passion, vous vous exempterez d'un long repentir.

Si vous voulez vous acquérir de l'estime, ayez de l'estime pour les autres.

Pour être agréable à tout le monde, accommodez votre discours suivant l'inclination de chacun.

Ne riez pas sans sujet, c'est une double folie de rire de cette maniere.

La belle raillerie est dans le discours ce que le sel est dans les viandes.

Raillez avec vos égaux, afin que vous ne vous fâchiez pas, s'ils vous rendent raillerie pour raillerie.

On ressemble à ceux que l'on fréquente.

N'ayez jamais querelle avec personne. La querelle est indigne d'un honnête homme. Il n'appartient qu'aux femmes & aux enfans de quereller.

Les richesses les mieux employées, sont celles qu'on employe pour l'amour de Dieu.

Le remede d'un cœur affligé est de se remettre à la volonté de Dieu.

Si l'occasion vous oblige de quereller, ne dites pas tout ce que vous savez de celui contre qui vous aurez querelle ; faites-le d'une maniere qu'il y ait lieu de venir à un accomodement.

La concupiscence est la maladie de l'ame.

La parole est la marque de l'esprit de l'homme, & ses actions sont la marque du fond de son cœur.

Il est plus difficile de bien ménager les richesses, que de les acquérir.

La présence des amis cause une véritable joie, & une joie de durée.

Peu de richesses, ménagées avec économie, valent mieux que de grands trésors mal employés.

L'élévation des personnes qui n'ont pas de mérite, est un sujet de chagrin pour les hommes de bien.

La grande dépense amene la pauvreté.

La grandeur des Rois éclate dans l'administration de la Justice.

Le repos & la santé du corps s'acquierent par le travail.

Ne prêtez de l'argent à votre ami, que le moins que vous pourrez, pour éviter le chagrin de le redemander. Si vous êtes obligé de lui en prêter, faites état que vous le lui avez donné, & ne le redemandez pas ; mais attendez qu'il vous le rende.

Modérez-vous envers celui qui vous cause du mal, vous le confondrez.

La consolation des affligés est de voir leurs amis.

Un ami devient facilement ennemi, & quand une fois il est ennemi, il est difficile qu'il devienne ami une autre fois.

C'est un défaut dommageable aux entreprises, que de s'y appliquer avec trop d'attache & trop d'empressement.

Les plaisirs que l'on goûte auprès des Princes, brûlent les levres.

L'éloquence est la source des richesses.

Faites part de ce que vous avez à ceux qui le méritent ; mais gardez-vous de convoiter ce que les autres possedent, si vous voulez passer pour un parfaitement honnête homme.

Si vous voulez que votre femme soit sage, ne la prenez pas au-dessus de votre état.

Un pere doit être grave & sérieux avec ses enfans, afin qu'ils ne le méprisent pas, & qu'ils le craignent toujours.

Honorez votre pere, votre fils vous honorera de même.

Gardez-vous d'un ami qui aiment votre ennemi.

Le degré de la science est le plus haut de tous les degrés d'élévation.

Il faut rompre entiérement avec les amis qui rompent sans sujet.

Personne n'est sans défauts ; mais faites en sorte que vous n'en ayez pas.

Il faut se faire ami des méchants, de même que des bons, parce que quelquefois on a besoin du secours des premiers, comme du secours des derniers.

La joie de la vie procede d'une conscience pure & nette.

Une drachme d'or donnée à un pauvre de tes proches, vaut plus que cent drachmes données à un autre qui ne te touche pas.

Mesurez chacun suivant sa mesure.

Il faut de son côté être fidele & sincere en amitié, & vivre avec ses amis comme s'ils devoient rompre un jour. On ne sait si à la fin ils ne pourroient pas devenir ennemis.

Il est plus aisé que la science périsse, qu'il n'est aisé que les Savants meurent.

Fréquentez le monde, chacun à proportion de son mérite.

La dévotion du peuple est une superstition.

Le pauvre ne doit pas faire amitié avec un plus puissant que lui, parce que ceux qui sont au-dessus de nous, ne nous aiment jamais parfaitement.

A considérer d'où l'homme est sorti, il est étrange qu'il puisse se glorifier.

Chacun fait pour soi le bien ou le mal qu'il fait.

Ne faites pas amitié avec des amis intéressés, parce qu'ils n'ont pour but que leur intérêt, & point l'amitié.

Méfiez-vous toujours de deux sortes de personnes ; d'un puissant ennemi, & d'un ami dissimulé.

En quelque coin du monde que ce soit, on a toujours à souffrir.

Ne vous faites pas ennemi d'un plus puissant que vous.

Ne raillez personne qui soit d'un esprit inégal ou étourdi.

Il vaut mieux orner le dedans que le dehors.

Qui n'a point d'ami est étranger en quelque endroit qu'il aille.

La méfiance est une marque de sagesse & de prudence.

Les plaisirs que vous prenez en ce monde, ne font que tromperie.

Si l'on vous a imputé quelque mauvaise action, ayez grand soin de vous en purger.

Si vous avez quelque ordre à exécuter, exécutez-le seul & sans compagnon, afin que vous ne manquiez pas dans l'exécution, & que vous ayez l'approbation de celui qui vous aura commandé.

Si l'on vous demande pardon d'une offense qu'on vous aura faite, pardonnez d'abord, & persuadez-vous qu'on ne vous a offensé, que pour éprouver votre clémence.

Les Savants sont les véritables nobles & les véritables Seigneurs dans chaque nation.

N'offensez personne, pour n'être pas dans l'obligation de demander pardon.

Les mœurs déréglées sont l'ivresse des mortels.

Si le malheur vouloit que vous fussiez obligé de demander pardon, faites-le promptement, afin d'éviter le blâme d'être opiniâtre.

L'élévation de l'homme consiste dans l'humilité.

Ne cherchez pas de dignités que vous ne les méritiez.

Il n'y a pas d'offense si grande qui ne mérite d'être pardonnée.

L'opprobre de la fcience, eſt d'être pourvu de peu de fcience.

L'avarice eſt le châtiment du riche.

Un peu de difcernement, dans les actions, vaut beaucoup mieux qu'une multitude d'actions faites fans choix & avec inconfidération.

Vos cheveux blancs font les avant-coureurs de votre mort.

Une des loix de l'amitié, eſt de n'être pas importun.

Qui eſt au fervice des Princes & des Grands, doit obſerver cinq chofes, pour ne pas donner prife à fes ennémis. Jamais il ne doit être furpris en menfonge par fon maître; jamais il ne parlera mal de perfonne devant lui; il ne lui conteſtera rien; il ne fera rien de contraire aux ordres qu'il aura reçus, & il ne révélera à perfonne le fecret qui lui aura été confié.

On perd le crédit que donnent les richeſſes, à proportion qu'elles diminuent.

L'honnêteté confiſte principalement en trois chofes; à faire les chofes auxquelles on eſt engagé, à ne rien faire contre la vérité, & à fe modérer dans fes actions.

La patience vous fera venir à bout de toutes chofes.

C'eſt être plus que tyran de foi-même, que de s'humilier devant ceux qui n'en faveur pas de gré, & de s'attacher à ceux de qui on n'a aucun avantage à efpérer.

Quand on eſt envieux, on n'a plus d'égard, ni pour les devoirs de la Religion, ni pour les loix de l'équité & de la juſtice.

Les voyages forment l'efprit, & outre que par-là l'on apprend la vertu, c'eſt auffi une voie pour acquérir les richeſſes.

On a du penchant à devenir ennemi, lorfqu'on ne veut pas écouter le confeil d'un ami.

Les hommes font paroître de la folie en cinq occafions différentes; lorfqu'ils établiſſent leur bonheur fur le malheur d'autrui; lorfqu'ils entreprennent de fe faire aimer des Dames par la rigueur, & en leur donnant plutôt des marques de haine que des marques d'amour; lorfqu'ils veulent devenir favants au milieu du repos & des plaifirs; lorfqu'ils cherchent des amis fans faire des avances, & lorfqu'étant amis ils ne veulent rien faire pour fecourir leurs amis dans le befoin.

L'homme fe maintient & fe tire des méchantes affaires par la fincérité.

Le filence eſt un voile fous lequel l'ignorant fe cache.

Le plus cuifant de tous les coups eſt celui qu'on reçoit d'un ami.

Qui dépenfe plus qu'il n'a de revenu, tombe à la fin dans la pauvreté.

L'ordre & l'égalité font louables en toutes chofes; mais particuliérement dans les affaires du ménage.

Les pauvres ont toujours les mains vuides, & jamais ils n'obtiennent ce qu'ils fouhaitent.

Qui a le cœur étroit, eſt pire que celui de qui la main n'eſt pas ouverte.

On réuſſit toujours mieux dans ce qui eſt de fa profeſſion, que dans ce qui n'en eſt pas.

L'eau fi claire qu'elle puiſſe être, n'a pas la vertu de blanchir du drap teint en noir; de même rien n'eſt capable de faire changer un méchant naturel.

Lorfque vous vous approchez des Grands, que votre compliment foit court, parlez peu, & retirez-vous promptement.

Le monde eſt trop étroit pour deux ignorants qui ont querelle enfemble.

On peut bien tromper la créature; mais on ne trompe pas le Créateur.

Trois fortes de perfonnes inclinent à la rebellion. Le fujet qui ne rend pas à fon Prince ce qu'il lui doit; le malade qui cache fa maladie à fon médecin, & celui qui ne découvre pas fa pauvreté à fon ami.

Peres, vos enfants & vos richeſſes font caufe de votre perte.

Qui n'a pas la main ouverte, a toujours le cœur fermé.

Qui n'a pas d'amis, devroit fe retirer dans un défert, plutôt que de vivre parmi les hommes.

Tous ceux qui paroiſſent être amis ne le font pas, & fouvent lorfqu'on croit en avoir rencontré un bon, il arrive qu'on s'eſt trompé.

Qui ne fe donne pas un peu de patience dans l'acquifition des fciences, foupire long-temps dans les ténebres de l'ignorance.

Ne fréquentez pas les méchants, parce qu'il fuffit de les fréquenter pour être eſtimé criminel, quoique l'on foit innocent.

N'empruntez rien de votre ami, fi vous fouhaitez que fon amitié continue.

Heureux celui qui jouit de la fanté!

La fageſſe eſt une folie auprès des foux, de même que la folie eſt folie auprès des fages.

Qui fouffre moins, vit davantage.

Fréquentez le monde, la folitude eſt une demifolie.

Plus on a d'efprérance, plus on fouffre.

Les hommes peuvent fe confidérer comme partagés en quatre claſſes: Les premiers manquent de tout en ce monde, & ont toutes chofes en abondance dans l'autre: les feconds ont toutes chofes en ce monde, & manquent de tout dans l'autre: les troifiemes ne manquent de rien, & font heureux en ce monde & dans l'autre, & les quatriemes n'ont rien en ce monde ni dans l'autre.

Evitez les procès, ils reſſemblent à un feu qu'on a de la peine à éteindre quand une fois il eſt allumé.

La tyrannie renverfe le Tyran en peu de temps.

Le gouvernement tyrannique des Rois eſt plus tolérable que le gouvernement populaire.

La bonne réputation eſt la chofe du monde la plus fouhaitable.

Les Grands font la cour à ceux qui font plus grands qu'eux.

Si vous faites du bien, on vous rend bien pour bien; mais fi vous faites du mal, on vous rend un plus grand mal.

La paſſion des richeſſes eſt quelque chofe de plus violent que la foif.

On eſt efclave des préfents, quand on en reçoit.

Plus on fe donne de peine dans une entreprife, plutôt on en vient à bout.

Les grandes ames tiennent leurs promeſſes, & excufent ceux qui ne tiennent pas ce qu'ils ont promis.

Le mieux eſt que chacun faſſe fes propres affaires pour en être content.

Un homme de Lettres fait plus d'état d'une ligne des compofitions d'un favant que d'un tréfor.

Le filence eſt la fageſſe même; mais peu de gens le gardent.

Vivez content, vous vivrez en Roi.

Qui eſt libre, & qui veut vivre libre & content, doit obſerver deux chofes; l'une, de ne pas fe marier, quand on lui donneroit la fille de l'Empereur de la Grece pour femme, & l'autre, de ne pas contracter de dettes, quand on lui feroit crédit jufqu'au jour du Jugement.

Ne faites pas eſtime d'un homme fans vertu, quand il feroit le plus grand & le plus puiſſant du monde.

Le repentir le plus grand, eſt celui d'avoir fait du bien à un ingrat.

Toutes chofes font difficiles avant que d'être faciles.

Ne vous travaillez pas l'efprit pour les biens de ce monde. Quand le jour de demain fera arrivé, il apportera avec lui la nourriture de demain.

Une prompte mort eſt le châtiment du Tyran.

Le plus fouvent, qui veut tromper les autres, fe trouve trompé lui-même.

Plus on eſt avancé dans le fervice & dans la faveur

des Princes, & plus le danger auquel on est exposé, est grand.

L'attache pour le monde est l'origine de tout vice.

La compagnie de ceux pour qui on a de l'aversion, est quelque chose de pire que la mort.

La vérité est si essentielle à l'homme, qu'il lui est beaucoup plus avantageux de ne point parler, que de rien dire qui lui soit contraire.

La marque d'une méchante cause est de dire des injures contre sa partie.

La langue du sage est derriere son cœur, & le cœur de l'insensé derriere sa langue.

La diligence n'est bonne que dans les affaires qui sont aisées.

La réputation que l'on acquiert par la vertu, est préférable à l'éclat de la naissance.

La véritable prudence est de voir dès le commencement d'une affaire quelle en doit être la fin.

Jamais ce qu'on entreprend par ignorance n'a bonne issue.

Le rapport de quelque défaut au désavantage d'un honnête homme, est un témoignage de sa vertu.

Il vaut mieux mourir avec honneur, que de vivre dans l'infamie.

Moins on a d'argent, & moins on a de crédit dans le monde.

Le sage, véritablement sage, n'a point d'attache pour les richesses.

Chaque cœur a son foin particulier.

Ne vous affligez pas d'être privé des biens du monde, ils ne font rien. La même raison ne veut pas aussi que leur possession vous soit un sujet d'orgueil.

Qui nie d'avoir reçu un bienfait, détruit le mérite de l'avoir reçu.

L'honnête homme ne meurt jamais, mais l'on peut compter pour mort celui qui ne l'est pas.

Qui ne combat point, ne remporte pas la victoire.

Perséverez dans votre entreprise, vous en surmonterez les difficultés.

On vit avec plaisir, lorsqu'on a des amis; mais la vie est pleine d'inquiétudes, lorsqu'on a des ennemis.

Les bonnes actions retombent sur ceux qui les font, mais le mal que font les méchants, est contre eux-mêmes.

Les vieillards n'ont pas besoin d'une plus grande maladie que la vieillesse.

Le malheur des méchants est, que le souvenir de leur méchanceté ne se perd pas, quoiqu'ils se corrigent.

Il faut s'entretenir avec chacun suivant la portée de son esprit.

La vieillesse ne fait point partie de la vie.

La science n'est pas nuisible à un Monarque.

La seule inimitié de l'envieux est irréconciliable.

Il y a de grands profits à faire dans les voyages de mer; mais pour éviter le danger, le plus sûr est de ne pas s'embarquer & de demeurer sur le rivage.

Le visage ouvert, en parlant, marque qu'on dit la vérité.

Les richesses doivent servir pour le repos de la vie; mais la vie ne doit pas être employée pour les amasser.

C'est un déréglement qui n'est pas excusable, de placer un bienfait ailleurs que là où il est nécessaire.

Il est plus important de fuir de vous-même, que de fuir devant un lion.

On ne peut pas faire de fondement sur l'amitié des Grands, parce qu'ils changent à la moindre occasion.

Qui n'a pas la vertu n'est pas riche.

On recherche vos richesses, de la même maniere que vous recherchez les richesses des autres.

Ménagez-vous entre deux ennemis, de maniere qu'ils n'ayent pas sujet de se plaindre de vous, s'il arrive qu'ils deviennent amis.

Lorsqu'une affaire ne vous réussit pas d'un côté, tournez-vous d'un autre qui vous soit plus avantageux.

On s'acquiert de l'autorité sur sa nation par la libéralité.

Il ne faut pas risquer sa vie pour une affaire qui peut s'accommoder pour de l'argent.

On devient heureux par l'amitié d'un ami heureux.

Rassurez-vous lorsque vos ennemis sont en division; mais fuyez lorsque vous verrez qu'ils seront d'accord & unis ensemble.

Qui prend conseil de lui-même, a besoin d'un autre conseil.

On est estimé dans le monde, à proportion qu'on a de bonnes qualités, de perfections & de belles connoissances.

Ne vous fiez pas aux caresses de vos ennemis, & ne vous enflez pas des louanges que les flatteurs vous donnent. Les uns vous tendent des pieges, & les autres aspirent après vos biens.

Ceux qui parlent ne disent jamais rien de bon, qu'on ne leur ait fait connoître qu'ils ne parlent pas bien.

Ne vous applaudissez pas, ni dans vos discours, ni dans vos pensées, n'applaudissez pas aussi au discours d'un ignorant.

L'impatience dans l'affliction est le comble de l'affliction.

Qui ne fait pas le bien dans la prospérité, souffre davantage dans la disgrace.

Le malheur de celui qui maltraite tout le monde, est de ne pas trouver un ami dans sa misere.

La santé ne s'accorde pas avec la débauche.

Ce que l'on acquiert avec facilité ne dure pas long-temps.

Le silence est la plus belle qualité de l'ignorant, & ce n'est pas être ignorant que de l'avoir.

Lorsque quelqu'un fait un récit mieux que vous ne le feriez, ne l'interrompez pas, quoique vous croyez bien savoir la chose.

La fortune ne vous est pas favorable. Que cela ne vous embarrasse pas, accommodez-vous à ses caprices.

Ne publiez pas les défauts de votre prochain, vous vous rendez méprisable en le blâmant.

Il n'est pas étonnant que le Savant garde le silence parmi les guerriers. Le bruit des tambours étouffe l'harmonie du lut.

Il n'est pas sûr de se fier à une personne de qui l'humeur est changeante.

Il ne faut pas avoir honte de demander ce qu'on ne sait pas.

Ce n'est pas un malheur d'être privé de trésors remplis d'or & d'argent. On a toujours à choisir le trésor de la pauvreté contente de ce qu'elle possede. Qui a donné les premiers aux Monarques, a donné celui-ci aux pauvres.

De toutes les maladies, l'ignorance est la plus dangereuse. Il n'y a pas de remede qui puisse la guérir, pas de flambeau qui puisse dissiper ses ténebres, & pas de confortatif qui puisse la faire revenir de ses égaremens.

Il est rude d'être sujet au commandement après avoir commandé, & d'être exposé aux mauvais traitemens après avoir été élevé dans la délicatesse & dans les plaisirs.

On ne regarde pas à mille crimes d'un homme du commun; mais pour une seule faute, on poursuit un Prince d'un pays dans un autre.

C'est faire souvenir que l'on a manqué, que de s'excuser plus d'une fois.

Ne maltraitez pas vos domestiques mal-à-propos, vous ne les avez pas créés. Quittez votre humeur fâcheuse contre eux, & souvenez-vous qu'ils ont un plus grand Maître que vous.

Il est contre la bienséance, de reprendre en public.

Un bon intercesseur sert d'ailes au demandeur.

Les Rois font pour maintenir & pour faire obferver les Loix, & les Loix, bien obfervées, augmentent la gloire des Rois.

Les largeffes d'un ignorant reffemblent à de belles
fleurs plantées fur un fumier.

Le découragement eft beaucoup plus douloureux
que la patience.

Il n'y a pas de Rois fans fujets; mais fi les fujets
ne font riches, les Rois doivent les compter pour
rien.

Celui à qui l'on demande, eft libre jufqu'à ce qu'il
ait promis.

La raifon qui fait qu'on préfere fon pays à tout
autre, eft qu'on croit y être plus en fûreté qu'ailleurs.

L'ennemi le plus dangereux eft celui qui cache
fes deffeins.

Qui demande & qui obtient ce qui ne lui convient
pas, ne peut en tirer aucun fecours.

Qui écoute médire, eft lui-même du nombre des
médifants.

Le defir d'avoir le bien d'autrui, eft de la derniere
baffeffe.

La prudence dans les Héros doit précéder la valeur.

Les traités, les contrats & les proméffes n'ont
lieu qu'autant qu'on a de bonne foi à les obferver.

Le defir dérégié n'arrive jamais où il afpire.

On connoît les perfonnes de courage dans les occafions périlleufes; un homme de confcienne, lorfqu'il s'agit de rendre le dépôt qu'on lui a confié, &
les amis dans la néceffité.

L'efclave de fes paffions eft plus digne de mépris,
qu'un efclave acheté à prix d'argent.

L'envieux eft toujours en colere contre celui qui
ne l'a pas offenfé.

Soyez toujours humble en quelque état que vous
vous trouviez.

On travaille fouvent à ce qui eft nuifible.

En quelque maifon que vous entriez, foyez maître
de vos yeux & de votre langue.

Avant que de parler, fongez à ce qu'on pourra
vous dire.

On eft libre fans efpérance, & l'efpérance eft efclave.

Il faut fe modérer en deux fortes de rencontres,
dans le manger & dans le parler.

L'ami, de qui l'amitié eft intéreffée, reffemble au
chaffeur, qui jette du grain pour fon propre interêt,
& non pas pour nourrir les oifeaux.

Ne procurez pas aux autres ce que vous ne croyez
pas vous être avantageux.

Ne communiquez votre fecret, ni aux femmes, ni
aux jeunes gens.

Malheureux & maudits, ceux qui n'ont pas d'autre
penfée que d'amaffer des richeffes! Ils meurent à la
fin, & ils les abandonnent avec regret.

Ne vous mêlez pas d'enfeigner ce que vous n'avez
pas appris.

Ne tenez pas de longs difcours avec les perfonnes
qui font au-deffus de vous.

Qui n'eft pas fecouru par fes inférieurs, eft vaincu
par ceux qui font au-deffus de lui.

La mort eft le repos des pauvres.

Gardez-vous en voyage de prendre le devant, fans
être en compagnie.

Une action méchante dans le fond, & bonne feulement en apparence, n'eft eftimée que pour un temps;
mais, l'eftime que l'on a pour une action véritablement bonne, ne ceffe jamais.

Souvent les Rois parlent en public de leurs ennemis avec mépris, dans le temps que fous main ils
traitent de la paix avec eux.

Il vaut mieux marcher & fe repofer de temps en
temps, que de courir & manquer de forces, à force
de courir.

Pourquoi fe repent-on une feconde fois d'une action dont on s'eft déjà repenti?

Pourquoi s'imagine-t-on que l'on vit, lorfqu'on ne
vit pas indépendamment de perfonne?

Pourquoi faites-vous amitié avec des perfonnes qui
n'ont pas de mérite? Telles gens ne méritent pas qu'on
ait ni amitié, ni inimitié pour eux.

Faites juftice aux autres, afin qu'on vous la faffe à
vous-même.

Si vous voulez vous acquérir de l'autorité fans peine, foyez complaifant.

Si vous fouhaitez que votre mérite foit connu,
connoiffez le mérite des autres.

Pour être accompli, n'approuvez pas dans les autres
ce que vous n'approuvez pas en vous-même.

La raillerie agréable fait dans la converfation le
même effet que le fel dans les viandes; mais la raillerie piquante engendre l'averfion.

Ne raillez pas avec vos inférieurs, afin de ne pas
commettre le refpect qu'ils vous doivent; mais avec
vos égaux, afin que vous n'ayez pas de confufion, s'ils
vous rendent raillerie pour raillerie.

La plus excellente des vertus morales eft le peu
d'eftime de foi-même. Elle a cet avantage, qu'elle
ne s'attire l'envie de perfonne.

Ne donnez jamais confeil qu'on ne vous le demande, particuliérement à ceux qui ne font pas capables
d'en écouter.

Dites de bonnes chofes, vous en entendrez de bonnes.

Ne prodiguez pas vos bienfaits à ceux qui ne font
recommandables par aucune bonne qualité, vous feriez la même chofe que fi vous femiez dans des campagnes falées.

Quand vous n'avez pas des Savants près de vous
de qui vous puiffiez apprendre, apprenez des ignorants
en obfervant leurs défauts, pour éviter d'y tomber.

L'ignorant n'eft pas homme, & le Savant fans la
vertu n'eft pas favant.

Rendez-vous eftimable par la réputation de dire la
vérité, afin que fi la néceffité vous oblige de dire
un menfonge, on croye que vous avez dit la vérité.

Un menfonge agréable eft préférable à une vérité
qu'on ne peut goûter.

L'homme doit parler, parce que c'eft la parole qui
le diftingue des bêtes; mais en parlant, il doit favoir
ce qu'il dit, afin qu'on connoiffe qu'il eft hommé
d'efprit.

Dites ce que vous favez en temps & lieu; mais né
le dites pas à contre-temps, pour ne pas déshonorer
la fcience.

Ne parlez à perfonne en particulier dans les compagnies, quand même vous diriez de bonnes chofes,
parce que naturellement les hommes fe méfient les uns
des autres.

Quoique vous foyez favant, néanmoins croyez que
vous êtes ignorant, afin que vous ne vous priviez pas
de l'avantage de pouvoir apprendre.

Quoique celui qui parle beaucoup, foit fage d'ailleurs, néanmoins il paffe dans le monde pour un in-
difcret & pour un brouillon.

Quelques perfections que vous ayez, ne vous en
vantez point, parce qu'on ne vous en croira pas fur
votre parole.

Ne vous laffez pas d'écouter, parce qu'on apprend
à parler en écoutant les autres.

Comment ceux qui font dans la faveur des Rois,
dorment-ils en fûreté?

Pourquoi n'appelle-t-on pas ennemi, celui qui voit
& qui laiffe maltraiter fon bienfaiteur?

On peut bien vivre fans frere, mais on ne peut pas
vivre fans ami.

Quelques amis que vous ayez, ne vous négligez
pas vous-même. Quand vous en auriez mille, pas un
ne vous aime plus que vous devez vous aimer vous-
même.

Comme

Comme les Rois font au-deſſus de tous, il faut auſſi que leurs paroles & leurs actions ſurpaſſent les paroles & les actions de tous, afin qu'ils puiſſent avoir la réputation de grandeur à juſte titre.

Le caractere d'un homme ſage conſiſte en trois choſes, à faire lui-même ce qu'il dit aux autres qu'il faut faire, à ne rien faire contre l'équité, & à ſupporter les défauts de ſon prochain.

La plus grande des obligations, eſt celle du diſciple envers le maître.

La force ne conſiſte pas à renverſer un ennemi par terre ; mais à dompter ſa colere.

Ne vous réjouïſſez pas de la mort de perſonne, parce que vous ne vivrez pas toujours, & que vous mourrez comme les autres.

Qui eſt ami des bons, n'a rien à craindre des méchants.

Deux choſes cauſent de l'affliction, un ami triſte, & un ennemi joyeux.

N'ayez point de liaiſon avec huit ſortes de perſonnes, avec un envieux, avec celui qui n'aura pas d'égard pour vous, avec un ignorant, avec un inſenſé, avec un avare, avec un menteur, avec un homme du vulgaire, ni avec un calomniateur.

La vie eſt un ſommeil, & la mort eſt le temps du réveil, & l'homme marche entre l'un & l'autre comme un fantôme.

Le libéral eſt voiſin de Dieu, voiſin des hommes, voiſin du paradis, & éloigné du feu de l'enfer.

Quelque bien que vous ayez fait à une femme, quelque long-temps qu'elle ait mangé du pain & du ſel avec vous, votre cadavre, après votre mort, n'eſt pas encore dans la terre, qu'elle ſonge à prendre un autre mari.

La haine entre les parents eſt pire que la piquure d'un ſcorpion. La douleur que cauſe la piquure d'un ſcorpion eſt de peu de durée ; mais la haine entre les parents dure toujours.

Le moyen de ne pas s'ennuyer dans les bonnes compagnies, eſt d'y dire de bonnes choſes, ou de ſe taire & d'écouter les autres.

Un bon conſeil fait beaucoup plus d'effet qu'un ſabre ; il peut ruiner une armée entiere, & c'eſt beaucoup ſi un ſabre peut ôter la vie à cent des ennemis.

Le corbeau deviendra plutôt blanc, que celui qui cherche la ſcience, ſans application, ne deviendra ſavant.

Qui veut ſe marier ſans argent, reſſemble à un chaſſeur qui veut prendre un cerf ſans chiens ; & qui ſe met dans la dévotion ſans ſcience, reſſemble à un papier ſur lequel rien n'eſt écrit.

En été l'on ſouhaite l'hyver, & quand l'hyver eſt venu, on le maudit, tant il eſt vrai que l'homme ne peut vivre content dans un même état.

On eſtime dans le monde ceux qui ne méritent pas d'être eſtimés, & l'on y mépriſe les perſonnes de mérite : mais le monde reſſemble à la mer, la perle eſt au fond, & la charogne ſurnage.

N'eſt-ce pas une choſe admirable que le vin, qui fait un homme libéral d'un avare ?

On excuſe les ivrognes ; mais les amants ne ſont pas moins excuſables dans leurs emportements.

Le monde eſt comme une hôtellerie, où le voyageur couche aujourd'hui, & d'où il part le lendemain.

Qui n'a pas d'argent eſt comme un oiſeau ſans ailes, comme un navire ſans voiles.

La raillerie eſt bonne, mais il ne faut pas qu'elle paſſe les bornes de l'honnêteté.

Ne fermez pas votre porte à ceux qui veulent entrer, & ne refuſez pas votre pain à ceux qui veulent manger.

La volonté de Dieu détruit la volonté des hommes.

Vous faites à Dieu le bien que vous faites à votre prochain.

Prenez exemple des malheurs des autres, afin que les autres ne prennent pas exemple des vôtres.

Les choſes qui nuiſent ſont des enſeignements.

Les paroles ſont pour les femmes, les actions pour les hommes.

Quoique votre ennemi ne paroiſſe pas plus qu'une fourmi, néanmoins regardez-le comme un éléphant.

Mangez, buvez avec vos amis ; mais ne leur vendez rien, ni n'achetez rien d'eux.

C'eſt parler à l'inſenſé que de ne lui point parler. Plus vous lui parlerez, plus vous vous cauſerez de chagrin.

Chacun doit parler de ce qui regarde ſa profeſſion, & non pas de ce qui regarde la profeſſion des autres.

Le meilleur eſt de ne point parler des choſes dont on ne peut ſe ſouvenir ſans douleur.

Ne demandez, ni ne deſirez l'impoſſible.

Apprenez à ſupporter conſtamment les changements de la fortune.

Chaque nuit produit toujours quelque nouveauté, & l'on ne ſait pas ce qui doit éclore avant que le ſoleil ſe leve.

Une belle femme & le vin ſont de doux poiſons.

En quelque lieu que le pauvre arrive le ſoir, il y trouve ſon palais.

Cent voleurs ne peuvent pas dépouiller un pauvre homme nud.

L'homme s'en retourne de la même maniere qu'il eſt venu.

Plus les choſes ſont défendues, plus on y eſt porté.

Qui veut un ami ſans défauts, demeure ſans ami.

Ne communiquez à perſonne ce que vous devez faire, parce qu'on ſe moquera de vous, ſi vous ne réuſſiſſez pas.

Le repos dans l'un & dans l'autre monde, conſiſte en deux choſes ; à vivre de bonne intelligence avec ſes amis, & à diſſimuler avec ſes ennemis.

Qui ne ſe ſoucie plus de vivre, dit tout ce qu'il a ſur le cœur.

Le reſpect & la civilité entre les amis, doivent être de l'un & de l'autre côté.

Le ſtupide avec ſa ſtupidité fait ce que le ſage fait avec ſon eſprit.

Le deſir de vivre détourne des grandes & belles entrepriſes, & fait prendre l'habitude de l'oiſiveté & de la pareſſe.

Combien la vie ſeroit courte, ſi l'eſpérance ne lui donnoit de l'étendue ?

Homme au monde ne peut véritablement être appellé homme, que celui qui ne ſe fie à perſonne.

Le moyen de ne pas faire de fautes en parlant, eſt de garder le ſilence.

Gardez-vous une fois de votre ennemi ; mais prenez garde à deux fois à votre ami.

L'eſpérance eſt une compagnie admirable ; ſi elle ne conduit pas toujours où l'on ſouhaite d'arriver, au moins ſa compagnie eſt agréable.

Qui pêche les perles ſe plonge dans la mer, & qui aſpire à la grandeur paſſe les nuits dans les villes.

Qui connoît bien ce qu'il cherche ne regarde pas aux dangers qu'il doit rencontrer, avant que de le trouver.

La facilité à donner eſt autant condamnable dans les femmes, que l'avarice dans les hommes.

Les grandes ames paroiſſent en public, lorſqu'ils ont de quoi faire du bien ; mais ils ſe cachent dans la pauvreté, & n'importunent perſonne en demandant.

Quand vous voyez le pauvre à la porte du riche, plaignez le ſort du pauvre d'avoir beſoin du riche, & plaignez le ſort du riche de l'attache qu'il a pour les richeſſes. Mais quand vous voyez le riche à la porte du pauvre, béniſſez le pauvre de ce qu'il n'a beſoin de rien, & béniſſez le riche de l'honneur qu'il fait au pauvre.

Les longs diſcours ennuyent & endorment les plus patients & les plus ſages.

Plus un livre eſt gros, & plus il peſe dans les mains; mais il n'en eſt pas meilleur.

Conſidérez - vous que ce que vous aimez eſt une peau, qui couvre du ſang & des os ?

Qui veut devenir puiſſant Seigneur obtient ce qu'il ſouhaite à la Cour des Rois.

Trois choſes donnent accès auprès des Rois, les beaux arts, les richeſſes, & l'éloquence.

Il n'eſt pas du bon ſens de marcher par un chemin que l'on ne connoît pas.

Trois choſes rendent le regne des Rois agréable; la facilité à ſe laiſſer approcher, la juſtice, & la libéralité.

L'ignorance eſt injuſte envers tout le monde.

Un conte eſt vieux dès la premiere fois qu'il a été raconté.

Dans le temps où nous ſommes, faire paroître ce que l'on ſait, & de quoi l'on eſt capable, eſt la même choſe que de jetter des perles exprès pour les perdre.

Ne vous plaignez pas du monde; car quel bien peut-on en attendre ? Les Roix eux-mêmes y ſouffrent, quel repos le pauvre y trouvera-t-il ? Si vous ſouhaitez le repos, vous le trouvérez dans la retraite.

Qui a de la vertu protege & maintient la vertu, de même que le diamant polit le diamant, & celui-là protege la vertu qui la loue & qui cache les défauts.

La vertu n'eſt plus au monde, le miel en eſt ôté, les guêpes y ſont reſtées.

Le moins eſtimable des amis eſt celui qui fait des cérémonies.

On pourroit vivre heureuſement, ſi les cérémonies n'y mettoient pas obſtacle.

C'eſt avec les étrangers qu'il faut faire des cérémonies; mais elles doivent être bannies entre les amis.

Il eſt moins fâcheux d'être malade, que d'avoir ſoin d'un malade.

Chacun, ſuivant ſon rang, a ſes maux à ſupporter, & perſonne pour cela n'a point de lettres d'exemption.

L'homme doit être ferme & ſtable comme un rocher, & non pas léger & mobile comme le vent.

La douceur eſt le ſel des bonnes mœurs & des belles qualités.

La patience eſt la colomne qui ſoutient la prudence.

L'honnête femme aime ſon mari; & quoique laide, elle ne laiſſe pas que de faire l'ornement de ſa maiſon.

Si pauvre que ſoit un mari, il eſt heureux comme un Roi, lorſque ſa femme eſt ſage & ſoumiſe.

Au jugement des ſages, il faut éviter de prendre en mariage cinq ſortes de femmes : Une femme qui a des enfants d'un autre mari, une femme plus riche que ſoi, une femme qui regrette ſon premier mari, une femme qui médit de ſon mari en ſon abſence, enfin, une femme, qui a de la beauté, mais qui eſt de baſſe naiſſance.

Ce ſont les menteurs qui font des ſerments.

Les perſonnes de naiſſance & de probité ſont amis au ſouverain degré; mais l'amitié des perſonnes qui ſont nées & qui vivent dans la baſſeſſe, n'eſt pas ſolide.

Les innocents parlent avec hardieſſe.

Qui n'a point d'envieux, n'a point de belles qualités.

N'approuvez pas dans les autres ce que vous n'approuvez pas en vous-même.

Evitez la compagnie de ceux qui affligent les autres. Il y a lieu de craindre de ſe brûler quand on eſt près du feu.

Qui fait du bien aux méchants, fait la même choſe que s'il faiſoit du mal aux bons.

La patience eſt le meilleur bouclier du monde pour ſe défendre d'un affront.

De la maniere dont le monde eſt affligeant, on ne peut pas y trouver de ſatisfaction.

Il faut travailler à faire des proviſions pendant l'été, pour vivre en repos pendant l'hyver.

Vous êtes eſclave des plaiſirs de votre corps; cependant il n'y a pas de plaiſirs que vous ne puiſſiez goûter dans la poſſeſſion de vous-même.

La querelle entre les amis redreſſe l'amitié.

Enſeigner un méchant, c'eſt mettre le ſabre à la main d'un aſſaſſin.

Une méchante ame eſt capable de faire tout le mal qu'on en peut penſer.

La raiſon pourquoi les Courtiſans font la cour aux Rois avec tant de zele & avec tant de paſſion, eſt qu'il ſavent que par-là ils arriveront à la grandeur à laquelle ils aſpirent.

Un Monarque qui cherche ſes plaiſirs & ſa ſatisfaction particuliere, & qui ſouffre que ſes ſujets ſoient dans la miſere, voit bientôt l'éclat de ſa grandeur obſcurci.

L'eſpérance vient après le déſeſpoir, de même que la clarté vient après une nuit obſcure.

L'ignorant eſt aſſis à la place d'honneur, & l'égarement eſt ſi grand, qu'on ne laiſſe pas approcher le Savant de la ſalle où il préſide.

En quelque état de miſere que ce ſoit, la beauté a cela de particulier, qu'elle attire les yeux de tout le monde.

Qui a parfaitement de l'eſprit, fera prendre de la terre pour des pierreries s'il l'entreprend.

La ſcience a cet avantage, qu'elle fait que ceux qui la poſſedent, commandent à ceux auxquels ils ſont ſoumis.

Ce n'eſt ni de nos richeſſes, ni de nos connoiſſances que nous devons faire gloire; mais d'être ſavants, vertueux & de bonnes mœurs.

C'eſt une grande ignominie qu'un Savant vicieux; mais un Derviche ignorant eſt encore quelque choſe de pire, & l'un & l'autre enſeignent la Religion qu'ils ignorent & qu'ils mépriſent.

L'homme qui a de l'eſprit, & qui conſulte les autres, n'eſt qu'un demi-homme; celui qui n'en a point & qui ne prend point conſeil, n'eſt pas homme.

Ne vous informez pas de celui avec qui vous voulez faire amitié; mais informez-vous de celui qui eſt ſon ami, parce que facilement chacun ſuit les mêmes traces que ſon ami. S'il eſt méchant, ne ſeignez pas de vous en éloigner; mais s'il eſt bon, attachez-vous à lui, vous deviendrez bon.

N'ayez point de familiarité avec le pareſſeux, le méchant corrompt aiſément le bon. Ne voyez-vous pas que le feu ſe change en cendre, par le voiſinage de la cendre ?

La plus grande dette eſt celle dont on eſt redevable à un maître qui enſeigne, & c'eſt la premiere qu'il faut payer, même largement, non pas tant pour s'en acquitter, que par reſpect pour ſa perſonne.

Il eſt de la ſcience, à l'égard des préſomptueux, comme de l'eau à l'égard des lieux élevés; car de même qu'il eſt contre la nature de l'eau de s'élever, de même auſſi il eſt contre la nature de la ſcience d'arriver juſques aux préſomptueux.

Vous deſirez d'être ſavant ſans travail. C'eſt une de mille eſpeces de folies qu'il y a au monde.

Qui veille la nuit, ſe réjouit le matin.

Que de honte ! que d'affronts ! que de chagrins cauſe à l'homme la ſeule & damnable oiſiveté !

Qui enſeigne & ne pratique pas ce qu'il enſeigne, reſſemble à la poule qui a des ailes, & qui ne vole pas.

Les richeſſes, après leſquelles vous courez avec tant d'ardeur, reſſemblent à l'ombre qui marche avec vous. Si vous courez après elle, elle vous fuit; ſi vous la fuyez, elle vous ſuit.

Vous qui êtes ſavant, ſoyez content de votre fortune, de crainte que l'abondance n'accable & ne trouble votre eſprit. Un ruiſſeau tire des eaux pures de ſa ſource; mais il eſt troublé d'abord qu'il paſſe par-deſſus les bords de ſon canal.

Quelle autre choſe eſt le temps, qu'une route précipitée qui nous conduit continuellement à la mort malgré nous? Et ce qui donne de l'étonnement aux sages, est que le voyageur fait ce chemin même dans le temps qu'il est en repos.

Vous qui pleuriez au moment de votre naissance, pendant que les amis de la maison se réjouissoient & rioient, efforcez-vous de faire en sorte que vous vous réjouissiez, & que vous riez dans le temps qu'ils pleureront à l'heure de votre mort.

Souffrez patiemment toutes les attaques de vos envieux, vous les accablerez tous par votre patience. C'est de cette maniere que le feu se consume, quand il ne trouve rien qu'il puisse consumer.

Voulez-vous abattre votre ennemi sans armes, l'accabler de chagrin, & le faire enrager ? Méprisez-le, pratiquez la vertu; ce sont des moyens qui le feront mourir plus cruellement que le fer.

Quelque soin qu'on prenne d'éloigner tous les sujets de médisance, personne n'est à l'abri de la langue des hommes. Ils appellent muet celui qui garde le silence, avare celui ne prodigue pas ce qu'il a, prodigue celui qui fait largesse de ses richesses; c'est pourquoi laissez-les dire, & ne craignez que le jugement de Dieu.

Ne méprisez personne en quelque état de bassesse qu'il soit. La fortune peut l'élever & vous abaisser.

Pendant que la fortune vous rit, & que vous commandez aux autres, comportez-vous sagement, parce que vous abandonnerez bientôt toutes choses. Considérez ceux qui sont venus avant vous, considérez les Empires, tout est passé, & de tout ce qui a été, rien ne reste que les traces de la vertu.

La mémoire se perd; mais l'écriture demeure.

N'abrégez pas les longues nuits par le sommeil, & ne prolongez pas le jour qui est si court, par des crimes.

Nous voyons mourir de faim ceux qui ont les plus belles qualités, & les plus indignes au milieu des richesses, & des esprits les plus élevés qui n'en ont pas su la cause, se sont rangés du parti des derniers.

Quel bouleversement cause le temps ! Les mœurs sont corrompues, l'inconstance regne en toutes choses. Il en est de même que de l'ombre sur le bord des étangs, où la tête, qui est la partie la plus noble, tend vers le bas, & les pieds, quoique la partie la plus vile, tiennent le dessus.

Le monde a perdu l'esprit, il favorise ceux qui lui ressemblent. Malheur à eux si un jour le monde devient sage !

Si la science, sans la Religion, étoit estimable, rien ne seroit plus estimable que le Démon.

Eloignez-vous des Rois & de leur colere, & ne faites pas la cour à ceux de qui les paroles sont aussitôt exécutées que prononcées.

Pour arriver au comble de la sagesse, il ne faut ni trop manger, ni trop dormir, ni trop parler.

Rien n'exprime mieux un grand parleur, qu'une nuit longue & froide de l'hyver.

Tous les crimes prennent leur origine de la vue, de même qu'un grand feu s'allume d'une étincelle.

Un bon livre est le meilleur des amis. Vous vous entretenez agréablement avec lui, lorsque vous n'avez pas un ami à qui vous puissiez vous fier. Il ne révèle pas vos secrets, & il vous enseigne la sagesse.

Le corps s'engraisse à force de dormir; mais l'esprit augmente à force de veiller.

Qui s'attache à des inutilités, perd ce qui lui seroit utile.

Plus on a d'esprit, & moins on a de paroles; c'est pourquoi il est comme certain qu'un grand parleur n'a point d'esprit.

Personne de ceux qui demandent conseil ne se trouve trompé, & ses affaires ne réussissent pas moins bien.

On vient à bout de toutes choses avec la patience; mais c'est une vertu que peu de personnes pratiquent & rarement.

La grande force paroît en une heure de patience.

Personne n'est si savant, que personne ne puisse être plus savant que lui.

Méditez, & vous comprendrez.

Les paroles ressemblent aux fleches qu'on dirige vers un but, avant que de les lâcher pour les y faire arriver.

La science est l'héritage de l'homme; il doit la prendre par tout où il la trouve, & laisser toute chose comme n'y ayant aucun droit.

L'amour des richesses est une maladie, c'est être à l'agonie que de demander l'aumône, & c'est la mort même que d'être refusé.

On cherche des richesses, & on ne les trouve pas; cependant, chose étrange ! on ne cherche pas la fin de ses jours, & on la trouve.

Il ne seroit pas si fâcheux à un Savant d'employer ses ongles à polir le marbre, de mordre une enclume avec les dents, de faire des voyages continuels par mer, d'entreprendre le voyage de la Mecque, & n'avoir pas de quoi manger en chemin, d'aller au Mont Caucase, & d'en rapporter une pierre de cent livres pesant, que de voir seulement de loin le visage d'un ignorant.

Qui ne se contente pas de ce qu'il a suffisamment pour vivre, ne connoît pas Dieu, ni ne l'honore.

La sagesse & le courage ne servent de rien, lorsque la fortune nous abandonne.

La fortune vient les chaînes aux pieds; mais lorsqu'elle se retire, elle les rompt toutes par l'effort qu'elle fait pour fuir.

Lorsqu'un Roi passe les jours & les nuits dans le jeu, dites que son Royaume sera rempli de malheurs & de guerres.

Rien n'est plus amer parmi les hommes, que la perte des amis.

Où sont les Rois? où sont les autres hommes ? Ils ont fait le même chemin que tu tiens. Toi qui as préféré le monde périssable à toute autre chose, & qui estime heureux ceux qui ont fait le même choix que tu as fait, prends de ce monde ce que la nécessité veut que tu en prennes, savoir que la mort en est le dernier moment.

Ne prononcez point de paroles déshonnêtes; si vous en entendez prononcer, songez à autre chose, & faites comme si vous ne les entendiez pas.

Le monde ressemble à un logement où l'on reçoit les voyageurs : Celui qui néglige de faire les provisions, dont il a besoin pour passer plus outre, est un insensé.

Ne vous laissez pas séduire par la multitude, parce que vous serez seul quand vous mourrez & quand vous rendrez votre compte.

Pensez d'où vous êtes venu, où vous devez aller, & où vous devez demeurer éternellement.

Les richesses consistent dans ce qui suffit, & non pas dans ce qui est de superflu.

De même que le feu s'allume avec le bois, de même aussi la guerre s'excite par les paroles.

Le blâme, dont la médisance ne peut s'excuser, est de ternir la vérité.

Ne vous étonnez pas de voir les personnes de vertu dans les disgraces & dans le mépris, ni de voir les dignités occupées par ceux qui ne les méritent pas. Ouvrez les yeux, & considérez que les étoiles, qui sont innombrables, ne perdent jamais rien de leur lumiere, & que le Ciel tourne seulement, afin de faire voir tantôt une éclipse de lune, tantôt une éclipse de soleil.

Fin des Maximes des Orientaux.

TABLE

DES PAROLES REMARQUABLES DES ORIENTAUX.

A.

ABD-ULLAH, fils de Zebir.   Pag. 222
Abd-urrizzak Efendi.   227
Aboubekir.   202
Afrasiab.   225
Ahmedi.   226
Aischeh, femme de Mahomet.   202
Alcoran.   204, 217
Alexandre le Grand.   213, 218, 219, 220
Ali.   222, 229, 230
Ali Riza.   222
Ami.   221
Amis à la promenade.   208
Amrou Leits.   203
Ange (l') Gabriel.   204
Arabe. V. Réponse.
Arabe du défert.   206
Arafat.   213
Ardefchir Babekan.   215, 219
Ariane, Province.   203
Arméniens.   204
Arfacides, origine de leur nom.   220
Artifan. V. Réponse.
Afcanien.   220
Afpre, monnoie.   204
Atabek Azz-eddin-Mafoud.   223
Avare qui veut faire lire l'Alcoran pour son fils malade.   217
Aveugle qui porte une cruche.   207
Aumône.   229
Azraïl.   ibid.

B.

BABEKAN.   215
Bacht Iefchoua.   210, 222
Bactriane.   203
Bajazet.   205
Baikra. Mirza Baikbra.   227
Balifche, monnoie.   225
Barbe des Mahométans.   207
Bafra.   206, 213
Baffiri.   205, 230
Bedr-eddin, Roi de Mouffoul.   223
Begue qui marchande une fourrure.   230
Behloul.   207
Befpier. (M.)   222
Bibliotheque.   218
Bokhara.   224
Boffu. V. Réponse.
Bouzourghemhir.   209, 213, 219

C.

CAÇIDEH, forte de Poéfie.   206
Cadilesker.   216
Cadi.   204, 205
Caher Billah.   211
Caïm Billah.   208
Calender.   204, 205
Calife avare, 205. A table,   206
Calife. V. Chiaoux.
Candahar.   227
Caplan Pacha.   230
Caracoroum.   225
Cara Muftapha Pacha.   218
Cara Scheïtan.   229
Ceïlan, Ifle. V. Serendib.

Chiaoux.   209
Chrétien fait Mufulman.   205
Clémence d'un Roi envers un criminel.   212
Cobad, Roi de Perfe.   219
Cogia Efendi.   228
College.   214
Cofaib.   213
Cornu, nom d'Alexandre, & pourquoi.   ibid.
Couloglou.   230
Courtifans de Mahmoud Sebekteghin.   217
Criminel qui obtient fa grace d'un Calife.   220

D.

DAME. V. Réponse.
Dame, comment guérie.   210
Dame Egyptienne, qui répond à un Aftrologue.   211
Darab, Roi de Perfe.   213
Darius.   ibid.
Derviche. V. Réponse. Invité à la table d'un Sultan, 214. Qui mangeoit dix livres de pain, ibid. Qui fort de fon Couvent, ibid. Qui parle hardiment à un Roi, 215. Qui ne parle pas à un mélancolique, ibid. Familier avec un Sultan, 219. Les Derviches fectateurs de Diogene, 213. Ils fe marient, 214. Ils ne reçoivent pas d'argent.   ibid.
Defcendant d'Ali.   207, 230
Diarbekir.   217
Différence entre un Savant & un Derviche.   214
Dirhem.   203
Dogrulbeg.   222
Drachme, monnoie d'argent.   205

E.

EMIN.   202
Emir.   221
Emir-elmoumenin.   220
Empereur des Croyants.   ibid.
Enveri.   213

F.

FAKHR-EDDEVLET, Roi de Perfe.   220
Fanar.   229
Fatime.   202
Favori qui fait cortege à Cobad, Roi de Perfe. 219
Femme. Les femmes Mahométanes ne fe laiffent pas voir, 205. Femme qui confulte Bouzourghemhir, 209. Maltraitée & fa repartie.   210
Fils. V. Réponse.
Fils d'un pauvre. V. Réponse.
Fils héritier d'un riche Mahométan.   207
Fils qui garde le filence.   216
Fota.   226

G.

GABRIEL. V. Ange.
Gabriel, Médecin.   210
Galien.   216
Gaulmin. (M.)   206
Gazel, forte de Poéfie.   208
Gaznin, ville.   210
Gelal-eddevlet Melek Schah.   222
Geleb. V. Tcheleb.
Gentius, traducteur du Guliftan.   212
George, fils de Bacht Iefchoua.   210
Giami.   208

Ginghiz Khan. — 223, 224
Gionai Sabor, Ville. — 219
Giougikhan. — 223
Gouverneur châtié. — 209
Gour, défert de Gour. — 216
Grecs. — 208
Grégeois, feu Grégeois. — 217
Guliftan. — 212, 216

H.

Hafiz. — 205
Hagiage, — 212, 219, 220, 222
Haman. — 215
Hareth, Médecin. — 210
Haroun-errefchid. — 204, 213, 222
Hafchem. — 220
Haffan de Meïmend. — 216
Haffan, fils d'Ali. — 221
Hatemtaï. — 216
Hims, Ville. — 223
Hizir. — 213
Hormouz. — 212, 219
Hormouzan. — 202

I.

Jacoub, fils de Leïts. — 203
Iatfi namaz, explication de ce mot. — 206
Ibrahim, frere d'Haroun errefchid. — 210
Ibrahim, Mirza Ibrahim. — 228
Jean, fils de Mefué. — 210
Jeune homme railleur. — 209
Imam, éloigné de fa Mofquée, 206. Explication du mot d'Imam. — ibid.
Ifa. — 230
Iskender. V. Alexandre le Grand.
Iskender, Mirza Iskender. — 228
Ifmaïl, Roi Samanien. — 203
Jugement univerfel, attendu par les Mahométans. — 215
Juifs en conteftation avec des Turcs 230. Taxés à payer les pavillons du Grand S. — ibid.
Julfa. — 204

K.

Kaan. — 225
Khan, explication de ce mot. — 206
Kharezem. — 224
Kadi zadeh Roumi. — 228
Khoraffan. — 203
Khofrou, Roi de Perfe. — 209
Khouziftan. — 202, 203
Kidou, Mirza Kidou. — 227
Kikiaous, V. Onfor.
Kior, explication de ce mot. — 229
Koutb-eddin de Nicée. — 226
Kupruli — 228
Kufeh, explication de ce mot. — 230
Kufeh Tchelebi. — ibid.

L.

Letifi. — 205
Locman. — 221
Loriftan. — 227
Luteur. — 212

M.

Maavia. — 202, 222
Mage. — 222
Mahmoud Sebecteghin. — 209, 217, 220
Mahomet. — 202, 203, 204
Mahométan qui confulte Aïfcheh, 202. Qui fe dit Dieu, 203. Qui fe dit Prophete, 204. Qui ne fait pas la priere, 205. Avare, ibid. Difforme, 206. Avec un grand nez, 207. Propre, ibid. A l'agonie, 208. Qui veut faire laver fon fils avant qu'il foit mort, ibid. Robufte qui ne peut vaincre fa colere, 214. Qui avoit mal aux yeux, 217. Qui voyoit un livre Arabe. — 228
Mahométans, 207. Ils branlent la tête en lifant, 206. Ils font laver les corps des morts, 207. Leur fépulture. V. Sépulture. Ils haïffent plus les Juifs que les Chrétiens. — 217
Mahométane difforme. — 204
Malatia, Ville. — 213
Mamoun. — 202, 222
Manfour. — 210, 222
Marchand perfécuté, 209. De bois, 212. Grand voyageur, 216. Qui fait une perte confidérable, ibid. Qui avoit perdu une bourfe. — 226
Mari qui avoit perdu fa femme. — 217
Mafoud. — 210
Maracande. — 203
Martyrs chez les Mahométans. — 222
Maverannahar. — 203
Mecque (La) affiégée & forcée, 222. Son Temple, ibid.
Mecrit. — 223
Médecin. V. Réponfe. Du Grand Seigneur, fon pouvoir, 212. Grec, fon ignorance, ibid. Envoyé à Mahomet par le Roi de Perfe. — 215
Meged-eddevlet, Roi de Perfe. — 420
Mehdi, Calife. — 222
Mehemmed. — 205, 206
Mehemmed Zekeria. V. Razis.
Mehemmed, fils de Taher. — 203
Mehemmed Gehanghir. — 227
Mehemmed. — 230
Meïmend. — 217
Mendiant. V. Réponfe.
Mer d'Afrique. — 216
Merou. — 212
Mefched. — 203, 222
Meffihi. — 208
Mefué. V. Jean.
Mevlana, explication de ce mot. — 208
Mirkhond. — 223
Mirza Baïkra. V. Baïkra.
Mirza Ibrahim. V. Ibrahim.
Mirza Iskender. V. Iskender.
Mirza Khan, 206. Explication du mot de Mirza, ibid.
Mirza Kidou, V. Kidou.
Mirza Omer. — 227
Mouphti. — 216
Mouffoul. — 223
Mullas. — 216
Murad II. — 229
Mutadad. — 203
Mutevekkel ala-llah. — 211
Mutezid Billah. — ibid.

N.

Nassir-eddin Mehemmed. — 223
Negem-eddin Kebri. — 224
Nevrouz. — 219
Nifa, Ville. — 210
Nifabor. — 203
Noufchirvan. — 209, 213, 219, 221

O.

Officier. V. Réponfe.
Ogtai Khan. — 225
Omar. — 202
Onfor el Maali Kikiaous. — 209

P.

Pacha qui faifoit jouer des tymbales, 229. Explications du mot de Pacha. — ibid.

Pacha Schabin. *ibid.*
Page jetté dans la mer. 212
Pain. Distribution de pain. 214
Paropamisades. 203
Pauvre qui demande l'aumône. 207
Pélerins de la Mecque. 213
Pharaon. 215
Philosophe d'une grande laideur. 218
    Qui avoit écrit 50 volumes, *ibid.* Qui donne conseil à son fils. 219
Pilau. 205
Pir Mehemmed. 227
Platon. 221
Poëte Persan qui lit des vers au Poëte Giami, 210. Qui lit de méchants vers, *ibid.* Qui se croit malade. *ibid.* Qui recite des vers à la louange d'un voleur, 217. Qui lisoit des vers à un Emir. 221
Prédicateur qui faisoit de méchants vers. 208
Prieres des Mahométans. 205
Prince. Répartie d'un Prince. 212
    De petite taille. V. *Réponse.*
Prophete, faux Prophete. 203

R.

Razis. 209, 211
Repartie d'un frere pauvre à un frere riche, 213. D'un Prince à son frere, Roi d'Egypte. 215
Réponse d'une Dame interrogée par Hagiage, 220. D'un artisan, 208. D'un bossu, *ibid.* D'un fils, *ibid.* D'un Prince de petite taille, 212. Hardie d'un Derviche, 213. D'un Derviche à un Roi, 214. D'un fils pauvre au fils d'un riche, 218. D'un Médecin, 219. D'un Arabe, 220. D'un mendiant, 216. D'un Officier à Alexandre le Grand. 219
Ricaut. (M.) 222
Roi de Perse en colere, 209. Un Roi fait vœu de faire une aumône à des Derviches, 214. Emprunte de l'argent d'un pauvre. 216
Roi des Arabes cassé de vieillesse. 212
Roum, Empereur de Roum. 218

S.

Saad-Eddin. 226
Sadi Poëte Persan, Auteur du Gulistan, repris par son pere, 214. Se marie à Haleb, *ibid.* Ne veut pas acheter une maison dans le voisinage d'un Juif, 217. Repris par sa mere. *ibid.*
Saffar. Saffariens. 203
Sage, mot d'un Sage à un Indien. 217
Sages, les Sages. 212
Saheb, fils d'Ibad. 218
Saladin, ou, *Salahh-ddin.* 223
Samaël, nom d'un Ange. 229
Samaniens. 203
Samarcande. 203, 204
Sang, prix du sang. 208
Sapor. 219
Safan, Safaniens. 215

Savant qui a l'esprit égaré, 205. Qui se place au-dessus d'un Mahométan qui savoit l'Alcoran par cœur, 204. D'une grande laideur, 207. Qui marie sa fille à un aveugle. 214
Savants des Indes. 211
Sebahroch. 205, 226, 228
Scheich, explication de ce mot. 209
Scheikhi. 229
Schemi. 229
Schems-eddin Mehemmed Fanari. 208
Schems el Maali. 229
Schiraz. 221
Schouschter. 225, 228
Seïdeh, Reine de Perse. 202
Selgiucides, Selgiouk. 220
Senabad. 222
Sépulture des Mahométans. 203
Serendib, Isle. 218
Sinan, fils de Thabet. 215
Sistan. 211
Sivri-hissar. 203
Sofis. 204
Sogdiane. 203
Soliman, Calife. *ibid.*
Songe d'un dévot. 222
Suse. 214
  202

T.

Tastazan. 226
Taher, Taherien. 202
Taiankkhan. 223
Tailleur de Samarcande. 209
Tamerlan. 226
Tangri, signification de ce mot. 222
Tangrolipix. *ibid.*
Taprobane. V. Serendib.
Tartares. 215
Tchelebi & *Tcheleb.* 230
Tchendi Sapor. 219
Temple de la Mecque, 225. V. *la Mecque.*
Timour. V. *Tamerlan.*
Tisserand. 206
Topal, explication de ce mot. 230
Transoxiane. 203
Turban, gros turban. 216
Turc, explication de ce mot, 207. Réponse d'un Turc. *ibid.*

V.

Vagabond déguisé. 213
Varna, Bataille de Varna. 229
Varhik Billah. 212, 222
Vieillard âgé de 100 ans. Sa réponse, 209. Qui exerce la Médecine sans savoir lire, 211. De Bagdad, 214. De Diarbekir, 217. Qui ne se marioit pas, *ibid.*
Ulug Beg. 227, 228
Voleur jeune, condamné à avoir la main coupée. 220
Uzbecs. 203

Fin de la Table des Paroles Remarquables.

TABLE

TABLE

DES MAXIMES DES ORIENTAUX.

ABANDONNEMENT, 240. Du Monde. 235
Abondance. 233
Accompli. 244
Acquisition. 239, 242
Action, bonne, méchante. 233, 238, 239, 241, 242, 243.
Affaires. 231, 234, 235, 236, 238
Affliction. 234, 243, 245
Affront. 234, 240
Aimer. 232
Alliance. ibid.
Amants. 245
Ame. 231
Ami, amitié, 232, 233, 234, 235, 237, 238, 239, 240, 241, 242, 243, 244, 245, 246, 247.
Amour. 240
Apparence. 243
Apprendre. ibid.
Approche des grands. 242
Approuver. 246
Argent. 243, 445
Art. 233, 237, 246
Attache, 232, auprès des Riches. 241
Avantageux. 244
Avare, Avarice, 232, 233, 234, 235, 236, 237, 239, 242.
Aversion. 237, 243
Avidité. 232, 238, 240
Avis. 234
Aumône. 247
Autorité. 244

B.

Beauté. 236
Bien, faire le bien, 234, 235, 236, 238, 239, 240, 241, 245, 246.
Biens du monde. 241
Biens d'autrui. 244
Bienfait. 231, 232, 233, 243, 244
Bienveillance. 232
Blâme. 235
Bon. Bons. 236, 237
Bonnes choses. 245

C.

Capable. 238
Cérémonies. 234
Chagrin, homme chagrin. 231
Charge. V. Dignité. 239, 240, 241
Châtiment. 234
Chef. 231
Chemin. 234, 246
Chercher. 237
Civilité. 233
Cœur. 231, 242
Colere. 235, 236, 239, 240
Combat. 239
Commandement. 233, 243
Compagnie. 245
Complaisance. 232, 233, 238, 239, 244
Composition. 242
Compréhension de Dieu. 233
Concupiscences. 231, 233, 234, 236, 240, 241
Conduite. 232, 233

Connoître, se connoître soi-même. 231, 236
Conscience, 236. Hommes de conscience. 244
Conseil, 232, 234, 235, 236, 237, 239, 240, 243, 244.
Consolation. 244
Conte. 246
Content, se contenter. 236, 242
Conversation. 233
Convoiter. 241
Cour, 239. V. Service des Rois. 239
Courage. 232, 234, 243
Courtisan. 246
Craindre. Crainte, 231. Craindre Dieu. 239
Crime. 247
Cruauté. 237
Culte de Dieu. 231
Curiosité superflue. 232

D.

Danger. 245
Débauche 243
Découragement. 244
Décret de Dieu. V. Volonté de Dieu. 232
Défaut. 232, 241, 243
Défendu, chose défendue. 245
Demande, demander. 244
Dépense. 241, 242
Derviche. 236
Désir, désirer, souhait, souhaiter, 232, 235, 239, 240, 244, 245.
Dessein. 238
Destin. 240
Dette. 246
Devoir. 233
Dévotion. 241
Difficile. 242
Dignité, charge. 239, 240, 241
Diligence. 243
Discernement. 242
Discours, 231, 233, 234, 240, 243, 244, 246
Disgrace. 233, 243
Dispute. 243
Domestique. ibid.
Donner. 246
Dormir. 235
Douceur. Affabilité. 233, 234, 246

E.

Ecolier. 236
Ecouter. 244
Ecriture. 247
Education. 231, 232, 233, 236
Eloquence. 242, 246
Embarras. 238
Emprunt. 242
Enfants. 234, 239, 242
Ennemi. 234, 235, 236, 238, 240, 241, 242, 243, 244, 247. V. Inimitié.
Enseignement, enseigner. 244, 245, 246
Entreprise. 237, 238, 241, 242, 243
Entretenir, entretien, 243
Envie, envieux, 231, 236, 238, 239, 243, 244, 246.
Equité. 231
Esclave. 237, 244

Espérance. 231, 232, 235, 240, 242, 246
Esprit. 231, 233, 236, 238, sans esprit. 236
Estime, estimer. 232, 241, 243, 245
Exécuter. 241
Exemple. 231, 232, 245, 247
Expérience. 314

F.

Familiarité. 232
Faveur. 240, 244
Faute. 237, 243
Femme. 232, 235, 237, 239, 241, 245
Filles. 233
Fier, se fier. V. Foi. 237
Fin. 231, 233, 236, 240
Flatterie, flatteur. 235, 243
Foi, bonne foi, se fier, 237, 243, 244 245. Manquement de foi.
Foiblesse. 236
Folie 231, 235, 242
Force. 231
Fortune 232, 243, 245
Fréquentation, fréquenter. 240, 241
Frere. 233, 237, 239

G.

Garder, se garder. 236
Gloire, se glorifier. 232, 233, 234, 241
Gouvernement tyrannique. 242
Grace. 239
Grand. Grandeur. 238, 240, 242, 246
Guerre. 242

H.

Haine. 245
Heureux. 240
Homme. 231, 232, 233, 236, 242, 245, 246
Honnête, honnêteté. 232, 233, 234, 239, 242, 243.
Honneur. 234, 237, 243
Honte. 236, 243
Humilité, s'humilier. 242

J.

Jeune, jeunesse. 237, 239
Ignorant. 234, 235, 236, 237, 238, 239, 242, 244, 246.
Impatience. 231, 234, 243
Impiété. 231
Imprudence. 237
Incivilité. 231
Ingrat, ingratitude. 233, 234, 240, 242
Inimitié. 232, 234
Injure. 243
Injustice. 234
Innocent. 245
Intercesseur. 243
Intéressé. 237
Interrompre. 236, 244
Inutile, inutilité. 240, 247
Joie, se réjouir. 240, 241, 244, 247
Jurer. 231
Justice. 233, 237, 240
Justifier, se justifier. 236

L.

Langue. 231, 232, 233, 238, 243, 244
Largesse. 239. V. Libéral.
Libéral, libéralité. 232, 234, 238, 243, 245
Liberté. 232
Libre. 242, 244
Livre. 237, 246, 247
Louange. 237

M.

Mal, rendre le mal. Maux. 233, 234, 239, 246
Malade. 231
Malheureux. 243
Maltraiter. 244
Marcher. 246
Mari, mariage, se marier. 232, 245, 246
Méchanceté, méchant. 234, 235, 236, 237, 240, 242, 243, 246.
Médiocrité. 238
Médisance, médire. 231, 232, 239, 244
Méditer. 247
Méfiance, se méfier. 231, 237, 241, 247
Mémoire. 234, 247
Ménage. 238
Mensonge, menteur. 233, 235, 236, 237, 240, 244
Mépris, mépriser. 237, 238, 247
Mérite. 237, 241, 244
Mesure. 241
Modération. 237, 241, 244
Mœurs, bonnes, corrompues. 235, 239, 240, 242, 247.
Monarque. V. Roi.
Monde, le monde. 232, 234, 237, 239, 240, 243, 245, 246, 247.
Mort, la mort, mourir. 231, 234, 235, 242, 243, 245, 247.

N.

Naissance. 233, 234
Naturel, méchant naturel. 242
Nécessaire, le nécessaire. 237
Nécessité. 233
Négligence, négligent. 231, 237, 247
Netteté de cœur. 233
Noble, noblesse. 232, 235, 237, 240, 242
Nourriture. 240
Nouveauté. 245
Nouvelle. 235
Nuisible. 244

O.

Obligation. 241, 245
Offense, offenser. 234, 242
Oisiveté. 233, 238, 239, 246. V. Paresse.
Opinion. 232, 236
Opprimer. 234
Ordre. 242
Orgueil. 247
Ornement. 241
Oubli. 236

P.

Pays. 243
Paradis. 234
Pardon. 231, 234, 235, 242
Paresse, paresseux, 235, 246. V. Oisiveté.
Parler, parole, 231, 233, 234, 236, 237, 239, 242, 243, 244, 245, 247.
Passions. 232, 233, 237
Patience, 233, 234, 235, 236, 237, 238, 239, 242, 246, 247.
Pauvre, pauvreté. 231, 233, 235, 236, 237, 239, 240, 242, 243, 245.
Péché. 232
Penser, pensées. 233, 247
Pere. 241
Perfection. 237
Persévérance. 243
Pitié. 238
Piété. 231
Plainte. 234
Plaisirs, délices. 232, 239, 241, 245, 246
Précaution. 232, 240

Précipitation.   236
Prédiction.   231
Présent, don.   240, 243
Présomption.   246
Prêter.   241
Prieres.   234
Princes. V. *Roi.*
Procès.   231, 242
Prochain.   336, 245
Proche, parent.   241
Profession.   242
Promesse, promettre.   234, 240, 243, 244
Prospérité.   232, 238, 243
Prudence.   235, 238, 239, 243, 244
Pudeur.   232
Punition. 239. V. *Châtiment.*

Q.

*Q*UERELLE.   241, 242

R.

*R*AILLER, raillerie.   232, 241, 244, 245
Rapport.   232, 235
Rébellion.   235, 242
Recevoir.   238
Récompense.   239
Réflexion.   234
Religion.   231, 234
Repentir.   231, 244
Répondre.   239
Repos.   232, 233, 238, 241, 244
Reprendre, se reprendre.   231, 234, 243
Reproche.   232
Réputation.   234, 236, 237, 239, 242, 243
Résister.   239
Respect.   235, 238, 240, 245
Rire.   240
Richesses. 233, 234, 235, 236, 237, 238, 239, 241, 242, 243, 244, 246, 247.
Roi, Prince, Monarque, Souverain. 234, 235, 236, 237, 238, 239, 240, 241, 242, 243, 244, 245, 246, 247.
Royaume.   235

S.

*S*AGE, sagesse. 232, 235, 236, 237, 239, 243, 245, 247.
Santé.   234, 241, 242, 243
Satisfaction.   233
Savant, science. 231, 232, 233, 234, 235, 236, 237, 238, 239, 240, 241, 242, 243, 244, 245, 246, 247.
Secours.   244

Secret.   234, 235, 236, 237, 241, 244, 247
Sédition.   239
Sens, bon sens.   231, 236
Serment.   246
Service.   236, 238
Service des Rois, des Princes, 236, 238, 242, 243
Sévérité.   237
Siecle.   233
Silence.   231, 233, 236, 239, 242, 243, 244
Sincerité.   239, 242
Sobre, sobriété.   247
Soin.   242, 243
Solitude, vie solitaire.   238, 243
Sommeil.   247
Souffrance, souffrir, 231, 232, 234, 241, 242, 247.
Souhait, 245. V. *Desir.*
Soulevement.   234
Soumission.   234, 237
Souverain. V. *Roi.*
Succès.   236, 239
Sujets.   236, 240
Superflu.   238, 247

T.

*T*EMPS.   234, 247
Tombeau.   234
Travail, travailler.   235, 236, 246
Tromper. Tromperie.   234, 242
Tyrans, Tyrannie.   234, 242

V.

*V*ALEUR.   233, 236
Vangeance.   231
Vanité, se vanter.   ibid.
Vérité.   231, 238, 240, 243, 244
Vertu.   231, 239, 240, 242, 243, 246, 247
Vue.   247
Vie.   233, 235
Victoire.   232, 243
Vie, vivre. 231, 234, 238, 239, 240, 244, 245.
Vieillard, vieillesse.   234, 243
Vin.   232, 245, 246
Visage.   231
Visite.   231, 233
Voyage, voyageur.   235, 236, 238, 242, 243
Voisin.   235
Voleur.   245
Volonté de Dieu. 241, 245. V. *Décret de Dieu.*

Y.

*Y*EUX.   246
Yvrognerie.   233

Fin des Maximes des Orientaux.

TABLE GÉNÉRALE DES MATIERES,

Contenues dans la Bibliotheque de M. D'HERBELOT, & le Supplément de M^rs. C. VISDELOU & A. GALAND.

Les lettres *a* & *b* marquent la premiere & la feconde colonne de chaque page.

A.

*A*ARON, frere de Moïfe. *Voyez* le fecond Tit. de Haroun, 402 *b*. & celui de Manougeher, Page 560 *a*.

Aaron, cinquieme Khalife de la Maifon des Abbaffides. *V.* Haroun al Rafchid, 400 *a*.

Abel, fils d'Adam. Les Mufulmans le nomment Habil. *V.* ce Tit. 381; & celui de Cabil, 204 *a*.

Abyffins (les), peuple d'Afrique; ils peuvent empêcher le débordement du Nil, 380 *b*.

Abolition de la loi Chinoife qui portoit qu'on fît mourir la mere de celui des enfants de l'Empereur qui étoit declaré héritier de l'Empire. *Supplément*, 38 *a*.

Abydos; c'eft le nom de l'un des deux châteaux des Dardanelles, favoir de celui qui eft fitué en Afie. Les Turcs l'appellent par corruption *Aidos*. V. cet Art. 73 *a*.

Acacia, ou *gagie*, efpece d'arbre connu fous le nom de *Spica Ægiptia*. *V.* Gailan, 334 *a*; crû par miracle, pendant une nuit, en faveur du faux Prophete Mahomet, 412 *b*.

Académiciens, nommés Philofophes péripatéticiens. *V.* le Tit. d'Aflathoun, 60 *a*. & celui d'Afchraf, 128 *a*.

Académie de Savants, à laquelle préfidoit Khedher Khan, dans le cinquiéme fiecle de l'Hégire. *V.* le Tit. Amak, 98 *a*. Académie de gens d'efprit. *V.* Refchidi, 706 *a*.

Actes (les) des Apôtres. *V.* le Tit. Keffas alhavarioun, 477 *b*.

Action de graces, eft une échelle par où l'on monte, de degré en degré, jufqu'au fommet de la perfection. *V.* le Tit. Giouzgiani, 375 *b*.

Action fort généreufe d'un Sultan, 333 *a*.

A Deo datus, nom propre de trois Médecins célebres qui ont vécu dans le fixieme fiecle de l'Hégire. *V.* les deux Tit. Hebat Allah, 408 *a b*.

Adorateurs du feu, ou Mages. *V.* le Tit. de Zerdafcht, 919 *a*.

Adoration que l'on doit à Dieu. *V.* l'Art Segiadah, 779 *a*.

Affranchi (l') de Mahomet. *V.* le Tit. Selman, 785.

Afrique, troifieme partie du monde. *V.* Magreb, 540.

Afrique, Province que les Anciens appelloient ainfi proprement dite. *V.* le Tit. d'Afrikiah, 61 *b*.

Agar eft regardée par les Mufulmans comme femme légitime d'Abraham, & non comme fa concubine. *V.* le Tit. Hagiar, 389 *b*.

Agathes & *onyces*. *V.* Hadhramout, 384.

Agathes orientales & cornalines. V. Schebab, 762 *a*.

Aigle royale, excellent oifeau. *V.* Homai, 422 *a*.

Aigle de Canopus, nom d'une étoile, 662 *a*.

Aiguille, par qui inventée, 289 *b*.

Aile droite & aile gauche d'une armée. *V.* Giovangar, 374 *b*.

Aiman, la pierre. *V.* l'Art. Maknathis, 537 *b*.

Ajoubites (les) font les Princes de la poftérité de Saladin. *V.* le premier Tit. de Jacoub, 435 *a*.

Albanie (l') ou l'Epire, principauté. Les Turcs l'appellent Arnauth Vilaieti. *V.* ce Tit. 120 *b*.

Alcoraniftes, gens attachés à la lettre de l'Alcoran. 81 *b*. Ils font grands ennemis des Philofophes, *ibid*.

Alexandre, en Arabe *Efcander* ou *Iskender*. Deux Monarques ont porté ce nom. *V.* Efcander, 296 *b*, & Roumi, 712 *a*.

Alexandrette, Ville & port de la Syrie. *V.* Efcanderounah, 299 *b*.

Alexandrie, Ville fameufe d'Egypte. *Voyez-en* la defcription au Tit. Efcanderiah, 299 *b*.

Algebre, fcience. *V.* l'Art. Gebr, 340 *b*, & celui de Mocabelah, 593 *b*. Kamel Schagia eft le premier qui ait écrit fur cette partie des Mathématiques. *V.* Ketab algebr, 482 *a*.

Alger, Ville fur la côte de Barbarie en Afrique. Les Arabes la nomment Gezaïr. *V.* le Tit. de Keffariah, 477 *a*.

Alkindus, fameux Aftrologue ou Magicien. *V.* Jacoub ben Ishak al kendi, 434 *b*.

Almagefte (l'), Syftême du Monde par Prolémée. Les Arabes l'appellent Almagefthi. *V.* ce Tit. 94 *b*.

Aloé. La meilleure efpece de cette plante eft produite dans l'Ifle de Socothorah. *V.* Sabr. 715 *b*, & Ud, 903 *b*.

Alpes, les monts; origine de ce nom. *V.* Lobnan, 528.

Alphabets imaginaires. *V.* Sefat al aclam. 778 *a*.

Amalécites (les), ancien Peuple. *V.* le Tit. d'Amlak, 102 *b*, & celui d'Ad, 47 *b*.

Amants (les) ou couples d'Amants fideles. *V.* Gemil, 348 *b*.

Ambaffades, au nombre de 370, envoyées par les Tartares *Tou-Kiué*, dans l'efpace de 25 ans, à l'Empereur Chinois *Soui-ven-ti*, pour lui payer tribut, 42.

Ambition démefurée de l'Empereur Chinois *Fou-Kien*. *Suppl.* 31 *b*.

Ambre gris. *V.* l'Art. d'Anbar, 105 *b*, & celui d'Oman, 681 *a*.

Amérique. Les Orientaux l'appellent le nouveau Monde. *V.* le Tit. de Tarikh Hend, 847 *a*.

Ames (nos) font enfermées dans des vafes d'argile, 323 *a*.

Amour (l') de Dieu. *Voyez-en* l'explication au Tit. Eschk Allah, 299 *b*.

Anaftafe, Empereur, excommunié par Elie, Patriarche de Jérufalem, & dix mille Moines. *V.* le premier Tit. de Naftas, 662 *b*.

Anatomie (l'); les Arabes la nomment Tafchrih, 849 *a*.

Andrinople, Ville de la Romélie. Les Turcs l'appellent Adranah. *V.* ce Tit. 59, *a*.

Ane du Meffie & de l'Antechrift. *V.* Daggial, 258 *b*.

Ane du moulin, 291 *b*. Ane domeftique ou fauvage. *V.* Hemar, 414 *a*. Ane de la cave, 810 *a*.

Ange ou Envoyé. *V.* le Tit. Firifchteh, 326 *a*.

Ange qui gouverne le troifieme Ciel. *V.* Sadiail, 717 *b*.

Ange qui gouverne le quatrieme Ciel. *V.* Salfail, 735 *a*.

Ange qui gouverne le fixieme Ciel. *V.* le Tit. de Samhail, 739 *b*.

Ange qui gouverne le feptieme Ciel. *V.* Rafrail, 739 *b*.

Ange de la mort. *V.* Abou-Jahia, 20 *b*. Azrail, 144 *b*. Mordad, 626 *b*.

Ange qui préfide à l'enfer. *V.* Gehennem, 343 *b*.

Anges (les) font appellés Secretaires dans l'Alcoran; pourquoi. *V.* le Tit. Carrah, 250 *a*.

Anges (les) les plus proches du trône de Dieu. *V.* le Tit. Azazil, 143 *a*.

Anges gardiens; tradition Chrétienne sur ce sujet. *V.* l'Art. Cab al Akhbar, 201 *a*.

Anges, ayant la figure de Vautour. *V.* le Tit. de Maoun, 574 *b*.

Animal terrible, mais fabuleux. *V.* Soham & Uran, 798 *a*, 906 *a*.

Animal qui a servi de monture au faux Prophete Mahomet, lorsqu'il fit un voyage nocturne au Ciel. *V.* Borak, 193 *a*.

Annales d'Eutychius, ou Histoire générale depuis la création du monde. *V.* Said Ben Batrik, 723 *b*.

Anneau (l') de Salomon. *V.* Soliman Ben Daoud, 799 *b*.

Anneaux à cacheter, par qui inventés, 368 *a*.

Anneaux magiques. *V.* Salçathat, 734 *a*.

Année (l') est purement lunaire chez les Mahométans. *V.* le second Tit. Ab, 1, *a*, & celui de Nessa, 665 *b*. Elle est de quarante-huit semaines. *V.* Zobdat avaedhin, 925 *a*.

Année (l') des Cathaiens, divisée en 24 parties. *V.* l'Art. Dapikhen, 261, *a*. *Suppl.* 16 *b*.

Année du Serpent, du Léopard, du Porc. *V.* l'Art, 451 *b*.

Année (l') remarquable par la division de la Chine en deux Empires, l'un septentrional, l'autre méridional. *Suppl.* 34 *a*.

Antechrist (l'), comment nommé par les Mahométans. *V.* le Tit. Daggial, 258, *b*. Histoire de l'Antechrist. *V.* l'Art. Tamim, 825 *a*.

Antidote du napel. *V.* Maberdin, 535 *a*.

Antioche, Ville de la Syrie. Les Arabes l'appellent Anthakia. *V.* ce Tit. 109 *b*.

Antiochus, premier Roi de Perse après Alexandre le Grand. *V.* Abtahafch, 16 *a*.

Août (le mois) est nommé Ab, par les Syriens & les Arabes. V. ce Tit. 1, *a*.

Aphronitron, ou écume du nitre. *V.* Bora, 193, *b*.

Apophthegmes (les cent) attribuées à Ali, gendre de Mahomet. *V.* l'Art. Sad, 716 *a*.

Apophthegmes (les) d'Othman, troisieme Khalife. *V.* Uns allehan, &c. 905 *b*.

Apôtres (les) de Jesus-Christ. Les Arabes les appellent Havarioun, 407 *b*.

Apparition (seconde) de J. C. pour combattre l'Antechrist. *V.* Kessas alenbia, 477 *b*.

Apparition d'Elie. *V.* le Tit. Zerib, 920 *b*.

Appartements des femmes Mahométanes. *V.* Haram, 398 *a*.

Arabes (les); ils ont une double origine. *V.* le Tit. d'Arab, 111 *b*.

Arabes noirs. *V.* l'Art. Siah Arab, 790.

Arabes & Barbares. *V.* le Tit. Iran, 461 *a*.

Arabie. L'une de ses trois parties est appellée heureuse; pourquoi. *V.* le Tit. de Iaman, 441 *b*.

Arbre du paradis terrestre. *V.* Sadr, 718 *a*.

Arbre de Judée. *V.* l'Art, 117 *a*.

Arbre (l') d'Azedarach. *V.* Zeher Zemin, 914 *a*.

Arbre (l') du baume. *V.* l'Art. de Bassam, 175 *a*.

Arbre allégorique au paradis du septieme ciel. *V.* Sedr, 777 *b*.

Arbre infernal; tradition fabuleuse des Musulmans. *V.* le Tit. de Zazoum, 908 *b*.

Arbre d'or trouvé par le Sultan Mahmoud. *V.* le Tit. de ce Prince, 543 *b*.

Arbre libre, *V.* l'Art. Azad, 142 *b*.

Arc (l'), symbole d'un Roi, & fleche celui d'un Vice-Roi. *V.* Caus, 243. *a*, & Oc, 678 *b*.

Arche (l') de Noé. *V.* Adherbigian, 57 *b*, Gioud, 375 *a*, Nouh, 670, *b*, & Parmak, 693.

Arche (l') d'alliance des Israélites. V. le Tit. de Tabout, 812 *b*.

Archipel (l'). Les Arabes le nomment le Golphe de Constantinople, 500 *b*.

Architecte fameux. V. Sennamar, 786 *a*.

Aristote, chef de la Secte des Philosophes Péripatéticiens. Les Historiens Orientaux le nomment Aristhatlis & par abréviation Aristou. Ils prétendent qu'il a été non-seulement le maître d'Alexandre le Grand; mais aussi son Visir ou Conseiller d'Etat. Toutes ses œuvres ont été traduites du Grec en langues Syriaque & Arabique, 40 *a*.

Arithmétique (l'). *V.* l'Art Hessab, 245. Inventée par Edris, 289.

Armée d'un million de cavaliers. *Suppl.* 42. *b*.

Art (l') d'attirer les esprits supérieurs & leurs vertus. *V.* Simia, 792 *a*.

Art de travailler la soie; par qui inventé. *V.* Sin, 792 *b*.

Art (l') de dresser & guérir les chevaux. *V.* l'Art. Faras, 316 *a*.

Artaxerxes, anciens Rois de Perse. Les Chrétiens Orientaux les nomment Artahafcht. *V.* ce Tit. 121. *b*.

Arts & Sciences des Chinois. *V.* l'Art. Sin, 792 *b*. Ils les doivent partie à leur industrie, partie à d'autres nations, *Suppl.* 5 *a*. & 200.

Ascension (l') de Mahomet. *V.* l'Art. de Borak, 193 *b*, & celui de Merage, 504 *a*.

Assa fœtida; suc ou gomme d'une plante. *V.* le Tit. Angiu, 108 *a*, & celui d'Ingiu, 436 *b*.

Assara Baccara, nom d'une plante de la Chine. *V.* Assaroun, 123 *a*.

Associés ou compagnons de Dieu. *V.* Benan Hafcha, 184 *b*.

Astrolabe (l'). Les Turcs nomment cet instrument Alasthorlab. Celui qui en a construit le premier, est Ibrahim ben Habib al Ferrari. *V.* le Tit. de Ketab Alasthorlab, 479 *a*.

Astrologie, science vaine. *V.* Golam Zohal, 377 *b*.

Astrologue dont le savoir a été mis à l'épreuve. *V.* Abou-Maafchar, 25 *b*.

Astronomes. Albumafar a été le plus habile de tous ceux de son temps, savoir au troisieme siecle de l'Hégire. *V.* le Tit. d'Abou-Maafchar, 25 *b*.

Astronomie; par qui inventée? *V.* Cainan, 221 *b*, 367 *b*. Les Musulmans ont appris cette science des Grecs. *V.* le Tit. de Zohara, 826 *a*.

Astronomie. Les Arabes ne commencerent à cultiver cette science que sous le regne du Khalife Mamoun, dans le troisieme siecle de l'Hégire, 556 *a*.

Athenes, Ville de la Grece. Les Arabes l'appellent Athiniah. *V.* ce Tit. 135 *a*.

Athos, montagne. Les Turcs la nomment la sainte Montagne. Pourquoi. *V.* Kefchifchl, 478 *a*.

Attributs (les) de Dieu. *V.* Sefat Allah, 778 *a*.

Aujourd'hui & demain; signification de ces mots. *V.* Giami, 366 *b*.

Aumône (l') est un acte de justice. *V.* Sadi, 717 *b*.

Aumônes & charités des Mahométans envers les pauvres. *V.* Zacah, 908 *a*.

Aurea Chersonesus, contrée du pays de Malabar aux Indes. *V.* le Tit. Malai, 549 *a*.

Auteur qui a été Sultan, Roi & Prince de Hamah en Syrie. *V.* le Tit. d'Aboulfeda, 23 *b*.

Auteurs mystiques parmi les Mahométans. Le plus spirituel d'entr'eux est Valad Al Aaz, 434 *a*.

Auteurs (les) qui ont écrit les vies des Saints Musulmans, sont Cafchiri & Jafei. *V.* le Tit. de l'un, 239 *b*, & celui de l'autre, 435 *b*.

Auteurs Orientaux cités dans cet Ouvrage. Parmi eux, il y en a de Chrétiens, comme Ebn Amid & Ebn Batrik. *V.* le Tit. d'Harkel, 398 *b*.

Automaton, mot Grec, désignant une chose qui, pour exister, n'a pas eu besoin du ministere d'aucune cause. *V.* Thalès, 861 *b*.

Autriche (l'). Les Grecs modernes la nomment Ostrikion. *V.* cet Art. 688 *b*.

Avantages des Khalifes Ommiades sur les Khalifes Abbassides. *V.* Hamid, 396 *b*.

Avarice extrême d'une Sultane, 307 *b*.

Avenpace.

Avenpace, le Philosophe. *V.* Bagiah, 155 *b.* & Saïeg, 724 *a.*

Averroës, célèbre Philosophe & Médecin Mahométan. Il est nommé Ebn Roschd. *V.* le Tit. Monkedh, 623 *a*; celui de Roschd, 709 *a*, & celui de Saïeg, 724 *a.*

Avicenne, fameux Philosophe & Médecin Arabe, est nommé Abu Ali Ben Sina, 16 *b*, & le second Tit. de Sina, 793 *b.*

Avril, les Turcs nomment ce mois Abril. *V.* ce Tit. 16 *a.*

Axiôme, reconnu généralement: pour remédier promptement à un mal, il faut l'attaquer par la racine, *Suppl.* 51 *b.*

B.

Babylone, Ville autrefois capitale de la Chaldée & de l'Empire des Assyriens; il y en a à peine encore quelques vestiges. *V.* Babel, 147 *a.*

Babylone, la petite, Ville d'Egypte; les Arabes l'ont aussi nommée Mesr, nom commun à ce Royaume. *V.* Bablion, 147 *b.*

Bactrus, fleuve, ainsi nommé par les Anciens. Les Arabes l'appellent Abhi & Amou. *V.* le premier de ces Tit. 10 *b*, & le second, 103 *a.*

Bagdet, Ville capitale de la Chaldée; son origine & sa description. *V.* le Tit. de Bagdad, 154 *b.*

Baile de Venise à Constantinople. *V.* le Tit. de Bailos, 165 *a.*

Baisement de la terre. *V.* Zemin Bous, 916 *a.*

Baiser (le) des pieds, cérémonie ancienne, instituée en Perse. *V.* l'Art. Pabous, 692 *a.*

Balance (grande) dans laquelle, au jour du jugement, les péchés & les bonnes œuvres des hommes seront pesés. *V.* Baza, 179 *a.*

Balance; signe de la balance dans le Zodiaque. *V.* Mizan, 590 *b.*

Baptême des Chrétiens. Mahomet l'appelle, dans son Alcoran, la teinture de Dieu. *V.* Sebgah, 775 *a.*

Barbare. Le mot Arabe, qui signifie la même chose, est Agem. *V.* cet Art. 64 *a.*

Barbarie, Province d'Afrique. Les Arabes la nomment Berber. *V.* ce Tit. 185 *b.*

Barbe de pere, espece de raisin. *V.* le Tit. Giami, 366 *b.*

Barberousse, fameux Corsaire des Ottomans dans le dixieme siecle de l'Hégire. *V.* le Tit. de Khair Aldin, 497 *a*, & celui de Gezaïr, 357 *a.*

Barmécides, (les) famille la plus illustre de toute l'Asie, après les Maisons souveraines. *V.* le Tit. de Barmekian, 174 *a.* Cause de sa disgrace & de sa chûte, Tit. de Fadhel, 310 *a.*

Bassecule qui sert à tirer de l'eau; elle a été apperçue au paradis par Mahomet pendant qu'il rêvoit. *V.* Abougehel, 19 *a.*

Bassora, Ville située sur le Tigre, & fondée par le Khalife Omar. Les Arabes l'appellent Basrah. *V.* ce Tit. 176 *b*, & 683 *a.*

Bât de chameau, sobriquet donné à un Général, pendant sa jeunesse, & qui lui fut d'un bon augure. *V.* le Tit. des Khalifes Valid, 898 *a.*

Bâtiment quarré, temple où les Musulmans Arabes s'acquittent de leur culte religieux. Il y en a deux, l'un à la Mecque, l'autre à Medine. *V.* Caaba, 201 *a.*

Bâton de Jacob, instrument pour prendre les hauteurs. *V.* Assa, 122 *a.*

Baudouin, frère de Godefroy de Bouillon. Les Arabes lui donnent le nom de Barduil. *V.* ce Tit. 173 *b.*

Baume de Matarée, lieu d'Egypte, d'où les Chrétiens Orientaux tiroient le chrême de la Confirmation. *V.* Mouron, 646 *a.* *V.* aussi le Tit. Bassam, 175, *b*, & celui de Belsan, 183 *b.*

Beauté (la) immortelle demande un œil immortel pour la contempler; vers d'un Poëte Persien, 649 *a.*

Belgrade, ville située au confluent de la Save & du Danube. Les Turcs l'appellent Bilgrada. *V.* ce Tit. 190 *a.*

Belhar, nom que les Chinois ne peuvent ni prononcer, ni écrire, *Suppl.* 10 *a.*

Belle Ville, surnom donné à Cazuin, autrefois capitale de la Perse. *V.* Giamal, 365 *b.*

Bête de l'Apocalypse. Les Musulmans croyent qu'elle paroîtra avant le jugément dernier. *V.* Dabbat, 257 *a*, & 640 *b.*

Bétel, feuille d'arbre des Indes. *V.* l'Art. Tenbul, 851 *a.*

Bezan d'or, monnoie. *V.* l'Art de Beidhah, 182 *a.*

Bezoar, pierre médicinale. *V.* le Tit. Badzeher, 154 *a.*

Bibliotheque, *V.* l'Art. Ketab-Khaneh, 495 *a.*

Bibliotheque d'Alexandrie; son sort, 457 *a.*

Blasphême d'un Docteur Mahométan qui a avancé que Dieu, en créant son trône, y a laissé un siege vuide pour y placer Mahomet. *V.* Ketab alârsch v Sefatho, 488 *a.*

Boccara, Ville fameuse de la Transoxane, Province située au de-là du fleuve Gihon qui est l'Oxus des anciens. Outre son mur particulier, elle avoit une enceinte qui enfermoit quinze bourgades. *V.* le Tit. Bokharah. 190 *b.* Sa destruction, 353 *b.*

Bœuf de l'ambregris. *V.* Ghiau, 359 *a.*

Bohémiens, (les) & Egyptiens autrement nommés Zenghis. *V.* l'origine de ce peuple au Tit. de Zeng', 918 *a*, & Kibth, 515 *a.*

Boire ensemble, marque de sûreté réciproque parmi les Orientaux. *V.* le Tit. Harmozan, 399 *a.*

Bois (du) d'Aloës; où il croît. *V.* le Tit. de Sanf, 740, & celui d'Ud, 903 *b.*

Bois du Brésil. Les Arabes le nomment Bacam. *V.* cet Art. 151 *a.*

Bois odoriférant. *V.* Sandal, 740 *b.*

Bois de serpent. *V.* le second Tit. d'Udalhiat, 904 *a.*

Bois (le) qui adoucit les eaux de Marah dans le désert Aluah, 97 *b.*

Bon Larron, ou le Larron de la main droite. *V.* Lass, 524 *b.*

Bon mot qui fit la fortune du Solak, surnommé Bréchedent. *V.* le Tit. Ahmed, 66 *b.*

Bonnet rouge de Haïdar & des Sofis. *V.* Tag' Haïdariah, 820 *b.*

Bonnet Chinois, chargé d'un ornement qui branloit à chaque pas, *Suppl.* 36 *a.*

Bordeaux, ville de France. Les Arabes la nomment Burdal. *V.* cet Art. 199 *a.*

Bosnak, Dalmate, ou Esclavon. Il y a un grand nombre de ces gens à Constantinople pour y chercher fortune. *V* Bosna h. 194 *a.*

Botanique. (la) Ouvrages sur cette science. *V.* Aschab, 124 *b.*

Boucher devenu Prince. *V.* le premier Tit. de Schamseddin, 759 *a.*

Bouclier mysterieux. *V.* le Tit. Gian, 368 *a.*

Bouclier qui met un Docteur à couvert; c'est de savoir dire: *je ne sais pas*, 343.

Bourse (bonne) & bonne épée; deux choses utiles à l'homme. *V.* l'Art. Roumi, 712 *a.*

Boussole que les Persans & les Turcs portent sur eux, afin de savoir quel vent souffle, & de pouvoir, en priant, se tourner vers la partie du monde où le temple de la Mecque est situé. *V.* Keble Tan, 496 *b.*

Bracelet de rubis enlevé par un oiseau, & ensuite tombé dans un puits, 465 *a.*

Brachmanes, (les) premiere tribu des Indiens. *V.* le Tit. Barahemah, 169 *a*, & celui de Brahma, 195 *a.*

Brique faite de poussiere, & mise sous la tête d'un Prince mort, coutume superstitieuse. *V.* Saïfaldoulat, 724 *b.*

Brocards ou tapis tissus d'or, faits en Arabie, d'une

fi grande pefanteur, qu'il faut vingt chameaux pour en porter un, 89.

Broderie en or ou en argent, dont on orne la préface d'un livre. *V.* Dibag, 277 *b.*

Bude, ville de Hongrie. Les Allemands la nomment *Offen*, & les Turcs *Bodun. V.* ce dernier Art. 192. *a.*

Buiſſon, nommé églantier, efpece de roſier fauvage. *V.* Afchair, 124 *a.*

Bulcovitz, fils de Bulc ; nom qui fe donne généralement aux Defpotes de Servie. Pourquoi. *V.* le Tit. Bulcogli, 197 *a.*

Butin & dépouilles des ennemis. Il y a un Chapitre dans l'Alcoran ſur ce ſujet. *V.* l'Art. d'Anfal, 107 *a.*

C.

Cadran Solaire. Les Arabes & les Turcs l'appellent Rokhamah, 709 *a.*

Café. (du) Sa propriété & ſon uſage. *V.* Cahuah, 214, *b.*

Cailles de l'Arabie heureuſe, fervant de nourriture aux Iſraélites dans le défert, 442 *a.*

Cain, frere d'Abel. Les Arabes Mahométans le nomment Cabil. *V.* ce Tit. 204, *a.*

Caire. (le grand) Ville aujourd'hui capitale de l'Egypte. *V.* le Tit. de Caherah, 214 *b.*

Calendrier Syriaque. *V.* le ſecond Tit. Ab, 1 *a.*

Calendrier Perſien, réformé l'an de l'Hégire 467ᵉ, 596 *b.*

Calvaire. (le mont) Les Arabes le nomment Acranion. Pourquoi. *V.* ce Tit. 46 *b*, & celui de Giumgiumah, 377 *a.*

Camphre. (du) *V.* Cafur, 213 *a.* Il en vient en grande quantité du terroir de la ville de Rabah. *V.* ce Tit. 696 *a.*

Canal que l'on ouvre au grand Caire pour la décharge du Nil. *V.* le dernier Art. Khalig, 500 *b.*

Canaries. (les Iſles) Les Arabes les nomment les Iſles fortunées. *V.* Gezaïr 357 *a* ; & Khaledat, 498 *a.*

Canelle, écorce d'arbre dans l'Iſle de Zeilan, 788 *b.*

Canis major & *Canis minor*, étoiles. *V.* Schera, 767 *b.*

Canon (le) d'Avicienne ; livre de grande réputation qui traite de pluſieurs parties de la Médecine. *V.* Canun fil thebb, 229 *b.*

Canon chrónologique des Empereurs de la Dynaſtie des Leao ou des Khi-Tan, *Suppl.* 95.

Canons, (des) pieces d'artillerie ; leur invention en Chine, *Suppl.* 117.

Capitaine des premiers Muſulmans qui conquit l'Egypte, la Nubie, une grande partie de la Lybie, & prit Jéruſalem. *V.* Amrou Ben Al-As, 103 *b.*

Capitaine qui n'a été battu qu'une fois. *V.* Schebib ben Zeïd, 163 *a.*

Capitale de la Province de Fars. *V.* Schiraz, 769 *b.*

Capricorne, l'un des ſignes du Zodiaque. *V.* Gedi. 341 *a.*

Caracteres (les) de l'alphabet Arabe, inventés par le Viſir Ebn Moclah. *V.* ce Tit. 594, *b* ; changés & formés comme ils ſont préſentement. Par qui. *V.* le Tit. Bauab, 179 *b.*

Carat, nom d'un poids. *V.* Kerath, 475 *a.*

Caravane. V. l'Art. Cairavan, 221 *b.*

Cataracte du fleuve Nil. *V.* Ilak, 452 *a.*

Cauſe de la méſintelligence entre les Perſans & les Turcs. *V.* l'Art. Schiah, 768 *b.*

Cauſes de la deſtruction de l'Empire des *Leao*, *Suppl.* 105.

Cavalcade du vieillard ſans barbe ; fête ou maſcarade. *V.* Rocoub, 708 *a.*

Caverne où les premiers Patriarches ont été enterrés. *V.* Conouz, 250 *a.*

Céfalonie, Iſſe de la mer Adriatique. *V.* Cafalaniah, 212 *a.*

Ceinture de cuir noir que les Chrétiens & les Juifs de l'Aſie ſont obligés de porter. *V.* les Tit. de Motavakkel, 639 *b*, & de Zonnar, 826.

Cérémonie à obſerver en ſaluant l'Empereur de Chine ; c'eſt frapper la terre avec le front, *Suppl.* 68 & 80.

Cérémonie touchant les fleches des Mânes, *Suppl.* 96. Celle du *Sée-ſſe*, ou de tirer des fleches ſur des ſaules pour demander de la pluie, *ibid.* Celle de la renaiſſance qui ſe célébroit à la fin de tous les douze ans, 97. Celle du ſacrifice que les Empereurs Tartares & Chinois faiſoient au Dieu des *Piao-lou* (cerfs d'une grandeur extraordinaire) toutes les fois qu'ils alloient à la chaſſe pour long-temps, *ibid.*

Cérémonie de faire paſſer, le jour d'une bataille, un bâton, de main en main, aux Soldats pour les avertir d'être attentifs, *Suppl.* 106.

Cerfs. Il n'y en a point en Afrique. *V.* l'Art. Gazal, 337 *a.* Inſtinct ſingulier de ces animaux, *Suppl.* 132.

Céſar, ou Empereur des Romains. Les Turcs le nomment Giaſſar. *V.* ce Tit. 369 *b. V.* auſſi Caiſſar. 222 *b.*

Chambre de Conſeil. *V.* l'Art. de Divan, 281 *a.*

Chameau ; cinq parties du corps de cet animal ſont endurcies & calleuſes ; pourquoi. *V.* Ali ben Huſſain, 90 *a.*

Chandelle du Démon. *V.* Afterenk, 131 *a.*

Chanſons. (des) *V.* l'Art. d'Agani, 63 *a.*

Chapelets de cent grains chez les Muſulmans. *V.* Eſma, 304 *a*, & Tagek, 821 *b.*

Charlemagne & le Khalife Haroun Raſchid étoient contemporains ; ils ſe firent mutuellement des préſents, 400 *a.*

Charte de Géographie & Charte marine. *V.* Mabamondi, 535 *a.*

Chaſſe (la) aux animaux. Le premier livre Arabe ſur cette matiere a paru au commencement du dixieme ſiecle de l'Hégire. *V.* le Tit. de Naſchari, 659 *b.* Magnificence d'un équipage de chaſſe, 741 *b.*

Chaſſe aux cerfs, particuliere à la nation Tartare des *Man-tchou*, *Suppl.* 132.

Château bâti par les Fées. *V.* le Tit. d'Abdalmalec, 7 *b.*

Château de la Pucelle. *V.* Kiz-Coula, 519 *b.*

Châteaux. Celui de Nagia paſſe pour le plus fort de l'Aſie. *V.* ce Tit. 654 *a.*

Chef des Ecrivains à Conſtantinople, ou le Secretaire d'Etat. Les Turcs l'appellent Reis Kitab, ou Reis Efendi. *V.* Reis, 705 *a.*

Cheval ayant une corne à la tête, *Suppl.* 34 *a.*

Chevalier Banneret. *V.* le Tit. Sangiakbeg, 741 *a.*

Chevalier errant, ou l'homme qui cherche des aventures. *V.* le Tit. de Rokh, 708 *b.*

Chiens. (les) Ces animaux ſont en horreur aux Mahométans, 450 *a.*

Chine, grand Empire dans l'Orient. *V.* le Tit. Sin, 792 *b.* Sa diviſion en méridionale & ſeptentrionale. *V.* Khathai, 503 *b*, & 189, *Suppl.* 5 *a*, 24 *b*, & ſon antiquité, 192. Son étendue & ſa diviſion en Provinces, 4 *a*, & 192. Sa population, 193.

Chinois (les) devenus tributaires des Tartares, *Suppl.* 6 *a*, & 98.

Chrême de la confirmation. *V.* Belſan, 183 *b*, & Mouron, 646 *a.*

Chrétiens d'Egypte ; ils ſont nommés Cophtes. *V.* le Tit. Kebthi, 470 *a*, & celui de Meſri, 506 *b.*

Chrétiens d'Arabie perſécutés ; mais fermes dans leur foi, malgré les tourments qu'on leur faiſoit ſouffrir. *V.* Abou-Navas, 27 *a.*

Chriſt ; nom que les Ethiopiens ont coutume d'ajouter à leurs qualités. *V.* le Tit. de Zagarah, 909 *a.*

Chronique choiſie. *V.* le Tit. de Tarikh Khozideh, 844 *a.*

Chronique Samaritaine. *V.* le Tit. de Samerah, 739 *a*, & celui de Tarikh Samari, 837 *b.*

Chronologie. (la) Celle des Auteurs Mahométans, lorsqu'ils rapportent des faits arrivés avant l'établissement du Mahométisme, est ordinairement peu juste, 528 *b.*

Chronologie des Dynasties de Perse jusqu'à l'Ere Chrétienne, *Suppl.* 158.

Chymie. (la) Les Arabes appellent cette Science *Kimia. V.* cet Article, 516 *a*, & celui de Simia, 792 *a.*

Chypre. (l'isle de) Les Arabes l'appellent Cobros. *V.* ce Tit. qui contient son histoire, 246 *a.*

Ciel. (le) Description ou division des cieux par les Musulmans, 462 *a*, *b.*

Cinq (les) Eglises, Ville de Hongrie. Les Allemands la nomment aussi *Fünf Kirchen. V.* Besch Kilissah, 187 *a.*

Cinq (les) vertus, dans lesquelles consiste la vie spirituelle. *V.* Fadhail, 309 *a.*

Circoncision Mahométane; elle n'est pas d'obligation précise, mais seulement de tradition, 388 *a.*

Clavicule de Salomon, 800 *a.*

Cléopâtre, Reine d'Egypte. Les Arabes la nomment Kilaofatra. *V.* ce Tit. 515 *b.*

Climats. (les) Suivant les Arabes, le premier commence au douzieme degré, 380 *a.*

Cloches des Chrétiens, 345 *b.*

Colleges où l'on instruit la jeunesse dans les Sciences. Il y en a un grand nombre parmi les Mahométans. *V.* le Tit. Madrassah, 538 *a.*

Colombe (la) est le symbole de l'amitié; le coq, de la concupiscence; le corbeau, de la gourmandise, & le paon, de la vanité, 14 *b.*

Combat d'un brave contre un éléphant. *V.* Bakhtiar, 151 *a.*

Commandant. (un) Les Turcs l'appellent Aga. *V.* ce mot & son étymologie, 62 *b.*

Commandant de mer, ou Capitaine de vaisseau; les Turcs le nomment Reis & Raïs. *V.* ce Tit. 705 *a.*

Commentateurs (les) de l'Alcoran. Parmi eux, Al-Thalebi a acquis le plus de réputation. *V.* le Tit. de Nischabouri, 669 *a.* Les premiers en sont les Compagnons de Mahomet. *V.* Tassir, 819 *b.*

Compagnon du poisson. *V.* le Tit. Jounous, 458 *b.*

Compagnons (les) de l'éléphant. *V.* le Tit. d'Ashab-fil, 129 *a.*

Compagnons (les) de Mahomet, ils sont nommés Sahabah. *V.* ce Tit. 720 *b*, & celui de Massoud, 570 *a.*

Complément ou supplément de la Sainte Trinité. Titre donné par St. Cyrille à la Sainte Vierge, 590 *a.*

Conducteur des étoiles; c'est celle que nos Astronomes appellent l'œil du taureau. *V.* Hadi al nogioum, 386 *a.*

Confucius, ou *Koum-fucius,* Législateur & grand Docteur des Chinois, 793 *a*, *b.* Quelques Auteurs Chinois disent qu'il a eu pour maître un enfant de sept ans, nommé *Hiam-tchaa, Suppl.* 5 *a.*

Conjonction de plusieurs Planetes. *V.* Keran, 475 *a.*

Conquérant; ce mot est devenu le titre d'honneur de divers Princes Mahométans qui ont étendu par la guerre les limites du Musulmanisme. *V.* Gazi, 338 *b.*

Conquête étonnante faite par une petite nation Tartare, qui, pendant trois ans, renversa un vaste Empire, & s'en vit la maîtresse absolue au bout de dix, *Suppl.* 98.

Conquêtes surprenantes des Arabes pendant les dix premieres années du Mahométisme. *V.* le Tit. d'Omar, 681 *b.*

Constantin (le Grand) a été Sabien avant d'être Chrétien, 715 *a.*

Constantinople, Bysance, ou Stenbol, capitale de l'Empire Ottoman. Les Orientaux la nomment Costhanthinah. *V.* ce Titre, où vous trouverez les sieges qu'elle a soufferts, 252 *b.*

Constellation (la) du Lion est estimée malheureuse par les Astrologues. *V.* Assad, 122 *b.*

Coraischites, (les) famille ou Tribu Arabe, de laquelle étoit Mahomet. *V.* le Tit. Coraïsch, 250 *a.*

Cordoue, Ville d'Espagne. Les Arabes la nomment Corthobah. *V.* cet Art. 251 *a.*

Coré, le riche, cousin de Moïse. *V.* Carûn, 237 *b*, & Kiroun, 517 *a.*

Corporéité en Dieu, opinion impie. *V.* l'Art. Keramioun, 474 *b*; celui de Mocatel, 594 *b*; celui de Moschabbehoun, 627 *b*, & Tagiassoud, 821 *b.*

Corps (le) de Pharaon, vêtu d'une cuirasse, & flottant sur les eaux de la mer Rouge, 322 *b.*

Corps d'éléphant; c'est l'épithete que les anciens Romans de Perse donnent à leurs plus vaillants guerriers. *V.* l'Art. Fil, 325 *a.*

Correction ou corruption des livres sacrés. *V.* Tashif, 849 *a.*

Couleur des Abbassides, 383 *b.*

Cour (la) d'un Prince. *V.* le premier Art. Bab, 145 *a.*

Couronne des Histoires & des Chroniques; titre d'un ouvrage écrit en Turc d'un style élégant. *V.* Tag' altaouarikh, 820 *b.*

Couronne du Palais; surnom donné à une Reine, femme de l'un des Sultans des Indes que nous appellons Mogols. *V.* Teg' mehal, 820 *b.*

Coutume affreuse qui veut, que les femmes d'un Chan des Tartares se défassent elles-mêmes après la mort de leur mari, *Suppl.* 61.

Coutume sale des Turcs en fait de garderobe. *V.* le Tit. Kimar, 516 *a.*

Coutumes & mœurs des *Tou-po* ou *Tou-poc,* nation Tartare, *Suppl.* 76; des *Kie-kia-sse,* autre nation Tartare, 78.

Création du Monde, 285 *a.*

Créature, la première de toutes, suivant Mahomet. *V.* Giaber, 360 *a.*

Créatures qui ne sont ni hommes, ni anges, ni démons. *V.* le Tit. de Div, 280 *b*, & celui de Thahamurath, 857 *b.*

Crista Galli, nom d'une plante. *V.* Tag' alkhorous, 821 *b.*

Croisés. (les Chrétiens) *V.* le Tit. de Salb, 733 *b.*

Croix. (la) *Sourat al Massih,* expression Arabique qui signifie la figure du Messie, c'est-à-dire, l'image de la croix, 730 *b*, & *Suppl.* 165, 166.

Culte rendu aux deux principes, savoir de la lumiere & des ténebres, 385 *b.*

Cycle, ou révolutions d'années, selon lesquelles les Astrologues Arabes reglent les accidents de la vie des hommes. *V.* l'Art. d'Aduar, 59 *b*, & celui d'Abou-Maaschar, 25 *b.*

Cycle des Indiens. *V.* l'Art. Giugh, 376 *b.*

Cycle de douze ans. *V.* le Tit. de Giagh, 363 *b. Suppl.* 17 *a.*

Cycle troisieme de soixante ans des Khataiens; il est nommé Khaven. *V.* ce Tit. 504 *b*; celui de Van, 899 *a*, & *Suppl.* 15 *b.*

Cycles ou périodes de 60 ans. *V.* l'Art. Van ou Veu, 899 *a*, & *Suppl.* 15 *b.*

Cyrille, (Saint) l'un des Peres de l'Eglise, 590 *a.* Les deux Cyrilles, l'un & l'autre Patriarches de Constantinople. *V.* les Tit. Kirillous, 517 *a.*

Cyrus, ancien Roi de Perse. Les Persans le nomment Kiresch. *V.* ce Tit. 516 *b.*

D.

*D*AMAS, Ville ci-devant considérable & capitale de la Syrie. Les Orientaux la nomment Damaschk, 259 *a.* Sa principale Mosquée est la plus belle que les Musulmans ayent, 267 *a.* Sa campagne ou plaine qui s'étend entre le Liban & l'Anti-Liban, paſſe pour l'un des quatre paradis de l'Orient, *ibid.* On y voit au pied de la montagne qui regarde le ſeptentrion, le lieu où Caïn tua ſon frere Abel. *ibid.* La Ville fut ruinée par Tamerlan l'an de l'Hégire 803, *ibid.*

Daniel, le Prophete, inventeur de la Géomancie, ſelon les Orientaux. *V.* le Tit. de Danial, 260 *a.*

Danſe. (la) Les Muſulmans la mettent parmi les choſes défendues par la Loi. *V.* le Tit. d'Ali Chelebi, 91 *b.*

Darius, dernier Roi de Perſe de la Dynaſtie des Cajanides, vaincu par Alexandre le Grand. *V.* Dara, 261 *b*, & 162.

Date, ou époque célebre parmi les Perſans modernes, *V.* le Tit. de Houſſain, 428 *a*, *b.*

Dauphin, poiſſon. Voyez ce qui en eſt dit à l'Art. Dolfin, 282. *a.*

David, le Roi-Prophete. Les Muſulmans l'appellent Daoud. *V.* ce Tit. 260. *a.*

Décollation de St. Jean-Baptiſte. Les Chrétiens Orientaux en célebrent la fête au mois d'Août, 437 *b.*

Décret divin & la prédeſtination. Sentiments des Mahométans ſur ce ſujet. *V.* l'Art. Cadha, 207 *a.*

Delli, nom d'un Royaume de l'Indoſtan, ainſi que de la ville qui en eſt la capitale, où reſide le Monarque que nous appellons le Grand Mogol. *V.* Deheli, 264 *a.*

Déluge univerſel. Traditions des Mahométans ſur cet événement, 671 *a.*

Démocrite, Philoſophe Grec, qui a enſeigné que les corps ſont compoſés d'atômes. Les Orientaux le nomment Democritous, 266 *b.*

Démon des forêts, ou Satyre. *V.* Gailan, 344 *a.*

Démon dont la principale fonction eſt d'exciter la diſcorde entre les familles, les procès entre les voiſins, & la guerre entre les Princes. *V.* Aſmoug, 129. *b.*

Derviche d'un enthouſiaſme ridicule; ſon aventure avec Tamerlan. *V.* le Tit. Ata, 131 *b.*

Deſcendants du Patriarche Seth, fils d'Adam; tradition fabuleuſe ſur ce ſujet. *V.* le Tit. Scheith, 767 *a.*

Deſcription du canon, des catapultes, des phalariques & des fleches à feu en Chine, *Suppl.* 203.

Déſert (le) des Fées. *V.* le Tit. de Badiat al Ginn, 153 *b.*

Déſert (le) d'Arabie par lequel les enfants d'Iſraël ont paſſé. *V.* l'Art. Badiat al Tiah, 153 *b.*

Deſtruction des temples & des idoles de la Secte de Ho-cham, & ſupplice de ſes Bonzes, *Suppl.* 34 leur rétabliſſement, *ibid.*

Deſtruction de la Dynaſtie des Kin dans la Chine & établiſſement de l'Empire des Moumgols ou de la Dynaſtie des *Yuen*, *Suppl.* 125.

Deuil, ou habits de deuil parmi les Orientaux. *V.* le Tit. Hedad, 409 *b.*

Deviſe de Tamerlan, 881 *b.*

Dévotion. L'homme parfaitement dévot n'eſt pas une créature. *V.* le Tit. de Schahver, 755. *a.*

Diable ou Lucifer. *V.* Eblis, 287 *a.*

Diamants de trois mille livres peſant, 764 *a.*

Dictionnaire; il y en a un très-grand nombre d'Arabes. *V.* Logat, 529 *b.*

Dictionnaire de la langue Arabique en 60 ou 65 volumes, connu ſous le nom de Camous. *V.* Lamé, 523 *a*, & Camus. 227 *b.*

Dieu. Les Turcs le nomment Tangri, 828 *b.*

Dieu créera d'autres hommes après la fin de ce monde-ci; rêverie de Giafar, ſixieme Imam, 362 *b.*

Dieu produit dans les hommes toutes leurs actions de telle ſorte, qu'ils ne ſont pas libres; ſentiment d'un Docteur Muſulman. *V.* le Tit. Bokhari, 191 *a.*

Dieu-donné. V. le Tit. de Bogdan, 193 *a*, & celui de Tangri-Virdi, 828 *b.*

Dignité (la) d'Emir al Omara qui répond à celle de Maire du palais. *V.* le Tit. d'Emir, 293 *b*, & celui de Radhi, 697 *a.*

Dignités créées par l'Empereur Chinois *Tham-taitçoum*, chez pluſieurs peuples de la grande Tartarie; comme celle de *Tou-tou*, Commandant-Général; de *Tçe-ſſe*, Vice-Empereur; de *Tcham-ſe*, Vice-Roi; de *Sé-ma*, Maître de la Cavalerie, *Suppl.* 58.

Digue d'un hauteur prodigieuſe. *V.* le Tit. de Touſter, 889 *b.*

Diſciples de St. Jean-Baptiſte; ils ſont une Religion à part, quoique nos voyageurs les nomment Chrétiens, à cauſe d'une eſpece de baptême dont ils ſe ſervent, 437 *b. V.* auſſi l'Art. Menda Jahia, 583 *a.*

Diſcours Académiques. *V.* l'Art. Macamat, 535 *b.*

Diſcours (beau) d'un Empereur Chinois aux peuples qui venoient de ſe ſoumettre à lui, *Suppl.* 76.

Diſgrace d'un fameux Viſir. *V.* le Tit. Nadham al Molk, 652 *a.*

Divination chez les Arabes. *V.* le Tit. d'Aktaf, 47 *b*, & celui de Zairagiah, 911 *a.*

Diviſion de l'année ſolaire en 24 parties parmi les Chinois, *Suppl.* 16.

Diviſion du jour civil en 12 parties égales en Chine, *Suppl.* 17.

Dix mille chevaux, exprimés par un ſeul mot de l'ancienne langue Perſienne. *V.* Dhohak, 274 *a.*

Docteur qui mettoit en pratique ce qu'il enſeignoit. *V.* le Tit. de Gazali, 337 *b.*

Docteur qui a répondu ſur ſoixante-dix mille queſtions. *V.* le Tit. Auzai, 142 *b.*

Docteur (le) de la plus grande réputation de ſainteté. *V.* le Tit. de Hanbàl, 397 *a.*

Docteur qui a mené une vie fort auſtere, & lu l'Alcoran 24 mille fois. *V.* Aiaſch, 70 *b.*

Docteur (le) des Docteurs, ſurnom donné à Kemaleddin. *V.* ſon Tit. 472 *a.*

Docteurs (les) chez les gentils Indiens ſont nommés Pendet, 694 *b.*

Docteurs des Muſulmans Orthodoxes. Le plus célebre de tous eſt Abou-Hanifah. *V.* ſon Tit. 19 *b.*

Docteurs célébres en fait de traditions Muſulmanes. *V.* le Tit. d'Adhem, 57 *b*, & celui d'Amaſch, 100 *a.*

Docteurs que les Muſulmans nomment Tabaoun, c'eſt-à-dire ſucceſſeurs des compagnons de leur Prophete. *V.* le Tit. Hazem, 75 *b.*

Doctrine. Les Perſans profeſſent celle d'Ali, gendre de Mahomet, 449 *b.*

Doctrine des Muſulmans ſur la Prédeſtination. *V.* Cadha & Cadr, 207 *a*, *b.*

Doctrine des Mahométans touchant Jeſus-Chriſt, 462 *b.*

Doge de Veniſe. *V.* le Tit. Douge. 283 *b.*

Doigts de Mercure, eſpece de racine. *V.* le ſecond Art. Hermès, 416 *b.*

Dome du temps. *V.* Cobbat, 245 *a.*

Dormants (les ſept). Les Arabes les appellent les compagnons de la Caverne. *V.* Ashab Kahaf, 129 *a.*

Douze (les) Preux, ou les douze Héros de la Perſe. *V.* le Tit. de Douazdeh Rokh, 283 *a.*

Drachme Arabique. *V.* Methkal, 586 *b.*

Dragée de la Providence. *V.* l'Art. Codrat, 246 *b*, & celui de Man, 556 *b.*

Dragon, ſigne ſymbolique de l'Empereur de la Chine & des Mandarins, *Suppl.* 27, 193.

Drapeau d'Infanterie & Cornette de la Cavalerie, 859 *a.*

Drogue fort en uſage parmi les Médecins Arabes. *V* Thabaſchir. 856 *a.*

Duc (Grand-) de Toſcane. Les Turcs l'appellent Doucah, 283 *a.*

Duc de l'extravagance, & Duc de la double extravagance; titres d'ignominie donnés à deux Empereurs Chinois captifs, pere & fils, *Suppl.* 116. Elévation

vation de l'un & de l'autre, le premier ayant été créé Roi de *Yu* & du premier ordre, & le second Roi de *Thien Koui* & du second ordre, 117.

Ducat d'or d'Egypte. *V.* Scharafi, 760 *b.*

Durée du monde & tradition ridicule de Mahomet touchant la création d'une ville, 285 *a.*

Dynaftie, Maifon, Race, ou Famille régnante. Il y en a eu un grand nombre dans l'Orient. L'Auteur en fait mention dans plufieurs endroits de l'Ouvrage.

Dynafties anciennes de Perfe; elles font dans l'ordre du temps, au nombre de quatre. *V.* le premier Tit. d'Agem, 64 *a.*

    La premiere eft celle des Pifchdadiens. Le premier Roi en fut Cajumarath, & le dernier Guftasb ou Kiftasb. Leur hiftoire eft, à divers égards, fabuleufe. *V.* le Tit. Pifchdad, 695 *a;* celui de Cajumarath, 223 *a,* & celui de Samandar, 736 *b.*

    La feconde eft celle des Cajaniens ou Cajanides. Le fondateur en a été Caicobad, & le der-Roi Dara ou Darab, fecond du nom. *V.* le Titre Cajan, 215 *a,* & *Suppl.* 175 *b.*

    La troifieme eft celle des Afchkaniens, ou de Molouk Thaouaïf. Le fondateur en eft inconnu. *V.* le Tit. d'Afchkanian, 125 *b.*

    La quatrieme eft celle des Saffanides ou de Khofrevian. Le fondateur en a été Ardefchir, dit Ben Babek ou Babegan, & le dernier Roi en fut Jezdegerd. Cette Dynaftie a précédé immédiatement le Mahométifme. *V.* le Tit. de Saffanian, 746 *a,* 668 *a,* & 675 *a.*

Dynaftie des Gaffanides, Rois d'Arabie. Elle a été fondée plufieurs fiecles avant la naiffance de Mahomet. *V.* le Tit. Gaffaniah, 335 *b,* & celui de Giabalah, 359 *b.*

———— des Ommiades en Arabie, après Mahomet. Moavie en a été le premier Khalife. *V.* les Tit. d'Omniah, 785 *b,* & de Moaviah, 591 *b.*

———— des Ommiades en Efpagne. Abdalrahman, fils de Moavie, en a été le fondateur. *V.* fon Tit. 8 *b,* & celui de Hakem ben Hefcham, 382 *a.*

———— des Abbaffides. Aboul Abbas Sefah en fut le premier Khalife. *V.* le Tit. de Saffah, 718 *b,* & celui de Hafchem, 405 *b.*

———— des Thahériens. Elle a été fondée par Thaher. *V.* ce Tit. 859 *a;* celui de Schehereftan, 765 *a,* & celui de Thaherioun, 859 *b.* Cette Dynaftie eft la premiere qui fe foit élevée fous l'Empire des Khalifes; ce fut dans le troifieme fiecle de l'Hégire.

———— des Tholounides en Egypte. *V.* le Tit. Tholoun, 870 *b.*

———— des Soffarides. *V.* le Tit. de Jacoub ben Lait, 432 *a,* & celui de Soffar, 696 *b.*

———— des Aglabites. *V.* le Tit. Aglab, 64 *b.*

———— des Edriffites. *V.* le Tit. Edreffah, 289 *a.*

———— des Fathimites ou Ifmaéliens en Afrique. *V.* le Tit. Fathemiah, 318 *b,* & celui d'Obeidallah, 678 *a.*

———— des Ifmaéliens en Perfe. *V.* le Tit. Hafed Ledinillah, 386 *b;* celui de Haffan Sabah, 405 *b,* & celui d'Ifmaélioun, 467 *b.*

———— des Samanides. Elle commença après l'extinction de celle des Soffarides. *V.* le Tit. Samaniah, 737 *a.* Son fondateur Ifmaïl Samani a porté le premier le titre de Padifchah ou d'Empereur qui lui fut donné par le Khalife Motaded, 464 *b.*

———— des Dilemites. *V.* les Tit. de Dilem, 278 *a,* & de Macan, 536 *a.*

———— des Buides, que quelques Hiftoriens appellent auffi Dilemites. *V.* les Tit. Amadeddulat, fon fondateur, 99 *a,* & de Buiah, 195 *a.*

———— des Gaznevides. Mahmoud, fils de Sebecteghin, en a été le fondateur. *V.* les Tit. de Gaznaviah, 339 *a, b,* & celui de Thac, 857 *a.*

———— des Gaurides. Elle a été fondée fur les rui-

nes de celle des Gaznevides, & il y en a eu deux branches. *V.* l'Art. Gaurian, 336 *a.*

Dynaftie des Selgiucides. *V.* Selgiuki, 780 *b,* & Selgiukian, 782 *b.* Il y en a eu trois branches, celle d'Iran ou de la Perfe, *ibid;* celle de Kerman, 783 *a,* & celle de Roum, *ibid. b.* Thogrul-Beg a été le fondateur de cette grande Dynaftie. *V.* le Tit. de ce Sultan, 867 *a.*

———— des Khouarezmiens. *V.* le Tit. Khouarezmioun, 513 *a.*

———— des Marabouts ou Al Moravides en Efpagne. *V.* le Tit. de Morabethah, 624 *a.*

———— des Al Mohades en Afrique & en Efpagne. *V.* le Tit. de Moahedoun, 591 *a.*

———— des Modhafferiens en Afie. Le fondateur en a été Modhaffer. *V.* fon Tit. 597 *b,* & celui de Schah Schegia, 753 *a.*

———— de Molouk Curt en Afie. *V.* le Tit. de Curt, 256 *b,* & celui de Schamfeddin, 759 *a.*

———— des Mogols. Il y en a eu deux; l'ancienne, établie par Mogolkhan. *V.* Mogol, 601 *b.* La feconde fut formée par le fameux conquérant Genghizkhan, 602 *a.*

———— des grands Mogols aux Indes, defcendants de Tamerlan, Elle y exifte encore. Homaioum en a été le fondateur. *V.* fon Tit. 422 *b;* celui d'Omar Scheik ben Aboufaïd, 684 *b,* & celui de Timour, 872 *b.*

———— des Sarbedariens en Afie. *V.* Sarbedar, 744 *b,* ainfi que le Tit. Fadhlalla, 312 *b.*

———— des Turcomans de la race du Mouton noir, qui a régné en Afie. *V.* le Tit. Cara-coinlu, 232 *b,* & celui de Turkman, 892 *b.*

———— des Turcomans Bajandoriens ou du Mouton blanc. *V.* le Tit. d'Ac-Coinlu, 38 *a,* 391 *b,* 446 *b,* & 626 *a.* Son fondateur a été Haffan, furnommé Uzun, que nos Hiftoriens nomment Uzuncaffan. *V.* fon Tit. 907 *a.*

———— des Atabekiens; il y en a eu quatre branches, la premiere de l'Iraque, la feconde de la Médie, la troifieme de la Perfe, & la quatrieme de Lar. *V.* le Tit. Atabekian, 132 *b.*

———— des Ajubites ou Jobites, établie en Egypte & en Syrie. Le grand Saladin en a été le fondateur. *V.* le Tit. Ajubiah, 76 *b;* celui de Salaheddin, 728 *b,* & celui de Naffer, 660 *b.*

———— des Caracathaiens qui ont régné dans la Caramanie Perfienne. *V.* le Tit. Cara Cathaian, 231 *b,* & celui de Barac, 169 *a.*

———— des Baharites ou Mamelucs en Egypte. Il y en a eu deux. *V.* les Tit. de Bahariah, 161 *a,* & de Mamlouk, 555 *a.*

———— des Ilekhaniens en Médie. *V.* le Tit. de Haffan Ilekhani, fon fondateur, 403 *a,* & celui d'Avis, 138 *a.*

———— des Uzbékiens dans le pays nommé Defcht Caprchak, au-deffus de la Mer Cafpienne. Elle eft connue fous le nom de Daulat al Uzbekiar. Schaibek en a été le fondateur. *V.* fon Tit. 755 *b,* & celui d'Uzbek, 906 *b.*

———— des Rois aujourd'hui régnant en Perfe. Ifmaïl Schah, nommé auffi Ifmaïl Sofi, en a été le fondateur. *V.* fon Tit. 466 *a;* celui de Haidar, 391 *a,* & le fecond Tit. Safi, 719 *a.*

———— des Othmanides ou Othomans qui regnent encore à Conftantinople. Ils defcendent d'Orthogrul, pere d'Othman. *V.* le Tit. du premier, 867 *a;* celui du fecond, 868 *b,* & celui de Soliman Schah, 802 *b.*

———— des anciens Tartares, de laquelle il y a encore un refte dans la Crimée, gouvernée par un Khan de la Famille de Gheraï. *V.* le Tit. de Tatar, 850 *a.*

———— en Chine. Il y en a eu un grand nombre, tant originaires de l'Empire, qu'étrangeres, *Suppl.*

1, 6, 81, 94, 95, 98, 103, 126, 129, 172. Les trois premieres Dynasties de cet Empire, 192.

E.

Eau chaude avalée; moyen de découvrir la vérité d'un fait, 528 *b*.

Echec & mât. V. l'Art. Schah, 751 *b*.

Echelle de la langue Arabique. *V.* l'Art. Mercat, 584 *b*.

Ecritoire & bonnet, marques de dignité & de pouvoir des Visirs, 553 *a*.

Ecriture (l') ou l'ancien & le nouveau Testament. *V.* le Tit. Engil, 294 *b*.

Ecrivain célebre en matiere de Droit & de Traditions. *V.* Nessavi, 659 *a*.

Effet & vertu de l'eau du puits de Zemzem. *V.* cet Art. 916 *a*.

Egypte, (l') Royaume. *Voyez-en* la description au Tit. Mesr, 585 *a*.

Elections (les) & pronostics de l'Astrologie Judiciaire. Les Persiens les nomment Ekhtiarat. *V.* le Tit. d'Ali Mesri, 91 *a*, & celui d'Ekhtiar, 288 *a*.

Eléments. (les) Deux livres portent ce nom; l'un de Galien qui traite des éléments & de leurs qualités; l'autre d'Euclide, contenant les principes de la Géometrie. *V.* Astacsat, 130 *b*.

Eléphants (les) *V.* l'Art. de Fil, 325 *a*.

Elie, le Prophete; il est nommé par les Mahométans Ilia & Khedher. *V.* le premier de ces Tit. 454 *b*, le second, 505 *a*, & celui de Zerib, 920 *b*.

Elixir. Origine de ce mot. *V.* l'Art. d'Aidmerin, 73 *a*.

Eloge de *Thai-tçoum*, Empereur de la Tartarie & de la Chine, de la Dynastie des *Leao, Suppl.* 93.

Eloge de *Thai-tçau*, Empereur Tartare de la nation des *Niou-tché*, fondateur d'un grand Empire, & chef de la Dynastie des *Kin* qui succeda à celle des *Leao, Suppl.* 113.

Eloge de *Thai-tçoum*, Empereur de la Tartarie & de la Chine, de la Dynastie des *Kin.* Ce Monarque a fait des choses qui sont très-difficiles à faire aux Princes, *Suppl.* 116.

Eloge de l'Empereur *Che-tçoum*, de la Dynastie des *Kin.* Ce Prince fut un véritable Héros & un Empereur accompli, *Suppl.* 119.

Eloge funebre des Patriarches Abraham, Isaac & Jacob, par Athanase, Patriarche d'Alexandrie. *V.* Niahat, 666 *b*.

Eloge du monument du Christianisme en Chine, *Suppl.* 165.

Eloba. Les Chinois ne peuvent écrire ce nom; c'est pourquoi ils lui substituent *Olobo, Suppl.* 183.

Empedocles, le Philosophe. Les Arabes le nomment Embidoclis. *V.* ce Tit. 293 *a*.

Empereur (l') des Romains. Les Turcs le nomment *Betche Krali*, le Roi d'Autriche. *V.* le Tit. de Bege, 181 *a*.

Empereur. Le premier Empereur Mahométan des Mogols fut Nicoudar. *V.* ce Tit. 666 *b*.

Empereur qui dominoit sur trente-six Royaumes, *S.* 28.

Empereur qui, lors d'une calamité publique, se condamna lui-même, & chercha des gens qui voulussent lui dire sincerement ses défauts, *Suppl.* 120.

Empereur (l') *Thai-tçoum*, de la Dynastie des *Leao*, détrona l'Empereur Chinois *Che-tchoum-kouei*, de la Dynastie de *Tçin. Suppl.* 92. Celui-ci revêtu d'un habit blanc, en signe de deuil, alla, menant en lesse un mouton, attendre son vainqueur au passage; *ibid.* Cette grande révolution arriva l'an 947e. de l'Ere Chrétienne, & l'Empereur soumis fut créé Marquis de l'ingratitude, *ibid.*

Empereur (l') de Chine, nommé *Tchao-houan*, se rend à l'Empereur *Thai-tçoum*, de la Dynastie des *Kin. Suppl.* 115.

Empereur (l') des *Niou-tché*, proclamé *Hoam-ti* l'an de grace 1115. *Suppl.* 107. Il donne à sa Dynastie le

titre de *Kin.* Pourquoi, *ibid.* Il fait promulguer deux édits marqués au coin de l'humanité, 108. Changement du titre donné aux années de son regne, 109. Il fait publier les lettres nouvelles, inventées à l'usage de sa nation, *ibid.* Il prend possession de la Cour du milieu, de l'Empereur Chinois des *Leao*, 112.

Empereur Grec, fait prisonnier de guerre, 552 *b*.

Empereur qui, en naissant, avoit sept signes sur la poitrine, représentant la figure des sept principales étoiles de la grande ourse. *Suppl.* 119.

Empereur (l') des Abyssins, comment nommé. *V.* le Tit. d'Abrahah, 11 *a*.

Empereur Chinois qui s'entêta de la Religion des Bonzes *Tao-sse*, & qui chercha dans les opérations chimique, le secret de l'immortalité. *Suppl.* 33.

Empereur qui fait tuer son fils, devenu suspect par son mérite. *Suppl.* 32.

Empereur d'une origine divine. *Suppl.* 32.

Empereurs Tartares & Chinois, créés tels après leur mort, par rétrocession. *Suppl.* 102.

Empire (l') Romain, nommé *Taçin* & *Likien* par les Chinois; sa description. *Suppl.* 168, 172, 173, 174.

Empire (l') des Khalifes déchiré & démembré, 499 *b*, & entierement aboli par les Mogols, 695 *a*.

Empire (l') de la Chine ne fut jamais plus puissant ni plus étendu que dans les premiers temps de la Dynastie des *Tham*; jamais plus foible & plus retréci que sur la fin de la même Dynastie. *Suppl.* 98.

Empire (l') de la Chine divisé en dix grandes Provinces qui peuvent passer pour autant de Royaumes, *Suppl.* 166, 168, 193.

Empire (l') de la Chine contraint de subir tout entier, pour la premiere fois, le joug d'une nation étrangere, *Suppl.* 125.

Empire (l'ancien) des Mogols rétabli. *V.* Kiat, 515 *a*.

Emploi (l') & l'usage du nom de Dieu. *V.* le Tit. Tassaruf, 848 *b*.

Encens (de l'). L'arbre qui produit cette drogue, croît en Arabie; 527 *a*.

Encyclopédie, ou la clef des sciences. *V.* Saccaki, 716 *a*, & Thabacat al oloum, 853 *b*.

Enfants (les) de Dieu. *V.* le Tit. d'Aulad, 140 *a*, & celui de Scheith, 767 *a*.

Enfants (les) des Rois de Perse. *V.* Molouk, 621 *b*.

Enfants (les) du pavot noir. *V.* l'Art. de Benu al Khasch, 185 *a*.

Enfants qui ont parlé par miracle. *V.* le Tit. Gioraige, 373 *a*.

Enfant de Saturne, nom ou surnom d'un Astronome célebre du quatrieme siecle de l'Hégire. *V.* Golam Zohal, 377 *b*.

Enfer. (l') Les Arabes Musulmans l'appellent Gehennem, mot emprunté des Juifs. *V.* cet Art. 343 *a*. Les pecheurs Musulmans n'y seront que pour un temps *V.* le Tit. Mansor Imam, 562 *b*.

Enigmes. (les) Plusieurs Auteurs Arabes ont écrit sur ce sujet. *V.* le Tit. d'Aglaz, 82 *a*.

Enoch, le Patriarche. Les Musulmans lui donnent différents noms. *V.* le Tit. de Tirfemin, 882 *b*.

Entassement de corps morts, en forme de trophée, sur le bord d'une riviere, & autres cruautés inouies, *Suplp.* 25, 26.

Enthousiastes. Il y a un grand nombre de cette sorte de gens parmi les Mahométans & les Indiens. *V.* Abdal, 5 *a*.

Entrevue de deux Rois de la Chine, dont l'un donna une marque de vanité, & l'autre de sagesse, *Suppl.* 176.

Enumération des crimes de la Dynastie des *Leao*, *Suppl.* 105.

Envoyé ou messager de Dieu, titre particuliérement donné à Mahomet. *V.* l'Art. de Rassoul, 702 *a*.

Epée d'une trempe excellente, 401 *b*. *V.* aussi le Tit. de Mádi Karb, 537 *b*.

Epée (l') de Dieu, surnom donné par Mahomet à un Arabe d'une bravoure extraordinaire. *V.* Khaled. 497 *b*, & Saifallah, 724 *a.*

Epic aromatique, ou *Spica nardi. V.* Sunbul, 810 *b.*

Epreuve du feu en matiere de Religion. *V.* le troifieme Tit. Gehangir, 341 *b.*

Equinoxe du printemps; commencement de l'année chez les Perfans qui le nomment Mihirgian. *V.* ce Tit. 587 *b.*

Ere, Epoque, Chronologie, point fixe, où l'on commence à compter les années. *V.* le premier Tit. de Tarikh, 833 *a.*

— Arabique ou de l'Hégire. *V.* le fecond Tit. de Tarikh, *ibid. b.*

— Perfienne ou Jezdigirdique; troifieme Tit. de Tarikh, *ibid. b.*

— des Khathaiens & Iguriens. *V.* le premier Tit. de Tarikh, 833 *a.*

— Gélaléenne ou Ere Royale; fecond Tit. de Tarikh, *ibid. b.*

— Grecque. *V.* le quatrieme Tit. de Tarikh, *ibid. b.*

— des Martyrs ou de Dioclétien, cinquieme Tit. de Tarikh, *ibid. b.*

— des Turcs Orientaux. *V.* le premier Tit. de Tarikh, 833 *a.*

— Babylonienne, 526 *a.*

Efaü, frere de Jacob. Les Arabes le nomment Aïs. *V.* ce Tit. 74 *b*, & celui d'Asfar, 128 *b.*

Efclave (l') donné par Nembrod à Abraham. *V.* le Tit. de Demfchak, 266 *b.*

Efclaves Turcs & Circaffiens. *V.* le Tit. de Mamlouk, 555 *a*, & celui de Salah ou Saleh, 728 *a.*

Efculape. Les Auteurs Orientaux le nomment Afclepious. *V* ce Tit. 128 *a*, & celui d'Edris, 290 *a.*

Efdras. Les Mufulmans le nomment Ozaïr. *V.* ce Tit. qui renferme les fables qu'ils débitent fur fon fujet, 291 *a.*

Efope & Locman font vraifemblablement un feul & même perfonnage, 589 *a.*

Efpagne & Efpagnol. Les Arabes nomment l'une Andalous, & l'autre Andaloufi. *V.* ces deux Tit. 106 *b*, & 107 *a.*

Efprit (l') de Sainteté, ou le Saint-Efprit. *V.* le Tit. de Cods, 246 *b*, & celui de Rouhallah, 710 *b.*

Efprits qui n'étoient ni Anges, ni diables, & qui ont exifté avant Adam. *V.* Gian, 368 *a.*

Effence (l') divine ne peut être comprife que par elle-même, 93 *b.*

Efther, la Reine. *V.* le Tit. Aftir, 131 *a.*

Eftime des Arabes pour les Arts & les Sciences, 292 *a.*

Etabliffement du Siege de l'Empire des Moumgols ou de la Dynaftie des *Yuen* dans la Chine, *Suppl.* 125, 126.

Etabliffement de la Dynaftie des *Mim* dans la Chine, fur les ruines de celle des *Yuen, Suppl.* 126.

Etabliffement de la Dynaftie des *Tçim* ou des *Mantchou* dans la Chine; elle fuccéda à celle des *Mim* l'an 1644 de l'Ere Chrétienne, & fubfifte encore, *Suppl.* 126, 127.

Etages ou degrés de punition dans l'enfer. *V.* Gehennem, 243 *a.*

Etendard général des armées de Genghizkhan; c'étoit une cornette blanche, 353 *a.*

Etendue de l'Empire de la Chine. *V.* l'Art. Sin, 702 *b, Suppl.* 4, 146.

Eternité (l') du Monde, & Philofophes qui l'admettent, 285 *a.*

Etoile (l') fur l'épaule de Jofeph; rêverie des Mahométans, 459 *b.*

Être; premier des trois que Dieu a créés, & par le moyen duquel il a enfuite fait le monde; fentiment des Brachmanes. *V.* Brahma, 195.

Euchariftie (l') & la Meffe. *V.* le Tit. de Codar, 246 *b.*

Euclide, ancien Auteur des Eléments de la Géométrie & de l'Arithmétique. Les Arabes l'appellent

Aklides, & donnent fouvent fon nom à ces fciences. *V.* ce Tit. 46 *a*, & celui d'Oclides, 679 *a.*

Euphrate, grand fleuve de l'Afie. Les Orientaux le nomment Forat. *V.* ce Tit. 329 *a.*

Europe. Les Arabes appellent cette premiere partie du monde *Afrangiab*, du nom de la nation Françoife. *V.* ce Tit. & le fuivant, 61 *b.*

Eutychiens, (les) hérétiques Chrétiens, ils font nommés Jacobites. *V.* le troifieme Tit. de Jacoub, 435 *a.*

Evangile. Les anciens Perfans l'appellent Anghelion, & les modernes lui donnent le nom d'Engil. *V.* ces deux Tit. 108 *a*, 294 *b.*

Eve, femme d'Adam. Les Orientaux la nomment Havah. *V.* dans ce Tit. les fables que les Mahométans en débitent, 407 *a.*

Evêques. Les Arabes les nomment Mathran. *V.* ce Tit. 572 *a.*

Exaltation de la Croix; fête. *V.* le Tit. de Salb, 733 *b.*

Excellences (les) de l'Alcoran. *V.* Affaker, 122 *a.*

Excommunication fulminée contre la Famille des Ommiades, 599 *a.*

Exemple (l') & modele des Rois. *V.* le Tit. Noufchirvan, 675 *a.*

Exercices de dévotion ou de fpiritualité. *V.* l'Art. Taffaouf, 848 *b.*

Expédition militaire du Roi *Ye-lu-ta-ché. Suppl.* 11.

Explication de quarante noms de Dieu, felon les Mufulmans. *V.* l'Art. Scharh Khaovas, 761 *b.*

Explication allégorique & myftique des principaux paffages de l'Alcoran. *V.* Afrar, 130 *a.*

Eyghour, Royaume Tartare; fa defcription & fon hiftoire. *Supp.* 135 & *fuiv.*

Ezéchiel, le Prophete. Les Mahométans l'appellent Khazkil. *V.* ce Tit. 504 *b.*

F.

*F**ABLE* reçue par toutes les Nations de l'Orient, 919 *a.*

Fables dont les Mufulmans ont embelli l'hiftoire de la fuite de Mahomet, 412 *a.*

Faction jaune & faction noire en Tartarie. *Suppl.* 55.

Faim (la) canine eft nommée par les Arabes faim de bœuf. *V.* le Tit. de Giou, 374 *b*, & celui de Schahfchegiâ, 753 *a.*

Faifeur de lune par preftige, 383 *a.*

Faites-moi aujourd'hui Roi, & tuez-moi demain; mot d'un Prince de la Maifon d'Ommiah, 686 *b.*

Famille (la) des Abbaffides a été la plus confidérable parmi les Mahométans. *V.* leur Tit. 4 *a.*

Familles Tartares. Elles n'ont point à proprement parler, de *Sim* ou de nom qui les diftingue, à la réferve de quelques familles illuftres, fur-tout des Royales. *Suppl.* 130.

Farabius, célebre Doćteur & Philofophe des Mufulmans; il vivoit dans le quatrieme fiecle de l'Hégire. *V.* Farabi, 314 *a.*

Fafte du Khalife Moćtader. *V.* fon Tit. 595 *a.*

Fatalité du nom d'Ali, 731 *b.*

Fées (les), Sibylles, Parques. *V.* Tacouin, 816 *b.*

Félicité (la) des bienheureux confifte dans l'union avec Dieu, 351 *b.*

Femme (la troifieme) de Mahomet; la feule qu'il époufa lorfqu'elle étoit encore fille. *V.* le Tit. d'Aïfchah, 75 *a.*

Femme laide, quoique très-belle. *V.* le fens de cette expreffion contradićtoire, 643 *a.*

Femme (la) favante. *V.* Taouâdod, 829 *b.*

Femmes (les) Queftion fi elles entreront en Paradis; tradition fur ce fujet & plaifanterie de Mahomet, 552 *a.*

Fêtes de l'Eglise Chrétienne. Les Mufulmans les honorent, 458 *b.*

Fêtes que les Mahométans célebrent. *V.* l'Art. d'Aid, 72, *b. V.* auffi le Tit. de Beiram, 182 *b.*

Fetfa ou *Fetua* ; on appelle ainfi une décifion du Mufti de Conftantinople. *V.* Fataova, 318 *a.*

Feu (le) , pere & principe de toutes chofes. *V.* le fecond Art. Bab, 145 *a.*

Feutres ou chapeaux, inventés par Tamerlan, pour l'ufage de fes troupes. *V.* Calanes, 224 *a.*

Fidélité due à l'Hiftoire, violée par d'indignes Hiftoriens. *Suppl.* 119.

Fille qui a porté la qualité de Docteur parmi les Mufulmans. *V.* Aïfchah, 75 *a.*

Filles (les cent) efclaves qui favoient l'Alcoran par cœur. V. le Tit. Zobeidah. 925 *b.*

Fils (le) ; en Arabe *Ebn. V.* ce Tit. 287 *a*, & celui d'Aben, 10 *a.*

Fils de fon pere , ou fils d'un inconnu. V. Ziad, 921 *a.*

Fils (un) de Prince. *V.* le Tit. Mirza, 590 *b.*

Fils de l'étoile & fils du menfonge, nom d'un fameux impofteur, qui vouloit fe faire paffer pour le Meffie. *V.* Bar Cokba, 169 *a.*

Fils de l'enfer ; cette expreffion défigne un réprouvé. V. le Tit. Gehennem, 343 *a.*

Fils du Ciel , titre qu'on donne à l'Empereur de la Chine. *V.* Tencu, 851 *a, Suppl.* 2.

Flambeau (le) des Rois, ouvrage politique. *V.* le Tit. Serag' al Molouk, 788 *a.*

Flambeau de la nuit. C'eft ainfi que les Perfans appellent l'efcarboucle. *V.* Schebgerag, 763 *a.*

Flandre, Province du Pays-Bas. Les Orientaux l'appellent Palandrah, 692 *b.*

Fleche ; ce mot , outre fa fignification ordinaire, défigne chez les Tartares une famille, *Suppl.* 53, 54.

Fleches. L'art de les tirer porté à fa derniere perfection. *V.* Cajan, 215 *b.*

Fleuve (le) de la paix. *V.* l'Art. Schath, 762 *a.*

Fleuve du Roi, nom d'une ville. *V.* le Tit. de Nahar Malek, 655 *b.*

Fleuves (les deux grands) de l'Afrique. *Voyez*-en la defcription à l'Art. Nil, 668 *a.*

Flotte de l'Empereur Tartare *Hailim*, défaite par la flotte Chinoife, principalement au moyen des canons, l'an 1161°. de l'Ere Chrétienne. *Suppl.* 117 *& fuiv.*

Foi (la) que l'on a pour ce que l'on croit être révélé par Dieu ; en un mot la Religion. *V.* l'Art. Din, 278 *a.*

Fondation de Rome. Les Chrétiens Orientaux la marquent fous le regne d'Ezéchias, Roi des Juifs. *V.* Roumiah, 712 *b.*

Fondation d'un Empire ayant 1400 lieues d'étendue de l'Orient à l'Occident, & plus de 700 du Midi au Septentrion. *Suppl.* 36.

Fondation de l'Empire le plus fameux & le plus grand qui ait exifté, étendu fur le continent d'entre les quatre mers, favoir la Méridionale, l'Orientale, la Glaciale & la Méditerranée ; en un mot, celui des Mogols ou Moumgols. *V.* le Tit. Genghizkhan, 352 *b*, & *Suppl.* 125.

Fondements (les) & principes de la Religion & du Droit des Mahométans ; on les nomme Offoul. *V.* cet Art. 688 *a.*

Fontaine ou fource de la naphte. *V.* l'Art. Hit, 419 *a.*

Fontaine d'Elie ou d'immortalité. *V.* Ilia, 454.

Fontaine de vie ou de Jouvence. *V.* Ain al hiat, 73 *b.*

Fontaine (la) du Soleil ; nom de l'ancienne métropole d'Egypte. *V.* Ain al Schams, 74 *a.*

Formule de faluer parmi les Chrétiens de Syrie. *V.* Barek-Mor, 173 *b.*

Formule dont on fe fert en écrivant au Roi de Perfe. *V.* le Tit. de Rouhi Semin, 711 *a.*

Formule de la publication des Ordonnances du Sultan de Conftantinople. *V.* Emr, 294 *a.*

Fournaife ardente dans laquelle Abraham fut jetté. *V.* Nemrod, 664 *b.*

Foux. (les) Les Mahométans les réverent, 401 *b.*

Franc arbitre ; doctrine des Mufulmans fur ce fujet, 207 *b.*

François, (les) ou Européens en général. Les Mahométans les appellent Farange. *V.* ce Tit. 315 *b*, & celui de Frank, 330 *b.*

Froment de Jofeph, efpece de bled que l'Egypte feule produit. *V.* Camah, 225 *a.*

Fruit d'un arbre que les Grecs ont appellé *Balanus Myrebfica,* & qui croît en abondance dans l'Arabie Heureufe, 168 *b.*

Fruit qui reffemble à la noix mufcade. *V.* Areca, 117 *a.*

Fuites, (les deux) l'une des difciples de Mahomet, l'autre la fienne propre. *V.* Hegiratan & Hegrah, 412 *a.*

Furies (les) des Mythologiftes, 767 *b.*

G.

*G*ABRIEL, l'Archange. Les Mufulmans le nomment Gebraïl. *V.* ce Tit. 340 *b.*

Galbanum, plante ou plutôt le fuc d'une plante. *V.* l'Art. de Barzede, 175 *b.*

Galien, le Médecin. Les Arabes l'appellent Gialinous, 364 *b.*

Garde d'un Sultan, compofée de 1400 hommes, dont 700 portoient des maffes d'argent, & 700 des maffes d'or. *V.* le Tit. Amak, 98 *a.*

Garde-robe de trois mille paires d'habits, faits pour la feule perfonne d'un Sultan, 307 *b.*

Gatto pardo, animal dont les Turcs & les Indiens fe fervent pour faire la chaffe aux gazelles & aux lievres. *V.* Pars, 693 *a.*

Gazelles, (les) efpece d'animal. *V.* l'Art. Gazal, 337 *a.*

Gazelles (les) d'or du Temple de la Mecque. *V.* le Tit. Gazalan, 337 *b.*

Géant ou *Div* qui n'étoit point de la race des hommes. *V.* Surkhrag', 811 *a.*

Géant à mille mains. *V.* Samandar, 736 *b.*

Géants. (les) *V.* le Tit. de Giabbar, 359 *b.*

Généalogie. Les Arabes la confiderent comme une fcience qui doit être cultivée beaucoup ; auffi plufieurs Auteurs en ont traité. *V.* les deux Tit. Anfab, 109 *a.*

Généraliffime dégradé & fait Centenier, pour s'être rendu coupable de péculat, *Suppl.* 109.

Généraliffime qui reçut foixante & dix coups de baguette , pour avoir bu du vin , malgré la défenfe de l'Empereur fon maître, *Suppl.* 117.

Générofité fans exemple du grand Saladin, 731 *a.*

Génie ou Démon. *V.* le Tit. Genn, 348 *b.*

Génie qui préfide au premier jour de l'année folaire des anciens Perfes. *V.* Ormoz, 687.

Génie qui préfide aux vents. *V.* le Tit. de Bad, 152 *a.*

Génie qui préfide aux noces. *V.* Aniran, 108 *b.*

Génie qui appaife la colere. *V.* Bahaman, 157 *b.*

Gens de la Croix. Les Mahométans appellent ainfi les Chrétiens croifés qui leur ont fait la guerre dans la Paleftine. *V.* Salb, 733 *b.*

Gentilhomme de la chambre. *V.* le Tit. Hageb, 389 *a.*

Géographie. Les Arabes l'appellent Giagrafiah, quoique les Auteurs qui en traitent, donnent rarement ce titre à leurs ouvrages, 363 *b.*

Géographie fabuleufe, tirée de l'Alcoran, 364 *a.*

Géomance. L'invention de cet art fuperftitieux à qui attribuée. *V.* le Tit. Raml, 700 *a.*

Géométrie. Les Arabes nomment cette Science *Handaffah*, mot dérivé du Perfien *Andaz*, qui fignifie *mefure,* 397 *b. V.* auffi le Tit. Tahrir Hendaffiat, 823 *b.*

Gingembre fauvage ; il y en a trois efpeces. *V.* Cofth, 252 *a.*

Globe terreftre pefant 800 marcs d'argent. *V.* Edriffi, 290 *a.*

Gloire (la) de Dieu. *V.* le Tit. Gelal, 344 *b.*

Gog & Magog, peuples du Septentrion. *V.* l'Art. Jagiouge, 436 *a.*

Golfe de mer. Les Géographes Arabes en comptent trois principaux. *V.* le Tit. de Kholgian, 506 *b.*

Golfe Arabique; nous l'appellons la Mer Rouge. *V.* Leffan al Calzoum, 527 *a.*

Golfe de la Lune, Ville maritime de l'Arabie Heureufe. *V.* Gob, 377 *a.*

Goliath, le Géant. Les Arabes lui donnent le nom de Gialout. *V.* ce Tit. 364 *b.*

Gomme, nommée *Sarcocolla*, qui coule d'un arbre épineux. *V.* Surmeh, 811 *b.*

Gomme nommée *Laudanum*. *V.* l'Art. Ladan, 520 *b.*

Gomorrhe, la Ville. Les Arabes la nomment Amorah. *V.* ce Tit. 103 *a*, & celui de Loth, 532 *a.*

Gorge du fleuve; c'eft ce que nous nommons la Goulette, place aux portes de Tunis, 394 *a.*

Gouvernement févere, même violent d'un Prince, préférable au gouvernement foible & trop indulgent, 411 *a.*

Gouverneur qui difoit que l'obéiffance due aux Princes eft plus abfolue & plus néceffaire que celle que l'on doit à Dieu, felon l'Alcoran, *ibid.*

Grace (la) ou le fecours de Dieu. *V.* le Tit. d'Enaiah, 294 *a.*

Grain de raifin qui étouffa la concubine d'un Khalife, 450 *b.*

Graine du cœur, ou amour-propre & concupifcence qui nous porte au mal. *V. Péché d'origine.*

Grammaire. Les Arabes l'appellent Nahou. *V.* ce Tit. 656 *a.*

Grammairiens Arabes. Le Maître de tous a été Khalil. *V.* Son Tit. 501 *a*; le plus illuftre, Sibouieh, 791 *a*, & le plus docte des Grammairiens Arabes d'Efpagne, Schaloubini. 756 *a.*

Grand-Chambellan. V. l'Art. Hageb, 389 *a.*

Grand-Duc (le) de Tofcane. Les Turcs l'appellent abfolument Doucah. *V.* ce Tit. 283 *a.*

Grecs (les anciens), 297 *a. V.* auffi Jounani, 458 *a.* Grecs modernes qu'on nomme Roumi, *ibid.*

Grenade, ville d'Efpagne; les Arabes la nomment Garnathah. *V.* ce Tit. 335 *b.*

Grenades. La meilleure efpece de ce fruit vient du terroir de la ville de Salt. *V.* ce Tit. 735 *a.*

Grenouilles qu'on fit taire au moyen d'une drogue, 55 *a.*

Groffeffe miraculeufe d'une femme Tartare, *Suppl.* 35.

Groffeffe miraculeufe d'une Princeffe Mogolienne. *V.* le Tit. d'Alankava, 78 *a*, & *Suppl.* 152.

Grotte d'Eve, ou oratoire de Mahomet, 407 *b.*

Guerre (la) en général. Les Arabes la nomment Harb, 368 *b.* Celle qui fe fait aux Infideles s'appelle Gedal. *V.* ce Tit. 341 *a.*

Guerre (la). La premiere que Mahomet a faite eft celle qu'il a foutenue contre les Juifs. *V.* le Tit. de Khaibar, 497 *a.*

Guide des chemins; titre d'un livre, contenant les vies de plufieurs Philofophes, ainfi que celles d'Alexandre, de Salomon & d'autres perfonnages. *V.* Haugial, 408 *b.*

Guidon (le), marque du commandement parmi les Orientaux, 859 *a.*

Guy de Lufignan, Roi de Jérufalem, fait prifonnier de guerre par le Grand Saladin, 729 *b.*

H.

HABIT (l') ne fait par le Moine, en Turc *Dervifchlik Khirkhaden bellu deghil*, 268 *b.*

Habit de laine. Prendre des habits de laine, en Arabe *Lebas al fuf*, eft une façon de parler qui fignifie, faire profeffion de la vie religieufe. *V.* le Tit. Bulos al Raheb, 197 *b.*

Habits defcendus du ciel pour couvrir la nudité d'Adam; fable mufulmane, 52 *a.*

Habits de foie défendus aux Mufulmans. *V.* Harir, 399 *a.*

Han-vou-ti a été le premier Empereur de la Chine qui fit des conquêtes dans la Tartarie, *Suppl.* 5, 135, 143.

Heber, le Patriarche. Les Arabes le nomment Houd. *V.* ce Tit. 427 *a.* Un des Chapitres de l'Alcoran porte ce dernier nom, *ibid.*

Hégire (l') ou fuite de Mahomet; elle fait l'Ere Mahométane, & tombe fur l'année 622°. de l'Ere Chrétienne. *V.* Hegrah, 412 *a.*

Hélene, mere de Conftantin le Grand. Les Orientaux la nomment Helani, 414.

Héraclius, Empereur. Les Chrétiens orientaux affurent qu'il a été Melkite, c'eft-à-dire, orthodoxe; ils le nomment Harkel, 398 *b.*

Herbe qui produit du miel d'une douceur exquife, *Suppl.* 139.

Herbe ou arbriffeau qui porte un fruit femblable au cocon du ver à foie, *Suppl.* 139.

Héréfiarque (l') qui nioit la trinité des perfonnes en Dieu. *V.* le Tit. Sabellious, 714 *a.*

Héréfie (l') des Maronites. *V.* le Tit. Maroun, 566 *a.*

Hérétique (l') qui admettoit trois Dieux. *V.* Markion, 563 *b.*

Hérétiques parmi les premiers Chrétiens, lefquels font connus fous le nom de *Maffaliani. V.* l'Art. Moffalah, 629 *b.*

Héros (un) ou homme vaillant. *V.* Pahalavan, 692 *b.*

Héros (le), furnommé corps de bronze. *V.* Asfendiar, 128 *b.*

Héros (les) de la Perfe. Le plus vaillant de tous étoit Roftam. *V.* fon Tit. 709 *a*, 342 *a.*

Heure (une) Chinoife en vaut deux des nôtres, *Suppl.* 17.

Heureufes (les deux) & fortunées. *V.* Saadani, 717 *a*, & Sad, 716 *a.*

Hiacinte, fleur. Les Perfans & les Turcs l'appellent Sunbul, nom qu'ils donnent métaphoriquement aux beaux cheveux d'une femme, 810 *b.*

Hioum-nou (les), nation Tartare. Ils donnoient à leur *Tchen-yu*, ou Empereur, le titre de fils du Ciel, à l'imitation des Chinois, *Suppl.* 56. Il y avoit parmi eux vingt-quatre Ordres de Grands, douze de la gauche, la plus honorable, & autant de la droite. Le *Thou-ki*, ou fage Roi de la gauche, étoit ordinairement défigné Empereur, *ibid.* Leurs loix criminelles étoient affez féveres, *ibid.* Ils adoroient le foleil & la lune, *ibid.* On faifoit boire une taffe de vin à qui apportoit la tête d'un ennemi, & les captifs reftoient au pouvoir de celui qui les avoit pris, *ibid.* Ils étoient habiles à dreffer des embufcades, & celui qui, dans le combat, emportoit un de fes camarades tués, devenoit héritier de fes biens, *ibid.*

Hippocrate, le Médecin. Les Arabes le nomment Bokrath. *V.* ce Tit. 191 *b.*

Hippogloffon, langue de cheval, efpece de plante fort purgative. *V.* Leffan al fars, 527 *a.*

Hirondelle, fobriquet donné à un Poëte. *V.* Refchidi, 706 *a.*

Hifpahan, aujourd'hui Capitale de la Perfe. Elle eft nommé Esfahan, 301 *a.*

Hiftoire (fcience). Elle eft fort cultivée par les Mahométans. Catalogues d'une partie de leurs livres hiftoriques. *V.* les Tit. d'Akhbar, 39 *b*; de Sairat, 725 *b*, & de Tarikh, depuis 833 jufqu'à 847.

Hiftoire de Locman, dit le Sage. *V.* fon Tit. 528 *a.*

Hiftoire d'une tête de mort, reffufcitée, felon les Mahométans, par Jefus-Chrift. *V.* Keffat algiamgiamah, 476 *b.*

Histoire des Apôtres, ouvrage d'un Auteur Chrétien. *V.* l'Art. Keffas al Havariin, 477 *b.*

Histoire de l'Impératrice Hélene, mere de Conftantin le Grand. *V.* Keffat Hailanah, 477 *b.*

Histoire d'une fainte-femme Juive, nommée Fikiat. *V.* Keffat Fikiat, 476 *b.*

Histoire de Jérufalem & de la Terre-fainte. *V.* le Tit. Tarik al Cods, 843 *a.*

Histoire générale très-célebre chez les Mahométans, laquelle paffe pour le fondement des autres hiftoires Mufulmanes. *V.* Tarikh al Thabari, 842 *a.*

Histoire (autre) générale qui commence à la création du monde. *V.* l'Art. Tarikh Lari, 844 *a.*

Histoire des Sultans Othmanides en langue Turquefque. Le célebre Khogia Efendi en eft l'Auteur. *V.* Saadeddin, 716 *b.*

Histoire des Khalifes par Soïouthi. *V.* le Tit. Tarik alkholafa, 840 *a.*

Histoire du Mahométifme, abrégée & écrite en langue Perfienne. *V.* Lebtarikh, 525 *b.*

Histoire des Compagnons de Mahomet. *V.* Thabacat al Sahaba, 854 *a.*

Histoire de Conftantinople. *V.* Tarikh al Cofthanthiniah, 843 *b.*

Histoire fabuleufe d'un homme né de la terre. *V.* l'Art. Hai, 390 *b.*

Histoire (l') Mahométane, mife en parallele avec la Chinoife, *Suppl.* 13.

Histoire de la Tartarie, *Suppl.* 17. De l'Empire des *Hioum-nou*, Tartares occidentaux, 18. De l'Empire des *Ouei* Tartares, 29. Des *Sien-pi* & des *Ou-Houan*, Tartares orientaux, 35. De l'Empire des *Geou-gen* Tartares, 38. De celui des *Tou-kiue* Tartares, 40. Des *Tou-kiue* occidentaux, 48. Des *Hoei-he* ou *Houei-hou*, 57. Des *Sie-Yen-Tho*, 71. Des *Pay-ye-kou*, ou *Pa-y kou*, 74. Des *Poukhou*, ou *Pou-kou*, 75. Des *Thoum-lo*, ibid. Des *Hoen*, ibid. Des *Khi-pii*, ou *Kii-pii-yu*, ibid. Des *Tho-lan-kho*, ou *Tho-lan*, 76. Des *Athie* ou *Hathie*, ou *Hiethie*, ibid. Des *Kho-lo-lo*, ou *Khorlo*, ibid. Des *Pa-fi-mii*, ibid. Des *Tou-po*, ibid. Des *Kho-li-kan*, ibid. Des *Pe-fii*, 77. Des *Hou-fie*, & autres Tartares, ibid. Des *Kie-kia-ffe*, 78. De l'Empire des *Khi-tan*, qui ont fondé la Dynaftie des *Leao* dans la Chine, 81. De la Dynaftie des *Kin*, 98. De l'Empire des *Moumgols*, ou de la Dynaftie des *Yuen*, 125. De l'Empire des *Mantchou*, ou de la Dynaftie des *Tçim*, 126.

HISTOIRES de plufieurs fameux perfonnages, fuivant *l'ordre alphabétique.*

Histoire d'ABOU-NAVAS, Roi de l'Arabie Heureufe, Prince Idolâtre & Magicien; il régnoit avant le temps de Mahomet, 27 *a.*

——— d'ABOU-SAID, Sultan des Mogols de la race de Genghizkhan; il commença à régner l'an de l'Hégire 717ᵉ, & de J. C. 1317, 29 *b.*

——— d'ABOU-SAID Mirza, de la race de Tamerlan. Il étoit en poffeffion de la Province Tranfoxane, & d'autres dans le neuvieme fiecle de l'Hégire & le quinzieme de J. C. 39 *a.*

——— d'ABRAHAH, furnommé *Dhou alfil*, c'eft-à-dire, *Maître de l'Eléphant*, Gouverneur ou Prince de l'Arabie Heureufe du temps d'Abdalmothleb, aïeul de Mahomet. Il eft fait mention de lui dans l'Alcoran, 11 *a.*

——— d'ABUBECRE, premier Khalife & fucceffeur de Mahomet, 16 *a.*

——— d'ADHAD EDDOULAT, furnom de FANA KHOSROU, fecond Sultan de la Maifon des Bouides ou Dilemites. Il vivoit dans le quatrieme fiecle de l'Hégire, ainfi dans le dixieme de l'Ere Chrétienne, 54 *a.*

——— d'ADHED LEDINILLAH, onzieme & der-
nier Khalife de la race des Fathimites en Egypte. Il régnoit dans le fixieme fiecle de l'Hégire, 56 *a.*

Histoire d'AFRASIAB, neuvieme Roi de Perfe de la premiere Dynaftie, 60 *b.*

——— de la Princeffe d'ALANKAVA. *V.* fon Tit. 78 *a*, & *Suppl.* 168.

——— d'ALI, (fils d'Abou Thaleb) coufin & gendre de Mahomet, 83 *a.*

——— d'ALP-ARSLAN, Sultan de la Dynaftie des Selgiucides, 94 *b.*

——— d'AMIN ben Haroun, fixieme Khalife de la Maifon des Abaffides, 101 *a.*

——— d'ARDSCHIR BABEGAN, premier Roi de la quatrieme Dynaftie de Perfe, nommée des Saffanides, 115 *b.*

——— d'ATSIZ, Gouverneur, & enfuite Roi de Khovarezm, 135 *b.*

——— de BABUR, arriere-petit-fils de Tamerlan, 147 *b*

——— de BAHARAM, Gur ou Guri, Roi de Perfe, 158 *b.*

——— de BAJAZID Iᵉʳ., Sultan des Turcs Othmanides, & furnommé le Foudre, 761 *a.*

——— de BAJAZID, fecond du nom, Empereur des Turcs de Conftantinople, 162 *a.*

——— de BARKIAROK, quatrieme Sultan de la Maifon des Selgiucides, 170 *b.*

——— de BIBARS, quatrieme Sultan de la premiere Dynaftie des Mamlucs, 188 *a.*

——— de CAI KHOSRAU, Iᵉʳ. Roi de Perfe de la Dynaftie des Cajanides, 217 *b.*

——— de CAJUMARATH, Iᵉʳ. Roi de Perfe de la Dynaftie des Pifchdadiens, 223 *a*, *Suppl.* 160.

——— de DHOHAK, cinquieme Roi de Perfe de la même Dynaftie, 274 *b.*

——— d'ESCANDER, ou Alexandre le Grand, fuivant les Ecrivains Orientaux, 210 *b*, & *Suppl.* 162.

——— de FERIDOUN, feptieme Roi de Perfe de la premiere Dynaftie, 323 *b*, *Suppl.* 149.

——— de GELALEDDIN, furnommé Mankberni, Sultan du Khovarezm, 344 *b.*

——— de GENGHIZKHAN, ce fameux Conquérant de l'Afie. *V.* fon Tit. 352 *b*, & *Suppl.* 149.

——— de GIAMSCHID, quatrieme Roi de Perfe de la Dynaftie, 367 *a*, & *Suppl.* 161.

——— de HAROUN al Rafchid, cinquieme Khalife des Abbaffides, dans le deuxieme fiecle de l'Hégire, 400 *a.*

——— de HEGIAGE, l'un des plus grands Capitaines Arabes, & fameux par fa févérité; il vivoit dans le premier fiecle de l'Hégire, 410 *a.*

——— de HOLAGU, cinquieme Empereur des Mogols & petit-fils de Genghizkhan; il régna dans le feptieme fiecle de l'Hégire, 420 *a.*

——— de KHOSROU, fils d'Hormouz, vingt-troifieme Roi de Perfe de la Dynaftie des Saffaniens, 508 *a.*

——— de KISCHTASB, fils de Lohorasb. Il étoit le cinquieme Roi de Perfe de la Dynaftie des Caïanides, 517 *b.*

——— LOHORASB, quatrieme Roi de Perfe de la Dynaftie des Caïnanides, 530 *a.*

——— de MAHADI, troifieme Khalife de la famille des Abbaffides. Il vécut dans le deuxieme fiecle de l'Hégire, 541 *a.*

——— de MAHMOUD, fils de Sebeckteghin, premier Sultan de Gaznevides dans le quatrieme fiecle de l'Hégire, 544 *a.*

——— de MALEKSCHAH, troifieme Sultan de la race des Selgiucides, au cinquieme fiecle de l'Hégire, 522 *a.*

——— de MAMON, feptieme Khalife de la Maifon des Abbaffides; il régna au commencement du troifieme fiecle de l'Hégire, 555 *a.*

Histoire de MANSOR, second Khalife de la Maison des Abbassides, dans le deuxieme siecle de l'Hégire, 560 *a*.

—————— de MARVAN, second du nom, quatorzieme & dernier Khalife de la race des Ommiades, au deuxieme siecle de l'Hégire, 566 *b*.

—————— de MOAVIAH, premier Khalife de la Maison d'Ommiah, dans le premier siecle de l'Hégire, 591 *b*.

—————— de MOCTADER Billah, dix-huitieme Khalifes des Abbassides dans les troisieme & quatrieme siecles de l'Hégire, 595 *a*.

—————— de MOHAMMED, ou Mahomet le faux Prophete, & de l'établissement de son hérésie, 602 *b*.

—————— de MOHAMMED, cinquieme Sultan de la premiere branche des Seigiucides; il régnoit au commencement du sixieme siecle de l'Hégire, 608 *b*.

—————— de MOHAMMED Kothbeddin, sixieme Sultan de la Dynastie des Khouarezmiens. Il commença à regner sur la fin du sixieme siecle de l'Hégire, 610 *a*.

—————— de MOHAMMED, ou Mahomet II, Empereur des Turcs, le même qui prit la Ville de Constantinople, l'an 857°. de l'Hégire, 617 *a*.

—————— de MOSTADHEM Billah, trente-septieme & dernier Khalife de la race des Abbassides, dans le septieme siecle de l'Hégire, 629 *a*.

—————— du Roi NEMROD, ou Nembrod, 665 *b*.

—————— de NOÉ le Prophete, selon les Mahométans. *V*. le Tit. Nouh al Nabi, 670 *b*.

—————— de NOUSCHIRVAN, ou Khosroès, Ier. du nom, Roi de Perse de la Dynastie des Sassanides, 675 *a*.

—————— d'OGOUZ Khan, l'un des anciens Rois des Mogols, fils de Cara Khan, & petit-fils de Mogul Khan, 679 *b*.

—————— d'OMAR, Ier. du nom, & second Khalife des Musulmans. Pendant son regne qui dura dix ans & demi, les conquêtes des Arabes ont été prodigieuses, 681 *b*.

—————— de SALAHEDDIN, connu sous le nom de Grand Saladin; il vivoit dans le sixieme siecle de l'Hégire, 728 *b*.

—————— de SALOMON, fils de David; elle est en partie fabuleuse, 799 *b*.

—————— de SCHABOUR ou Sapor, IIIe. du nom, neuvieme Roi de Perse de la Dynastie des Sassanides, 748 *a*.

—————— de SCHAHROKH behadir, quatrieme fils de Tamerlan; il régnoit dans le neuvieme siecle de l'Hégire, 754 *a*.

—————— de SELGIUK & de ceux de sa race qui sont parvenus à la puissance souveraine, 780 *b*.

—————— de SELIM, Ier. du nom, neuvieme Sultan de la Dynastie des Ottomans, 784 *a*.

—————— du grand Soliman, Empereur des Turcs, 803 *b*.

—————— de TACASCH, cinquieme Sultan de la Dynastie des Khouarezmiens; il vivoit dans le sixieme siecle de l'Hégire, 813 *b*.

—————— de THAHAMURATH, troisieme Monarque de Perse de la Dynastie des Pischdadiens, 857 *b*.

—————— de THAHER, d'abord Général d'armée, ensuite Prince Souverain de la Province de Khorassan, 858 *b*.

—————— de THOGRUL-BEG, premier Prince ou Sultan de la Dynastie des Seigiucides, 867 *a*.

—————— TIMOUR ou TAMERLAN, Conquérant de l'Asie, 872 *b*.

—————— de TOUMENAH KHAN, Roi des Mogols, ou Tartares Orientaux, 887 *a*.

—————— d'ULUG-BEG, fils de Scharokh, & petit-fils de Tamerlan; il vivoit dans le neuvieme siecle de l'Hégire, 904 *b*.

—————— d'UZUN-HASSAN-BEG, nommé par les Européens Uzum Cassan, Prince de la Dynastie du Mouton blanc; il a régné dans le neuvieme siecle de l'Hégire, 907 *a*.

Histoire de VALID, Ier. du nom, Khalife de la race des Ommiades; il vivoit dans le premier siecle de l'Hégire, 898 *a*.

—————— de divers Empereurs Chinois & Tartares, nommément de THAI-TÇOUM, *Suppl.* 88; de THAI-TÇAU, 103; de HII-TÇOUM, 116; de HAI-LIM, 117; de CHE-TÇOUM, 120; de TCHAM-TÇOUM, *ibid.*; de OUEI-CHA-VAM, 121; de SUEN-TÇOUM, *ibid.*; de GHAI-TÇOUM, *ibid.*; de JECTAN ou YAO-TANG, fondateur du vaste Empire de la Chine, 191.

Histoire naturelle. Il y a sur ce sujet plusieurs livres chez les Orientaux, entr'autres, celui qui a pour titre: *Traité des merveilles de la Nature. V*. Ketab âgiaib v garaïb, 487 *b*.

Historien mis à mort pour avoir dit trop librement la vérité, *Suppl.* 34.

Historiens, (deux) chargés d'écrire, l'un les paroles, l'autre les actions de l'Empereur; coutume Chinoise, *Suppl.* 119.

Historiographe (l') Persien le plus célebre. *V*. le Tit. Khondemir, 506 *b*.

Historiogaphe (l') d'Egypte. *V*. le Tit. Joussouf ben Tangri Bardi, 460 *b*, & celui de Macriz, 536 *b*.

Hoam-ti, ancien Empereur de Chine, & dont le nom a été donné en titre à plusieurs de ses successeurs, régna par la vertu de l'élément de la terre, *Suppl.* 28.

Hollande. V. Flandre.

Hommage rendu aux premiers Khalifes. *V*. Biat, 188 *a*.

Homme; (l') sa définition. Les Arabes le nomment Ensan, 295 *a*.

Homme (l') n'est homme que par les deux plus petites parties de son corps, qui sont le cœur & la langue, 706 *a*.

Homme (l') vertueux n'est étranger en aucun pays, 309 *b*.

Homme (l') transporté de l'amour, ou divin, ou profane. *V*. l'Art. Megnoun, 579 *b*.

Homme (l') qui se mit tantôt à rire, tantôt à pleurer. Pourquoi. *Suppl.* 122.

Homme (l') à tête de loup, *Suppl.* 74.

Homme (un) de commandement. *V*. le Tit. Pascha, 693 *a*.

Hommes sauvés dans l'arche de Noé; réverie des Mahométans touchant leur nombre. *V*. Eslam, 303 *a*.

Hommes (deux) fameux par leur valeur & le combat singulier qui se donna entr'eux. *V*. les Tit. de Bazman & Cobad, 180 *b*.

Hommes d'une grandeur démesurée, *Suppl.* 78.

Horloges (les) ou manieres de mesurer le temps. *V*. l'Art. Tashil *almicat fi elm aloucat*, 849 *b*.

Horoscope (l') de Mahomet; c'est le signe de la Balance. *V*. Moaggem, 591 *a*.

Hospitaliers, ordre militaire de Chevaliers. *V*. Dar al scheva, 261 *b*.

Hospitalité, amitié, alliance. Les Orientaux, pour en donner une marque, présentent du pain & du sel, 346 *a*.

Huns, (les) conduits par Attila, étoient (peut-être) de la nation des *Hioum-nou*, Tartares occidentaux, *Suppl.* 19, 146.

Hypostase (l') ou substance. Les Musulmans l'appellent Acnum. *V*. cet Art. 46 *b*.

J.

JALOUSIE (la) d'une Impératrice Tartare sauve une armée Chinoise, *Suppl.* 19.

Janissaires. (les) Les Turcs les nomment Jenitcheri; leur origine, 448 *a*. *V*. aussi le Tit. de Bectasch, 180 *a*.

Janvier, premier mois de l'année. Les Turcs le nom-

ment Janaris, quand ils se servent du Calendrier Julien, 442 *a*.

Jardin (le) d'Eden, ou Paradis terrestre. *V.* le Tit. d'Aden, 52 *b*; celui d'Adn, 59 *a*, & celui de Gennat, 352 *a*.

Jardin (le) ou faux Paradis. *V.* l'Art. Iram, 461 *a*.

Jardin (le) de roses, *Rosarium Politicum*, livre fort estimé dans l'Orient. *V.* le Tit. de Gulistan, 378 *b*, & le nom de son Auteur au Tit. Saadi, 717 *a*.

Idolâtrie; (l') temps où elle commença. *V.* le Tit. Jard, 443 *a*; ce qui y a donné lieu. *V.* Edris, 289 *b*.

Idolâtrie de plusieurs sortes dans la Chaldée, 12 *b*.

Idole adorée au temps de Noé. *V.* Souaa, 807 *b*.

Idole des Adites, ancienne Tribu des Arabes. *V.* Salemah, 734 *a*.

Idole des anciens Arabes. *V.* l'Art. Hobal, 419 *b*.

Idole de taille gigantesque. *V.* Menkeli, 583 *b*.

Idole suspendue en l'air. *V.* Soumenat, 808 *a*.

Idole d'or, de seize pieds de haut, faisant partie du trésor d'un Empereur Chinois fugitif, *Suppl.* 117.

Idole de la Musique; c'est ainsi que les Mythologues appellent Vénus, l'étoile. *V.* Zoharah, 826 *a*.

Jérémie, le Prophete. On le nomme Irmia; traditions sur son sujet. *V.* ce Tit. 461 *b*.

Jérusalem. Les Musulmans donnent à cette Ville le surnom de *Noble* & de *Sainte*, 730 *a*. Ils l'appellent aussi la *Maison sainte*. *V.* le Tit. de Beit, 182 *b*, & celui de Moccades, 594 *a*. Son histoire se trouve à l'Art. Cods, 247 *a*. On la nommoit aussi Ilia, 454 *a*.

Jérusalem bâtie par Melchisedech, & située au milieu de la terre habitable; sentiments des Orientaux, 248 *a*.

Jesus-Christ. Les Mahométans le nomment Issa. *V.* ce Tit. 461 *b*.

Jethro, beau-pere de Moïse. Les Musulmans l'appellent Schoaïb. *V.* ce Tit. 772 *a*.

Jeûne. (le) Son origine, 857 *b*.

Jeûne très-rigoureux des Mahométans. *V.* Ramadhan, 669 *b*.

Jeux de hasard; ils sont défendus aux Musulmans, 690 *a*.

Ignorance, méprisée par les Musulmans. *V.* Gehel, 342 *a*.

Ignorance d'un Khalife & de son Visir. *V.* Ahmed ben abi Khaled, 66 *b*.

Imamat, grande dignité établie chez les Mahométans. *V.* le Tit. d'Imam, 455 *a*. Le douzieme & dernier Imam doit encore paroître. *V.* le Tit. Mahadi, 542 *a*, & 678 *a*.

Immensité de Dieu; comment expliquée par les Musulmans, 278 *b*. *V.* aussi Hadher, 384 *a*.

Impératrice, (l') veuve de l'Empereur Chinois *Thaitçau*, se coupa la main droite, & la fit enfermer dans le cercueil de son mari, *Suppl.* 88.

Impératrices (les) de la Chine portent le nom de *Kba-toun*, *Suppl.* 50, 133.

Impie (un) qui n'est ni Juif, ni Chrétien, ni Mahométan. *V.* le Tit. Zendik, 917 *b*.

Impies (les) *V.* Ismaëliens.

Imposition des mains, cérémonie qui a lieu dans l'ordination des Ministres de l'Eglise Chrétienne. *V.* Scharthoniah, 762 *a*.

Impossibilité de donner un caractere à Dieu, n'y ayant aucun être créé d'où l'on puisse tirer une explication ou comparaison qui lui convienne, 93 *b*.

Imposteur ou faux Prophete, contemporain de Mahomet. *V.* le Tit. Mosseilemah, 627 *b*.

Imposteur, qui disoit être Moïse ressuscité. *V.* Mahmoud, ben Farage, 548 *a*.

Imposteur qui vouloit passer pour Dieu. *V.* Hakem, 301 *b*.

Imposteur & Rebelle qui n'étoit attaché à aucune Secte. *V.* le Tit. de Babek, 146 *a*.

Imposteur (l') qui vouloit introduire la communauté des biens. *V.* le Tit. Mazdak, 575 *b*.

Incendiaire du monde, surnom donné à un Prince. *V.* le Tit. Hassan, fils de Houssain, 404 *a*.

Incompréhensibilité (l') de Dieu, 93 *b*.

Indes (les) Orientales & leur division. *V.* le Tit. de Hend, 415 *a*, & celui de Send, 786 *b*.

Indiens noirs, habitans du pays de Zingistan, 918 *a*.

Indifférence ou incrédulité d'un Poëte Arabe en fait de Religion. *V.* le Tit. Aboulola, 25 *a*.

Indigo, plante dont le suc fait la couleur bleue. *V.* Nil, 668 *a*.

Indulgences que l'on gagne en visitant les saints lieux de Jérusalem, de Hebron & de Damas. *V.* l'Art. Mothir, 644 *a*.

Infinitifs (les) des verbes Arabes. *V.* Tag' almessader, 820 *a*.

Instrument astronomique qui sert à mesurer le mouvement de chaque Planete. *V.* Zarcalah, 912 *b*.

Intelligence (l') ou entendement. Opinions des Docteurs Musulmans sur cette faculté de l'ame. *V.* l'Art. d'Acl, 45 *b*.

Intelligence de la langue Arabique; ouvrage semblable à celui que nous nommons *Janua linguarum*. *V.* Fekehat allogat, 320 *a*.

Intercallation d'un mois ou de quelques jours. *V.* le Tit. de Cebissah, 744 *b*.

Interprete des songes; sa circonspection prudente, 640 *b*.

Intervalle (l') du temps entre la mort d'un homme & sa résurrection. *V.* l'Art. de Barzakh, 175 *b*.

Invention du plâtre & d'autres choses utiles, 367 *b*.

Invention des canons dans la Chine, *Suppl.* 117.

Investitures données par des Khalifes aux Sultans. *V.* Malek Rahim, 551 *a*.

Job, surnommé le Patient. Les Arabes le nomment Aiub. *V.* dans ce Tit. les fables des Mahométans sur son sujet, 75 *b*.

Jonas, le Prophete. Les Mahométans le nomment Jounous, & le surnomment l'Homme du poisson, 456 *b*. *V.* aussi Noun, 674 *a*.

Joseph, fils du Patriarche Jacob. Les Mahométans le nomment Jousouf. *V.* ce Titre, contenant les traditions qu'ils débitent sur son sujet, 459 *a*.

Josué, successeur de Moïse, & Jesus, fils de Sirach. *V.* le Tit. Joschova, 457 *b*.

Jour (le) civil, divisé par les Cathaiens en 12 parties. *V.* l'Art. Fenek, 321, *a*, & *Suppl.* 17.

Jourdain, (le) fleuve de la Palestine. Les Arabes le nomment Arden. *V.* ce Tit. 115 *b*.

Journée (la) du chameau; expression qui dénote la bataille donnée entre Ali & Aïschah, veuve de Mahomet, 84 *a*.

Journée de Houssain, fils d'Ali, 429 *a*.

Journées, (les six) dans lesquelles Dieu a créé le monde. *V.* Cahanbarha, 213 *b*.

Jours (les) dérobés, ou jours ajoutés à la fin de l'année solaire. *V.* Firouz, 326 *b*, & Moustaracah, 633 *b*.

Jours heureux ou malheureux. *V.* le Tit. Giou, 374 *b*.

Iraque (l') Arabique & l'Iraque Persienne. *V.* le Tit. d'Erac, 295 *b*.

Irene, fille de l'Empereur Maurice, laquelle fut mariée à Khosroès Parviz, Roi de Perse. *V.* Irini, 461 *b*.

Isaac, fils d'Abraham. Les Mahométans l'appellent Ishak, 463 *b*.

Isaïe, le Prophete; rêveries des Chrétiens Orientaux & des Musulmans sur son sujet. *V.* le Tit. Ischaja, 463 *b*.

Isle des enfans d'Omar, ville. *V.* Gezirat, 357 *b*.

Isles de l'Océan Oriental, dans lesquelles il y a une grande abondance d'or. *V.* Sailah, 725 *a*.

Ismaëliens, (les) secte d'impies. *V.* le Tit. Molhedoun, 621 *b*, & celui de Saadeddin, 716 *b*.

Juge des Musulmans en fait de Droit & de Religion. *V.* Cadhi, 209 *b.*

Juif. (un) Les Arabes l'appellent Jahoud. *V.* cet Art. qui contient une partie de l'Histoire de la nation Juive selon les Mahométans, 439 *a.*

Juifs métamorphosés en singes pour n'avoir pas observé la Loi de Moïse; fable grossiere. *V.* Firouz ben Belache, 326 *b.*

Juifs & Chrétiens. Les Mahométans les nomment souvent *Ahel al Ketab*, c'est-à-dire, gens qui ont des livres ou écritures saintes. *V.* le Premier Tit. Ketab, 478 *a.*

Juillet. Les Orientaux appellent ce mois *Jouliah* ou *Joulious*; mais ne l'employent que lorsqu'ils se servent du Calendrier Julien, 458, *a;* il en est de même du mois de Juin qu'ils nomment *Jounious, ibid. b.*

Julien l'Apostat. Les Arabes l'appellent Joulianous, & lui donnent l'épithete d'infidele & de déserteur. Tradition des Chrétiens Orientaux sur son sujet, 458 *a.*

Jupiter, la planete. *V.* le Tit. Moschteri, 627 *b.*

Jurement de Dieu par le pair & par l'impair, suivant l'Alcoran, au chapitre de l'Aurore, 94 *a.*

Jurement de Mahomet, le faux Prophete. *V.* le Tit. de Tina, 882 *b.*

Jurisconsulte (tout) Mahométan est à la fois Docteur en Théologie, qui, comme le droit ou la loi, n'a d'autre fondement que l'Alcoran; de sorte que ces deux professions sont inséparables. *V.* Fek, 319 *b.*

Jurisprudence Musulmane. Le premier Docteur qui ait écrit sur cette Science, est Schaféi. *V.* son Tit. 750 *b.*

Jusquiame, (le) plante qui enivre. *V.* l'Art. de Benk, 184 *a.*

K.

*K*AF & *Noun,* (K & N) formant le mot Arabe Kun, qui signifie *soit-fait,* expression dont Dieu s'est servi en créant le monde, 72 *a.*

Kebleh; partie du monde que les Musulmans regardent en faisant la priere, 469 *b.* Kebleh allégorique, ou belles sentences de morale & de dévotion. *ibid.*

Kéramiens; (les) nom des Sectateurs qui enseignoient que ce qui est dit, dans l'Alcoran, des bras, des yeux & des oreilles de Dieu, doit être entendu à la lettre. *V.* Keramioun, 474 *b.*

Kessabiens. (les) Sectateurs parmi les Schiites; ils ont des sentiments extravagants & impies, touchant la personne d'Ali. *V.* Schiah, 768 *b.*

Khalifat, dignité souveraine parmi les Mahométans, comprenant un pouvoir absolu sur tout ce qui concerne la Religion & le gouvernement politique. Ceux qui étoient revêtus de cette autorité, portoient le titre de Khalife, qui veut dire Vicaire ou Successeur. Leurs fonctions, leur succession & leur décadence. *V.* Khalifah, 498 *b.*

Khalifat (le) aboli par les Mogols, l'an 656e. de l'Hégire, 630 *b,* & 697 *b.*

Khalife (le premier) & successeur de Mahomet. Son nom étoit Abdallah & le surnom Abubecre. *V.* ce dernier Tit. 16 *b.*

Khalife devenue fou & impie en même-temps. *V.* Hakem Bemrillah, 381 *b.*

Khalife qui, en sortant de son palais de Bagdet, portoit ordinairement un voile sur le visage pour s'attirer un plus grand respect des peuples, 630 *b.*

Khalife fantasque & cruel, 641 *a.*

Khalife, tuant de sa propre main des conviés qui lui étoient suspects, 640 *b.*

Khalife, détesté & maudit par les Musulmans. *V.* le Tit. Jezid, Ben Moaviah, 449 *b.*

Khalife détrôné, privé de la vue & réduit à demander l'aumône, dans le quatrieme siecle de l'Hégire. *V.* le Tit. Caher Billah, 213 *b.*

Khalifes légitimes. Le dernier de tous fut Mostaassem, 332 *b.*

Khan ou *Grand Khan,* titre affecté aux Empereurs & aux Rois. Khan, Vice-Khan, ou Khan subalterne. *V. Suppl.* 132, 133.

Koum-sun-fan, l'un des descendants de *Koum-fucius* à la 49e. génération, décoré (l'an 1140 de l'Ere Chrétienne) du titre de *Yen-chim-koum,* c'est-à-dire, de Duc qui continue la famille du Saint. *Suppl.* 117.

L.

*L*AC proche de la ville de Nicée en Bithynie; c'est le *Lacus Ascanius* des anciens. *V.* Ac-Sou, 47 *b.*

Lacque, espece de gomme, dont on se sert dans la composition de la cire d'Espagne. *V.* Louk, 533 *a.*

Lacs; (les) les Arabes les nomment mers douces. *V.* Schikhoun, 769 *a.*

Lahor, ville des Indes dont elle a été autrefois la capitale. *Voyez*-en la description au Tit. Lahavar, 522 *a.*

Lama, le grand Lama & la description de son sceau, *Suppl.* 142.

Lames de plomb trouvées dans une grotte, sur lesquelles sont gravées des Histoires fabuleuses touchant J. C. & de la Sainte Vierge. *V.* le Tit. d'Ahmed ben Cassem, 68, & celui de Kekilios, 470 *b.*

Lampes dans la mosquée; le premier qui les alluma fut l'un des Sahaba ou Compagnons de Mahomet. *V.* Tamim, 826 *b.*

Langage, discours & dictionnaire. *V.* Logat, 529 *b.*

Langue; quelle est la plus ancienne. *V.* l'Art. Lessan, 526 *a.*

Langue (la) Péhélévique est l'ancienne langue de Perse. *V.* le Tit. Tarik al Furs, 843 *a.*

Langue (la) Bastanienne est un idiôme particulier de celle des anciens Persiens. *V.* le Tit. de Schah, 751 *b.*

Langue (la) Arabique; son origine, son élégance & sa perfection. *V.* Lessan al Arabi, 526 *b.* Langues Syriaque, Persienne, Turquesque, Mogolienne. *ibid.*

Langue (la) Turquesque; il y en a deux, l'une de Constantinople, l'autre celle des Tartares. *V.* le premier Tit. de Tadhkerat, 818 *a.*

Langue (la) Chinoise n'a aucune lettre qui puisse être lue E, & elle lui substitue l'O. *Suppl.* 183.

Langue de la Religion. *V.* Lessan eddin, 527 *b.*

Langue de cheval, plante. *V.* l'Art. Lessan al Fars, 727 *a.*

Lapis lazuli. V. l'Art. Pazher, 693 *b.*

Laquais; origine de ce mot. *V.* le Tit. de Lakiths, 520 *b.*

Largesses considérables faites par un Empereur de la Chine à ses sujets, *Suppl.* 129.

Lazare, frere de Marthe & de Marie. *V.* Laz, 525 *a.*

Leçons données au Khalife Haroun Raschid. *V.* le Tit. d'Asmai, 129 *b.*

Léopard ou Panthere. *V.* Pars, 693 *a.*

Lettre écrite par un Roi à Jesus-Christ, & la réponse; tradition des Orientaux, tant Chrétiens que Mahométans. *V.* le Tit. d'Abgar, 10 *a.*

Lettre d'un Empereur des Tartares *Toukiues* à l'Empereur Chinois *Soui-ven-ti,* écrite dans le sixieme siecle de l'Ere Chrétienne. *Suppl.* 41.

Lettres gravées indéchiffrables, 638 *a.*

Levée des Arabes, & ligne de séparation. *V.* Sedd al Arab, 777 *a.*

Liban, le mont. Origine de ce nom. *V.* le Tit. de Lobnan, 528 *a.*

Lieu destiné au service de Dieu. *V.* l'Art. Masgiad, 569 *a.*

Lieu séparé dans les Mosquées. *V.* Macsurah, 537 *a.*

Lieu de la sépulture d'Adam. *V.* Abou-Cais, 19 *a. V.* aussi Serandib, 788 *a.*

Lieu de l'Iraque Babylonienne, fameux par la mort

& par le sépulcre de Houffain, fils d'Ali. *V.* Kerbela, 475 *a.*

Lieu qui eft entre le paradis & l'enfer des Mahométans ; lymbe ou purgatoire. *V.* Araf, 113 *a.*

Lieu (le) où fe tiendra le jugement dernier, felon les Mufulmans. *V.* l'Art. Saherah, 722 *a.*

Limites, par le fleuve *Hoai-ho*, entre l'Empire de la Chine & celui des *Niou-tche*, Nation Tartare. *Suppl.* 117.

Limites & bornes de la Chine en différents temps. *Suppl.* 143 *& fuiv.*

Lion (le) de Dieu, furnom donné à Ali. *V.* le Tit. de ce Khalife, 83 *a.*

Lion de la Foi. *V.* l'Art. d'Affadeddin, 122 *b.*

Lion de la Montagne, furnom d'un grand Capitaine. *V.* Schirgoueh, 770 *b.*

Lisbonne, Capitale du Portugal. Les Arabes lui donnent le nom d'Afchbounah, 125 *a.*

Liturgie. (la) *V.* le Tit. Loutouriah, 533 *b.*

Livourne, ville & port en Tofcane ; c'eft le *Portus Liburnicus* des anciens. *V.* Aligourna, 92 *b.*

Livre en général eft nommé *Ketab* par les Arabes. Il y en a un catalogue de 410 qui fe trouve depuis la *p.* 478, jufqu'à 495.

Livre en général eft nommé *Nameh* par les Perfans. *V.* ce Tit. 657 *a.*

Livre (le) d'Adam. *V.* l'Art. Sefer Adam, 578 *a.*

Livre (le) des Macchabées. *V.* le Tit. Macchabiun, 535 *a.*

Livre dixieme & dernier qu'Ibrahim ou Zerdafcht reçut de Dieu. *V.* Pazend, 693 *b.*

Livre des Mages de Perfe, difciples de Zoroaftre. *V.* l'Art. Uft, 906 *b.*

Livre attribué par les Mages de Perfe à Abraham le Patriarche. *V.* le Tit. d'Abefta, 10 *a.*

Livre (le) de Manès, rempli de figures magiques. *V.* l'Art. d'Ertenk, 296 *a.*

Livre Royal & Augufte *V.* le Tit. de Calilàh, 225 *a*, & celui de Homaioun Nameh, 423 *a.* Bidpai, le Brachmane, en a été l'Auteur. *V.* Dab Schelim, 257 *a.*

Livre Royal, compofé de foixante mille Diftiques. *V.* le premier Tit. de Schahnameh. 753 *a.*

Livre des Décrets divins. *V.* Omm al Ketab, 680 *b*, & Zebour, 913 *b.*

Livre contenant la Théologie & la Philofophie des Indiens. *V.* le Tit. Anberkent, 106 *a*, & celui de Samabed, 736 *a.*

Livre des Républiques d'Ariftote, traduit en Arabe. *V.* Ketab Siaffat almoden, 485 *b.*

Livre de Théologie myftique. *V.* Foffous al Hekam, 329 *a.*

Livre de dévotion & de morale. *V.* l'Art. Dhékhirat al molouk, 272 *a.*

Livre confidérable, dans lequel les Sciences, concernant la Religion & la Morale des Mufulmans, font traitées dans toute leur étendue. *V.* le Tit. d'Ahia hhim eddin, 66 *a.*

Livre fameux dans l'Orient, fur différents points de Religion, d'Hiftoire, de Morale & de Politique. *V.* Mathnaoui ou Methnevi, 572 *b.*

Livre qui traite du droit des Mufulmans, en forme de Pandectes ou Digeftes *V.* Borhan 194 *a.*

Livre qui explique les myfteres cachés dans l'alphabet Arabique. *V.* Schamfalafak, 758 *a.*

Livre de 353 Chapitre, contenant des prieres pour toutes les actions du jour & de la nuit. *V.* Héliat, 414 *a.*

Livre qui traite des décimes de la loi Mufulmane. *V.* Dheriat ala ahkam al fcheriat, 273 *a.*

Livre qui, à l'exception de l'Alcoran, a été commenté le plus, 191 *a.*

Livre Turc, contenant l'Hiftoire de tous les anciens Rois de l'Orient, en trois cents volumes. *V.* le fecond Tit. de Schah-nameh, 753 *a.*

Livre contenant la defcription & l'état de l'Empire des Othomans. *V.* le Tit. de Canun al Othmaniat, 230 *b.*

Livre (le) des victoires ; c'eft l'Hiftoire de Tamerlan. *V.* Ali Jezdi, 91 *b* ; Saheb Kerani, 722 *a*, & Tarikh Timour, 839 *a.*

Livre qui traite de la Pierre philofophale. *V.* l'Art. de Canun al Kebir, 230 *a.*

Livre, le prétendu faint livre, le livre glorieux, le livre par excellence, apporté du Ciel verfet à verfet, par l'Ange Gabriel à l'impofteur Mahomet, & contenant la Loi & la Religion des Mufulmans ; un un mot, l'Alcoran, 79 *a* ; fes feuilles ramaffées par le Khalife Abubecre en un volume qu'il divifa par chapitres, 18 *b.*

Livres. Les Hébreux en ont un, nommé *Colbo*, qui fignifie, *comprenant toute chofe. V.* le Tit. de Maouardi, 573 *b.*

Livres (les) envoyés du Ciel à Enoch. *V.* le Tit. d'Edris, 289 *b.*

Livres, (les dix) laiffés par Noé après le Déluge, 671 *a.*

Livres ; (les cent) titre d'un ouvrage de Médecine. *V.* Miah Ketab, 587 *a.*

Livres qui traitent de l'art de dreffer les chevaux & de les guérir. *V.* Nafferi, 661 *b.*

Logique. (la) Les Arabes l'appellent *Elm almizan*, la Science de la balance. *V.* le fecond Tit. de Taiiah, 824 *a.*

Loi ou Religion de Genghizkhan. *V.* le Tit. Genghizkhaniah, 355 *b*, & celui de Taourat, 430 *a.*

Loi non-écrite des Mages de Perfe. *V.* le Tit. de Uft, 906 *a.*

Loi orale ou non écrite des Mufulmans. *V.* Sonnah, 807 *a.*

Loi de la Chine qui veut que, fi la moitié des grains a péri, la moitié de la taille foit remife au cultivateur, *Suppl.* 129.

Louve qui nourrit un jeune homme, n'ayant ni mains ni pieds ; prodige fabuleux, *Suppl.* 40.

Lucifer, ou Chef des Anges prévaricateurs. Les Arabes le nomment Eblis, 287 *a.*

Lune de Chanaan, ou beauté parfaite, épithete donnée à Jofeph. *V.* Canaan, 227 *b*, 459 *b.*

Lutin ou efprit follet. *V.* Cothrob, 524 *a.*

Lutins, armés d'arcs & de fleches, 596 *b.*

Lutins qui fe trouvent dans une fablonniere fur les limites de la Tartarie du côté de la Chine, *Suppl.* 190.

M.

*M*ACHINE à l'aide de laquelle ou peut aller d'une vîteffe incroyable, & d'un feul élan faire cent pas, *Suppl.* 79.

Machoire d'une feule piece. *V.* Abdalfamad, 9 *b.*

Macis (le) ou la feconde peau qui enveloppe la noix mufcade. *V.* l'Art. de Besbaffah, 187 *a.*

Madame. Ce titre répond à celui de *Begum* qui fe donne aux Reines de Perfe. *V.* le Tit. de Sarcutna Beghi, 745 *a.*

Magie (la) ; les Arabes nomment cet art ridicule & pernicieux, *Sehr. V.* cet Art. 780 *a.*

Magifme ou la Religion des Mages qui pofent deux principes éternels de toutes chofes, & enfeignent l'adoration du feu. Les Mages qui ont adoré Jefus-Chrift, étoient difciples de Zoroaftre ; tradition des Chrétiens Orientaux. V. Magius, 539 *b*, ainfi que le Tit. Zerdafcht, 919 *a.*

Magnificence du Roi Khedherkhan. *V.* ce Titre 505 *b.*

Mahomet, l'impofteur, furnommé par les fiens *Al Nabi*, le Prophere, fondateur d'une héréfie qui a infecté une grande partie de la terre ; fes erreurs, fon ignorance & fes qualités perfonnelles. *V* le Tit. de Mohammed, qui eft fon vrai nom, 602 *b.* Il commença à prêcher fa fauffe doctrine à l'âge de 40 ans. *V.* Hégiratan, 413 *a.*

Mahomet, nommé par les Mufulmans le fceau des Prophetes ou de la Prophétie. *V.* Abou-Maafchar, 25 *b.*

Mahomet confolé d'une injure qui lui avoit été dite. *V.* Cautfer, 243 *b.*

Mahométans (les) ne forcent perfonne de quitter fa Religion, 279 *b.*

Mahométifme; ce qui donna lieu à fon établiffement, 435 *a.*

Main. Avoir la main blanche de Moïfe, & le fouffle du Meffie; expreffion proverbiale. *V.* le Tit. de Mangheh 557 *b,* 561 *b.*

Main (la) gauche préférée à la main droite, 368 *a.*

Maifon de fanté. Les Arabes appellent ainfi un hôpital de malades. *V.* Dar al Schefa, 261 *b.*

Maifons (quatre) à étages, ou autant de fuperbes palais, bâtis aux quatre points cardinaux par *Thaiçau*, Empereur de la Chine. *Suppl.* 97.

Maître de la verge, titre que les Mahométans donnent à Moïfe. *V.* Saheb Affa, 722 *a.*

Maître des grandes conjonctions des planetes, ou maître des cornes ou principales parties du monde; titre que les Orientaux ont donné à Tamerlan. *V.* Saheb Keran, 722 *a.*

Maître des Arbalétriers, & aujourd'hui Grand-Maître de l'Artillerie. *V.* le Tit. Bendok, 193 *a.*

Mal épidémique qui s'attachoit à la gorge, & moyen fuperftitieux pour le guérir, 349 *a.*

Malédiction, lancée contre Ali, gendre de Mahomet, fupprimée par le Khalife Omar II, de la famille des Ommiades, au commencement du deuxieme fiecle de l'Hégire, 684 *a.*

Mandarins ou Officiers de la Chine; defcription, divifion, & différentes claffes de cette dignité; il y a des Mandarins lettrés & des Mandarins d'armes. *Suppl.* 143 *& fuiv.*

Mandragore. (la) Les Arabes la nomment pomme de Démon. *V.* Toffah, 883 *b. V.* auffi Abroufanam, 36 *a.*

Manès, Auteur de la Secte des Manichéens. *V.* le Tit. de Mani, 558 *a.*

Mangeurs de Poiffon. *V.* l'Art. de Mahifer, 543 *b.*

Maniere cruelle dont on traitoit autrefois aux Indes les prifonniers de guerre de conféquence, 257 *b.*

Manne; (la) ce que c'eft. *V.* le Tit. de Man, 556 *b.* La meilleure de toute l'Afie fe recueille dans le terroir de Rei. *V.* ce Tit. 705 *a,* & celui d'Ofroufchiah, 688 *b.*

Marchands, (les) Le Khalife Naffer eft le premier qui s'appropria la fucceffion des marchands étrangers qui mouroient dans fes Etats. *V.* fon Tit. 660 *a. b.*

Mariage accordé à dure condition, 361 *a.*

Mariage pour un temps; il eft d'ufage dans l'Orient. *V.* le Tit. de Jabia, Ben Aktem, 438 *b.*

Maroc, Ville d'Afrique. *V.* le Tit. de Marakafch, 563 *a.*

Maronites ou Monothélites, fectateurs parmi les Chrétiens dans le feptieme fiecle. *V.* Maroun, 566 *a.*

Maroquins. Les plus beaux cuirs de cette efpece fe préparent dans la ville de Saada. *V.* ce Tit. 717 *a.*

Marques ou indices du Chriftianifme en Chine dans les treizieme & quatorzieme fiecle de l'Ere Chrétienne. *Suppl.* 142.

Marfouin, ou pourceau de mer. Il eft défendu aux Mufulmans d'en manger, felon le Docteur Malec, parce que ce poiffon porte le nom de pourceau. *V.* Dongouz, 282 *b.*

Martyre (le) de Hallage, fameux Docteur & homme fort extraordinaire. *V.* fon Tit. 392 *b.*

Martyrs; (les) à qui les Mahométans donnent ce furnom. *V.* le Tit. Schohada, 773 *b.*

Mafculin. (le genre) Les Arabes le donnent à la lune, & le féminin au foleil, à l'imitation des Hébreux. *V.* Cathar, 225 *a.*

Maftic. Le meilleur en eft produit dans l'Ifle de Chio de l'Archipel. *V.* le Tit. de Sakiz, 726 *b.*

Matrône aux bœufs noirs; titre que le peuple des *Khitan* donnoit à Cibele, Déeffe de la Terre. *Suppl.* 88.

Maxime fatale aux Princes & aux Peuples, celle qui dit : L'ambition eft la marque d'une grande ame. *Suppl.* 132.

Maximes de l'Alcoran, préférées aux maximes de la Croix; expreffion d'un Poëte Mufulman, 344 *a.*

Maximes des Orientaux. *Suppl.* 231. *V.* la Table de cet Ouvrage, faite par M. Galand, 252 *b.*

Mecque, (la) Ville de l'Arabie. *Voyez-en* l'origine & la defcription au Tit. Meccah, 576 *a.*

Médecin, Botanifte ou Herborifte. *V.* Beithar, 183 *a.*

Médecins (trois) Chrétiens au fervice des Khalifes. *V.* le Tit. de Baktifchua, 151 *b.*

Médine, Ville Capitale des Mufulmans. Son hiftoire, fes prérogatives & fa defcription. *V.* Medinah, 577 *b.*

Melchifedech. Traditions des Orientaux fur ce perfonnage. *V.* le Tit. Malchifadak, 549 *b.*

Melchides; c'eft ainfi qu'on nomme ceux qui font de la fecte orthodoxe parmi les Chrétiens Orientaux. *V.* Malekia, 551 *b.*

Mémoire prodigieufe d'un aveugle, 394 *b.*

Mémoire (la) d'un Marchand en horreur aux Mahométans; pourquoi. *V.* Naffer ben Haret, 661 *a.*

Mémoires de la généalogie des dix aïeux de Tchimkhis-khan ou Genghizkhan. *Suppl.* 153.

Menfonge (premier) folemnel & public qui ait été fait depuis l'établiffement du Mahométifme, 83 *b.*

Mer (la) de Calzum; c'eft ainfi que les Mufulmans appellent la mer Rouge, 646 *b.*

Mer (la) des Indes; fa longueur. *V.* le Tit. de Vacuac, 895 *a.*

Mer (la) obfcure & ténébreufe. *V.* Modhallam, 598 *a.*

Mer (la) du paffage étroit. *V.* Zokak, 826 *b.*

Mercure, nom de deux ou trois perfonnages de l'antiquité; traditions ou fables des Orientaux fur ce fujet. *V.* le Tit. Hermès, 417 *b.*

Mere des Mufulmans, nom donné à Aifchah, veuve de Mahomet. *V.* Omm almoflemin, 681 *a.*

Méfopotamie, grande Province, fituée entre les fleuves du Tigre & de l'Euphrate. *V.* Gezirah, 357 *b.*

Meffie. (le) Les Mahométans reconnoiffent Jéfus-Chrift pour tel, & le nomment Maffih, 569 *b. V.* auffi le nom *Mixiho. Suppl.* 166, 184.

Métaphyficien, (un) ou Docteur Scholaftique. Les Arabes le nomment Motakellem, 637 *a.*

Métaphyfique. Les Arabes appellent cette Science *Elm al Kelam*, la Science des mots, & *Elm Elahiat*, la Science divine. *V.* le Tit. d'Elm, 291 *a,* & celui de Kelam, 471 *a.*

Métempfycofe. Elle eft nommée par les Arabes Tanafoukiah. *V.* Nakgivani, 636 *b.*

Métropole ou mere des Villes. Les Mufulmans donnent ce furnom à la Mecque. *V.* Ogialat, 679 *a,* & Omm alcora, 680 *b.*

Mille, (un) mefure de diftance. *V.* l'Art. Mil, 587 *b.*

Mine des émeraudes Orientales. *V.* Afuan, 131 *a.*

Mine d'or. *V.* Sofalat Aldheheb, 796 *b.*

Miracle (prétendu) éclatant de Mahomet. *V.* le Tit. Aiat, 70 *b.*

Miracle opéré par la pierre noire du temple de la Mecque. *V.* Ali ben Huffain, 90 *a.*

Miracles (les) font les lettres de créance des Prophetes, 647 *a.*

Miracles que Jefus-Chrift faifoit dans fon enfance, en donnant la vie aux chofes inanimées; tradition fondée fur un livre fuppofé. *V.* Bad Meffih, 152 *b.*

Miracles (faux) attribués par les Mufulmans à Mahomet leur Prophete. *V.* les Tit. d'Alcoran, 79 *a;*

d'Ammar, 100 *a*; de Bordah, 193 *b*; de Camar, 225 *b*; de Madain, 537 *a*, de Mérage, 584 *a*; & de Mohammed, 602 *b*.

Miroir (le) d'Alexandre le Grand. *V.* l'Art. Ménar, 564 *b*.

Modestie & humilité du Khalife Omar. *V.* son Tit. 681 *b*.

Moëlle des Histoires; livre écrit en langue Persienne dont l'Auteur étoit Schiite, c'est-à-dire, de la secte d'Ali. Cet ouvrage est ordinairement cité sous le nom de Lebtarikh. *V.* Lobb al Taovarikh, 527 *b*.

Mœurs & coutumes des *Tou-kiue* orientaux, peuple Tartare; elles ressembloient, à-peu-près, à celles des *Hioum-nou*, *Suppl.* 56.

Mofti. Ce terme signifie un Docteur qui décide les points du Droit & de la Loi des Musulmans. *V.* le 4e. Tit. de Salah, 728 *a*.

Mofti Althakelein. Il décide en dernier ressort du droit de toutes les créature, des hommes & des démons. *V.* le second Tit. de Samarcandi, 738 *b*.

Mois. Les Orientaux appellent le dernier mois de l'été *Ab*, en langue Syriaque. *V.* ce Tit. 1 *a*.

Mois de Février. Les Arabes le nomment Schabath *V.* ce Tit. 747 *b*.

Mois de Novembre. Les Turcs l'appellent Novouris. *V.* ce Tit. 675 *a*.

Mois (le) du jeûne. *V.* l'Art. Ramadhan. 699 *b*. Il est nommé le mois de la patience. *V.* Scheher al sabr, 764 *b*.

Mois (le) du Pélerinage. *V.* le Tit. d'Adha, 58 *a*.

Mois (les) sacrés & les mois connus. *V.* les deux Tit. de Aschhor, 126 *a*

Mois, (les) pendant lesquels il étoit défendu aux anciens Arabes de se faire la guerre, les uns aux autres. *V.* Moharram, 619 *a*.

Mois (les deux) de l'hyver sont nommés par les Arabes les mois blancs. *V.* Schaib, 755 *a*.

Moïse, frere d'Aaron & Conducteur des Israélites. Les Mahométans l'appellent Moussa. Leurs rêveries sur son sujet. *V.* ce Tit. 646 *a*.

Moïse Maiemonides, Docteur juif très-célebre. *V.* le Tit. Maiemoun, 548 *b*.

Momies. (les) *V.* Moumia, 646 *a*.

Monarchie universelle de la grande Tartarie, enlevée au peuple *Hoei-hou* par celui des *Khitan.* *Suppl.* 71.

Monarques universels préadamites. *V.* les Tit. Soliman, 804 *b*, *Suppl.* 165.

Monarques ou Empereurs de la Chine. Ceux de la famille des *Tham* se faisoient gouverner par les femmes; observation des Historiens. *Suppl.* 181.

Monde, (le) en Arabe Dunia, 284 *a*; les deux Mondes. *V.* Dougehan, 283 *b*.

Monde (le) ne subsiste que par quatre choses, 291 *b*.

Monnoie (la) d'Hollande, nommée Aboukelb. *V.* cet Art. 19 *a*.

Monnoies d'or & d'argent; il n'y en a point en Chine. Ces deux métaux y passent pour marchandise; la seule petite monnoie qui y a cours, est de cuivre mélangé, *Suppl.* 198.

Mont (le) Sinaï. Les orientaux le nomment Thour ou Tor, 871 *a*, *V.* aussi Sina, 793 *b*.

Mont (le) Calvaire. *V.* Cranion, 255 *b*.

Montagne (la) Sainte. *V.* Mocattham 594 *b*.

Montagne des figuiers. *V.* l'Art. Tina, 882 *a*.

Montagne dans l'Enfer. *V.* le Tit. de Saoud, 743 *a*.

Montagne de l'or. *V.* Gebal al camar, 340 *a*.

Montagne où Adam & Eve se reconnurent après une longue séparation. *V.* le Tit. d'Arafah, 113 *b*.

Montagne (très-haute) de l'Isle de Zeilan, ou le *Pico de Adam. V.* Rohaun, 699 *a*.

Montagne réduite en poudre. *V.* l'Art. Faran, 315 *b*.

Montagne tombée dans la Mer. *V.* Acras, 47 *a*.

Montagne ou ceinture fabuleuse qui entoure le globe de la terre. *V.* le Tit. Caf, 211 *b*.

Montagnes de la Lune. *V.* le premier Art Camar, 225 *a*, & celui de Gebal al camar, 340 *a*.

Monument de la Religion Chrétienne en Chine, *Suppl.* 164. Il a été érigé l'an 781 de J. C. 172, 185.

Morale (la) ou science des mœurs qui fait partie de la Philosophie pratique. *V.* le Tit. Abhlak, 41, 42, 43.

Morceau du Cadhi, espece de pâtisserie. *V.* Cadhi Locmasi, 210 *a*.

Mort subite & miraculeuse d'un oncle de Mahomet. *V.* le Tit. d'Aboulahab, 22 *a*.

Mort & martyre de Houssain, fils d'Ali, 428 *b*.

Mort triste & singuliere du Poëte Moradi. *V.* ce Tit. 626 *a*.

Morts (plusieurs milliers de) ressuscités par miracle; rêverie Musulmane. *V.* Khazkil, 504 *b*.

Mosquée (premiere) de Jérusalem, bâtie à la place où avoit été le Temple de Salomon. *V.* le Tit. d'Omar 1er., 581 *b*.

Mot, le grand mot, signifiant : *je suis celui qui suis.* *V.* le Tit. Houd, 427 *a*.

Mots. (les) Les Arabes n'ont point de mots composés. *V.* l'Art. Elm, 291 *a*.

Moumgols (les) ou Mogols; ils ignoroient l'écriture; aussi Genghiz-khan, fondateur de leur Empire, fut obligé d'emprunter les lettres des *Eyghouréens* pour écrire ses depêches, *Suppl.* 145. Ils se sentoient offensés quand on leur donnoit le nom de Tartares, 148.

Moustaches du dragon, l'arc & l'épée, explication de ces termes, *Suppl.* 183.

Mouton noir & mouton blanc. *V.* Dynastie.

Moyen singulier, mais violent, d'appaiser la rébellion d'une armée. *V.* le Tit. de Malecschah, 552 *a*.

Musc; (du) d'où il vient, & l'origine de ce mot, 511 *a*. *V.* aussi Mesk, 585 *a*.

Musicien (le) par excellence. *V.* le Tit. de Barbud, 170 *a*.

Musique. (la) Les Arabes lui donnent le nom de Mossicah. *V.* cet Art. 650. Ils l'ont apprise des Persans. *V.* Angam, 108 *a*.

Musulmanisme, (le) ou la Religion des Mahométans. *V.* Eslam, 303 *a*.

Musulmans; (les) definition de ce mot. *V.* Moslem & Mosleman, 628 *a*.

Musulmans qui font profession d'une vie plus réguliere & plus contemplative que le commun des Derviches. *V.* Sofi, 797 *a*.

Myrobalanus, arbrisseau qui croît dans l'Arabie Heureuse. *V.* Ban, 168 *b*.

Mysteres & secrets renfermés dans l'Alcoran. *V.* Asrar, 130 *a*.

Mysteres cachés dans certaines lettres détachées, qui se trouvent à la tête de plusieurs Chapitres de l'Alcoran, *ibid.*

Mythologie. Celle des Orientaux en général est presque toute comprise dans le fameux livre, intitulé *Caherman-Nameh. V.* Tacouin, 816 *b*. Celle des Persans en particulier, 857 *b*.

N.

*N*ADIR & *Zenit*, termes d'Astronomie. *V.* Nadhir, 653 *a*.

Naissance d'Alexandre le Grand, 296 *b*, *Suppl.* 163.

Naissance miraculeuse de trois enfants. *V.* le Tit. Alankava, 78 *a*, *Suppl.* 152.

Naissances (deux) miraculeuses, l'une & l'autre ayant été à six mois. *V.* le Tit. Houssain, 78 *a*.

Napoli de Romanie, Ville de la Morée. Les Turcs l'appellent Anaboli. *V.* ce Tit. 105 *b*.

Narbonne, Ville de France. Les Arabes la nomment Arbonah. *V.* cet Art. 114 *a*.

Nation Turquesque. Observation sur son origine & sur ses mœurs. *V.* le Tit. de Turk, 889, & celui de Turkman, 892 *b*.

Nation

Nation en Syrie, qui prétend tirer son origine des premiers François, que Godefroid de Bouillon mena avec lui à la conquête de la Terre-Sainte. *V.* l'Art. Durzi, 285 *b*.

Nation (la) Chinoise, sage en fait de gouvernement, mais aveugle en fait de Religion, *Suppl.* 125.

Nation (celle des *Moumgols*) qui se glorifie d'avoir fait passer par le tranchant du sabre, dans les seules prises de Villes, dix-sept millions d'hommes, pendant environ cinquante ans, *Suppl.* 132.

Nations (les) du monde & leur division. *V.* Agem, 64 *a*.

Nations. Origine de celles des Mogols & des Tartares. *V.* le Tit. de Mogol, 601 *b*, & celui de Tatar, 850 *a*.

Naturalistes. (les) Ce sont les anciens Philosophes de la seconde classe. *V.* Thabaioun, 852 *a*.

Nazaréens, (les) Sectaires parmi les Juifs, les Chrétiens & les Musulmans. *V.* Nossairioun, 670 *a*.

Nazareth, Ville de Galilée. Les Arabes la nomment Nasrat. *V.* cet Art. 662 *b*.

Nebucadnetsar ou *Nabuchodonosor.* Les Arabes l'appellent Bakhtalnassar. *V.* ce Tit. 151 *a*, & *Suppl.* 161. Son nom propre. *V.* Raham, 699 *a*.

Neige de la Chine, ce que c'est. *V.* l'Art. Asious, 129 *b*.

Nestoriens, (les) hérétiques du cinquieme siecle de l'Ere Chrétienne. *V.* Nestourios, 666 *a*.

Ngan, syllabe de la langue Chinoise; elle répond à la nôtre *An. Suppl.* 176.

Nilometre, (le) ou Traité des crues du Nil. *V.* Nail, 656 *a*.

Ninive la Ville; elle est nommée par les Orientaux Ninvah. *V.* ce Tit. & sa signification, 668 *b*.

Nobles & élevés, épithete qu'on donne à ceux qui descendent de Mahomet par Ali son gendre & par Fathime sa fille. *V.* Scherif, 768 *a*.

Noblesse la plus relevée chez les Musulmans. *V.* Tarif, 832 *b*.

Noces dont la magnificence est sans exemple. *V.* le Tit. Hassan, fils de Sahal, 405 *a*.

Noël, ou la Nativité de notre Seigneur. *V.* le Tit. Maouloud, 574 *b*, & celui de Milad, 588 *a*. *V.* aussi Jalda, 441 *b*.

Nom (le grand) de Dieu. Tous les Mahométans, quelque langue qu'ils parlent, l'expriment par le mot ALLAH. *V.* ce Tit. 92 *b*.

Nom (le) de Dieu. Les Chinois, pour l'exprimer, se servent de celui du Ciel. *V.* le Tit. Tencu, 851 *a. Suppl.* 2.

Nom (le) de Dieu ajouté pour la premiere fois à celui des Khalifes, 639 *b*.

Nom (le) des Khalifes supprimé dans les prônes du Vendredi. *V.* le Tit. Khothbah, 511 *b*, & celui de Thaher ben Hossain, 858 *b*.

Nom de Mohammed ou Ahmed. Ceux qui le portent seront exempts des peines de l'enfer; opinion extravagante d'un Auteur Musulman, 606 *b*.

Nom commun à plusieurs Rois de Perse. *V.* Khosrou, 508 *a*.

Nom (ancien) du pays de Turquestan. *V.* Touran, 888 *a*.

Nom que les Turcs & autres Orientaux donnent au Pape. *V.* le Tit. Papa, 692 *b*.

Nom général que les Musulmans donnent à ceux qui vivant parmi eux professent une Religion différente; c'est Sabi. *V.* le premier Tit. de Tanoukhi, 829 *b*.

Nom que les Mahométans donnent au quatrieme étage de l'enfer. *V.* Sair, 725 *b*.

Nom que les Chinois donnent à leur Monarque. *V.* le Tit. Tencu, 851 *a, Suppl.* 2.

Nom (le) ou titre de *Bonze* étoit commun aux Prêtres Chrétiens en Chine, *Suppl.* 183.

Nom qui se donne par ironie aux esclaves noirs. *V.* Sunbul, 810 *b*.

Nomades & Scénites. C'est ainsi que les Anciens ont nommé ceux des Arabes qui n'ont d'autres domiciles que leurs tentes. Nos voyageurs les appellent Bedouin. *V.* Badavi, 153 *b*.

Nombre. Celui de huit fut fatal au Khalife Motassem, 639 *a*.

Nombre des Traditions Musulmanes estimées authentiques, 191 *a*.

Nombre (le) de dix mille, exprimé par un mot. *V.* Touman, 887 *a*, & Van ou Ven, 899 *a*, *Suppl.* 15.

Nominaux, (les) secte de Philosophes. *V.* Elm, 291 *a*.

Noms (les) de Dieu. *V.* le Tit. d'Esma, 204 *a*.

Noms (un des) donnés à la Ville de Bagdet. *V.* Zaura, 913 *a*.

Noms (les) de l'Epée. *V.* le premier Tit. Saif, 724 *a*.

Noms que les Chinois se donnent durant leur vie. Il y en a trois; savoir le *Sim*, ou nom de famille, le *Mim*, ou nom propre, & le *Hao*, titre ou prénom, ou nom d'honneur, *Suppl.* 129.

Noms (les) étrangers souvent défigurés & altérés par les Chinois, faute de certaines lettres & syllabes, *Suppl.* 188.

Notes particulieres sur le Monument du Christianisme en Chine, *Suppl.* 175.

Notes sur les Traditions touchant le Royaume de Taçin, *Suppl.* 175.

Notes sur l'inscription du Monument du Christianisme en Chine, *Suppl.* 177. Notes historiques, *ibid.* Notes grammaticales, 183. Notes géographiques, 185.

Nouveau jour, ou le premier jour de l'année solaire. *V.* Nevrouz, 666 *a*.

Nuit (la dixieme) de Moharram, premier mois de l'Année Arabique. *V.* Aschour, 127 *a*.

Nuit (la) des feux; nom d'une fête des anciens Persans. *V.* Sedouk, 777 *b*.

Nuit de la puissance ou du décret de Dieu. Les Musulmans appellent ainsi la 27°. nuit du mois de Ramadhan, dans laquelle les versets de l'Alcoran commencerent à descendre du ciel. *V.* Cadha, 207 *a*, & Cadr, 211 *a*.

Nux Indica; c'est la noix, nommée Cocos. *V.* Hendi, 416 *a*.

O.

OBSERVATEUR du temps & des heures par rapport aux prieres publiques. *V. Tadhkerat alfehem fi âml altacouim*, 818 *b*.

Observation sur Genghizkhan, ce fameux conquérant; il étoit Mogol, 352 *b*, ou Tartares noir, *Suppl.* 150.

Observations sur vingt Titres de la Bibliotheque Orientale, concernant l'Empire de la Chine, *Suppl.* 1 *jusqu'à* 17.

Observations sur cinquante autres Titres de la même Bibliotheque, ayant tous également rapport à la Chine, *Suppl.* 134 *jusqu'à* 163.

Observations astronomiques, faites au pays des *Khouli-khan*, situé, à-peu-près, sous le cercle polaire, *Suppl.* 177.

Observations sur la naissance d'Alexandre-le-Grand, *Suppl.* 162.

Observations des Historiens Chinois sur diverses nations Tartares Occidentales, *Suppl.* 80.

Observations sur l'inscription du Monument de la Religion Chrétienne en Chine, *Suppl.* 172.

Observatoires; (les) il y en a eu plusieurs dans différentes Villes de l'Asie. *V.* Rassad, 701 *a*.

Occident. (l') Les Arabes nomment cette partie du Monde Magreb. *V.* cet Art. 540 *b*.

Œil (l') du taureau; nom d'une étoile. *V.* Hadi al nogioum, 386 *a*.

Officiers Chinois tant civils que militaires, ou Mandarins de robe & Mandarins d'épée, *Suppl.* 193.

Depuis la révolution arrivée l'an 1643°. de l'Ere Chrétienne; il y en a autant de Tartares que de Chinois, 194. Officiers de police établis dans chaque Province de l'Empire, *ibid.* Officiers militaires Tartares, 197. Officiers militaires Chinois, *ibid.*

Offrande faite à Dieu à l'imitation de celle qu'Abraham vouloit faire. *V.* Ahmed ben Jahia, 68 *a.*

Oiseau noir. *V.* le Tit. de Caracufch, 233 *a.*

Oiseau fabuleux. *V.* l'Art. d'Anka, 106 *a.*

Oiseau (autre) fabuleux. *V.* Simorg, 792 *b.*

Oiseau (l') qui ne mange que des os. *V.* Homai, 422 *a.*

Oiseau (l') qui n'a ni nerfs, ni os, ni veines. *V.* le Tit. de Salua, 735 *a.*

Oiseau que les *Niou-tche* Tartares nomment *Ho-lo*, & les Chinois *Tçe-niao*; il eft extrêmement glouton, *Suppl.* 100.

Oiseau (l') de *Ngan-fii*, ainfi nommé par les Chinois; c'eft l'autruche, *Suppl.* 186.

Oiseaux qui affomment une armée d'Abyffins, 11 *b.*

Olopen; c'eft le nom du perfonnage qui porta en Chine les faintes Ecritures, *Suppl.* 167. Son vrai nom paroît être Arben, 188.

Ombre (de l') dans le paradis, 351 *b.*

Ommi. Ce mot fignifie un homme qui ne fait ni lire, ni écrire, & tel qu'il étoit en fortant du ventre de fa mere. Il a été appliqué à Mahomet qui avoua lui-même être un Prophete ignorant, 608 *a.*

Once (l') Chinoife d'argent pur; on la nomme *leam*, *Suppl.* 117.

Opinions différentes touchant le nombre des années depuis la création jufqu'à le venue du Meffie, *Suppl.* 191.

Opinions des Docteurs Mufulmans touchant le falut éternel; elles atteftent qu'ils ne le font pas confifter dans la jouiffance des plaifirs des fens. *V.* le Tit. Gennah, 349 *a.*

Opium. C'eft le fuc du pavot noir. Le meilleur vient d'Egypte, particuliérement de la Ville d'Aboutige. Les Orientaux appellent cette drogue *Afioun.* *V.* ce Tit. 60 *a*, & celui de Benk, 184 *a*, 445 *b.*

Oraifons ou prieres mentales des Mufulmans. *V.* Adhkar al Salat, 56 *a.*

Orangeb, furnom du Grand-Mogol qui a régné avec beaucoup de gloire fur la fin du 17°. fiecle de l'Ere Chrétienne. Il a été de la poftérité de Tamerlan. *V.* fon vrai nom & fa généalogie au Tit. Aurenk, 141 *b.*

Oratoire d'Adam. *V.* l'Art. Nabolos, 651 *a.*

Oratoires des Sofis & autres gens dévots. *V.* Rocnabad, 707 *a.*

Ordo ou *Orde*; ce mot fignifie en Chine & en Tartarie, *tente*, *palais*, *tribunal*, *fiege.* *Suppl.* 134.

Ordre de fucceffion des douze Imams, 455 *b.*

Oreille (l') noire, nom d'un animal, guide du lion. *V.* Siah goufch, 790 *b.*

Oreilles; (grandes) fobriquet d'un fameux Corfaire Ottoman, connu dans nos Hiftoires fous le nom de Dragut. *V.* Diraz goufch, 280 *a.*

Oreilles du Cadhi, plante que les Latins nomment *umbilicus veneris.* *V.* Cadhi locmafi, 210 *a.*

Orgueil des Khalifes, 499 *b.*

Original (l') de l'Alcoran, mis en dépôt; entre les mains de qui. *V.* le Tit. Hafeffah, 387 *a.*

Origine de la Nation des Mogols ou Moumgols, *Suppl.* 149.

Origine fabuleufe des *Hoei-he* ou *Hoei-hou*, nation Tartare, *Suppl.* 57.

Ormus, Ville fituée fur le Golfe de Perfe. *V.* le Tit. Hormouz, 423 *b.*

Orphelins; (les) menaces faites par l'Alcoran à quiconque mange leurs biens. *V.* Jatim, 443 *b.*

Orthodoxes (les) parmi les Chrétiens Orientaux font nommés Melchites. *V.* le Tit. Malekia, 551 *b.*

Orthodoxes (les) parmi les Mahométans font appellés Sunnites, 542 *b.*

Ouei-chao-vam, Empereur Chinois de la Dynaftie des *Kin*, mis à mort par les ordres d'un rebelle, *Suppl.* 121.

Ouei-Tchim, Auteur de l'Hiftoire de la Dynaftie Chinoife des *Soui;* il vivoit au commencement du feptieme fiecle de l'Ere Chrétienne, *Suppl.* 40.

Ouvrage touchant les miracles des anciens Prophetes. *V.* Ketab almôgezat, 493 *a.*

Ouvrage qui traite de l'état des mourants. *V.* Tadhkerat al Corthobi, 818 *b.*

Ouvrage qui traite du Vainqueur & du Vaincu, attribué à Ariftote par les Arabes. *V.* Ketab alietim le Ariíthou, 495 *a.*

Ouvrage très-célebre parmi les Mahométans fur différentes matieres. *V.* Tag'rid al Kelam, 822 *a.*

Ouvrage contenant ce qu'il y a de plus pur & de plus exact dans les Hiftoires authentiques & certaines. *V.* Khondemir, 506 *b.*

Ouvrage intitulé: Hiftoire générale depuis la création du Monde jufqu'à l'an 1032°. de l'Hégire, qui eft le 1622°. de J. C. *V.* l'Art. Ojoun Alakhbar, 680 *a.*

Ouvrage touchant la Cofmographie & l'Hiftoire. *V.* Ketab Boldan, 481 *a.*

Ouvrage de Géométrie. *V.* Tag'rid fil hendaffah, 822 *b*, & Tahrir hendaffiat, 883 *b.*

Ouvrage intitulé *Rabi alabrar*, c'eft-à-dire, le printemps des Juftes; c'eft l'Anthologie la plus recherchée de la littérature Arabique, 696 *a.*

Ouvrage de l'hiftoire des Animaux, compofé par Ariftote, & traduit du Grec en Arabe. *V.* Ketab thabâi alhaivan, 487 *a.*

Ouvrage fur les plantes, compofé par Ariftote, & traduit du Grec en Arabe. *V.* Ketab alnabat le Ariíthou, 494 *a.*

Ouvrage où il eft prouvé que l'ufage du café n'eft pas défendu par la loi Mufulmane. *V.* Omdat alfafouat, 585 *b.*

Ouvrage ou livre fuperftitueux qui traite des fciences occultes & de la guérifon des maladies par brevets. *V.* Ojoun alhacaïk, 680 *b.*

Ouvrages de Pline le Naturalifte. *V.* Ketab Balinas, 481 *a.*

Ouvrages (les) de fept des plus excellents Poëtes Arabes qui ont fleuri avant le Mahométifme. *V.* le Tit. Moallacat, 591 *b.*

Ouvrages les plus eftimés fur l'Anatomie. *V.* Tafchrih, 849 *a.*

Ouvrages touchant l'Arithmétique. *V.* Ketab heffab, 482 *b.*

Oxus (l') des Anciens, fleuve confidérable de l'Afie, qui prend fa fource dans la Province de Tokhareftan à l'orient, traverfe le pays de Khovarezm, & fe décharge à l'occident dans la mer Cafpienne. Les Arabes le nomment Gihon, 272 *b.*

P.

P. Cette lettre n'eft point dans l'alphabet de la langue des Arabes qui lui fuftituent le *F.* *V.* Pars, 693 *a.*

Pagode; ce que c'eft, 545 *a.*

Paix. (la) Les Mufulmans n'en font jamais avec les infideles; mais feulement une treve, 70 *b.*

Paix (la) eft une mort pour les peuples belliqueux & barbares, *Suppl.* 94.

Palais ou Serrail du Sultan des Turcs dans Conftantinople. *V.* Aia Mam Sarai, 69 *b.*

Palais de quarante colonnes dans la Ville d'Eftekhar. *V.* Homai, 422 *a.*

Palais brillant à Bagdad. *V.* le Tit. Dar al Khelafat, 261 *b.*

Palais que les Orientaux appellent la voûte ou le dôme de Kofroès. *V.* Madain, 337 *a.*

Palais les plus renommés parmi les Orientaux, 240 *b*.

Palestine (la) ou Terre-Sainte. *V.* Falasthin, 313 *a*.

Pantoufle de Moïse, & pantoufle de Mahomet. *V.* l'Art. Nal, 656 *b*.

Paons du Ciel. Les Musulmans ont coutume d'appeller ainsi les Anges. *V.* Cabus, 205 *a*.

Papier d'or ou Patente que donne le Roi de Perse à ceux qu'il veut favoriser. *V.* Caghed, 213 *a*.

Pâque (la) des Juifs & des Chrétiens. *V.* l'Art. de Fesh, 524 *b*.

Paraclet. (le) Les Musulmans l'appellent Faraclitha. *V.* ce Tit. 314 *b*. Ils veulent faire passer pour tel leur Prophete, 603 *b*.

Paradis (le) céleste. *V.* le Tit. de Gennah, 349 *a*.

Paradis (le) terrestre ou d'Adam. *V.* Jardin.

Paradis (les) terrestres. *V.* Gauthat, 336 *b*, & Nahar Obollah, 655 *b*.

Parallele entre Moïse & Mahomet, 455 *a*.

Parallele entre Aboubecre & Omar, premier & second Khalifes, 683 *a*.

Paraphrase de l'Eloge du Monument du Christianisme en Chine, *Suppl.* 165.

Parasange, espace ou mesure de distance, 220 *a*. *V.* aussi Khathouat, 504 *b*.

Parasol porté devant les Sultans des Mamlucs en Egypte. *V.* Cobbat, 245 *a*.

Parchemin de peau de chameau, sur lequel sont tracés des caracteres mystiques. *V.* Gefr, 241 *b*.

Pardon (le) que Dieu accorde aux pécheurs, & celui que les hommes font les uns aux autres. *V.* l'Art. Afu, 62 *a*.

Parfum. (du) L'usage qu'on en fait dans les temples, vient des Juifs. *V.* Loban, 527 *b*.

Parfum (le) de Marie, plante. *V.* Miriam, 588 *b*.

Parole remarquable & singuliere de Constantin le Grand à l'Evêque Novatus. *V.* Nabathis, 651 *a*.

Paroles écrites autour de la Couronne d'un Roi de Perse, 285 *a*.

Paroles d'un Docteur qui firent verser des larmes au Khalife Haroun Rachid. *V.* Kethir, 495 *b*.

Paroles remarquables des Orientaux. *Suppl.* 201. Table de cet Ouvrage faite par M. Galand, 249 *b*.

Parricides; (les Princes) ils ne survivent à leurs peres que six mois; Tradition des Orientaux, 746 *b*. *V.* aussi le Tit. Schirouieh, 771 *a*.

Partie (la) du Monde où le Temple de la Mecque est situé. *V.* Keblah, 469 *a*.

Partie sixieme du second cycle des Khathaïens. *V.* Ki, 514 *b*.

Pas géométrique. Les Arabes le nomment Khathouat. *V.* ce Tit. 504 *b*. Trois cents de ces pas font ce qu'on appelle Li en Chine. *Suppl.* 7.

Passage qui conduit de la Chine par les sables ou le désert de *Lop* au Royaume d'*Eyghour. Suppl.* 139.

Patentes de création du Dieu des Monts-blancs en Chine. *Suppl.* 124.

Patentes de création du Dieu du fleuve *Hoen-Thoum-Kiam. Suppl.* 124.

Patriarche (le) Abraham. Les Arabes le nomment Ebrahim. *V.* ce Tit. 288 *a*. Impression de son pied dans le temple de la Mecque, 202 *a*. Surnom que les Mahométans lui donnent. *V.* Khalil, 500 *b*.

Patriarches (les) des Chrétiens. *V.* le Tit. de Bathrik, 178 *b*.

Paul Vénitien, Paulus Venetus; il n'est point l'Auteur du Monument du Christianisme trouvé en Chine. *Suppl.* 188.

Pauses qui se font dans la lecture de l'Alcoran. *V.* Vocouf, 906 *a*.

Pauvre (un) en général & un Religieux faisant vœu de pauvreté. *V.* Derviche, 267 *b*.

Pauvreté religieuse; les Mahométans en font grand état, 308 *b*.

Pays (le) des Turcs. *V.* Turkestan, 891 *b*.

Pays de la poudre d'or. *V.* l'Art. Tebr, 850 *b*.

Pays où tous les chevaux sont pommelés. *Suppl.* 78.

Pays où les habitants vivent ordinairement jusqu'à cent ans. *Suppl.* 77.

Pays & Peuples dont les Romains, les Grecs, & ensuite les Turcs se sont rendus maîtres. *V.* Roum, 711 *a*.

Païsan Chinois, devenu Bonze, Soldat, Général, Roi, chasse les Moumgols de sa patrie, en occupe le trône Impérial, & fonde la Dynastie de *Mim. S.* 126.

Peau du rhinocéros propre à en faire des cuirasses. *Suppl.* 176.

Péché d'origine; les Mahométans le reconnoissent être venu d'Adam. *V.* Hebbat al calb, 408 *b*.

Péché (le) des habitants de Sodôme. *V.* Loth, 532 *a*.

Péché aux perles. *V.* l'Art. Kis, 517 *a*; & celui de Morovarid, 627 *a*.

Pêche (la) du corail. *Suppl.* 174.

Peine (la) du Talion. *V.* le Tit. de Diah, 276 *b*, & celui de Mekafat, 581 *b*.

Pélerinage de la Mecque. *V.* Hagge, 387 *a*. Haroun Raschid est le dernier des Khalifes qui le fit, 388 *a*, 400 *b*.

Pélerinage de la Mecque interrompu, 246 *b*.

Pélerinage fastueux fait à la Mecque par le Khalife Mahadi, 541 *a*.

Pélerinage de Jérusalem & de Hébron, observé par les Musulmans. *V.* Tarikh al Cods, 843 *a*.

Pélerinage en vogue dans l'Arabie avant le Musulmanisme, 388 *b*.

Pélerinages; celui de la Mecque est d'obligation; mais ceux de Médine, de Jérusalem & de Hébron ne le font que de dévotion. *V.* Hébron, 409 *a*.

Péloponnese, ou la Morée. Les Turcs l'appellent Morag Vilaïeti, 625 *a*.

Pentateuque. (le) Les Musulmans le nomment Taourat & Tourat. *V.* ces deux Tit. l'un à la page 430 *a*, & l'autre, p. 889 *a*.

Pere; (le) en Arabe Abou. *V.* le Tit. d'Ebn, 287 *b*.

Pere (le) de tous les hommes. Ce que les Mahométans enseignent sur sa création. *V.* Adam, 50 *a*. Tradition des Chrétiens Orientaux sur ce sujet, 757 *a*.

Pere (le) des Tribus, surnom donné au Patriarche Jacob. *V.* Sebth, 775 *b*.

Pere (le) de la nation Arabe. *V.* Ismaël, 464 *a*.

Pere de la Pucelle, surnom donné au premier Khalife, 18 *a*.

Pere des oboles, sobriquet donné à un Khalife, pourquoi, 561 *b*.

Pere de la nuit, sobriquet ou surnom donné à un Khalife qui avoit abdiqué. *V.* Moaviah, fils d'Jezid, 592 *b*.

Persans; (les) origine de cette nation. *V.* le Tit. Fars, 317 *a*.

Persans; (les) ils ont fait du premier homme le premier de leurs Empereurs, & se sont appropriés les anciens Rois des Assyriens, des Medes & des Chaldéens. *Suppl.* 126.

Persans. (les) Ils sont nommés *têtes rouges*; pourquoi. *V.* Kezelkasch, 496 *a*.

Perse. (la) Description géographique de ce Royaume. *V.* les deux Tit. Iran, 461.

Persépolis, ancienne Capitale de la Perse. Elle est nommée aujourd'hui Estekhar, 304 *b*. *V.* aussi le Tit. Giamschid, 367 *a*.

Personages (deux) célebres parmi les Arabes pour leur valeur & leur libéralité. *V.* le Tit. de Hatem, 406 *b*, & celui de Man, 556 *a*.

Peste (la) & ses ravages, 308 *a*. Rêveries des Mahométans sur ce fléau & une autre maladie qui cause une mort subite, 597 *a*.

Petite (la plus) chose que Dieu ait créée. *V.* Abubecre al Dakkak, 18 *a*.

Petits (les) hommes ou pygmées *V.* Nasnas, 662 *a*.

Petra deserti, Ville. *V.* l'Art. de Cark, 235 *a*.

Peuple (le) de Loth ou de Sodôme. *V.* Sedoum, 777 *b.*

Peuple d'Arabie qui faifoit profeffion de la Religion Chrétienne. *V.* le Tit. Naclab, 652 *a*

Peuple des Turcomans; fon origine & fon hiftoire. *V.* Turkman, 892 *b.*

Peuple de Jefus; les Chrétiens. *V.* Caum, 243 *a.* Peuple de Mohammed, les Mahométans. *ibid.*

Peuple qui fe tient caché pendant le jour, & fort la nuit pour exercer le brigandage. *Suppl. 79.*

Peuples que les Arabes nomment Atrak, ou Nations Turquefques. *V.* Turk, 889 *b.*

Peuples entêtés de la métempfycofe avant le Mahométifme, 145 *b.*

Peuples de l'Arabie qui prétendent favoir le langage des oifeaux , 410 *b.*

Pharaon , Roi d'Egypte. *V.* Feraoun, 321 *b.*

Pharaon le boiteux. *V.* Nahou, 656 *a.*

Phare d'Alexandrie. *V.* Menar, 564 *b.*

Pharifiens, (les) en Hébreu Peroufchim. Ce mot fignifie des gens qui , en matiere de Religion, fe font féparés des autres. *V.* Motazelah , 643 *a.*

Philippe, Roi de Macédoine ; les Orientaux l'appellent Filikous. *V.* Filib, 329 *b.*

Philippe-Augufte , Roi de France. Les Orientaux le nomment Filib. *V.* ce Tit. *ibid.*

Philofophe. (un) Les Arabes l'appellent Filfof, *ibid.*

Philofophe (le) de Termed , Auteur d'un livre où il s'efforce de prouver le Mufulmanifme par raifonnements & non par autorité. *V.* le fecond Tit. Tarmadi, 848 *a.*

Philofophes ; (les) ils font traités d'impies par les Alcoraniftes , gens qui s'attachent à la lettre de l'Alcoran. *V.* Razi, 703 *b.*

Philofophes (les) appellés divins. *V.* le Tit. d'Elahioun, 290 *b.*

Philofophie. (la) Les Arabes la nomment Filfafat. *V.* ce Tit. 325 *b.*

Pierre myftérieufe ou de la pluie. *V.* Giourtafch , 375 *b*; Turks, 889 *b*, & *Suppl.* 140.

Pierre Royale. *V.* Schahmuhureh, 753 *a.*

Pierre précieufe , ou le Roi des bijoux, qui a des propriétés fingulieres. *V.* Schahkevheran, 752 *b.*

Pierre Philofophale. *V.* l'Art. Kimia, 516 *a.*

Pierre noire du Temple de la Mecque. *V.* Ali ben Huffain, 90 *a*; Hagiar' al affovad, 390 *a*; & Mothi, 644 *a.*

Pierres par lefquelles on découvre le poifon, 174 *b*, 802 *a.*

Pierres qui brillent la nuit , & pierres brillantes comme la lune, *Suppl.* 173, 176.

Pins (des) pétrifiés par l'eau d'une riviere de la Tartarie, *Suppl.* 75.

Pitié (la) eft une baffeffe de cœur ; mot infâme & cruel d'un Khalife, 641 *b.*

Plante (en Latin *Virga aurea*) qui attire & réveille les efprits. *V.* Momfek, 622 *a.*

Plante nommée *Hyofcyamus* par les Grecs, & *faba porcina* par les Latins ; fa propriété eft d'enivrer & d'endormir. *V.* Sikeran, 791 *b.*

Plante qui excite le vent , dont on a befoin pour vanner les grains. *V.* Badinghiz, 153, *a.*

Platon le Philofophe. Les Mahométans l'appellent Aflathoun. *V.* ce Tit. 60 *a.*

Pleine lune. Les Arabes l'expriment par le mot Bedr, 180 *b.*

Pline, Philofophe naturalifte. Les Arabes le nomment Balinas & Belinas, 183 *b*, 481 *a.*

Plume à écrire, par qui inventée, 289 *b.*

Poëme qui ne doit pas avoir moins de trente vers ou diftiques. *V.* Caffidah, 540 *a.*

Poëme de foixante mille vers, ouvrage fameux dans l'Orient. *V.* le Tit. de Ferdoufi, 323 *a.*

Poëme dont chaque vers contient un mot qui a trois fignifications. *V.* l'Art. Mothallath, 643 *b.*

Poëme qui renferme tous les mots de la langue Arabique où la lettre Dha fe rencontre. *V.* Dha Argiouzat, 269 *a.*

Poëme dont toutes les rimes font terminées par la lettre Arabe *lam* ; c'eft notre L. *V.* l'Art. Lamiat, 323 *a.*

Poëme fait à la louange de Mahomet, & dont les rimes fe terminent en M ; plufieurs Mufulmans l'apprennent par cœur. *V.* Bordah, 193 *b.*

Poëme dont toutes les rimes fe terminent en N. *V.* Noun, 674.

Poëme contenant une defcription des avantages que la nuit a fur le jour. *V.* Affedi, 128 *a.*

Poéfie. (la) Les Arabes l'appellent *Magie permife.* *V.* Sehr ou Shir halal, 780 *a.*

Poëte qui vouloit paffer pour Prophete. *V.* Motanabbi, 638 *a.*

Poëtes ; (les) en Arabe *Schoara.* *V.* cet Art. 773 *a.*

Poëtes Arabes qui ont vécu avant le Mahométifme. Amri en a été un des plus illuftres. *V.* fon Tit. 103 *b.*

Poëtes Arabes Mahométans ; les plus habiles d'entr'eux font Aboulola, Abou-Tamam & Motanabbi. *V.* le Tit. du premier, 25 *a*; celui du fecond, 37 *a*, & celui du troifieme, 638 *a.*

Poëtes Perfiens. Amak eft un des principaux. *V.* fon Tit. 98 *a*, Khouageh a été furnommé le Roi des perfonnes d'efprit, 512 *a.* Anuari eft du nombre des plus illuftres, 110 *a.* Ferdoufi eft le plus célebre, 323 *a.*

Poétique. (la) Le premier Auteur qui ait traité de celle des Arabes , eft Khalil ben Ahmed Nahoui. *V.* Ketab âroud, 488 *a.*

Poids. Une livre Arabique pefe douze de nos onces, 643 *b.*

Poids & monnoie. *V.* le Tit. Dinar, 279 *b.*

Point fatal de la deftruction du vafte Empire de la Chine, *Suppl.* 34.

Poiffon qui porte une épée en forme de trompe. *V.* Lokhoum, 529 *b.*

Poiffon (le) de l'or. *V.* l'Art. de Mahizer, 543 *b.*

Poivre d'Albanie. Les Turcs nomment ainfi le thym & le bafilic qui font les épiceries des Albanois. *V.* Arnauth biberi , 120 *a.*

Pole du temps, des peuples, de la Religion ; expreffions métaphoriques, 253 *b.*

Pont de pierre fur le Tigre d'une ftructure merveilleufe ; fa démolition par Alexandre-le-Grand, 167 *b.*

Pont-Euxin , ou la mer Noire. *V.* Bonthos, 193 *b.*

Pontife, ou Directeur de la Religion Mufulmane. *V.* le Tit. Imam, 436 *a*; celui de Mahadi, 542 *a*, & celui de Mohammed, 607 *a.*

Population de la Chine. On y compte plus de dix millions cent vingt-huit mille fept cents quatrevingt-dix familles ; cinquante huit-millions neuf cents feize mille hommes au-deffus de l'âge de vingt ans, outre un grand nombre de gens qui vivent dans les vaiffeaux. En un mot, il y a dans cet Empire deux cents millions d'ames. *Suppl.* 146, 147.

Porte ou la Cour d'un Prince. *V.* Bab, 145 *a.*

Porte (la) *des pleurs*, nommée vulgairement Bobel mandel, ou détroit de la mer Rouge. *V.* Bab al mandeb, 145 *b.*

Portes des portes, ou le grand paffage. *V.* Bab al abuab. *ibid. a.*

Portes (les fept) qui conduifent à l'enfer, 343 *b.*

Portiere, ou étoffe mife au-devant d'un appartement. *V.* Seraperdeh, 789 *a.*

Portion que les Mufulmans doivent donner de leurs biens aux pauvres, felon leur loi. *V.* l'Art. Zacah, 908 *a.*

Portrait & hiftoire abrégée de *Kao* ou *Kuo-çu-y*, le Héros de la Chine fous la Dynaftie des *Tham*, grand homme d'Etat & grand Capitaine, confervateur de l'Empire, dans le huitieme fiecle de l'Ere Chrétienne, *Suppl.* 170, 182.

Portraits

Portraits (les) dès cinq Saints. *V.* l'explication de ces mots au *Suppl.* 180.

Portugal, Royaume. Les Arabes le nomment Pourtacal. *V.* ce Tit. 695 *b.*

Porus, Roi des Indes, vaincu par Alexandre le Grand. Les Orientaux le nomment Pour, 695 *b.*

Poste. (la) Une poste est dans le Levant de huit ou de douze milles. *V.* le second Art. de Baridah, 174 *a.*

Postérité de Cham, fils de Noé. *V.* le Tit. Ham, 194 *a.*

Postérité du Grand Saladin, 731 *b.*

Postérité de Genghizkhan, 355.

Postérité de Tamerlan, 581 *a.*

Posu; ce mot désigne le Royaume de Perse, *Suppl.* 166, 189.

Poudre faite d'antimoine crud, & qui sert à noircir les sourcils. *V.* Surmeh, 811 *b.*

Poudre à canon. V. Barud, 175 *b.*

Pourpre; (la) comment découverte. *V.* Firsir, 326 *a.*

Préadamites; (les) la plupart des Mahométans croyent qu'ils ont existé, 290 *b,* 801 *a.*

Préceptes pour les Etudiants. *V.* Targhib almotalemin, 832 *a.*

Prédicateur des Prophetes, titre que les Musulmans donnent à Jéthro, qu'ils nomment Schoaïb. *V.* Khathib alenbia, 504 *a,* & 772 *b.*

Prédicateurs. Le plus célebre d'entre ceux du Musulmanisme a été Abou Iahia Abdalrahim. *V.* Nobatah, 669 *b.*

Prédiction astronomique vérifiée. *V.* Abou-Rihan, 29 *a.*

Prédiction touchant le dernier jugement, 920 *b.*|

Prédiction d'un Astrologue sur la durée du Christianisme démentie par le fait. *V.* Abou-Maafchar, 25 *b.*

Préface sans livre. *V.* Adab al Kateb, 49 *a.*

Présent de 200000 pieces de soie fait par un Empereur de la Chine, *Suppl.* 53.

Présent d'outrage envoyé à un Général, 425 *b.*

Présents rares & d'un grand prix, faits à un Roi de Perse, 675 *b.*

Préservatif contre les enchantements. *V.* Maoudhat, 574 *a.*

Prêtre (un) Chrétien. *V.* l'Art. Papas, 692 *b.*

Prêtre (le) Jean, ou le Roi dépouillé de ses Etats. *V.* le Tit. de Carit, 235 *a,* & celui d'Ung, 905 *b,* & *Suppl.* 142.

Prévarication de Balaam. *V.* ce Tit. 166 *a.*

Priants; (les) hérétiques parmi les premiers Chrétiens. *V.* Mossalah, 627 *b.*

Priere, estimée la plus efficace par les Musulmans, 458 *b.*

Prieres. (les) Les Musulmans sont obligés d'en faire cinq par jour dans leurs Mosquées. *V.* Segiadah, 779 *a.*

Prieres, (les sept) ou prieres de surérogation. *V.* Affamah, 223 *a.*

Prince, Chef, ou Commandant. *V.* le Tit. d'Emir, 293 *b.*

Prince du Trône; explication de ce mot. *V.* Sanariah, 740 *b.*

Prince, condamné à aller à pied, pendant un an, 418 *b.*

Prince des Pélerins, ou chef de la caravane de la Mecque. *V.* Emir, 293 *b.*

Prince (le) des Docteurs & grand Historien. *V.* Schohnah, 773 *b.*

Princesse qui mourut de faim malgré la richesse de ses joyaux. *V.* Mariah, 565 *b.*

Princesses (les) du sang Impérial de la Chine sont nommées *Koum-ichu, Suppl.* 49, 54, 65.

Principe (le) du mal, opposé au principe du bien. *V.* l'Art. d'Aherman, 65 *b*; celui d'Afmoug, 129 *b,* & celui d'Ormoz, 687 *b.*

Privilege des Empereurs Chinois, qui, en qualité de fils du ciel, s'arrogent le pouvoir de créer de nouveaux Dieux, & de donner des dignités aux anciens, *Suppl.* 124.

Prix du sang d'un homme parmi les Arabes, il consistoit en dix chameaux, 277 *a.*

Prodiges que les Chinois & les Tartares ont coutume de feindre pour illustrer la naissance de leurs Héros, devenus fondateurs d'Empire. *Suppl.* 152.

Prodiges qui accompagnoient la naissance de *Thaitçau,* qui fut le chef de la Dynastie des *Khi-tan* ou *Leao,* & conquit la Chine dans le dixieme siecle de l'Ere Chrétienne, *Suppl.* 81.

Profanation du Temple de Sanaa. *V.* Nafil, 654 *a.*

Progrès de la Religion Chrétienne en Chine dans les 8°. & 9°. siecles, *Suppl.* 183.

Prophete (le) menteur. Ainsi fut nommé Mahomet par un grand nombre de ses compatriotes, 605 *a.*

Prophete qui a bu de la fontaine de vie. *V.* Khedher, 505 *a.*

Prophete, (les) tant Arabes qu'autres, descendent de Sem le Patriarche. *V.* le premier Tit. de Sam, 735 *a.*

Prophetes envoyés de Dieu. Les Mahométans mettent dans ce nombre Jafeth, fils de Noé. *V.* son Tit. 435 *b.*

Prophétesse; (la) ce titre fut donné à Aischah, veuve de Mahomet. *V.* Omm almoslemin, 681 *a.*

Protecteurs (les) par excellence des fugitifs de la Mecque. *V.* Ansar & Ansari, 109 *a.*

Proverbes (les) de Salomon. *V.* Amthal, 105 *a,* & Meidani, 580 *b.*

Provinces (les) de Transoxane & de Khorassan ruinées, & leurs Villes détruites par les Mogols, 353, 354.

Provision (la) du cœur, ouvrage de Morale. *V.* Athiah, 134 *b.*

Prusse. (la) Les Arabes l'appellent Poursia, 695 *b.*

Pseaumes (les) de David. *V.* le Tit. Tanbihat al Daoudiat, 828 *a,* & celui de Zebour, 913 *b.*

Ptolomées, (les) Rois d'Egypte. *V.* Bathalmius, 178 *a.*

Puissance énorme des Empereurs de la Chine & de la Tartarie de la Dynastie des *Khitan* ou des *Leao.* La garde de leurs personnes étoit de cinq cents mille chevaux, & celle de l'Empire de dix-sept cents mille hommes. Leurs possessions avoient plus de mille lieues d'étendue en tout sens, sans compter un grand nombre de Royaumes qui leur étoient tributaires, *Suppl.* 97, 98.

Puits merveilleux & en grande vénération parmi les Musulmans. *V.* Zemzem, 916 *a.*

Puits (les) de Joseph. *V.* Bir Joseph, 190 *a.*

Punition des Thémudites, Tribu de l'Arabie Pierreuse. *V.* Sahah al Nabi, 727 *a.*

Punition de mort, soufferte par un Docteur Musulman, pour avoir été plus attaché à la Philosophie qu'à la Religion. *V.* Scheherverdi, 765 *b.*

Purgatoire (le) des Mahométans. *V.* Araf, 113 *a.*

Pyramides (les) d'Egypte, élevées avant Adam. *V.* le Tit. d'Ehram, 290 *a.*

Pythagore le Philosophe. Les Orientaux le nomment Firhagores, 528 *a,* & *Suppl.* 161.

Q.

Quadrature du cercle. Plusieurs Auteurs ont écrit sur ce sujet. *V.* Tasthih, 850 *a.*

Qualité que Dieu aime le plus dans ses créatures, 308 *b.*

Qualités (cinq) des serviteurs de Dieu. *V.* Ebad, 286 *a.*

Qualités & devoirs d'un Cadhi ou Juge. *V.* Adab al Cadhi, 49 *b.*

Qualités (belles) d'un Empereur des *Niou-tché* Tartares; mais déshonorées par son ivrognerie & par sa cruauté. *Suppl.* 117.

Quarante ans de demeure ou de séjour des Israélites

dans le défert. Les Mahométans réduifent ce temps à 40 jours. *V.* Badiat al tiah, 153 *b*.

Quarante; (les) c'eft-à-dire, Traditions Mahométanes. *V.* le premier Art. d'Arbaïn, 114 *a*.

Quarante; (les) c'eft-à-dire, Hiftoires, Ouvrage d'un Auteur Chrétien. *V.* le fecond Tit. d'Arbaïn, *ibid. 6.*

Quarante (les) tours aux fanaux, refte des ruines de l'ancienne ville de Perfépolis. *V.* Gihil menar, 372 *a*.

Quartier de Conftantinople où font expofées en vente les étoffes de foie & autres marchandifes précieufes. *V.* Bezeftan, *V.* 187 *b*.

Quatre fortes de perfonnes fervent Dieu dans leur Religion, 279 *b*.

Quatre (les) lettres Arabiques, qui font à la tête du chapitre *Aaraf* de l'Alcoran, applicables à Dieu, 94 *a*.

Quatre chofes doivent ne nous pas flatter, 259 *a*.

Quatre avantages que Mahomet eut au-deffus de tous les autres hommes, 605 *a*.

Querelle (la) entre Othman, troifieme Khalife, & Ali, gendre de Mahomet, fource de la divifion encore fubfiftante entre les Mahométans Turcs & les Mahométans Perfans. *V.* le Tit. d'Othman, 688 *b*.

Queftion fort agitée parmi les Mufumans, fi l'Alcoran a été créé ou non. *V.* Vathek, 902 *a*.

Queftion agitée dans le troifieme fiecle de l'Hégire, fi la boiffon du lait de vache & de brebis étoit permife ou non, 191 *a*.

Queue de cheval qu'on porte attachée au bout d'une pique, lorfque le Grand Seigneur marche. On la nomme Toug, 199 *a*.

Queue du dragon dans le difque de la lune. *V.* Giauzeher, 371 *b*.

Queues d'animaux quadrupedes; chevres à neuf queues, autrement nommées chevres intelligentes, *Suppl.* 175, 176.

Quiétifme de quelques Docteurs Mufulmans. *V.* le Tit. Efchk Allah, 299 *b*.

Quinze Rois du fang Impérial de la Chine des *Leao*, faits captifs par l'Empereur de *Kin. Suppl.* 113.

Quod vult Deus; nom propre qui fe donne à une perfonne. *V.* Sana Allah, 740 *a*.

R

R. Cette lettre eft odieufe aux Chinois, auffi ne l'employent-ils jamais. *Suppl.* 189.

Recueil ou grande collection de traditions Mufulmanes authentiques. *V.* Giame al Kebir, 366 *a*. Sahih al Bokhari, 722 *b*, & Sonan alkebir, 807 *a*.

Recueil de trois cents Hadith ou Traditions reçues de Mahomet. *V.* Uns almoncatheïn, 906 *a*.

Recueil (le grand) des chanfons Arabiques. *V.* Agani, 63 *a*.

Ragiftre (le) des Décrets divins, c'eft-à-dire de tout ce qui doit arriver dans le monde. *V.* le fecond Tit. de Takht, 813 *a*.

Regle établie en Chine, qui veut que l'année, dans laquelle meurt un Empereur, lui foit attribuée toute entiere. *Suppl.* 128.

Regne (le) des prodiges, 641 *b*, *& fuiv.*

Reine qui régnoit en Perfe du temps du Khalife Omar. *V.* Tourandokht, 888 *a*.

Reine qui, pour acquérir plus d'autorité fur fes peuples, changea fon nom féminin en un nom mafculin. *V.* 698 *a*.

Relation du voyage fait par *Van-yen-te* dans le Royaume d'*Eyghour. Suppl.* 137.

Religieufe devenue martyre de la chafteté, 567 *b*.

Religieux Chrétien, ou Moine, engagé par des vœux au fervice de Dieu. *V.* Rohban, 708 *b*.

Religieux (les) parmi les Mahométans; ils font de trois ordres différents, favoir les Calenders, 524 *b*; les Derviches ou Fakirs, 267 *b*, & les Sofis, 797 *a*.

Religion en général, ou la foi que l'on a pour ce que Dieu a révélé. Les Mufulmans appellent la leur la voie droite ou le droit chemin pour arriver à Dieu & à la félicité éternelle. *V.* le Tit. Din, 278 *b*.

Religion Chrétienne, ou Religion admirable, défignée par le titre Chinois *Kim-kiao. Suppl.* 183.

Religion (la) de Zoroaftre. *V.* le Tit. de Magius, 539 *b*.

Religion des habitants du Royaume d'*Eyghour. Suppl.* 139.

Religion (la) des Chinois; elle a été prife des Indiens, l'an 65°. de l'Ere Chrétienne. *Suppl.* 5.

Religion, (la) comparée au palmier dans l'Alcoran, 279 *a*.

Religions. Les trois que les Mahométans tolerent, font le Judaïfme, le Chriftianifme & le Sabiifme. *V.* le Tit. de Sabi, 714 *a*.

Rempart (le) ou Mur de Gog & Magog. *V.* Sedd Jagioug v Magioug, 777 *a*.

Renard (le) au fervice du lion. *V.* Caraculak, 232 *b*.

Réparation faite à la grande muraille de la Chine dans le feptieme fiecle de l'Ere Chrétienne, *Suppl.* 177.

Rêve de Mahomet, le faux Prophete. *V.* Abougehel, 19 *a*.

Revenus annuels de *Quang-ton*, petite Province de l'Empire de la Chine, *Suppl.* 198.

Revenus annuels de l'Empereur de la Chine & leurs différentes branches, *Suppl.* 199.

Rhétorique; livre qui en traite. *V.* Tebian fil beïan, 850 *b*.

Rhinocéros. Qualité finguliere de fa corne. *V.* le Tit. de Kerkedan, 475 *b*. Il y en a qu'on nomme effrayeurs de poules. *Suppl.* 173, 176.

Rhubarbe. Cette drogue eft nommée Ravend par les Perfans qui la diftinguent en deux efpeces. *V.* ce Tit. 702 *b*.

Richard, Roi d'Angleterre, qui a fait la guerre aux Mufulmans dans la Terre-Sainte. Les Arabes le nomment Ankitar. *V.* ce Tit. 106 *b*.

Richeffes. (les) Elles font de petits biens felon l'Alcoran. *V.* Elim, 291 *a*.

Richeffes énormes de Khofrou ou Khofroès, Roi de Perfe, 509 *a*.

Richeffes immenfes ramaffées par le Sultan Mahmoud pendant fon expédition aux Indes, à la fin du quatrieme fiecle de l'Hégire, 547 *a*.

Richeffes de l'Empire de la Chine en général, *Suppl.* 198.

Riz. (du) Qui le premier l'a fait cultiver. *V.* la fin du Tit. Thahamurath, 858 *b*.

Robe (la) déchirée de Moïfe, plus précieufe que l'habit doré de Pharaon, 268 *b*.

Robe (la) d'un Derviche, mafque d'hypocrifie, *ibid.*

Roi (le) de France, particuliérement Saint Louis, eft nommé Redefrans par les Arabes, 704 *a*.

Roi Arabe qui fe fit Chrétien. *V.* le Tit. Noman, 669 *b*.

Roi des Rois, titre ou furnom de Baharam, Roi de Perfe. *V.* Schahanfcha, 753 *b*.

Roi du monde, titre ou furnom du Sultan Cothbeddin, de la Dynaftie des Carakhathayens. *V.* le premier Tit. de Schahgehan, 752 *a*.

Roi-lion; c'eft ainfi qu'on nomme le Souverain du Royaume d'*Eyghour*, *Suppl.* 137.

Roi qui avoit dix mauvaifes qualités. *V.* le Tit. Dhohak, 273 *b*.

Roi qui donna fes audiences au travers d'un rideau, 530.

Roi qui paffe pour avoir été doué de toutes les vertus royales. *V.* Hormouz, fils de Narfi, 424 *a*.

Roi d'une fi grande libéralité qu'il dépenfa plus de

dix millions d'or en préfents, quoiqu'il n'eût régné que treize ans. *V.* Octaikhan, 679 *a.*

Roi Tartare qui, en mourant, laiffa foixante enfants mâles, *Suppl.* 36.

Roi (le) du jeu des Echecs. *V.* le premier Tit. de Schah, 751 *b.*

Roi du Midi. *V.* Padifchah Nimrouz, 692 *a.*

Roi de la mer *V.* l'Art. Malek el bahr, 551 *a.*

Rois. (les) En général, les Arabes donnent le nom de *Kefra* au Roi de Perfe ; & celui Barthalmious aux Rois Grecs qui ont régné en Egypte. *V.* le premier de ces noms, 478 *a.*

Rois de plufieurs nations, ou les fuccefleurs d'Alexandre le Grand. *V.* Thaouaïf, 864 *a.*

Rois (les) Mondars de Hirah. *V.* ce Tit. 622 *a.*

Rois (anciens) de la Chine. *V.* Fagfour, 312 *b*, *Suppl.* 2.

Romains (les), Barbares feulement par l'habit, felon les Chinois, *Suppl.* 187.

Roman (le) de Jofeph & de Zuleikha. *V.* Zolaikha, 826 *b.*

Roman (le) de Megnoun & Leileh. *V.* ces deux Tit., le premier 579 *b*, & le fecond, 525 *b.*

Roman (le) de Khofrou & de Schirin. *V.* ce dernier Tit. 771 *a.*

Rome, Capitale de l'Italie. Les Arabes la nomment Roumiah, 712 *a.*

Rompre le voile d'une femme ; ce que cette expreffion en Arabe veut dire, 643 *a.*

Royaume des Fées. *V.* l'Art. Schadukiam, 749 *b.*

Royaume (le) du Grand-Mogol aux Indes. *V.* Deheli, 264 *a.*

Royaume (le) de *Taçin*; fa defcription, *Suppl.* 172, 173, 174.

Royaume Tartare où il régnoit une coutume horrible en fait de mariage, *Suppl.* 190.

Rubis qui pefoit dix-fept drachmes Arabiques, c'eft-à-dire, près d'une once & demie, 729 *a.*

Ruffie (la) ; étymologie de ce nom. *V.* Rous, 712 *a.*

S.

SABBATH (le) des Mahométans eft le Vendredi. Pourquoi. *V.* Giumaat, 376 *b*, 457 *b.*

Sabéens, (les) peuple de l'Arabie, affez connu des Grecs & des Latins. *Voyez*-en l'origine au Tit. Saba, 713.

Sabiens (les) & leur Religion, autre que celles des Mages. *V.* le Tit. de Sabi, 715 *a.*

Sacrifices que les Patriarches ont offerts à Dieu. *V.* Corban, 250 *a.*

Sacrifices qui fe font en Chine à diverfes fauffes Divinités & aux ancêtres de l'Empereur dans leurs *Miao* ou temples, *Suppl.* 119.

Sacs, pendus au col des chevaux, 639 *a.*

Saffran. (du) Le meilleur eft produit dans le pays de Tranfoxane. *V.* Zafaran, 909 *a.*

Sageffe ou *Sapience*; fa définition. *V.* Hekmak, 409 *a.*

Sageffe (la) de tous les temps, livre de Philofophie morale, compofé par un ancien Roi de Perfe. Une partie de cet ouvrage a été traduite en François, & imprimée à Paris l'an 1644, fous le titre de livre des *Lumieres*, ou *de la conduite des Rois.* *V.* Giavidan Khird, 371 *b.*

Saint. Le plus faint d'entre les Khalifes a été Omar, fils d'Abdalaziz, 683 *b.*

Saint (le) n'a point de fubfiftance déterminée; explication de cette expreffion. *Suppl.* 184.

Saint Michel, l'Archange. Les Arabes lui donnent le nom de *Mikail*, 387 *b.*

Saint Jean-Baptifte eft nommé par les Mahométans *Jahia.* *V.* ce Tit. 436 *a.*

Saint Jean l'Evangélifte. Les Grecs le nomment en leur langue vulgaire *Seologos*, le *Théologien.* Tradition des Orientaux fur fon fujet. *V.* Joanna, 457 *a.*

Saint Mathieu, l'Evangélifte. *V.* le Tit. Mata, 572 *a.*

Saint Marc, l'Evangélifte. Les Mahométans l'appellent *Markous.* *V.* ce Tit. 563 *b.*

Saint Luc, l'Evangélifte. Les Mahométans le nomment *Louka*, 533 *b.*

Saint Paul & Saint Pierre, Apôtres. Les Orientaux nomment l'un *Bulos*, & l'autre *Fathros.* *V.* le premier de ces Tit. 197 *b.*

Saint Jean-Chryfoftôme, Pere de l'Eglife, furnommé *bouche d'or.* *V.* Johonna fomm al dheheb, 457 *a.*

Saint Jean l'Aumônier, Patriarche d'Alexandrie; il fut furnommé *le miféricordieux.* *V.* Johanna al Rahoum, *ibid.*

Saint Barthelemi. Les Juifs & les Syriens le nomment *Bartholmai*, 175 *a.*

Saint Macaire; les Arabes l'appellent *Abou-Macar.* *V.* ce Tit. 25 *b.*

Saint Louis, Roi de France, fait prifonnier de guerre, par qui, 555 *a.* *V.* auffi Moadham, 590 *b*, & Redefrans, 704 *a.*

Saint Jean d'Acre, Ville que les Grecs ont nommée *Ptolémaïs*, & les Hébreux *Acco.* *V.* le Tit. d'Acca, 37 *b.*

Sainte Vierge; (la) les Mufulmans la réverent, & la nomment *Miriam.* *V.* ce Tit. 188 *b.*

Sainte-Sophie, Temple ou Eglife célèbre de Conftantinople. *V.* le Tit. d'Aia-Sofia, 70 *b.*

Saints (les) ou les amis de Dieu. Notions que les Docteurs Mufulmans en donnent. *V.* le Tit. Aulia, 140 *b.*

Salamandre, animal fingulier. *V.* Samandar, 736 *b.*

Saleh, Patriarche & Prophete. *V.* le Tit. Salah, 727 *a.*

Salomon, fils de David. Les Mufulmans l'appellent *Soliman*, 799 *b.*

Salut que donnent les Anges à ceux qui entre dans le Paradis, 308 *b.*

Samuel, le Prophete. Les Mahométans le nomment *Afchmouil.* *V.* ce Tit. 126 *a.*

Sandarak, gomme de genevre. *V.* Sandarous, 740 *b.*

Sang caillé que Genghizkhan tenoit dans la main en naiffant, 352 *b.*

Sang (le) des martyrs & l'encre des Docteurs font d'un prix égal; fentence Mufulmane, 291 *b.*

Sapor, en Grec & en Latin ; nom commun à plufieurs Rois de Perfe. *V.* le premier Tit. de Schabour, 747 *b.*

Sardaigne, ifle conquife par les Arabes fur la fin du premier fiecle de l'Hégire. *V.* Sardiniah, 745 *b.*

Sarafins, (les) peuple. *V.* l'origine de ce nom au Tit. Scharacah, 780 *b.*

Satan (le) ou Lucifer. *V.* Scheithan, 767 *a.*

Satrape, titre de dignité affecté aux Seigneurs des anciens Perfans. *V.* Marz, 567 *b.*

Saül, premier Roi des Ifraélites. Les Mahométans le nomment *Thalout.* *V.* dans ce Tit. les fables qu'ils débitent fur fon fujet, 862 *a.*

Sauveur (le) des Hommes. *V.* Mokhalles, 620 *b.*

Sauveur du monde, furnom donné par les Egyptiens à Jofeph, 459 *b.*

Saxons (les) transférés en Tranfylvanie par Charlemagne. *V.* Saz, 747 *a.*

Schifme de deux Khalifes dans le Mufulmanifme, 600 *a.*

Science. (la) Comme les Arabes n'ont point de mots compofés, ils ne peuvent pas par un feul exprimer le nom d'une fcience, à la maniere des Grecs & des Latins; ainfi ils appellent l'Aftronomie *Elm al nogioum*, la fcience des aftres. *V.* Elm, 291 *a.* Cependant ils fe fervent quelquefois, mais par corruption, des termes Grecs & Latins, comme de *Filfafat* pour dire Philofophie, 325 *b*, & de *Thoulougia* pour dire Théologie, 481 *b.*

Science (la) du monde, titre d'un livre de Cofmographie. *V.* Gihan Danefch, 379 *a.*

Sciences. (les) Les Orientaux, tant Chrétiens que Mahométans, les cultivent beaucoup. Ce qui le prouve est le nombre infini de livres indiqués & énoncés dans le corps de l'Ouvrage. Le célebre Hagi Khalfa, dans son Traité, intitulé : *Cafchf aldhonoun*, a ramaffé trois mille trois cents Auteurs fur l'Hiftoire feule. *V.* Tarikh, elm Tarikh, 847 *b.*

Sciences (trois) nuifibles & dangereufes, 594 *b.*

Sciences (les) des Chinois & leur langue fujettes à de grandes imperfections. *Suppl.* 199, 200.

Scorpions ailés. *V.* l'Art. d'Acrab, 46 *b.*

Secretaire & Miniftre d'Etat. *V.* le premier Tit. Cateb, 241 *b.*

Secrets. Les Arabes prétendent qu'il y en a dans les lettres de leur alphabet. *V.* Naouti, 638 *b.*

Sectaires qui fe couvroient le vifage. *V.* le Tit. Molathemiah, 621 *b.*

Secte des Chrétiens Jacobites, 435 *a.*

Secte Mahométane qui admettoit la Métempfycofe. *V.* Ravendiah, 702 *b.*

Secte d'impies qui a fait naître celle des Illuminés. *V.* le Tit. Schamalgani, 757 *b.*

Secte (la) des Afchariens. *V.* les Tit. d'Afcheri & d'Afcherioun, 124 *a, b.*

Secte des Motazales. Le fondateur en a été le Docteur Vaffel. *V.* ce Tit. 901 *a,* comme auffi celui de Motazelah, 643 *a.*

Secte des Ibrahimiah parmi les Chrétiens de l'Orient. *V.* le Tit d'Abrahamiens, 13 *b.*

Secte de Théologiens Mufulmans qui ôtent toute forte de liberté à l'homme. *V.* Giabarioun, 360 *a.*

Secte des Zenadecah qui nient la Réfurrection. *V.* Zendik, 917 *b.*

Secte des Carmathes qui faifoient cinquante prieres par jour. *V.* le Tit. de Carmath, 235 *b.*

Sectes autorifées parmi les Mufulmans. Il y en a quatre, dont les Chefs font Abou Hanifah, Hanbal, Malék & Schaféi. *V.* le Tit. du premier, 19 *b;* du fecond, 397 *a;* du troifieme, 550 *b;* du quatrieme, 756 *b.*

Sectes (deux autres) également autorifées. *V.* Daoud al Esfahani, 261 *a.*

Sections ou portions de l'Alcoran. *V.* Aurad, 141 *b.*

Seigneur, Prince, Souverain. *V.* Khan, 502 *a.* Differtation fur ce Titre. *Suppl.* 132.

Seigneur des Envoyés, titre donné à Mahomet. *V.* Raffoul, 702 *a.*

Seigneur de banniere. *V.* le Tit. de Begh, 181 *a.*

Seigneurs. (les deux) *V.* le Tit Seidani, 780 *b,* 429 *a.*

Sekinah; fignification de ce mot felon les Docteurs Juifs, 383 *a.*

Sel. (du) Origine de fon ufage dans les pays feptentrionaux, 452 *a.*

Sel ammoniac. V. Botom, 195 *a,* & *Suppl.* 137, 139.

Sem, le Patriarche; il eft nommé le Pere des Arabes. *V.* le premier Tit. Sam, 735 *a.*

Sem; c'eft le nom propre des Bonzes que les Chinois appellent *Hoxam, Suppl.* 183.

Semaine. Les anciens Perfans n'avoient point de femaines, & donnoient un nom particulier à chaque jour du mois. Maniere de compter les jours parmi les Perfans modernes, les Arabes & les Turcs. *V.* Haftah, 387 *a.*

Séné, ou feuilles orientales. *V.* l'Art. Sena, 785 *b.*

Sens myftique des lettres de l'alphabet Arabe, 291 *b.*

Sentence très-belle du Docteur Kethir, ben Manfour. *V.* fon Tit. 495 *b.*

Sentiment des Chrétiens Orientaux touchant Zoroaftre, 919 *a.*

Sept, (les) &c. *V. Dormants.*

Sept (les) Prieres par jour. *V.* Affamah, 123 *a. V.* auffi le premier Tit. Sabi, 739 *b.*

Sépulcre du Patriarche Abraham. *V.* Khalil, 500 *a.*

Sépulcre de la Sainte Vierge, 590 *a.*

Sépulcre de Mahomet. *V.* Medinah, 577 *b.*

Sépulcre d'Ali, gendre de Mahomet. *V.* Coufah, 154 *b.*

Sépulcre de Houffain, fils d'Ali, 429 *a.*

Sépulcre de l'Imam. *V.* Mafchehad, 568 *b.*

Sépulcres (les) des martyrs. *V.* l'Art. Hagr, 389 *b.*

Sépulture (lieu de la) d'Adam. *V.* Abou-Caïs, 19 *a,* & Conouz, 250 *a.*

Séraphins, monnoie d'or d'Egypte. *V.* Scharafi, 760 *b,* & Zerabini, 918 *b.*

Sermon ou prône qui fe fait dans la principale mofquée de chaque Ville, après la priere ordinaire du midi. *V.* Khothbah, 511 *b.*

Serpent volant. *V.* le Tit. d'Oc, 678 *b.*

Serrail; origine de ce mot. *V.* le Tit. de Sarai, 744 *a.*

Serviens & Rafciens, peuple. *V.* Serf, 789 *a.*

Serviteur du Diable. *V.* Schah Couli, 751 *b.*

Serviteurs (les) de Dieu. Les Arabes les nomment Ebad. *V.* cet Art. 286 *a.*

Séville, Ville d'Efpagne. Les Arabes la nomment Afchbiliah. *V.* ce Tit. 125 *a.*

Sextuple (la) union; cette expreffion défigne l'Univers, *Suppl.* 184.

Siecle de fer de la Chine, ou les Regnes tumultueux des cinq Barbares, *Suppl.* 24.

Sieges mémorables de Nankim, Ville de la Chine, *Suppl.* 7.

Signes qui, felon quelques Docteurs Mufulmans, précéderont la fin du monde, 881 *a.*

Signification (la) des caracteres Chinois ne doit pas être tirée de leur fon, mais de leur figure, *Suppl.* 187.

Silence myftérieux des Mages. *V.* l'Art. Bage, 154 *a.*

Siméon, furnommé le Jufte. *V.* Schimaoun Siddik, 769 *a,* & Simean al Sadik, 791 *b.*

Simonie; (la) elle étoit en ufage pendant quelque temps parmi les Chrétiens Orientaux. *V.* Scharthoniah, 762 *a.*

Six (les) jours de la création, pris pour fix mille ans, fuivant une tradition, 285 *a.*

Six (les) principaux dépofitaires des Traditions Mahométanes. *V.* Hadith, 386 *a.*

Socrate, le Philofophe. Les Arabes le nomment Socrath. *V.* ce Tit. 796 *b.*

Sodôme, Ville de Judée. Les Arabes la nomment Sedoum. *V.* ce Tit. 777 *b.*

Sœurs jumelles de Caïn & d'Abel. *V.* le Tit. de Vain, 897 *b,* & celui d'Azrun, 144 *b.*

Sogdiane, (la) plaine délicieufe, l'un des quatre paradis. *V.* Sogd, 797 *b.*

Solanum pomiferum, efpece de plante. *V.* Badelgian, 153 *a.*

Soldats (trois) qui fe tuent par le commandement de leur Prince, 236 *b.*

Soleil. (le) Les Perfans nomment cet aftre par métaphore, *Padifchah Nimrouz,* Roi du midi. *V.* Nimrouz, 668 *b.* Il eft appellé par un Fanatique pere de la vie, & la lune mere de la vie. *V.* Diffan, 280 *b.* Il perd fa lumiere, peu après fon lever, mais fans être éclipfé; prodige arrivé l'an 164ᵉ. de l'Hégire, 541 *b.*

Solon, un des fept Sages de la Grece, & aïeul maternel de Platon. Les Arabes le nomment Soloun, 805 *b.*

Songe de Mahomet. *V.* le Tit. Joufouf ben Abdalber, 460 *a.*

Songe fingulier du Docteur Kethir ben Manfour. *V.* ce Tit. 495 *b.*

Sort (le) des fleches. *V.* le Tit. d'Acdah, 39 *a,* & celui de Corrat, 250 *a.*

Souffle (le) du Meffie. *V.* Bad Meffih, 152 *b.*

Souhait d'une vie de dix mille années; compliment d'ufage en Chine, *Suppl.* 50, 63.

Soupiraux à vent qui fervent à rafraîchir l'air. *V.* Badghis & Badkhon, 152 *b,* & 153 *a.*

Sourat al nafr, chapitre de la Victoire; c'eft le dernier

hier de l'Alcoran. Les Mahométans le nomment aussi le chapitre de l'Adieu, 606 *a*.

Statue du *Fo*, principale idole des Bonzes *Ho-cham*, haute de 43 pieds, *Suppl.* 34.

Stoïciens. (les) Ils sont nommés par les Arabes Gens du Portique. *V.* le Tit. de Schani, 780 *a*.

Subtilité intéressée d'un Jurisconsulte Musulman, qui, pour quelques avis donnés à un Khalife, gagna cinquante mille écus d'or dans une nuit. *V.* Abou-Joseph, 21 *a*.

Successeurs (les) ou Suivants des Compagnons de Mahomet. *V.* Tabéoun, 812 *a*. Tassir, 819 *b*, & Azd, 143 *a*.

Succession (la) au Khalifat fut au commencement élective. *V.* Omar, 681 *b*.

Sucre & cannes de sucre. *V.* Sous Alacsa, 809 *a*, & Succar, 810 *a*.

Sujets (cinq) d'affliction par rapport aux confins de la Chine, *Suppl.* 67.

Sultan. *V.* Solthan, 805 *b*. Ce titre fut donné à Mahmoud, Prince de la race des Gaznevides, sur la fin du quatrieme siecle de l'Hégire, 544 *a*. Les Empereurs de Constantinople le prennent aussi & se qualifient Rois de toutes les Nations du monde. *V.* Agem, 64 *a*.

Sultan qui se faisoit appeller le Roi du monde, & qui ne se signoit *serviteur* que lorsqu'il écrivoit au Khalife, 146 *b*.

Sultan qui a livré quatorze batailles en onze ans dans le septieme siecle de l'Hégire, 148 *a*.

Sultan qui fit défense à ses sujets de baiser la terre, ou de se prosterner devant lui. *V.* Barsebai, 175 *a*.

Sultan qui avoit coutume de ne garder rien pour le lendemain, 731 *a*.

Sultane, surnommée *Dame du monde*; celle qui a le mieux réussi dans la Poésie. *V.* Gihan Khatoun, 372 *a*.

Sunnites & Chiites; les deux grands partis qui divisent les Mahométans au sujet du souverain Imamat. Les Turcs sont Sunnites & les Persans Schiites. *V.* Schiah, 768 *b*.

Superstition touchant les lettres de l'alphabet Arabique. *V.* Lamelif, 523 *a*, & Lathaif, 324 *b*.

Supplice du sépulcre. *V.* Adhab al Cabr, 53 *a*, & Araf, 113 *a*.

Surnom donné à Noé. *V.* Nagi, 664 *a*.

Syrie, grande Province de l'Orient; sa description. *V.* le Tit. de Scham, 756 *a*.

T.

Tabernacle du camp des Israélites. *V.* Cobbat, 245 *a*.

Table des décrets divins, sur laquelle le destin de l'homme est écrit. *V.* Omm alketab, 680 *b*.

Table générale des différents cycles & des signes, *Suppl.* 17.

Table des *Tchen-yu*, ou Empereurs des *Hioum-Nou*, *Suppl.* 21.

Table des Empereurs des *Ouei* Tartares, *Suppl.* 29.

Table de plusieurs Rois de la Chine, *Suppl.* 24.

Table généalogique des Empereurs des *Leao*, ou des *Khitan*, de la famille de *Ye-Liu*, *Suppl.* 95.

Table chronologique des Empereurs de la Dynastie des *Tçim*, ou des *Man-Tchou*, *Suppl.* 129.

Tables (les) de la Loi que Dieu donna à Moïse. Elles étoient du bois que nous nommons le lot; rêverie Musulmane. *V.* Sedr, 777 *b*.

Tables Astronomiques. Il y en a plusieurs; les principales sont les Ilekhaniques ou Impériales & celles d'Ulug-Beg. *V.* les Tit. de Nassireddin, 662 *a*, & ceux de Zig', 922 *& suiv.*

Tables chronologiques, ouvrage du célebre Hagi Khalfa. *V.* Tacouim, 816 *b*.

Tablier de cuir en guise d'étendard. *V.* l'Art. Dirfesch, 280 *b*, & celui de Feridoun, 323 *a*. *V.* aussi Gao, 335 *a*, *Suppl.* 149.

Taçin; ce nom veut proprement dire la grande Chine, *Suppl.* 187.

Taël, sorte de monnoie ayant cours en Chine; il vaut un ducaton de Flandre, ou deux florins & demi d'Allemagne, *Suppl.* 198.

Talion, ou peine du talion. *V.* Diah, 276 *b*.

Tapis (le) qui couvre le Trône des Rois de Perse. *V.* le Tit. de Takhtdar, 813 *a*.

Tapis de Turquie; leur fabrication se fait à Sousalacsa, Ville de la partie la plus occidentale de l'Afrique, 809 *a*.

Tartares, (les) peuple très-nombreux de la haute-Asie, *V.* le Tit. Tatar, 850 *a*. Les Chinois les nomment *Tha-tche* ou *Tha-tha*, & vulgairement *Tha-tçe*, quelquefois par mépris *Sao-tha-tçe*, c'est-à-dire, les puants Tartares, *Suppl.* 147. Anciennement ils leur donnoient un nom encore plus insultant, celui de *Kiuen*, qui signifie chien; le terme *Tha-tche* comprend tous les *Tii*, ou Barbares du Nord, 147. Ces Tartares étoient divisés en trois; savoir en blancs, en sauvages, & en noirs. C'est parmi ces derniers que le fameux conquérant *Tchimkhis-khan* ou *Genghiz-khan*, prit naissance, 148. On peut y ajouter une quatrieme espece, celle des Tartares aquatiques, *ibid*.

Tartarie. Sa division ou description géographique, *Suppl.* 20, 22. Les Grecs & les Latins l'ont nommée Scythie, *ibid*.

Tartarie vagabonde & Tartarie fixe, *Suppl.* 38.

Tartarie (la) toute entiere devenue tributaire de la Chine Septentrionale, *Suppl.* 26.

Tasse faite du crâne d'un Prince. *V.* Schaibek, 755 *b*.

Tching-tang, surnommé l'*homme parfait*, Empereur de la Chine & chef de la seconde Dynastie, nommée *Chang*, qui a duré pendant 644 ans, *Suppl.* 197.

Temple bâti par Adam. *V.* Sorah, 807 *b*.

Temple sacré, ou la maison quarrée; c'est le Temple de la Mecque. *V.* Caaba, 201 *a*. Son rétablissement fait en l'année 1039e. de l'Hégire. *V.* Tahniat, 823 *a*.

Temple bâti par opposition à celui de la Mecque. *V.* le Tit. Sanaa, 740 *a*.

Temple érigé à la mémoire de treize Officiers Chinois, qui avoient sacrifié leur vie pour le bien de l'Empire. *Suppl.* 122.

Temple d'une idole aux Indes, dans lequel il y avoit cinquante-six colonnes d'or massif, toutes couvertes de rubis & d'autres pierres précieuses, 546 *b*.

Temples (les) de Jérusalem & de la Mecque, ou les deux Kebleh. *V.* l'Art. Keble-tan, 469 *b*.

Temples. Ceux des Mahométans sont nommés Mosquées. Origine de ce mot, 569 *a*.

Temples consacrés au feu; on les nomme Pyrées. *V.* Zerdascht, 919 *a*, & Atesch, 134 *a*.

Temples dédiés aux Dieux des Indes dans la ville *Kiao-tchim*, Capitale du Royaume d'Eyghour, *Suppl.* 137.

Terme fatal de la vie des hommes selon la doctrine des Mahométans. *V.* Agel, 63 *a*.

Termes écrits en *Niou-tche*, en Chinois & en *Mantchou. Suppl.* 130.

Terra sigillata, boue médicinale; Gouverneur qui mourut pour en avoir trop avalé, 411 *b*.

Terre (la) Sainte ou Palestine. Les Musulmans l'appellent Falasthin, 313 *a*.

Terre (la) soutenue par huit éléphants; tradition extravagante des Indiens, 325 *a*.

Terroir (le) du Royaume d'Égypte; il change de couleur tous les trois mois, 586 *a*.

Testament. Ce que les Musulmans enseignent touchant l'ancien Testament. *V.* Taourat, 430 *a*.

Testament politique, composé par un Visir. *V.* Vassaia Nadham almolk, 900 *b*.

Têtes rouges, sobriquet donné aux Persans; pourquoi. *V.* l'Art. Haidar, 391 *a*; celui de Kezelbasch, 496 *a*, & celui de Tag', 820, 821.

Têtes de poisson, race d'hommes. *V.* Ramac, 699 *b*, & Sermahi, 789 *b*.

Tetragrammaton, nom de quatre lettres, le nom ineffable de Dieu, 359 *a*.

Thai-tçau, Empereur Chinois de la nation Tartare des *Niou-tche*, destructeur de la Dynastie des *Leao*; son nom propre étoit *Agou-tha*. *Suppl.* 103.

Thai-tçoum, Empereur de la Tartarie & de la Chine, avoue publiquement trois fautes qu'il a commises. *Suppl.* 93.

Tham-thai-tçoum, Empereur Chinois, grand Historien. *Suppl.* 26. Il ne veut pas rétablir l'ancienne grande muraille entre la Chine & la Tartarie; pourquoi, 44.

Thébaïde, (la) Province d'Egypte; sa description. *V.* le premier Tit. Sáid, 723 *a*.

Théologie scholastique Musulmane. *V.* Kelam, 471 *a*.

Théologiens mystiques parmi les Musulmans. L'un des principaux d'entr'eux a été Aboulhassan. *V.* ce Tit. 24 *a*.

Thériaque (de la) & sa confection. *V.* Hafchaifchi, 405 *b*, & Teriak, 851 *b*.

Thiao-chi; ce nom Chinois désigne le Royaume d'Egypte. *Suppl.* 186.

Tchim-khis-khan, ou *Genghizkhan*, Empereur en Tartarie, refuse de payer son tribut à l'Empereur de Chine *Ouei-chao-vam* de la Dynastie des *Kin*, & vient lui faire la guerre. *Suppl.* 121.

Thomas. Les Syriens & les Arabes lui donnent le nom de *Touma*, 887 *a*.

Tigre, fleuve. Il est appellé le fleuve de la paix. *V.* Nahar al Salam, 655 *b*.

Titre que portoient les anciens Rois de l'Arabie Heureuse. *V.* Tobba, 882 *b*.

Titre (premier) des Khalifes; c'est celui d'*Emir almoumenim*, Prince ou Commandant des Fideles. *V.* Omar, 681 *b*.

Titre d'honneur qui se donne aux grands Monarques de l'Orient. *V.* Pad, 692 *a*.

Titre d'honneur équivoque qu'un Khalife vouloit donner à un grand Prince, 547 *a*.

Titre d'honneur donné à des Visirs. *V.* Malek al afdhal, 550 *b*.

Titre de Noblesse. *V.* l'Art. Scherif, 768 *a*.

Titre que prend l'Empereur de la Chine. *Suppl.* 2. Celui que lui donnent ses sujets, 3.

Titre que les Empereurs de la Chine donnent aux années de leur regne. *Suppl.* 129. Celui qu'on leur donne après leur mort; il étoit anciennement honorable ou diffamant, suivant le mérite du défunt, *ibid.* Celui du temple où ils sont inhumés qui est le titre ou nom d'apothéose, *ibid.*

Titre insolent que prend le Pontife souverain de la secte des Bonzes *Tao-sse* en Chine. *Suppl.* 34.

Titre d'un livre qui traite des machines inventées avec esprit. *V.* Ketab alalat alrouhariat, 480 *a*.

Titre d'un Traité d'Algebre. *V.* Ketab algebr, 482 *a*.

Titres (des) d'honneur, ou surnoms. *V.* Lacab, 520 *a*.

Titres que les Musulmans donnent à Mahomet; celui de Roi du Midi. *V.* Nimrouz, 668 *b*, & de Rassoul, 702 *a*. Ils le regardent aussi comme le second Adam, & le restaurateur du genre humain. *V.* le premier article de Safi, 719 *a*.

Tobie. Les Chrétiens Orientaux le nomment *Tobit*, 883 *a*.

Toile qu'on lave au feu. *Suppl.* 168, 175.

Tolérance en matiere de Religion. Sentiment du Secretaire de Julien l'Apostat sur ce sujet. *V.* Thameftious, 863 *a*.

Tour, qui tient lieu de clocher aux Mahométans, & du haut de laquelle le crieur appelle à la priere. *V.* Menar, 564 *b*.

Tourterelles des Indes; leur propriété merveilleuse. *V.* Comri, 249 *b*.

Traditions parmi les Musulmans; elles regardent les chofes que Mahomet leur Prophete a dites. Il y en a d'authentiques & d'apocryphes. *V.* Hadi, 386 *a*. Elles ont été recueillies par Zohari. *V.* ce Tit. 826 *a*. *V.* aussi Ahadith, 65 *a*. Amrou ben Al-As, 103 *b*, & Bokhari. 191 *a*.

Traditions reçues d'Aïschah, veuve de Mahomet. *V.* Atha, 134 *a*.

Traditions & belles sentences, 245 *b*.

Trafic de la Chine, tant intérieur qu'extérieur. *Suppl.* 198.

Traité de l'Ame, Ouvrage d'Aristote, traduit en Syrien & en Arabe. *V.* Ketab alnefes le Ariflhou, 494 *a*.

Traité des Arts & des Sciences. *V.* Ketab alfonoun, 489 *b*.

Traité historique des Dynasties. *V.* Ketab doual, 483 *b*.

Traité géographique, ou le livre de Roger. *V.* le Tit. Ragiar, 699 *a*.

Traité des Longitudes & des Latitudes. *V.* Ketab almessafat, 492 *b*.

Traité des jours caniculaires. *V.* Schéra, 767.

Traité d'Architecture. *V.* Ketab alhëitan, 483 *a*.

Traité de l'Art militaire. *V.* Harb, 398 *b*.

Traité du Lion. *V.* le Tit. Assad, 122 *b*.

Traité des Femmes. *V.* l'Art. Vaca, 895 *a*.

Traité du jeu des Echecs. *V.* Ketab alschathrang', 486 *a*.

Traités de différentes Sciences ou matieres. *V.* les Art. d'Adab, depuis la pag. 48 jusqu'à 50.

Traités de Pharmacie. *V.* Atthar, 134 *a*.

Traités des Poids & Mesures. *V.* les deux Art. d'auzan, 142 *b*.

Transylvanie. Les Turcs appellent cette Province Erdel, *V.* ce Tit. 296 *a*.

Transoxane, (la) grande Province au-delà du fleuve Oxus. *Voyez*-en la description à l'Art. Maouarannahar, 573 *a*.

Trente chofes utiles que l'Egypte seule produit, 586 *a*.

Tréfors découverts par hasard, 326 *b*, 463 *b*.

Tribu ou Nation qui porte le nom de Khalag'. *V.* ce Tit. 497 *b*.

Tribu qui a été exterminée; pourquoi. *V.* Ad, 47 *b*.

Tribu Arabe, de laquelle sont sortis plusieurs Rois. *V.* Kendah, 473 *a*.

Tribunaux établis dans la Chine, *Suppl.* 193 & *suiv.*

Tribut accordé par les Chinois à l'Empereur Tartare Hii-tçoum. *Suppl.* 117.

Tribut payé, consistant en 10000 chevaux, 20000 moutons, 500 chameaux & autant de bœufs, *Suppl.* 41.

Trinité (la) des Chrétiens. Les Musulmans l'appellent Tathlith, 850 *b*; mais ils ne la reconnoissent point. *V.* Acnum, 46 *b*.

Trois (les) Pavillons, nom d'un palais. *V.* Sedir, 777 *b*.

Trompette, au son de laquelle les morts seront ressuscités. *V.* Sour Afrafil, 808 *b*.

Trône (le) de Dieu. *V.* Corsi, 251 *b*, & Ketab alarsch v sefatho, 488 *a*. Il y en a deux selon les Musulmans. *V.* Arsch, 120 *b*.

Trône doré. *V.* le premier Tit. de Takht, 813 *a*.

Trône de Chosroès, Roi de Perse, 509 *a*, & *Suppl.* 161.

Trône superbe, estimé vingt millions d'or. *V.* Aurenk, 141 *b*.

Trône d'or, nom que porte la Province qui s'étend entre le Pont-Euxin & la mer Caspienne. *V.* Serir Aldheheb, 789 *b*.

Trucheman. Origine de ce mot. *V.* le premier Tit. de Targeman, 831 *b*.

Tulipe, (la) Symbole d'un Amant passionné. *V.* Laleh, 522 *b*.

Tunique blanche de Saint Jean-Baptiste, teinte de son sang. *V.* Jahia, 436 *b*.

Tunis, Ville de la Province d'Afrique proprement dite. Les Arabes lui donnent le nom de Tounes, 887 *b*.

Turban des partisans d'Ali qui sont les Persans, 89 *b*.

Turcs (les) ou la Nation Turquesque. *V.* Atrak, 135 *b*, & *Suppl.* 160.

Turcs savants & polis, 292 *a*.

U & V

U*NIONES;* ce terme Latin signifie des perles, parce qu'en les pêchant, on n'en trouve ordinairement qu'une feule dans la mere-perle. *V.* Morovarid, 627 *a*.

Unité (l') ne fe trouve que dans ce qui eft éternel, 309 *b*.

Us & coûtumes des *Tou-po* ou *Tou-poc*, nation Tartare à demi-fauvage, *Suppl.* 76.

Ufage (l') du lait de vache défendu. *V.* l'Art. Laban, 520 *a*.

Uu-heu, Impératrice de Chine. Cette Princeffe, après s'être emparée du Trône, ofa, par une ambition démefurée & par un attentat inoui, ordonner qu'on l'appellât Empereur, & elle voulut être fondateur d'une Dynaftie dans le feptieme fiecle de l'Ere Chrétienne, *Suppl.* 179.

Vaches attelées à des chariots à la place des taureaux, *Suppl.* 38.

Vaillant, un vaillant homme. Les Perfans le défignent par le terme *Pahalavan* ou *Pehelevan*. *V.* ces deux Tit. 692 *b*, & 694 *a*.

Vallée (la) de Samarcande; elle eft l'un des quatre paradis terreftres, 573 *b*. Les trois autres paradis font la pleine de Damas, Obolla en Chaldée & Scheb Boavan en Perfe. *V.* Gauthah, 336 *b*.

Vallée où l'on trouve de l'or en poudre. *V.* Vacuac, 895 *a*.

Vallée des fablons. On appelle ainfi la côte de la mer Méditerranée qui joint l'Egypte à la Syrie. *V.* Vadi alremel, 895 *b*.

Vallée dans l'enfer; rêverie Mahométane, *ibid.*

Vam-xe-chim, Ville de la maifon royale; nom appellatif de la Capitale d'un Royaume Tartare, *Suppl.* 190.

Vafe ou coupe du foleil. *V.* le Tit. Giamfchid, 367 *a*.

Vafe de turquoife qui contenoit quatre livres, ou deux peintes de liqueur. *V.* Giamfchid, *ibid.*

Vafes de porcelaine, comment nommés dans l'Orient, 793 *a*.

Vafes de cuivre fondu, d'une cavité & d'une pefanteur énormes, fabriqués en Chine, *Suppl.* 179.

Veau d'or, fabriqué dans le défert. *V.* le quatrieme Tit. de Samari, 739 *a*.

Vent perpétuel, eau débile & *Sivam-mu*, mere du Roi occidental; explication de ces termes, *Suppl.* 187.

Vénus. (la Planete) Les Arabes l'appellent la Belle ou la Fleurie. *V.* Zohara, 926 *a*.

Véridique & fincere; épithete que les Mufulmans donnent au Patriarche Jofeph & à d'autres perfonnages. *V.* Sedik, 777 *b*.

Vérité. (la) Celui qui, en fait de Religion, a la vérité de fon côté, eft l'Eglife, encore bien qu'il foit feul; fentence d'un Docteur Mufulman, 367 *a*.

Vérité, (la) qui eft auffi le nom de Dieu, la vérité fuprême. *V.* Hakk, 381 *b*.

Vernis (le) des Chinois; belle invention, *Suppl.* 200.

Verres, globes, ou miroirs au moyen defquels Giamfchid, Roi de Perfe, & Alexandre le Grand connoiffoient toutes chofes. *V.* Giam, 365 *a*.

Verres, (des) *Lin-ngen*; fignification de ce terme Chinois, *Suppl.* 184.

Vers Perfien dont les lettres marquent l'époque ou l'année de la mort d'un Prince, 165 *b*.

Vers qui opérerent la réconciliation d'un Khalife avec fa Concubine. *V.* Mouffali, 650 *a*.

Vers-à-foie. Qui a commencé à les faire nourrir. *V.* la fin du Tit. de Thahamurath, 858 *b*.

Verfet le plus éloquent de l'Alcoran, & qui eft du genre fublime, 671 *b*.

Verfets (les) de l'Alcoran; ils font au nombre de fix mille & autant de miracles. *V.* Aiat, 70 & 72. Les Mahométans n'en cottent point le nombre, ni celui des Chapitres, difant feulement *Coulho Taâla*, Dieu dit. *V.* Coul, 255 *a*.

Vertu (la) du nom ineffable de Dieu. C'eft par elle que J. C. opéroit fes miracles; tradition Mufulmane. *V.* Efma, 304 *a*.

Vertu (la) fe trouve entre deux extrémités vicieufes, 309 *b*.

Vertus; (les) en Arabe Fadhail. *V.* ce Tit. 309 *a*.

Verzino; ce mot Italien fignifie le bois de Bréfil qu'on tiroit d'une ifle de la mer des Indes, avant que l'Amérique fût découverte. *V.* Lameri, 523 *a*.

Veftibule de la maifon quarrée ou du Temple de la Mecque. *V.* Mouzdelifa, 650 *b*.

Veuve qui fit un reproche hardi, mais fondé, au Sultan Mahmoud, 546 *b*.

Vicaire de Dieu fur terre. *V.* Khalifah, 498 *b*.

Victoires remportées par les Saints fur les démons; titre d'un livre. *V.* Haddadi, 383 *b*.

Vie; (la) en Arabe Haiat, *V.* cet Art. 390 *b*.

Vie. (la) Cinq chofes peuvent la prolonger; tradition Mufulmane, 391 *a*.

Vie (la) d'un homme préférée à un vafe de porcelaine. *Suppl.* 12.

Vie intérieure & fpirituelle. *V.* Bathen, 178 *a*.

Vie (la) future & éternelle. Ce que les Mahométans en croyent. *V.* le Tit. d'Akhrat, 43 *b*.

Vie (la) retirée ou la dévotion. *V.* Zohd, 826 *a*.

Vieillard ou Chef de la Loi. *V.* Scheikh al Eslam, 766 *a*.

Vieillard, Prince, Docteur, Chef d'une communauté religieufe; en un mot, un homme refpectable. *V.* Scheikh, 766 *a*. Chef de la loi, ou grand Iman & Mouphti. *V.* Scheik al Eslam, *ibid.*

Vieillard ou Chef de ceux qui ont été envoyés de Dieu pour prêcher la pénitence. *V.* Scheik al Morfelin, 766 *b*.

Vieillard (le) de la Montagne, ou le Prince des Affaffins, 178 *b*. *V.* auffi le Tit. de Scheikh al gebal, 766 *b*.

Vieillards (les deux) ou Princes. *V.* Scheikhein, 766 *b*.

Vienne, Capitale de l'Autriche. Les Turcs l'appellent Veg. *V.* ce Tit. 904 *a*.

Vies (les) des Saints Mufulmans. Plufieurs Auteurs en ont traité. *V.* Thabacath alaulia, 852 *a*.

Vies (les) des Hommes illuftres. Le premier Auteur qui a travaillé fur ce fujet eft Abou Soliman Mohammed. Son Ouvrage comprend les grands Hommes qui ont vécu depuis les premieres années de l'Hégire jufqu'à celle de 228, p. 37 *a*. *V.* auffi le Tit. Aian, 70 *a*; celui de Khalekan, 498 *a*, & celui de Thabacat al cobra, 852 *a*.

Vies (les) ou l'hiftoire de cinq cents cinquante Sofis ou Religieux Mufulmans qui fe font diftingués par leur conduite. *V.* Thabacat al Sofiah, 855 *a*.

Vies (les) ou éloges de plufieurs Mufulmans qui ont fu l'Alcoran entier par cœur. *V.* Thabacat al Hofadh, 852 *b*.

Vigne. (la) Cette plante ne fe trouve point en Chine, & le vin qu'on y boit eft celui du riz. *Suppl.* 198.

Village où Esdras mourut & fut enfuite reffufcité. *V.* Sairabad, 725 *b*.

Village du Cadhi. On appelle ainfi le lieu où l'on voit les ruines de l'ancienne ville de Chalcédoine, vis-à-vis de Conftantinople. *V.* Cadi Kioi, 332 *a*.

Ville qui la premiere a été enfermée de murailles après le déluge. *V.* Toufter, 889 *a*.

Ville bâtie par Alexandre-le-Grand. *V.* l'Art. de Candahar, 228 *a*.

Ville bâtie par Jefus-Chrift, fuivant une tradition fabuleufe des Egyptiens. *V.* le Tit. de Bahana, 157 *b*.

Ville, felon les Hiftoriens de Perfe, la plus ancienne & la plus magnifique de toute l'Afie. *V.* Eftekhar, 304 *b*.

Ville la plus riche & la plus puiffante de l'univers au milieu du feptieme fiecle de l'Hégire, 630 *b.*

Ville du pays des Negres qui a un Roi particulier. *V.* Tocrour, 883 *a.*

Ville. La mere des Viiles. C'eft le furnom que les Mufulmans donnent à la Mecque. *V.* le Tit. d'Omm Alcora, 680. *b.*

Ville (la) Noire. *V.* l'Art. Amed, 100 *b.*

Ville bâtie ou compofée de fept nutres, & aujourd'hui fort célebre pour fes manufactures de foie, appellées Comafch. *V.* l'Art. Com, 249 *a,* & 411 *b.*

Ville où, le jour du folftice d'été à midi, l'ombre d'un gnomon de huit pieds de haut eft longue de trois pieds quatre dixiemes & huit centiemes. *S.* 135.

Ville des Oliviers. C'eft le furnom que les Arabes donnent à la ville d'Athenes, à caufe de l'Olivier que Minerve y planta la premiere. *V.* Zaitounah, 911 *a.* Ils la furnomment auffi ville des Philofophes. *V.* Athiniah, 135 *a.*

Ville des pierreries; c'eft une ville fabuleufe d'une Province dont les Romans Perfiens & Turcs font mention. Les Italiens appellent ce pays imaginé *la Caycagna,* & les François le pays de Cocagne. *V.* Ghiuuher, 359 *a.*

Ville de l'homme ou de l'humanité; c'eft le titre d'une Hiftoire allégorique dans laquelle eft décrite la conduite de l'homme à l'égard de fa Religion. *V.* Medinat, 578 *a.*

Villes auxquelles Alexandre-le-Grand a donné fon nom. *V.* Efcanderiah, 299 *a.*

Villes principales de l'Iémen ou Arabie heureufe, 442 *a.*

Villes (les quatre) Capitales de la Province de Khorafan ruinées, dévaftées, & leurs habitans égorgés par les troupes de Genghizkhan, 353 *& fuiv.*

Villes où les Empereurs Chinois font leur réfidence. Les Tartares leur donnent le nom appellatif *Khanbalig,* & les Chinois celui de *Kim. Suppl.* 9.

Vin. (du) L'ufage en eft interdit aux Mufulmans par un verfet du Chapitre de l'Alcoran, intitulé Maïdah, ou la Table, 690 *a.* Cependant il y a des Mahométans qui doutent que cette défenfe foit abfolue. *ibid.* Jezid, qui régna au milieu du premier fiecle de l'Hégire, a été le premier des Khalifes qui ait bu du vin, & fe foit fervi d'Eunuques. *V.* fon Tit. 448 *a.* Noms métaphoriques donnés au vin. *V.* Scharab, 780 *a.*

Vin de Sarifoun. *V.* ce Tit. 745 *b.*

Vin de Sarkhad, très-exquis. *ibid.*

Vin de Malvoifie. *V.* Malvaffia, 554 *b.*

Violement du Sabbat par les Juifs, 440 *a.*

Vifage (le) contre terre; expreffion refpectueufe employée dans les lettres écrites au Roi de Perfe. *V.* Roui Zemin, 711 *a.*

Vifite des lieux faints, ou le pélerinage en général. *V.* Saih, 725 *a.*

Vifir ou grand-Vifir. Origine de cette charge, ainfi que les grandes prérogatives qui y font attachées. *V.* Vazir, 903 *a.*

Vifir & premier Miniftre du Roi Salomon, fuivant une tradition des Orientaux. *V.* le fecond Tit. Affaf, 123 *a.*

Vœux monaftiques; il n'y en a point dans le Mufulmanifme. *V.* l'Art. Rohban, 708 *b.*

Voile qui nous empêche de voir Dieu. *V.* Hemam, 414 *a.*

Voifin de Dieu, furnom donné au Docteur Zamakfchari. *V.* ce Tit. 912 *a.*

Voix de Dieu, tant intérieure qu'extérieure. *V.* Coul, 205 *a.*

Voleurs (les) cruellement punis chez les *Kie-kia-ffe,* nation Tartare. *Suppl.* 79.

Voleurs punis par un moyen dont ils ne fe méfioient point, 546 *b.*

Volonté (la) de Dieu eft la pierre de touche qui nous éprouve, 439 *b.*

Vou-vang, Empereur de la Chine & Chef de la troifieme Dynaftie, nommée *Tcheou,* qui a fubfifté pendant 876 ans, *Suppl.* 192.

Voyage que le Roi Salomon fit dans l'Arabie; narration fabuleufe des Mahométans. *V.* le Tit. de Balkis, 168 *a.*

Voyages (les). Le Sultan Malekfchah aima les voyages de fon vafte Empire. *V.* fon Tit. 554 *a.*

Voyageurs Européens, allant à la Chine; le plus ancien de tous, au moins depuis les derniers fix fiecles, a été Paul Vénitien, *Suppl.* 199.

Voyageurs (les) ou les journées des voyageurs; livre de fpiritualité, qui traite des progrès qu'il faut faire dans la voie myftique pour parvenir à la perfection. *V* Menazel al Sairin, 582 *b.*

Voyelles de la langue Arabique. Il n'y en avoit pas du temps de Mahomet, ni de fes premiers fucceffeurs; la difficulté de bien lire l'Alcoran a donné lieu à leur invention, 81 *a.*

X.

XANTUNG; c'eft l'une des fix Provinces Septentrionales de la Chine, *Suppl.* 193.

Xin, mot Chinois qui fignifie corps, & quelquefois défigne la premiere perfonne *ego,* moi. *Suppl.* 184.

Y.

YAMKU, fignification propre & métaphorique de ce terme Chinois, *Suppl.* 184.

Yao, autrement nommé Jectan, fondateur du vafte Empire de Chine; ainfi chef de la premiere Dynaftie, nommée *Hia,* qui a fubfifté pendant 259 ans, *Suppl.* 191.

Y-de-ghou, nom général qu'on donne aux Rois d'*Eyghour,* Royaume de la grande Tartarie, *Suppl.* 138.

Ye-lu-ta-ché, Prince du fang Impérial des *Leao* en Chine, connu fous le nom de *Ta-ché,* l'Académicien, *Suppl.* 10. Il a été le fondateur d'une Dynaftie dans le Kerman l'an 1125°. de l'Ere Chrétienne, 14. Fait prifonnier de guerre par un Général de l'Empereur *Thai-tçau* des *Niou-tché,* 113.

Ye-lu-yen-bii, dernier Empereur des *Leao,* fait captif & conduit devant l'Empereur de la Dynaftie des *Kin,* qui le créa Roi de *Hai-pin,* c'eft-à-dire de la côte de la mer. Ainfi finit la Dynaftie des *Leao* l'an 1125 de l'Ere Chrétienne, *Suppl.* 115.

Yunnam, nom de l'une des neuf Provinces méridionales de l'Empire de la Chine, *Suppl.* 193.

Z.

ZACHARIE, Prophete, ignorance des Mufulmans fur fon fujet. *V.* le premier Tit. de Zakaria, 911 *a.*

Zanguebar, ou la côte de Cafrerie. *V.* l'Art. Zeng', 918 *a.*

Zebeidah, femme du Khalife Haroun Rafchid, & mere du Khalife Amin, fondatrice de la ville de Tauris en Perfe, 402 *a.*

Zeilan, Ifle fameufe de l'Océan Oriental. *V.* Serandib, 788 *a.*

Zibetto; c'eft l'animal que nous appellons la *Civette. V.* Dabbat, 257 *a.*

Zoophite (le) qui imite la forme d'un agneau, & que l'on dit paître l'herbe autour de lui, *Suppl.* 175.

Zoroaftre, Chef des Mages ou Adorateurs du feu; il eft nommé Zerdafcht. *V.* ce Tit. 919 *a. V.* auffi celui de Ghebr, 358 *a.*

Fin de la Table Générale.